# राजनीति विज्ञान शब्दकोश
# Dictionary of Political Science

# राजनीति विज्ञान शब्दकोश
# Dictionary of Political Science

एस.एन. सिंह

रावत पब्लिकेशन्स
जयपुर • नई दिल्ली • बैंगलोर • गुवाहाटी • कोलकाता

ISBN 978-81-316-0599-8 (HB)
ISBN 978-81-316-0600-1 (PB)



**Reprinted, 2022**



*Published by*
Prem Rawat for **Rawat Publications**
Satyam Apts, Sector 3, Jawahar Nagar, Jaipur 302 004 (India)
Phones: 0141 265 1748 / 265 7006
E-mail: info@rawatbooks.com
Website: www.rawatbooks.com

*New Delhi Office*
4858/24, Ansari Road, Daryaganj, New Delhi 110 002
Phone: 011 2326 3290

Also at *Bangalore, Guwahati* and *Kolkata*

Typeset by Rawat Computers, Jaipur
Printed at Nice Printing Press, New Delhi

## समर्पण - ग्रामीण शिक्षकों के प्रति

उन समस्त ज्ञानदाता एवं सेवाभावी शिक्षकों को जो दूर-दराज के ग्रामीण अंचलों में रहकर अपनी सेवाएँ देते हुए टाट-पट्टी के सुविधाहीन सरकारी विद्यालयों में कार्यरत रहते हुए भारतीय भाषाओं में अपने छात्रों को जाति, धर्म और अर्थ का विभेद किए बिना उत्कृष्ट ज्ञान प्रदान कर उन्हें तराशते हैं तथा न केवल उन छात्रों को अपनी मेहनत और लगन से आगे की शिक्षा देश-विदेश के उत्कृष्ट शिक्षण संस्थानों में पूरी करने के लिए प्रेरित करते हैं बल्कि उनमें विपरीत परिस्थितियों में भी संघर्ष करने का हौसला उत्पन्न करते हुए उन्हें परिश्रमी एवं सेवाभावी इंसान बनाने का उत्कृष्ट कार्य करते हैं। यह पुस्तक उन महान शिक्षकों को समर्पित है।

# भूमिका

राजनीति विज्ञान विषय अन्य सामाजिक विज्ञान विषयों के अन्तर्गत सर्वाधिक महत्वपूर्ण विषय है। ज्ञान अर्जन के क्षेत्र में अन्तर-अनुशासनात्मक पद्धति का विकास बीसवीं शताब्दी के अन्तिम दशक मे हुआ। इस पद्धति के कारण सामाजिक विज्ञान के अन्य विषय, यथा – मनोविज्ञान, समाजशास्त्र, इतिहास, लोक प्रशासन और अर्थशास्त्र की विषयवस्तु राजनीति विज्ञान विषय में समाहित कर दी गयी। इसका परिणाम यह हुआ कि छात्र, शोधार्थी, शिक्षक और सामान्य व्यक्ति जो राजनीति विज्ञान विषय को राज्य, सरकार और सरकारी संस्थाएँ तथा राजनीतिक मूल्यों को निर्धारित करने वाले विषय के रूप में पढ़ते हैं, शोध करते हैं, अध्यापन करवाते हैं और समझने का प्रयास करते हैं ये सभी विभिन्न नये शब्दों के मायाजाल में फंस कर रह जाते हैं। अंग्रेजी भाषा के कई शब्द, यथा Concept, Conception, Secularism, Empowerment, Inclusion आदि का सही-सही अर्थ या तात्पर्य हिन्दी में समझने और उसे पुनः व्यक्त करने में काफी कठिनाई प्रतीत होती है तथा कई बार तो विवादास्पद स्थिति भी बन जाती है। इस कठिनाई को दूर करने के लिए कई विद्वानों ने छात्रों की सहायता के लिये राजनीति विज्ञान कोश और सामाजिक विज्ञान कोश हिन्दी भाषा में तैयार किये हैं। इसी कड़ी में वर्तमान कोश में नवीनतम शब्दों और राजनीति विज्ञान के विभिन्न आयामों के साथ साथ शब्दों से जुड़े शब्दकारों एवं सिद्धान्तकारों की मूल रचनाओं से भी परिचित करवाया गया है। इससे यह लाभ होगा कि पाठक शब्दों से संबंधित मूल विचार, उसके अर्थ, भाव और परिप्रेक्ष्य को समझ कर राजनीति विज्ञान विषय में नवीनतम ज्ञान अर्जित कर सकेंगे।

इस पुस्तक में पाठक राजनीतिक सिद्धान्त, विचार, विचारक, राजनीतिक और प्रशासनिक संस्थाएँ, जनमत, जनमत निर्माता और जनमत के बल पर जनता के धन, मत एवं विश्वास को प्राप्त करने के उपरान्त उसी पर शासन करने वाले शासक वर्ग, शासकों के विरोधी अर्थात् व्यवस्था विरोधी विचारों तथा आन्दोलनों व उनके नेताओं और इनके प्रभावों से जुड़े प्रचलित शब्दों को भी जान सकेगें। इस पुस्तक की सीमा सिर्फ राजनीति विज्ञान के सिद्धान्तों तक ही सीमित नहीं है वरन् इसमें लोक प्रशासन, अर्थतंत्र, तुलनात्मक राजनीति, शोध-पद्धति, दर्शन, अन्तर्राष्ट्रीय नीति, धर्म और धर्मान्धता से जुड़े शब्दों को भी सम्मिलित किया गया है। इन शब्दों का चयन इस तरह से किया गया है कि उच्च अध्ययन करने वाले छात्र, नेट, सेट एवं अन्य प्रतियोगी परीक्षाओं के प्रतिभागी एवं विभिन्न प्रशासनिक एवं शैक्षणिक पदों के लिए साक्षात्कार देने वाले अभ्यर्थी भी इससे लाभान्वित हो सकेंगे। इस शब्दकोश में शब्दों की व्याख्या निष्पक्षता एवं बिना किसी पूर्वाग्रह के की गयी है।

राजनीति और राजनीतिक विचारधारा विशेषतः गाँधीवाद, समाजवाद, मार्क्सवाद और लोकनायक जयप्रकाश नारायण की सम्पूर्ण क्रांति और सर्वोदय के विचार को समझने की उत्कंठा ने मुझे विज्ञान विषय के अध्ययन को छोड़कर राजनीति विज्ञान विषय का अध्ययन करने के लिये प्रेरित किया। बिहार राज्य में 1974 में हुए छात्र आन्दोलन के दौरान राजनीतिक समस्याओं पर जेल के अन्दर और बाहर मुझे विचार विमर्श करने, उद्बोधन देने और सुनने में विज्ञान संकाय का छात्र होने के कारण कठिनाई का अनुभव होता था। अभिव्यक्ति में प्रभावोत्पादकता लाने के लिए मेरे पूज्य पिता स्वतंत्रता सैनानी डॉ. गोवर्धन सिंह ने मुझे विज्ञान संकाय के अध्ययन को छोड़कर

राजनीति विज्ञान पढ़ने के लिए प्रेरित किया। तत्पश्चात् मुझे पटना विश्वविद्यालय मे प्रोफेसर विश्वनाथ प्रसाद वर्मा और प्रोफेसर जय नारायण मिश्रा का शिष्य बनने का सुअवसर मिला। मुझे 1975 में पटना कॉलेज, पटना विश्वविद्यालय में राजनीति विज्ञान विभाग में बी.ए. आनर्स में प्रवेश मिल गया। कक्षा में कई प्रसिद्व विद्वान बहुत ही तन्मयता से अंग्रेजी भाषा मे धारा प्रवाह पढ़ाते थे जिनमें प्रोफेसर वी.पी. वर्मा, प्रोफेसर चेतकर झा, प्रोफेसर जयनारायण मिश्रा, डॉ. राजेन्द्र सिंह 'राही', डॉ. सुनन्दा बनर्जी, डॉ. हर्षवर्द्धन आदि सम्मिलित थे। इन विद्वानों ने मुझे राजनीति विज्ञान विषय को गहराई से पढ़ने और समझने के लिए प्रेरित किया। पटना कॉलेज में अंग्रेजी माध्यम से अध्यापन कार्य होने के कारण मुझे इसे समझने के लिए शब्दकोष का सहारा लेना पड़ता था। यह कार्य मुझे कठिन लगने लगा, तब मेरे अग्रज इंजीनियर उमेश प्रसाद सिंह की सलाह पर मैंने राजनीति विज्ञान के "पाँच प्रचलित शब्दों" को प्रतिदिन हिन्दी और अंग्रजी में समझना और उनकी व्याख्या करना शुरू किया। प्रतिदिन का "पाँच शब्दों" का किया गया वह अभ्यास आज पुस्तक का आकार ले चुका है। इसमें मेरे द्वारा स्नातकोत्तर शिक्षा की अध्ययन सामग्री जो राजनीतिक अध्ययन केन्द्र (CPS), जवाहरलाल नेहरू विश्वविद्यालय मे रहते हुए 1978-80 में एकत्रित तथा संघीय लोकसेवा आयोग की 1980 सिविल सर्विसेज परीक्षा में 551वां स्थान प्राप्त करवाया की तैयारी में सामग्री भी समाविष्ट है। लोक सेवा आयोग और राज्य सेवा की अध्ययन सामग्री हेतु हिन्दी में सामग्री उपलब्ध है। इसके बाद स्नातक, एम.ए., एम.फिल. पी.एच.डी. स्तर के 30 वर्षों का व्याख्याता, एसोसिस्ट प्रोफेसर और प्रोफेसर के रूप में अध्यापन और शोध से संकलित और संवर्द्धित ज्ञान को भी इस पुस्तक में समाहित किया गया है। इस संग्रहित ज्ञान से राजनीतिक विज्ञान के वे छात्र जो अन्य संकाय को छोड़कर इस विषय को पढ़ते हैं, प्रतियोगी परीक्षाओं में अपना भाग्य आजमाते है तथा अंग्रेजी में कमजोर होते हुए भी अंग्रेजी के उपलब्ध ज्ञान को हिन्दी माध्यम से समझना चाहते हैं, वे काफी हद तक लाभान्वित होगें। इस शब्दकोष में छात्रों के हित को ध्यान में रखते हुए मार्च 2013 तक के अत्याधुनिक प्रचलित शब्द, व्यवहारवादी शब्दावली से आगे के आधुनिकतावाद और उत्तर-आधुनिकतावाद के शब्दों को भी सम्मिलित किया गया है। परम्परागत मार्क्सवाद से आगे के उदारवादी, भूमण्डलीकरण, पूंजीवाद के 21वीं सदी में बढ़ते वैचारिक प्रवाह के शब्दों, आंतकवाद, नक्सलवाद और पूंजीवादी की विषमता के बीच समावेशी विकास, पर्यावरण संरक्षण के और विश्व-बंधुत्व के शब्द जो राजनीति विज्ञान में भी प्रचलित हुए हैं, को भी समाहित किया गया है।

इस पुस्तक के लेखन में मुझे देश के प्रसिद्ध पुस्तकालय, विशेषत: पटना विश्वविद्यालय, अनुग्रह नारायण सिंह सामाजिक विज्ञान शोध संस्थान, पटना, दिल्ली के जवाहरलाल नेहरू विश्वविद्यालय, दिल्ली विश्वविद्यालय, नेहरू मेमोरियल तीन मूर्ति पुस्तकालय, लोक सभा पुस्तकालय, प्रबन्ध' अध्ययन संस्थान (IIM) अहमदाबाद और राजस्थान विश्वविद्यालय, जयपुर के पुस्तकालय के स्टाफ का सहयोग मिला है। मैं उनका हृदय से आभारी हूँ। अपने तीस वर्षो से अधिक सेवा एवं अध्यापन काल के दौरान एस.के. कॉलेज रोसड़ा, समस्तीपुर, बिहार, (1981-83), एम.एस. यूनिवर्सिटी बड़ौदा (1984), स्वामी केशवानंद महाविद्यालय, संगरिया (1984-86), राजकीय महाविद्यालय, डूंगरपुर, किशनगढ़ और सिरोही (1986-90) और मार्च 1990 से महर्षि दयानन्द सरस्वती विश्वविद्यालय, अजमेर के पुस्तकालय के पुस्तकालयाध्यक्ष एवं स्टाफ का आभारी हूँ कि उन्होंने इस पुस्तक लेखन में सहयोग प्रदान किया। कई वर्षों तक 'नेट' परीक्षा कार्य से पूना प्रवास के दौरान पूना विश्वविद्यालय के पुस्तकालय में भी अध्ययन करने का मौका मिला, मैं वहां के कर्मचारियों का भी आभारी हूँ। इसके अतिरिक्त जिन पुस्तकों के लेखकों का भी मुझे लाभ लेने का मौका मिला है मैं उनका भी आभारी हूँ।

इस पुस्तक के लेखन के कई बिन्दुओं पर मैंने मैं डॉ. लीला सिंह और प्रोफेसर आर.सी. सिंह (पटना विश्वविद्यालय), प्रोफेसर एस.एन. झा और सी.पी. भाम्भरी (जे.एन.यू.), एम.पी.सिंह और

**डॉ. सुधीर कुमार सिंह (दिल्ली विश्वविद्यालय), प्रोफेसर के.एल. कमल और स्वर्गीय प्रोफेसर मधुकर श्याम चतुर्वेदी (राजस्थान विश्वविद्यालय), प्रोफेसर एल.एस. राठौड़ और बी. एल. फड़िया (जोधपुर विश्वविद्यालय) और प्रोफेसर एच.के. शर्मा (इलाहबाद विश्वविद्यालय)** से विचार विमर्श किया। मैं इन सभी विद्वानों का हृदय से आभारी हूँ। अपने विश्वविद्यालय के कुलपति और राजनीति विज्ञान के पूर्व प्रोफेसर रूप सिंह बारहठ का भी सहयोग के लिए आभारी हूँ।

श्री एस.एम. पलासिया, व्याख्याता हिन्दी ने वर्तनी सुधार का कार्य किया, उन्हें भी धन्यवाद ज्ञापित करता हूँ।

हमारे विभाग के एम.ए., एम.फिल एवं पी.एच.डी. के छात्रों, शोद्यार्थी, सहयोगी शिक्षकों और अतिथि व्याख्याताओं ने इस पुस्तक के कई अंशों को पढ़ा और सलाह दी। मैं उनमें से डॉ. राकेश, डॉ. सुरेश, डॉ. अशोक, डॉ. प्रीती, डॉ. श्योजीलाल, डॉ. दीनदयाल, राधेश्याम, धर्मेन्द्र, कविता, विजेता, जयलाल आदि का आभारी हूँ। मेरी पत्नी डॉ. शशिबाला सिंह, व्याख्याता, राजनीति विज्ञान, पुत्र रोहित कुमार सिंह एवं पुत्री रिचा सिंह ने पुस्तक लेखन एवं अध्ययन के दौरान पारिवारिक कार्यों स्वयं निर्वहन किया, इसके लिए उन्हें धन्यवाद। मेरे अग्रज भुवनेश्वर प्रसाद सिंह, सदाशिव सिंह और सदानन्द सिंह के उत्साह वर्धन के लिए आभारी हूँ। ले. राजीव ने कम्प्यूटर कार्य में मदद दी इसके लिए उन्हें धन्यवाद। पुस्तक के प्रकाशन के लिए मैं रावत पब्लिकेशन्स का हृदय से आभारी हूँ।

23 मई 2013
गुरूवार, वैशाख शुक्ल त्रियोदशी
विक्रम सम्वत् 2070

**एस. एन. सिंह**
(श्यामा नन्द सिंह)
ई–417, शास्त्री नगर, अजमेर

# A

**A Priori Politics | अनुभव निरपेक्ष राजनीति प्रागनुभविक राजनीति**

अनुमान पर आधारित, धारणात्मक, निगमनात्मक, पूर्ण सिद्ध अथवा प्रकल्पित राजनीति जिसमें विभिन्न प्रकार के राजनीतिक प्रयोगों का कोई स्थान नहीं होता, उसे अनुभव निरपेक्ष राजनीति की संज्ञा दी जाती है।

**A.C.D.A. | संयुक्त राज्य अमेरिका आयुध नियंत्रण और निरस्त्रीकरण एजेंसी**

1961 में कांग्रेस द्वारा निर्मित आयुध नियंत्रण एवं शांति के लिए खोज करना, राष्ट्रपति और विदेशमंत्री को सलाह देना। निरस्त्रीकरण के लिए प्रस्ताव बनाना एवं प्रयास करना। अप्रैल 1961 के आंशिक परमाणु परीक्षण संधि (पी.टी.बी.टी.) प्रस्ताव इसी अभिकरण के द्वारा तैयार किए।

**Aaung San Suu Key | ऑन्ग सान सू की**

ऑन्ग सान सू की म्यांमार की लोकतन्त्र समर्थक 67 वर्षीय नेता को 13 नवम्बर 2010 को वहाँ की सैनिक सरकार द्वारा नजरबन्दी से रिहा कर दिया गया है। पिछले 20 वर्षों से देश में लोकतन्त्र कायम करने के लिए आवाज उठाने के कारण उन्हें जेल में नजरबन्द रखा गया था। इन्हें जेल से रिहा करके इनके घर पर ही नजरबन्द किया गया। इनकी पार्टी का नाम नेशनल लीग फॉर डेमोक्रेसी (एन.एल.डी.) है। इनकी पार्टी अप्रैल 2012 में म्यांमार में करवाये गए चुनावों में संसद के निचले सदन के लिए चुनी गई। इन्हें नोबेल शांति पुरस्कार दिया गया तथा 2009 का महात्मा गाँधी पुरस्कार भी प्रदान किया गया। इन्होंने फ्रीडम फ्रॉम फीयर (भय से स्वतन्त्रता) पुस्तक लिखी है। म्यांमार में लोकतांत्रिक प्रक्रिया में उनकी पार्टी को शामिल होने की अनुमति दी गई। 16 जनवरी 2013 को असंतुष्ट विरोध कानून खत्म हुआ। अब शांतिपूर्ण प्रदर्शन किया जा सकता है। इस पर 1996 से रोक लगा था।

**Abdication | सिंहासन परित्याग**

स्वेच्छा से किसी सत्तारूढ़ राजा के द्वारा पद-परित्याग। इंग्लैण्ड में 1937 में सम्राट एडवर्ड अष्टम जो राजा रहकर सिम्पसन से विवाह नहीं कर सकते थे, विवाह के लिए उन्होंने राजपद का परित्याग कर दिया।

**Abdication of Pope | पोप का पद त्याग**

दुनिया के एक अरब 20 करोड़ कैथोलिक ईसाई मतावलंबी के सर्वोच्च धर्म-गुरु 'पोप' का पद 1415 ई. से आजीवन बना रहता है। लेकिन 2005 में पोप चुने गये जोसफ एलोयसिस रेन्जिंगर ने अपने कमजोर होते शरीर और मस्तिष्क के आधार पर पद का त्याग कर दिया। 28 फरवरी 2013 को उन्होंने अवकाश ग्रहण कर लिया। उन्होंने न सिर्फ कैथोलिक मतावलंबियों बल्कि दुनिया के तमाम पद-धारकों को जो काम करने की योग्यता और क्षमता के बिना, पद पर बने रहते हैं उन्हें

पद छोड़ने का संदेश दिया है। पोप जोसफ हालाँकि पुरानपंथी थे। अतः इन्होंने गर्भ-निरोधकों का प्रयोग करने और यौन संबंधों के खुलेपन का विरोध किया था। उन्होंने पादरियों के सैक्स स्कैंडलों पर भी ठोस कार्यवाही नहीं की।

**Abdul Gaffar Khan | अब्दुल गफ्फार खान ( 1890–1988 )**

सीमांत गांधी के नाम से प्रसिद्ध गाँधीजी के सहयोगी जिन्हें अविभाजित भारत में सीमांत गाँधी कहा जाता था। उनका 'लाल कमीज' नामक राष्ट्रवादी संगठन स्वतंत्रता आंदोलन के समय काफी सक्रिय था। आजादी के बाद पाकिस्तान में 'पख्तुनिस्तान' बनाना चाहा।

**Abolitionism or Abolition of Slavery | उन्मूलनवाद और दासता का उन्मूलन**

यह शब्द अमेरिकी इतिहास में दास प्रथा के उग्रतम विरोध के लिए प्रयुक्त होता है। इसमें उन्मूलनवाद के अन्तर्गत दासता विरोधी आन्दोलन के अतिवादी समर्थकों के विचारों का समावेश माना जाता है। संयुक्त राष्ट्र अमेरिका में सन् 1832 से 1862 ई. के बीच बेंडल फिलिप्स, विलियम लॉयड गैरिसन आदि के आन्दोलनों से दासता उन्मूलन बिल पारित हुआ।

**Aboriginal | आदिवासी**

किसी क्षेत्र विशेष के निवासी, जो प्राचीनकाल से वहाँ निवास करते हों और बाहरी प्रदेश से आने वाली या बसने वाली जातियों से अपने आप को अलग मानते हों। उदाहरणस्वरूप भारत के विभिन्न राज्यों के कुछ आदिवासी जैसेः राजस्थान में भील, मध्य प्रदेश के गोंड और कर्नाटक के टोडा, असम के खासी, त्रिपुरा के चकमा आदिवासी हैं जो आदि मूल निवासी के रूप में जाने जाते हैं। लोकुर समिति के द्वारा इनकी पाँच विशेषताएँ निर्धारित की गई थी। आदिम जनजातीय गुण, अनूठी संस्कृति, आम लोगों से संपर्क करने से कतराना, भौगोलिक अलगाव और पिछड़ापन। इनमें आदिम जनजाति के 75 समूह काफी बदहाली में है। इनका स्वास्थ्य, शिक्षा, तथा आय का स्तर कम है। लगातार इनकी आबादी घट रही है। भारत के संविधान के अनुच्छेद 342 में इन जातियों को परिभाषित किया गया है। इन्हें समाज की मुख्यधारा में लाने हेतु अनु. 338-क में अनुसूचित जनजाति राष्ट्रीय आयोग (89वां संविधान संशो. अधि. 2003 धारा 3) का प्रावधान है। देश में इनकी आबादी 10 करोड़ से ज्यादा है जो कुल आबादी का 8.5 प्रतिशत है। इनकी अधिक आबादी छत्तीसगढ़, गुजरात, झारखण्ड, उड़ीसा, राजस्थान, महाराष्ट्र और मध्य प्रदेश में है।

**Abraham Lincon | अब्राहम लिंकन ( 1809–65 )**

अमेरिका का 16वां राष्ट्रपति। इन्होंने प्रजातंत्र को जनता का, जनता के लिए और जनता के द्वारा संचालित शासन व्यवस्था कहा। उन्होंने अश्वेतों के लिए संघर्ष किया एवं दासता की प्रथा का अंत किया। 1864 में दुबारा राष्ट्रपति चुने जाने के बाद 1865 में उनकी हत्या कर दी गई।

**Abrogation | निरस्त करना**

सक्षम अधिकारी तथा औपचारिक कार्यवाही द्वारा किसी प्रचलित विधि को समाप्त करना। संसदीय व्यवस्था में संसद या विधानसभा द्वारा किसी विधि, अधिनियम या आज्ञप्ति द्वारा किसी प्रचलित विधि, अध्यादेश, संधि आदि को निरस्त किया जाना।

**Absentee Capitalist | दूरवासी पूंजीपति**

ऐसे पूंजीपति जो सुदूर स्थानों में रहकर उद्योगों में पूंजी लगाते हैं परन्तु स्वयं उनकी देखरेख अथवा प्रबंधन नहीं करते और न ही किसी प्रकार के उत्पादन अथवा वितरण में भागीदारी निभाते हैं।

## Absentee Land Lord | प्रवासी जमींदार

कृषि के उत्पादन पर अपना जीवनयापन करने वाले, जमीन के मालिकों का एक ऐसा वर्ग जो अपनी जमींदारी (जहाँ उसकी जमीन है) से दूर शहर में रहता हो तथा ग्रामीण कृषक उसकी जमीन पर खेती करता हो। इस व्यवस्था में उपज का लगभग आधा भाग जमीन के मालिकाना हक के रूप में प्रवासी जमींदार को दिया जाता है। प्रवासी जमींदार, परजीवी कृषकों का एक ऐसा वर्ग है जो स्वयं कृषि कार्य नहीं करता तथा उसका निरीक्षण भी नहीं करता, फिर भी उपज का आधा हिस्सा प्राप्त करता है। भारत में ऐसी जमींदारी प्रथा का अन्त करने के लिए प्रथमतः 1951 में संविधान संशोधन द्वारा नवीं अनुसूची (अनुच्छेद 31-ख) जोड़कर किसानों को भूमि का स्वामित्व दिया गया है। इसके अनुसार "किसी संपति का प्रबंध लोकहित में ... राज्य के द्वारा लिया जा सकता है।"

## Absentee Voting | अनुपस्थित मतदान

सामान्यतयाः प्रत्येक मतदाता को मतदान केन्द्र में जाकर मतदान करना पड़ता है किन्तु इसके कुछ अपवाद हैं। कुछ व्यक्तियों को अनुपस्थित मतदान करने का भी अधिकार होता है। इसका प्रारम्भ अमेरिकी गृहयुद्ध के दौरान सैनिकों को मतदान का अधिकार देने के लिए किया गया था।

भारत में भी कुछ लोगों को डाक से मत देने का अधिकार है। ऐसे व्यक्ति 5 वर्गों में आते हैं। पहले वर्ग में सैनिक और उनकी पत्नियाँ और विदेश स्थित भारतीय दूतावासों के कर्मचारी और उनकी पत्नियाँ हैं। दूसरे वर्ग में राष्ट्रपति, उपराष्ट्रपति, राज्यों के राज्यपाल, लोकसभा अध्यक्ष, उपाध्यक्ष और केन्द्रीय व राज्य सरकारों के मंत्री है। इन लोगों की पत्नियाँ तीसरे वर्ग में आती हैं। चौथे वर्ग में वे लोग हैं जो चुनाव सम्बन्धी कार्यों में अन्यत्र लगाये जाते हैं। पांचवें वर्ग में नजरबन्दी कानून में कैद व्यक्ति आते हैं।

## Absolute Contraband | पूर्ण विनिषिद्ध (वस्तु)

किसी राज्य या राष्ट्र द्वारा युद्धकाल में प्रयुक्त वे प्रयोजनीय पदार्थ जो किसी राष्ट्र या युद्धकारी राज्य द्वारा पूरी तरह वर्जित उद्घोषित किए गए हों। सार्वजनिक रूप से अस्त्र-शस्त्र, उपकरण, युद्ध में आने वाले साधनों को शत्रु देश द्वारा ले जाने पर युद्धकारी राज्य सार्वजनिक घोषणा कर पूर्ण प्रतिबंध लगा सकता है।

## Absolute Dominion | पूर्ण आधिपत्य

किसी राष्ट्र या राज्य में शासनाध्यक्ष द्वारा निरंकुश स्वामित्व या तानाशाही स्वामित्व स्थापित कर किसी क्षेत्र, प्रदेश या भूखंड विशेष पर पूर्ण या निर्बाध प्रभुत्व प्राप्त करना, पूर्ण आधिपत्य कहलाता है। उदाहरण के लिए हिटलर, मुसोलिनी और कर्नल गद्दाफी जैसे तानाशाह अपने देश में अपना पूर्ण आधिपत्य रखते थे। प्रायः इनका अन्त हिंसात्मक ही होता है।

## Absolute Equality | पूर्ण समानता, निरपेक्ष समानता

इसका अभिप्राय सम्पूर्ण व्यक्तियों के पूर्ण रूप से एक समान होने की स्थिति से है। व्यक्तियों के मध्य पारस्परिक गुण, स्थिति, मान महत्व आदि में तुल्यता या बराबरी होने से इसका अर्थ लगाया जाता है।

## Absolute Majority | पूर्ण बहुमत, निरपेक्ष बहुमत

सदन के कुल सदस्यों के आधे से अधिक सदस्यों का मत और उपस्थित सदस्यों में से आधे से अधिक सदस्यों के मत को पूर्ण बहुमत कहा जाता है। संसदीय व्यवस्था में जिस दल को निम्न सदन में पूर्ण बहुमत प्राप्त हो जाता है, उस दल का नेता सरकार बनाकर देश का शासन संचालित

करते हैं। सदन में पूर्ण बहुमत नहीं होने की स्थिति में सरकार को इस्तीफा देना होता है। भारतीय संविधान का अनुच्छेद 74 प्रधानमंत्री की नियुक्ति और 75(3) मंत्रिपरिषद का लोकसभा के प्रति सामूहिक उत्तरदायित्व पूर्ण बहुमत का बोध कराता है।

**Absolute Monarchy | निरंकुश राजतंत्र**

निरंकुश राजतंत्र में शासन व्यवस्था का मनोवांछित उपभोग संपूर्ण राजसत्ता में एक व्यक्ति में केंद्रित होता है। उसके ऊपर कोई कानूनी या सांविधानिक प्रतिबन्ध नहीं होता है। इस व्यवस्था में शासक पूर्णतः स्वतंत्र एवं स्वेच्छाचारी होता है।

**Absolute Neutrality (Perfect Neutrality) | पूर्ण तटस्थता**

तटस्थ राष्ट्र द्वारा युद्धकाल में युद्धकारी पक्षों में से किसी भी पक्ष को प्रत्यक्ष या परोक्ष रूप में सहायता न करना पूर्ण तटस्थता कहलाता है। स्विट्जरलैण्ड द्वारा पूर्ण तटस्थता को अपनाया जाता रहा है।

**Absolute Power | निरंकुश शक्ति**

वह शासक जिसे निर्बाध, असीमित शक्ति अथवा क्षेत्राधिकार प्राप्त होता है। मध्यकाल में इस तरह के अधिकार सम्पन्न राजा हुआ करते थे। वर्तमान समय में भी सैनिक शासक, तानाशाह और कुछ निर्वाचित करिश्माई नेता इस तरह के अधिकार प्राप्त कर लेते हैं। भारत में 1976 में आपातकाल के दौरान तत्कालीन प्रधानमंत्री इंदिरा गांधी को कांग्रेसी नेता ने "इंदिरा ही भारत है और भारत ही इंदिरा है कहा था।"

**Absolute Ruler | निरंकुश शासक**

वह शासक जो किसी भी कानूनी सीमा से मर्यादित न हो और राजसत्ता का संचालन स्वेच्छापूर्वक करता हो। फ्रांस में अठारहवीं शताब्दी में राजा अपने आप को ही राज्य मानते थे। लुई XIVवां कहता था 'मैं ही राज्य हूँ', सम्पूर्ण सत्ता मुझ में निहित है। 20वीं शताब्दी में कुछ नेता राष्ट्रपति बनने के बाद निरंकुश शासक बन गए। सद्दाम हुसैन, हुस्न-ए-मुबारक, कर्नल गद्दाफी और रॉबर्ट मुगावे।

**Absolutism | निरंकुशतावाद, निरपेक्षतावाद**

वह शासन प्रणाली, जिसमें शासन सत्ता निरंकुश होती है अर्थात् जिस पर परम्परागत या वैधानिक प्रतिबंध नहीं होता तथा जिसमें सरकार व्यापक शक्तियों का प्रयोग करती है। इस प्रकार की शासन प्रणाली में प्रबल केन्द्र की स्थापना की जाती है जिससे सरकार व्यापक शक्तियों का प्रयोग कर सके। इस प्रणाली में प्रजा या शासित लोगों को प्रतिनिधित्व प्राप्त करने तथा मतदान करने का अधिकार नहीं होता है। जन साधारण को प्रशासन में भाग लेने का भी अधिकार नहीं होता। यह विचार ईश्वर की सर्वसत्ता के विचार से राजनीति में आया। इस प्रकार की शासन व्यवस्था फ्रांस में लुई (XIV) एवं (XVI, 1788) के समय में प्रचलित थी। "मैं ही राज्य हूँ" इसके कारण ही फ्रांस में राजक्रांति (1789) हुई और प्रजातंत्र का मार्ग प्रशस्त हुआ। इन राजतंत्रों को अपनी प्रजा पर असीम शक्ति प्राप्त थी और उन्होंने राजशक्ति का प्रयोग जनता के कल्याण के लिए नहीं किया था। इस शासन व्यवस्था में निरंकुशता, मनमानी या अत्याचार की सम्भावना अधिक रहती है। 20वी शताब्दी में साम्यवादी देश चीन एवं पूर्ववर्ती सोवियत संघ के माओत्से तुंग और स्टालिन के द्वारा सांस्कृतिक क्रांति और साम्यवाद के प्रसार के बहाने निरंकुश रूप से शासन चलाया गया था।

**Abstention From Voting | मतदान में भाग न लेना**

किसी राष्ट्र या व्यक्ति द्वारा अपना विरोध, असहयोग, तटस्थ या विमति के भाव को प्रकट करने के लिए किसी विषय के पक्ष या विपक्ष में मतदान न करना।

**Abstract Sciences | अमूर्त्त विज्ञान**

सैद्धांतिक विज्ञान अर्थात् ज्ञान और विज्ञान के ऐसे वैज्ञानिक विषय जिनकी विवेचना केवल सिद्धान्त रूप में ही की जाती हो और उनके व्यावहारिक पक्ष को अछूता ही छोड़ दिया जाए।

**Abstract Social Class | अमूर्त्त सामाजिक वर्ग**

किसी देश का ऐसा सामाजिक और राजनीतिक वर्ग, जिसके सदस्यों में इकाई के रूप में कुछ मात्रा में आत्म जागरुकता और सामान्य हित की भावना मौजूद रहती है। इनमें भौतिक संगठन अथवा एकता की भावना पर्याप्त रूप में नहीं होती। अतः इन्हें समूह की संज्ञा नहीं दी जा सकती। ये वर्ग किसी क्षणिक भावना, आवेश और नेतृत्व में एकत्रित होते हैं और फिर बिखर जाते हैं। उदाहरणस्वरूप सामाजिक कार्यकर्त्ता अन्ना हजारे के भष्ट्राचार विरोधी आन्दोलन में भारत में सन् 2012 में उमड़ा जनसैलाव या बलात्कार पीड़िता के लिए दिसम्बर 2012-जनवरी 2013 में दिल्ली में मोमबत्ती जलाता युवावर्ग।

**Abuse of Flag | ध्वज का दुरुपयोग**

किसी भी राष्ट्र द्वारा किसी पोत, नौका, जहाज, जलयान पर अवैध एवं अनधिकृत रूप से अन्य देश के ध्वज प्रयोग करना।

**Academic Freedom | शैक्षिक स्वतंत्रता**

किसी भी व्यक्ति को बिना किसी बाधा, भय या दबाव के शिक्षा प्राप्त करने का स्वतंत्र अधिकार है, इसे शैक्षिक स्वतंत्रता का अधिकार कहा जाता है। सभी प्रजातांत्रिक देशों में नागरिकों को इस तरह के अधिकार प्राप्त हैं।

**Academy | परिषद**

प्राचीन यूनान के एथेंस में प्लेटो (427-347) द्वारा 388 ई.पू. में शुरू की गई शिक्षण संस्था, जहाँ गणित, नीतिशास्त्र, भूगोलशास्त्र आदि की शिक्षा प्रदान की जाती थी। प्लेटो के अनुयायी विभिन्न विषयों पर चर्चा किया करते थे। इसी समय से 'परिषद्' नामक संस्था का प्रारम्भ हुआ था। 367 ई.पू. में अरस्तु ने इस अकादमी में प्रवेश लिया।

**Acceptance Speek (Speech of Acceptance) | स्वीकृति भाषण**

संयुक्त राज्य अमेरिका में नाम निर्देशन की औपचारिक अधिसूचना के उत्तर में राज्यपाल या राष्ट्रपति पद के अभ्यर्थी का अभिभाषण जिसमें उसके निर्वाचित होने की दशा में उसके द्वारा अपनाई जाने वाली नीतियों का निरूपण या निर्देश होता है।

**Accession | राज्यारोहण, अधिमिलन**

राजतंत्र या सामंतवादी शासन व्यवस्था से किसी नरेश या सम्राट की मृत्यु के उपरान्त या पद त्याग के पश्चात् उसका सिंहासन ग्रहण करना या पद ग्रहण करना कहलाता है। इस कार्यक्रम में सम्राट

के सरदार और सामंत उपहारों के साथ उपस्थित होकर उसके प्रति अपनी निष्ठा प्रदर्शित करते थे। आधुनिक समय किसी औपचारिक समूह (बड़े राज्य) में छोटे राज्यों का विलय। भारत की स्वतंत्रता के बाद 565 रियासतों (स्वतंत्र राज्यों) का भारतीय संघ में सम्मिलित होना।

## Accession Clause | अधिमिलन धारा

अन्तर्राष्ट्रीय कानून के अन्तर्गत किसी अन्तर्राष्ट्रीय सन्धियों में अधिमिलन धारा जोड़ी जाती है। इसका उद्देश्य होता है कि भविष्य में कोई ऐसा देश जो मूलतः सन्धि का सदस्य नहीं है, उसमें शामिल हो सके। इस धारा का एक श्रेष्ठ उदाहरण 23 जनवरी, 1912 की अन्तर्राष्ट्रीय अफीम सन्धि है, जिसमें यह व्यवस्था है कि जिन राष्ट्रों का इस अभिसन्धि में प्रतिनिधित्व नहीं हुआ, उन्हें इस अभिसन्धि पर हस्ताक्षर करने की अनुमति दी गई। इसके बाद कई राष्ट्रों ने इस सन्धि पर हस्ताक्षर किए।

## Accessory Belligerent | सहायक युद्धकारी

वह राष्ट्र जो सशस्त्र सेना द्वारा शत्रु पक्ष के विरुद्ध युद्ध में सक्रिय सहयोग देता हो। सहायक युद्धकारी कहलाता है।

## Accident Investigation | दुर्घटना अन्वेषण

कारखानों में घटित दुर्घटनाओं के कारणों की कल्याण अधिकारी द्वारा छानबीन या जाँच करना।

## Accident Prevention Movement | दुर्घटना निवारण सुरक्षा आन्दोलन

व्यापारिक संघों तथा अन्य श्रमिक संस्थाओं द्वारा श्रमिकों की सुरक्षा के लिए प्रवर्तित आन्दोलन जिसमें कारखानों में होने वाली दुर्घटनाओं के कारणों का अनुसंधान कर उन्हें दूर करने पर बल दिया जाता है।

## Accommodation | समंजन, निर्वाह, वास, स्थान

1. सामाजिक समायोजन की प्रक्रिया जिसके द्वारा संघर्ष में उलझे व्यक्ति या समूह अपनी आदतों और रीति-रिवाजों को बदल कर आपसी संघर्ष को पूरी तरह मिटा कर या और न बढ़ाकर अस्थायी या स्थायी शांतिपूर्ण सह-अस्तित्व की स्थापना करते हैं।
2. आवश्यकता की पूर्ति अथवा सुविधा के लिए वस्तुओं को जुटाना।
3. मनुष्य के निवास स्थान।

## Accommodation of Principle | समंजन सिद्धान्त

आदतों तथा प्रथाओं के परिवर्तन द्वारा व्यक्तियों तथा समुदायों के पारस्परिक संघर्षों के समाधान का सिद्धान्त। उदाहरण के लिए लोकतान्त्रिक शासन समंजन सिद्धान्त पर ही आधारित है क्योंकि इसके अन्तर्गत पारस्परिक विचार विनिमय द्वारा विवाद सुलझाए जाते हैं।

## Accord | मतैक्य

अन्तर्राष्ट्रीय मामलों से सम्बद्ध अपेक्षाकृत अधिक महत्व के विषय जो अन्तर्राष्ट्रीय सन्धियों अथवा अभिसमयों द्वारा निबटाये जाते हैं। पर जिन विषयों का इतना महत्व न हो, उन्हें प्रायः मतैक्य अथवा 'करार' (Agreement) द्वारा सुलझाया जाता है। जैसेः प्रतिलिप्याधिकार (Copyright), सार्वजनिक स्वास्थ्य और दवाओं के फार्मूले।

**Accountability | जवाबदेही**

संसदीय लोकतंत्र में इस शब्द में यह विचार निहित है कि जिन लोगों को सत्ता का प्रयोग करना होता है, वे एक प्रकार से राज्य तथा जनता के सेवक होते हैं। अतः उन्हें अपने कर्तव्यों का निर्वाह उचित ढंग से करना होता है। इस तरह अपने दायित्वों का उचित रूप में निर्वहन करना ही जवाबदेही कहलाती है। इसके लिए उन्हें अपने दायित्व के निर्वहन की सफलता-असफलता, अयोग्यता, भेदभाव आदि के बारे में संसद या मतदाता को उत्तर देना होता है। आज संसदीय लोकतंत्र में मंत्री व्यक्तिगत और सामूहिक रूप से संसद के प्रति उत्तरदायी होते हैं। सरकारी अधिकारी की जिम्मेदारी मंत्री, संसद, नियम और संस्था के प्रति होती है। अमेरिका में अधिकारी व्यक्तिगत रूप से जिम्मेदार होते हैं। इसमें यह भाव भी निहित है कि सत्ता या दायित्व प्रदान करने वालें के मूल्यों एवं दायित्व का निर्वाह करने वाले के कार्यों में एकरूपता हो। उदाहरण के लिए भारतीय सरकार ब्रिटेन की सरकार की तरह संसद के प्रति उत्तरदायी है। लोकतंत्र में सरकार जनता के प्रति उत्तरदायी चुनाव के माध्यम से बनाई जाती है। साधारण अर्थ में लोकतन्त्र में प्रत्येक पदाधिकारी अपने पद के प्रति उत्तरदायी होता है। राजनीति का नैतिक और व्यावसायिक आचार संहिता, अभिवृत्ति और विचारधारा से जवाबदेहिता को बढ़ावा मिलता है।

**Accreditation | मान्यता प्रमाण पत्र**

अन्तर्राष्ट्रीय राजनीति में राजदूत भेजने की परिपाटी के अनुसार एक राज्य दूसरे राज्य को पद के अधिकार पत्रों सहित अपने राजनयिक प्रतिनिधि भेजते हैं। राजदूत जहाँ नियुक्त होते हैं उस देश के राष्ट्रध्यक्ष को अपना पत्र प्रस्तुत करते हैं। वरिष्ठ पत्रकारों को भी मान्यता पत्र मिलता है।

**Accredited Agent | प्रत्यायित एजेंट**

ऐसा प्रतिनिधि जो एक राज्य द्वारा दूसरे राज्य के लिए नियमित रूप से विशेष प्रयोजन या उद्देश्य के लिए होता है।

**Accredited Envoy | प्रत्यायित दूत**

एक राज्य-विशेष का दूसरे राज्य-विशेष के लिए अधिकृत अथवा मान्यता प्राप्त दूत।

**Acculturation | पर-संस्कृतिग्रहण**

सांस्कृतिक परिवर्तन की वह प्रक्रिया जो दो अलग-अलग संस्कृति के लोगों द्वारा लम्बे समय तक सम्पर्क में आने से होती है। अमेरिकी मानवशास्त्रियों द्वारा पश्चिमी विकसित संस्कृति के सम्पर्क में अविकसित संस्कृति लैटिन अमेरिकी एवं अफ्रीकी संस्कृति आने से उनमें होने वाले सांस्कृतिक बदलाव को कहा गया। इसमें विकसित संस्कृति के तत्व स्वेच्छा या दबाव से ग्रहण किए जाते हैं। भारत में आदिवासी संस्कृति में बदलाव आधुनिक समाज के सम्पर्क से हुआ है।

**Accumulation of Capital | पूंजी संचय**

सम्पदा का भंडार निरन्तर बढ़ाने की प्रक्रिया को पूंजी संचय कहते हैं। इसकी निरन्तर वृद्धि भविष्य में राष्ट्रीय उत्पादन में वृद्धि का सूचक है साथ ही वर्तमान में उपभोग की वस्तुओं की कमी व्यक्त करती है। पूंजी संचय की प्रवृत्ति के कारण ही पूंजीवाद के विकास को बढ़ावा मिला। यह प्रवृत्ति यूरोप के कैथोलिक सम्प्रदाय में अधिक पायी गयी है। यह प्रवृत्ति भारतीय कैथोलिक सम्प्रदाय में भी दिखाई देती है।

**Accused | अभियुक्त**

ऐसा व्यक्ति जिस पर दोष लगाया गया हो और जो अपने अपराध को मिथ्या सिद्ध करने के लिए प्रतिवादी हो।

**Acheon Plan | एचेसन योजना**

संयुक्त राष्ट्र आणविक ऊर्जा आयोग के समक्ष 1946 में प्रस्तुत आणविक शक्ति के नियंत्रण एवं निःशस्त्रीकरण से संबंधित एक प्रस्ताव जो विशिष्ट सलाहकारों की एक परिषद् की संस्तुतियों पर आधारित था। इसे एचेसन लिलिंथल रिपोर्ट के नाम से जाना जाता है। इस प्रस्ताव में अमेरिकी सरकार ने निम्न बातों या शर्तों पर अन्तर्राष्ट्रीय सुरक्षा व्यवस्था के अन्तर्गत अपने एकाधिकार के आणविक शस्त्रों का परित्याग करना स्वीकार किया।

(a) अन्तर्राष्ट्रीय आणविक विकास प्राधिकरण (आई.ए.डी.ए.) की स्थापना नाभिकीय ऊर्जा शक्ति के विकास एवं उपयोग की अवस्थाओं के नियंत्रण के लिए की जाए।
(b) प्राधिकरण को निरीक्षण का असीमित अधिकार देना ताकि उल्लंघनों को रोका जा सके।
(c) इसकी स्थापना के बाद आणविक अस्त्रों के निर्माण पर प्रतिबंध एवं वर्तमान आणविक अस्त्रों के भंडारों को नष्ट किया जाना।
(d) संयुक्त राष्ट्र की सुरक्षा परिषद में निषेधाधिकार की समाप्ति हो जिससे कोई भी महाशक्ति उल्लंघन करने पर दंड से बच न सके।

**Achievement Test | उपलब्धि परीक्षण**

व्यक्ति द्वारा किसी कार्य या अध्ययन क्षेत्र में उपलब्ध ज्ञान अथवा कुशलता की अनुमाप का मानक परीक्षण।

**Acquired Right | अर्जित अधिकार**

व्यक्तिगत या सम्पत्ति सम्बन्धी वे रियायती, अनुबंधात्मक, प्रचलित कानून या अन्य अधिकार जो कानून द्वारा निर्धारित प्रक्रिया पूरी करके सद्भावपूर्वक प्राप्त किए गए हों। यह संविधान द्वारा प्रदत्त मौलिक अधिकार से भिन्न होता है।

**Act of Hostility | शत्रुतापूर्ण कार्य**

किसी राज्य या राष्ट्र द्वारा किया गया ऐसा कार्य जिसे दूसरा राज्य अवैध या हानिकारक मानता हो और जिसे वह बल प्रयोग करने के लिए पर्याप्त आधार मान सकता है। इसके परिणामस्वरूप दोनों राज्यों में युद्ध की स्थिति उत्पन्न हो सकती है।

**Act of State | राज्य-कृत्य**

एक राष्ट्र या राज्य के न्यायालय किसी दूसरे राज्य के सार्वजनिक कार्यों की वैधता की जाँच नहीं कर सकते क्योंकि प्रत्येक राज्य स्वतंत्र और सम्प्रभु होते हैं।

**Act of Unfriendliness | अमैत्रीपूर्ण कार्य**

एक राष्ट्र द्वारा दूसरे राष्ट्र के विरुद्ध किया गया ऐसा कार्य जो अवैधानिक या अवैध न होते हुए भी दोनों राष्ट्रों के बीच घनिष्ठता, सद्भाव व सहयोग को भंग करने वाला हो, उसे दूसरा राष्ट्र शत्रुतापूर्ण कार्यवाही या कार्य मानता हो या मान सकता है।

**Acte Final | वृत्तसार, अन्तिम प्रपत्र**

प्रायः किसी भी अन्तर्राष्ट्रीय सभा या सम्मेलन की समाप्ति के बाद यह उचित समझा जाता है कि उसकी कार्यवाहियों का औपचारिक सारांश विवरण तैयार कर लिया जाए। सम्मेलन में जिन संधियों

पर हस्ताक्षर होते हैं। जिन विषयों की चर्चा होती है और जो मत व्यक्त किए जाते हैं, इस विवरण में उन सबका उल्लेख होता है। सम्मेलन या सभा के इसी विवरण अथवा सारांश को वृत्तसार या अन्तिम प्रपत्र कहते हैं।

## Action Francaise | राजतंत्र समर्थक

फ्रांस में दक्षिणपंथी रॉयलिस्ट आन्दोलन ड्राइफुस विवाद के समय चार्ल्स मोशस (1868-1952) और लिओन दोदेत (1867-1942) जैसे प्रसिद्ध दो लेखकों द्वारा चलाया गया था। यह आन्दोलन कैथोलिक मत पोषक था जो प्रजातंत्र विरोधी, जर्मन विरोधी और यहूदी विरोधी रहा। इसे प्रथम विश्वयुद्ध के पहले कुछ प्रबुद्ध लोगों का समर्थन मिला। द्वितीय विश्वयुद्ध के समय यह फांसीवाद का समर्थक रहा। इसने फ्रांस की द्वितीय विश्वयुद्ध में भागीदारी का विरोध किया। युद्ध में पराजय के बाद जर्मनी से पूर्ण सहयोग का समर्थक रहा। सन् 1944 ई. में जब फ्रांस जर्मनी के प्रभाव से मुक्त हो गया तो यह आन्दोलन समाप्त हो गया।

## Activist | सक्रिय कार्यकर्ता

किसी राजनीतिक गैर राजनीतिक दल के सिद्धान्त, नेतृत्व और कार्यक्रम के लक्ष्यों की प्राप्ति के लिए सक्रिय रूप से कार्य करने वाले कार्यकर्ताओं को सक्रिय कार्यकर्ता कहते हैं। विभिन्न प्रकार के आन्दोलनों और राजनीतिक दलों की सफलता, सक्रिय कार्यकर्ताओं की कार्यकुशलता, अनुशासन एवं समर्पण भावना पर ही निर्भर करती है।

## Actors in Internation Relations | अन्तर्राष्ट्रीय सम्बन्धों में कर्ता

अन्तर्राष्ट्रीय सम्बन्धों में भागीदारी निभाने वालों को सामान्यतया कर्ता कहा जाता है। कर्ताओं की श्रेणी में राज्य के अतिरिक्त गैर-राज्यीय, पराराष्ट्रीय (Transnational) तथा अन्तर्राष्ट्रीय संगठन भी शामिल होते हैं। विभिन्न देशों की सरकारों के बीच स्थापित होने वाला सम्बन्ध ही अन्तर्राष्ट्रीय सम्बन्धों का परिचायक है क्योंकि सरकारों द्वारा लिए गए निर्णयों से वैश्विक घटनाक्रम प्रभावित होते हैं।

## AD HOC Committee | तदर्थ समिति

समितियाँ दो प्रकार की होती हैं: (i) तदर्थ समिति व (ii) स्थायी समिति (Standing Committee)। तदर्थ समिति का गठन कुछ विशेष उद्देश्यों हेतु किया जाता है। इसके उद्देश्य किसी मामले की जांच करना, किसी मामले में संस्तुति देना या किसी उम्मीदवार का चयन करना होता है। उद्देश्यों की पूर्ति हो जाने पर इसे भंग कर दिया जाता है।

## AD Referendum | अग्रेविचार्य

कभी-कभी कोई राजनयिक संधि वार्ता में भाग लेते समय दूसरे पक्ष के प्रस्ताव पर अपनी ओर से तो सहमति दे देता है पर वह अपनी सरकार को उससे बद्ध नहीं करना चाहता। इस स्थिति में वह प्रतिपक्ष के प्रस्ताव को अग्रेविचार्य कहकर स्वीकार कर लेता है जिसका अभिप्राय यह होता है कि यद्यपि मैंने यह प्रस्ताव स्वीकार कर लिया है, पर इसका अन्तिम अनुमोदन मेरी सरकार के हाथ में ही है।

## Additional Act | अतिरिक्त विनियम

पहले की गई संधियाँ या उपबंधों का ही विस्तार या संशोधन जो एक पूरक या एक अलग प्रपत्र के रूप में स्वीकार किया जाए। इसके लिए सत्यापन और अनुसमर्थन किए जाने की व्यवस्था हो भी सकती है और नहीं भी हो सकती। प्राय: समय और परिस्थितियों के अनुसार पुरानी संधियों या उपबंधों में संशोधन या पूरक प्रपत्र लगाया जाता है।

## Additional Articles | अपर अनुच्छेद

किसी अन्तर्राष्ट्रीय समझौते में वे अनुच्छेद जो उसके साथ एक सारणीबद्ध रूप में जोड़ दिए जाते हैं। इसमें मुख्य समझौते की किसी विशेष व्यवस्था के साथ या तो कुछ प्रमुख शर्तें जोड़ दी जाती हैं या फिर इनका सम्बन्ध मुख्य समझौते के किसी गौण या अतिरिक्त विषय (Subject) से होता है। तत्पश्चात् मुख्य समझौते और अपर अनुच्छेदों पर एक साथ हस्ताक्षर किए जाते हैं। जिसे अपर अनुच्छेद के नाम से जाना जाता है।

## Address | अभिभाषण

संसदीय लोकतंत्र की वह प्रक्रिया जिसमें लोकसदन या विधानमंडल के प्रथम सत्र तथा साधारण निर्वाचन के उपरान्त प्रथम सत्रारम्भ पर राष्ट्रपति तथा राज्यपाल क्रमशः संघीय तथा राज्यों के विधानमंडल के दोनों सदनों की सम्मिलित बैठक में भाषण करते हैं। इसे अभिभाषण कहा जाता है। इसकी व्यवस्था भारतीय संविधान के 86(i) तथा 175(i) अनुच्छेदों में है। यह परम्परा भारत में ब्रिटेन की देन है अनुच्छेद 86(i) के अनुसार राष्ट्रपति, संसद के एक सदन या एक साथ समवेत दोनों सदनों में अभिभाषण कर सकेगा और इस प्रयोजन के लिए सदस्यों की उपस्थिति की अपेक्षा कर सकेगा। अनुच्छेद 87 में राष्ट्रपति लोकसभा के साधारण निर्वाचन के पश्चात प्रथम सत्र के आरम्भ में और प्रत्येक वर्ष के प्रथम सत्र के आरम्भ में एक साथ समवेत संसद के दोनों सदनों में अभिभाषण कर करेगा और संसद को उसके आह्वान के कारण बताएगा। अनुच्छेद 175(i) राज्यपाल के अभिभाषण से सम्बन्धित है।

## Adelphic Polyandry | भ्रातृक बहुपति प्रथा

बहुपति प्रथा वह प्रथा है जहाँ एक प्रकार से पति आपस में भाई होते हैं। इसमें दो या अधिक भाइयों की एक पत्नी होती है। विवाह सामान्य रूप से केवल बड़े भाई के साथ होता है। परन्तु पत्नी पर सामान्यतया सबका अधिकार होता है। इस प्रथा का उद्देश्य पारिवारिक संपदा के विघटन को रोकना है। इस प्रथा में संतान सामान्य रूप से बड़े भाई की अथवा सब भाइयों की समान रूप से मानी जाती है। भारत में यह प्रथा जौनसार बावर की खासा जनजाति में तथा दक्षिण में नीलगिरी की टोड़ा जनजाति में प्रचलित है। महाभारत में भी द्रौपदी को पाँचों पाण्डवों की पत्नी माना गया।

## Adjournament Motion | स्थगन प्रस्ताव

किसी लोक महत्व के विषय पर अविलम्ब चर्चा शुरू करवाने के लिए संसद या विधानमंडल में पूर्व निर्धारित काम को स्थगित करने का प्रस्ताव स्थगन प्रस्ताव कहलाता है। इसके लिए सदन की कार्यवाही शुरू होने से पूर्व सदन के अध्यक्ष, सचिव या सम्बन्धित मंत्री को उस दिन प्रस्ताव देना होता है। इस प्रस्ताव का उद्देश्य सरकार से सूचना प्राप्त करना, विषय पर चर्चा करना और सरकार की निन्दा करना होता है। हालांकि सरकारी दल का समर्थन नहीं होने पर स्थगन प्रस्ताव लागू नहीं होता है। फिर भी सदन में अव्यवस्था फैला कर स्थगन करवाया जाता है। किसी गृहीत स्थगन प्रस्ताव पर चर्चा सामान्यतया 16.00 बजे म.पू. पर आरम्भ होती है। और ढाई घंटे तक अर्थात 18.30 बजे म.पू. तक या उसके सदन के नियम संख्या 61 और 62 के अनुसार चलती है।

## Adjournment of the House | सदन का स्थगन

कभी-कभी कुछ विशेष कारणों से सदन की बैठक स्थगित करने की आवश्यकता होती है। जब सदन की बैठक एक बार आरम्भ हो जाती है तब यह स्थगित हो या नहीं, यह पूरी तरह सदन के सभापति के हाथ में होता है। भारत में राष्ट्रपति को लोकसभा का स्थगन करने की शक्ति प्राप्त नहीं

है। सदन को स्थगित करने के प्रकार और कारण भिन्न-भिन्न हैं। उदाहरण के लिए सदन किसी नियत समय पर स्थगित किया जा सकता है, जिसके लिए हाउस ऑफ कॉमन्स में बैठक समाप्त होने के समय स्थगन प्रस्ताव उपस्थित करना पड़ता है। प्रस्ताव के ऊपर वाद-विवाद होता है और इसके द्वारा गैर-सरकारी सदस्यों को विभिन्न प्रश्न उठाने का अवसर मिल जाता है। यदि सदन स्थगित करवाने का विचार हो तो किसी सदस्य को उठकर कहना पड़ता है, "मैं प्रस्ताव करता हूँ कि अब यह सदन स्थगित हो जाए" प्रस्ताव स्वीकृत होने पर सदस्य वाद-विवाद में उलझ जाते हैं। इस प्रकार के प्रस्ताव पर सदन का मत नहीं लिया जाता। जब प्रस्ताव को उपस्थित किए आधा-घन्टा हो जाता है तब बिना कोई प्रश्न किए अध्यक्ष सदन को स्थगित कर देता है। भारत में लोकसभा के अध्यक्ष (नियम 15) और राज्य सभा के सभापति (नियम 12) को सदन स्थगित करने का अधिकार है। आवश्यकता पड़ने पर सदन बैठक के बीच में भी स्थगित किया जा सकता है। इसके अतिरिक्त सदन किसी मृत व्यक्ति के प्रति सम्मान प्रकट करने के लिए, गणपूर्ति न होने पर, सदन के भीतर कार्य संचालन में अव्यवस्था के कारण अथवा अविलम्बनीय लोक महत्त्व के निश्चित नियम पर चर्चा करने के लिए अथवा अनिश्चितकाल के लिए भी स्थगित किया जा सकता है।

### Adjudication | न्याय निर्णय

विवादों के समाधान की वह प्रक्रिया जिसका उद्देश्य विवादग्रस्त पक्षों को शांतिपूर्ण तरीके से न्याय दिलाना है। इसमें विवाद का निर्णय कोई न्यायालय (Court), न्यायाधिकरण (Tribunal), आयोग (Commission) या अन्य कोई संगठन करता है, और यह निर्णय सम्बद्ध पक्षों के लिए बाध्यकर (Binding) होता है।

### Adjustment of Personality | व्यक्तित्व समायोजन

वह प्रक्रिया जिसके द्वारा व्यक्ति स्वयं को चारों ओर के पर्यावरण के अनुरूप ढालते हुए उसमें घुलमिल जाता है और उसका अभिन्न अंग बन जाता है।

### Administration | प्रशासन

सरकारी या गैर सरकारी कार्यों का प्रबन्ध या व्यवस्था, देखभाल करना अर्थात सरकार की सम्पूर्ण गतिविधियाँ, विद्यमान सरकार। इस अर्थ में मनमोहन सिंह-प्रशासन, कांग्रेस-प्रशासन, ओबामा-प्रशासन, भाजपा-प्रशासन आदि को लिया जा सकता है।

इस शब्द का सम्बन्ध नीतिगत निर्णयों को क्रियान्वित करने की प्रक्रिया से तथा देश के शासन-प्रबंध से भी है। इसमें महत्वपूर्ण परिवर्तन लाये बिना प्रशासन को चलाया जाता है। इसके चार महत्वपूर्ण आधार हैं: सबको संतुष्ट करना, सामान्यीकरण, संघर्ष से बचना और कानून के अनुरूप कार्य करना। प्रशासन एजेन्डा पर नियंत्रण रखता है, आंकड़े एकत्रित करता है, नीति निर्धारण करता है, नीति पर विचार-विनिमय करवाता है तथा कुशल निर्णय करता है। पदसोपान और राजनीतिक एवं प्रशासनिक अधिकारी के अलग-अलग होने के कारण कुशलता से कार्य करता है। प्रशासन - कानूनी, अराजनीतिक और निष्पक्ष होना चाहिए।

### Administrative Courts | प्रशासनिक न्यायालय

साधारण न्यायालयों से भिन्न वे विशिष्ट न्यायालय जो राजकीय कर्मचारियों की शासकीय क्षमता में नागरिकों के प्रति किए गए अपराधों की प्रशासनिक विधि के सन्दर्भ में जाँच करते हैं, प्रशासनिक न्यायालय कहलाते हैं। यह व्यवस्था फ्रांस में सफल रही है।

### Administrative Ethics | प्रशासनिक नैतिकता

नैतिक आचरण जो प्रशासन में कार्यरत प्रत्येक राजनेता, पदाधिकारी तथा कर्मचारी को अपने दायरे में रहते हुए निष्पक्षता से काम करने और पद का दुरुपयोग नहीं करने के कर्त्तव्य को कहते हैं। अपने दायित्व का पालन ईमानदारी, पूरी निष्ठा और सच्चरित्रता से करना ही प्रशासकीय नैतिकता है।

### Administrative Law | प्रशासनिक विधि

इंग्लैण्ड अमेरिका और भारत आदि देशों में नागरिकों के अधिकारों और स्वतन्त्रताओं की रक्षा का आधार विधि शासन (Rule of Law) है, जिसके मुख्य रूप से दो तत्व हैं (1) कोई भी व्यक्ति विधि की परिमिति से बाहर नहीं है और (2) प्रत्येक व्यक्ति चाहे उसकी पद प्रतिष्ठा तथा स्थिति कुछ भी क्यों न हो सार्वजनिक विधियों के अधीन हैं और सार्वजनिक न्यायालयों के क्षेत्राधिकार से मर्यादित है। विधि के समक्ष सब मनुष्य समान है इस प्रकार ब्रिटेन तथा भारत आदि की विधि व्यवस्था में साधारण व्यक्ति और राज-कर्मचारियों के बीच किसी प्रकार का कोई भेद नहीं किया जाता। दूसरे शब्दों में इन देशों में सामान्य नागरिकों और सरकारी कर्मचारियों दोनों के अभियोगों की जाँच एक ही प्रकार के न्यायालय और एक ही विधि के अनुसार करते हैं।

फ्रांस में स्थिति दूसरी है। वहाँ की विधि पद्धति में राज कर्मचारियों तथा साधारण नागरिकों के बीच स्पष्ट अन्तर किया गया है। फ्रांस में साधारण न्यायालय राज कर्मचारियों के उन अपराधों की परीक्षा नहीं कर सकते जिन्हें वे अपनी शासकीय क्षमता में करते हैं। वहाँ इस प्रकार के अपराधों की परीक्षा प्रशासनिक न्यायालयों में होती है। ये न्यायालय विशेष प्रकार की विधियों का प्रयोग करते हैं जिन्हें सामूहिक रूप से प्रशासनिक विधि कहते हैं।

### Administrative Tribunal | प्रशासनिक अभिकरण

संघ और राज्यों की लोक सेवाओं के अधिकारियों की भर्ती, तथा उनके सेवा सत्र के विवाद निपटाने हेतु गठित विधिक संस्था प्रशासनिक अभिकरण कहलाता है। भारतीय संविधान में 42वें संविधान संशोधन द्वारा 1976 में अनुच्छेद 323(अ) तथा 323 (ब) जोड़ कर यह प्रावधान किया गया। 1985 में केन्द्रीय प्रशासकीय अभिकरण (Central Administrative Tribunal) बनाया गया।

### Adorno, Theodor W. | एडोरनो थियोडोर डब्ल्यू ( 1903-69 )

मार्क्सवादी सिद्धान्त के फ्रेंकफर्ट स्कूल के जर्मन राजनीतिक विचारक। इनकी कृति Dialetic of Enlightenment (1949) और Negative Dialetics (1966) को प्रसिद्धि मिली। एडरोनो वाल्टर बेंजामिन के ऐतिहासिक विकास और फ्रेडरिक पोलॉक के राज्य के अर्थव्यवस्था में हस्तक्षेप को सर्वसत्तावाद और राज्य पूंजीवाद के सिद्धान्त के विपरीत समाज में पूंजी के प्रभुत्व को स्वीकारा। उन्होंने कुछ सांस्कृतिक उद्योगों को लोगों की स्वतंत्रता एवं व्यक्तिगत गुणों को प्रभावित करने वाला बताया है। इससे मजदूर वर्ग के विरोध करने के सामर्थ्य में कमी हुई है। इन्होंने सर्वसत्तावादी व्यक्तित्व का सिद्धान्त भी प्रतिपादित किया।

### Adult Education | प्रौढ़ शिक्षा

स्कूल शिक्षा की सामान्य आयु से अधिक 16 से 35 वर्ष की आयु के वयस्क नागरिकों को शिक्षा प्रदान करवाना प्रौढ़ शिक्षा कहलाता है।

### Adult Franchise | वयस्क मताधिकार

इसका अर्थ है प्रत्येक स्त्री-पुरुष जो अनुच्छेद 326 के अनुसार 18 वर्ष का हो गया हो तथा विकृत-चित्त, पागल व दिवालिया नहीं हो, वह लोकसभा और प्रत्येक राज्य की विधानसभाओं के

निर्वाचनों में मतदान कर सकेगा। इकसठवाँ संशोधन के द्वारा 1988 में भारत के तत्कालीन प्रधानमंत्री राजीव गाँधी ने मताधिकार की आयु 21 वर्ष से कम करके 18 वर्ष करवा दी थी।

## Adversary Politios | विरोधात्मक राजनीति

एस. ई. फाइनर ने अपनी पुस्तक Adversary Politics and Electoral Reform (1975) में ब्रिटिश संसदीय व्यवस्था को कन्जरवेटिव एवं लेबर पार्टी के बीच जारी विरोधात्मक राजनीति को संसदीय व्यवस्था के लिए संघर्षकारी बताया है। अनेक राष्ट्रीय मुद्दों पर विचारात्मक समानता के बावजूद भी इनमें विरोध बना रहता है। भारतीय राजनीति में भारतीय जनता पार्टी और अन्य राजनीतिक दल कांग्रेस, और साम्यवादी दलों के बीच विरोधात्मक राजनीति जारी है। यह विरोध सैद्धान्तिक व विचारधारात्मक होता है। यू.पी.ए. और एन.डी.ए. में मूलतः धर्मनिरपेक्षता के नाम पर विरोधात्मक राजनीति जारी है।

## Advisory Council | सलाहकार परिषद

कभी-कभी सरकार अपने किसी विभाग से जुड़े कार्य के किन्हीं विशेष पक्षों पर सलाह देने के लिए गणमान्य नागरिकों का एक संगठन बना देती है। जिसे सलाहकार परिषद कहा जाता है। ब्रिटेन की केन्द्रीय आवास सलाहकार समिति तथा केन्द्रीय स्वास्थ्य सेवा परिषद इसके उपयुक्त उदाहरण हैं। भारत में कांग्रेस पाटी की अध्यक्षा सोनियां गांधी के नेतृत्व में 12 विशेषज्ञों की सलाहकार परिषद 2004 से कार्यरत है।

## Advocate General | महाधिवक्ता

(i) महाधिवक्ता कानूनी विषयों में राज्य का सलाहकार होता है। संविधान के भाग 6 के अध्याय 2 के अनुच्छेद 165 के अनुसार प्रत्येक राज्य का राज्यपाल, उच्च न्यायालय का न्यायाधीश नियुक्त होने के लिए अर्हित किसी व्यक्ति को राज्य का महाधिवक्ता नियुक्त करेगा।

(ii) महाधिवक्ता का यह कर्तव्य होगा कि वह उस राज्य की सरकार को विधि सम्बन्धी ऐसे विषयों पर सलाह दे और विधिक स्वरूप के ऐसे अन्य कर्तव्यों का पालन करे जो राज्यपाल उसको समय-समय पर निर्देशित करे या सौंपे और उन कृत्यों का निर्वहन करे जो उसको इस संविधान अथवा तत्समय प्रवृत्त किसी अन्य विधि द्वारा या उसके अधीन प्रदान किए गए हों।

(iii) महाधिवक्ता राज्यपाल के प्रसादपर्यन्त पद धारण करेगा और ऐसा पारिश्रमिक प्राप्त करेगा जो राज्यपाल अवधारित करे।

अनुच्छेद 177 के अनुसार महाधिवक्ता को यह अधिकार होगा कि उस राज्य की विधानसभा में या विधान परिषद वाले राज्य की दशा में दोनों सदनों में बोले और उनकी कार्यवाहियों में भाग ले और विधान मण्डल की किसी समिति में, जिसमें उसका नाम सदस्य के रूप में दिया गया है, बोले और उसकी कार्यवाहियों में भाग ले, किन्तु इस अनुच्छेद के आधार पर वह मत देने का हकदार नहीं होगा।

## Affinity | संबन्ध

ऐसे सामाजिक सम्बन्ध जो विवाह या वंशानुक्रम के आधार पर व्यक्तियों और समूहों के बीच स्थापित होते हैं।

## Affirmation | प्रतिज्ञान

सरकार के अन्तर्गत प्रत्येक पद का भार ग्रहण करते समय सामान्यतया शपथ लेनी पड़ती है लेकिन कुछ व्यक्ति धार्मिक आधार पर शपथ नहीं लेना चाहते हैं। ऐसे व्यक्तियों को प्रतिज्ञान करना पड़ता है कि वह निष्ठा के साथ अपने पद का कार्य करेंगे।

संविधान के अनुच्छेद 99 के अनुसार संसद के प्रत्येक सदन का प्रत्येक सदस्य अपना स्थान ग्रहण करने से पहले अपने पद की शपथ लेता है।

### Affirmative Action | सकारात्मक कार्यवाही

वर्षों से प्रताड़ित, पीड़ित जातीय समूह को राष्ट्रीय सम्पत्ति से विशेष सुविधा दिए जाने की नीति जिसके अनुसार समाज के कुछ वर्गों को जो अब तक अलाभप्रद स्थिति में रहे हैं, विशेष सुविधा प्रदान की जाती है। इस नीति के अनुसार व्यक्ति जो विशेष जाति समूह के होते हैं उन्हें अन्य योग्य व्यक्तियों की उपेक्षा करके नामांकन और नौकरी दी जाती है। अतः इसे समानता एवं योग्यता विरोधी भी कहा जाता है। इसके अन्तर्गत अल्पसंख्यकों को, महिलाओं को तथा विकलांगों को आरक्षण प्रदान किया जाता है। इस प्रकार की व्यवस्था संयुक्त राज्य अमेरिका में प्रचलित है। वहाँ की आबादी के 12 प्रतिशत काले लोगों को शिक्षा एवं नौकरी में विशेष आरक्षण दिया जाता है। भारत में अनुसूचित जाति, जनजाति और अन्य पिछड़े वर्गों को यह विशेष सुविधा (आरक्षण) का संविधान के भाग 3 के अनुच्छेद 15(4), 16(4) और भाग 16 में अनुच्छेद 330-342 में प्रावधान है।

### Affluent Society | समृद्ध समाज

यूरोप और अमेरिका के निवासियों के रहन-सहन के उच्च स्तर को व्यक्त करने के लिए प्रो. गैलब्रेथ द्वारा प्रयुक्त शब्द। जनसामान्य की आय में लगातार वृद्धि होने से विलासिता पर खर्च करने के बाद भी जनसामान्य में रुपये-पैसे की बचत से समाज में खुशहाली आने का द्योतक है। समृद्ध समाज में भोगवाद पर ज्यादा खर्च किया जाता है एवं लोककल्याणकारी नीति स्वास्थ्य, शिक्षा और गरीबी उन्मूलन जैसे कार्यक्रमों पर कम धन खर्च किया जाता है।

### Afghanistan Crisis | अफगान संकट

27 दिसम्बर 1979 को अफगानिस्तान में पूर्ववर्त्ती सोवियत संघ के सैनिकों के प्रवेश करने से अफगानिस्तान संकट उत्पन्न हुआ। इस दिन सुबह के 7 बजे सोवियत सैनिकों ने राष्ट्रपति भवन, हवाई अड्डे, रेडियो स्टेशन और अन्य प्रमुख केन्द्रों पर हमले कर दिए। मशीनों से लैस चार पैदल और बख्तरबन्द डिवीजनों का सोवियत सीमा से भीषण गर्जन सुनाई दिया, जिन्होंने चन्द दिनों में ही सभी प्रमुख नगरों और कस्बों पर कब्जा कर लिया। वस्तुतः सोवियत संघ ने अफगानिस्तान में सैनिक हस्तक्षेप करके नये शीतयुद्ध की प्रक्रिया को तीव्र गति प्रदान की। अफगानिस्तान में सोवियत हस्तक्षेप के मूलतः दो कारण थे।

1. गर्मपानी के बन्दरगाहों की तलाश।
2. द्वितीय टर्की, ईरान एवं अफगानिस्तान से लगने वाली सीमाओं की सुरक्षा।

राष्ट्रपति हफीजुल्ला अमीन की सपरिवार हत्या कर दी गई, उनके स्थान पर बवराक करमाल राष्ट्रपति बना दिए गए। 28 दिसम्बर 1979 को सोवियत प्रवक्ताओं ने यह दलील पेश की कि अफगान सरकार ने अफगान-सोवियत मैत्री सन्धि के आधार पर सोवियत सरकार से सहायता, जिसमें सैनिक सहायता भी सम्मिलित है, की अपील की है और सोवियत सरकार ने उस अपील को स्वीकार कर लिया है।

अमेरिका के तत्कालीन राष्ट्रपति कार्टर ने अफगानिस्तान में सोवियत सेनाओं के प्रवेश और हस्तक्षेप की कड़ी निन्दा करते हुए मास्को से अपनी फौजें तुरन्त वापस लाने के लिए कहा और ऐसा नहीं करने पर उसने इस मुद्दे को सुरक्षा परिषद में उठाया लेकिन सोवियत संघ द्वारा वीटो कर दिया गया। महासभा ने अपने आपातकालीन अधिवेशन के दौरान 15 जनवरी 1980 को एक प्रस्ताव द्वारा मांग की कि अफगानिस्तान से तत्काल विदेशी सेनाएँ हटायी जाएँ। इस प्रकार महाशक्तियों में उत्पन्न तनाव को नया शीत युद्ध भी कहा गया।

अन्त में संयुक्त राष्ट्र संघ की मध्यस्थता से 14 अप्रैल 1988 को जेनेवा समझौता द्वारा साढ़े आठ साल पुराने संकट को खत्म करने के लिए ऐतिहासिक समझौते पर हस्ताक्षर हुए, जिसके तहत 9 मई 1988 से 9 माह के भीतर संयुक्त राष्ट्र पर्यवेक्षकों की देखरेख में सोवियत सैनिकों की वापसी हुई। इसके बाद अफगानिस्तान इस्लामिक कट्टरपंथियों के कब्जे में चला गया। तालिबान समर्थक ओसामा बिन लादेन के आतंक का अंत अमेरिका के द्वारा किया गया। अभी अमेरिका समर्थित हामिद करजई वहाँ के राष्ट्रपति हैं।

## African National Congress | अफ्रीकन राष्ट्रीय कांग्रेस

दक्षिण अफ्रीका का अश्वेत राजनीतिक संगठन। 1912 में स्थापित एवं 1960 के बाद प्रतिबंधित नेल्सन मंडेला की रिहाई के 1990 से पुनः राजनीतिक प्रक्रिया में सम्मिलित 1994 में राष्ट्रपति निर्वाचित हुए। बहुप्रजातीय समाज की संरचना की समर्थक। श्वेत उदारवादियों से भी समर्थन प्राप्त। इसने पृथक्कवासन (एपारथाइड) का विरोध एवं विश्व स्तर पर दक्षिण अफ्रीका के श्वेत सरकार के अत्याचार को उजागर किया। इसके बाद नस्लवाद समावेशी समाज बना जिसमें काले और श्वेत का बराबर का राजनीतिक अधिकार है। प्रायः अश्वेत ही नेतृत्व देते हैं।

## Afro-Asian Conference (Bandung Conference) | अफ्रेशियाई सम्मेलन, बाण्डुंग सम्मेलन

इंडोनेशिया के बाण्डुंग नगर में एशियाई-अफ्रीकी देशों का एक सम्मेलन 18-27 अप्रैल 1955 में हुआ। इसका मुख्य उद्देश्य विश्व राजनीति में इन देशों द्वारा एशियाई-अफ्रीकी राज्यों की सुदृढ़ता प्रदर्शित करना था।

भारत, म्यांमार और इन्डोनेशिया द्वारा अफ्रो-एशियाई सम्मेलन का आयोजन किया गया। इस सम्मेलन में साम्यवादी चीन सहित 29 राष्ट्र शामिल हुए। इस सम्मेलन को बुलाने के प्रयोजन सद्भावना और सहयोग की वृद्धि, एशिया और अफ्रीका के देशों से विशेष सम्बन्ध रखने वाली आर्थिक, सामाजिक और सांस्कृतिक समस्याओं पर विचार करना, वर्तमान विश्व में एशिया तथा अफ्रीका की स्थिति तथा इन देशों द्वारा विश्व-शांति एवं अन्तर्राष्ट्रीय सहयोग के लिए किए जा सकने वाले कार्यों पर विचार-विमर्श करना। इस सम्मेलन का उद्घाटन 18 अप्रैल 1955 को इण्डोनेशिया के राष्ट्रपति डॉ. अहमद सुकर्ण ने किया। भारत के प्रधानमंत्री जवाहरलाल नेहरू ने इस सम्मेलन में चीन के प्रधानमंत्री चाउ. एन. लाई के साथ भाग लिया। सम्मेलन में एशिया और अफ्रीका की समस्याओं पर विस्तृत विचार-विमर्श हुआ।

इस सम्मेलन में एशियाई और अफ्रीकी नेताओं ने सर्वसम्मति से चार मांगें प्रस्तुत कीं।

1. राष्ट्रीय प्रतिष्ठा की ओर उपनिवेशवाद के अन्त की मांग
2. मानवीय गौरव, प्रतिष्ठा की सुरक्षा और जातीय भेदभाव के अन्त की मांग
3. दरिद्रता और सामंतवाद के अन्त की मांग तथा
4. युद्ध के शाश्वत भय के अन्त की मांग

सम्मेलन में भाग लेने वाले देशों ने यह निश्चय किया कि वे आर्थिक विकास के लिए एक-दूसरे को विशेषज्ञों, अग्रगामी योजनाओं तथा उपयुक्त साधन सामग्री सहायता द्वारा प्रदान करेंगे आर्थिक विकास के कार्यक्रमों को चलाने के लिए संयुक्त राष्ट्र संघ द्वारा एक विशेष निधि की व्यवस्था होनी चाहिए। नेहरू जी चाहते थे कि इस सम्मेलन द्वारा एशियाई देशों के बीच सहयोग और मित्रता की भावना को और मजबूत किया जाए।

द्वितीय बाण्डुंग सम्मेलन 22-23 अप्रैल 2005 को इण्डोनेशिया के जकार्ता में एशियाई व अफ्रीकी देशों का हुआ। 24 अप्रैल को बाण्डुंग में "बाण्डुंग घोषणा पत्र", गेडूंग मर्डेका हॉल में तैयार हुआ। इण्डोनेशिया के राष्ट्रपति सुशौलो बाम वेग युधोयोनों, द. अफ्रीका के राष्ट्रपति

थामोम्बेकी, चीन के राष्ट्रपति हू. जिन्ताओ एवं भारतीय प्रधानमंत्री डॉ. मनमोहन सिंह ने भाग लिया। इसमें संयुक्त राष्ट्र घोषणा पत्र का कड़ाई से पालन करने, सामूहिक कार्य को सक्रियता से बढ़ाने का आह्वान किया गया, अन्तर्क्षेत्रीय सहयोग और अखण्डता एवं 4 वर्ष वाद शिखर सम्मेलन करने की घोषणा की गई।

**Age of Consent | अनुमति आयु**

वह आयु जिसमें कन्या को विवाह अथवा अवैध संभोग की अनुमति देने के लिए बालिग समझा जाता है और सम्बन्धित पुरुष को बलात्कार के लिए दोषी नहीं माना जाता। यह आयु सीमा प्रत्येक देश व समाज में भिन्न हो सकती है। भारत में फरवरी 2013 में बलात्कारियों को मृत्युदंड दिलवाने हेतु राष्ट्रीय बहस में 16 वर्ष के आयु वाले को बालिका मानने पर जोर दिया गया। लेकिन अभी तक इस पर सबकी सहमति प्राप्त नहीं हुई है।

**Age of Enlightement | ज्ञानोदय युग**

यूरोप में सत्रहवीं तथा अठारहवीं शताब्दी का दार्शनिक आन्दोलन जिसके द्वारा तत्कालीन राजतंत्रीय व्यवस्था को चुनौती दी गई, साथ ही राजनीतिक, सांस्कृतिक एवं वैज्ञानिक विषयों पर भी तर्कसंगत विचार प्रस्तुत किए गए। इंग्लैण्ड में पियरे वैल (1647–1706) और जॉन लॉक (1632–1704) ने इसे गति प्रदान की। फ्रांस में वाल्टेयर और रूसो जैसे दार्शनिकों ने स्वतंत्रता का उद्घोष किया। अमेरिका में बैन्जामिन फ्रेंकलिन (1706–1790) जैसे संघवादी और थामसपेन (1737–1809) जैसे दासता विरोधी विचारकों ने नये विचारों का सूत्रपात किया।

**Agelecism | समाजाधृत सिद्धान्त**

सामाजिक स्थिति के सम्बन्ध में एक विशिष्ट सिद्धान्त जिसके अनुसार सामाजिक घटनाओं का अपना एक स्वतन्त्र अस्तित्व होता है। इन्हें घटाकर अथवा पृथक रखकर विश्लेषण नहीं किया जा सकता। सामाजिक समूह व्यक्तियों के योग से कुछ अधिक होता है। समूह ऐसा प्राथमिक और आकस्मिक कारक है जिससे व्यक्ति को उसकी व्यवहार शैली, विचार, विश्वास, मूल्य तथा अभिप्रेरणाएं प्राप्त होती हैं।

**Agency for International Development | अन्तर्राष्ट्रीय विकास अभिकरण**

संयुक्त राज्य अमेरिका की कांग्रेस ने 1961 में विदेशी सहायता अधिनियम के अन्तर्गत अन्तर्राष्ट्रीय विकास अभिकरण की स्थापना की। विकासशील देशों के विकास कार्यक्रमों, यथा – शैक्षणिक, औद्योगिक, कृषि, स्वास्थ्य के क्षेत्र में तकनीकी एवं आर्थिक सहायता प्रदान करना इसका मुख्य उद्देश्य है।

**Agent Provocatur | प्रोत्तेजकः दुरुत्साहक, भड़काने वाला भेदिया**

प्रोत्तेजक पद मूल रूप से फ्रांसीसी है। यह उस व्यक्ति के लिए काम में लिया जाता है जिसको सामाजिक एवं राजनीतिक संघर्षों की स्थिति में एक पक्ष अपने साथ अपने दुश्मनों या विरोधियों के बीच मित्र के कपटपूर्ण वेश में परन्तु हकीकत में उनको उकसाने और भड़काने तथा उनमें अव्यवस्था एवं उत्तेजनापूर्ण कार्य करने के लिए भेजा जाता है।

**Aggrandizement | विवर्धन (नीति)**

किसी प्रदेश या राज्य की साम्राज्यवादी-विस्तारवादी नीति का वह रूप जिससे शक्ति या बल प्रयोग की धमकी या युद्ध करके अपनी सीमा का विस्तार करने या पड़ोसी राज्यों को हड़पने का प्रयास किया जाता है।

पहले विस्तारवादी नीति के लिए रोम साम्राज्य की और बाद में फ्रांस के लुई चतुर्दश की क्षेत्रीय विस्तार की नीति के लिए यह शब्द (Word) प्रयुक्त हुआ। जर्मन राष्ट्रवादी आन्दोलन के सूत्रधारों ने इसी विवर्धन नीति का पालन किया, जो द्वितीय विश्वयुद्ध का कारण बनी।

## Aggression | आक्रमण, अग्र आक्रमणः हमला

किसी राज्य या राष्ट्र के विरुद्ध वैध अथवा प्रयोजनों से सशस्त्र कार्यवाही करने की स्थिति जिससे उस राष्ट्र की प्रादेशिक अखंडता अथवा राजनीतिक संप्रभुता का हनन होता है, उसे राष्ट्र पर किया गया आक्रमण या अग्र आक्रमण कहा जाता है अर्थात इसका अर्थ एक देश द्वारा दूसरे देश पर हमला करना है।

## Aggressive Nationalism | आक्रामक राष्ट्रवाद

सरकार द्वारा सैनिक तैयारियां करने और उग्रनीतियां अपनाने के लिए राष्ट्रवाद की वह अग्र एवं संकीर्ण भावना जो राष्ट्र के सीमा विस्तार की आकांक्षाओं से प्रेरित हो।

## Agitation | आन्दोलन

सरकार अथवा संस्था, कल-कारखाने के प्रबंधक मंडल के विरुद्ध किया गया वह आन्दोलन जो सामान्य हित से संबंधित शिकायतों, मांगों के लिए किया जाता है। यह राजनीतिक उद्देश्यों की सिद्धि के लिए जनसाधारण या किसी विशाल वर्ग के विचारों को प्रभावित करने या उनकी भावनाओं को भड़काने की कार्यवाही भी हो सकती है। इस प्रक्रिया में लोग बड़ी संख्या में एकत्र होकर प्रायः असंयत व्यवहार करने लगते हैं, आन्दोलन के निम्न रूप हो सकते हैं: (a) लोगों की उत्तेजना अथवा उनके अव्यवस्थित व्यवहार के कारण होने वाला उपद्रव। (b) लोगों में कुछ राजनीतिक प्रयोजनों की सिद्धि के लिए उत्तेजना उत्पन्न करने का प्रयत्न। यह आवश्यक नहीं है कि इस प्रकार का प्रयत्न अव्यवस्थित ही हो। इसी आधार पर आन्दोलनकर्ता वह व्यक्ति है, जो स्त्री-पुरुषों की एक बड़ी संख्या के चिन्तन तथा आचरण को उत्तेजना की दिशा में मोड़े। आन्दोलनकर्ता शब्द को विशेष उपलब्धि 17वीं शताब्दी में इंग्लैण्ड में गृहयुद्ध में प्राप्त हुई जब क्रोमवेल की सेना के प्रत्येक रेजीमेंट ने प्रतिनिधि निर्वाचित किए जिन्हें आन्दोलनकर्ता कहा गया जाता था। फ्रांसीसी क्रांति के समय इस शब्द का प्रयोग उन व्यक्तियों के लिए किया गया, जिन्होंने अनुत्तरदायी ढंग से देश के भीतर उपद्रव करने का प्रयत्न किया था। इंग्लैण्ड में इस शब्द का प्रयोग उन शांतिपूर्ण और व्यवस्थित आन्दोलनों हेतु किया गया, जिनका लक्ष्य लोकमत के संगठन द्वारा संसद को इस बात के लिए प्रेरित करना था कि वह विधायी सुधार करे। आधुनिक युग के दक्षिण पक्षीय और वामपक्षीय सभी तरह के क्रांतिकारी दल आन्दोलन शब्द का प्रयोग करते हैं और वे इसे दमनमूलक सरकार तथा समाज-व्यवस्था के विरुद्ध लोकमत जाग्रत करने का उपयुक्त साधन मानते हैं।

## Agitator | आंदोलनकर्त्ता

वह व्यक्ति जो सामाजिक, आर्थिक, राजनीतिक और धार्मिक व्यवस्था में उत्तेजना या हलचल उत्पन्न कर आंदोलन की स्थिति पैदा कर दे या उसमें बढ़चढ़ कर भाग लें।

## Agrarian Movement | भूमि सुधारवादी आन्दोलन

कृषि के क्षेत्र में द्रुतगति से होने वाले आकस्मिक और वृहद् आधारीय परिवर्तन। उन्नीसवीं तथा बीसवीं शताब्दी में समाजवादी विचारधारा के प्रसार द्वारा कृषकों के शोषण को खत्म करने और उनकी स्थिति में सुधार लाने व भू-स्वामित्व दिलाने के लिए किए गए प्रयास और आन्दोलन। इस आन्दोलन का नारा

था: "जमीन जोतने वाले अर्थात कृषकों को मिले।" जमींदारी व्यवस्था की समाप्ति एवं भूमि लगान में कमी आदि इसके नारे थे। इंग्लैण्ड में इस आन्दोलन से कृषि एवं पशुपालन में वैज्ञानिक तकनीकी को अपनाया गया। भारत में प्रथम संविधान संशोधन 1951 के द्वारा जमींदारी प्रथा का उन्मूलन संविधान में 9वीं अनुसूची जोड़कर किया। 21वीं शताब्दी में कृषि भूमि का औद्योगीकरण शहरीकरण और विशेष, आर्थिक क्षेत्र (सेज) के विरुद्ध किसानों का विरोध भी कृषक आन्दोलन ही है।

### Agrarian Parties | ग्रामीण अथवा जमींदारी दल

वे राजनीतिक दल जो काश्तकारों और ग्रामीणों के हितों का प्रतिनिधित्व करते हैं, कृषक दल कहलाते हैं। इनका महत्व और अस्तित्व काश्तकारों के वर्ग के आकार पर निर्भर करता है। एग्रोरियन पार्टी, नार्डिक देशों, डेनमार्क, फिनलैण्ड, नार्वे और स्वीडन में बहुत महत्व रखती है।

### Agrarianism | भूमि सुधारवाद

भूमि सुधार का आशय है भूमिगत संपत्ति का समान वितरण करके उसका न्यायपूर्वक और उचित स्वामित्व प्रदान करना है। यह ऐसा राजनीतिक या सामाजिक आन्दोलन है जिसका मुख्य लक्ष्य भूमि सुधारों को क्रियान्वित करवाना और कृषकों की आर्थिक स्थिति को सुधारना है। भारत में जमींदारी प्रथा का उन्मूलन हुआ था, जिसके फलस्वरूप भू-दान आन्दोलन का सूत्रपात हुआ। इस आन्दोलन का श्रेय आचार्य विनोबा भावे को जाता है।

### Agriculture Sector | कृषि क्षेत्र

रोजगार और जीवन यापन के लिए कृषि पर निर्भर क्षेत्र। विकसित देशों में करीब 15 से 20 प्रतिशत लोग ही निर्भर रहते हैं। भारत जैसे देश में 2011 के जनगणना के अनुसार 60 प्रतिशत लोगों को अब भी रोजगार मिलता है जो सकल राष्ट्रीय उत्पाद (GDP) का मात्र 14 प्रतिशत है। कृषि क्षेत्र के लोगों की आमदनी काफी कम है और कर्ज एवं बदहाली में जीवन यापन करते हैं। उनके लिए सिंचाई, बिजली, स्वास्थ्य, संचार, शिक्षा और सुरक्षा जैसी समस्या है। भूमि अधिग्रहण का नया मुद्दा जुड़ा है जिससे काफी लोग "किसान आन्दोलन" में जेल गए और पुलिस हिंसा के शिकार हुए। इससे कृषि क्षेत्र में जो फसलों को बोकर, फल उगाकर, पशुपालन के द्वारा अपना भोजन, वस्त्र और आवास की पूर्ति करते हैं प्रभावित हो रहे हैं।

### Aid | सहायता

विकसित (धनी) देशों द्वारा अविकसित (गरीब) देशों को दी जाने वाली सहायता। यह सहायता प्रायः विकास कार्यों, सैनिक साजो सामान, सहायता देने वाले देश के व्यापारिक और राजनीतिक हित के लिए होती है। आज दो देशों के बीच (बायलेटरल) सहायता एवं कई देशों के द्वारा सहायता विश्व बैंक, क्षेत्रीय विकास बैंकों के द्वारा दी जा रही है। यूरोपीय आर्थिक समुदाय द्वारा भी सस्ती ब्याज दर पर सहायता दी जाती है।

### Aide Memoire | स्मारक पत्र

राजनयिक संसूचना या समझौते का लिखित रूप से निष्कर्ष अथवा उस प्रस्तावित समझौते की रूपरेखा तैयार करना, ताकि भविष्य में होने वाले किसी भी राजनीतिक परिवर्तन में वह समझौता या संधि करने में या वार्तालाप करने में उपयोगी सिद्ध हो सके और भविष्य में किसी मुसीबत का सामना न करना पड़े। यह राजनयिक संदेश के मुख्य प्रस्तावित समझौते के मुख्य-मुख्य मुद्दों का सारांश या रूपरेखा होती है जो लिखित रूप में तैयार किया जाता है।

**Aide-de-Camp (ADC) | (ए.डी.सी.)**

राष्ट्राध्यक्षों, राज्याध्यक्षों, राज्यपाल, सैनिक प्रमुख जैसे अतिमहत्वपूर्ण अधिकारियों की सहायतार्थ नियुक्त सैनिक या पुलिस अधिकारी वर्ग को ADC या Aide-de-Camp के नाम से जाना जाता है।

**Air Attack | हवाई आक्रमण**

दो देशों के बीच जब कभी भी युद्ध होता है, तो वहाँ पर स्थित उनकी वायुसेना की टुकड़ियों द्वारा आकाश में विमानों द्वारा प्रहार किया जाता है, उसे हवाई आक्रमण कहा जाता है। इसके अन्तर्गत वायु सेनाएँ वायुयानों से शत्रु देश पर हमला करती हैं। इस प्रकार वायुयान से बम आदि गिराकर शत्रु देश की छावनियों, सैन्य टुकड़ियों तथा वहाँ के रसद केन्द्रों पर और सैनिक महत्व के स्थानों को ही ध्वस्त करते हैं और अपनी सेना को गति देना और शत्रु सेना की गति को रोकना होता है। इस प्रकार वह अपनी वायुसेना को हवाई संरक्षण भी प्रदान करती हैं।

**Air Corridor | हवाई गलियारा**

किसी राष्ट्र या प्रदेश के ऊपर विमानों के पारगमन के लिए अपने आकाशीय क्षेत्र में निर्दिष्ट की गई वायु विधि लागू होती है, जिसे हवाई गलियारा कहा जाता है।

**Air Raid | हवाई हमला**

किसी राष्ट्र के भूमितल, जलक्षेत्रों पर शत्रु देश के वायुयानों एवं प्रक्षेपास्त्रों द्वारा आक्रमण करना हवाई हमला या Air Raid कहा जाता है।

**Air Raid Shelter | हवाई हमला, आश्रय स्थल, रक्षा स्थल**

ये स्थल किसी देश द्वारा अपने सैनिकों-असैनिकों की प्राणात्मक रक्षा के लिए बनाए जाते हैं। अर्थात जब कोई देश शत्रु के वायुयानों, लड़ाकू विमानों, युद्धपोतों आदि द्वारा बमबारी किए जाने या वैज्ञानिक हमला होने की स्थिति में रक्षात्मक उपायों के रूप में सुरक्षा शेड, दुर्भेद्य शरण स्थल आदि बनवाए जहाँ पर सैनिक-असैनिक व लोगों के प्राणों की रक्षा की जाए, उसे आश्रय स्थल कहते हैं।

**Air Sovreignty | आकाशी प्रभुसत्ता, हवाई प्रभुता**

अन्तर्राष्ट्रीय राजनीति में प्रत्येक राष्ट्र या प्रदेश को अपने भू-भाग और जलक्षेत्र के ऊपर के आकाश पर पूर्ण प्रभुत्व होता है। किसी भी राष्ट्र या देश को अन्य देशीय वायुयान को किसी भी देश के आकाशी अधिकार-क्षेत्र से गुजरने से पूर्व उस राष्ट्र, या देश की अनुमति प्राप्त करनी होती है। सामान्यतया जलक्षेत्र और स्थलक्षेत्र के समान ही नभक्षेत्र भी अन्तर्राष्ट्रीय कानून के अनुसार अनुल्लंघनीय माना जाता है। आकाशी अधिकार क्षेत्र का अतिक्रमण या उल्लघंन अन्तर्राष्ट्रीय विधि के अनुसार अपराध है। लेकिन अमेरिका जैसी महशक्ति ने इसकी अवहेलना बिन लादेन और अन्य अनेक आतंकवादियों की हत्या के लिए इस अधिकार का उल्लंघन किया है।

**Air Surveilliance | नभीय निगरानी: वायु निगरानी**

किसी राष्ट्र द्वारा अपनी रक्षा की कार्यवाही के लिए उन राष्ट्रों, राज्यों एवं भू-भागों का सर्वेक्षण करना या निरीक्षण करना, जिसके द्वारा उस देश के सामरिक महत्व के तथ्य प्राप्त किए जा सकते हैं। आधुनिक युग में वायुयान के साथ-साथ यह कार्य कृत्रिम उपग्रहों द्वारा भी किया जा रहा है। नभीय निगरानी रखना उपग्रहों के माध्यम से काफी सरल हो गया है।

**Alarmist Propaganda | भयोत्पादक प्रचार**

किसी राष्ट्र के सैन्य बल का वह भाग जो शस्त्रधारी वायुयानों के संगठन का भाग होता है। इसका प्रधान मुख्य सेनापति होता है और यह वायु युद्ध का नियमानुसार प्रशिक्षण करता रहता है और यह भय एवं उत्तेजना का माहौल पैदा करता है।

**Albaruni | अलबरूनी**

प्रसिद्ध अरब इतिहासकार, जो महमूद गजनबी के साथ भारत आये। इन्होंने संस्कृत सीखकर भारतीय विज्ञान तथा दर्शन का गहन अध्ययन किया। इनकी प्रसिद्ध पुस्तक 'तारीखे हिंद/किताबे हिंद' में भारत पर तुर्की आक्रमण से पूर्व की स्थिति का वास्तविक विवरण मिला है। यह पुस्तक भारतीय इतिहास और राजनीति को समझने का महत्वपूर्ण स्रोत है।

**Al-Fatah | फिलिस्तीनी मुक्तिमोर्चा**

फिलिस्तीनी सैनिकों का वह संगठित सशस्त्र गुट जो इजरायल के विरुद्ध आतंकवादी या उग्रवाद की कार्यवाही करता है और फिलिस्तीन को यहूदियों से स्वतंत्र करवाने के लिए प्रतिबद्ध है, उसे अलफतह के नाम से जाना जाता है।

**Alienation | अलगाव या अजनबीपन**

आधुनिक सभ्यता की एक ऐसी विशेषता जिसमें व्यक्ति अपने आप को समाज व्यवस्था से कटा हुआ या अलग-अलग अनुभव करता है। अलगाव के विषय में सर्वप्रथम ग्रोसियस व लॉक ने विचार प्रतिपादित किए। इसके बाद कार्ल मार्क्स की 1844 की पुस्तक "इकोनॉमिक एंड फिलॉसोफिक मैनुस्क्रिप्ट (EPM)" में इसके बारे में विस्तृत चर्चा की। उनके अनुसार पूंजीवादी उत्पादन प्रणाली के अन्तर्गत विस्तृत श्रम विभाजन तथा विशाल पैमाने पर उत्पादन के कारण श्रमिक को रचनात्मक आनन्द की अनुभूति नहीं हो पाती और वह अपने आप को अपने कार्य, सामाजिक जीवन, प्राकृतिक पर्यावरण तथा कलात्मक अभिरुचियों के साथ जोड़ नहीं पाता। इस तरह वह समाज में रह कर भी अलगाव या अजनबीपन का अनुभव करता है। समाज वैज्ञानिकों ने इसे नापने के पैमाने भी तैयार किए हैं। हीगेल ने व्यक्ति के व्यक्तित्व को बँटा हुआ माना है जिसमें वह वास्तविक और काल्पनिक दुनिया में विभक्त रहता है, अपने आप से अलग। हीगल की पुस्तक "द फेनोलॉजी ऑफ माइन्ड" (1807) में इसका वर्णन है। हीगेल के आदर्शवादी विचारों में संशोधन करके इस सिद्धान्त द्वारा आधुनिक पूंजीवादी औद्योगिक व्यवस्था की विसंगतियों पर प्रकाश डाला।

कार्ल मार्क्स ने पूंजीवादी समाज के अन्तर्गत अजनबीपन के चार स्तरों की पहचान की है।

(अ) सर्वप्रथम इसके मनुष्य अपने उत्पादन तथा उत्पादन-प्रक्रिया से कट जाता है, क्योंकि पूंजीवादी समाज में कामगार से यह नहीं पूछा जाता कि किन वस्तुओं का उत्पादन किया जाए और कैसे किया जाए? उसका काम उसे रचनात्मक कार्य का संतोष नहीं दे पाता। उदाहरण के लिए यदि सामंतवादी समाज में कोई कामगार एक पूरी कमीज बनाता था तो उसे सन्तोष होता कि उसने एक कलात्मक वस्तु बनाई है। लेकिन पूंजीवादी व्यवस्था के अन्तर्गत बड़े-बड़े कारखानों में कोई कामगार पूरी कमीज नहीं बनाता कोई जेब बनाता है कोई कॉलर लगाता है। पूरी कमीज के साथ कोई अपनापन अनुभव नहीं करता है। उसे कौन पहनेगा, और उस पर वह कैसी लगेगी, यह कोई नहीं जानता।

(ब) दूसरे, मनुष्य प्रकृति से पराया हो जाता है। मशीनों पर काम करते-करते प्रकृति से उसका सम्बन्ध टूट जाता है और वह प्रकृति के रमणीय दृश्यों तथा वातावरण का रस नहीं ले पाता है। जैसे खेत में काम करने वाला किसान काले-काले बादलों को देखकर झूमता है वैसी

रसानुभूति कारखाने के मजदूरों के लिए दुर्लभ हो जाती है। इस तरह मनुष्य प्रकृति से विलग हो जाता है और मशीन का पुर्जा बनकर रह जाता है। उसे बंधा बंधाया काम करना पड़ता है। जिसमें एक रसता आ जाती है जो जीवन में उदासीनता लाती है।

(स) तीसरे, आर्थिक प्रणाली में प्रतिस्पर्धा इतनी प्रधान होती है कि मनुष्य अपने सहचरों से भी कोई हार्दिक सम्बन्ध नहीं रख पाता। इस प्रतिस्पर्धा में एक का लाभ दूसरे की हानि बन जाता है। उदाहरण के लिए जब एक मजदूर बीमार पड़ता है तो उसकी जगह दूसरे बेकार बैठे मजदूर को काम मिल जाता है। इससे परस्पर ईर्ष्या का भाव पनपता है।

(द) अन्ततः मनुष्य अपने-आप से भी पराया हो जाता है क्योंकि विवशता का साम्राज्य उसके जीवन को पाशविक अस्तित्व का विषय बना देता है, जिससे साहित्य, कला और संस्कृति के प्रति उसकी कोई अभिरुचि नहीं रह जाती। दूसरे शब्दों में पूंजीवादी प्रणाली मानवीय प्रतिभा और गुणों को उन परिस्थितियों का दास बना देती है जो पूंजी और निजी स्वामित्व से पैदा होती है। कामगार की इस दुर्दशा का पूंजीपति पर कोई प्रभाव नहीं पड़ता है। ऐसा नहीं है कि पूंजीपति की मानवीयता ज्यों त्यों बनी रहती है। दरअसल, पूंजीवादी व्यवस्था के अन्तर्गत स्वयं पूंजीपति भी मुद्रा की तानाशाही का गुलाम बन जाता है। अधिक से अधिक लाभ की लालसा उसे चैन नहीं लेने देती और वह इसके पीछे सारे मानवीय गुणों से शून्य होता चला जाता है। अतः सम्पन्नता के बीच भी वह सच्ची स्वतन्त्रता से वंचित रहता है।

इस अलगाव से मुक्ति के लिए मार्क्स ने साम्यवाद (Communism) का रास्ता दिखाया है जिसमें उत्पादन के साधनों पर सामाजिक स्वामित्व (Social ownership) स्थापित हो जाएगा। सब मिल जुलकर रहेंगे तो उनमें परायेपन का अहसास अपने आप खत्म हो जाएगा। आज भी सामाजिक विश्लेषण में इस सिद्धांत का उपयोग किया जाता है।

## Aliens | अन्यदेशीय

वे व्यक्ति जो किसी राज्य के प्रदेशों में स्थायी या अस्थायी रूप से निवास तो करते हैं लेकिन उनकी निष्ठा उस राज्य के प्रति नहीं होती।

## All India Services | अखिल भारतीय सेवाएँ

अनुच्छेद 312 के तहत राज्य सभा अपने दो तिहाई बहुमत से प्रस्ताव पारित कर अखिल भारतीय सेवाओं की स्थापना कर सकती है। अनुच्छेद 320(1) के तहत संघ लोक सेवा आयोग (UPSC) के माध्यम से भारतीय संविधान में उल्लेखित "अखिल भारतीय सेवाएँ" के नाम से उल्लिखित पदाधिकारी वर्ग की परीक्षा का आयोजन करवाता है और चयन किए जाने वाले अधिकारियों को देश के विभिन्न राज्यों में नियुक्ति के लिए आवंटित करता है। उनका स्थानान्तरण केवल संबंधित राज्यों में ही हो सकता है अथवा केन्द्र में इनकी प्रतिनियुक्ति हो सकती है। अखिल भारतीय सेवाओं के कुछ उदाहरण निम्न हैं:

1. भारतीय प्रशासनिक सेवा (IAS)
2. भारतीय पुलिस सेवा (IPS)
3. भारतीय वन सेवा (IFS)

उपरोक्त परीक्षाएँ भारतीय संघ लोक सेवा आयोग आयोजित करता है।

## Allcration | पृथकत्व

जब व्यक्ति समाज से अपना पार्थक्य तथा विलगाव अनुभव करता है, तब उसका जीवन दुःखमय हो जाता है और वह अनैतिक कार्य करने के लिये प्रेरित होता है। पृथकत्व की भावना व्यक्ति में कई

कारणों से उत्पन्न होती है। जब व्यक्ति अपने जीवन या कार्यों, उपलब्धियों आदि का कोई अर्थ या उद्देश्य ही नहीं मानता है तो वह उन सबको अर्थहीन समझता है। वह अपने आपको सामाजिक, आर्थिक, राजनीतिक, समाज के प्रतिमानों, नियमों, आदर्शों आदि से अत्यन्त निस्सहाय महसूस करता है। सदाचार और नियमित जीवन से उसकी आस्था उठ जाती है। पृथकत्व की भावना व्यक्ति को जीवन में निराश कर देती है, क्योंकि व्यक्ति समाज से कतराने लगता है और उससे पीछे हटने का प्रयत्न करने लगता है। आजकल समूचे विश्व में प्रजातिवाद, जातिवाद, राजनीतिक दलबन्दी वर्ग-भेद, राग-द्वेष आदि के कारण अधिकाधिक व्यक्तियों के जीवन में पृथकत्व की भावना फैल रही है।

**Allegiance | निष्ठा/भक्ति**

किसी व्यक्ति विशेष के मन की वह भावना कि वह अपनी सरकार या प्रभुसत्ताधारी की आज्ञाओं का पालन करेगा और उसके हितों की रक्षा करेगा। इस प्रकार की भावना किसी समूह या आदर्श के प्रति भी हो सकती है। जैसेः गुरु के प्रति शिष्य की भक्ति या निष्ठा। संविधान की तीसरी अनुसूची में संघ के अधीन कोई भी पद धारण करने वाले को अपने पद की निष्ठा की शपथ लेनी होती है।

**Alliance | सहबन्ध**

सहबन्ध का अभिप्राय दो या दो से अधिक व्यक्तियों या गुटों का किसी ऐसे सरकारी उपक्रम में आपस में मिलना है जिसे सक्रिय विरोध का सामना करना पड़ रहा हो।

अन्तर्राष्ट्रीय राजनीति में सहबन्ध के अन्तर्गत इस बात की व्यवस्था रहती है कि कुछ परिस्थितियों में सम्बद्ध पक्ष एक-दूसरे की सहायता करेंगे।

**Allied Council | मित्र राष्ट्र परिषद्**

मित्र राष्ट्रों द्वारा गठित परिषद जिसे पराजित राष्ट्रों के विषय में द्वितीय विश्वयुद्ध के खत्म होने पर नीति सम्बन्धी निर्णय लेने के अधिकार थे। इस प्रकार दो परिषदों का गठन किया गया। एक जर्मनी के लिए जिसके सदस्य राष्ट्र थेः संयुक्त राज्य अमेरिका, सोवियत संघ, ग्रेट ब्रिटेन और फ्रांस। द्वितीय परिषद जापान के लिए बनाई गई परन्तु फ्रांस के स्थान पर चीन को रखा गया था। ये परिषदें मित्र राष्ट्रों ने अपनी रक्षात्मक कार्यवाही के लिए गठित की थीं।

**Allied High Commission | मित्र राष्ट्र उच्चायोग**

संयुक्त राज्य अमेरिका, फ्रांस, ब्रिटेन की सरकारों के द्वारा नामनिर्दिष्ट तीन व्यक्तियों से गठित आयोग जिसे द्वितीय विश्वयुद्ध के पश्चात जर्मनी के आत्मसमर्पण तथा इसका विभाजन कर दिए जाने पर पश्चिमी राष्ट्रों के अधीनस्थ क्षेत्रों के शासन तथा नियंत्रण का सर्वोच्च अधिकार प्रदान किया गया था, इसे मित्र राष्ट्र उच्च आयोग कहते हैं।

**Allied Military Government | मित्र राष्ट्र सैनिक सरकार**

मित्र राष्ट्रों द्वारा दोनों विश्वयुद्धों में विजित प्रदेशों में संयुक्त सैनिक प्रशासन कार्यवाही की गई थी। उसे मित्र राष्ट्र सरकार कहा जाता था।

**Allies | मित्र राष्ट्र**

समान हित और समान उद्देश्य संवर्धन के लिए किसी सहबंध समझौते अथवा संधि के अन्तर्गत संयुक्त रूप से संगठन या सहबद्ध राज्य मित्र राष्ट्र कहलाते हैं। दोनों विश्वयुद्धों में जर्मनी के खिलाफ लड़ने वाले राष्ट्रों को मित्र राष्ट्र कहा जाता है।

## Allocation of Time | समय का विनिधान

1. विधानसभा या संसद के किसी भी सदन में उसके सदस्यों द्वारा आवश्यक, अथवा अविलंबनीय विषय या प्रस्ताव पर विचार-विमर्श करने के लिए अध्यक्ष द्वारा निर्धारित या निर्दिष्ट समय की व्यवस्था करनी होती है।
2. विभिन्न विषयों, कार्यों, मदों या प्रस्तावों आदि पर सम्यक विचार-विमर्श या वाद-विवाद करने के लिए किसी समर्थ पदाधिकारी द्वारा विचारात्मक विषय के अनुसार बंटवारा या विभाजन किया जाता है।
3. संसद के किसी शी एक सदन में अध्यक्ष की अनुमति से किसी विशिष्ट या आवश्यक विधेयक या प्रस्ताव जो किसी महत्वपूर्ण राष्ट्रीय प्रश्न या समस्या पर संसद सदस्यों द्वारा पारस्परिक तर्क-वितर्क वार्ता-चर्चाओं आदि के द्वारा समय के नियतन की व्यवस्था करना है, यह समय का विनिधान कहलाता है।

## Alternate Members | वैकल्पिक सदस्य

किसी भी देश या राष्ट्रों में कुछ दलों, संगठनों तथा दलों के निकायों (जैसे: पूर्ववर्त्ती सोवियत संघ के साम्यवादी दल का पोलित ब्यूरो अथवा केन्द्रीय समिति) में सदस्यों के अतिरिक्त वैकल्पिक सदस्य भी निर्वाचित किए जाते थे। न्यूरेम्बर्ग न्यायाधिकरण में भी चार सदस्यों के अलावा चार वैकल्पिक सदस्य थे। प्रत्येक वैकल्पिक सदस्य को अपने मूल सदस्यों की अनुपस्थिति में न्यायालय की कार्यवाही में भाग लेने का प्राधिकार होता है। इन्हें Alternate Members या वैकल्पिक सदस्य कहा जाता है।

## Alternative Vote System | वैकल्पिक मत प्रणाली

इस प्रणाली,के अन्तर्गत मतदाता विभिन्न उम्मीदवारों को 1, 2, 3, इत्यादि वरीयता क्रम (Order of Preference) से रखते हैं। यदि किसी उम्मीदवार को प्रथम वरीयता वोटों से पूर्ण बहुमत प्राप्त नहीं होता तो जिस उम्मीदवार को सबसे कम वरीयता वोट मिले हों, उसे मुकाबले से बाहर निकाल कर उसकी द्वितीय वरीयताओं को अन्य उम्मीदवारों की प्रथम वरीयताओं में जोड़ देते हैं। इस प्रक्रिया को तब तक दोहराते हैं जब तक किसी उम्मीदवार को पूर्ण बहुमत प्राप्त न हो जाए। ऑस्ट्रेलिया के अवर सदन (Lower House) के चुनाव के लिए यही प्रणाली अपनाई जाती है। संयुक्त राज्य अमेरिका और भारत के राष्ट्रपति (President) के निर्वाचन में भी इसी पद्धति का प्रयोग किया जाता है।

## Althusser, Louis (1918–90) | अलक्यूजर, लुइस

फ्रांस के साम्यवादी विचारक जिन्होंने मार्क्स के परम्परागत और मानवतावादी विचारों का विरोध किया। इन्होंने फ्राइड के सिद्धान्त ओवर-डिटरमिनेशन के सिद्धान्त और लेनिन और माओ के असंतुलित विकास से उत्पन्न विभेद के कारण का सैद्धान्तिक उपयोग किया। इन्होंने मार्क्स की प्रारम्भिक रचनाओं में जो अलगाव के सिद्धान्त को मार्क्स के बाद के सिद्धान्तों वर्ग संघर्ष, उत्पादन के साधनों के द्वन्द्वात्मक सम्बन्ध, मजदूर वर्ग की तानाशाही से अलग पाया। इन्होंने 'इप्सटोमोलिजिकल' (दर्शन के विज्ञान) ब्रेक के सिद्धान्त द्वारा मार्क्स के प्रारम्भिक और बाद की रचनाओं में विचारधारात्मक और सैद्धान्तिक अन्तर बताया। इन्होंने मार्क्स के दमनकारी राज्य व्यवस्था की जगह विचारधारात्मक राज्य व्यवस्था का सिद्धान्त प्रतिपादित किया, जिसमें राज्य, राजनीतिक दल, शिक्षा व्यवस्था, कानूनी व्यवस्था, परिवार, खेल, व्यापार को संगठित किया जाता है। ई. वी. थामसन ने (द पावमरती ऑफ थ्योरी) 1978 में अलक्यूजर को स्टालिनवादी और वामपंथी बताया।

**Amartya Sen | अमर्त्य सेन, 1933-**

भारतीय मूल के राजनीतिक-अर्थशास्त्री जिसे गरीबी एवं अकाल के अध्ययन के लिए 1998 में नॉबेल पुरस्कार दिया गया। उन्होंने जॉन रॉल्स के न्याय सिद्धान्त को आजादी के दृष्टिकोण से व्याख्या की है। उन्होंने न्याय को सामर्थ्य आधारित दृष्टिकोण (कैपेविलिटी) यानी समाज के विकास से वंचित लोगों को सामर्थ्यवान बनाया जाए जिससे कि वह अपना स्वयं का विकास कर सके एवं वह कितना आजाद है और उसके साथ न्याय हो रहा है या नहीं यह महसूस कर सके। रॉल्स प्राथमिक वस्तुओं और लाभ के समान वितरण पर जोर देते हैं। सेन समान संसाधन देने पर भी लोगों में विविधताओं या अंतरों के कारण लोगों की अपनी जिंदगी को ज्यादा आजाद बनाने की क्षमता प्रभावित होती है। उन्होंने अर्थशास्त्र को मनुष्य का कल्याण करने वाला साधन माना। मूल सिद्धान्तों के गणितीय निर्माण और विकास के साथ-साथ उन्होंने व्यावहारिक पक्ष-राष्ट्रीय आय, नौकरियों, विषमता और गरीबी आदि की गणना और मापन का सिद्धान्त विकसित किया। उनकी पुस्तक 'द आर्ग्युमैनटेटिव इंडियन (The Argumentative Indian) (2005)' में भारतीय समाज में व्याप्त विषमता और विकास का व्यवस्थित अध्ययन किया गया है। उन्होंने अर्थशास्त्र को नीति विहीन विज्ञान की जगह नैतिक दर्शन बनाने का प्रयास किया जिसमें समाज के प्रति जिम्मेदारी का भी एहसास हो। उनकी पुस्तक The Idea of Justice (2009) में सामाजिक न्याय के सिद्धान्त का विवेचन किया गया है।

**Ambassador | राजदूत**

एक देश द्वारा दूसरे देश में भेजे जाने वाले राज्य के अध्यक्ष के वैयक्तिक प्रतिनिधि राजदूत कहलाते हैं।

**Ambassadorial Functions | राजदूतीय कार्य**

किसी राष्ट्र या देश में नियुक्त राजदूत के कार्य बहुविध होते हैं। मूर्द्धन्य राजनयिक होने के साथ-साथ उसे राजनयिक घटनाचक्रों के प्रति जागरूक प्रेक्षक, अपने राज्याध्यक्ष या वैयक्तिक प्रतिनिधि, अपने राज्यों के हितों का संरक्षक, सरकारी सूचना सेवा और सहायता का स्रोत या साधन समझा जाता है। यह जिस किसी भी राष्ट्र या राज्यों में भेजा जाता है उसके राज्याध्यक्ष आदि से किसी भी नीति, परामर्श, घटना, विवाद या विषय क्षेत्र में सूचना और स्पष्टीकरण आदि ले-दे सकता है। वस्तुतः उसका मुख्य कार्य या उद्देश्य अपनी नियुक्ति वाले देश में अपने राज्य के हितों की देखभाल और रक्षा करना होता है। परन्तु इसके साथ ही वह अपने राज्याध्यक्ष को तद्देशीय आवश्यक सूचना और सलाह भी देता है तथा निर्देशित नीति को कार्यान्वित करवाता है। इसे स्थानीय राज्यों से संधि और समझौते करने के अधिकार भी होता है। राजदूतों के कार्य और विशेषाधिकार एवं उन्मुक्तियों को 1961 के वियना कन्वेंशन द्वारा संहिताबद्ध किया गया है, इसमें राजदूतों के कत्तव्यों एवं कार्यो का उल्लेख किया गया है।

**Amending Power | संशोधनाधिकार**

संविधान के अनुसार मूल विधि या कानून में संशोधन या परिवर्तन करने का अधिकार होता है। संविधान के अन्तर्गत इसमें संशोधन करने का अधिकार और इसकी प्रक्रिया में संशोधन करने का अधिकार स्वयं संविधान में उल्लिखित होता है। विभिन्न देशों के संविधानों में भिन्न व्यवस्थाएँ पाई जाती हैं। संविधान में संशोधन प्रक्रिया में मुख्यतया संसद की ही मुख्य भूमिका होती है। गार्नर के शब्दों में 'कोई भी लिखित संविधान इस प्रकार के उपबंध के बिना पूर्ण नहीं होता और

कुछ दृष्टियों से तो संशोधन उपबंध संविधान का सबसे महत्वपूर्ण अंश होता है।' भारतीय संविधान के केवल कुछ उपबंध ऐसे होते हैं जिनका संशोधन करने के लिए आधे राज्यों के विधान मंडलों की स्वीकृति आवश्यक है। वे विषय संघ तथा राज्यों के बीच कार्यकारी तथा विधायी शक्तियों का वितरण, संसद में राज्यों का प्रतिनिधित्व, राष्ट्रपति का निर्वाचन, उच्चतम न्यायालय तथा उच्च न्यायालय, स्वयं संविधान के संशोधन से संबद्ध अनुच्छेद 368 हैं। शेष संविधान, संघ-संसद के विशेष बहुमत द्वारा संशोधित किया जा सकता है। अनुच्छेद 368 में संविधान संशोधन विधेयक प्रत्येक सदन द्वारा उस सदन की समस्त सदस्य संख्या के बहुमत से तथा उस सदन में उपस्थित दो तिहाई अन्यून बहुमत से पारित हो जाता है तथा राष्ट्रपति की अनुमति मिलने के पश्चात संविधान संशोधित हो जाता है।

## Amendment | संशोधन

किसी कानून, विधेयक या संविधान में परिवर्तन। इस प्रकार के परिवर्तन की प्रक्रिया भी संशोधन कहलाती है तथा किसी विधेयक पर चर्चा के समय किसी सदस्य की ओर से ऐसा प्रस्ताव जो विधेयक के मूल अर्थ और प्रभाव को बदल दे, संशोधन होता है। भारत के संविधान के भाग 20 के अनुच्छेद 368 में संविधान संशोधन की प्रक्रिया का वर्णन है। 2010 तक संविधान में 95 संशोधन हो चुके हैं। संसद में 2012 में संविधान संशोधन के लिए 117वां विधेयक प्रस्तुत किया गया है जो पदोन्नति में आरक्षण के लिए है।

## American Cabinet | अमेरिकी मंत्रिमंडल

जार्ज वाशिंगटन के नेतृत्व में 4 जुलाई 1776 को इंग्लैंड के 13 पूर्व कॉलोनी और ब्रिटिश सरकार के समझौता पर हस्ताक्षर से संयुक्त राष्ट्र अमेरिका बना और उन्हें प्रथम राष्ट्रपति बनाया गया। उनके मंत्रिमंडल में चार प्रशासनिक विभाग थे- विदेश, राजकोष, युद्ध और न्याय विभाग। अब वहाँ 12 विभाग है। इन विभागों के अध्यक्ष को मंत्री (Minister) नहीं सचिव (Secretary) कहा जाता है। सचिवों की नियुक्ति राष्ट्रपति योग्यता और अपनी विश्वसनीयता के आधार पर करते हैं जिसका सीनेट से अनुमोदन आवश्यक है।

## American Civil Liberties Union (ACLU) | अमेरिकी नागरिक स्वतंत्रता संघ

अमेरिका में नागरिक अधिकारों के उल्लंघन से संत्रस्त प्रजातियों और अन्य भेदभावों की वजह से व्यक्तियों की नागरिक स्वतंत्रता की उन्नति और उसकी सुरक्षा के लिए सन् 1920 में स्थापित किया गया संघ। यह नागरिकों को कानूनी परामर्श, प्रतिभूति या इसी प्रकार की अन्य सुविधाएँ और सेवाएँ प्रदान करता है।

## American Institute of Public Opinion (Gallup) | अमेरिकन इंस्टीट्यूट ऑफ पब्लिक ओपिनियन

जार्ज एच. गैलप ने 1935 में इस संस्था का निर्माण संयुक्त राज्य अमेरिका में जनमत-विशेष तौर पर निर्वाचनों में मत व्यवहार का अध्ययन करने के उद्देश्य से किया था। प्रिंसटन, न्यूजर्सी में स्थित यह संस्थान मताचरण एवं राजनीतिक अभ्यर्थियों की लोकप्रियता तथा लोक-कार्यों विषयक जन साधारण की प्रतिक्रिया का पता लगाने के लिए मत संग्रह करने की व्यवस्था करता है। यह संस्था अमेरिका में जनता का मत जानने के लिए कार्यरत है।

## Amicable Settlement | सौहार्दपूर्ण समझौता

यह किसी राष्ट्र के दो या दो से अधिक पक्षकारों के मध्य शांति एवं सौहार्दपूर्वक विवाद या मतभेदों का निपटारा करवाना है। इसमें वार्तालाप, सत्सेवा, मध्यस्थता, न्यायिक निर्णय प्रक्रिया व विवाचन के द्वारा पक्षकार अन्तिम समझौता करते हैं। इस प्रकार के समझौते को सौहार्दपूर्ण समझौता कहा जाता है।

## Amity | मैत्री

अन्तर्राष्ट्रीय राजनीति में परस्पर प्रतिस्पर्धी, प्रतियोगी या विरोधी उद्देश्यों, लक्ष्यों, विचारों, गतिविधियों आदि के रहने के बाद भी दो या अधिक देशों के बीच पारस्परिक सहिष्णुता, सामंजस्य, सहअस्तित्व तथा शांति बनाए रखने की प्रक्रिया। भारतीय संविधान के अनुच्छेद 51 में अन्तर्राष्ट्रीय शांति एवं सुरक्षा की अभिवृद्धि हेतु अन्तर्राष्ट्रीय सद्‌भाव व मैत्री का वर्णन है।

## Amnesty | सर्वक्षमा, सामूहिक क्षमादान या राजक्षमा

सर्वक्षमा, सामूहिक क्षमादान या राजक्षमा को कुछ विचारक अलग-अलग मानते हैं। कुछ विचारक इसे यूनानी भाषा के शब्द "एमनेस्यूया" से बना मानते हैं, जबकि कुछ विचारक इसे ग्रीक भाषा के शब्द 'एमनेस्ट्रिया' से बना मानते हैं। जब किसी राज्य द्वारा किसी विशिष्ट अवसर, समारोह या महत्वपूर्ण घटना अथवा शासन परिवर्तन के उपलक्ष्य में राजनीतिक या अन्य प्रकार के दोषारोपित या दोष सिद्ध अपराधियों को सामूहिक रूप से समारोह में क्षमा और बंदीकरण से मुक्त किया जाता है, तो इसे सार्वजनिक रूप से सर्वक्षमा कहा जाता है। किसी राज्य की और से ऐसी कार्यवाही जिसमें राजनीतिक या अन्य अपराधियों को एक साथ क्षमा कर दिया जाता है। इसका प्रयोग राजनीतिक सुलह-समझौते, शासक या शासन-व्यवस्था के परिवर्तन या विद्रोहियों और आतंकवादियों के साथ सुलह या समझौते के कारण किया जाता है। राजक्षमा द्वारा राजनीतिक अथवा अन्य प्रकार के अपराधियों को क्षमा दी जाती है। राजक्षमा का उपयोग राजनीतिक समझौते के लिए किया जाता है। उदाहरणः जैसेः (1) गांधी-इर्विन समझौते में इसकी व्यवस्था थी। (2) द्वितीय विश्वयुद्ध के बाद भी भारत सरकार ने राजनीतिक कैदियों को राजक्षमा दी थी।

## Amnesty International | एमनेस्टी इंटरनेशनल

28 मई 1961 में इंग्लैंड के पीटरवेनेशन के प्रयासों से इसकी स्थापना हुई थी। एमनेस्टी इंटरनेशनल लन्दन में स्थित है। यह एक ऐसी गैर-सरकारी स्वैच्छिक अन्तर्राष्ट्रीय संस्था है जिसका मुख्य उद्देश्य संसार भर में मानवाधिकारों पर हुए अतिक्रमण की जाँच करना होता है और उनके विवरण प्रस्तुत करना होता है। इसके अतिरिक्त विश्व जनमत या सरकारों, जो उनसे संबंधित हैं। उनका ध्यान इस ओर आकृष्ट करना होता है तथा आवश्यक उपचारों का सुझाव देना एवं प्रभावित व्यक्तियों को सहायता प्रदान करना है। इस संगठन की 9 सदस्यीय अन्तर्राष्ट्रीय कार्यकारी समिति (IEC) संचालित करती है। इसे 1977 में शांति का नोबल पुरस्कार प्राप्त हुआ। 150 देशों में इसके 5,00,000 से भी अधिक सदस्य हैं। कैदियों को छुड़वाने, यातना तथा मृत्युदंड का उन्मूलन करना इसका मुख्य ध्येय है।

## Analysis of Bureaucracy | अधिकारीतन्त्र का विश्लेषण

जर्मन समाज वैज्ञानिक मैक्स वेबर (1864-1920) ने पैतृक अधिकारीतन्त्र (Patrimonial Bureaucracy) और तर्क सम्मत अधिकारीतन्त्र (Rational Bureaucracy) में अन्तर करते हुए कहा है कि प्राचीन रोम और मिस्र के अधिकारीतन्त्र पैतृक अधिकारी तन्त्र थे जबकि आधुनिक

अधिकारीतन्त्र तर्कसम्मत अधिकारीतन्त्र की श्रेणी में आते है। पैतृक अधिकारीतन्त्र के सदस्यों की नियुक्ति सम्राट की कृपा से होती थी उनका पारिश्रमिक सम्राट की इच्छा से निर्धारित होता था और वे केवल सम्राट की आज्ञाओं को कार्यान्वित करने के लिए ही उत्तरदायी होते थे।

वेबर ने आधुनिक राज्य के अधिकारीतन्त्र को कानूनी तर्क-संगत सत्ता (Legal Rational Authority) का सर्वोत्तम उदाहरण मानते हुए उसका विस्तृत विश्लेषण किया है। कानूनी तर्क-संगत सत्ता ऐसी सत्ता है जिसमें कोई भी पद (Office) अपनी योग्यता (Ability) के आधार पर प्राप्त होता है। परम्परा (Tradition) के आधार पर नहीं, और वह अपने पद से जुड़ी हुई सत्ता का प्रयोग करता है। व्यक्तित्व (Personality) के गुणों से जुड़ी हुई सत्ता का नहीं। अधिकारी तन्त्र के भिन्न-भिन्न प्रतिदर्शों (Samples) की विशेषताओं को एक साथ मिलाकर वेबर ने इसका एक आदर्श प्ररूप (Ideal Type) तैयार किया है।

1. इसमें कानूनी तौर पर यह निर्धारित किया जाता है कि उच्चाधिकारियों और अधीनस्थ कर्मचारियों के बीच क्या सम्बन्ध रहेगा।
2. विभिन्न व्यक्तियों के परस्पर सम्बन्ध उनके अपने-अपने पद से जुड़ी सत्ता से निर्धारित होते है।
3. उनके अपने-अपने अधिकार कर्तव्य लिखित नियमों और विनियमों के अन्तर्गत विर्निदिष्ट कर दिए जाते हैं।
4. उनकी नियुक्ति और पदोन्नति अनुबन्धमूलक समझौतों पर आधारित होती है और उन्हीं के अनुसार विनियमित होती है।
5. तकनीकी योग्यता, प्रशिक्षण या अनुभव नियुक्ति की जरूरी शर्त होते हैं।
6. नियुक्त किए गए व्यक्तियों को धन के रूप में वेतन दिया जाता है।
7. व्यक्ति और उसके पद के बीच अलगाव की दीवार खड़ी की जाती है अर्थात् व्यक्ति प्रशासन के साधनों का मनमाना उपयोग नहीं कर सकता।
8. प्रशासन का कार्य एक पूर्णकालिक व्यवसाय होता है।

## Analytical Jurisprudence | विश्लेषणात्मक न्याय शास्त्र

वह सिद्धान्त जो सकारात्मक कानून (Positive Law) को यथार्थ कानून के रूप में मान्यता देता है, और इसें प्रभुसत्ताधारी (Sovereign) की इच्छा की अभिव्यक्ति मानता है।

## Anarchism | अराजकतावाद

ऐसी विचारधारा जो केवल राज्य के अस्तित्व की विरोधी ही नहीं बल्कि व्यक्तिगत सम्पत्ति, पूंजीवाद तथा धर्म की कट्टर विरोधी हो अराजकतावाद कहलाती है। आधुनिक अराजकतावाद बाकूनिन (1814-1876) और क्रोपॉटकिन (1872-1921) के विचारों की देन है। विलियम डिकिन्सन के अनुसार "अराजकता का अर्थव्यवस्था का अभाव नहीं है, वरन शक्ति का अभाव है। अराजकता का अर्थ है: स्वतन्त्रता, एकता व प्रेम अर्थात राज्यविहीन समाज की स्थापना अराजकतावादी विचारधारा के आरंभिक संकेत प्राचीन रोम के स्टोइक दर्शन में मिलते हैं। इसमें मनुष्य और प्रकृति के निकट सम्पर्क पर बल दिया जाता था। तर्क बुद्धि (Reason) को प्रकृति का नियामक सिद्धान्त मनाते हुए इसमें मानव मात्र के बन्धुत्व का समर्थन किया जाता था।"

अराजकतावाद की दिशा में व्यवस्थित चिन्तन औद्योगिक क्रान्ति के बाद ही शुरू हुआ गॉड विन का प्रबुद्ध अराजकतावाद (Godwins Enlightment Anarchism ) है। ब्रिटिश दार्शनिक विलियम गॉड विन (1756-1836) ने 'एंक्वायरी कंसर्निंग पॉलिटिकल जस्टिस' (राजनीति न्याय का अन्वेषण) (1793) में कहा कि नृशंस तन्त्रीय सरकार (Tyrannical Government) और सम्पत्ति का विषमतामूलक स्वामित्व ऐसी व्यवस्था को जन्म देते हैं जिसमें एक मनुष्य दूसरे मनुष्य

का शोषण करने लगता है। गॉडविन ने ऐसी व्यवस्था को बदल डालने का आह्वान किया है तथा स्वैच्छिक प्रबन्धों की व्यवस्था की बात कही है।

प्रूदों का परस्पर-सहायतावादी अराजकतावाद (Proudnon's Mutualist Anarchism) फ्रांसीसी दार्शनिक पियरे जोसेफ प्रूदों (1809-65) को अराजकतावाद का जनक माना जाता है "What is Property" (सम्पत्ति क्या है) (1840) में कहा कि "सम्पत्ति चोरी है" जो आगे चलकर विस्तृत विवाद का विषय बनी। प्रूदों ने तर्क दिया कि समाज एक प्राकृतिक रचना है और मनुष्य सामाजिक प्राणी है। सब मनुष्य अपने स्वभाव से ही परस्पर सहयोग और सहायता को तत्पर होते हैं। उसने राज्य को धराशायी करके स्वाधीन सहचर्यों के संगठन, सत्ता के विकेन्द्रीकरण पर बल दिया।

वाकूनिन का साम्यवादी अराजकतावाद (Bakunins Communist Anarchism) रूसी, वाकूनिन (1814-76) ने कहा कि क्रान्तिकारी परिवर्तन लाने के लिए हिंसात्मक संघर्ष और आतंकवाद का सहारा लेना उपयुक्त होगा। क्रापाटकिन (1842-1921) का समैक्यवादी अराजकतावाद (Cropotkins Solidarity Based) "म्युचुअल एड (परस्पर सहायता) में कहा कि न केवल आदिम जगत में बल्कि प्राणि जगत में परस्पर सहयोग की प्रवृत्ति होती है इसलिए उन्होंने साम्यवादी समाज के निर्माण का आह्वान किया जिसमें सब लोग मिलजुलकर रहेंगे, मिल बांट कर खाएंगे और कन्धे से कन्धा मिला कर काम करेंगे।"

### Anarchy | अराजकता

वह स्थिति जिसमें किसी भू-भाग पर राज्य का नियन्त्रण नहीं रहता। अत: वहाँ किसी नियम या मर्यादा का पालन नहीं हो पाता है तथा जनसाधारण के प्राणों व सम्मान की सुरक्षा का कोई उपाय नहीं रह जाता।

### Angary | युद्ध संकटाधिकार

अन्तर्राष्ट्रीय कानून के अन्तर्गत युद्धकारी राष्ट्र का वह अधिकार जिसके अनुसार वह आवश्यकता पड़ने पर अपने क्षेत्राधिकार अथवा शत्रु प्रदेश में या महासमुद्र में विद्यमान किसी भी तटस्थ राज्यों और राष्ट्रों की संपत्ति पर अधिकार कर सकता है या उसे समाप्त भी कर सकता है। परन्तु उससे जो हानि हुई है उस राष्ट्र को क्षतिपूर्ति देनी होती है और यदि सम्पत्ति समाप्त हो गई हो तो युद्ध समाप्त होने पर उसे तटस्थ राष्ट्रों को उस सम्पत्ति को लौटाना पड़ता है।

### Anjus | एन्जस

1 सितम्बर 1951 को ऑस्ट्रेलिया, न्यूजीलैण्ड तथा अमेरिका ने पारस्परिक सहयोग, शांति एवं सुरक्षा की स्थापना करने के लिए एन्जस समझौते पर हस्ताक्षर किए।

### Annual Financial Statement | वार्षिक वित्तीय विवरण, वार्षिक बजट

अनुच्छेद 112 (1) राष्ट्रपति प्रत्येक वित्तीय वर्ष के संबंध में संसद के दोनों सदनों के समक्ष भारत सरकार की उस वर्ष के लिए प्राक्कलित प्राप्तियों और व्यय का विवरण रखवाएगा जिसे इस भाग में वार्षिक वित्तीय विवरण कहा गया है।

(2) वार्षिक वित्तीय विवरण में दिए हुए व्यय के प्राक्कलनों में:

(क) इस संविधान में भारत की संचित निधि पर भारित व्यय के रूप में वर्णित व्यय की पूर्ति के लिए अपेक्षित राशियां और

(ख) भारत की संचित विधि में से किए जाने के लिए प्रस्थापित अन्य व्यय की पूर्ति के लिए अपेक्षित राशियाँ, पृथक-पृथक दिखाई जाएंगी और राजस्व लेखे होने वाले व्यय का अन्य व्यय से भेद किया जाएगा।

(3) निम्नलिखित व्यय भारत की संचित निधि पर भारित व्यय होगा अर्थात

(क) राष्ट्रपति की उपलब्धियाँ और भत्ते तथा उसके पद से सम्बन्धित अन्य व्यय।

(ख) राज्य सभा के सभापति और उपसभापति के तथा लोकसभा के अध्यक्ष और उपाध्यक्ष के वेतन भत्ते।

(ग) ऐसे ऋणभार जिनका दायित्व भारत सरकार पर है जिनके अन्तर्गत ब्याज, निक्षेप निधि भार और मोचन भार तथा उधार लेने और ऋण सेवा और ऋण मोचन से सम्बन्धित अन्य व्यय है।

(घ) (i) उच्चतम न्यायालय के न्यायाधीशों के वेतन, भत्ते और पेंशन।

(ii) फेडरल न्यायालय के न्यायाधीशों को संदेय पेंशन।

(iii) उच्च न्यायालय के न्यायाधीशों के वेतन भत्ते व पेंशन।

(ङ) भारत के नियन्त्रक एवं महालेखा परीक्षक को संदेय वेतन, भत्ते।

(च) किसी न्यायालय या मध्यस्थ अधिकरण के निर्णय के लिए राशियाँ।

(छ) कोई अन्य व्यय जो इस संविधान द्वारा या संसद द्वारा, विधि द्वारा इस प्रकार भारित घोषित किया जाता है।

**Anomie | अजनबीपन, अन्यताभाव, अप्रतिमानता**

एक सामाजिक सम्प्रत्य जिसका प्रतिपादन दुर्खीम ने किया था। इसका अर्थ है समाज में आदर्शहीनता की स्थिति अथवा मान्यताओं का अभाव होना तथा व्यक्तिगत एवं सामाजिक विघटन की अवस्था। यह मार्क्स के अन्यताभाव के समान ही है।

**Anschluss | सम्मिलन**

हिटलर की सरकार ने साम्राज्यवादी विस्तार नीति के अन्तर्गत वारसा सन्धि के उपबन्धों के विरुद्ध ऑस्ट्रिया के प्रदेश चेकोस्लोवाकिया को बलपूर्वक जर्मनी में मिला लिया था। ऑस्ट्रिया और जर्मनी के इस बलात् एकीकरण को ही जर्मन भाषा में Anschluss कहा गया।

**Antagonistic Coalition | विरोधी संघट्ट**

दो या दो से अधिक विरोधी दलों के मध्य जो समान उद्देश्य, समान हित और संयुक्त कार्य की सिद्धि के लिए प्रतिस्पर्धात्मक व्यक्ति या शक्तियों, प्रतिद्वन्द्वी राज्यों या विरोधी राष्ट्रों में किया गया अस्थायी सहयोग परक गठबंधन होता है। ऐसे विरोधी संघट्ट किसी विशिष्ट उद्देश्य और किसी विशिष्ट प्रयोजन के लिए पूर्ण रूप से अस्थायी होते हैं। संयुक्त सरकार या संसदीय निर्वाचन सम्बन्धी प्रयोजनों के लिए इस प्रकार का गठजोड़ भारतीय राजनीति में बराबर होते आये हैं। इस प्रकार के विरोधी संगठन आजकल की राजनीति में महत्वपूर्ण भूमिका निभा रहे हैं।

**Anti Clearical | धर्म शासन विरोधी**

वह राजनीतिक दृष्टिकोण जो धर्म शासन या चर्च का शासन में प्रत्यक्ष प्रभाव या हस्तक्षेप के विरुद्ध है। इस प्रकार की विचारधारा अभी भी इटली में प्रचलित है।

**Anti Colonialism | उपनिवेश विरोधः प्रति उपनिवेशवाद**

प्रथम महायुद्ध के पश्चात विश्व में उपनिवेशवाद के विरुद्ध एक भावना ने जन्म लिया था, जिसने धीरे-धीरे आन्दोलन का रूप धारण कर लिया। इसका लक्ष्य सभी लोगों के आत्म निर्णय के अधिकार की मांग करते हुए समस्त उपनिवेशों को स्वतंत्रता प्रदान करने के लिए औपनिवेशिक शक्तियों पर दबाव डालना था। द्वितीय महायुद्ध के वाद साम्राज्यवादी शक्तियों की दुर्बलता के कारण

सभी उपनिवेश धीरे-धीरे स्वतंत्र हो गए। साम्यवादी देश और गुट निरपेक्ष राज्य उपनिवेशवाद के कट्टर विरोधी रहे हैं। अठारहवीं और उन्नीसवीं शताब्दियों में यूरोप के प्रमुख राष्ट्रों ने तथा बीसवीं शताब्दी में संयुक्त राज्य अमेरिका ने एशिया तथा अफ्रीका की विभिन्न पिछड़ी जातियों तथा राष्ट्रों में अपना राजनीतिक, आर्थिक तथा सांस्कृतिक प्रभुत्व स्थापित कर लिया था। 'प्रति उपनिवेशवाद' शब्द पश्चिमी जातियों की इस प्रभुता के विरुद्ध होने वाले आन्दोलन को तथा उसकी विचारधारा को व्यक्त करता है। वैसे तो एशिया और अफ्रीका के एक बड़े भाग से उपनिवेशवाद का अंत हो गया है और भारत सहित अनेक छोटे देश स्वाधीन हो गए हैं।

**Anti Comintern Pact | विरोधी समझौता**

जर्मनी और जापान के मध्य 17 नवम्बर 1936 को साम्यवादी प्रचार-प्रसार को रोकने के लिए तथा तृतीय अन्तर्राष्ट्रीय साम्यवादी संगठन (Third International) के विरुद्ध एक समझौता हुआ। इस समझौते के बाद स्पेन, इटली, हंगरी, रूमानिया, बल्गारिया, स्लोवाकिया, क्रोशिया, डेनमार्क, फिनलैण्ड तथा मंचूकों और नानकिंग की जापानी कठपुतली सरकारों के हस्ताक्षर भी हुए।

**Anti Fascist | फासिस्ट विरोधी, फासिस्टवाद विरोधी**

इटली में सन 1919 में स्थापित फासीवादी दल और उसके नेता बेनिटो मुसोलिनी के नेतृत्व में बनी सरकार का विरोधी संगठन था। फासिज्मवाद का प्रतिरोध या विरोध करने वाला था।

**Anti Federalist | संघवाद विरोधी**

संयुक्त राज्य अमेरिका के राजनीतिशास्त्रियों का वह गुट जो अमेरिकी संविधान के निर्माण तथा सत्यापन के समय शक्ति के केन्द्रीयकरण के विरोधी थे। वे संविधान के प्रारूप और राज्यों की पृथक पहचान बनाना चाहते थे। इसलिए वे संविधान के सत्यापन का विरोध कर रहे थे। संघवाद विरोधियों के अनुसार राज्य का प्रशासन एक ही व्यक्ति में निहित हो एवं सत्ता में शक्ति का केन्द्रीयकरण व एकाधिकार हो इसलिए वे संघवाद के विरोधी थे।

**Anti Imperialistic Wars | साम्राज्यवाद विरोधी युद्ध**

सामाज्यवादियों के विरुद्ध होने वाले संघर्ष, जिन्हें साम्राज्यवाद विरोधी युद्ध कहा जाता है। जैसे: मुसोलिनी, नेपोलियन, हिटलर आदि की विस्तारवादी नीतियों के विरुद्ध यूरोप की शक्तियों ने गठबंधन कर युद्ध लड़े। इसमें रूस में रोमोनोक के विरुद्ध साम्यवादियों द्वारा किया गया संघर्ष भी शामिल है।

**Anti Revolutionary | क्रांति विरोधी**

ऐसा वर्ग जो बल प्रयोग द्वारा सत्ता प्राप्ति और सामाजिक संरचना में आधारभूत परिवर्तन करने का विरोधी है। जिस प्रकार सन् 1917 में रूस में हुई क्रांति के विरोधी प्रतिक्रियावादी थे जो क्रांति का विरोध करते थे। इसी प्रकार इंग्लैण्ड में 1688 में गौरवपूर्ण क्रांति का विरोध कुछ नेता कर रहे थे।

**Anti Semitism | यहूदी विरोध**

बीसवीं शताब्दी के प्रारम्भ से धर्म या प्रजाति के आधार पर यहूदियों के प्रति शत्रुता की भावना। उनसे सामाजिक, सांस्कृतिक, आर्थिक, राजनीतिक क्षेत्र में शत्रुता अथवा घृणा। हिलटर के नेतृत्व में जर्मनी में यहूदी विरोध प्रबल रहा था। द्वितीय विश्वयुद्ध के पश्चात यहूदियों का सर्वप्रथम बना राज्य 'इजरायल' का विरोध करना और उसके विरोधियों का समर्थन करना। अरब-इजरायल युद्धों के

पश्चात अरब देशों में फिलिस्तीन और इजरायल के नेताओं के बीच हुए समझौते से इजरायल के प्रबलतम विरोधी फिलिस्तीन के नेता यासिर अराफात द्वारा इजरायल को मान्यता दिए जाने एवं फिलिस्तीनियों को गाजापट्टी में बसने के अधिकार देने से यहूदी विरोधी भावना कम हुई है।

## Anti Trust Laws | न्यास विरोधी कानून

किसी देश के वे कानून जिनका लक्ष्य या उद्देश्य व्यापार और वाणिज्य के क्षेत्र में निगमों, कम्पनियों की एकाधिकारी या केन्द्रीयकरण की प्रवृत्तियों पर रोक लगाना है। न्यास विरोधी कानून कहलाते हैं। यह व्यवस्था इसलिए परम आवश्यक हो जाती है कि इस प्रकार के कानूनों के अभाव में एकाधिकारी व्यावसायिक हित में अपना प्रभाव क्षेत्र राजनीतिक और सामाजिक दायरों और उनकी परिधि में न बढ़ा सके। कई देश इस प्रकार की व्यवस्था से यह अनुभव करते हैं कि राजनीतिक व सामाजिक व्यवस्था इस प्रकार की प्रवृत्तियों से दूषित हो सकती है।

## Anti-Militarism | सैन्य तंत्र विरोध, प्रति सैन्यवाद

(a) सैन्यवाद का विरोध करने वाली जनभावना या रीति-नीति।
(b) किसी राष्ट्र या देश की शासन व्यवस्था को सेना की अधीनता से मुक्त या स्वतन्त्र करवाने की नीति बनाना।
(c) सेना या सैन्यतंत्र का विरोध करने हेतु स्थापित और सुनियोजितपूर्ण ढंग से संघर्ष करना है।

## Antithesis | प्रतिवाद

हीगल के आदर्शवाद में द्वंद्वात्मक प्रक्रम का द्वितीय चरण जो वाद (Thesis) का निषेध करता है। और अगले संपक्ष (Synthesis) के चरण में स्वयं भी पीछे छूट जाता है। प्रथम चरण "वाद" विचार के पहला एवं सबसे अपूर्ण चरण होता है। तीसरे चरण "संवाद" में पक्ष और प्रतिपक्ष का समन्वय होता है। अर्थात विकास की प्रक्रिया तीन स्तरों वाद, प्रतिवाद एवं संवाद के स्तरों से गुजरती है। विकास की दूसरी अवस्था एन्टीथीसिस है।

## Apartheid | प्रजाति-पार्थक्य रंगभेद

दक्षिण अफ्रीका में अफ्रीकी सरकार द्वारा श्वेतों के प्रभुत्व को बढ़ाने व बनाए रखने की नीति, वहाँ स्थानीय अश्वेत जनसंख्या की दृष्टि से श्वेतों से अधिक हैं, उनकी जनसंख्या कुल का 71% भाग है। यह भेदभाव यहाँ तक किया जाता कि उनके आवास क्षेत्र भी अश्वेतों से अलग हैं। वहाँ पर प्रजाति पृथक्करण या जाति विभेद या रंगभेद की नीति का चरम स्वरूप है। इसके अन्तर्गत अश्वेत लोगों को सम्पत्ति खरीदने, चुनावों में भाग लेने, व्यापार-व्यवसाय चुनने के अधिकारों पर अनेक प्रतिबंध लगे हैं। वे विजातियों में विवाह भी नहीं कर सकते। इनकी शिक्षण संस्था, अस्पताल व अन्य सार्वजनिक स्थान श्वेतों से अलग रखे जाते हैं।

श्वेत और श्याम वर्ण वाले लोगों को अलग-अलग रखना जातीय पृथग्वासन कहलाता है। जातीय पृथग्वासन कुप्रथा अनेक यूरोपीय देशों में प्रचलित रही है, किन्तु इसका भयानक रूप दक्षिण अफ्रीका में देखने को मिला। दक्षिण अफ्रीका में भारतीय लोगों को फैलने से रोकने के लिए गोरों शासकों ने कठोर कदम उठाये। वहाँ पर चुनाव जातीय पृथग्वासन का नारा देकर ही लड़ा और जीता गया। जब सारी दुनिया जातीय भेदभाव और उपनिवेशवाद के खिलाफ आवाज उठा रही थी। जातीय पृथग्वासन का यह नारा केवल नारा ही नहीं था। मेलान के प्रधानमंत्री बनते ही गोरों की श्रेष्ठता और प्रभुत्व दक्षिण अफ्रीका में कायम रखने के लिए एक नवीन पद्धति अपनायी, जो जातीय पृथक्करण से भी कठोर थी। उपनिवेशवाद की जड़ें मजबूत बनाने के लिए गोरे शासकों को जातीय एवं सांस्कृतिक

भेदभावों को कायम रखना ही नहीं, अपितु उन्हें बढ़ाना भी महत्वपूर्ण समझा गया। काले लोगों को गोरों से अलग रखना, काले-गोरे लोगों के पारस्परिक विवाहों पर प्रतिबन्ध लगाना, यौन-सम्बन्धों पर रोक, प्रतीक्षालय आदि की अलग व्यवस्था, अलग-अलग शिक्षण संस्थाओं की व्यवस्था आदि।

## Apparatchik | अपारांचक

अपेरेट (Apparat) का कर्मचारी अर्थात राजतंत्र का कर्मचारी। अपेरेट वह संस्था जो राजकार्य संचालन में संलग्न हो। साम्यवादी देशों में यह शब्द साम्यवादी दल के सदस्य के लिए प्रयुक्त होता है। कभी-कभी इस शब्द का प्रयोग उस व्यक्ति के लिए भी होता है जो सत्ताधारियों को तंग करता है।

## Appeasement Policy | तुष्टीकरण नीति

1935 से 1938 तक जर्मनी और इटली एक के बाद एक प्रदेश जीतते चले जा रहे थे, तब फ्रांस और इंग्लैण्ड जैसे लोकतन्त्रात्मक देशों ने जर्मनी और इटली को इस आशा से निरन्तर रियायतें दी कि शायद वे अपनी आक्रामक नीति का त्याग कर दें। हिटलर और मुसोलिनी को सन्तुष्ट करने की यह नीति ही तुष्टीकरण की नीति कहलाती है। शूंभा के शब्दों में तुष्टीकरण आरम्भ से ही एक आत्मघाती मूर्खता के अतिरिक्त और कुछ नहीं थी। ब्रिटेन की आन्तरिक इच्छा यह थी कि जर्मनी को कुछ सुविधाएँ प्रदान करके अपने व्यापारिक व आर्थिक हितों को सुरक्षित करे। इसके विपरीत जर्मनी के प्रति फ्रांसीसी दृष्टिकोण ब्रिटिश दृष्टिकोण से एकदम विपरीत था। फ्रांस चाहता था कि वारसा की सन्धि का दृढ़ता के साथ पालन करने के लिए जर्मनी को बाध्य किया जाए। शूंभा के शब्दों में "वारसा की सन्धि के पश्चात फ्रांस ने जर्मनी के प्रति कठोर नीति अपनायी परन्तु ब्रिटेन ने उसके प्रति उदार नीति अपनायी क्योंकि वह उसे पुनः शक्तिशाली बनाना चाहता था जिससे वह सोवियत संघ की विस्तारवादी नीति से पश्चिम यूरोप की रक्षा कर सके"।

तुष्टीकरण से हिटलर की महत्वाकांक्षाओं को बढ़ावा मिला। उसे विश्वास हो गया कि यूरोप की शक्तियों में उसके विरुद्ध खड़े होने की क्षमता नहीं है। तुष्टीकरण की नीति से युद्ध कुछ समय के लिए टल गया परन्तु उसे रोका नहीं जा सका। कैनथ इनग्राम के शब्दों में "ब्रिटेन में चैम्बरलेन के हाथों अपने समूचे समय के इतिहास का सबसे बड़ा अपमान सहन किया। वह इस प्रकार अपमानित हुआ जैसा पहले कभी नहीं हुआ था। म्यूनिख में शांति की कीमत और अधिक शर्मनाक नहीं हो सकती थी। विरोधी दलों के द्वारा राष्ट्रीय राजनीति में अल्पसंख्यकों को दिए जाने वाली विशेष सुविधा और संरक्षण को भी तुष्टीकरण की नीति ही कहा जाता है।

## Appellate Jurisdiction | अपीलीय क्षेत्राधिकार, अपीली अधिकारिता

किसी राष्ट्र या देश के न्यायालय या इसी प्रकार के अन्य अधिकरणों का वह अधिकार क्षेत्र जिसके अन्तर्गत वे अवर न्यायालयों अथवा अधिकरणों द्वारा निर्णीत वादों पर कानूनी या विधिक अथवा तथ्यों या दोनों दृष्टियों से पुनर्विचार कर सकते हैं। भारतीय संविधान ने सर्वोच्च न्यायालय को प्रारंभिक क्षेत्राधिकार के साथ-साथ अपीलीय क्षेत्राधिकार भी प्रदान किया है। उसे समस्त राज्यों के उच्च न्यायालयों के विरुद्ध अपील सुनने का अधिकार प्राप्त है। सर्वोच्च न्यायालय का अपीलीय क्षेत्राधिकार तीन वर्गों में बांटा है।

(a) सांविधानिक अपील अनु. 132

(b) दीवानी अपील अनु. 133 (c) फौजदारी अपील अनु. 134 है।

(a) *सांविधानिक अपील:* अनुच्छेद 132 के अनुसार भारत के राज्य क्षेत्र में किसी उच्च न्यायालय की सिविल दाण्डिक या अन्य कार्यवाही में दिए गए किसी निर्णय, डिक्री या अन्तिम आदेश की अपील उच्चतम न्यायालय होगी। यदि उस मामले में इस संविधान के निर्वचन (व्याख्या) के बारे में विधि का कोई सारवान प्रश्न अन्तर्वलित है।

(b) *दीवानी अपील:* अनुच्छेद 133 के अनुसार भारत के राज्य क्षेत्र में किसी उच्च न्यायालय की सिविल कार्यवाही में दिए गए किसी निर्णय, डिक्री या अन्तिम की अपील की जा सकती यदि उस मामले में विधि का व्यापक महत्व का सारवान प्रश्न अन्तर्निहित है या उच्च न्यायालय की राय में उस प्रश्न का उच्चतम न्यायालय द्वारा विनिश्चय करवाना आवश्यक है।

(c) *फौजदारी अपील:* अनुच्छेद 134 के अनुसार भारत के राज्य क्षेत्र में किसी उच्च न्यायालय की दाण्डिक कार्यवाही में दिए गए किसी निर्णय अन्तिम आदेश या दण्डादेश की अपील उच्चतम न्यायालय में होगी। यदि (क) उस उच्च न्यायालय ने अपील में किसी अभियुक्त व्यक्ति के दोषमुक्ति के आदेश को उलट दिया है और उसको मृत्यु दण्ड दे दिया है या (ख) उस उच्च न्यायालय ने अपने प्राधिकार के अधीनस्थ किसी उच्च न्यायालय से किसी मामले को विचारण के लिए अपने पास मंगवा लिया है और ऐसे विचारण में अभियुक्त व्यक्ति को सिद्ध दोष ठहराया गया है और उसको मृत्यु दण्ड दे दिया है या (ग) वह उच्च न्यायालय अनुच्छेद 134-क के अधीन प्रमाणित कर देता है कि मामला उच्चतम न्यायालय में अपील किए जाने योग्य है।

## Approach | उपागम दृष्टिकोण

किसी विषय के अध्ययन से जुड़े उपागम के अन्तर्गत उस विषय का ज्ञान (Reliable Knowledge) प्राप्त करने के लिए न केवल उपयुक्त पद्धति (Method) का चयन किया जाता है बल्कि प्रस्तुत अध्ययन की केन्द्रीय समस्या का निर्णय भी किया जाता है। अर्थात इसमें केवल यह नहीं देखा जाता कि हमें कैसे अन्वेषण करना है (How to Inquire) बल्कि यह भी सोच लिया जाता है कि किस विषय का अन्वेषण करना है। (What is Inquire)। दृष्टिकोण का अर्थ है मानकों का एक समूह जिससे सैद्धान्तिक विचार विमर्श के लिए प्रश्न आधार सामग्री लेने या छोड़ने का निर्णय लिया जाता है। अध्ययन के अनेक दृष्टिकोण भी हो सकते हैं।

## Appropriation Bill | विनियोग विधेयक

बजट में समाविष्ट मंत्रालयों एवं विभागों के व्यय सम्बन्धी प्रस्तावों को वैधानिक रूप देने के लिए संसद में प्रस्तुत विधेयक को विनियोग विधेयक कहते हैं। इसका वर्णन संविधान के अनुच्छेद 114 के अन्तर्गत है। इस विधेयक में बताया जाता है कि किस-किस मद में कितने आय होंगे। इसी के आधार पर विनियोग के माध्यम से भारत की सम्पति निधि से धन सरकार के द्वारा लिया जाता है। अत: इसे विनियोग विधेयक कहा जाता है।

## Aquinas | अक्वीनास (1225-74)

प्रारम्भिक पाश्चात्य विचारकों में से एक जिन्होंने अरस्तु के दर्शन को आधुनिक राजनीतिक व दार्शनिक चिन्तनधारा में पुन: प्रचलित किया। अक्वीनास मूलतया एक धर्माधिकारी था लेकिन उसके लेख राजनीतिक महत्व के रहे हैं। अक्वीनास भी अरस्तु की भांति राजनीतिक व्यवस्था या सभ्य समाज को जीवन का एक आवश्यक अंग मानता था। उनके अनुसार मनुष्य सुसभ्य समाज या व्यवस्थित समाज के बाहर रहकर सच्चे रूप में मानव नहीं हो सकता। उसने परिवार को बुनियादी राजनीतिक इकाई के रूप में स्वीकार किया। उसके विचार में परिवार जैसी छोटी-छोटी इकाइयां व्यवस्थित समाज की रचना नहीं कर सकती। इनके स्थान पर उसने बड़े पैमाने पर राजनीतिक समाजों को, जो परिवारों से निर्मित हों, को आवश्यक माना जिनसे मनुष्य अपनी तर्कशक्ति व नैतिक भावना का विकास कर सके और एक सभ्य व्यक्ति की भांति जीवन जी सके। उसने एक तंत्र या कुलीन तंत्र को एक अच्छे तंत्र के रूप में स्वीकार नहीं किया।

## Arab League | अरब संघ, अरब लीग

1944 में अलैक्जेंड्रिया में आयोजित अरब एकता उपक्रम सम्मेलन के निर्णयों के परिणामस्वरूप 10 मई 1945 को मिस्र, इराक (संयुक्त अरब गणराज्य), जोर्डन, लेबनॉन, सऊदी अरब, यमन और सीरिया द्वारा स्थापित एक स्वैच्छिक संघ है। इसका मूल उद्देश्य अरब राष्ट्रों में एकता की भावना को दृढ़ बनाना, उपनिवेशवाद और शीतयुद्ध का विरोध करना, गुट निरपेक्षता का समर्थन एवं इजराइल राज्य का विरोध करना रहा है। फिलिस्तीनी अरबों के प्रतिनिधित्व की विशेष व्यवस्था की गई थी। इसकी सदस्य संख्या 22 है। इसका मुख्यालय काहिरा (मिस्र) में है। इसका एक महासचिव होता है।

## Arab Nationalism | अरब राष्ट्रवाद

अरब देशों का व्यापक सांस्कृतिक व राजनीतिक आन्दोलन जिसका उद्देश्य अरब देशों की स्वतंत्रता की रक्षा करना, अरब संस्कृति का पुनरोदय और अंततोगत्वा अरबी भाषा भाषी लोगों की एकता के लक्ष्यों को प्राप्त करना है। आन्दोलन वर्तमान शताब्दी के आरंभिक वर्षों में प्रारम्भ हुआ परन्तु यह 1948 के फिलिस्तीनी संकट के दौरान तीव्र हो गया। इसे ही अरब राष्ट्रवाद के नाम से जाना जाता है।

## Arbindo Ghosh | अरविदो घोष (1872–1950)

स्वतंत्रता सेनानी जो शुरू के क्रान्तिकारों थे, बंग भंग आन्दोलन 1906 का नेतृत्व किया। बाद में 1910 में संन्यास लिया। महान दार्शनिक एवं कवि जिन्होंने वेदांत का प्रसार किया। उनका महाकाव्य 'सावित्री' काफी प्रसिद्ध है।

## Arbitral Tribunal | विवाचन न्यायाधिकरण

किसी भी देश में अन्तर्राष्ट्रीय विवादों के पंचनिर्णय के लिए विवादग्रस्त पक्षों की पारस्परिक सहमति से संगठित निकाय या आयोग जिसमें दोनों पक्षों के बराबर संख्या में सदस्य होते हैं और उसका अध्यक्ष सबकी सहमति से चुना जाता है। इस न्यायाधिकरण को विवाचन - समझौते की शर्तों के अनुसार निर्णय करने का अधिकार होता है और इस प्रकार किए जाने वाले निर्णय को पंचाट कहा जाता है। जो दोनों ही पक्षों के लिए बाध्यकारी होता है। इस प्रकार यह विवाचन न्यायाधिकरण के नाम से जाना जाता है।

## Arbitration | विवाचन

किसी विवाद के समाधान में तीसरे पक्ष का दखल जो दोनों पक्षों को निर्णय लेने में मदद करे। इसमें दोनों पक्षों को तय करना होता है कि तीसरे पक्ष के निर्णय को मानेंगे और पंचों के नाम व उनके क्षेत्राधिकार के अन्तर्गत आने वाले नियमों का पालन किया जाएगा। अर्थात राज्यों के विवादों को दोनों पक्षों द्वारा किसी पंच को सौंपकर निर्णय करवाने की परिपाटी। पश्चिमी जगत में यह यूनानियों के समय से चली आ रही है।

## Arch Individualist | घोर व्यक्तिवादी

किसी भी राज्य का वह विचारक जो व्यक्ति की स्वतंत्रता, व्यक्ति के आहरणीय अधिकार जिसके अधिकारों पर पाबंदी न लगे तथा "यद्भावी तद्भावी नीति का प्रबल रूप से समर्थक हो एवं राज्य को एक आवश्यक बुराई मानता हो परन्तु राज्य का कार्यक्षेत्र न्यूनतम कर दिए जाने के पक्ष में हो। इस प्रकार के कार्यों से वह घोर व्यक्तिवादी कहलाता है।"

## Area of Understanding | समान सोच

घटनाओं का समुच्चय जिसे एक समूह के लोग भली भाँति समझते हैं और उनसे संबंधित सूचनाओं का परस्पर आदान-प्रदान करते हैं। 21वीं शताब्दी में सूचना क्रांति के साधन ई-मेल, नेट, फेसबुक, ट्यूटर और ब्लॉग के माध्यम से द्रुतगति से विचारों का विस्तार हो रहा है जो सामाजिक-राजनीतिक रूप से जनभावना जाग्रत करता है एवं आन्दोलन करवाता है।

## Arendt Hannah | हन्ना आरेन्ट (1906-75)

जर्मन यहूदी महिला दार्शनिक का जन्म कोलिंगसबर्ग जर्मनी में हुआ। लेकिन अब कोलिंगसबर्ग रूस में है। आरेन्ट ने शक्ति के रचनात्मक सिद्धान्त को परिभाषित किया है। अपनी पुस्तक 'ऑन वॉयलेंस' (हिंसा-विचार और विवेचन, 1969) में हिंसा और शक्ति (Power) में अन्तर करते हुए तर्क दिया है कि जब शासक जनसाधारण की इच्छा के विरुद्ध अपना प्रयोजन सिद्ध करने के लिए बल (Force) का प्रयोग करते हैं तो इस कार्यवाही को हिंसा कहते हैं। दूसरी ओर आरेन्ट ने शक्ति की नई संकल्पना प्रस्तुत करने का प्रयत्न किया है। आरेन्ट के अनुसार शक्ति का सम्बन्ध जनसाधारण से है। समाज में शक्ति के विश्लेषण का सरोकार इस प्रश्न से नहीं है कि कौन किस पर शासन करता है? या कौन किसे आदेश देता है, और कौन उसका पालन करता है? वस्तुत राजनीतिक संस्थाएँ 'शक्ति' की विविध अभिव्यक्तियाँ है दूसरे शब्दों में जब जन साधारण शक्ति के सिद्धान्तों का अनुसरण करते हैं तो उनकी उपलब्धियाँ राजनीतिक संस्थाओं (Political Institutions) के रूप में सामने आती हैं आरेन्ट के विचार से शक्ति का प्रयोग लोगों के परस्पर सहयोग के रूप (Corporation) में सार्थक होता हैं।

शक्ति के बारे में आरेन्ट की संकल्पना राज्य की भर्त्सना करती है क्योंकि वह बल प्रयोग या हिंसा पर आधारित है। जनसाधारण को ऐसी समाज व्यवस्था स्थापित करने के लिए सहयोग की ओर प्रेरित करती है जो उनके सामान्य सुख और स्वतन्त्रता को बढ़ावा दे सके।

हन्ना आरेन्ट ने अपनी पुस्तक 'ऑन रिवोल्यूशन' (क्रांति एक विवचेन, 1963) के अन्तर्गत कहा है कि सच्ची क्रान्ति वह है जिसके परिणामस्वरूप किसी देश में उदार लोकतन्त्र (liberal democracy) की स्थापना हो जाती है। आरेन्ट के विचार से 'क्रान्ति ऐसी कार्यवाही है जिसमें परतन्त्र लोग स्वतन्त्रता की कामना करते हैं और ऐसे संविधान की तलाश करते हैं जो उनकी स्वतन्त्रता को साकार कर सके। आरेन्ट के अनुसार किसी देश में क्रांतिकारी परम्परा तभी सार्थक होती है जब लोग अपने स्वतन्त्र सहचरों के साथ स्वतन्त्र कार्यवाही में हिस्सा लेते हुए 'सार्वजनिक सुख' (Public Happiness) को बढ़ावा दे सकें।

## Areopagus | एरियोपागस

एरियोपागस से तात्पर्य एथेन्स की एक पहाड़ी जिस पर वहाँ के सर्वोच्च न्यायाधिकरण की बैठक होती है। यह एथेन्स का मुख्यतया सर्वोच्च न्यायाधिकरण है। ऐसा अधिकरण जिसका फैसला निर्णायक अथवा अधिकारपूर्ण हो। उसे ही एरियोपागस कहते हैं।

## Aristocracy | अभिजात तंत्र, कुलीनतन्त्र

अंग्रेजी शब्द अरिस्टोक्रेसी यूनानी शब्द 'अरिस्टाँस' और 'क्रेटास' से मिलकर बना है। अरिस्टॉस का अर्थ है श्रेष्ठ और क्रेटास का अर्थ है शक्ति अथवा शासन। अतः व्युत्पत्ति की दृष्टि से अरिस्टोक्रेसी का अर्थ है समाज के सर्वश्रेष्ठ व्यक्तियों का शासन। ऐसी शासन व्यवस्था जो पैतृक विशेषाधिकार द्वारा चलायी जाए। इसे कुलीन वर्ग या गिने-चुने लोगों द्वारा किया जाने वाला शासन भी कहते हैं।

इसमें योग्यतम व्यक्तियों को जो धन, विद्या और बुद्धि में श्रेष्ठ होते हैं उनको ही शामिल किया जाता है और उनके द्वारा शासन चलाया जाता है। इसमें बौद्धिक श्रेष्ठता के आधार पर शासन चलाने वाले को बौद्धिक अभिजात वर्ग भी कहा जाता है। इसमें व्यक्ति की संख्या की गणना के स्थान उसके गुण को महत्वपूर्ण माना जाता है। इस तरह की शासन प्रणाली की चर्चा प्लेटो और अरस्तु की रचना में मिलती है। जनसाधारण को शासन कार्य से पूर्णतः अलग रखा जाता है। इनको राजनीतिक शिक्षा नहीं मिलती है। जन्म के आधार पर गुणों के निर्धारण से यह राजतंत्रीय व्यवस्था के अनुरूप होते है क्योंकि इसमें एक नहीं कई योग्य व्यक्तियों की सम्मिलित शासन व्यवस्था है। इसे राजतंत्र और लोकतंत्र का मध्यवर्ग माना जाता है।

## Aristocrat | अभिजात

सुविधा सम्पन्न प्राप्त कुलीन वर्ग का वह सदस्य या व्यक्ति जिसकी प्रवृत्ति, धारणा या गतिविधि उच्च कुलीन वर्ग के समान हो। कुलीन वर्ग द्वारा निदेशित, नियंत्रित और शासित सरकार का पक्षधर या प्रतिपादक।

## Aristotelianism | अरस्तुवाद

अरस्तु यूनान का रहने वाला था। यह प्रसिद्ध दार्शनिक था। अरस्तु (384–332 ई.पू.) के दर्शन पर आधारित राजनयिक या राजनीतिक सिद्धान्त जिसकी महत्वपूर्ण बातें निम्नानुसार हैं। मनुष्य स्वभाव से ही राजनीतिक प्राणी है। राज्य का उद्‌भव या उदय और विकास मानवीय जीवन के उन्नयन के लिए हुआ है और राज्य एक नैसर्गिक संस्था है। राज्य मनुष्य के नैतिक जीवन को परिपूर्णता प्रदान करता है। इसके अनुसार संविधान का श्रेष्ठ रूप वही होता है, जिसमें जनता के हितों का उन्नयन हो। इसे ही अरस्तुवाद के नाम से जाना जाता है।

## Aristotle | अरस्तु (384–322 ई. पू.)

अरस्तु प्राचीन यूनान का एक ऐसा विचारक था जिसके सिद्धान्तों ने मध्य युग की राजनीतिक विचारधारा को आलोकित किया था। वर्तमान राजनीतिक एवं सामाजिक चिन्तनधारा पर भी उसके दर्शन की गहरी छाप है। उसकी राजनीतिक विचारधारा प्रजातंत्रात्मक विचारधारा के अधिक निकट होने से आज भी स्वीकार्य है। यह प्रत्यक्ष जनतंत्र को उचित नहीं मानता था। वह मिले-जुले विधान के पक्ष में था, जिसमें कुलीनतंत्र या श्रेष्ठ शासन व प्रजातंत्र के तत्व शामिल हों। उसके मत में राज्य मनुष्य के नैतिक जीवन को परिपूर्णता प्रदान करता है। मानव के नैतिक उद्देश्यों की सिद्धि राज्य के विधि-विधानों द्वारा ही संभव है। विधान वही श्रेष्ठ है जिसका लक्ष्य जनता के हित का उन्नयन करना हो। ये प्लेटो के शिष्य थे। इनकी पुस्तक "पॉलिटिक्स" है। जो राजनीति पर वैज्ञानिक रूप से लिखी गई है। इसलिए अरस्तु राजनीति विज्ञान के जनक कहलाते हैं।

## Aristotle's Theory of Justice | अरस्तु का न्याय सिद्धान्त

अरस्तु के अनुसार, न्याय का सरोकार मानवीय सम्बन्धों (Human Relations) के नियमन से है। अरस्तु का विश्वास था कि जब लोगों के मन में न्याय के बारे में एक जैसी धारणा पाई जाती है, तभी राज्य अस्तित्व में आता है। न्याय के प्रयोग क्षेत्र को ध्यान में रखते हुए अरस्तु ने दो प्रकार के न्याय में अन्तर किया है। पहला वितरण न्याय (Distributive Justice) दूसरा परिशोधनात्मक न्याय (Rectificatory Justice) या प्रतिकारात्मक न्याय (Remedial Justice)।

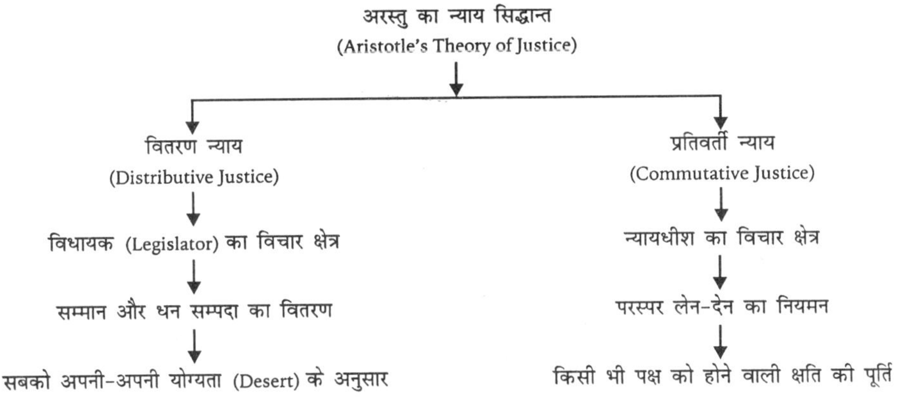


वितरण न्याय का सरोकार सम्मान (Honour) या धन सम्पदा (Wealth) के वितरण से है। यह विधायक (Legislator) के विचार क्षेत्र में आता है। इसका मूल सिद्धान्त यह है कि 'समान लोगों के साथ समान बर्ताव किया जाए' (Treating Equals Equally)। अरस्तु के अनुसार पद प्रतिष्ठा और धन का वितरण रेखा गणितीय (Geometrical Proportion) से होना चाहिए अर्थात प्रत्येक को बराबर नहीं मिलकर अपनी योग्यता (Desert) के अनुसार हिस्सा मिलना चाहिए। अरस्तु ने सदगुण (Virtue) को योग्यता का आधार मानकर उसे ऊंचे पद और पुरस्कार देने के योग्य माना है।

प्रतिवर्ती न्याय का सरोकार लोगों के परस्पर लेन-देन (Mutual Transaction) को नियमित करने और अपराधों का दण्ड निर्धारित करने से है। यह न्यायाधीश (Judge) के विचार क्षेत्र में आता है। इसका ध्येय यह है कि व्यक्तियों के परस्पर लेन-देन में दोनों का पलड़ा बराबर रहे, किसी के साथ धोखा न हो, किसी को हानि न उठानी पड़े। अपराध के मामले में प्रतिवर्ती न्याय की मांग यह होगी कि इससे जिस पक्ष को हानि पहुँची हो, उसकी सम्पूर्ण क्षतिपूर्ति (Full Compensation) कर दी जाए। संक्षेप में प्रतिवर्ती या परिशोधनात्मक न्याय का उद्देश्य व्यक्तियों के परस्पर व्यवहार में सन्तुलन स्थापित करना या बिगड़े हुए सन्तुलन को फिर से स्थापित करना है। इसमें सबको समान मानते हुए केवल व्यक्ति के कृत्य (Act) पर विचार किया जाएगा।

## Aristotle's Views of Revolution | क्रान्ति पर अरस्तु के विचार

अरस्तु ने अपने समकालीन यूनान में शासन प्रणालियों की अस्थिरता (Instability) पर गहरी चिंता व्यक्त की थी। उसके राजनीतिक चिन्तन का लक्ष्य ऐसी शासन प्रणाली की तलाश करना था जो स्थिर रह सके। अरस्तु के अनुसार, राजनीतिक अस्थिरता का कारण राज्य में बार-बार होने वाले विद्रोह (Rebellions) थे, जिन कारणों से विद्रोह होते थे वही क्रान्ति के कारण थे। अपने विस्तृत अध्ययन के आधार पर अरस्तु इस निष्कर्ष पर पहुँचा कि विद्रोह का मूल कारण विषमता (Inequality) की अनुभूति है। क्रान्तिकारी अपने विचार से समानता (Equality) और न्याय (Justice) के लिए संघर्ष करते हैं। समानता और न्याय के निकट सम्बन्ध की ओर संकेत करते हुए अरस्तु ने न्याय का यह अर्थ स्पष्ट किया कि समान लोगों के साथ समान बर्ताव किया जाए और असमान लोगों के साथ असमान बर्ताव किया जाए। समस्या वहाँ पैदा होती है जहाँ लोग एक दृष्टि से समान होने पर सब तरह से समान होने की मांग करने लगते हैं लेकिन राजनीतिक संघर्ष का मुख्य मुद्दा धन सम्पदा की विषमता है। क्रांति तब होती है जब निर्धन लोग धनवान वर्ग के प्रति विद्रोह कर देते हैं।

अरस्तु के विचार से सारे राजनीतिक परिवर्तन तो बुरे नहीं होते परन्तु राज्य के संविधान को सुरक्षित रखना राजमर्मज्ञ का परम कर्तव्य है। स्वयं अरस्तु ऐसे परिवर्तनों का समर्थन करता है जो स्थिरता को बढ़ावा दें और क्रांति की संभावनाओं को समाप्त कर दें। इसके लिए अरस्तु ने मिश्रित संविधान (Mixed Constitution) अपनाने की सलाह दी जिसमें लोकतन्त्रीय (Democratic)और गुटतन्त्रीय (Oligarchic) लक्षणों को मिलाकर सांविधानिक शासन (Constitutional Rule) स्थापित किया जाएगा। इसमें मध्यम वर्ग (Middle Class) की प्रधानता रहेगी। कुल मिलाकर अरस्तु रूढ़िवादी दृष्टिकोण (Conservative View Point) का प्रतिनिधित्व करता है जो क्रान्ति के विरुद्ध है।

इस प्रकार क्रान्ति का अर्थ है सामाजिक जीवन में आकस्मिक (Sudden), त्वरित (Speedy) और युगान्तरकारी (Epoch Making) परिवर्तन जो सारे सामाजिक सम्बन्धों, संस्थाओं और विचार प्रणाली को एकदम नए रूप में ढाल दे और जिसका प्रभाव चिरस्थायी हो।

अरस्तु संविधान में होने वाले प्रत्येक परिवर्तन को क्रान्ति कहते हैं।

## Aristotle's Views on Slavery | दासता पर अरस्तु के विचार

दासता या गुलामी वह स्थिति है जिसमें कोई मनुष्य कानूनी तौर पर दूसरे मनुष्य की निजी सम्पत्ति माना जाता है। सम्पत्ति के स्वामी (Owner) की तरह ही दास का स्वामी (Master) भी उससे मन चाहा काम ले सकता है।

अरस्तु प्राचीन यूनान का रूढ़िवादी (Consecutive) विचारक था जहाँ सारी सभ्यता दास प्रथा पर टिकी थी। अरस्तु ने दास प्रथा को उचित ठहराने के लिए पॉलिटिक्स की प्रथम पुस्तक में अनोखे तर्क दिए। उसने यह मान्यता रखी कि कुछ मनुष्य जन्म से ही स्वामी बनने के लिए नियत होते हैं, कुछ दास बनने के लिए, जो स्वामी है, उनमें सद्‌गुण (Virtue) की क्षमता पाई जाती है जो दास हैं उनमें यह क्षमता नहीं पाई जाती है। जब स्वामी और दास अपनी-अपनी भूमिका संभाल लेते हैं। तब इससे दोनों का हित होता है। स्वामी को अपने सद्‌गुण के प्रयोग के लिए अवकाश (Leisure) की आवश्यकता होती है। दूसरी ओर दास स्वाधीन रूप से सद्‌गुण का प्रयोग नहीं कर सकता है। वह शारीरिक रूप से सद्‌गुण का प्रयोग नहीं कर सकता है। वह केवल शारीरिक श्रम (Physical Labour) की क्षमता रखता है। जब वह स्वामी की सेवा का भार संभाल लेता है तब स्वामी को सद्‌गुण के प्रयोग के लिए यथेष्ट अवकाश मिल जाता है। इससे दास का भी हित होता है क्योंकि स्वामी की सेवा करके वह उसके सद्‌गुण का लाभ प्राप्त कर लेता है।

अरस्तु ने दो तरह की सम्पत्ति मानी है निर्जीव व सजीव। निर्जीव सम्पत्ति सोना, चांदी भूमि, मकान आदि एवं सजीव सम्पत्ति दास, पशु, पक्षी। अरस्तु ने दो प्रकार के दास माने हैं जन्मजात और युद्ध में बन्दी बनाए गए दास। अरस्तु यूनानियों को उच्च प्रस्थिति का होने के कारण दास बनाने से इनकार करते हैं। अरस्तु दास प्रथा को आनुवांशिक नहीं मानता, दास के पुत्रों में यदि सद्‌गुण का विकास हो जाये उसे दास बनने से मुक्त किया जा सकता है।

## Armament Race | शस्त्रीकरण की होड़

विभिन्न राष्ट्रों द्वारा अपने शत्रु राष्ट्र की तुलना में अथवा महाशक्तियों द्वारा अपनी सैन्य क्षमता को विश्व में सर्वश्रेष्ठ बनाने के लिए अत्यधिक संहारक व विनाशकारी आधुनिकतम अस्त्र-शस्त्रों का उत्पादन करना। उत्पादन क्षमता को बढ़ाना और निर्यात करने की प्रवृत्ति को कायम रखना। 26 दिसम्बर 1991 में सोवियत संघ के विखंडन के पश्चात अमेरिका ही एकमात्र महाशक्ति है, अतः रूस और अमेरिका के बीच अभी शस्त्रीकरण की होड़ नहीं है, लेकिन अन्य राष्ट्रों में यह प्रवृत्ति जारी है। जैसे भारत और पाकिस्तान के बीच। दोनों परमाणु अस्त्र सम्पन्न राष्ट्र बन गए हैं।

### Armchair Politician | पथंक राजनीतिज्ञ, अव्यावहारिक राजनीतिज्ञ

पथंक राजनीतिज्ञ से तात्पर्य उस राजनीतिज्ञ से जो वास्तविकता के प्रति केवल बौद्धिक अथवा काल्पनिक दृष्टिकोण रखता है। वह राजनीतिज्ञ व्यावहारिक पक्ष न देखकर केवल सैद्धांतिक पक्ष अपनाने वाला ऐसा राजनीतिज्ञ माना जाता है। जिसे प्रत्यक्ष ज्ञान अथवा स्वानुभव नहीं होता है। वह राजनीतिज्ञ केवल अपनी काल्पनिक क्षमता ही दौड़ता रहता है।

### Armed Action (Non War Hostility) | सशस्त्र कार्यवाही

किसी राज्य द्वारा किसी अन्य राज्य पर सशस्त्र सेनाओं द्वारा की गई आक्रामक या रक्षात्मक कार्यवाही जो युद्ध नहीं मानी जाती परन्तु जो उस राज्य की प्रादेशिक एकता, अखंडता और राजनीतिक संप्रभुता के लिए चुनौती बन जाती है। इस प्रकार की शत्रुतापूर्ण कार्यवाही को "गैर युद्धक शत्रुतापूर्ण कार्यवाही" भी कहते हैं।

### Armed Conflict | सशस्त्र संघर्ष

दो या अधिक राज्यों के मध्य होने वाला ऐसा सशस्त्र सैनिक संघर्ष जिसे न तो वे राज्य और न ही अन्य राज्य "युद्ध" की मान्यता देते हैं। उदाहरणार्थ, 1962 में भारत-चीन संघर्ष, 1965 में भारत-पाक संघर्ष सशस्त्र के उदाहरण हैं।

### Armed Forces | सशस्त्र सेनाएँ

किसी राज्य का थल, जल, वायु सैनिकों का विधिवत् रूप से संगठित बल जो अपने-अपने सेनाधिपतियों के अधीन होते हैं और सेना के नियमानुसार अनुशासित होते हैं।

### Armed Forces Special Power Act | सशस्त्र बल विशेषाधिकार कानून (अफ्सपा)

भारतीय संसद द्वारा 1958 में पारित कानून। यह देश के 'अशांत क्षेत्रों' में सुरक्षा बलों को विशेष अधिकार प्रदान करती है। पहले इसका दायरा पूर्वोत्तर के सभी राज्यों तक था। 1990 में आतंकवाद के कारण इसे जम्मू कश्मीर में भी लागू कर दिया गया। इस कानून के तहत सेना सन्देह होने पर किसी को भी गिरफ्तार कर सकती है। मानवाधिकार संगठन इस कानून का विरोध करती है। इन संगठनों पर महिलाओं द्वारा अत्याचार और बलात्कार के आरोप भी लगते रहे हैं। लेकिन इस कानून से इन्हें बचाव मिलता रहा है। जे.एस. वर्मा आयोग ने 23 जनवरी 2012 को अपनी रिपोर्ट में इन्हें इस तरह की छूट नहीं देने की सिफारिश की है। अल्पसंख्यक आयोग के अध्यक्ष बजाहत हबीबुल्ला ने इस कानून को 'लोकतंत्र और संविधान' के खिलाफ बताया है। किसी भी लोकतांत्रिक व्यवस्था में ऐसा कानून नहीं होना चाहिए।

### Armed Intervention | सशस्त्र हस्तक्षेप

किसी राज्य द्वारा दूसरे राष्ट्र के आंतरिक व बाह्य मामलों में अपनी इच्छानुसार परिवर्तन लाने, यथा - स्थिति बनाए रखने के लिए की जाने वाली सैनिक कार्यवाही को सशस्त्र हस्तक्षेप कहते हैं।

### Armed Merchantman | सशस्त्र व्यापारी जहाज, सशस्त्र वाणिज्यपोत

आधुनिक युग में किसी तटस्थ राष्ट्र का ऐसा व्यापारिक जहाज जो युद्धकाल में अपनी स्वयं की रक्षा के लिए अस्त्र-शस्त्रों से लैस कर दिया जाता है।

**Armed Neutrality | सशस्त्र तटस्थता**

युद्धकाल में किसी तटस्थ राज्य द्वारा युद्धरत देश में अपनी तटस्थता की रक्षा के लिए आवश्यक होने पर सैनिक बल का प्रयोग करने के लिए तैयार रहना होता है, जिसे तटस्थता कहा जाता है। वह अपनी तटस्थता को बनाये रखने के लिये ही सैनिक बल का प्रयोग करेगा। किसी के पक्ष में बल प्रयोग नहीं करेगा।

**Armed Peace | सशस्त्र शांति**

किसी भी राष्ट्र द्वारा आसन्न संकट या आशंकित युद्ध या आत्मरक्षा की खातिर शांति की अवस्था में भी सैन्य शक्ति और शस्त्र - सज्जा के साथ युद्ध स्तर पर बने रहने की स्थिति। इस प्रकार परस्पर विरोधी पक्षों की सामरिक तैयारियों के होते हुए भी शांति बनी रहती है। इसे सशस्त्र बलाश्रित शांति भी कहते हैं। द्वितीय महायुद्ध के बाद विश्व में अमेरिका व सोवियत संघ सम्बन्धों में कटुता तनाव व वैमनस्य के वातावरण के कारण विश्व में पुनः संघर्षपूर्ण स्थिति उत्पन्न हो गई थी। एक नये युग का आर्विभाव हुआ जिसे सशस्त्र शान्ति का युग कहा जा सकता था।

**Armed Rebellion | सशस्त्र विद्रोह**

किसी राज्य में विद्यमान शासन तथा उसके अधिकारियों के विरुद्ध किसी व्यक्ति, समूह, दल या गुट द्वारा व्यापक रूप में हिंसात्मक और संगठित प्रतिरोध सशस्त्र विद्रोह गृहयुद्ध या आंतरिक युद्ध को भी जन्म दे सकता है। जब इस प्रकार का विरोध सरकार या सेना के किसी भाग के ही किसी अंग द्वारा किया जाता है। तो उसे 'सशस्त्र विप्लव' Armed Revolt कहते हैं।

**Armed Ship (Armed Vessel) | सशस्त्र जहाज, सशस्त्र पोत**

किसी देश द्वारा अपने व्यापारिक जहाज में आत्मरक्षा के लिए तोपें व रक्षा साधन जैसे विध्वंसक आयुधों से युक्त जहाज विशेषकर यह सशस्त्र होता है। उसे सशस्त्र जहाज या पोत कहते हैं।

**Armistice | युद्ध विराम, युद्ध विराम समझौता**

किसी राष्ट्र द्वारा युद्ध विराम वार्ता चलाने के लिए अल्पकालिक युद्ध स्थगन किया जाता है। यह युद्ध का स्थगन स्थानीय एवं व्यापक होता है। यदि यह युद्ध विराम क्षेत्र विशेष तक सीमित होता है। तो "स्थानीय" कहा जाता है और समस्त रूप से रणक्षेत्र पर लागू होता है तो यह व्यापक कहलाता है। अतः यह कहा जा सकता है कि युद्ध विराम समझौता युद्धकारी पक्षों की सैनिक और सामरिक गतिविधियों को रोकने के लिए एक अस्थायी समझौता कहलाता है। यह समझौता करने का अधिकार दोनों पक्षों के प्रधान या मुख्य सेनापतियों या राजनयिक प्रतिनिधियों को होता है।

**Armistice Day | युद्ध विराम दिवस**

प्रथम विश्वयुद्ध जुलाई 1914 से विराम सन्धि पर हस्ताक्षर करने के बाद 11 नवम्बर 1918 को पूर्वाह्न 11 बजे समाप्त हुआ। आने वाले वर्षों में 11 नवम्बर को पूर्वाह्न 11 बजे युद्ध विराम दिवस मनाया जाने लगा। इसमें दो मिनट का मौन रखा जाता है। इसके बाद विभिन्न स्थानों में समारोह होते हैं। 1946 में इसका नाम बदल कर स्मृति दिवस (Remembrance day) रख दिया गया।

**Armistice Demarcation Line | युद्ध विराम - सीमांकन रेखा।**

युद्ध करने वाले दोनों राष्ट्रों या उनकी सेना के अधिकारियों द्वारा युद्ध की गतिविधि को स्थगित या रोकने के लिए व शांति बनाए रखने के उद्देश्य से किए गए अंतिम समझौते या निर्णय के अन्तर्गत

निश्चित और निर्धारित विभाजन रेखा जिस पर दोनों सेनाएँ यथावत् बनी रहती हैं। इसे ही युद्ध विराम सीमांकन रेखा कहा जाता है।

**Arms Control | आयुध नियंत्रण या शस्त्र नियंत्रण**

इस प्रकार की अन्तर्राष्ट्रीय व्यवस्था जिसके अन्तर्गत राज्यों द्वारा अपने अस्त्र-शस्त्र भंडारों में अभिवृद्धि, उत्पादन करने या विदेशों से आयात करने पर प्रतिबंध लगाया जाता है। जैसे कि आणविक परीक्षणों पर रोक, किन्हीं भौगोलिक क्षेत्रों का विसैन्यीकरण, आई.एन.एफ. सन्धि 9 दिसम्बर 1987 जिसमें अमेरिका व सोवियत संघ 1139 परमाणु हथियारों को नष्ट करने पर सहमत हो गए।

**Arms Races | हथियारों की दौड़**

संयुक्त राज्य अमेरिका एवं रूस के मध्य हथियारों की दौड़ या प्रतिस्पर्धा। यह प्रतिस्पर्धा इन दो राष्ट्रों में परमाणु हथियार बनाने के लिए होती है जिससे वे विश्व का नेतृत्व कर सकें। अरबों-खरबों रुपये शस्त्रास्त्रों की खरीद पर विभिन्न देश खर्च करते हैं। शिक्षा-स्वास्थ्य पर यह धन खर्च किया जा सकता था।

**Army of Liberation (Liberation Army) | आर्मी ऑफ लिबरेशन**

संगठित देशभक्तों का ऐसा संगठन जो स्वदेश को विदेशी शासन, शोषण और दासता से मुक्त करवाता है। इसका नेतृत्व और निर्देशन क्रांतिकारियों द्वारा किया जाता है।

**Aron, Raymond | अरन, रेमंड ( 1905–83 )**

फ्रांस के प्रमुख समाजशास्त्री, जिन्होंने समाजशास्त्र के सिद्धान्त, अभिजात्य बहुलवाद, औद्योगिक समाज की व्याख्या और राजनीतिक समाज में व्यक्ति भूमिका का गहन विश्लेषण किया। इन्होंने डी. टॉकविले और वेबर के विचारों को मार्क्स और दुर्खाइम के विचारों से अधिक महत्व दिया। उनका कहना था कि विचारधाराओं का युग समाप्त होने वाला है। उन्होंने डेनियल घेल के 'विचारधाराओं का अन्त' यूरोप से बाहर प्रचारित किया। उन्होंने औद्योगिक समाज की अच्छाइयों – बहुलवादी व्यवस्था, विभिन्न विचारधाराओं में सामंजस्य, सामाजिक गतिशीलता पर काफी कुछ लिखा। उन्होंने अन्तर्राष्ट्रीय राजनीति में पीस एंड वार (1967) एवं फिलासफर ऑफ वार (1983) में शक्ति राजनीति की व्याख्या की।

**Arsenal of Democracy | लोकतंत्र का आयुधागार**

अमेरिकी राष्ट्रपति रूजवेल्ट द्वारा 29 दिसम्बर 1940 को दिए गए वक्तव्य एक प्रसिद्ध वाक्यांश कि अमेरिका युद्धकारी बनने से पूर्व द्वितीय विश्वयुद्ध में तटस्थ रहते हुए भी मित्र राष्ट्रों की सेनाओं को अस्त्र-शस्त्रों की पूर्ति कर रहा था। जो उसकी तटस्थता की नीति के अनुरूप नहीं था। इसलिए इसकी व्यापक रूप से आलोचना हुई, जिसका उत्तर देते हुए राष्ट्रपति रूजवेल्ट ने एक वक्तव्य द्वारा यह घोषित किया कि अमेरिका लोकतंत्र एवं अधिनायकवाद के मध्य तटस्थ नहीं रह सकता है। और वह धुरी राष्ट्रों के विरुद्ध लोकतंत्रीय देशों का आयुधागार बनने में तनिक भी संकोच नहीं करेगा।

**Arson | आगजनी**

किसी आन्दोलन या विरोध प्रदर्शन के दौरान किसी दूसरे की संपति, सार्वजनिक संपति अथवा मकान को गैर-कानूनी रूप से तोड़ना, आग लगाकर नष्ट कर देना।

## Art of Diplomacy | राजनय कला

राजनयिक (Diplomat) की सारी गतिविधियों का मुख्य उद्देश्य होता है- अपने देश के हितों की रक्षा। इस उद्देश्य की पूर्ति के लिए जिस सूझ-बूझ, सावधानी और निपुणता की जरूरत होती है उसे राजनय की कला कहा जाता है।

कौटिल्य ने राज्य शिल्प (Statecraft) के अन्तर्गत कूटनीति के चार तत्व गिनाये गये हैं। (1) साम (Conciliation) (अर्थात शांति की नीति-इसमें अधिक शक्तिशाली राजा को सम्मान देकर प्रसन्न रखा जाता है) (2) दाम (Cencession) (इसमें अधिक शक्तिशाली राजा को धन या मूल्यवान उपहार देकर प्रसन्न रखा जाता है। (3) दण्ड (Coercion) अर्थात बल प्रयोग-इसमें कम शक्तिशाली राजा को डरा धमका कर या उस पर दबाव डालकर अपने स्वार्थ की पूर्ति की जाती है।) (4) भेद (Devide and Rule) (इसके अन्तर्गत पड़ोसी राजाओं में फूट के बीज बोकर अपनी शक्ति को सुदृढ़ किया जाता है।)

16वीं सदी के अन्त तक सारी कूटनीति इटालवी दार्शनिक निकोलो मैकियावली (1469-1527) की सोच में रंग गई इसकी मुख्य मान्यता यह थी कि यदि तुम अपने देश के हित जैसे ऊंचे साध्य (End) को लेकर चले हो तो तुम जो भी साधन (Means) अपनाओगे, उनके लिए तुम्हें कोई दोष नहीं देगा। दूसरे शब्दों में नैतिक साध्य की सिद्धि के लिए अनैतिक साधनों का प्रयोग क्षम्य होगा।

उन्हीं दिनों सर हेनरी वोटन ने राजदूत के कार्य की यह परिभाषा दे डाली: An Ambassador is an honest Man set to lie abroad for the good of his Country lie के दो अर्थ हैं 'रहना और झूठ बोलना' राजदूत ऐसा ईमानदार व्यक्ति है जिसे अपने देश के हित के लिए विदेशों में 'रहने' (झूठ बोलने) के लिये भेजा जाता है।

## Articles of Agreement | समझौते के अनुच्छेद

दो या अधिक राष्ट्रों या पक्षों के बीच किसी विषय में सहमत होने के परिणामस्वरूप हुए अनुबंध समझौते के विधिवत् अनुच्छेद अथवा उसकी धाराएं।

## Articles of Confederation | परिसंघीय व्यवस्था के अनुच्छेद

उपनिवेशों को मुक्त व स्वतंत्र राज्य घोषित करके उन्हें सन् 1777 में एक "शाश्वत संघ" के रूप में संगठित करने की योजना बनाई गई। परन्तु इस प्रयोजन से जो राजनीतिक व्यवस्था अंगीकार हुई वह बहुत शिथिल एवं दुर्बल थी। इस प्रकार की व्यवस्था को परिसंघीय व्यवस्था में अनुच्छेद कहा जाता है। यह 1 मार्च, 1781 को सभी राष्ट्रों द्वारा अनुसमर्थित हो जाने पर लागू हुई। इस प्रकार की व्यवस्था में राज्यों को प्रभु सत्ताधारी घोषित किया गया था एवं संघ सरकार के अधिकार बहुत सीमित थे। इसे कराधान द्वारा राजस्व वसूल करने का अधिकार नहीं दिया गया और न ही यह राज्यों को किसी प्रकार का परिसंघ के व्यय के लिए धनराशि देने के लिए बाध्य कर सकती थी। कई प्रयासों के परिणामस्वरूप 2 मार्च, 1789 को परिसंघीय व्यवस्था को समाप्त कर वर्तमान संघीय संविधान लागू हुआ।

## Artificial Boundary | कृत्रिम सीमा

किसी देश द्वारा ऐसे विभाजक, स्तंभ अथवा इस प्रकार के अन्य चिह्न जो दो देशों के मध्य सीमा रेखा अंकित करें।

## Asea Pacific Economic Cooperation APEC | एशिया प्रशांत आर्थिक सहयोग

एपेक संगठन की स्थापना की शुरुआत 1989 में हुई लेकिन कुछ समय पश्चात ही यह समूह एशिया प्रशान्त क्षेत्र में आर्थिक विकास, सहयोग व्यापार और निवेश को विकसित करने वाला एक महत्वपूर्ण समूह बन गया। 1993 में वगोरा इण्डोनेशिया में इसका सचिवालय स्थापित किया गया। इसके उद्देश्यों को वगोरा कहते हैं। 1994 में वगोरा में इसके उद्देश्य निर्धारित किए गए जो निम्न हैं।

1. क्षेत्र में खुले व्यापार और निवेश को बढ़ाना।
2. व्यापार और निवेश उदारीकरण व्यापार को सुविधाजनक बनाना एवं आर्थिक और तकनीकी सहयोग बढ़ाना।

एपेक के 21 सदस्य देश हैं जिनको सदस्य अर्थव्यवस्थाएं कहा जाता है। इसका वार्षिक शिखर सम्मेलन होता है। 21 सदस्यीय इस सम्मेलन में ग्रीन हाउस गैसों के उत्सर्जन में कटौती पर बल दिया गया।

## Asia Cooperation Dialogue | एशिया सहयोग संवाद

जून 2002 में थाइलैण्ड की पहल पर एशियाई राष्ट्रों का नया संगठन अस्तित्व में आया जो एशियाई देशों में स्थायित्व, विकास एवं व्यापार को बढ़ावा देने के लिए प्रतिबद्ध होगा। इसका प्रथम विदेश मंत्री सम्मेलन 19 जून 2002 को थाइलैण्ड के छा-एम में हुआ।

## Asiatic Mode of Production | एशियाटिक मोड ऑफ प्रोडक्शन

यह एक मार्क्सवादी विचारधारा है जो उत्पादन प्रणाली पर आधारित एशिया के देशों के कृषि, सामंतवाद और जातिवादी समाज की व्याख्या करती है। इसमें पुरातन राज्य व्यवस्था के आधार पर बहुसख्यंक कृषकों का अल्पसंख्यक सामंत शोषण करते हैं। मार्क्स ने 'प्री कैपिटलिस्ट इकॉनामिक फारमेशन' में इसकी विवेचना की है। इसमें प्राचीन ग्रामीण समाज स्वावलंबी होता है और इसके क्षेत्रों का सम्पर्क काफी कम होता है। इनके उत्पादन के तरीके प्राचीन होते हैं जिसमें सुधार कम ही होता है। ये समाज धर्म और जाति के आधार पर विभाजित होते हैं एवं वर्ग विभाजन और वर्ग संघर्ष की गुंजाईश काफी कम होती है। इसमें राज्य सत्ता और धर्मसत्ता एक-दूसरे के सहयोगी होते हैं।

1960 के दशक में मार्क्सवादी चिन्तन के अन्तर्गत एशियाई उत्पादन प्रणाली में फिर से दिलचस्पी ली जाने लगी। लुई आल्थ्यूजर (1918-90) ने संरचनावादी मार्क्सवाद (Structuralism Marxism) के अन्तर्गत ऐतिहासिक भौतिकवाद की वैज्ञानिक प्रतिष्ठा पर फिर से बल दिया गया। उत्पादन प्रणालियों का विश्लेषण इस उपागम का महत्वपूर्ण अंग था। पूंजीवाद के विस्तार से अल्प विकसित देशों की अर्थव्यवस्थाओं पर क्या प्रभाव पड़ता है, इसकी व्याख्या के लिए पराश्रितता सिद्धान्त (Dependency Theory), विषम विकास (Uneven Development) और अल्प विकास (Under Development) के सिद्धान्त विकसित किए गए। इस विश्लेषण के अन्तर्गत एशियाई उत्पादन प्रणाली के प्रतिरूप (Model) को विकास की अवस्थाओं के एकरेखीय सिद्धान्तों के विकल्प के रूप में प्रस्तुत किया गया। यह अनुभव किया गया कि एशिया और अफ्रीका के समकालीन समाजों में सामन्तवाद और पूंजीवाद की जानी-पहचानी विशेषताएँ ढूंढना मुश्किल है। परन्तु इन समाजों के सन्दर्भ में एशियाई समाज के प्रतिरूप को लागू करना भी उतना ही कठिन सिद्ध हुआ है, फिर भी विश्व के जिस किसी देश में, इतिहास के किसी भी दौर में जहाँ सामुदायिक स्वामित्व (Communal Ownership) आत्मनिर्भर ग्राम के अस्तित्व और पूंजीवादी सम्बन्धों की अनुपस्थिति के लक्षण पाये गए हैं, उन सबको एशियाई उत्पादन प्रणाली की कोटि में

रखकर उनके विश्लेषण का प्रयत्न किया गया है। इसमें कई जटिल समस्याएँ सामने आई हैं और फिर जिन समाजों में वर्ग संघर्ष प्रकट नहीं हुआ, उनमें ऐसे राज्य का उदय कैसे हुआ जो समस्त भूमि का स्वामी था। सारी व्यवस्था सिंचाई और सार्वजनिक निर्माण के लिए उत्तरदायी थी। इस विषय की मार्क्सवादी व्याख्या देना भी अत्यन्त कठिन है।

देखा जाए तो एशियाई उत्पादन प्रणाली की संकल्पना का ध्येय स्वयं एशियाई समाज का विश्लेषण करना नहीं था। इसका वास्तविक ध्येय यूरोप में पूंजीवाद के उदय की व्याख्या के लिए तुलनात्मक ढांचा प्रस्तुत करना था। दूसरे शब्दों में इसका उद्देश्य यह दिखाना था कि जिन देशों में मध्य वर्ग (Middle Class), शहरीकरण (Urbanization) और बुर्जुआ संस्थाओं (Bourgeous Institutions) का विकास नहीं हुआ, उनमें पूंजीवाद का उदय भी नहीं हुआ था। दूसरी ओर, इन्हीं तत्वों का अस्तित्व यूरोपीय समाज को गतिशील और प्रगतिशील बनाने के लिए उत्तरदायी था।

## Asish Nandy | आशीष नंदी

'द इंटीमेट एनेमी' सहित कई पुस्तकें लेखक के सामाजिक-मनोवैज्ञानिक भ्रष्टाचार को एक प्रकार से 'सामूहिक योग्यता' मानते हैं। समाज का उच्च वर्ग आपसी मदद और संरक्षण से इसे पनपाता है। भ्रष्ट उच्च वर्ग आपस में लाभ पहुँचाने के लिए अधिकारों का दुरुपयोग करता है। इस तरह भ्रष्टाचार से सार्वजनिक धन और सेवाओं का उपयोग निजी लाभ के लिए उच्च वर्ग बिना खतरे से करता रहा है। इसमें नये खिलाड़ी यानि सत्ता के नये हिस्सेदार दलित, जनजाति और पिछड़े भी शामिल होकर यह तर्क देते हैं कि पहले सवर्णों ने भ्रष्टाचार किया अब 'हमारी बारी है'। आशीष नंदी इसे दलितों में बढ़ते आत्मविश्वास का सूचक माना तथा सवर्णों द्वारा भ्रष्टाचार छिपा नहीं पाने की अक्षमता। दोहरे चरित्र वाले नेताओं के भ्रष्टाचार नये शासक वर्ग का भ्रष्टाचार है। उनके विचार को दलित विरोधी मानकर जनवरी 2013 में काफी विरोध किया गया और गिरफ्तारी से सर्वोच्च न्यायालय ने बचाया।

## Assemblies | विधानसभाएँ

विधानसभाएँ जनता की प्रतिनिधि सभाएँ होती हैं। इनका गठन प्रत्यक्ष या परोक्ष रूप से चुने हुए प्रतिनिधियों द्वारा होता है। इनके गठन का उद्देश्य कानून बनाने तथा व्यवस्था पर चर्चा करना होता है।

## Assembly | सभा

विचार-विमर्श, विधि निर्माण आदि के लिए एक स्थान पर एकत्र व्यक्तियों का समूह या जमाव और विधानसभा एक प्रतिनिधि सभा, विधायी या कानूनी निकाय विशेष रूप से विधान मंडल का अवर सदन और राष्ट्र संघ के विमर्शकारी अंग को भी "सभा" कहते हैं।

## Assimilation | आत्मसात्मीकरण

सांस्कृतिक एकीकरण की एक प्रक्रिया है। इससे नए शामिल हुए या अधीनस्थ समूह अपनी विशिष्ट संस्कृति को खो देते हैं तथा प्रभुत्वशाली बहुसंख्यकों की संस्कृति को अपना लेते हैं। यह पराजित सामाजिक समूह से जबरदस्ती भी करवाया जाता है और प्रायः अधूरा होता है। इसमें नये समूह को पूर्ण सदस्यता प्रदान नहीं की जाती। उदाहरणार्थ- प्रभुत्वशाली बहुसंख्यकों द्वारा प्रवासी समुदाय के साथ भेदभाव करना और परस्पर विवाह की अनुमति नहीं देना। भारत में मध्यकाल से पूर्व आये समुदायों शक, हूण वगैरह का पूर्ण आत्मसातीकरण कर लिया गया।

**Assize | अभिसत्र, विधि पृच्छा**

1. *अभिसत्र:* किसी देश के उच्च न्यायालय के न्यायाधीशों द्वारा इंग्लैण्ड की प्रत्येक काउन्टी में समय-समय पर आयोजित न्यायसत्र जिनका उद्देश्य दीवानी तथा फौजदारी मुकदमों की सुनवाई करना होता था।
2. *विधि पृच्छा:* इंग्लैण्ड में न्यायिक निर्णयों की जांच के रूप में सुनवाई या कानूनी जांच करवाना है।

**Associated Delegate | सहप्रतिनिधि**

एक राष्ट्र की सरकार द्वारा दूसरे राष्ट्र में भेजे जाने वाला संदेश प्रतिनिधिमंडल या शिष्टमंडल का वह सदस्य जो उसके प्रमुख या मुख्य अन्य सदस्यों को महत्वपूर्ण विषयों में सहायता एवं परामर्श देने का कार्य करता हो। उसे सह-प्रतिनिधि कहते हैं।

**Association | संघ/समिति**

समिति या संघ मनुष्यों का समूह होता है। इसका गठन किसी सामान्य उद्देश्य की पूर्ति के लिए होता है। ऐसे संघों की रचना करने का अधिकार, मूलभूत अधिकार संविधान के अनुच्छेद 19ग में निहित है। अन्तर्राष्ट्रीय स्तर पर भी कई राष्ट्र ऐसे संघों का निर्माण करते हैं, जैसे: दक्षेस, आशियान आदि।

**Association of East Asian Nations: ASEAN | दक्षिण-पूर्वी एशियाई राष्ट्रों का संघ**

1. 8 अगस्त 1967 को इण्डोनेशिया, मलेशिया, फिलीपीन्स, सिंगापुर तथा थाइलैण्ड द्वारा स्थापित पाँच देशों का क्षेत्रीय संगठन जिसमें बाद में 5 अन्य ब्रुनेई, वियतनाम, लाओस, म्यांमार और कम्बोडिया सदस्य बने। एक क्षेत्र में आर्थिक सांस्कृतिक एवं सामाजिक विकास को बढ़ावा देना।
2. क्षेत्रीय शांति एवं सुरक्षा स्थापित करना।
3. पारस्परिक सहयोग एवं सहायता देना।
4. कृषि, उद्योग एवं व्यापार को बढ़ावा देना। इसका गठन थाइलैण्ड की राजधानी बैंकॉक में हुआ। दिसम्बर 2008 में आसियान चार्टर अस्तित्व में आया, जिसके अन्तर्गत वर्ष में दो बार आसियान शिखर बैठक आयोजित किये जाने का प्रावधान किया गया।

आशियान देशों ने एशिया के एकीकरण को प्रोत्साहित करने के लिए सर्वप्रथम 2005 में पूर्वी एशिया समुदाय को संकल्पित किया था। इसमें दस सदस्यों के अतिरिक्त चीन, भारत, ऑस्ट्रेलिया, न्यूजीलैण्ड, जापान तथा दक्षिण कोरिया ने भाग लिया। आर्थिक रूप से आशियान एक मुक्त व्यापार क्षेत्र है इस सम्बन्ध में 28 जनवरी 1992 को आशियान देशों के बीच मुक्त व्यापार समझौता किया गया था। 13-14 जनवरी 2007 सेबूद्वीप (फिलीपीन्स) में 12वें शिखर सम्मेलन में 2015 तक मुक्त व्यापार क्षेत्र (Free Trade Area) (FTA) का लक्ष्य है। आशियान विजन 2020 की परिकल्पना के द्वारा क्षेत्रीय विकास और भागीदारी को बढ़ाना इसका लक्ष्य है।

**Asylum | राजप्रश्रय**

अन्तर्राष्ट्रीय राजनीति में यह प्रथा है कि जब कोई राजनीतिक शरणार्थी अपने देश से भागकर दूसरे देश में शरण लेता है, तो दूसरा देश उस शरणार्थी को उसके मूल देश में वापस नहीं भेजता। लेकिन

यदि कोई राजनीतिक शरणार्थी किसी दूसरे देश में नहीं प्रत्युत दूसरे देश के अपने देश में स्थित दूतावास में शरण लेता है, तब अपेक्षाकृत अधिक कठिनाई खड़ी हो जाती है। ईरान में इसी से मिलती-जुलती एक प्रथा पाई जाती है जिसे 'वस्त' कहते हैं। इसके अन्तर्गत स्थानीय व्यक्ति अपने शासन के क्रोध से बचने के लिए विदेशी दूतावासों में शरण ले लेते हैं। इस तरह के शरणार्थियों को वापस भेजने में लम्बी बातचीत की जरूरत पड़ जाती है।

**Atheism | अनीश्वरवाद**

दर्शन का वह सिद्धान्त जो ईश्वर की सत्ता को स्वीकार नहीं करता है। अनीश्वरवाद कहलाता है। इस शब्द का प्रयोग ईश्वर के अस्तित्व को मानने वाले परन्तु उसके स्वरूप को अवैयक्तिक मानने वालों के लिए भी होता है।

**Athenian Democracy | एथेन्सी लोकतंत्र, एथेन्सी जनतंत्र**

किसी राष्ट्र की वह प्रत्यक्ष लोकतंत्रात्मक शासन व्यवस्था जो प्राचीनकाल में यूनान के नगर राज्य एथेन्स में प्रचलित रही और जिसे आधुनिक लोकतंत्रीय शासनों की जननी और उनके लिए एक आदर्श प्रतिमान कहा जाता है। इसे ही एथेन्सी लोकतंत्र कहते हैं।

**Atlantic Treaty | अटलांटिक संधि**

इस संधि पर 4 अप्रैल, 1949 को बेल्जियम, कनाडा, डेनमार्क, ग्रेट ब्रिटेन, फ्रांस, आइसलैंड, इटली, नीदरलैंड, लक्जमबर्ग, नार्वे, पुर्तगाल तथा संयुक्त राज्य अमेरिका ने हस्ताक्षर किए। इस प्रकार की संधि का मुख्य उद्देश्य संबद्ध राष्ट्रों को विदेशी आक्रमणों के विरुद्ध सामूहिक सुरक्षा प्रदान करना था। इसे नाटो (NATO) नाम दिया, जिसका अर्थ उत्तरी अटलांटिक संधि संगठन है (North Atlantic Treaty Organization) वर्तमान में सदस्य संख्या 28 है। मुख्यालय वेल्जियम में है।

**Atomic Bomb | परमाण्विक बम, एटम बम**

यह एक प्रकार से भयंकर विनाशकारी बम है, जिसमें न्यूट्रोन की तीव्र गति के कारण भार युक्त रासायनिक तत्व के केंद्रज भाग का विखंडन होता है, जिसके परिणामस्वरूप अकस्मात् परमाणु ऊर्जा के वितरण के कारण तीव्र विस्फोटक शक्ति उत्पन्न होती है। विनाश के इस शक्तिशाली अस्त्र का प्रयोग अमेरिका ने पहली बार युद्ध के अंतिम दिनों में जापान के हिरोशिमा नगर पर 6 अगस्त 1945 तथा नागासाकी नगर पर 9 अगस्त 1945 को किया था, जिससे अपार जन-धन की क्षति हुई थी। जिसका दुष्प्रभाव आज तक वातावरण में कायम है।

**Atomic Energy | परमाणु ऊर्जा**

परमाणु के नाभिकों से उत्पन्न होने वाली ऊर्जा को नाभिकीय विखंडन प्रक्रिया के द्वारा उपयोग में लाया जाता है। द्वितीय विश्वयुद्ध में परमाणु शक्ति का प्रयोग सैनिक प्रयोजनों के लिए किया गया था। आधुनिक युग में विश्व के बड़े-बड़े राष्ट्र जन-संहारी अस्त्र-शस्त्रों के नवीनतम विकास की दिशा में एक-दूसरे से प्रतिस्पर्धा करने में रत हैं।

**Atomic Energy Control | परमाणु ऊर्जा नियंत्रण**

परमाणु शक्ति के उत्पादक राष्ट्रों द्वारा प्रायोजित तथा अन्तर्राष्ट्रीय समाज द्वारा परमाणु शक्ति के आविष्कार, उत्पादन एवं विकास और परमाणु अस्त्र-शस्त्रों के निर्माण पर नियंत्रण करना जिसका

उद्देश्य है, सम्पूर्ण मानव जाति को परमाणु युद्ध के विध्वंस से बचाना है। परमाणु शक्ति का प्रयोग शांतिपूर्ण प्रयोजनों तथा विकास कार्यों के लिए किया जाना चाहिए।

## Atrocity | नृशंसता

मानव के विरुद्ध मानव द्वारा किया गया पशुतापूर्ण, निर्दयतापूर्ण कार्य। धर्म और जाति समूहों के द्वारा दूसरे धर्मावलम्बी और जाति के लोगों के साथ और युद्धरत देशों के नागरिकों, सैनिकों के साथ किया जाने वाला निर्दयतापूर्ण कार्य जो भौतिक-मान्यताओं और परम्पराओं के अनुरूप नहीं हो। भारत में यह शब्द आठवें दशक में महिला और अनुसूचित जातियों के साथ किए जाने अमानवीय व्यवहार के लिए प्रयुक्त हुआ था। इसमें जिंदा जलाना या अंग-विच्छेद करना आदि आपराधिक कार्य आते हैं।

## Attache | सहचारी

किसी भी राष्ट्र के राजनीतिक दूतावास का वह वरिष्ठ अधिकारी जिसे अपने खास अनुभव और ज्ञान के आधार पर विशिष्ट पद और सेवा के लिए रखा ज़ाता है। इसके मुख्य उदाहरण जैसे सैनिक अधिकारी या सहचारी, वाणिज्य सहचारी और सांस्कृतिक सहचारी और समाचार सहचारी।

## Auguste Comete | अगस्त काम्टे ( 1798-1857 )

सुविख्यात फ्रांसीसी दार्शनिक अगस्त काम्टे का जन्म सन् 1798 ई. में हुआ था। उन्होंने 1817 से 1823 ई. तक सेन्ट साइमन के साथ कार्य किया और समाजशास्त्र में नैतिकता को विशेष दर्जा प्रदान किया। उन्होंने अपने विचार स्वरचित 'कूट द फिलोसोफीपोजिटव' तथा 'सिस्टम द पोलिटिक पोजिटिव' (1851 से 1854) रचनाओं में प्रस्तुत किए हैं। काम्टे के अनुसार सामाजिक घटनाओं का ज्ञान प्राप्त करना प्रत्येक मनुष्य के लिए आवश्यक है और उस ज्ञान की वैज्ञानिक आधार पर छानबीन कर जानकारी प्राप्त की जा सकती है। वैज्ञानिक आधार पर प्राप्त ज्ञान ही विश्वसनीय होता है और विद्वानों द्वारा प्रदत्त ज्ञान निश्चित तथा यथार्थ होता है। अगस्त काम्टे का कहना था कि समाज का अध्ययन करते समय वैज्ञानिक नियमों का उपयोग करके हम समाज की दशा को सुधार सकते हैं। उन्होंने ही सर्वप्रथम समाजविज्ञान शब्द का प्रयोग किया। समाज में व्याप्त दोषों का निराकरण वही व्यक्ति कर सकता है जिसे सामाजिक विकास के नियमों का ज्ञान हो। उनका मानना था कि समाजविज्ञान को अपने दूसरे सहयोगी विज्ञानों से बहुत अधिक लाभ होता है; भौतिक विज्ञान, जीवविज्ञान तथा मनोविज्ञान जैसे विज्ञान समाजविज्ञानी को समाज के स्वरूप तथा कार्यकलापों के बारे में ज्ञान प्राप्त करने में सहयोग प्रदान करते हैं। सामाजिक विज्ञान का सम्पूर्ण ज्ञान प्राप्त करने के लिए अन्य विज्ञानों का ज्ञान प्राप्त करना अति आवश्यक है। विज्ञान अलग-अलग नहीं होते, अपितु सम्पूर्ण विज्ञानों में अन्तः सम्बन्ध होता है। समाज का एक स्थायी पहलू होता है और उसमें व्यवस्था तथा समस्वरता होती है। समाज में गतिशीलता भी होती है। जिससे समाज का निरन्तर विकास होता है। समाज का यह गतिशील पहलू ही समाज में सामाजिक परिवर्तन लाता है तथा सामाजिक प्रगति का सूचक है। समाज में स्थैतिक तथा गतिक पहलुओं में परस्पर घनिष्ठ सम्बन्ध होता है। समाजविज्ञान को महत्वपूर्ण योगदान प्रदान करने के बाद सन् 1857 में इस नैतिकतावादी दार्शनिक समाजशास्त्री का स्वर्गवास हो गया। यह समाजशास्त्र में Positivism का जन्म दाता था।

## Augustinanism | आगस्टाइनवाद

मध्ययुगीन विचारक संत ऑगस्टाइन (354-430 ई.) का सिद्धान्त, जिसमें ईसाई धार्मिक विश्वासों को प्लेटोवाद और नव प्लेटोवाद के साथ मिला दिया गया। आत्मा को प्रत्येक व्यक्ति के अंदर एक

नई सृष्टि माना गया तथा अशुभ की समस्या के समाधान को आदम के पतन के सिद्धान्त पर आधारित माना गया। इस मत का प्रतिपादन अपनी पुस्तक "सिटी ऑफ गॉड में किया है।"

## Austin's Theory of Sovereignty | ऑस्टिन का प्रभुसत्ता सिद्धान्त

जॉन ऑस्टिन (1790-1859) इंग्लैण्ड के प्रसिद्ध विधिवेत्ता (Jurist) थे। इन्होंने अपनी पुस्तक लेक्चर्स ऑन ज्युरिसप्रुडेन्स (विधि शास्त्र पर आख्यान) (1832) में संप्रभुता के कानूनी सिद्धान्त अथवा एकलवादी सिद्धान्त (Monistic Theory) का प्रतिपादन किया है। ऑस्टिन ने सकारात्मक कानून (Monistic) का प्रतिपादन किया है। ऑस्टिन ने सकारात्मक कानून (Positive Law) का सिद्धान्त प्रस्तुत किया जो राज्य की कानूनी प्रभुसत्ता से जुड़ा है। उसने तर्क दिया कि जो कानून सामाजिक सम्बन्धों का नियमन करता है, जिसका ध्येय न्याय तथा जनकल्याण के साधन जुटाना है, वह प्रभुसत्ताधारी की इच्छा की अभिव्यक्ति होता है। राज्य के विधान मण्डल को उसका निरन्तर संशोधन करने का अधिकार होना चाहिए। ऑस्टिन ने प्राकृतिक कानून (Natural Law) या प्राकृतिक विवेक से जुड़े कानून का खंडन किया जो पूरे मध्ययुग में सत्ताधारियों की शक्ति पर अंकुश रखने का साधन रहा था। उसने यह मान्यता रखी कि सदाचार या विज्ञान या अर्थशास्त्र इत्यादि को कानून की श्रेणी में नहीं रखा जा सकता। कानून केवल ऐसे नियमों को मान सकते हैं जिसमें ये विशेषताएँ पाई जाती हैं (1) इसकी उत्पत्ति किसी ऐसे स्रोत से होनी चाहिए जो निर्णय करने में समर्थ हो (2) इसमें किसी आदेश की अभिव्यक्ति होनी चाहिए, और (3) वह प्रामाणिक होना चाहिए, अर्थात इसका उल्लंघन करने पर दण्ड का विधान होना चाहिए। अतः सकारात्मक कानून "ऐसा कानून है जिसे किसी प्रभुसत्ता सम्पन्न व्यक्ति या व्यक्तियों के समुदाय ने स्वाधीन राजनीतिक समाज के किसी सदस्य या सदस्यों के लिए निर्धारित किया हो। शर्त यह है कि कानून बनाने वाला व्यक्ति या व्यक्तियों का समुदाय उस समाज में सर्वोच्च हो"

सकारात्मक कानून की नींव पर ही ऑस्टिन ने संप्रभुता की संकल्पना का निर्माण किया है "यदि कोई निश्चित मानव श्रेष्ठ, जो अन्य किसी सत्ता की आज्ञा का पालन करने का आदी नहीं हो, बल्कि उसकी आज्ञाओं का पालन समाज के अधिकांश सदस्यों द्वारा किया जाता है तो वह निश्चित मानव श्रेष्ठ उस समाज में प्रभुसत्ताधारी कहलायेगा और उस समाज को राजनीतिक और स्वाधीन समाज कहा जाएगा"। दूसरे शब्दों में प्रभुसत्ता राज्य का बुनियादी और अनिवार्य लक्षण है। इसके बिना कोई समाज राज्य का रूप नहीं ले सकता है ऑस्टिन ने प्रभुसत्ता (कानूनी) के निम्न लक्षण बताये हैं (1) पूर्णता (Absoluteness) (2) सार्वभौमता (Universality) (3) अदेयता या अपारक्रम्यता (Inalienability) (4) स्थायित्व (Permanence) (5) अविभाज्यता (Indivisibility)।

## Autarchy | आर्थिक आत्मनिर्भरता

किसी राष्ट्र या राज्य की वह स्थिति जिसमें वह वस्तुओं का उत्पादन, या निर्माण अपने ही राष्ट्र में करता है एवं आयात पर निर्भर नहीं रहता। वह अपने राष्ट्र के लिए पर्याप्त उत्पादन करता है एवं उसे दूसरे राष्ट्रों में निर्यात कर विदेशी मुद्रा का अर्जन कर अपने राष्ट्र में आर्थिक आत्म निर्भरता लाता है। उसे आर्थिक आत्म-निर्भरता कहते हैं।

## Autarky | आत्मनिर्भरता

यह किसी राष्ट्र की आर्थिक आत्मनिर्भरता की नीति है। सर्वसत्तात्मक राज्यों में आर्थिक रूप से आत्मनिर्भरता की नीति का उद्देश्य आयात को सीमित करना और स्वदेशी उत्पादन को बढ़ाना होता है। आत्मनिर्भरता उग्र राष्ट्रवाद का आधार होता है। इस अभियान का प्रयोग नाजी जर्मनी के उस

अभियान के लिए किया जाता था, जिसके द्वारा वह बाह्य संसाधनों से मुक्त होना चाहता था परन्तु यह प्रयास महाद्वीपीय आर्थिक नाकाबन्दी के द्वारा निष्फल कर दिया गया।

## Authentication | प्रमाणीकरण

किसी राजपत्रित अधिकारी द्वारा प्रमाणपत्रों, दस्तावेजों, अभिलेख प्रपत्र, कथन आदि को प्रमाणित या सत्यापित करने की प्रक्रिया प्रमाणीकरण कहलाती है।

## Authoritarian | सत्तावादी

व्यक्तिगत स्वतंत्रता के विपरीत सत्ता और शासन को मान्यता देने वाला और शासकीय सत्ता के प्रति अधीनता का पोषक सत्तावादी माना जाता है।

## Authoritarianism | अनाधिकारवाद

वह शासन प्रणाली जिसमें जनसाधारण को अपना मत व्यक्त करने या अपनी मांगें प्रस्तुत करने का अवसर या अधिकार प्राप्त नहीं होता। इसमें निर्णय लेने का अधिकार एक व्यक्ति या गिने-चुने लोगों के हाथों में केन्द्रित रहता है। यह सिद्धान्त व्यक्ति की स्वतंत्रता के विरुद्ध होता है। इसके अनुसार सत्ताधारी की आज्ञाओं का पालन चुपचाप, बिना किसी विरोध के करना होता है। इसकी अपनी वैधता नहीं होती। यह सरकार का प्रजातांत्रिक या गणतंत्रीय स्वरूप नहीं है। अरस्तू इसे विकृत शासन व्यवस्था मानते थे।

## Authoritative Allocation of Values | मूल्यों का आधिकारिक आबंटन

डेविड ईस्टन ने अपनी पुस्तक पॉलिटिकल सिस्टमः एन इंक्वायरी इंटू द स्टेट ऑफ पॉलिटिकल सांइस (राजनीति प्रणालीः राजनीति विज्ञान की वर्तमान दशा) (1953) में व्यवहारवाद का अर्थ बताते हुए लिखा है कि राजनीति का सम्बन्ध समाज में "मूल्यों के आधिकारिक आबंटन से है।" अर्थात वह प्रक्रिया जिसके अन्तर्गत भिन्न-भिन्न लोगों के लिए सार्वजनिक वस्तुओं और सेवाओं (Public Goods and Service) का हिस्सा निर्धारित किया जाता है।

ईस्टन का इस परिभाषा में मूल्य (Values) आबंटन (Allocation) और आधिकारिक (Authoritative) से आशय निम्न है।

मूल्यों से ईस्टन का अभिप्राय समाज में मिलने वाली वे वस्तुएँ (लाभ या सेवाएँ, सुख-सुविधाएँ इत्यादि) जो दुर्लभ हैं और जिन्हें मूल्यवान समझा जाता है या जिनकी कामना की जाती है, चाहे वे भौतिक हों या आध्यात्मिक, जैसे हम सब रोजगार स्वास्थ्य-सेवा, परिवहन-सेवा, शिक्षा और मनोरंजन के अवसरों मान सम्मान इत्यादि की कामना करते हैं। इसलिए ये सब मूल्यों के उदाहरण हैं। दूसरे शब्दों में मूल्य ऐसी इष्ट वस्तुएँ, लाभ या सेवाएँ हैं जिन्हें हर कोई पाना चाहता है परन्तु उनकी इतनी कमी (Scarcity) है कि उन्हें कोई-कोई ही पा सकता है।

आबंटन से अभिप्राय है, विभिन्न व्यक्तियों या समूहों में इन वस्तुओं का वितरण या बंटवारा, अर्थात यह निर्णय करना कि किसे क्या मिलेगा? यह कार्य नीति (Policy) के द्वारा सम्पन्न किया जाता है जिसमें निर्णयों का समुच्चय (Web of Decisions) आ जाता है। दूसरे शब्दों में जैसे बहुत सारे तन्तुओं का जाल बुनकर वस्त्र बनाया जाता है वैसे ही बहुत सारे निर्णयों को मिलाकर नीति तैयार की जाती है और समाज में मूल्यवान वस्तुओं, लाभों या सेवाओं का बंटवारा इस नीति के अनुसार किया जाता है।

आधिकारिक शब्द का ईस्टन के अनुसार अर्थ है कि कोई नीति जिन लोगों के लिए बनाई जाती है अथवा लागू की जाती है या वह जिन्हें प्रभावित करती है। वही लोग उसका पालन करना

उचित समझते हों। दूसरे शब्दों में आधिकारिक सत्ता (Authority) का ध्येय लोगों को बाध्य करना या विवश करना नहीं है। इसका अर्थ है किसी विशेष निर्णय या कार्यवाही को लागू करने के लिए लोगों से सहर्ष आज्ञा पालन करवाने की क्षमता।

**Authoritative Interpretation | प्राधिकृत निर्वचन**

न्यायाधिकरण या न्यायालय द्वारा किसी कानून, संधि, समझौते या उसके विवादस्वरूप खंडों का प्रामाणिक अथवा निर्णायक अर्थ निश्चित करना आधिकारिक व्याख्या या प्राधिकृत निर्वचन कहलाता है।

**Authority | सत्ता**

सत्ता को आदेश देने का अधिकार होता है तथा उसमें पालन करवाने की शक्ति है। मूल रूप मं इस शब्द का अर्थ है: आदेश देने का अधिकार, ऐसे आदेश की अनुपालना बिना किसी विरोध के होनी चाहिए। इसी के साथ यह वह आदेश पालन करवाने की शक्ति है। ऐसा व्यक्ति या निकाय जिसे आज्ञा पालन करवाने की क्षमता तथा अधिकार प्राप्त हो, वह सत्ताधारी कहलाता है।

**Autocracy | स्वेच्छाचारी शासन**

ऐसी शासन प्रक्रिया जिसमें संपूर्ण शक्ति एक ही व्यक्ति के हाथों में केन्द्रित हो और उस पर कानून, संस्थाओं या अन्य व्यक्तियों का कोई नियंत्रण न हो। उसे आटोक्रेसी कहते हैं।

**Automatic Control | स्वतः नियंत्रण**

किसी राष्ट्र की शासन व्यवस्था में मुख्य शासकीय विभाग या संगठनों के द्वारा अपने अधीनस्थ विभागों, संगठन कार्यालयों, निगम अथवा आयोग आदि पर स्थापित की जाने वाली ऐसी नियंत्रण व्यवस्था जो व्यवहार में स्वतंत्र रूप से यंत्रवत् कार्यशील होती है।

**Automation | स्वचलित**

आधुनिक औद्योगिकता के सन्दर्भ में स्वचलन शब्द उस उत्पादन प्रणाली हेतु प्रयुक्त होता है जिसमें विद्युतीय संगणकों (इलेक्ट्रोनिक कम्प्यूटर) के द्वारा मशीनें एक-दूसरे से स्वतः नियंत्रित होती हैं और उत्पादन कार्य अपने आप एक विभाग से दूसरे विभाग में चलता रहता है। स्वचलन के कारण उत्पादन-वृद्धि बहुत बड़े पैमाने पर कम समय में ही सम्भव हो सकी है।

**Autonmous State | स्वायत्त राज्य**

संघात्मक व साम्राज्यवादी व्यवस्था के अन्तर्गत अधीनस्थ या उन संघातरित राज्यों की स्थिति जो अपने आंतरिक मामलों में स्वाधीन हो पर अनेक मामलों में साम्राज्य के शासन अथवा संघीय सरकार के अधीनस्थ हो। उसे स्वायत्त राज्य कहते हैं। भारत में जम्मू-कश्मीर संघ के अधीन स्वायत्तता की माँग कर रहा है।

**Autonomous Commune | स्वायत्त कम्यून**

(i) स्थानीय शासन में स्वायत्तता प्राप्त इकाइयाँ जैसे विभाग, मंडल, परगना, कम्यून अथवा ताल्लुका। (ii) (a) फ्रांस में सन् 1871 में स्थानीय स्वायत्त एवं शासनवादी सरकार (b) फ्रांसीसी क्रांति की शासन संचालन की संस्था है।

**Autonomous Unit | स्वायत्त इकाई**

प्रशासन की वह इकाई जिसे अपने आंतरिक विषयों में पूर्ण राजनीतिक अथवा प्रशासनिक स्वतंत्रता प्राप्त हो उसे स्वायत्त इकाई कहते हैं।

**Autumn Session | शरतकालीन सत्र**

शरद् ऋतु में होने वाला संसद अधिवेशन या विधान संभा के अधिवेशन को शरतकालीन सत्र कहते हैं। मुख्य रूप से दो सत्र चलते हैं। ग्रीष्मकालीन सत्र तथा शरतकालीन सत्र।

**Auxilliary Army | सहायक सेना**

कोई राष्ट्र मुख्य सेना की सहायता करने के लिए जो सेना आवश्यकता पड़ने पर भेजे सहायक सेना कहलाती है प्राचीन व मध्य काल में ऐसी सेना "कुमुक" कहलाती थी।

**Awakening in Workers | श्रमिकों जागरुकता**

श्रमिकों, खेतिहार मजदूरों में अपनी शोचनीय दशा के प्रति जागरुकता उत्पन्न होना। उद्योगीकरण के साथ साथ श्रमिक आन्दोलन का भी विकास होता है। श्रमिक अपने अपर्याप्त वेतन, अधिक कार्य, अधिक काम के घंटे और सुविधाओं की कमी के खिलाफ आन्दोलन करते हैं। मजदूर संगठन और क्रांतिकारी दल बनाकर अपने हक और शोषण पर आधारित व्यवस्था के खिलाफ लड़ते हैं।

**Award | पंचाट, अधिनिर्णय**

किसी राज्य में पंचन्यायालय अथवा न्यायाधिकरण जो भी निर्णय देता है उसे पंचाट या अधिनिर्णय कहते हैं।

**Axis Powers | धुरी राष्ट्र**

इटली, जापान और जर्मनी के मध्य 1938 में एक गठबन्धन बना जिसका उद्देश्य इन राष्ट्रों की वैदेशिक और सैनिक नीतियों में समन्वयन करना था। द्वितीय विश्वयुद्ध में यह देश एवं इनके अन्य सहयोगी राष्ट्र धुरी राष्ट्र कहलाए।

**Aya Ram Gaya Ram | (आया राम गया राम)**

भारतीय राजनीति में यह अवसरवादी राजनीतिज्ञों विशेषकर, दलबदलू विधायकों के लिए प्रयुक्त मुहावरा है। यह शब्द दलबदलू का पर्याय बन गया है। यह शब्द हरियाणा के हरिजन विधायक श्रीगयालाल की देन है। श्री गयालाल फरवरी 1967 के निर्वाचन में कांग्रेस के टिकट पर निर्वाचित हुए थे, लेकिन बाद में वे राव वीरेन्द्र सिंह के नेतृत्व में निर्मित संयुक्त मोर्चे में शामिल हो गए और उन्हें राव की सरकार में मंत्री बनाया गया। 30 अक्टूबर को वे पुनः विरोधी दल कांग्रेस में जा मिले किन्तु 1 घण्टे बाद ही पुनः संयुक्त मोर्चे में शामिल हो गए। इस तरह गयालाल ने 15 दिन में तीन बार दल बदल किया। तब से यह शब्द प्रचलित है। इस दल बदल की प्रक्रिया को रोकने के लिये राजीव गांधी के प्रधानमंत्रित्व काल में 1985 में भारतीय संविधान के 52वां संशोधन अधिनियम के द्वारा दल बदल पर रोक लगाने के लिए एक तिहाई सदस्य से कम सदस्य द्वारा दल बदल करने पर सदन की सदस्यता समाप्त होने का प्रावधान किया गया। फिर भी दल बदल के लिए नये नये तरीके निकाल कर धन और पद प्राप्त किया जा रहा है।

# B

**Back Bencher | पीछे बैठने वाले, पश्चक्र**

जो सांसद या विधायक विधायिका की कार्यवाही में पीछे बैठते हैं और सदन की गतिविधि में भाग नहीं लेते, सदन में रहकर भी सदन के कार्यों, प्रश्न पूछने, वाद-विवाद करने, अपने चुनाव क्षेत्र के कामों में रुचि नहीं लेते हैं। सदन के करीब आधे सदस्य सदन की गति में निष्क्रिय बने रहते हैं, इन्हें ही पीछे बैठने वाले कहा जाता है।

**Back to Nature | "प्रकृति की ओर प्रत्यावर्तन"**

रूसो ने राज्य की उत्पत्ति विषयक सामाजिक समझौते के सिद्धान्त का प्रतिपादन किया। रूसो फ्रांसीसी दार्शनिक था। रूसो ने कहा कि मनुष्य को आधुनिक समाज की अवास्तविकता, कृत्रिमता, पाखंड एवं भ्रष्टता का पूर्णतया परित्याग कर प्रकृति की ओर लौटना चाहिए क्योंकि मानव की नैसर्गिक अवस्था सामाजिक संगठन या व्यवस्था स्थापित होने से पूर्व परम आनंदमयी, सुखमयी, शांतिपूर्ण तथा कलहरहित थी।

**Backward Classes | पिछड़े वर्ग**

समाज के वे वर्ग जो शैक्षणिक और आर्थिक दृष्टि से पिछड़े हुए हों और जो सामाजिक विकास या उन्नति के अवसरों से वंचित रह गए हों या शोषण, अज्ञानता और अंधविश्वास से ग्रस्त होने के कारण आगे बढ़ने में असमर्थ हों। कल्याणकारी राज्य (Welfare State) में इन वर्गों के शैक्षणिक और आर्थिक विकास की ओर विशेष रूप से ध्यान दिया जाता है। ये वर्ग सामाजिक, राजनीतिक, आर्थिक रूप से पिछड़े होते हैं। ये समाज के अन्य वर्गों की अपेक्षा निम्न स्तर के होते हैं। भारतीय संविधान के अनुच्छेद 16(4) के अनुसार यदि पिछड़े हुए नागरिक वर्गों का, राज्य की राय में राज्याधीन सेवाओं में पर्याप्त प्रतिनिधित्व नहीं होता है तो राज्य सरकारों को उनके लिए नियुक्तियों या पदों में आरक्षण करने में कोई बाधा न होगी। 20 दिसम्बर 1978 नियुक्त हुए बी.पी. मंडल आयोग ने सिफारिश की थी भारत में 52 प्रतिशत आबादी अन्य पिछड़े वर्ग हैं। इनमें 3,943 जातियाँ हैं। शैक्षणिक क्षेत्र एवं नौकरियों में 27 प्रतिशत आरक्षण पिछड़े वर्गों के लिए होना चाहिए। संविधान के अनुच्छेद 340 में पिछड़े हुए वर्गों की दशाओं के अनुसंधान के लिए एक आयोग की नियुक्ति का उपबन्ध किया गया है। इस आयोग के कार्य थे: (1) पिछड़े वर्ग की सूचियों का निर्धारण करना (2) अनुसूचित जाति, जनजाति की कसौटियाँ तैयार करना (3) पिछड़े वर्ग की कठिनाइयों पर विचार करना एवं उसे दूर करने के उपाय सुझाना। 1980 में आयोग की रिपोर्ट आने के दस वर्ष बाद 1990 में वी.पी. सिंह सरकार द्वारा पिछड़े वर्गों के लिए आरक्षण व्यवस्था को मंडल आयोग रिपोर्ट द्वारा लागू किया गया।

पिछड़े वर्गों के अध्ययन के लिए भारत सरकार द्वारा सर्वप्रथम 1953 में काका कालेलकर की अध्यक्षता में प्रथम पिछड़ा वर्ग आयोग का गठन किया गया था, जिसने अशिक्षा को गरीबों के पिछड़ेपन का आधार माना।

## Bagehot, Walter | बैज हॉट, वाल्टर ( 1826-77 )

ब्रिटिश संविधान विशेषज्ञ वाल्टर बैज हॉट ने 'द इंग्लिश कांस्टीट्यूशन' इंग्लैण्ड का संविधान (1865) और *फिजिकल एंड पॉलिटिक्स* (विज्ञान और राजनीति) (1867) पुस्तक लिखी। राजनीति चिन्तन के अन्तर्गत बेजहॉट का मुख्य योगदान प्रगति के सिद्धान्त से जुड़ा है। उन्हें मुख्य प्रेरणा चार्ल्स डार्विन (1809-92) की कृति द ओरिजिन ऑफ स्पीशीज (जीव जातियों की उत्पत्ति (1859) से प्राप्त हुई और उसने अपनी पुस्तक *फिजिक्स एंड पॉलिटिक्स* का उपशीर्षक यह रखा "राजनीतिक समाज के सन्दर्भ में प्राकृतिक चयन और वंशानुक्रमण के नियमों का प्रयोग" बैज हॉट ने समाज मनोविज्ञान की भूमिका पर विशेष रूप से प्रकाश डाला है। बैज हॉट ने कहा कि सामाजिक प्रगति के लिए स्थिरता (Stability) और नव प्रवर्तन (Innovation) दोनों की जरूरत होती है। शुरू में समाज स्थिरता प्राप्त करने के उद्देश्य से कठोर अनुशासन और प्रामाणिक रीति-रिवाज की छत्र छाया में अपने आधार को सुदृढ़ करता है। दूसरे शब्दों में सामाजिक स्थिरता के लिए अनुकरण (Imitation) और अभ्यास का सहारा लिया जाता है, जिसमें रीति-रिवाज की पर्त (Cack of Custom) से बड़ी सहायता मिलती है। यह प्रक्रिया सभ्यता के विकास के लिए जरूरी तो है, परन्तु आगे चलकर इससे गतिरोध (Stagnation) पैदा हो जाता है। ऐसी स्थिति में प्रगति के रास्ते की रुकावट को दूर करने के लिए रीति-रिवाज की पर्त तोड़ना जरूरी हो जाता है विभिन्न समाजों के बीच अस्तित्व का संघर्ष नव प्रवर्तन की मांग करता है।

## Baghdad Pact, 1955 | बगदाद समझौता, 1955

मध्य पूर्व के सुरक्षा संगठनों की क्षेत्रीय श्रृंखला में अमेरिका के प्रोत्साहन से निर्मित संगठन जिसका उदय 24 फरवरी, 1955 को ईराक और तुर्की के मध्य एक परस्पर सहयोग समझौते पर हस्ताक्षर करने से हुआ। अप्रैल 1955, में ब्रिटेन जुलाई में पाकिस्तान और नवम्बर में ईरान इसके सदस्य बने। सुरक्षा की दृष्टि से इसके प्रमुख उद्देश्य थे। (i) सुरक्षा के क्षेत्र में परस्पर सहयोग (ii) एक-दूसरे के मामलों में हस्तक्षेप न करना तथा अपने पारस्परिक मतभेदों एवं विवादों को उपायों से तय करना था। अगस्त 1955 में इराक से किए गए एक विशेष समझौते से सदस्य बन गया। ब्रिटेन ने इराक पर आक्रमण होने की दशा में इराक सरकार के अनुरोध पर उसे हर प्रकार की सहायता की जिसमें सैनिक सहायता देने का वचन भी दिया। समझौते में अमेरिका ने पूरा सहयोग दिया। जुलाई 1956 में स्वेज संकट से बगदाद समझौता भी संकटग्रस्त हो गया। जुलाई - 1958 में नूरी अल सईद को अपदस्थ कर जनरल कासिम इराक में सत्तारूढ़ हुआ और उसने सत्ता में आते ही बगदाद समझौते को नकार दिया और 1959 की घोषणा में कहा कि बगदाद समझौता मध्यवर्ती संधि संगठन के नाम से जाना जाएगा।

## Bakunin, Mikhail | बाकूनिन, मिखाइल ( 1814-76 )

रूसी क्रान्तिकारी मिखाइल बाकूनिन कार्ल मार्क्स के समकालीन थे। 1869-71 के दौरान प्रथम अन्तर्राष्ट्रीय सम्मेलन के दौरान मार्क्स से मतभेद प्रकट करते हुए तर्क दिया कि क्रान्तिकारी परिवर्तन लाने के लिए हिंसात्मक संघर्ष (Violent Struggle) और आतंकवाद (Terrorism) का सहारा लेना उपयुक्त होगा। इन गतिविधियों का मुख्य लक्ष्य यह होगा कि समस्त राजनीतिक, सामाजिक और धार्मिक संस्थाओं को एक दम नष्ट करके उनकी जगह 'स्वाधीन साहचर्यो' का स्वतन्त्र संघ (Free Federation of Independent Associations) स्थापित कर दिया जाए। इस संघ में सभी साहचर्यों को समान अधिकार और विशेषाधिकार प्राप्त होंगे। राज्य कानून (Law) की जगह ऐसे मानक (Norms) प्रचलित हो जाएंगे जो एक तरह की स्वाभाविक सामान्य इच्छा (Spontaneous General Will) की अभिव्यक्ति होंगे। इस व्यवस्था, के अन्तर्गत निजी सम्पत्ति का कोई स्थान नहीं

होगा। उत्पादन के प्रमुख साधन, भूमि और वितरण व्यवस्था सामूहिक स्वामित्व के अधीन रहेंगे। बाकूनिन को अराजकतावाद के मूल प्रवर्तकों में शुमार किया जाता है।'

## Balance of Payments | भुगतान संतुलन

किसी राष्ट्र के आयातों एवं निर्यातों से प्राप्त धनराशि के बीच संतुलन की स्थिति जिसे भुगतान संतुलन के नाम से जाना जाता है। सामान्य रूप से राष्ट्रों के परस्पर अन्तर्राष्ट्रीय विनिमय के कारण यह आवश्यक होता है कि खरीदे हुए माल तथा सेवा के लिए एक राष्ट्र दूसरे राष्ट्र का भुगतान करे। भुगतान संतुलन किसी राष्ट्र तथा अन्य राष्ट्रों के प्रति उसके कुल भुगतान तथा कुल आमदनी के पारस्परिक सम्बन्धों को दर्शाता है। इसे किसी अन्य देश या राष्ट्र के अन्तर्राष्ट्रीय भुगतानों तथा आय के खाते का सारांश भी कह सकते हैं। सामान्य रूप से आयात और निर्यात की मुख्य वस्तुएँ दृश्यमान होंगी, परन्तु संतुलन की स्थिति लाने के लिए अदृश्य आयात (Invisible Import) और अदृश्य निर्यात (Invisible Export) को भी ध्यान में रखना होगा। कोई राष्ट्र या देश वैदेशिक पर्यटन पर जो खर्च करता है और विदेशी ऋणों पर जो ब्याज देता है। इसे अदृश्य आयात में गिना जाता है। दूसरी ओर, विदेशी पर्यटन उस देश में आकर जो खर्च करते हैं और विदेशों को दिए गए ऋणों पर उसे जो ब्याज मिलता है वह उसके अदृश्य निर्यात की कोटि में आता है। अन्तर्राष्ट्रीय भुगतान तथा आय तीन प्रकार की होती है।

(i) व्यापार शेष
(ii) अप्रत्यक्ष जिंस
(iii) पूंजी-अन्तरण खाता

## Balance of Power | शक्ति संतुलन

शक्ति संतुलन का अर्थ हैं तुल्यभारिता अर्थात अन्तर्राष्ट्रीय राजनीति में कोई एक राष्ट्र इतना शक्तिशाली न हो कि उसे दूसरे दबा नहीं सके तथा कोई राष्ट्र इतना कमजोर भी न हो जिससे वह अपनी रक्षा भी न कर सकें। सभी राष्ट्रों की शक्ति संतुलित रहे।

## Balkan Pact | बाल्कन समझौता

बाल्कन समझौते के अन्तर्गत इसके सदस्य राष्ट्रों यूनान, यूगोस्लाविया, तुर्की, रूमानिया के मध्य एक अनुबंध 9 फरवरी, 1934 के दिन हुआ। जिसके मतानुसार प्रत्येक सदस्य राष्ट्रों ने एक-दूसरे की राज्य सीमा को अक्षुण्ण बनाए रखने का वचन दिया। इसमें यह भी निर्णय किया गया कि किसी अन्य बाल्कन राज्य के विरुद्ध कार्यवाही करने से पूर्व विचार-विमर्श करना आवश्यक होगा।

## Balkanization | बाल्कनीकरण

बाल्कन प्रायद्वीप में 19वीं-20वीं शताब्दी के उत्तरार्द्ध में भौगोलिक प्रदेश का छोटे-छोटे दुर्बल देशों के रूप में विभाजन हुआ। इस प्रकार के विभाजन एवं उसके फलस्वरूप उत्पन्न अव्यवस्था और अराजकता की प्रक्रिया को "बाल्कनीकरण" की संज्ञा दी जाती है।

## Ballat-Rigging | मतपत्रों की हेरा-फेरी

मतदान करने के उपरान्त मतपत्रों की जालसाज़ी से हेराफेरी करना। ऐसा करने का लक्ष्य परिणाम को बदलना या पहले से ही अपने दल के उम्मीदवार की विजय कुछ समय पूर्व ही सुनिश्चित करना होता है।

**Ballot | 1. मत पत्र 2. मतदान**

यह मत पत्र के नाम से जाना जाता है। मतदाता को अपने विवेक के अनुसार इच्छित उम्मीदवार के पक्ष में अपना मत अंकित करना पड़ता है। यह किसी उम्मीदवार को मत देने के लिए प्रयुक्त होता है।

भारत में चुनावों में मतदान के लिए चिह्न प्रणाली अपनाई जाती है इस प्रणाली के अन्तर्गत प्रत्येक निर्वाचन क्षेत्र के मत पत्र पर उम्मीदवार का नाम तथा उनके चुनाव चिह्न छपे रहते हैं। मत पत्रों पर क्रमवार संख्या होती है तथा मतदाता को दिए जाने से पहले उन पर निश्चित मोहर लगाई जाती है। इस मोहर के बारे में निर्णय निर्वाचन आयोग करता है।

**Ballot-Box | (बैलट-बॉक्स)**

मत पत्र डालने की पेटी। मतदान करने की प्रक्रिया को To Ballot कहा जाता है। आधुनिक लोकतंत्र में मतदान गुप्त रूप से किया जाता है।

**Ballots | बैलट्स**

मत पत्र दो या दो से अधिक व्यक्तियों अथवा दलों द्वारा लड़े जाने वाले चुनाव में डाले जाने वाले मत पत्र।

**Baltic State | बाल्टिक राज्य**

लिथुआनिया, लातविया, एस्टोनिया तथा फिनलैंड। बाल्टिक सागर के तटवर्ती देश हैं। द्वितीय विश्वयुद्ध के पश्चात् इनमें से प्रथम तीन सोवियत संघ के संघातरित गणराज्य हो गए एवं फिनलैण्ड एक स्वतंत्र देश बन गया।

**Bamboo Curtain | वंशपट**

बाहरी या बाह्य विश्व को केवल सरकार द्वारा अनुमोदित सूचना दिए जाने की साम्यवादी चीन की नीति।

"वंशपट" शब्द की अभिव्यक्ति या व्यंजना का लाक्षणिक प्रयोग वस्तुतः पश्चिमी पाश्चात्य राष्ट्रों की अभिव्यक्ति स्वातंत्र्य की अपेक्षा सोवियत रूस के "लौहपट" चीन के "वंशपट" के अन्तर को स्पष्ट करने के लिए किया जाता है। जहाँ रूस के सम्बन्ध में विश्वसनीय और वास्तविक समाचार जानना वहाँ की कठोर नियंत्रण व्यवस्था के कारण दुष्कर एवं दुसाध्य था, वहाँ चीन की अपेक्षाकृत कम कठोर व्यवस्था के स्वरूप को "झीने आवरण" के रूप में "वंशपट" का शब्दबंध स्पष्ट करता है। जिसे वंशपट के नाम से जाना जाता है।

**Bandh | बंद**

वर्तमान काल में लोकतंत्र में राजनीतिक दलों द्वारा सरकार की किसी नीति या कार्यों के विरुद्ध रोष या गुस्सा प्रकट करने के लिए सब कामकाज, काम-धन्धे, दुकानें, संस्थाएँ, स्कूल, कॉलेज, आवागमन के साधन एवं समस्त कार्यों को बंद और ठप्प करवा देना।

**Banishment | निर्वासन**

किसी व्यक्ति को उसकी आपत्तिजनक गतिविधियों के कारण राज्य के भू-भाग से बाहर निकालने का दंड। इसे देश निकाला भी कहा जाता है। प्रायः सामंतकाल एवं साम्यवादी देशों में यह दंड दिया जाता रहा है।

**Bank for International Settlement | अन्तर्राष्ट्रीय निबटारा बैंक**

सन 1930 में यंग योजना के प्रस्ताव के अनुसार स्विट्जरलैण्ड का राजपत्रित अन्तर्राष्ट्रीय बैंक स्थापित किया गया। 10 करोड़ स्टर्लिंग पाउन्ड इसकी आरंभिक अधिकृत पूंजी थी, जिसमें से 25,000,000 तत्काल जमा हो गई।

इस प्रकार इस बैंक की स्थापना का उद्देश्य था अन्तर्राष्ट्रीय धनराशि के स्थानांतरण में सहायता करना।

**Bar of the House | सदन का कठघरा**

विश्व के विभिन्न देशों की संसदों में विशेष रूप से इंग्लैण्ड की "हाउस ऑफ कामन्स" में पार्लियामेंट के सदस्यों को बैठने के स्थान के पीछे लगी दो छड़ें जिनसे उस सदन की सीमा निश्चित होती है। जो व्यक्ति संसद की गरिमा को भंग करने का प्रयास करते हैं या अपराधी होते हैं। सदन द्वारा उनकी आलोचना की जाती है। भारत में लोकसभा में भी इस प्रकार संसद में मर्यादा भंग करने पर इसी प्रकार का प्रबंध किया है जब किसी भी सदस्य की भर्त्सना करनी होती है।

**Barak Obama | बराक ओबामा**

2008 में डेमोक्रेटिक पार्टी अमेरिका के पहले अश्वेत राष्ट्रपति बने। पुनः दूसरी बार चुने जाने वाले 16वें राष्ट्रपति बने। 6 नवंबर 2012 को हुए चुनाव में उन्हें आवश्यक 270 इलेक्टोरल वोटों में 303 वोट मिले। राष्ट्रपति के इलेक्ट्रोल में 538 लोग (435 प्रतिनिधि सभा एवं 100 सीनेट के सदस्य) और 3 अन्य ने मतदान किया। अमेरिका में बढ़ती बेरोजगारी और अर्थव्यवस्था की ढीली रफ्तार को उन्होंने संभालने का प्रयास किया। 2009 में कार व्यवसायी को बचाया। पाकिस्तान में रह रहे आंतकवादी जो अमेरिका में आतंकी हमले करवाता था को मार गिराया। इसके कारण कुल मतों का 50.3 प्रतिशत मत उन्हें मिला। 20 जनवरी 2013 को 46वें राष्ट्रपति के रूप में शपथ ग्रहण की।

**Barbarian Monarchy | बर्बर एकराज तंत्र, बर्बर राजतंत्र**

प्राचीन काल में विभिन्न कबायली, असभ्य तथा अविकसित क्षेत्रों में जंगलियों की सी निर्दयता, क्रूरता, नृशंसता। अथवा अशिष्टता प्रदर्शित करने वाला शासनतंत्र प्रचलित था। जिससे उनके जंगली स्वरूप का लगता था। बर्बर राजतंत्र की शासन प्रणाली का समस्त शासन एक ही व्यक्ति के हाथों में विद्यमान था। वही मुख्य रूप से विधि निर्माता, विधि निष्पादक एवं सबसे बड़ा न्यायाधीश होता था। अतः बर्बर राजतंत्र में अपराधों के लिए कठोर सजा दी जाती थी। जिनमें अंग-भंग भी कर दिया जाता था। एल.एच. मार्गन की पुस्तक 'एनशन्ट सोसायटी (1877) में इस शब्द का प्रयोग हुआ।'

**Barbarism | बर्बरता**

बर्बरता शब्द यूनानी है। यह शब्द "बाबैरिसमोस" से बना है। इसका तात्पर्य या अर्थ है गैर यूनानियों अथवा विदेशियों की तरह बोलना या व्यवहार करना। विदेशियों को यूनानी लोग असभ्य, अशिष्ट तथा असंस्कृत मानते थे तथा वे उन्हें अपनी जाति से हीन समझते थे। आधुनिक युग में "बर्बरता" का कोई सुनिश्चित अर्थ नहीं है। साधारण रूप से शिष्टाचार या सभ्यता के प्रतिकूल व्यवहार और नीति नियम को ही बर्बर समझा और कहा जाता है।

**Bardoli Satyagraha | बारदोली सत्याग्रह**

सरदार वल्लभ भाई पटेल के द्वारा चलाया जाने वाला सत्याग्रह आन्दोलन जो सन् 1928 में गुजरात में बारदोली ताल्लुक में किसानों को ऋण मुक्त और लगान माफ करवाने हेतु चलाया था। सरदार

पटेल की कुशल संगठन शक्ति एवं नेतृत्व के परिणामस्वरूप ब्रिटिश सरकार को घुटने टेकने पड़े एवं लगान को रद्द कर दिया।

## Bargaining Theory | सौदेबाजी का सिद्धान्त

थामस शैलिंग ने सौदेबाजी का सिद्धान्त सुझाया है। अन्तर्राष्ट्रीय समस्याओं के समाधान में कूटनीतिक वार्ताएं और विचार-विमर्श चलता ही रहता है। आधुनिक युग में अन्तर्राष्ट्रीय संघर्षों के शान्तिपूर्ण समाधान के लिए वार्ता (Negotiations) का महत्व बहुत अधिक हो गया है। वार्ता द्वारा अन्तर्राष्ट्रीय सम्बन्धों की व्यवस्था की जाने लगी है। किसी भी वार्ता या व्यवहार में निपुणता, दूरदर्शिता और कौशल का प्रयोग करने वाला अधिकतम सौदेबाजी की स्थिति में होता है। सौदेबाजी उपागम के पीछे मूल धारणा यह है कि समझौता वार्ता करते समय राजनयिकों को अधिक से अधिक मांगें रखनी चाहिए और अपने विरोधी से जितने लाभ संभव हो सकें, उतने प्राप्त करने का प्रयत्न करना चाहिए।

सौदेबाजी सिद्धांत्त में वार्ताओं का विशेष महत्व होता है और वार्ताओं के बारे में तीन अभिमत हैं। प्रथम वार्ता में लगे पक्षों की मांगें स्पष्ट और स्थिर रहनी चाहिए। वार्ता के दौरान अपनी मांगों का स्वरूप बदलना तर्क संगत नहीं है। द्वितीय वार्ता के दौरान दोनों पक्षों को अपनी अधिमान्यता बदलने का अधिकार है। तृतीय कुछ प्रकार की वार्ताएँ ऐसी होती हैं। जिसमें कोई भी पक्ष समझौते पर नहीं पहुँचना चाहता है परन्तु कोई भी पक्ष यह प्रकट नहीं करना चाहता कि दूसरे पक्ष को बाध्य होकर वार्ता तोड़नी पड़े अतः सभी प्रस्ताव इस ढंग से पेश किए जाते हैं कि आम जनता उन्हें पसन्द करे, किन्तु उनमें एक जोकर (Joker) होता है, अर्थात ऐसा प्रस्ताव होता है जिसे दूसरा पक्ष किसी भी भांति स्वीकार नहीं कर सकता। और उसकी वजह से वह सारे दावे को अस्वीकार करने को विवश हो जाता है।

ओरान यंग ने अपनी पुस्तक 'द पोलिटिक्स ऑफ फोर्सः बर्गेनिंग इन इन्टरनेशनल क्राइसिस' में सरल सौदेबाजी व युक्तिमूलक सौदेबाजी में भेद करने का प्रयत्न किया है। सरल सौदेबाजी में सामान्य सूचनाओं के आधार पर कुछ ले-देकर समझौता करने की इच्छा रहती है। युक्तिमूलक सौदेबाजी में कूटनीतिक दांव पेचों का सहारा लेते हुए सारपूर्ण तथ्य प्राप्त करने की इच्छा रहती है और इसके पीछे शक्ति के प्रबल तत्व रहते हैं। सौदेबाजी का यह प्रकार शक्ति के साथ वार्ता के विचार के बहुत निकट है। इस प्रकार सौदेबाजी हमेशा एक प्रकार का बल प्रयोग ही होता है।

## Barker, Ernest | अर्नेस्ट बार्कर ( 1874-1960 )

ब्रिटिश विचारक अर्नेस्ट बार्कर ने समूहों के 'यथार्थ व्यक्तित्व' (Real Personality) की संकल्पना को तो नहीं अपनाया। उसने इस संकल्पना से जुड़ी हुई मुख्य-मुख्य मान्यताओं को स्वीकार कर लिया। उन्होंने राज्य की असीम संप्रभुता का खण्डन करते हुए कहा कि मनुष्य के सर्वांगीण विकास में राज्य की तरह अन्य संगठन भी महती भूमिका का निर्वाह करते हैं। इसलिए कोई भी संस्था व्यक्ति से अनन्य निष्ठा की मांग नहीं कर सकती अर्थात अर्नेस्ट बार्कर कहते है कि राज्य चाहे कितनी ही गरिमामय और शक्तिशाली संस्था क्यों न हो, वस्तुतः वह समाज की अनेक संस्थाओं में से एक है। बार्कर ने कहा है "प्रभुसत्ता सम्पन्न राज्य की मान्यता जितनी निर्जीव और निरर्थक हो गई है, उतनी कोई राजनीतिक संकल्पना न हुई होगी" अतः अर्नेस्ट बार्कर राज्य के प्रभुसत्ता सिद्धान्त के आलोचक तथा प्रमुख बहुल वादी विचारक हैं।

## Baron | सामंत

सेनाएँ अथवा अन्य संस्थाओं में प्रतिष्ठित, ईमानदार एवं उनकी सेवाओं के दौरान प्राप्त मेडलों एवं प्राप्त विशेषाधिकारों और उपाधियाँ प्राप्त करने वाला सामंत जिसे लार्ड या बैरन के नाम से पहचानते हैं। ग्रेट ब्रिटेन में इस प्रकार की प्रथा विद्यमान है। इंग्लैण्ड (ब्रिटेन) में पीयर समुदाय (सामंत) में

पांचवीं और निम्नतम श्रेणी का व्यक्ति जो चारों की भांति "लार्ड" कहलाने और हाउस ऑफ लार्ड्स में बैठने का अधिकारी होता है। जिसे सामंत, लार्ड या बैरन कहते हैं।

## Baroness | सामंत की पत्नी

बैरोनेस सामंत या बैरन की पत्नी जो विधवा होती है। महिलाओं को बैरन पद का अधिकार प्राप्त है। अब महिलाएँ भी लार्डसभा की सदस्य मनोनीत हो सकती हैं। इस प्रकार की प्रथा ग्रेट ब्रिटेन में विद्यमान है। वहाँ संसद के दो सदन हैं। हाउस ऑफ कॉमंस एवं हाउस ऑफ लॉर्ड्स इस प्रकार वहाँ द्विसदनीय व्यवस्था है। वहाँ पर यह प्रथा प्रचलित है।

## Barren Hypothesis | निष्फल प्राक्कल्पना

वह दोषयुक्त प्राक्कल्पना जिसका कोई तार्किक परिणाम नहीं निकाल जा सकता हो और इसलिए जिसका सत्यापन करना भी संभव न होता है।

## Barrington Moor Jr. | बैरिंग्टन मूर जूनियर

क्रान्ति के समकालीन विश्लेषणकर्ताओं ने इसे आधुनिकीकरण (Modernization) की समस्या के साथ जोड़कर देखा है।

बैरिंग्टन मूर जूनियर ने अपनी पुस्तक 'सोशल ओरिजिन्स ऑफ डिक्टेटरशिप एंड डेमोक्रेसी' (अधिनायकतन्त्र और लोकतन्त्र के सामाजिक मूल स्रोत, 1966) के अन्तर्गत आधुनिकीकरण के तुलनात्मक अध्ययन के आधार पर यह दिखाया है कि आधुनिकीकरण कोई एक सार प्रक्रिया नहीं है। भिन्न-भिन्न राष्ट्रों ने अपनी-अपनी वर्ग संरचना और राजनीतिक संगठन की परिस्थितियों के अनुरूप भिन्न तरीकों से अपना आधुनिकीकरण किया है। जिस तरीके को अपनाकर कोई देश परम्परागत समाज से ऊपर उठकर आधुनिक राष्ट्र के रूप में उभरा है, उसे मूर ने उस देश की क्रान्ति का तरीका कहा है।

आधुनिकीकरण के तरीके पर अनुसंधान करते हुए मूर ने शुरू में उन प्रधान समूहों की पहचान की है जिनके परस्पर सम्बन्धों का प्रतिमान और कार्यवाही का ढंग किसी देश में क्रान्ति की ज्वाला को प्रज्वलित करता है। ये प्रधान समूह हैं (क) देहाती क्षेत्रों में जमींदार अभिजात वर्ग (Landed Aristocracy) और कृषक वर्ग, (ख) शहरी क्षेत्रों में बुर्जुआ और कामगार वर्ग (ग) राजनीतिक सत्ताधारी और सरकारी अधिकारीतन्त्र। इनके परस्पर सम्बन्धों के प्रतिमान और कार्यवाही के ढंग के आधार पर बैरिंग्टन मूर जूनियर ने तीन तरह की क्रान्तियों का विवरण दिया है।

1. *बुर्जुआ क्रांति:* इसके अन्तर्गत शहरी बुर्जुआ वर्ग आधुनिकीकरण की इच्छा से प्रेरित होकर क्रांति का नेतृत्व करता है। क्रान्ति के दौरान यह वर्ग शहरी कामगार और समूचे देहाती क्षेत्र पर अपना प्रभुत्व व नियन्त्रण कर लेता है। इंग्लैण्ड व फ्रांस का आधुनिकीकरण इसी तरह का है।
2. *उच्चवर्गीय क्रान्ति (Revolution from Above):* इसके अन्तर्गत जमींदार अभिजात वर्ग और सुदृढ़ सरकारी अधिकारीतन्त्र का गठबन्धन क्रांति का नेतृत्व करता है। जर्मनी और जापान का आधुनिकीकरण ऐसी ही क्रान्ति का उदाहरण है।
3. *कृषक क्रान्ति (Peasent Revolution):* इसके अन्तर्गत कृषक वर्ग अन्य सब वर्गों और समूहों से सजग और संगठित होता है तथा वह देश के आधुनिकीकरण की आकांक्षा से प्रेरित होकर सरकार की ताकत को चुनौती देता है। और उसे धराशायी कर देता है। रूस व चीनं की क्रान्तियाँ इसके उदाहरण हैं।

मूर ने तर्क दिया है कि सब तरह का आधुनिकीकरण गिने चुने लोगों के प्रयास का परिणाम होता है। जनसंख्या के विशाल बहुमत की क्रान्ति में कोई रुचि नहीं होती है।

## Base and Superstructure | आधार और अधिरचना

मार्क्सवादी शब्दावली में, भवन निर्माण से मिलते-जुलते इस रूपक के अन्तर्गत उत्पादन-प्रणाली या समाज की आर्थिक संरचना को आधार या नींव की संज्ञा दी जाती है। समाज के कानूनी और राजनीतिक ढाँचे तथा सामाजिक चेतना की विविध अभिव्यक्तियों - धर्म, नैतिक आदर्शों, सामाजिक प्रथाओं, इत्यादि को अधिरचना या ऊपरी ढाँचे की श्रेणी में रखा जाता है। चिर सम्मत मार्क्सवाद (Classical Marxim) के अनुसार, सामाजिक विकास के दौरान उत्पादन प्रणाली में जो परिवर्तन होते हैं, उनके परिणामस्वरूप अधिरचना के सब हिस्सों में उनके अनुरूप परिवर्तन अपने-आप हो जाते हैं।

20वीं सदी के पूर्वाह्न में इटालवी मार्क्सवादी एंटोनियो ग्राम्शी (1891-37) ने मार्क्सवादी विश्लेषण (Marxian Analysis) में एक नया आयाम जोड़ दिया। परम्परागत मार्क्सवाद के अन्तर्गत समाज की आर्थिक संरचना या उत्पादन प्रणाली को इसकी 'नींव' या आधार (Base) माना जाता था, इनके राजनीतिक और वैचारिक ढाँचे को ऊपरी ढाँचा या अधिरचना (Superstructure) कहा जाता था। ग्राम्शी ने इस मान्यता में संशोधन करते हुए पूंजीवादी समाज (Capatalist Society) की अधिरचना के दो स्तरों में अन्तर किया है।

(क) इनमें एक स्तर 'नागरिक समाज' है। जो 'आधार' के निकट है। इसमें परिवार, पाठशाला और धार्मिक संस्थाएँ आती है जो पूंजीवादी समाज की वैधता स्थापक संरचनाएँ (Structures of Legitimation) है।

(ख) दूसरा स्तर 'राजनीतिक समाज' है जिसमें राज्य की बल प्रयोग मूलक संरचनाएँ (Structures of Coercion) आती हैं। ये दोनों तरह की संरचनाएँ मिलकर पूंजीवादी संस्कृति में प्रभुत्व की संरचनाओं (Structures of Domination) का निर्माण करती हैं। ग्राम्शी ने नागरिक समाज की भूमिका को विशेष महत्व दिया है क्योंकि इसकी संस्थाएँ नागरिकों को समाज में व्यवहार के नियमों से परिचित करती हैं और उन्हें यह शिक्षा देती हैं कि शासक वर्गों के प्रति स्वाभाविक सम्मान का भाव रखना चाहिए। बुर्जुआ समाज अपनी स्थिरता के लिए नागरिक समाज की संरचनाओं की कार्य कुशलता पर आश्रित है। यदि कहीं नागरिक समाज असहमति (Dissent) की रोकथाम में विफल हो जाता है तो वहाँ इसके दमन के लिए बल-प्रयोग की जरूरत पैदा हो जाती है।

## Basic Code | आधारभूत संहिता

रोमन राज्यों में प्रचलित विधियों का क्रमबद्ध संकलन जिस पर न्यायिक निर्णय आधारित होते हैं। किसी भी राष्ट्र या देश में स्थायी प्रवृत्त विधियों का गैर सरकारी एवं सरकारी वह आधारभूत संकलन जो विषय वस्तु के अनुसार समेकित, संगठित तथा वर्गीकृत किया गया हो। विश्व के विभिन्न राज्यों के प्रशासनों में प्रवृत्त विधियों की अपनी-अपनी शासकीय संहिताओं को प्रकाशित कर रखा है। इस प्रकार की लोक विधियों, शासकीय संहिताओं में न्यायिक निर्णय भी सम्मिलित होते हैं।

## Basic Democracy | आधारभूत लोकतंत्र

फील्ड मार्शल अय्यूब खा द्वारा प्रतिपादित सिद्धान्त जो पाकिस्तान के राष्ट्रपति थे। उन्होंने सन् 1962 में नये संविधान के अन्तर्गत इसकी स्थापना की। इस व्यवस्था में राष्ट्रपति को असीमित एवं अपार शक्तियाँ प्रदान की गई एवं राज्य में समस्त निर्वाचन अप्रत्यक्ष मतदान पद्धति द्वारा किए जाने की व्यवस्था की। स्पष्टत: यह नया लोकतंत्र, लोकतंत्र न होकर अधिनायकतंत्र या तानाशाही का ही परिवर्तित रूप था।

## Basic Needs | प्रमुख आवश्यकताएँ

गरीब देशों के निवासियों के आर्थिक विवेचन में प्रयुक्त सिद्धान्त। उसमें किसी परिवार के भोजन, वस्त्र और आवास की जरूरतों एवं शिक्षा, स्वास्थ्य, स्वच्छ पेयजल की उपलब्धता को आधार मानकर उस देश के आर्थिक और सामाजिक विकास को मापा जाता है। तीसरी दुनिया के देशों में आधी आबादी आज भी प्रमुख आवश्यकताओं की भरपाई से वंचित है। इसे ब्रांड रिपोर्ट 1980 एवं अन्तर्राष्ट्रीय संगठनों की रिपोर्ट में दर्शाया गया है।

## Basic Wage | मूल मजदूरी, मूलवेतन

श्रमिक के जीवन स्तर के अनुसार उसे देय वेतन की मानक दर जिसका निर्धारण उसके जीवन-व्यय का परिकलन कर किया जाता है।

## Battle of Arguments | तर्क युद्ध, वाग्युद्ध

वर्तमान युग में किसी विषय पर वाद-विवाद या तर्क द्वारा तर्क युद्ध और वाग्युद्ध होता है। अमेरिका व सोवियत संघ के मध्य लड़ा गया शीतयुद्ध एक वाग्युद्ध था। इसमें दोनों महाशक्तियों ने एक-दूसरे के विरुद्ध घृणित दुष्प्रचार का सहारा लिया। भारत में कांग्रेस व भाजपा जैसी राष्ट्रीय पार्टियों में हमेशा ही वाग्युद्ध चलता रहता है।

## Behavioural Approach | व्यवहारवादी उपागम

राजनीतिशास्त्र का वह दृष्टिकोण या उपागम जो राजनीति तथा सरकार के अध्ययन में वैज्ञानिक पद्धति के प्रयोग पर अधिक बल देता है।

व्यक्तियों तथा गुटों के वास्तविक व्यवहार पर व्यवहारवादी अधिक बल देते हैं। न कि उनकी संस्थाओं और औपचारिक भूमिकाओं पर जिसके अन्तर्गत वे कार्य करते हैं। समाज तथा राज्य के अध्ययन में भी व्यवहारवादी गणित और सांख्यिकी का भी सहारा लेते हैं। आधुनिक व्यावहारिक उपागमों का सबसे अधिक मूर्त रूप व्यवहारवाद (Behaviouralism) की स्थिति में पाया जाता है।

डेविड ईस्टन इस उपागम का जनक माना जाता है। इन्होंने अपनी पुस्तक 'दी पॉलिटिकल सिस्टम द करेन्ट मीनिंग ऑफ बिहेवियरलिज्म' (1953) में व्यवहारवादी बौद्धिक आधारों को निम्न ढंग से निर्देशित किया है। व्यवहारवाद की विशेषताएँ निम्न हैं:

(i) *नियमितताएँ:* मानव व्यवहार में नियमितताएँ खोजी जा सकती हैं क्योंकि कुछ निश्चित प्रकार के कार्यकलापों व परिस्थितियों में मनुष्य कुछ निश्चित प्रकार के व्यवहार के ढंग अपनाता हैं।

(ii) *सत्यापन:* मानव व्यवहार के प्रसंग में परीक्षण करना संभव होता है अर्थात इसके अन्तर्गत संग्रहीत जानकारी का सत्यापन किया जाता है। मानव व्यवहार के सम्बन्ध में एकत्रित सामग्री को अवसर आने पर दुबारा जाँचा जाए और उसकी पुष्टि की जाए। इस क्रिया को सत्यापन कहते हैं।

डेविड ईस्टन का व्यवहारवाद का विश्लेषण

(iii) *तकनीक प्रयोग:* विश्वसनीय जानकारी प्राप्त करने के लिए नई-नई प्रविधियों (तकनीकों) जैसे: प्रश्नावली पर्यवेक्षण आदि का प्रयोग होना आवश्यक है।

(iv) *परिमाणीकरण:* मानव व्यवहार सम्बन्धी नियमों की खोज में पुनरावृत्तियों की गणना का आश्रय लिया जाता है और उनका परिणाम ढूंढा जाता है, जिसे परिमाणीकरण कहते हैं।

(v) *मूल्य निरपेक्षता:* व्यवहारवादी मूल्यों से तटस्थ रहना चाहते हैं। वे अध्ययन में अध्ययनकर्ता के निजीमत एवं मूल्यों को कोई स्थान न देकर उन्हें अलग रखना चाहते हैं।

(vi) *व्यवस्थाबद्धीकरण:* सामग्री के एकत्रीकरण में आवश्यक है कि व्यवस्थाबद्ध किया जाए, जिसके आधार पर सामान्य सिद्धान्तों की सृष्टि की जाए और मानव व्यवहार में कार्यकारण सम्बन्ध स्थापित किए जाएं।

(vii) *भविष्यवाणी की क्षमता:* डेविड ईस्टन के अनुसार उपर्युक्त प्रक्रिया द्वारा किए गए अध्ययन से हम किसी विषय के बारे में पूर्व अनुमान जारी कर सकते हैं।

(viii) *एकीकृत:* विभिन्न सामाजिक विज्ञानों की सामग्री को एकीकृत करना। अर्थात मानव व्यवहार का एकीकृत रूप से अध्ययन किया जा सकता है खण्डों में नहीं।

राजनीतिविज्ञान में व्यवहारवाद लाने का श्रेय 1908 में प्रकाशित ग्राह्य वालास की पुस्तक 'ह्यूमन नेचर पॉलिटिक्स' (राजनीति में मानव व्यवहार) और आर्थर बेन्टले की पुस्तक 'द प्रोसेस ऑफ गवर्नमेन्ट (सरकार की प्रक्रिया) से माना जाता है। इन पुस्तकों में राजनीति विज्ञान को परम्परागत अध्ययन दृष्टिकोणों से हटाकर अध्ययन को नवीन बनाने की चर्चा की गई। इसके बाद 1925 में चार्ल्स मेरियम (शिकागो विश्वविद्यालय) ने अपनी पुस्तक 'न्यू आस्पेक्ट ऑफ पॉलिटिक्स' (राजनीति का नया क्षेत्र) में व्यवहारवाद के विकास में महत्वपूर्ण भूमिका निभाई। उन्होंने राजनीतिक घटनाओं को समझने के लिए मनोवैज्ञानिक तथा समाज वैज्ञानिक विधियों के प्रयोग पर बल दिया। चार्ल्स मेरियम को व्यवहारवाद का बौद्धिक पिता माना जाता है।'

प्रसिद्ध मनोवैज्ञानिक वी.एफ. सिकनर ने अपनी पुस्तक 'Beyond Freedom and Dignity (1997) ने राजनीति दर्शन एवं परम्परागत विचार को नकारते हुए परिस्थिति जन्य (Conditioning) अध्ययन पर जोर दिया।

व्यवहारवाद अनुभवात्मक और क्रियात्मक उपागम है। इसमें व्यक्तिनिष्ठ मूल्यों, मानवीय विवरणों, कल्पनाओं आदि को कोई स्थान नहीं दिया जाता है। इस आधार पर इस उपागम को परम्परावादियों का विरोधी उपागम कहा जाता है। परम्परावादी अपने अध्ययन का आधार राज्य एवं सरकार जैसी संस्थाओं को मानते हैं जबकि व्यवहारवादी राजनीतिक वैज्ञानिक अपने अध्ययन की प्रमुख विषय सामग्री मानव के प्रेक्षणीय राजनीतिक व्यवहार को मानते हैं।

किर्क पैट्रिक ने व्यवहारवाद का अर्थ इस प्रकार बताया है "यह उपागम राजनीतिक संस्थाओं के अध्ययन के स्थान पर राजनीतिक व्यक्ति के व्यवहार के विश्लेषण पर जोर देता है। अर्थात व्यक्ति का राजनीतिक व्यवहार विश्लेषण की मूल इकाई है।"

- यह उपागम व्यवस्थाबद्ध एवं अनुभवजन्य सिद्धान्त को मानता है।
- यह उपगाम राजनीतिविज्ञान तथा अन्य सामाजिक विज्ञानों की एकता पर बल देता है।
- यह उपागम श्रेष्ठ तकनीकों के प्रयोगों द्वारा राजनीतिक व्यवहार के परीक्षण, मापन, पर्यवेक्षण एवं वर्गीकरण का समर्थन करता है।

## Being | भाव, सत्

जो कुछ भी मन में, कल्पना में, बुद्धि में या संसार में कहीं भी है अपना अस्तित्व रखता है या वास्तविक है, उन सबका व्यापकता वर्ग।

**Belligereney | युद्धावस्था**

अन्तर्राष्ट्रीय राजनीति में जब युद्ध की स्थिति दिखाई देती है। दो या दो से अधिक देश आपस युद्धरत हों और उनके सशस्त्र संघर्ष को अन्तर्राष्ट्रीय कानून के अनुसार युद्ध माना जा रहा हो जिसे युद्धावस्था कहते हैं। अर्थात् अन्तर्राष्ट्रीय विधि के अनुसार वह परिस्थिति जिसमें कोई राज्य युद्ध में संलग्न होता है। युद्ध करने वाले देश के कुछ विशेष अधिकार और कर्तव्य स्वीकार किए जाते हैं। जैसे कि वह शत्रु के समुद्र तट और पत्तनों की नाकेबन्दी (Blockade) कर सकता है। क्रांतिकारियों, विप्लवकारी, विद्रोहियों को ये अधिकार तब तक प्राप्त नहीं होते जब तक उन्हें युद्धरत पक्ष के रूप में मान्यता न मिल जाए। इस प्रकार की परिस्थिति को युद्धावस्था कहते हैं।

**Belligerent | युद्धकारी, युयुत्सु, लड़ाकू**

किसी राष्ट्र या राज्य का वह सैनिक गठबंधन, सैन्यदल, विद्रोहकारी समूह या राज्य जो विरोधी राष्ट्र के प्रति संघर्ष या युद्ध की स्थिति में हो।

**Belligerent Rights | युद्धकारी अधिकार**

अन्तर्राष्ट्रीय कानून के अन्तर्गत जब कोई राष्ट्र या सरकार युद्ध में संकटग्रस्त (फंसी) हो, तब उसके अन्तर्राष्ट्रीय विधि के अनुसार कुछ मान्य अधिकार और कर्तव्य होते हैं। अर्थात वे कानून जो स्वीकृत युद्धरत राष्ट्रों के अधिकार जिससे वे शत्रु राष्ट्रों के विरुद्ध सशस्त्र कार्यवाही कर सकते हैं। विशेष प्रकार से महासमुद्रों में तटस्थ व्यापार और परिवहन पर रोक व अनेक प्रतिबंध लगा सकते हैं। किसी राष्ट्र व विद्रोहियों तथा क्रांतिकारियों को ये विशेष अधिकार तब तक प्राप्त नहीं होते हैं। जब तक कि उन राष्ट्रों को युद्धरत नहीं मान लिया जाता। इन अधिकारों में महत्वपूर्ण अधिकार यह हैं कि युद्ध से ग्रसित राष्ट्र अपने शत्रु के समुद्र तट तथा पत्तनों की घाटबन्दी कर सकता है। सामान्य प्रथा यह है कि जैसे ही यह विदित होता है कि परिस्थिति विद्रोह की सीमा से निकलकर गृहयुद्ध की हो गई हैं। वैसे ही युद्धग्रस्त पक्ष को युद्धमान अधिकार प्राप्त हो जाते हैं। परन्तु इस प्रकार की प्रक्रिया के सम्बन्ध में कोई निरपेक्ष नियम नहीं हैं।

**Bench Parole = Probation | परिवीक्षा**

अपराधियों तथा अपचारी बालकों को विशेष उपचार के लिए अदालत के आदेश पर सुधार संस्थाओं में प्रशिक्षित अधिकारियों की देख-रेख में रखना।

**Benelux | बेनीलक्स**

बेल्जियम, नीदरलैण्ड तथा लक्जमबर्ग का व्यापारिक संगठन। इसकी स्थापना 1958 में की गई। इसका मुख्यालय ब्रुसेल्स (बेल्जियम) में है।

**Benevdent Neutrality | सद्भावनापूर्ण तटस्थता**

भूतकाल में किसी पूर्व संधि द्वारा इस प्रकार की तटस्थता अपनायी जाती थी, जिसके अन्तर्गत एक देश युद्धकारियों में से किसी एक देश को सहायता करते हुए तटस्थ रह सकता था। परन्तु वर्तमान में ऐसी तटस्थता संभव नहीं है।

**Benevolent Despot | प्रजापालक, एकछत्र शासक**

लोक-कल्याण की भावना से प्रेरित होकर शासन चलाने वाला स्वेच्छाचारी शासक जिसे प्रजापालक कहते हैं। प्राचीनकाल में इस प्रकार की प्रथा विद्यमान थी। जैसे: छोटी-छोटी रियासतों के मालिक

राजा होते थे। वे ही प्रजापालक कहलाते थे अर्थात ऐसी व्यवस्था जिसमें शासक पर संविधान, कानून, रीति-रिवाज या लोकमत, इत्यादि का कोई नियन्त्रण नहीं होता, परन्तु वह अपनी प्रेरणा से प्रजा के हित में कार्य करता है।

## Bentham Jermy | बैंथम जैरेमी ( 1748-1832 )

बैंथम उपयोगितावाद (Utilitarianism) का जनक कहलाता है। उस पर जेम्स मिल का प्रभाव पड़ा। उसने राजनीति एवं नैतिक दर्शन, धर्मशास्त्र, कानून, कारागार सुधार जैसे विषयों पर कार्य किया। धर्मशास्त्र में वह वैज्ञानिक धारणा रखने वाला दार्शनिक था। नीतिगत प्रश्नों के सम्बन्ध में वह उदारवादी था। उसका उपयोगितावाद राजनीति सिद्धान्त एवं नैतिक दर्शन में अधिक विकसित हुआ। वह दु:ख व सुख को मानव जाति के दो प्रेरकों के रूप में स्वीकार करता था। वह मनुष्य को मुख्य रूप में स्वार्थी मानता था। उसके मत में राजनीतिक संस्थाओं का मूल्यांकन इस रूप में होना चाहिए कि उन्होंने दु:ख पर विषय-सुख का कितना सकारात्मक या नकारात्मक संतुलन बैठाया है। वह प्रतिनिधि जनतंत्र का पक्षधर था। वह मध्यम वर्ग की राजनीति में भूमिका को बड़ा महत्व देता था। वह प्राकृतिक अधिकारों की बात को स्वीकार नहीं करता था। अपनी स्वयं की रचना 'एन इनट्रोडक्शन इ-द प्रिंसिपल ऑफ मॉरल्स एंड लेजिसलेशन' (1789) के कानूनी दर्शन की प्रमुख पुस्तक है। कानून के क्षेत्र में 'ए फ्रेगमिंट ऑन गवर्नमेंट' (1826) में विशद विवेचन किया है।

## Bentley (1870–1957) | बेंटले

आर्थर बेंटले आन्तरिक युद्ध कार्य का एक प्रभावशाली अमेरिकी राजनीतिज्ञ था। वह युद्धेत्तर काल के व्यवहारवादी आन्दोलन का पूर्वाधिकारी था। वह बहुलतावाद (Pluralism) के जनकों में से एक था। उसका प्रमुख योगदान था: समूह सिद्धान्त (Groop Theory)। वह जनतंत्रात्मक एवं अधिनायकवादी तंत्र में अन्तर को बेकार मानता था। उसका मत था कि सभी शासन प्रणालियाँ पृथक-पृथक समूहों से निर्मित हैं। ये समूह नीति को प्रभावित करने के लिए एक-दूसरे से स्पर्धा करते हैं। उसके अनुसार सरकार की भूमिका राजनीतिक दलाल के रूप में है जो विभिन्न समूहों की माँगों एवं प्रभाव के अनुरूप नीतियों को बनाती है।

## Berlin Blockade | बर्लिन की नाकेबंदी

शीतयुद्ध के दौरान जर्मनी की समस्या ने महाशक्तियों के मध्य काफी तनाव पैदा किया। मुद्रा व इसके नियन्त्रण के प्रश्न को लेकर सोवियत संघ ने 24 जून, 1948 को बर्लिन एवं पश्चिमी क्षेत्र के बीच रेल, जल एवं सड़क यातायात अवरुद्ध कर दिया। लेकिन पश्चिमी देशों ने इसका सामना पश्चिमी जर्मनी को वायुयानों द्वारा आवश्यक खाद्य सामग्री, भोजन, औषधियाँ, वस्त्र, कोयला, कच्चा माल पहुँचा कर किया। बर्लिन एयर लिफ्ट प्लानक को अन्त में जनवरी 1949 में सोवियत संघ ने इस नाकेबन्दी को खत्म कर दिया।

## Berlin Isaiah | आइजिया बर्लिन ( 1907-1997 )

समकालीन ब्रिटिश स्वेच्छातन्त्रीवादी आइजिया बर्लिन ने अपनी पुस्तक 'टू कांसेप्ट्स ऑफ लिबर्टी (स्वतन्त्रता की दो संकल्पनाएँ, 1958) के अन्तर्गत यह तर्क दिया है कि राज्य केवल व्यक्ति की नकारात्मक स्वतन्त्रता की रक्षा करता है, सकारात्मक स्वतन्त्रता की रक्षा करना राज्य के क्षेत्र में नहीं आता। बर्लिन के अनुसार नकारात्मक स्वतन्त्रता का अर्थ यह है कि व्यक्ति को अपने विवेक के अनुसार अपने कार्यों को चुनने से नहीं रोका जाए। सकारात्मक स्वतन्त्रता यह मांग करती है कि व्यक्ति को अपने ऊपर पूरा नियन्त्रण होना चाहिए। बर्लिन के अनुसार यदि कोई व्यक्ति गरुड़ पक्षी

की तरह पंख फैलाकर आकाश में नहीं उड़ सकता, या ह्वेल मछली की तरह समुद्र में नहीं तैर सकता तो यह उसकी अपनी कमी है। इसी तरह कोई व्यक्ति किसी मनचाही चीज का खर्च उठाने में समर्थ नहीं है: जैसे उत्तम भोजन, विश्व भ्रमण या न्यायालय की शरण में जाने का, तो उसे यह कहने का अधिकार नहीं है कि उसे राजनीतिक स्वतन्त्रता प्राप्त नहीं है। अपनी आकांक्षाएं पूरी करने की क्षमता या अक्षमता व्यक्ति का अपना मामला है। राज्य का इससे कोई सरोकार नहीं। बर्लिन ने सकारात्मक स्वतन्त्रता को व्यक्ति की अपनी क्षमता का विषय बताकर सत्तावाद (Authoritarianism) का खण्डन किया है तथा उदारवादी व्यक्तिवादी सिद्धान्त (Liberal-individualist Theory) को आगे बढ़ाया है।

बर्लिन ने अपनी पुस्तक 'अगेंस्ट द करन्ट' (धारा के विरुद्ध) (1979) में बहुलवाद का समर्थन करते हुए कहा है कि 'बहुलवाद मानव प्रकृति (Human Nature) का अनिवार्य तत्व है। इसे मान्यता देना मानव सभ्यता और मानव कल्याण से जुड़े मूल्यों एवं संस्थाओं की रक्षा के लिए जरूरी है। मनुष्य स्वतन्त्र, स्वायत्त और विवेकशील प्राणी है। अतः उसे भिन्न-भिन्न मूल्यों और उद्देश्यों में से अपने विवेक के अनुसार चयन (Choice) करने का अवसर देना जरूरी है।'

## Bermuda Triangle | बरमूडा ट्राएंगल

मियामी, बरमूडा और पीर्टो रिको के बीच बरमूडा ट्राएंगल है। यहाँ अनेक विमान और पानी के जहाज हादसों में नष्ट होते रहे हैं। हादसों का स्पष्ट कारण आजतक पता नहीं चला है। प्रमुख कारणों में यह माना जाता है कि पानी के नीचे एलियन बेस होने, समुद्री लहरें, चुंबकीय क्षेत्र की अनियमितता, समुद्री शैतान और मीथेन गैस के बुलबुलों के फटने से हादसे होते हैं।

इसका लाक्षणिक अर्थ कुछ इस तरह दिया गया है कि भारत के संसदीय व्यवस्था में नये विधेयक को पारित होने और महत्वपूर्ण संविधान संशोधन के लिए संसदीय समिति की सिफारिश, दोनों सदन लोक सभा और राज्य सभा में पारित होना, कुछ में सामान्य बहुमत, उपस्थित सदस्यों का दो तिहाई की स्वीकृति, और अन्त में राष्ट्रपति का हस्ताक्षर। इस प्रक्रिया में प्रमोशन में आरक्षण और भ्रष्टाचार रोकने वाले विधेयक 2012 में बलि चढ़ता रहा है। कभी कोई सांसद विधेयक फाड़ देते हैं, कुछ सांसद धक्का मुक्की, मारपीट और भाषणबाजी करके मीथेन गैस के बुलबुले निकालते रहते हैं। अतः महत्वपूर्ण संविधान संशोधन विधेयक को पारित नहीं हो पाने को सांसद रघुवंश प्र. सिंह ने 'बरमूडा ट्राएंगल' में खो जाना कहा है।

## Bernstein, Eduard | एडुआर्ड बर्न स्टीन

जर्मनी के एडुआर्ड बर्नस्टीन (1850-1932) ने मार्क्सवाद की दूसरी व्याख्या करने की कोशिश की जिसे उन्होंने विकासात्मक समाजवाद का नाम दिया परन्तु कट्टर मार्क्स वादियों ने उसे संशोधनवाद (Revisionism) की संज्ञा दी। संक्षेप में बर्न स्टीन ने सामाजिक जीवन में इन परिवर्तनों का संकेत दिया जो मार्क्सवाद की मान्यताओं के अनुरूप नहीं थे।

(क) वर्ग संघर्ष अब उतना तीव्र नहीं रहा है क्योंकि कामगार वर्ग की हालत बिगड़ी नहीं है। बल्कि सुधर गई है।

(ख) मध्यवर्ग का आकार संकुचित नहीं हुआ बल्कि विस्तृत हो गया है।

(ग) उद्योग के बहुत सारे क्षेत्र बड़े-बड़े उद्योगों में केन्द्रित नहीं हुए, बल्कि छोटे-छोटे उत्पादन केन्द्रों में फैल गए हैं।

बर्न स्टीन ने उन तथ्यों को ही गलत सिद्ध कर दिया जो मार्क्सवादी कार्यक्रम की बुनियाद थे परन्तु उसने समाजवाद को तिलांजलि देने की बात नहीं की। उन्होंने कहा कि समाजवाद को एक आन्दोलन के रूप में बढ़ावा देना चाहिए, अन्तिम लक्ष्य के रूप में नहीं।

**Besiege | घेरा डालना, अवरोध करना**

किसी राष्ट्र द्वारा दूसरे राष्ट्र की चारों तरफ घेराबंदी करना एवं शत्रु को आगे बढ़ने से रोकना कहलाता है। इसमें शत्रु को आत्म-समर्पण करना पड़ता है एवं वह अपने उद्देश्य में सफल नहीं हो सकता है तथा अपनी सेनाएँ आगे बढ़ाने में अक्षम रहता है।

**Bhagat Singh | भगत सिंह ( 1907-31 )**

1928 में दिल्ली के फिरोजशाह कोटला मैदान में स्थापित 'हिंदुस्तान सोशलिस्ट रिपब्लिकन पार्टी (HSRA)' के संस्थापक सदस्य। क्रान्तिकारी कार्यवाही द्वारा भारत के सोते हुए जनमानस को जगाकर देश को आजाद करवाना चाहते थे। 1929 में भगत सिंह और बटुकेश्वर दत्त ने लेजिस्लेटिव असेम्बली में बम फेंके। लार्ड इरविन पर भी बम फेंका। इन्हें 23 वर्ष की उम्र में फाँसी दी गई। गांधी जी इन्हें 1931 के गांधी-इरविन समझौता में फाँसी की सजा से नहीं बचा सके। इसके लिए गांधीजी का भी देश में विरोध हुआ। भगत सिंह 'क्रान्ति' को मनुष्य का जन्मजात अधिकार मानते थे।

**Bharat Mata | भारत माता**

स्वतंत्रता आन्दोलन में राष्ट्रीयता और राष्ट्रवाद का प्रतीक शब्द बंकिम चन्द्र चटोपाध्याय के गीत 'वन्दे मातरम्' 1870 में हुआ। उनके उपन्यास 'आनन्द मठ' में इसे शामिल किया गया। बंग भंग आन्दोलन 1906 के समय में इसे स्वदेशी आन्दोलन के रूप में काफी गाया गया। अमनीन्द्रनाथ टैगोर और अन्य कलाकारों ने भारत माता के अनेक रूपों में चित्र बनाये। आज भी राष्ट्रवादी संगठन इसका नारा लगाते हैं। पंडित जवाहर लाल नेहरू इसे भारत की नदी, पहाड़, झरना, सभ्यता और संस्कृति के रूप में मानते थे। राष्ट्रकवि मैथिलीशरण गुप्त ने भारत के भौगोलिक स्वरूप को 'भारत-माता' शीर्षक से कविता के रूप में चित्रित किया है।

**Bhimrao Ambedkar | भीवराव अम्बेडकर ( 1893-1956 )**

भारतीय संविधान के निर्मात्री संविधान सभा की प्रारूप समिति के अध्यक्ष, जिन्हें भारतीय संविधान का जनक, आधुनिक मनु और दलितों-वंचितों का मसीहा कहा जाता है। हिन्दू धर्म के आडम्बर और दलितों के साथ छूआछूत रूपी शोषण के विरोध में 1956 में बौद्ध धर्मावलम्बी बने। एक महान् विधिशास्त्री और अनेक पुस्तकों के लेखक के रूप में भी जाने जाते हैं।

**Bhoodan | भूदान**

भूदान आन्दोलन के प्रणेता आचार्य विनोबा भावे थे। उन्होंने भारतीय किसानों को जो गरीब तबके के थे उन्हें भूमि का दान देकर खेती करवाने के उद्देश्य से चलाया था। यह आन्दोलन भारत में असमान भू-व्यवस्था में आमूल परिवर्तन लाने के उद्देश्य से चलाया गया था। यह अहिंसात्मक कार्यवाही स्वरूप चल रहा था। इन्होंने भू-स्वामियों से एक अंश दान देने के लिए प्रेरित किया। भूमि जिस गाँव से स्वेच्छा से प्राप्त होती है। उसे उसी गाँव में भूमिहीन किसानों में बाँट दी जाती थी।

**Bicameralism | 1. द्विसदन पद्धति, 2. द्विसदनवाद**

1. *द्विसदनात्मक पद्धति:* द्विसदनात्मक पद्धति में विधानमंडल के दो सदन होते हैं। एक सदन में विशिष्ट वर्गों एवं सामाजिक हितों को संघ राज्य की अंगीभूत इकाइयों का प्रतिनिधित्व रहता है।

2. *द्विसदनवाद:* संविधान का वह नियम जो विधानमंडल में दो सदनों की व्यवस्था का समर्थन करता है। भारत में सामान्यतया दो सदन पाये जाते हैं। विधानसभा तथा विधान परिषद कुछ राज्य की विधान परिषद को समाप्त भी कर दिया गया है - पश्चिम बंगाल 1969 एवं तमिलनाडू 1986 में। विधान परिषद को उच्च सदन कहा जाता है। 2013 में केवल छह राज्यों अर्थात् बिहार, जम्मू-कश्मीर, कर्नाटक, महाराष्ट्र, आंध्र प्रदेश और उत्तर प्रदेश में द्विसदनी विधानमंडल है। अन्य सभी राज्यों में एक सदन है। मध्य प्रदेश 2012 में राजस्थान में विधान परिषद गठन प्रस्तावित किया गया था और 2010 में तमिलनाडू में प्रस्ताव पारित हुआ है।

संघीय प्रणाली (Federalism) के अन्तर्गत प्राय: निचला सदन जनता का प्रतिनिधित्व करता है अमेरिका की प्रतिनिधि सभा, भारत की लोकसभा और उच्च सदन अमेरिका (USA) की सीनेट, भारत की राज्यसभा इसके उदाहरण हैं।

## Big Stick Diplomacy | शक्तिदर्शी राजनय

वर्तमान युग में राष्ट्रीय तथा अन्तर्राष्ट्रीय राजनीति में कूटनीति में परिवर्तन देखने को मिला है। अर्थात आजकल नीतियों के संचालनों में बुद्धियुक्त और चातुर्यपूर्ण कूटनीति की अपेक्षा शक्ति प्रदर्शन के माध्यम से इच्छित लक्ष्य प्राप्त करने की नीति अपनाई जाती है। यह विदेशों एवं देश में बलपूर्वक निपटने का तरीका कहा जा सकता है।

## Bilateral Agreement | द्विपक्षीय समझौता

ऐसे अन्तर्राष्ट्रीय समझौते जो केवल दो हस्ताक्षरकर्ता राष्ट्रों के पक्षों में हों अर्थात् जो केवल दो राष्ट्रों अथवा अन्य इकाइयों के बीच किए जाएं। इस प्रकार के समझौते दो राष्ट्र आपसी सहमति एवं तालमेल के आधार पर करते हैं।

## Bilateral Treaty | द्विपक्षीय संधि

दो पक्षों (राष्ट्रों) के मध्य हुई संधि जिसके पक्षकार राज्य हो सकते हैं अथवा अन्तर्राष्ट्रीय संगठन या निकाय। संधि में पारस्परिक अधिकारों व कर्तव्यों का प्रावधान किया जाता है और ये संबंधित राष्ट्रों के लिए बाध्यकारी होते हैं।

## Bilateralism | द्विपक्षवाद

राज्यों के पारस्परिक विवाद, परस्पर वार्तालाप द्वारा बिना किसी अन्य राज्य या राज्यों के हस्तक्षेप के समाधान करने हेतु प्रयास करना चाहिए और न ही इस प्रकार के मामलों को अन्तर्राष्ट्रीय संगठनों या इस प्रकार के निकायों में उठाया जाना चाहिए। 3 जुलाई 1971 में भारत-पाकिस्तान के मध्य शिमला समझौते में इसी सिद्धान्त को स्वीकार किया गया था। इसे कभी-कभी शिमला भावना भी कहा जाता है। इस प्रकार से कहा जा सकता है कि जब किसी भी मामलों के समाधान के लिए दो राष्ट्र अपनी समझदारी से विवाद का हल ढूंढ़ते हैं जिसे द्विपक्षवाद कहते हैं।

## Bill | विधेयक

किसी देश की संसद (व्यवस्थापिका) में किसी विधि का प्रस्तावित प्रारूप जो व्यवस्थापिका में स्वीकृति के लिए भेजा जाता है। जब प्रारूप या विधनांग यथावत् या संशोधन के बाद पास हो जाता है तो राज्य के प्रधान की स्वीकृति प्राप्त होने पर वह विधेयक कानून बन जाता है। यह कानून का पूर्व रूप जो संसद या विधानमंडल और राष्ट्रपति या राज्यपाल की स्वीकृति से कानून बनता है, उसे पूर्व की स्थिति में विधेयक कहा जाता है।

**Bill of Rights | अधिकार पत्र**

नागरिक स्वतंत्रता के क्षेत्र में महत्वपूर्ण विधेयक जो इंग्लैण्ड की 1688 की रक्तहीन क्रांति के बाद 1689 ई. में बनाया गया। इसके अनुसार (1) वर्ष में एक बार संसद की बैठक बुलानी होगी। (2) संसद सदस्यों को भाषण की स्वतन्त्रता होगी। (3) राजा सेना का प्रयोग मनमाने तौर पर नहीं कर सकता। (4) सम्राट अपने स्वार्थों की खातिर कोई न्यायाधिकरण न्याय हेतु गठित नहीं करेगा।

**Bimstec | बिम्सटेक**

6 जून 1997 को बैंकांक (थाइलैण्ड) में बांग्लादेश, भारत, श्रीलंका व थाइलैंड आर्थिक सहयोग (Bist-EC) मंच का शुभारम्भ हुआ। बाद में म्यांमार को सदस्य बनाने पर इसका नाम बिम्स टैक कर दिया क्योंकि अब नेपाल और भूटान भी इसके सदस्य बन गए थे। इन्होंने 6 क्षेत्रों में सहयोग की पहचान की। व्यापार निवेश, टैक्नोलॉजी, यातायात, संचार, ऊर्जा, पर्यटन और मछली पालन इस उद्देश्य के लिए एक समझौते की रूप-रेखा पर भी सदस्यों ने सहमति पत्र पर हस्ताक्षर किए हैं।

**Binding Adjudication | बाध्यकारी अधिनिर्णय**

अन्तर्राष्ट्रीय या राष्ट्रीय न्यायाधिकरण, न्यायालय या आयोग या अन्य किसी न्यायिक संस्था द्वारा विवादास्पद मामलों में दिया गया वह निर्णय जिसका पालन करने के संबंधित पक्ष बाध्य होते हैं। उसे बाध्यकारी अधिनिर्णय कहा जाता है।

**Biological Warfare | जैविक युद्ध**

जैविक युद्ध एक ऐसा युद्ध है जिसमें शत्रु देश में मनुष्यों, पशुओं, पेड़-पौधों आदि के लिए घातक विषाणुओं का प्रयोग किया जाता है, जिससे उस देश में रोग, महामारी तथा विषैले पदार्थ फैल जाएं और मनुष्यों, जीव-जन्तुओं व वनस्पति कुछ सब समाप्त हो जाएँ। ऐसे युद्ध मानव जाति के लिये विनाशकारी साबित होंगे।

**Bipartisam Foreign Policy | द्विदलीय विदेश नीति**

ऐसी विदेश नीति जिस पर राज्य के प्रमुख दो राजनीतिक दलों अर्थात सरकार और विपक्ष सहमत हों तथा इन्हीं राजनीतिक दलों के सहयोग, सम्पर्क तथा सहमति से बनाई गई विदेश नीति। इस प्रकार की विदेश नीति के उदाहरण संयुक्त राज्य अमेरिका एवं इंग्लैण्ड में समय-समय पर देखने को मिलते हैं।

अमेरिका में अनेक राष्ट्रपतियों ने अपनी विदेश नीतियों के लिए विरोधी पक्ष का भी समर्थन प्राप्त करने का प्रयत्न किया है। अमेरिका में सेनेटर वैन्डेनबर्ग इस नीति का विशेष रूप से समर्थक हुआ है और उसने 1950 में इसकी व्याख्या करते हुए कहा था, "मेरे विचार से द्विपक्षीय विदेश नीति का अर्थ यह है कि हम अपनी अनिवार्य द्वि दल-पद्धति के अन्तर्गत आपस में मिलकर यह प्रयत्न करें कि बुनियादी प्रश्नों पर हमारी सरकार की नीति में एकता विद्यमान रहे जिससे कि अमेरिका उन लोगों के विरुद्ध अधिकारपूर्ण तरीके से बोल सके।"

**Biparty System | द्विदल पद्धति**

लोकतांत्रिक राष्ट्र में दो या दो से अधिक राजनीतिक दल हो सकते हैं। जिस राष्ट्र में दो दल होते हैं वहाँ द्विदलीय पद्धति होती है। इस पद्धति में राजनीतिक दलों के मध्य सत्ता प्राप्ति के लिए स्पर्धा बनी रहती है। यूं तो राज्य में और भी अनेक प्रकार के राजनीतिक दल हो सकते हैं परन्तु उनका

प्रभाव नगण्य होता है। ग्रेट ब्रिटेन में 1945 के बाद से केवल दो दल राजनीति में प्रमुख रूप से विद्यमान हैं: एक अनुदार दल, दूसरा श्रमिक दल। शासन पर कभी अनुदार दल और कभी श्रमिक दल का प्रभुत्व रहता है। एक तीसरा दल-उदार दल जो कभी प्रमुख दल था ऊपर उठने का असफल प्रयास करता रहता है। संयुक्त राज्य अमेरिका में दो प्रमुख राजनीतिक दल रिपब्लिकन दल और डेमोक्रेटिक दल हैं। पहले इंग्लैण्ड में अनुदार दल और उदार दल मुख्य थे। इंग्लैण्ड में प्रथम विश्वयुद्ध के पश्चात् श्रमिक दल की उन्नति हुई। इससे यह भय होने लगा था कि इंग्लैण्ड की द्विदलीय पद्धति नष्ट हो जाएगी परन्तु श्रमिक दल की उन्नति के साथ ही उदार दल की अवनति ने इस भय को निराधार कर दिया। इंग्लैण्ड में इन दो दलों के अतिरिक्त साम्यवादी दल भी है लेकिन उसकी आवाज नक्कारखाने में तूती की आवाज ही है। भारत में भी दो प्रमुख राजनीतिक दल हैं: कांग्रेस और भारतीय जनता पार्टी। शेष क्षेत्रीय दल हैं।

## Bipolarity | द्विध्रुवीयता

अमेरिका तथा सोवियत संघ द्वितीय विश्वयुद्ध के बाद दो विरोधी गुटों में बंट गए तथा उनके मध्य शीतयुद्ध शुरू हो गया विश्व में तनाव, भय और मनोमालिण्य उभर कर सामने आया। दोनों गुटों ने नाटो व वारसा जैसे संगठन बनाए चीन, सोवियत सम्बन्धों में दरार पड़ जाने पर डी. गाँल के अधीन फ्रांस द्वारा स्वतंत्र विदेश नीति का पालन किए जाने और गुटनिरपेक्ष आन्दोलन के उदय के पश्चात् द्विध्रुवीयता, बहुध्रुवीयता में परिवर्तित होने लगी।

## Black Africa | काला अफ्रीका

दक्षिण अफ्रीका का सहारा क्षेत्र जहाँ के निवासियों की त्वचा मूलत: काले रंग की होती है। इसके अतिरिक्त भौगोलिक दृष्टि से युगांडा, कांगो, तंजानिया, जांबिया, अंगोला, केन्या, नाइजीरिया, घाना, मलाया, इथोपिया, सोमाली, नाइजर, चाड़ इत्यादि अफ्रीका के क्षेत्र के भाग कहलाते हैं, जिन्हें काला अफ्रीका (Black Africa) कहते हैं। यहाँ के लोगों का रंग अधिक काला होता है।

## Black Market | काला बाजार

बाजार की ऐसी व्यवस्था जो अनौपचारिक तथा गैर कानूनी हो। इसमें वस्तुओं और सेवाओं के लिए अधिक लाभ लेना। वस्तुओं की दान, और राशन की व्यवस्था निश्चित होती हैं। परन्तु इसका अभाव दिखाकर, पैदावार अधिक होने पर भी ज्यादा कीमत पर जमाखोर वस्तुओं को बेचते हैं। इसका सही हिसाब भी नहीं रखते। जमाखोरी से बाजार में अभाव और राजनीति में हलचल पैदा होता है। चुनाव के समय कभी प्याज तो कभी आलू-चीनी की कालाबाजारी राष्ट्रीय राजनीति को प्रभावित कर देती है। काला बाजार का धन भी चुनाव में ही खर्च किया जाता है।

## Black Money | कालाधन

वह धन जो साधारणतया गैर-कानूनी तरीकों से अर्जित किया जाता है या जिस धन पर लगने वाले कर (TAX) से बचने के लिए उसे सरकार से छिपाकर रखा जाता है। इससे जन राजस्व की हानि होती है और विकास के कार्यों में धन नही लगाकर विदेशों में बैकों में जमा कर दिया जाता है। प्राय: रिश्वत से कालाधन कमाया जाता है। जैसे कोयला खदान और 2G आवंटन घोटाला में केन्द्रीय मंत्रियों द्वारा कमाया गया धन।

## Black Shirt | काली कुर्ती

मुसोलिनी के अधिनायकतंत्र में इटली की फासिस्ट पार्टी का सदस्य जो ब्लैक शर्ट या काली कुर्ती पहनते थे अत: उन्हें कहा जाता है।

**Blackleg | धोखेबाज साथी**

यह शब्द व्यावसायिक संघों के झगड़ों में उस व्यक्ति के लिए प्रयुक्त किया जाता है। जब उसके अन्य सभी साथी हड़ताल पर हों तब वह अपने मालिक के लिए जानबूझकर कार्य करता है। यह शब्द उन सभी व्यक्तियों के लिए प्रयुक्त होता है जो अपने साथियों के सामूहिक प्रयासों के विरुद्ध कार्य करते हैं उन्हें सहयोग नहीं देते हैं।

**Blackmail | भयादोहन**

किसी अधिकारी या राजनेता की किसी दुर्बलता का लाभ उठाकर उससे अनुचित लाभ लेने के लिए उसे भयभीत करना। जो बलशाली व्यक्ति है।

**Blackout | तमावरक**

युद्ध के दौरान जब किसी राष्ट्र को यह भय होता है कि शत्रु-देशों के जहाज उसके नगर-राज्यों पर बमबारी कर सकते हैं। तब रात होते ही मकानों की रोशनी या तो बन्द कर दी जाती है या खिड़कियों तथा गवाक्षों को बन्द कर दिया जाता है। और उन पर परदे लगा दिए जाते हैं। जिससे बाहर रोशनी बिलकुल न निकल सके। इस प्रकार से शत्रु देश को यह नहीं सूझता कि आबादी क्षेत्र कहाँ पर स्थित है, जिससे कि उस पर बम गिराकर वह अपने शत्रुओं या शत्रुपक्ष को हानि पहुँचा सके। इस प्रकार के वातावरण को ब्लैकआउट कहते हैं।

**Blitzkrieg | तड़ितयुद्ध या तूफानी हमला**

वायुसेना तथा यंत्रीकृत थलसेना द्वारा आकस्मिक रूप से हिंसात्मक तथा विनाशकारी आक्रमण करना जिससे कि शत्रु सेना की टुकड़ियाँ अलग-थलग हो जाएँ। उनकी संचार व्यवस्था भंग हो जाए और सैन्य सामग्री पकड़ ली जाए। इस प्रकार के हवाई आक्रमण द्वितीय महायुद्ध में जर्मनी द्वारा किए गए थे। इसे तूफानी हमला या तड़ितयुद्ध कहते हैं।

अर्थात 'ब्लिट्रर्किंग का शाब्दिक अर्थ है बिजली का युद्ध। हिटलर ने 1 सितम्बर 1939 व 1940 में बेल्जियम तथा उत्तर फ्रांस में जो समर नीति अपनाई, उसके लिए यह शब्द प्रयोग किया गया। इस समरनीति में 'आकस्मिकता, त्वरितता तथा युद्ध सामग्री की श्रेष्ठता इसके प्रमुख निर्णायक तत्व होते हैं।'

**Bloc | गुट**

राजनीतिक या अन्य उद्देश्यों की पूर्ति करने के लिए व्यक्तियों, वर्गों या राष्ट्रों की गठित इकाई अथवा संघ इसी प्रकार से व्यवस्थापिका और कार्यपालिका में समान उद्देश्यों की पूर्ति के लिए विभिन्न व्यक्तियों अथवा पक्षों द्वारा गठित औपचारिक या अनौपचारिक इकाई जिसे गुट कहते हैं।

**Block Rod | (ब्लेक रॉड)**

इंग्लैण्ड में एक परम्परागत अधिकारी जो वहाँ के "हाउस ऑफ लार्ड्स" का स्वागतकर्ता होता है। इसके अनेक महत्वपूर्ण कार्यों में से एक कार्य "हाउस ऑफ कामन्स" के सदस्यों और अध्यक्ष को विशेष अवसरों पर जोश का भाषण सुनने के लिए "हाउस ऑफ लार्ड्स" में आमंत्रित करना है। इस प्रकार की प्रथा ग्रेट ब्रिटेन में विद्यमान है।

**Block Voting | गुट मतदान**

धार्मिक भावना के लोगों द्वारा किसी ऐसे एक उम्मीदवार (सदस्यों) को प्रस्ताव, विधेयक आदि के पक्ष अथवा विपक्ष में मतदान करना होता है। इन सदस्यों के अपने-अपने वैयक्तिक विचार कुछ भी

हो परन्तु ये सभी अपनी धार्मिक भावना से ओतप्रोत होकर एक गुट द्वारा मतदान करते हैं। जिसे गुटीय या गुट मतदान कहते हैं।

**Blockade | नाकाबंदी**

अन्तर्राष्ट्रीय राजनीति में माल के आवागमन के लिए जो समुद्री जहाज का प्रयोग किया जाता है। उस समुद्र के मार्ग से शत्रु देश के पास जाने वाले माल को रोकना, नाकाबंदी कहलाती है। यह कार्य शत्रु देश के पत्तन के बाहर जहाज खड़े करके किया जा सकता है तथा आर्थिक नाकेबंदी या (प्रतिबंध) लगाकर राष्ट्र की उन्नति में बाधक बनते हैं। जैसे अक्टूबर 1962 में अमेरिका ने क्यूबा में 'सोवियत संघ के सैनिक अड्डों की स्थापना के विरोध में अपने जंगी जहाजों द्वारा क्यूबा को चारों ओर से घेरने की घोषणा की। प्रथम विश्वयुद्ध एवं द्वितीय विश्वयुद्ध के दौरान इंग्लैण्ड ने जर्मनी की नाकाबन्दी करने का प्रयास किया था तथा हाल ही खाड़ी युद्ध के दौरान अमेरिका ने कुवैत पर आर्थिक प्रतिबंध लगाने का भरसक प्रयास किया था।

**Blocking Minority | अवरोधक अल्पसंख्यक गुट**

किसी राज्य के विधान मंडल में कुछ अल्पसंख्यक व्यक्तियों का वह समूह या गुट है जो उस विधानमंडल में किसी सरकारी सदस्य या मंत्री, किसी विधेयक या किन्हीं आवश्यक कारणों से न केवल घोर-विरोध ही करता है। बल्कि उसके उस विधानमंडल द्वारा अंतिम रूप से पारित होने में अनेक कठिनाइयाँ अथवा बाधाएँ भी उत्पन्न करता है। भले ही वह विधेयक अंतिम रूप से पारित होकर विधि बन जाए। इस प्रकार का अवरोध अल्पसंख्यक गुट करता है जो असन्तुष्ट वर्ग होता है।

**Blood and Iron Policy | कठोरनीति (रक्त और लोहे की नीति)**

जर्मनी के चांसलर बिस्मार्क ने 1856 में इस शब्द का निर्माण किया था। इस शब्द से तात्पर्य अत्यन्त कठोर एवं दृढ़ नीति से है। इस प्रकार कठोर एवं दृढ़ नीति जिसमें सरकार अपने उद्देश्यों की पूर्ति के लिए हिंसा अथवा रक्तपात से भी नहीं घबराये। यह नीति जर्मनी के चांसलर बिस्मार्क के शासनकाल में विद्यमान थी। बिस्मार्क को लौह पुरुष के रूप में जाना जाता है।

**Blue Print | रूपरेखा**

ब्लूप्रिंट से तात्पर्य किसी योजना का अंतिम प्रारूप बनाना अर्थात किसी नीति को कार्यान्वित करने के लिए एवं किसी प्रमुख उद्देश्य की प्राप्ति के लिए कार्यविधि की विस्तृत अंतिम योजना जिसे रूपरेखा या ब्लूप्रिंट कहते हैं।

**BMD | बोल्शेविक मिसाइल प्रतिरक्षा आयुध प्रणाली**

बी.एम.डी. पद परमाणु मिसाइलों के आक्रमण से बचने के लिए बनाए जाने वाले सभी प्रकार के प्रतिरक्षात्मक आयुधों के लिए प्रयुक्त होता है। इन आयुध प्रणालियों का विकास संयुक्त राज्य अमेरिका तथा सोवियत रूस के द्वारा किया गया। साल्ट (Salt) प्रक्रिया द्वारा इन पर प्रतिबन्ध लगाया गया।

**Board of Pardon | क्षमा मंडल**

संयुक्त राज्य अमेरिका में अनेक प्रकार के पदनाम (Posts) वाले वे प्रशासकीय, कार्यपालिका बोर्ड अथवा मंडल हैं जो वहाँ के अनेक राज्यों में राज्यपाल के साथ अथवा अकेले ही मिलकर अपराधियों तथा अभियुक्तों को क्षमा प्रदान करने में राज्यपाल को परामर्श देते हैं। ये क्षमा मंडल अनेक प्रकार के राजनीतिक अपराधियों को भी राज्यपाल को परामर्श द्वारा क्षमा प्रदान करवाते है। इस प्रकार का क्षमामंडल अमेरिका में विद्यमान है।

## Board of Review | पुनरीक्षण मंडल

किसी राज्य की सरकार द्वारा स्थापित वह अर्द्ध न्यायिक संस्था जो पर्याप्त सबूत जुटाने एवं गवाहों की सुनवाई के बाद में इस तथ्य का अनुमान लगाती है कि प्रशासन के कर निर्धारकों द्वारा निर्धारित कर का मूल्यांकन उचित एवं न्यायसंगत है अथवा नहीं। प्रशासनिक अपील मंडल या निकाय जिसे किसी मामले में दुबारा कानूनी पुनर्विचार करने का अधिकार प्राप्त हो। पुनरीक्षण मंडल कहा जाता है।

## Bodin, Jean (1530–96) | बोडीन, जीन

फ्रांस के राजनीतिशास्त्र, न्यायशास्त्र एवं अर्थशास्त्र में महत्वपूर्ण योगदान। इन्होंने 1576 में हेनरी III का स्टेट जनरल में सफल विरोध किया। प्रारम्भ में उन्होंने मानवतावादी दृष्टिकोण रखते हुए रोमन कानून को सर्वोपरि माना। उन्होंने सभी देशों के कानून के तुलनात्मक अध्ययन पर बल दिया। सम्प्रभुता सम्बन्धी उनके विचार काफी विवादास्पद रहे। उन्होंने सम्प्रभुता शब्द को सबसे पहले प्रयुक्त किया और उसे नागरिकों व प्रजाजन के ऊपर राज्य की सर्वोच्च शक्ति के रूप में किया जिस पर कानून का कोई अंकुश न हो। इन्होंने सम्प्रभुता को अविभाज्य माना।

## Body Politic | राजनिकाय

राजनीति में राजनीतिक रूप से सुसज्जित एवं सुसंगठित समाज जिसे राज्य भी कहा जाता है। राजनिकाय प्रायः सभी देशों में विद्यमान होते हैं, जिनका कार्य संगठित रूप से राज्य में राजनीतिक कार्यवाही करना होता है।

## Bolshevism | बोल्शेविकवाद

'बोल्शेविज्म' शब्द रूसी भाषा के 'बोल्शिस्त्वो' शब्द से बना है जिसका अर्थ बहुमत होता है। 1903 में रूस के सामाजिक लोकतन्त्रात्मक दल (सोशल डेमोक्रेटिक पार्टी) में फूट गई और लेनिन के नेतृत्व में उसके उग्र पक्ष को बहुमत प्राप्त हुआ जिसके फलस्वरूप वह बोल्शेविक दल कहलाने लगा। नरम समाजवादी, जो अल्पमत में रह गए थे, मेन्शेविक कहलाए। नवम्बर 1917 में 'बोल्शेविकों ने रूस में' सत्ता ग्रहण कर ली और उन्होंने समूचे समाज का नये सिरे से संगठन आरम्भ किया। इनके मुख्य सिद्धान्त थे कट्टर मार्क्सवाद के प्रति अंध श्रद्धा, केन्द्रीकृत तथा सौपानबद्ध दल व्यवस्था साथ ही क्रांतिकारी पद्धतियों में आस्था।

लार्ज सोवियत एन्साइक्लोपीडिया (मास्कोः स्टेट साइंटिफिक पब्लिशिंग हाउस, द्वितीय संस्करण 1950, जिल्द 5) में बोल्शेविकवाद की परिभाषा करते हुए कहा गया है "यह एक नए प्रकार के दल में, बी.आई. लेनिन और आई.वी. स्टालिन द्वारा निर्मित बोल्शेविकों के दल में मूर्तिमन्त लेनिनवाद का सिद्धान्त और पद्धतियाँ हैं।" इस विश्वकोष में बोल्शेविकवाद को "अन्तर्राष्ट्रीय श्रम आन्दोलन में एकमात्र संगत क्रांतिकारी मार्क्सवादी प्रवृत्ति भी कहा गया है।

## Bolshivik | बोल्शेविक

बोल्शेविक 1971 से पूर्व के रूस के जार विरोधी, मार्क्सवादी क्रान्तिकारी आन्दोलन की एक शाखा है। इसका श्रीगणेश 1903 में मार्क्सवादी विचारधारा की पार्टी रूसी-समाजवादी जनतंत्रात्मक लेबर पार्टी के विभाजन के पश्चात हुआ। उस समय आन्दोलन मेन्शेविक और बोल्शेविक दो शाखाओं में क्रान्ति लाने के तरीके एवं सामाजिक-राजनीतिक व्याख्या के आधार पर विभक्त हो गया था। मेन्शेविक रूसी समस्याओं के कम हिंसक समाधान के पक्ष में थे और क्रान्ति के पश्चात सामाजिक जनतंत्र की स्थापना के प्रति आशान्वित थे। बोल्शेविक दक्षिणपंथी थे और मजदूर वर्ग में राजनीतिक चेतना लाना चाहते थे। संगठित मजदूर वर्ग और कृषकों की मदद से साम्यवादी क्रांति लाना चाहते

थे क्योंकि रूस में औद्योगिक विकास नहीं हुआ था। पूंजीपति और मजदूर वर्ग का निर्माण नहीं हुआ था तथा प्रजातांत्रिक व्यवस्था भी नहीं थी। ऐसे कृषक एवं सामंती व्यवस्था में साम्यवादी व्यवस्था की स्थापना स्वयं मार्क्स ने भी नहीं सोची थी। इस शाखा को लेनिन का नेतृत्व प्राप्त हुआ। नवम्बर 1917 में बोल्शेविकों ने रूस में सत्ता ग्रहण कर ली और उन्होंने समूचे समाज को नये सिरे से संगठित करना प्रारम्भ किया। उनके मुख्य सिद्धान्त थे: कट्टर मार्क्सवाद के प्रति अन्ध श्रद्धा, केन्द्रीकृत तथ सोपानबद्ध दल व्यवस्था और सुधारवादी पद्धतियों के स्थान पर क्रान्तिकारी पद्धतियों में आस्था। बोल्शेविक शाखा से ही साम्यवाद का जन्म हुआ है। सोवियत व्यवस्था का सूत्रपात हुआ। इसमें साम्यवादी दल की तानाशाही स्थापित हो गयी। क्रांतिकारी नेता एक मजदूर अभिजात वर्ग के रूप में उमड़े और अपना सम्बन्ध भी मजदूर वर्ग से जोड़े, स्वयं मजदूर वर्ग में सम्मिलित नहीं हो पाये। फलतः भ्रष्टाचार एवं शोषण का भी सूत्रपात हुआ। आर्थिक कठिनाई आने पर सोवियत व्यवस्था मिखाईल गोर्बाच्योव के द्वारा 26 दिसम्बर 1991 में भंग हो गई।

## Bonapartism | बोनापार्टवाद

फ्रांस में नेपोलियन प्रथम एवं नेपोलियन तृतीय द्वारा संचालित या निर्देशित शासन प्रणाली जिसका प्रतीक "घोड़े की पीठ पर बैठा हुआ व्यक्ति" था। वह मनुष्य केन्द्रीकृत शासन की बागडोर अपने हाथों में लिए हुए था एवं सामान्य जनता द्वारा अपनी नीतियों तथा कार्यों के अनुमोदन के लिए आवश्यकतानुसार जनमत संग्रहों का प्रबंध करता रहता था।

बोनापार्टवाद से तात्पर्य बोनापार्ट राजवंश की समृद्धि, सौभाग्य, ऐश्वर्य, सम्पत्ति से लगाव या आसक्ति से भी होता है।

## Bonded Labour | बंधुआ मजदूर

साहूकार का ऋण चुकाने में असमर्थ व्यक्ति जो बहुत मामूली दर पर आजीवन मजदूरी करने के लिये बाध्य कर दिया जाता है। चूंकि साहूकार की ब्याज दरें बहुत ऊंची होती हैं। इसलिए वह ऋण चुकाने में असमर्थ होता है और ऋण लेने वाला अधिक ऋणी होता जाता है उसे मजबूरी में कम दर पर ही मजदूरी करनी पड़ती है। जिसे बंधुआ मजदूर के नाम से जाना जाता है। स्वतन्त्र भारत के संविधान में भाग 3 के अनुच्छेद 23 के इस प्रथा का अन्त करने की बात कही है तथा सरकार ने बन्धुआ मजदूर अधिनियम पारित करके इस प्रथा को समाप्त कर दिया है।

## Bonheur Common (General Welfare) | सार्वजनिक हित, सार्वजनिक कल्याण

राज्य द्वारा समाज के सामान्य हितों की समान रूप से रक्षा करना। वर्तमान में राष्ट्रीय और राज्य सरकारें जातिभेद, वर्गभेद आदि को विशेष महत्व न देकर सभी लोगों की सामूहिक भलाई के कार्यों तथा योजनाओं को क्रियान्वित करती है ताकि राज्य की उपलब्धियों में समान रूप से भागीदार रहें। सार्वजनिक हित या कल्याण सभी सरकारें देखती हैं जिससे उनकी सरकार मजबूत हो सके।

## Bookchin, Murray | मरे बुकचिन ( 1921-2006 )

मरे बुकचिन ने अराजकतावाद के प्रति नवीन विचार दिए है। अपनी पुस्तक 'Post Scarcity Anarchism' (अभावोत्तर अराजकतावाद, 1974) में कहा है कि समकालीन समाज में प्रौद्योगिकी (Technology) की अपूर्व उन्नति के परिणामस्वरूप अभाव (Scarcity) का युग बीत चुका है। जो समाज में कलह और संघर्ष का मूल कारण था। अतः अब राज्य और अर्थव्यवस्था दोनों का विकेन्द्रीकरण (Decentralization) संभव हो गया है। केन्द्रीकृत राज्य (Centralized State) का संगठन स्वाभाविक नहीं है, इसे जानबूझकर जटिल और कृत्रिम बनाया गया है। मानवता के भविष्य

को संवारने के लिए छोटे-छोटे आत्मनिर्भर और स्वाधीन समुदायों का गठन करना चाहिए, जिनमें लोग मिल-जुलकर रहेंगे और मिल-बाँट कर खाएंगे।

**Boom | व्यापार-उत्कर्ष**

व्यापार उत्कर्ष आर्थिक क्रियाकलाप की उस अवस्था का सूचक है जब रोजगार में वृद्धि तथा व्यवसाय में तेजी होती है। उत्कर्ष की अवस्था में उत्पादन में वृद्धि होती है, कीमतें तथा मजदूरियाँ तेजी से बढ़ती हैं, तथा बेरोजगारी में कमी होती है। युद्ध-काल तथा विकास के दौरान उत्कर्ष की अवस्था होती है। अर्थव्यवस्था में व्यापार-उत्कर्ष निरन्तर बढ़ने पर पूर्ण रोजगार की दशा आ जाती है। यदि इस पर उचित नियन्त्रण न रखा जाए तब व्यापार-उत्कर्ष स्फीतिकारी हो जाता है तथा अर्थव्यवस्था के विकास के लिए हानिकारक सिद्ध होता है।

**Booty | लूट का माल**

किसी राष्ट्र के सैनिकों द्वारा युद्ध में पराजित शत्रु राज्य की भूमि पर से हस्तगत या लूटा गया माल जिसे बूटी भी कहते हैं।

**Border Skirmishes | सीमावर्ती झड़पें**

दो राज्यों के मध्य सैनिकों द्वारा राष्ट्रीय सीमा पर होने वाली मुठभेड़ें जो अचानक भी हो सकती हैं या पूर्व योजना के अनुसार भी तत्काल समाप्त हो सकती हैं या घोर व्यापक युद्ध का रूप भी धारण कर सकती हैं। इस प्रकार घटनाएँ जम्मू कश्मीर में वास्तविक नियंत्रण रेखा के आर-पार भारत एवं पाकिस्तान के सैनिक बलों में बराबर की होती रहती है। जिन्हें सीमावर्ती झड़पें कहते हैं। ये कभी-कभी उग्र रूप धारण कर लेती है।

**Border State | सीमावर्ती राज्य, सरहदी राज्य**

किसी राष्ट्र का वह क्षेत्र या प्रदेश जो किसी अन्तर्राष्ट्रीय सीमा अथवा किसी दूसरे राष्ट्र या राज्य की सीमा से सटा हुआ हो। जैसे: जम्मू-कश्मीर एवं राजस्थान, पाकिस्तान की सीमा के नजदीकी राज्य हैं।

**Borough | बरो**

अमेरिका एवं ब्रिटेन में स्थानीय नगर प्रशासन की एक इकाई जिसे बरो कहते हैं। यह स्थानीय निकाय में प्रमुख इकाई होती है।

**Bosanquet Bernard | बर्नार्ड बोसांके ( 1848-1823 )**

अंग्रेज दार्शनिक और राजनीतिज्ञ बनार्ड वोसांके ग्रीन के आदर्शवाद से प्रेरित थे। इन्होंने अपनी पुस्तक 'द फिलोसॉफिकल थ्योरी ऑफ द स्टेट (राज्य का दार्शनिक सिद्धान्त) (1899) में कहा है कि व्यक्ति की तात्विक इच्छा (Real will) राज्य के भीतर अन्य लोगों के सहयोग से ही पूरी की जा सकती है।'

बोसांके के अनुसार कोई व्यक्ति अकेले-अकेले सद-इच्छा की पूर्ति नहीं कर सकता, क्योंकि इस तरीके से वह सम्पूर्ण मानव जाति की उपलब्धियों को आत्मसात नहीं कर सकता अर्थात जब तक दूसरे लोग उसका साथ नहीं देते तब तक वह स्वयं अपनी क्षमताओं को भी सार्थक नहीं कर सकता। अत: हमारा नैतिक और राजनीतिक कर्तव्य यह मांग करता है कि हम उन सब वस्तुओं,

सेवाओं और साधनों को बढ़ावा दें जो समाज के समस्त सदस्यों की आत्म सिद्धि (Self-Realization) के लिए आवश्यक है।

राज्य की भूमिका के बारे में बोसांके ने कहा है कि राज्य निर्धन लोगों की आर्थिक सहायता देने के बजाय सार्वजनिक शिक्षा के दायित्व को संभाल ले तो वह मनुष्यों के आत्मोन्नयन की इच्छा पूरी करने में विशेष रूप से सहायक सिद्ध होगा। उनके अनुसार व्यक्ति की स्वतन्त्रता 'प्रतिबन्ध के अभाव (Absence of Restraint) में निहित नहीं, बल्कि उन आवेगों और भ्रामक कामनाओं के नियन्त्रण में निहित है जो उसे नैतिक पतन की ओर ले जाती है। उन्होंने रूसो के तर्क को दोहराते हुए लिखा है कि व्यक्ति को स्वतन्त्र होने के लिए बाध्य किया जा सकता है।'

अतः बोसांके के आदर्शवादी चिन्तन में राज्य एक नैतिक अभिकरण के रूप में माना गया है।

## Boundary Commission | सीमांकन आयोग, सीमांकन कमीशन

दो राज्य या अधिक राज्यों को विभाजन करने वाली सीमाओं को विभिन्न अन्य स्थानों पर आपसी सहमति, सहयोग और स्वीकृत किए गए साक्ष्य के आधार पर निश्चित रूप से या निर्धारित करने वाला आयोग जिसकी स्थापना संबद्ध राज्यों ने किसी पारस्परिक संधि या समझौते द्वारा की हो उसे सीमांकन आयोग या कमीशन कहते हैं।

## Boundary Line | सीमा रेखा

दो राष्ट्रों के भू-भागों को अलग-अलग दर्शाने वाली संकेत रेखा जिसे सीमा रेखा कहते हैं।

## Boundary Pillar | सीमा-स्तंभ, सरहदी खंभा

दो राज्यों के भू-भागों को अलग करने वाली कृत्रिम अन्तर्राष्ट्रीय सीमाओं पर उचित दूरी पर स्थापित किए जाने वाले विशेष खंभे या स्तंभ जो अन्तर्राष्ट्रीय कानून के अन्तर्गत उनके क्षेत्राधिकार निश्चित करते हैं। उसे ही अन्तर्राष्ट्रीय विधि के अन्तर्गत सीमा-स्तंभ या सरहदी खंभा कहते हैं।

## Boundary River | सीमा नदी

दो राज्यों के मध्य बहने वाली नदी जो उनके क्षेत्रीय भू-भाग को एक - दूसरे से पृथक करती है। उसे सीमा नदी कहते हैं।

## Boundary Treaty | सीमा संधि

दो राज्यों के बीच की जाने वाली सीमा संधि से तात्पर्य ऐसी संधि या समझौता जिसके द्वारा उन राज्यों के मध्य सीमा-रेखाओं को निश्चित तथा निर्धारित किया जाता है।

## Bourgeois Democracy | बुर्जुआ जनतंत्र, पूंजीवादी लोकतंत्र

वह जनतंत्र जिसमें आर्थिक, सामाजिक एवं राजनीतिक व्यवस्था पूंजीवाद व उदारवाद का संरक्षण एवं पोषण करती है।

लोकतंत्र (Democracy) का वह रूप जिसमें सत्ता का प्राधिकार व्यवहारतः पूंजीपतियों के हाथों में रहता है एवं सामान्य चुनाव केवल ऐसी सत्ता के लिए जन साधारण का अनुमोदन प्राप्त करने के लिए कराए जाते हैं।

मार्क्सवाद (Marxism) का दावा है कि जब तक समाज आर्थिक स्तर पर धनवान और निर्धन वर्गों में बंटा है। तब तक राजनीतिक स्तर पर लोकतंत्रीय प्रणाली अपना लेने से जनसाधारण को कोई लाभ नहीं पहुँचेगा।

**Bourgeois Socialist | बुर्जुआ समाजवादी**

साम्यवादियों द्वारा ऐसे व्यक्ति के लिए प्रयुक्त संज्ञा जो देखने-सुनने में तो यथावत् समाजवादी प्रतीत होता है परन्तु सामान्य रूप से पूंजीवादी व्यवस्था को अक्षुण्ण और यथावत् बनाए रखकर समाज के श्रमिक वर्गों के हितों का अवरोधक होता है। बुर्जुआ समाजवाद कहा गया है।

**Bourgesis | पूंजीपति वर्ग**

फ्रेंच भाषा का एक शब्द जिसका मूल अर्थ है: किसी देश का व्यापारिक वर्ग अथवा दुकानदारी करने वाला मध्यम वर्ग। आजकल इस शब्द का व्यापारिक वर्ग अथवा दुकानदारी करने वाला मध्यम वर्ग। इस शब्द का प्रयोग आधुनिक पूंजीवादी व्यवस्था के अन्तर्गत उस वर्ग के लिए होता है जो या तो पूंजीपति बन चुका होता है या पूंजीपति बनने की ओर अग्रसर है। इस वर्ग का मुख्य ध्येय भौतिक लाभ प्राप्त करना है। अत: यह पूंजीवादी अर्थव्यवस्था को बनाए रखने की पुरजोर कोशिश में रहता है। इस शब्द का प्रयोग मार्क्सवादी साहित्य में अधिक हुआ है।

**Boxer Rebellion | बॉक्सर उपद्रव**

चीन में सन् 1900 में व्यापक एवं विशाल स्तर पर हिंसात्मक उपद्रव हुए जिनका उद्देश्य देश से विदेशी प्रभाव तथा प्रभुत्व को समाप्त करना था। उनका नेतृत्व वहाँ के एक गुप्त समुदाय द्वारा किया जाता था। जिसे बॉक्सर कहा जाता था। इसके सदस्य मुक्केबाजी आदि क्रियाओं में विश्वास के कारण "बॉक्सर्स" के नाम से कुख्यात थे। ये उपद्रवी थे। अत: इसे बॉक्सर उपद्रव के नाम से ही जाना जाता है।

**Brain-Drain | प्रतिभा-प्रवास, प्रतिभा-पलायन**

वह प्रक्रिया जिसके अन्तर्गत विकासशील देशों के योग्यता प्राप्त और प्रशिक्षित लोग व्यक्तिगत उन्नति के अवसरों की तलाश में अपना देश छोड़कर विकसित देशों की ओर चले जाते हैं जिससे विकासशील देशों में इन लोगों की शिक्षा और प्रशिक्षण पर जो संसाधन खर्च किए जाते हैं, उनका लाभ इन देशों को नहीं मिल पाता है बल्कि इसका लाभ विकसित देशों को मिलने लगता है। अत: विकासशील देशों के दुर्लभ और मूल्यवान संसाधन विकसित देशों को स्थानान्तरित हो जाते हैं यह प्रतिभा-प्रवास या प्रतिभा-पलायन कहलाता है। 2008 के बाद यूरोप और अमेरिका में मंदी का दौर शुरू हुआ तो भारतीय प्रतिभा के साथ विदेशी भी भारत में रोजगार के लिए आने लगे हैं।

**Brain-Washing | बलात् मत प्रवर्तन/मानसिक मत परिवर्तन**

मार्क्सवादी और तानाशाही विचारधारा वाले समाजों में किसी व्यक्ति से वह अपने मूल राजनीतिक, धार्मिक अथवा सामाजिक आस्था या विश्वासों को त्यागने के लिए प्रेरित कर उन्हें विपरीत या विरोधी विचारधारा को मनवाने के लिए दीर्घकाल तक मानसिक रूप से प्रभावित करना। इस प्रक्रिया में कभी-कभी मानसिक यंत्रणा भी दी जाती है। विशेष रूप से शरणार्थियों, राजनीतिक बंदियों को समझा-बुझाकर, ऊँच-नीच या भले-बुरे की बात बताकर यदाकदा डरा धमकाकर उनकी चिंतन-धारा में आमूल परिवर्तन लाने का प्रयास किया जाता है।

मार्क्सवादी विचारधारा समाज में दो वर्गों का निर्माण करती है। (i) सत्तायुक्त (ii) सत्तारहित। सत्तायुक्त लोग शासक होते हैं जो शोषक और उत्पीड़क होते हैं, वे जबरन मत प्रवर्तन करते हैं, जबकि सत्तारहित लोग शासित, शोषित और उत्पीड़ित होते हैं।

**Breach of Blockade | नाकाबंदी तोड़ना**

नाकेबंदी की देखरेख करने वाले नौसैनिक बेड़े की आँख में धूल झोंककर या उसकी दृष्टि से बचकर जलपोतों को नाकेबंदी वाले बंदरगाह या तट में प्रवेश करना या उस क्षेत्र से बाहर करना या बाहर निर्गमन करना, नाकाबंदी तोड़ना कहलाता है।

**Breach of Law | विधि-भंग, कानून तोड़ना**

किसी देश की सरकार द्वारा लागू किए गए नियमों, विनियमों, विधि-विधानों आदि का नागरिकों, राज्य के उच्चाधिकारियों या स्वयं कानून के निर्माताओं द्वारा ही पालन न किया जाना। दण्ड संहिता के अनुसार कानून तोड़ने वाले को दंडित करने के लिए न्यायालयों की व्यवस्था की हुई है। उसे विधि भंग करना कहते हैं।

**Breach of Privilege | विशेषाधिकारों का उल्लंघन, मर्यादा-भंग**

विधानमण्डल के अधिकारों अथवा विशेषधिकारों में बाधा पहुँचे अथवा उसकी मर्यादा पर आघात हो तो उसे संसद के विशेषाधिकारों का उल्लंघन समझा जाता है। किसी संस्था या व्यक्ति की कार्यवाही से संसद की मर्यादा भंग हुई या नहीं, इसका निर्णय विशेषाधिकार समिति करती है। यदि विशेषाधिकारों का उल्लंघन हुआ है तो संसद ऐसे व्यक्ति या संस्था को दण्ड देती है।

**Break of Faith | विश्वास भंग**

किसी राज्य के अधिकारियों द्वारा अन्तर्राष्ट्रीय कानून, संधियों एवं अनुबंधों से उत्पन्न दायित्वों को निष्ठापूर्वक न निभाया जाना एवं उनका पालन न करना "विश्वास भंग" कहलाता है।

**Bribery | घूसखोरी, रिश्वतखोरी**

व्यक्तिगत स्वार्थसिद्धि के उद्देश्य अथवा लाभ हेतु किसी सम्बन्धित व्यक्ति अथवा कर्मचारी के निर्णय को प्रभावित करने हेतु उस व्यक्ति को अवैध रूप से धन का लाभ पहुँचाना घूसखोरी या रिश्वतखोरी कहलाती है।

**Brinkmanship | सीमांतवर्तिता नीतिः कगारवादी नीति**

किसी राष्ट्र की ऐसी प्रभावशाली नीति जहाँ अपनी आवश्यक शर्तों या बात को मनवाने के लिए कोई राष्ट्र इस अंतिम सीमा तक दबावी कार्यवाही का आश्रय ले कि उसके डराने-धमकाने पर प्रतिपक्ष उस राज्य की बात मानने के लिए बाध्य हो जाए जिसे सीमांतवर्तिता नीति कहते हैं।

अमेरिकी विदेश सचिव जॉन फॉस्टर डलेस की नीति की साम्यवाद के खतरे का सामना करने के लिए संयुक्त राज्य अमेरिका को हर समय तैयार रहना चाहिए। 1956 में इसी नीति के सन्दर्भ में स्वीवेन्सन ने 'ब्रिंकमेनशिप' शब्द का निर्माण किया। इसके बाद यह शब्द ऐसी नीतियों के लिए प्रयुक्त होने लगा है जिसके अन्तर्गत युद्ध के लिए पूरी तैयारी और तत्परता दिखाकर अनुकूल शर्तों पर शांति प्राप्त करना।

**Brown Shirt = Nazis | नाजीदल**

ब्राउन शर्ट, जर्मनी का नाजीदल था जिसके सदस्य भूरे रंग की कमीज पहनते थे। इसलिए नाजी सदस्यों को "ब्राउन शर्ट्स" कहा जाता है।

**Bruke Edmund (1729–1737) | एडमण्ड बर्क**

एडमण्ड बर्क (1729-97) एक लेखक, पत्रकार तथा संसद सदस्य था। उसने ब्रिटिश अनुदारवाद (Conservatism) को दार्शनिक पृष्ठभूमि प्रदान की। उस पर फ्रांसीसी क्रान्ति का गहरा प्रभाव पड़ा।

उसने अमेरिकी उपनिवेशवादियों के विरुद्ध ब्रिटिश युद्ध की भर्त्सना की। वह औपनिवेशिक शासन के विरुद्ध था। उसका मत था कि मतदाताओं को सिर्फ श्रेष्ठ व्यक्तियों का ही चुनाव करना चाहिए। उसकी मान्यता थी कि प्रतिनिधियों को संसद के प्रति न केवल उत्तरदायी ही होना चाहिए। उन्होंने हाउस ऑफ कामन्स के प्रतिनिधि (सांसद) की जगह राजनीतिक दल को महत्वपूर्ण माना। उनके प्रयास से ही ब्रिटेन में दलीय व्यवस्था का विकास हुआ। उन्होंने राजनीति में सफलता का रहस्य श्रेष्ठ सिद्धान्तों में नहीं, बल्कि परिस्थितियों को माना। सामान्य परिस्थितियाँ भी बड़े-बड़े राजनीतिक परिवर्तनों के लिए जिम्मेदार होती हैं।

बर्क ने अपनी पुस्तक रिफलेक्शन्स ऑन द रीसेन्ट रिवोल्यूशन इन फ्रांस (फ्रांस की क्रान्ति की समीक्षा) (1790) के अन्तर्गत परम्परा और स्थिरता की जो वकालत की उसमें रूढ़िवाद के सैद्धान्तिक आधार का वर्णन किया गया है।

बर्क के अनुसार मानव समाज ऐतिहासिक विकास का परिणाम है। इस विकास की प्रक्रिया में मानव-व्यवहार के तौर-तरीके, रीति रिवाज और व्यक्त या अव्यक्त नियम अस्तित्व में आते हैं, उन्हें एक के बाद दूसरी पीढ़ी टुकड़े-टुकड़े करके अपनाती चलती है। परन्तु सामाजिक संस्थाएँ निरन्तर ह्रास और पुनर्निर्माण की अवस्थाओं से गुजरती हैं और कभी-कभी उनके स्वास्थ्य लाभ के लिए सुधारात्मक उपाय भी जरूरी हो जाते हैं। बर्क ने अपने रूढ़िवादी चिन्तन के सन्दर्भ में सामाजिक अनुबन्ध की नई परिभाषा दी है "समाज वास्तव में एक अनुबन्ध है। परन्तु यह उन मामलों में लोगों की साझेदारी (Partnership) नहीं है जो क्षणिक और क्षण भंगुर हो। यह प्रत्येक सद्‌गुण और पूर्णता में उसकी साझेदारी है। चूंकि इस साझेदारी के लक्ष्य अनेक पीढ़ियों के जीवन में भी पूरे नहीं किए जा सकते इसलिए यह उन लोगों की साझेदारी है जो जीवित है और जिनकी मृत्यु हो चुकी है और जिन्हें अभी जन्म लेना है।

सामाजिक निर्माण के लिए हमें समाज की सूझ-बूझ पर भरोसा करना चाहिए। व्यक्ति (Individual) के तथाकथित विवेक पर नहीं। बर्क के शब्दों में व्यक्ति नासमझ है, परन्तु जाति समझदार होती हैं (The Individual is Foolish But the Species is wise)।

बर्क वर्तमान व्यवस्था को तो कायम रखना चाहते हैं परन्तु इसे टूटने से बचाने के लिए वे आवश्यक सुधार की गुंजाइश भी रखते हैं। उसने तर्क दिया कि हमें वर्तमान व्यवस्था में कोई सुधार इसलिए करना चाहिए ताकि इसे सुरक्षित रखा जा सके। उसने आगे कहा है जिस समाज में सुधार के साधन नहीं पाये जाते, उसमें संरक्षण के साधन भी नहीं पाये जाते बर्क के अनुसार सुधार का काम किसी स्पष्ट और वर्तमान बुराई को दूर करने के उद्देश्य से हाथ में लेना चाहिए। उसे इसी ध्येय की पूर्ति तक सीमित रखना चाहिए।

बर्क ने फ्रांसीसी क्रांति (1789) की आलोचना इस आधार पर की कि वह अमूर्त सिद्धान्तों से प्रेरित थी, जिसमें सम्राट का समर्थन करने वाली संस्थाओं को ही नष्ट कर दिया गया था। इसके विपरीत उसने इंग्लैण्ड की गौरवमय क्रान्ति (1688) को उचित ठहराया, क्योंकि इसमें अंग्रेजों ने सत्ताधारी व्यक्तियों को तो बदल दिया था लेकिन अपनी संस्थाओं को अक्षुण्ण बनाये रखा था।

एडमण्ड बर्क रूढ़िवादी प्रतिनिधित्व (Conservative Theory of Representation) के मुख्य प्रवर्तक हैं। बर्क सार्वजनिक नियन्त्रण (Popular Control) को तो स्वीकार करते हैं परन्तु वे शासन प्रक्रिया में जनसाधारण की सहभागिता (Public Participation) की अनुमति नहीं देते। इस सिद्धान्त के अनुसार जनसाधारण को विशिष्ट वर्ग में से अपने शासकों का चयन करना चाहिए फिर भी लोगों को अपने प्रतिनिधियों को निर्देश देने का अधिकार नहीं होता।

## Brundland Commission | ब्रूटलैंड कमीशन

संयुक्त राष्ट्र महासभा द्वारा 1983 में विश्व की पर्यावरण समस्याओं के अध्ययन के लिए नियुक्त आयोग। आयोग के रिपोर्ट में सतत् विकास पर जोर देते हुए इसे परिभाषित किया गया था।

## Brussels Treaty | ब्रुसेल्स सन्धि

पश्चिमी यूरोप में सामूहिक सुरक्षा की व्यवस्था सुदृढ़ करने के लिए ग्रेट ब्रिटेन, बेल्जियम, फ्रांस, लक्जमबर्ग और हॉलैण्ड ने आर्थिक, सामाजिक, सांस्कृतिक सहयोग और सामूहिक सुरक्षा की इस सन्धि पर ब्रुसेल्स (बैल्जियम) में हस्ताक्षर किए। इस सन्धि का मुख्य ध्येय नागरिकों के मूलभूत अधिकारों में विश्वास की पुष्टि, संयुक्त राष्ट्र संघ के आदर्शों का पालन, जनतन्त्र और स्वतन्त्रता को स्थायी बनाए रखने की दिशा में प्रयत्न, आपसी आर्थिक, सामाजिक तथा सांस्कृतिक सम्बन्धों की स्थापना यूरोपियन आर्थिक पुनर्गठन में सहयोग देना, आक्रामक युद्ध के विरुद्ध संयुक्त मोर्चा तथा अन्तर्राष्ट्रीय शांति व सुरक्षा में सहयोग देना है। इस सन्धि की चौथी धारा में कहा गया है कि इस पर हस्ताक्षर करने वालों में से किसी देश पर यदि यूरोप में सैनिक आक्रमण होता है तो अन्य देश संयुक्त राष्ट्र संघ के चार्टर की धारा 51 के अनुसार अपनी सम्पूर्ण सैनिक तथा अन्य सहायता आक्रमण का शिकार बने देश को प्रदान करेंगे।

ब्रुसेल्स सन्धि का एक सर्वोच्च अंग परामर्शदात्री परिषद है जो पाँचों सदस्य राज्यों के विदेशमन्त्रियों से मिलकर बनी है। इस सुरक्षा संगठन के दो अंग हैं उच्चतर निर्देशन तथा कमाण्ड संगठन। आर्थिक कार्यों के नियोजन के लिए एक वित्त तथा अर्थ समिति है। 1954 के पेरिस समझौते से पश्चिमी जर्मनी व इटली भी इसमें शामिल हो गए और इस संगठन का नाम पश्चिमी यूरोपियन संघ (Western European Union) रखा गया।

## Brussels Treaty Organisation | ब्रुसेल्स संधि संगठन

ब्रुसेल्स संधि संगठनः फ्रांस, नीदरलैण्ड, ब्रिटेन, लक्जमबर्ग, बेल्जियम के मध्य मार्च 1948 में संधि हुई। संधि का प्रमुख उद्देश्य पश्चिम यूरोप के रक्षार्थ एक क्षेत्रीय सुरक्षा संगठन स्थापित करना था। सन् 1955 में जर्मन संघीय गणराज्य एवं इटली भी इसी संघ में शामिल हो गए एवं तब इसका नाम पश्चिम यूरोपीय संघ हो गया। नाटो के साथ सैनिक सहयोग करना उसका प्रमुख लक्ष्य था।

## Buddha's Democratic Theory | बुद्ध के प्रजातांत्रिक सिद्धान्त

गौतम बुद्ध ईसा पूर्व छठी शताब्दी (563-483 ई.) में बौद्ध धर्म का सिद्धान्त दिया। उन्होंने उस समय गण (गणतंत्रीय राज्य) के सफलता के लिए सात अनिवार्य शर्त 'सत्तपरिहानि धम्म' बताया। एक - गण के संथागार (संसद) की बैठकें नियमित रूप से हो और सांसद सक्रिय रूप से भाग लें। दो - नागरिकों में पारस्परिक एकता, सौहार्द तथा स्नेह हो। तीन - नागरिक अपने संविधान का विधिपूर्वक तथा निष्ठा से पालन करें। चार - जनपद के वरिष्ठ सदस्यों (यानी बुद्धिजीवियों एवं प्रमुख नागरिकों) से परामर्श लिया जाए तथा संसद चुनकर भेजा जाए। पाँच - महिलाओं की रक्षा की जाए और बलात्कार व अपहरण जैसे दुष्कर्मों में गणमान्य व्यक्ति न तो स्वयं लिप्त हों और न ही दुष्कर्म करने वाले अपराधियों को प्रश्रय दें। छह - जन प्रतिनिधि धर्म के मार्ग पर चलें। सात - संसद और विधानसभाएँ स्वयं को जन कल्याण हेतु समर्पित रखें।

उन्होंने गणतंत्र की सफलता के इन शर्तों को पालन कर करने को कहा और इससे गणतंत्र फले-फूलेगा और जीवित रहेगा। उनका प्रजातांत्रिक सिद्धान्त 20वीं सदी के पश्चिमी 'प्रजातांत्रिक सिद्धान्त' (Democratic Theory) के लेखक मैकफर्सम के सिद्धान्त से ज्यादा व्यापक है।

## Budget | बजट

सरकार या व्यवसाय के किसी वित्तीय वर्ष के आय तथा व्यय के औपचारिक अनुमान को बजट कहते हैं। किसी देश या राज्य की सरकार बजट प्रायः वित्तीय वर्ष के आरम्भ से पहले देश की संसद व (राज्य) विधान-सभा में पेश करती है तथा उसे स्वीकृत भी करवाती है। बजट में आय

तथा व्यय के ब्यौरे के साथ-साथ उन उद्देश्यों की चर्चा भी होती है जो आय-व्यय के द्वारा आगामी वर्ष के दौरान सम्पादित किए जाने होते हैं। संविधान के अनुच्छेद 112 में संघीय वार्षिक वित्तीय विवरण (बजट) का वर्णन है।

**Buffer State | मध्यवर्ती राज्य**

दो बड़े राज्यों के बीच में स्थित एक छोटा स्वशासी राज्य इसका लाभ यह है कि वह इन दोनों राज्यों के बीच सीधी भिड़न्त को रोकता है।

**Bundestaat | संघराज्य**

जर्मन संघीय राज्य के लिए प्रयुक्त पद, जो सर के माथे पर जर्मन भाषा का शब्द है।

**Bundestag | निम्न सदन**

पश्चिम जर्मनी के बॉन संविधान के अन्तर्गत द्विसदनीय संसद का निम्न सदन जो दूसरे सदन की अपेक्षा अधिक सशक्त एवं शक्तिशाली हैं।

**Bureaucracy | नौकरशाही, कर्मचारी तंत्र**

सरकारी कर्मचारियों द्वारा संचालित शासन प्रणाली। मेक्स वेबर इस शासन प्रणाली के प्रमुख विचारक थे। इस प्रणाली के प्रमुख सिद्धान्त हैं: (1) पदाधिकारी किसी संस्था में एक स्पष्ट क्रम में पद स्थापित होते हैं। (2) वे वेतनभोगी कर्मचारी होते हैं। (3) उनकी सत्ता उनकी भूमिका पर निर्भर होती है। (4) इनकी नियुक्तियाँ उनकी व्यावसायिक योग्यता एवं क्षमता के आधार पर की जाती हैं। (5) नौकरशाही के अधिकारी कठोर नियमों के आधार पर निर्णय लेते हैं। (6) इस प्रकार की शासन प्रणाली विस्तृत अभिलेख रखती है और विशेषज्ञों की राय से चलती है। इस प्रकार की शासन प्रणाली वाला राज्य Bureaucracy State कहलाता है।

मैक्स वेबर यह आग्रह करता है कि नौकरशाही अपनी शक्ति के बारे में इतनी अधिक आश्वस्त होती है कि अपनी उद्दंडता के भाव में यह संसद सदस्यों जैसे अपनी राजनीतिक स्वामियों को 'दंभी व्यक्ति' समझती है। मानों सांसदगण एक बातें करने वाली दुकान चला रहे हों।

जर्मन चिन्तक हीगल (Hegel) के द्वारा नौकरशाही प्रणाली की सबसे अधिक दार्शनिक सराहना की गई। अपने ग्रन्थ Philosophy of Right (1821) में उन्होंने नौकरशाही की संकल्पना को 'अमूर्त ऊंचाइयों' एक अनुभवातीत सत्ता, व्यक्तियों के मस्तिष्क के ऊपर एक और मस्तिष्क तक उठा दिया।

भोस्का की तरह राबर्ट माइकेल्स यह मानता है कि नौकरशाही का तुरन्त सम्बन्ध शक्ति के उपयोग से है। उसके विचार में नौकरशाही एक ऐसा साधन है जिसके माध्यम से प्रभुत्वशाली वर्ग शेष समाज के ऊपर नियन्त्रण रखता है।

हर्मन फाइनर (1889-1969) के शब्दों में "प्रशासनिक सेवा ऐसे अधिकारियों का समुच्चय है जो स्थायी, (Permanent) वैतनिक (Paid) और प्रशिक्षित (Trained) होते हैं, उनके ये लक्षण आधुनिक युग की विशेषता है क्योंकि प्रशासन का कार्य चिरकाल से गैरव्यवसायी लोगों के हाथ में रहा है। फाइनर ने इसे सम्पूर्ण विश्व के लिए स्पर्धा की वस्तु कहा है। इसमें तकनीकी कार्य कुशलता और मानवीय सेवा परायणता का ऐसा मणि-कांचन संयोग देखने को मिलता है जिसकी दूसरी मिसाल मिलना मुश्किल है।

ग्राह्म वैलस (1858-1932) ने कहा था कि इस सेवा का आरम्भ "उन्नीसवीं शताब्दी का इंग्लैण्ड का एक महान राजनीतिक आविष्कार था"।

**Bureaucrat | नौकरशाह**

शासनतंत्र में स्थायी, वेतन भोगी कर्मचारी जो कार्य कुशलता के अनुसार निष्पक्षतापूर्वक कानून के अनुसार कार्य करे।

**Burgher | पौर, पुरप्रतिनिधि**

संसद के लिए निर्वाचित सदस्य अथवा बरो का निवासी जिसे बर्गर कहते हैं।

**Business Process Outsourcing (BPO) | व्यापार प्रक्रिया के लिए बाहरी स्रोतों की सहायता लेना**

उत्पादन प्रक्रिया के किसी हिस्से को अथवा सेवा उद्योग के किसी अंग को किसी तीसरे पक्ष द्वारा संपन्न करने के लिए बाहर ठेका (संविदा) दिया जाए। अमेरिका की कई बड़ी कम्पनी भारत जैसे देश जहाँ मजदूरी कम है पर जानकारी रखने वाले ज्यादा हैं, से काम करवा लेते हैं। देश के अन्दर भी कई कम्पनी अपने काम को दूसरी कम्पनी से करवाते हैं।

**By Election | उपचुनाव, उपनिर्वाचन**

लोकतंत्रात्मक संस्थाओं में किसी निर्वाचन में निर्वाचित सदस्य का स्थान अवधि से पहले ही रिक्त होने पर उस स्थान की पूर्ति के लिए फिर से होने वाला उपचुनाव जो आम चुनाव से भिन्न समय पर करवाया जाता है। सामान्यतया यह निर्वाचन रिक्त स्थान को भरने के लिए 6 माह के अन्दर करवा लिया जाता है।

**Bycott | बहिष्कार**

यह शब्द आयलैण्ड के भूमि-एजेंट कैप्टेन बॉयकॉट के नाम से बना है। 1880 में जिनका लोगों ने सामाजिक बहिष्कार कर दिया था। आज इस शब्द का अर्थ यह है कि किसी व्यक्ति, वर्ग या राष्ट्र को क्रम और रीतिपूर्वक सामाजिक या व्यावसायिक सम्बन्ध-विच्छेद करवा कर दंडित करना। इस लक्ष्य के अन्तर्गत माल आदि का लेन-देन न होना। शांतिमय विरोध प्रकट करने के उद्देश्य से किसी व्यक्ति, वर्ग या देश विशेष से सामाजिक, सांस्कृतिक, व्यापारिक या आर्थिक सम्बन्ध न रखना बहिष्कार कहा जाता है। इसके द्वारा किसी के साथ संपर्क रखने और जुड़ने से इनकार करना या गतिविधियों में हिस्सेदारी रखने से एवं चीजों की खरीद व इस्तेमाल करने से इनकार या विरोध करना होता है।

**Byelorussia = (White Russia) | श्वेत रूस**

सोवियत संघ के 15 संघीय गणराज्यों में से एक गणराज्य। यह परस्पर दूसरे गणराज्य यूक्रेन के साथ संयुक्त राष्ट्र संघ का भी सदस्य है। यद्यपि ये दोनों सोवियत संघ की संघातरित इकाइयाँ हैं। ये श्वेत रूस के नाम से प्रसिद्ध हैं।

**By-Law-Bye Law | उपविधि/उपकानून**

(i) इस प्रकार का विनियम, कानून या अध्यादेश जो किसी राजकीय नियम या इस प्रकार का कोई अन्य संगठन अपने आंतरिक या स्थानीय मामलों के विनियमन तथा अन्य लोगों के साथ व्यवहार के लिए बनाता है।

(ii) ऐसा गौण या वास्तविक कानून जो किसी अन्य मुख्य कानून को व्यावहारिक रूप देने के लिए बनाया जाता है। इस प्रकार के कानून उपविधि/उपकानून के नाम से जाने जाते हैं।

# C

## Cabal | कबाल

इंग्लैण्ड के इतिहास में "कबाल" शब्द का प्रयोग चार्ल्स द्वितीय के मंत्रिमण्डल के लिए किया जाता था। यह नाम इस मंत्रिमण्डल के लिए सदस्यों के आरंभिक अंग्रेजी वर्णमाला के अक्षरों के योग से बना था। इन सदस्यों के नाम थे। क्लिफोर्ड, ऐशले, बकिंघम, आलिंगटन और लाउडर डेल इन्हें षड्यंत्रकारियों का गुट भी कहते हैं। वर्तमानकाल में इस शब्द का प्रयोग शासक को परामर्श देने वाले किसी अनौपचारिक अंतरंग गुट के लिए किया जाता है। चार्ल्स द्वितीय के मंत्रिमण्डल का नाम कबाल सन् 1710 में पड़ गया था। वैसे यह बहुत पुराना शब्द है और हिब्रु भाषा के Qaffalah शब्द से बना है। भारत में उत्तर प्रदेश के पाँच बड़े नगर कानपुर, इलाहाबाद, बनारस, आगरा और लखनऊ इन पांच नगरों की अंग्रेजी वर्तनी के प्रथम अक्षरों के योग से 'कबाल' शब्द बन जाता है।

## Cabinet | मंत्रिमण्डल

अंग्रेजी शब्द "कैबिनेट" का मूल अर्थ निजी कक्ष है। इंग्लैण्ड के "निजीकक्ष" में जहाँ राजा अपने विश्वस्त परामर्शदाताओं से विचार विमर्श किया करता था। उसे कैबिनेट कहा जाता था। वर्तमान में इस शब्द का तात्पर्य उन राजनीतिक उच्चाधिकारियों के समूह से है। जो राज्य की नीति निर्धारित करते हैं और उसके अनुसार शासन संचालित करते हैं। इन उच्च अधिकारियों को मंत्री व इनके समूह को मंत्रिमण्डल कहते हैं। इनका प्रधान प्रधानमंत्री कहलाता है।

संसदीय शासन व्यवस्था के अन्तर्गत मंत्रिमण्डल के सदस्य अपने कार्यों के लिए संसद के प्रति उत्तरदायी होते हैं। भारत के संविधान में "काउंसिल ऑफ मिनिस्टर्स" अर्थात मंत्रिपरिषद का उल्लेख है। इसमें कई प्रकार या श्रेणी के मंत्री होते हैं। जैसे कैबिनेट मंत्री, राज्यमंत्री, उपमंत्री। इसमें प्रथम कोटि के मंत्री ही कैबिनेट के सदस्य होते हैं।

संविधान के अनुसार राष्ट्रपति को कार्य संचालन में मंत्रिपरिषद का कार्य परामर्श एवं सहायता देना है। परन्तु वास्तविकता तो यह है कि राष्ट्रपति केवल इस परामर्श के अनुसार ही कार्य कर सकता है। इसके बिना या इसके विपरीत वह कोई कार्य नहीं कर सकता है। लोकसभा के प्रति मंत्रिपरिषद सामूहिक रूप से उत्तरदायी है।

संविधान के भाग–5 के अध्याय 1 के अनुच्छेद 74 के अनुसार राष्ट्रपति को सहायता और सलाह देने के लिए एक मंत्रिपरिषद होगी जिसका प्रधान, प्रधानमंत्री होगा और राष्ट्रपति अपने कृत्यों का प्रयोग करने में ऐसी सलाह के अनुसार कार्य करेगा। परन्तु राष्ट्रपति मंत्रिपरिषद से ऐसी सलाह पर साधारणतया या अन्यथा पुनर्विचार करने की अपेक्षा कर सकेगा और राष्ट्रपति ऐसे पुनर्विचार के पश्चात दी गई सलाह के अनुसार कार्य करेगा। 74(2) के तहत इस प्रश्न की किसी न्यायालय में जाँच नहीं की जाएगी। क्या मन्त्रियों ने राष्ट्रपति को कोई सलाह दी? और दी तो क्या दी?

अनुच्छेद 75 के अनुसार

1. प्रधानमंत्री की नियुक्ति करेगा और अन्य मन्त्रियों की नियुक्ति राष्ट्रपति व प्रधानमंत्री की सलाह पर करेगा।
2. मंत्री, राष्ट्रपति के प्रसाद पर्यन्त अपने पद धारण करेंगे।
3. मंत्रिपरिषद लोकसभा के प्रति सामूहिक रूप से उत्तरदायी होगी।
4. किसी मंत्री द्वारा अपना पद ग्रहण करने से पहले, राष्ट्रपति तीसरी अनुसूची में इस प्रयोजन के लिए दिए गए प्ररूपों के अनुसार उसको पद की और गोपनीयता की शपथ दिलाएगा।
5. कोई मंत्री, जो निरन्तर छह मास की किसी अवधि तक संसद के किसी सदन का सदस्य नहीं है, उस अवधि की समाप्ति पर मंत्री नहीं रहेगा।
6. मंत्रियों के वेतन-भत्ते ऐसे होंगे जो संसद, विधि द्वारा समय-समय पर अवधारित करे और जब तक संसद इस प्रकार अवधारित नहीं करती है। वे ऐसे होंगे जो दूसरी अनुसूची में विनिर्दिष्ट हैं।

**Cabinet Committee | मंत्रिमण्डलीय समिति**

लोककल्याणकारी कार्यों एवं बढ़ते आर्थिक सामाजिक समस्याओं को गम्भीरता से विचार के लिए संसदीय व्यवस्था वाले शासन में प्रधान मंत्री अपने विश्वस्त एवं अनुभवी मंत्रियों को गम्भीरता से विचार करने की जिम्मेदारी देते हैं, इसे मंत्रिमण्डल समिति कहा जाता है। इसमें आर्थिक कार्य सम्बन्धी भारत सरकार के मंत्रिमण्डल की महत्वपूर्ण समिति है।

**Cabinet Government | मंत्रिमण्डलीय शासन**

यह संसदीय प्रणाली का दूसरा नाम है। यह वह शासन प्रणाली है जिसमें देश की शासन सम्बन्धी नीतियों को बनाने का दायित्व मंत्रिमण्डल का होता है। मंत्रिमण्डल सामूहिक रूप से संसद के प्रति उत्तरदायी होता है। संसद उसके प्रति अविश्वास प्रस्ताव पारित करके उसे अपदस्थ कर सकती है। इस शासन प्रणाली की सबसे बड़ी विशेषता यह है कि यह सामूहिक सरकार होती है और शासन का सूत्र मंत्रिमण्डल (Cabinet) के हाथों में रहने लगता है और यही विधान मंडल के प्रति उत्तरदायी होता है, इसलिए इसने मंत्रिमण्डलीय शासन प्रणाली का रूप धारण कर लिया है।

**Cabinet Minister | मंत्रिमण्डल सदस्य**

वह मंत्री जिसका कि मंत्रिमण्डल के सदस्य रूप में नियुक्ति हुई हो एवं जिसका दर्जा राज्यमंत्री अथवा उपमंत्री से ऊँचा होता है। उसे मंत्रिमण्डलीय सदस्य के नाम से जानते हैं।

**Cabinet Mission (Plan) | मंत्रिमण्डलीय मिशन योजना**

द्वितीय विश्वयुद्ध समाप्त होने के कुछ समय बाद ही इंग्लैण्ड में श्रमिक दल सत्तारूढ़ हुआ। श्री एटली 1945 के अन्त में ब्रिटिश प्रधानमंत्री बने। उन्होंने भारत के राजनीतिक गतिरोध को दूर करने के लिए भारत में ब्रिटिश मंत्रिमण्डल के तीन सदस्यों, लोर्ड पेथिकलारेन्स, सर स्टेफोर्ड क्रिप्स एवं मि. ए.बी. ऐलेक्जेंडर का एक प्रतिनिधिमंडल भेजने की घोषणा की और कहा, "ब्रिटिश सरकार भारत को पूर्ण स्वतंत्रता प्रदान कर दें या यह निश्चय करे की वह ब्रिटिश साम्राज्य में शामिल रहे या न रहे और, अधिकार को स्वीकार करती है।" एक अलग से दिए गए वक्तव्य में उन्होंने कहा कि "किसी अल्पमत को इस बात की आज्ञा नहीं दी जा सकती कि वह बहुमत की राजनीतिक प्रगति को रोक ले।" मंत्रियों का मिशन 23 मार्च 1946 को भारत पहुँचा। उन्होंने भारत के नेताओं से विचार-विमर्श करने के बाद 16 मई, 1946 को एक योजना प्रस्तुत की जिसकी मुख्य बातें इस प्रकार थीं।

(i) एक ऐसे भारतीय संघ का गठन किया जाएगा जिसमें ब्रिटिश-भारत और देशी राज्य दोनों सम्मिलित होंगे, इसलिए उन्होंने मुस्लिम लीग की पाकिस्तान की माँग को अस्वीकार कर दिया।

(ii) उन्होंने देश के भावी संविधान को बनाने के लिए एक संविधान सभा की स्थापना का उपबन्ध किया। संविधान सभा के कुल सदस्यों की संख्या 389 निश्चित की गई। इनमें 296 सदस्य ब्रिटिश-भारत के एवं 93 सदस्य देशी राज्यों के प्रतिनिधि थे।

(iii) देश की केन्द्रीय सरकार केवल तीन विषयों अर्थात विदेशी मामलों, प्रतिरक्षा व संचार-व्यवस्था देखेगी। अन्य सब विषयों का शासन प्रबंध प्रांतीय सरकारें करेंगी।

(iv) दूसरे सब विषयों का शासन प्रबन्ध राज्य करेंगे। जो पूर्णतः स्वायत्त होंगे। प्रशासन की दृष्टि से देश के सभी प्रांतों को तीन समूहों में बांटा जाएगा। (1) मद्रास, बम्बई, उत्तर प्रदेश, बिहार, मध्यप्रांत और बरार, (2) पंजाब, सिंध एवं पश्चिमोत्तर सीमाप्रांत (3) बंगाल एवं असम।

(v) नए संविधान में एक उपबन्ध यह भी था कि देश को कोई प्रांत दस-दस वर्ष के विरामकाल के बाद संविधान के संशोधन अथवा उसके पुनर्विचार की मांग कर सकता है तथा

(vi) जब तक नया संविधान बनकर तैयार होता है। गवर्नर जनरल की वर्तमान कार्यपालिका के स्थान पर प्रमुख राजनीतिक दलों के प्रतिनिधियों से निर्मित एक अंतरिम सरकार की स्थापना कर दी जाएगी।

कैबिनेट मिशन की योजना को कांग्रेस और मुस्लिम लीग दोनों ने स्वीकार कर लिया। मुस्लिम लीग ने अंतरिम सरकार में अपने मनोनीत सदस्य भेजे परन्तु बाद में उसने संविधान-सभा का बहिष्कार करने का निश्चय किया। इसका मूल कारण यह था कि प्रांतीय गुटों की रचना वैकल्पिक है अथवा अनिवार्य, इस प्रश्न पर कांग्रेस और मुस्लिम लीग में मतभेद था।

## Cabinet Responsibility | मंत्रिमण्डलीय उत्तरदायित्व

संसदीय शासन प्रणाली के अन्तर्गत मंत्रिमण्डल जनता द्वारा निर्वाचित विधानमंडल विशेष रूप में उसके निम्न सदन के प्रति सामूहिक रूप से उत्तरदायी होता है। इस प्रकार का मंत्रिमण्डल केवल उसी समय तक बना रह सकता है जब तक कि सदन में उसे बहुमत प्राप्त हो। बहुमत का समर्थन (विश्वास) खो देने पर मंत्रिमण्डल को पदत्याग करना पड़ता है। अर्थात लोकसभा अविश्वास का प्रस्ताव पारित करके मंत्रिमण्डल को अपदस्थ कर सकती है। भारतीय संविधान के अनुच्छेद 75 (3) में व्यवस्था की गई है कि "मंत्रिपरिषद लोकसभा के प्रति सामूहिक रूप से उत्तरदायी होगी।"

## Caesarism | सीजरतंत्र

सीजरवाद एक विशेष प्रकार का निरंकुश शासन अथवा अधिनायकवाद है। इसका उद्भव रोम के इतिहास में जूलियस सीजर के समय में हुआ था। सीजर ने सेना तथा जनता का समर्थन पाकर 46 ई.पू. में सरकार पर कब्जा कर लिया और अपना वैयक्तिक अधिकनायकवाद स्थापित किया। बाद में इसी प्रकार के अन्य अधिनायकतंत्रों की स्थापना भी मध्यकाल एवं आधुनिक काल में हुई। इस प्रकार के तंत्र की दो प्रमुख विशेषताएँ हैं: सैनिक शक्ति का प्रयोग और साथ ही जनता का भी अधिकतम समर्थन। सीजर का यह शासनतंत्र तत्कालीन सांविधानिक पद्धतियों के बिल्कुल विपरीत था। मध्यकाल में कोला द रेजीं (1313-1354) तथा सीजर बार्जा (1475-1507) ने और आधुनिक अमेरिका के अनेक अधिनायकवादी शासकों में इस प्रवृत्ति का दर्शन होता है। सीजरवाद एक दलीय पद्धति के अनुसार कार्य नहीं करता और यह उसका आधुनिक सर्वाधिकारवादी अधिनायकवाद से भेद है। उसका आधुनिक अधिनायकवाद से एक अन्य भेद यह भी है कि वह सामाजिक तथा आर्थिक समस्याओं में किसी भी प्रकार का आमूल परिवर्तन नहीं करना चाहता। उसका एकमात्र लक्ष्य होता है: सैनिक साधनों द्वारा राजसत्ता पर अपना अधिकार बनाए रखना।

## Caesaropapism | राज्याधिधर्मता

16वीं शताब्दी में इंग्लैण्ड तथा जर्मनी में राज्य के शासक की धार्मिक मामलों में श्रेष्ठता को व्यक्त करने के लिए प्रयुक्त शब्द। इसमें शासन तंत्र, चर्च के अधीन रहकर काम करता है।

## Calendar of the House | विधानमंडलीय कार्यसूची

राज्य की कार्यवाही के संचालन के लिए दो निकाय होते हैं, विधानसभा एवं विधानपरिषद। विधानसभा में कार्यवाही के लिए विधेयकों और प्रस्तावों की कालक्रमानुसार तैयार की गई सूची। इसे सदन के सत्र का कार्यक्रम भी कह सकते हैं। इस प्रकार के कार्यक्रम विधानमंडल की बनाई गई कार्यसूची के अन्तर्गत किए जाते हैं।

## Calling Attention Notice | ध्यानाकर्षण नोटिस

विधायिका के सदस्य सार्वजनिक महत्व के किसी अत्यावश्यक विषय की ओर संबद्ध मंत्री का ध्यान आकर्षित करने के लिए ध्यानाकर्षण नोटिस पेश कर प्रातः 10 बजे पूर्व दे सकते हैं। यह नोटिस संसद या विधानमंडल के किसी भी सदन में पेश किया जा सकता है ताकि सरकार तुरन्त उस विषय की ओर ध्यान दे सके। इस प्रस्ताव पर लोक सभा की अनुमति से सदन के प्रक्रिया व कार्य संचालन नियम 197 अनुसार चर्चा करवायी जाती है। इसका प्रयोग भारत में सर्वप्रथम 1954 में हुआ। ध्यानाकर्षण प्रस्ताव का आधार समाचार-पत्रों में छपी घटनाएँ आदि होती है।

## Campaign | अभियान

संसदीय प्रजातंत्र में चुनाव में मतदाता के मतदान व्यवहार को पहले प्रभावित करने की सुनियोजित और क्रमबद्ध कार्यवाही। इसमें चुनाव में भाग लेने वाले राजनेता और राजनीतिक दल अपने कार्यक्रमों, उपलब्धियों को मतदाताओं के सामने रखकर उनसे मतदान के लिए आग्रह करते हैं।

## Canton | कैंटन

किसी राष्ट्र की एक छोटी भूभागीय या स्थानीय प्रशासन की इकाई या निकाय। जिस प्रकार से फ्रांस की क्षेत्रीय इकाई एवं स्विट्जरलैण्ड की एक संघातरित इकाई। स्विट्जरलैण्ड 23 कैन्टनों एवं 6 आइध कैन्टनों का एक संघ है। वैसे ज्यादातर कैंटन शब्द का प्रयोग भी स्विट्जरलैण्ड में ही होता है।

## Canvasser | मतार्थक

चुनावों में चुनावी वातावरण के दौरान किसी निर्वाचन क्षेत्र के मतदाताओं के पास जाकर अथवा अन्य माध्यमों से किसी प्रत्याशी या उम्मीदवार के पक्ष में मत देने का अनुरोध करनेवाला जिसे मतार्थक कहते हैं।

## Canvessing | मतार्थन

चुनावों के दौरान किसी निर्वाचन क्षेत्र में जाकर मतदाताओं को अन्य माध्यमों से किसी प्रत्याशी विशेष के पक्ष में समर्थन प्राप्त करने का अनुरोध एवं प्रयास करने वाला व्यक्ति जिसे मतार्थन कहते हैं।

## Capital | राजधानी/पूँजी

किसी देश, राज्य या राष्ट्र का वह प्रमुख नगर जिसमें उसका प्रधानमंत्री, राजा अथवा प्रधान शासक स्थायी रूप से निवास करता हो। किसी राष्ट्र का वह महत्वपूर्ण नगर जहाँ उसकी मुख्य

शासन-संस्थाएँ स्थित होती हैं। सामान्य रूप से राजधानी में प्रमुख सरकारी इमारतें भी विद्यमान रहती हैं। आर्थिक क्षेत्र में निवेश योग्य संसाधनों की संचित निधि। वह धन जो बचा कर रखा गया। निवेश योग्य पूंजी-बढ़ाने और धन कमाने की संचय प्रक्रिया।

## Capital Accumulation | पूंजी संचय

वह प्रक्रिया जिसमें उत्पादन के मानव निर्मित साधनों (Man-Made Means of Production) के भण्डार को बढ़ाया जाता है। यह प्रक्रिया पूंजीवाद (Capitalism) को बढ़ावा देती है, और भौतिक समृद्धि (Material Prosperity) को बढ़ाने के लिए आवश्यक समझी जाती है।

## Capital Punishment | प्राणदण्ड

प्राणदण्ड का आशय कुछ विशिष्ट अपराधों के लिए मृत्यु का दण्ड देना है। यह समाज की शासन-सत्ता द्वारा अपराधी को सामाजिक नीति के साधन के रूप में जान-बूझकर मृत्यु दण्ड देने की प्रथा है। प्राण दण्ड सबसे कठोर दण्ड है और यह ऐसे भयंकर अपराधियों को ही दिया जाता है, जिन्होंने हत्या जैसे जघन्य अपराध किए हों। वह व्यक्ति के विरुद्ध समाज का प्रतिशोध है और उसका आधार है खून का बदला खून।

संविधान के अनुच्छेद 21 में कहा गया है कि किसी व्यक्ति को उसके प्राण या दैहिक स्वतन्त्रता से विधि द्वारा स्थापित प्रक्रिया के अनुसार ही वंचित किया जाएगा अन्यथा नहीं अर्थात किसी व्यक्ति को प्राण दण्ड तभी दिया जा सकता है, जब उसने कानून के अनुसार जघन्य अपराध किया हो।

## Capitalism | पूंजीवाद/सरमायादारी

ऐसी आर्थिक और राजनीतिक व्यवस्था जिसमें उत्पादन, वितरण और विनिमय के प्रमुख साधन पूंजीपतियों या उनके निगमों के हाथों में रहते हैं और कीमतों का नियमन बाजार के उतार-चढ़ाव पर आश्रित रहता है। इस व्यवस्था में खुली स्पर्धा और लाभ की इच्छा को विशेष महत्व दिया जाता है तथा राज्य यथा सम्भव निजी आर्थिक गतिविधियों में हस्तक्षेप नहीं करता। इस प्रकार की आर्थिक व्यवस्था अमेरिका और ब्रिटेन में प्रचलित है।

इस वाद का प्रमुख सिद्धान्त है: प्राकृतिक आधार पर आर्थिक स्वतंत्रता। इसमें पूंजी के निजी स्वामित्व, उत्पादन के साधनों पर व्यक्तिगत नियंत्रण, स्वतंत्र औद्योगिक स्पर्धा तथा उपभोग-पदार्थों के अनियंत्रित वितरण की व्यवस्था है। एडम स्मिथ इस सिद्धान्त के प्रवर्तक माने जाते हैं।

पूंजीवाद, सामाजिक-आर्थिक संगठन की एक ऐसी व्यवस्था है जो एक तरफ सामंतवाद और दूसरी तरफ साम्यवाद के विपरीत है। सोमवति, बेवर और टायनवी जैसे इतिहासकार और समाजशास्त्री जो आर्थिक संगठन में परिवर्तन को धार्मिक और जाति के व्यवहार में आये परिवर्तन को पूंजीवाद के विकास का कारण मानते हैं। 16-18वीं शताब्दी में यूरोप के कैथोलिक सम्प्रदाय में संचय करने एवं मुनाफा कमाने की प्रवृत्ति विकसित हुई, जिससे पूंजीवाद का विकास हुआ। इसका पूर्ण उत्थान औद्योगीकरण के बाद सम्भव हो सका। इस तरह से सामंतवादी व्यवस्था में परिवर्तन आने से पूंजीवादी व्यवस्था विकसित हुई। मार्क्सवादी इतिहासकार इस व्यवस्था के विकास में व्यापारी पूंजीवाद, कृषि पूंजीवाद, औद्योगिक पूंजीवाद और राज्य पूंजीवाद को विभिन्न चरणों में मानते हैं। जिस राष्ट्र की अर्थव्यवस्था में उत्पादन ज्यादा और खपत कम होती है, वहाँ विभिन्न व्यापारिक संगठन, खुली प्रतियोगिता में व्यापार करके मुनाफा कमाते हैं। इस संग्रहीत पूंजी से ही पूंजीवाद विकसित होता है।

कार्ल मार्क्स ने गति के आर्थिक नियम की व्याख्या करते हुए पूंजीवाद को उत्पादन की पद्धति कहा है, जिसमें दो वर्ग लगे होते हैं: (1) पूंजीपति, जो उत्पादन एवं प्रौद्योगिकी सम्बन्धी निर्णय लेते हैं और उत्पादन को बेचकर मुनाफा कमाते हैं (2) मजदूर वर्ग जो अपना काम बेचते हैं, जिनके पास अपनी पूंजी नहीं होती है और अपनी मजदूरी पर निर्भर रहते हैं। इस तरह की परिभाषा नन मार्क्ससिस्ट लिपसन और कनिंघम तथा मार्क्सवादी एम. डोव की भी है। पूंजीवाद का विकास 16वीं शताब्दी में हॉलैण्ड में शुरू हुआ और बाद में यूरोप के इंग्लैण्ड सहित अन्य देश पूंजीवादी राष्ट्र बने। मार्क्स, पूंजीवाद के आन्तरिक विरोधाभास में इसके विनाश के बीज देखते थे। उद्योगों में एक जगह काम करने वाले संगठित मजदूर पूंजीवाद के विनाश पर सर्वहारा वर्ग के राज्य कायम करते। द्वितीय विश्वयुद्ध के बाद साम्यवादी क्रांति रूस में एवं पूर्वी यूरोप में हुई लेकिन नब्बे के दशक में पुन: पूंजीवाद की राह पर आ गए हैं। सोवियत संघ के विघटन को पूंजीवाद की जीत माना जा रहा है। हालांकि अमेरिका जैसे पूंजीवादी देश भी संकट की स्थिति में है। आज पूंजीवाद की आत्मा, स्वतंत्र और खुली होने से तकनीकी विकास तेजी से हो रहा है। अर्थात वह आर्थिक और राजनीतिक प्रणाली जिसमें सामाजिक उत्पादन के साधन (भूमि, कल-कारखाने, संयन्त्र, प्राकृतिक संसाधन) मुख्यत: निजी स्वामित्व (Private Ownership) में रहते हैं। सारा उत्पादन, वितरण और विनियम निजी लाभ (Private Profit) के उद्देश्य से किया जाता है। यह प्रणाली बाजार अर्थव्यवस्था (Market Economy) के साथ निकट से जुड़ी है जिसमें परस्पर प्रतिस्पर्धा (Competition) को बढ़ावा दिया जाता है।

पूंजीवाद शब्द के सर्वप्रथम प्रयोग का श्रेय 19वीं सदी के प्रसिद्ध जर्मन दार्शनिक कार्ल मार्क्स (1818-83) को है।

## Capitalist Democracy | पूंजीवादी लोकतंत्र

पूंजीवादी लोकतंत्र से तात्पर्य जिस जनतंत्र में व्यक्ति स्वातंत्र्य एवं सम्पत्ति अधिकार की मान्यता होती है और उद्योग-धन्धों, व्यापार आदि के क्षेत्रों में राज्य का हस्तक्षेप न्यूनतम रहता है। जनतंत्र की पहली परिकल्पना समाजवादी परिकल्पना से भिन्न है।

## Capitalist State | पूंजीवादी राज्य

वह राज्य जिसमें आर्थिक व्यवस्था पूंजीवादी सिद्धान्तों के अनुरूप हो। पूंजीवादी राज्य में उत्पादन के प्रमुख साधन भूमि, कल कारखाने, संयन्त्र और प्राकृतिक संसाधन निजी स्वामित्व में रहते हैं तथा इनका प्रयोग भी निजी लाभ हेतु किया जाता है। ऐसे राज्य में सरकार का मुख्य काम कानून और व्यवस्था कायम रखना तथा सामान्य सेवाएँ सड़कें, पुल, बांध, जनस्वास्थ्य के साधन जुटाना और अनुबन्धों (Contracts) को लागू करना होता है अर्थात पूंजीवादी राज्य नागरिक की नकारात्मक स्वतन्त्रता को बनाए रखता है।

## Capitation Grant | प्रति व्यक्ति अनुदान

किसी राज्य सरकार की ओर से प्रति व्यक्ति की दर से सहायता के रूप में दी जाने वाली धनराशि को प्रति व्यक्ति अनुदान कहा जाता है। यह राशि ज्यादातर किसी दुर्घटना से पीड़ित परिवारों एवं व्यक्तियों को दी जाती है। उन्हें आर्थिक रूप से अनुदान प्रदान कर सरकार उन्हें सहायता देती है।

## Capitulations | 1. सुविधाभोग 2. समर्पण-पत्र धाराएँ

इससे अभिप्राय: उपनिवेशवादी राज्यों को अपने उपनिवेशों में प्राप्त होने वाले कुछ विशेषाधिकार जिनके अन्तर्गत वे उन उपनिवेशों में अपने राष्ट्रीयध्वजों पर मुकदमा चलाने के लिए अपने

न्यायालय स्थापित कर सकते थे तथा औपनिवेशिक राज्यों को अधीन देशों में संधि अथवा समझौते के अन्तर्गत प्राप्त कुछ प्रमुख अधिकार एवं सुविधाओं से हैं, जिनमें औपनिवेशिक राज्यों के नागरिकों को स्थानीय न्यायालयों से उन्मुक्ति तथा करों से छूट आदि प्रमुख हैं।

## Cardinal | पोप परिषद का सदस्य

कार्डिनल या पोप परिषद का सदस्य पोप के पद से अवर पद पर पोप द्वारा नियुक्त चर्च से सम्बन्धी कार्य जो एक उच्च अधिकारी रोमन कैथोलिक चर्च के अन्य सभी पदाधिकारियों में अग्रिम स्थान पर होता है एवं कार्डिनल संघ के एक सदस्य के रूप में पोप की सहायता करता है। कार्डिनल संघ ही नए पोप का चुनाव करता है।

## Caretaker Government | कामचलाऊ सरकार

नियमित मंत्रिमण्डल के पद त्याग देने पर अगले मंत्रिमण्डल का गठन होने तक एक कामचलाऊ सरकार उसका पदभार ग्रहण करती है। प्रायः यह देखने में आया है कि पद-निवृत्त सरकार को ही शासन-कार्य चलाने का दायित्व सौंप दिया जाता है और तभी से वह कामचलाऊ सरकार कहलाती है। इसे मूलनीतियों सम्बन्धी निर्णय लेने का अधिकार प्रायः नहीं होता है। यह मात्र काम चलाने के उद्देश्य से ही शासन चलाती है।

## Carpet Crossing | पक्ष-परिवर्तन, दल-बदल

नाइजीरिया की संसदीय प्रणाली में यह शब्द दल-बदल की संज्ञा के रूप में प्रचलित है। नाइजीरिया में सरकारी एवं विरोधी पक्षों के लिए अलग-अलग गलीचे बिछे रहते हैं और जब कोई सदस्य अपने दल का त्याग कर विरोधी दल में मिलना चाहता है तो उसे गलीचा पार करना पड़ता है। इस प्रकार सदस्य एक पक्ष छोड़कर विरोधी पक्ष में मिलते हैं तो इसे पक्ष-परिवर्तन, या दल-बदल कहते हैं।

## Carrer Diplomat | वृत्तिक कूटनीतिज्ञ, वृत्तिक राजनयिक

किसी भी राज्य में राजनयिक सेवा को अपनी वृत्ति के रूप में अपनाने वाला व्यक्ति जिसे वृत्तिक कूटनीतिज्ञ कहते हैं। भारत में विदेश सेवा (IFS) के अधिकारी वृत्तिक सेवा के राजनयिक होते हैं।

## Carrying Capacity | धारण क्षमता

एक क्षेत्र के घनत्व में जनसंख्या को धारण करने की क्षमता। घनत्व आधारित जनसंख्या का वह अधिकतम आकार, जहाँ पहुँचकर इसकी वृद्धि रुक जाती है। उस सीमा तक जनसंख्या में वृद्धि होती रहती है। जनसंख्या धारण क्षमता से ज्यादा होने पर अपर्याप्त स्थान, आवास, खाद्य, पानी और रोजगार की समस्या पैदा होती है। इससे पर्यावरण पर विपरीत प्रभाव पड़ता है।

## Cartel | 1. उत्पादक संघ, 2. बंदी-विनिमय पत्र

एक ही प्रकार की वस्तुओं का उत्पादन अथवा एक ही प्रकार की सेवाओं का प्रबंध करने वाले निजी स्वतंत्र उद्यमों का स्वैच्छिक संगठन जो प्रायः अन्तर्राष्ट्रीय होता है। एवं उसमें वे अपनी प्रतिस्पर्धात्मक गतिविधियों को सीमित करने का समझौता कर लेते हैं। यह उत्पादक संघ या कार्टेल निर्माताओं, व्यापारियों या उत्पादकों का स्वैच्छिक संघ होता है। उदाहरण के लिए वे अपने-अपने ग्राहक या बाजार बांट लेते हैं, उत्पादन का परिमाण या गुण नियत कर लेते हैं, बिक्री या लाभ का सामूहिक कोष बना लेते हैं, या उत्पादन, मूल्य और वितरण के नियंत्रण के अन्य तरीके अपना लेते हैं।

बंदी विनिमय पत्रः युद्धरत राष्ट्रों के बीच ऐसा लिखित समझौता होता है जो कि वे युद्धबंदियों के साथ किस प्रकार से कैसा व्यवहार करेंगे, उनके आदान-प्रदान की क्या व्यवस्था की जाएगी और वे युद्धोत्तर सम्बन्धों को कैसे संचालित करेंगे। इस प्रकार का एक लिखित प्रारूप बंद विनिमय पत्र में किया जाता है।

## Cartographic Aggression | मानचित्रीय आक्रमण

किसी राज्य द्वारा अपने निर्धारित मानचित्रों में किसी दूसरे पड़ोसी राज्य क्षेत्रों का अपना भू-भाग दिखाना "मानचित्रीय आक्रमण" कहलाता है। उदाहरण के लिए, चीन के मानचित्रों में भारतभूमि के उत्तरी एवं उत्तर-पूर्वी क्षेत्रों के भाग दिखाए गए हैं जिनके विरुद्ध भारत निरंतर आपत्ति करता आया है। इसे मानचित्रीय आक्रमण कहते हैं।

## Case Method (Case Study Method) | केस पद्धति, व्यक्ति अध्ययन पद्धति

सामाजिक सर्वेक्षण में व्यक्ति अथवा समूह विशेष का एकक के रूप में वृत्त (Circle) अध्ययन। व्यक्ति अध्ययन पद्धति उस सामग्री को एक स्वरूप देती है जिसका अध्ययन एक व्यक्ति के विभिन्न तथ्यों के परस्पर सम्बन्ध द्वारा किया गया हो। यह पद्धति बहुत से विशिष्ट विवरणों के गहन विश्लेषण का अवसर प्रदान करती है जो अन्य विधियों द्वारा प्रायः छूट जाते हैं। यह उपागम इस पूर्वानुमान पर आधारित होता है कि अध्ययन किया जाने वाला केस कुछ खास प्रकार के केसों में विशिष्ट है जिससे उसके गहन विश्लेषण द्वारा सामान्यीकरण किया जा सकता है और जो इसी प्रकार के दूसरे केसों पर भी लागू हो सकता है।

## Caste | जाति

जाति समान पारम्परिक पेशे वाला एक ऐसा बहिर्विवाही सामाजिक समूह है जिसकी सदस्यता जन्म से निश्चित होती है तथा जिसके सदस्य सामाजिक सहवास, खान-पान, सामाजिक-धार्मिक संस्कार आदि के मामलों में कुछ निश्चित प्रतिबन्धों का पालन करते हैं। जो लोग समान सन्तान उत्पन्न करते हैं, वे समान जाति के कहलाते हैं। मैकाइबर तथा पेज के अनुसार "जब सामाजिक पदपूर्णतया निश्चित हो जब जन्म ही मनुष्य के भाग्य को निश्चित करे, जब जीवनपर्यन्त उसके परिवर्तन की कोई आशा न हो, तब वह जन-वर्ग जाति का रूप धारण कर लेता है।"

जाति जन्मजात होती है। प्रत्येक जाति जन्म से ही अपने सदस्यों को एक सामाजिक पद प्रदान करती है, जो आजीवन बना रहता है। जाति द्वारा थोपे हुए सामाजिक पद में कोई परिवर्तन नहीं कर सकता। प्रत्येक जाति के अपने-अपने धार्मिक, सामाजिक रीति-रिवाज एवं आचार-व्यवहार व व्यवसाय निश्चित होते हैं। जिनका पालन करना उस जाति के सदस्य का पवित्र कर्तव्य है। मजूमदार एवं मदान के अनुसार "जाति एक बन्द वर्ग है।"

भारत में हिन्दुओं का सामाजिक विभाजन का सिद्धान्त। वर्ण-व्यवस्था और जाति व्यवस्था का विशेष महत्व है। वर्ण-व्यवस्था को रंग के आधार पर भी माना जाता है। वेदों में वर्ण का प्रयोग अर्थ और दास के भेद को दर्शाने के लिए किया गया था। बाद में समाज का विभाजन गुण और कर्म के आधार पर हुआ जिसमें ब्राह्मण, क्षत्रिय, वैश्य और शूद्र चार वर्ण बने। धीरे-धीरे कर्मों का विस्तार हुआ, विशेषीकरण हुआ फलतः वर्ण-व्यवस्था ने जाति-व्यवस्था का रूप ले लिया। पिता का पेशा पुत्र अपनाने लगा इससे जाति जन्मजात हो गयी।

'जाति' शब्द अंग्रेजी के Caste शब्द की उत्पत्ति पुर्तगाली शब्द Casta से हुई है जिसका अर्थ मतविभेद तथा जाति से लिया जाता है 'जाति' शब्द की उत्पत्ति का पता 1665 में ग्रेसिया-डी-ओरेटा नामक विद्वान ने लगाया। बाद में फ्रांस के अब्बे दुबाय ने इसे प्रजाति के सम्दर्भ

में परिभाषित किया कूले के शब्दों में "जब एक वर्ग पूर्णतः आनुवांशिकता पर आधारित होता है तो हम उसे जाति कहते है"

केतकर के अनुसार "जाति एक सामाजिक समूह है जिसकी दो विशेषताएँ हैं। (1) सदस्यता केवल उन व्यक्तियों तक सीमित है जिन्होंने उसी जाति में जन्म लिया हो, और इस प्रकार से पैदा हुए व्यक्ति ही इसमें सम्मिलित होते हैं। (2) इसके सदस्य एक कठोर सामाजिक नियम द्वारा अपने समूह से बाहर विवाह करने से रोक दिए जाते हैं।

इस प्रकार जाति एक ऐसा सामाजिक समूह है, जिसकी सदस्यता जन्म पर आधारित है और जो अपने सदस्यों पर खान-पान, विवाह, पेशा और सामाजिक सहवास सम्बन्धी अनेक प्रतिबन्ध लागू करती है।

## Caste Vote | निर्णायक मत

जब मतदान के समय (दोनों सदनों) में किसी प्रस्ताव पर बराबर-बराबर मत पड़ता है, तो लोकसभाध्यक्ष एवं राज्य सभा के सभापति को निर्णायक मत देने का अधिकार होता है, जिसे निर्णायक मत कहा जाता है।

## Casting Vote | निर्णायक मत

अध्यक्ष का यह अधिकार कि यदि वहाँ पक्ष और विपक्ष में बराबर मत हो जाएं तो वह अपना मत देकर प्रस्तुत प्रश्न को अपनी इच्छा के अनुसार निर्णय की स्थिति में ला सकता है।

अनुच्छेद 100 (1) के अनुसार सभापति या अध्यक्ष, अथवा उस रूप में कार्य करने वाला व्यक्ति प्रथमतः मत नहीं देगा, किन्तु मत बराबर होने की दशा में उसका निर्णायक मत होगा और वह इसका प्रयोग करेगा।

अनुच्छेद 96 (2) के अनुसार जब अध्यक्ष को हटाने का कोई संकल्प लोकसभा में विचाराधीन है, तब उसको लोकसभा में बोलने और उसकी कार्यवाहियों में अन्यथा भाग लेने का अधिकार होगा और वह अनुच्छेद 100 में किसी बात के होते हुए भी, ऐसे संकल्प पर या ऐसी कार्यवाहियों के दौरान किसी अन्य विषय पर प्रथमतः ही मत देने का हकदार होगा, किन्तु बराबर मत होने की दशा में मत देने का हकदार नहीं होगा।

## Castism | जातिवाद

भारत एक विशाल देश है जिसमें विभिन्न धर्मों एवं जातियों के लोग निवास करते हैं। जातिवाद की परम्परा भारतीय समाज में सैकड़ों वर्षों से विद्यमान है। जो व्यक्ति जिस जाति का सदस्य है वह परम्परागत रूप में अपनी जाति के ही व्यक्तियों को जिन्हें वह अपना जाति-भाई मानता है, हर सम्भव सहायता, रक्षा तथा नैतिक एवं भौतिक बल प्रदान करना अपना कर्तव्य समझता है। जातिवाद राजनीति में रूपान्तरित जाति के प्रति निष्ठा है। जातिवाद द्वारा जाति के आधार पर ऊँच-नीच की भावना को आश्रय दिया जाता है। काका कालेलकर के अनुसार "जातिवाद एक ऐसी श्रेष्ठ, अन्ध तथा सर्वोच्च समूह-भक्ति है जो न्याय, औचित्य, समानता तथा विश्वबन्धुत्व जैसे स्वस्थ सामाजिक मानकों की भी उपेक्षा करती है। स्वतंत्र एवं प्रजातंत्रीय भारतीय समाज में जातिवाद राजनीतिक दलबन्दी करने, चुनाव लड़ने, पद-प्रतिष्ठा तथा राजनीतिक, आर्थिक, सामाजिक व सांस्कृतिक लाभ प्राप्त करने का एक महत्वपूर्ण साधन बनता जा रहा है। भारतीय समाज के पिछड़ेपन और आधुनिकीकरण की गति धीमी होने का मुख्य कारण जातिवाद ही रहा है। जातीयता भारत की आर्थिक समृद्धि और राष्ट्रीय एकता के लिए भी संकट बन रही है।

**Casual Wage Labourer | आकस्मिक दिहाड़ी मजदूर**

अन्य लोगों के खेतों या उपक्रमों में दैनिक दिहाड़ी के लिए काम करने वाला व्यक्ति जिन्हें किसी तरह की सामाजिक सुरक्षा प्राप्त नहीं है। प्राय: 6 महीने बेकार रहने के कारण गरीबी, बिमारी और अशिक्षा के शिकार रहते हैं। समाज का शोषित तबका जिनके लिए कुछ नये सामाजिक सुरक्षा के कार्यक्रम जैसे स्वास्थ्य बीमा, वृद्धावस्था पेंशन, 120 दिन की रोजगार गारंटी योजना शुरु की गई है।

**Casualism | आकस्मिकतावाद**

यह सिद्धान्त कि समस्त वस्तुएँ अथवा घटनाएँ आकस्मिक व अकारण ही होती हैं।

**Casus Belli | युद्ध-कारण**

यदि कोई राज्य किसी अन्य राज्य के विरुद्ध ऐसा कार्य करता है जिससे उस राज्य को युद्ध की घोषणा करने का अवसर या बहाना या औचित्य मिल जाए तो इस प्रकार की घटना, परिस्थिति अथवा कार्य को युद्ध-कारण कहा जाता है। पामसंटन के अनुसार "ऐसा मामला जिसके आधार पर युद्ध की घोषणा करना उचित है।"

**Cataclysm | महाक्रांति**

राजनीति में राजनीतिक घटनाओं एवं सामाजिक व्यवस्था में उथल-पुथल करने वाली महत्वपूर्ण एवं हिंसात्मक घटना या घटनाक्रम जिसे महाक्रांति कहते हैं। उदाहरण के लिए 1917 में सोवियत रूस की महाक्रांति या बोल्शेविक क्रांति तथा 1688 में इंग्लैण्ड में रक्तहीन गौरवपूर्ण क्रांति महाक्रांति के उदाहरण हैं।

**Catch Question | छाप-प्रश्न**

सामाजिक अनुसंधान में प्रयुक्त वह तरीका जिसमें ऐसे प्रश्न जिनका उत्तर 'हाँ या नहीं' दोनों तरह से देने में व्यक्ति स्वयं झंझट में फंस जाए।

**Catching the Speaker's Eye | अध्यक्ष की निगाह में आना या अध्यक्ष का ध्यान आकर्षित करना**

भारतीय राजनीतिक व्यवस्था में जब विधानमंडल अथवा संसद का कोई सदस्य अपने विचार अभिव्यक्त या भाषण करना चाहे तो वह अपनी सीट से उठकर खड़ा हो जाता है एवं यह प्रयास करता है कि अध्यक्ष की निगाह उस पर अपने आप पड़ जाए एवं उसे देखकर अध्यक्ष उसे बोलने की अनुमति दे। इस प्रकार से संसद सदस्य अध्यक्ष की निगाह में आकर अपनी ओर उसका ध्यान आकर्षित करने का प्रयत्न करता है।

**Catholicism | कैथोलिक धर्म या कैथोलिकवाद**

रोमन कैथोलिक धर्म या कैथोलिकवाद प्रमुख रूप से रोमन कैथोलिक चर्च के सिद्धान्तों पर आधारित दर्शन या चिन्तन है। यह धर्म रोम में प्रचलित है। जहाँ पोप एवं पादरी इन सिद्धान्तों की पालना करवाते हैं।

**Caucus | कॉकस, बैठक, प्रसम्मिलन**

किसी दल अथवा गुट सरकार के कोटे, जिसके हाथों में दल के नेताओं का चुनाव करने, सार्वजनिक पद के लिए उम्मीदवारों को मनोनीत करने या नीति निर्धारण की व्यावहारिक शक्ति

केन्द्रित हो। इस शब्द का सर्वप्रथम प्रयोग औपनिवेशिक युग में अमेरिकी राजनीति में किया गया था। संसदीय प्रणाली में भी इस तरह का गुट उमड़ा है जो सत्ता का प्रमुख बनकर नीति निर्माण और क्रियान्वयन करवाता है।

## Causality | कारणता

कार्य-कारण का सम्बन्ध, अर्थात् दो घटनाओं का इस प्रकार का अनिवार्य सम्बन्ध कि एक के होने पर दूसरी हो और उसके न होने पर वह भी न हो।

## Causution | कार्योत्पादन, कार्यकारण-भाव

कारण के द्वारा कार्य के उत्पन्न होने की क्रिया और दो घटनाओं के मध्य कार्यकारण सम्बन्ध का होना।

## Cavalier | कैवेलियर

इंग्लैण्ड में चार्ल्स प्रथम के शासनकाल के दौरान सम्राट या राजा के समर्थकों को इसी नाम से संबोधित किया जाता था। इससे तात्पर्य राजतंत्रवादियों से है। आगे चलकर यही लोग टोरी कहलाए। इंग्लैण्ड में क्रान्तिकाल में चर्च कैवेलियरस (सम्राट के समर्थकों) के साथ जुड़ गया। संसद की प्रभुता स्थापित होने और राजतंत्र की पुनः स्थापना के बाद अनेक प्रकार के समूह पुनः राजतंत्रवादियों और संसदवादियों में अर्थात टोरी और ह्विग (प्रेसबिटेरियन) में विभक्त होने लगे। जब विलियम और ऐन ने यह अनुभव किया कि मिश्रित मंत्रिमण्डल सक्रिय राजनीति के लिए उपयुक्त नहीं होते तो विलियम ने 1695 में और उसके बाद सम्राज्ञी ऐन ने क्रमशः ह्विग और टोरी दल के समर्थकों से अपने-अपने मंत्रिमण्डल का निर्माण करवाया।

## Ceasefire | युद्धविराम

किसी राष्ट्र या राज्यों की वह स्थिति जिसमें लड़ाई रोक दी जाती है। यह युद्ध विराम (Armistice) से पहले की स्थिति है क्योंकि युद्धरत राज्यों की सेनाओं के मध्य आपसी समझौते के अन्तर्गत अथवा एक पक्षीय निर्णय द्वारा अस्थायी रूप से युद्ध बन्द करने की स्थिति होती है। इसमें दोनों सेनाओं के प्रमुख संधि करके हस्ताक्षर करते हैं तथा बाद में दोनों पक्षों द्वारा युद्धविराम की घोषणा कर दी जाती है।

## Censor | सेंसर

किसी राज्य की ऐसी व्यवस्था जिसमें सरकार विचारों की स्वतंत्र अभिव्यक्ति पर रोक लगा देती है क्योंकि ऐसी अभिव्यक्ति सार्वजनिक नैतिकता, आत्मसंयम या राष्ट्रीय सुरक्षा के विरुद्ध समझी जाती है। इसलिए सरकार समाज में मुक्त विचार अभिव्यक्ति अथवा संदेश-वाहन पर नैतिकता अथवा मूलभूत मान्यताओं एवं सिद्धान्तों के मानदंड के अनुसार उनका निरीक्षण कर अंकुश लगाने का कार्य करती है। इस व्यवस्था के अन्तर्गत भाषणों, प्रकाशनों, चलचित्रों एवं नाटकों के प्रदर्शन, रेडियो एवं टेलीविजन के प्रसारण तथा जन सम्पर्क के अन्य साधनों पर सरकार द्वारा कड़ी निगरानी रखी जाती है। उदाहरणस्वरूप जैसे आपातकाल में नागरिकों के पत्राचार, पुस्तकों और समाचारपत्रों का निरीक्षण किया गया था। भारत में फिल्मों का नियमित रूप से फिल्म सेंसर बोर्ड द्वारा निरीक्षण करने के पश्चात् ही उन्हें सार्वजनिक प्रदर्शन के लिए प्रमाणित किया जाता है।

### Censorship | सेंसरकार्य

सेंसर का कार्य प्रमुख रूप से यह है कि यदि सरकार को ऐसा लगे कि पुस्तकों, फिल्मों में आपत्तिजनक दृश्य या पृष्ठ हैं तो सरकार के तुरंत प्रभाव द्वारा उस फिल्म, पुस्तकों से दृश्य या पृष्ठ हटा दिए जाते हैं। यह सेंसरशिंप का प्रमुख रूप से कार्य होता है।

### Censure | परिनिंदा

विधानमंडल अथवा संसद के किसी सदन में किसी राजनीतिक दल अथवा सदस्य के द्वारा किए गए आपत्तिजनक कार्यों के विरुद्ध प्रस्तुत किया निंदा प्रस्ताव इसी प्रकार से किसी सरकारी अफसर के विरुद्ध की गई भर्त्सना की कार्यवाही या अफसर के साथ बातचीत में आपत्तिजनक शब्द हटाकर उस अधिकारी की निंदा करना परिनिंदा कहलाती है।

### Censure Motion | परिनिंदा प्रस्ताव

सदन के कार्य नियम 184 एवं 189 के अनुसार सरकार की विफलता बताने हेतु, संसदीय शासन व्यवस्था के अन्तर्गत किसी विरोधी दल के नेता या अन्य किसी दल के नेता द्वारा इस प्रकार का प्रस्ताव रखा जाना कि सरकार अमुक नीति या कार्यक्रम में असफल रही एवं सदन उसका तिरस्कार करे। यह प्रस्ताव अविश्वास प्रस्ताव से भिन्न है क्योंकि इसमें सरकार के खिलाफ निश्चित आरोप लगाये जाते हैं। साथ ही जहाँ अविश्वास प्रस्ताव पूरे मंत्रिमंडल के खिलाफ होता है निन्दा प्रस्ताव किसी एक मंत्री अथवा मंत्रियों के समूह के लिए भी हो सकता है। इसे भी कम से कम 50 सदस्य ला सकते हैं और प्रस्ताव पारित होने पर सरकार इस्तीफा दे देती है। इस प्रकार की घटनाएं भारतीय संसदीय प्रणाली में देखने को मिलती हैं क्योंकि प्रायः देखने में आया है कि सरकार की गलत नीति और फैसलों पर विपक्ष द्वारा उस नीति का बहिष्कार किया जाता है एवं सदन में निंदा प्रस्ताव का प्रारूप रखते हैं। इसे ही परिनिंदा प्रस्ताव कहते हैं।

### Central Government | केन्द्रीय सरकार

किसी देश की वह सरकार जिसके अधीन समस्त राज्य एवं प्रांतीय सरकारें कार्य करती हैं जिसमें राज्य की सर्वोच्च सत्ता निहित रहती है। संघीय शासन व्यवस्था में संघ सरकार यानी राज्य की सरकार को केन्द्रीय सरकार कहते हैं एवं इसका कार्यक्षेत्र एवं अधिकार संविधान द्वारा निर्धारित विधि के अनुरूप ही होता है। केन्द्रीय सरकार की कार्यपालिका सम्बन्धी समस्त शक्तियाँ राष्ट्रपति में निहित हैं एवं राष्ट्रपति प्रधानमंत्री को नियुक्त करता है।

### Centralism | केन्द्रवाद

किसी देश की ऐसी राजनीतिक व्यवस्था जिसमें सारी शक्ति एक ही स्थान (प्रायः राष्ट्रीय राजधानी) पर या एक ही राजनीतिक समूह के हाथों में केन्द्रित रहती है। यह व्यवस्था संघ शासन जैसी विकेन्द्रित शासन-व्यवस्था के प्रतिकूल होती है, जिसके अन्तर्गत स्थानीय इकाइयाँ (राज्य या प्रांत) न्यूनाधिक रूप से स्वायत्तता का उपभोग करती है। यह ऐसी शासन व्यवस्था है। जिसमें केन्द्रीकरण का प्राधान्य हो अर्थात जिसमें प्रमुख या अधिकांश शक्तियाँ केन्द्रीय सरकार में केन्द्रित हो और प्रांतों या स्थानीय शासन-इकाइयों को कम अधिकार प्राप्त हो। जैसे: सोवियत संघ में साम्यवादी दल के संगठन व कार्य संचालन में इस सिद्धान्त को प्रधानता दी गई थी, वहाँ इसे लोकतांत्रिक केन्द्रवाद कहा जाता है। इसका अर्थ था कि निर्णय हालाँकि दल के विभिन्न स्तरों पर विचार-विमर्श के बाद लिए जाते थे, परन्तु शीर्षस्थ अंगों द्वारा इस व्यापक विचार-विमर्श को ध्यान

में रखते हुए जो निर्णय लिए जाते थे, उनको किसी स्तर पर चुनौती नहीं दी जा सकती है। यह प्रथा भारतीय शासन व्यवस्था में भी विद्यमान है।

## Centralization | केन्द्रीकरण

संघीय सरकार एवं राजनीतिक शक्ति का केन्द्रीकरण होना। सत्ता व पूंजी का कुछ लोगों के पास केन्द्रित होना। राष्ट्रीय, प्रान्तीय और स्थानीय अधिकारियों के मध्य सत्ता का विकेन्द्रीकरण न होकर केन्द्र में ही सत्ता का केन्द्रीकरण होना।

## Centre and Periphery | केन्द्र और किनारा

इन दो सिद्धान्तों के द्वारा पूंजीवाद के द्वारा अविकसित और विकासशील देशों की अर्थव्यवस्था और राजनीतिक व्यवस्था को प्रभावित करने की प्रक्रिया को स्पष्ट किया जाता है। पूंजीवादी देश केन्द्र में होते हैं जहाँ खपत ज्यादा है, पुनर्उत्पादन एवं मजदूरी ज्यादा है। इसके विपरीत अविकसित और विकासशील देश जो किनारे पर हैं, खपत कम होने के साथ पुनर्उत्पादन की मजदूरी भी कम है। केन्द्र के देशों में मजदूरी का निर्धारण बाजार की स्थिति से होता है। इसके विपरीत किनारे के देशों में मजदूरी का निर्धारण राजनीतिक दमन और परम्परागत ऊँच-नीच के सम्बन्ध (संरक्षक और ग्राहक के बीच) के आधार पर होता है। आज अविकास की समस्या पूंजीवाद के अन्तर्विरोध के कारण है इसका समाधान विश्वस्तर पर पूंजीवाद के विकास से ही सम्भव होगा। केन्द्र और किनारे के सिद्धान्त राष्ट्रीय एवं अन्तर्राष्ट्रीय स्तर पर अर्थव्यवस्था के नये रूप की तलाश जारी है।

मार्क्सवादी और नवमार्क्सवादी चिन्तन के अन्तर्गत माना जाता है कि अल्पविकसित देशों की वर्तमान बिगड़ी दशा पूंजीवादी देशों की गतिविधियों का परिणाम है। पाल बरान ने 'द पॉलिटिकल इकॉनामी ऑफ ग्रोथ' (संवृद्धि का राजनीतिक अर्थशास्त्र, 1957) में 'पिछड़ेपन' (Back Wardness) की व्याख्या देते हुए लिखा है कि "आज के औपनिवेशिक और पराश्रित देश प्राथमिक पूंजी संचय के ऐसे स्रोतों का सहारा नहीं ले सकते जैसे आज के उन्नत पूंजीवादी देशों को उपलब्ध नहीं थे और एकाधिकार-पूंजीवाद (Monopoly Capitalism) तथा साम्राज्यवाद (Imperelism) के युग में विकास की प्रक्रिया को ऐसी बाधाओं का सामना करना पड़ रहा है जैसी दो या तीन सौ वर्ष पहले किसी के सामने नहीं आई थी।

आंद्रे जी. फ्रेंक ने "कैपिटलिज्म एंड अन्डर डेवलपमेंट इन लैटिन अमेरिका" लैटिन अमेरिका में पूंजीवाद और अल्प विकास (1967) में तर्क दिया कि लैटिन अमेरिका में राष्ट्रीय पूंजीवाद और राष्ट्रीय बुर्जुआ-वर्ग (पूंजीपति वर्ग) विकास को उस तरह बढ़ावा नहीं दे सकते जैसे इनके समानान्तर तत्वों में इंग्लैण्ड और संयुक्त राज्य अमेरिका में बढ़ावा दिया जाता है। साम्राज्यवादी देश (Metropolis) और उपाश्रित देश (Satellite) को क्रमशः केन्द्र (Centre) और परिधि (Periphery)

अल्प विकास की व्याख्या - केन्द्र-परिधि प्रतिरूप
(Inter Pretation of Underdevelopment Center Periphery Model)

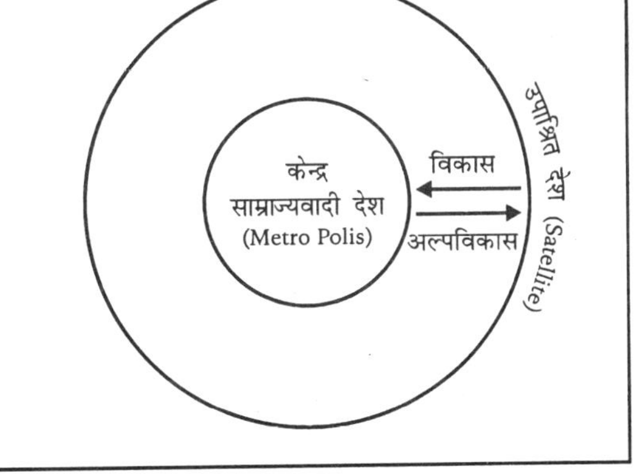

के तुल्य मानते हुए फ्रेंक ने यह संकेत किया कि ये दोनों आपस में इस ढंग से जुड़े है कि जैसे केन्द्र का विकास बढ़ता जाता है, वैसे-वैसे परिधि का अल्पविकास बढ़ता जाता है। दूसरे शब्दों में परिधि का अल्प विकास केन्द्र के विकास की जरूरी शर्त बन चुका है। अतः परिधि में अल्प विकास को रोकने का एक ही तरीका है और वह है पूंजीवाद के साथ उसके सम्बन्ध को तोड़ दिया जाए।

संक्षेप में नव मार्क्सवादी लेखकों ने पराश्रितता सिद्धान्त के अन्तर्गत कहा है कि अल्प विकसित देशों का सामाजिक और आर्थिक विकास बाह्य शक्तियों से नियन्त्रित हो रहा है तथा अन्तर्राष्ट्रीय अर्थव्यवस्था तीसरी दुनिया के देशों को भारी नुकसान पहुँचा रही है।

## Centrifugal | केन्द्रापसारी

किसी देश में सरकार के अधिकार एवं कार्यों के विकेन्द्रीकरण की प्रवृत्ति को केन्द्रापसारी कहते हैं।

## Centripetal | केन्द्राभिसारी

किसी देश की सरकार या शासन सम्बन्धी अधिकारों व कार्यों के केन्द्रीकरण की प्रवृत्ति को केन्द्राभिसारी कहते हैं।

## Centrist Party | मध्यपंथी दल, मध्यमार्गी दल

वह राजनीतिक दल जो वामपंथी एवं दक्षिणपंथी के बीच का मार्ग अपनाता है, उसे मध्यपंथी दल या मध्यमार्गी दल कहते हैं।

## Certiorari | उत्प्रेषण

उच्चतम न्यायालय या अवर न्यायालय द्वारा अपने से निम्न न्यायालय से मुकदमों को मंगवाना उत्प्रेषण का प्रलेख (Writ) कहते हैं। इसके माध्यम से नागरिकों के मौलिक अधिकारों की रक्षा की जाती है।

## Cess | उपकर

किसी राज्य द्वारा किसी वस्तु विशेष पर किसी विशेष प्रयोजन के लिए लगाया जाने वाला कर जिसे उपकर कहते हैं।

## Cession | अर्पण

अन्तर्राष्ट्रीय राजनीति में अन्तर्राष्ट्रीय कानून के अनुसार की जाने वाली पारस्परिक संधि के उपबंधों के अनुसार किसी राज्य द्वारा किसी अन्य राज्य को अपने किसी क्षेत्र अथवा प्रदेश को सौंप देने की क्रिया को अर्पण कहते हैं। अर्पित क्षेत्र में रहने वाले लोग नए राज्य के नागरिक बन जाते हैं। पर यदि अर्पण के साथ किए गए समझौते में कोई विशेष प्रकार की शर्त रखी गई हो तो वह बात दूसरी है।

## Chairman | सभापति, अध्यक्ष

किसी बैठक या सभा की अध्यक्षता करने वाला व्यक्ति जो सभा का संचालन करता है। संसद के सदनों द्वारा नियुक्त प्रत्येक समिति का एक सभापति होता है। लोकसभा का अध्यक्ष सदन की शुरुआत पर या समय-समय पर सदस्यों में से छह सभापतियों का एक (पैनेल), समिति गठित करता है। भारत में राज्यसभा की बैठकों को संचालित करने वाले पदाधिकारी को सभापति या अध्यक्ष कहा जाता है। लोकसभा की प्रक्रिया तथा कार्य-संचालन नियम 6 (11) जो अध्यक्ष की अनुपस्थिति में सभा की

अध्यक्षता करते हैं। भारत का उपराष्ट्रपति राज्यसभा का सभापति होता है। (भारत का संविधान, अनुच्छेद 64)। राज्य विधान परिषदों के पीठासीन अधिकारी भी सभापति कहलाते हैं।

अनुच्छेद 89(i) में कहा गया है कि भारत का उपराष्ट्रपति राज्यसभा का पदेन सभापति होगा।

89(ii) राज्यसभा यथाशक्यशीघ्र, अपने किसी सदस्य को अपना उप सभापति चुनेगी और जब-जब उपराष्ट्रपति का पद रिक्त होता है। तब-तब राज्य सभा किसी अन्य सदस्य को अपना सभापति चुनेगी।

अनुच्छेद 93 के अनुसार लोकसभा, यथाशक्य शीघ्र अपने दो सदस्यों को अपना अध्यक्ष और उपाध्यक्ष चुनेगी और जब-जब अध्यक्ष या उपाध्यक्ष का पद रिक्त होता है। तब-तब लोकसभा किसी अन्य सदस्य को यथास्थिति अध्यक्ष या उपाध्यक्ष चुनेगी।

## Chairman of the Council of Ministers | मंत्रिपरिषद का प्रधान

किसी देश की मंत्रिपरिषद की अध्यक्षता व नेतृत्व प्रदान करने वाले को मंत्रिपरिषद का प्रधान कहते हैं। साम्यवादी देशों में यह पद होता है। पश्चिमी देशों के प्रधानमंत्री के समकक्ष यह पद होता है। भारत में प्रधानमंत्री मंत्रिपरिषद/मंत्रिमण्डल का प्रधान होता है। भारतीय संविधान के अनुच्छेद 74 में कहा गया है कि राष्ट्रपति को सहायता और सलाह देने के लिए एक मंत्रिपरिषद होगी, जिसका प्रधान प्रधानमंत्री होगा और राष्ट्रपति अपने कृत्यों का प्रयोग करने में ऐसी सलाह के अनुसार कार्य करेगा।

परन्तु राष्ट्रपति मंत्रिपरिषद से ऐसी सलाह पर साधारणतया या अन्यथा पुनर्विचार करने की अपेक्षा कर सकेगा और राष्ट्रपति ऐसे पुनर्विचार के पश्चात दी गई सलाह के अनुसार ही कार्य करेगा।

## Chairman of the Presidium of the Supreme Soviet | सुप्रीम सोवियत के प्रेसिडियम का चेयरमैन

सोवियत संघ के संसद के सक्रिय तथा सतत कार्यानुसार अंग के रूप में एक निकाय का चुनाव किया जाता है। जिसे प्रेसिडियम कहते हैं। इसके सभापति/चेयरमैन की स्थिति पश्चिमी राष्ट्रों के राष्ट्रपति एवं राज्याध्यक्ष के समकक्ष मानी जाती थी। परन्तु सन् 1977 तक यही स्थिति बनी रही लेकिन अब स्थिति बदल रही है। सोवियत रूस के विभाजन के बाद शीतयुद्ध भी समाप्त हो गया एवं सुप्रीम सोवियत प्रेसीडियम के चेयरमैन की स्थिति पहले जैसी नहीं रही।

## Chamber of Deputies | चैम्बर ऑफ डेपुटीज

विश्व के प्रमुख राज्यों विशेष रूप से फ्रांस (तृतीय गणतंत्र) व इटली की राष्ट्रीय संसद का निचला अथवा जनता का प्रतिनिधित्व करने वाला सदन जिसे चैम्बर ऑफ डेपुटीज कहते हैं। यह विशेष रूप से फ्रांस एवं इटली में ही विद्यमान है।

## Chanakya, Kautilya, Vishnugupta | चाणक्य, कौटिल्य, विष्णुगुप्त

तक्षशीला विश्वविद्यालय के शिक्षक, लेखक, राजनीतिक-रणनीतिकार और पाटलीपुत्र के शासक चन्द्रगुप्त मौर्य के प्रधानमंत्री उनकी प्रसिद्ध रचना 'अर्थशास्त्र' शासन, अर्थनीति और राजनीति की प्रसिद्ध पुस्तक है।

## Chancellor | चांसलर

जर्मन संघीय गणराज्य का शासनाध्यक्ष जिसकी स्थिति ब्रिटिश प्रधानमंत्री के तुल्य होती है। इसके अतिरिक्त भी पश्चिम यूरोपीय राज्यों जैसे ऑस्ट्रेलिया एवं जर्मनी का प्रधानमंत्री तथा दूतावास का

प्रधान सचिव एवं समस्त विश्वविद्यालयों के प्रधान जो वास्तव में नाममात्र के होते हैं तथा राज्य के विश्वविद्यालयों में राज्य का राज्यपाल राज्य के विश्वविद्यालयों का नाममात्र का प्रधान होता है जिसे चांसलर कहते हैं।

## Chancellor of the Exchequer | इंग्लैण्ड का वित्तमंत्री

ब्रिटिश संविधान के अन्तर्गत ब्रिटिश मंत्रिमण्डल का एक वरिष्ठ सदस्य जो वास्तव में वित्तमंत्री होता है। वित्त सचिव चांसलर ऑफ एक्सचेकर को वित्त के बारे में परामर्श देता है। उसके सुझाव पर मंत्री इस बात का निर्धारण करता है कि कौन-कौन से कर लगाये जाएँ, किन करों में संशोधन किया जाए तथा किन्हें समाप्त किया जाए।

## Chancery | चान्सरी

राजनयिक मिशन के प्रधान का कार्यालय या विदेशी दूत का कार्यालय जिसमें उसके प्रथम, द्वितीय तथा तृतीय सचिव और अधीन क्लर्क आते हैं। वह स्थान जहाँ राजनयिक मिशन के कर्मचारी अपना कार्य करते हैं। ब्रिटेन में न्यायपालिका के पुनः संगठन से पूर्व (लार्ड सभा को छोड़कर) सर्वोच्च न्यायालय जिसका अध्यक्ष लार्ड चांसलर कहलाता था। इस समय चांसरी ब्रिटेन के उच्च न्यायालय का एक प्रभाग बन गई है। ब्रिटेन में उच्च न्यायालय में तीन प्रभाग अथवा खंड होते हैं। चांसरी, क्वीन्स बैंच प्रभाग तथा वसीयत तथा तालाब एवं समुद्री क्षेत्राधिकार सम्बन्धी भाग होते हैं।

## Charge d' Affaires | कार्यदूत, दूत कार्यकारी

राजदूतावास में कार्यवाहक दूत, छोटा एलची, राजदूत की अनुपस्थिति या उसकी नियुक्ति नहीं होने की स्थिति में राजदूतावास के कर्मचारियों में से ही नियुक्ति, अस्थायी राजनयिक प्रतिनिधि जो काम-काज चलाता रहे। राजदूतों की चार श्रेणियों में इसका स्थान निम्नतम होता है।

## Charge Sheet | आरोप-पत्र

किसी विभाग या सरकारी कार्यालय में किसी व्यक्ति विशेष पर लगाए गए दोषों का ब्योरा जो एक ज्ञापन या पत्र द्वारा संबंधित अधिकारी को सूचित किया जाता है। उस पत्र को आरोप पत्र कहते हैं।

## Charismatic Leader | करिश्माई नेता

नेतृत्व का असाधारण गुण। इस अवधारणा के अनुसार कुछ लोगों को ईश्वर की ओर से विशेष प्रतिभा प्राप्त होती है जिसके द्वारा वे अपने अनुयायियों को सम्मोहित कर लेते हैं। गाँधी, ईसा, बुद्ध आदि ऐसे ही सम्मोहक व्यक्तित्व वाले व्यक्ति थे। वेबर के अनुसार करिश्माई नेता अनेक लोगों में गहरी राजनीतिक वफादारी प्रेरित करने एवं अन्यों को आकर्षित करने का व्यक्तिगत गुण रखता है। इस तरह सम्मोहक गुण वाला नेता अपने पीछे कई अनुयायियों को अनुसरण करने के लिए तैयार कर लेता है। अर्थात ऐसा नेता जो अपने विलक्षण व्यक्तित्व के बल पर ढेर सारे लोगों को अपनी ओर आकर्षित करता है, और उन्हें अपना अनुयायी बना लेता है। उसके एक इशारे पर भीड़ उमड़ पड़ती है और लोग बड़े से बड़ा त्याग करने को तैयार हो जाते हैं।

## Charter | अधिकार-पत्र

संयुक्त राष्ट्र संघ में अधिकार-पत्र वह लिखित प्रलेख हैं जो अधिकार, मताधिकार एवं विशेषाधिकार होता है। संयुक्त राष्ट्र संघ के संविधान को भी चार्टर कहते हैं। इसे सेनफ्रांसिस्को में

(26 अप्रैल 1945) में अपनाया गया था। अधिकार-पत्र में संयुक्त राष्ट्र संघ के उद्देश्यों का वर्णन है। चार्टर में संयुक्त राष्ट्र संघ की स्थापना तथा उसके विभिन्न अंगों के कार्यों का वर्णन भी है। चार्टर ने विश्व में शांति बनाए रखने का उत्तरदायित्व सुरक्षा परिषद को सौंपा गया है।

संयुक्त राष्ट्र संघ के चार्टर में एक प्रस्तावना 111 अनुच्छेद, 19 अध्याय और 10 हजार शब्द हैं। इसका प्रधान मुख्यालय न्यूयॉर्क (अमेरिका) में है। 28 जून 2006 को मोन्टेनिग्रो गणराज्य को शामिल करने से 192 सदस्य हो गए हैं। वर्तमान में इसके 20 विशेष अभिकरण एवं 14 मुख्य कार्यक्रम व कोष विश्व में कार्यरत हैं। चार्टर द्वारा इसका ध्वज अक्टूबर 1947 में अंगीकृत, हल्की नीली पृष्ठभूमि में सफेद रंग की दो जैतून की पत्तियाँ ऊपर को खुली हुईं, बीच में विश्व का मानचित्र है। इसका प्रधान कार्यालय न्यूयार्क में 1952 में बना जो 17 एकड़ जमीन पर 39 मंजिला है। इसके लिए यह जमीन जॉन डी फेलर ने दान में दी थी।

संयुक्त राष्ट्र कार्यालय की कार्य करने की दो भाषाएँ अंग्रेजी एवं फ्रेंच हैं जबकि अन्य अधिकृत भाषाएँ चीनी, रूसी, अरबी और स्पेनिश हैं, कुल 6 भाषा।

## Chartism | चार्टरवाद

19वीं शताब्दी में इंग्लैण्ड के राजनीतिक समाज-सुधारकों के एक संगठनात्मक समूह के द्वारा श्रमिक वर्गों की सामाजिक एवं औद्योगिक अवस्था को सुधारने के लिए अपनाए गए सैद्धान्तिक एवं उसे कार्यान्वित करने के लिए उसके व्यवहार को चार्टिज्म या चार्टरवाद कहते हैं।

## Chartist Movement | चार्टिस्ट आन्दोलन

1837-38 ई. में इंग्लैण्ड के कार्मिकों द्वारा राजनीतिक अधिकारों की प्राप्ति के लिए किया गया आन्दोलन। इससे श्रमिक अपनी सामाजिक और आर्थिक हालत सुधारने के लिए राजनीतिक अधिकार प्राप्त करना चाहते थे। इस आन्दोलन को 'लोक-मांग पत्र' के नाम से भी जाना जाता है। इसमें पुरुष-वयस्क मताधिकार, गुप्त मतदान, संसद के वार्षिक चुनाव आदि मांगें प्रमुख थीं।

## Charwak | चार्वाक

भारत के प्राचीन भौतिकवादी दार्शनिक जिन्होंने 'लोकायत' विचारधारा प्रचारित किया। उन्होंने अमर आत्मा के अस्तित्व को तथा पुनर्जन्म के सिद्धान्त को अस्वीकार किया एवं लोगों को इस जीवन में सुखी रहने के लिए 'ऋणम् कृत्वा घृतम् पीवेत' की सलाह दी। उन्होंने कहा एक बार जल जाने के बाद शरीर का पुनर्निर्माण नहीं होता है।

## Chauvinism | उत्कट राष्ट्रवाद

उत्कट राष्ट्रवाद शब्द की रचना फ्रांस के एक सिपाही शाविन के नाम पर हुई है। नेपोलियन का शाविन नामक फ्रांसीसी सिपाही अत्यधिक कट्टर समर्थक था। अब यह शब्द अंध देशभक्ति या अपने देश या वर्ग के प्रति अत्यधिक प्रेमभाव व निष्ठा के अर्थ में प्रयुक्त होता है।

## Check-Positive | प्राकृतिक निरोध

टी.आर. माल्थस द्वारा प्राकृतिक रूप से जनसंख्या वृद्धि रोकने के प्रक्रिया-अकाल, महामारियाँ और अन्य प्राकृतिक आपदाएँ शामिल हैं। विज्ञान और सरकार की लोक कल्याणकारी नीति ने कई प्राकृतिक आपदाओं को कम कर दिया है, इससे मृत्यु दर में भी कमी आयी है।

## Check-Preventive | कृत्रिम निरोध

ब्रिटिश अर्थशास्त्री टी.आर. माल्थस के द्वारा इस शब्द का प्रयोग जनसंख्या वृद्धि की दर पर लगने वाली ऐसी रोकथाम के संबंध में किया गया है जो मनुष्यों द्वारा स्वयं अपने ऊपर स्वेच्छा से लगाई जाती है। ऐसे निरोधों के उदाहरणों में विवाह देरी से करना और ब्रह्मचर्यव्रत का पालन करना या संतति निरोध के उपायों को अपनाना है।

## Checks and Balances | नियंत्रण और संतुलन

वह साधन जिसके अनुसार शासन के तीनों प्रमुख अंगों कार्यपालिका, व्यवस्थापिका एवं न्यायपालिका अपने-अपने क्षेत्र में स्वतंत्र रूप से रहते हुए भी कुछ हद तक एक-दूसरे पर आश्रित रहते हैं और एक के कार्य के लिए दूसरे के अनुमोदन की आवश्यकता पड़ती है। संयुक्त राज्य अमेरिका के संविधान निर्माताओं ने शक्ति पृथक्करण सिद्धान्त की त्रुटियों का निवारण करने के लिए ऐसा किया था। इस सिद्धान्त के अनुसार शासन के प्रत्येक अंग को शेष अंगों के ऊपर प्रतिबंध आरोपित करने की शक्ति दी गई। जिसके परिणामस्वरूप कि वे दोनों अंग अपने क्षेत्राधिकार का अतिक्रमण न कर सकें। इसका श्रेष्ठ उदाहरण संयुक्त राज्य अमेरिका का संविधान है, जहाँ कांग्रेस द्वारा पारित विधेयक राष्ट्रपति द्वारा अनुमोदित होते हैं एवं राष्ट्रपति द्वारा की गई संधियाँ और नियुक्तियाँ सीनेट द्वारा अनुमोदित होती हैं। उच्चतम न्यायालय कांग्रेस द्वारा पारित विधेयकों को संविधान के अनुसार उपबंध का उल्लंघन किए जाने की स्थिति में असंवैधानिक घोषित कर सकता है। इस प्रकार से शासन व्यवस्था में शक्ति द्वारा ही शक्ति का परस्पर नियंत्रण और संतुलन किया जाता है। अर्थात सरकार के तीनों अंग अलग-अलग एवं स्वतन्त्र रहते हुए भी एक-दूसरे पर नियन्त्रण रखते हैं यही नियन्त्रण व संतुलन कहलाता है। इस प्रकार नियन्त्रण और सन्तुलन का सिद्धान्त 'शक्ति-पार्थक्य' का पूरक सिद्धान्त है। इसका अर्थ यह है कि शासन के तीनों अंग वैसे तो स्वाधीन हैं। परन्तु अपने कार्यों को सम्पन्न करने के लिए उन्हें एक-दूसरे के समर्थन की आवश्यकता रहे, और कोई अंग अपनी शक्तियों का प्रयोग करते समय किसी दूसरे अंग का हुक्म मानने के लिये बाध्य न हो।

## Chief | मुख्य, प्रमुख

देश के प्रमुख राजनीतिक दलों, सरकारी कार्यालयों या विभागों या सरकारी संस्थाओं के प्रधान अधिकारी, अध्यक्ष या प्रमुख होते हैं। जैसे भारत का राष्ट्रपति पूरे देश का प्रमुख है। उसी प्रकार से राजनीतिक दलों के राष्ट्रीय अध्यक्ष-प्रमुख या मुख्य होते हैं।

## Chief Election Commissioner | मुख्य निर्वाचन आयुक्त

भारतीय राजनीतिक व्यवस्था में एक स्वतंत्र एवं निष्पक्ष चुनाव के लिए चुनाव आयोग की व्यवस्था संविधान के भाग 15 के अनुच्छेद 324 से 329 तक है। अनुच्छेद 324(2) के तहत मुख्य चुनाव आयुक्त की नियुक्ति राष्ट्रपति द्वारा की जाती है। मुख्य चुनाव आयुक्त के वेतन, भत्ते, सेवा शर्तें, कार्यकाल आदि का निर्धारण संसदीय विधि के द्वारा किया जाता है। मुख्य चुनाव आयुक्त को कार्यपालिका के राजनीतिक हस्तक्षेप से मुक्त रखने के लिए संविधान में वही संरक्षण प्रदान किया जाता है जो उच्चतम न्यायालय के न्यायाधीशों को प्रदान किया जाता है। अर्थात चुनाव आयुक्त को संसद के दोनों सदनों के कुल सदस्यों के बहुमत तथा उपस्थित एवं मतदान करने वाले सदस्यों के दो-तिहाई बहुमत से हटाया जा सकता है।

अनुच्छेद 324(1) के अनुसार इस संविधान के अधीन संसद और प्रत्येक राज्य के विधान मण्डल के लिए करवाये जाने वाले सभी निर्वाचनों के लिए तथा राष्ट्रपति और उपराष्ट्रपति के पदों

के निर्वाचनों के लिए निर्वाचक - नामावली तैयार करवाने का और उन सभी निर्वाचनों के संचालन का अधीक्षण, निर्देशन और नियन्त्रण एक आयोग में होता है जिसे निर्वाचन आयोग कहा गया है।

324(2) निर्वाचन आयोग मुख्य निर्वाचन आयुक्त और उतने अन्य निर्वाचन आयुक्तों से यदि कोई हो तो जितने राष्ट्रपति समय-समय पर नियत करे उनसे मिलकर बनेगा तथा मुख्य निर्वाचन आयुक्त और अन्य निर्वाचन आयुक्तों की नियुक्ति संसद द्वारा इस निमित्त बनाई गई विधि के उपबन्धों के अधीन रहते हुए, राष्ट्रपति द्वारा की जाएगी।

मुख्य निर्वाचन आयुक्त को अपने पद से उसी रीति और उन्हीं आधारों से हटाया जाएगा, जिन आधारों से उच्चतम न्यायालय के न्यायाधीश को हटाया जाता है।

वर्तमान में निर्वाचन आयोग त्रिसदस्यीय है।

## Chief Justice | मुख्य न्यायाधीश

भारतीय राजनीतिक व्यवस्था में सर्वोच्च न्यायालय या उच्च न्यायालय का मुख्य न्यायाधीश जो न्यायपीठ की अध्यक्षता करता है एवं प्रायः वरिष्ठता क्रमानुसार ही चुना जाता है। इस देश का प्रधान न्यायाधीश कहा जाता है। न्यायिक अधिकारों के अलावा इसे न्यायालय के प्रशासन सम्बन्धी अधिकार भी होते हैं।

भारतीय संविधान के भाग 5 के अध्याय 4 में अनुच्छेद 124 से 147 तक संघ की न्यायपालिका के संगठन का वर्णन है। अनुच्छेद 124(1) के अनुसार भारत का एक उच्चतम न्यायालय होगा, जो भारत के मुख्य न्यायमूर्ति (Chief Justice) और जब तक संसद विधि द्वारा अधिक संख्या विहित नहीं करती है, तब तक सात (वर्तमान में 30) से अनधिक अन्य न्यायाधीशों से मिलकर बनेगा। मुख्य न्यायमूर्ति से भिन्न किसी न्यायाधीशों की नियुक्ति की दशा में भारत के मुख्य न्यायमूर्ति से परामर्श किया जाएगा।

अनुच्छेद 124(3) कोई व्यक्ति उच्चतम न्यायालय के न्यायाधीश के रूप में नियुक्ति के लिए तभी अर्हित होगा जब वह भारत का नागरिक है।

(क) किसी उच्च न्यायालय का या दो या अधिक न्यायालयों का कम से कम 5 वर्ष तक न्यायाधीश रहा हो।

(ख) किसी उच्च न्यायालय का या ऐसे दो या अधिक न्यायालयों का लगातार कम से कम 10 वर्ष तक अधिवक्ता रहा हो।

(ग) राष्ट्रपति की राय में वह पारंगत विधिवेत्ता (Jurist) है।

वर्तमान में मुख्य न्यायाधीश का वेतन एक लाख रुपए मासिक है। इसका कार्य काल 65 वर्ष की आयु होने तक है।

124(4) इसे अपने पद से 'सावित कदाचार' या असमर्थता के आधार पर संसद के प्रत्येक सदन द्वारा अपनी कुल सदस्य संख्या के बहुमत द्वारा उपस्थित और मत देने वाले सदस्यों के कम से कम दो-तिहाई बहुमत द्वारा समर्थित समावेदन, राष्ट्रपति के समक्ष उसी सत्र में रखे जाने पर राष्ट्रपति के आदेश से हटाया जा सकता है।

## Chief Minister | मुख्यमंत्री

भारतीय राजनीतिक व्यवस्था में किसी राज्य की कार्यपालिका के मंत्रिमण्डल का अध्यक्ष मुख्यमंत्री होता है। विधानसभा में बहुमत दल के नेता को राज्यपाल द्वारा अनुच्छेद 164 के तहत मुख्यमंत्री नियुक्त किया जाता है। मुख्यमंत्री की राय से मंत्रिमण्डल का गठन किया जाता है। मंत्रिमण्डल सामूहिक रूप से विधानसभा के प्रति उत्तरदायी होता है। राज्य की कार्यपालिका का वास्तविक प्रधान होने के कारण उसकी स्थिति राज्य प्रशासन में वैसी ही है जैसे केन्द्रीय शासन में प्रधानमंत्री की होती है।

**Chief of Staff | 1. सेनाध्यक्ष 2. स्टाफ का अध्यक्ष**

किसी भी देश की राजनीतिक व्यवस्था में सेना के किसी भी अंग अथवा शाखा जैसे थलसेना, जलसेना, वायुसेना अथवा किसी सरकारी विभाग के प्रभारी अधिकारी को सेनाध्यक्ष, स्टाफ का अध्यक्ष या चीफ ऑफ स्टाफ कहते हैं। संयुक्त राज्य अमेरिका की शासन व्यवस्था में राष्ट्रपति के निजी सलाहकारों के प्रमुख को भी "चीफ स्टाफ" कहते हैं।

**Child Crime | बाल अपराध**

18 वर्ष से कम उम्र के अपराधियों के द्वारा किए गए अपराध। दिल्ली के जघन्य बलात्कार कांड में भी बाल अपराधी। नेशनल क्राइम रिकार्ड के अनुसार 2011 में पकड़े गऐ 30,766 बाल अपराधियों में से अधिकांश 19,840 अपराधी 16 से 18 वर्ष के थे। कुल अपराधियों लड़के 29,234 एवं लड़की मात्र 1,432 थीं। इनमें 2,505 बलात्कारी, 628 दुराचारी और 646 लड़कियों के अपहरण करने वाले थे। 2,058 पर हत्या के प्रयास एवं अन्य आरोप थे। 62 पर हत्या करने के आरोप थे। भारत में बाल अपराधियों की संख्या बढ़ी है। अतः अब बाल अपराधियों की आयु 16 वर्ष तक करने की चर्चा है। 22 प्रतिशत अपराधी पहले अपराध करके सुधारगृह में रह चुके हैं। बाल अपराधियों में 5.7 प्रतिशत गृहविहीन, 57 प्रतिशत गरीब परिवारों से और 55 प्रतिशित अशिक्षित या मात्र प्राइमरी स्कूल तक पढ़े थे। इसका अर्थ है कि गरीब परिवार में बच्चों की संख्या अधिक है। जिसे बिना शिक्षित किए माता-पिता के द्वारा अपने आप पर भरण-पोषण के लिए छोड़ दिया जाता है या वे परिवार के लिये काम करते हैं। ऐसे अपराधी में 81.3 प्रतिशत परिवार के साथ रहते थे और सम्भवतः परिवार के लिए बाल श्रमिक के रूप में काम भी करते होंगे। यह सरकार की गलत जनसंख्या नीति या परिवार को सीमित नहीं रख पाने के कारण हुआ है। उत्तर प्रदेश, बिहार, राजस्थान, मध्य प्रदेश, छत्तीसगढ़, झारखंड और पूर्वोत्तर में प्रति परिवार 5 से 6 बच्चों के आँकड़े हैं। यहाँ से शहर के कच्ची बस्तियों में लोग आते हैं और बच्चों का सही भरण-पोषण और देखभाल नहीं कर पाते हैं। बच्चे कचड़े बीनते, होटलों में काम करते हुए नशेड़ी बन जाते हैं फिर अपराधी गिरोह उन्हें अपने साथ कर लेता है और उनसे अपराधिक कृत्य करवाते हैं।

**Child Labour | बाल श्रम**

14 वर्ष से कम आयु वाले कामगार। भारत के बाल-श्रम (निषेध एवं विनियमन) अधिनियम 1986 के अनुसार काँच उद्योग, दरी-कालीन, ताला, पीतल, पटाखा, स्लेट, मार्बल, खतरनाक रसायनों वाले आदि परिसंकटमय उद्योगों में 14 वर्ष से कम उम्र के बच्चों को रखना अपराध है। फिर भी देश के 13 प्रतिशत बच्चे जिसे 'नो ह्वेयर' जो पढ़ाई नहीं करते हैं तथा बाल श्रमिक ही हैं।

**Christian Democracy | ईसाई लोकतंत्र**

इटली, जर्मनी एवं चतुर्थ फ्रांसीसी गणतंत्र के क्रिश्चियन डेमोक्रेट दलों द्वारा शुरू किया गया राजनीतिक आन्दोलन। ये दल ब्रिटेन में कन्जरवेटिव दलों के समान थे। ये दल सामाजिक उदारवाद के पक्ष में थे। वे मिश्रित अर्थव्यवस्था के भी पक्षधर थे। ये दल जन साधारण के हितों का ज्यादा ध्यान रखने वाले थे। इसीलिए ये डेमोक्रेट कहलाते थे। इनके द्वारा साम्यवादी विचारधारा की आलोचना की जाती। साम्यवाद के समतावादी समाज के प्रबल विरोधी थे। इनका सम्बन्ध कैथोलिक विचारधारा से था। 19वीं शताब्दी के अन्त में कैथोलिक आन्दोलन के साथ इसका विकास हुआ। यूरोप में एकता लाने का इनका प्रयास था, जिससे कैथोलिक विश्वबन्धुत्व स्थापित हो सके।

## Christian Social Union (CSU) | ईसाई समाज संघ/परिषद

यह पश्चिमी जर्मनी में क्रिश्चियन डेमोक्रेटिक यूनियन (CDU) तथा क्रिश्चियन सोशियल यूनियन (CSU) के गठजोड़ की बबेरियन विंग है। सी.एस.यू. प. जर्मनी का धर्माधरित राजनीतिक दल है। इसे रोमन कैथोलिकों का समर्थन प्राप्त है। यह स्पष्टतः क्षेत्रीय दल है। यह अधिकांश समय सी.डी.यू. से गठजोड़ में रही है तथा जर्मनी की साझा सरकार में शामिल रही। सी.एस.यू. गठजोड़ का दक्षिणपंथी विंग मानी जाती है। इस दल का प्रभाव बबेरियन राजनीति में अधिक रहा है।

## Christian Socialism | ईसाई समाजवाद

उन्नीसवीं शताब्दी के अन्तिम चरण का आन्दोलन, जिसमें ईसाई उपदेशों और समाजवादी विचारधाराओं को समन्वित, अच्छे जीवन की प्राप्ति के लिए महत्वपूर्ण माना गया। इस मत के प्रमुख विचारक एफ. डी. मोरिस (1805-1872) तथा चार्ल्स किंग्स्ले (1819-1875) थे। इनके अनुसार पूंजीवादी व्यवस्था, ईसाई धर्म विरोधी है, क्योंकि धनी वर्ग के द्वारा निर्धनों का शोषण किया जाता है। अनेक कैथोलिक धर्मानुयायियों ने ईसाई समाजवादी विचारधारा को ग्रहण किया। इससे सामाजिक सुधारों को लाने के लिए समाजवादी दलों को समर्थन मिला। बाद में इस मत का प्रसार इंग्लैण्ड में भी हुआ। इसमें समानता, सहभागिता भाईचारा जैसे मूल्यों पर अधिक बल दिया जाता था।

## Christianity | ईसाईयता

5 ई.पू. से 30 ई. येरुशलम में ईसा मसीह द्वारा स्थापित धर्म। ईसा मसीह को मानने वाले ईसाइयों का समाज जो राजनीति में भी धर्म को महत्व देत हैं। ईसाई धर्म की राजनीतिक भूमिका अधिकांश पश्चिमी राष्ट्रों में कम महत्वपूर्ण हो गई है क्योंकि अब मतदाता दलों को धर्म के आधार पर अपना समर्थन नहीं देते, जहाँ इसका राजनीति में थोड़ा-बहुत महत्व है, वहाँ यह दो रूपों में अपने को प्रकट कर रहा है। एक फ्रांस और इटली जैसे देशों में पादरियों और गैर-पादरियों के गुटों में संघर्ष तथा दूसरा ईसाई धर्मावलम्बी विभिन्न धार्मिक गुटों में जैसेः कैथोलिक तथा प्रोटेस्टेण्ट में संघर्ष। ऑस्ट्रेलिया, कनाडा तथा ब्रिटेन में राजनीतिक दल किसी न किसी सम्प्रदाय से जुड़े हैं। ब्रिटेन में रोमन कैथोलिक लोग लेबर पार्टी को अपना समर्थन देते हैं जबकि एंगलिकन लोग कन्जरवेटिव पार्टी के पक्ष में मतदान करते हैं। उत्तरी आयरलैण्ड में ईसाई सम्प्रदायों के मध्य संघर्ष राजनीतिक सम्बद्धता का आधार बनते हैं। यह सत्य है कि ईसाई धर्म सम्प्रदाय प्रत्यक्ष रूप में राजनीतिक दल के रूप में सामने नहीं आते पर उनका इन दलों पर अप्रत्यक्ष प्रभाव तो बना रहता ही है।

## Circulation of Elites | विशिष्ट वर्गों की अदला-बदली

विल्फ्रेड पैरेटो (1848-1923) के अनुसार विशिष्ट वर्गों की आंतरिक प्रतिस्पर्धा के परिणामस्वरूप गैर-सत्तारूढ़ विशिष्ट वर्ग (Non Governing Elite) कालान्तर में सत्तारूढ़ विशिष्ट वर्ग (Governing Elite) को सत्ता से हटाकर स्वयं सत्तारूढ़ हो जाता है, और यह चक्र निरन्तर चलता रहता है। इस तरह सत्ता का सूत्र लगातार किसी न किसी विशिष्ट वर्ग के हाथों में रहता है। जनसाधारण स्वयं कभी सत्ता का प्रयोग नहीं कर पाते।

## Citizen Charter | नागरिक अधिकार पत्र

किसी भी लोकतांत्रिक व्यवस्था में नागरिकों के अधिकार सरकार द्वारा लम्बे संघर्ष के बाद ही दिए गए हैं। ब्रिटेन में यह 1215 ई. में महाधिकार पत्र 'मेग्नाकार्टा' आया। भारतीय संविधान में मूल अधिकार दिया गया है। हाल के वर्षों में नागरिकों को समय पर सरकारी दफ्तरों में आवश्यक कार्य

सम्पादित किए जाने हेतु भी नागरिक अधिकार पत्र बनाये गए हैं। समय पर नागरिक के काम पूरा नहीं होने पर लोक सेवकों के लिए दंडात्मक प्रावधान भी किया गया है। 20 दिसम्बर 2011 की लोकसभा में केन्द्र सरकार द्वारा 'वस्तुओं एवं सेवाओं के समयबद्ध वितरण' सम्बन्धी नागरिक के अधिकार तथा शिकायतों का निस्तारण विधेयक 2011 प्रस्तुत किया गया। कई राज्यों में ऐसे विधेयक पारित किए जा चुके हैं।

**Citizen's Union | नागरिक संघ**

राजनीतिक व्यवस्था में राज्यों के नागरिकों के अधिकारों तथा स्वतंत्रताओं की रक्षार्थ समयानुसार उनके अनेक स्वैच्छिक एवं व्यक्तिगत संगठन स्थापित हो रहे हैं। वर्तमान में भारत जैसे लोकतांत्रिक देश में अनेक ऐसे संगठन कार्यरत हैं। जिस प्रकार से पीपुल्स यूनियन फॉर सिविल लिबर्टी, हिन्दुस्तानी आन्दोलन आदि। संयुक्त राज्य अमेरिका में भी ऐसे ही अनेक संगठन हैं। जैसे अमेरिकन सिविल लिबर्टीज यूनियन, सिविल सर्विस रिफार्म लीग, अरबन लीग आदि। इस प्रकार के नागरिक संघ हैं, जो अपने उद्देश्यों की पूर्ति के लिए आन्दोलन करते हैं।

**Citizenship | नागरिकता**

नागरिकता का अर्थ है: वह स्थिति जिसमें व्यक्ति किसी राजनीतिक समुदाय का पूर्ण और उत्तरदायी सदस्य (Full and Responsible Member) होता है और वह सार्वजनिक जीवन में भाग लेता है। नागरिक ऐसा व्यक्ति है जो राज्य के प्रति निष्ठा (Allegiance) रखता है, और उसे राज्य का संरक्षण (Protection) प्राप्त हेता है।

रूसो ने अपनी कृति द सोशल कॉन्ट्रेक्ट (सामाजिक समझौता) (1762) में लिखा है कि नागरिक स्वतन्त्र और स्वायत्त व्यक्ति है, वह उन सब निर्णयों में भाग लेने का हकदार है जो सब नागरिकों के लिए बाध्यकर होते हैं। भारतीय संविधान के भाग-2 (अनुच्छेद 5-11) तक नागरिकता का वर्णन है। इसके लिए 1955 में नागरिकता अधिनियम 1955 बनाया गया है।

**City Council | नगर परिषद**

नगर परिषद वह कानूनी निकाय जिसे कर लगाने जैसे: गृहकर आदि एवं निधि का विनियोजन करने तथा नगर निगम के कार्य का संचालन करने तथा उपनियम बनाने के अधिकार प्राप्त होते हैं। नगर परिषद ही नगर की साफ-सफाई, बिजली, पानी की व्यवस्था करती है। प्रमुख रूप से संयुक्त राज्य अमेरिका में किसी नगर की सरकार जिसे विधि निर्माण, अध्यादेश प्रवर्तन तथा करारोपण आदि के प्राधिकार होते हैं। भारत में स्थानीय स्वशासन की शहरी संस्था के दूसरे स्तर पर नगर परिषद की व्यवस्था अनुच्छेद 243 में है।

**City Manager Plan | नगर प्रबंधक योजना**

संयुक्त राज्य अमेरिका की स्थानीय स्वशासन प्रणाली का एक स्वरूप जिसके अनुसार नगर परिषद विधायिनी का प्राधिकार तो रखती है। किन्तु कार्य संचालन के लिए कार्यपालिका का उत्तरदायित्व एक नगर प्रबंधक को सौंप देती है। जो एक निश्चित अवधि के लिए नियुक्त होता है। इस प्रकार से नगर परिषद की समस्त व्यवस्थाओं की देखरेख एवं कार्य संचालन नगर प्रबंधक करता है।

**City State | नगर-राज्य**

किसी देश का वह राजनीतिक संगठन जिसमें राजनीतिक गतिविधियाँ तथा नेतृत्व एक नगर में ही केन्द्रित हों। प्राचीन यूनान तथा रोम में राजनीतिक संगठन की सबसे छोटी इकाई नगर-राज्य ही थे।

इसी कारण इन्हें नगर-राज्य कहा जाता था। प्रत्येक नगर-राज्य स्वतंत्र एवं संप्रभु होता था। इनमें से अनेक नगर-राज्यों में प्रत्यक्ष लोकतंत्र की व्यवस्था पाई जाती थी। अंग्रेजी शब्द "पॉलिटिक्स" यूनानी भाषा के 'पोलिस' शब्द का रूपान्तर है। ईसा से प्रायः 700 वर्ष पूर्व यूनान के अनेक नगर-राज्य निर्मित हुए। ये नगर-राज्य पर्वतों तथा घाटियों से घिरे होते थे और एक-दूसरे से पर्याप्त दूरी पर स्थित थे। काफी हद तक आत्मनिर्भर होते हुए भी इन नगर-राज्यों की शासन प्रणाली एक-दूसरे से भिन्न थी। यूनान के नगर-राज्यों में एथेंस और स्पार्टा सबसे प्रसिद्ध थे तथा यूनान अपनी अधिकांश राजनीतिक तथा सामाजिक संस्थाओं के लिए इन्हीं दो नगर-राज्यों का आभारी है।

## Civic Culture | नागरिक संस्कृति

यह राजनीतिक संस्कृति का ही एक उपाय है। यह वह संस्कृति है जिसमें लोगों के राजनीतिक विचार व मूल्य राजनीतिक समानता एवं सहभागिता के हों तथा जहाँ सरकार में लोगों का विश्वास हो और सरकार उनके हित में कार्य करती हो।

## Civic Sense | नागरिक भावना

किसी देश या समाज के नागरिकों में पाई जाने वाली इस प्रकार की भावना या संवदेना जिसमें समस्त समाज या राष्ट्र की सुख-सुविधा, हित एवं उन्नति अथवा प्रगति का भाव-सूचक हो उसे नागरिक भावना कहते हैं।

## Civil | नागरिक

देश की राजनीतिक व्यवस्था में एक नागरिक का दूसरे नागरिक या राज्य-व्यवस्था से सम्बन्ध होता है तथा राज्य के आपसी एवं आंतरिक मामलों में यह नागरिक वर्ग से संबंधित होता है एवं असैनिकों से सम्बन्धित तथा नागरिक से संबंधित भी होता है।

## Civil Budget | सिविल बजट

सरकार का वह वार्षिक बजट का भाग जिसका सम्बन्ध सैनिक विभाग को छोड़कर असैनिक विभागों की आर्थिक गतिविधियों के उतार-चढ़ाव एवं आगामी वर्ष के अनुमानित आय-व्यय का हिसाब किताब आंकड़ों से सम्बन्धित होता है उसे सिविल बजट कहते हैं।

## Civil Code | व्यवहार संहिता/नागरिक संहिता, नेपोलियन की संहिता

किसी देश की राजनीतिक व्यवस्था में नागरिकों के पारस्परिक व्यवहार को दर्शाने वाली एवं नियमित करने वाली विधि को व्यवहार संहिता अथवा सिविल कोड कहते हैं। फ्रांस की क्रांति के बाद क्रांतिकारी सिद्धान्तों पर नेपोलियन बोनापार्ट द्वारा तैयार करवाया गया कानून जिसमें जन्म पर आधारित सभी विशेषाधिकार समाप्त कर सभी को बराबर माना गया एवं संपति का अधिकार सुरक्षित रखा गया।

## Civil Court | दीवानी अदालत

किसी राष्ट्र के नागरिकों के अधिकारों तथा उनकी पारिवारिक धनसंपत्ति के मुकदमों की सुनवाई तथा फैसला करने वाले न्यायालय को दीवानी अदालत कहते हैं।

अनुच्छेद 133 के तहत भारत का उच्चतम न्यायालय, किसी उच्च न्यायालय की दीवानी कार्यवाही में दिए गए किसी निर्णय, डिक्री या अन्तिम आदेश की अपील दीवानी अदालत के रूप में सुनता है।

## Civil Defence | नागरिक सुरक्षा

शत्रु के आक्रमण की सम्भावना होने पर सरकार द्वारा सार्वजनिक सुरक्षा की व्यवस्था करना। इसके अन्तर्गत नागरिकों को आक्रमण की सूचना देना या चेतावनी देना, आत्मरक्षा का प्रशिक्षण देना, असहाय लोगों को सहारा देना और क्षतिग्रस्त भवनों आदि की मरम्मत करना जैसे कार्य आते हैं।

## Civil Disobedience | सविनय अवज्ञा

सरकार के अनुचित कानूनों, नीतियों के प्रति सामूहिक रूप से प्रतिरोध करने की एक विधि। यह प्रतिरोध अहिंसक व विनयपूर्ण होता है। गाँधी जी ने अंग्रेजी शासन की अनुचित नीतियों का प्रतिरोध करने के लिए इसी ढंग का उपयोग किया था। मार्टिन लूथर व टॉलस्ताय ने भी इसी विधि को प्रतिरोध की उत्तम विधि माना था। इसमें स्वयं कष्ट सहकर सत्ताधारियों का हृदय परिवर्तन करने का प्रयास किया जाता है।

14 से 16 फरवरी 1930 को साबरमती में सम्पन्न कांग्रेस कार्यकारिणी की बैठक में गाँधी जी को सविनय अवज्ञा आन्दोलन चलाने का सम्पूर्ण अधिकार दिया गया। गांधी जी ने निश्चय किया कि वे दांडी समुद्र तट पर सरकार की आज्ञा प्राप्त किए बिना नमक बनाएंगे तथा नमक कानून का उल्लंघन करेंगे। 12 मार्च 1930 को गांधी जी के नेतृत्व में 78 चुने हुए कार्यकर्ता साबरमती आश्रम से पैदल 200 मील दाण्डी गांव की ओर चले तथा 5 अप्रैल को पहुँचे 6 अप्रैल 1930 को उन्होंने समुद्र के पानी से नमक बनाकर नमक कानून का उल्लंघन करके सत्याग्रह का श्रीगणेश किया। गांधी जी ने कहा "सत्याग्रहियों की कभी पराजय नहीं होती, जब तक वे सत्य का परित्याग न कर दें"।

गांधी जी ने सविनय अवज्ञा आन्दोलन का कार्यक्रम निर्धारित करते हुए कहा, गाँव-गाँव को नमक बनाने के लिए निकल पड़ना चाहिए। बहनों को शराब, अफीम और विदेशी कपड़े की दुकानों पर धरना देना चाहिए। विदेशी वस्त्रों को जला देना चाहिए। यह आन्दोलन महाराष्ट्र, बिहार, असम, पंजाब, तमिलनाडु, मणिपुर आदि में फैल गया।

सविनय अवज्ञा शब्दावली के आविष्कार का श्रेय अमेरीकी लेखक हेनरी डेविड थोरा (1817-62) को है।

## Civil Embargo | असैनिक व्यापार-प्रतिरोध

किसी राज्य की सरकार द्वारा अपने ही राज्य के वाणिज्यिक जहाजों के गमनागमन पर लगाया गया पूर्ण प्रतिबंध जिसे असैनिक व्यापार प्रतिषेध कहते हैं।

## Civil Equality | नागरिक समता

नागरिक समानता का अर्थ है कि समाज में प्रत्येक व्यक्ति को आत्म-विकास के समान अवसर सुलभ होने चाहिए अर्थात व्यक्तित्व के उत्थान के लिए मनुष्य को जिन सुविधाओं की आवश्यकता होती है, राज्य को उन समस्त सुविधाओं का प्रबंध करना चाहिए। इस सिद्धान्त के अनुसार शासन एवं कानून की दृष्टि में सभी नागरिक समतापूर्ण व्यवहार के पात्र होते हैं और किसी के साथ जाति, धर्म, वर्ण, क्षेत्र, निवास आदि के आधार पर कोई भेदभाव नहीं किया जाना चाहिए। नागरिक समानता का अभिप्राय यह भी है कि विधि की दृष्टि से सब नागरिक समान समझे जाएं। नागरिक समानता के राज्य में प्रत्येक नागरिक को इस बात का आश्वासन प्राप्त होता है कि उसके साथ न्याय किया जाएगा।

## Civil Law | दीवानी कानून

वे कानून जिनका सम्बन्ध आपराधिक मामलों से भिन्न अन्य मामलों से होता है। इनके अन्तर्गत संविदाओं, सम्पत्तियों, करों, अनुचित कार्यों व अन्य मामलों से संबंधित कानून आते हैं।

## Civil Liberties | नागरिक स्वतंत्रताएँ

जनतांत्रिक समाज में नागरिकों को प्राप्त स्वतंत्रता सम्बन्धी अधिकार। इनके अन्तर्गत भाषण की स्वतंत्रता, धर्माचरण की स्वतंत्रता, वैचारिक स्वतंत्रता, भ्रमण की स्वतंत्रता, संघ बनाने की स्वतंत्रता, उचित नीति से मुकदमा चलवाने की स्वतंत्रता तथा व्यक्तिगत स्वतंत्रता आती है। ये स्वतंत्रताएँ नागरिकों को सरकार की स्वेच्छाचारिता से रक्षा करती हैं। हमारे संविधान में इन स्वतंत्रताओं को नागरिकों के मूलभूत अधिकारों के रूप में स्वीकार किया गया है। अमेरिका में 1791 में बिल ऑफ राइट्स दिया गया। ब्रिटेन में इसकी मान्यता "साइलेंस ऑफ लॉ" द्वारा है। आज विश्वस्तर पर इन स्वतंत्रताओं को मानवीय अधिकारों के घोषणा पत्र के द्वारा मान्यता प्राप्त हैं।

भारत के संविधान के भाग 3 में दिए गए मौलिक अधिकारों में अनुच्छेद 19 में 6 प्रकार की नागरिक स्वतन्त्रता सभी भारतीयों को प्रदान की गई है।

19(1) सभी नागरिकों को

(क) वाक् एवं अभिव्यक्ति की स्वतन्त्रता।

(ख) शांतिपूर्वक और निरायुद्ध सम्मेलन की स्वतंत्रता।

(ग) संगम या संघ बनाने की स्वतंत्रता।

(घ) भारत के राज्य क्षेत्र में अबाध संचरण की स्वतंत्रता।

(ङ) भारत के राज्य क्षेत्र के किसी भाग में निवास करने और बस जाने और

(छ) कोई वृत्ति, उपजीविका, व्यापार या कारोबार करने की स्वतंत्रता।

अनु. 19(2) खण्ड (1) के (क) से (छ) तक उक्त उपखण्ड द्वारा दिए गए अधिकार प्रयोग पर भारत की प्रभुता और खण्डता, राज्य की सुरक्षा, विदेशी राज्यों के साथ मैत्रीपूर्ण सम्बन्धों, लोक व्यवस्था, शिष्टाचार या सदाचार के हितों में युक्तियुक्त निर्बन्धन लगाया जा सकता है।

## Civil List | 1. सिविल लिस्ट 2. अधिकारी सूची

ग्रेट ब्रिटेन तथा अन्य राजतंत्रों में वर्ष के प्रारंभ में ही राजकुल के सदस्यों तथा अन्य व्यक्तिगत एवं घरेलू व्यय के लिए विनियोजित की जाने वाली धन-राशि की सूची तथा किसी देश के असैनिक सार्वजनिक अधिकारियों की सूची जिसे सामान्यतया सिविल लिस्ट या अधिकारी सूची कहते हैं।

## Civil Rights | नागरिक अधिकार

नागरिकों को वैधानिक रूप से प्राप्त अधिकार जिनकी संविधान द्वारा रक्षा की जाती है तथा जिन्हें बुनियादी अधिकारों के रूप में संविधान द्वारा मान्यता दी जाती है। इन अधिकारों को बिना किसी भेदभाव के राज्य के सभी नागरिकों को प्रदान किया जाता है। ये अधिकार एक बुनियादी मानव अधिकार और दूसरे राजनीतिक अधिकारों के रूप में दो वर्गों में विभाजित होते हैं। प्रथम वर्ग में समानता व सुरक्षा सम्बन्धी अधिकार आते हैं जबकि दूसरे वर्ग में भाषण की स्वतंत्रता, सरकारी नीतियों का प्रतिरोध करने की स्वतंत्रता से संबंधित अधिकार आते हैं।

## Civil Service | सिविल सेवा/असैनिक सेवा

सार्वजनिक प्रशासन सम्बन्धी सेवा, राज्य द्वारा नियुक्त कर्मचारी समूह जो उसकी नीतियों को क्रियान्वित करता है। यह वर्ग राजनेताओं या मंत्रियों को कानून बनाने व उनको लागू करवाने में मदद करता है। इन कर्मचारियों की विभिन्न प्रशासनिक विभागों में नियुक्ति की जाती है। संविधान के भाग 14 के अनुच्छेद 312 में अखिल भारतीय प्रशासनिक सेवाओं, इनके अधिकारियों की सेवा शर्तों का विवरण है।

### Civil Service Commission | असैनिक सेवा आयोग, सिविल सेवा आयोग

किसी देश की राजनीतिक प्रणाली में या उस राष्ट्र की सरकार द्वारा गठित वह आयोग जो विभिन्न शासन सम्बन्धी तथा प्रशासकीय विभागों तथा उनके अधीनस्थ कार्यालयों इत्यादि में शासन-कार्य के सुचारू संचालन के लिए स्वतंत्र प्रतियोगिता, परीक्षाओं के आयोजन द्वारा विभिन्न प्रकार के प्रशासनिक तथा तकनीकी कर्मचारियों का योग्यता के आधार पर चयन करता है।

भारतीय संविधान के भाग 14 में अनुच्छेद 315 से 323 तक लोक सेवा आयोग के संगठन का वर्णन है। अनुच्छेद 315 के तहत संघ के लिए एक लोक सेवा आयोग और प्रत्येक राज्य के लिए एक लोक सेवा आयोग होगा। दो या दो से अधिक राज्यों की मांग पर संयुक्त आयोग की स्थापना की जा सकती है।

अनुच्छेद 316 के अनुसार लोक सेवा आयोग के अध्यक्ष और अन्य सदस्यों या संयुक्त आयोग है तो राष्ट्रपति द्वारा और यदि वह राज्य आयोग है तो राज्य के राज्यपाल द्वारा की जाएगी। लोक सेवा आयोग का सदस्य अपने पद ग्रहण की तारीख से छह वर्ष की अवधि तक या संघ आयोग की दशा में पैंसठ वर्ष की आयु प्राप्त कर लेने तक और राज्य आयोग या संयुक्त आयोग की दशा में 62 वर्ष की आयु प्राप्त कर लेने तक, इनमें से जो भी पहले हो अपना पद धारित करता है।

अनुच्छेद 317 के तहत लोक सेवा आयोग के किसी सदस्य को कदाचार के आधार पर राष्ट्रपति के आदेश से उच्चतम न्यायालय के जाँच प्रतिवेदन के आधार पर हटाया जाता है।

अनुच्छेद 320(1) के अनुसार संघ और राज्य लोक सेवा आयोगों का कर्तव्य होगा कि वे क्रमशः संघ की सेवाओं और राज्य की सेवाओं में नियुक्तियों के लिए परीक्षाओं का संचालन करें।

अनुच्छेद 323 के अनुसार संघ आयोग का यह कर्तव्य है कि वह राष्ट्रपति को आयोग द्वारा किए गए कार्य के बारे में प्रतिवेदन दे, राष्ट्रपति ऐसे प्रतिवेदनों को संसद के समक्ष रखवायेगा।

### Civil Society | नागरिक समाज

संगठित समाज जो राज्य या बाजार का हिस्सा न हो, स्वैच्छिक संगठन एवं संस्थाओं की वह सामाजिक संरचना है, जिसमें लोगों के पास राजनीतिक सत्ता न हो, अपना जीवन अच्छी तरह से जी सकें तथा जो आर्थिक, पारिवारिक, सांस्कृतिक, सामाजिक सम्बन्धों का निर्वहन कर सकें। भारत में अन्ना हजारे के द्वारा सन् 2012 में भ्रष्टाचार विरोधी आन्दोलन में यह शब्द जनसमूह के संगठित स्वरूप के रूप में प्रचलित हुआ है।

### Civil War | गृहयुद्ध

एक ही राष्ट्र या देश के विभिन्न राजनीतिक दलों, विभिन्न समूहों, गुटों और दलों में सत्ता पाने के लिए सशस्त्र संग्राम को गृहयुद्ध कहते हैं।

### Civil War in England | इंग्लैण्ड का गृहयुद्ध

इंग्लैण्ड के सांविधानिक विकास में 1642-49 का वह युद्ध जो सम्राट चार्ल्स प्रथम और उसके विरोधी संसद सदस्यों के बीच चला। इसमें चार्ल्स प्रथम (1603-49) की पराजय हुई और उसे 1649 में मृत्युदण्ड दे दिया गया। इस युद्ध का एक ध्येय राजतन्त्र (Monarchy) का अंत करना था, परन्तु संसदीय पक्ष के प्रमुख नेता ऑलीवर क्रॉमवैल (1599 – Sep. 1658) की मृत्यु के बाद चार्ल्स द्वितीय के राज्याभिषेक के कारण राजतन्त्र फिर से स्थापित हो गया।

## Civilization | सभ्यता, संस्कृति

इस शब्द का प्रयोग संस्कृति के लिए भी होता है। सभ्यता से तात्पर्य किसी समाज विशेष की बौद्धिक, सौन्दर्य-विषयक, तकनीकी तथा आध्यात्मिक उपलब्धियों का सामूहिक योग होता है। इसे सिन्धु घाटी की सभ्यता, मिश्र की सभ्यता और रोम की सभ्यता का बोध होता है। सभ्यता को संस्कृति से भिन्न भी माना जाता है। इसका अभिप्राय विज्ञान एवं शिल्पविज्ञान उत्पादन तकनीक से सम्बन्धित मानव की सृजनात्मक शक्ति तथा समाज की संपूर्ण भौतिक जीवन से होता है। इसके विपरीत संस्कृति का अर्थ कला, साहित्य और धर्म से सम्बन्धित मानव के विचार और कृतियों से है।

## Class | वर्ग

वर्ग आर्थिक, उत्पादन के सम्बन्धों, आय, समृद्ध जीवन शैली और राजनीतिक अधिमान्यताओं पर समान विश्वास वाले मनुष्यों का समूह है। जिनका आम हित एक ही हो तथा जो एक सी भूमिका का निर्वाह करते हों तथा जिनका उस वर्ग के अन्य लोगों के साथ यह सम्बन्ध हो। सामाजिक स्तर व आर्थिक आधार पर उच्च, मध्यम व निम्न वर्ग समाज में दिखाई देते हैं। इसी तरह पूंजीपति व सर्वहारा दो अन्य वर्ग भी दिखाई देते हैं। इन वर्गों का संघर्ष वर्ग-संघर्ष कहलाता है। यह संघर्ष समाज में अतिरिक्त उत्पादन के नियंत्रण के लिए होता है। यह नियंत्रण का अधिकार उत्पादक का होता है जो उत्पादन के साधन को नियंत्रित करता है। पूंजीपति अतिरिक्त उत्पादन पर अपना हक मानता है एवं मजदूरों को इससे वंचित करता है। अतः दोनों वर्गों में संघर्ष होता है। पूंजीवादी उत्पादन पद्धति में मजदूर एक वर्ग के रूप में (क्लास इन इटसेल्फ) उत्पादन कार्य करके मुनाफा पूंजीपतियों को देता है। बाद में उनमें अपने शोषण के प्रति जागरूकता पैदा होती है, फिर संगठित होकर पूंजीवादी उत्पादन प्रणाली को ही समाप्त कर देता है। इस तरह से मजदूर वर्ग जो पहले अपने आप में एक वर्ग था अपने लिए (क्लास इन इटसेल्फ) एक वर्ग के रूप में उमड़ता है एवं शोषण की जड़ को ही समाप्त कर देता है, लेकिन अभी तक ऐसा सम्भव नहीं हो पाया है। जहाँ साम्यवादी क्रांति हुई वहाँ मजदूरो का वर्ग अपने लिए कोई संगठित वर्ग नहीं था। जिन देशों में खासकर पश्चिमी पूंजीवादी राष्ट्र जहाँ मजदूरों काफी संगठित हैं, उत्पादन के सम्बन्ध नियंत्रित नहीं कर पाये हैं। इसके पीछे लुकाज "हिस्ट्री ऑफ क्लास कनसेसनेस (1923)" जैसे मार्क्सवादी इसके लिए 'झूठी चेतना' को उत्तरदायी मानते हैं। लुकाज 'वर्ग की चेतना' और 'वर्ग चेतना' को अलग-अलग मानते हैं। वर्ग की चेतना मजदूरों में दिन-प्रति-दिन की घटना से आती है और 'वर्ग चेतना' सम्पूर्ण व्यवस्था को ठीक से समझने से। किसी मजदूर में 'वर्ग की चेतना' की जगह 'वर्ग चेतना' अपने आप नहीं आती बल्कि इसे विचारधारात्मक रूप से मजदूरों को मजदूर संगठन द्वारा सतत प्रयास से तैयार करके लाया जाता है। जब तक झूठी चेतना का अन्त नहीं होता, वर्ग चेतना का आना सम्भव नहीं है। अलक्यूजर, चर्च, शिक्षा-प्रणाली और परिवार को मजदूरों में वैज्ञानिक समाजवादी सच्चाई को पनपने से रोकने वाला मानते हैं। उनका 'विचारधारात्मक राज्य का साधन' का सिद्धान्त इसकी व्याख्या है। पारकिन्स अपनी पुस्तक 'क्लास इनक्युलिटी एंड पॉलिटिकल ऑर्डर' में मजदूरों के अपने परिस्थितियों को समझने और जीवन में उम्मीदें रखने के कारण शोषणकारी व्यवस्था से शांति बनाए रखने को पहल कर देता है। हेवरमास, 'लेजिटिमेशन क्राइसिस' (1978) नामक पुस्तक में मजदूरों के पूंजीपति के साथ सौदा करने की सामर्थ्य में कमी एवं राज्य के उत्पादन के क्षेत्र में हस्तक्षेप को मजदूर वर्ग में वर्ग चेतना के विकास को रोकने वाला माना है। 'वर्ग सिद्धान्त' समाज विज्ञान का प्रमुख सिद्धान्त बना है।

## Class Antagonism | वर्ग-विरोध

कार्ल मार्क्स के अनुसार पूंजीवादी समाज में निरंतर परिलक्षित वह विरोध, प्रतिरोध तथा वैमनस्य तथा द्वेष की भावना जो समाज के विभिन्न आर्थिक स्वरूप या वर्गों में एक-दूसरे के प्रति पाई जाती है। यह सामाजिक व्यवस्था में समाज को दो परस्पर विरोधी भागों - पूंजीपति - वर्ग तथा सर्वहारा-वर्ग में विभक्त कर देती है।

## Class Domination | वर्ग प्रभुत्व

ऐसी स्थिति जिसमें समाज धनवान और निर्धन वर्गों (Haves and Have-notes) में बंटा रहता है धनवान वर्ग उत्पादन के प्रमुख साधनों का स्वामी होता है, और निर्धन वर्ग अपने जीवन निर्वाह के लिए श्रम करने को विवश होता है। ऐसी हालत में निर्धन वर्ग पर धनवान वर्ग का प्रभुत्व हो जाता है।

## Class Struggle | वर्ग संघर्ष

ऐसे व्यक्तियों के समूहों में हिंसात्मक विरोध को वर्ग-संघर्ष माना जाता है जो न्यूनाधिक मात्रा में स्थायी रूप से सम्बन्धित होते हैं तथा जिन्हें सार्वजनिक रूप से उनकी प्रशिक्षण सुविधाओं तथा प्रस्थिति के आधार पर भिन्न माना जाता है। ऐसे समूहों की भिन्नता अनुभव, धन-सम्पदा, शिक्षा, राजनीतिक प्रभाव, जीवन-शैली, आराम तथा सौन्दर्यात्मक रुचि आदि में स्पष्ट झलकती है। सामान्यतया ये समूह प्रगतिशील तथा रूढ़िवादी जैसे सामान्य विरोधी दलों में बंटे होते हैं।

निम्न एवं दलित आर्थिक समूह उच्च एवं सुविधाभोगी समूहों के शोषण एवं प्रभुत्व से स्वतंत्र होने तथा उच्च वर्गों द्वारा अपने प्रभुत्व एवं सुविधाओं को बनाए रखने के लिए ऐतिहासिक संघर्ष निरन्तर करते रहते हैं। कार्ल मार्क्स के अनुसार "इस प्रकार का संघर्ष प्रत्येक युग में धनवान एवं निर्धन के बीच विद्यमान रहा है। प्राचीन काल में यह संघर्ष स्वामी और दास के बीच, मध्यकाल में सामन्त और खेतिहर मजदूर के बीच और आधुनिक औद्योगिक समाजों में पूंजीपति और औद्योगिक श्रमिक के मध्य निरन्तर चल रहा है।" इसीलिए मार्क्स ने अपनी सुप्रसिद्ध कृति "कम्युनिस्ट मेनीफेस्टो" की शुरुआत इन शब्दों से की है "आज तक के विद्यमान सभी समाजों का इतिहास वर्ग-संघर्ष का इतिहास रहा है।" मार्क्स के अनुसार, मजदूरों की विश्वव्यापी क्रांति समाजवाद की स्थापना करेगी जो अन्ततः वर्गहीन, जाति-विहीन तथा राज्य विहीन समाज की मार्क्स की कल्पना को साकार करेगी। ऐसे समाज में मार्क्स की मान्यतानुसार वर्ग-संघर्ष की गुंजाइश नहीं होगी।

## Class System | वर्ग-व्यवस्था

किसी समाज की वह सोपानात्मक व्यवस्था जिसमें व्यक्तियों को उनकी विभिन्न सामाजिक और आर्थिक स्थितियों के आधार पर विभिन्न सामाजिक वर्गों में विभाजित किया जाता है, उसे वर्ग व्यवस्था कहते हैं। इसमें तीन प्रमुख वर्ग हैं, उच्च वर्ग, मध्यम वर्ग और निम्न वर्ग।

उच्च वर्ग के अन्तर्गत अत्यन्त धनी और उच्च पदाधिकारी आते हैं, जिनके पास धन, सुख-सुविधाओं, मान-सम्मान, पद, शिक्षा आदि की प्रचुरता होती है। यह वर्ग अपने से भिन्न वर्गों के शोषण पर ही प्रायः निर्भर है तथा प्रमुख नेताओं से घनिष्ठ मेलजोल रखता है। इस प्रकार इस वर्ग का आर्थिक, राजनीतिक, सामाजिक और सांस्कृतिक प्रभाव बहुत अधिक पड़ता है।

निम्न वर्ग के अन्तर्गत छोटे-छोटे काम-धंधे करने वाले, दुकानदार, श्रमिक और कर्मचारी आते हैं, जिनकी आर्थिक स्थिति अत्यन्त दयनीय और सामाजिक स्थिति बहुत कमजोर होती है। अभाव, निराशा, अशिक्षा, अज्ञान आदि इनके समाज में सदैव विद्यमान रहते हैं। यह वर्ग पूंजीवादी व्यवस्था में सदा ही शोषित बना रहता है।

उच्च वर्ग और निम्न वर्ग के बीच का वर्ग मध्यम वर्ग होता है। इस वर्ग के व्यक्तियों की आर्थिक और सामाजिक स्थिति साधारणतः उत्तम होती है। मध्यम वर्ग अत्यन्त स्वार्थी और परम्परागत विचारों वाला माना जाता है। यह सामाजिक परिवर्तन या क्रांति को लानेवाला नहीं माना जाता अपितु अधिकतर बुद्धिजीवी और नेता इसी वर्ग में से आते हैं, अतः अल्पसंख्यक होते हुए भी यह महत्वपूर्ण वर्ग होता है।

## Class Theory of the State | राज्य का वर्ग-सिद्धान्त

कार्ल मार्क्स द्वारा राज्य की प्रकृति की व्याख्या राज्य का वर्ग सिद्धान्त कहा जाता है। इस सिद्धान्त के अनुसार, राज्य तब अस्तित्व में आता है, जब उत्पादन के प्रमुख साधनों को स्वामित्व के आधार पर समाज के धनवान और निर्धन-वर्गों में बंट जाता है। राज्य निर्धन वर्ग पर धनवान वर्ग के प्रभुत्व का साधन मात्र है। दूसरे शब्दों में यह सिद्धान्त राज्य को वर्ग प्रभुत्व का उपकरण मानता है।

यह सिद्धान्त आर्थिक शक्ति को राजनीतिक शक्ति का आधार मानता है। इसके अनुसार आर्थिक शक्ति की जड़ पर ही राजनीतिक शक्ति का पेड़ उगता है। आर्थिक शक्ति की नींव पर ही राजनीतिक शक्ति का ढांचा खड़ा किया जाता है। आर्थिक शक्ति का अर्थ है, सामाजिक उत्पादन के साधनों पर स्वामित्व। पूंजीवाद के अन्तर्गत सामाजिक उत्पादन के साधनों भूमि, भवन, पूंजी आदि को निजी सम्पत्ति का विषय माना गया है।

मार्क्सवाद के अनुसार इतिहास के प्रत्येक युग में सामाजिक उत्पादन के साधनों पर गिने-चुने लोग अपना स्वामित्व स्थापित कर लेते हैं और वे शेष समाज को अपनी शर्तों पर श्रम करने के लिए विवश कर देते हैं। इस तरह समाज निजी सम्पत्ति के आधार पर दो प्रमुख वर्गों में बंट जाता है। धनवान वर्ग और निर्धन वर्ग (Haves and Have Nots) धनवान वर्ग निजी लाभ के लिए निर्धन वर्ग का भरपूर शोषण (Exploitation) करता है।

धनवान वर्ग अपनी आर्थिक शक्ति को मजबूत करने हेतु राजनीति, कानून, अधिकारी-तन्त्र, न्यायालय इत्यादि का आविष्कार करता है। और इसे वैधता (Legitimacy) प्रदान करने के लिए इसके इर्द-गिर्द धर्म, नैतिकता और विचारधारा का ताना-बाना बुन लेता है। इस प्रकार धनवान वर्ग स्वयं प्रभुत्वशाली वर्ग की भूमिका संभाल लेता है और निर्धन वर्ग को पराधीन वर्ग की स्थिति में ढकेल देता है। मार्क्स के अनुसार राज्य प्रभुत्वशाली वर्ग के हाथ की कठपुतली है और इस वर्ग के हितों को बढ़ावा देने के लिए पराधीन वर्गों का शोषण (Exploitation) जरूर करता है। अतः राज्य की नींव नैतिकता या न्याय पर नहीं रखी गई है, बल्कि सामाजिक अन्याय पर रखी गई है। राज्य परस्पर विरोधी वर्गों के संघर्ष को दबा देता है। राज्य के वर्ग सिद्धान्त के प्रवर्तक मार्क्स एवं एंगेल्स (1820-95) ने 'कम्युनिस्ट मेनीफेस्टो' (साम्यवादी घोषणा-पत्र) (1848) में लिखा है "सही-सही कहा जाए तो राजनीतिक शक्ति एक वर्ग का उत्पीडन करने के लिए दूसरे वर्ग की संगठित शक्ति मात्र है।

मार्क्स एंजिल्स के अनुसार जब से आदिम समुदाय का विलय हुआ है, तब से समाज धनवान और निर्धन वर्गों में बंटा रहा है। प्राचीन युग का समाज स्वामी और दास (Master and Slave) वर्गों में बंटा था। मध्युगीन समाज जमींदार और किसान (Lord and Serf) वर्गों में बंटा था और आधुनिक समाज बुर्जुआ (पूंजीपति) और सर्वहारा (कामगार) वर्गों में बंटा है। इस तरह इतिहास के प्रत्येक युग में धनवान वर्ग लगातार निर्धन वर्ग पर शक्ति का प्रयोग करता रहा है।

## Classical Liberalism | चिरसम्मत उदारवाद

प्रारम्भ में इंग्लैण्ड में उदारवाद का जो रूप विकसित हुआ, उसे चिरसम्मत उदारवाद या नकारात्मक उदारवाद (Negative Liberalism) की संज्ञा दी जाती है। यह वैयक्तिक अधिकारों की सांविधानिक सुरक्षा की मांग तक सीमित था। बाद में आर्थिक और राजनीतिक कार्यक्रम से जुड़े प्रश्न भी इसके

विचार क्षेत्र में आ गए। इंग्लैण्ड में उदारवाद धार्मिक स्वतन्त्रता, सहिष्णुता (Tolerance), संविधानवाद तथा राजनीतिक अधिकारों की मांग के रूप में सामने आया। 1688 की गौरवमय क्रान्ति इतिहास की सबसे पहली 'उदारवादी क्रान्ति' मानी जाती है। इसने उस शताब्दी की उदारवादी उपलब्धियों को समेकित किया और उन्हें सुनिश्चित सांविधानिक रूप में ढाल दिया। 1689 में जिस उदारवाद का समर्थन किया जाता था, उसका स्वरूप मूलतः नकारात्मक था। इसका ध्येय विशेषतः राजमुकुट के परमाधिकारों (Royal Prerogatives) से मुक्ति दिलाना था। इसका मुख्य लक्ष्य राजनीतिक उद्देश्यों की सिद्धि करना था, आर्थिक उद्देश्यों की नहीं। इन राजनीतिक उद्देश्यों में संविधानवाद के मुख्य मुख्य सिद्धान्त सम्मिलित थे: विरोध का अधिकार (Right to Protest), विधि का शासन, और शक्तियों का पृथक्करण। 1695 में समाचारपत्रों को मान्यता (Freedom of the Press) प्रदान की गई जो कि एक महत्वपूर्ण नागरिक स्वतन्त्रता थी। लॉक की सेकण्ड ट्रीटिज ऑफ गवर्नमेन्ट (शासन पर दूसरा निबन्ध) (1689) और अमेरिकी स्वाधीनता की घोषणा (1776) उदारवाद के इस दौर के महान स्मारक हैं।

चिरसम्मत उदारवाद में व्यक्ति की रक्षा के लिए राज्य की नकारात्मक भूमिका पर बल दिया जाता है। दूसरे शब्दों में यह प्रहरी राज्य (Nignt Watchman) का समर्थन करता है। इसके विकास में जॉन लॉक (1632-1704), एडम स्मिथ (1723-90), जैरेमी बैंथम (1748-1832), और हरबर्ट स्पेन्सर (1820-1903) का विशेष योगदान रहा है।

## Classical Political Economy | चिरसम्मत राजनीतिक अर्थशास्त्र

ब्रिटिश दार्शनिक एडम स्मिथ (1723-90) के चिन्तन में राजनीतिक अर्थशास्त्र के उदारवादी दृष्टिकोण (Liberal View) की सर्वोत्तम अभिव्यक्ति देखने को मिलती है। स्मिथ ने अपनी पुस्तक "इंक्वायरी इंट द नेचर एंड कॉजेस ऑफ द वैल्थ ऑफ नेशनल (राष्ट्रों की सम्पदा-प्रकृति और मूल स्त्रोतों का अन्वेषण) (1776) के अन्तर्गत इस विषय में इस प्रश्न पर भी विचार किया जाता था कि कोई आर्थिक नीतियां (Economic Policies) नैतिक, राजनीतिक और सामाजिक दृष्टि से कितनी उपयुक्त हैं?

स्मिथ के सम्पूर्ण चिन्तन की कुंजी एक स्वायत्त (Autonomous), स्वयं नियमित (Self-Regulating) अर्थव्यवस्था की संकल्पना है जिसे उसने 'नागरिक समाज' (Civil Society) कहा है। स्मिथ ने नागरिक समाज की चार मुख्य विशेषताएँ मानी हैं।

(क) नागरिक समाज को राजनीतिक क्षेत्र, अर्थात राज्य से पृथक करना संभव है।
(ख) यदि इसके कार्य में कोई बाधा न डाली जाए तो इसमें स्वयं नियमन की क्षमता पाई जाती है।
(ग) इसमें अपने समस्त सहभागियों (Participants) के लिए जो अपने-अपने हित साधन के लिए स्वतन्त्र हों, अधिकतम हितलाभ की स्थिति प्राप्त करने की सामर्थ्य रहती है और इसीलिए
(घ) ऐसी वस्तुस्थिति लाना दार्शनिक दृष्टि से वांछनीय है जिसमें नागरिक समाज को राज्य से स्वाधीन कर दिया जाए।

स्मिथ ने विशेष रूप से वाणिज्य और स्वतन्त्रता में निकट सम्बन्ध पर बल देते हुए यह तर्क दिया है कि वाणिज्य की वृद्धि से स्वतन्त्रता की वृद्धि होती है और स्वतन्त्रता की वृद्धि से वाणिज्य की वृद्धि होती है। वाणिज्य को समृद्धि (Prosperity) की कुंजी मान सकते हैं। परन्तु अधिकतम समृद्धि प्राप्त करने के लिए वाणिज्य का निर्बाध संचालन किया जाना अनिवार्य है। अतः स्वतन्त्रता अपने आप में वाणिज्य की वृद्धि की जरूरी शर्त है।

स्मिथ के अनुसार राष्ट्र की समृद्धि को बढ़ाने के लिए राज्य को अहस्तक्षेप (Laissez Faire) की नीति अपनानी चाहिए, अर्थात व्यक्तियों की आर्थिक गतिविधियों में कोई हस्तक्षेप नहीं करना चाहिए। इस तरह राज्य के तीन कार्य रह जाते हैं, सुरक्षा, न्याय और सार्वजनिक निर्माण।

## Classificed Economic Groups | वगीकृत आर्थिक समूह

कार्ल मार्क्स ने ब्रिटेन की आबादी को पूंजीपति और मजदूर वर्ग के रूप में दो वर्गों में बांटा था। रजिस्ट्रार जनरल ने जनगणना को पाँच वर्गों में विभक्त किया है- उच्च व्यवसायी व प्रबंधक वर्ग, शारीरिक श्रम न करने वाला वर्ग, शारीरिक श्रम करने वाला वर्ग, कुशल कारीगर वर्ग और अकुशल श्रमिक वर्ग। वहाँ किसान, कृषि श्रमिक और सशस्त्र सेना का वर्ग नहीं बनाया गया है। प्राय: समाज उच्च, जमींदार, समूह किसान, किसान, बटाईदार और कृषक मजदूर। भारत में एक नया वर्ग गरीबी रेखा से नीच या ऊपर BPL या APL को परिभाषित किया जा रहा है। इसका जाति और वर्ग के दृष्टिकोण से दूरगामी परिणाम होगा जिसमें अमीरी और गरीबी सरकारी सुविधाओं को प्राप्त करने का आधार बनेगा। हालांकि गरीबों में अब तक वर्ग चेतना की भावना नहीं पनपा है उनकी श्रद्धा धनी लोगों और विशिष्ट जनों के प्रति ज्यादा है।

## Climate Change | जलवायु परिवर्तन

बढ़ते औद्योगीकरण और अंधाधुंध रूप से प्रकृति का दोहन यानि जल, जंगल और खनिज के उपयोग से वातावरण में गर्मी का बढ़ना, हिमशिलाओं का क्षति होना, वायुमंडल में विषैली गैस का जमावड़ा आदि। विश्व स्तर पर पर्यावरण परिवर्तन बचाने हेतु ऊर्जा के उपयोग में कमी और हरियाली बढ़ाने पर महत्वपूर्ण नीति बने हैं। भारत में सौर ऊर्जा के उपयोग बढ़ाने, जल संरक्षण ग्रीन इंडिया मिशन, हिमालय व गंगा स्वच्छता मिशन आदि जलवायु संरक्षण हेतु शुरू किए गए हैं।

## Clique | गुट

किसी राजनीतिक व्यवस्था में कुछ महत्वपूर्ण उद्देश्यों एवं निहित स्वार्थों वाले व्यक्तियों का वह संकीर्ण समूह जो अपने पारस्परिक हितों, राजनीतिक विचारधारा तथा दृष्टिकोणों में समानता के कारण संगठित होता है एवं अपने उद्देश्यों की पूर्ति के लिए प्रयत्नशील रहता है। उदाहरण के लिए गुट कई प्रकार के होते हैं: (1) शैक्षणिक गुट, (2) राजनीतिक गुट, (3) विद्यार्थी गुट आदि। ये सब अपने उद्देश्यों की पूर्ति में लगे रहते हैं।

## Closed Door Session | बंद सत्र

संसद या विधानमंडल या उनकी किसी समिति का अधिवेशन जिसमें पत्रकारों को नहीं बुलाया जाता है जिसकी कार्यवाही जनसाधारण एवं पत्रकारों से गुप्त रखी जाती है। इस प्रकार के सत्र या अधिवेशन को बंद सत्र कहा जाता है।

## Closed Port | प्रतिबंधित बंदरगाह

दो या अधिक राष्ट्रों में युद्ध के मध्य किसी एक देश के भू-भाग का वह बंदरगाह अथवा पत्तन जिसमें न सिर्फ सम्बन्धित शत्रु राज्यों के बल्कि विश्व के अन्य भिन्न राष्ट्रों के व्यापार पोतों, युद्धपोतों तथा अन्य प्रकार के वायु अथवा समुद्री यातायात के साधनों के प्रवेश पर प्रतिबंध लगा दिया जाता है।

## Closed Sea | प्रतिबंधित सागर निषिद्ध सागर

किसी देश की राष्ट्रीय सुरक्षा के लिए समुद्र का कोई भाग, जिस पर तटवर्ती राज्य द्वारा विदेशी जलपोतों के आवागमन पर प्रतिबंध लगा दिया जाता है। उस प्रतिबंधित समुद्री क्षेत्र को निषिद्ध सागर या प्रतिबंधित सागर कहते हैं। ऐसा प्राय: युद्ध काल के दौरान ही किया जाता है।

**Closing Session | समापन बैठक**

किसी देश की राजनीतिक प्रक्रिया में संसद या विधानमंडल के किसी सत्र या अधिवेशन की अंतिम बैठक को समापन बैठक कहते हैं तथा सम्मेलन, सभा संसद या विधानमंडल की अवधि के अंतिम सत्र को भी समापन या अंतिम बैठक कहते हैं।

**Closure Motion | विवादांत प्रस्ताव**

किसी देश की राजनीतिक व्यवस्था में होने वाली संसद की वह प्रक्रिया, जिसके मतानुसार संसद में किसी महत्वपूर्ण प्रश्न पर वाद-विवाद को समाप्त करवाने के लिए औपचारिक प्रस्ताव रखा जाता है कि "अब वाद-विवाद समाप्त कर दिया जाए।" इसके पश्चात इस पर मत संग्रह किया जाता है। इस प्रकार के विवाद को समाप्त करने वाले प्रस्ताव को ही "विवादांत प्रस्ताव" कहते हैं।

**Coalition | गठबंधन**

राजनैतिक दलों के किसी विशेष उद्देश्य या सत्ता प्राप्ति हेतु संगठन, अस्थायी संयोजन जब किसी भी दल को विधानमंडल में पूर्ण बहुमत नहीं मिलता है तब आपस में दल विभिन्न समान विचार वाले दलों की स्वीकृति कार्यक्रम और सामान्य कार्यक्रम बनाकर समर्थन हासिल करके सरकार बनाते हैं। भारत में पिछले 23 वर्षों से गठबंधन की सरकार केन्द्र में और करीब 50 वर्षों से विभिन्न राज्यों में है। अभी मुख्यतः संयुक्त प्रगतिशील गठबंधन (UPA) और राष्ट्रीय प्रजातांत्रिक गठबंधन (NDA) दो बड़ी राजनीतिक दल काँग्रेस और भारतीय जनता पार्टी के नेतृत्व में है। 1998-2003 तक एन.डी.ए. और 2004 से यू.पी.ए. के गठबंधन की केन्द्र सरकार कार्यरत है। अब प्रायः चुनाव पूर्व गठबंधन होने लगे हैं इससे राष्ट्रपति या राज्यपाल को सरकार बनाने के लिए किसी दल के नेता को आमंत्रित करने से पूर्व सरकार के स्थायित्व यानी सदन में बहुमत सिद्ध कर पाने के सामर्थ्य के बारे में आकलन करने में सरलता होती है।

**Coalition Government | मिलीजुली सरकार**

सरकार का वह स्वरूप जिसमें समान विचारधारा वाले राजनीतिक दल मिलजुल कर सरकार बनाते हैं। ऐसा तब होता है जब संसद के निचले सदन में किसी एक दल को बहुमत प्राप्त न हो। इस प्रकार की सरकार में मंत्रिमण्डल में संघटक दलों को आनुपातिक प्रतिनिधित्व दिया जाता है।

**Co-belligerent | सहयुद्धकारी**

युद्ध के समय ऐसा देश जो दूसरे देश के साथ मिलकर दोनों के सामान्य शत्रु के विरुद्ध लड़ाई कर रहे हो, परन्तु दोनों साथियों में कोई औपचारिक सहबंध (Alliance) न हुआ हो।

**Code of Conduct | संहिताकरण**

किसी देश की राजनीतिक व्यवस्था में राजनीतिक दलों, प्रशासन से सम्बन्धित अधिकारियों, मंत्रियों, संसद या विधानसभा के सदस्यों के आचार-व्यवहार की नियमावली जिसे आचार संहिता कहा जाता है।

**Codification | संहिताकरण**

अन्तर्राष्ट्रीय राजनीति में पारस्परिक सम्बन्धों में प्रचलित प्रथाओं, रूढ़ियों एवं संधिगत नियमों को क्रमबद्ध रूप देकर लिपिबद्ध करना संहिताकरण कहलाता है।

## Colambo Plan | कोलम्बो योजना

1950 में एशिया के नव स्वतन्त्र राष्ट्रों ने कोलम्बो (श्रीलंका) में परस्पर सहयोग को बढ़ावा देने हेतु एक योजना जारी की थी।

## Cold War | शीतयुद्ध

शीतयुद्ध दो विचारधाराओं, दो पद्धतियों, दो गुटों, दो राज्यों और दो विचारधारा, पूंजीवाद व साम्यवाद, दो पद्धति लोकतंत्र व जनवादीतंत्र दो गुट नाटो व वारसा, दो राज्य अमेरिका व सोवियत संघ जब यह अपनी पराकाष्ठा पर था तो दो व्यक्तियों के मध्य उग्र संघर्ष था। दो व्यक्ति जॉन फास्टर डलेस और स्टालिन। दो या दो से अधिक शक्तिशाली राष्ट्रों के मध्य वैचारिक संघर्ष - दो परस्पर विरोधी जीवन पद्धतियाँ - उदारवादी लोकतंत्र तथा साम्यवादी देशों के बीच द्वितीय विश्वयुद्ध के उपरान्त का वह दौर जिसमें विश्व का बहुत बड़ा हिस्सा दो परस्पर विरोधी साम्यवादी और पूंजीवादी, वैचारिक शिविरों में बँट गया था। एक तरफ लोकतंत्रीय पूंजीवादी शिविर का नेतृत्व सोवियत संघ के द्वारा डी.एफ. फ्लेमिंग 'दी कोल्ड वार एंड इट्स ऑरिजीन्स 1917-1950' में इसे एक ऐसा युद्ध कहा है जो युद्ध क्षेत्र में नहीं, बल्कि मनुष्य के मस्तिष्क में लड़ा जाता है तथा इसके द्वारा उनके विचारों पर नियन्त्रण स्थापित किया जाता है।

ग्रीव्ज ने अपनी पुस्तक "कन्फ्लिक्ट एंड ऑर्डर" में शीतयुद्ध के निम्न कारण बताये हैं: (i) 1917 में लेनिन के नेतृत्व में साम्यवादी क्रांति (ii) 1918 में रूस में पश्चिमी राष्ट्रों द्वारा हस्तक्षेप (iii) द्वितीय विश्वयुद्ध के दौरान याल्टा समझौता 4-11 फरवरी 1945 को रुजवेल्ट, स्टालिन और चर्चिल के बीच) और हिटलर की पराजय के बाद जर्मनी का विभाजन (iv) स्टालिन की नीतियाँ (v) द्वितीय विश्वयुद्ध के बाद विजेताओं द्वारा युद्ध लाभ के समान वितरण में दिक्कतें और (vi) साम्यवाद के प्रति अबौद्धिक पश्चिमी प्रतिक्रिया।

स्टालिन और डलेस द्वारा लड़ा जाने वाला शीतयुद्ध 1953 में स्टालिन की मृत्यु, 1956 में खुश्चेव के 'शान्तिपूर्ण सह-अस्तित्व' के सिद्धान्त का प्रतिपादन, 22 अक्टूबर 1962 के क्यूबा संकट के शांतिपूर्ण समाधान और निक्सन एवं ब्रेझनेव के सद्प्रयत्नों से समाप्त हो गया। इसकी जगह सहयोग 'दितांत' ने लिया। 1980-90 के बीच नया शीतयुद्ध का काल रहा जो अब पूरे सोवियत संघ के विखंडन के बाद स्वत: समाप्त हो गया है। आज विश्व राजनीति द्विध्रुवीय नहीं रहकर एक ध्रुवीय हो गई है। इसमें अमेरिका का वर्चस्व बना हुआ है।

द्वितीय महायुद्ध के बाद विश्व में दो महाशक्तियाँ रह गई और इन दो महाशक्तियों के आपसी सम्बन्धों को अभिव्यक्त करने वाला सबसे उपयुक्त शब्द - शीतयुद्ध (Cold War) है।

शीतयुद्ध सोवियत संघ अमेरिकी शत्रुतापूर्ण एवं तनावपूर्ण अन्तर्राष्ट्रीय सम्बन्धों की अभिव्यक्ति है जो कि द्वितीय महायुद्धोत्तर विश्व राजनीति की वास्तविकता है। इन शत्रुतापूर्ण सम्बन्धों को गर्म युद्ध (Hotwar) में परिवर्तित किए बिना इस शीतयुद्ध में वैचारिक घृणा (Ideological Hatred), राजनीतिक अविश्वास (Political Distrust), कूटनीतिक जोड़ तोड़ (Diplomatic Manoeuvring), सैनिक प्रतिस्पर्धा (Military Competition), जासूसी (Espionage), मनोवैज्ञानिक युद्ध (Psychological War Face) और कटुतापूर्ण सम्बन्ध देखे गए।

शीतयुद्ध युद्ध न होते हुए युद्ध की सी परिस्थितियों को बनाए रखने की एक कला थी जिसमें प्रत्येक विषय पर संकीर्ण स्वार्थों को ध्यान में रखकर विचार और कार्य किया जाता था। यह सोवियत संघ, अमेरिकी आपसी सम्बन्धों की वह स्थिति थी जिसमें दोनों पक्ष शान्ति पूर्ण राजनयिक सम्बन्ध रखते हुए परस्पर शत्रुभाव रखते थे तथा शस्त्र-युद्ध के अतिरिक्त अन्य सभी उपायों से एक-दूसरे की शक्ति को निरंतर दुर्बल करने का प्रयत्न करते थे। यह एक ऐसा युद्ध था जिसका

रणक्षेत्र मानव का मस्तिष्क था। यह मनुष्य के मनों में लड़ा जाने वाला युद्ध था। इसे स्नायु युद्ध (War of Nerves) भी कहा जा सकता था। शीतयुद्ध वस्तुतः युद्ध के नर संहारक दुष्परिणामों से बचते हुए युद्ध द्वारा प्राप्त होने वाले समस्त उद्देश्यों को प्राप्त करने का एक नूतन शस्त्र था। शीतयुद्ध एक प्रकार का वाक् युद्ध था। जिसे कागज के गोलों, पत्र-पत्रिकाओं, रेडियो तथा प्रचार साधनों से लड़ा गया था। इसमें प्रचार द्वारा विरोधी गुट के देशों की जनता के विचारों को प्रभावित करके उनके मनोबल को क्षीण करने का प्रयत्न किया गया तथा अपनी श्रेष्ठता, शक्ति और न्यायप्रियता का तार्किक दावा किया जाता था। वस्तुतः यह एक प्रचारात्मक युद्ध था, जिसमें एक महाशक्ति दूसरे के खिलाफ घृणित प्रचार का सहारा लेती थी।

**Collection of Data | आंकड़ों का संकलन**

अध्ययन के उद्देश्य के आधार पर आँकड़ों का संग्रह एवं संसाधन किया जाता है। प्रश्नों की एक प्रश्नावली के द्वारा लक्षित समूह से प्राथमिक जानकारी एकत्रित किया जाना। इसके लिए प्रश्नावली या साक्षात्कार अनुसूची का प्रयोगकर व्यक्तिगत साक्षात्कार, डाक सर्वेक्षण, फोन, ई-मेल, फेसबुक के द्वारा आँकड़े संग्रहित किये जाते हैं। द्वितीयक आँकड़े प्रकाशित या अप्रकाशित स्रोतों (किसी व्यक्ति या संगठन के निजी संग्रह द्वारा) के माध्यम से एकत्रित किए जाते हैं। द्वितीयक स्रोत का प्रयोग जब समय, धन एवं मानव-संसाधन की कमी होती है तब किया जाता है। आँकड़े संकलन में प्रतिदर्श विधि (Survey Method) का भी उपयोग किया जाता है।

**Collective Good | सामूहिक हित**

वह हित जो समाज के प्रत्येक सदस्य को प्रदान किया जाता है। यह केवल उन लोगों तक सीमित नहीं रहता जो उसके लिए कुछ भुगतान कर सकें। उदाहरण के लिए सेना के हित लाभ केवल उन्हीं के लिए नहीं जो विशिष्ट प्रतिरक्षा कर का भुगतान करते हैं। इसी तरह स्वच्छता सम्बन्धी कार्यक्रम सभी लोगों को प्रदूषण से बचाते हैं। सामूहिक हित का महत्व इसलिए है कि वे सार्वजनिक भलाई के लिए होते हैं। संक्षेप में सामान्य हित या जनहित इस मान्यता पर आधारित हैं कि "व्यक्तियों के व्यक्तिगत हितों में चाहे कितनी ही भिन्नताएँ दिखाई दें, उनके पीछे एक ऐसा तात्विक हित छिपा रहता है, जहाँ उनके हित एक-दूसरे के साथ एकाकार हो जाते हैं।"

**Collective Guarantee | सामूहिक गारंटी**

अन्तर्राष्ट्रीय सम्बन्धों में अनेक राष्ट्रों के वे दायित्व जो किसी अन्तर्राष्ट्रीय समझौते या संधि के अनुसार किसी राष्ट्र को उस राष्ट्र पर अन्य विदेशी आक्रमण या युद्ध किए जाने की स्थिति में सुरक्षा प्रदान करने के लिए वहन करते हैं। किसी देश के तटस्थीकरण के सम्बन्ध में भी इसी प्रकार की गारंटी दी जाती है। उसे सामूहिक गारंटी कहते हैं।

**Collective Intervention | सामूहिक हस्तक्षेप**

अन्तर्राष्ट्रीय सम्बन्धों के अन्तर्गत पारस्परिक दायित्वों या जिम्मेदारियों को पूरा करने के लिए कुछ राष्ट्रों द्वारा सामूहिक रूप से किसी राष्ट्र के विरुद्ध की गई कार्यवाही जो सैनिक कार्यवाही का रूप भी धारण कर सकती है। एवं जिस राष्ट्र के विरुद्ध की गई है उस राष्ट्र की क्षेत्रीय अखंडता या स्वतंत्रता के प्रतिकूल होती है। संयुक्त राष्ट्र संघ के चार्टर के सातवें अध्याय के अनुसार की जाने वाली रक्षात्मक कार्यवाही सामूहिक हस्तक्षेप का उदाहरण है।

### Collective Measures | सामूहिक उपाय

अन्तर्राष्ट्रीय राजनीति में संयुक्त राष्ट्र संघ के चार्टर के अनुसार राज्यों के समूह द्वारा किसी उपचारी राज्य के विरुद्ध की जाने वाली सामूहिक या एकीकृत कार्यवाही। ऐसे राज्य के विरुद्ध सुरक्षा परिषद द्वारा आर्थिक शास्तियाँ तथा प्रतिबंध लगाना अथवा सैनिक कार्यवाही करना अन्तर्राष्ट्रीय राजनीति में सामूहिक उपाय के स्पष्ट उदाहरण हैं।

### Collective Recognition | सामूहिक मान्यता

किसी देश की राजनीतिक व्यवस्था में कुछ राष्ट्रों या राष्ट्रों के समूह द्वारा लिया गया वह संयुक्त निर्णय जिसके अन्तर्गत वे किसी नवस्थापित राज्य के अन्तर्राष्ट्रीय अस्तित्व को या किसी राज्य में नवस्थापित सरकार या शासन को औपचारिक रूप से मान्यता प्रदान करने का निश्चय करते हैं। उसे सामूहिक मान्यता कहते हैं।

### Collective Responsibility | सामूहिक उत्तरदायित्व

संसदीय प्रणाली का एक सिद्धान्त जिसके अनुसार मंत्रिमण्डल के निर्णयों के लिए पूरा मंत्रिमण्डल सामूहिक रूप से उत्तरदायी होता है। मंत्रिमण्डल के विचार-विमर्श गुप्त रखे जाते हैं। अत: कोई भी मंत्री सार्वजनिक रूप से यह नहीं कह सकता कि उसने मंत्रिमण्डल की बैठक में अमुक निर्णय का विरोध किया था। यदि कोई मंत्री मंत्रिमण्डल के किसी प्रस्ताव से मतभेद रखता है तो भी उसे उसका उत्तरदायित्व स्वीकार करना ही होता है या फिर उसे मंत्रिमण्डल से त्याग पत्र देना होता है।

### Collective Security | सामूहिक सुरक्षा

1862 में एल्फ्रेड नोबेल ने यह प्रश्न उठाया था कि यदि सभी राज्य यह प्रतिज्ञा कर लें कि वे मिलकर शान्ति भंग करने वाले राज्य के विरुद्ध कार्यवाही करेंगे, तो संभवतया युद्ध की संभावना का अन्त किया जा सकता है। यह एक ऐसी सामूहिक सुरक्षा व्यवस्था है कि जिसमें सारे राज्य मिलकर प्रत्येक राज्य की प्रादेशिक अखंडता और स्वतंत्रता की गारंटी देते हैं। सर्वप्रथम राष्ट्र संघ (लीग ऑफ नेशन्स) की प्रसंविदा में ऐसी व्यवस्था की गई थी, परन्तु वह सफल नहीं हुई क्योंकि कोई भी राष्ट्र अपनी स्वेच्छा से त्याग पत्र दे सकता था। परन्तु संयुक्त राष्ट्र संगठन (यूनाइटेट नेशन्स) ने सुरक्षा परिषद स्थापित करके शांतिभंग करने वाले राष्ट्रों को रोकने की व्यवस्था कर दी है हालाँकि बड़ी शक्तियों के दबाव के कारण यह व्यवस्था भी ज्यादा सुचारू रूप से काम नहीं कर पा रही है।

पामर एवं पार्किन्स लिखते हैं, सामूहिक सुरक्षा का स्पष्ट अर्थ है शान्ति के खतरों से निपटने के लिए सामूहिक उपाय करना। मार्गेन्थाऊ के अनुसार "सामूहिक सुरक्षा की सक्रिय प्रणाली में सुरक्षा की समस्या अब व्यक्तिगत राष्ट्र का समुत्थान नहीं, जिसका ख्याल शस्त्रों और राष्ट्रीय बल के दूसरे अंशों से किया जाए। सुरक्षा का सम्बन्ध सभी राष्ट्रों से है। वे प्रत्येक की सुरक्षा का ख्याल सामूहिक रूप से करेंगे, जैसे उनकी अपनी ही सुरक्षा खतरे में हो। यदि 'अ' 'ब' की सुरक्षा के लिए खतरा सिद्ध होता है तो 'स' 'द' 'य' 'ब' की ओर से 'अ' के विरुद्ध कदम उठायेंगे, माना कि 'अ' ने उनको और 'ब' को चुनौती दी हो और ऐसा ही इसके विपरीत भी किया जायेगा। एक सब के लिए और सब एक के लिए सामूहिक सुरक्षा का मूल मन्त्र है।

जॉर्ज श्वार्जन बर्जर ने सामूहिक सुरक्षा का लक्षण स्पष्ट करते हुए लिखा है "एक सुप्रतिष्ठित अन्तर्राष्ट्रीय व्यवस्था के आधार पर हमले को रोकने के लिए यह विभिन्न राज्यों द्वारा सम्मिलित कार्यवाही करने का एक साधन है"

संक्षेप में सामूहिक सुरक्षा से अभिप्राय है (1) किसी एक राज्य पर किया गया हमला सब राज्यों पर हमला माना जाए (2) किसी राष्ट्र विशेष की सुरक्षा अकेले उसी राष्ट्र की चिन्ता का विषय नहीं

है, बल्कि वह सारे विश्व-समाज की चिन्ता का विषय है। (3) यदि एक राष्ट्र किसी दूसरे राष्ट्र की सुरक्षा को खतरा पैदा करता है तो खतराग्रस्त राष्ट्र की ओर से बाकी सब राष्ट्र कार्यवाही करेंगे। (4) आक्रमणकारी के अलावा और सब राष्ट्रों के बीच सहयोग सामूहिक सुरक्षा का सारतत्व है। हो सकता है कि इस सहयोग के डर से आक्रमणकारी आक्रमण का विचार ही त्याग दे।

आर्गेन्स्की के अनुसार सामूहिक सुरक्षा की अवधारणा पाँच आधारभूत मान्यताओं पर आधारित है। प्रथम - किसी भी सशस्त्र संघर्ष में सारे राष्ट्र इस बात पर एकमत होंगे कि कौन सा राष्ट्र आक्रामक है, वे इस निर्णय को लेने में देर नहीं लगायेंगे क्योंकि विलम्ब का अर्थ है व्यापक नुकसान। द्वितीय - सभी राष्ट्र आक्रमण को रोकने में समान रूप से रुचि रखते हैं, चाहे आक्रमण का स्रोत कुछ भी क्यों न हो। आक्रमण का प्रतिकार करना वास्तव में सबसे मूल्यवान बात है। तृतीय - सभी राष्ट्र आक्रामक राष्ट्र के विरुद्ध कार्यवाही करने में समान रूप से रुचि रखते हैं और उनमें ऐसा करने की क्षमता भी समान रूप से पायी जाती है। चतुर्थ - आक्रमणकारी को छोड़कर शेष संसार के राष्ट्रों की सामूहिक शक्ति आक्रामक राष्ट्र की शक्ति से बहुत अधिक होगी। पंचम, सामूहिक शक्ति को पहचान कर आक्रामक राष्ट्र या तो युद्ध का विचार ही त्याग देगा और यदि उसने ऐसा नहीं किया तो युद्ध में उसे पराजय निश्चित रूप से मिलेगी।

## Collectivism | समष्टिवाद

सहकारिता और केन्द्रीय नियोजन पर आधारित आर्थिक और राजनीतिक व्यवस्था। इस व्यवस्था में सहकारिता राज्य के नियन्त्रण और आर्थिक जीवन के व्यापक नियमन को प्रमुखता दी जाती है। यह विचारधारा मार्क्स के इस सिद्धान्त का समर्थन करती है कि उत्पादन तथा वितरण के साधनों का राष्ट्रीयकरण हो।

समष्टिवाद का विचार इस मान्यता पर आधारित है चूंकि समस्त मूल्य का जन्मदाता समाज है, इसलिए उस पर समाज का ही नियन्त्रण और अधिकार होना चाहिए। दूसरे शब्दों में उत्पादन के साधनों पर समुदाय का स्वामित्व होना चाहिए और सार्वजनिक सेवाओं का प्रशासन समुदाय के हाथ में रहना चाहिए। रेलमार्ग, खानें, सड़कें और नहरें समुदाय के अधीन रहनी चाहिए। जमींदारों या पूंजीपतियों के हाथों में नहीं। तभी उनका उपयोग सबके हित में किया जा सकेगा, गिने-चुने लोगों की अपरिमित सम्पदा को बढ़ाने के लिए नहीं। तभी यह संभव होगा कि जिन मूल्यों को स्वयं समाज ने जन्म दिया है, उन पर समाज का अधिकार रहेगा।

समष्टिवाद के अनुसार चूंकि समुदाय इस विशाल कार्य को अपने-आप संभालने में समर्थ नहीं, इसलिए उसका कोई ऐसा प्रतिनिधि संगठन होना चाहिए जिसमें सबकी इच्छा को अभिव्यक्ति मिले, जो इसी इच्छा के निर्देशों के अनुसार काम करे और जो समाज अन्य मूल्यों को समाज के हित में नियोजित करे। समष्टिवादी समाजवाद की दृष्टि में यह संगठन 'राज्य' ही हो सकता है इसका अर्थ है, सामूहिक रूप से संगठित समुदाय चाहे वह कोई स्थानीय शासन हो, राष्ट्रीय शासन हो या फिर उपभोक्ता सहकारी समिति (Consumers Cooperative) ही क्यों न हो। समष्टिवादी चिंतन का आदर्श लोकतन्त्रीय राज्य है जिसमें सत्ता पूरे समुदाय के प्रतिनिधियों के हाथों में रहेगी तथा सहायता के लिए विशेषज्ञ प्रशासक नियुक्त किए जाएंगे। ऐसा राज्य समाज के सारे संसाधनों का उपयोग समाज के सर्वोत्तम हित में करेगा। चूँकि समुदाय में कामगारों का बहुमत होगा। अतः राज्य स्वयं कामगारों का प्रतिनिधि करेगा।

समष्टिवाद मुख्यतः मध्यमवर्गीय आन्दोलन (Middle Class Movements) था और इसमें मध्यवर्गीय बुद्धिजीवियों का विशेष हाथ था। कामगार वर्ग के साथ उनका कोई सीधा-सम्पर्क नहीं था।

## Colonial Administration | औपनिवेशिक प्रशासन

किसी औपनिवेशिक राज्य के द्वारा अपने अधीन आने वाले उपनिवेशों के स्थानीय निवासियों के लिए संचालित होने वाले शासन को औपनिवेशिक प्रशासन कहते हैं।

## Colonial Office | उपनिवेश मंत्रालय

ब्रिटेन की शासन व्यवस्था में उपनिवेश सम्बन्धी नीतियों एवं कार्यक्रमों के निरूपण तथा क्रियान्वयन के लिए एक उपनिवेश मंत्रालय होता है, इस मंत्रालय का प्रमुख मंत्रिमण्डल का एक सदस्य होता है।

## Colonial Powers | औपनिवेशिक शक्तियाँ

यूरोप के उन राष्ट्रों के लिए यह पद प्रयुक्त होता था, जिन्होंने उन्नीसवीं शताब्दी में एशिया एवं अफ्रीका के कुछ देशों में अपना राजनीतिक संरक्षण एवं प्रभुत्व स्थापित किया था। इनमें प्रमुख हैः जर्मनी, फ्रांस, ब्रिटेन, बेल्जियम, स्पेन, इटली तथा पुर्तगाल है।

## Colonialism | उपनिवेशवाद

नये उपनिवेशों को प्राप्त करने की नीति के तहत एक शक्तिशाली राज्य का दूसरे देश पर शासन या शोषण करना। इस व्यवस्था में एक उन्नत राष्ट्र किसी पिछड़े राष्ट्र पर अधिकार कर लेता है, वहाँ के लोगों को पराधीन बना लेता है और वहाँ प्राकृतिक तथा मानवीय संसाधनों का अपनी स्वयं की उन्नति के लिए उपयोग करता है। हॉब्सन अपनी पुस्तक "इम्परेलिज्म ए स्टडी" में इसे राष्ट्रीयता का प्रसार एवं अपने सभ्यता के मूल्यों को नये प्रदेशों के स्वाभाविक सामाजिक परिवेशन में स्थापित करना मानते हैं। उपनिवेश वाद साम्राज्यवाद का ही एक रूप है। उदाहरणार्थ इंग्लैण्ड, पुर्तगाल, फ्रांस आदि यूरोपीय देशों ने एशिया और अफ्रीका के पिछड़े हुए क्षेत्रों में उपनिवेश स्थापित किए और वहाँ से कच्चे माल, तैयार माल के लिए बाजार में सस्ते श्रमिक, सैनिक अड्डे, अधिक जनसंख्या के लिए भूमि प्राप्त की।

संक्षेप में उपनिवेशवाद ऐसी प्रथा है जिसके अन्तर्गत किसी उन्नत देश के लोग अपने देश की सरकार की अनुमति, सहायता और समर्थन से किसी पिछड़े हुए देश में जाकर बस जाते हैं, वहाँ अपना प्रभुत्व और प्रशासन स्थापित कर लेते हैं। अर्थात उसे पराधीन बना लेते है। फिर वे अपनी भाषा, रीति-रिवाज और अपने मूल देश के प्रति निष्ठा कायम रखते हुए पराधीन देश के प्राकृतिक और मानवीय संसाधनों (Natural and Human Resources) को अपने मूल देश के हित में इस्तेमाल करते हैं।

मार्क्स के अनुसार "वर्ग लोगों के वे बड़े समूह होते हैं जो ऐतिहासिक रूप से निर्धारित सामाजिक उत्पादन में प्राप्त स्थान की दृष्टि से उत्पादन के साधनों से अपने सम्बन्ध की दृष्टि से, श्रम के सामाजिक संगठन में उनके योग की दृष्टि से तथा उसके परिणामस्वरूप जिस सामाजिक सम्पत्ति का वे निर्माण करते हैं, उसमें प्राप्त उनके भाग व उसकी प्राप्ति के ढंग से, दृष्टि से परस्पर भिन्न होते हैं।"

## Colony | उपनिवेश

वह राष्ट्र या भू-भाग (क्षेत्र) जहाँ किसी विदेशी राष्ट्र ने अपना उपनिवेशवाद (Colonialism) कॉलोनी स्थापित कर रखी हो। उदाहरण के लिए, स्वतंत्र होने से पहले भारत एक ब्रिटिश उपनिवेश था अर्थात जब एक राष्ट्र का नागरिक समूह दूसरे देश में जाकर इस प्रकार बस जाए कि मूल देश में तथा नई बस्ती के बीच में सामान्यतया स्वामी-सेवक स्तर का प्रशासनिक तथा सांविधानिक सम्बन्ध बना रहे, तब इस नई बस्ती को उपनिवेश कहा जाता है। देखने में आता है कि द्वितीय

विश्वयुद्ध के पश्चात उपनिवेश का अर्थ सामान्यतया वह क्षेत्र हो गया है जो अनेक प्रकार की रीतियों – राजनीतिक, सांस्कृतिक तथा आर्थिक रीतियों से अपेक्षाकृत अधिक विकसित देश के अधीन हो। दूसरे शब्दों में उपनिवेश वह भू-प्रदेश है जो एक विदेशी राज्य द्वारा शासित है और जिसके निवासियों को अपने शासन में पूरे राजनीतिक अधिकार प्राप्त नहीं है। आर्गेन्स्की के अनुसार "उन सभी क्षेत्रों को हम उपनिवेश कहेंगे, जो एक विदेशी सत्ता द्वारा शासित हैं तथा जिसके निवासियों को पूरे राजनीतिक अधिकार प्राप्त नहीं हैं"

आर्गेन्स्की ने उपनिवेशों का वर्गीकरण दो प्रकार से किया है।

(क) बिन्दु उपनिवेश: ये अत्यन्त छोटे भूखण्ड होते हैं जैसे महासागरों में नन्हे-नन्हे द्वीप अथवा किसी विशाल महाद्वीप का अत्यन्त लघु प्रदेश। इन्हें बिन्दु उपनिवेश इसलिए कहा जाता है क्योंकि विश्व मानचित्र में ये केवल एक बिन्दुमात्र ही होते हैं। इन बिन्दु उपनिवेशों का नियन्त्रण और उपयोग एक व्यापारिक केन्द्र अथवा अपराजित देशों के मध्य में एक पड़ाव के रूप में अथवा समुद्री, व्यापारिक एवं सामरिक महत्व के मार्गों पर ईंधन भरने के लिए किया जाता है। जिब्राल्टर, सिंगापुर, हांग-कांग, पनामा नहर क्षेत्र बिन्दु उपनिवेश के उदाहरण हैं।

(ख) क्षेत्रीय उपनिवेश: वे विशाल भू-क्षेत्र जिन पर आर्थिक एवं राजनीतिक कारणों से नियन्त्रण किया जाता है। ये दो प्रकार के हैं: बस्ती उपनिवेश तथा शोषण क्षेत्र उपनिवेश। बस्ती उपनिवेश वे उपनिवेश हैं जहाँ कि जलवायु और ऋतु यूरोपियन लोगों के अनुकूल है और वे बड़ी संख्या में वहाँ निवास करते हैं। शोषण क्षेत्र उपनिवेश वे क्षेत्र हैं, जिनका प्रयोग केवल शोषण के लिए किया जाता है तथा इन उपनिवेशों में यूरोपियनों की संख्या बहुत कम होती है तथा वे मुख्यत: शासक वर्ग, व्यापारी वर्ग, पादरी वर्ग एवं सैनिक वर्ग तक ही सीमित होते हैं।

उपनिवेश कच्चा माल तैयार करने के लिए बाजार सस्ता श्रम, सैनिकों की भर्ती, अधिक जनसंख्या के लिए निवास योग्य भूमि, महत्वपूर्ण सैनिक अड्डों के रूप में हमेशा लाभदायी होते हैं। 1948 में यूरोपीय देशों को 51% बॉक्साइट, 45% कच्चा टिन, 40% फॉस्फेट चूर्ण, 20% मैंग्नीज, 18% तांबा, 15% क्रोमाइट, एस्बेटास उपनिवेशों से ही प्राप्त होता था। कोई भी उपनिवेशवादी राज्य उपनिवेशों को सरलता से नहीं छोड़ता क्योंकि उपनिवेशों का शोषण करना और लाभ प्राप्त करना एक बहुत बड़ा आकर्षण है था। 20वीं शताब्दी के अन्तिम दशक तक सभी उपनिवेश स्वतंत्र कर दिए गए। उसकी जगह नव उपनिवेशवाद स्वतंत्र बाजार और वैश्वीकरण ने शोषण हेतु ले लिये हैं।

## Colour Bar | रंगभेद

किसी भी देश में मनुष्य की त्वचा के रंग के आधार पर किसी जाति, समाज या राज्य द्वारा अधिकारों आदि के सम्बन्ध में किए जाने वाले भेदभाव को रंगभेद कहते हैं, क्योंकि यह चमड़ी के रंग या जातिगत भेदों के आधार पर विभिन्न सामाजिक समुदायों के बीच विशेषाधिकारों के वितरण की दृष्टि से भेद बनाए रखने की नीति है। यूरोप के राष्ट्रों ने एशिया तथा अफ्रीका के जिन अनुन्नत देशों पर अपना आधिपत्य कर लिया था, वहाँ उन्होंने मूल निवासियों को अपने आपसे अलग रखा और सारी राजनीतिक तथा आर्थिक शक्ति अपने ही हाथों में केन्द्रित रखी। प्राय: श्वेत जाति या गोरे लोगों ने ही काली जातियों के विरुद्ध रंगभेद की नीति का प्रयोग किया है। अमेरिका जैसे समुन्नत, स्वातंत्र्य प्रेमी प्रजातंत्र में भी रंगभेद की समस्याएँ और परस्पर हिंसा का वातावरण आज तक भी विद्यमान है। इसी प्रकार से दक्षिण अफ्रीका में भी रंगभेद नीति की अधिकता पायी जाती है।

## Coloured People | अश्वेत जन

दक्षिण अफ्रीका में अश्वेत लोगों का बोलबाला है। अश्वेत जातियों के लोग विशेषकर नीग्रो या उनसे मिलते-जुलते होते हैं। मिश्रित या संयुक्त जाति के लोग जैसे, अफ्रीका में जहाँ कि श्वेत और

नीग्रो (काले) लोगों के अतिरिक्त अन्य लोगों को यह संज्ञा दी जाती है, जिन्हें अश्वेत जन के नाम से जानते हैं।

## Comecon | कोमेकोन

काउंसिल फॉर म्यूच्यूअल इकोनॉमिक असिस्टेन्स (कोमेकोन) पारस्परिक आर्थिक सहायता परिषद 25 जनवरी 1949 को मास्को (सोवियत संघ) में सोवियत गुट के 9 देशों द्वारा कोमेकॉन का गठन किया गया। इसका उद्देश्य सोवियत संघ व पूर्वी यूरोप के साम्यवादी देशों में परस्पर सहयोग की स्थापना करना था। सोवियत संघ ने इन्हें आर्थिक पुनर्निर्माण के लिए आर्थिक सहायता प्रदान की।

## Cominform | कॉमिन्फार्म

कॉमिन्फार्म शब्द "कम्युनिस्ट इन्फॉर्मेशन ब्यूरो" का संक्षिप्त रूप है। इसकी स्थापना सन् 1947 में हुई। इसका प्रमुख उद्देश्य साम्यवादी दलों के अनुभवों का आदान-प्रदान तथा उनकी नीतियों में तालमेल स्थापित करना था। इसके सदस्य न केवल साम्यवादी राज्य थे बल्कि कई देशों के साम्यवादी दल भी थे। परन्तु 1956 में इसे भंग कर दिया गया।

## Comintern | कॉमिन्टर्न

कॉमिन्टर्न शब्द "कम्युनिस्ट इंटरनेशनल" का संक्षिप्त रूप है। इसकी स्थापना सन् 1919 में लेनिन आदि नेताओं द्वारा विश्व में मार्क्सवाद के प्रसार हेतु की गई थी। सन् 1920 से 1943 तक की अवधि में इसका मुख्य प्रयोजन सोवियत नीतियों के लिए समर्थन प्राप्त करना था। परन्तु सन् 1943 में द्वितीय विश्वयुद्ध के दौरान सोवियत संघ ने मित्र राष्ट्रों की यह आशंका दूर करने के लिए कि यह संगठन साम्यवादी दलों के माध्यम से उनके देशों में साम्यवादी गतिविधियों को बढ़ावा देता है। अतः इसका विघटन कर दिया। इसे तृतीय इंटरनेशनल भी कहा जाता है।

## Comitia | कमीशिया

प्राचीन रोम में जन-साधारण की वह सभा जिसमें प्राधिकृत अधिकारियों द्वारा प्रस्तावित विषयों पर विचार-विमर्श किया जाता है उसे कमीशिया कहते हैं।

## Command Model | आदेशात्मक प्रतिमान

किसी राज्य की राजनीतिक व्यवस्था का वह प्रतिमान जिसमें जन-सहभागिता का पूर्ण अभाव रहता है तथा शासन सम्बन्धी कार्यों का संचालन शीर्षस्थ या उच्चतम सत्ता के आदेश पर ही होता है, उसे आदेशात्मक प्रतिमान कहते हैं।

## Commerce | वाणिज्य

वस्तुओं के क्रय-विक्रय (Buying and Selling) से जुड़ी सभी गतिविधियाँ और इनके तौर-तरीके वाणिज्य के अन्तर्गत आते हैं।

## Commercial Attache | वाणिज्य सहचारी

किसी राज्य की विदेश सेवा का वह पदाधिकारी जो व्यापार-वाणिज्य आदि के लिए महत्वपूर्ण प्रमुख विदेशी नगरों में नियुक्त किया जाता है। एवं राज्य या उस देश के दूतावास से संबंधित होता है, उसे वाणिज्य सहचारी कहते हैं।

**Commercial Domicile (Trade Domicile) | वाणिज्यिक अधिवास**

किसी देश के नागरिकों द्वारा व्यापार इत्यादि के उद्देश्य से किसी दूसरे राष्ट्र में निवास या वहाँ व्यापारिक गतिविधियों के लिए व्यापारिक प्रतिष्ठानों का होना आवश्यक है, उसे वाणिज्यिक अधिवास कहते हैं।

**Commercial Flag | वाणिज्यिक ध्वज**

यह वह ध्वजा होता है जिससे किसी राष्ट्र के पोत के व्यापारिक या वाणिज्यिक होने का बोध होता है। इस प्रकार के ध्वज को देखकर युद्धकाल में युद्धकारी राष्ट्रों को यह संकेत का काम करता है। जिसके द्वारा व्यापारी पोतों तथा जंगी जहाजों में भेद किया जा सकता है। अत: वाणिज्यिक ध्वज काफी हद तक अति आवश्यक है।

**Commercial Mission | वाणिज्य-मिशन**

वाणिज्य-मिशन वह कार्यालय होता है जो किसी अन्य राष्ट्र में स्थित वाणिज्यिक अथवा व्यापारिक हितों की अभिवृद्धि करने वाला होता है। यह मिशन दोनों राष्ट्रों में मधुर सम्बन्ध बनाए रखने के साथ-साथ व्यापारिक गतिविधियों में वृद्धि करता है।

**Commercial Treaty | वाणिज्य संधि**

वाणिज्य संधि वह संधि होती है, जिसके अन्तर्गत किसी राष्ट्र के नागरिक या कोई राज्य किसी दूसरे राज्य अथवा उसके नागरिकों के समुदाय के साथ व्यापार करते हैं अथवा शुल्कें आदि में सुविधा प्राप्त करते हैं।

**Commercialisation of Agriculture | कृषि का व्यावसायीकरण**

स्व-उपयोग या परिवारिक उपभोग नहीं, बल्कि मुख्यत: बाजार में बिक्री के व्यावसायीकरण हेतु नगदी फसलों मसाला, गन्ना, फूल, सब्जी की खेती करना। अंग्रेजों ने किसानों को नगदी फसलों का ऊँचे कीमतें देना प्रारम्भ किया। 21वीं सदी में ई-व्यापार द्वारा किसान ने अपनी ऊपज बेचना शुरू किया है। कृषि में विदेशी निवेश (FDI) वालमार्ट जैसी कम्पनी के भारत में आने की दलील कृषि और कृषक की आर्थिक बेहतरी के लिए दी जाती है।

**Commissar (Commissary) | कॉमिसार, कॉमिसरी**

सोवियत समाजवादी गणराज्य संघ में शासन की एक पृथक् शाखा अथवा मंत्रालय का प्रमुख या पदाधिकारी। जनवादी कॉमिसार परिषद में परिषद का अध्यक्ष, उपाध्यक्ष तथा वैदेशिक कार्य, सशस्त्र बल, वैदेशिक वाणिज्य, डाक, वित्त आदि के कॉमिसार होते हैं। सोवियत संघ में, एक प्रशासी विभागाध्यक्ष या मंत्री। इस शब्द का प्रयोग उक्त अर्थ में सन् 1946 तक किया जाता था। साम्यवादी देशों में, साम्यवादी दल का वह अधिकारी जो सैनिक प्रतिष्ठानों में दल की नीतियों तथा कार्यक्रमों के समुचित पालन का निरीक्षण करता है।

**Commissariat | 1. रसद विभाग 2. मंत्रालय**

किसी देश का वह विभाग जिसके द्वारा सैनिक चौकियों एवं सेनाओं को भोजन व अन्य दैनिक उपभोग की आवश्यक वस्तुएँ पहुँचाई जाती हैं। रसद विभाग इस प्रकार से सेना के प्रभारी अधिकारियों का निकाय होता है। सन् 1946 तक सोवियत संघ का एक सरकारी विभाग या मंत्रालय था।

## Commission | आयोग

किसी देश का वह निकाय जो एक या अनेक व्यक्तियों द्वारा गठित होता है, जिसे विशिष्ट कार्यों एवं उद्देश्यों के लिए बनाया जाता है। इसकी स्थापना संविधान, विधानमंडल अथवा मुख्य कार्यकारिणी द्वारा कुछ विशिष्ट उद्देश्यों की पूर्ति के लिए की जाती है। उदाहरणार्थ (1) संविधान के उपबंधों के अनुसार गठित निर्वाचन आयोग, वित्त आयोग, संघ लोकसेवा आयोग इत्यादि, (2) वे जो राज्य विधान मंडलों एवं संसद की विधियों के फलस्वरूप गठित किए जाते हैं। जैसे: विश्वविद्यालय अनुदान आयोग तथा (3) वे जो सरकार के कार्यकारी आदेश द्वारा नियुक्त किए जाते हैं। जैसे: वैज्ञानिक तथा तकनीकी शब्दावली आयोग।

आयोग की शासन-प्रणाली अमेरिका में स्थानीय शासन-प्रणाली का ही एक रूप है जिसके अन्तर्गत मतदाता सामान्यतया पाँच आयुक्तों को निर्वाचित करते हैं और ये आयुक्त सामूहिक रूप से नगर विधानसभा का कार्य करते हैं और ये व्यक्तिगत रूप से विशिष्ट प्रशासनिक विभागों के अध्यक्ष का कार्य संभालते हैं।

## Commission of Enquiry | जाँच आयोग, जाँच कमीशन

किसी देश की राजनीतिक व्यवस्था में किसी प्रमुख समस्या की जाँच करने एवं प्रतिवेदन देने के लिए नियुक्त किए गए विधायी या प्रशासनिक अधिकारियों अथवा गैर-सरकारी सदस्यों का मंडल जिसे जाँच आयोग या जाँच कमीशन कहते हैं।

## Commission on Human Rights | मानव अधिकार आयोग, मानव अधिकार कमीशन (संयुक्त राष्ट्र)

सन् 1946 में संयुक्त राष्ट्र संघ की महासभा की आर्थिक एवं सामाजिक परिषद द्वारा ई. रूजवेल्ट की अध्यक्षता में मानव अधिकारों के घोषणा-पत्र का प्रारूप तैयार करने के लिए गठित आयोग जिसे मानव अधिकार आयोग कहते हैं। सन् 1966 के मानव अधिकार प्रसंविदाओं के अन्तर्गत स्थापित एक स्थायी आयोग है इसे भी मानव अधिकार आयोग कहते हैं।

इलेनोर रूजवेल्ट समिति की सिफारिशों को कुछ संशोधनों के बाद 10 दिसम्बर 1948 को महासभा ने स्वीकार कर लिया। मानव अधिकार घोषणा-पत्र में प्रस्तावना सहित 30 अनुच्छेद हैं। इसकी प्रस्तावना में "मानव जाति की जन्म जात गरिमा और सम्मान तथा अधिकारों" पर बल दिया गया।

1. सभी मनुष्य जन्म से स्वतन्त्र हैं और अधिकार व मर्यादा में समान हैं उनमें विवेक व बुद्धि है।
2. प्रत्येक व्यक्ति बिना जाति, रंग, लिंग, भाषा, धर्म के भेदभाव के सभी स्वतन्त्रताओं का पात्र हैं।
3. प्रत्येक व्यक्ति को जीवन में स्वाधीनता और सुरक्षा प्राप्त करने का अधिकार है।
4. कोई व्यक्ति दासता या गुलामी में नहीं रखा जा सकेगा।
5. किसी व्यक्ति को क्रूर या अमानुषिक दण्ड नहीं दिया जाएगा।
6. प्रत्येक व्यक्ति को अधिकार होगा कि वह सर्वत्र कानून के अधीन व्यक्ति माना जाएगा।
7. कानून के सामने सभी व्यक्ति समान हैं और किसी भेदभाव के बिना कानूनों के द्वारा सुरक्षा के अधिकारी हैं।
8. प्रत्येक व्यक्ति को कानून द्वारा मौलिक अधिकारों का संरक्षण प्राप्त होगा।
9. किसी व्यक्ति की अविहित गिरफ्तारी, कैद अथवा निष्कासन न हो सकेगा।
10. प्रत्येक व्यक्ति को निष्पक्ष न्यायालय द्वारा उसके अधिकार, कर्तव्यों तथा अपने विरुद्ध आरोपित किसी अपराध के निर्णय के लिए खुले तरीके से सुने जाने का अधिकार होगा।

11. प्रत्येक व्यक्ति पर दण्डनीय अपराध के आरोप को न्यायालय द्वारा प्रमाणित नहीं किए जाने तक निर्दोष माना जाएगा।
12. किसी की कौटम्बिक, गार्हस्थिक और पत्र व्यवहार की गोपनीयता में दखल नहीं डाला जाएगा।
13. राज्य के भीतर आवागमन और निवास की स्वतन्त्रता होगी।
14. प्रत्येक व्यक्ति को प्रताड़ना से बचने के लिए किसी भी देश में आश्रय लेने का अधिकार है।
15. प्रत्येक व्यक्ति को राष्ट्रीयता का अधिकार है।
16. वयस्क पुरुष व स्त्री को जाति, राष्ट्रीयता व धर्म की सीमा के बिना विवाह करने का अधिकार है।
17. प्रत्येक व्यक्ति को स्वयं अथवा दूसरों के साथ सम्पत्ति रखने का अधिकार है।
18. प्रत्येक व्यक्ति को विचार, अनुभूति तथा धर्म स्वतन्त्रता का अधिकार प्राप्त है।
19. प्रत्येक व्यक्ति को मत और विचार व्यक्त करने की स्वतन्त्रता है।
20. प्रत्येक व्यक्ति को शान्तिपूर्ण ढंग से एकत्रित होने व सभा करने का अधिकार है।
21. प्रत्येक व्यक्ति को अपने देश के प्रशासन में भाग लेने का अधिकार है।
22. प्रत्येक व्यक्ति को सामाजिक सुरक्षा पाने का अधिकार है।
23. प्रत्येक व्यक्ति को काम करने, जीविका के लिए पेशा चुनने, बेकारी से सुरक्षित रहने का अधिकार है।
24. प्रत्येक व्यक्ति को विश्राम और अवकाश का अधिकार है।
25. प्रत्येक व्यक्ति को स्वास्थ्यमय जीवन जीने का अधिकार है।
26. प्रत्येक व्यक्ति को शिक्षा पाने का अधिकार है।
27. प्रत्येक व्यक्ति को समाज के सांस्कृतिक जीवन में भाग लेने का अधिकार है।
28. प्रत्येक व्यक्ति ऐसी सामाजिक और अन्तर्राष्ट्रीय व्यवस्था का अधिकारी है जो इस घोषणा में है।
29. समाज के प्रति व्यक्ति के कुछ ऐसे कर्तव्य है जिनसे उसके व्यक्तित्व का स्वतन्त्र व पूर्ण विकास हो।
30. इस घोषणा-पत्र में दिए गए अधिकारों को नष्ट करने का किसी को अधिकार नहीं है।

## Commissioner | आयुक्त

कुछ राष्ट्रों में, प्रमुख उद्देश्यों एवं कार्यों के लिए नियुक्त आयोगों के सदस्य को कमिश्नर कहते हैं। भारत के कुछ राज्यों में, कुछ जिलों को मिलाकर गठित एक प्रशासनिक इकाई (जिसे मंडल या कमिश्नरी कहते हैं।) का सर्वोच्च प्रशासनिक अधिकारी आयुक्त होता है। इसी प्रकार सार्वजनिक सेवा विभाग या ब्यूरो का प्रधान अधिकारी जैसे श्रम आयुक्त तथा आयकर आयुक्त।

## Committee of Supply | विनियोग समिति, धनानुदान समिति

किसी देश की संसदीय प्रणाली के अन्तर्गत, संसद के निचले संपूर्ण सदन की समिति, जो समस्त सरकारी विभागों के लिए अपेक्षित धन की स्वीकृति प्रदान करती है। संसद की समय सारणी के अन्तर्गत कुछ धनानुदान दिवस (Supply Days) निर्धारित कर दिए जाते हैं। इन दिनों विभिन्न विभागों की अनुमानित आवश्यकताओं पर वाद-विवाद होता है। इस व्यवस्था के अन्तर्गत सदन के सदस्यों को विभिन्न विभागों की नीति और प्रशासन पर अपने विचार प्रकट करने का अवसर मिल जाता है। विशेष रूप से ब्रिटेन में वार्षिक राजकीय व्यय के अनुमानों पर विचार-विमर्श एवं स्वीकृति के लिए गठित पूरे सदन की समिति जिसे विनियोग या धनानुदान समिति कहते हैं।

## Committee of the Whole House | संपूर्ण सदन समिति

किसी देश की राजनीतिक व्यवस्था में किसी विशिष्ट विधेयक या मुद्दे पर विचारार्थ सदन का एक समिति के रूप में कार्य करना। सामान्य रूप से इंग्लैण्ड में प्रायः ऐसी समिति का गठन वित्त विधेयक पर विचार करने के लिए किया जाता है। यह समिति अपना पृथक अध्यक्ष चुनती है तथा इसकी कार्यवाही के लिए इसके अपने अनौपचारिक नियम होते हैं, जिसे सम्पूर्ण सदन समिति कहते हैं।

## Committee on Public Undertakings | लोक उपक्रम समिति

योजनाबद्ध आर्थिक विकास का मार्ग चुनने से अनेक औद्योगिक, कृषि, वाणिज्यिक आदि उपक्रम स्थापित हुए, जिनका नियन्त्रण एवं प्रबन्ध भारत सरकार द्वारा किया जाता है। इस प्रकार अनेक निगम और सरकरी कंपनियां, जिन्हें आमतौर पर 'सार्वजनिक उपक्रम कहा जाता है अस्तित्व में आई हैं जिनमें भारी धनराशियाँ लगी हुई हैं। उन पर लगाई गई धनराशियाँ चूंकि भारत की संचित विधि से ली गई है। अतः लोकसभा का यह दायित्व हो जाता है कि वह उनके कार्यों पर पर्याप्त नियन्त्रण रखे। इस प्रयोजन के लिए संसद द्वारा सरकारी उपक्रमों सम्बन्धी समिति गठित की गई है जिसके 22 सदस्य हैं, जिनमें से 15 सदस्य लोकसभा द्वारा निर्वाचित हैं और 7 राज्य सभा द्वारा। समिति का सभापति अध्यक्ष द्वारा समिति के लोकसभा से निर्वाचित हुए सदस्यों में से नियुक्त किया जाता है।'

समिति प्रक्रिया नियमों में उल्लिखित सरकारी उपक्रमों के प्रतिवेदनों और लेखाओं की और उन पर नियन्त्रक महालेखा परीक्षक के प्रतिवेदनों की यदि कोई हो तो जाँच करती है। सरकारी उपक्रमों की स्वायत्तता और कार्यकुशलता के सन्दर्भ में सरकारी उपक्रमों के कार्य समुचित व्यापार सिद्धान्तों और विवेकपूर्ण वाणिज्यिक प्रथाओं के अनुसार चलाए जा रहे हैं अथवा नहीं। समिति ऐसे विषयों या मामलों की भी जाँच कर सकती है जो सदन द्वारा या अध्यक्ष द्वारा विशेष रूप से निर्दिष्ट किए गये हों।

समिति द्वारा जाँच सामान्य रूप से उपक्रम के मूल्यांकन के स्वरूप की होती है जिसमें सभी पहलू आ जाते हैं, जैसे उत्पादन, सामान्य अर्थव्यवस्था में अंशदान, रोजगार के अवसर पैदा करना, सहायक उद्योगों का विकास, उपभोक्ता के हितों का संरक्षण, इत्यादि।

## Committee on Ways and Means | अर्थोपाय समिति

किसी देश की राजनीतिक प्रणाली में संसदीय-व्यवस्था के अन्तर्गत, संसद के निचले संपूर्ण सदन की समिति जो यह निर्णय करती है कि धनानुदान समिति (Committee of Supply) ने जितने धन की स्वीकृति दी है, उसे जुटाने के लिए क्या-क्या तरीके अपनाए जाएं। वस्तुतः इसका काम यह है कि वित्तमंत्री ने अपने बजट में राजस्व प्राप्ति के जो प्रस्ताव रखे हों, उन्हें यह समिति अधिकृत रूप प्रदान करती है। इसी प्रकार से इंग्लैण्ड में वित्तीय साधनों को जुटाने के प्रश्न पर विचार करने वाली समिति जो वास्तव में पूरे सदन का ही परिवर्तित रूप होती है, उसे अर्थोपाय समिति कहते हैं।

## Committee System | समिति व्यवस्था

संसद अपनी जिम्मेदारियों को निभाने के लिए सदन के सदस्यों के अनुपात से विषय की विशेषज्ञता रखने वाले सदस्यों की एक छोटी समिति बनाती है। यह समिति सदन की कार्यवाही करती है और आपसी समझ एवं सामंजस्य से कार्य पूरा करती है।

## Committees | समितियाँ

किसी निर्णय ले सकने वाले समूह के सदस्यों के संघ/समितियाँ। इन्हें सम्पूर्ण समूह द्वारा मान्य मामलों की जाँच का दायित्व प्रदान किया जाता है अथवा मान्य निर्णयों को क्रियान्वित करने का

दायित्व सौंपा जाता है। इनके गठन के पीछे यह धारणा है कि किसी मामले के बारे में विस्तृत निर्णयों की क्रियान्विति लोगों के छोटे समूह के द्वारा ही ठीक से सम्भव हो सकती है, साथ ही यह भी धारणा है कि समिति के सदस्य उस मामले में विशेषज्ञता रखते हैं तथा वे उन मामलों के निपटारों पर अधिक समय दे सकते हैं। समिति का क्षेत्र थोड़ा सीमित होता है पर समितियाँ श्रम विभाजन और कार्य विशिष्टीकरण को सम्भव बनाती हैं। भारतीय संसद में 17 समितियाँ है जिनमें 6 का गठन राज्य सभा के सभापति और 11 का लोक सभा के सभापति करते हैं। प्रमुख समिति में लोक लेखा और प्राक्कलन समिति है। प्रत्येक मंत्रालय की एक परामर्श समिति भी होती है।

## Commodification or Commoditisation | पण्यीकरण, वस्तु

एक पण्येत्तर यानी गैर-पण्य वस्तु (यानी ऐसी वस्तु जिसे बाजार में खरीदा और बेचा नहीं जाता) का पण्य रूपांतरण। भावनाओं, विश्वासों और श्रद्धा को भी वस्तु समझ लेना।

## Commodity | वस्तु, पण्य

कोई वस्तु या सेवा जो बाजार में खरीदी या बेची जा सकती। मार्क्सवादी मजदूरी एवं मेहनत को भी वस्तु मानते हैं जिसे उद्योगपति और उत्पादन एवं वितरण करवाने वाले लोग खरीदते हैं।

## Commodity Fetishism | पण्यरीति, वस्तु पूजा

पूंजीवाद के अंतर्गत एक ऐसी स्थिति जिसमें सामाजिक संबंधों को भी वस्तुओं के बीच के संबंधों की तरह अभिव्यक्त किया जाता है।

## Common Law | सामान्य विधि

ब्रिटेन के संविधान में न्यायालयों द्वारा मान्यता प्राप्त जनता के अधिकारों एवं कर्तव्यों को विनियमित करने वाली अलिखित विधि जो सामान्य रीति-रिवाजों पर आधारित है, जिसे साधारण विधि कहते हैं।

## Commonwealth | राष्ट्रमंडल

उन स्वाधीन, प्रभुसत्ता संपन्न राष्ट्रों का साहचर्य जो मूलतः ब्रिटिश साम्राज्य के अधीन थे, और स्वतंत्र होने पर भी ब्रिटिश राजमुकुट के प्रति सामान्य रूप से निष्ठा रखते थे। ब्रिटेन के सम्राट या समाज्ञी को राष्ट्रमंडल का प्रतीकात्मक अध्यक्ष माना जाता है। संप्रति इसके सदस्यों की संख्या 50 है। परन्तु 1949 में सदस्य देशों ने भारत के इस विचार को स्वीकार कर लिया कि वह गणराज्य (Republic) होकर भी इसका सदस्य रह सकता है। राष्ट्रमंडल का कोई अपना संविधान नहीं है और उनका साहचर्य व्यक्त होता है, विशेषतः शैक्षिक, सांस्कृतिक और आर्थिक क्षेत्रों में होता है। 16 मई 1949 को भारत राष्ट्रमण्डल का सदस्य बना।

## Communal Electorate | सांप्रदायिक निर्वाचक वर्ग

भारत में ब्रिटिश शासनकाल में अल्पसंख्यकों की समस्या को सुलझाने के लिए 1909 के अधिनियम द्वारा आरम्भ की गई एक विशेष प्रकार की निर्वाचन-पद्धति जिसके अन्तर्गत मुस्लिम संप्रदाय के सदस्य विधानमंडलों के लिए अपने प्रतिनिधि अलग-अलग निर्वाचन क्षेत्रों से निर्वाचित करते थे। दूसरे शब्दों में विभिन्न संप्रदायों के लिए अलग-अलग निर्वाचित क्षेत्रों की रचना होती थी। प्रत्येक निर्वाचन क्षेत्र में मतदाता और उम्मीदवार एक ही संप्रदाय के अनुयायी होते थे, हिन्दू केवल हिन्दुओं को और मुसलमान केवल मुसलमानों को ही मत देते थे। सांप्रदायिक निर्वाचक वर्ग की

पद्धति ने भारत में सांप्रदायिकता के विकास में बहुत योग दिया एवं देश को अपार हानि पहुँचाई। स्वतंत्रता के पश्चात् भारत के संविधान ने सांप्रदायिक निर्वाचक वर्गों की पद्धति का त्याग कर संयुक्त निर्वाचन की प्रणाली का सूत्रपात किया है, जिसके अनुसार मतदाताओं का वर्गीकरण सांप्रदायिक आधार पर नहीं, प्रत्युत प्रादेशिक आधार पर किया जाता है और सारे संप्रदायों के मतदाता अपने प्रतिनिधि को एक ही निर्वाचन क्षेत्र से संयुक्त रूप से मिलकर चुनते हैं।

## Communalism | सांप्रदायिकता, संप्रदायवाद

किसी देश में किसी धर्म या संप्रदाय विशेष के ही हितों पर बल देने वाली विचारधारा एवं आचरण। अथवा कोई राजनीतिक या सांप्रदायिक गुट जो अपनी मानसिकता के आधार पर स्वयं को किसी धार्मिक संप्रदाय के ऊपर आधारित करता है, लेकिन वास्तविक उद्देश्य गुट के लिए राजनीतिक शक्ति और संरक्षण प्राप्त करना होता है।

साम्प्रदायिकता एक ऐसी विचारधारा है जो इस विश्वास पर आधारित है कि समाज ऐसे धार्मिक समुदायों में बँटा हुआ है जिसके आर्थिक, राजनीतिक, सामाजिक और सांस्कृतिक हित अलग अलग हैं और यहाँ तक कि अपने धार्मिक अन्तरों के कारण एक दूसरे के शत्रु हैं। एक विचारधारा के रूप में यहा नस्लवाद, विरोधवाद और फासीवाद से मिलती जुलती है। यह धार्मिक पहचान पर आधारित उग्र राष्ट्रवाद की भावना भी होता है। इसमें दूसरे धर्मों को मानने वाले अथवा गैर धार्मिक पहचान वालों से शत्रुतापूर्ण व्यवहार देखा जाता है।

साम्प्रदायिकता के अन्तर्गत वे सभी भावनाएँ व क्रियाकलाप आ जाते हैं, जिनमें किसी धर्म अथवा भाषा के आधार पर किसी समूह विशेष के हितों पर बल दिया जाए, उन हितों को राष्ट्रीय हितों से भी अधिक प्राथमिकता दी जाए तथा उस समूह में पृथकता की भावना उत्पन्न की जाए या उसको प्रोत्साहन दिया जाए। विन्सेन्ट स्मिथ के शब्दों में एक साम्प्रदायिक व्यक्ति या समूह वह है जो कि प्रत्येक धार्मिक अथवा भाषाई समूह को एक ऐसी पृथक सामाजिक और राजनीतिक इकाई मानता है, जिसके हित अन्य समूहों के हितों से पृथक होते हैं और उनके विरोधी भी हो सकते हैं। ऐसे ही व्यक्तियों अथवा व्यक्ति समूह की विचारधारा को सम्प्रदायवाद या साम्प्रदायिकता कहा जाएगा।

बहुसंस्कृतीय समाज में सामाजिक तनाव तथा टकराहट वास्तव में विभिन्न समूहों में चल रहे सत्ता द्वन्द्व के लक्षण हैं। इस पारस्परिक द्वन्द्व को सैद्धान्तिक स्तर पर धर्म की शिला पर खड़ा करना एक राजनीतिक विचारधारा के रूप में सम्प्रदायवाद का मूलसार या निष्कर्ष ही है।

भारत में साम्प्रदायिक राजनीति की शुरुआत मुसलमानों को खुश करने के लिए 1905 में वायसराय लॉर्ड कर्जन ने बंगाल का विभाजन करके की। बंगाल विभाजन अंग्रेजों की 'फूट डालो और राज करो (Divide and Rule) की कुटिल नीति का ही परिणाम था। इसके बाद 1906 में मुसलमानों के राजनीतिक व अन्य अधिकारों की प्राप्ति के लिए ढाका में "अखिल भारतीय मुस्लिम लीग की स्थापना हुई। 1906 से ही लीग ने मुसलमानों को आबादी के आधार पर प्रतिनिधित्व की मांग की। 1909 के मार्ले-मिन्टो अधिनियम में साम्प्रदायिक आधार पर पृथक चुनावों की व्यवस्था को मान्यता दी गई। इसके बाद 1916 के लखनऊ पैक्ट (समझौता) के अन्तर्गत मुसलमानों के लिए प्रतिनिधि संस्था के रूप में लीग का अस्तित्व साम्प्रदायिक प्रतिनिधित्व तथा मुसलमानों के लिए प्रतिनिधित्व में गुरुता के सिद्धान्त को कांग्रेस ने मानकर साम्प्रदायिक राजनीति को बढ़ावा दिया। 1932 के बाद मोहम्मद अली जिन्ना साम्प्रदायिक राजनीति के नायक और भारतीय राजनीति के खलनायक बन गए। 23 मार्च 1940 को लीग के लाहौर अधिवेशन में जिन्ना ने द्वि राष्ट्र सिद्धान्त का प्रतिपादन किया। अन्त में 1947 में साम्प्रदायिकता के आधार पर ही भारत का विभाजन हुआ।

## Communes | सहभागिता, सामुदायिक इकाई

यह राजनैतिक पद्धति चीन में 1958 से 1985 की अवधि में ग्रामीण प्रशासन के तीन स्तरों में से उच्चतम स्तर पर प्रयोग किया जाता था। इसके बाद 1982-85 में इसका स्थान नगर प्रशासन ने लिया। विशालतम सामुदायिक इकाइयों (कम्यूजों) का विभाजन कर इन्हें उत्पादन वाहिनियों तथा उत्पादन दलों में पुनर्गठित कर दिया गया। इसमें जनसहभागिताओं के प्रशासनिक, राजनीतिक और आर्थिक कार्य होते थे।

## Communication Theory | संचार सिद्धान्त

प्रसिद्ध अमेरिकी गणितज्ञ नारबर्ट बीनर को संचार सिद्धान्त का प्रवर्तक माना जाता है। बीनर ने सन्देश सिद्धान्त, साइबर नेटिक्स तथा फीड बैंक सिस्टम के आधार संचार सिद्धान्त का विकास किया।

राजनीति विज्ञान तथा अन्तर्राष्ट्रीय राजनीति में संचार सिद्धान्त को लागू करने का श्रेय हावर्ड प्रोफेसेर कार्ल डायच (1912-92) अमेरिका को है। उसकी कृति 'दि नर्वज ऑफ गवर्नमेन्ट' (शासन की तन्त्रिकाएं) तथा शोध लेख 'कम्यूनिकेशन मॉडल्स एंड डिसीजन सिस्टम' (1963) में इस सिद्धान्त का वर्णन है। उनके अनुसार "इस कृति में राज्य रूपी काया (Body Politic) की अस्थियों और मांसपेशियों पर उतना ध्यान नहीं दिया गया है, जितना उसकी तन्त्रिकाओं पर दिया गया है। ये तन्त्रिकाएं यहाँ संप्रेषण और निर्णय की वाहिकाओं (Channal) का काम करती हैं। इसमें यह संकेत निहित है कि शासन को 'शक्ति की समस्या' (Problem of Power) के रूप में देखने से उतना लाभ नहीं होगा, जितना उसे संचालन की समस्या (Problem of Steering) के रूप में देखने से होगा।

संचार सिद्धान्त प्रशासन को विभिन्न सूचना प्रवाहों के आधार पर स्थित निर्णय निर्माण की एक व्यवस्था मानता है। इसका आधार दो प्रकार की संकल्पनाओं पर टिका हुआ है। प्रथम वे संकल्पनाएँ हैं जिनका सम्बन्ध संचार का संचालन करने वाली संरचनाओं से है, और द्वितीय वे संकल्पनाएँ है जिनका लक्ष्य विभिन्न प्रकार के प्रवाहों और प्रक्रियाओं को समझना है। पहले वर्ग में वे संरचनाएं आती हैं जिन्हें हम स्वागतकर्ताओं (Receptors) या स्वागत व्यवस्थाओं (Reception System) का नाम दे सकते हैं। दूसरा वर्ग जिसका सम्बन्ध सूचना प्रवाहों से है, जो अधिक महत्वपूर्ण है।

नकारात्मक प्रति सम्भरण (Negative Feedback) को डायच के संचार सिद्धान्त की आत्मा माना है। नकारात्मक प्रति सम्भरण का अर्थ उन प्रतिक्रियाओं से है जिनके माध्यम से निर्णयों और क्रियान्वयन से उत्पन्न होने वाले परिणामों की सूचना व्यवस्था में इस ढंग से प्रवेश करती है कि वह व्यवस्था को अनायास ही ऐसी दिशा में मोड़ देती है। जो उसे सम्बद्ध लक्ष्यों की प्राप्ति के अधिक निकट ले जा सके संचार सिद्धान्त की मूल मान्यता है कि लक्ष्यों तक पहुँचने के लिए प्रति सम्भरण का पर्याप्त मात्रा में होना आवश्यक है। डायच मानता है कि राजनीतिक व्यवस्था में यह सारी प्रक्रिया उतनी ही सरल और व्यवस्थित होनी चाहिए, जितनी किसी जीवित प्राणी की तन्त्रीय व्यवस्था में। डायच ने संचार सिद्धान्त के विश्लेषण में चार परिमाणात्मक तत्व जोड़कर अपने ढांचे को और भी अधिक स्पष्ट कर दिया। ये चार तत्व हैं। भार (Load), पश्चता (Lag), अभिलाभ (Gain) और अग्रता (Lead)।

## Communism | साम्यवाद

साम्यवाद का सामान्य अर्थ है ऐसी समाज व्यवस्था जिसमें किसी समुदाय के सदस्य मिल-जुलकर रहते हैं और मिल बाँट कर खाते हैं, इसमें कोई छोटा बड़ा नहीं होता है सबको एक जैसा सम्मान और गरिमा का पात्र माना जाता है। ऐसे समाज में किसी वस्तु पर किसी का व्यक्तिगत स्वामित्व नहीं होता है बल्कि समुदाय की सभी वस्तुएं सब सदस्यों के सामान्य स्वामित्व में रखी जाती है।

इंग्लैण्ड में 1840 के दशक में रोबट ओवन के अनुयायियों ने "कम्युनिज्म" शब्द को लोकप्रिय बनाया। मूलतः 'कम्यून' शब्द फ्रान्स के पुराने ग्राम समुदाय का संकेत देता था।

कार्ल मार्क्स (1818-83) एवं एंजेल्स (1820-95) ने इसका प्रतिपादन किया। इस विचारधारा के अनुसार वे ऐसी समाज व्यवस्था स्थापित करना चाहते थे जिसमें निजी सम्पत्ति (Private Property) का कोई स्थान नहीं होगा, वर्ग भेद (Class Destination) समाप्त हो जाएगा और प्रायः सभी पुरानी संस्थाएँ और धार्मिक विश्वास तक समाप्त हो जाएंगे, यहाँ तक कि राज्य भी लुप्त हो जाएगा। इसके अन्तर्गत लोग मिल जुलकर रहेंगे, मिल बाँटकर खाएंगे और कंधे से कंधा मिलाकर काम करेंगे। इस व्यवस्था के अन्तर्गत सब वस्तुओं और सेवाओं पर सबका समान अधिकार होगा, और इससे समस्त मानवीय इच्छाओं की पूर्ति भी संभव हो जाएगी।

मार्क्सवाद के अन्तर्गत साम्यवाद का अर्थ है वह अवस्था जो समाजवाद के पूर्ण उत्कर्ष के बाद स्थापित होती है। इसमें समाज वर्गहीन (Classless) और राज्यहीन (Stateless) हो जाता है। और सबकी भौतिक आवश्यकताएं पूरी करना संभव हो जाता है। इसमें श्रम और वस्तुओं के वितरण का यह नियम लागू होता है। हरेक से अपनी क्षमता के अनुसार, कार्य हरेक को अपनी आवश्यकता के अनुसार वस्तुएँ मार्क्स ने बताया कि सच्चा साम्यवाद सम्पति के सकारात्मक उन्मूलन की मांग करता है।

## Communist Information Bureau | कॉमिन फार्म

सितम्बर 1947 में सोवियत संघ, बलगारिया, हंगरी, रूमानिया, पोलैंड, चेकोस्लोवाकिया, यूगोस्लाविया, फ्रांस और इटली के साम्यवादी दलों के प्रतिनिधि पोलैंड की राजधानी वारसा में एकत्रित हुए, जहाँ उन्होंने बेल्ग्रेद में एक 'साम्यवादी सूचना कार्यालय' खोलने का निश्चय किया। कॉमिन फॉर्म का उद्देश्य यूरोप में सामान्य साम्यवादी नीतियों को क्रियान्वित व समायोजित करना था। वह पूरी तरह सोवियत संघ के नियन्त्रण में था। कॉमिन फॉर्म के माध्यम से पूर्वी-यूरोपीय राज्यों की साम्यवादी सरकारों को संगठित करने और साम्यवादी कार्यपद्धति में दीक्षित करने में स्टालिन को पर्याप्त सफलता मिली। बड़ी संख्या में रूसी इंजीनियर, तकनीकी कर्मचारी और सेना-प्रशिक्षक उन देशों के पुनर्निर्माण कार्य में सहायता देने के लिए भेजे गए।

## Communist Manifesto | साम्यवादी घोषणा पत्र

फ्रेडरिक एंजेल्स तथा कार्ल मार्क्स द्वारा लिखित विख्यात नीतिघोष जिसका प्रकाशन फरवरी, 1848 में लंदन में हुआ था। इसमें साम्यवाद के सिद्धान्तों तथा कार्यक्रमों का विवरण दिया गया है। साम्यवादी साहित्य में यह एक प्रकार से मूल या आधारभूत रचना मानी जाती है, जिसे साम्यवादी घोषणा-पत्र के नाम से जानते हैं। इसमें शोषित वर्ग को संगठित होकर शोषण का विरोध करने के लिये कहा गया है।

## Communitarian View of Justic | न्याय का समुदायवादी दृष्टिकोण

न्याय का समुदायवादी दृष्टिकोण सामाजिक वस्तुओं (Social Goods) के ऐसे वितरण का समर्थन करता है जिसमें समुदाय (Community) के प्रति व्यक्ति की प्रतिबद्धता (Commitment) पर बल दिया जाता है। इसमें समाज से कटे हुए व्यक्ति के बजाय समाज से जुड़े हुए व्यक्ति पर ध्यान केन्द्रित किया जाता है। अतः यह सिद्धान्त समुदाय के हित (Communal Interest) या सामान्य हित (Common Interest) को न्याय का ध्येय मानता है।

इस दृष्टिकोण के अनुसार समुदाय का हित उसकी ऐतिहासिक और सामाजिक पहचान में व्यक्त होता है। अतः प्रत्येक व्यक्ति अपने समुदाय के सन्दर्भ में ही अपनी अस्मिता या पहचान, अपनी योग्यताएँ और अपने जीवन के लक्ष्य को विकसित करता है। यहाँ समुदाय की पहचान उसमें प्रचलित भूमिकाओं, प्रथाओं, मान्यताओं और मूल्यों से की जाती है।

## Community | समुदाय, बिरादरी, संप्रदाय

मानव समुदाय ऐसे लोगों का प्रकार्यात्मक रूप से सम्बन्धित समूह है जो एक विशिष्ट समय में विशेष भौगोलिक स्थान पर रहते हैं और जिनकी संस्कृति समान होती है। ये लोग एक सामाजिक संरचना के रूप में व्यवस्थित होते हैं और एक समूह के नाते अपनी अनन्य और पृथक स्थिति के प्रति जागरूक रहते हैं। इसके सदस्य सचेतन रूप से मान्यता प्राप्त समानताओं और नातेदारी के बंधनों, भाषा, संस्कृति के कारण आपस में जुड़ते हैं।

## Community Study | समुदाय अध्ययन

मानव व्यवहार के अध्ययन की विधि, जो समुदाय विशेष के सम्पूर्ण विश्लेषण पर केन्द्रित होती है। यह अध्ययन पद्धति का एक अनुप्रयुक्त रूप है जिसमें समुदाय को विश्लेषण एकक माना जाता है।

## Commutative Vote System | एकत्रीभूत मत प्रणाली, संचित मत प्रणाली

प्रतिनिधित्व को आनुपातिक और व्यापकतम बनाने की एक अन्य प्रणाली एकत्रीभूत मत प्रणाली है। यह अल्पसंख्यकों का उचित प्रतिनिधित्व प्रदान करने की विशेष युक्ति है। इसके अनुसार प्रत्येक मतदाता को उतने मत देने का अधिकार होता है जितने सदस्य किसी निर्वाचन क्षेत्र से चुने जाने हों। इसके अतिरिक्त उसे यह भी अधिकार होता है कि ये मत वह विविध उम्मीदवारों को बाँट कर दे अथवा किसी एक उम्मीदवार को ही सब मत दे दे। उदाहरण हेतु मान लीजिए 6 सदस्यों वाले निर्वाचन क्षेत्र में 3,000 मतदाता मतदान करते हैं तथा विभिन्न दलों को मत इस प्रकार प्राप्त हुए, A दल 1,250 मत, B दल 750 मत, C दल 600 मत तथा D दल 400 मत। यह भी मान लीजिए कि A दल ने अपनी ओर से 4 B दल ने 2, C दल ने 1 तथा D दल ने 1 उम्मीदवार निर्वाचन के लिए खड़ा किया है, चूंकि 6 सदस्यों का निर्वाचन होना है, अतः प्रत्येक मतदाता ने 6 मत दिए होंगे। मतदान में किस दल को कितने मत प्राप्त होंगे, उसे हम कल्पना के आधार पर इस प्रकार रख सकते हैं:

| | | | |
|---|---|---|---|
| **A दल** | | | |
| प्रथम उम्मीदवार | 400×6 | = | 2,400 मत |
| द्वितीय उम्मीदवार | 400×6 | = | 2,400 मत |
| तृतीय उम्मीदवार | 400×6 | = | 2,400 मत |
| चतुर्थ उम्मीदवार | 50×6 | = | 300 मत |
| **B दल** | | | |
| प्रथम उम्मीदवार | 400×6 | = | 2,400 मत |
| द्वितीय उम्मीदवार | 350×6 | = | 2,100 मत |
| **C दल** का उम्मीदवार | 600×6 | = | 3,600 मत |
| **D दल** का एक उम्मीदवार | 400×6 | = | 2,400 मत |
| | 3,000×6 | = | 18,000 मत (3,000 मतदाता के × प्रत्येक के 6 वोट के आधार पर) |

इस प्रकार इस निर्वाचन का परिणाम होगा कि A दल के 3 उम्मीदवार, B दल का 1 उम्मीदवार, C दल का 1 उम्मीदवार तथा D दल का 1 उम्मीदवार विजयी माना जाएगा।

## Comparative Method | तुलनात्मक पद्धति

राजनीति शास्त्र के अध्ययन की वह विशिष्ट पद्धति जिसके अन्तर्गत समस्या विशेष के सम्बन्ध में समस्त ज्ञातव्य तथ्यों को एकत्रित किया जाता है और इसके बाद उन पर तुलनात्मक दृष्टि से विचार

करके किसी सामान्य निष्कर्ष पर पहुँचने की चेष्टा की जाती है। वर्तमान काल में संविधानों और राजनीतिक व्यवस्थाओं का संस्थापक अध्ययन न करके उनके समस्त परिवेश के संदर्भ में उनका विश्लेषण करने की प्रवृत्ति पाई जाती है। इस प्रकार के विश्लेषण को तुलनात्मक पद्धति कहते हैं। अरस्तु, मोंटेस्क्यू, डी टाकवली, लाबाउले और लॉर्ड ब्राइस आदि विद्वानों ने इस पद्धति का समर्थन किया है। अरस्तु ने क्रान्ति के कारणों एवं उनके समाधान खोजने के लिए 158 संविधानों का तुलनात्मक अध्ययन किया था। लॉर्ड ब्राइस ने अपने ग्रंथ "मॉडर्न डेमोक्रेसीज" में लोकतंत्र के सम्बन्ध में जो निष्कर्ष निकाले हैं, वे उनके विविध लोकतंत्रात्मक शासन-प्रणालियों के तुलनात्मक अध्ययन के परिणाम हैं। भारतीय संविधान सभा ने भारतीय संविधान के निर्माण में तुलनात्मक पद्धति से प्रचुर लाभ उठाया था।

## Comparative Politics | तुलनात्मक राजनीति

शासन प्रणालियों के तुलनात्मक अध्ययन की पद्धति में विभिन्न शासन प्रणालियों की संरचनाओं तथा संस्थाओं की समानताओं व असमानताओं का तुलनात्मक अध्ययन किया जाता है। इसके अन्तर्गत विभिन्न शासन पद्धतियों का अध्ययन कर उपयुक्त शासन प्रणाली का पता लगाया जाता है। अरस्तु ने इस पद्धति को सर्वप्रथम प्रारम्भ किया था। इसलिए अरस्तु को तुलनात्मक राजनीति का जनक कहा जाता है। राजनीति विज्ञान में इस बात में एकता नहीं है कि कैसे तुलना करें, क्या तुलना करें और कितनी तुलना करें। इसकी तीन प्रमुख परम्पराएँ हैं: (1) विदेशी सरकारों का अध्ययन (2) पूरी राजनीतिक व्यवस्था की तुलना (3) राजनीतिक व्यवस्था की समस्या की तुलनात्मक अध्ययन सामग्री का विश्लेषण। इस क्षेत्र में अध्ययन के नये सिद्धान्त (पैराटाइम), तकनीकी, अध्ययन के विशेष क्षेत्र, बदलती विश्व-व्यवस्था का महत्व रहा है। 1960 के दशक में विकास और 1970 के दशक में 'डिपेनडैंसी' महत्वपूर्ण सिद्धान्त रहे। इसमें पूर्णतः अलग व्यवस्था और एक समान व्यवस्था की तुलना पर जोर दिया जाता है। आज पश्चिमी प्रजातंत्र की जगह विकासशील, तृतीय विश्व एवं अविकसित देशों के अध्ययन पर बल दिया जा रहा है।

## Compensation | मुआवजा, क्षतिपूर्ति

सामान्य अर्थ में "प्रतिकर" शब्द का प्रयोग "क्षतिपूर्ति" के प्रसंग में होता है। राज्य द्वारा सार्वजनिक उद्देश्य के लिए हस्तगत वैयक्तिक संपत्ति की साधारणतः बाजार मूल्य के बराबर दी जाने वाली राशि होती है। यह नकद न दी जाकर बंधपत्र या किसी अन्य रूप में भी दी जा सकती है। उदाहरण के लिए जब राज्य या स्थानीय प्राधिकारी जनकल्याण की खातिर किसी व्यक्ति की भूमि या अन्य संपत्ति ले लेते हैं, तब इसके बदले में व्यक्ति को दी गई रकम प्रतिकर कहलाती है। संकटकाल में राज्य को यह प्राधिकार है कि वह देश की रक्षा के लिए क्षतिपूर्ति के बिना भी किसी की संपत्ति का अधिग्रहण कर सकता है।

भारतीय संविधान के अनुच्छेद 31(2) में कहा गया है कि प्रतिकर देकर ही किसी की सम्पत्ति का सरकार अधिग्रहण कर सकती है। संसद पर किसी की सम्पत्ति का अधिग्रहण करने पर दो सीमाएं हैं। (1) संसद की इच्छा स्पष्ट शब्दों में व्यक्त हो (2) क्षतिपूर्ति की व्यवस्था हो।

## Composite State | सम्मिश्र राज्य

किसी देश में विभिन्न राज्यों द्वारा संगठित एवं निर्मित एक संयुक्त, संयोजित या समष्टिक राज्य जिसे सम्मिश्र राज्य कहते हैं। सामान्यतया दो या तीन पड़ौसी राज्यों द्वारा किसी सामान्य शत्रु राज्य का मुकाबला एवं विरोध करने, अपने हितों की रक्षा करने एवं विभिन्न लाभों और सुविधाओं की प्राप्ति के लिए निर्मित एक नई राजनीतिक इकाई। इसके सामान्यतया चार स्वरूप पाए जाते हैं: (i)

संघात्मक संघ (ii) वास्तविक संघ (iii) वैयक्तिक संघ तथा, (iv) परिसंघ। उपरोक्त (1) एवं (2) स्वरूपों में संघ के घटकों का कोई अन्तर्राष्ट्रीय अस्तित्व नहीं रह गया और अन्तर्राष्ट्रीय प्रयोजनों के लिए संघ एक इकाई माना जाता है। इसके विपरीत (3) एवं (4) की स्थितियों में संघ के घटकों का अन्तर्राष्ट्रीय अस्तित्व बना रहता है।

## Comprehensive Test Ban Treaty (CTBT) | व्यापक आणविक परीक्षण प्रतिबन्ध सन्धि (सी.टी.बी.टी.)

सी.टी.बी.टी. अर्थात व्यापक आणविक परीक्षण प्रतिबन्ध सन्धि विश्वभर में किए जाने वाले परमाणु परीक्षणों पर रोक लगाने के उद्देश्य से की गई सन्धि है। इस सन्धि पर 24 सितम्बर 1996 से हस्ताक्षर प्रारम्भ हुए। अब तक कुल मिलाकर 154 राष्ट्रों ने हस्ताक्षर किए हैं।

6-8 अक्टूबर 1999 को वियना (ऑस्ट्रिया) में सी.टी.बी.टी के कार्यान्वयन की प्रगति के उद्देश्य से संयुक्त राष्ट्र संघ ने एक सम्मेलन आयोजित किया, जिसमें सभी 44 विविध परमाणु क्षमताओं वाले राष्ट्रों द्वारा हस्ताक्षर करने की बात कही गई। अभी तक भारत, पाकिस्तान व उत्तर कोरिया ने इस सन्धि पर हस्ताक्षर नहीं किए हैं क्योंकि यह भेदभावपूर्ण सन्धि है।

## Compromis d' Arbitrage | विवाचन समझौता

जब दो देश किसी विवाद पर विवाचन करवाने के लिए प्रस्तुत हो जाते हैं, तब यह सुविधाजनक समझा जाता है कि वे विवाचन की कार्यविधि के सम्बन्ध में पहले से कोई समझौता कर लें। इस प्रकार का समझौता ही विवाचन समझौता कहलाता है अथवा किसी पंच या सरपंच की सहायता से अपने विवाद को निपटाने के लिए किन्हीं दो या अधिक राज्यों के बीच किया गया वह समझौता जिसके आधार पर पंच या सरपंच की नियुक्ति की जाती है एवं विवाद का निपटारा किया जाता है। इसे भी विवाचन समझौता ही कहते हैं।

## Comptroller and Auditor General (CAG) | नियन्त्रक महालेखा परीक्षक (केग)

भारत के संविधान के भाग 5 के अध्याय 5 में अनुच्छेद 148 से 151 तक भारत के नियन्त्रक एवं महालेखा परीक्षक के पद का वर्णन है। यह सार्वजनिक निधि का अभिरक्षक होता है। यह इस बात की निगरानी रखता है कि भारत या राज्य की संचित निधि में एक भी पाई सम्बद्ध विधान मण्डल के प्राधिकार के बिना खर्च नहीं की जाए।

अनुच्छेद 148 के अनुसार भारत का एक नियन्त्रक और महालेखा परीक्षक होगा, जिसको राष्ट्रपति अपने हस्ताक्षर और मुद्रा सहित अधिपत्र द्वारा नियुक्त करेगा और उसे उसके पद से केवल उसी रीति से और उन्हीं आधारों पर हटाया जाएगा, जिस रीति और आधारों पर उच्चतम न्यायालय के न्यायाधीश को हटाया जाता है। उसे अपने पद ग्रहण करने से पहले राष्ट्रपति के समक्ष तीसरी अनुसूची में दिए गए प्ररूप के अनुसार शपथ लेनी होगी तथा उस पर अपने हस्ताक्षर करने होंगे। नियन्त्रक एवं महालेखा परीक्षक के वेतन-भत्ते और पेंशन भारत की संचित निधि पर भारित होंगे।

अनुच्छेद 149 के तहत नियन्त्रक महालेखा परीक्षक संघ के और राज्यों के तथा किसी अन्य प्राधिकारी या निकाय के लेखाओं के सम्बन्ध में ऐसे कर्तव्यों का पालन और ऐसी शक्तियों का प्रयोग करेगा जिन्हें संसद द्वारा बनाई गई विधि द्वारा या उसके अधीन विहित किया जाए।

अनुच्छेद 150 के अनुसार संघ के और राज्यों के लेखाओं को ऐसे प्ररूप में रखा जाएगा, जो राष्ट्रपति, भारत के नियन्त्रक महालेखा परीक्षक की सलाह पर विहित करे।

अनुच्छेद 151(1) के अनुसार भारत के नियन्त्रक महालेखा परीक्षक के संघ के लेखाओं सम्बन्धी प्रतिवेदनों को राष्ट्रपति के समक्ष प्रस्तुत किया जाएगा, जो उनको संसद के प्रत्येक सदन के समक्ष रखवायेगा।

(2) भारत के नियन्त्रक महालेखा परीक्षक के किसी राज्य के लेखाओं सम्बन्धी प्रतिवेदनों को उस राज्य के राज्यपाल के समक्ष प्रस्तुत किया जाएगा, जो उनको राज्य के विधानमण्डल के समक्ष रखवायेगा।

संसद के नियन्त्रक महालेखा परीक्षक (सेवा की शर्तें) अधिनियम, 1953 के अनुसार महालेखा परीक्षक 6 वर्ष तक अपने पद पर रहेगा, लेकिन इससे पहले चाहे तो राष्ट्रपति के नाम त्याग पत्र देकर पद से अलग हो सकता है। वर्तमान में (दिसम्बर 2010) भारत के नियन्त्रक एवं महालेखा परीक्षक विनोद रॉय हैं।

## Compulsary Voting | अनिवार्य मतदान

मतदान एक ऐसा सार्वजनिक कर्त्तव्य है जिसके बिना कोई भी व्यक्ति अपनी नागरिकता का ठीक से उपयोग नहीं कर सकता है। अतः यह सम्पूर्ण वेल्जियम में 1893 से अनिवार्य मतदान लागू है। भारत में इसके लिए कुछ हिन्दूवादी संगठन माँग कर रहे हैं।

## Concentration Camps | यातना शिविर

एक प्रकार की जेल जिसमें कानूनी पालन किए बिना ही लोगों को कैद में डाल दिया जाता है। इस शब्द से गहन यातना और निर्मम अत्याचार जो हिटलर (जर्मनी) के द्वारा यहूदियों को या स्टालिन (रूस) के द्वारा साम्यवाद के विरोधियों को 1925-45 के बीच दिया जाता था का बोध होता है।

## Concept of Class Consciousness | वर्ग चेतना की अवधारणा

चिरसम्मत मार्क्सवाद के अन्तर्गत वर्ग (1) बहुत सारे लोग जो एक जैसी आर्थिक स्थिति में पहुँच जाते हैं, उनके हितों में समानता होती है, वे अपने सामान्य शत्रु को पहचान लेते हैं तथा उस शत्रु को परास्त करने के लिए उनके मन में एकता की भावना का संचार होता है। संक्षेप में वर्ग की उत्पत्ति के लिए दो शर्तें पूरी होनी चाहिए (1) प्रस्तुत समूह अपने-आप में वर्ग का रूप धारण कर ले (2) वह अपने-आप को वर्ग के वर्ग के रूप में पहचानने लगे अर्थात उसमें वर्ग चेतना की भावना पैदा हो जाए। दूसरी शर्त पूरी कर लेने पर वह पूर्ण विकसित वर्ग बन जाएगा।

लेनिन और कॉटस्की ने तर्क दिया है कि कामगार वर्ग में वर्ग चेतना केवल बाहर से लाई जा सकती है, लेनिन कहते हैं कि कामगार वर्ग में अपने-आप तो केवल मजदूर संघ के स्तर की चेतना ही पैदा हो सकती है उनमें राजनीतिक वर्ग चेतना विकसित करने का काम बुद्धिजीवियों (Intellectuals) का है जो सुशिक्षित और जानकार होते हैं। वे तात्कालिक उत्पादन प्रक्रिया से दूर रह कर बुर्जुआ समाज और उसके वर्ग सम्बन्धों को समग्र रूप से देख सकते हैं, और समझ सकते हैं। कामगारों में वर्ग चेतना के संचार के लिए नए संगठन की जरूरत होगी जो व्यावसायिक क्रान्तिकारियों (Professional Revolutionaries) का दल होगा।

पोलिस मार्क्सवादी रोजा लक्जम (1871-1919) ने तर्क दिया है कि कामगार वर्ग को स्वयं वर्ग संघर्ष का अनुभव प्राप्त करके अपने अन्दर वर्ग चेतना विकसित करनी चाहिए। यदि बौद्धिक विशिष्ट वर्ग सर्वहारा वर्ग का संरक्षक बनने की कोशिश करेगा तो सर्वहारा स्वयं कमजोर और निष्क्रिय हो जायेगा।

## Conciliarism | चर्चपरिषदवाद

ईसाई धर्म का वह सिद्धान्त जो धार्मिक मामलों में पोप के बजाय एक प्रतिनिध्यात्मक चर्च परिषद को सर्वाच्च सत्ता मानता है। यह चर्च के प्रबन्धकीय मामलों में सुधार से सम्बन्धित था जो मध्ययुग में परिषदीय आन्दोलन के रूप में सामने आया।

## Concordat | धर्म सन्धि, कॉन्कोर्डा

जब पोप किसी राज्य प्रधान के साथ सन्धि पर हस्ताक्षर करता है, तब वह धर्म सन्धि कहलाती है। 1801 में नेपोलियन के प्रयास से पोपपायस सप्तम से एक धर्म सन्धि (Concordat) सम्पन्न हुई। इसमें कैथोलिक ईसाई धर्म को फ्रांस में औपचारिक स्वीकृति दी गई तथा फ्रांसीसी जनता की धार्मिक स्वतन्त्रता एवं धार्मिक सहिष्णुता की भावना का सम्मान यथावत रखा गया। पोप ने चर्च की भूमि का परित्याग कर दिया तथा सरकार ने पादरियों को वेतन देने की बात कही। नये बिशपों का नामांकन कॉन्सिल द्वारा किया जाएगा तथा पद ग्रहण से पहले फ्रांस की सरकार की स्वामी भक्ति की शपथ लेनी होगी। इस प्रकार फ्रांस में कैथोलिक ईसाई धर्म की पुनः स्थापना हो गई।

## Concurrent List | समवर्ती सूची

भारतीय संविधान के भाग 11 के प्रथम अध्याय (केन्द्र राज्य विधायी सम्बन्ध) में अनुच्छेद 246(2) में कहा गया है कि संसद को तथा राज्यों के विधानमण्डलों को सातवीं अनुसूची की सूची 3 में जिसे संविधान में "समवर्ती सूची" कहा गया है, प्रगणित किसी विषय के सम्बन्ध में विधि बनाने की शक्ति है।

लेकिन अनुच्छेद 254 में कहा गया है कि समवर्ती सूची के किसी विषय पर केन्द्र व राज्यों के कानूनों में विरोध हो तो संसद द्वारा बनाई विधि ही मान्य होगी।

समवर्ती सूची में दण्ड विधि, दण्ड प्रक्रिया, विवाह और विवाह विच्छेद, संविदाएँ, शोधन अक्षमता और दिवाला, न्यास और न्यासी, महाप्रशासक और शासकीय न्यासी, (न्याय प्रशासन, बन, वन्य जीव जन्तुओं और पक्षियों का संरक्षण, बाट और माप) में विषय 42वें संविधान संशोधन से राज्य सूची से निकाल कर समवर्ती सूची में जोड़े तथा एक नया विषय जनसंख्या नियन्त्रण और परिवार नियोजन आदि कुल 52 विषय वर्तमान में समवर्ती सूची में विद्यमान हैं।

## Concurrent Majority | समवर्ती बहुमत

संयुक्त राज्य अमेरिका में जॉन सी कैल्हॉन (1782-1850) ने दक्षिणी अमेरीकी भाग के हितों की रक्षा के उद्देश्य से समवर्ती बहुमत का सिद्धान्त प्रतिपादित किया। इसमें यह व्यवस्था की गई थी कि कोई भी निर्णय तभी मान्य होना चाहिए, जब उससे प्रभावित होने वाले सभी मुख्य-मुख्य वर्गहितों की सम्मति (Concurrence) प्राप्त कर ली गई हो। अर्थात यदि देश की सरकार अपने संख्यात्मक बहुमत (Numerical Majority) के आधार पर कोई निर्णय करना चाहती है तो उस निर्णय से प्रभावित अल्पमत को उसे रोकने का अधिकार भी प्राप्त होना चाहिए। अतः उन्होंने संघात्मक प्रणाली (Federal System) की जगह ऐसे सांविधानिक ढांचे (Constitutional Structure) का प्रस्ताव रखा, जिसके अन्तर्गत देश के सारे महत्वपूर्ण आर्थिक, कृत्यात्मक और क्षेत्रीय (Reginal) हितों में से प्रत्येक को आत्माभिव्यक्ति का अधिकार होगा और प्रत्येक महत्वपूर्ण निर्णय के लिए सब अंगों की सहमति आवश्यक होगी। लेकिन यह प्रस्ताव पारित नहीं हो सका।

## Concurrent Powers | समवर्ती शक्तियाँ

संघात्मक व्यवस्था में कानून बनाने वाली वे शक्तियाँ जिनका प्रयोग केन्द्र सरकार और राज्य सरकार दोनों कर सकती हैं। इन दोनों में विरोध पैदा होने पर कौन सा कानून मान्य होगा, इसकी व्यवस्था या तो संविधान में कर दी जाती है या देश का सबसे बड़ा न्यायालय कर सकता है।

## Configurative Method | संरूपणात्मक पद्धति

तुलनात्मक राजनीति के परम्परागत उपागम के अनुसार विभिन्न अध्ययनकर्ता भिन्न-भिन्न देशों और शासन-प्रणालियों की विशेषताओं का सूक्ष्म विवरण देने का प्रयत्न करते हैं। वे इन्हें संसदीय और

अध्यक्षीय, एकात्मक और संघात्मक जैसी श्रेणियों में रखकर इनकी तुलना करते थे। उन्होंने कोई ऐसा सामान्य ढांचा (General Farmwork) विकसित नहीं किया जिसके अन्तर्गत विश्व की समस्त राजनीतिक प्रणालियों का विश्लेषण किया जा सके, इसे संरूपणात्मक पद्धति कहा गया।

## Confucius | कन्फ्यूशियस ( 551-479 ई.पू. )

चीन के दार्शनिक, जिन्होंने सदाचार, व्यवहार बुद्धि और उचित सामाजिक संबंधों को आधार बढ़ाते हुए एक दार्शनिक व्यवस्था शुरू की जिसके माध्यम से लोगों को बड़े-बुजुर्गों व माता-पिता का आदर करने और उनका कहना मानने का पाठ पढ़ाया। राजा और प्रजा के संबंध को माता-पिता का अपने बच्चों के साथ जैसा संबंध होता है, वैसा होना चाहिए। 21वीं शताब्दी में आधुनिक बच्चे अपने माता-पिता का अनादर करते एवं बुढ़ापा-बीमार अवस्था में देखभाल नहीं करते उनके लिए कन्फ्यूशियस का विचार सीख लेने जैसा है।

## Consolidated Fund | संचित निधि

भारतीय संविधान के अनुच्छेद 266 में यह उल्लेख है कि भारत के लिए एक संचित निधि होगी। इस निधि में विभिन्न उधार, करों एवं राजस्वों से प्राप्त आय, अन्य साधनों से लिए गए अग्रिम धन एवं विभिन्न प्राप्तियाँ आदि शामिल हैं। देश के सर्वोच्च पदों पर आसिन लोगों के वेतन-भत्ते जिन पर भारतीय संसद में बहस नहीं होती उसे संचित निधि पर भारित किया गया है। इसमें भारत के राष्ट्रपति, उपराष्ट्रपति, भारत का नियंत्रक एवं महालेखा परीक्षक तथा सर्वोच्च एवं उच्च न्यायालय के न्यायाधीशों के वेतन भत्ते शामिल हैं। राज्यों में भी यह निधि अनुच्छेद 266(3) के अनुसार है। उससे धन विधिक प्रक्रिया के द्वारा ही निकाला जा सकता है, अन्यथा नहीं।

## Constituent Assembly | संविधान सभा

कैबिनेट मिशन योजना के अनुसार, जुलाई 1946 में संविधान सभा के चुनाव हुए। संविधान सभा के 389 प्रान्तों के लिए निर्धारित 296 सदस्यों के लिए ही चुनाव हुए। कांग्रेस 208, मुस्लिम लीग 73, 7 अन्य दल एवं 8 निर्दलीय सदस्य थे।

संविधान सभा की प्रथम बैठक 9 दिसम्बर 1946 को संसद के केन्द्रीय कक्ष (नई दिल्ली) में हुई। इसके अस्थायी अध्यक्ष (Temporary Chairman) डॉ. सच्चिदानन्द सिन्हा चुने गए। इसमें मुस्लिम लीग के 73 सदस्य एवं 4 सिखों ने भाग नहीं लिया।

सभा की दूसरी बैठक 11 दिसम्बर 1946 को हुई, जिसमें कांग्रेस के वरिष्ठ नेता डॉ. राजेन्द्र प्रसाद स्थायी अध्यक्ष चुने गए 13 दिसम्बर 1946 को संविधान सभा में नेहरूजी ने उद्देश्य प्रस्ताव रखते हुए कहा "मैं आपके सामने जो प्रस्ताव प्रस्तुत कर रहा हूँ, उसमें हमारे उद्देश्यों की व्याख्या की गई है, योजना की रूपरेखा दी गई है और बताया गया है कि हम किस रास्ते पर चलने वाले हैं" इस पर 19 दिसम्बर 1946 तक विचार-विमर्श हुआ तथा 22 जनवरी 1947 को संविधान सभा में सदस्यों ने खड़े होकर सर्वसम्मति से पास किया। यही उद्देश्य प्रस्ताव 26 नवम्बर 1949 को संविधान की प्रस्तावना बना।

उद्देश्य प्रस्ताव की स्वीकृति के बाद सभा ने कई समितियाँ गठित कीं जिनमें प्रमुख हैं।

1. संघ संविधान समिति इसके अध्यक्ष जवाहरलाल नेहरू थे।
2. प्रान्तीय संविधान समिति, अध्यक्ष वल्लभ भाई पटेल थे।
3. संघ शक्ति समिति, अध्यक्ष नेहरूजी।
4. मूल अधिकारों व अल्पसंख्यकों से सम्बन्धित परामर्श समिति।

5. प्रारूप समिति, अध्यक्ष डॉ. भीमराव अम्बेडकर (29 अगस्त 1947 को गठन)।
6. संचालन समिति, अध्यक्ष डॉ. राजेन्द्र प्रसाद।
7. वार्ता समिति, देशी रियासतों से बातचीत हेतु पहले ही गठित कर ली गई (अध्यक्ष पटेल)।

संविधान सभा के सांविधानिक परामर्शदाता बी.एन. राव थे। प्रारूप समिति ने जो प्रारूप संविधान तैयार किया, वह फरवरी 1948 में संविधान सभा के अध्यक्ष को सुपुर्द किया गया। 15 नवम्बर 1948 को प्रारूप संविधान पर धाराप्रवाह विचार प्रारम्भ हुआ। 8 जनवरी 1949 तक संविधान सभा 67 अनुच्छेदों पर विचार कर चुकी थी। इसे प्रथम वाचन कहा जाता है। 16 नवम्बर 1949 को संविधान का दूसरा वाचन समाप्त हो गया। संविधान सभा का तीसरा वाचन 29 नवम्बर 1949 तक चला। 26 नवम्बर 1949 को अन्तिम रूप से सभा ने इसे अंगीकृत किया तथा बारी-बारी से 284 सदस्यों ने हस्ताक्षर किए। संविधान निर्माण 2 वर्ष 11 माह 18 दिन में हुआ। इसमें 64 लाख रुपया (63,97,729 रुपया) खर्च हुए। इसमें 395 अनुच्छेद, 8 अनुसूची थीं। इसके 15 अनुच्छेद इसी दिन से लागू कर दिए तथा शेष संविधान 26 जनवरी 1950 को लागू किया गया था।

## Constitutional Democracy | सहवर्तनमूलक लोकतन्त्र

ऐसा लोकतन्त्र जो निम्न विशेषताएँ रखता हो।

1. कार्यकारी शक्ति का सम्मिलित प्रयोग इसके अन्तर्गत सभी सम्प्रदायों के प्रतिनिधि मिली-जुली सरकार बनाते हैं या राष्ट्रपति का पद और अन्य पद भिन्न-भिन्न सम्प्रदायों के लिए सुरक्षित रखे जाते हैं।
2. विभिन्न सम्प्रदायों के लिए अधिक स्वायत्त - अर्थात भिन्न-भिन्न सम्प्रदायों को अपने-अपने मामलों में निर्णय करने का अधिक से अधिक अधिकार।
3. आनुपातिकता (Proportionality) इसके अन्तर्गत राजनीतिक पदों, प्रशासनिक नियुक्तियों और सार्वजनिक निधि का आवंटन भिन्न-भिन्न सम्प्रदायों की जनसंख्या के अनुपात से किया जाता है।
4. अल्पमत का निषेधाधिकार (Minorityveto) यह अल्पसंख्यक सम्प्रदायों के लिए अपने हितों की रक्षा का अन्तिम अस्त्र है।

विश्व के अनेक भागों में सहवर्तनमूलक लोकतन्त्र के प्रयोग किए गए हैं। उदाहरण के लिए ऑस्ट्रिया में 1945 से 1966 तक कैथोलिक और समाजवादी दलों ने मिली-जुली सरकार बनाई। नीदरलैण्ड में 1917-1967 तक इस सिद्धान्त का प्रयोग किया गया।

सहवर्तनमूलक लोकतन्त्र अल्पमत के प्रतिनिधित्व की प्रमुख विधि है।

## Constitutional Monarchy | सांविधानिक राजतन्त्र

वह शासन व्यवस्था जिसमें मुकुटधारी नृपति या सम्राट नाम मात्र का राज्याध्यक्ष (Nominal Head of the State) होता है, और शासन की वास्तविक शक्तियाँ लोकप्रिय संस्थाओं जैसे कि संसद, मंत्रिमण्डल तथा अन्य ऐसे अंगों में निहित रहती हैं जिनकी व्यवस्था संविधान के अन्तर्गत की गई हो।

## Constitutionalism | संविधानवाद

किसी देश का संविधान वहाँ की राजनीतिक प्रक्रिया (Political Process) के लिए वैध ढांचा (Legitimate Framwork) प्रस्तुत करता है। प्राचीन काल में अरस्तु ने अपने समय के 158 संविधानों के इतिवृत्त (Case Histories) तैयार करवाये थे, जिनके आधार पर उसने राजनीति को संचालित करने के नियम निर्दिष्ट किए थे। आधुनिक युग में सांविधानिक अध्ययन के श्रेष्ठ सिद्धान्तकारों में जैम्स ब्राइस (1838-1922) और के.सी. व्हीयर (1907-79) के नाम विशेष उल्लेखनीय है।

जेम्स ब्राइस (स्टडीज इन हिस्ट्री एंड ज्यूरिस्प्रूडेंस) (इतिहास एवं न्याय शास्त्र का अनुशीलन) (1901) के अनुसार संविधान "राजनीतिक समाज का ऐसा ढांचा है जिसे कानून के माध्यम से और कानून के द्वारा संगठित किया गया हो, अर्थात उसमें कानून ने ऐसी स्थायी संस्थाएँ स्थापित कर दी हों जिनके साथ मान्यता-कृत्य और सुनिश्चित अधिकार जुड़े हों।

संविधानवाद के विख्यात अमेरिकी व्याख्याकार सी.एच. मैकिल वैन ने 1939 में कांस्टीट्यूशनलिज्म इन ए चेंजिंग वर्ल्ड (बदलते हुए विश्व में संविधानवाद) के अन्तर्गत यह विचार व्यक्त किया था "आज के युग में मुख्य समस्या संविधानवाद की है" यह वह युग था जब पश्चिमी यूरोप में फासिस्टवाद (Facism) का खतरा मंडरा रहा था और रूस में साम्यवाद का दमन चक्र चल रहा था। इन दोनों सर्वाधिकारवादी प्रणालियों के अनुभव के बाद यह आशा की जाती थी कि केवल संविधानवाद ही शासन को अंकुश में रख सकता है और व्यक्ति की स्वतन्त्रता को सुरक्षित रख सकता है। मैकिल वेन ने सांविधानिक शासन के सार तत्व का विवरण देते हुए लिखा था "संविहित सत्ता (Constituted Authority) वह है जो परिभाषित हो, और ऐसी कोई परिभाषा नहीं हो सकती जिसमें अनिवार्यतः सीमा का संकेत न हो। सांविधानिक सरकार को यदि सांविधानिक ही होना है तो वह 'सीमित सरकार' (Limited Government) होती है, और होनी भी चाहिए। उसका रूप चाहे कोई भी क्यों न हो, चाहे वह राजतन्त्रीय, अभिजात, तन्त्रीय या लोक-तन्त्रीय हो। यदि हम किसी राज्य को सचमुच संविधान सम्मत कहते हैं तो उसमें सर्वोच्च सत्ता परिभाषित होनी चाहिए, और वह किसी तरह के कानून के अन्तर्गत परिभाषित होनी चाहिए। हो सकता है वह कानून अलिखित हो और केवल प्रथाओं पर आधारित हो जैसे कि अपने अधिकांश इतिहास में वह रहा है, या वह किसी एक सरकारी दस्तावेज के रूप में प्रस्तुत किया गया हो। जैसा कि अमेरिका और अन्य संघीय संविधानों के अन्तर्गत प्रचलित है, परन्तु हर मामले में कानून ही निरंकुश इच्छा को अंकुश में रखता है। "मैकिल वेन की दृष्टि में सांविधानिक शासन एक ऐसा शासन है जिसमें निरंकुश शक्ति के प्रयोग की कोई गुंजाइश नहीं है।

## Constructive Vote of No Confidence | रचनात्मक अविश्वास प्रस्ताव

जर्मन सांविधानिक प्रणाली से जुड़ी यह व्यवस्था कि संसद का अवर सदन (Lower House) (अर्थात बुंदेश्टाग) वर्तमान प्रधानमंत्री (अर्थात चांसलर) को हटाना चाहे तो उसके विरुद्ध अविश्वास प्रस्ताव रखते समय इसे यह भी निर्दिष्ट करना होगा कि उसकी जगह नया प्रधानमंत्री कौन होगा? यदि सदन इस पूरे प्रस्ताव को बहुमत से स्वीकार कर ले, तो वर्तमान प्रधानमंत्री की जगह नया प्रधानमंत्री पद संभाल लेगा, और राजनीतिक अस्थिरता पैदा नहीं होगी। इसे रचनात्मक अविश्वास प्रस्ताव कहा जाता है।

## Consumer Culture | उपभोक्ता संस्कृति

किसी समाज में ऐसे मूल्यों और मान्यताओं की प्रधानता जिनमें वस्तुओं और सेवाओं के उपभोग (Consumption) को जीवन का सर्वोत्तम लक्ष्य और सामाजिक प्रतिष्ठा (Social Prestige) का प्रतीक माना जाता है। इसमें उदात्त जीवन मूल्यों जैसे कि आत्म संयम जन सेवा या कलात्मक अभिरुचियों को विशेष महत्व नहीं दिया जाता है।

## Consumption | उपभोग

उन लोगों के द्वारा वस्तुओं तथा सेवाओं का अंतिम उपयोग उपभोग होता है तथा जिन्होंने उसे खरीदा है वे उपभोक्ता।

## Consumption Barket | उपभोग समुच्चय

किसी परिवार द्वारा उपयुक्त वस्तुओं-सेवाओं का समूह जिसका प्रयोग जनता के उपयोग के स्वरूप का अनुमान लगाने के लिए किया जाता है। सांख्यिकीय संस्थान इसका निर्धारण करते हैं। भारत में राष्ट्रीय प्रतिदर्श सर्वेक्षण संगठन उपभोग समुच्चय में 19 वस्तुओं को सम्मिलित करते हैं। वे हैं- (अ) अनाज (ब) दालें ओर दूध से बनी चीजें (स) खाद्य तेल (द) सब्जियाँ (ध) वस्त्र आदि।

## Contingency Fund | आकस्मिक निधि

केन्द्र और राज्य सरकार सविधान के अनुच्छेद 267(1) एवं 267(2) के द्वारा संसद एवं विधान मंडल के द्वारा 'आकस्मिक निधि' की व्यवस्था है जिसमें विधि द्वारा प्रख्यापित राशियाँ रखी जाती है इस पर राष्ट्रपति और राज्यपाल का अधिकार होता है। विधायिका विधि द्वारा सरकार को इसमें से अग्रिम धन खास उद्देश्यों की पूर्ति के लिए देती है।

## Contradiction | विरोधाभास

दो पदों या विचारों का ऐसा विरोधात्मक रूप जिसमें दोनों एक साथ सत्य और एक साथ असत्य नहीं हो सकते।

## Control Over Administration | प्रशासन पर नियंत्रण

संसदीय व्यवस्था में जहाँ शक्तियों का पृथ्थकरण होता है प्रशासन पर न्यायपालिका, व्यवस्थापिका द्वारा नियंत्रण रखा जाता है। प्रशासन के निरंकुशता, भ्रष्टाचार और अनियमितताओं को रोकने के लिए संविधान में प्रावधान होते हैं। भारतीय संविधान में अनुच्छेद 32 में मूल अधिकार के रूप में सांविधानिक उपचारों का अधिकार है। न्यायालय प्रशासन के विरुद्ध बन्दी प्रत्यक्षीकरण, परमादेश, निषेधाज्ञा, उत्प्रेषण, अधिकारपृच्छा रिट जारी कर सकते हैं। अनुच्छेद 226 में उच्च न्यायालयों को ऐसे रिट जारी करने का अधिकार है। अनुच्छेद 123 एवं 213 के तहत जारी कार्यपालिका के व्यवस्थापन (अध्यादेशों) की भी न्यायालय समीक्षा कर सकते हें। इसी न्यायिक पुनरावलोकन की शक्ति के न्यायपालिका कार्यपालिका के कृत्यों की समीक्षा कर सकती है। व्यवस्थापिका में सांसद या विधायक विभिन्न प्रश्नों, बहस, वाद-विवाद, काम रोको ओर अविश्वास प्रस्ताव भर्त्सना प्रस्ताव, बजह में कटौती प्रस्ताव संसदीय समिति के द्वारा नियंत्रण रखती है। संसद की लोक लेखा समिति एवं प्राक्कलन समिति समस्त सरकारी व्यय को जाँचती परखती है। सरकार के सभी विभाग के संसदीय समिति और मंत्री भी प्रशासन पर नियंत्रण रखती है। समाचार पत्र, जनआन्दोलन और चैनल भी प्रशासन पर नियंत्रण का एक नया जरिया बना है।

## Conventional War | परम्परागत युद्ध

वे युद्ध जो बिना आणविक हथियारों के लड़े जाते हैं।

## Conversion | धर्मपरिवर्तन, मतपरिवर्तन

व्यक्ति की धार्मिक या राजनीतिक आस्था में, अथवा उसके विचारों में एकाएक मौलिक परिवर्तन हो जाना। परिणामस्वरूप उसका विरोधी धर्म या संप्रदाय में शामिल हो जाना।

## Corporation | निगमवाद

वह सिद्धान्त जिसके अनुसार आर्थिक व्यवस्था को राज्याधीन निगमों के रूप में संगठित किया जाता है। इसका विकास इटली में हुआ। इस विचारधारा के दो दार्शनिक आधार थे। प्रथम मनुष्य को

राजनीतिक दृष्टि से सचेत नागरिक नहीं होना चाहिए। उसे एक पेशेवर व्यक्ति की भूमिका से ही संतोष कर लेना चाहिए तथा दूसरे के अनुसार सम्पूर्ण समाज पर प्रभाव डालने वाले व्यापक प्रश्नों को छोटे से शासक वर्ग के सदस्य ही समझ सकते हैं और उन्हीं को समाज पर शासन करने का अधिकार होता है। फासिस्ट सरकार ने 1934 में निगमों की स्थापना की जिनका उद्देश्य प्रत्येक उद्योग के मजदूरों तथा मालिकों को एक प्रशासनिक अधिकरण के अन्तर्गत संयुक्त करना था।

## Corporation Tax | निगम कर

संविधान के अनुच्छेद 366(6) "निगम कर" से कोई आय पर कर अभिप्रेत है, जहाँ तक वह कर कम्पनियों द्वारा संदेय है और ऐसा कर है जिसके सम्बन्ध में निम्नलिखित शर्तें पूरी होती है।

1. वह कृषि-आय पर नहीं लगाया जाता है।
2. कम्पनी यह कर चुकाने के लिए व्यक्तियों को दिए जाने वाले लाभांश में से कोई कमी नहीं कर सकती और
3. यह कर भारतीय आयकर के प्रयोजनों के लिए कम्पनी से लाभांश पाने वाले व्यक्तियों की आय में सम्मिलित नहीं होता।

## Correlation | (कोरिलेशन) सहसम्बन्ध

किन्हीं तत्वों के बीच एक ऐसा सम्बन्ध कि एक में कोई परिवर्तन होने पर दूसरे में निश्चित रूप में परिवर्तन आ जाता हो और इस परिवर्तन के स्वरूप एवं मात्रा के बारे में कुछ सामान्य निष्कर्ष निकाले जा सकते हों।

## Corruption | भ्रष्टाचार

वर्तमान में राजनीतिक शक्ति का वैयक्तिक अथवा किसी गुट या वर्ग के स्वार्थ और लाभ के लिए इस ढंग से प्रयोग करना कि विधि अथवा उच्च नैतिक आचरण के प्रतिमानों का उल्लंघन होता हो भ्रष्टाचार कहलाता है। सरकारी कर्मचारियों को रिश्वत देना, सरकारी अभिलेखों में हेरा-फेरी करना, सरकारी धन का गबन करना, भ्रष्टाचार के अन्तर्गत आता है। भ्रष्टाचार उन्मूलन के लिये निष्पक्ष नियुक्ति, चुनाव सुधार, चुनाव-निधि तथा शीघ्र लोकपाल बिल संसद से पारित हो और नौकरशाही-राजनेता और पूंजीपति की धुरी पर चलने वाले शासन का अंत हो।

## Council of States | राज्य सभा

राज्य सभा भारतीय ससंद का द्वितीय या उच्च सदन है। संविधान के अनुच्छेद 80 के अनुसार राज्यसभा के सदस्यों की संख्या अधिकतम 250 हो सकती है, परन्तु वर्तमान में यह संख्या 245 है। इनमें से 12 सदस्य राष्ट्रपति द्वारा साहित्य, कला, विज्ञान एवं समाज सेवा में अनुभव रखने वाले व्यक्तियों को मनोनीत (Nominate) किया जाता है। शेष सदस्यों का चुनाव राज्यों की विधानसभाओं के सदस्यों द्वारा आनुपातिक प्रतिनिधित्व की एकल सक्रमतीय मत पद्धति द्वारा होता है।

हमारे संविधान में इकाइयों को राज्यसभा में प्रतिनिधित्व जनसंख्या के आधार पर दिया गया है। इस सम्बन्ध में संविधान में व्यवस्था है कि एक राज्य की जनसंख्या के प्रथम 50 लाख व्यक्तियों तक हर 10 लाख व्यक्तियों के लिए एक प्रतिनिधि और अधिक जनसंख्या होने पर 20 लाख जनसंख्या पर एक प्रतिनिधि चुना जाएगा। राज्य सभा में उत्तर प्रदेश से सर्वाधिक 31 सदस्य व सबसे कम नागालैण्ड, मेघालय, मणिपुर, त्रिपुरा, सिक्किम, मिजोरम अरुणाचल प्रदेश व गोवा से एक-एक प्रतिनिधि चुना जाता है तथा 5 केन्द्र शासित प्रदेशों, अण्डमान निकोबार द्वीप समूह, दमन व दीव, लक्षद्वीप, चन्डीगढ़, दादर व नागर हवेली को राज्यसभा में प्रतिनिधित्व प्राप्त नहीं है।

राज्य सभा एक स्थायी सदन है। इसके सदस्यों का कार्यकाल 6 वर्ष होता है। इसके एक तिहाई सदस्य प्रति दो वर्ष बाद पद-निवृत्त हो जाते हैं।

संविधान के अनुच्छेद 89(1) के अनुसार भारत का उपराष्ट्रपति राज्य सभा का पदेन सभापति होगा। राज्य सभा की गणपूर्ति (Quorum) अपनी सदस्य संख्या का 1/10 है। राज्य सभा की धन विधेयक के बारे में शक्ति लोकसभा की तुलना में बहुत कम है। अनुच्छेद 109 के अनुसार राज्यसभा धन विधेयक को केवल 14 दिन तक रोक सकती है।

### Coup D' Etat | तख्तापलट, राज्यक्रान्ति/बलात राज्य परिवर्तन

किसी राज्य के शासक अथवा सरकार को असांविधानिक ढंग से अकस्मात व बलात पदच्युत करने की कार्यवाही। इस कार्यवाही में प्रायः सैन्यबल का प्रयोग किया जाता है। इस कार्यवाही के नियन्ता राज्य पर अपना नियन्त्रण करने के प्रयोजन से प्रायः सरकारी भवनों, रेलमार्गों, रेडियो और टेलीविजन केन्द्रों, बिजलीघरों, जल संयंत्रों इत्यादि पर अधिकार कर लेते हैं।

बलात राज्य परिवर्तन क्रान्ति से भिन्न होता है। इसमें कोई सत्ता लोलुप व्यक्ति या समूह वर्तमान शासन व्यवस्था को धराशायी करके सत्ता हथिया लेता है और उसका उपयोग अपनी स्वार्थ पूर्ति के लिए करता है। क्रांति में ऐसा नहीं होता। इसे जन समूह का समर्थन प्राप्त होता है।

### Courd of Record | अभिलेख न्यायालय

जिस न्यायालय द्वारा दिए गए सभी निर्णयों को प्रकाशित किया जाता है तथा अन्य मुकदमों में उनका हवाला दिया जाता हो। न्यायालय की मानहानि पर उन्हें दंड रूप में 6 मास तक साधारण कारावास अथवा 2000 रुपये तक जुर्माना अथवा दोनों दंड दे सकती है। यह अधिकार भारत में सर्वोच्च न्यायालय और सभी उच्च न्यायालयों को प्राप्त है।

### Court of Enquiry | जाँच न्यायालय

थलेसना, वायुसेना, नौसेना द्वारा किसी विषय से संबंधित तथ्यों की जाँच के लिए पदाधिकारियों द्वारा निर्मित (नियुक्त) न्यायालय। इस प्रकार का न्यायालय उस विषय से सम्बन्धित व्यक्ति अथवा व्यक्तियों के विरुद्ध कानूनी या अनुशासनिक कार्यवाही आरंभ करने की समीचीनता या उपयुक्तता पर विचार करता है।

### Court of Exchequer | राजस्व न्यायालय

प्राचीनकाल में ब्रिटेन का वह अभिलेख न्यायालय जिसमें राजस्व सम्बन्धी सभी विवादों की सुनवाई और तत्सम्बन्धी निपटारा होता था। राजस्व सम्बन्धी विवादों का अन्तिम रूप से निर्णय इसी न्यायालय द्वारा दिया जाता था। बाद में किंग्स बैंच डिवीजन में मिला दिया गया और यह उच्च न्यायालय का एक भाग है।

### CPSU | सोवियत संघ की साम्यवादी पार्टी

कपसु सोवियत संघ के साम्यवादी दल का संक्षिप्त रूप है। साम्यवादी दल सोवियत संघ-गण राज्य के राजनीतिक एवं सामाजिक जीवन को पूर्ण रूप से नियन्त्रित करता है। जनसंख्या का दस प्रतिशत इसके सदस्य होते हैं। इसका सदस्य होना प्रतिष्ठा की बात मानी जाती है। सदस्यता स्वतः प्राप्त नहीं होती है। इसका संगठन लोकतान्त्रिक केन्द्रवाद के सिद्धान्त पर आधारित होता है। दल के नियन्त्रण का प्रमुख ढंग यह है कि प्रमुख नौकरियों में प्रमुख पदों पर पार्टी के सदस्य ही आसीन होते हैं। इसके परिणामस्वरूप सभी महत्वपूर्ण पदों पर पार्टी के वफादार सदस्य नियुक्त किए जाते हैं। इसके

अतिरिक्त पार्टी का अधिकांश सामाजिक जीवन तथा व्यापारिक संघों पर नियन्त्रण होता है एवं इसे ही चुनाव में प्रत्याशी खड़े करने का एकमात्र अधिकार होता है, लेकिन पार्टी के बड़े आकार के कारण दल के नियन्त्रण में खामियाँ रह जाती हैं। पार्टी के वरिष्ठ सदस्यों को कई सुविधाएँ प्राप्त होती हैं।

## Crabbe, Hugo | ह्यूगो क्रेब ( 1857-1936 )

डच राजनीतिचिन्तक ह्यूगो क्रेब (1857-1936) प्रमुख बहुलवादी विचारक के रूप में ख्यातिलब्ध हैं। इन्होंने कहा है कि "प्रभुसत्ता की धारणा को राजनीति-सिद्धान्त के विचार क्षेत्र से निकाल देना चाहिए।" वे कहते हैं कि राज्य को अस्तित्व में लाने का श्रेय कानून को है। सामाजिक हितों का जितना मूल्यांकन हो पाता है, वह कानून के रूप में ही व्यक्त होता है। प्रभुसत्ता केवल कानून में निहित है। राज्य एक ऐसा समुदाय है जो कानूनों व मूल्यों की स्थापना करके सार्वजनिक सेवाओं की व्यवस्था के लिए उपयुक्त साधन जुटाता है।

## Crain Brinton | क्रेन ब्रिंटन

इतिहासकार क्रेन ब्रिंटन ने 'द एनाटॉमी ऑफ रिवोल्यूशन' (क्रान्ति का रचनाशास्त्र) (1938) में इंग्लैण्ड, अमेरिका, फ्रांस और रूस की क्रान्तियों का तुलनात्मक अध्ययन कर उनमें पाँच सामान्य विशेषताओं का पता लगाया है।

1. इन चारों देशों के सामाजिक क्रान्ति से पहले आर्थिक दृष्टि से उन्नत थे। इनमें जिन लोगों ने क्रान्ति शुरू की, वे निर्धन नहीं थे और अत्याचार से भी पीड़ित नहीं थे बल्कि वे किन्हीं प्रतिबन्धों और विवशताओं से झुंझलाए हुए थे।
2. इन चारों देशों में क्रान्ति से पहले कटु वर्ग विरोध (Class Antagonism) का वातावरण तो बना हुआ था लेकिन यह नहीं कहा जा सकता था कि कोई दो परस्पर विरोधी वर्ग आमने-सामने खड़े थे। वस्तुतः इन देशों के सामाजिक वर्गों के बीच की खाई बहुत चौड़ी नहीं थी बल्कि वे इतने निकट थे कि कुछ लोग दूसरों से अपनी तुलना करके यह सोचते थे कि वे उनसे पीछे क्यों रह गए हैं।
3. इनमें बुद्धिजीवियों (Intellectuals) की निष्ठा का केन्द्र बदल गया।
4. क्रांति से पहले सरकार की कार्य कुशलता का स्पष्ट अभाव था।
5. पुराना शासक वर्ग या उसका कुछ हिस्सा अपना आत्म विश्वास खो बैठा था और उसे अपने समूह की परम्पराओं में भी कोई आस्था नहीं रह गई थी और वह अन्य समूहों के साथ घुल-मिलकर रहने लगा था।

## Credentials | प्रत्यय-पत्र

जब कोई व्यक्ति किसी देश में राजदूत नियुक्त किया जाता है, तब उसे प्रत्यय-पत्र दिया जाता है जो उसके राज्य प्रधान की ओर से परिग्राहक राज्य के प्रधान को संबोधित किया जाता है। इस पत्र में राजदूत का परिचय, पद का नाम तथा प्रेषण का उद्देश्य बताया जाता है। जब तक राजदूत अपने प्रत्यय-पत्र प्रस्तुत नहीं करता, तब तक उसे सरकारी रूप से कोई मान्यता नहीं मिलती है।

## Criminal Culture | आपराधिक संस्कृति

समाज में अपराधी समूह के क्रिया कलाप एवं संस्कृति जो वृहद् समाज के कानूनी प्रतिमानों के प्रतिकूल होती है।

### Criminal Law | दंड विधि, दण्डकानून

न्याय शास्त्र की वह शाखा जो अपराधों से सम्बन्धित होती है। इसमें मुख्यतः उन अपराधों का समावेश होता है। जो सिविल विधि के अन्तर्गत नहीं आते हैं।

### Criminology | अपराध विज्ञान

समाज विज्ञान की वह शाखा जिसमें विभिन्न प्रकार के अपराधों तथा दण्ड के सिद्धान्तों, कारणों तथा अपराधियों के व्यवहार से सम्बन्धित विधिक प्रतिमानों एवं सामाजिक अभिवृत्तियों का अध्ययन किया जाता है।

इसके अन्तर्गत कानून बनाने तथा भंग करने की प्रक्रिया के अतिरिक्त, कानून भंग किए जाने पर होने वाली प्रतिक्रिया का अध्ययन भी किया जाता है।

### Cripps Mission | क्रिप्स का शिष्टमण्डल

मार्च 1942 को ब्रिटिश प्रधानमंत्री चर्चिल (Churchill) ने एक घोषणा की कि "युद्धमंत्रिमण्डल" (War Cabinet) ने भारत के विषय में एकमत होकर कुछ निर्णय किए हैं और हाउस ऑफ कॉमन्स के नेता सर स्टेफर्ड क्रिप्स (Stefford Cripps) भारत जाकर स्वयं निजी विचार-विमर्श से अपने आपको सन्तुष्ट कर इस निर्णय से लोगों को अवगत करायेंगे और तब यह निर्णय एक न्यायपूर्ण और अन्तिम होगा। सर स्टेफर्ड क्रिप्स 22 मार्च 1942 को नई दिल्ली पहुँचे तथा विभिन्न नेताओं से विचार-विमर्श के बाद 29 मार्च 1942 को एक प्रस्ताव रखा जो क्रिप्स प्रस्ताव (Cripps Proposal) कहलाया। प्रस्तावित मसविदा निम्न था।

1. युद्ध समाप्त होते ही भारतीयों का एक निर्वाचित निकाय बनाया जाएगा जो कि भारत के लिए नया संविधान बनाएगा।
2. युद्ध के दौरान ब्रिटिश सरकार भारतीय सुरक्षा के लिए उत्तरदायी होगी। गाँधी जी ने क्रिप्स योजना को "उत्तरातिथीय चैक" (Post Dated Cheque) की संज्ञा दी और किसी अन्य व्यक्ति ने उसमें यह जोड़ दिया कि "ऐसे बैंक का जो टूट रहा है"

### Critical Theory | आलोचनात्मक सिद्धान्त

नवमार्क्सवाद की एक प्रमुख शाखा। इसके अन्तर्गत सामाजिक जीवन की संरचना पर विचार करते हैं, उसमें पैदा होने वाली विकृतियों (Distortions) का पता लगाने के लिए अपेक्षित विश्लेषणात्मक और नीति शास्त्रीय मानदण्ड निर्धारित करते हैं। आलोचनात्मक सिद्धान्त के समर्थक मार्क्स के ऐतिहासिक विश्लेषण को यह शाखा तो स्वीकार करती हैं परन्तु इतिहास-सिद्धान्त (Theory of History) या आर्थिक मूल्य एवं उत्पादन प्रक्रिया की व्याख्या को मार्क्सवाद की मुख्य समस्या नहीं मानते। उनकी दृष्टि में मार्क्सवाद की सार्थकता का मुख्य आधार यह है कि यह चेतना के आलोचनात्मक विश्लेषण के लिए उपयुक्त संकल्पनात्मक उपकरण प्रदान करता है। उदाहरण के लिए मिथ्या चेतना और अलगाव-ग्रस्त चेतना की संकल्पनाएं इस तरह के विश्लेषण में विशेष सहायता करती हैं।

### Cropotkin, Peter | पीटर क्रॉपॉटकिन ( 1842-1921 )

पीटर क्रॉपॉटकिन रूस के क्रांतिकारी अराजकतावादी थे। इन्होंने अपनी पुस्तक 'म्युचुअल एड' (परस्पर सहायता) में कहा कि न केवल आदिम समाजों में बल्कि प्राणि जगत में भी जीवन का

आधार परस्पर सहयोग और सहायता की प्रवृत्ति ही है। उन्होंने साम्यवादी समाज के निर्माण का आह्वान किया। ऐसे समाज में सभी मिल बांट कर खाएंगे और कन्धे से कन्धा मिलाकर काम करेंगे। इसमें श्रम-विभाजन और मुद्रा अर्थव्यवस्था की कोई गुंजाइश नहीं होगी। क्रॉपॉटकिन ने राज्य के निराकरण के लिए क्रांतिकारी साधनों (Means) का खुलेआम समर्थन किया लेकिन शुद्ध अराजकतावादी होने के नाते उन्होंने सामाजिक परिवर्तन लाने के लिए संगठित आन्दोलन चलाने या कोई दल बनाने के विचार को अस्वीकार कर दिया।

## Crowd Compeller | भीड़-सम्मोहक, संमर्द सम्मोहक

वह व्यक्ति जो अपनी वाक्पटुता और चातुर्यता के बल पर भीड़ का विश्वास प्राप्त कर अपना प्रभाव डालता है। राजनीतिक नेता तथा धार्मिक पुनरुद्धारक इसी श्रेणी के व्यक्ति होते हैं। ये अपने अनुयायियों को अपनी भाषा-शैली, व्यक्तित्व और हाव-भाव से सम्मोहित कर लेते हैं।

## Crowd Exponent | भीड़ व्याख्याता

वह व्यक्ति जो भीड़ की मनः स्थिति को भली-भांति समझकर अपनी भावनाओं को अभिव्यक्ति करता है तथा उन्हें क्रियान्वित करने में मार्गदर्शन करता है।

## Cuban Missile Crisis | क्यूबा का मिसाइल संकट

22 अक्टूबर 1962 को अमेरिकी राष्ट्रपति कैनेडी ने क्यूबा सोवियत संघ के सैनिक अड्डे की आलोचना करते हुए क्यूबा की नाकेबन्दी की घोषणा कर दी। इसका उद्देश्य क्यूबा को चारों ओर से अमेरिकी जहाजों द्वारा घेर लेना, जिससे सोवियत संघ सैनिक सामग्री नहीं पहुँचा सके लेकिन सोवियत राष्ट्रपति खुश्चेव ने समझदारी दिखाते हुए क्यूबा से अपने सभी सैनिक अड्डे हटा लेने की घोषणा की जिससे दोनों में युद्ध छिड़ने से रुक गया। यह मुद्दा शीतयुद्ध में तीसरे विश्वयुद्ध का कारण बन सकता था। कैनेडी ने खुश्चेव के इस निर्णय को योग्य राजनेता का निर्णय कहा था। इन मिसाइलो का अमेरिका की मुख्य भूमि को खतरा हो सकता था क्योंकि क्यूबा फलोरिडा से सिर्फ 90 मील की दूरी पर स्थित है।

## Cultural | सांस्कृतिक प्रतिमान

किसी सम्पूर्ण संस्कृति के ढांचे में एक विशेष ढंग या क्रम से सजे हुए संस्कृति संकुलों के मिश्रित रूपों को सांस्कृतिक प्रतिमान कहते हैं। सम्पूर्णता केवल अपने भागों का योग ही नहीं होता, अपितु भागों के प्रसार अद्वितीय ढंग से व्यवस्थित होने और मिलने से निर्मित होने वाली एक नवीन इकाई होती है। किसी संस्कृति विशेष में जो भी लोकरीतियाँ या रीति-रिवाज या व्यवहार के प्रतिमान परिलक्षित होते हैं, वे सांस्कृतिक प्रतिमान ही होते हैं। बेनेडिक्ट के अनुसार "संस्कृति का एकीकृत स्वरूप एक स्थाई अथवा अर्ध स्थाई जीवन-शैली को प्रकट करता है जिसकी रचना संस्कृति की अन्तर्वस्तु अर्थात संस्कृति के लक्षणों एवं संकुलों के संयोजन से होती है।" बेनेडिक्ट ने संस्कृति के लक्षणों एवं संकुलों द्वारा निर्मित इस विशिष्ट जीवन-शैली या जीवन पद्धति को ही सांस्कृतिक प्रतिमान की संज्ञा दी है। प्रतिमान शब्द सामान्यतया मापने के पैमाने के अर्थ-बोध के रूप में प्रयोग किया जाता है जिसके द्वारा हम अपने व्यवहार अथवा अपनी सम्पूर्ण जीवन शैली को माप कर उसे सही अथवा गलत ठहराते हैं। इसी प्रतिमान के द्वारा हम अपनी संस्कृति की हर बात का मूल्यांकन भी करते हैं। अतः सांस्कृतिक प्रतिमान संस्कृति के आदर्शों एवं लक्ष्यों की अभिव्यक्ति है।

## Cultural Development | सांस्कृतिक विकास

सांस्कृतिक विकास से तात्पर्य किसी संस्कृति के धीरे-धीरे बढ़ने, उच्च स्तरीय बनते जाने तथा प्रगति के चरम लक्ष्य को प्राप्त करने से है। विश्व की सभी महत्वपूर्ण संस्कृतियाँ प्राचीन काल में पिछड़ी हुई जनजातियाँ अथवा समुदायों की थीं, जो अर्धनग्न रहना, मानव का मांस खाना, दास-प्रथा, यौन-अनाचार आदि अत्यन्त निम्नस्तरीय व्यवहार प्रतिमानों को अपनाये हुई थी। जैसे-जैसे अन्य संस्कृतियों के सम्पर्क में आयी और उनके सदस्य नये विचारों और नवीन वस्तुओं का अनुसन्धान करते गए। उनके ज्ञान का स्तर ऊँचा होता गया, उनके आदर्शों में उत्तरोत्तर उन्नति होती गयी, और उनके सामाजिक, सांस्कृतिक, आर्थिक व अन्य जीवन-पक्षों में भी उत्तरोत्तर उन्नति होती चली गयी। इस प्रकार का सांस्कृतिक विकास समस्त देशों में होता रहा है और वर्तमान में भी हो रहा है। इस विकास में व्यक्ति के जीवन मूल्यों व आस्थाओं का स्तर भी बदल जाता है। वह परम्पराओं के प्रति तार्किक दृष्टिकोण अपना लेता है।

## Cultural Imperialism | सांस्कृतिक साम्राज्यवाद

ऐसी स्थिति जिसमें कोई शक्तिशाली राष्ट्र सांस्कृतिक उपकरणों (जैसे कि विचारों, जीवन-शैली, साहित्य, कलाकृतियों और दूरदर्शन कार्यक्रमों) की सहायता से दूसरे देशों के लोगों के मन पर अपने सांस्कृतिक वर्चस्व की छाप छोड़ देता है। यह दूसरे देशों पर प्रभुत्व (Domination) स्थापित करने का ऐसा गूढ़ तरीका है जिसमें सैनिक, आर्थिक या राजनीतिक शक्ति के प्रयोग की जरूरत नहीं समझी जाती। साधारणतया यहाँ पाश्चात्य देशों के नृत्य, संगीत, वेशभूषा, साज-सज्जा, जीवन शैली और फैशन को इतने आकर्षक ढंग से पेश किया जाता है कि विकासशील देशों की युवा पीढ़ी उनका अनुकरण करने को अत्यन्त लालायित हो जाती है।

## Cultural Revolution | सांस्कृतिक क्रान्ति

यह मार्क्सवादी सिद्धान्त के मार्क्सोतर विकास का एक अंग है। इस क्रान्ति का उद्देश्य प्रोलिट्रेट को मुक्त करने के लिए सिर्फ भौतिक या कानूनी प्रतिबन्धों को ही बदलना पड़ेगा। मानने वाली विचारधारा में सुधार करना था। यह वह क्रान्ति है जो विचारों या संस्कृति में परिवर्तन लाती है। लोगों को इस प्रकार की क्रान्ति में बुर्जुआ समाज की आकांक्षाओं, अभिवृत्तियों एवं बौद्धिक मान्यताओं को त्यागना पड़ता है।

कुछ विचारकों के अनुसार इस परम्परा में पहले सांस्कृतिक क्रान्ति को प्राप्त करने पर बल है क्योंकि यही एकमात्र आशा है मतदाताओं को तैयार करने की। पर सच्ची समाजवादी या साम्यवादी चेतना को स्थापित करना बड़ा कठिन कार्य है क्योंकि पूंजीवादी या सामन्तशाही अभिवृत्ति इन संस्थाओं के समाप्त होने के बाद भी लम्बे समय तक बनी रहती है। इसीलिए माओ ने 1965 में अपनी लाल सेना को सामंतशाही अभिवृत्ति वाले लोगों को खोज निकालने तथा उन्हें प्रताड़ित करने के लिए अधिकृत किया था। माओ का उद्देश्य सुधारवादी और साम्यवादी के विरोधियों को समाप्त करना एवं चीन के लोगों में सोच-विचार एवं व्यवहार में मार्क्सवादी विचारधारा को मजबूत करना था। 1968 में माओ ने पार्टी एवं सरकार के महत्वपूर्ण पदों से अपने विरोधियों को हटा कर सत्ता पर अपनी पकड़ मजबूत कर ली।

## Culture Change | संस्कृति परिवर्तन

संस्कृति के किसी पक्ष भौतिक या अभौतिक अथवा प्रतिमान में होने वाला परिवर्तन जो संस्कृति की विशेषताओं और सम्मिश्रों में वृद्धि, कभी अथवा रूपान्तरण द्वारा संभव होता है।

संस्कृति परिवर्तन के अनेक कारण होते हैं परन्तु मुख्यत: ये अन्य संस्कृतियों के सम्पर्क, नवीनतम आविष्कारों अथवा संस्कृति के आंतरिक समायोजन से ही संभव होते हैं।

## Cumulative Vote System | एकत्रित मतदान योजना

इस निर्वाचन पद्धति के लिए बहु-सदस्य निर्वाचन क्षेत्र आवश्यक होता है। प्रत्येक मतदाता को उतने मत देने का अधिकार होता है जितने सदस्य उस क्षेत्र से चुने जाने हैं। मतदाता को यह भी अधिकार होता है किवह चाहे तो अपने सभी मतों को किसी एक उम्मीदवार को ही प्रदान करे या उन्हें विभक्त कर दे। यह पद्धति अल्पसंख्यकों को उचित प्रतिनिधित्व देने के लिए बनायी गई है, किन्तु इस प्रणाली में मतगणना में कठिनाई होती है।

## Custom | प्रथा

एक सामाजिक परम्परा, आदत या आचरण जो समाजीकरण की प्रक्रिया द्वारा एक पीढ़ी से दूसरी पीढ़ी को हस्तान्तरित होती है और पूरा समूह ही उसे उपयोगी मानकर उसके अनुसार आचरण करने लगता है, तो उसे प्रथा कहा जाता है। ये प्रथाएँ समाज के लिए उपयोगी होती हैं, अतः ये एक पीढ़ी से दूसरी पीढ़ी को हस्तान्तरित होती रहती हैं और मनुष्य को अपने अनुसार कार्य करने के लिए बाध्य करती हैं। प्रथा एक ऐसा पद है जो सामान्यतया हस्तान्तरण या संचरण की प्रक्रिया का संकेत देता है, जिसके द्वारा किसी समूह के व्यवहार के तरीके, रुचियाँ, लोक-प्रथाएँ, परिपाटियाँ, विश्वास, मूल्य तथा सोचने-समझने के ढंगों का पीढ़ी दर पीढ़ी हस्तान्तरण होता है। प्रथा या परम्परा संस्कृति को अक्षुण्ण बनाए रखने का एक साधन है।

## Cut Motion | कटौती प्रस्ताव

सदन के सदस्य द्वारा सरकार के किसी विभाग की धन राशि में कटौती की माँग का प्रस्ताव। यह तीन प्रकार के हैं-

1. *नीतिगत कटौती* - इसमें सरकार के सिद्धान्तों या नीतियों से असहमति व्यक्त की जाती है।
2. *अर्थगत कटौती* - किसी खास मद में मांगी गई राशि में कुछ कटौती से ऐसा प्रस्ताव संबंधित होता है, एवं
3. *सांकेतिक या प्रतीक कटौती* - इसमें मांगी गई राशि का विरोध किया जाता है, कम करने को कहा जाता है यानि 100 रुपये की कटौती की मांग।

## Cynic | 1. सिनिक 2. मानवद्वेषी

पाँचवीं शताब्दी ईसा - पूर्व में यूनानी दार्शनिक एन्टिस्थनीज द्वारा स्थापित संप्रदाय का अनुयायी। यह एक नैतिकता प्रधान संप्रदाय था, जिसमें स्वतंत्रता और आत्म-संयम को महत्व दिया जाता था।

शाब्दिक अर्थ में मानव के कर्मों को सदैव स्वार्थप्रेरित मानकर उससे घृणा करने वाला व्यक्ति।

# D

**Dail | डेल**

आयरलैंड में संसद के निम्न सदन को डेल कहते हैं जो शासन सम्बन्धी गतिविधियों में कार्यवाही का केन्द्र होता है एवं यहीं पर नियमों, विनियमों को बनाने से सम्बन्धित कार्यवाही की जाती है।

**Dalai Lama | दलाई लामा ( 1935- )**

तिब्बत के निर्वासित बौद्ध धर्मगुरू जो हिमाचल प्रदेश में रहकर निर्वासित जीवन बिता रहे हैं तथा तिब्बती सरकार के प्रमुख। शांति एवं अहिंसा के मार्ग पर चलकर तिब्बत की स्वाधीनता के लिए संघर्षरत। इन्हें शाति का नॉबेल पुरस्कार भी दिया गया। दलाई लामा को लामा धर्मगुरू परम्परा में 14वें माना जाता है और इन्हें अवलोकितेश्वर या चेनरेजिंग का अवतार माना जाता है। जो तिब्बत में सद्भाव के बोधिसत्व और संरक्षक संत माने जाते हैं। उनका शांतिपूर्ण सहअस्तित्व में विश्वास है जिसमें अपनी धार्मिक मान्यताओं में अटूट विश्वास रखते हुए दूसरे धर्मों के साथ भी शांतिपूर्ण सहअस्तित्व बरकरार रख सकता है।

**Dale (Robert Dahl) | डेल ( रॉबर्ट डेल )**

जन्म 1915, येल विश्वविद्यालय का एक प्राध्यापक। इन्होंने जनतंत्रवाद के अनेकतावादी लेखक के रूप में ख्याति अर्जित की थी। इन्होंने जनतंत्र की परिभाषा को नवीन रूप दिया। इन्होंने A Preface to Democratic Theory (लोकतन्त्रीय सिद्धान्त की प्रस्तावना 1956) में बहुलतावादी तंत्र के विचार को विकसित किया।

इस संकल्पना के अनुसार, लोकतन्त्रीय समाज में नीति निर्माण की प्रक्रिया ऊपर से देखने में चाहे कितनी ही केन्द्रीकृत (Centralized) क्यों न दिखाई दे, वास्तव में यह अत्यन्त विकेन्द्रीकृत (Highly decentralized) है। इसके अन्तर्गत अनेक स्वायत्त समूह आपस में परस्पर क्रिया (interaction) का परिणाम होती है जो उससे सम्बन्धित विषय में दिलचस्पी का दावा करते हैं। इस सिद्धान्त के अनुसार नीति निर्माण में सरकार की भूमिका बहुत कम रह जाती है क्योंकि वह विभिन्न स्वायत्त समूहों को केवल सहमति की स्थिति तक पहुँचने में मदद करती है।

इस सिद्धान्त के अनुसार, सामाजिक दृष्टि से समुदाय चाहे कितनी तरह के हो तथा कितने ही समूहों में बंटा रहे लेकिन राजनीतिक दृष्टि से सभी व्यक्ति एक ही समुदाय के नागरिक होते हैं। अतः बहुलवादी राजनीतिक प्रणाली ऐसी प्रणाली हैं, जिसके अन्तर्गत विविध प्रकार की सामाजिक प्रथाओं, धार्मिक और नैतिक मान्यताओं में सह-अस्तित्व (Coexistence) के लिए अनुकूल परिस्थितियां जुटाई जाती हैं, और सभी नागरिकों को समान राजनीतिक अधिकार प्राप्त होते हैं। वे एकसार राजनीतिक संस्थाओं की छत्र-छाया में मिल-जुलकर राजनीतिक प्रक्रिया में भाग लेते हैं।

राजनीतिक बहुलवाद उन समुदायों के लिए विशेष रूप से उपयुक्त है जिनमें लोग, जाति, धर्म, भाषा, संस्कृति इत्यादि के आधार पर बँटे हों। बहुलवादी राजनीतिक प्रणाली के अन्तर्गत एक ही भू-क्षेत्र (Territory) में भिन्न-भिन्न जातियों के अनेक भाषा-भाषी, अनेक धर्माम्वलम्बी और

भिन्न-भिन्न परम्पराओं के अनुयायी समूह मिल-जुलकर शांतिपूर्वक रह सकते हैं। इस व्यवस्था के अन्तर्गत वे धीरे-धीरे सामाजिक, आर्थिक और राजनीतिक दृष्टि से परस्पर आश्रित (interdependent) हो जाते हैं। इनमें से कुछ समूह बहुमत में और कुछ अल्पमत में हो सकते हैं। बहुलवादी सांविधानिक प्रणाली सहिष्णुता (Tolerance) की भावना को बढ़ावा देती है और अल्पमत के अधिकारों (Minority Rights) की रक्षा करती है ताकि विभिन्न समूहों के भीतर पृथकतावादी प्रवृत्तियों को पनपने से रोका जा सके। इसके अलावा राजनीतिक बहुलवाद प्रतिनिधि शासन के काम काज को सरल बनाने में सहायता देता है। संक्षेप में बहुलवाद अतीत, वर्तमान और भविष्य को जोड़ने वाले पुल का काम करता है।

## Data | आँकड़े

किसी विषय पर बेहतर समझ अथवा निर्णय लेने के लिए विशेष सूचना प्राप्त करने के लिए व्यवस्थित क्रमबद्ध संख्याओं का समुच्चय जो बड़ी संख्या में होता है।

## Data Secondary | द्वितीयक समंक/तथ्य

पहले से विद्यमान या पूर्व संकलित तथ्यों को द्वितीयक समंक कहा जाता है। ऐसे संमकों या आंकड़ों का संकलन शोधकर्ता के किसी विशिष्ट उद्देश्य से प्रेरित नहीं होता। इस प्रकार के तथ्यों का संकलनकर्ता तथा प्रयोगकर्ता दो अलग-अलग व्यक्ति अथवा समस्याएँ होती हैं। लिखित प्रलेख, जन माध्यमों से प्रचारित रिपोर्ट, सरकारी दस्तावेज, दैनिक समाचार पत्र आदि द्वितीयक समंक सामग्री में ही आते हैं। ये एक बार संकलित किए गए तथ्य नहीं होते अपितु दूसरे लोगों द्वारा संकलित मूल तथ्यों के आधार पर निर्मित होते हैं। जिन्हें द्वितीयक समंक के नाम से जाना जाता है।

## De Facto | तथ्य सम्मत, वास्तविक, यथार्थ सम्प्रभु

वह वर्ग या व्यक्ति जो किसी राजनीतिक व्यवस्था पर नियंत्रण करने या आदेश देने में सक्षम हो। वस्तुतः इस शब्द का प्रयोग ऐसे व्यक्ति या वर्ग के लिए होता है जिसे संविधान द्वारा शासन करने का अधिकार प्रदान नहीं किया गया हो किन्तु वह व्यवहार में शासन करता हो। लेनिन ने नवम्बर 1917 में, अय्यूबखाँ ने 1958 में और याहयाखाँ ने 1968 में पाकिस्तान में जो सरकार स्थापित की थी वह आरम्भ में यथार्थ सम्प्रभु ही थी।

## De Gaulle, Charles de Gaulle | (डी, गॉल चार्ल्स डी गॉल) 1890-1970

यह द्वितीय महायुद्ध में हिटलर के विरोध में चलाये जाने वाले आन्दोलन का नेता था तथा फिफ्थ रिपब्लिक (1958-69) का अध्यक्ष था। उसने Vichy Regime (1940) का विरोध किया था। 1944 में वह थोड़े समय के लिए फ्रांसीसी सरकार का अध्यक्ष बना। उसने अध्यक्षीय शासन प्रणाली पर जोर दिया, लेकिन उसके विचारों को नकार दिया गया। 1958 में फिर से उसके पक्ष में माहौल बना और वह चतुर्थ गणतंत्र का अन्तिम प्रधानमंत्री बना और इसके बाद वह पंचम गणतंत्र का प्रथम राष्ट्रपति या अध्यक्ष बना। वह इस पद पर 1969 तक बना रहा। फ्रांस में उसकी राजनीतिक विचारधारा को डिगॉलवाद से जाना जाता है।

## De Jure | विधानानुकूल, कानूनन

एक राज्य के संविधान द्वारा जिस व्यक्ति या समुदाय को शासन करने का अधिकार प्रदान किया जाता है। उसे वैध सम्प्रभु, विधानुकूल या कानूनन कहा जाता है।

## De Tooqueville, Alexis de Tooque – Ville (1805–59) | डी टोकविले

एक फ्रांसीसी रईस। उसकी दो प्रमुख रचनाएं हैं– The Ancient Regime फ्रांसीसी क्रान्ति के पूर्व सामाजिक एवं राजनीतिक विचारों का एक अध्ययन तथा Democracy in America – प्रथम श्रेणी का राजनीतिक विज्ञान का एक ग्रन्थ। उसने इस ग्रन्थ में दुर्खीम के राजनीतिक विचारों से मिलते जुलते विचारों का प्रतिपादन किया है। उसके विचारों में परम्परागत यूरोपियन शिष्टजनसत्तात्मक शासन के कुछ तत्वों का जनतंत्र में अभाव उसके मूल्यों के लिए खतरनाक है। बिना आर्थिक समानता के राजनीतिक समानता लोगों को उन लोगों के हाथों में डाल देती है जिनमें कुलीनता का अभाव होता है। उसके अनुसार बिना कुलीनता के लोगों का भीड़तंत्र के हाथों में चले जाने का भय है। उसने भविष्यवाणी की थी कि अमेरिका विश्वशक्ति के रूप में उभरेगा तथा रूस उसका प्रबल विरोधी होगा।

## Debate on the End of History | इतिहास के अन्त से सम्बन्धित विवाद

सन् 1980 के दशक के अंत में जब पूर्वी यूरोप की समाजवादी व्यवस्थाएँ एक-एक करके छिन्न-भिन्न होने लगीं, तब विचारधारा के अन्त की परिकल्पना को एक नया नाम दिया गया 'इतिहास का अंत' (End of History)। यह शब्दावली प्रसिद्ध जापानी राजनीतिक विचारक फ्रांसिस फुकुयामा (1952– ) की देन है। फुकुयामा ने 'द नेशनल इंटेरेस्ट' पत्रिका में प्रकाशित लेख 'द एंड ऑफ हिस्ट्री (इतिहास का अन्त) (1989)' के अन्तर्गत कहा कि उदार लोकतन्त्र में कोई बुनियादी अन्तर्विरोध नहीं पाये जाते, और वह मानव-मन की गहरी आकांक्षाएँ पूरी करने की सामर्थ्य रखता है। अतः इसकी विजय से इतिहास के उस लम्बे संघर्ष का अंत हो गया है जो इस प्रणाली के विस्तार में बाधक था।

बाद में फुकुयामा ने अपनी पुस्तक 'द एण्ड ऑफ हिस्ट्री एंड द लास्टमैन' (इतिहास का अन्त और आखिरी आदमी) (1992) के अन्तर्गत इस विचार की विस्तृत व्याख्या की।

'इतिहास के अन्त' से फुकुयामा का अभिप्राय यह नहीं था कि इतिहास की धारा में राजनीति या युद्धों का दौर समाप्त हो चुका था। उसने यह दावा भी नहीं किया कि साम्यवाद के पतन के बाद विश्व के सारे उदार लोकतन्त्र को अपना लेंगे। वस्तुतः वह राजनीतिक और सामाजिक संगठन के मूल सिद्धान्तों के इतिहास का मूल्यांकन करना चाहता था। वह इस निष्कर्ष पर पहुँचा कि बीसवीं शताब्दी के अन्त तक आते-आते उदार लोकतन्त्र और पूंजीवाद का संयोग किसी भी वैकल्पिक (Alternative) राजनीतिक एवं आर्थिक प्रणाली से वरेण्य सिद्ध हुआ था।

फुकुयामा के अनुसार मानव प्रकृति दो बुनियादी इच्छाओं से प्रेरित होती है (क) भौतिक वस्तुओं एवं सम्पदा की इच्छा (ख) यह इच्छा कि मनुष्य के रूप में हमारी मूल्यवेत्ता को उचित मान्यता (Recognition) एवं सम्मान प्राप्त हो। उसने तर्क दिया कि वस्तुओं और सेवाओं के अधिकतम उत्पादन में पूंजीवाद सर्वथा कुशल सिद्ध हो सकता है। उदार लोकतन्त्र का विलक्षण गुण यह है कि यह मनुष्य को उचित मान्यता, राजनीतिक स्वतन्त्रता और समानता प्रदान करने में भी बहुत सार्थक सिद्ध हुआ है।

कुछ भी हो 'इतिहास के अन्त' की परिकल्पना लगातार विवाद का विषय बनी हुई है। अतः पूर्वी यूरोप के देशों में समाजवादी व्यवस्थाओं के पतन को 'इतिहास के अन्त' की संज्ञा देना युक्तिसंगत नहीं है।

## Decentralization | विकेन्द्रीकरण

प्रशासनिक या विधायी प्रक्रिया जिसके द्वारा केन्द्र सरकार अपनी सत्ता या कार्य कुछ सीमा तक प्रादेशिक और स्थानीय इकाइयों को सौंप देती है। अर्थात् किसी संगठन के अन्तर्गत वह प्रक्रिया

जिसमें नीति निर्माण, निर्णयन, प्रशासन तथा अन्य गतिविधियों को एक ही जगह केन्द्रित न करके उसे दूर-दूर तक फैली इकाइयों में बांट दिया जाता है। ताकि प्रशासन में कार्यकुशलता व उत्तरदायित्व की भावना का संचार किया जा सके।

## Decision-making Theory | निर्णयपरक सिद्धान्त, निर्णयन सिद्धान्त

द्वितीय विश्वयुद्ध के बाद रिचार्ड स्नाइडर, एच.डब्ल्यू. बर्क और बर्टन शेपिन ने विदेश नीति के अध्ययन में निर्णयपरक दृष्टिकोण अपनाया। यह सिद्धान्त अन्तर्राष्ट्रीय स्थितियों के बजाय उन अन्तर्राष्ट्रीय कर्ताओं के अधिमान्य व्यवहार के अध्ययन पर बल देता है जो अन्तर्राष्ट्रीय घटनाचक्र को निर्धारित एवं प्रभावित करते हैं। निर्णयपरक सिद्धान्त विदेश नीति निर्माण की लम्बी प्रक्रिया में लिए जाने वाले निर्णयों के अध्ययन पर जोर देता है।

जेम्स राबिन्सन के अनुसार "निर्णयकरण एक सामाजिक प्रक्रम है। जो निर्णय के लिए कोई समस्या छांटता है और उसके कुछ थोड़े से विकल्प निकालता है, जिनमें से कोई एक विकल्प कार्य रूप में परिणत करने के लिए छांट लिया जाता है।" हैमेन के शब्दों में निर्णय निर्धारित की गई एक ऐसी चीज है जो कार्य के वास्तविक रूप में सम्पन्न होने से पहले आती है। टेरी के मतानुसार, निर्णय दो या अधिक संभावित विकल्पों में से एक व्यावहारिक विकल्प को चुनना है। एक निर्णायक की स्थिति उस राहगीर के समान होती है जिसके सामने रास्ते खुले हुए हों तथा उनमें किसी एक को चुनना हो।

निर्णयपरक सिद्धान्त अन्तर्राष्ट्रीय राजनीति को एक नए दृष्टिकोण से देखता है। अन्तर्राष्ट्रीय राजनीति में मूल इकाइयाँ यद्यपि राज्य हैं तथापि राज्यों का समस्त कार्य संचालन प्रशासन के उच्चाधिकारियों द्वारा ही होता है। राज्य के नाम पर सारा निर्णय व्यक्ति ही लेते हैं। नाजी जर्मनी का व्यक्तित्व हिटलर के व्यक्तित्व का ही प्रतिबिम्ब था। स्वाधीनता के बाद भारत की विदेश नीति के निर्माण पर पं. नेहरू के व्यक्तित्व की अमिट छाप थी। इस प्रकार निर्णयपरक दृष्टिकोण उन कार्यकर्ताओं पर भी ध्यान केन्द्रित करता है जो निर्णयकर्ता कहलाते हैं और उन राज्यों पर भी जो निर्णय करने की प्रक्रिया में भाग लेते हैं। यह उपागम अन्तर्राष्ट्रीय संबंधों को व्यक्तिगत निर्णय पर आधारित मानकर चलता है जिसमें व्यक्ति विशेष की शब्दावली का व्यक्तित्व का, उसकी रुचियों, अभिरुचियों, विचारधारा, संस्कृति, धर्म, निर्णय लेने की शक्ति का बहुत प्रभाव पड़ता है। इस प्रकार राज्य के कार्यों को निर्णय कर्ताओं के कार्यों को शीशे में देखा जाता है।

अन्तर्राष्ट्रीय राजनीति में निर्णय विश्लेषण को लाने का श्रेय रिचार्ड स्नाइडर एवं इनके सहयोगी एच.डब्ल्यू. बर्क तथा बर्टन शेपिन को प्राप्त है। स्नाइडर की पुस्तक 'फॉरेन पॉलिसी डिसीजन मैंकिग-एन अप्रोच टू दि स्टडी ऑफ इन्टरनेशनल पॉलिटिक्स' में निर्णय-निर्माण करने वाले पदाधिकारियों के व्यवहार का विश्लेषण करने पर बल दिया है।

## Declaratory Judgments | घोषणात्मक निर्णय

व्यवस्थापिका के द्वारा अस्पष्ट या पूर्व निर्धारित कानूनों के विरुद्ध न्यायालयों को ऐसे कानूनों के सम्बन्ध में घोषणात्मक निर्णय देने का अधिकार होता है। अनेक राज्यों में ऐसी व्यवस्था है कि व्यक्ति बिना किसी मुकदमे के ही कानूनों का स्पष्टीकरण या उसके औचित्य एवं अनौचित्य के सम्बन्ध में निर्णय मांग सकते हैं- इस प्रकार के न्यायालय के निर्णय भी घोषणात्मक निर्णय कहलाते हैं।

## Decline of Legislatures | व्यवस्थापिका का पतन

संसद या विधानमंडल जैसे कानून निर्माण करने वाली संस्था जो कार्यपालिका पर भी नियंत्रण रखने की शक्ति और प्रभाव में गिरावट। लार्ड ब्राइस ने 1925 में इंग्लैंड के संसद का अध्ययन कर

'मॉडर्न डेमोक्रेसीज' नाम पुस्तक लिखी। इसमें उन्होंने व्यवस्थापिकाओं के पतन को संसदीय व्यवस्था के लिए घातक बताया। उन्होंने 'व्यवस्थापिकाओं का रोग निदान' (Pathology of Legislative) में पतन का मुख्य कारण कार्यपालिका यानी नौकरशाही, मंत्रिपरिषद और प्रधानमंत्री के बढ़ते शक्ति और व्यवस्थापिका के अपने कर्त्तव्यपालन में लापरवाही को इंगित किया। व्यवस्थापिका की शक्तियाँ, कार्यकुशलता व सम्मान में लगातार गिरावट जारी है और कार्यपालिका अपनी शक्ति बढ़ा रही है। व्यवस्थापिका में भारत जैसे संसदीय देश में आधे से ज्यादा पूंजीपति, बाहुबली, अपराधी, दल-बदलु, भ्रष्ट और महिलाओं के विरुद्ध अपराध करने वाले निर्वाचित होकर इसका सम्मान भी कम किया है।

## Defection | दल-बदल

संसद या विधानमण्डल के राजनीतिक दलों के सदस्यों की ऐसी कार्यवाही कि वह जिस दलीय स्थिति, या जिस झंडे तले चुनाव जीतकर आया है। उसे अपनी मर्जी से छोड़कर किसी दूसरे दल में शामिल हो जाए या निर्दलीय बन जाए। परंपरागत शब्दावली में इसे पक्ष-परिवर्तन या पक्षांतरण (Crossing the Floor) कहा जाता है। दल-बदल का कारण अपने दल के नेतृत्व के साथ मतभेद हो सकता है। ऐसी परिस्थिति में दल बदलने वाला विधायक या सांसद अपने आपको उस दल के निर्णयों के दायित्वों से मुक्त कर लेता है और इस प्रकार की कार्यवाही उस दल के नेतृत्व के लिए भी एक चेतावनी का काम करती है। परन्तु विशेष रूप से अधिकांश मामलों में दल-बदल का मुख्य कारण राजनीतिज्ञों की सिद्धान्तहीनता और पद-लोलुपता ही होता है। 52वें सांविधानिक संशोधन अधिनियम 1985 द्वारा दल-बदल पर प्रतिबंध लगा दिया गया है और ऐसे सदस्यों को सदन की सदस्यता से वंचित कर दिया जाता है। परन्तु यदि किसी दल के कम से कम एक तिहाई सदस्य एक साथ ऐसा करें तो उन पर यह कानून लागू नहीं होता। भारत में 1967 के आम चुनावों के बाद से इसका विशेष रूप से बोलबाला रहा है। 91वें संविधान संशोधन अधिनियम 2003 के द्वारा दल बदल पर कठोर पाबन्दी लगाई गई है। हरियाणा राज्य इसमें सदैव अग्रणी रहा है। आया राम गया राम मुहावरा वहीं से प्रचलन में आया।

## Delegated Legislation | प्रत्यायोजित विधान

प्रत्यायोजित विधान को प्रशासकीय अंगों, निकायों एवं अभिकरणों द्वारा विधि निर्माण भी कहते हैं। यह वह प्रक्रिया है जिसमें विधानमंडल शासन की किसी अन्य शाखा को, विशेषत: कार्यकारी और प्रशासनिक अधिकारियों को, ऐसे नियम और विनियम बनाने का अधिकार दे देता है जो कानूनी रूप से मान्य हों तथा यह वह विधान या कानून है जो इस प्रक्रिया के अनुसार बनाया जाता है। संसदीय विधियों की विभिन्न धाराओं में प्रदत्त शक्ति के अनुसार कार्यकारिणी अंग आवश्यकतानुसार समय-समय पर ये नियम, उपनियम जारी कर सकते हैं। ये संसदीय विधि से सीमित होते हैं। इस प्रकार के विधि निर्माण को अधीनस्थ विधि-निर्माण भी कहते हैं। इसमें विधान के रिक्त अंशों को पूरा करने की शक्ति विद्यमान रहती है। प्रत्यायोजित विधान के कारण ही व्यवस्थापिक की शक्तियों में कमी आ रही और कार्यपालिका की शक्ति में वृद्धि हो रही है।

## Delegation | प्रतिनियोजन या प्रतिनिधान

ऐसी प्रक्रिया जिसके द्वारा कोई संगठन या उच्चाधिकारी अपनी शक्ति और उत्तरदायित्व अधीनस्थ अधिकारियों को सौंप देता है, जिससे समस्त कार्य एक ही जगह केन्द्रित न हो जाएँ तथा प्रशासन में दायित्व की भावना के साथ-साथ कार्य कुशलता भी उत्पन्न हो सके।

**Delimitation Treaty | सीमांकन संधि**

दो या अधिक राष्ट्रों के बीच की गई संधि, जिसके अनुसार उसके विवादास्पद प्रदेशों का सीमांकन किया जाता है।

**Demagogy | जनोत्तेजन**

नेतृत्व की वह भाषण शैली जिसके द्वारा लोगों की भावनाएँ भड़काकर राजनीतिक स्वार्थ-सिद्धि का प्रयास किया जाता है तथा स्वार्थी और पद-लोलुप नेता जनहित तथा राष्ट्रहित की अवहेलना करके जनसमूह की भावनाओं को उकसाता है। और उनका समर्थन प्राप्त करने के लिए उन्हें विवेक के रास्ते से हटाकर पूर्वाग्रह और अंधविश्वास की ओर ले जाता है। नेतागिरी शब्द का प्रयोग ऐसे राजनीतिक नेतृत्व के लिए किया जाता है जो अच्छा न समझा जाता हो। जनोत्तेजक नेता अपने आवेशपूर्ण तथा तर्कहीन व्याख्यानों तथा छिछली युक्तियों द्वारा जनता पर प्रभाव डालता है।

**De-Maoisation | प्रतिमाओवाद, माओवाद का निरस्त्रीकरण**

चीन में माओवाद को निष्प्रभावित करने की प्रक्रिया और कार्यक्रम जिसे प्रतिमाओवाद कहते हैं। चीन में माओ-त्से-तुंग के देहान्त के उपरांत, डेंग-ज्याओ-पिंग के नेतृत्व में आर्थिक व्यवस्था में किए गए परिवर्तन और लाल-चीन के आधुनिकीकरण का अभियान जिसका प्रमुख लक्ष्य पश्चिमी राष्ट्रों से चीन के संपर्क को बढ़ाना है। बाजारोन्मुख आर्थिक सुधार करना और पश्चिमी प्रौद्योगिकी का लाभ उठाना है। माओ का सिद्धान्त था 'न दुनिया से सहायता लेना, न दुनिया के व्यापारियों को चीन में घुसने देना'। डेंग की ये नीतियाँ माओ की नीतियों के विपरीत या विरुद्ध होने के कारण इनके सामूहिक प्रभाव को "प्रतिमाओवाद" कहा जाता है।

**Demarche | आपत्तिपत्र**

किसी देश की राजनीतिक व्यवस्था में राजनय में नीति को परिवर्तित करने वाला कोई कार्य या कोई राजनयिक चाल, प्रतिचाल अथवा युक्ति या एक अथवा अनेक राष्ट्रों द्वारा दूसरे देश को प्रेषित किया गया मौखिक या लिखित विरोध-पत्र या किसी सरकारी अधिकारी को दिया गया औपचारिक या अनौपचारिक अभ्यावेदन अथवा वक्तव्य उसे डेमार्श अथवा आपत्तिपत्र कहा जाता है।

**Democracy | जनतंत्र, लोकतंत्र, प्रजातंत्र**

इस शब्द की व्युत्पत्ति यूनानी शब्द Demos = जनता तथा Cracy = तंत्र या शासन से हुई है। अतः वह शासन तंत्र जिसमें सत्ता का अन्तिम सूत्र जनसाधारण के हाथों में रहता है जिससे उसका प्रयोग जनहित को बढ़ावा देने के लिए किया जा सके। जनसाधारण सत्ता का प्रयोग प्रायः सार्वजनिक वयस्क मताधिकार के आधार पर तथा स्वतंत्र और गुप्त मतदान के माध्यम से करती है। इस तरह "लोकतन्त्र" का मूल अर्थ ही 'जनसाधारण' या 'जनता' का शासन है। सरकार जनता से चुनाव के द्वारा वैधता प्राप्त करती है यानि जनता के स्पष्ट समर्थन (बहुमत) पर आश्रित सरकार।

अब्राहम लिंकन (1809-65) के अनुसार लोकतन्त्र "जनता का शासन है जो जनता के द्वारा, जनता के लिए चलाया जाता है" (Government of the People by the People, For the People)।

जेम्ब ब्राइस के शब्दों में "लोकतन्त्र शब्द का प्रयोग हेरोडोटस के जमाने से ही ऐसी शासन प्रणाली का संकेत देने के लिए होता है, जिसमें कानून की दृष्टि से राज्य की नियामक सत्ता किसी वर्ग या वर्गों के हाथों में नहीं रहती, बल्कि समुदाय के हाथों में रहती है।" अतः लोकतन्त्रीय प्रणाली में शासन या सत्ता का अन्तिम सूत्र जनसाधारण के हाथों में रहता है ताकि सार्वजनिक नीति

जनता की इच्छा के अनुसार और जनता के हित साधन के उद्देश्य से बनाई जाए और कार्यान्वित की जाए। इस प्रकार यह भी कह सकते हैं लोकतन्त्रीय शासन वह है, जिसमें प्रत्येक व्यक्ति का एक भाग होता है। इसमें शासन चलाने का काम जनसाधारण के प्रतिनिधियों को सौंपा जा सकता है, परन्तु उन्हें निश्चित अन्तराल के बाद फिर से जनसाधारण का विश्वास प्राप्त करना होगा।

**लोकतन्त्र का चिर-सम्मत सिद्धान्त (Classical Theory of Democracy):** प्लेटो एवं अरस्तु ने कुछ प्राचीन यूनानी नगर-राज्यों में विशेषत: एथेंस में लोकतन्त्र के सक्रिय रूप को देखा था। इसकी प्रमुख विशेषताएँ थीं: (क) नगर-राज्य 'पोलिस' के सार्वजनिक मामलों में 'सभी' स्वतन्त्रजनों (Freeman) की समान सहभागिता (Equal participation) (ख) सार्वजनिक निर्णयों तक पहुँचने के लिए स्वतंत्र वाद-विवाद और (ग) समुदाय के कानून और प्रचलित प्रक्रिया के प्रति व्यापक आदर-भाव।

लेकिन प्राचीन यूनानी नगर-राज्यों में लोकतंत्र का जो रूप प्रचलित था, उसे आदर्श शासन प्रणाली नहीं माना जा सकता। प्लेटो ने इस आधार पर लोकतन्त्र की निन्दा की। जनसाधारण इतने शिक्षित नहीं होते कि वे "सर्वोत्तम शासकों और सबसे बुद्धिमत्तापूर्ण नीतियों" का चयन कर सकें। लोकतन्त्र के अन्तर्गत वाक्पटु और मिष्टभाषी राजनीतिज्ञ जनसाधारण को प्रभावित करके उनके वोट बटोर लेते हैं, और इस तरह सार्वजनिक पद प्राप्त कर लेते हैं। परन्तु ये लोग अत्यन्त स्वार्थी और सर्वथा अयोग्य होते हैं, अत: वे राज्य को ध्वंस की ओर ले जाते हैं। फिर अरस्तु ने लोकतन्त्र को 'बहुत सारे लोगों के शासन' (Rule of Many) के रूप में पहचाना। ये 'बहुत सारे लोग' साधारणतया निर्धन, अशिक्षित और असंस्कृत थे जिनमें योग्यता का अभाव था। अरस्तु ने शासन प्रणालियों को 'सामान्य' (Normal) और 'भ्रष्ट' (Peruerted) श्रेणियों में रखा है। यहाँ 'लोकतन्त्र' या 'डेमोक्रेसी' को एक भ्रष्ट शासन प्रणाली के रूप में प्रस्तुत ही किया गया था।

**लोकतन्त्र की आधुनिक अवधारणा (Modern Nation of Democracy):** जॉन लॉक (1838-1922) में मॉडर्न डेमोक्रेसीज (आधुनिक लोकतन्त्र) (1921) में लोकतन्त्र "जनसाधारण का शासन है, जिसमें वे वोटों के माध्यम से अपनी प्रभुसत्ता सम्पन्न इच्छा को व्यक्त करते हैं" और संक्षेप में कहा जाए तो लोकतन्त्र का यह शासन "बहुमत का शासन है"।

## Democratic Centralism | लोकतंत्रीय केन्द्रवाद

सोवियत समाजवादी गणराज्य संघ के साम्यवादी दल और सोवियत राज्य के संगठन का सिद्धान्त। इस सिद्धान्त का तात्पर्य यह है कि राज्य सत्ता के समस्त निकाय - निम्नतम से उच्चतम तक - निर्वाचित होते हैं, वे जनसाधारण के प्रति उत्तरदायी हैं और निचले निकाय ऊँचे निकायों के निर्णयों का पालन करने को बाध्य होते हैं। इस सिद्धान्त का ध्येय यह है कि जहाँ नेतृत्व केन्द्र के हाथों में रहे वहाँ स्थानीय पहल में भी कोई कमी न आये और राज्य का प्रत्येक निकाय एवं अधिकारी रचनात्मक कार्यों में हिस्सा लेते हुए भी अपने उत्तरदायित्व से मुँह न मोड़े।

वस्तुत: लोकतंत्रीय केन्द्रवाद का अभिप्राय यह है कि शासन के निचले भाग ऊपर वाले अंग का निर्वाचन करेंगे, परन्तु फिर वे ही उन्हीं के निर्णयों से बंधे होंगे।

सन् 1905 में लेनिन ने दलीय संगठन (Party organization) के सिद्धान्त का निरूपण करते हुए 'लोकतन्त्रीय केन्द्रवाद' शब्द का प्रयोग किया। इसका तात्पर्य यह था कि दल के नेतृत्व का निर्णय चुनाव (Election) के माध्यम से किया जाएगा। फिर यह नेतृत्व कामगार-वर्ग के प्रति उत्तरदायी (Accountable) होगा और उपयुक्त सिद्ध न होने पर उसे पद से हटाया जा सकेगा। बाद में इसके साथ ये शर्तें जोड़ दी गईं (क) दल के ऊँचे-नीचे सभी निर्देशक अंगों (Directing organs) का गठन चुनाव से ही किया जाएगा। (ख) दल के सभी अंग अपने-अपने संगठनों के

पास अपनी गतिविधियों का नियमित विवरण भेजेंगे। (ग) दल में कठोर अनुशासन रहेगा और अल्पमत को बहुमत का निर्णय स्वीकार करना पड़ेगा (घ) उच्चतर अंगों के सब निर्णय निम्नतर अंगों तथा दल के सब सदस्यों के लिए बाध्यकर (Binding) होंगे। इस तरह लोकतन्त्रीय केन्द्रवाद के अन्तर्गत यह व्यवस्था की गई थी कि दल के सदस्य दल की नीतियों पर विस्तृत चर्चा तो कर सकेंगे, लेकिन एक बार जो निर्णय कर लिया जाएगा, उसे पूरी निष्ठा के साथ लागू किया जाएगा उसमें किसी भी तरह की छूट की गुंजाइश नहीं होगी।

लेनिन के अनुसार साम्यवादी दल जनसमुदाय को अपना सदस्य बनाकर उनमें अपनी विचारधारा (Ideology) का प्रचार करेगा और इस तरह उन्हें समाजवाद की ओर प्रेरित करेगा ताकि वे पूंजीवादी व्यवस्था को उखाड़ फेंकने के लिए कमर कस लें। पूंजीवादी क्रान्ति के बाद जब साम्यवादी दल सत्ता संभाल लेगा, तब वह सर्वहारा का अधिनायकतंत्र स्थापित करेगा, उत्पादन के प्रमुख साधनों (Major Means of Production) और राज्य के सब संसाधनों का प्रयोग इस तरह से करेगा, जिससे पूंजीवाद के अवशेषों को मिटाया जा सके, प्रति क्रान्तिकारी शक्तियों (Counter Revolutionary Forces) को कुचला जा सके और सभी स्वस्थ शक्तियों के लिए श्रम को अनिवार्य बनाकर प्रौद्योगिकी (Technology) को इतना उन्नत किया जा सकेगा कि श्रम की उत्पादन क्षमता (Productive Capacity) को उच्चतम स्तर तक पहुँचाया जा सके।

## Democratic Socialism | लोकतन्त्रीय समाजवाद

लोकतन्त्रीय समाजवाद वह सिद्धान्त है, जो समाजवाद की स्थापना के लिए लोकतन्त्रीय प्रक्रिया (Procedure) का समर्थन करता है। समाजवाद का मुख्य लक्षण उत्पादन और वितरण के प्रमुख साधनों पर सामाजिक स्वामित्व (Social Ownership) स्थापित करना है ताकि उनका प्रयोग सार्वजनिक उद्देश्य (Public Purpose) के लिए ही होता रहे और कामगार तथा उपभोक्ता वर्गों का शोषण न कर पायें।

20वीं सदी में राजनीतिक व आर्थिक क्षेत्र में इंग्लैण्ड की प्रमुख देन लोकतान्त्रिक समाजवाद है। सिडनीवैब, आर.एच. टॉनी, डोनाल्ड, हेराल्ड लॉस्की व एटली प्रमुख प्रतिपादक हैं। इनका उद्देश्य एक ऐसे समाज की स्थापना करना है जिससे व्यक्ति की अपेक्षा समाज को अधिक महत्त्व प्रदान किया जाए तथा आर्थिक क्षेत्र में व्यक्तिवादी प्रतियोगिता की भावना को रोका जाए।

एनसाइक्लोपीडिया ऑफ ब्रिटेनिका के अनुसार "यह वह नीति अथवा सिद्धान्त है जो केन्द्रीय लोकतान्त्रिक सत्ता द्वारा आजकल की अपेक्षा श्रेष्ठतम वितरण तथा उसके अधीन श्रेष्ठतम उत्पादन की व्यवस्था करना चाहती है"

लोकतान्त्रिक समाज के सिद्धान्त:

1. लोकतान्त्रिक समाजवाद पूंजीवाद और साम्यवाद दोनों का विरोधी है।
2. सर्वाधिकारवाद का कटु आलोचक है।
3. लोकतान्त्रिक समाजवाद मनुष्य को नैतिक प्राणी मानता है।
4. यह वर्ग संघर्ष की अपेक्षा वर्ग सामंजस्य में विश्वास करता है।
5. आर्थिक स्वतन्त्रता के साथ-साथ राजनीतिक स्वतन्त्रता पर बल देता है।
6. अर्थव्यवस्था पर लोकतान्त्रिक नियन्त्रण का समर्थक
7. राष्ट्रीयकरण के स्थान पर समाजीकरण पर बल।

## Democratization | लोकतन्त्रीकरण

वह प्रक्रिया जिसमें गैर-लोकतन्त्रीय (Non Democratic) व्यवस्था को हटाकर उसकी जगह लोकतन्त्रीय संस्थाएँ विकसित की जाती हैं, सत्ता की लड़ाई में अनेक राजनीतिक दलों को भाग लेने

का अवसर दिया जाता है, और सार्वजनिक नीति (Public-Policy) को लोकमत (Public Opinion) के अनुरूप ढालने का प्रयत्न किया जाता है। सार्वजनिक वयस्क मताधिकार पर आधारित आवधिक चुनाव और नागरिक स्वतन्त्रता की व्यवस्था की जाती है।

**Demographic Transition | जनांकिकीय संक्रमण**

जनांकिकीविद् फ्रेंक नोटेस्टीन द्वारा 1945 में विकसित की गई अवधारणा। यह आर्थिक विकास से जुड़ी बेहतर जीन दशाओं के परिणामस्वरूप जन्म और मृत्युदरों में गिरावट की विशेष प्रवृत्तियों की व्याख्या है। नोटेस्टीन इसके तीन अवस्थाओं का प्रतिपादन किया था : पूर्व औद्योगिक, विकासशील और आधुनिक समाज। बाद में औद्योगीकरण के उपरांत की अवस्था भी इसमें सम्मिलित कर ली गई है। आद्युनिक समाज में जन्म और मृत्यु दरों में गिरावट से वृद्धों (उमरदराज) की संख्या बढ़ी है, बच्चे और युवा कम हैं। इससे कामकाजी लोगों की संख्या 140 करोड़ आबादी वाले देश चीन में शुरू हो गया है।

**Denationalization | विराष्ट्रीयकरण**

किसी देश के राष्ट्रीयकृत उद्यमों पर से सार्वजनिक स्वामित्व हटा कर उन्हें पुनः निजी स्वामित्व के लिए खुला छोड़ देने की नीति को विराष्ट्रीयकरण कहते हैं।

**Denunciation | प्रत्याख्यान**

किसी देश की राजनीतिक व्यवस्था में संधि, विराम संधि, अनुबंध आदि को औपचारिक रूप से समाप्त करने की घोषणा को प्रत्याख्यान कहते हैं।

**Dependency | अधीन राष्ट्र : आश्रित राष्ट्र**

वे प्रदेश अथवा देश जो किसी अन्य देश के अधीन हों पर उसके अभिन्न अंग न हों। अधीन राष्ट्र तथा उसके स्वामी राष्ट्र के मध्य दो राजनीतिक समुदायों का सा सम्बन्ध होता है। इनमें से एक प्रबल व शक्तिशाली होता है तो दूसरा आश्रित होता है। आश्रित राष्ट्र स्वामी राष्ट्र द्वारा परोक्ष रूप में शासित होता है। स्वामी राष्ट्र प्रभुसत्ता सम्पन्न होता है, पर आश्रित राष्ट्र ऐसा नहीं होता है। वह राष्ट्रीय क्षेत्राधिकार सम्बन्धी मामलों में तथा संयुक्त संघ की बैठकों में स्वामी राष्ट्र का भाग माना जाता है।

सामान्यतया अधीन राष्ट्रों को उपनिवेशों की संज्ञा दी जाती है। ब्रिटेन के अधीन उपनिवेशों में से कुछ न्यास क्षेत्र (Trust Territories) है और अन्य संरक्षित क्षेत्र (Protected) हैं। 1919 की वर्सायी की सन्धि द्वारा उपनिवेशों को राष्ट्र संघ के संरक्षण में रखा गया। राष्ट्र संघ के द्वारा संरक्षक नियुक्त किया गया जो साम्राज्यवादी राष्ट्र ब्रिटेन, फ्रांस ही थे। फ्रेडरिक एल. शूमां ने अपनी पुस्तक "अन्तर्राष्ट्रीय राजनीति" में लिखा है कि "दिखावे के तौर पर तो इन प्रदेशों पर राष्ट्र संघ की संरक्षणता थी परन्तु वास्तविकता में ये प्रदेश विभिन्न साम्राज्यवादी राष्ट्रों के अधीन रहे। इससे सिर्फ साम्राज्यवाद के नग्न रूप को छिपाया गया।"

**Dependency Theory | पराश्रितता सिद्धान्त**

नवमार्क्सवाद (New-marxism) का एक सिद्धान्त जो समकालीन विश्व के उन्नत देशों (Advanced Countries) और विकासशील देशों (Developing Countries) के परस्पर सम्बन्ध का विश्लेषण करता है। इस सिद्धान्त के अनुसार, अल्पविकसित देशों (Underdeveloped Countries) का सामाजिक और आर्थिक विकास बाह्य शक्तियों से नियन्त्रित हो रहा है। इस सिद्धान्त के मुख्य प्रवर्तक लैटिन अमेरिका और अफ्रीका के बुद्धिजीवी थे। इनमें आन्द्रे जी. फ्रैंक

(1929-2005) और समीन अमीन (1931- ) के नाम विशेष उल्लेखनीय हैं। उन्होंने संकेत किया है कि अन्तर्राष्ट्रीय अर्थव्यवस्था तीसरी दुनिया के देशों को भारी नुकसान पहुँचा रही है। अन्तर्राष्ट्रीय व्यापार में विनिमय (Exchange) के स्तर पर शक्तिशाली राष्ट्रों का प्रभुत्व (Domination) रहता है, और यही तीसरी दुनिया के देशों में अल्पविकास का मूल कारण है। उदारवादी सिद्धान्त (Liveraltheory) इन्हें निर्धनता से पलायन करने का जो स्वप्न दिखाता है, वह कोरा भ्रमजाल है। यदि विकासशील देश अपनी देशीय अर्थव्यवस्थाओं को मुक्त व्यापार (Free-Trade)और अन्तर्राष्ट्रीय प्रतिस्पर्धा (International Competition) के लिए खुला छोड़ देंगे तो इससे केवल धनवान और निर्धन देशों के बीच की खाई ज्यादा चौड़ी होती जाएगी।

### Dependent Variable | पराधीन परिवर्त्य

परस्पर सम्बद्ध परिवर्त्यों में यह वह तत्व है जिसकी स्थिति दूसरे तत्व की स्थिति पर निर्भर करती है यानी कि एक-दूसरे पर आश्रित होती है और एक में होने वाला परिवर्तन दूसरे में भी परिवर्तन लाता है। इसकी प्रकृति-प्रवृत्ति स्वाधीन परिवर्त्य (Independent Variable) से विपरीत होती है।

### Depressed Classes Association | दलित वर्ग संगठन

डॉ. भीमराव अंबेडकर के द्वारा 1930 में गठित राजनैतिक संगठन जो दलितों के हित के लिए कार्य करता था। दलितों के लिए मुस्लिमों के तरह अलग निर्वाचन क्षेत्रों का मांग अंग्रेजों से मनवा ली थी। लेकिन बाद में महात्मा गाँधी का अनशन तुड़वाने के लिए एकीकृत निर्वाचन स्वीकार करने हेतु इसके नेता डॉ. अम्बेडकर और महात्मा गाँधी के बीच सितंबर 1932 में पूना पैक्ट पर हस्ताक्षर किए गए।

### Deputies | उपसभापति, उपाध्यक्ष आदि

डिप्टीज भी विधानसभा के चुने हुए सदस्य होते हैं। डिप्टी शब्द का प्रयोग उस व्यक्ति के लिए होता है जो अध्यक्ष का पद रिक्त होने पर अथवा उसकी अनुपस्थिति में उसके कार्य का निर्वहन करता है। संसद के दोनों सदनों व विधानसभाओं के लिए डिप्टी स्पीकरों का चुनाव होता है।

### De-Stalinisation | प्रतिस्तालिनवाद, स्तालिनवाद का निरस्त्रीकरण, स्तालिनवाद का उन्मूलन

सन् 1956 की साम्यवादी दल की 20वीं कांग्रेस में तत्कालीन महासचिव निकिता ख्रुश्चेव द्वारा स्टालिन की नीतियों की और प्रमुखतः उसकी हिंसा एवं क्रूरताओं की कटु आलोचना की गई एवं स्तालिनकालीन व्यक्ति-पूजा के स्थान पर इस प्रकार का वचन दिया गया कि उसके पश्चात् सामूहिक नेतृत्व के आधार पर ही भविष्य में सोवियत शासन-नीति एवं प्रशासन का संचालन किया जाएगा। इस प्रकार से सोवियत संघ की राजनीति में एक नवीन प्रवृत्ति का जन्म हुआ, जिसका लक्ष्य स्तालिनकालीन नीतियों का पूर्ण रूप से बहिष्कार कर सोवियत राजनीति को एक नई दिशा देना था।

### Detente | तनाव-शैथिल्य

सन् 1962 में क्यबू-संकट के उपरान्त अमेरिका और सोवियत संघ के नेताओं जॉन कैनेडी एवं ख्रुश्चेव के दृष्टिकोणों में व्यापक परिवर्तन आया। दोनों ने अपने-अपने लोगों को यह समझाने का प्रयत्न किया कि शीतयुद्ध से कोई लाभ नहीं होता और शीतयुद्ध में कमी लाना उनके राष्ट्रीय हितों के संरक्षण के लिए अपरिहार्य है। 1955 में दो ऐसी समझौतावादी उपलब्धियाँ उनके लिए ऐसा आदर्श थीं, जिन्होंने तनाव-शैथिल्य का सूत्रपात किया था – एक थी ऑस्ट्रिया के साथ शान्ति संधि

करने में सोवियत संघ-अमेरिका ने आपसी विचार-विमर्श से कार्य किया और दूसरा संयुक्त राष्ट्र संघ में नये राष्ट्रों के प्रवेश के सम्बन्ध में पैकेज डील (Package Deal) समझौता। ये ऐसे दो मामले थे, जिससे दोनों महाशक्तियों को यह बात समझते देर न लगी कि 'तनाव-शैथिल्य' के रूप में आपसी सम्बन्ध ही उनके लिए लाभपूर्ण हैं।

दितान्त फ्रेन्च भाषा का शब्द है जिसका अर्थ है: 'तनाव में शिथिलता (Relexation of Tension)'। अन्तर्राष्ट्रीय राजनीति में दितान्त से अभिप्राय सोवियत-अमेरिकी तनाव में कमी और उनमें दिन-प्रतिदिन बढ़ती हुई मित्रता, सहयोग और शान्तिपूर्ण सह-अस्तित्व की भावना से है। ऑक्सफोर्ड इंग्लिश शब्दकोश के अनुसार, दितान्त दो राज्यों के तनावपूर्ण संबंधों की समाप्ति है।

डॉ. ए.पी. राणा के अनुसार, दितान्त ऐसी प्रक्रिया या प्रवृत्ति है जिसमें एक समय पर दो परस्पर विरोधी प्रवृत्तियाँ-सहयोग और प्रतिद्वन्द्विता-पायी जाती हैं। महाशक्तियों की इस सहयोगी-प्रतिद्वन्द्वी (Collaborative-Competitive) व्यवहार को उन्होंने कालूपीटिव (Collupetive) शब्दावली में अभिव्यक्त किया है। डॉ. राणा के अभिमत में इस सहयोगी-प्रतिद्वन्द्वी व्यवहार को चार प्रकार की परिस्थितियों में अभिव्यक्त किया जा सकता है- किसी संकट की घड़ी में, विश्व में यथास्थिति बनाए रखने की आवश्यकता, आर्थिक सहयोग और परमाणु अस्त्रों के परिसीमन की आवश्यकता के समय।

वस्तुतः दितान्त का अर्थ शीतयुद्ध की समाप्ति नहीं है। इसका यह अर्थ भी नहीं कि महाशक्तियां अपना वर्चस्व अथवा सर्वोपरिता बनाए रखने में अभिरुचि नहीं रखतीं। दितान्त का सीधा-साधा अर्थ यह है कि महाशक्तियों (अमेरिका और पूर्व सोवियत संघ) ने न्यूनाधिक रूप से आपसी प्रतिस्पर्धा के मानदण्डों को आंशिक रूप से संहिताबद्ध करने का प्रयत्न किया था।

## Detenue | नजरबंदी

नजरबंद उस व्यक्ति को किया जाता है जिस पर इस प्रकार की आशंका होती है कि वह शासन विरोधी कार्य विशेषकर, राजनीतिक अपराध कर कानून व्यवस्था के लिए समस्या खड़ी कर सकता है। अतः कानून व्यवस्था के सही संचालन के लिए उस व्यक्ति को हिरासत में लेकर नजरबंद किया जाता है। जिससे वह किसी प्रकार का राजनीतिक अपराध और व्यवधान न डाल सके। जैसेः 8 फरवरी 2013 को 2001 में भारतीय संसद पर हमला का सजिश कर्ता अफजल गुरू को फाँसी देने पर जम्मू कश्मीर के अनेक नेताओं को हिरासत में लेकर नजरबंद किया गया।

किसी राष्ट्र या समुदाय का वह व्यक्ति जो अपनी संभावित आपत्तिजनक गतिविधियों या क्रियाओं के कारण किसी निश्चित क्षेत्र या स्थान में रखा गया हो ताकि वह निर्धारित क्षेत्र या स्थान से बाहर न जा सके उसे नजरबंद कहते हैं। भारत के संविधान के अनुच्छेद 22(4) में निवारक नजरवादी का प्रावधान है।

## Deterence | भ्रम निवारण

भ्रम निवारण शब्द का प्रयोग सुरक्षा व्यूह रचनाकारों तथा मिलिट्री नियोजनकर्ताओं द्वारा बहुलता से किया जाता है। इस शब्द का अर्थ है- अन्य राष्ट्र के द्वारा अपने पर किए जाने वाले आक्रमण से अपनी रक्षा करने की क्षमता। 1945 से ही पश्चिमी व पूर्वी शक्तिशाली राष्ट्रों ने सदैव से यह तर्क दिया है कि उन्हें अपनी सुरक्षा के लिए आणविक हथियारों की आवश्यकता है, जिससे कि शान्ति बनाई जा सके।

## Developing Countries | विकासशील देश

विकासशील देश या तीसरी दुनिया के देश एशिया, अफ्रीका और लैटिन अमेरिका के उन देशों को कहा जाता है, जिनमें निम्नलिखित विशेषताएँ पाई जाती हैं।

(क) औद्योगिक दृष्टि से विश्व के उन्नत देशों की तुलना में इनके आर्थिक और राजनीतिक विकास का स्तर बहुत नीचा है।

(ख) ये देश निकट अतीत में उपनिवेशवाद का शिकार रहे हैं। इनमें से एशिया और अफ्रीका के देशों को विदेशी शासन से राजनीतिक स्वाधीनता मुख्यत: दूसरे विश्वयुद्ध के बाद प्राप्त हुई है। पराधीनता के दौरान इनके संसाधनों का इतना दोहन हुआ है कि इन्हें बहुत ही कमजोर और पिछड़ी हुई अर्थव्यवस्था विरासत में मिली है।

(ग) ये देश साधारणतया गुट निरपेक्षता (Non-alignment) की नीति पर चलते रहे हैं अर्थात् ये देश पूंजीवादी जगत और साम्यवादी जगत के प्रभाव से अपने आपको मुक्त रखने की कोशिश करते हैं।

तीसरी दुनिया शब्दावली के आविष्कार का श्रेय फ्रांसीसी अर्थशास्त्रवेत्ता अल्फ्रेड-सोवी (1898-1990) को है, जिन्होंने 1952 में प्रकाशित एक लेख में किया। सोवी के अनुसार 'तीसरी दुनिया' उन अज्ञात और शोषित देशों का समूह है, जिन्हें प्राय: तिरस्कार की दृष्टि से देखा जाता है लेकिन जो कुछ बनकर दिखाना चाहते हैं। प्रत्यक्षत: सोवी का संकेत उन अफ्रीकी-एशियाई देशों की तरफ था, जो सदियों तक उपनिवेशवाद और साम्राज्यवाद की जकड़ में थे और जो अब अपनी गरीबी और पिछड़ेपन से उबरकर आधुनिकता एवं सम्पन्नता की ओर बढ़ना चाहते हैं।

सर्वाधिक स्वीकृत धारणा के अनुसार 'तीसरी दुनिया' में वे देश आते हैं, जो न तो आर्थिक दृष्टि से विकसित पूंजीवादी व्यवस्था वाले देशों में शामिल हैं और न पूर्णत: नियोजनबद्ध समाजवादी देशों की श्रेणी में आते हैं 'थर्ड वर्ल्ड क्वार्टरली (लन्दन) ने इसी कल्पना को पेश किया है' लगभग 133 अफ्रीकी-एशियाई और दक्षिण अमेरिकी देश अपने को सामूहिक रूप में 'तीसरी दुनिया' कहते हैं। वे अपने को विकसित पूंजीवादी और केन्द्रीय नियोजित समाजवादी देशों से अलग रखकर अपनी पहचान कायम रखना चाहते हैं।

इस प्रकार विकासशील देश वे देश हैं जिनकी अर्थव्यवस्था जीविकोपार्जित कृषि एवं बागवानी प्रधान है, निर्यातों पर आश्रित, जनसंख्या वृद्धि, एकदल प्रणाली तथा अस्थिर राजनीतिक व्यवस्थाएं कार्यरत है। इन देशों में भ्रष्टाचार चरम सीमा पर है। साथ ही विलासितापूर्ण तथा सैन्य सामग्री खरीदने पर ये देश भारी धनराशि खर्च करते हैं।

## Development | विकास

विकास की संकल्पना के अन्तर्गत उन्नत समाज के कुछ लक्षणों की पहचान कर ली जाती है, और फिर यह मान्यता रखी जाती है कि समाज अपने निम्न स्तर (Lower-Stage) से उच्चतर स्तर (Higher-Stage) की ओर अग्रसर होता है। इसमें संकेत है कि हमें समाज के उच्च स्तर वाले रूपों को ही अपना लक्ष्य बनाकर चलना चाहिए। अत: विकास का अभिप्राय प्रगति (Progress) की दिशा में अग्रसर होना है। जे.एच. मिटलमैन ने आउटफ्रॉर्म अन्डरडेवलपमेन्ट : प्रॉस्पेक्ट्स फॉर द थर्ड वर्ल्ड (अल्प विकास से बाहर-तीसरी दुनिया का भविष्य) (1988) के अन्तर्गत यह लिखा है कि "विकास का अर्थ सामाजिक लक्ष्यों की पूर्ति के लिए प्राकृतिक और मानवीय संसाधनों (Natural and Human Resources) के तर्कसंगत प्रयोग की क्षमता को बढ़ाना है" जबकि "अल्पविकास (Underdevelopment) का अर्थ है ऐसी बाध्यताएं (Constrains) जो सामाजिक संरचना के तर्कसंगत रूपान्तरण को रोक देती हैं।"

अत: लोग अपने समाज को तर्कसंगत रूप में ढालने के लिए प्राकृतिक और मानवीय संसाधनों का सर्वोत्तम प्रयोग करना चाहते हैं, जो तत्व और प्रक्रियाएँ उनके इस प्रयास में बाधा डालती हैं, वे अल्प विकास की सूचक हैं, जो इसे बढ़ावा देती हैं, वे त्रिकास की सूचक हैं।

## Development Administration | विकास प्रशासन

विकास प्रशासन एक नवीन विषय है जिसमें प्रशासन को नवीन कौशल एवं नवीन विचारों को सीखना होता है। यह व्यक्तिगत उपलब्धि के स्थान पर सामूहिक निष्पादन पर बल देता है। विकास प्रशासन मुख्यतः सामाजिक, आर्थिक परिवर्तन से सम्बन्धित होता है।

प्रमुख रूप से किसी भी देश में या परम्परागत प्रशासन में मुख्य कार्य उस क्षेत्र की शांति एवं व्यवस्था बनाए रखना था जिससे प्रत्येक व्यक्ति अपना जीवनयापन कानूनों के अन्तर्गत करने के लिए स्वतंत्र हो। सामान्यतया आर्थिक और सामाजिक विकास का दायित्व व्यक्ति और समाज पर होता था, राज्य पर नहीं। धीरे-धीरे कल्याणकारी राज्य और लोकतंत्र के अभ्युदय एवं उपनिवेशवाद के पतन के पश्चात् नवोदित राष्ट्रों ने इस प्रकार के सिद्धान्त को अपनाया कि प्रशासन का उत्तरदायित्व सिर्फ शांति एवं व्यवस्था बनाए रखने तक ही नहीं होता। अपितु पूर्ण आर्थिक और सामाजिक विकास के लिए भी सक्रिय रूप से कार्यवाही करनी चाहिए। इस प्रकार, विकास प्रशासन में राज्य अनेक योजनाओं एवं कार्यक्रमों के द्वारा जनता के सम्पूर्ण या सर्वांगीण विकास के लिए कार्य करता है। इसका एक प्रमुख आयाम यह भी है कि विकास प्रक्रिया में प्रशासन एवं जनता की भागीदारी रहती है। इस प्रकार के प्रशासन के दृष्टिकोण और मनोवृत्ति में इस प्रकार का परिवर्तन आए कि वे अपने को केवल प्रशासक मात्र ही न समझें अपितु जनता की आवश्यकताओं के प्रति संवेदनशील भी बने रहें। इस प्रकार के प्रशासन को विकास प्रशासन कहते हैं।

## Development Approach | विकासपरक उपागम

तुलनात्मक राजनीतिक व्यवस्था में अध्ययन का एक उपागम जिसके अनुसार राजनीतिक व्यवस्थाएँ एक विकास-क्रम में रखी जा सकती हैं। यह क्रमबद्ध हैं: पुरातन – परंपरागत – संक्रान्तिकालीन – आधुनिक। विकासक्रम पुरातन से आधुनिक की ओर होता है। राजनीतिक व्यवस्थाओं, संरचनाओं व कार्यों को इस विकासक्रम में रखकर उनका तुलनात्मक अध्ययन करना "विकासपरक उपागम" कहलाता है। आमंड ने इसी उपागम का प्रयोग किया है।

## Devil Theory of Imperialism | साम्राज्यवाद का दानवी सिद्धान्त

इस सिद्धान्त के अनुसार युद्ध के द्वारा जिन समुदायों को लाभ होता है, वे सदैव युद्ध को प्रोत्साहन देते रहते हैं ताकि वे स्वयं सम्पन्न बन सकें। इन युद्धों का परिणाम ही साम्राज्यवाद है।

## Devine Origin Theory of the State | राज्य की दैवी उत्पत्ति का सिद्धान्त

यह एक पुराना सिद्धान्त है जिसके संकेत यूरोपीय और भारतीय दोनों परम्पराओं में मिलते हैं। प्राचीन मिस्र की परम्परा में राजा को सूर्य देवता का पुत्र कहा गया है और चीन के सम्राट को स्वर्ग-पुत्र के रूप में सराहा गया है।

यूरोपीय परम्परा के अन्तर्गत राज्य की दैवी उत्पत्ति का सिद्धान्त राजतन्त्र के युग में विकसित हुआ। इसका ध्येय यह सिद्ध करना करना था कि राजा के अधिकार दैवी अधिकार हैं। अर्थात् जैसे देवी-देवता हमारे लिए पूज्य हैं और उनकी इच्छा या आज्ञा के आगे हम नतमस्तक होते हैं, उसी प्रकार राजा की इच्छा या आज्ञा का पालन करना भी हमारा परम कर्तव्य है। इस कर्तव्य की पुष्टि के लिए यह तर्क दिया गया है कि राजा की नियुक्ति स्वयं ईश्वर ने की है, या राज्य ईश्वर के अध्यादेश से ही स्थापित हुआ है। शासक की सत्ता इतनी ऊँची है कि वह अपने कार्यकलाप के लिए संसार की किसी सत्ता के प्रति उत्तरदायी नहीं बल्कि वह केवल ईश्वर के प्रति उत्तरदायी है। इस विचार का प्रारंभिक संकेत बाइबिल में भी मिलता है।

मध्ययुगीन यूरोप में यह सिद्धान्त तब प्रस्तुत किया गया, जब राजतन्त्र और चर्च की सत्ता में परस्पर विरोध पैदा हो गया था। यह तर्क दिया गया कि राजा को अपनी शक्ति सीधे ईश्वर से प्राप्त

हुई है। चर्च के माध्यम से नहीं, अतः राजा चर्च के अधीन नहीं है। राज्य की दैवीय उत्पत्ति की पुष्टि करने के लिए सर रॉबर्ट फिल्मर (1588-1653) ने अपनी पुस्तक पैट्रियार्का (पितृतन्त्र) (1680) के अन्तर्गत यह तर्क दिया कि ईश्वर ने आदम को पहला मनुष्य ही नहीं बनाया, वह धरती का पहला-पहला राजा भी था, और वर्तमान राजा उसी के उत्तराधिकारी हैं।

राजा के दैवी अधिकार का तात्पर्य यह है कि जहाँ जड़ ज़गत को ईश्वर अपनी इच्छा के अनुसार संचालित करता है, मानव जगत पर वह राजा के माध्यम से अपना शासन चलाता है। अतः राजा स्वयं ईश्वर का प्रतिनिधि है, अपनी प्रजा के सन्दर्भ में उसकी शक्ति असीम है, उसकी आज्ञाओं को ईश्वर की आज्ञाओं के तुल्य मानकर उनका पालन करना मनुष्य का नागरिक कर्तव्य ही नहीं वरन् धार्मिक कर्तव्य भी है, उसकी अवहेलना करना अपराध ही नहीं, पाप भी है। इंग्लैण्ड के राजा जेम्स प्रथम (1566-1625) ने इस सिद्धान्त पर अधिक बल दिया।

भारतीय परम्परा के अन्तर्गत महाभारत के शांति-पर्व में राजा की दैवी उत्पत्ति का संकेत मिलता है। इसके अनुसार जब संसार में मत्स्य न्याय का बोलबाला हुआ तब ईश्वर ने शांति व्यवस्था, न्याय और सुरक्षा कायम करने के लिए धर्म की स्थापना की और उसके साथ विराजस् नाम के राजा की उद्भावना की। मनुस्मृति में कहा गया है कि जब इस लोक में अराजकता फैल जाने के कारण लोग डर के मारे इधर-उधर भागने लगे, तब इन सबकी रक्षा के लिए ईश्वर ने राजा का सृजन किया। ईश्वर ने इन्द्र से प्रभुत्व, सूर्य से प्रताप, यम से क्रोध, कुबेर से धन, और चन्द्रमा से आह्लाद का गुण लेकर राजा के शरीर का निर्माण किया। अतः राजा दैव तुल्य है और उसकी अवज्ञा करना पाप है, चाहे वह शिशु रूप में ही क्यों न हो।

## Devolution | अधिकारान्तरण

सरकार की कार्य कुशलता को बढ़ाने व स्थानीय निकायों द्वारा मामलों का निपटारा करवाने की दृष्टि से केन्द्र सरकार द्वारा क्षेत्रीय स्तरों को अधिकारों का हस्तान्तरण करने की प्रक्रिया को अधिकारान्तरण कहते हैं। इस शब्द का उपयोग ब्रिटेन में 1970 के वर्षों में बड़े व्यापक रूप में हुआ, जब स्कॉटलैंड तथा वेल्स को अधिक अधिकार देने के प्रस्ताव संसद में आये।

## Dhamma | धम्म

सम्राट अशोक द्वारा ईसा पूर्व प्रचलित धम्म जो न तो एक नया धर्म था और न ही एक राजनैतिक आदर्श था। यह भगवान बुद्ध के विचारों पर आधारित व्यवहार की एक पद्धति तथा लोगों द्वारा व्यवहार में लाई जाने वाली आचार संहिता तथा सिद्धांतों का एक समुच्चय था।

## Dialectical Materialism | द्वन्द्वात्मक भौतिकवाद

द्वन्द्वात्मक भौतिकवाद का सिद्धान्त मार्क्सवाद का दार्शनिक आधार प्रस्तुत करता है। यह सिद्धान्त भौतिकवाद (Materialism) की मान्यताओं को द्वन्द्वात्मक पद्धति के साथ मिलाकर सामाजिक परिवर्तन की व्याख्या देने का प्रयत्न करता है। इसमें उस द्वन्द्वात्मक प्रक्रिया को स्पष्ट करता है जिसके अनुसार सृष्टि का विकास हो रहा है। दूसरा शब्द भौतिकवाद सृष्टि के मूल तत्व को इंगित करता है वह इस सृष्टि का एकमात्र मूल तत्व जड़ प्रकृति या भौतिक पदार्थ (Matter) को समझता है। मार्क्स आत्मा और ईश्वर या विचार या चेतना को नहीं मानता है। उनके अनुसार जो वस्तुएँ हमें प्रत्यक्ष रूप से दिखाई देती हैं, वे हमारे लिए सर्वथा सत्य हैं। हीगल के द्वन्द्वात्मक चेतनवाद का खंडन करते हुए मार्क्स ने तर्क दिया है कि जड़ तत्व की उत्पत्ति चेतन तत्व से नहीं होती बल्कि चेतना स्वयं जड़ तत्व के विकास की सर्वोच्च परिणति है। मार्क्स ने लिखा है कि मनुष्यों का सामाजिक अस्तित्व चेतना पर आश्रित नहीं है। बल्कि उनकी चेतना स्वयं उनके सामाजिक अस्तित्व

पर आश्रित है। हीगल के सामाजिक विकास का लक्ष्य राष्ट्र-राज्य (Nation-State) की स्थापना है, परन्तु मार्क्स के अनुसार सामाजिक विकास का लक्ष्य 'वर्गहीन और राज्यहीन समाज (Classless and Stateless Society)' की स्थापना है।

मार्क्स के अनुसार सृष्टि में परिवर्तन द्वन्द्वात्मक पद्धति से होता है तथा विकास की यह प्रक्रिया टेढ़े-मेढ़े तरीकों से होती है। इसकी तीन अवस्थाएँ हैं। वाद (Thesis) यह पदार्थ की प्रारंभिक अवस्था है जिसमें कोई अंतर्विरोध नहीं पाया जाता है। कुछ समय बाद, वाद से असन्तुष्ट होकर उसी प्रतिक्रिया के रूप में प्रतिवाद (Antithesis) उत्पन्न होता है। प्रतिवाद में भी अन्तर्विरोध चलता है और इसकी परिणिति सम्वाद (Synthesis) के रूप में होती है। यह प्रक्रिया निरन्तर चलती रहती है। प्राकृतिक जगत में इस प्रक्रिया का उदाहरण देते हुए एंजिल्स ने लिखा है कि जब गेहूँ का बीज बोया जाता है तो यह वाद की स्थिति है, जब यह अंकुरित हो जाता है तब इसे प्रतिवाद मान सकते हैं लेकिन जब गेहूँ में बाली आती है, दाना पक जाता है और पौधा सूखकर नष्ट हो जाता है तब यह सम्वाद की स्थिति है।

इस प्रकार मार्क्स ने जड़ प्रकृति के सम्बन्ध में द्वन्द्वात्मक भौतिकवाद की निम्न विशेषता व नियम माने हैं:

1. प्रकृति निरन्तर गतिशील व परिवर्तनशील है।
2. भौतिक जगत की समस्त वस्तुएँ आपस में सम्बद्ध होती हैं।
3. प्रत्येक जड़ पदार्थ में विरोधी तत्व पाये जाते हैं।
4. विश्व में परिवर्तन परिमाण से गुणात्मक अर्थात परिवर्तन के फलस्वरूप वस्तु की मात्रा के साथ गुण भी बदल जाते हैं।
5. निषेध का निषेध (Negation of Nagation)।

## Dicey, A.V. | ए.वी. डायसी ( 1835–1922 )

आधुनिक युग में विधि के शासन की संकल्पना ब्रिटिश न्यायवेत्ता ए.वी. डायसी की देन है। इन्होंने अपनी पुस्तक 'इंट्रोडक्शन टु द स्टडी ऑफ लॉ ऑफ द कांस्टीट्यूशन' (संविधान के कानून की रूपरेखा (1885) के अन्तर्गत इंग्लैण्ड के संविधान को विधि के शासन की संज्ञा दी थी, परन्तु आगे चलकर यह सांविधानिक शासन (Constitutional Government) का प्रमाण बन गया। डायसी के अनुसार विधि के शासन में तीन अर्थ निहित है:

1. यहाँ कानून का प्रयोग करते समय निरंकुश शक्ति (Arbitrary Power) के प्रयोग की कोई गुंजाईश नहीं है। अतः कानून का उल्लंघन करने पर ही किसी नागरिक को दण्ड (Punishment) दिया जा सकता है, अन्य किसी आधार पर नहीं।
2. 'विधि का शासन' सब नागरिकों को कानून के समक्ष समानता (Equality Before the Law) प्रदान करता है। इसके अन्तर्गत साधारण नागरिकों की तरह सरकारी अधिकारी (Government of Fields) और उनकी कार्यवाही (Action) साधारण कानूनों से बंधी रहती है जो साधारण-न्यायालयों के द्वारा लागू की जाती है। मतलब यह कि सरकारी अधिकारियों या सरकारी कार्यवाही को साधारण कानून और न्याय व्यवस्था से किसी तरह की छूट या उन्मुक्ति (Exemption) प्राप्त नहीं होती।
3. इंग्लैण्ड में विधि का शासन यह संकेत देता है कि यहाँ नागरिकों के अधिकार संविधान के द्वारा सुरक्षित नहीं किए गए हैं बल्कि देश के साधारण कानून में विदित उपचारों (Remedies) के द्वारा उन्हें जो हितलाभ (Benefits) और स्वतन्त्रताएँ (liverties) प्रदान की गई हैं, वे ही यहाँ के संविधान का आधार है।

## Dictatorship | अधिनायकतंत्र

"राज्याध्यक्ष द्वारा गैर-कानूनी शक्ति प्राप्त करना ही अधिनायकतन्त्र है" अर्थात् ऐसी शासन प्रणाली जिसमें शासक के विशेषाधिकार को कोई चुनौती नहीं दी जा सकती। इसमें एक ही राजनीतिक दल या गुट का अस्तित्व होता है और उसका विरोध करने की स्वतंत्रता किसी को भी नहीं होती। अधिनायक की इच्छा को ही कानून माना जाता है और उसकी अदम्य शक्ति उसके सारे अधिकारों का स्रोत होती है।

## Dictatorship of the Proletariat | सर्वहारा वर्ग का अधिनायकतंत्र

यह मार्क्सवाद की एक अवधारणा है, जिसके अनुसार सर्वहारा (Poletariat) वर्ग, पूंजीपति वर्ग को परास्त करके अपना शासन स्थापित करता है और अपनी सत्ता का प्रयोग पूंजीपतियों के दमन तथा पूंजीवाद के अवशेषों को नष्ट या मिटाने के लिए करता है। मार्क्सवाद के अनुसार, यह एक संक्रान्तिकालीन अवस्था है क्योंकि उसका अन्तिम उद्देश्य तो एक ऐसे स्वचालित समाज की स्थापना करना है, जिसमें न कोई शोषित होगा, न कोई शासक तथा जिसमें विभिन्न वर्ग समाप्त हो जाएंगे और राज्य की कोई आवश्यकता नहीं रहेगी। वस्तुतः यह समाजवाद की ऐसी स्थिति है जिसका लक्ष्य वर्गविहीन तथा राज्यविहीन समाज की स्थापना करना है। सर्वहारा का अधिनायकतंत्र वास्तव में श्रमिकों का लोकतंत्र होगा।

## Diplomacy | कूटनीति

'कूटनीति' शब्द अंग्रेजी के डिप्लोमेसी का समानार्थी है। 1796 में एडमंड बर्क ने इस शब्द का प्रयोग किया था। डिप्लोमेसी शब्द की उत्पत्ति ग्रीक भाषा के डिप्लाउन शब्द से हुई है, जिसका अर्थ मोड़ना अथवा दोहरा करना (To Fold) होता है। रोमन साम्राज्य में पासपोर्ट एवं सड़क पर चलने के अनुमति-पत्र आदि दोहरे करके ही दिए जाते थे। ये पासपोर्ट तथा अनुमति-पत्र धातु के पत्रों पर खुदे रहते थे, जिनको डिप्लोमा कहा जाता था। धीरे-धीरे डिप्लोमा शब्द का प्रयोग सभी सरकारी कागजातों के लिए होने लगा। हेरल्ड निकलसन के शब्दों में अपने श्रेष्ठ अर्थों में अन्तर्राष्ट्रीय सन्धि वार्ताओं में कौशल का प्रयोग कूटनीति है तथा अपने निकृष्ट रूप में कूटनीति, छल, छद्म या चालाकी का द्योतक है।

आर्गेन्सकी के अनुसार 'कूटनीति दो या दो से अधिक राष्ट्रों के सरकारी प्रतिनिधियों के बीच होने वाली सन्धिवार्ता की प्रक्रिया को इंगित करती है।

अन्तर्राष्ट्रीय राजनीति के परिप्रेक्ष्य में कूटनीति न तो बुद्धि और चातुर्य का प्रयोग है, न समझौता वार्ता करने की व्यवस्था का नाम है और न यह किसी देश का विदेशी विभाग है। कूटनीति का काम है सहमति पर पहुँचना। कूटनीति का प्रयोग वहाँ होता है जहाँ असहमति या गलतफहमी के वास्तविक या संभावित क्षेत्र मौजूद हों। कूटनीति ऐसे क्षेत्र में कार्य करती है, जहाँ बल प्रयोग की संभावनाएँ मौजूद हों और कूटनीति का काम उन संभावनाओं को टालना होता है। कूटनीति में सफलता का अर्थ है अन्य राष्ट्रों को अपने दृष्टिकोण के अनुकूल बनाने में सफलता प्राप्त करना। कूटनीति ऐसे विरोधी हितों में सामंजस्य लाने की तकनीक है जो पहले तो मतभेद के प्रासंगिक तथ्यों का ठीक-ठीक पता लगाती है और फिर उसके समाधान की शर्तें निर्धारित करती है। इस प्रकार:

1. कूटनीति अन्तर्राष्ट्रीय सम्बन्धों की व्यवस्था है।
2. यह समझौते और वार्ता की कला है।
3. यह राष्ट्रीय हित की अभिवृद्धि का साधन है।

## Diplomacy by Conference | सम्मेलन राजनय

सम्मेलन राजनय वह होता है जिसमें राज्यों के विशेष प्रतिनिधियों के मध्य सम्मेलन द्वारा आपसी हितार्थ प्रश्नों पर पारस्परिक विचारों का आदान-प्रदान कर उस पर निर्णय लिया जाता है। सामूहिक रूप से प्रतिनिधियों द्वारा राज्य के हितार्थ कोई भी राजनीतिक निर्णय लेने की पद्धति को "सम्मेलन राजनय" कहा जाता है। सन् 1918 से इसके प्रयोग में काफी तेजी आई है। आज अन्तर्राष्ट्रीय सम्बन्धों में इसका विशेष रूप से महत्व है। आज विश्व समस्या समाधान करने के लिए राज्यों द्वारा इस कूटनीति का प्रयोग अधिक किया जा रहा है।

## Diplomatic Agents | राजनयिक अभिकर्ता

राजनयिक अभिकर्ता ऐसा व्यक्ति है जिसे किसी राज्य का अध्यक्ष (Head of State) दूसरे राज्य के अध्यक्ष के प्रति अपने प्रतिनिधित्व के लिए विधिवत भेजता है ताकि वह वहाँ अपने देश के दृष्टिकोण को प्रस्तुत कर सके या कोई समझौता वार्ता (Negotiation) चला सके। विशेष परिस्थितियों में जब स्वयं कोई राज्याध्यक्ष, विदेश मंत्री या अन्य कोई मंत्री अन्तर्राष्ट्रीय समझौता वार्ता, विचार-विमर्श या अन्य औपचारिकताओं के सिलसिले में विदेश की यात्रा करता है या विदेश के उच्चधिकारियों या जनसाधारण को संबोधित करता है या उनसे सम्पर्क करता है तो वह भी राजनयिक कृत्य कहलाता है। ऐसी हालत में उसे भी राजनयिक अभिकर्ता के रूप में मान्यता दी जाती है।

## Direct Cash Transfer Scheme | सीधे हस्तान्तरण

इस योजना के द्वारा 16 सरकारी योजनाओं के सहायता राशि और छात्रवत्ति आधार कार्ड (यूनिक पहचान पत्र) के द्वारा लाभान्वितों को 1 अप्रैल 2013 से बैंक खाते में सीधे जमा करवाये जाएगें। इस योजना में गरीबों, एस.सी., एस.टी. अल्पसंख्यकों, पिछड़ा वर्ग, विधवा महिला और वृद्धावस्था पेंशनधारी आदि को क्रमशः लाभ पहुँचाया जाएगा। सरकारी कल्याणकारी योजनाओं का लाभ सीधे उन्हें मिलेगा और बीच के दलालों, भ्रष्ट प्रशासनिक तंत्र एवं जनप्रतिनिधियों के चंगुल से कुछ मुक्त होंगे।

## Direct Democracy | प्रत्यक्ष जनतंत्र

लोकतंत्र या जनतंत्र का वह रूप जिसमें समस्त नागरिक स्वयं ही राजकाज में भाग लेते हैं और निर्वाचित प्रतिनिधियों पर निर्भर नहीं रहते। इस प्रणाली में निर्वाचित विधानसभाएं नहीं होती हैं। यहाँ तो नागरिक स्वयं शासन की नीति का निर्धारण करते हैं या विविध विधियों का निर्धारण करते हैं। प्राचीन यूनान में नगर-राज्य इसके उदाहरण हैं। इस प्रकार की प्रणाली कम क्षेत्रफल वाले राज्यों में ही सफल हो सकती है। यही कारण है कि आजकल इस प्रणाली के दर्शन स्विट्जरलैण्ड के पाँच कैंटनों व अमेरिका के कुछ छोटे नगरों को छोड़कर अन्यत्र कहीं नहीं होते। रूसो प्रत्यक्ष लोकतन्त्र का समर्थक रहा है। यह लोकप्रिय प्रभुसत्ता पर आधारित है।

## Direct Election | प्रत्यक्ष निर्वाचन, सीधा निर्वाचन

जनतांत्रिक व्यवस्था में चुनावों का विशेष रूप से महत्व है। जनता ही अपने प्रतिनिधियों को चुनती है। अर्थात् जनता द्वारा सीधे अपने प्रत्याशी का चुनाव करना ही प्रत्यक्ष निर्वाचन है। इस पद्धति को लोकतंत्र के लिये अधिक अनुकूल माना जाता है। इसका स्पष्ट लाभ यह है कि इससे जनता को अपने प्रतिनिधियों के चुनाव में तथा शासन की नीति के नियमन और नियंत्रण में सीधी हिस्सेदारी मिल जाता है। इसके साथ प्रत्यक्ष निर्वाचन से जनता को बहुमूल्य राजनीतिक शिक्षा मिलती है। यह

प्रणाली उन्हें अपने अधिकारों और उत्तरदायित्वों के प्रति जाग्रत करती है। इसके अतिरिक्त प्रत्यक्ष निर्वाचन में मतदाता एवं उसके प्रतिनिधि के बीच सीधा और निकट का सम्पर्क स्थापित होता है। यह राजनीतिक समाजीकरण और राजनीतिक प्रशिक्षण का महत्वपूर्ण साधन है।

## Directed Democracy | निर्देशित/सीमित लोकतंत्र

सीमित लोकतंत्र/निर्देशित लोकतंत्र को Guided Democracy भी कहा जाता है। इस प्रणाली में नागरिकों के अधिकार सीमित होते हैं। यह विचार 1957 में इण्डोनेशिया के तत्कालीन राष्ट्रपति सुकर्ण ने रखा था। उसने तर्क दिया था कि लोकतन्त्र का पश्चिमी प्रतिरूप ऐसे देश के लिए उपयुक्त नहीं होगा जिसमें साक्षरण और समृद्धि का स्तर निम्न हो। इस विचारधारा के अनुसार नये स्वाधीन राष्ट्रों में लोगों को राजनीति व शासन में पूर्ण भागीदारी नहीं दी जा सकती क्योंकि उनमें शिक्षा व राजनीतिक विवेक की बहुत कमी होती है। इसमें लोगों को राजकार्यों में सीमित भागीदारी दी जाती है। वे किसी स्वीकृत दल के सदस्य हो सकते हैं, पर उन्हें लोकहित में शासकों द्वारा लिए गए निर्णयों को चुनौती देने का अधिकार नहीं होता। इस प्रकार की प्रणाली का उद्देश्य यह है कि लोगों को अन्ततः लोकतंत्र में भागीदारी के लिए तैयार करना।

## Directive Principles of State Policy | राज्यनीति के निर्देशक तत्व

संविधान के भाग IV के अनुच्छेद 36 से 51 तक राज्य नीति के निर्देशक तत्वों का वर्णन है। अनुच्छेद 37 में कहा गया कि राज्य नीति के निर्देशक तत्व किसी न्यायालय द्वारा लागू नहीं करवाये जा सकते फिर भी ये सिद्धान्त देश के शासन में आधार-तत्व होंगे और राज्य का यह कर्तव्य होगा कि वह कानून बनाते समय इन सिद्धान्तों का प्रयोग करे। ये सिद्धान्त समाज में सामाजिक-आर्थिक लोकतन्त्र की स्थापना करने वाले होते हैं।

अनुच्छेद 38 में कहा गया है कि राज्य लोककल्याण की अभिवृद्धि के लिए ऐसी सामाजिक व्यवस्था की गई जिसमें सामाजिक, आर्थिक और राजनीतिक न्याय राष्ट्रीय जीवन की सभी संस्थाओं को अनुप्राणित करे तथा राज्य विशिष्टतया आय की असमानताओं को कम करने का प्रयास करेगा। अनुच्छेद 39 में राज्य अपनी नीति का इस प्रकार संचालन करेगा कि सुनिश्चित रूप से:

(क) पुरुष व स्त्री सभी नागरिकों को समान रूप से जीविका के साधन मिले
(ख) समुदाय के भौतिक संसाधनों का बँटवारा सामूहिक हित में हो।
(ग) धन और उत्पादन साधनों का सर्वसाधारण के लिए अहितकारी संकेन्द्रण नहीं हो।
(घ) पुरुषों व स्त्रियों का समान कार्य के लिए समान वेतन हो।

अनुच्छेद 39. (क) राज्य समान न्याय और निःशुल्क विधिक सहायता गरीबों को उपलब्ध करायेगा।

अनुच्छेद 40. राज्य ग्राम पंचायतों को संगठित करने का प्रयत्न करेगा।

अनुच्छेद 41. राज्य, काम पाने, शिक्षा पाने, और बेकारी, बुढ़ापा व बीमारी में नागरिकों को सहायता देगा।

अनुच्छेद 42. राज्य, काम की न्याय संगत दशाओं और प्रसूति सहायता के लिए उपबन्ध करेगा।

अनुच्छेद 43. राज्य, कर्मकारों के लिए निर्वाह मजदूरी, शिष्ट जीवन स्तर व अवकाश की व्यवस्था करेगा।

अनुच्छेद 44. राज्य, नागरिकों के लिए एक समान सिविल संहिता बनाने का प्रयास करेगा।

अनुच्छेद 45. राज्य, सभी बालकों के लिए 6 वर्ष की आयु तक बचपन की देखभाल व शिक्षा देने का कार्य करेगा।

अनुच्छेद 46. राज्य, जनता के दुर्बल वर्गों SC/ST के आर्थिक व शैक्षिक हितों की सावधानी से रक्षा करेगा।

अनुच्छेद 47. राज्य लोगों को पोषाहार स्तर व स्वास्थ्य के सुधार का प्रयत्न करेगा।

अनुच्छेद 48. राज्य कृषि, पशुपालन तथा दुधारू पशुओं की नस्ल सुधारने का प्रयत्न करेगा।

अनुच्छेद 49. राज्य राष्ट्रीय महत्व के स्मारकों, स्थानों व वस्तुओं का संरक्षण करेगा।

अनुच्छेद 50. राज्य कार्यपालिका से न्यायपालिका को पृथक करने का कदम उठायेगा।

अनुच्छेद 51. अन्तर्राष्ट्रीय शांति और सुरक्षा की अभिवृद्धि का प्रयत्न करेगा।

## Disarmament | निरस्त्रीकरण

सभी प्रकार के शस्त्रों को कम करने, उन पर नियंत्रण रखने, उनका उन्मूलन करने की प्रक्रिया को निरस्त्रीकरण कहते हैं। इसका उद्देश्य युद्धों को टालना, शांति स्थापित करना, हथियारों का होड़ रोकना। युद्ध के समय घातक हथियारों यानी परमाणु हथियार, बलास्टिक मिसाइल से आक्रमण नहीं करना जिससे जन-धन की कम क्षति हो। यू.एन.ए. इस दिशा में पुनः 2013 में प्रयासरत है।

## Discourse | कथन या प्रवचन

राजनैतिक और सामाजिक क्षेत्र में चिंतन की एक रूप रेखा या परिपाटी जिसमें किसी गूढ़ विषय पर चर्चा, परामर्श और श्रवण-मनन किया जाता हो।

## Discretionary Power | विवेकाधिकार

किसी भी संस्था के सार्वजनिक पदाधिकारी को बिना किसी अन्य व्यक्ति से परामर्श किए अपने विवेक के अनुसार कार्य करने के प्राधिकार को "विवेकाधिकार" कहते हैं। भारतीय संविधान में अनुच्छेद 163(I) के अन्तर्गत राज्यपालों को कुछ विवेकाधिकार दिए गए हैं।

## Discrimination | विभेद, भेदभाव

विभिन्न वर्गों या श्रेणियों के लोगों के साथ ऐसे व्यवहार, कार्य अथवा गतिविधियाँ जिससे दूसरे की वस्तुओं, सेवाओं, नौकरियों, संसाधनों से वंचित रखना जो दूसरों को उपलब्ध है। यह भेदभाव सामान्यतया भाषा, लिंग, प्रजाति, धर्म, जन्म, स्थान या रंग के आधार पर किया जाता है। इस प्रकार के भेदभाव में कुछ के साथ पक्षपातपूर्ण व्यवहार किया जाता है तो अन्यों के साथ विरोधपूर्ण व्यवहार होता है। संयुक्त राष्ट्र संघ के एक प्रकाशन के अनुसार, "जिन प्राकृतिक या सामाजिक श्रेणियों का व्यक्तिगत क्षमताओं या योग्यताओं से अथवा विशिष्ट व्यक्ति के मूर्त व्यवहार से कोई सम्बन्ध न हो, उस पर आधारित कोई भी व्यवहार विभेद के अन्तर्गत आता है।" आधुनिक समय में लोकतंत्रात्मक राष्ट्रों में इस प्रकार के भेदभाव से लड़ने या इसे मिटाने के लिए कानून बनाए गए हैं। भारतीय संविधान में जाति, धर्म, जन्म स्थान, रंग आदि के आधार पर सभी प्रकार के भेदभाव का अन्त कर दिया गया है। भेदभाव और पूर्वाग्रह के बीच अंतर है पर दोनों भाव काफी गहराई से परस्पर जुड़े हुए हैं।

## Discrimination in Schoole | स्कूलों में भेदभाव

भारत के बच्चों को निःशुल्क और अनिवार्य शिक्षा के कानून (RTE) लागू करने पर पाया गया कि स्कूलों और कक्षाओं में बच्चों के साथ कई आधार पर भेदभाव किया जाता है। खासकर पीने के पानी, मध्याह्न भोजन, कक्षाओं में बैठने वगैरह। यह सभी भेदभाव और छूआ-छूत की श्रेणी में

अपराध है। सोनिया गांधी की अगुआई वाली 'राष्ट्रीय सलाहकार परिषद' (NAC) ने इसे धर्म, लिंग, पारिवारिक व्यवसाय, शारीरिक अक्षमता या बच्चे की पहचान के अन्य किसी आधार पर बच्चों में अलगाव या उन पर पाबंदी या उनमें से कुछ को अधिक महत्व देना भेदभाव के अंतर्गत आता है। इससे शिक्षा में समानता का अधिकार बाधित होता है।

**Disinvestment | विनिवेश**

किसी कम्पनी की पूंजी के एक अंश को जान-बूझकर बेचना। इस प्रकार धन जुटाने के साथ साथ उस कम्पनी की हिस्सेदारी रचना या प्रबंधन या दोनों में बदलाव भी किये जा सकते हैं। भारत सरकार के द्वारा कई सरकारी कम्पनियों का भी विनिवेश किया गया। खासकर अल्मुनियम उत्पादन और मुनाफा कमाने वाली कम्पनी का विनिवेश काफी विवादास्पद रहा है। इसमें बहुत बड़े पैमाने पर भ्रष्टाचार भी होता है। इसे भारत सरकार के वित्त विभाग में सचिव स्तर का अधिकार नियंत्रित करता है और मंत्रिमंडल का एक समूह निर्णय लेता हैं।

**Displacement | विस्थापन**

अपने घर, परिवार, गाँव, रोजगार से अलग खदान, बड़े बाँध, उद्योग और सेज के लिए किसानों और आदिवासियों का जमीन लेकर उन्हें किसी अन्य जगह बसाना। नये जगह पर पानी, बिजली, सड़क, मकान, स्कूल, रोजगार और पुराना माहौल के अभाव में जीवन यापन की बाध्यता विस्थापित को झेलनी पड़ती है। इसके खिलाफ नर्मदा बचाओ आन्दोलन चला जिसका नेतृत्व बाबा आम्टे, मेधा पाटकर और अरुधंती राय ने किया।

**Dissenting Opinion | विसम्मत मत**

किसी देश के न्यायालय के बहुमत पर आधारित मत या निर्णय से सहमत न होकर यदि न्यायालय का कोई न्यायाधीश अपने दिए गए विपरीत मत को लिपिबद्ध करवाना चाहता है तो उसका मत विसम्मत मत कहलाता है।

**Distress Call | विपत्तिकालीन संदेश, सहायता की पुकार**

किसी देश में विपत्ति या संकटावस्था की स्थिति में सहायता के लिए विपदा में भेजा गया संवाद जिसे विपत्तिकालीन संदेश या सहायता की पुकार कहते हैं।

**District Board | जिला परिषद**

प्रत्येक जिले के स्थानीय प्रशासन तथा जिले के विकास के लिए विकास कार्यक्रमों की व्यवस्था करने वाली संस्था जिसके जनप्रतिनिधि जिले की जनता द्वारा प्रत्यक्ष या अप्रत्यक्ष रूप से निर्वाचित होते हैं। पंचायती राज्य व्यवस्था में यह जिले का शीर्षस्थ निकाय है। जिला परिषद का मुख्य दायित्व जिले का विकास करना है। यह परामर्शदात्री संस्था के रूप में कार्य करती है।

**Divine Right | दैविक अधिकार**

राजनीति का एक परम्परागत सिद्धान्त है जिसके अनुसार राजकीय शक्ति ईश्वरीय शक्ति की तरह निरंकुश होती है क्योंकि उसका तात्कालिक स्रोत स्वयं ईश्वर है। सोलहवीं और सत्रहवीं शताब्दी के यूरोप में इस सिद्धान्त का प्रचार इस उद्देश्य से किया गया कि राजाओं की शक्ति पर न तो चर्च का नियन्त्रण हो और न संसद का, न सर्वसाधारण का। सामाजिक अनुबंध (Social Contract) सिद्धान्त ने इसका तीव्र विरोध किया थ।

**Division | ( 1 ) प्रभाग ( 2 ) ( विभाजन )**

भारत में संसदीय प्रणाली के अन्तर्गत, वह कार्यवाही जिसमें प्रस्तुत प्रश्न पर पक्ष और विपक्ष में मतों का विभाजन करवाने के उद्देश्य से मतदान करवाया जाता है। जिससे यह पता चल सके कि निर्दिष्ट प्रस्ताव सदन को स्वीकार है या नहीं। इस प्रस्ताव के समर्थक एवं विरोधी पक्ष क्रमशः 'हाँ या नहीं' का उच्चारण करते हैं। जिस पर सदन का अध्यक्ष अपना निर्णय घोषित कर देता है। या फिर वे पृथक्-पृथक् मतदान कक्षों (Lobbies) में मतदान करने चले जाते हैं, जहाँ उनकी गणना कर ली जाती है।

**Division of Labour | श्रम विभाजन**

किसी कार्य या व्यवसाय के विभिन्न अंगों को कई लोगों में विभाजित करने की व्यवस्था। आधुनिक युग में न केवल बड़ी से बड़ी वस्तु का बल्कि छोटी से छोटी वस्तु, जैसे– पिन का निर्माण कार्य भी सौ से भी अधिक लोगों में विभाजित रहता है। दुर्खीम तथा मार्क्स जैसे कई समाजवादियों ने श्रम विभाजन को बहुत महत्व दिया है। श्रम विभाजन से उत्पादन की गुणवत्ता व कार्यकुशलता में वृद्धि होती है।

**Djilas – Milovan Djilas | डिजिलस मिलोविन ( 1911–1997 )**

डिजिलस का जन्म युगोस्लोवाकिया के मोंटेनिग्रो में 1911 को हुआ। ये साम्यवादी दल के पोलितब्यूरो के एक वरिष्ठ सदस्य रहे। वे मार्सल टीटो के मंत्रिमण्डल में मंत्री भी रहे। The New Class पुस्तक के लेखक हैं। वे साम्यवाद के बहुत बड़े समीक्षक थे। साम्यवाद की आलोचना के कारण उन्हें जेल की सजा भी मिली थी तथा उनकी पुस्तकों के प्रकाशन पर भी प्रतिबन्ध लगाया गया था। उन्होंने साम्यवाद की वर्गविहीन समाज की रचना करने के सिद्धान्त की तीव्र आलोचना की थी।

**D-Notices | अधिसूचनाएँ**

ब्रिटेन की सुरक्षा व्यवस्था के एक अंग के रूप में। ये Official Secret Act सरकारी गुप्तता अधिनियम के समान ही होते हैं। यह संवेदनशील सूचनाओं को सार्वजनिक करने पर रोक लगाती हैं। वस्तुतः यह स्वैच्छिक आत्म नियंत्रण जो समाचार पत्र अपने पर लगाते हैं। यदि सुरक्षा मंत्रालय को यह लगे कि कोई समाचार पत्र किसी गुप्त सूचना को सार्वजनिक कर देगा तो वह पत्र के सम्पादक के नाम D. Notice जारी कर सूचना को प्रकाशित न करने की प्रार्थना करता है। सामान्यतया इस प्रकार के आदेशों की अनुपालना की जाती है, पर अनुपालना न होने पर भी उसे अपराध नहीं माना जाता। संवेदनशील सूचना को समाचार पत्र में प्रकाशित करने पर पत्र का सम्पादक सुरक्षा अधिनियम के अधीन सजा का भागी बन जाता है।

**Doctrine of Jurisdictional Immunity | क्षेत्राधिकारिक उन्मुक्ति का सिद्धान्त**

अन्तर्राष्ट्रीय कानून के अन्तर्गत राज्यों के अध्यक्षों, शासनाध्यक्षों तथा राजदूतों को विदेशों में होने पर स्थानीय, दीवानी एवं फौजदारी न्यायालयों के अन्तर्गत आने वाले क्षेत्राधिकारों से उन्मुक्त माना जाता है। इसे "क्षेत्राधिकारिक उन्मुक्ति" का सिद्धान्त कहते हैं। इसे क्षेत्र अथवा प्रदेश बाह्यता भी कहा जाता है।

**Doctrine of Lapse | राज्य-अपहरण नीति, हड़पनीति**

भारत के गवर्नर जनरल, लार्ड डलहौजी (1848–56) ने इस नीति के तहत यह व्यवस्था की कि देशी रियासतों के जन्मजात उत्तराधिकारी (पुत्र नहीं होने पर) के अभाव में रियासत के राजा को पुत्र गोद

लेने के अधिकार से वंचित कर दिया गया। इस नीति के तहत दत्तक पुत्र व्यक्तिगत सम्पत्ति का तो मालिक हो सकता था, लेकिन रियासत की गद्दी का हकदार नहीं। इस नीति के अनुसार कई रियासतों को अंग्रेजी राज्य में मिला लिया गया। इसमें सतारा 1848, उदयपुर 1850 और झांसी 1855 आदि।

### Doctrion of Gulf | खाड़ी सिद्धान्त

24 जनवरी 1980 को चार्टर द्वारा कांग्रेस (अमेरिकी संसद) को भेजे गए आर्थिक सन्देश में कहा "किसी बाह्य शक्ति द्वारा खाड़ी क्षेत्र पर नियन्त्रण के प्रयास को अमेरिका के आवश्यक हितों पर आक्रमण समझा जाएगा और उसे सैनिक शक्ति सहित किन्हीं आवश्यक साधनों द्वारा खदेड़ दिया जायेगा।"

### Dollar Imperialism | डॉलर साम्राज्यवाद

अमेरिका अविकसित तथा छोटे-छोटे देशों को डॉलर के रूप में आर्थिक सहायता देकर अपने दबाव एवं प्रभाव का प्रयोग करता है। इसे डॉलर साम्राज्यवाद कहते हैं।

### Domestic Jurisdiction | आंतरिक अधिकार क्षेत्र, घरेलू अधिकार क्षेत्र

आंतरिक या घरेलू अधिकार क्षेत्र से तात्पर्य राज्य का इस प्रकार का मामला जिसमें किसी प्रकार का कोई विदेशी अथवा बाहरी हस्तक्षेप स्वीकार न करे। संयुक्त राष्ट्र संघ के चार्टर की धारा 2 में इसका सिद्धान्त है कि संयुक्त राष्ट्र संघ किसी देश के घरेलू मामले में हस्तक्षेप नहीं करेगा।

### Dominant Caste | प्रबल जाति

भारतीय जाति व्यवस्था में कोई मध्यम या उच्च्व-मध्यम वर्गीय जाति जिसकी जनसंख्या और इन नए-नए प्राप्त हुए अधिकारों की बदौलत ये जातियाँ, देश के कई क्षेत्रों के देहाती इलाकों में राजनीतिक, आर्थिक और सामाजिक रूप से प्रबल हो गई है। ये जातियाँ 'द्विज' अर्थात् ब्राह्मण, क्षत्रिय अथवा वैश्य वर्णो के अन्तर्गत नहीं आती। इनमें मुख्य है उत्तर भारत के यादव और जाट, दक्षिण भारत में रेड्डी, कामा वगैरह। राजनीतिक सत्ता पर इन जातियों ने अपने संख्या बल, धनबल और बाहुबल के प्रभाव से कब्जा जमा लिया है।

### Dominion | अधिराज्य

इसका अर्थ साम्राज्यवादी देश के ऐसे प्रदेश से होता है जिसे साम्राज्यवादी देश स्वशासन के सम्बन्ध में लगभग पूरी सुविधाएँ देते हैं। द्वितीय विश्वयुद्ध से पहले ब्रिटिश जनसंख्या वाले कनाडा ऑस्ट्रेलिया, न्यूजीलैण्ड व दक्षिण अफ्रीका को ब्रिटेन ने अधिराज्य का दर्जा दे दिया था। भारत ने भी मोतीलाल नेहरू रिपोर्ट 1928 में भारत के लिए डोमिनियन स्टेट की मांग की थी।

### Domino Theory | डोमिनो सिद्धान्त

अन्तर्राष्ट्रीय राजनीति में यह सिद्धान्त उस समय पारित हुआ। जब शीतयुद्ध अपनी उत्कृष्ट (चरम) सीमा पर था। अमेरिकी राष्ट्रपति आइजनहॉवर ने कहा कि यदि कोई भौगोलिक क्षेत्र या प्रधान राष्ट्र साम्यवादी नियंत्रण में आ जाता है तो उससे संलग्न या जुड़े हुए गैर साम्यवादी राज्य भी डोमिनो खेल के मोहरों की तरह एक के बाद एक धराशायी होते जाएंगे। इसका प्रतिपादन राष्ट्रपति आइजनहॉवर के शासनकाल में साम्यवादी प्रसार की उस आशंका की ओर ध्यान आकर्षित करने के

लिए किया गया था, जो दक्षिण-पूर्वी एशिया में हिंद चीन के साम्यवादी नियंत्रण में आने से पैदा हो सकती थी। इसे ही डोमिनो सिद्धान्त के नाम से जाना जाता है। यह अमेरिकी विदेश नीति की उग्रता का प्रतीक था। आइजनहॉवर ने कहा कि साम्यवादी गुलामी से घिरी मध्य-पूर्व की जनता की स्वतन्त्रता में अमेरिका उनकी हरसंभव सहायता करेगा।

## Doomsday | प्रलय का दिन, विनाश

विनाशक या प्रलयंकारी यंत्र का विचार परमाणु युद्ध सिद्धान्त में कतिपय बिन्दुओं को स्पष्ट करने के लिए प्रयुक्त व्यूह रचना का एक बौद्धिक सम्प्रत्य है। आदर्श प्रलयंकारी यंत्र वह परमाणु बम है जो स्वतः ही विस्फोटित हो जाता है। क्योंकि इसे निर्मित करने वाला राष्ट्र स्वयं ही परमाणु आक्रमण के भय से ग्रस्त रहता है। इस प्रकार के विस्फोट से होने वाले विनाश के कारण ही इसे यह नाम दिया गया है। यद्यपि यह अवधारणा ऊपर से तो ठीक नहीं प्रतीत होती पर इससे वैमनस्य शैथिल्य सिद्धान्त को एक कारक के रूप में स्वीकार किया गया है। इसे परमाणु युद्ध से बचने के लिए एक उपाय के रूप में भी स्वीकार किया गया है।

## Dora (Defence of Realmact) | (डोरा) साम्राज्य सुरक्षा अधिनियम

डोरा ब्रिटिश विधान का एक ऐसा अधिनियम है, जिसके अनुसार किसी भी विदेशी या देश के नागरिक को यदि वह राष्ट्रीय सुरक्षा के लिए खतरनाक प्रतीत हो, कैद किया जा सकता है। द्वितीय महायुद्ध के दौरान सर औसवालड मोसले को इस अधिनियम की धारा 18 बी के अधीन कैद किया गया था क्योंकि वे ब्रिटिश फॉसिस्टों का नेतृत्व कर रहे थे।

## Double Veto | दोहरा निषेधाधिकार

संयुक्त राष्ट्र संघ में इस पद का सम्बन्ध सुरक्षा परिषद की मतदान प्रणाली से है। सुरक्षा परिषद में सारगर्भित प्रश्नों पर पाँच स्थायी राष्ट्रों को विशेषाधिकार दिया गया है। ये पाँच राष्ट्र हैं। (1) संयुक्त राज्य अमेरिका, (2) रूस, (3) ब्रिटेन, (4) फ्रांस, (5) चीन। सुरक्षा परिषद के पाँचों सदस्यों को महत्वपूर्ण विषयों पर वीटो करने की शक्ति प्राप्त है। यह प्रथम निषेधाधिकार कहलाता है। द्वितीय निषेधाधिकार तब उत्पन्न होता है जब सुरक्षा परिषद स्वयं यह निर्णय करती है कि कौन-सा प्रश्न सारगर्भित है और कौन-सा प्रक्रियात्मक है एवं इस प्रकार का निर्णय करते समय भी इसका स्थायी सदस्य निषेधाधिकार का प्रयोग कर सकते हैं। इस प्रकार तथाकथित स्थायी प्राप्त निषेधाधिकार दोहरा निषेधाधिकार कहलाता है।

## Doves | नरम दल वाले, शान्तिप्रिय लोग, समझौतावादी

डव्ज वे लोग या राजनेता होते हैं जो किसी विवाद के प्रति समझौतावादी विनम्र रुख अपनाते हैं। इस शब्द की उत्पत्ति संयुक्त राज्य अमेरिका में वियतनामी युद्ध पर वाद-विवाद के मध्य हुई, पर अब इसका प्रयोग छोटे से छोटे राजनीतिक विवाद के संदर्भ में होने लगा है।

## Downs, Anthony Downs | (जन्म - 1930)

एक अमेरीकी राजनीतिशास्त्र ज्ञाता। इन्होंने अपनी पुस्तक An Economic Theory of Democracy, द्वारा एक नये विचार को जन्म दिया। उन्होंने राजनीतिक व्यवहार के विश्लेषण के लिए अर्थशास्त्र से निकाली गई मान्यताओं एवं प्रतिमानों के प्रयोग पर बल दिया। इनकी इस विचारधारा को Rational Choice Theory तार्किक चयन सिद्धान्त के रूप में जाना जाता है। उनकी मान्यता है कि

राजनीतिक व्यक्ति एक ऐसा प्राणी है जो एक अर्थशास्त्री की तरह ही अपनी वरीयताओं का चुनाव तर्क के आधार पर करता है। उन्होंने यह सिद्ध किया कि मतदाताओं तथा राजनीतिक दलों के व्यवहार को 'तर्क सम्मत चयन' के सिद्धान्त के आधार पर स्पष्ट किया जा सकता है।

## Doyen | वरिष्ठतम

किसी राजनीतिक निकाय का वरिष्ठतम सदस्य। वर्तमान काल में इस प्रकार के शब्द का प्रयोग अधिकतर किसी राष्ट्र में विदेशी राजनयिक निकाय के प्रणेता या निर्माता के लिए होता है, जिसे वरिष्ठतम कहते हैं।

## Drago Doctorine | ड्रेगो सिद्धान्त

अर्जेन्टीना के विदेश मंत्री लुई मारिया ड्रेगो के नाम से प्रचलित, अन्तर्राष्ट्रीय राजनीति का यह सिद्धान्त कि किसी देश से सार्वजनिक ऋण की वसूली के लिए उसके आंतरिक मामलों में हस्तक्षेप नहीं किया जा सकता, जिसे ड्रेगो सिद्धान्त के नाम से जाना जाता है।

## Dual Alliance | द्विपक्षी गठबंधन

दो पार्टियों से वार्ता जो हंगरी, ऑस्ट्रिया तथा जर्मनी के बीच सन् 1879 में सोवियत रूप के विरुद्ध किया गया प्रतिरक्षात्मक सहबंध जिसे द्विपक्षीय गठबंधन, (डुअल अलाएंस) कहते हैं। भारत में कश्मीर समस्या का समाधान द्विपक्षीय वार्ता से करने का प्रयास 1971 के शिमला समझौता से शुरु हुआ था।

## Due Process | उचित/न्याय संगत प्रक्रिया

वह प्रक्रिया जो किसी अपराधी को यह विश्वास दिलाये कि उस पर लगाये गए आरोपों का निर्धारण उचित वैधानिक प्रक्रिया द्वारा बिना किसी पूर्वाग्रह के खुले न्यायालय में होगा।

## Due Process of Law | कानून की यथोचित प्रक्रिया

इस विचार को अमेरिकी संविधान के 5वें संशोधन तथा 14वें संशोधन 1867 के अन्तर्गत औपचारिक अभिव्यक्ति प्रदान की गई है। इसमें यह कहा गया है कि संयुक्त राज्य अमेरिका की संघीय सरकार या राज्य सरकार ऐसा कोई कार्य नहीं करेगी जिसमें किसी व्यक्ति को कानून की यथोचित प्रक्रिया के बिना उसके जीवन, स्वतन्त्रता या सम्पत्ति (Life, Liverty or Property) से वंचित किया जा सकता है। यह सिद्धान्त अमेरिका में सांविधानिक विधि के विस्तृत ढांचे की आधारशिला सिद्ध हुआ है। इसका ध्येय यह सुनिश्चित करना है कि शासन अपनी शक्ति का प्रयोग केवल कानून की व्यवस्थाओं के अनुरूप ही करेगा और अपनी शक्ति का प्रयोग करते समय वह व्यक्ति के अधिकारों को समुचित मान्यता भी अवश्य प्रदान करेगा। इस प्रक्रिया के अन्तर्गत अमेरीकी न्यायालय प्राकृतिक एवं नैसर्गिक न्याय के अधार पर भी फैसला करते हैं।

साधारणतः कानून की यथोचित प्रक्रिया के दो मुख्य पक्ष स्वीकार किए जाते हैं। (क) प्रक्रियात्मक क्षेत्र (Procedural Sphere) में इसके अन्तर्गत यह मांग की जाती है कि व्यक्ति के जो अधिकार राज्य से जुड़ी व्यवस्था पर आश्रित हैं, उनके प्रयोग के लिए नियत-निश्चित नियमों और प्रक्रिया का पालन जरूरी होगा और (ख) तात्त्विक क्षेत्र (Substantive Sphere) में इसके अन्तर्गत व्यक्ति की बुनियादी वैयक्तिक और नागरिक स्वतन्त्रताओं को मान्यता दी जाती है। उदाहरण के लिए प्रक्रियात्मक क्षेत्र में राज्य यह माँग कर सकता है कि मछली पकड़ने के लिए या सड़क पर गाड़ी चलाने के लिए व्यक्ति को राज्य से अनुमति-पत्र (Licence) प्राप्त करना होगा, जिसमें इसकी

सारी शर्तें लिखी होंगी। परन्तु तात्त्विक क्षेत्र में राज्य यह मांग नहीं कर सकता कि अपने इष्ट देव की उपासना के लिए किसी व्यक्ति को कोई अनुमति-पत्र प्राप्त करना होगा। उपासना का अधिकार (Right to Worship) व्यक्ति का तात्त्विक अधिकार (Substantive Right) है, इसके प्रयोग के लिए राज्य में कोई प्रक्रिया (Procedure) निर्धारित नहीं की जा सकती।

## Duguit, Leon | लियोन ड्यूगी ( 1859-1928 )

फ्रांसीसी राजनीतिक चिन्तक लियोन ड्यूगी राज्य के व्यक्तित्व और राज्य की प्रभुसत्ता दोनों को अस्वीकार करते हैं। वे कहते हैं कि राज्य का व्यक्तित्व कोरी कल्पना है, वास्तविक व्यक्तित्व केवल मनुष्यों का होता है जो सामाजिक स्तर पर एक-दूसरे पर आश्रित होते हैं, इसलिए आपस में जुड़े रहते हैं। राज्य को प्रभुसत्ता सम्पन्न मानना इसलिए भी तर्कसंगत नहीं क्योंकि वह 'कानून' की सीमाओं से बंधा है। ड्यूगी के अनुसार, कानून का आधार सामाजिक सुदृढ़ता (Social Solidarity) है। अतः कानून को अस्तित्व में लाने का श्रेय राज्य को नहीं, वह राज्य की उत्पत्ति से पहले भी विद्यमान था, और उसका स्थान राज्य से ऊँचा है, हम कानून का पालन इसलिए करते हैं कि वह सामाजिक उद्देश्यों की पूर्ति करता है। अतः राज्य स्वयं कानून का पालन करने के दायित्व से बंधा है। इस तरह ड्यूगी राज्य के कर्तव्यों को प्रमुखता देते हैं, अधिकारों को नहीं। राज्य का बुनियादी लक्षण जन-सेवा (Public Service) करना है, संप्रुभता नहीं। कानूनी तौर पर साधारण नागरिक की तरह राज्य को भी अपने कार्यों के प्रति उत्तरदायी होना चाहिए।

इस प्रकार लियोन ड्यूगी प्रभुसत्ता (Sovereignty) के बहुलवादी सिद्धान्त के प्रतिपादकों में से एक हैं जो राज्य की असीम प्रभुसत्ता का खण्डन करते हुए कहते हैं कि कोई भी संस्था व्यक्ति से अनन्य निष्ठा की मांग नहीं कर सकती क्योंकि समाज की अन्य संस्थाएँ, परिवार, चर्च, ट्रेड यूनियन इत्यादि भी मनुष्य के हितों की देखरेख करती हैं। अतः राज्य सर्वोच्च नहीं बल्कि समुदायों का समुदाय है।

## Dunkirk Treaty | डंकर्क सन्धि

4 मार्च 1947 को इंग्लैण्ड एवं फ्रांस के मध्य जर्मन आक्रमण के विरुद्ध एक-दूसरे की सहायता के लिए सैनिक संधि की गई। इसमें दोनों के मध्य एक-दूसरे को निरन्तर आर्थिक सहयोग तथा सहायता का भी वचन दिया गया।

## Durkhiem Emile | ( दुर्खीम, इमाइल ) ( 1858-1917 )

इमाइल दुर्खीम का जन्म सन् 1858 ई. में स्ट्रासबर्ग के निकट हुआ। उनकी शिक्षा-दीक्षा इकोल-नाटमेल में हुई। और नियुक्ति बोरडाक्स विश्वविद्यालय में समाज विज्ञान के प्राध्यापक के रूप में हुई। सरबान में 1902 से अन्तिम समय तक समाज विज्ञान तथा शिक्षा के प्रवक्ता रहे। उनका देहावसान 1917 में हुआ।

दुर्खीम जीवनपर्यन्त फ्रांसीसी राजनीति से सम्बन्धित रहे और उन्होंने यह अनुसन्धान करने का भरसक प्रयत्न किया कि फ्रांसीसी शिक्षा किन मूल्यों तथा सिद्धान्तों पर आधारित होनी चाहिए। उन्होंने अपनी प्रथम मुख्य रचना "दि डिविजन ऑफ लेबर इन सोसाइटी" में खुलकर विरोध किया कि आधुनिक औद्योगिक समाज को किसी पूर्व सहमति के बिना और केवल स्वार्थ से प्रेरित व्यक्तियों के समझौते के ऊपर आधारित किया जा सके। प्राचीन रूप, सामूहिक विवेक पर आधारित था और आधुनिक रूप श्रम के विभाजन पर। उनका मानना था कि आधुनिक समाज में मतैक्य इससे पूर्व के सरल समाज की सामाजिक व्यवस्था में पायी जाने वाली सहमति से अलग है, साथ ही उन्होंने दोनों को ही सामाजिक एकता का पर्याय माना। दुर्खीम ने अपनी समस्त कृतियों में एक समूहवादी दृष्टिकोण पर बल दिया है।

## Dust Bowl | सूखा-क्षेत्र

किसी देश का ऐसा भौगोलिक क्षेत्र जहाँ वर्षा अपेक्षाकृत कम होती है एवं रेतीली आंधियाँ चलती हैं। इससे मिट्टी की उर्वर क्षमता कम हो जाती है। इस प्रकार का क्षेत्र भारत में राजस्थान राज्य में है। जहाँ रेगिस्तान है। जिसे सूखा क्षेत्र (Dust Bowl) कहते हैं। यहीं थार का मरूस्थल भी स्थित है।

## Duty | कर्त्तव्य

देश और संविधान के प्रति नागरिकों का कर्त्तव्य। व्यक्ति के कर्त्तव्य के बारे में नैतिक शास्त्र, धर्म शास्त्र, और उपदेशकों के द्वारा उल्लेख किया जाता रहा है। स्वतंत्रता के अधिकार ने व्यक्ति को स्वछन्द बना दिया। व्यक्तिगत लाभ के लिए सर्वहित और राज्य की सुरक्षा, सांस्कृतिक चेतना को भुलाये जाने लगा। अतः भारतीय संविधान के 1976 में 42वें संशोधन विधेयक द्वारा 51-A में अन्य देशों के द्वारा भी नागरिकों के कर्त्तव्यों का उल्लेख किया जाता है।

## Duverger's Political Parties Theory | दूर्वजर का राजनीतिक दल सिद्धान्त

फ्रांसीसी राजनीति वैज्ञानिक मौरिस दूवर्जर ने अपनी पुस्तक "पॉलिटिकल पार्टीज" (राजनीतिक दल) (1955) में लिखा है कि राजनीतिक दलों की उत्पत्ति को समझना बहुत सरल है। शुरू-शुरू में संसद के भीतर कुछ मुद्दों के बारे में सहमति के आधार पर कुछ समूह उभरकर सामने आते हैं। फिर निर्वाचन समितियाँ बनती हैं, अन्ततः इन दोनों तत्वों में स्थायी सम्बन्ध स्थापित हो जाते हैं। जिससे राजनीतिक दल अस्तित्व में आते हैं।

दूवर्जर ने राजनीतिक दलों की उत्पत्ति के दो आधार बताये हैं- संसद के बाहर जन्म लेने वाले दल और संसद के भीतर जन्म लेने वाले दल। साधारणतया जो दल संसद के बाहर जन्म लेते हैं, उनमें केन्द्रीकरण (Centralization) की प्रवृत्ति बहुत प्रखर होती है और उनका अनुशासन भी बहुत कठोर होता है, क्योंकि अपने सदस्यों पर नियन्त्रण रखने के लिए उनके पास एक विशाल संगठन पहले से ही मौजूद रहता है। दूसरी ओर, संसद के भीतर जन्म लेने वाले दल अपने लक्ष्यों की पूर्ति में अधिक प्रभावशाली सिद्ध होते हैं क्योंकि सत्ता के स्रोत तक उनकी सीधी पहुँच होती है।

**राजनीतिक दलों का वर्गीकरण (Classification of Political Parties):** दलीय संरचना (Party Structure) का विश्लेषण करते हुए दूवर्जर ने चार प्रकार के राजनीतिक दलों की पहचान की है। (क) गुट बैठक, (ख) शाखादल, (ग) कोशिकादल, (घ) नागरिक सेना।

(क) गुट बैठक (Caucus) या समिति (Commitee) की श्रेणी में आने वाले दल की विशेषता यह है कि इसमें गिने-चुने सदस्य होते हैं। विशाल जनसमुदाय को अपना सदस्य बनाने में इसे कोई दिलचस्पी नहीं होती। यह सदस्यों की गुणवत्ता (Quality) पर बल देता है और उनकी संख्या (Number) पर नहीं। यह मुख्यतः चुनाव गतिविधियों पर अपना ध्यान केन्द्रित करता है। दूवर्जर के अनुसार फ्रांस के तृतीय और चतुर्थ गणराज्यों के समय रेडीकल पार्टी और 1918 से पहले की ब्रिटिश लेबर पार्टी गुट बैठक रूपी दलों के प्रमुख उदाहरण हैं।

(ख) शाखा दल (Branch Party) का उदय पश्चिमी यूरोप में मताधिकार के विस्तार का परिणाम है। इसमें गुट बैठक की तरह गिने-चुने सदस्य नहीं होते बल्कि यह जनपुंज (Mass) पर आधारित दल होता है। जो ज्यादा से ज्यादा सदस्य बनाने में विश्वास रखता है। इसमें आमतौर पर एक केन्द्रीय ढाँचा तो रखा जाता है, परन्तु उनकी बुनियादी इकाइयाँ निर्वाचन क्षेत्रों की व्यवस्था के अनुरूप भौगोलिक आधार पर बंटी रहती हैं। इसकी राजनीतिक गतिविधियां निरन्तर चलती रहती है। जर्मन सोशल-डेमोक्रेटिक पार्टी इस तरह के संगठनात्मक ढाँचे का उपयुक्त उदाहरण प्रस्तुत करती है। वस्तुतः इस दल की यथार्थ शक्ति केन्द्र एक संसदीय समूह के हाथों में रहता है। इसमें वे सब विधायक सम्मिलित होते हैं जो जर्मन संसद के अवर सदन के सदस्य हों।

(ग) कोशिका दल (Cellparty) मुख्यतः क्रान्तिकारी समाजवादी दलों की देन है। इसका संगठनात्मक ढाँचा शाखा दल की तरह भौगोलिक क्षेत्रों पर आधारित नहीं होता बल्कि कार्यस्थल के साथ जुड़ा रहता है। साधारणतया कोशिका दलों की दिलचस्पी गुप्त गतिविधियों में रही है। इतनी चुनाव जीतने में नहीं होती है। यूरोप की कम्युनिस्ट पार्टियों के लिए यह ढांचा उपयुक्त रहा है।

(घ) नागरिक सेना (Militia) का ढाँचा सेना के श्रेणीतन्त्र संगठन से बहुत मिलता-जुलता है। श्रेणीतन्त्र ऐसी व्यवस्था है जिसमें सारी सत्ता ऊंचे और निचले स्तरों या श्रेणियों के रूप में क्रमबद्ध होती है। कोशिका दल की तरह नागरिक सेना का ढांचा भी क्रान्तिकारी दलों के लिए विशेष रूप से उपयुक्त रहा है। हिटलर के स्टार्म ट्रूपर्स और मुसोलिनी की फासिस्ट मिलिशिया इनके प्रमुख उदाहरण हैं। दूर्वजर के अनुसार इनमें से किसी भी प्रकार दलीय संगठन शुद्ध रूप में नहीं पाया जाता बल्कि वास्तविक राजनीतिक दलों में इनके मिले-जुले रूप देखने को मिलते हैं।

## Dyarchy | द्वैध शासन

द्वैध शासन का अंग्रेजी रूपान्तरण डाईआर्की (Dyarchy) ग्रीक भाषा के शब्द डाई (DI) और आर्किया (Archea) से बना है। डाईआर्की का शाब्दिक अर्थ दो शासकों का शासन होता है।

1919 के भारत शासन अधिनियम के अन्तर्गत प्रांतों में द्वैध शासन व्यवस्था को लागू किया गया था, जिसके अन्तर्गत प्रांतीय प्रशासन के विषयों को दो वर्गों में बांटा दिया गया था। (1) सुरक्षित विषय (2) हस्तांतरित विषय।

सुरक्षित विषयों का प्रबन्ध गवर्नर अपनी कार्यकारिणी परिषद द्वारा करता था एवं दूसरे वर्ग हस्तांतरित विषयों का प्रबन्ध वह अपने मंत्रियों के परामर्श से करता था। सुरक्षित विषयों में जेल, पुलिस, न्याय, वित्त, सिंचाई आदि अधिक महत्व के विषय आते थे एवं हस्तांतरित विषयों में शिक्षा, खेती, स्थानीय स्वायत्तशासन आदि कम महत्व के विषय आते थे। कार्यकारिणी परिषद के सदस्य अर्थात् पार्षद विधान परिषद के प्रति उत्तरदायी थे। पार्षद प्राय: अंग्रेज होते थे और सपरिषद् गवर्नर जनरल और भारत सचिव के प्रति उत्तरदायी होते थे। मंत्री प्राय: भारतीय होते थे और प्रान्तीय विधान परिषद के प्रति उत्तरदायी थे। एक सुरक्षित विषयों के कर्णधार थे, दूसरे हस्तांतरित विषयों के सलाहकार, एक विदेशी थे, दूसरे देशी, एक प्रबल थे, दूसरे निर्बल।

# E

## East India Company | ईस्ट इण्डिया कम्पनी

1600 ई. में ईस्ट इण्डिया कम्पनी की स्थापना रानी ऐलिजाबेथ-I द्वारा एक प्रपत्र हस्ताक्षरित करके की गई। इस समय भारत में अकबर का शासन था। शुरू-शुरू में ईस्ट इण्डिया कम्पनी को डच तथा फ्रांसीसी विरोध का सामना करना पड़ा, परन्तु ब्रिटिश उन्हें विस्थापित करने में सफल रहे।

राबर्ट क्लाइव के नेतृत्व में अंग्रेजी फौजों ने अरकोट और दूसरे क्षेत्रों पर कब्जा कर लिया। वह भारत में अंग्रेजी साम्राज्य की नीव रखने में सहायक हुआ।

## Ecological Balance | पारिस्थितिकी संतुलन

यह प्राकृतिक संसाधनों से संबंधित है जो जीवन जीने के लिए अनिवार्य है जैसे ऑक्सजीन, जल तथा जो सजीव तथा निर्जीवों की परस्पर क्रिया द्वारा प्रकृति में कायम है। औद्योगिकी देश निस्सारी (कार्बन डाई ऑक्साईड एवं अन्य) के अत्यधिक सृजन के जरिए पारिस्थतिक संतुलन को क्षति पहुँचाने के दोषी हैं। इसे कम करने के लिए अंतर्राष्ट्रीय स्तर पर सम्मेलन और समझौता जारी है।

## Ecology | पारिस्थितिकी

वह राजनीतिक, सामाजिक, आर्थिक अर्थात् समग्र बाह्य परिवेश जो किसी देश की राजनीतिक, सामाजिक तथा प्रशासनिक संस्थाओं के वास्तविक स्वरूप एवं उनके कार्य संचालन अथवा प्रक्रियाओं को प्रभावित करता है। उसे पारिस्थितिकी कहते हैं।

## Economic Determinism | आर्थिक नियतवाद

यह सिद्धान्त मानता है कि आर्थिक कारकों का सामाजिक, राजनीतिक और बौद्धिक विकास पर महत्वपूर्ण प्रभाव पड़ता है। अर्थात् आर्थिक परिस्थितियाँ इतिहास की गति की चालक शक्ति हैं। भौतिक परिस्थितियाँ (आर्थिक) ही सामाजिक जीवन के अस्तित्व एवं उनके विकास का आधार होती हैं।

## Economic Development | आर्थिक विकास

आर्थिक विकास का प्रयोग आर्थिक वृद्धि के अर्थ में होता है। आर्थिक विकास का मतलब अर्थव्यवस्था की परिमाणात्मक वृद्धि से नहीं होता बल्कि प्रति व्यक्ति राष्ट्रीय आय में वृद्धि, आर्थिक, सामाजिक अथवा अन्य परिवर्तनों से भी होता है जिनके परिणामस्वरूप आर्थिक वृद्धि होती है। आर्थिक विकास के लिए उत्पादन की शिल्प-विधियों में, सामाजिक रवैये तथा प्रथाओं में परिवर्तन लाने की महती आवश्यकता होती है।

## Economic Equality | आर्थिक समानता

ऐसी व्यवस्था जिसमें सभी व्यक्तियों को समान वेतन मिले तथा सभी व्यक्ति बराबर-बराबर भौतिक सुविधाओं का उपभोग करे। समाज में सभी व्यक्तियों की मूलभूत आवश्यकताओं की पूर्ति होनी

चाहिए तथा सम्पत्ति की दृष्टि से समाज में भारी विषमताएँ नहीं होनी चाहिए। रूसों की पुस्तक सामाजिक समझौता (Social Contract) के अनुसार "सरकार की नीति ऐसी होनी चाहिए कि न तो अमीरों की संख्या बढ़ने पाए और न ही भिखमंगों की।" यानी समाज में आर्थिक विषमता नहीं हो। ज्यादा आर्थिक विषमता, आन्दोलन, विद्रोह और क्रान्ति को जन्म देती है।

## Economic Justice | आर्थिक न्याय

आर्थिक न्याय का अर्थ यह है कि उत्पादन की प्रक्रिया (Process of Production) में कोई व्यक्ति दूसरों के जीवन को नियन्त्रित करने और उनसे मनमानी शर्तों पर काम करवाने की शक्ति प्राप्त न कर ले, बल्कि सब लोगों को अपनी-अपनी योग्यता और परिश्रम के अनुसार उचित लाभ या पुरस्कार प्राप्त करने का अवसर मिले। बाजार की स्थिति (Market Setting) में कोई व्यक्ति मनमानी शर्तों पर दूसरों को वस्तुएँ और सेवाएँ प्रदान करने की शक्ति प्राप्त न कर ले, बल्कि सभी को अपनी-अपनी क्षमता और आवश्यकतानुसार उचित शर्तों पर अपेक्षित वस्तुएँ और सेवाएँ प्राप्त हो सकें। यही आर्थिक न्याय होता है।

## Economic Struggle | आर्थिक संघर्ष

क्रेता और विक्रेता के हितों के मध्य जो संघर्ष होता है, उसे आर्थिक संघर्ष की संज्ञा दी जा सकती है। यह सच है कि विशेषीकरण से सभी को लाभ होता है और विशेषीकरण स्वीकार कर लेने का अर्थ है विनिमय का आवश्यक हो जाना। अतः वास्तव में कोई भी संघर्ष होता नहीं है क्योंकि विनिमय में तो दोनों पक्षों को ही लाभ होता है। लाभ इसलिए होता है क्योंकि विनिमय में यह जो कुछ भी देता है उसके बदले में उसे सेवा मिलती है और उससे वह अपेक्षाकृत अधिक लाभ प्राप्त करता है। द्रव्य का उपयोग कभी-कभी क्रेता और विक्रेता के हित-साम्य को आवृत्त कर लेता है।

## Economic System | आर्थिक व्यवस्थाएँ

मानव तथा सामाजिक समूहों की भौतिक आवश्यकताओं की तृप्ति के लिए सीमित साधनों, तकनीकों तथा कार्यों का जिस प्रकार संगठन एवं आवंटन किया जाता है, वह अर्थव्यवस्था का द्योतक है। किसी भी सामाजिक व्यवस्था की बुनियाद उसकी आर्थिक संरचना पर निर्भर होती है, इसलिए मानव सभ्यता के विकास के प्रत्येक चरण के लिए सुनियोजित आर्थिक व्यवस्था का होना आवश्यक है।

आदिकालीन व्यवस्था में मानव का सम्पूर्ण अस्तित्व आखेट पर ही निर्भर था। कबीलों के रूप में आदिम मानव के दल एक स्थान से दूसरे स्थान तक तब तक भ्रमण करते रहते थे, जब तक कि उन्हें स्थायी निवास के योग्य कोई स्थान नहीं मिल जाता। आखेट करना उनके अस्तित्व के लिए अति आवश्यक था क्योंकि एक तो वन्य प्राणियों से अपनी आत्मरक्षा करने के लिए एवं आहार के लिए। पशुपालन तथा कृषि की शुरुआत तब तक नहीं हो पाई थी।

दास प्रधान व्यवस्था का नदी घाटी सभ्यता में शनैः-शनैः कबीलों ने अपने स्थायी आवासों का निर्माण आरम्भ किया जो अधिकांशतः उसी स्थान पर होते थे, जहाँ प्राकृतिक सुविधाएँ अधिक मात्रा में उपलब्ध होती थीं। इनमें स्थानों के लिए आपसी झगड़े भी होते थे। विजयी कबीले दलित कबीलों को अपना दास बनाकर अधिक परिश्रम वाला कार्य उनसे करवाते थे। प्राकृतिक सुविधाएँ सहज ही पर्याप्त मात्रा में उपलब्ध हो जाने के कारण नदी-घाटियों की ओर मानव आकर्षित होने लगा। इसलिए प्रारम्भिक मानव-सभ्यता नदी-घाटियों में ही प्रादुर्भूत हुई थी। ये सभ्यताएँ दास प्रधान व्यवस्था पर आधारित थीं और इस सभ्यता के अन्तर्गत मानव ने पशुपालन और कृषि करना भी सीख लिया था।

शनैः शनैः पृथ्वी से वनों का सफाया होने लगा और मानव ने नवीन क्षेत्रों पर अपने स्थायी अधिकार करने की घोषणा कर बड़े-बड़े साम्राज्यों का निर्माण किया। उस साम्राज्य का प्रशासन

सामंतों द्वारा संचालित किया जाने लगा। प्रायः ये सामन्त राजा या सम्राट से अधिक शक्तिशाली हो जाते थे और उनको खतरा उत्पन्न करने लगे। आर्थिक व्यवस्था का मुख्य आधार खेती करना और पशुपालन था। समाज में मुख्यरूप से दो ही वर्ग थे, एक किसानों का तथा दूसरा सामन्तों का। किसान खेती करता था और उपज का निर्धारित अंश सम्बद्ध सामन्त को अदा करता था। सामन्त उसके बदले में उनकी पूर्ण रक्षा का आश्वासन देता था। अक्सर ये सामन्त निरंकुश हुआ करते थे अतः केवल योग्य सामन्त के कार्यकाल में ही प्रजा सुखी रह सकती थी।

सामन्तीय व्यवस्था के आन्तरिक विरोध के परिणामस्वरूप पूंजीपतियों का जन्म हो चुका था। नये-नये उपनिवेशों की खोज के कारण कृषि उपज मंडी का विस्तार होता चला गया। ऐसी व्यवस्था में वैज्ञानिक और तकनीकी आविष्कारों का होना स्वाभाविक ही था। बहुत बड़े पैमाने पर अलग-अलग जिन्सों का उत्पादन शुरू हुआ। परिणामस्वरूप समाज की आर्थिक व्यवस्था का आधार कृषि न रहकर औद्योगिक स्तर पर उत्पादन करना हो गया। यंत्रों और विभिन्न प्रकार की खादों के आविष्कार हुए। औद्योगिक उत्पादन करने के लिए अधिक पूंजी की आवश्यकता पड़ने लगी जिसके कारण, बैंकिंग व्यवस्था शुरू हुई, ट्रस्ट एवं बड़े-बड़े निगमों की स्थापना और साझेदारी शुरू हुई।

पूंजीवादी व्यवस्था का प्रमुख दोष यह था कि पूंजी का अर्जन या निर्मिति जिसके श्रम द्वारा होती है, उसी का वह और भी अधिक शोषण करती चली जाती है। पूंजी का अधिपति पूंजी का उपयोग सम्पूर्ण समाज के विकास के लिए न करके मात्र अपने लाभ के लिए करते हैं। परिणामस्वरूप पूंजी का विस्तार इतना भयानक होता चला जाता है कि श्रमिक वर्ग इसमें मिल जाता है, और श्रमिकों को उनका उचित अंश नहीं मिल पाता है। इस असन्तोष के कारण एक नवीन व्यवस्था ने जन्म लिया जिसे हम समाजवाद कहते हैं। इसके अन्तर्गत मानव पर पूंजी का शासन समाप्त करके मानव का पूंजी पर नियंत्रण स्थापित करना है। इस व्यवस्था के अन्तर्गत पूंजी का उपयोग समस्त मानव समाज के हित के लिए किया जाता है, न कि लाभ प्राप्त करने के लिए। इसी कारण इस व्यवस्था में सम्पूर्ण सम्पत्ति राष्ट्रीय सम्पत्ति मानी जाती है।

दुनिया के कुछ विकासशील देशों में पूंजीवादी और केन्द्रीय विनियोजन पद्धति दोनों को एक साथ चलाने का प्रयत्न किया जा रहा है। सरकार उद्योगों को निजी क्षेत्र में लगाने की अनुमति देती है और बड़े तथा बुनियादी उद्योगों को सार्वजनिक क्षेत्र में लगाती है। इस पद्धति को मिश्रित अर्थव्यवस्था कहा जाता है।

## Economic Warfare | आर्थिक युद्ध

इसका अर्थ उन आर्थिक नीतियों से है जिनका प्रयोग युद्धकाल में सैनिक कार्यवाहियों के सहायक के रूप में किया जाता है। इसका उद्देश्य सैनिक और रणनीति की दृष्टि से महत्वपूर्ण स्रोतों पर अधिकार जमाए रखना, शत्रु राज्यों को उन स्रोतों से वंचित रखना है जिससे कि अपनी सेना अधिकतम शक्ति के साथ लड़ सके और विरोधी राज्य की युद्ध क्षमता खत्म हो जाए।

1. *परिवेष्ठन, नाकाबन्दी (Blockade):* परिवेष्ठन का अर्थ है नाकाबन्दी करना। इसका उद्देश्य शत्रु को निर्बल मानकर उसे आत्मसमर्पण के लिए विवश करना है। नाकाबन्दी से शत्रु देश की आवश्यक सामग्रियाँ उस तक नहीं पहुँच पाती हैं और उसे उन वस्तुओं का अभाव लगने लगता है इसलिए उसके युद्ध के प्रयत्न ढीले पड़ जाते हैं।
2. *कालीसूची (Blacklist):* इसका तात्पर्य ऐसी सूची से है जिनमें लिखित वस्तुओं का निर्यात एकदम बन्द कर दिया जाता है, जिससे विरोधी को परेशानी होने लगती है।
3. *पहले से ही माल खरीद लेना (Pre-emptive Buying):* इसमें एक राष्ट्र किसी तटस्थ देश से सामरिक वस्तुओं की पूर्व में ही खरीद कर लेता है ताकि वे वस्तुएँ शत्रु राष्ट्र के हाथ में न

पड़ें। पूर्व में माल खरीदने का मूल भाव यह होता है कि विपक्षी राष्ट्र के हाथ में वह वस्तु नहीं पड़े चाहे व्यापारिक दृष्टि से इस खरीद में हानि ही क्यों न उठानी पड़े।

4. *प्रलोभन (Rewards):* आर्थिक युद्ध में आर्थिक प्रलोभन के उपकरण भी अपनाए जाते हैं।

## Effectiveness of Government | सरकार की प्रभावशीलता, सरकार का हस्तक्षेप

सरकार का सामाजिक एवं आर्थिक जीवन में प्रभाव व हस्तक्षेप। व्यक्तिवादी सरकार के हस्तक्षेप के विरोधी हैं, लेकिन सरकार लोककल्याण हेतु व्यक्ति के सामाजिक व आर्थिक जीवन में हस्तक्षेप कर सकती है।

## Egalitarianism | समानतावाद

राजनीति का समकालीन सिद्धान्त जो समानता (Equality) को सार्वजनिक नीति का प्रामाणिक आधार मानता है। इसका तात्पर्य यह है कि मनुष्यों के समान अवसर, अधिकार या लाभ प्रदान करते समय इस कार्यवाही को उचित ठहराने के लिए कोई तार्किक आधार (Rational Ground) ढूंढने की आवश्यकता नहीं है। केवल विषमता (Inequality) या भेदभाव (Discrimination) को उचित ठहराने के लिए उपयुक्त तार्किक आधार ढूंढना जरूरी होगा। जहाँ स्वतन्त्रता और समानता के परस्पर विरोधी दावे उपस्थित हो, वहाँ समतावाद सबके लिए 'समान स्वतन्त्रता' (Equal Freedom) की मांग करता है, और स्वतन्त्रता की ऐसी किसी परिभाषा को स्वीकार नहीं करता जो समाज में सार्थक समानता स्थापित करने में बाधक हो सकती हो।

समतावाद ऐसी व्यवस्था का समर्थन करता है, जिसमें समर्थ और सम्पन्न वर्गों के साथ-साथ निर्बल, निर्धन और वंचित वर्गों को भी अपनी स्वतन्त्रता के प्रयोग के लिए अनुकूल परिस्थितियाँ और पर्याप्त अवसर प्राप्त होने चाहिए। उसका तर्क है जिस समाज में भाग्यहीन और वंचित वर्ग दु:खमय, अस्वस्थ और अमानवीय जीवन जीने को विवश हों, उसमें भाग्यशाली लोगों को व्यक्तिगत उन्नति और सुख-समृद्धि प्राप्त करने की असीम स्वतन्त्रता नहीं दी जा सकती, भले ही वे उन भाग्यहीन लोगों की दुर्दशा के लिए प्रत्यक्ष रूप से स्वयं उत्तरदायी न हों। समतावाद समाज के सब सदस्यों को एक ही श्रृंखला की कड़ियाँ मानता है, जिसमें मजबूत कड़ियाँ कमजोर कड़ियों की हालत से अछूती और अप्रभावित नहीं रह सकतीं।

उदारवाद की परम्परा में सी.बी. मेक्फ़र्सन (1911-87) और जॉन रॉल्स (1921-2002) ऐसे विचारक हैं जो स्वतन्त्रता को सर्वोत्तम मूल्य मानते हुए उसका लाभ वंचितों तक पहुँचाने की पैरवी करते हैं। अत: ये विचारक समतावाद के प्रमुख उन्नायक माने जाते हैं।

जॉन रॉल्स ने अपनी पुस्तक 'ए थ्योरी ऑफ जस्टिस (न्याय-सिद्धान्त) (1971)' में तर्क दिया है कि उत्तम समाज (Good Society) में अनेक सद्‌गुण (Virtues) अपेक्षित हैं, उनमें न्याय का स्थान सर्वप्रथम है। रॉल्स के अनुसार न्याय की समस्या प्राथमिक वस्तुओं (Primary-Goods) के न्यायपूर्ण वितरण की समस्या है। ये प्राथमिक वस्तुएँ हैं, अधिकार और स्वतन्त्रताएँ, शक्तियाँ और अवसर (Powers and Opportunies), आय और सम्पदा (Incom and Wealth) तथा आत्मसम्मान (Self-Respect) के साधन। राल्स ने अपने न्याय सिद्धान्त को शुद्ध प्रक्रियात्मक न्याय (Pure Procedural Justice) की संज्ञा दी है। इसका अर्थ है, न्याय के जो सिद्धान्त सर्वसम्मति से स्वीकार कर लिए जाएंगे, उनके प्रयोग से जो भी वितरण व्यवस्था अस्तित्व में आएगी, वह अनिवार्यत: न्यायपूर्ण होगी। रॉल्स ने उन सिद्धान्तों की कटु आलोचना की है जो पूर्वनिर्धारित लक्ष्य की पूर्ति करना चाहते हैं और नैतिक मूल्यों की उपेक्षा करते हैं।

### E-Governance | ई-गवर्नेंस

21वीं सदी में शासन के कार्य-कलापों में सूचना तथा संचार तकनीक का प्रमुखता से उपयोग को ई-गवर्नेंस कहा जाता है। इसमें 'नागरिकों के शासन', शासन से नागरिक तथा शासन से शासन तक परस्पर सम्पर्क संचार के आधुनिक यन्त्रों (कम्प्यूटर, आई-पैड, मोबाइल; ऑनलाइन (online) के माध्यम से बन जाता है। यह सरकार का वह कार्यपद्धति है जो अपनी सेवाएँ एवं कार्यक्रम, सरकारी सूचनाएँ तथा नागरिकों के साथ अन्तर्क्रिया सभी इलेक्ट्रानिक तरीके से ऑनलाइन उपलब्ध करवाता है, जिसका परिणाम नागरिकों और राज्य के मध्य नवीन रिश्तों का निर्माण हो रहा है। इसे इलेक्ट्रानिक गर्वमेन्ट और गवर्नेंस भी कहा जाता है। डोनाल्ड एफ. केटल अपनी पुस्तक The Transformation of Governance, 2002 में ई-गवर्नेंस में सरकार की उपब्धियों को समाज के सार्वजनिक हित में प्रचारित करना कहा है।

### Eisenhower Doctrine | आइजनहॉवर सिद्धान्त

5 जून 1957 को आजनहॉवर सिद्धान्त की घोषणा की गई। यह अमेरिकी विदेश नीति में उग्रता का प्रतीक था। इसमें कहा गया कि साम्यवादी गुलामी से घिरी मध्य-पूर्व के देशों की जनता की स्वतन्त्रता के संघर्ष में अमेरिका सहायता करेगा। अमेरिकी सीनेट ने राष्ट्रपति को अधिकार दिया कि वह स्वविवेक से अमेरिकी सेना को मध्यपूर्व के किसी भी देश में साम्यवादी आक्रमण को रोकने के लिए भेज सकता है।

### Election | चुनाव निर्वाचन

निर्वाचन वह प्रक्रिया है जिसके द्वारा बहुत से व्यक्ति कुछ पदों के लिए एक अथवा अधिक उम्मीदवारों का चुनाव करते हैं। यह एक सर्वव्यापक एवं सार्वभौमिक विधि है। अधिनायकवादी शासन या सैनिक शासन वाले देशों में भी चुनाव का कोई न कोई रूप प्रचलित है। चुनाव करने के लिए प्रत्येक व्यक्ति या संस्था को मतदान का अधिकार दिया जाता है। मतदान की प्रक्रिया गुप्त या खुली किसी भी रूप में होती है। मतदान के आधार पर प्रत्याशियों का उनकी गणना करके चुनाव किया जाता है। लोकतांत्रिक शासन प्रणाली का आधार ही चुनाव होता है।

### Election Commission | निर्वाचन आयोग, चुनाव आयोग

निर्वाचन आयोग एक स्वतंत्र नियामक निकाय है। यह सांविधानिक निकाय है- जो निर्वाचनों का अधीक्षण, निर्देशन और नियंत्रण करता है। भारत में निर्वाचन आयोग संसद सदस्यों, राज्यों की विधानसभाओं और विधान परिषदों के सदस्यों, राष्ट्रपति और उपराष्ट्रपति के पदों के निर्वाचन की व्यवस्था करता है। चुनाव आयोग का गठन राष्ट्रपति द्वारा किया जाता है। 1989 तक यह केवल एक सदस्यीय आयोग था। इस सदस्य को मुख्य निर्वाचन आयुक्त कहा जाता था। 1989 के लोकसभा चुनाव से पूर्व इसे त्रि-सदस्यीय कर दिया गया। परन्तु इन चुनावों के पश्चात् इसे फिर से एक सदस्यीय आयोग कर दिया गया। चुनाव के समय राष्ट्रपति क्षेत्रीय निर्वाचन आयुक्तों की भी नियुक्ति करता है। इसे कार्यपालिका के प्रभाव या दबाव से पूर्णतः मुक्त रखने का प्रयास किया गया ताकि चुनाव स्वतंत्र और निर्भय होकर निष्पक्षता से कराए जा सकें। मुख्य निर्वाचन आयुक्त की मनमानी को देखते हुए आयोग को बहुसदस्यीय बनाया गया। वर्तमान में चुनाव आयोग बहुसदस्यीय आयोग है। वर्तमान में वाई.एस. कुरैशी मुख्य निर्वाचन आयुक्त हैं। इसका वर्णन अनुच्छेद 324 से 329 में है।

### Election Manifesto | चुनावी घोषणा-पत्र

यह किसी दल का वह आधिकारिक विवरण (Official Statement) होता है, जो चुनाव अभियान में लोक घोषणा के रूप में जारी किया जाता है। इस घोषणा-पत्र के माध्यम से विभिन्न दल अपनी

प्रस्तावित नीतियों-कार्यक्रमों की रूप-रेखा का प्रकटीकरण जनता के समक्ष करते हैं चुनाव के समय यह जनमत-निर्माण का एक मुख्य आधार साबित होता है, और जिस दल को चुनाव में बहुमत प्राप्त हो जाता है, उसके सम्बन्ध में यह मान लिया जाता है कि निर्वाचक मण्डल द्वारा दल की प्रस्तावित घोषणाओं पर जनस्वीकृति की मुहर लग गई है।

**Election Tribunal | निर्वाचन न्यायाधिकरण**

देश में विवादास्पद निर्वाचनों के निपटारे के लिए समय-समय पर गठित अर्ध-न्यायिक निकाय जिसे निर्वाचन न्यायाधिकरण कहते हैं।

**Elective Government | निर्वाचित सरकार**

किसी देश की वह शासन प्रणाली जिसमें सरकार का निर्वाचन जनता द्वारा प्राय: वयस्क-मताधिकार के आधार पर होता है। इस व्यवस्था में सरकार का कार्यकाल सीमित होता है। जो संविधान द्वारा निर्धारित होता है और सरकार के विभिन्न अंगों के अधिकार भी संविधान द्वारा निश्चित होते हैं। जिसे निर्वाचित सरकार कहते हैं।

**Electoral College | निर्वाचनगण**

अप्रत्यक्ष चुनाव में, उन प्रतिनिधियों का समूह जिन्हें मतदाता प्रारम्भिक रूप से चुनते हैं। जिससे कि वे आगे चलकर असली प्रत्याशियों में से उपयुक्त उम्मीदवार का चुनाव कर सकें। अमेरिका में राष्ट्रपति के लिए पहले मतदाता निर्वाचकगण का चुनाव करते हैं जो आगे चलकर राष्ट्रपति का चुनाव करते हैं। वहाँ के निर्वाचक मंडल में 538 सदस्य हैं। कम से कम 270 मत प्राप्त करने पर उसे विजयी घोषित किया जाता है।

**Electoral Systems | निर्वाचन प्रणालियाँ**

निर्वाचन प्रणाली एक ऐसी विधि है जिसका उपयोग निर्वाचन में प्रत्याशियों को प्राप्त मतों का उनको सीटें आवंटित करने में या कौन विजयी हुआ है, इसका निर्धारण करने में उपयोग किया जाता है। बहुसंख्यात्मक, आनुपातिक एवं बहुमत विधि तीन प्रमुख निर्वाचन प्रणालियाँ हैं। प्रथम में सर्वाधिक मत प्राप्त करने वाला उम्मीदवार विजयी घोषित किया जाता है, दूसरी विधि में मतदाताओं के अनुपात में सीटें आवंटित की जाती हैं। बहुमत विधि में एक उम्मीदवार को तब ही विजयी घोषित किया जाता है, जब वह सर्वाधिक मत प्राप्त करता है।

**Electorate | मतदाता**

सामूहिक रूप से वे सब नागरिक जिन्हें चुनाव में मतदान करके अपने प्रतिनिधियों को निर्वाचित करने का अधिकार होता है। इन्हें सामूहिक रूप से निर्वाचक गण भी कहा जाता है। आज प्राय: सभी देशों को वयस्क मताधिकार दिया गया है जिसमें 18 वर्ष से अधिक उम्र के व्यक्ति जो पागल या दिवालिया नहीं हो वह मतदाता होते हैं।

**Element of National Power | राष्ट्रीय शक्ति के तत्व**

आर्गेस्की लिखते हैं कि अपने हितों के अनुकूल दूसरे राष्ट्रों के व्यवहार को प्रभावित करने की योग्यता का नाम शक्ति है। जब तक कोई राष्ट्र यह नहीं कर सकता, चाहे वह कितना ही बड़ा क्यों न हो चाहे वह कितना ही सम्पन्न क्यों न हो, परन्तु उसे शक्तिशाली नहीं कहा जा सकता "मार्गेन्थाऊ ने राष्ट्रीय शक्ति के दो प्रकार के तत्व स्थायी व अस्थायी माने हैं। पामर एवं पार्किन्स ने गैर मानवीय (Land and its Resources) तथा मानवीय (People and their Genious) में विभाजित किया है।

स्थायी:

1. *भूगोल (Geography):* राष्ट्रीय शक्ति के स्थायी तत्वों में भूगोल का स्थान महत्वपूर्ण है। भूगोल राष्ट्रों की शक्ति के लिए आधारभूत ढांचा प्रस्तुत करता है। सबसे महत्वपूर्ण घटक है किसी देश का क्षेत्रफल, उसकी जलवायु, स्थलाकृति और उसकी अवस्थिति ।
   (A) *क्षेत्रफल (Size):* राष्ट्रीय भूमि का आकार स्वयं में एक शक्ति का तत्व है। एक बड़े क्षेत्र वाला देश अधिक जनसंख्या रख सकता है तथा उसके पास प्राकृतिक संपदा भी अधिक हो सकती है।
   (B) *जलवायु (Climate):* विद्वानों के अनुसार उस राष्ट्र की महाशक्ति बनने की संभावना अधिक होती है जिसकी जलवायु समशीतोष्ण होती है। ऐसे राष्ट्रों के नागरिक परिश्रमी होते हैं।
   (C) *स्थलाकृति (Topography):* किसी राष्ट्र की शक्ति के निर्धारण में नदियाँ, पर्वतों या समुद्रों से घिरे हुए राष्ट्र उन देशों से अधिक सुरक्षित होते हैं जिनकी कोई प्राकृतिक सीमा नहीं होती है।
   (D) *अवस्थिति (Location):* एक देश की अवस्थिति वहाँ की राजनीति और कौशल का निर्धारण करने में सहयोग देती है। ब्रिटेन, फ्रांस व अमेरिका को अटलाण्टिक महासागर पर स्थित होने का लाभ मिला है।
2. *प्राकृतिक संसाधन (Natural Resource):* राष्ट्रीय शक्ति का दूसरा महत्वपूर्ण तत्व प्राकृतिक-संसाधन जैसे खनिज, ईंधन, भूमि तथा भूमि से प्राप्त पदार्थ। प्राकृतिक संसाधनों में खाद्य-सामग्री का महत्वपूर्ण स्थान है। इसके बाद कच्चा माल लोहा, कोयला पेट्रोल प्रमुख हैं।

अस्थायी (मानवीय तत्व) (People and their Genius):

1. *जनसंख्या (Population):* जनसंख्या एक राष्ट्र की शक्ति का महत्वपूर्ण तत्व है। एक बड़ी जनसंख्या सैनिक और आर्थिक दृष्टि से किसी राष्ट्र की शक्ति में वृद्धि कर सकती है। प्रथम श्रेणी के सैनिक अथवा शक्तिशाली राष्ट्रों के लिए विशाल जनसंख्या का होना आवश्यक है।
2. *तकनीकी (Technology):* विज्ञान के व्यावहारिक ज्ञान को तकनीक कहते हैं। यह सैनिक, औद्योगिक तथा संचार तीन प्रकार की होती है। इसमें सम्पन्न राष्ट्र शक्तिशाली माने जाते हैं जैसे अमेरिका, रूस।
3. *विचारधारा (Ideology):* विचारधारा आर्थिक, सामाजिक एवं राजनीतिक मूल्यों एवं लक्ष्यों से सम्बन्धित विचारों का निकाय है। जो इन लक्ष्यों को प्राप्त करने के लिए कार्यों की योजना तैयार करती है।
4. *राष्ट्रीय चरित्र (National Charactor):* राष्ट्रीय चरित्र शक्ति का अमूर्त, सूक्ष्म तथा मानवीय तत्व है। जर्मनी, रूस, जापान एवं इजरायल के राष्ट्रीय चरित्र ने इन्हें शक्तिशाली बनाने में पूर्ण योगदान दिया है।
5. *राष्ट्रीय मनोबल (National Morality):* मनोबल वास्तव में वह अमूर्त भाव है जो अपनी निष्ठा, साहस, विश्वास एवं व्यक्ति के व्यक्तित्व की गरिमा को सुरक्षित रखने की भावना से प्रेरित होता है।
6. *नेतृत्व (Leadership):* राष्ट्रीय शक्ति का एक अन्य महत्त्वपूर्ण तत्व नेतृत्व है। हिटलर व मुसोलिनी के नेतृत्व में जर्मनी और इटली की शक्ति में अभूतपूर्व वृद्धि हुई।

## Elimination of Opponents | विरोधियों का अंत

यह शब्द जर्मनी में हिटलर और सोवियत संघ में स्टालिन के तानाशाही शासन व्यवस्था के दौरान चर्चित हुआ। इसमें सभी प्रकार के विरोधियों अंत कर दिया जाता था। पार्टी, सरकार, सेना,

शैक्षणिक संस्थाओं, फैक्ट्रियों से संदिग्ध व्यक्तियों की पहचान जासूसों के द्वारा करवाकर श्रम शिविरों में भेज दिया जाता था और मरवा दिया जाता था। कई प्रजातांत्रिक देशों में शक्तिशाली नेता भी दूसरे रूपों में इस हथकंडे को अपनाते हैं। चरित्र हनन और वैचारिक द्वन्द से भी विरोधियों का अंत किया जाता है।

### Elite Theory | अभिजन सिद्धान्त, संभ्रातवर्ग सिद्धान्त

किसी समाज या संगठन में उन गिने-चुने व्यक्तियों का समूह जो सामाजिक संरचना, अर्थव्यवस्था, सैन्य-संगठन, शैक्षिक समुदाय, व्यावसायिक वर्गों तथा राजनीतिक संगठन के उच्च स्थानों पर अपना अधिकार या प्रभुत्व स्थापित किए होते हैं। उदाहरण के लिए ब्रिटेन में ऑक्सफोर्ड विश्वविद्यालय के स्नातक, इजरायल में पूर्वी यूरोप के अग्रणी जियोनिस्ट और भारत में कम्युनिस्ट पार्टी के सदस्य इस वर्ग में आते हैं। लोकतंत्र को बढ़ावा देने के लिए यह जरूरी है कि विशिष्ट वर्ग में प्रवेश का रास्ता सबके लिए खुला है। इसके अनुसार लोकतंत्र में भी वास्तविक सत्ता अथवा शक्ति समाज के कुछ व्यक्तियों या व्यक्ति-समूहों में ही केन्द्रित हो जाती है। और ऐसा उनके विशिष्ट-गुणों, प्रतिभाओं कौशल एवं चातुर्य के कारण होता है। परन्तु अभिजन स्थिर न रहकर बदलते रहते हैं। अत: अभिजनों के परिभ्रमण की बात कही जाती है। अभिजन अपने को सत्ता में बनाए रखने के लिए साम, दाम, दंड, भेद सभी उपायों का सहारा ले सकते हैं। इस सिद्धान्त को मानने वालों में परेटो, मोस्का, मिचिल तथा किल्स के नाम उल्लेखनीय हैं।

### Elities and Masses | विशिष्ट वर्ग और जनपुंज

विशिष्ट वर्गवादी सिद्धान्त की यह मान्यता है कि किसी भी समाज या संगठन के अन्तर्गत सारे महत्त्वपूर्ण निर्णय गिने-चुने लोग ही करते हैं, बाकी लोग केवल उनका अनुसरण करते हैं। इस दृष्टि से प्रत्येक समाज या संगठन के सदस्य दो भागों में बंटे रहते हैं। (क) विशिष्ट वर्ग (Elites) (ख) जनसाधारण या जनपुंज (Masses)। विशिष्ट वर्ग के सदस्य अल्प-संख्यक (Minority) होते हैं, जनपुंज के सदस्य बहुसंख्यक (Majority) होते हैं। विशिष्ट वर्ग के सदस्य अपनी असाधारण योग्यता, अनोखी सूझ-बूझ, कार्य-कुशलता या प्रबंध-क्षमता के बल पर सम्पूर्ण संगठन में प्रभावशाली स्थान प्राप्त कर लेते हैं, और उसे अपनी इच्छा या योजना के अनुसार संचालित करते हैं। दूसरी ओर, जनपुंज में नेतृत्व के गुण और उत्तरदायित्व की भावना का नितान्त अभाव रहता है, और वे विशिष्ट वर्ग के निर्देशों पर चलने में ही सुरक्षित अनुभव करते हैं।

संक्षेप में सामाजिक जीवन के अन्तर्गत केवल विशिष्ट वर्ग शक्ति का प्रयोग करता है, जनपुंज के ऊपर शक्ति का प्रयोग किया जाता है। शक्ति के विश्लेषण के सन्दर्भ में इस दृष्टिकोण को विशिष्ट वर्गीय परिप्रेक्ष्य (Elite Perspective) की संज्ञा दी जाती है।

### Elitism | विशिष्ट वर्ग वाद/प्रवर वर्ग वाद

वह सिद्धान्त जिसके अनुसार प्रत्येक राजनीतिक व्यवस्था वास्तव में विशिष्ट वर्ग द्वारा ही शासित होती है। इस सिद्धान्त के प्रवर्तन का श्रेय इटली के विल्फ्रेडो पेरेटो तथा गैटेनो मोस्का को जाता है। वस्तुत: विशिष्ट वर्ग में वे लोग आते हैं जो किसी भी कार्यक्षेत्र में सर्वोच्च योग्यता रखते हैं। यह संख्या में कम, अपेक्षाकृत श्रेष्ठ व संगठित तथा अपने गुणों के कारण समाज में सम्मानित होते हैं। अर्थात किसी भी संगठन या समाज के अन्तर्गत महत्वपूर्ण निर्णय गिने-चुने लोग ही करते हैं बाकी लोग तो केवल उनका अनुसरण ही करते हैं। सी. राइट मिल्स ने 1901 से 1950 के शासकों का अध्ययन कर बताया कि अभिजनों ने शासन कर जनता का शोषण किया।

### Emergency Power | आपातकालीन शक्तियाँ

प्रत्येक राज्य में आपातकालीन परिस्थिति का सामना करने के लिए कार्यपालिका को आपातकालीन शक्तियाँ संविधान द्वारा प्रदान की जाती हैं।

आपातकालीन शक्तियाँ सरकार को प्राप्त विशेष शक्तियाँ होती हैं जो सरकार को सामान्य विधायी प्रक्रिया को स्थगित करने की अनुमति प्रदान करती हैं। संकटकालीन परिस्थितियों में राष्ट्रीय कार्यपालिका में अत्यधिक शक्तियां निहित कर दी जाती हैं। कार्यपालिका इन शक्तियों का प्रयोग निरंकुश रूप से न कर सके, इसलिए प्रजातंत्र शासन में इस विचार की शक्तियों पर विधानमंडल का कठोर नियंत्रण होता है। इस प्रकार की शक्तियाँ भारत में सरकार को तब ही प्राप्त होती हैं, जब देश पर बाहरी आक्रमण हो या आक्रमण आन्तरिक हो, या राज्यों में सांविधानिक तंत्र विफल हो जाए या वित्तीय आपात स्थिति उत्पन्न हो जाए। आपात स्थिति लागू करने का अधिकार राष्ट्रपति को है। संविधान के भाग 18 के अनुच्छेद 352 से 360 तक राष्ट्रपति को तीन आपातकालीन शक्तियाँ दी गईं (1) राष्ट्रीय आपातकाल अनुच्छेद 352 (2) राज्यों में राष्ट्रपति शासन अनुच्छेद 356 (3) वित्तीय आपातकाल अनुच्छेद 360।

### Emigration | उत्प्रवास, उत्प्रवासन

एक राष्ट्र या क्षेत्र को छोड़कर अन्य देश या क्षेत्रों में जाकर बस जाना जिसे उत्प्रवास या उत्प्रवासन कहते हैं। जिस प्रकार से भारत का कोई व्यक्ति या नागरिक अन्य देश या क्षेत्र में जाकर रहता है तो उसे उत्प्रवास कहा जाता है।

### Eminent Domain | सर्वोपरि अधिकार

सामान्य रूप से किसी देश में यह अवधारणा पाई जाती है कि किसी क्षेत्र या प्रदेश की सीमाओं या राज्यों की सीमाओ में पाई जाने वाली समस्त चल एवं अचल संपत्ति पर अंतिम रूप से प्रभुत्व राज्य का ही होता है। तथा राज्य सार्वजनिक उद्देश्यों के उपयोग के लिए मुआवजा देकर निजी स्वामियों से भी उनकी संपत्ति का अधिग्रहण कर सकता है। जिसे सर्वोपरि अधिकार कहते हैं।

### Empirial Hedonism | इंद्रियानुभाविक सुखवाद

जैरेमी बैन्थम और मिल का सुखपरक सिद्धान्त है जो कि प्रमाण के रूप में इंद्रियानुभव पर आधारित है, न कि स्पेन्सर के सिद्धान्त की तरह विकास या किसी अन्य उच्चतर सिद्धान्त के निगमन द्वारा प्राप्त।

### Empirical | आनुभविक

ज्ञानेन्द्रियों से अनुभूत, ज्ञानेन्द्रियों के द्वारा होने वाले अनुभव से संबंधित किसी भी प्रकार के अनुभव से प्राप्त ज्ञान।

### Empirical Approach | अनुभवमूलक उपागम

अनुभवमूलक उपागम के अन्तर्गत केवल उन तथ्यों (Facts) से सरोकार रखते हैं जो हमारे अनुभव (Experience) और निरीक्षण (Observation) पर आधारित हों, और उन्हीं निष्कर्षों पर विश्वास करते हैं जिनका सत्यापन (Verification) किया जा सके। दूसरे शब्दों में इसके अन्तर्गत केवल ज्ञानेन्द्रियों (Sense organs) आँख, कान, नाक, जिह्वा और त्वचा के अनुभव पर आधारित सामग्री पर विचार किया जाता है, अनुभवातीत (Transcendental) तत्वों और मूल्य-निर्णय (Value-Judgement) से जुड़े प्रश्नों पर विचार नहीं किया जाता। अतः इसमें तथ्यों के वर्णन को

प्रधानता दी जाती है और उन्हें सत्य या असत्य (True and False) की कसौटी पर परखते हैं। इसमें मूल्यों की तुलना में तथ्यों पर अधिक जोर दिया गया है।

## End of History | इतिहास का अंत

जापान के फ्रांसिस फुकुयामा द्वारा प्रतिपादित इस प्रकार का यह विचार कि सोवियत संघ तथा पूर्वी यूरोप में साम्यवाद के समाप्त हो जाने से यह सिद्ध हो गया है कि उदारवादी लोकतंत्र मानवीय शासन के विकास क्रम का अंतिम बिंदु है और इसके साथ सब सैद्धांतिक या विचारधारा सम्बन्धी विवाद समाप्त हो गए हैं। भौतिक संसार में विचार ऐतिहासिक घटनाओं के रूप में ही प्रयुक्त होते हैं। परन्तु विचार शृंखला का अंत हो जाने से "इतिहास का अंत" समझा जाना चाहिए।

## Enemy Alien | शत्रुदेश का नागरिक

जब दो देशों में युद्ध छिड़ जाता है, तब वे अपने यहाँ रहने वाले एक-दूसरे देश के नागरिकों को शत्रु देश के नागरिक का दर्जा देते हैं। अन्तर्राष्ट्रीय कानून के अनुसार ऐसे व्यक्तियों के साथ मानवोचित बर्ताव (Human Treatment) करना चाहिए हालांकि उन पर कड़ी निगरानी रखना विधि सम्मत होगा।

## Engels, Fridrich | फ्रेड्रिक एंजेल्स

अंग्रेजी विचारक व कार्ल मार्क्स के सहयोगी फ्रेड्रिक एंजेल्स (1820–95) दोनों की 19वीं शताब्दी की साहित्यिक मित्रता जगजाहिर है। एंजेल्स ने अपनी पुस्तक 'द ओरीजिन ऑफ द फैमिली, प्राइवेट प्रापर्टी एंड द स्टेट' (परिवार, निजी सम्पत्ति और राज्य की उत्पत्ति) (1884) में राज्य की ऐतिहासिक उत्पत्ति का मार्क्सवादी सिद्धान्त प्रतिपादित किया है।

एंजेल्स के अनुसार, राज्य की उत्पत्ति न तो किसी नैतिक उद्देश्य की सिद्धि के लिए हुई है, न मनुष्यों की इच्छा की पूर्ति के लिए। यह न तो उच्च विवेक (Superior Reason) की अभिव्यक्ति है, न उच्च इच्छा (Superior will) की। इसके विपरीत, राज्य एक ऐसी संस्था है जो एक वर्ग के द्वारा दूसरे वर्ग के दमन और शोषण के लिए स्थापित की जाती है।

एंजेल्स ने राज्य की उत्पत्ति से पहले के गुण को आदिम-साम्यवाद (primitive communism) की संज्ञा दी है। यह वह युग था - जब उत्पादन के साधन बहुत मामुली थे, परन्तु वे किसी व्यक्ति या वर्ग की निजी सम्पत्ति (Private Property) नहीं थे। तब समाज धनवान और निर्धन वर्गों में नहीं बंटा था। अतः उस समय वर्ग संघर्ष का प्रश्न ही नहीं था।

एंजेल्स के अनुसार राज्य की उत्पत्ति से पहले सामाजिक संगठन के तीन रूप देखने को मिलते हैं।

1. *जंगली अवस्था (Savagery):* जिसमें शुरू-शुरू में लोग जंगलों में रहते हैं, पेड़ों पर घर बनाते हैं और कंद-मूल खाते हैं फिर मछलियां पकड़कर उन्हें अपना आहार बनाते हैं, पत्थर के हथियार बनाते हैं और पत्थर से आग जलाना सीख लेते हैं और अन्त में तीर कमान से भोजन के लिए पशुओं का शिकार करते हैं, घर और नावें बनाते हैं।
2. *बर्बर अवस्था (Barbarism):* जिसमें पशुपालन, खेती और लोहे के हथियारों का चलन शुरू हो जाता है तथा लिपि व भाषा का विकास होता है।
3. *संक्रान्तिकाल (Transitional Stage):* जो मानव सभ्यता के विकास से एकदम पहले की अवस्था है।

आगे चलकर एक छोटा सा वर्ग साधनों पर अधिकार कर लेता है तथा इन साधनों के बल पर दूसरों को गुलाम बना लेता है और उनसे श्रम करवाकर स्वयं श्रम के दायित्व से मुक्त हो जाता है। इस

तरह समाज में दो वर्ग अस्तित्व में आते हैं, धनवान और निर्धन (Haves and Havenots)। इसी समय राज्य की उत्पत्ति होती है। राज्य का निर्माण धनवान वर्ग अपनी सम्पत्ति की रक्षा के लिए करता है।

## Engles Law | एंजिल का नियम

कम आय वाले उपभोक्ता अपनी आय का अधिक भाग भोजन आदि पर व्यय कर देता है। आमदनी बढ़ने पर भोजन कम व्यय होता है। भारत में गरीबी रेखा के नीचे (BPL) वर्ग के लोग अपनी आय का 75 प्रतिशत भोजन पर ही व्यय करता है।

## Engles, Friedrich Engels (1820–95) | फ्रेडरिक एन्जिल्स

एन्जिल्स एक सम्पन्न जर्मन उद्योगपति का पुत्र था। उसने मार्क्स के सिद्धान्तों को लोकप्रिय बनाने का प्रयास किया। उसने The Communist Manifesto 1848 की रूपरेखा तैयार की थी। The Human Idology नामक पुस्तक उन्होंने मार्क्स के साथ लिखी। उन्होंने मार्क्स की अन्तिम पुस्तक Das Kapital का भी सम्पादन किया था।

## Enlightenment | ज्ञानोदय या ज्ञानोदीप्ति

यूरोप के इतिहास में, सत्रहवीं से उन्नीसवीं शताब्दी तक एक विचार आन्दोलन जिसमें सत्य के अन्वेषण, सुख की प्राप्ति और सामाजिक प्रगति हेतु संस्थाओं के पुनर्निमाण के लिए रुढ़िवाद को चुनौती दी गई और तर्क बुद्धि तथा अनुभवमूलक पद्धति के प्रयोग का समर्थन किया गया। इस आन्दोलन के प्रमुख उन्नायक वाल्टेयर, दीट्रो, रूसो, ह्यूम और काण्ट थे।

इटली में वीको और बैकेरियो ने तथा अमेरिका में जेफरसन, फ्रेंकलिन और टॉमस ने इस विचार को बढ़ावा दिया कि मनुष्य की तर्कबुद्धि या विवेक (Reason) जीवन के किसी भी क्षेत्र में सत्य का पता लगाने का सर्वोत्तम साधन हैं।

राजनीति के प्रति ज्ञानोदय से प्रेरित दृष्टिकोण का सार यह था कि सम्पूर्ण बुराई का कारण पूर्वाग्रह (Prejudice), असहिष्णुता (Intolerance), अंधविश्वास (Superstition) और रूढ़ि-परायणता (Attachment to Custum and Tradition) हैं। यदि मनुष्य अपने चिर प्रचलित पूर्वाग्रह पर प्रश्नचिह्न लगाकर सत्य के अन्वेषण, सुख-शांति (Happiness) की तलाश और सामाजिक संस्थाओं के पुनर्निर्माण के लिए अपनी तर्क बुद्धि और अनुभवमूलक पद्धति (Empirical Method) का प्रयोग करे तो उन्हें गहरी राजनीतिक सूझ-बूझ प्राप्त होगी और वे प्रभावशाली सामाजिक सामंजस्य स्थापित कर सकेंगे।

ज्ञानोदय की मुख्य विशेषताएँ थीं: धर्म और राजनीति के मामलों में परम्परागत सत्ता के प्रति संशयवाद, नये-नये विचारों को अपनाने की तत्परता, तर्क बुद्धि का सम्मान और मानवीय दशा के प्रति गहरा सरोकार। जर्मन दार्शनिक इमेनुएल कांट (1724–1804) के शब्दों में "ज्ञानोदय मनुष्य को उस दशा से मुक्ति दिलाता है जिसमें वह अपने-आपको बहुत छोटा समझने लगा है ... इसलिए नहीं कि उसमें ज्ञान की कमी है, बल्कि इसलिए कि उसमें अपने बल-बूते पर इस ज्ञान का प्रयोग करने के लिए साहस और संकल्प की कमी है।"

## Entente | सौहार्द

अन्तर्राष्ट्रीय महत्व की विशिष्ट नीति को अपनाने के लिए विभिन्न राष्ट्रों के बीच स्थापित सौहार्दपूर्ण व्यवस्था। सौहार्द अन्तर्राष्ट्रीय शांति का मूल मंत्र है।

**Enterprise | उद्यम**

किसी व्यक्ति या समूह के स्वामित्व वाला उपक्रम जो मुख्यत: बिक्री के हेतु विभिन्न वस्तुओं और सेवाओं का उत्पादन और वितरण आदि करके रोजगार सृजित करता है।

**Entryism | प्रविष्टिवाद**

राजनीतिक अतिवादी आन्दोलनों के सदस्यों का नरम राजनीतिक दलों में उन पर नियंत्रण करने की भावना से प्रवेश करने सम्बन्धी विचारधारा प्रविष्टिवाद है। ब्रिटेन में 1970 से 1980 के मध्य अतिवादी राजनीतिज्ञ लेबर पार्टी में इस आशा से प्रविष्ट हुए कि वे पार्टी पर अपना प्रभाव जमा सकेंगे।

**Enumerator | गणना**

इसे गिनना या गिनती करना भी कहा जाता है। इसका अर्थ गिनने और मापने की विशेष रूप से जनसंबंधी, प्रक्रिया से है जैसे प्रत्येक दस वर्ष के अन्तराल के बाद होने वाली जनगणना अथवा सर्वेक्षण की प्रक्रिया।

**Environment Space | पर्यावरण स्थल**

पर्यावरण स्थल से तात्पर्य किसी देश में संसाधनों के उचित उपयोग से सम्बन्धित है, इसके अन्तर्गत विभिन्न संसाधनों की विश्व स्तर पर औसत प्रतिव्यक्ति उपयोग के सापेक्ष, किसी देश में प्रतिव्यक्ति उपयोग स्तर से की जाती है।

**Environmentalism | पर्यावरणवाद**

पर्यावरणवाद एक नई विचारधारा का आन्दोलन है। जिसका सम्बन्ध विशेष रूप से प्रदूषण नियंत्रण से है। इस विचारधारा के समर्थक राजनीतिज्ञ पर्यावरण की सुरक्षा को ज्यादा महत्व देते हैं, चाहे इससे उत्पादन घट ही क्यों न जाये। ये परमाणु आयुधों के भी खिलाफ हैं। अब पर्यावरणवादियों ने राजनीतिक दलों का भी गठन कर दिया है। न्यूजीलैण्ड में 'वेल्यूज' तथा पश्चिमी जर्मनी में 'ग्रीन' इसी प्रकार के दल हैं। ब्रिटेन के 'इकोलॉजी' दल ने 1990 के चुनाव में भाग लिया था और कुछ स्थानों पर सफलता भी प्राप्त की थी अर्थात् विश्व के विभिन्न देशों के विकास और उपभोग (Consumption) से जुड़ी संसाधनों की जो क्षति हो रही है, उसे रोका जाए और उसकी पूर्ति के उपाय किए जायें और जो पर्यावरण प्रदूषण फैल रहा है उसे नियन्त्रित किया जाए। दुनिया के 7 विकसित देशों में संसार की करीब 12 प्रतिशत जनसंख्या निवास करती है पर विश्व के लगभग 80 प्रतिशत संसाधन का उपभोग भी यही देश करते हैं। इनके द्वारा ही पर्यावरण में प्रदूषण बढ़ाया जाता है। इन्होंने प्राकृतिक संसाधन का ज्यादा से ज्यादा दोहन किया है और अब ये ही पर्यावरण सुरक्षा की बात करते हैं।

**Epicureanism | एपीक्यूरसवाद**

यूनान के दार्शनिक विद्वान एपीक्यूरस एवं उनके अनुयायियों द्वारा प्रतिपादित दर्शन जिसके अनुसार व्यक्ति का स्वार्थ व स्वहित ही नैतिकता के आधार हैं। इनका प्रमुख लक्ष्य सुख की प्राप्ति था। परन्तु ये लोग बौद्धिक सुख को भौतिक सुख की अपेक्षा श्रेष्ठ एवं उत्तम मानते थे तथा क्षणिक या मामूली सुख के पीछे न जाकर स्थायी सुख की खोज में थे। कालांतर में एपीक्यूरस का दर्शन विकृत हो गया और इसका अर्थ केवल भोग-विलास और मौज-मस्ती ही माना जाने लगा। परन्तु यह इसका वास्तविक रूप से किया गया चित्रन नहीं है।

**Epistemology | ज्ञान मीमांसा**

दर्शन की वह शाखा जो ज्ञान को उत्पत्ति संरचना प्रणालियों तथा सत्यता और उसकी कसौटियों का विवेचन करती है।

**Equal Opportunities | समान अवसर**

यह विचार कि लोगों के साथ धन्धे या व्यवसाय के मामले में धर्म, वर्ण, जन्म, प्रजाति या लिंग के आधार पर कोई भेदभाव नहीं किया जाएगा। देश के सभी नागरिकों को कार्य के समान अवसर प्राप्त होते हैं। इस प्रकार का विचार ही 'समान अवसर' का सिद्धान्त कहलाता है।

**Equal Protection | समान सुरक्षा**

कानून सभी को समान सुरक्षा प्रदान करके तथा समान अधिकारों की गारण्टी दे, इस सिद्धान्त को मानने वाला विचार। कानून के सामने सभी समान हैं। अतः सभी को बिना किसी भेदभाव के सुरक्षा प्रदान करने का विचार या सिद्धान्त भारतीय जनतंत्र का प्रमुख सिद्धान्त है। विधि का शासन भी इसी मान्यता पर आधारित है।

**Equal Protection of the Law | समान कानूनी संरक्षण**

किसी राज्य की कानूनी प्रक्रिया (Legal Procedure) से जुड़ी यह व्यवस्था कि उस राज्य के कानून समान परिस्थितियों में सभी नागरिकों पर समान रूप से लागू होंगे, अर्थात् कानून को लागू करते समय किसी भी श्रेणी के नागरिकों के साथ कोई भेदभाव (Discrimination) नहीं बरता जाये। भारतीय संविधान के भाग 3 में मौलिक अधिकारों में समानता के अधिकार को बढ़ावा देने के लिए अनुच्छेद 14 में कहा गया है कि कानून के सामने सभी नागरिक समान समझे जाएंगे तथा समान परिस्थितियों में कानूनों का समान संरक्षण किया जाएगा।

**Equality | समानता**

समानता का तात्पर्य ऐसी परिस्थितियों के अस्तित्व से है, जिसमें सभी व्यक्तियों को व्यक्तित्व विकास के समान अवसर प्राप्त हो सकें और भेदभाव का अंत हो। भारतीय संविधान में अनु. 14 से 18 तक समानता का मूल अधिकार है। इसके अनुसार प्रत्येक व्यक्ति को अपने विकास के लिए समान अवसर प्राप्त होने चाहिए, कानून के सामने उसे समानता प्राप्त होनी चाहिए तथा शिक्षा, व्यवसाय व अन्य सुविधाओं को प्राप्त करने के समान अवसर प्राप्त होने चाहिए। भेदभाव का अन्त, नियोजन में समानता, अस्पृश्यता का अन्त और उपाधियों का अन्त किया गया है।

**Equality before Law | कानून के समक्ष समानता**

कानून के सामने सभी व्यक्ति समान हैं। राज्य सभी व्यक्तियों के लिए एक जैसा कानून बनायेगा और इसे समान रूप से लागू करेगा। राज्य जन्म, वंश, लिंग, धर्म, जाति, जन्मस्थान, धनी-गरीब या ऊँच-नीच, आदि के आधार पर कोई भेदभाव नहीं करेगा। आइवर जैनिंग इसे 'समान परिस्थितियों में सभी व्यक्तियों के साथ कानून का व्यवहार एक समान होगा।' डायसी के अनुसार प्रधानमंत्री हो या सिपाही अवैधानिक कार्यो के लिए एक जैसा दोषी माना जाएगा।

**Equality of Opportunity | अवसर की समानता**

कानून के सामने समानता के पश्चात् अवसर की समानता सबसे महत्वपूर्ण समानता है। यही सामाजिक न्याय की मांग भी है कि नौकरियाँ, पद, व्यवसाय, शिक्षा आदि प्रत्येक व्यक्ति के लिए

समान शर्तों पर खुले होने चाहिए। बिना किसी भेदभाव के सभी नागरिकों कों अवसरों की समानता प्रदान करना ही 'अवसर की समानता' कहलाती है। अवसर की समानता ही समानता को वास्तविक स्वरूप प्रदान करती है।

### Equality of Religion | धार्मिक समानता

राज्य धर्म के मामले में निष्पक्ष हो तथा धर्म के आधार पर नागरिकों में कोई भेदभाव नहीं करना हो। राज्य सभी नागरिक को बिना धार्मिक भेदभाव के समान आर्थिक और राजनीतिक अवसर प्रदान करता है। विभिन्न लाभ के क्षेत्र, शिक्षा, नौकरी आदि के क्षेत्र में किसी के साथ धार्मिक आधार पर कोई भेदभाव नहीं है। भारत में राज्य का कोई धर्म नहीं है और सभी को धार्मिक स्वतंत्रता है।

### Equities | अंश, शेयर

किसी कम्पनी की कुल पूंजी के समान अंश इसके धारक ही कम्पनी के वास्तविक स्वामी माने जाते हैं। अंशधारी को कम्पनी की बैठकों में मताधिकार प्राप्त होता है और ये लाभांश पाने के अधिकारी होते। भारत सरकार की अनुमति से कम्पनी शेयर जारी करती है और सरकार इस पर नजर बनाये रखती है जिससे हर्षद मेहता जैसा फर्जी प्रकरण पुनः नहीं हो और शेयरधारक के मेहनत से जमा की गई पूंजी सुरक्षित रहे।

### Equivalent Megatinnage | (इक्वेलेंट मेगेटीनेज)

सोवियत तथा अमेरिकी परमाणु शक्ति की सापेक्ष ताकत को आंकने का एक सूचांक।

### Escalation | तीव्रीकरण

अन्तर्राष्ट्रीय राजनीति के अन्तर्गत, दो राष्ट्रों के मध्य थोड़ी-थोड़ी सैनिक कार्यवाही और जवाबी कार्यवाही के माध्यम से तनाव बढ़ते जाने की प्रक्रिया इसमें पहले एक राष्ट्र सैनिक कार्यवाही करता है तथा दूसरा देश उतनी ही सीमित लेकिन जवाबी कार्यवाही करता है, परन्तु पहला देश इस जवाबी कार्यवाही को बढ़ा-चढ़ाकर देखता है और उसकी कसर पूरी करने के लिए और कार्यवाही करता है। इसके जवाब में दूसरा देश अपनी कार्यवाही को और तीव्र करता है। इस तरह सिलसिला चलता रहता है। इससे तनाव बढ़ता जाता है। पर इसकी परिणति परमाणु युद्ध के रूप में नहीं होती।

### Established Church | प्रतिष्ठित चर्च

प्रतिष्ठित चर्च वे धार्मिक संस्थाएँ हैं जिन्हें राज्य द्वारा विशेष कानूनी अधिकार व सुरक्षा प्रदान की जाती है। कुछ सीमा तक उन पर राज्य का नियंत्रण होता है। चर्च ऑफ इंग्लैण्ड या एंगलीकन चर्च को प्रतिष्ठित चर्च माना जाता है। इन चर्च के बिशप की नियुक्ति प्रधानमंत्री द्वारा की जाती है। सम्राट ऐसे चर्च का प्रधान होता है।

### Etatism | राज्य सत्तावाद

राज्य सत्तावाद वह सिद्धान्त है जिसके अनुसार प्रभुसत्ता (Sovereignty) राष्ट्र-राज्य (Nation-State) में निहित है, जनसाधारण में नहीं। इस सिद्धान्त के अनुसार सब व्यक्तियों (Individuals) और साहचर्यों (Associations) का ध्येय राज्य की शक्ति, प्रतिष्ठा और ऐश्वर्य को बढ़ाना है।

## Ethnic | प्रजातीय, नृजातीय

विभिन्न सामाजिक समूहों की अपनी सांस्कृतिक और राजनीतिक परम्पराएँ 18वीं सदी के पहले इंग्लैंड एक राष्ट्र नहीं था। वहाँ के लोग विभिन्न द्वीप समूह में रहने वाले लोगों को - अंग्रेज, वेल्श, स्कॉट या आयरिश प्रजातीय पहचान से जाने जाते थे। धीरे-धीरे सम्पन्नता तथा प्रभुत्व से एक राष्ट्र बने।

## Ethnic Cleaning | सजातीय सफाई

किसी क्षेत्र-विशेष से अन्य नृजातीय जनसंख्या को एक साथ बाहर निकालकर उस क्षेत्र को सजातीय दृष्टि से समरूप बनाना। हिटलर के द्वारा जर्मनी में 1930-40 के दौरान यहूदियों के साथ व्यापक रूप से अत्याचार किया जाना इसी श्रेणी में आता है। बोसिनिया, अफगानिस्तान, पाकिस्तान और ईजरायल के धार्मिक कट्टरपंथियों के द्वारा संजातीय सफाई का काम 21वीं शताब्दी में किया जा रहा है।

## Ethnicity | प्रजातित्व

प्रजातित्व प्रजातीय, सांस्कृतिक एवं ऐतिहासिक विशेषताओं का वह जटिल समुच्चय है जिसके द्वारा समाज प्राय: पृथक-पृथक राजनीतिक परिवारों में विभाजित होता है। रंग, धर्म, भाषा के आधार पर जातिगत समूहों का निर्माण होता है। अपने सांस्कृतिक पहचान के कारण आसपास के दूसरे समूह से अलग दिखते है। अपनी पहचान बचाये रखने के लिए ये समूह जागरुक रहते हैं।

## Euro-Communism | यूरोपीय साम्यवाद

यूरोपीय साम्यवाद पश्चिमी यूरोपीय जनतंत्रों में साम्यवादी दलों द्वारा प्रतिपादित नया साम्यवाद है। इस विचारधारा के दो प्रमुख दल हैं: इटली का साम्यवादी दल तथा स्पेन का साम्यवादी दल। इस संगठन का जन्म इटली और स्पेन में समाजवादी एवं कंजर्वेटिव दलों के साथ मतदान में प्रतिस्पर्धा के लिए हुआ था। इटली की इस साम्यवादी पाटी का सार तत्व यह था कि इटली के समाज का साम्यवाद में रूपान्तरण का एकमात्र तरीका है। प्रजातंत्र को स्वीकार करना।

## European Economic Community | यूरोपीय आर्थिक समुदाय

फ्रांस, इटली, जर्मनी, हॉलैण्ड, बेल्जियम तथा लक्जमबर्ग, इन छह राष्ट्रों का यह समुदाय 1951 में गठित हुआ। इसका गठन समान नीतियाँ, कर, योजनाएँ आदि बनाने के लिए किया गया। इसका मूल उद्देश्य सभी आर्थिक एवं राजनीतिक पक्षों में एकता स्थापित करना था। यूरोपीय समुदाय द्वारा आपसी एकता स्थापित करने के लिए यूरो मुद्रा का प्रचलन किया गया है।

## Executive | कार्यपालिका

किसी भी राजनीतिक प्रणाली या शासन तंत्र के तीन अंग होते हैं: विधानमण्डल, न्यायपालिका एवं कार्यपालिका। ये तीन अंग भिन्न-भिन्न कार्य करते हैं तथा स्वतंत्र होते हैं। कार्यपालिका सरकार का वह अंग होती है जो व्यवस्थापिका द्वारा निर्मित कानून को लागू करती है और शासन संचालन का कार्य करती है। कार्यपालिका के दो रूप प्रचलित हैं: (1) राजनीतिक या अस्थायी कार्यपालिका (2) स्थायी कार्यपालिका (Permanent Executive)।

सरकार के तीन अंग होते हैं, इनमें कार्यपालिका अंग का वर्तमान में महत्वपूर्ण स्थान रखता है। यह राज्य की नीति (Policy), निर्णयों (Decisions) और कानून को कार्यान्वित करता है। जो व्यक्ति किसी राजनीतिक व्यवस्था के शिखर पर रहते हैं अर्थात् सरकार को चलाते हैं, जैसे ब्रिटेन या भारत का प्रधानमंत्री व मंत्रिमण्डल के सदस्य भी कार्यपालिका के अंग माने जाते हैं। समकालीन विश्व में कार्यपालिका के कई अन्य रूप प्रचलित है।

**(1) राजनीतिक और स्थायी कार्यपालिका** (Political and Permanent Executive): लोकतन्त्र शासन में राजनीतिक निर्णय तथा सर्वोच्च प्रशासनिक निर्णय मुख्य कार्यकारी अथवा मंत्रिमण्डल के हाथों में रहते हैं। इन्हें राजनीतिक कार्यपालिका कहा जाता है। ये आवधिक चुनाव जीत कर इस पद पर पहुँचते हैं, इन्हें अपने पद पर बने रहने के लिए बार-बार मतदाताओं का समर्थन लेना होता है जनमत में परिवर्तन होने पर इन्हें अपने पद से हटना पड़ता है।

दूसरी ओर प्रशासन के अधिकारियों की नियुक्ति योग्यता और प्रशिक्षण के आधार पर की जाती है, इन्हें अपने पद पर बने रहने के लिए जनसमर्थन की जरूरत नहीं होती है। इनका काम राजनीतिक कार्यपालिका के निर्णयों को कार्यान्वित करना है, राजनीतिक स्थिति में परिवर्तन आने पर इनके अस्तित्व पर कोई आँच नहीं आती।

**(2) संसदीय और अध्यक्षीय कार्यपालिका:** राजनीतिक कार्यपालिका और विधानमण्डल में परस्पर सम्बन्ध के आधार पर कार्यपालिका के दो रूप होते हैं: (A) संसदीय कार्यपालिका या मंत्रिमण्डल के सदस्य अर्थात् विधानमण्डल (Legislature) के सदस्यों में से चुने जाते हैं। वे अपने अस्तित्व के लिए विधानमण्डल के निरंतर समर्थन व विश्वास पर आश्रित होते हैं। (B) अध्यक्षीय कार्यपालिका सांविधानिक दृष्टि से विधानमण्डल से स्वाधीन होती है, अर्थात् न तो उसका कार्यकाल विधानमण्डल के समर्थन पर आश्रित होता है, न वह अपने कार्यों के लिए विधानमण्डल के प्रति उत्तरदायी होती है। इसमें मुख्य कार्यकारी अर्थात् राष्ट्रपति यथार्थकार्यकारी (Real Executive) होता है और सारी कार्यपालिका शक्तियाँ उसी में निहित होती हैं।

**(3) सांकेतिक और यथार्थ कार्यपालिका** (Nominal and Read Executive): अध्यक्षीय शासन प्रणाली में तो एक ही व्यक्ति मुख्य कार्यकारी व राज्य का अध्यक्ष होता है, जिसे हम यथार्थ में कार्यपालिका कहते हैं जबकि संसदीय प्रणाली में यथार्थ शक्तियाँ प्रधानमंत्री व मंत्रिमण्डल के हाथों में होती हैं तथा राज्य का अध्यक्ष (Head of State) राजा (King) या राष्ट्रपति (President) होता है। उसे हम सांकेतिक या आलंकारिक कार्यकारी कहते हैं।

**(4) एकल और बहुल कार्यपालिका** (Single and Plural Executive): जिस कार्यपालिका में सारी शक्तियां एक ही व्यक्ति के हाथों में रहती हैं। उसे एकल कार्यपालिका कहते हैं। दूसरी ओर बहुल कार्यपालिका में अनेक सदस्य संयुक्त रूप से सारे महत्वपूर्ण निर्णय करते हैं और मंत्रिमण्डल में उनकी स्थिति समान होती है जैसे स्विट्ज़रलैण्ड की संघीय परिषद।

## Existentialism | अस्तित्ववाद

कीर्कगदि, हाउडेगर इत्यादि आधुनिक दार्शनिकों के साथ जुड़े एक आन्दोलन का नाम, जिनका उद्देश्य चिंतन को विचारों और वस्तुओं से हटाकर मानवीय अस्तित्व पर केंद्रित करना होता है।

अस्तित्ववाद वह दार्शनिक सिद्धान्त है जो व्यक्ति के अस्तित्व को ज्ञान की तुलना में पूर्णता देता है। इसके अनुसार, मनुष्य का अस्तित्व (Existence) एक आत्मपरक घटना है। उसे वस्तुपरक अन्वेषण का विषय नहीं बनाया जा सकता है। प्रत्येक आत्म सजग (Self-Aware) व्यक्ति स्वयं अपने बारे में और अपनी स्थिति के बारे में जो अनुभव प्राप्त करता है, उसके आधार पर वह अपने अस्तित्व को समझ सकता है। फ्रांसीसी दार्शनिक ज्यांपाल सार्त्र (1905–80) को अस्तित्ववाद का प्रमुख प्रतिनिधि माना जाता है।

अस्तित्ववाद साधारणतया तर्क बुद्धिवाद (Rationalism) का खंडन करता है। तर्क बुद्धिवाद के अनुसार, सृष्टि एक नियत निश्चित और व्यवस्थित (Ordered) प्रणाली है, तर्कबुद्धि (Reason) के आधार पर इसका ज्ञान प्राप्त किया जा सकता है और उन प्राकृतिक नियमों का पता लगाया जा सकता है जो सम्पूर्ण जगत को संचालित करते हैं, तर्क बुद्धि मानव-जीवन के लिए मार्गदर्शक शक्ति की भूमिका निभाती है। इसके विपरीत अस्तित्ववाद के अनुसार व्यक्ति 'देश और काल'

(Time and Space) के सन्दर्भ में अपने अनन्य मूर्त अस्तित्व के बारे में चिन्तन-मनन (Reflection) करके इसके रहस्य से परिचित हो सकता है। प्रत्येक आत्मसजग व्यक्ति स्वयं अपने अस्तित्व को समझ सकता है। वह जिस आत्म तत्व (Self) के प्रति सजग होता है, वह चिन्तनशील तत्व है जिसकी अपनी मान्यताएँ, आशाएँ, आकांक्षाएँ, इच्छाएँ, उद्देश्य और संकल्प होते हैं। कोई व्यक्ति किसी तर्कसंगत प्रणाली के भीतर किसी पूर्व-निर्धारित स्थान या कृत्य से बंधा हुआ नहीं रहता, कोई तर्क-वितर्क (Reasoning) करके अपने कर्तव्य (Duty) का पता नहीं लगा सकता। अनेक विकल्पों में से अपने लिए उपयुक्त विकल्प का चयन करना प्रत्येक व्यक्ति का उत्तरदायित्व है, और वह ऐसा करने के लिए बाध्य भी है।

अन्य अस्तित्ववादी विचारक जर्मनी के मार्टिनहाइडेगर (1889-1976), कार्लयास्पर्स (1993-1969) और फ्रांसीसी विचारक ग्रेबियल मार्सेल (1889-1973) हैं।

## Exit Poll | मतदान के बाद, निकासी मतदान

मतदान केन्द्र से मतदाताओं के बाहर निकलने पर उनसे एक गैर वैधानिक मतपत्र पर मतदान करवाना। प्राय: यह कार्य शोध संस्थान द्वारा या समाचार तंत्र द्वारा जीतने वाले उम्मीदवार, पार्टी या मतदान का रुझान जानने के लिए किया जाता है। इसमें कुछ प्रश्नों द्वारा मतदाता को नकली मत पत्र पर मुहर लगवाई जाती है फिर गणना के बाद निष्कर्ष निकाला जाता है। इसके सर्वे के लिए ऐसे मतदान केन्द्र का चयन किया जाता है कि जिससे मतदाताओं की विविधता यानि जाति-धर्म, शहरी-ग्रामीण पुरुष-महिला, मतदान के शुरू होने, मध्याह्न और अन्त समय आदि सभी कारक समाहित हो। शोध के नियमानुसार करवाए गए सर्वे के आंकड़े भले ही कम हो लेकिन निष्कर्ष काफी सही होता है।

## Extradition | प्रत्यर्पण

किसी अपराधी द्वारा एक राष्ट्र या देश में अपराध करने के पश्चात तत्काल किसी अन्य दूसरे राष्ट्र की सीमाओं के अन्दर भाग जाने पर उस राष्ट्र के द्वारा (जहाँ अपराधी भागकर आया है) अपराधी को उसके राष्ट्रीय राज्य जहाँ अपराध किया है के विधिवत अनुरोध करने पर उसे लौटा दिया जाना। बहुधा सामान्य रूप से प्रत्यर्पण के लिए दोनों राष्ट्रों के मध्य प्रत्यर्पण संधि का होना आवश्यक होता है तथा राजनीतिक अपराधियों का प्रत्यर्पण नहीं किया जाता। यद्यपि ऐसा कोई अन्तर्राष्ट्रीय कानून नहीं है, जिसके अधीन राज्य ऐसे लोगों को सुपुर्द करने के लिए बाध्य हों, तथापि इस दिशा में कई राष्ट्रो के बीच प्रत्यर्पण संधियाँ भी हुई हैं। इन संधियों में वे मामले निश्चित किए गए हैं, जिनमें प्रत्यर्पण की कार्यवाही की जानी है। इन संधियों में यह एक आम व्यवस्था है कि राजनीतिक अपराधों के अतिरिक्त सभी संगीन अपराधों के मामलों में अपराधियों को उनके देश के अधिकारियों को सौंप दिया जाएगा जिसे प्रत्यर्पण कहते हैं।

# F

## Fabianism | फेबियनवाद

इंग्लैण्ड में 1884 में फेबियन सोसायटी की स्थापना हुई। इस संगठन के सदस्यों का विश्वास था कि सामाजिक परिवर्तन, बिना किसी हिंसात्मक क्रान्ति के, क्रमिक संसदीय प्रक्रियाओं के माध्यम से ही लाया जा सकता है। इस संगठन को यह नाम, प्रसिद्ध रोमन सेनापति क्विंटस फेबियस के नाम के आधार पर दिया गया। इसके अनुसार प्रस्तावित कार्यवाही के लिए उपयुक्त क्षण की प्रतीक्षा करनी चाहिए और वह क्षण उपस्थित होने पर पूरे वर्ग के साथ प्रहार करना चाहिए, अन्यथा सारी प्रतीक्षा बेकार हो जाएगी। फेबियन संगठन के सदस्यों ने यह नाम इस कारण से चुना था कि उनकी नीति भी पूंजीवाद के प्रति ऐसी ही थी। ये पूंजीवाद से सीधी टक्कर लेने में विश्वास नहीं करते थे। यह संस्था मध्यमवर्गीय बुद्धिजीवियों की संस्था थी। जॉर्ज बर्नार्ड शॉ, सिडनी, बियट्रिक वेब आदि विद्वान इस संस्था के सदस्य थे। इस संस्था का लक्ष्य शैक्षिक एवं संसदीय उपायों द्वारा समाजवाद का प्रचार करना रहा है। फेबियनवाद पूंजीवाद और मार्क्सवाद दोनों का विरोध करते हुए क्रमिक विकास और सांविधानिक पद्धति के आधार पर समाजवाद स्थापित करना चाहते थे। फेबियन सोसायटी का गुरूमन्त्र यह था कि समाजवाद की स्थापना धीरे-धीरे की जाए। वर्ग संघर्ष के क्रान्तिकारी सिद्धान्त की जगह फेबियन विचारकों ने युक्तियुक्त तर्क-विर्तक की पद्धति अपनाई जिसे अपना प्रभाव दिखाने में समय लगता है। उन्होंने भाषण देकर और इश्तिहार छपवाकर राष्ट्रीय और स्थानीय अधिकारियों को यह विश्वास दिलाने की कोशिश की कि समाज के कल्याण के लिए समष्टिवादी विधि निर्माण कितना आवश्यक है। प्रचार की इस पद्धति को अन्त:प्रवेश कहा गया। इसका ध्येय मध्य वर्ग के मन में समाजवाद के प्रति संशयवृति को दूर करना और उन्हें समाजवादी विचार हृदयांगम करना था।

## Fact | तथ्य

वह जो वस्तुत: है, अस्तित्ववाद है, घटित हुआ या होता है, वह वस्तुस्थिति है। व्यवहारवादी शोध में तथ्य ही शोध एवं सिद्धान्त निर्माण का आधार होता है।

## Fait Accompli | निष्पन्न कार्य, सिद्ध कार्य

किसी समाज या राष्ट्र का वह कार्य या परिमाण जो (पहले ही) पूरा हो चुका हो। उसे निष्पन्न कार्य कहते हैं।

## Falangism | फैलेजवादी

स्पेन के फासिस्ट आन्दोलन को चलाने वाला राजनीतिक दल जिसकी स्थापना रिवेरा ने 1933 में की। इस दल के प्रयास के फलस्वरूप जनरल फ्रैंको स्पेन के गृहयुद्ध के दौरान शक्ति में आया। यह सामाजिक एवं राजनीतिक आन्दोलन है, जिसमें ऐतिहासिक परम्पराएँ, आदर्श राष्ट्रीय चरित्र आदि राज्य के संचालन के लिए आवश्यक हैं। यह विचारधारा राज्य व्यवस्था में आमूल परिवर्तन के पक्षधर थी। स्पेनी गृहयुद्ध (1936) के बाद इस विचारधारा को मान्यता मिली।

## False Consciousness | कृत्रिम/आभासी/झूठी चेतना

वह स्थिति जिसमें लोगों के विश्वास एवं मूल्य को कृत्रिम या झूठा समझा जाता है। अर्थात् उत्पादन प्रणाली (Mode of Production) को सामाजिक जीवन का आधार (Base) मानते हैं, कानून, राजनीतिक ढांचे, धर्म और सामाजिक चेतना को 'अधिरचना' (Superstructure) की कोटि में रखा जाता है। आधार में कोई परिवर्तन होने पर 'अधिरचना' में उसके अनुरूप परिवर्तन अपने-आप हो जाता है। विचारधारा (Ideology) भी अधिरचना का एक हिस्सा है जो प्रचलित उत्पादन-प्रणाली से जुड़ी सामाजिक चेतना को व्यक्त करती है।

मार्क्स के अनुसार, सामाजिक विकास की प्रक्रिया में मनुष्यों की भौतिक आवश्यकताएँ (Material Needs) आगे बढ़ जाती हैं, परन्तु उनकी सामाजिक चेतना पिछड़ जाती है। पिछड़ी हुई चेतना 'मिथ्या चेतना' के सहारे प्रभुत्वशाली वर्ग (Dominant Class) अपनी सत्ता (Authority) को सब जगह उचित ठहराने का प्रयत्न करता है। दूसरे शब्दों में प्रभुत्वशाली वर्ग उन मूल्यों और मान्यताओं को सामान्यहित (Common Interest) के तहत सिद्ध करने की कोशिश करता है, जिससे उसके स्वयं के हित साधन होते रहें।

## Fascism | फासीवाद

मानवता, शान्ति और प्रगति विरोधी राजनीतिक दर्शन। इटली के मुसोलिनी और उसके अनुयायियों द्वारा 1919 में शुरू किए गए आन्दोलन में निहित सिद्धान्त का नाम। बाद में इस सिद्धान्त को जर्मनी के हिटलर तथा नाजियों ने भी अपनाया था। यह एक व्यवस्थित सिद्धान्त न होकर कई बेमेल विचारों का समूह है जो लोकतंत्र समाजवाद और साम्यवाद के विरोध में प्रस्तुत किए जाते हैं।

Fascism शब्द की व्युत्पत्ति इतालवी भाषा के शब्द Fascio से हुई है जिसका अर्थ है: "डंडो का गट्ठर जो कुल्हाड़ी के हत्थे के इर्द-गिर्द लाल डोरे से बंधे होते हैं।" इसे प्राचीन रोमन कांसुलों के सहायक राज्य शक्ति के प्रतीक के रूप में उठाकर चलते थे। आधुनिक फासीवादियों ने इसे अनुशासन, एकता और शक्ति के प्रतीक के रूप में अपनाया है।

यह सिद्धान्त समता के सिद्धान्त का विरोध करता है तथा श्रेणी तंत्र Hierarchy के पक्ष में है। इसके अनुसार अधिनायक का स्थान सर्वोच्च होता है तथा उसकी इच्छा ही कानून होती है। यह अधिनायकवाद का समर्थन करता है, राज्य को साध्य व व्यक्ति को साधन मानता है, युद्ध को राष्ट्रीय गौरव का प्रतीक मानता है, राज्य की अद्वितीय शक्ति को स्वीकार करता है।

यह बहुलवाद का खंडन करता है तथा राष्ट्रीय एकता के लिए एक ही जाति की प्रतिष्ठा चाहता है, राष्ट्रीय भावना के महत्व पर बल देता है, तर्क बुद्धि को हेय, पर भावना और अनुभूति को ग्राह्य मानता है, कार्यपालिका को विशेष महिमा प्रदान करता है, विधानमण्डल व न्यायपालिका को गौण मानता है, एक ही दल के प्रभुत्व में आस्था रखता है तथा राजाज्ञा के पालन में ही व्यक्ति का कल्याण मानता है। फासिस्टवाद में सतही तौर पर पूंजीवादी तत्व भी दृष्टिगोचर होते हैं क्योंकि उसका जन्म साम्यवादी प्रसार अवरुद्ध करने के लिए हुआ है, अपितु इसमें पूंजी के निजी स्वामित्व की अनुमति तथापि वास्तव में उस पर व्यापक सरकारी नियंत्रण होता है। राजनीतिक और आर्थिक दृष्टि से उसका मूल मंत्र है, चरम राष्ट्रवाद, इसलिए आत्मनिर्भरता ही इसका एकमात्र लक्ष्य होता है। यह साम्यवाद और लोकतंत्र दोनों का ही घोर विरोधी है। यह विश्वशांति और अन्तर्राष्ट्रीयतावाद का विरोधी है, साम्राज्यवाद एवं धर्म के सम्बन्ध में पक्षीय दृष्टिकोण रखता है।

## Fashion | फैशन

किसी भी जनसमूह की अभिरुचि में क्रमिक रूप में निरंतर होने वाले परिवर्तनों को फैशन कहा जाता है। यह समाज द्वारा स्वीकृत ऐसा व्यवहार प्रतिमान है जो अपेक्षाकृत अल्पकालिक होता है।

साज-सज्जा, पहनावा, आभूषण, फर्नीचर, संगीत, कला, बातचीत का ढंग तथा संस्कृति के कुछ अन्य क्षेत्रों में सतत रूपान्तर होता रहता है। ये रूपान्तर वस्तुओं के स्थाई रूपों में होते हैं तथा जो समाज की किसी प्रथा अथवा रीति-रिवाज से अनुमोदित होते हैं। इन रूपान्तरणों में उपयोगिता अथवा कलात्मक उच्चता का कोई उद्देश्य सामान्यतया निहित नहीं होता। व्यक्तियों में सदैव नवीन वस्तुओं को पाने या अपनाने की लालसा होती है। अतः जब भी नवीन आकृतियों की वस्तुएँ बाजारों में बिकने आती हैं और कुछ उच्च वर्गों के व्यक्ति उन्हें अपनाने लगते हैं तो सामान्यजन भी उन्हें अपनाने के लिए लालायित हो उठते हैं। अधिकतर व्यक्ति इसलिए फैशन को अपनाते हैं जिससे वे उच्च वर्ग के समान समझे जाने लगें। आजकल प्रसारण के साधनों जैसे रेडियो, पत्र-पत्रिकाओं, दूरदर्शन आदि के प्रयासों से विविध प्रकार के नए फैशन सामने आते जाते हैं। पश्चिमीकरण और बढ़ती हुई आर्थिक समृद्धि ने भारत में फैशन के द्रुत विकास को बहुत अधिक प्रभावित किया है। बाजार वाद ने फैशन की दुनिया में देश और विश्व सुन्दरियों की प्रतियोगिता शुरू करवा दी है। विश्व सुन्दरी या भूमंडल सुन्दरी का चयन हो रहा है। इसमें भारत की सुष्मिता सेन और ऐश्वर्या चयनित हो चुकी है। 2012 में भारत सुन्दरी (मिस इंडिया) शिल्पा सिंह विश्व सुन्दरी के चयन में 16वें स्थान पर रही।

## Fast Track Court | त्वरित अदालतें

संविधान के अनुच्छेद 142 के अनुसार सर्वोच्च न्यायालय द्वारा गठित अदालत जघन्य अपराधों और मानवीय पक्ष वाले मामलों की प्रतिदिन सुनवाई कर निपटाने वाले अदालत जो भारत सरकार और राज्य सरकार द्वारा संयुक्त रूप से 50 फीसदी (यानि आधे आधे खर्च) खर्च वहन किए जाते हैं। देश में 2005 में ऐसे 1,500 न्यायालय थे जिन्हें खर्च में बढ़ोत्तरी के कारण राज्य सरकार बंद कर रही है। 2013 में केन्द्र सरकार इसका 75 प्रतिशत भार वहन करने को तैयार हुई है ताकि बलात्कार, हत्या, डकैती, वैवाहिक विवाद, संरक्षण संबंधी मामलों और बुजुर्ग लोगों से जुड़े मामलों सहित मानवता के पक्ष से जुड़े दिवानी मामलों की भी सुनवाई हो सके और उनका जल्द निस्तारण हो। इससे न्यायालयों में विचाराधीन लाखों मामले कम होंगे और समय पर न्याय दिया जा सकता है। लेकिन दिल्ली के तीस हजारी कोर्ट की जज निवेदित अनिल शर्मा ने आँकड़ों के आधार पर बताया कि झूठे केस बहुत ज्यादा दर्ज होते हैं। उन्होंने लिखा कि यदि गवाह अभियोजन की मदद नहीं करेगे तो बलात्कार के आरोपी किसी पुरुष को सजा नहीं हो सकती।

## Federal Government | संघीय शासन, संघीय सरकार

संविधान में भारत को 'राज्यों का संघ' (Union of States) कहा गया है। संघीय शासन ऐसी शासन व्यवस्था है जिसमें राज्य की समस्त शक्तियों का विभाजन एक लिखित सांविधानिक प्रारूप द्वारा संघ और इकाईयों के मध्य होता है, और दोनों अपने-अपने अधिकार-क्षेत्र में स्वायत्त माने जाते हैं। इस सरकार की सामान्य विशेषताएँ निम्नांकित हैं। (1) लिखित संविधान (2) संविधान का अनमनीय होना (3) शक्तियों का केन्द्र तथा इकाईयों में विभाजन (4) न्यायपालिका की सर्वोच्चता (5) संविधान की सर्वोच्चता (6) संघीय विधानमंडल के एक सदन में इकाईयों को समान प्रतिनिधित्व दिया जाना। संयुक्त राज्य अमेरिका, ऑस्ट्रेलिया व स्विट्जरलैण्ड के संविधान संघवाद के प्रतिमान माने जाते हैं। भारत का संविधान भी संघात्मक है।

## Federalism | संघवाद

शासन-व्यवस्था का एक ऐसा सिद्धान्त जिसके अनुसार शासन की शक्तियाँ संविधान द्वारा केन्द्र तथा इकाइयों के बीच विभाजित रहती हैं। इस व्यवस्था में राष्ट्र की एक केन्द्रीय सरकार होती है और प्रादेशिक स्तर पर पृथक-पृथक राज्य सरकारें होती हैं। दोनों ही अपनी शक्ति संविधान से प्राप्त

करती हैं दोनों अपने-अपने क्षेत्र में स्वतंत्र रहती हैं। दोनों की सत्ता मौलिक है। केन्द्रीय तथा राज्य सरकारों के अपने-अपने विधानमण्डल और मंत्रिमण्डल होते हैं तथा उन्हें अपने क्षेत्र में निर्णय लेने की शक्तियाँ व स्वतंत्रता प्राप्त होती है। दोनों एक-दूसरे के क्षेत्र में हस्तक्षेप नहीं करतीं। देश का संविधान इनके लिए सामान्य व विशिष्ट विषयों का निर्धारण करता है। इस प्रकार की व्यवस्था के लिए लिखित संविधान होना आवश्यक होता है। संघीय व्यवस्था शक्ति विभाजन पर आधारित होती है और इस शक्ति विभाजन को बनाए रखने के लिए स्वतंत्र एवं सर्वोच्च न्यायपालिका आवश्यक है। स्वतंत्र न्यायपालिका ही संघात्मक व्यवस्था की प्रहरी है। भारत, संयुक्त राज्य अमेरिका, कनाडा, ऑस्ट्रेलिया में संघीय शासन व्यवस्था प्रचलित है।

**Federalists | संघवादी**

शासन की संघीय प्रणाली के समर्थक। इस पद का प्रयोग एक अमेरिकी राजनीतिक दल के लिए होता है। यह दल गणतंत्र के इतिहास के प्रारम्भ में उभरा था। इसने संयुक्त राज्य अमेरिका के लिए एक सशक्त राष्ट्रीय सरकार की वकालत की थी। इसका मुख्य प्रभाव उत्तर में है तथा यह दल व्यापारिक विस्तार पर बल देता है। वस्तुतः यह दल व्यापारी वर्ग का दल है। इस दल का प्रभुत्व जॉर्ज वाशिंगटन एवं जॉन एडम्स (1789-1801) के शासनकाल में रहा था, पर 1830 के पश्चात् इस दल के प्रभाव में गिरावट आने लगी थी।

**Feed Back | 1. पुनर्भरण, 2. प्रतिपुष्टि**

पुनर्भरण से तात्पर्य वह प्रक्रिया जिसमें तंत्र के निर्गम के एक भाग को निवेश के रूप में लौटा दिया जाता है। इससे अशुद्धियों को ठीक करने में सहायता मिलती है और प्रतिपुष्टि वह प्रक्रिया है जिसके अनुसार राजनीतिक निर्णयों अथवा कार्यक्रमों के लागू होने से उत्पन्न प्रतिक्रिया, समालोचना अथवा सुझाव शासन को प्राप्त होते हैं। यानि निर्णय लेने वाले या योजना बनाने वाले का जिनके लिए निर्णय लिए गए उनकी प्रतिक्रिया या कार्यान्वयन की जानकारी प्राप्त करना ही फीडबैक कहलाता है।

**Feminism | स्त्रीत्ववाद, नारीवाद: नारी अधिकारवाद**

नारीवाद के अनुसार स्त्रियां एक ऐसा समूह हैं जिनके हित पुरुषों के हितों के विरुद्ध हैं। ये समस्त स्त्रियों को एक भगिनी समाज (Sister Hood) के रूप में संगठित होने की प्रेरणा देते हैं जो वर्ग (Class) और प्रजाति (Race) की सीमाओं से परे हों। मतलब यह है कि स्त्रियों में चाहे कोई धनवान हो या निर्धन, उच्च जाति की हो या निम्न जाति की, श्वेत हो या अश्वेत-इस अन्तर को भुलाकर सब स्त्रियों को पुरुषों के विरुद्ध एकजुट हो जाना चाहिए और अपनी मुक्ति (Liveration) के लिए संघर्ष करना चाहिए। उदारवादी परम्परा के अन्तर्गत मेरी वॉल्स्टन क्राफ्ट (1759-97) की चर्चित कृति विडीकेशन ऑफ दी राइट ऑफ वुमैन (1731) (नारी अधिकारों का औचित्य) में स्त्रियों को कानूनी, राजनीतिक और शैक्षिक समानता की पैरवी की गई है।

नारीवादी लेखक मानते हैं कि समाज में लिंग (Gender) के आधार पर शक्ति का व्यापक प्रयोग किया जाता है। यह दृष्टिकोण पितृतन्त्र (Patriarchy) को समाज-व्यवस्था का प्रधान लक्षण मानता है तथा यह पुरुष प्रधान समाज (Male Dominated Society) के प्रति विद्रोह का भाव रखता है। नारीवादी स्त्री-पुरुष की सामाजिक, आर्थिक एवं राजनीतिक समानता की सोच के आधार पर महिलाओं के अधिकारों और हितों का बोध करवाया है।

न्यूयॉर्क रेड स्टॉकिंग्स घोषणा-पत्र, 1969 के अन्तर्गत एक सशक्त अभिव्यक्ति प्रदान की गई "स्त्रियाँ एक उत्पीड़ित वर्ग (Oppressed Class) है। हमारा उत्पीड़न सर्वव्यापक है जो हमारे जीवन के प्रत्येक पक्ष को प्रभावित करता है। हम पुरुषों को हमारे उत्पीड़न के मुख्य स्रोत के रूप में

पहचानती हैं ... पुरुष का आधिपत्य तो प्रभुत्व का सबसे पुराना और सबसे बुनियादी रूप है ... पुरुष के आधिपत्य से सब पुरुषों को आर्थिक, यौन और मनोवैज्ञानिक लाभ प्राप्त होता है। सब पुरुषों ने स्त्रियों का उत्पीड़न ही किया है।"

सार रूप में नारीवाद पुरुष के मुकाबले स्त्री की स्थिति, भूमिका (Role) और अधिकारों (Rights) से गहरा सम्बन्ध रखता है। स्त्री की पराधीनता (Subjection) और उसके प्रति होने वाले अन्याय (Injustice) पर ध्यान केन्द्रित करते हुए इसके निवारण के उपायों पर विचार करता है। नारी समर्थक मानते हैं कि अतीत तथा समकालीन समाजों में नारियों को अपने स्त्रीत्व के कारण अन्याय सहन करना पड़ रहा है। ये समर्थक नीति निर्माग में स्त्रियों की महत्वपूर्ण भूमिका का पक्षधर है।

## Feudal System | सामंती व्यवस्था

कृषि-प्रधान अर्थव्यवस्था पर आधारित सामाजिक, राजनीतिक अर्थव्यवस्था जिसमें राजा द्वारा अपेक्षित धन और सेना की सहायता अधीनस्थ सामंत यथावसर करते थे। इसी सहायता के लिए राजा सामंतों को भूमि देता था। स्वामित्व प्राप्त सामंत भी अपने सेवकों को इसी आधार पर भू-वितरण करते थे और उनसे सहायता प्राप्त करते थे। सामंती व्यवस्था में सामंत का कार्य राजा और कृषक के बीच कड़ी का था, जो कर उगाहता था और अपने क्षेत्र में कानून और व्यवस्था को कायम रखता था।

## Feudalism | सामंतवाद/सामन्तप्रथा/सामंतशाही

आर्थिक, सामाजिक और राजनीतिक व्यवस्था जिसमें राज्य शक्ति स्थानीय जमींदारों, जागीरदारों इत्यादि में बंटी रहती है तथा इन्हें अपना पद उत्तराधिकार के रूप में प्राप्त होता है। इस प्रकार की व्यवस्था मध्ययुगीन यूरोप (नवीं से चौदहवीं शताब्दी) में प्रचलित थी। आर्थिक दृष्टि से यह व्यवस्था कृषि पर आधारित थी और उसमें विभिन्न वर्गों की सामाजिक स्थिति भूमि के स्वामित्व या पट्टेदारी से निर्धारित होती थी। इसमें तीन मुख्य वर्ग थे: पुरोहित वर्ग, कुलीन वर्ग और मेहनतकश वर्ग। प्रथम वर्ग सर्वोपरि था। दूसरे वर्ग में राजा, सामंत, सरदार आते थे। समाज पर इस वर्ग का प्रभुत्व था। तीसरे वर्ग में जन-साधारण कृषक वर्ग आते थे। इन तीनों वर्गों में परस्पर उत्तरदायित्व का बंधन था और एक-दूसरे पर वे आश्रित थे। सामंतवादी भू-व्यवस्था के अधीन कृषिदासों की भूमि शुल्क के अतिरिक्त सामंतों के यहाँ बेगार भी करनी पड़ती थी। सामंतों को राजनीतिक विशेषाधिकार प्राप्त था। अपने क्षेत्र के प्रशासकीय मामले स्वतंत्र रूप से चलाते थे। समाज में सभी वर्गों में समानता नहीं थी। शासकीय वर्ग श्रेष्ठ और शासित वर्ग निम्न श्रेणी में आते थे। सामन्तवाद की प्रमुख विशेषता थी श्रेणीतन्त्रीय संगठन (Hierarchical Organization) जिसके उच्चतम स्तर पर राजा तथा निम्नतम स्तर पर दास का जीवन, उसके लिए नियत भूमि, उसका जमींदार या सरदार के साथ बंधा होना तथा वह किसी भी मामले में अपने जमींदार के दरबार की सीमा से बाहर नहीं जा सकता था।

## Fief | जागीर

राजा द्वारा अपने मातहतों या विशिष्ट लोगों को विशिष्ट सेवाओं के बदले में दिया जाने वाला भूमि का क्षेत्र, जिसकी प्रशासनिक और वित्तीय व्यवस्था का उत्तरदायित्व जागीरदार का ही होता। जागीरदारी व्यवस्था सामंतवाद की आधार स्तम्भ रही है।

## Fifth Republic | पंचम गणतंत्र

फ्रांस की वर्तमान राजनीतिक व्यवस्था। यह 1958 में अस्तित्व में आई थी, जब फ्रांसीसी सैन्य विद्रोह अल्जीरिया में चतुर्थ गणतंत्र को भारी पड़ा था और तब वहाँ के राष्ट्रपति को सेनापति की दी गॉल को प्रधानमंत्री का पद स्वीकार करने के लिए बाध्य होना पड़ा था। सेनापति दी गॉल ने यह शर्त रखी थी कि उसे नया संविधान लिखने का अधिकार मिलना चाहिए तथा उस पर जनमत प्राप्त करने की अनुमति होनी चाहिए। इस व्यवस्था में राष्ट्रपति को अधिक अधिकार प्राप्त हैं।

## Fifthe Columnist | पंचमांगी, देशद्रोही

'फिफ्थ कालम' शब्द का प्रयोग सर्वप्रथम जनरल एमिला माला ने एक प्रसारण में स्पेनी गृहयुद्ध के दौरान अक्टूबर 1936 में किया था। पंचमांगी/देशद्रोही वह व्यक्ति या समूह होता है जो शासन के पदों पर रहते हुए भीतर से तोड़फोड़, गद्दारी एवं जासूसी करके शासन को क्षति पहुँचाने की कोशिश करे। इस शब्द का प्रयोग 1936-39 के स्पेनी गृहयुद्ध के समय प्रारंभ हुआ था। उस समय जनरल फ्रेंको के अनुयायी सैनिकों ने मैड्रिड को चारों ओर से घेर लिया था। जनरल माला ने अपने व्याख्यान में कहा था कि सेना के चार अंग तो बाहर से राजधानी की ओर बढ़े चले आ रहे हैं, लेकिन सेना का पांचवां अंग पहले से ही देश के भीतर मौजूद है। और वह किसी भी समय शासन केन्द्र पर प्रहार कर सकता है। उसके अनुयायियों की पांचवीं टुकड़ी ने सरकारी पदों पर काम करते हुए वहीं से विप्लव, गुप्तचर्या और तोड़-फोड़ का आयोजन किया था। अतः उन्हें पंचमांगी का फतवा दिया गया और यह शब्द सांकेतिक रूप से इसी प्रकार के लोगों का वर्णन करने के लिए प्रयुक्त होने लगा।

## Figure Head | नाम मात्र का अध्यक्ष

किसी देश का उच्च पदासीन व्यक्ति जो अपने पद के धारक के नाते नाम मात्र का अध्यक्ष हो किन्तु जिसे प्रभावी अधिकार प्राप्त नहीं हों।

## Filibuster | गतिरोधक-भाषण

संयुक्त राज्य अमेरिका के संविधान की एक प्रथा जिसके अन्तर्गत सीनेट (Senate) में विरोधी दल के सदस्य किसी विधेयक को पारित होने से रोक सकते हैं। ये सदस्यगण एक के पश्चात एक लंबे-लंबे भाषण देते चले जाते हैं ताकि विवाद समाप्त न हो पाए एवं अधिवेशन की समाप्ति तक मत-विभाजन (Division) नहीं करवाया जा सके। पर यदि सदन के दो-तिहाई सदस्य प्रत्येक वक्ता के भाषण को एक-एक घंटे तक सीमित करने की याचिका पर हस्ताक्षर कर दें तो विवाद का समापन (Closure) संभव हो जाता है। इस युक्ति का प्रथम प्रयोग 1964 में नागरिक अधिकार कानून (Civil Rights Legislation) के मामले में किया गया था।

## Finance Bill | वित्त विधेयक

प्रत्येक वर्ष बजट के पश्चात बजट में निहित प्रस्तावों को विधान का रूप देने के लिए प्रस्तुत किया जाने वाला विधेयक जिसे वित्त विधेयक कहते हैं। किसी कालावधि के लिए अनुपूरक वित्तीय प्रस्थापनाओं को प्रभावी करने वाला विधेयक भी "वित्त विधेयक" के अन्तर्गत आता है। लोकसभा के प्रक्रिया तथा कार्य संचालन सम्बन्धी नियम 119(1) में उसकी परिभाषा एवं स्वरूप का निरूपण करते हुए कहा गया है कि वित्त विधेयक का तात्पर्य "भारत सरकार की अगले वित्तीय वर्ष की वित्तीय प्रस्थापनाओं को प्रभावी करने के लिए साधारणतया प्रत्येक वर्ष पुरःस्थापित विधेयक से है और उसमें किसी कालावधि के लिए अनुपूरक वित्तीय प्रस्थापनाओं को प्रभावी करने का विधेयक सम्मिलित है।"

अनुच्छेद 112 के अनुसार राष्ट्रपति प्रत्येक वित्तीय वर्ष के सम्बन्ध में 'संसद के दोनों सदनों' के समक्ष भारत सरकार की उस वर्ष के लिए प्राक्कलित प्राप्तियों और व्यय का विवरण वित्त मंत्री के माध्यम से रखवायेगा, जिसे इस भाग में वार्षिक वित्तीय विवरण कहा गया। धन विधेयक के बारे में निश्चय लोकसभा अध्यक्ष ही करता है तथा वह पृष्ठांकित करता है कि वह धन विधेयक है। यह विधेयक राज्य सभा को लोकसभा की स्वीकृति के बाद भेजा जाता जिसे उसे 14 दिन में लौटाना पड़ता है।

राज्यों के वित्त विधेयक–अनुच्छेद 202 के तहत राज्यपाल प्रत्येक वित्तीय वर्ष के सम्बन्ध में राज्य के विधान मण्डल के सदन या सदनों के समक्ष उस राज्य की उस वर्ष के लिए प्राक्कलित प्राप्तियों और व्यय का विवरण रखवायेगा जिसे इस भाग में वार्षिक वित्तीय विवरण कहा गया है।

## Finance Commission | वित्त आयोग

भारत में वित्त आयोग का अभिप्राय संविधान के अनुच्छेद 280(1) के अधीन गठित वित्त आयोग से है। इसमें राष्ट्रपति को प्रति पाँचवें वर्ष या आवश्यकतानुसार उसके पूर्व भी, वित्त आयोग नियुक्त करने का अधिकार है। यह सांविधानिक प्रदेश के अधीन राष्ट्रपति के आदेश से निर्मित एक स्वतंत्र संस्था है। इसमें एक अध्यक्ष तथा चार अन्य सदस्य होते हैं। प्रथम वित्त-आयोग की स्थापना 1951 में की गई थी और उसके बाद से प्रति पांचवें वर्ष वित्त आयोग की स्थापना होती रही है। वित्त आयोग का मुख्य कार्य है कि वह जिन करों का केन्द्र और राज्यों के बीच बटवारा होना है, उनकी रकमों के सम्बन्ध में, केन्द्र द्वारा राज्यों को दिए जाने वाले सहायक अनुदान के सिद्धान्तों तथा राज्यों के मिलने वाले विशेष दर्जे, जन उपयोगी सेवा में सहायता राज्यों के वित्तीय सुधार एवं राज्यों के कर एवं जी.डी.पी. अनुपात में वृद्धि आदि के सम्बन्ध में सिफारिशें करें। राष्ट्रपति का यह सांविधानिक कर्तव्य है कि वह वित्त आयोग की सिफारिशों को संसद के प्रत्येक सदन के सम्मुख रखवाये। 12वें वित्त आयोग (2005-10) के अध्यक्ष सी. रंगराजन के द्वारा अपना रिपोर्ट राष्ट्रपति को दे दिए। इसके बाद नवम्बर 2007 में डा. विजय केलकर की अध्यक्षता में 13वाँ वित्त आयोग के लिए नियुक्त किया गया था। केन्द्र सरकार ने 2 जनवरी 2013 को भारतीय बैंक के पूर्व गवर्नर वाई.वी. रेड्डी की अध्यक्षता में 14वें वित्त आयोग का गठन किया है।

## Financial Policy | राजकोषीय नीति

राजकोषीय नीति के द्वारा सरकार आर्थिक व्यवस्था का प्रबंध करती है जिसमें कराधान का स्वरूप, सार्वजनिक ऋण, सार्वजनिक व्यय तथा राजकीय कोष आदि शामिल हैं। कराधान में परिवर्तन के द्वारा सरकार आर्थिक मंदी के समय करों में छूट देकर लोगों की क्रय सामर्थ्य बढ़ाती है जिसके फलस्वरूप वस्तुओं और सेवाओं की प्रभावी मांग बढ़ती है तथा उद्योग और व्यवसाय को प्रोत्साहन मिलता है। इस प्रकार अर्थव्यवस्था फिर से वृद्धि की ओर जाती है। कराधान में वृद्धि करके स्फीतीकारी प्रवृत्तियों का दमन किया जा सकता है। आधुनिक समय में राजकोषीय नीति अर्थव्यवस्था की वृद्धि में महत्वपूर्ण भूमिका अदा करती है। राजकोषीय नीति के तीन प्रमुख उद्देश्य होते हैं। चक्रीय उच्चावचनों के बुरे प्रभावों से अर्थव्यवस्था को बचाना, देश में वास्तविक आय तथा मांग के सामान्य स्तर को ऊँचा उठाना, जनता की राष्ट्रीय आय का अंतरण करके आयगत असमानता कम करना। इसके अन्तर्गत ऊँची आय तथा संपत्ति पर कर लगा कर तथा निम्न वर्ग के व्यक्तियों के हितों के कार्यों पर सरकारी व्यय में वृद्धि करके प्राप्त किया जा सकता है।

## First International Labour Union | प्रथम अन्तर्राष्ट्रीय मजदूर संघ

प्रथम अन्तर्राष्ट्रीय मजदूर संघ की स्थापना मार्क्स ने 1864 में लंदन में की थी। और उसका उद्देश्य विश्व के विभिन्न देशों में समाजवाद की सिद्धि के लिए मजदूरों के प्रयत्नों में तालमेल स्थापित करना था। इसकी कांग्रेस की प्रथम बैठक सन् 1866 में जेनेवा में हुई थी। कार्ल मार्क्स और फ्रेडरिक एंजिल्स इसके सक्रिय सदस्य थे। सन् 1869 में इसमें बाकुनिन और आतंकवादी दल शामिल हुए जिससे आंतरिक झगड़े उत्पन्न हो गए जिनके कारण आगे चलकर इस संघ का अंत हो गया। इसकी अंतिम बैठक सन् 1876 में फिलाडेलफिया में हुई थी।

**First Strike | प्रथम प्रहार**

यह परमाणु आयुधों की एक व्यूह रचना है। इस में शत्रु पर परमाणु आयुधों का प्रयोग शत्रु के द्वारा बिना किसी आक्रमण करने के, किया जाता है। यह व्यूह रचना संघर्ष को तीव्र करने वाली व्यूह रचना होती है।

**First World | पहली दुनिया**

यह पद पश्चिमी यूरोपीय तथा उत्तरी अमेरिकी देशों के लिए किया जाता है। ये देशों में औद्योगीकरण से सम्पन्न है। इन देशों में आस्ट्रेलिया व न्यूजीलैण्ड भी आते हैं।

**Fiscal Cliff | राजकोषीय फांस, खतरा**

अमेरिका में 2013 में राजकोषीय घाटा बेकारी काफी बढ़ा है और विकास दर में कमी आई है। राजकोष पर 16400 अरब डालर का वित्तीय घाटा है। अतः इसे कम करने हेतु फिस्कल क्लिफ लाया जा रहा है। यह करों में वृद्धि और सरकारी खर्चो में कटौती के बाद बनता है। इससे उपभोक्ता खर्चो में कमी आ सकती है और अर्थव्यवस्था को बढ़ावा देने के लिए होने वाले खर्च और राहत उपाय बन्द हो सकते हैं जिससे आर्थिक मन्दी की आशंका और बढ़ जाती है। लेकिन वित्तीय घाटा कम किया जा सकता है।

**Five Interested Party | पाँच हितबद्ध पक्षकार**

1994 में स्थापित विश्व व्यापार संगठन (WTO) और इसकी 2001 के दोहा वार्ता के पक्षकार - अमेरिका, यूरोपीय संघ, ब्राजील, भारत और आस्ट्रेलिया जो विश्व के बढ़ते व्यापार और वैश्वीकरण का लाभ गरीब देशों को भी देना चाहते और विकासशील देशों के हितों को भी बचाना चाहते हैं।

**Flexible Response | लचीली अनुक्रिया**

संयुक्त राज्य अमेरिका में लोकप्रिय व्यूह-रचना सम्बन्धी सिद्धान्त। यह मानता है कि गम्भीर युद्ध संस्थितियों में सरकार के पास आक्रामक एवं सुरक्षात्मक व्यूह रचनाएं होनी चाहिए, जिससे युद्ध को तीव्र करने की आवश्यकता न रहे। इसके अनुसार आवश्यकता होने पर प्रतिरक्षात्मक रूप में एकाध मिसाइल दाग दी जानी चाहिए।

**Floor Crossing | दल बदलना**

इसे राजनैतिक दल त्यागना भी कहा जाता है। जब विधानमंडल का निर्वाचित सदस्य अपने उस दल को छोड़ देता है जिसके टिकट पर वह निर्वाचित हुआ है। यह विधायक या सांसद शासक पार्टी या विरोधी दल किसी का भी हो सकता है। आजकल वैचारिक विभेद के लिए कम पद और धन के लालच में अधिक दल-बदल होते हैं।

**Food and Agriculture Organization (FAO) | खाद्य एवं कृषि संगठन**

इसकी स्थापना 16 अक्टूबर 1945 को हुई। इसका मुख्यालय रोम (इटली) है। विश्व में कृषि उत्पादकता और पोषण (खुराक) शक्ति का विकास करना, साथ ही ग्रामीण जनसंख्या के जीवन स्तर को ऊँचा उठाने के लिए प्रत्यनशील है। इसकी सदस्य संख्या 180 है। इसके महानिदेशक डॉ. जेक्वेसडियोफ सेनेगल के हैं।

## Force Majeure | वरिष्ठ शक्ति/बड़ी ताकत

यह पद संकेत करता है कि राजनीतिक हल या परिणाम बड़ी ताकत के इस्तेमाल पर निर्भर करता है न कि समझौता या कानूनी प्रक्रिया पर। उदाहरणार्थ हड़तालों का निपटारा सैनिक बल या पुलिस फोर्स के भेजे जाने से होता है न कि बातचीत से।

## Force Theory of Origin of the State | राज्य की उत्पत्ति : बल प्रयोग सिद्धान्त

राज्य की उत्पत्ति के बारे में इस सिद्धान्त की मान्यता है कि जिस मनुष्य ने शुरू में ही अपनी शक्ति से दूसरों को अधीन बनाया, वही राजा बना। राजा न केवल शूरवीर था, बल्कि अपने अनुयायियों की सैन्य-शक्ति संगठित की तथा उसने अधिक से अधिक लोगों पर अपना नियन्त्रण स्थापित करके अपनी स्थिति सुदृढ़ की।

डेविड ह्यूम (1711–76) ने अपनी पुस्तक 'ऑन द ओरिजिन ऑफ गवर्नमेन्ट' (शासन की उत्पत्ति) (1758) में लिखा हो सकता है, जनसमूह पर शासन करने वाला मनुष्य युद्ध में विजयी रहा हो।

राज्य की उत्पत्ति के बल प्रयोग के आधुनिक युग में प्रमुख समर्थक ई. जैंक्स है। इन्होंने अपनी पुस्तक 'ए हिस्ट्री ऑफ पॉलिटिक्स'। राजनीति का इतिहास (1900) में कहा है कि आधुनिक राज्यों की उत्पत्ति युद्ध में सफलता से हुई है।

मनुस्मृति में कहा गया है कि दण्ड ही राजा है और वह सृष्टि का नियामक है दण्ड ने सारे संसार को जीत रखा है, बल्कि दण्ड के बल से ही शत्रु को खदेड़कर राज्य की रक्षा भी की जाती है। आचार्य कौटिल्य ने कहा है कि समस्त सांसारिक जीवन का आधार दण्ड शक्ति ही है।

## Foreign Direct Investment (FDI) | प्रत्यक्ष विदेशी निवेश

किसी देश की आंतरिक संरचनाओं, संयत्रों और संस्थाओं में विदेशी परिसंपत्तियों का निवेश। इसमें शेयर बाजार में लगी विदेशी पूंजी शामिल नहीं की जाती। प्रत्यक्ष विदेशी निवेश को शेयर बाजार से माध्यम से स्वदेशी कंपनियों में निवेश से बेहतर माना जाता है। शेयर बाजार जो अल्पकालिक सट्टेबाजी के लिए आया है– और कभी भी समाप्त हो सकता है। इसके विपरीत प्रत्यक्ष निवेश चाहे अच्छा हो या बुरा दोनों ही परिस्थितियों में देश के आर्थिक विकास में काम आता है।

## Foreign Institution Investors | संस्थागत विदेशी निवेशक

किसी दूसरे देश में आधार वाले बैंक और गैर-बैंक संस्थानों में पूंजी लगाना। इनमें विदेशी व्यावसायिक बैंक, निवेश बैंक, म्युचुअल फंड, पेंशन कोष जैसी निवेशक संस्थाएँ आती है जो देश की अपनी इस प्रकार की संस्थाओं से अलग होती है। शेयर, बांड आदि में स्टॉक एक्सचेंज के माध्यम से इनके निवेश का देश की आर्थिक व्यापारिक परिस्थितियों पर गहन प्रभाव पड़ता है। इसके द्वारा विदेशी पूंजी किसी देश में आता तो है लेकिन निवेश कम होने, वापस ले लेने या ज्यादा मुनाफा विदेश जाने से देश की आन्तरिक आर्थिक हालत पर विपरीत प्रभाव भी पड़ता है।

## Foreign Secretary | 1. विदेश सचिव 2. विदेशमंत्री

किसी देश के विदेश मंत्रालय का सचिव जो राज्य की विदेश सेवा का वरिष्ठ अधिकारी होता है। ग्रेट ब्रिटेन में विदेशमंत्री को विदेश सचिव कहते हैं जो मंत्रिमण्डल का एक वरिष्ठ सदस्य होता है एवं अमेरिका में विदेशमंत्री को सैक्रेट्री ऑफ स्टेट (राज्य-सचिव) का पदनाम दिया गया है।

### Formal Liberty | औपचारिक स्वतन्त्रता

इसका अर्थ प्रतिबन्ध के अभाव (Absence of Restraint) से लगाया जाता है। इसीलिए इसमें व्यक्ति के उन कृत्यों पर ध्यान केन्द्रित किया जाता है जो राज्य के हस्तक्षेप से परे होते हैं जैसे बोलने की स्वतन्त्रता, व्यवसाय एवं उपासना की स्वतन्त्रता आदि।

### Forms of Government | सरकार रूप

सरकारों को कार्यकारी शक्ति के स्वरूप तथा विधानपालिका और कार्यपालिका के पारस्परिक संबंधों के आधार पर वर्गीकृत किया जाता है।

### Forward Caste Commission | सवर्ण जाति आयोग

बिहार के सवर्ण जाति ब्राह्मण, राजपूत, भूमिहार और कायस्थ जो वहाँ की आबादी में करीब 20 प्रतिशत हैं लगातार आरक्षण की मांग कर रहे थे। मूंगेरीलाल कमीशन के आधार पर वहाँ 1977 में पिछड़ी जातियों के लिए आरक्षण दिया गया था। आरक्षण आन्दोलन के बाद सवर्ण जातियों के गरीबों के लिए भी पाँच प्रतिशत आरक्षण का प्रावधान किया गया था।

### Founding Fathers (of Constitution) | संविधान निर्माता

किसी देश की राजनीतिक व्यवस्था में राज्य की संविधान-निर्मात्री सभा के सदस्य जो संविधान का निर्माण करते हैं। उसे संविधान निर्माता कहते हैं।

### Four 'Ps' | चार पी

लूथर गुलिक द्वारा संगठन के विभागों के चार उद्देश्य या आधार बताए गए हैं जो अंग्रेजी के चार शब्दों का प्रथम अक्षर है। संगठन का कार्य अथवा लक्ष्य (Purpose), प्रक्रिया (Process), व्यक्ति (Person) और क्षेत्र, प्रदेश या स्थान (Place)। इन्हीं चार उद्देश्यों को ध्यान में रखकर कोई नया संगठन या विभाग बनाया जाता है।

### Four Freedoms | चतुर्विध स्वतंत्रताएँ

निर्दिष्ट चार प्रकार की स्वतंत्रता जिसे 6 जनवरी, 1941 को अमेरिका के राष्ट्रपति फ्रैंकलिन रूजवेल्ट ने कांग्रेस में निम्न चार प्रकार की स्वतंत्रताओं की घोषणा की जो मित्र राष्ट्रों तथा स्वतंत्रताप्रिय राष्ट्रों के लिए लक्षित थीं। 12 अगस्त 1941 को रूजवेल्ट एवं ब्रिटिश प्रधानमंत्री चर्चिल एटलाण्टिक महासागर में एक युद्धपोत पर मिले तथा एक चार्टर पर हस्ताक्षर हुए जिसके अनुसार चार प्रकार की स्वतंत्रता पर बल दिया।

1. भाषण एवं विचार अभिव्यक्ति की स्वतंत्रता
2. अपनी इच्छानुसार ईश्वर की उपासना की स्वतंत्रता
3. आर्थिक अभाव से स्वतंत्रता, तथा
4. भय से स्वतंत्रता।

इसके लिए रूजवेल्ट ने विभिन्न राष्ट्रों के मध्य निरस्त्रीकरण समझौते का प्रतिपादन किया ताकि किसी भी छोटे-बड़े राष्ट्र को आक्रमण का डर न रहे। इनमें पहली दो प्रकार की स्वतंत्रता राज्य के नकारात्मक कार्यों का संकेत देती है, और दूसरी दो प्रकार की स्वतंत्रता राज्य के सकारात्मक कार्यों से सम्बन्ध रखती है क्योंकि मनुष्य को भय और अभाव से मुक्त करने के लिए राज्य से सक्रिय भूमिका की अपेक्षा की जाती है।

## Fourteen Points (Fourteen Peace Points) | चौदह सूत्र

प्रथम विश्व-युद्ध के दौरान संयुक्त राज्य अमेरिका के राष्ट्रपति विलसन (1856-1924) द्वारा निर्धारित वे चौदह शर्तें जिनके आधार पर मित्र राज्य जर्मनी के साथ शान्ति-सन्धि करने को तैयार थे। 11 जनवरी, 1918 को अमेरिकी कांग्रेस के सम्मुख अपने एक भाषण में विलसन ने इन शर्तों का निरूपण किया था और युद्ध के बाद ये शर्तें शान्ति-संधि का आधार स्वीकार की गई थीं। इन शर्तों में से कुछ प्रमुख शर्तें या सूत्र इस प्रकार थे:

1. गुप्त कूटनीतिक वार्ता समाप्त करके शांति के सभी समझौते खुले रूप में किए जाएंगे।
2. राष्ट्रीय सुरक्षा का ध्यान रखते हुए सभी राष्ट्र निःशस्त्रीकरण की ओर अग्रसर होंगे।
3. युद्ध एवं शांतिकाल में, महासमुद्रों में नौवहन की सुविधा सभी राष्ट्रों को प्राप्त होगी।
4. युद्ध की समाप्ति पर सभी राष्ट्रों का एक संगठन बनाया जाएगा जिसमें समस्त प्रकार के छोटे-बड़े राष्ट्रों को समान रूप से राजनीतिक स्वतंत्रता की पारस्परिक प्रत्याभूति प्राप्त होगी।
5. आर्थिक बन्धनों में ढील दी जाएगी।
6. सभी जातियों को आत्मनिर्णय का अधिकार प्राप्त होगा। इस प्रकार से उपरोक्त आवश्यक सूत्र थे।

## Fourth Estate | चौथा वर्ग, प्रेस/पत्रकार वर्ग

समाचार पत्रों के लिए एक गौरवपूर्ण पद। इसका प्रयोग सर्वप्रथम थामस दैविगन मैकाले ने ब्रिटिश पार्लियामेंट में 1848 में किया था। उन्होंने यह कहा था कि "जिस दीर्घा या पंक्ति में रिपोर्टर बैठते हैं, वह राज्यमंडल का चतुर्थ वर्ग बन गई है।" उस समय राज्यमंडल के तीन वर्ग थे लाइस स्पिरिचुअल (धर्माधिपति), लाईस टेम्पोरल (सामंती प्रभु) और कामन्स (लोक प्रतिनिधि)। वर्तमान प्रयोग में विधिपालिका (लेजिस्लेटिव), कार्यपालिका (एक्जीक्यूटिव) और न्यायपालिका (जुडिसरी) को शासन के तीन आधार स्तंभ माना जाता है और चौथा स्तंभ यह प्रेस है। विशेषकर लोकतंत्रात्मक व्यवस्था में पत्रकार वर्ग की भूमिका बड़ी महत्वपूर्ण मानी जाती है और उसे राजनीतिक-सामाजिक व्यवस्था का एक आवश्यक अंग समझा जाता है। इसीलिए इस समुदाय को चतुर्थ वर्ग के नाम से पुकारा जाने लगा है।

## Fourth Phase of Democracy | लोकतंत्र का चौथा चरण

अरब देश जहाँ शासन व्यवस्था में इस्लामिक शासन और शासकों के एकता के कारण लम्बे समय से तानाशाही या धार्मिक कट्टरपंथियों का शासन था, वहाँ 2012 में सशक्त विरोध का स्वर उठा। इसे सोशल मीडिया, फेसबुक, ट्यूटर, एस.एम.एस. ने दावानल की तरह फैला दिया। इससे मिस्र, सीरिया, लीबिया आदि देशों के तानाशाहों को जनता के विरोध, गृहयुद्ध से हटाया गया या मौत के घाट उतार दिया गया। इसका समर्थन सभी प्रजातांत्रिक देशों ने किया। इन देशों में जनता के द्वारा निर्वाचित सरकार बनी है जो प्रजातंत्र के आधार स्तम्भ 'धर्मनिरपेक्षता' को महत्व दे रही है। इसे प्रजातंत्र के चौथा चरण कहा गया है। इससे पूर्व प्रथम चरण 17वीं और 18वीं शताब्दी में 1688 का इंग्लैंड में गौरवपूर्ण क्रांति, 1776 का अमरीकी स्वतंत्रता क्रांति, 1789 में फ्रांसीसी क्रांति था। दूसरा चरण द्वितीय विश्वयुद्ध के बाद 1945-1960 उपनिवेशवादी ताकत से एशिया एवं अफ्रीका की स्वतंत्रता था। तीसरा चरण सोवियत संघ के 1990 में विघटन से पूर्वी यूरोप में प्रजातंत्र का विकास हुआ था।

## Fourth State | चौथा स्तम्भ

समाचार पत्रों, पत्रिकाओं, दूरदर्शन, e-news आदि को लोकतंत्र का चौथा स्तम्भ कहा जाता है। इन्टरनेट भी लोकतंत्र का प्रहरी बन रहा है।

## Fourth World | चौथी दुनिया

विकसित, विकासशील और गरीब देश यानी तीसरी दुनिया के बाद अल्पविकसित और अति पिछड़ा देश को चौथी दुनिया कहा जाता है। तेल की कीमत बढ़ने से इन देशों की अर्थव्यवस्था खराब हो गई है। अफ्रीका के गरीब देश जो भुखमरी, कुपोषण और सूखे के शिकार हैं चौथी दुनिया कहलाते हैं।

## Franch Revolution | फ्रांसीसी क्रांति

सन् 1789 की फ्रांसीसी क्रान्ति न केवल यूरोप बल्कि विश्व में युगान्तरकारी घटना थी। इसने सशक्त ढंग से तीन आधुनिक आदर्शों (Ideals), स्वतन्त्रता, समानता एवं भ्रातृत्व के विचारों को जन्म दिया।

(A) स्वतंत्रता के आदर्श के मूर्तिकरण के रूप में इस क्रान्ति ने स्पष्ट किया कि सत्ता ऊपर से नहीं आती बल्कि नीचे से अर्थात जनता से उठकर ऊपर जाती है। स्वतन्त्रता का यह विचार परम्परावादी आज्ञाकारिता के प्रति विद्रोह था।

(B) समानता के उद्देश्य के रूप में कुलीनवर्ग के रूढ़िबद्ध विशेषाधिकारों को चुनौती दी गई तथा कानून के समक्ष सभी मनुष्यों की समानता की बात कही गई।

(C) भ्रातृत्व का सन्देश मनुष्यों के बीच राष्ट्रीय प्रेम एवं सौहार्द की भावना को बलवती बनाने के प्रयासों से मुखरित हुआ।

यह क्रांति मुख्यः फ्रांस की पुरातन व्यवस्था (आसियां रिजीम) के प्रति गहरे जन असन्तोष का परिणाम थी। इस व्यवस्था में गम्भीर सामाजिक विषमता, राजनीतिक निरंकुशता व आर्थिक शोषण का पर्याय थी। फ्रांस की क्रान्ति का तात्कालिक कारण सरकार का वित्तीय संकट था, जिसके समाधान के लिए लुई XVIवें 1789 में एस्टेट जनरल का सम्मेलन बुलाना पड़ा। लुई ने एस्टेट जनरल के चुनाव करवाकर उसका अधिवेशन बुलाने का निर्णय किया। यह बैठक 175 वर्ष बाद बुलाई जा रही थी। इससे पहले 1614 में इसकी बैठक बुलाई गई। इसमें 1201 प्रतिनिधि थे जिनमें 300 सदस्य प्रथम एस्टेट (पादरी वर्ग) 291 सदस्य द्वितीय एस्टेट (कुलीन वर्ग) तथा 610 प्रतिनिधि तृतीय स्टेट (कृषक, मजदूर, मध्यम वर्ग) के थे। 5 मई 1789 को एस्टेट जनरल का अधिवेश प्रारम्भ हुआ। लगभग 5 सप्ताह तक अधिवेशन में मतदान के प्रश्न पर बहस चलती रही। अन्त में 17 जून 1789 को प्रथम दो एस्टेटस् की हठधर्मिता के कारण तृतीय एस्टेट ने अपने को राष्ट्रीय सभा घोषित कर दिया। 20 जून 1789 को तृतीय एस्टेटस के प्रतिनिधियों ने टेनिस कोट में शपथ लेकर कहा कि वे तब तक अलग नहीं होंगे जब तक राज्य का संविधान स्थापित नहीं हो जाता। 14 जुलाई 1789 को उग्र भीड़ ने पेरिस के पूर्व में स्थित बास्टील के शाही दुर्ग व जेलखाने को तोड़ दिया। बास्टील के पतन को फ्रांस व यूरोप में स्वतन्त्रता की विजय के रूप में देखा गया। 6 अक्टूबर 1789 को उग्र भीड़ ने वारसा के महल से राजा व रानी को गिरफ्तार करके पेरिस लाया गया। 21 जनवरी 1793 को पेरिस के एक सार्वजनिक चौराहे पर लुई XVIवें का सिर गिलेटिन द्वारा धड़ से अलग कर दिया गया।

## Franchise | मताधिकार

लोकतंत्र में, लोगों को वह अधिकार जिसके द्वारा वे विधानमंडल या कार्यपालिका के लिए अपने प्रतिनिधि चुन सकते हैं। यह मताधिकार जिस देश में जितना व्यापक होता है, वहाँ लोकतंत्र उतना ही सार्थक और प्रभावशाली माना जाता है। यूरोप में पहले मताधिकार के साथ सम्पत्ति सम्बन्धी योग्यता जुड़ी रहती थी। स्त्रियों को भी प्रायः मताधिकार से वंचित रखा जाता था। परन्तु अब प्रायः सारा भेदभाव समाप्त कर दिया गया है और सार्वजनीन वयस्क मताधिकार (Universal Adult Franchise) की व्यवस्था कर दी गई है। भारत में संविधान के प्रारम्भ (1950) से ही सार्वजनीन वयस्क मताधिकार प्रचलित है। संविधान के अनुच्छेद 325 के तहत धर्म, जाति, मूल वेश या लिंग

के आधार पर किसी व्यक्ति को निर्वाचक-नामावली (Voter List) में शामिल होने के लिए अपात्र नहीं माना जाएगा। अनुच्छेद 326 में लोकसभा, विधान सभाओं के निर्वाचन वयस्क मताधिकार के आधार पर होंगे (मताधिकार आयु 18 वर्ष 61वां संविधान संशोधन 1989)।

**Franchise Due Quarties | शरण अधिकार**

अन्तर्राष्ट्रीय राजनीति में इस प्रकार कि विधि है कि किसी राज्य के भागे हुए व्यक्ति को शरण देने का अधिकार। इसका प्रयोग बहुधा राष्ट्रीय विधि अथवा अन्तर्राष्ट्रीय विधि द्वारा निर्धारित शर्तों के अनुसार ही किया जाता है।

**Franco, Francisco Franco (1892–1975) | फ्रेंको**

जनरल फ्रेंको एक सैनिक अधिकारी थे। वे बाद में सेना के चीफ बने तथा अस्थाई सरकार के अध्यक्ष भी बने। उन्होंने स्पेन के गृहयुद्ध पर विजय प्राप्त की। उन्होंने स्पेन पर एकछत्र शासन किया। वे मुसोलिनी की तरह के अधिनायक थे।

**Frank Furt School | फ्रेंकफर्ट स्कूल**

सन् 1923 में फ्रेंकफर्ट विश्वविद्यालय के अन्तर्गत सामाजिक अनुसंधान संस्थान (Institute of Social Research) के रूप में यह विद्यालय स्थापित किया। इसमें विश्व की परिवर्तित परिस्थितियों को केन्द्र में रखते हुए मार्क्सवादी उपागम की सार्थकता पर दुबारा से विचार किया जाने लगा। हिटलर के सत्तारूढ़ होने पर इस संस्थान को बन्द करवा दिया गया। 1933 में इसे न्यूयॉर्क (अमेरिका) में स्थापित किया गया है। 1953 में दुबारा इसे फ्रेंकफर्ट में स्थापित कर दिया गया। इसके प्रमुख विचारक थ्योडोर एडोर्नो (1903–69), मैक्स हारर्वाइमर (1895–1973), एरिक फ्रॉम (1900–80), हर्बर्टमार्क्यूज (1893–1979) और यूर्गेन हेबरमास (1929) हैं।

**Fraternity | भाईचारा/बन्धुत्व/भ्रातृभावना**

वह भावना जो मनुष्य-मनुष्य में अपने पराये का भेद मिटाकर सबको एक-दूसरे के निकट लाती है और व्यक्ति की गरिमा स्थापित करके राष्ट्र की एकता का पथ प्रशस्त करती है। यह भावना सम्पूर्ण विश्व को एक कुटुम्ब का रूप देती है। बंधुत्व की भावना स्वतंत्रता और समानता के साथ जुड़ी होती है। अर्थात् बन्धुत्व का अर्थ है वह विचार या भावना जिससे प्रेरित होकर किसी समुदाय (Community) के सदस्य एक-दूसरे को भाई-भाई की तरह चाहने लगते हैं और अपने व्यवहार में एक-दूसरे के प्रति इतने स्नेह, आदर और त्याग का परिचय देते हैं जैसे कि वे सचमुच एक ही परिवार के सदस्य हों। आधुनिक युग में राजनीतिक सिद्धान्त के अन्तर्गत बन्धुत्व की भावना फ्रांसीसी क्रांति (French Revolution) (1789) से अस्तित्व में आई है।

अंग्रेज विचारक थामस हिल ग्रीन (1836–82) ने कहा है कि राज्य का जन्म समुदाय की नैतिक चेतना से होता है जो सब मनुष्यों में समान रूप से पाई जाती है। इससे प्रेरित होकर वे सब एक दूसरे की गरिमा को स्वीकार करते हुए सबके समान अधिकारों को मान्यता देते हैं। दूसरे अंग्रेज दार्शनिक वोसांके का विचार था कि राज्य समुदायों का समुदाय है, इसलिए सामाजिक सहयोग का सम्पूर्ण क्षेत्र इसके अन्तर्गत ही आ जाता है।

**Free Economy | मुक्त अर्थव्यवस्था**

ऐसे देश और उसकी अर्थव्यवस्था जहाँ सरकार आर्थिक व्यवस्था में कोई हस्तक्षेप नहीं करती हो। प्रायः आज सभी राष्ट्र राष्ट्रीय उत्पादन तथा वितरण पर कुछ न कुछ नियंत्रण रखते हैं। आज मिश्रित अर्थव्यवस्था का युग है, मुक्त अर्थव्यवस्था का नहीं।

### Free Thinker | मुक्त चिंतक

जो विचारक किसी भी स्थापित एकात्मक विचारधारा का विरोधी हो और क्रांति, इस्लाम, पैगम्बर इत्यादि का अंधानुकरण न करने वाला, आप्तप्रमाण को न मानने वाला तथा सूक्ष्म (विशेषतः धर्म और नीति की) बातों को तर्कगम्य मानने वाला व्यक्ति मुक्त चिंतक होता है।

### Free Thought | स्वतंत्र विचार

बर्टेन्ड रसेल के विचार से, वह विचार जो कानूनी या आर्थिक लाभ-हानि के दायरे से स्वतंत्र, लेकिन प्रमाण मात्र के बल पर आश्रित होता है।

### Free Trade | मुक्त व्यापार

मुक्त व्यापार अन्तर्राष्ट्रीय आर्थिक व्यवस्था है जिसमें कोई भी राष्ट्र अन्य देशों के उत्पादों के आयात पर कोई प्रतिबन्ध नहीं लगाता जिसके अनुसार प्रत्येक राष्ट्र को अन्य देशों में अपने माल को उन्हीं शर्तों पर जिन पर वहाँ के उत्पादक अपना माल बेचते हैं, बेचने का समान अधिकार होता है। वस्तुतः इस प्रकार की स्थिति विश्व में कभी नहीं रही। इस प्रकार का मुक्त व्यापार संधियों के माध्यम से ही सम्भव हुआ है। इस प्रकार की संधि प्रायः "Custom Union" कहलाती है।

### Freedom | स्वतंत्रता

स्वतंत्रता का सामान्य अर्थ है: प्रतिबंध का अभाव (Absence of Restrain)। प्रायः लिबर्टी तथा फ्रीडम जिन्हें हिन्दी भाषा में स्वतन्त्रता कहते हैं। एक जैसे अर्थों में लिया जाता है। हेयक (द कॉन्स्टीटयूशन ऑफ़ लिबर्टी) ने दोनों शब्दों का एक ही अर्थ बताया है। लॉक ने कहा है कि "जहाँ कानून नहीं होते हैं वहाँ स्वतन्त्रता नहीं होती" वस्तुतः (स्वतन्त्रता लाइसेन्स नहीं होती) यह नियमित होती है, जिसका प्रयोग किसी दायरे में ही हो सकता है। लैटिन शब्द लाइबर से बने लिबरटी का अर्थ होता है, बन्धनों का अभाव लेकिन अब स्वतन्त्रता का अर्थ उस वातावरण की स्थापना करना है जिसमें एक व्यक्ति, अपने श्रेष्ठतम रूप की प्राप्ति का अवसर प्राप्त करता है अर्थात बिना किसी बाधा के अपने व्यक्तित्व को व्यक्त करने का नाम स्वतन्त्रता है। "स्वतन्त्रता का अर्थ है जंजीरों, कैद और दासता से मुक्ति"। इजाहबर्लिन के अनुसार संविधान के अनुच्छेद 19(1) में प्रत्येक भारतीय नागरिक को 6 प्रकार की स्वतंत्रताएं दी गई हैं, जैसे: (1) वाक् एवं अभिव्यक्ति की स्वातंत्र्य (2) निरायुद्ध सम्मेलन की स्वतन्त्रता (3) संघ बनाने की स्वतन्त्रता (4) अबाध भ्रमण की स्वतन्त्रता (5) राज्य क्षेत्र में अबाधनिवास की स्वतन्त्रता (6) वृत्ति एवं उपजीविका कमाने की स्वतन्त्रता।

### Freedom of Association | संघ निर्माण की स्वतंत्रता

किसी भी देश की राजनीतिक व्यवस्था में नागरिकों को संघ, समुदाय या संवास बनाने का अधिकार है। यह एक मूल अधिकार है। भारतीय संविधान में भी अनुच्छेद 19(1) (ग) में इसका प्रावधान है, जिसके अन्तर्गत वह संघ का निर्माण कर सकता है।

### Freedom of Speech and Expression | वाक् स्वातंत्र्य और अभिव्यक्ति स्वातंत्र्य, भाषण और अभिव्यक्ति की स्वतंत्रता

इस प्रकार की स्वतंत्रता का अभिप्राय यह है कि व्यक्ति वाणी, लेखनी, मुद्रण, चित्रों अथवा अन्य किसी भी साधन से अपने विश्वासों तथा विचारों की अभिव्यक्ति कर सकता है। भारतीय संविधान के अनुच्छेद 19(1)(क) के अन्तर्गत सभी भारतीय नागरिकों को यह अधिकार प्राप्त है परंतु अन्य अधिकारों की भांति यह अधिकार भी असीमित नहीं है और इस पर राज्य द्वारा उचित प्रतिबंध लगाया जा सकता है। संक्षेप में अभिव्यक्ति स्वातंत्र्य के अतंर्गत अपने विचारों का प्रचार, प्रकाशन

और परिचालन करने की स्वतंत्रता सम्मिलित है। इस प्रकार इसमें समाचार पत्रों की स्वतंत्रता भी अंतर्विष्ट है।

### Freedom of the Press | प्रेस स्वातंत्र्य, समाचार पत्रों की स्वतंत्रता

लोकतंत्रात्मक शासन प्रणाली वाले राज्यों में कुछ भी मुद्रित एवं प्रकाशित करने का प्राधिकार होता है। भारतीय संविधान के अनुसार समाचार पत्रों की स्वतंत्रता व्यक्ति की विचार तथा अभिव्यक्ति की स्वतंत्रता का एक मुख्य अंग है।

भाषण की स्वतन्त्रता का विस्तृत अर्थ लगाया जा सकता है। यह मन की बात को केवल मुँह से बोलकर कहने तक सीमित नहीं है। उसे लिखकर, पत्र-पत्रिकाओं में छापकर, इश्तिहार और चौपन्ने निकालकर, दीवारों पर लिखवाकर, चित्र या कार्टून बनाकर, साहित्यिक रचनाओं में व्यक्त करके, रेडियो और टेलीविजन के माध्यम से लोगों तक पहुँचाकर, रंगमंच या नुक्कड़ नाटक के रूप में किसी भी तरह प्रकट कर सकते हैं। मौरिसगिंसबर्ग ने अपनी कृति "ऑन जस्टिस इन सोसायटी (सामाजिक न्याय : विचार और विवेचन) (1965)" में स्पष्ट किया है "कभी-कभी विचार की स्वतन्त्रता और अभिव्यक्ति की स्वतन्त्रता में अन्तर किया जाता है। परन्तु यदि विचार को अभिव्यक्ति का अवसर न मिले तो उसका दम घुट जाता है"।

संविधान के अनुच्छेद 19(1)क में विचार एवं अभिव्यक्ति की स्वतन्त्रता दी गई है। इसमें ही समाचार पत्रों की स्वतन्त्रता निहित है।

### Freedoms of the Open Sea | मुक्त सागर स्वातंत्र्य

अन्तर्राष्ट्रीय कानून के अन्तर्गत समस्त राष्ट्रों को समान रूप से महासमुद्रों में नौपरिवहन, ऊपरी आकाश से उड़ान, मछली पकड़ने, समुद्री तार बिछाने तथा वैज्ञानिक शोध करने के अधिकार प्राप्त हैं। इन अधिकारों को महासमुद्र की स्वतंत्रताएँ भी कहते हैं। महासमुद्र के इन उपयोगों के वास्ते सभी राज्यों के लिए खुला होने के कारण महासमुद्र को खुला समुद्र भी कहते हैं। सिद्धान्त यह है कि प्रादेशिक समुद्र के आगे का सागर सभी राष्ट्रों के लिए मुक्त होता है और सभी राष्ट्र उसका अपने पोतों के लिए उपयोग कर सकते हैं।

### Friedman, Milton | मिल्टनफ्रीडमैन (1912-2006)

अमेरिकी अर्थशास्त्री मिल्टनफ्रीडमैन प्रमुख स्वेच्छातन्त्रवादी (livertarian) रहे हैं। इन्होंने अपनी पुस्तक 'कैपीटलिज्म एंड फ्रीडम' (पूंजीवाद और स्वतन्त्रता) (1962) में कहा है कि राजनीतिक स्वतन्त्रता का अर्थ है किसी व्यक्ति को अपने सहचर कुछ करने या न करने के लिए विवश न कर सकें। उन्होंने कहा है कि सरकार को केवल वही मामले अपने हाथ में लेने चाहिए जिनमें बाजार व्यवस्था या तो बिल्कुल नहीं संभाल सकती या उसमें खर्च अधिक हो। सरकार का काम बाजार व्यवस्था को सहारा देना और उसके बचे-खुचे काम पूरा कर देना है, उस पर नियन्त्रण रखना नहीं। इसका अर्थ है कि सरकार को समाज कल्याण के कार्यों से पल्ला झाड़ लेना चाहिए। सरकार का काम है कानून और व्यवस्था को कायम रखना, सम्पत्ति-अधिकारों की परिभाषा देना, और नियमों की व्याख्या करके विवादों को सुलझाना, अनुबन्धों को लागू करना तथा प्रतिस्पर्धा को बढ़ावा देना है।

### Frontline State | अग्रिम पंक्ति के राज्य

दक्षिण अफ्रीका की सीमाओं के साथ स्थित विभिन्न अफ्रीकी देश अग्रिम पंक्ति के राज्य कहलाते हैं। दक्षिण अफ्रीका रंग भेद की नीति पर चलने वाला ऐसा देश है जिसके विरुद्ध बहुत सारे देश

आवाज उठाते रहे हैं। अग्रिम पंक्ति के देश रंग भेद की नीति से प्रत्यक्ष रूप से प्रभावित होते रहने के कारण इसका भरसक विरोध करते हैं।

### Functional Representation | वृत्तिगत प्रतिनिधान : कृत्यात्मक प्रतिनिधित्व

किसी देश के राजनीतिक निकायों के आर्थिक तथा व्यावसायिक समूहों द्वारा निर्वाचन किए जाने की प्रणाली। इस प्रकार का निर्वाचन राज्य-क्षेत्र की जनसंख्या के आधार पर नहीं परन्तु विभिन्न आर्थिक या व्यावसायिक वर्गों को निर्वाचन क्षेत्र मानकर किया जाता है। यह प्रतिनिधित्व की वह पद्धति कहलाती है, जिसमें एक ही हित या व्यवसाय वाले मतदाताओं का एक ही निर्वाचनक्षेत्र हो। प्रतिनिधित्व का यह सिद्धान्त कुछ सीमा तक प्राचीनकाल के वर्गगत प्रतिनिधित्व से मिलता-जुलता है। यूरोप के बहुत से देशों में पिछली शताब्दी के अंत तक वर्गगत प्रतिनिधित्व का सिद्धान्त प्रचलित था, जिसके अनुसार सम्पूर्ण समाज को तीन वर्गों - कुलीनवर्ग, पादरी वर्ग और सर्वसाधारण वर्ग में बांट दिया जाता था और ये तीनों वर्ग विधानमंडल के लिए अलग-अलग अपने प्रतिनिधि निर्वाचित करते थे।

इसका अर्थ यह है कि भिन्न-भिन्न कृत्यों से जुड़े हुए लोगों को अपने कृत्य के आधार पर अपने प्रतिनिधि चुनने दिए जाएं और उन्हें उनके कृत्यों से सम्बन्धित मुद्दों पर ही मतदान करने दिया जाएँ उदाहरण हेतु उद्योगों से सम्बन्धित लोग ही औद्योगिक नीति पर मतदान कर सकते हैं। आधुनिक समय में जी.डी. एच कौल कृत्यात्मक प्रतिनिधित्व के प्रमुख समर्थक हैं।

### Functionalism | कार्यात्मक सिद्धान्त

सभी सामाजिक व्यवस्थाओं की सामान्य तत्वों के आधार पर उनकी संरचनाओं एवं संक्रियाओं के संदर्भ में तुलना करने का प्रयास कार्यात्मक सिद्धान्त कहलाता है।

### Functus Officio | अधिकारहीन

वह व्यक्ति, अधिकारी, संस्था अथवा अभिकरण जिसने अपना निर्धारित कार्य अथवा उद्देश्य विशेष पूर्ण कर लिया है और जिसके पास अब सत्ता, प्राधिकार अथवा विधिक कार्यक्षमता नहीं रही है। उसे अधिकारहीन कहते हैं।

### Fundamental Rights | मूल अधिकार, मौलिक अधिकार

भारतीय संविधान के अन्तर्गत नागरिकों को प्रदान किए गए ऐसे अधिकार जिन्हें सामान्य परिस्थितियों के अधीन या साधारण कानून या कार्यकारी आदेशों के द्वारा छीना नहीं जा सकता। इन्हें केवल आपातकाल (Emergency) में ही निलंबित किया जा सकता है। सामान्य रूप से व्यक्ति के सर्वांगीण विकास के लिए स्वतंत्रता, समानता, संपत्ति ये तीन अधिकार परमावश्यक माने जाते हैं। भारतीय संविधान के भाग 3 के अन्तर्गत अनुच्छेद 12 से 35 तक में मौलिक अधिकारों का वर्णन है। इन अधिकारों से वंचित किए जाने पर व्यक्ति न्यायालय की शरण ले सकता है। सामान्य रूप से ये अधिकार हैं। समता, स्वतंत्रता, शोषण, धार्मिक, सांस्कृतिक व शैक्षिक तथा सम्पत्ति का अधिकार। सांविधानिक अधिकार को हटा दिए जाने से छह मूल अधिकार रह गए हैं। अनुच्छेद 12 में राज्य का अर्थ दिया गया है। अनुच्छेद 13 के अनुसार मौलिक अधिकारों को छीनने वाली विधि अवैध समझी जाएगी।

1. समानता का अधिकार अनुच्छेद 14-18
   अनुच्छेद 14. विधि के समक्ष समानता व विधियों का समान संरक्षण
   अनुच्छेद 15. धर्म, मूलवंश, जाति, लिंग या जन्म स्थान के आधार पर विभेद का प्रतिषेध
   अनुच्छेद 16. लोक नियोजन (सरकारी नौकरियों) के विषय में अवसर की समानता

अनुच्छेद 17. अस्पृश्यता का अन्त
अनुच्छेद 18. उपाधियों का अन्त

2. स्वतंत्रता का अधिकार अनुच्छेद 18–22
अनुच्छेद 19. सभी नागरिकों को वाक एवं अभिव्यक्ति, सम्मेलन, संघ, भ्रमण, निवास एवं वृत्ति या उपजीविका की स्वतंत्रता।
अनुच्छेद 20. अपराधों के लिए दोष सिद्धि के सम्बन्ध में संरक्षण
अनुच्छेद 21. प्राण एवं दैहिक स्वतन्त्रता का संरक्षण
अनुच्छेद 21. (क) 6–14 वर्ष के बालकों को निःशुल्क और अनिवार्य शिक्षा पाने का अधिकार
अनुच्छेद 22. कुछ दशाओं में गिरफ्तारी और निरोध से संरक्षण

3. शोषण के विरुद्ध अधिकार अनुच्छेद 23–24
अनुच्छेद 23. मानव के दूव्यापार और बलात्श्रम का प्रतिषेध
अनुच्छेद 24. कारखानों एवं जोखिम भरे कामों में बालकों के नियोजन का प्रतिषेध

4. धर्म की स्वतन्त्रता अनुच्छेद 25–28
अनुच्छेद 25. अन्तःकरण की ओर धर्म के अबाध रूप से मानने, आचरण और प्रचार करने की स्वतंत्रता
अनुच्छेद 26. धार्मिक कार्यों के प्रबन्ध की स्वतन्त्रता
अनुच्छेद 27. किसी विशिष्ट धर्म की अभिवृद्धि के लिए करों के संदाय के बारे में स्वतन्त्रता
अनुच्छेद 28. कुछ शिक्षण संस्थानों में धार्मिक शिक्षा या उपासना में उपस्थित होने के बारे में स्वतन्त्रता

5. संस्कृति और शिक्षा का अधिकार अनुच्छेद 29–30
अनुच्छेद 29. अल्पसंख्यक वर्ग के हितों का संरक्षण
अनुच्छेद 30. शिक्षा संस्थानों की स्थापना और प्रशासन करने का अल्पसंख्यक वर्गों का अधिकार

6. सांविधानिक उपचारों का अधिकार अनुच्छेद 32
अनुच्छेद 32. इस भाग द्वारा प्रदत्त अधिकारों को प्रवर्तित कराने का अधिकार
अनुच्छेद 32II. इस भाग के अधिकारों को लागू कराने के लिए उच्चतम न्यायालय 5 प्रकार के प्रलेख (writs) जारी करता है। ये हैं बन्दी प्रत्यक्षीकरण, परमादेश, प्रतिषेध उत्प्रेषण एवं अधिकार पृच्छा
नागरिकों के मौलिक अधिकारों की रक्षा के लिए उच्च न्यायालय भी इस प्रकार के प्रलेख अनुच्छेद 226 के तहत जारी कर सकता है।

## Fundamentalism | धार्मिक कट्टरतावाद

किसी देश में धार्मिक संप्रदायों द्वारा विशुद्ध धर्म एवं धार्मिक विश्वासों के आधार पर समाज व राज्य की संस्थाओं के पुनर्गठन का अभियान जो आधुनिकीकरण का विरोध करता है। उदाहरणार्थ पाकिस्तान में शरीयत को देश का सर्वोच्च कानून माना जाता है जिसका उल्लंघन किसी संसदीय कानून द्वारा भी नहीं किया जा सकता। खुमैनी के अन्तर्गत ईरान धार्मिक-कट्टरपंथी राज्य का एक प्रतिमान बन गया है, जिसे धार्मिक कट्टरवाद कहते हैं। तालिबान और लस्कर-ए-तैयबा दक्षिण एशिया में इस्लामिक कट्टरवाद को बढ़ाने के लिए माना जाता है।

# G

**Gallop Poll | गैलप मत संग्रह**

जनमत ज्ञात करने की एक विधि। इसका प्रचलन डॉ. गैलप द्वारा किए जाने के कारण इसे गैलप पोल कहा जाता है। इस विधि में जनसंख्या के एक प्रतिनिधिक अंश से कुछ प्रश्न पूछे जाते हैं ताकि चुनाव परिणामों का पूर्वानुमान लगाया जा सके। संयुक्त राज्य अमेरिका एवं ब्रिटेन में इस विधि का प्रचुरता से प्रयोग किया जाता है। इसके परिणामों में गलती की संभावना बहुत कम रहती है।

**Gambatsu | सैन्यदल**

प्रथम तथा द्वितीय महायुद्धों के बीच जापान में एक विशिष्ट सैनिक गुट जो उग्र राष्ट्रवादी था। प्रथम विश्वयुद्ध के बाद में जापान की राजनीति में यह गुट एक शक्तिशाली कारक के रूप में उभरा और द्वितीय विश्वयुद्ध के अंतिम चरणों तक इस गुट ने देश के प्रशासन पर अपना पूर्ण नियंत्रण स्थापित कर लिया था। यह एक प्रकार से पूर्व परम्परा की ही कड़ी था। इस प्रकार इस दल ने अपनी उद्देश्य पूर्ति के लिए आतंकवादी उपाय भी अपनाए जिसे सैन्यदल या गंबत्सु कहते हैं।

**Game Theory | गेम का सिद्धान्त : खेल सिद्धान्त**

गेम का सिद्धान्त गणितीय तर्क का संघर्ष एवं सहयोग की समस्याओं के लिए उपयोग करना है। इस सिद्धान्त का विकास ऑस्ट्रिया के वाने न्युमेन तथा मोर जेनस्टर्न ने 1940 के दशक में किया था। इस सिद्धान्त के सार हैं: उन व्यूह रचनाओं के मध्य अन्त: क्रिया का विश्लेषण करना जिनका उपयोग संबंधित व्यक्तियों द्वारा अपने कल्याण को बढ़ाने के लिए किया जाता है।

अन्तर्राष्ट्रीय राजनीति में मार्टन कैटलान, आर्थर ली. बर्न्स तथा रिचार्ड क्वान्ट, थामस शैलिंग ने खेल सिद्धान्त के प्रतिमानों को अपनाने का प्रयत्न किया इन विचारों ने अन्तर्राष्ट्रीय राजनीति को समझने के लिए खेलों का माध्यम अपनाया है वस्तुत: खेल उपागम विश्लेषण का एक तरीका है। इसमें कई विकल्पों में से श्रेष्ठ विकल्प का चयन करना होता है। यह सिद्धान्त इस प्रश्न का उत्तर है कि किन परिस्थितियों में कौन सी क्रिया (निर्णय) अथवा विकल्प विवेक संगत है।

जिस प्रकार शतरंज आदि खेलों में दो या अनेक प्रतिद्वन्द्वी एक-दूसरे को हटाने के लिए विभिन्न प्रकार की चालें चलते हैं। इसी प्रकार अन्तर्राष्ट्रीय क्षेत्र में विभिन्न राज्य नाना प्रकार की चालें चलकर अपने विरोधियों को परास्त करने का प्रयत्न करते हैं। दोनों मे कई समानताएँ हैं।

प्रथम समानता संघर्ष की स्थिति है, इसमें दोनों पक्ष जीतने का पूरा प्रयत्न करते हैं। दूसरी समानता उद्देश्य की है। खेल की तरह राज्य भी अपने प्रतिद्वन्द्वी के साथ अधिक शक्ति पाने के लिये संघर्ष में विजयी होना चाहता है।

खेल सिद्धान्त में जिस खेल की चर्चा की गई है, वह युक्ति का खेल (Game of Strategy) है न कि संयोग का खेल (Game of Chance) एक खेल की भाँति इस सिद्धान्त में भी स्वयं के नियम (Rules), खिलाड़ी (Players), क्रियाएँ (Moves), रणनीति (Strategies) तथा क्षतिपूर्ति (Pay-Off) आदि होते हैं। यह खेल प्रतिस्पर्धापूर्ण (Comptitive) तथा सहकारितापूर्ण

(Co-oprative) दोनों ही प्रकार का हो सकता है। हर पात्र इस कोशिश में लगा रहता है कि वह अपने लिए अधिक लाभ अर्जित करे।

खेल सिद्धान्त के सम्प्रत्य : (1) रणनीति करना (2) विरोधी का होना (3) क्षतिपूर्ति का होना (4) नियमों का होना (5) सूचना का होना

खेलों के प्रकार : खेल भी कई प्रकार के होते हैं जैसे:

(1) Zero Sum Games: इसमें कुल खिलाड़ियों की हानियों (losses) का अर्थ दूसरे खिलाड़ी का लाभ (Gains) होता है। (2) Constant-Sumgames: ये इस प्रकार के खेल हैं जिसमें किसी भी पक्ष को दूसरे की कीमत पर लाभ नहीं मिलता। (3) Non Gero Games: इस प्रकार का खेल उपरोक्त दोनों प्रकार के खेलों के बीच की स्थिति का द्योतक है, इसमें खेलों के विभिन्न पक्षों के बीच प्रतिस्पर्धा भी रह सकती है और सहयोग भी।

खेल सिद्धान्त के प्रमुख प्रतिपादक थॉमस शैलिंग हैं।

## Gandhi, Mahatma | महात्मा गाँधी (1869-1948)

मोहनदास करमचन्द गाँधी का जन्म 2 अक्टूबर 1869 को गुजरात के पोरबन्दर स्थान पर करमचन्द उत्तम गाँधी के घर हुआ था। इनकी माँ पुतलीबाई धार्मिक प्रवृत्ति की महिला थी। 1888 में वे कानून की शिक्षा ग्रहण करने इंग्लैण्ड गए तथा 1891 में शिक्षा प्राप्त कर भारत आये। 1893 में दादा अब्दुल्ला एंड कम्पनी के एक मुकदमे में पैरवी के लिए दक्षिण अफ्रीका गए तथा 1914 तक वहाँ रहे। उन्होंने वहाँ गोरी सरकार की नस्लीय भेदभाव की नीति के विरोध में सत्य एवं अहिंसा पर आधारित नीति अपनाई जिसे सत्याग्रह का नाम दिया, लेकिन ये अपने उद्देश्य में सफल नहीं हुए। ये 9 जनवरी 1915 में भारत लौटे। इसलिए 9 जनवरी को प्रवासी दिवस मनाया जाता है।

गाँधी जी ने अप्रैल 1917 में बिहार के चम्पारण जिले में तिनकठिया प्रथा का विरोध करते हुए नील मजदूरों के लिए नील की खेती करने से छुटकारा दिलवाया। मार्च 1918 में खेड़ा (गुजरात) में किसान आन्दोलन का नेतृत्व करते हुए किसानों की प्राकृतिक आपदा से नष्ट हुई फसल के कारण सरकारी लगान से छुटकारा दिलवाया।

गाँधी जी ने जलियाँवाला बाग हत्याकाण्ड (13 अप्रैल 1919) तथा खिलाफत के प्रश्न (टर्की के खलीफा के पद को बनाए रखने हेतु) ने उन्हें ब्रिटिश सरकार का असहयोगी बना दिया।

गाँधी जी ने 1 अगस्त 1920 से सम्पूर्ण देश में असहयोग आन्दोलन चलाया, लेकिन 5 फरवरी 1922 में चौरा चोरी काण्ड में हिंसा होने के कारण 12 फरवरी 1922 को आन्दोलन स्थगित कर दिया। इन्होंने 12 मार्च 1930 से सविनय अवज्ञा आन्दोलन चलाया जिसमें नमक कानून को तोड़ा गया, विदेशी वस्त्रों व शराब की दुकानों पर धरना दिया गया। यह आन्दोलन 5 मार्च 1931 को गांधी-इरविन समझौते के बाद वापस ले लिया ।

गाँधी जी ने 7 अगस्त 1942 को भारत छोड़ो आन्दोलन चलाया यह दो वर्षों तक चलता रहा। इसमें गाँधी जी ने करो या मरो (Do or die) का नारा दिया, लेकिन आन्दोलन असफल रहा। गाँधी जी को महात्मा की उपाधि रवीन्द्रनाथ टैगोर ने एवं राष्ट्रपिता की उपाधि सुभाष चन्द्र बोस ने दी। 30 जनवरी 1948 को बिरला मन्दिर (नई दिल्ली) प्रार्थना सभा में जाते समय नाथूराम गौडसे नामक व्यक्ति द्वारा इनकी हत्या कर दी गई। उनकी प्रमुख कृति हिन्द स्वराज (1907) एवं सत्य के प्रयोग (1929) है।

## Ganga-Jamuni Tehzib | गंगा-जमुनी तहजीब

उर्दू भाषा के शब्द 'तहजीब' का हिन्दी रूपान्तर है सभ्यता। गंगा जमुनी का अर्थ है दो प्रमुख ऐतिहासिक नदियों का संगम। हिन्दुस्तानी (हिन्दी-उर्दू मिश्रित) भाषा की इस कहावत (गंगा-जमुनी

तहजीब) का आलंकारिक अर्थों में प्रयोग अनेक धाराओं, परम्पराओं, रीति रिवाजो, परिपाटियों, बोलियो कलाओ, धार्मिक विश्वासों इत्यादि के उस संगम के लिए किया जाता है जिससे एक मिली जुली संस्कृति की बलवती नदी निकलती है।

**Garrison State | सैनिक राज्य**

किसी देश का वह केन्द्रीयकृत राज्य जिसमें सत्ता के सर्वोच्च पदों पर गैर-सैनिकों के स्थान पर सैनिक अधिकारी पदारूढ़ हों तथा शासन में सैनिक नीति व प्रक्रिया का प्राधान्य हो, जो उसे व्यवहार में एक सैनिक तानाशाही में परिणत कर दे। इसे सैनिक राज्य कहते हैं।

**Gas Warfare | गैस युद्ध**

किन्हीं दो राष्ट्रों में जब युद्ध होता है। उस समय गैस युद्ध का प्रयोग भी होता है। अतः गैस युद्ध वह युद्ध होता है, जिसमें विषैली, श्वासावरोधक तथा अन्य प्रकार की जनसंहारकारी गैसों का प्रयोग होता है। उसे गैस युद्ध कहते हैं।

**G-8 | जी-8**

आर्थिक रूप से विकसित आठ देशों का गुट। इसमें कनाडा, फ्रांस, जर्मनी, इटली, जापान, ब्रिटेन, उत्तरी आयरलैंड, सं.रा. अमेरिका और रूसी महासंघ सम्मिलित है। यहाँ राज्याध्यक्षों और अन्तर्राष्ट्रीय अधिकारियों का वार्षिक आर्थिक राजनीतिक शिखर सम्मेलन होता है। इनमें नीतिगत निर्णय लिए जाते हैं। गुट की अध्यक्षता एक वर्ष की होती है जिसे बारी-बारी से सदस्य देशों को प्रदान की जाती है।

**Gender | लिंग**

सामाजिक रूप से यह शब्द पुरुषों और स्त्रियों के बीच तथा सांस्कृतिक रूप से उत्पन्न अंतरों को दर्शाने के लिए प्रयुक्त किया जाता है। यह 'यौन' (Sex) शब्द से भिन्न है। इसमें सामाजिक, राजनैतिक, सांस्कृतिक क्षेत्र में विभेद (Discrimation) दर्शाने के लिए लिंग विभेद, भेदभाव, सहभागिता उत्पीड़न, अत्याचार आदि क्षेत्र में प्रयोग से आता है।

**General Act (General Law) | (जनरल एक्ट) 1. सन्नियम, 2. सामान्य विधि**

राजनयिक व्यवहार के अन्तर्गत, किसी अन्तर्राष्ट्रीय सम्मेलन के निष्कर्षों का सारांश अथवा किसी संधि में व्यक्त सिद्धान्तों के आधार पर बनाए गए विस्तृत कायदे-कानून। अन्तर्राष्ट्रीय कानून के अन्तर्गत इस शब्द का प्रयोग संधि के पर्यायवाची के रूप में भी किया जाता है। यह ऐसी विधि या कानून है जो सामान्यतया किसी देश में रहने वाले समस्त व्यक्तियों पर लागू हो। उसे सामान्य विधि या सन्नियम कहते हैं।

**General Agreement on Trade and Tariff (Gatt) | व्यापार एवं प्रशुल्क सम्बन्धी सामान्य समझौता**

एक अन्तर्राष्ट्रीय संगठन जिसका उद्देश्य सदस्य राज्यों के मध्य अन्तर्राष्ट्रीय व्यापार को सरल एवं सुगम बनाना है। इसकी सर्वप्रथम बैठक जेनेवा में 1947 में हुई थी। 30 अक्टूबर 1947 में 23 राष्ट्रों ने इस समझौते पर हस्ताक्षर किए। 1 जनवरी 1948 से "प्रशुल्क एवं व्यापार सम्बन्धी सामान्य करार" (गैट) लागू कर दिया गया। यह एक बहुपक्षीय सन्धि थी जिस पर 111 सदस्य देशों के हस्ताक्षर हो गए थे। 1947 से गैट के तत्त्वावधान में आठ दौर (सम्मेलन) आयोजित किए गए। 32वें दौर के गैट विचार-विमर्श 15 अप्रैल 1994 को मराकश (मोरक्को) में समाप्त हो गए। भारत सहित 123 देशों ने अन्तिम समझौते पर हस्ताक्षर किए। 1 जनवरी 1995 से इसका रूप विश्व

व्यापार संगठन (WTO) ने लिया है। इसकी सदस्य संख्या 153 है। इसके 7 मन्त्रिस्तरीय सम्मेलन हो चुके हैं। विश्व व्यापार के 80% से अधिक का संचालन करते हैं। इसका उद्देश्य यह देखना है कि अन्तर्राष्ट्रीय व्यापार के संचालन में कोई भेदभाव न बरता जाए और व्यापारिक समझौतों में "परममित्र-राष्ट्र" सम्बन्धी धाराएं (Most Favoural Nation Clauses) रखी जाएं, स्वदेशी उद्योगों में संरक्षणवाद (Protectionism) केवल सीमित और निश्चित उद्देश्यों की पूर्ति के लिए ही अपनाये जाए, जैसे कि भुगतान संतुलन - (Balance of Payment) बनाए रखने के लिए। ऐसे मामलों में परस्पर परामर्श की विस्तृत व्यवस्था की गई है। प्रस्तुत संगठन के अन्तर्गत एक छोटी-सी किंतु अत्यंत कुशल व्यवस्था स्थापित की गई है जिसके तत्त्वावधान में दर-सूची तथा व्यापार के बारे में बातचीत की जा सकती है। इसका मुख्यालय जेनेवा (स्विट्ज़रलैण्ड) में है।

## General Assembly | महासभा

महासभा संयुक्त राष्ट्र संघ के 6 प्रमुख अंगों में से एक है। डेविड कुशमैन ने इसे UNO का केन्द्रीय अंग कहा है। आइकल बर्गर ने विश्व का उन्मुक्त अन्तकरण, शुमा ने इसे संसार की नगर सभा एवं सीनेटर वाण्डेन वर्ग ने इसे विश्व की लघु संसद कहा है। संघ के सभी सदस्य राज्य इसके सदस्य होते हैं एवं प्रत्येक राज्य को 5 तक प्रतिनिधि भेजने का अधिकार है लेकिन मत एक ही प्राप्त होता है। इसके अधिवेशन साधारणतया प्रतिवर्ष सितम्बर के तीसरे मंगलवार से न्यूयार्क में होते हैं। परन्तु आवश्यकतानुसार इसका विशेष अधिवेशन 24 घण्टे में बुलाया जा सकता है। इसे अन्य सभी महत्वपूर्ण पदों एवं समितियों के निर्वाचन का अधिकार है। जिनमें महासचिव, अन्तर्राष्ट्रीय न्यायालय के न्यायाधीश सामाजिक और आर्थिक परिषद के सदस्य, सुरक्षा परिषद के 10 अस्थायी सदस्य शामिल हैं। यह विश्व की उन सभी समस्याओं एवं परिस्थितियों पर विचार-विमर्श कर सकती है जिनका सम्बन्ध विश्व में शांति एवं व्यवस्था बनाए रखने से है। यद्यपि इसके प्रस्ताव बाध्यकारी नहीं होते परन्तु सभी राज्यों का प्रतिनिधित्व करने के कारण संयुक्त राष्ट्र की महासभा विश्व जनमत का दर्पण मानी जाती है और इसे विश्व की संसद भी कहा जाता है। सामान्य रूप से महासभा में महत्वपूर्ण मामलों के निर्णय के लिए दो-तिहाई बहुमत अपेक्षित होता है, अन्य मामलों के लिए उपस्थित तथा मतदान में भाग लेने वाले सदस्यों का साधारण बहुमत पर्याप्त होता है। यदि अन्तर्राष्ट्रीय शांति और सुरक्षा के किसी मामले में सुरक्षा परिषद के सदस्य एकमत न हो और इसलिए उस पर निर्णय न हो पाए तो महासभा को तुरंत उस मामले पर विचार करना होता है। ऐसे प्रस्ताव को शांति के लिए एकता प्रस्ताव कहा जाता है। पहली बार यह नवम्बर 1950 को पारित किया गया था। इस प्रस्ताव के तहत UNO विश्व में शांति स्थापना हेतु अपनी सेना भेज सकती है। इसका प्रथम अधिवेशन 10 जनवरी 1946 को लन्दन के वेस्ट मिनिस्टर भवन में हुआ था। वर्तमान में इसका प्रधान कार्यालय न्यूयॉर्क में 1952 से कार्यरत है। वर्तमान में महासभा की प्रतिष्ठा बहुत बढ़ गई है।

## General Conference | महासम्मेलन

किसी देश का कुछ धार्मिक संप्रदायों का उच्चतम विधायी या विचार-विमर्शकारी निकाय जिसे महासम्मेलन कहते हैं। यह किसी राजनीतिक दल, गुट या संगठन के सदस्यों की आम सभा, जो किसी उद्देश्य विशेष या सैद्धान्तिक विचार-विमर्श आदि के लिए बुलाई गई हो। महासम्मेलन प्रमुख रूप से किसी खास महत्व के विषय पर विचार-विमर्श करने के लिए आयोजित किया जाता है।

## General Disarmament | सामान्य निरस्त्रीकरण, सामान्य निःशस्त्रीकरण

अन्तर्राष्ट्रीय राजनीतिक में विश्व के राष्ट्रों द्वारा पारस्परिक संधि-समझौते करके शस्त्रास्त्रों में सामान्य रूप से उत्तरोतर कमी करना। अर्थात् किसी भी राष्ट्र द्वारा शस्त्रों की वृद्धि करने पर रोक लगाना एवं परमाणु बम व मिसाइलों को पूर्णतः समाप्त करना ही निःशस्त्रीकरण है।

## General Election | आम चुनाव

संविधान के अनुसार लोकसभा तथा प्रत्येक राज्य की विधानसभा के लिए निर्धारित पंचवर्षीय अवधि की समाप्ति पर होने वाले निर्वाचन अथवा संसद के निचले संपूर्ण सदन के लिए होने वाले चुनाव जिनमें राष्ट्र की समस्त जनता भाग लेती है। अब तक भारत में 10 आम चुनाव हो चुके हैं। पहला दिसम्बर, 1951 में तथा 15वीं लोकसभा के चुनाव अप्रैल-मई 2009 में सम्पन्न हुए जिसमें संयुक्त प्रगतिशील गठबन्धन (UPA) के नेता के रूप में डॉ. मनमोहन सिंह दुबारा प्रधानमंत्री बने हैं। सामान्य रूप से निर्वाचित वह प्रक्रिया है जिसके द्वारा बहुत से व्यक्ति कुछ पदों के लिए एक अथवा अधिक उम्मीदवारों का चुनाव करते हैं। ब्रिटिश कॉमन्स सभा और भारत की लोकसभा का सामान्य रूप से कार्यकाल पाँच-पाँच वर्ष है। इस अवधि की समाप्ति पर सदन भंग कर दिया जाता है और आम चुनाव करवाने के बाद के नए सदन का गठन किया जाता है। परन्तु यदि सदन अपने सामान्य कार्यकाल सें पहले भंग कर दिया जाता है, तब भी आम चुनाव करवाये जाते हैं। हालांकि पत्रकारिता की भाषा में इन्हें मध्यावधि-चुनाव (Midterm-Polls) कहा जाता है। प्रायः ऐसा माना जाता है कि मतदाता व्यक्तिगत उम्मीदवारों को नहीं, प्रत्युत राजनीतिक दलों को ही मत देता है।

## General Good (Common Good) | सार्वजनिक हित, सामान्य हित

वह सार्वजनिक हित या लाभ जिसमें किसी व्यक्ति विशेष की सुविधा न हो अपितु पूरे जन-समुदाय के लिए हो। उदाहरणस्वरूप - सड़कें, स्ट्रीटलाइट, जलाशय आदि सार्वजनिक हित के अन्तर्गत आते हैं। सामान्य हित सदैव कल्याणकारी होता है और व्यक्ति विशेष के हितों से श्रेष्ठ रहता है।

## General International Organization | सामान्य अन्तर्राष्ट्रीय संगठन

सामान्य उद्देश्यों की पूर्ति के लिए राज्यों का विश्वव्यापी संगठन जिसकी सदस्यता सभी राष्ट्रों के लिए समान रूप से खुली हो। जैसेः संयुक्त राष्ट्र संघ। परन्तु अन्तर्राष्ट्रीय राजनीति में देखने में आता है कि अन्तर्राष्ट्रीय मुद्रा कोष (IMF), आई.बी.आर.डी (IBRD), नाटो, सीटो आदि संगठन जिनमें सभी राष्ट्रों की सदस्यता समान रूप से खुली है।

## General Law | सामान्य विधि, आम कानून

किसी देश के स्थानीय अथवा विशिष्ट नियमों, विनियमों और विधियों से भिन्न वे सामान्य कानून जो किसी देश के सभी भागों, व्यक्तियों आदि पर समान रूप से लागू हों। अर्थात् यह वे कानून होते हैं जो जन-साधारण पर सामान रूप से लागू होते हैं।

## General Mobilization | आम लामबंदी, सामान्य-सैन्यीकरण

जब कभी भी दो पड़ौसी या अन्य राष्ट्रों के आपस में आक्रमण की आशंका होने पर राष्ट्र के प्रमुख पदाधिकारियों द्वारा सेना के तीनों अंगों, स्थल सेना, वायु सेना एवं नौ-सेना के आरक्षित एवं सेवारत सैनिकों का जुटाव तथा असैनिक या जनसाधारण पुरुषों को भी सैनिक सेवा के लिए भर्ती होने का आह्वान किया जाता है इसे आम लामबंदी या सामान्य सैन्यीकरण कहते हैं।

## General Protocol | 1. सामान्य नया चार 2. सामान्य पूर्वसंधि

किसी देश के राजनयिक प्रतिनिधियों के साथ किए जाने वाले औपचारिक व्यवहार के तौर-तरीके, रीति-रिवाज आदि। यह किसी सार्वजनिक अन्तर्राष्ट्रीय संधि का वह हस्ताक्षरित लेख-पत्र होता है जिस पर संबंद्ध पक्ष सहमत हो। यह संधि का पूर्व-वृत्त माना जाता है, जिसे सामान्य नयाचार या सामान्य पूर्वसंधि कहते हैं।

## General Will | सामान्य इच्छा

सामान्य इच्छा का सिद्धान्त मूलतः व्यक्ति तथा राज्य के सम्बन्ध का सिद्धान्त है। यह राजनीति सिद्धान्त की एक महत्वपूर्ण संकल्पना है। इसका आंरभिक प्रयोग फ्रांसीसी विचारक दीदो ने अपने "विश्वकोश" में किया था, फिर इसे रूसो ने अपनी प्रसिद्ध कृति "सामाजिक अनुबंध" (सोशल कॉंट्रेक्ट) (1762) के अन्तर्गत विकसित किया और तभी से इसे विशेष महत्व दिया जाने लगा। रूसो के अनुसार "सामान्य इच्छा" समाज के सदस्यों की विवेकपूर्ण इच्छाओं का समन्वय या समुच्चय है। यह आवश्यक नहीं कि "सामान्य इच्छा" जनता के बहुसंख्यक भाग अथवा समग्र जनता की इच्छा हो। रूसो तो यहाँ तक कहता है कि "सामान्य इच्छा" निःस्वार्थ पूर्ण, विवेकसम्मत और सद्गुणों पर आधारित हो। रूसो ने मनुष्य की तात्कालिक इच्छा (Actual Will) और तात्विक इच्छा (Real Will) में अन्तर करते हुए यह तर्क दिया कि तात्कालिक इच्छा व्यक्ति की स्वार्थ भावना से प्रेरित होती है। जबकि तात्विक इच्छा उसकी सामाजिक भावना का प्रतिनिधित्व करती है। इनमें समय-समय पर द्वंद्व होना स्वाभाविक है। सामाजिक जीवन की मांग यह है कि व्यक्ति स्वार्थ भावना का त्याग करके सामाजिक भावना को प्रश्रय दे।

सामान्य इच्छा पूरे समुदाय की तात्विक इच्छा को व्यक्त करती है। भिन्न-भिन्न व्यक्तियों की तात्कालिक इच्छा उन्हें भिन्न-भिन्न दिशाओं में धकेलती है। परन्तु तात्विक इच्छा के स्तर पर उन सबकी इच्छा एकाकार हो जाती है और वही सामान्य इच्छा के रूप में व्यक्त होती है। सामान्य इच्छा का पालन करते हुए जब मनुष्य अपनी तात्कालिक इच्छा के विरुद्ध चलता है, तब उसे ऐसा लग सकता है कि उसे विवश किया जा रहा है। परन्तु ऐसी हालत में भी वह अपनी स्वतन्त्रता से वंचित नहीं होता। बल्कि सच्ची स्वतन्त्रता की ओर अग्रसर होता है। रूसो ने इस विचार को इस विरोधाभासपूर्ण कथन के अन्तर्गत व्यक्त किया है "मनुष्य को स्वतन्त्र होने के लिए विवश किया जा सकता है" (Man can be forced to be free) मतलब यह है कि यदि कभी कोई नागरिक तात्कालिक इच्छा से प्रेरित होकर सामान्य इच्छा के विरुद्ध कार्य करता है तो वह अपनी स्वतंत्रता का प्रयोग नहीं करता, बल्कि वास्तविक स्वतन्त्रता के मार्ग से विचलित हो जाता है। ऐसी हालत में जब उसे सामान्य इच्छा के अनुसार चलने को विवश करते हैं, तब हम उसे स्वतन्त्रता की राह पर वापस लाने का प्रयास करते हैं।

## Generalist | सामान्यज्ञ

भारतीय राजनीति के अन्तर्गत लोक प्रशासन में वे उच्चाधिकारी जो अपने सामान्य ज्ञान के आधार पर नियुक्त होते हैं एवं जिनका स्थानांतरण एक प्रशासकीय विभाग से दूसरे विभाग में किया जा सकता है। विशेषज्ञों के विपरीत इनका कार्य-क्षेत्र सामान्य प्रशासन से संबंधित होता है। अर्थात् ये सभी मर्जों (बीमारियों) की दवा देने का कार्य करते हैं। एक जिलाधीश जिले में प्रशासन पर तो नियन्त्रण रखता ही है, साथ ही जनता की बिजली, पानी, स्वास्थ्य एवं शिक्षा आदि के लिए भी काम करता है। इन्हें एक विभाग से दूसरे विभाग में लगाया जा सकता है।

## Genocide | जाति-संहार, जनसंहार

'जेनोसाइड' शब्द दो शब्दों से मिलकर बना है: यूनानी 'जेनोस' तथा लातिनी 'केएडेर'। 'जेनोस' का अर्थ है राष्ट्र, पाति या कबीला और 'केएडेर' का अर्थ है मारना। इस प्रकार 'जेनोसाइड' शब्द उन नीतियों या कार्यों का वाचक हो जाता है जिनके फलस्वरूप किसी राष्ट्रीय, जातीय, धार्मिक, राजनीतक या भाषायी इकाई का सर्वनाश करने की कोशिश की जाती हो। इस शब्द की रचना प्रोफेसर राफाएल लेमकिन ने अपने ग्रंथ 'एकिसस रूल इन ओकूपाइड यूरोप' 1944 में की थी।

इस प्रकार किसी राष्ट्र के शक्तिशाली समूह के द्वारा ऐसे उपायों का निरंतर प्रयोग जिनका उद्देश्य किसी विशेष जाति, राजनीतिक या सांस्कृतिक समूह का नाम-निशान मिटा देना हो, जैसे कि उस समूह के सदस्यों को चुन-चुन कर मौत के घाट उतार देना, उन्हें शारीरिक और मानसिक आघात पहुँचाकर अशक्त कर देना, उनका जीना दूभर कर देना और उनकी संतान पैदा न होने देना। नाजी जर्मनी में यहुदियों का संहार इस नीति अथवा कार्यक्रम का एक उदाहरण है। युद्धोपरान्त संयुक्त राष्ट्र ने 1948 में एक संविदा के अन्तर्गत जनसंहार के अपराध की रोकथाम करने के लिये दंड की व्यवस्था भी की है।

## Genro (Elder Statesmen) | वरिष्ठ राजनीतिज्ञ

जापान की राजनीतिक प्रणाली में कुछ वरिष्ठ राजनीतिज्ञों के लिए इस शब्द का प्रयोग होता था। इस प्रकार ये राजनीतिज्ञ विशेष रूप से शासन मर्मज्ञ या राजमर्मज्ञ होते हैं। सन् 1868 से 1911 के बीच इटो, यामगाटा, माटसूकाटा, ओयामा, इनूटो जैसे राजनीतिज्ञ "जेनरो" कहलाते थे। अपने ज्ञान एवं स्थिति के कारण वास्तविक राजसत्ता इनमें केन्द्रित होती देखी गई। इस प्रकार ये राजनीति में वरिष्ठ राजनीतिज्ञ माने जाते हैं।

## Gentile | गैर-यहूदी

यहूदी धर्मानुयायियों के मतानुसार यहूदी धर्म में आस्था न रखकर ईसाई धर्म में आस्था रखने वाला। व्यक्ति गैर-यहूदी जाति या गैर-यहूदी धर्मानुयायी होता है। अथवा वह व्यक्ति जो ईसाई धर्म में विश्वास न रखकर नास्तिक हो और प्रकृति को ही ईश्वर मानता हो। उस व्यक्ति को गैर-यहूदी कहते हैं।

## Gentlemen's Agreement | सौजन्य-सहमति

सौजन्य समझौता एक ऐसा अनौपचारिक समझौता होता है जो केवल मौखिक आश्वासनों और पत्रों के आदान-प्रदान पर आधारित हो और जिसके लिए कोई औपचारिक संधि न की गई हो। उसे सौजन्य-सहमति कहते हैं।

## Geographical Information System, GIS | भौगोलिक सूचना प्रणाली

सूचना तकनीक के द्वारा किसी क्षेत्र के नक्शे को कम्प्यूटर पर निर्मित कर उसकी भौगोलिक स्थितियाँ, जनसंख्या घनत्व, सड़कों तथा उपलब्ध सुविधाओं को कम्प्यूटर पर उनके वास्तविक उपलब्धता के स्थान पर दर्शाना। इससे यह जानकारी ली जा सकती है कि किस स्थान पर किस प्रकार की नागरिक सुविधा उपलब्ध करवाने की सर्वाधिक आवश्यकता है।

## Geopolitics | भू-राजनीति, भूगोलमूलक राजनीति

पिछले अनेक वर्षों से राजनीतिक व्यवहारों तथा अन्तर्राष्ट्रीय सम्बन्धों की व्याख्या तथा भविष्यवाणी भौगोलिक विशेषताओं का हवाला देकर करने की प्रवृत्ति दिखाई देती है। ऐसी भविष्यवाणी भू-राजनीतिक भविष्यवाणी या भूगोलमूलक राजनीति कहलाती है। पेडल फोर्ड एवं लिंकन भूगोलमूलक राजनीति विज्ञान तथा राजनीति के क्षेत्र को जोड़ने का एक प्रयास है। यह भौगोलिक सम्बन्धों को अन्तर्राष्ट्रीय राजनीति, राष्ट्रीयहित और राजनीति के रूप में मूल्यांकन करने का प्रयत्न है।

आधुनिक भूगोलमूलक राजनीति के जनक इमेनुएल काण्ट है। मैकाइण्डर भी इंग्लैण्ड के प्रसिद्ध भूगोल शास्त्री हैं। मैकाइण्डर ने यूरोप, एशिया और अफ्रीका को विश्वद्वीपों के रूप में

वर्गीकृत किया। उन्होंने यूरोशिया के आन्तरिक क्षेत्र को इस प्रदेश की केन्द्रीय भूमि (Heartland) बताया यह पश्चिमी जर्मनी से आरम्भ होकर सोवियत यूरोप होता हुआ केन्द्रीय साइबेरिया तक पहुँचा है। उनकी प्रसिद्ध उक्ति है "जो पूर्वी यूरोप पर शासन करेगा, वह हृदयस्थल पर अधिकार रखेगा। जो हृदयस्थल पर शासन करेगा, वह विश्वद्वीप (यूरोशिया-अफ्रीका) को नियन्त्रित करेगा, जो विश्वद्वीप पर शासन करेगा, वह पूरे विश्व पर प्रभुत्व रखेगा।" इस प्रकार उन्होंने हार्टलैण्ड थ्योरी (Heartland Theory) का प्रतिपादन किया।

अमेरिकी विचारक स्पाइक मैन के अनुसार विदेश नीति की रचना में भूगोल सर्वाधिक मौलिक रूप से प्रभावी तत्व है। उन्होंने हृदय भूमि की अपेक्षा किनारे की भूमि (Rimland) को अधिक महत्व दिया। उनका कहना है कि जो यूरेशिया पर शासन करेगा, उसी का हृदयभूमि पर भी शासन होगा, जो हृदय भूमि पर शासन करेगा, वही संसार के भाग्य का स्वामी भी होगा।

## Gerontocrary | वयोवृद्धतंत्र

किसी देश की राजनीतिक प्रक्रिया में ऐसी शासन व्यवस्था या निकाय जिसके सदस्य वयोवृद्ध हों अर्थात् वयोवृद्ध व्यक्तियों का शासन जिसे वयोवृद्धतंत्र कहते हैं। इसी प्रकार यूनानी दार्शनिक प्लेटो द्वारा अपने 'लाँज' नामक ग्रन्थ (बारहवां खण्ड) में वर्णित शासन-व्यवस्था का एक रूप है, जिसमें शासन की चरम शक्ति पचास वर्ष से अधिक आयु के व्यक्तियों के हाथों में केन्द्रित है।

## Gerrymandering | चुनाव क्षेत्रों का सोच-समझकर निर्धारण

चुनाव क्षेत्रों का जानबूझ कर इस तरह निर्धारण करना कि जिससे चुनाव परिणाम का विभाजन एवं विकृत होना सम्भव हो सके। इस पद का उद्‌भव अमेरिका में हुआ था। इसका यह नाम मेसाच्युट के गवर्नर एलउरिज गेरी के नाम के आधार पर रखा गया। गेरी ने 1812 में चुनाव क्षेत्रों का निर्धारण असामान्य रूप से किया था। अत: Gerry Mander से इस पद का निर्माण हुआ।

## Gesinnung (Political Consciousness) | राजनीतिक चेतना, राजनीतिक जागरण

किसी देश की राजनीतिक प्रक्रिया में शासन से सम्बन्धित समस्त क्रिया-कलापों और राजनीतिक गतिविधियों से सम्बन्धित सामान्य नागरिकों का ज्ञान, अभिरुचि और उनकी प्रतिक्रिया को राजनीतिक चेतना अथवा राजनीतिक जागरण कहते हैं अर्थात् प्रशासन के बारे में जानकारी एवं भागीदारी के प्रयत्न।

## Gestapo (Geheine Staatspolizei) | गेस्टापो

जर्मनी की गुप्त पुलिस जो 26 अप्रैल 1933 में एडोल्फ हिटलर तथा नाजियों के सतारूढ़ होते ही सरकारी अंग बन गई थी। इसका मुख्य कार्य नाजीवाद के विरोधियों, देशद्रोहियों एवं षड्यंत्रकारियों को ढूंढ निकालना तथा उन्हें दण्ड देना था। यद्यपि 1945 में नाजी शासन के अंत के साथ ही गेस्टापो का भी अंत हो गया लेकिन अब भी लक्षणों द्वारा इस शब्द का प्रयोग उन गुप्त पुलिस संगठनों के लिए किया जाता है जिनकी गतिविधियाँ गेस्टापो के हथकण्डों से मिलती-जुलती हैं।

## Ghetto | यहूदी बस्ती

घेटो से तात्पर्य यहूदी की बस्ती से है। अर्थात् यहूदियों का टोला या मोहल्ला अथवा पृथक्कृत बस्ती या समूह जिसे यहूदी बस्ती कहते हैं।

**Ginger Group | उत्तेजक वृंद**

किसी राष्ट्र की राजनीतिक व्यवस्था में किसी राजनीतिक दल के भीतर ऐसा समूह या लोगों का झुंड, जो अधिक उत्तेजक, क्रियाशील अथवा विशेष रूप से उत्साही हो और जो दल की नीतियों तथा कार्यक्रमों को अधिक गति देने के लिए प्रयत्नशील हो। उस समूह या ग्रुप को जिंजर ग्रुप अथवा उत्तेजक वृंद कहते हैं।

**Gini Co-officient | गिनी गुणांक**

लॉरेंज वक्र पर आधारित एक गुणांक, जो व्यक्ति के आय की असमानता के स्तर को दर्शाता है। विकास के प्रतिमानों के अध्ययन में इसका काफी महत्व है।

**Glasnost | खुलापन, (रूसी भाषा का शब्द)**

सोवियत संघ की राजनीतिक व्यवस्था में साम्यवादी दल के महासचिव राष्ट्रपति गोर्बाचोव द्वारा मार्च 1985 में सत्ता में आते ही चलाया गया अभियान जिसका लक्ष्य है राज्य की शासन व्यवस्था तथा राजनीति और समाज में निर्णय-निर्माण की प्रक्रिया में गोपनीयता तथा स्वेच्छाचारिता को समाप्त करके जनता की सह-भागीदारी को बढ़ाना, जिससे लोकतंत्र साकार हो सके। इस प्रकार से ग्लासनोस्त, खुलेपन तथा उदारीकरण का शब्द है।

**Global Hegemony | भूमंडलीय प्राधान्य, विश्वव्यापी प्राधान्य**

विश्वव्यापी शक्ति, प्रभुत्व या प्रधानता। विश्व के प्रमुख नगरों, प्रदेशों या क्षेत्रों में किसी राष्ट्र के सैनिक, राजनीतिक तथा आर्थिक वर्चस्व से उत्पन्न प्रभुत्व। यह स्थिति वर्तमान काल में संयुक्त राज्य अमेरिका की है। 1989 से पूर्व पूरा विश्व दो महाशक्तियों में विभाजित था: अमेरिका और सोवियत संघ के प्रभाव क्षेत्र में बँटा हुआ था। इस प्रकार से विश्व की दो महाशक्तियों में गुटबाजी तथा शीतयुद्ध (Coldwar) की लहर विद्यमान थी, लेकिन 26 दिसम्बर 1991 को सोवियत संघ का विघटन होने पर विश्व एक ध्रुवीय हो गया है तथा विश्वव्यवस्था पर अमेरिकी प्राधान्य हो गया है। वह विश्व में होने वाली घटनाओं को इच्छानुरूप मोड़ देने लगा है।

**Global Policy | सार्वभौम नीति**

समस्त संसार के देशों के सम्बन्ध में निर्माण की गई, किसी देश की राष्ट्रीय अथवा विदेश नीति जिसे सार्वभौम नीति कहते हैं।

**Global Politics | सार्वभौम राजनीति, विश्वव्यापी राजनीति**

किसी देश की राजनीतिक व्यवस्था में राष्ट्रों की विदेश नीतियों की आपसी या पारस्परिक अंत:क्रिया से उत्पन्न स्थिति जो इन नीतियों के निर्माण में पुनर्भरण अथवा प्रतिपुष्टि का भी कार्य करती है। उसे सार्वभौम या विश्वव्यापी राजनीति कहते हैं।

**Globalization | भूमण्डलीकरण**

भूमण्डलीकरण उदारीकरण तथा निजीकरण की नीति का मिला-जुला परिणाम है। इसके अन्तर्गत आर्थिक गतिविधि के साथ जोड़ने की छूट होती है। जैसे कच्चामाल (Raw Material) विश्व के एक हिस्से में सस्ता मिलता हो, श्रम (Labour) दूसरे हिस्से में सस्ता पड़ता हो, पूंजी (Capital) और संयन्त्र (Machinery) किसी तीसरे हिस्से में सुलभ हों, और बाजार (Markets) दूर-दूर फैले हों तो यह प्रक्रिया भूमण्डलीकरण कहलाती है। इसमें देशों की आर्थिक सीमाएं आर्थिक गतिविधियों के लिए खोल दी जाती हैं। इस नीति को 1980 के दशक से विश्व में मान्यता मिली है। इसमें

संचार क्रांति का महत्त्वपूर्ण योगदान रहा है। वर्तमान में भूमण्डलीकरण की नीति, आर्थिक, सांस्कृतिक, सामाजिक, परिवहन, संचार व राजनीतिक प्रणाली के परस्पर समन्वय के कारण सम्पूर्ण विश्व ने एक वैश्विक ग्राम (Global village) का रूप धारण कर लिया है। इससे व्यक्ति और संस्थाओं, कंपनियों में पारस्परिक निर्भरता, एकीकरण और अन्त:क्रिया को बढ़ावा मिला है।

## Glorious Revolution | गौरवपूर्ण क्रांति

इंग्लैण्ड के इतिहास में 1688 का वर्ष युग परिवर्तनकारी घटना के रूप में देखा जाता है। इस वर्ष इंग्लैण्ड के प्रतिक्रियावादी शासक जेम्स द्वितीय (1633-1701) को बिना खून-खराबे के गद्दी से उतार दिया गया तथा सिंहासन पर उसकी पुत्री मेरी तथा मेरी के पति ओरेन्ज के राजकुमार विलियम को संयुक्त रूप से आसीन कर दिया गया। जेम्स द्वितीय गद्दी छोड़कर फ्रांस भाग गया। मेरी एवं विलियम ने संसद की सलाह के अनुसार शासन चलाने की शर्त मान ली। इनसे संसद ने 1689 में एक अधिकार पत्र पर हस्ताक्षर करवाये जिससे संसद की शक्तियां तथा वैयक्तिक स्वतन्त्रता का क्षेत्र बढ़ा। इस तरह बिना किसी रक्तपात के 1688 में इंग्लैण्ड में पूर्ण सत्तावादी राजतन्त्र (Absolute Monarchy) के स्थान पर सांविधानिक राजतन्त्र (Constitutional Monarchy) स्थापित हो गया। इसलिए इस घटना को गौरवमयी क्रांति (बिना खून खराबे वाली क्रांति) कहा जाता है जो इंग्लैण्ड के सांविधानिक विकास में एक प्रमुख सीमाचिह्न है।

## Godwin, William | विलियम गॉडविन (1756-1836)

ब्रिटिश दर्शनशास्त्री विलियम गॉडविन ने अपनी पुस्तक 'एंक्वायरी कंसर्निंग पॉलिटिकल जस्टिस' (राजनीतिक न्याय का अन्वेषण) (1793) में प्रबुद्ध अराजकतावादी विचार दिए हैं। उन्होंने कहा कि निरंकुशतन्त्रीय सरकार और सम्पत्ति का विषमतामूलक स्वामित्व ऐसी व्यवस्था को जन्म देते हैं जिसमें एक व्यक्ति दूसरे व्यक्ति का शोषण करने लगता है। विलियम गॉडविन ने इस अन्यायपूर्ण व्यवस्था को बदल डालने का आह्वान किया है तथा स्वैच्छिक प्रबन्धों की स्थापना करने पर बल दिया है। तभी न्याय की स्थापना की जा सकती है।

## Gold Reserve | स्वर्ण रिजर्व, स्वर्ण भंडारण

किसी देश के केन्द्रीय बैंक में रखा गया सोना। सर्वप्रथम प्रारंभ में, कागजी मुद्रा इस स्वर्ण भंडार के बराबर अनुपात में ही जारी की जा सकती थी किन्तु अब एक न्यूनतम निर्धारित स्वर्ण राशि रखना ही पर्याप्त है जिसे स्वर्ण रिजर्व कहते हैं।

## Good and Service Tax (GST) | वस्तु एवं सेवाकर

इसमें रुकावट मुक्त अखिल भारतीय बाजार निर्माण हेतु पूरे देश में एक कर ढाँचा बनाना है जो सरल और एक रूप हो। जीएसटी लागू होने के बाद चुंगी, केन्द्रीय ब्रिकी कर, राज्यस्तरीय बिक्री कर, उत्पाद शुल्क, सेवा कर, वैट आदि खत्म हो जाएंगे और उनके जगत एक मात्र यही कर लगेगा। इससे टैक्स कम होने 20 प्रतिशत के जगह 12 प्रतिशत पर समान सस्ती होने के कयास लगाये गये हैं। आर्थिक सुधार का सशक्त प्रयास है जिसे संविधान संशोधन होने और राज्यों द्वारा स्वीकार होने पर ही लागू किया जा सकता है। इसके लिए बिहार के वित्त मंत्री सुशील कुमार मोदी की अध्यक्षता वाली राज्यों के वित्त मंत्रियों ने स्वीकार कर लिया है। संविधान संशोधन के बाद इसे अप्रैल 2012 के जगह 2015 तक लागू किए जाने की उम्मीद है।

## Good Faith | सद्भाव

सद्भाव का शाब्दिक अर्थ है सत्यनिष्ठा, ईमानदारी अथवा सदाशय, सदाचार। एक प्रकार से समस्त अन्तर्राष्ट्रीय कानून व्यवस्था इसी पर आधारित है। प्रमुख रूप से इसका प्रयोग संधियों के कानून में किया जाता है और इसे राज्यों द्वारा संधिपालन का आधार माना जाता है। यह अन्तर्राष्ट्रीय शांति का आधार है। इस प्रकार से सद्भाव कर्तव्यनिष्ठा का परिचायक है।

## Good Neighbour Policy | अच्छे पड़ोसी की नीति, सत्य प्रतिवेशी नीति

संयुक्त राज्य अमेरिका की विदेशनीति का एक सिद्धान्त जो राष्ट्रपति फ्रैंकलीन डी रूजवेल्ट के कार्यकाल में अपनाया गया था। इस नीति के अन्तर्गत संयुक्त राज्य अमेरिका के पड़ौसी होने के नाते लेटिन अमेरीकी देशों के साथ सुखद सम्बन्ध स्थापित किए गए थे। इसका मुख्य उद्देश्य पश्चिमी गोलार्द्ध में राजनीतिक एकता और मिली-जुली रक्षा-व्यवस्था स्थापित करना था। इस नीति के अन्तर्गत अमेरिका, महाद्वीपीय मामलों में किसी प्रकार के बाहरी हस्तक्षेप का विरोध करना था तथा इसमें भागीदारी, मैत्रीपूर्ण सहयोग तथा पारस्परिक सहायता के तीन सिद्धान्तों पर बल दिया गया था।

## Good Offices | सद्प्रयास

राजनीतिक व्यवस्था के अतंर्गत दो राष्ट्रों के बीच मतभेद पैदा हो जाने पर या युद्ध छिड़ जाने पर किसी तीसरे देश द्वारा उनमें सुलह करवाने का प्रयत्न किया जाना। सद्प्रयत्न और मध्यस्थता (Mediation) में मुख्य रूप से अन्तर यह है कि सद्प्रयत्न करने वाला देश दोनों विरोधी पक्षों के बीच केवल संपर्क की कड़ी का काम करता है, उनमें समझौता करवाने के लिए अपने कोई प्रस्ताव प्रस्तुत नहीं करता। परन्तु मध्यस्थता करने वाला देश इससे आगे बढ़कर स्वयं उन दोनों से बातचीत करके उन्हें एक-दूसरे के निकट लाता है, फिर उनकी बातचीत में स्वयं भी सक्रिय हिस्सा लेता है।

## Go-Slow | "धीरे काम" करो, कार्यमंदन

किसी देश के श्रमिकों द्वारा अपनाई गई मंद गति से कार्य करने की नीति। सार्वजनिक रूप से औपचारिक हड़ताल पर जाए बिना श्रमिकों द्वारा प्रबंधकों से अपनी मांगें मनवाने के लिए दबाव डालने का एक तरीका होता है। इस प्रकार से श्रमिक कार्य धीरे करते हैं, जिससे तंग आकर प्रबंधकों को उनकी मांगें मानने के लिए विवश होना पड़ता है।

## Governance | शासन, अभिशासन

1980 के दशक से वैश्वीकरण एवं नवउदारवादी विचारधारा से प्रभावित शासन की धारणा। किसी देश की शासन-व्यवस्था एवं संस्था तथा संगठन के संचालन के लिए आंतरिक नियंत्रण व अनुशासन की व्यवस्था जिसे शासन या अभिशासन कहते हैं। यह सरकार और उसके वृहत्तर पर्यावरण-राजनीतिक, सामाजिक के साथ सम्बन्धों की विवेचना का तरीका है। सरकार औपचारिक ढाँचा है जबकि शासन (Governance) कार्य निष्पादन का तरीका है जिससे दबाव समूह प्रभावित होता है।

## Government-in-Exile | निर्वासित सरकार

किसी राष्ट्र की सरकार जो अपने राज्य पर किसी राज्य द्वारा सत्ता आधिपत्य हो जाने के कारण अस्थायी रूप से किसी विदेशी राज्य से, जो उसे आश्रय देने के लिए सहमत हो, कार्य संचालन करती है। उसे निर्वासित सरकार कहते हैं।

## Governor | राज्यपाल

संविधान के अनुच्छेद 154 के अन्तर्गत राज्य की कार्यपालिका-शक्ति राज्यपाल में निहित होती है। वह इस शक्ति का प्रयोग संविधान के अनुसार या तो स्वयं अथवा अपने अधीनस्थ पदाधिकारियों द्वारा करता है। राज्यपाल अनुच्छेद 155 के द्वारा भारत के राष्ट्रपति द्वारा नियुक्त किया जाता है और उसके प्रसाद-पर्यन्त पदासीन रहता है। बुजुर्ग और असफल राजनेता, नौकरशाह एवं सेवानिवृत्त सेनाध्यक्ष प्राय: राज्यपाल बनाए जाते हैं। शिवराज पाटिल जैसे असफल गृहमंत्री भी पंजाब और राजस्थान के राज्यपाल बनाए गए हैं। सामान्यतया अनुच्छेद 156 के अनुसार उसका कार्यकाल पाँच वर्ष है। संविधान ने राज्यपाल नियुक्त होने के लिए जो अर्हताएँ निर्धारित की हैं, उनके अनुसार यह आवश्यक है कि वह भारत का नागरिक हो और पैंतीस वर्ष की आयु पूरी कर चुका हो। राज्यपाल अपनी पदावधि में अन्य कोई लाभ का पद धारण नहीं कर सकता। न वह संसद के किसी सदन का और न किसी राज्य के विधानमंडल के किसी सदन का सदस्य हो सकता है। राज्यपाल को अपने पद ग्रहण करने से पूर्व भारत के संविधान के प्रति शपथ ग्रहण करनी पड़ती है। संयुक्त राज्य अमेरिका में राज्य का गवर्नर वास्तविक कार्यपालिका का प्रधान होता है और उसका निर्वाचन जनता द्वारा होता है। उसे उच्चाधिकारियों की नियुक्ति, उन्हें पद से हटाने तथा राज्य की प्रशासनिक गतिविधियों में व्यापक शक्तियाँ प्राप्त होती हैं। राज्यपाल को दो या अधिक राज्यों के लिए भी नियुक्त किया जा सकता है। वह मुख्यमंत्री की नियुक्ति तथा उसके परामर्श पर अन्य मंत्रियों की नियुक्तियाँ भी करता है तथा राज्य का प्रशासन राज्यपाल के नाम पर ही चलाया जाता है। उसे विधायी शक्तियाँ प्राप्त हैं जिसके तहत कोई विधेयक राज्यपाल के हस्ताक्षर के बाद ही कानून बनता है। अनुच्छेद 202 के तहत राज्यपाल प्रत्येक वर्ष वित्तमंत्री के माध्यम से राज्य का बजट विधानमण्डल में रखवाता है।

अनुच्छेद 213 के अनुसार राज्यपाल जब विधानसभा सत्र में नहीं है (या दोनों सदन) यदि राज्यपाल को आभास हो जाता है कि ऐसी परिस्थितियाँ विद्यमान हैं जिनके कारण तुरन्त कार्यवाही की आवश्यकता है तो वह अध्यादेश जारी कर सकता है।

जब किसी राज्य का शासन सांविधानिक प्रावधानों के अनुसार नहीं चल रहा हो तो राज्यपाल राष्ट्रपति को रिपोर्ट भेजकर सम्बन्धित राज्य में राष्ट्रपति शासन की सिफारिश कर सकता है। इसके अनुसार राष्ट्रपति अनुच्छेद 356 के तहत राज्य में राष्ट्रपति शासन लागू करके सम्बन्धित राज्य का शासन राज्यपाल के अधीन कर सकता है। 11 अक्टूबर 2010 को कर्नाटक में भाजपा की वी.एस. येदिरप्पा सरकार के विश्वास-मत परीक्षण ध्वनिमत से स्पीकर द्वारा करवाने पर तथा राज्यपाल हंसराज भारद्वाज को भ्रम पैदा होने पर उन्होंने राष्ट्रपति शासन के लिए राज्य में कानून व्यवस्था के बारे में सिफारिश की। इससे राज्यपाल का पद काफी विवादित हुआ। इस प्रकार के विवादों के कारण कई विद्वान राज्यपाल का पद समाप्त करवाना चाहते हैं।

## Governor Assent | राज्यपाल की स्वीकृति

विधानमंडल से पारित विधेयक राज्यपाल के हस्ताक्षर के बाद ही कानून बनता है। राज्यपाल हस्ताक्षर कर देते हैं, नहीं करते हैं या विधेयक यदि धन विधेयक नहीं है तो अपनी सिफारिश कर देते हैं और राष्ट्रपति की स्वीकृति के लिए भेज देते हैं। राष्ट्रपति के पास कुछ विवादास्पद विधेयक भेजे जाते हैं जिनको राष्ट्रपति ही स्वीकृत करते हैं। धन विधेयक पर यदि स्वीकृति नहीं दी जाती है तो उसे वापस भेजा जाता है तो सदन के द्वारा दुबारा भेजे जाने पर हस्ताक्षर करना ही होता है।

## Governor General | गवर्नर-जनरल

ब्रिटिश साम्राज्य की राजनीतिक व्यवस्था के अन्तर्गत उपनिवेशों में ब्रिटिश सरकार द्वारा नियुक्त प्रधान शासक। वर्तमान समय में कनाडा और आस्ट्रेलिया के सांविधानिक प्रधान को भी गवर्नर

जनरल कहा जाता है। भारत के अंतिम गवर्नर-जनरल चक्रवती राजगोपालाचार्य थे। जो 5 मार्च 1948 से 25 जनवरी 1950 तक रहे। 26 जनवरी 1950 को इस पद का अन्त कर नए पद राष्ट्रपति पद पर डॉ. राजेन्द्र प्रसाद मनोनीत हुए।

## Governor Rule | राष्ट्रपति शासन

भारतीय संविधान अनुच्छेद 356 के अनुसार राज्यपाल की सिफारिश पर राष्ट्रपति किसी राज्य में राष्ट्रपति शासन की घोषणा करना या लागू करना राष्ट्रपति शासन लागू करना कहलाता है इसके 60 दिनों के भीतर केन्द्र की संसद में इस फैसले की मंजूरी लेनी पड़ती है। 15 जनवरी 2000 झारखंड में राज्य बनने के बाद तीसरी बार किसी राजनीतिक दल द्वारा सरकार बनाने की स्थिति में नहीं होने के कारण राज्य मंत्रिमंडल की सिफारिश पर 17 जनवरी 2013 को राष्ट्रपति शासन लागू किया गया। राज्यपाल अपने आंकलन से भी राज्य में कानून व्यवस्था की खराब स्थिति, किसी दल को बहुमत नहीं मिलने या सरकार बनाने की स्थिति में नहीं होने पर भी राष्ट्रपति को अपनी रिपोर्ट देकर राष्ट्रपति शासन लागू करने की सिफारिश करते रहे हैं। केन्द्रीय मंत्रिमंडल की स्वीकृति अनुशंसा पर राज्य में राष्ट्रपति शासन लागू होता है। कुछ अधिकारियों को राज्यपाल को शासन व्यवस्था के सुचारू संचालन में मदद देने के लिए केन्द्र सरकार ही नियुक्त करती है। कई बार राष्ट्रपति शासन राजनीति से प्रेरित या केन्द्र सरकार के शासक दल की इच्छा के अनुरूप रिपोर्ट मंगवाकर भी लागू किया जाता रहा है।

## Gradualism | क्रमिक परिवर्तन का सिद्धान्त

समाजवाद का वह सिद्धान्त जो क्रान्ति की आवश्यकता को नकारता है तथा जो यह मानता है कि क्रमिक व मन्दगति से चलने वाली जनतंत्रात्मक राजनीति आवश्यक परिवर्तन उत्पन्न कर सकती है। वस्तुत: यह सिद्धान्त समाजवादी जनतंत्रात्मक् दलों का सिद्धान्त है। कार्मिक परिवर्तन का सिद्धान्त कार्ल पापर ने दिया।

## Gram Sabha | ग्राम सभा

अनुच्छेद 243 क के अनुसार ग्राम सभा, ग्राम स्तर पर ऐसी शक्तियों का प्रयोग और ऐसे कृत्यों का पालन करेगी जो किसी राज्य के विधान मण्डल द्वारा विधि द्वारा उपबन्धित किए जाएँ। ग्राम सभा ग्राम के वयस्क नागरिकों से मिलकर बनेगी। ग्राम सभा की एक वर्ष में 4 बैठक होती है। ये बैठकें गणतन्त्र दिवस (26 जनवरी), स्वतंत्रता दिवस (15 अगस्त), गांधी जयन्ती (2 अक्टूबर) मजदूर दिवस (1 मई) पर होती हैं।

## Gramsei, Antonio Gramsei (1891–1997) | ग्राम्शी

ग्राम्शी इटली की साम्यवादी पार्टी के जनक थे। यह दल समाजवादी दल के विभाजन के फलस्वरूप बना था। फासिस्ट काल में इस दल को भूमिगत रहना पड़ता था। इसी समय ग्राम्शी को कारावास मिला। जेल में उसके द्वारा लिखी पुस्तक 'Prision Note Books' साम्यवादी आन्दोलन का स्रोत बनी।

ग्राम्शी ने साम्यवाद के सैद्धान्तिक आधार को उसी रूप में स्वीकार किया था पर उसने हिंसक क्रान्ति पर जोर नहीं दिया। उसने साम्यवाद के लिए लोगों की स्वैच्छिक स्वीकृति पर बल दिया था। वह प्रोलिट्रेट की अधिनायकवादी विचारधारा के पक्ष में नहीं था।

## Grand Duchy | सामंतों की रियासतें

गैंड डची शब्द यूरोप में ग्रैंड ड्यूको (सामंतों) की रियासतें अथवा राज्य। अब इनका कोई अस्तित्व नहीं रहा है। यह व्यवस्था पहले सामंतों की रियासतों में विद्यमान थी।

## Grand Jury | (ग्रैन्ड जूरी)

संयुक्त राज्य अमेरिका में लोक विधि में दक्ष 12 से 33 व्यक्तियों का निकाय या सदन जो कानून के उल्लंघनों के आरोपों की प्रारंभिक जाँच-पड़ताल करने के लिए नियुक्त किया जाता है ग्रैण्ड जूरी कहलाता है। जाँच में मूल रूप से यह निश्चित हो जाने पर कि अभियुक्तों के विरुद्ध पर्याप्त साक्ष्य उपलब्ध हैं एवं इनके विरुद्ध नियमानुसार न्यायिक कार्यवाही की जा सकती है।

## Grantee | अनुदानग्राही

वह व्यक्ति या संस्था अथवा निकाय जिसे सरकार द्वारा कोई धन अनुदान या किसी संपदा के स्वामित्व का अधिकार दिया गया हो, उसे अनुदानग्राही कहते हैं।

## Grants-in-aid | सहायता, अनुदान

किसी देश की केन्द्रीय अथवा राज्य सरकारों द्वारा अधीनस्थ इकाईयों तथा गैर सरकारी संस्थाओं को साधारणतया सार्वजनिक तथा जनकल्याण सम्बन्धी कार्य करने के सहायतार्थ दी जाने वाली निधि जो किसी सामान्य उद्देश्य या किसी विशेष प्रकार के प्रयोजन के लिए भी दी जा सकती है। अनुच्छेद 275 के अनुसार केन्द्र सरकार पिछड़े राज्यों के लिए उनकी विकास योजनाओं को सहायता या अनुदान दे सकती है।

## Great Powers | महाशक्तियाँ

महाशक्ति उस देश को कह सकते हैं जो अकेला ही विश्व राजनीति पर निर्णायक प्रभाव डाल सकता है।

विश्व की राजनीति में अपने सैनिक-बल, आर्थिक-विकास या ऐतिहासिक, राजनीतिक कारणों से निर्णायक, प्रभावशाली अथवा महत्वपूर्ण भूमिका अदा करने वाले राष्ट्र या राज्य। द्वितीय विश्वयुद्ध के पश्चात सोवियत संघ, संयुक्त राज्य अमेरिका, चीन, ग्रेट-ब्रिटेन, फ्रांस को महाशक्तियों की संज्ञा दी जाती है। ये पांचों राष्ट्र संयुक्त राष्ट्र सुरक्षा परिषद के स्थायी सदस्य हैं और इन्हें निषेधाधिकार (वीटो) प्रदान किया गया है।

## Green Front | हरित मोर्चा, कृषि मोर्चा

किसी देश की राजनीतिक व्यवस्था में राजनीतिक-दलों तथा संसदीय समूहों में खेतिहार हितों का प्रतिनिधित्व करने वाला समूह, जिसे हरित मोर्चा, कृषि मोर्चा कहते हैं।

## Green Revolution | हरित क्रांति

विकासशील देशों में कृषि क्षेत्र में नई तकनीक, खाद, बीज, सिंचाई और कीटनाशक के प्रयोग के अधिक उत्पादन प्राप्त करना। हरित क्रान्ति से भारत में गेहूँ और चावल का उत्पादन दोगुना हो गया। अब देश खाद्य क्षेत्र में आत्मनिर्भर होकर निर्यात भी करने लगा।

## Green Socialism | हरित समाजवाद

यह नाम प्रायः पर्यावरणवादी राजनीतिक दलों के लिए प्रयुक्त होता है। पश्चिमी जर्मनी के पर्यावरणवादी दल को Green Party के नाम से जाना जाता है। यह दल उदारवादी एवं समाजवादी मूल्यों में विश्वास करता है।

## Green, T.H. | टी.एच. ग्रीन ( 1836-82 )

थामस हिल ग्रीन 19वीं सदी के इंग्लैण्ड के समाज सुधारक व चिन्तक। ग्रीन का चिन्तन आदर्शवाद (Idealism) की आधारशिला है। इन्होंने अपनी पुस्तक 'लेक्चर्स ऑन द प्रिंसीपल्स ऑफ पॉलिटिकल ऑब्लीगेशन' (राजनीतिक दायित्व के सिद्धान्तों पर व्याख्यान) (1882) में आदर्श राज्य के बारे में कहा है, "राज्य ऐसी संस्था है जिसका ध्येय सामान्य हित को बढ़ावा देना है।" सामान्य हित का विचार ही राजनीतिक दायित्व का आधार है इसलिए राज्य को वहाँ तक कानून बनाने का अधिकार है जहाँ तक सामान्य हित का साधक हो और व्यक्ति भी कानून का पालन करने के लिए वहीं तक बाध्य है जहाँ तक वह सामान्य हित के अनुरूप हो।

ग्रीन ने स्वतन्त्रता पर बोलते हुए कहा है स्वतन्त्रता करने योग्य कार्यों तथा पाने योग्य वस्तुओं को पाने की सदिच्छा है।

## Gross National Product (GNP) | सकल राष्ट्रीय उत्पाद

किसी देश की किसी एक वित्तीय वर्ष के दौरान प्राप्त वस्तुओं और सेवाओं के प्रवाह का चालू कीमतों पर कुल मूल्य, जो देशवासियों तथा उद्योग धंधों को चाहे वे देश में हों या विदेश में, उपयोग तथा अपनी सम्पत्ति की वृद्धि करने के लिए प्राप्त होता है, सकल राष्ट्रीय उत्पाद है। इसका मूल्यांकन निम्न आर्थिक वर्गों द्वारा उत्पादित वस्तुओं और सेवाओं की चालू कीमतों के आधार पर किया जाता है।

## Group of Ministers (GOM) | मंत्रीमंडल समूह

विशेष सामाजिक-आर्थिक समस्या को सही तरीके से सुलझाने हेतु विचार-विमर्श करने, विश्लेषण करने, इसके प्रभाव का अध्ययन करने आदि की जिम्मेदारी कुछ चुनिन्दा मंत्रियों को दी जाती है, इसे मन्त्रीमंडल समूह कहा जाता है।

## Group Theory | समूह सिद्धान्त

वह सिद्धान्त जो यह मानता है कि समाज कई सामाजिक, आर्थिक या जातीय समूहों से निर्मित होता है। ये समूह एक-दूसरे के साथ इस बात की स्पर्धा में रहते हैं कि सरकार उनके पक्ष में ही नीतियां बनाए।

## Groupism | दलबंदी, गुटबंदी

किसी संगठन, संस्था या दल में कुछ सदस्यों द्वारा स्वार्थवश एक गुट के रूप में संगठित होकर अपने हितार्थ विचार अथवा कार्य करने की प्रवृत्ति को दलबंदी या गुटबंदी कहते हैं। दलबंदी कई प्रकार की हो सकती है। राजनीतिक गुट, विद्यार्थी गुट, शिक्षक संघ, श्रमिक संघ आदि गुटबंदी के उदाहरण हैं।

## Growth of Powers of Executive | कार्यपालिका की शक्ति में विस्तार

संचार साधन और विकास प्रशासन के कारण व्यवस्थापिका के कार्य धीमे हो रहे हैं जिसे तीव्र गति से कार्यपालिका ने पूर्ण करवाना शुरू कर दिया है। व्यवस्थापिक वास्तविकता में कार्यपालिका के कार्यो को अनुमोदन करनी वाली संस्था मात्र है और कार्यपालिका अपने प्रभाव से व्यवस्थापिका को नियंत्रित करती है। इसमें दलीय पद्धति, दलीय अनुशासन राज्य की जनकल्याणकारी कार्यो का विस्तार, प्रदत्त व्यवस्थापन (Deligated Legislation), नियोजन, विज्ञान-तकनीक, अन्तर्राष्ट्रीय आश्रितता और सम्बन्ध, भूमंडलीकरण और विदेश व्यापार, इसके अतिरिक्त संसदीय नेतृत्व में प्रधानमंत्री या मुख्यमंत्री की नेतृत्व क्षमता और मंत्रिपरिषद के द्वारा व्यवस्थापिका के विघटन यानि भंग करने की शक्ति भी सम्मिलित है।

## G-20 | जी-20

जी-20 समूह का गठन सितंबर 1999 में किया गया। यह संगठन विश्व की कुछ सबसे चुनिंदा अर्थव्यवस्था वाले देशों का संगठन है जो हर आधार पर विश्व की वित्तीय एवं मुद्रा व्यवस्था तथा व्यापार में सबसे महत्वपूर्ण भूमिका अदा करते हैं। इस संगठन में जी-8 के आठ देशों - अमेरिका, फ्रांस, ब्रिटेन, इटली, जापान कनाडा, जर्मनी तथा रूस के अतिरिक्त अन्य देश शामिल है। ये देश संख्या में 12 हैं तथा कुल मिलाकर 20 हैं अतः यह G-20 कहलाते हैं। ये 12 देश हैं: भारत, ब्राजील, आस्ट्रेलिया, चीन, इण्डोनेशिया, मैक्सिको, अर्जेन्टीना, दक्षिण अफ्रीका, दक्षिण कोरिया, टर्की, सऊदी अरब तथा यूरोपीय संघ शामिल है। इस ग्रुप में शामिल देश ग्लोबल ग्रास नेशनल प्रोडक्ट यानी विश्व सकल राष्ट्रीय उत्पाद के लगभग 90 फीसदी, विश्व व्यापार के 80 फीसदी और दुनिया की दो-तिहाई जनसंख्या का प्रतिनिधित्व करते हैं। इस संगठन का मुख्य उद्देश्य दुनिया की महत्वपूर्ण औद्योगिक और विकासशील अर्थव्यवस्थाओं को एक मंच पर लाना और विश्व अर्थव्यवस्था से जुड़े महत्वपूर्ण मुद्दों पर विचार-विमर्श करना है।

जी-20 का पहला शिखर सम्मेलन 2008 में वांशिगटन (अमेरिका), दूसरा और तीसरा शिखर सम्मेलन 2009 में क्रमशः लन्दन और पिट्सवर्ग में, चौथा शिखर सम्मेलन 2010 में टोरंटो, पांचवाँ शिखर सम्मेलन 2010 में सियोल (दक्षिण कोरिया) छठा शिखर सम्मेलन 2011 में कान (फ्रांस) व 7वां शिखर सम्मेलन 2012 लास कैबोस (मैक्सिको) में आयोजित किया गया।

## G-77 | जी-77

1960 के दशक में संयुक्त राष्ट्र संघ के नए सदस्यों में अफ्रीकी राज्यों की संख्या काफी थी और संघ के लगभग दो तिहाई सदस्य विकासशील दुनिया के देशों में से थे जो अपने को ग्रुप आफ 77 (Group of 77) कहने लगे। इस समुदाय की स्थापना 1964 में संयुक्त राष्ट्र के तत्वावधान में की गई थी। वर्तमान में इसकी सदस्य संख्या 135 हो गई फिर भी इसे ग्रुप-77 के नाम से ही सम्बोधित किया जाता है।

ग्रुप-77 में ऐसे देश हैं जो दक्षिणी गोलार्द्ध से सम्बन्धित है ये देश न केवल निर्धन हैं अपितु एशिया अफ्रीका तथा लैटिन अमेरिका महाद्वीपों से जुड़े हुए हैं। ये नई अन्तर्राष्ट्रीय आर्थिक व्यवस्था चाहते हैं। यह अधिकांशतः दक्षिण-दक्षिण सहयोग पर जोर देते हैं। ग्रुप-77 विकासशील देशों की एकता का परिचायक हैं। ये संगठित होकर सौदेबाजी करना चाहते हैं तथा समुद्र से सम्बन्धित विधि, शस्त्रनियन्त्रण, आणविक ऊर्जा, अन्तर्राष्ट्रीय व्यापार जैसे मुद्दो पर लिए जाने वाले निर्णयों को विकासशील देशो के हितों के अनुकूल मोड़ना चाहते हैं।

## Guarantee of Treaty | संधिगत प्रत्याभूति

किन्हीं राष्ट्रों में वह समझौता जिसके द्वारा किसी संधि के सद्भावनापूर्ण निष्पादन के लिए प्रभावशाली राज्य वचनबद्ध होते हैं। अतः इस प्रकार की संधि या समझौते को संधिगत प्रत्याभूति कहते हैं।

## Guardian Bureaucracy | संरक्षक नौकरशाही

वह अधिकारी तन्त्र जो अपने को राज्य की स्थिरता व अखण्डता के मुख्य संरक्षक के रूप में देखता है। चुनाव की राजनीति के कारण स्थिर सरकारें बनने में अड़चन आती हैं, तथा राजनीतिक उथल पुथल के समय संरक्षक नौकरशाही अराजकता नहीं फैलने देती है। तीसरी दुनिया के देशों में संरक्षक नौकरशाही ही कार्यरत है।

## Guerilla Warfare | छापामार युद्ध

ऐसी कार्यवाही (Action) जिसमें कई छोटे गिरोह जगह-जगह छिपकर किसी आक्रमणकारी या सत्तारूढ़ सरकार के विरुद्ध अनियमित रूप से युद्ध करते हैं। छापामार सैनिक मामूली अस्त्र-शस्त्रों से काम चलाते हैं। ये स्थानीय होते हैं, जो अपने इलाके के चप्पे-चप्पे को भलीभाँति पहचानते हैं तथा इन्हें अपने क्षेत्र के लोगों से ठोस सहायता और नैतिक समर्थन प्राप्त होता है जिससे ये सरकार की पकड़ में नहीं आते हैं।

## Guerrilla Groups | छापामार सैनिक

गुरिल्ला (छापामार) सैनिक वे होते हैं जो दुश्मन की रक्षा पंक्ति से छिप कर लड़ाई करते हैं। ये दुश्मन पर छिपकर वार करते हैं तथा कभी भी आमने-सामने की लड़ाई नहीं करते।

आजकल इस पद का उपयोग 'शहरी आतंकवादियों' के लिए भी होने लगा है। गुरिल्ला लड़ाई का सदैव से यही सिद्धान्त रहा है कि परम्परावादी दुश्मन को दमनात्मक कार्यवाही के लिए इस तरह बाध्य किया जाये कि अन्ततः उस पर से जनता का विश्वास ही उठ जाए। शिवाजी ने गुरिल्ला युद्ध पद्धति के आधार पर ही औरंगजेब की कुत्सित चालों का विरोध किया था।

## Guild Socialism | श्रेणी समाजवाद

सन् 1900 में प्रचारित, समाजवाद का एक रूप है जो समाजवाद और सिडकालिज्म के मध्य का मार्ग है। इस विचारधारा का विश्वास है कि उत्पादन और वितरण के साधनों पर समाज के स्वामित्व से ही समाजवाद की स्थापना नहीं हो जाएगी बल्कि वे इससे भी आगे बढ़कर प्रमुख उद्योगों व व्यवसायों का नियंत्रण व संचालन करते हैं तथा इनमें कार्य करने वाले श्रमिकों के संगठनों, श्रेणियों (गिल्ड्स) के हाथों सौंपना चाहते हैं। वे लोकतांत्रिक व्यवस्था में प्रतिनिधित्व का आधार व्यावसायिक प्रतिनिधित्व को बनाना चाहते हैं।

इनके विचार से स्थानीय स्तर पर उद्योगों में एक-एक श्रेणी बने जो प्रादेशिक स्तर और फिर राष्ट्रीय स्तर पर अपने व्यावसायिक प्रतिनिधियों का चुनाव करे। राष्ट्रीय उत्पादन पर इन्हीं श्रेणियों का नियंत्रण हो। वस्तुओं की कीमत भी श्रेणी के द्वारा निर्धारित की जाए। उद्योगों पर राज्य का कोई नियंत्रण नहीं रहे। राज्य, रक्षा, विदेशनीति, कानून-व्यवस्था जैसे प्रबन्ध करे। इस विचारधारा के प्रमुख प्रवर्तक इंग्लैण्ड के जी.डी.एच. कोल (1889-1959) थे जो फेबियन सोसायटी के सदस्य थे। उनकी नीति सांविधानिक और विकासवादी तरीके से श्रेणी समाजवाद की स्थापना करना था। यह सत्ता के विकेन्द्रीकरण तथा अहिंसक साधनों द्वारा परिवर्तन में विश्वास करता है।

श्रेणी समाजवाद के अन्य समर्थक हैं, आर.एच. टॉनी, एस.जी. हाक्सन, ए.जी.पेन्टी व ए.आर.ओरेज। ए.जी.पेन्टी ने एक ऐसी व्यवस्था का विचार प्रकट किया जिसमें श्रमिकों के विभिन्न गिल्ड्स (श्रेणियाँ) बनाई जाए, जिन्हें स्वायत्तता प्रदान कर सरकार की शक्ति को विकेन्द्रित कर दिया जाए और श्रमिकों को ही उत्पादन की प्रकृति व मात्रा का निर्णय करने का अधिकार मिलना चाहिए।

श्रेणी समाजवाद की प्रमुख विशेषताएँ निम्न हैं।

1. श्रेणियों को अधिक महत्त्व देना।
2. राज्य सत्ता का कमजोर होना।
3. श्रम संघवादी तत्वों का होना।
4. समष्टिवादी तत्वों का पाया जाना।
5. प्रजातन्त्र में अविश्वास।
6. संवैधानिक साधनों द्वारा परिवर्तन।

### Guillotine | गिलोटीन, फांसी देना

फ्रांस में फांसी देने या मृत्युदंड का तरीका भारतीय संसद में निर्धारित समय पर बहस समाप्त नहीं होने पर सदन के आखिरी दिन मतदान करवाने की व्यवस्था को भी गिलोटीन कहते हैं।

### Gujral Doctrine | गुजराल डॉक्ट्रीन

भारत के पूर्व प्रधानमंत्री इन्द्र कुमार गुजराल (1919-2012) के द्वारा भारत के पड़ोसी देशों से अच्छे सम्बन्ध बनाए रखने की नीति जिस पर चलकर भारत की विदेश नीति दक्षिण एशिया में सफल रही।

### Gulf Crisis | खाड़ी संकट

पश्चिम एशिया तनाव और टकराहट का केन्द्र रहा है। अरब-इजरायल संघर्ष, लेबनान का गृह-युद्ध और ईरान-इराक युद्ध ने इस भू-क्षेत्र को संघर्ष के अखाड़े में परिवर्तित कर दिया था। आधुनिक दुनिया के इतिहास में 2 अगस्त 1990 एक दुर्भाग्यपूर्ण दिन के रूप में याद किया जाएगा। इस दिन इराकी सैनिक शासक सद्दाम हुसैन की सेनाओं ने पड़ौसी राज्य कुवैत पर आक्रमण कर दिया। 3-4 घंटों के अन्दर विश्व के सर्वाधिक धनी देशों में से एक देश कुवैत दुनिया के नक्शे से विलुप्त हो गया। यह आज की दुनिया का सबसे कम समय का एक दिवसीय युद्ध रहा। इराकियों ने बहुत ही सुव्यवस्थित ढंग से यह कार्यवाही की तथा कुवैत की छोटी सी सेना इसका कोई मुकाबला नहीं कर पायी। कुवैत के शासक अमीर ने परिवार के सदस्यों के साथ सऊदी-अरब में शरण ली। बाद के दिनों में सैकड़ों कुवैती नागरिकों ने सऊदी अरब की ओर पलायन किया। इराक ने अपने आक्रमण के औचित्य को सिद्ध करने के लिए कहा कि कुवैती समाज के क्रान्तिकारी तत्वों के निमन्त्रण पर ही उसने यह कार्यवाही की है। सद्दाम हुसैन की कार्यवाही ने पश्चिम एशिया के राजनीतिक समीकरण तथा सारे विश्व की आर्थिक व्यवस्था को भयंकर आघात पहुँचाया। अन्तर्राष्ट्रीय समुदाय में इसकी जबरदस्त प्रतिक्रिया हुई।

खाड़ी युद्ध में इराक विरोधी बहुराष्ट्रीय सेना में 30 देश शामिल हुए। मुख्य फौजी शक्ति प्रदान करने वाले देश थे: मिस्र, फ्रांस, सऊदी अरब, इंग्लैण्ड और अमेरिका। महत्वपूर्ण मदद देने वाले देश थे: कनाडा, जर्मनी, इटली, कुवैत, पाकिस्तान, स्पेन, सीरिया, टर्की। प्रतीकात्मक सहायता देने वाले देशों में अफगानिस्तान, अर्जेन्टीना, ऑस्ट्रेलिया, बंग्लादेश आदि कई देशों ने असैनिक मदद, मानवीय मदद व आर्थिक सहायता प्रदान की। 17 जनवरी 1991 को अमेरिका के नेतृत्व में बहुराष्ट्रीय सेना ने इराक के विरुद्ध भीषण बमबारी आरम्भ कर दी (आपरेशन डेजट स्टोर्म)। बमवारी से इराक की विद्युत, जल व संचार व्यवस्था ठप हो गई। लगभग 40 दिन की बमबारी के बाद 24 फरवरी 1991 को जमीनी युद्ध आरम्भ हुआ। 24 घंटे के भीतर ही इराक ने घोषणा की कि वह कुवैत को खाली कर रहा है। 28 फरवरी 1991 को प्रातः 10.30 बजे अमेरिका ने युद्ध विराम की घोषणा कर दी।

### Gun Control Law | हथियार नियंत्रण कानून

अमेरिका में शूट-आउट की बढ़ती घटनाओं को रोकने के लिए 14 जनवरी 2013 को न्यूयॉर्क राज्य द्वारा बनाया गया कानून। इसे प्रान्तीय सीनेट ने भारी बहुमत से पारित कर निचले सदन की सहमति के लिए भेजा है। इसके साथ ही लाइसेन्सी बन्दूकों में भी 10 राउण्ड की जगह अब केवल 7 राउण्ड की मैगजीन की ही स्वीकृति दी गई है। अमेरिका में हथियारों की खुली बिक्री होती है जिसके कारण नाबालिग, विक्षिप्त और प्रतिशोध से जलने वाला आसानी से स्कूल, विश्वविद्यालय और सार्वजनिक स्थलों पर अन्धाधुन्ध गोली-बारी कर हत्या कर रहे हैं।

# H

**Habeas Corpus | बंदी प्रत्यक्षीकरण**

इंग्लैण्ड के सम्राट जैम्स द्वितीय के समय 1679 में हैवियस कार्पस एक्ट (बन्दी प्रत्यक्षीकरण अधिनियम) पारित किया गया, जिसके तहत बन्दी व्यक्ति को बन्दीकरण के बारे में न्यायाधीश के सामने पेश किया गया।

लैटिन शब्द "हेबियस कोर्पस" का सामान्य रूप से शाब्दिक अर्थ है "शरीर को प्रस्तुत किया जाए" जिस रिट के माध्यम से व्यक्ति की दैहिक स्वतंत्रता प्राप्त की जाए उसे रिट ऑफ हेबियस कोर्पस अथवा बंदी प्रत्यक्षीकरण परमादेश कहते हैं। यह आंग्ल-अमेरिकी विधि में व्यक्ति की दैहिक स्वाधीनता की रक्षा का सबसे महत्वपूर्ण उपाय माना जाता है। बंदी प्रत्यक्षीकरण कानून का प्रवर्तन करने वाले अधिकारियों को यह आदेश दिया जाता है कि वे बंदी व्यक्ति को न्यायालय के समक्ष प्रस्तुत करें ताकि उन कारणों की वैधता की जांच की जा सके, जिनका हवाला देकर उसे बंदी बनाया गया है या उसकी स्वतंत्रता पर प्रतिबंध लगाए गए हैं। इस प्रकार की व्यवस्था का वास्तविक ध्येय यह है किसी व्यक्ति को अनावश्यक रूप से लंबे समय तक बंदीगृह में न रखा जाए। इस संकल्पना की उत्पत्ति इंग्लैण्ड के पुराने कानून से हुई है। भारतीय संविधान के अनुच्छेद 32II के अन्तर्गत इसकी व्यवस्था एक सांविधानिक प्रतिकार (Writs) के रूप में की गई है, जिसके अनुसार न्यायालय के आदेश से बन्दी बनाए गए हैं तो उसे रिहा करने का आदेश भी दे देता है।

**Half Mast (Flag) | अर्धनत (ध्वज), झुका झंडा**

अतिमहत्वपूर्ण राजनीतिक व्यक्तियों एवं सर्वोच्च अथवा विशिष्ट नेताओं के निधन पर राजकीय भवनों पर आधा झुकाया हुआ शोक-सूचक राष्ट्रीय ध्वज।

**Half-An-Hour-Discussion | आधे घंटे की चर्चा**

सदन में किसी प्रश्न के पहले दिए गए उत्तर यदि लोक महत्व के हो और सदस्य संतुष्ट नहीं हो तो नियम की धारा 55 के अनुसार चर्चा की समाप्ति से आधे घंटे पहले सदन के अध्यक्ष पुनः चर्चा करवा सकते हैं। इस प्रस्ताव की सूचना सदस्य को तीन दिन के पहले देना होता है।

**Hammer and Sickle | हंसिया और हथौड़ा**

हंसिया और हथौड़ा साम्यवादी दलों के ध्वज पर अंकित चिह्न होता है। यह चिह्न मजदूर-कृषक वर्ग की एकता का प्रतीक होता है।

**Hare System (Single Transferable Vote System) | हेयर पद्धति, एकल हस्तांतरणीय मतदान पद्धति**

इंग्लैण्ड के प्रमुख राजनीतिक सुधारक टामस हेअर (1806-91) द्वारा अपनी पुस्तक इलेक्शन ऑफ रिप्रेजेन्टेटिव (1899) में समानुपातिक प्रतिनिधित्व की वह व्यवस्था जिसके क्रमानुसार चुनाव में

किसी व्यक्ति का अन्य उम्मीदवारों की अपेक्षा अधिकतम मात्रा में मत प्राप्त करना पर्याप्त नहीं है। इस प्रकार की व्यवस्था के अनुसार - निर्वाचन प्रक्रिया के लिए क्षेत्र बहु-सदस्यीय होना चाहिए तथा निर्वाचित होने के लिए एक मत संख्या निर्धारित कर दी जाती है जिसे "कोटा" कहते हैं। इस मत संख्या को निर्धारित करने का सूत्र इस प्रकार से है।

$$= \frac{\text{निर्वाचकों की कुल संख्या} + 1}{\text{भरे जाने वाले स्थानों की संख्या}}$$

सामान्य रूप से निर्वाचकों को वरीयता क्रम का संकेत देते हुए उतने मत देने का प्राधिकार होता है जितने कि स्थान भरे जाने हैं। परन्तु यदि किसी एक उम्मीदवार के कोटा से अधिक मत प्राप्त हो जाने पर उसे अतिरिक्त बचे हुए मतों को उन उम्मीदवारों को स्थानान्तरित कर दिया जाता है जिन्हें इन मतदाताओं ने दूसरी वरीयता दी है। इस प्रकार से यह क्रम तब तक जारी रहता है, जब तक सभी निर्धारित स्थानों की पूर्ति न हो जाए। एक स्थान से दूसरे स्थान पर किया गया स्थानान्तरण मतदाता द्वारा दिए गए वरीयता क्रमानुसार से ही किया जाता है।

## Harmony | सामंजस्य

मानव समाज में एकता, संगठन और शान्ति स्थापित करने के लिए जो सामाजिक प्रक्रियाएं चलती रहती हैं उसे हम सामंजस्य कहते हैं। जब कोई व्यक्ति अपने चारों ओर के सामाजिक वातावरण से भली-भांति संघर्ष नहीं कर सकता और इसके प्रति विरोध या निराशा का रुख अपनाये रखने में स्वयं का हित भी नहीं समझता तो वह जानबूझकर यह प्रयास करता है कि सामाजिक वातावरण के साथ सामंजस्य स्थापित करने में ही भला है। वह आंतरिक रूप से ऐसा नहीं करना चाहता, फिर भी बाह्य रूप से ऐसा करने का प्रयास अवश्य करता है। इसी प्रकार किसी देश के व्यक्ति किसी विदेशी शक्ति से पराजित हो जाते हैं, तो मजबूर होकर उन्हें अपने नये स्वामियों के साथ सामंजस्य स्थापित करना पड़ता है। सामाजिक सामंजस्य की प्रक्रिया उत्तम सामाजिक व्यवहार का आधार होती है। आधुनिक व्यक्ति में सामाजिक सामंजस्य की क्षमता होना अति आवश्यक है।

## Hasty Gienralization | अविचारित सामान्यीकरण

वह दोषपूर्ण सामान्यीकरण जिसमें पूरी छानबीन किए बिना ही थोड़े से दृष्टांतों के आधार पर एक सामान्य कथन कह दिया जाता है।

## Hawks | कठोरतावादी

'हॉक्स' एवं इसका विलोम 'डवज' (Doves) अमेरिका में वियतनामी युद्ध (1962-74) के मध्य प्रचलन में आये। 'हॉक्स' उन लोगों के लिए प्रयुक्त होता था जो समस्याओं के समाधान के लिए कठोर सैनिक कार्यवाही करने के पक्ष में थे। ये लोग 1971 में कम्बोडिया पर राष्ट्रपति निक्सन द्वारा बमबारी के पक्ष में थे। ये शान्ति वार्ताओं के कतई पक्ष में नहीं थे। अतः आज भी किसी समस्या के समाधान हेतु कठोर कार्यवाही के लिए इस पद का प्रयोग किया जाता है।

## Hayek, F.A. | एफ.ए. हेयक ( 1899-1992 )

हेयक समकालीन स्वेच्छातन्त्रवाद के प्रमुख प्रतिपादक हैं। ये व्यक्ति की पूर्ण स्वतन्त्रता में विश्वास करते हैं। अपनी पुस्तक "द कांस्टीट्यूशन ऑफ लिबर्टी" (स्वतन्त्रता का संविधान) (1960) में लिखा है कि "मनुष्य को स्वतन्त्रता तब तक ही प्राप्त होती है, जब वह किसी दूसरे की निरंकुश इच्छा के द्वारा विवश या बाध्य न किया गया हो। और स्वतन्त्रता का अर्थ है प्रतिबन्धों का अभाव।" हेयक ने स्वतन्त्रता की सर्वोत्तम व्यवस्था वह मानी है जिसमें मानवीय गतिविधियों को सहज

स्वाभाविक रूप से आपस में समायोजित होने दिया जाए। सामाजिक व्यवस्था का केन्द्रीय निर्देशन उचित नहीं है क्योंकि वह संगठनकर्ता के सीमित ज्ञान पर आश्रित होता है। राज्य का उपयुक्त कार्य प्रतिस्पर्धा (Competition) को बढ़ावा देना है। इसके अलावा उसे बल-प्रयोग का सहारा लिए बिना कुछ सेवा कार्य संभाल लेने चाहिए क्योंकि बाजारतन्त्र मनुष्यों की सारी आवश्यकताएँ पूरी नहीं करता। लेकिन राज्य को ऐसे कायदे-कानून नहीं बनाने चाहिए, जिनका ध्येय स्वयं बाजार व्यवस्था को वितरणमूलक न्याय का साधन बना देना हो।

हेयक ने अपनी पुस्तक 'लॉ लेजिस्लेशन एंड लिबर्टी द मिराज ऑफ सोशल जस्टिस' (कानून, विधि निर्माण और स्वतन्त्रता : सामाजिक न्याय की मृगतृष्णा) (1976) में कहा है कि सामाजिक न्याय का विचार ही निरर्थक है। न्याय की तलाश केवल प्रक्रिया (Procedure) का विषय है जिसका लक्ष्य स्वतन्त्रता को बढ़ावा देना है। इसके अनुसार प्रत्येक व्यक्ति को अपनी योग्यता के अनुसार हित साधने का अवसर मिलना चाहिए। राज्य को समानता के हित में व्यक्तियों की स्वतन्त्रता में कोई कटौती नहीं करनी चाहिए।

### Head Man | मुखिया

किसी देश की राजनीतिक व्यवस्था में गाँव के प्रधान चौधरी और कबीले का अगुवा या ग्राम सरपंच को मुखिया कहते हैं। मुखिया पूरे गांव की व्यवस्था तथा देखरेख करता है।

### Head of Chancery | दूतालय प्रमुख, चांसरी प्रमुख

प्रत्येक देशों में स्थित दूतावासों के कार्यालय अध्यक्ष या प्रधान को चांसरी या प्रमुख कहते हैं।

### Head of the Government | सरकार के मुखिया/प्रधान

वह व्यक्ति जिसमें शासन की वास्तविक शक्ति निहित होती है, तथा जो व्यवहार में प्रधान होता है। संसदीय शासन व्यवस्था में कार्यपालिका दो तरह की होती है, नाममात्र की एवं वास्तविक। भारत में नाममात्र की कार्यपालिका शक्ति राष्ट्रपति में निहित होती है।

### Head of the State | राज्य का प्रमुख/राज्याध्यक्ष

किसी राज्य का प्रमुख वह व्यक्ति होता है जिसके नाम से कार्यपालिका के सभी कार्य औपचारिक रूप से किए जाते हैं लेकिन वास्तव में वे सभी निर्णय मंत्रिपरिषद द्वारा लिए जाते हैं। इसे कई औपचारिकताएँ, यथा: सम्राटों या अन्य राज्याध्यक्षों का स्वागत करना, निभानी होती हैं। प्राय: राज्याध्यक्ष को सरकार के प्रधान, प्रधानमंत्री आदि को नियुक्त करना होता है। कुछ देशों में, यथा: इंग्लैण्ड में राजा या रानी राज्याध्यक्ष होता है तथा भारत में राष्ट्रपति राज्याध्यक्ष होता है।

### Headquarter | मुख्यालय

मुख्यालय से तात्पर्य किसी विभाग का वह केन्द्रीय कार्यालय जहाँ से अधीनस्थ इकाइयों के लिए नियुक्ति, स्थानान्तरण, सम्भरण तथा अन्य सभी प्रकार की महत्वपूर्ण विषयों का निर्देशन, नियंत्रण और निरीक्षण किया जाता है अथवा वह मुख्य सैन्य कार्यालय जहाँ से कमाण्डर कमान का निर्देशन, नियंत्रण और प्रशासन करता है।

### Hedonism | सुखवाद

यह सिद्धान्त सुखवाद से जुड़ी मान्यताओं का समर्थन करता है। इसके प्रमुख व्याख्याकार जैरेमी बैन्थम (1748-1832) हैं। उन्होंने लिखा है कि प्रकृति ने मनुष्य को दो शक्तिशाली स्वामियों के

नियन्त्रण में रखा है, जिनके नाम हैं सुख और दुःख। मनुष्य सदैव सुख को पाना चाहता है और दुःख से बचना चाहता है। जो वस्तु सुख को बढ़ाती है और दुःख को रोकती है, मनुष्य उसी की ओर अग्रसर होता है। अतः यह सिद्धान्त मानव व्यवहार की व्याख्या सुखवाद के आधार पर करता है।

### Hegel, G.W.F. | जी.डब्ल्यू.एफ. हीगल ( 1770-1831 )

जी.डब्ल्यू.एफ. हीगल प्रसिद्ध जर्मन आदर्शवादी विचारक था। इनका राजनीतिक चिन्तन फिलोसॉफी ऑफ राइट (सत्यदर्शन) (1821) में मिलता है। हीगल का विश्वास था कि इतिहास एक निरन्तर विकास की प्रक्रिया है जिसकी मूल प्रेरणा विवेक (Reason), चेतना (Sprit) या चेतन तत्व (Conciousness) है। इस प्रक्रिया में चेतन तत्व अपने परम लक्ष्य अथवा परमसत्य (Absolute Truth) की ओर अग्रसर होता है। यह प्रक्रिया अपने अन्तर्निहित नियमों (Inherent Laws) से बंधी है जिसे बाहर से नियन्त्रित या परिवर्तित नहीं किया जा सकता।

हीगल ने चेतन तत्व या विचार तत्व (Idea) को सृष्टि का सार तत्व माना है इसलिए विकास की सम्पूर्ण प्रक्रिया शुरू से अंत तक विचारों के उत्थान-पतन की कहानी है, जिनका मूर्त रूप सामाजिक संस्थाओं के उदय और अस्त में देखने को मिलता है। इसका अर्थ है कि आज जो स्थिति अस्तित्व में है, कालान्तर में समाप्त हो जाएगी। हीगल मानते हैं कि सामाजिक परिवर्तन तथा विकास परस्पर विरोधी विचारों के संघर्ष का परिणाम है। इस पद्धति को हीगल द्वन्द्वात्मक पद्धति (Dialectical Method) कहा जाता है जो हीगल के आदर्शवाद (Idealism) के साथ निकट से जुड़ी है। द्वन्द्वात्मक पद्धति का अर्थ है, वह प्रक्रिया जिसके द्वारा बौद्धिक वाद-विवाद के अन्तर्गत विचारों का निर्माण और स्पष्टीकरण होता है। इसके अनुसार कोई भी प्रत्यय विचार द्वन्द्वात्मक मार्ग पर अग्रसर होता है जिसका अर्थ 'निषेध का निषेध (Negation of Negation) है। परस्पर विरोधी विचारों का द्वन्द्व ही सम्पूर्ण प्रगति की कुंजी है। विकास की प्रक्रिया तीन चरणों से होकर गुजरती है।

(क) *वाद (Thesis):* शुरू-शुरू में जो अस्तित्व में है वह पूर्णतः सत्य नहीं होता इसलिए उसके विरुद्ध प्रतिक्रिया होती है।

(ख) *प्रतिवाद (Antithesis):* दो विरोधी विचारों के मध्य अन्तःक्रिया के फलस्वरूप यह अवस्था प्राप्त होती है लेकिन यह भी पूर्णतः सत्य नहीं होती।

(ग) *सम्वाद (Synthesis):* प्रतिवाद के विरोध में दूसरे वाद क्रिया करते हैं, इनमें तनाव व टकराव के फलस्वरूप एक-दूसरे के असत्य अंश नष्ट हो जाते हैं तथा एक नयी अवस्था सम्वाद का जन्म होता है जो सत्य के निकट होती है। इस तरह परिवर्तन का एक चक्र पूरा होता है। हीगल ने राष्ट्र-राज्य (Nation-State) को विशेषतः पश्चिमी यूरोप के तत्कालीन राज्य को 'परम चैतन्य' का प्रतिरूप मानते हुए उसे मानव इतिहास की चरम परिणति के रूप में स्वीकार किया है।

### Hegelian Triaq | ( हेगेलीय ट्रिक )

हीगल की द्वंद्वात्मक प्रणाली के तीन चरण पक्ष, प्रतिपक्ष और संपक्ष।

### Hegemony | सम्पूर्ण वर्चस्व

प्राधान्य वह स्थिति है जिसमें शासक वर्ग अपने हितों से जुड़े मूल्यों (Values) तथा मान्यताओं (Beliefs) को शिक्षा, संस्कार या प्रचार के माध्यम से सम्पूर्ण समाज के लिए उपयुक्त मूल्यों और मान्यताओं के रूप में स्थापित कर देता है ताकि उसका शासन लोगों की सहमति पर

आधारित प्रतीत हो। प्राधान्य की संकल्पना इटली के मार्क्सवादी विचारक एंटोनियो ग्राम्शी (1891-1937) की देन है। उन्होंने हेजीमनी को उत्पादन के साधनों में नहीं, विचारों के नियंत्रण में केन्द्रित किया।

**Heir Apparent | युवराज**

राजतंत्रात्मक प्रणाली में वह व्यक्ति जो शासक की मृत्यु के पश्चात उसका स्पष्ट अथवा निर्विवाद उत्तराधिकारी माना जाता है उसे युवराज कहते हैं।

**Heir Designate | मनोनीत उत्तराधिकारी**

किसी देश की राजनीतिक प्रणाली में किसी पद के लिए नामित या नियुक्त किया गया ऐसा उत्तराधिकारी, जिसने पद से सम्बन्धित कार्यभार को अभी नहीं संभाला हो। मात्र उस पद के लिए उसका नाम मनोनीत किया गया हो।

**Hellenism | प्राचीन यूनानी संस्कृति**

यूनानवाद से तात्पर्य यूनान की राष्ट्रीयता, भाषा, संस्कृति, रीति-नीति का पक्षपोषक और प्रतिपादक सिद्धान्त तथा यूनानी राष्ट्रवाद के अन्तर्गत आता है। यूनान का स्वतंत्रता संग्राम 1821 में ऑटोमन साम्राज्य के खिलाफ शुरू हुआ। इसका आधार यूनान को पुरानी संस्कृति और प्रतिष्ठा को वापस लाना था।

**Heptarohy | सप्तराज्य**

किसी राष्ट्र या देश की इस प्रकार की शासन व्यवस्था जिसमें सर्वोच्च सत्ता सात व्यक्तियों के समूह में निहित हो, जिस प्रकार से स्विट्जरलैण्ड की संघीय-परिषद। सातवीं तथा आठवीं शताब्दी में इंग्लैण्ड में सात आंगल-सैक्शन राज्यों का राज्यमंडल था। यद्यपि इनमें से प्रत्येक राष्ट्र का अपना-अपना शासक होता था तथापि सप्तशासकों में से कभी-कभी एक शासक को अन्य शासकों द्वारा सर्वाधिपति भी मान लिया जाता था।

**Herald | अग्रदूत, उद्घोषक**

प्राचीन समय में राजा का एक पदाधिकारी होता था जिसके प्रमुख कार्य इस प्रकार से थे: राजा की घोषणाएँ प्रसारित करना तथा राजा के संदेशों एवं अन्य राज्यों या राजाओं तक पहुँचाना, युद्धकाल के दौरान राजदूत के रूप में अन्य राजाओं तथा सेनापतियों तक संदेश पहुँचाना तथा राजकीय समारोहों का प्रबंध करना, कुलचिह्नों के अधिकारी व व्यक्तियों के नामों तथा उनकी वंशावलियों की सूचियाँ बनाना इत्यादि समस्त कार्य करने वाले को उद्घोषक या अग्रदूत कहते हैं।

**Hereditary Dominion | वंशानुगत राज्य, पैतृक राज्य**

किसी राष्ट्र के उत्तराधिकारी को अपने पूर्वज से विधिवत प्राप्त कुल क्रमागत राज्य, जिसे पैतृक राज्य या वंशानुगत राज्य कहते हैं।

**Hereditary Monarchy | वंशागत एकराष्ट्रता**

वह राजतंत्र जिसमें एक राजा की मृत्यु के पश्चात् उसका पुत्र राजसिंहासन का उत्तराधिकारी बनता है। ऐसे राजतंत्र को वंशानुक्रमानुगत राजतंत्र कहते हैं या पैतृक एकराष्ट्रता कहते हैं।

## High Command | हाई कमान

किसी राष्ट्र के राजनीतिक दल का सर्वाधिक शक्तिशाली नेतृत्व मंडल या सैनिक संगठन का सर्वोच्च मुख्यालय या किसी संगठन में नीति-निर्माण करने वाले उच्चतम नेताओं का मंडल जैसे: कांग्रेस हाई कमान आदि।

## High Commissioner | उच्चायुक्त

राष्ट्र मंडल - (Commonwealth) के सदस्यों द्वारा एक-दूसरे के पास भेजा जाने वाला सर्वोच्च कोटि का राजनयिक प्रतिनिधि। उसका दर्जा राजदूत (Ambassador) के बराबर होता है। उसे उच्चायुक्त कहते हैं। यह औपनिवेशक क्षेत्र या अधीन राज्य का मुख्य अधिकारी तथा प्रदेश, संरक्षित राज्य या ट्रस्ट क्षेत्र में मुख्य प्रतिनिधिक अधिकारी तथा किसी अन्तर्राष्ट्रीय आयोग या अन्य अभिकरण का मुख्य अधिकारी जैसे कि शरणार्थियों के लिए संयुक्त राष्ट्र संघ का उच्चायुक्त, यह सब उच्चायुक्त कहलाते हैं। 1919 के अधिनियम द्वारा भारत के लिए इंग्लैण्ड में हाई कमिश्नर के पद की व्यवस्था की गई जो भारतीय व्यापार की देखरेख भारत सरकार को सामान खरीदना तथा भारतीय विद्यार्थियों के हितों की देखरेख करता था।

## High Power Committee | उच्चाधिकार प्राप्त समिति

किसी राष्ट्र के अत्यन्त महत्वपूर्ण विषय से सम्बन्धित अत्यधिक शक्ति, सत्ता तथा अधिकार से सम्पन्न समिति। सरकार के सर्वोच्च पदाधिकारियों से गठित समिति को भी उच्चाधिकार प्राप्त समिति कहा जा सकता है। उच्चाधिकार समिति की सिफारिशें सामान्यतया सरकार द्वारा मान्य होती हैं।

## High Sea | महासमुद्र

महासमुद्र से तात्पर्य तट से समीप अर्थात् तटवर्ती राज्यों के उपयोग के लिए खुला होता है और जिसके किसी भाग पर किसी राष्ट्र द्वारा स्वामित्व स्थापित नहीं किया जा सकता। इस प्रकार इसे खुला समुद्र भी कहते हैं। यहाँ आवागमन की भी स्वतंत्रता रहती है।

## Hinduism | हिंदूधर्मः विश्व का प्राचीनतम धर्म

इसके मुख्य स्रोतों और आधार ग्रन्थों में चारों वेद, ब्राह्मण ग्रन्थ, उपनिषद, रामायण, महाभारत, गीता, पुराण आदि प्रमुख हैं।

## His Excellency | महामहिम

विश्व के सभी राष्ट्रों के राज्याध्यक्षों, राजदूतों तथा कुछ अन्य विशिष्ट पदाधिकारियों के लिए सम्मानसूचक सम्बोधन के लिए महामहिम शब्द का प्रयोग किया जाता है। वर्तमान में राष्ट्रपति प्रणव मुखर्जी ने इस सम्माननीय शब्द के प्रयोग पर रोक लगा दी है।

## His Majesty | महामहिम

किसी देश के नरेश या सम्राट के लिए भी उनके सम्मान में महामहिम शब्द को प्रयुक्त किया जाता है।

## Historical Determinism | ऐतिहासिक नियतवाद

प्रत्येक ऐतिहासिक घटनाक्रम किसी पूर्व-निश्चित योजना के अनुसार चलता है। प्रत्येक ऐतिहासिक घटना एक या अधिक जातिगत, भूगोलीय, आर्थिक इत्यादि कारकों के द्वारा पूर्णतः निर्धारित होती है।

## Historical Materialism | ऐतिहासिक भौतिकवाद

इतिहास की आर्थिक व्याख्या का सिद्धान्त इस मान्यता पर आधारित है कि इतिहास के किसी भी युग में समाज के आर्थिक सम्बन्ध समाज की प्रगति, राज, भाषा और नैतिक सम्बन्धों का स्वरूप निर्धारित करने में महत्वपूर्ण भूमिका निभाते हैं। मार्क्सवादी सिद्धान्त जो सामाजिक परिवर्तनों का मूल कारण आर्थिक तत्व यानी उत्पादन की पद्धति में परिवर्तन को मानता है। ऐतिहासिक परिवर्तन का प्रेरक तत्व वर्ग-संघर्ष का होना है। इतिहास की आर्थिक व्याख्या के आधार पर मार्क्स ने इतिहास की छह अवस्थाएं - आदिम साम्यवादी युग, दासता युग, सामन्तवादी युग, पूंजीवादी युग, सर्वहारावर्ग का अधिनायकवाद तथा साम्यवादी अवस्था बतायी हैं।

सोपनात्मक संगठन : संसार के सभी समुदायों में चाहे वे अशिक्षित जन-जातीय समुदाय हो अथवा शिक्षित सभ्य समुदाय, सोपानात्मक संगठन देखने को मिलता है। एक संपूर्ण समाज दो या अधिक सोपानों, भागों, श्रेणियों या समुदायों में विभक्त पाया जाता है, जिनके उतार-चढ़ाव का एक क्रम देखने में आता है। हिन्दू समाज में परम्परागत रूप से जातियों के आधार पर सोपानात्मक व्यवस्था विद्यमान रही है। सबसे उच्च ब्राह्मण, उनसे नीचे क्षत्रिय, उनसे नीचे वैश्य और सबसे निम्न स्तर पर शूद्रों को रखा गया है। ब्राह्मणों में जो भी उप-जातियाँ देखने में आती हैं, उनमें भी परस्पर ऊंच-नीच का एक सोपान, स्तरण या क्रम देखने में आता है। इसी प्रकार की व्यवस्था क्षत्रियों, वैश्यों और शूद्रों में भी पाई जाती है।

## Historical Relativism | ऐतिहासिक सापेक्षवाद

मार्क्सवादी सिद्धान्त में निरपेक्ष रूप से सत्य या असत्य कुछ नहीं है। बल्कि सत्यता एक लक्षण है जिसे इतिहास को प्राप्त करना है और ज्ञान हमेशा सीमित और अपूर्ण होता है।

## Historical Theory of Rights | अधिकारों का ऐतिहासिक सिद्धान्त

इस सिद्धान्त के अनुसार अधिकार (Rights) इतिहास की देन हैं। जब रीति-रिवाज लम्बे चलन के बाद स्थिर हो जाते हैं, तब अधिकारों का जन्म होता है। इस सिद्धान्त के मुख्य प्रतिपादक एडमण्ड बर्क (1729-97) हैं। ये मानते हैं कि अधिकार न तो जन्मजात हैं और न राज्य द्वारा निर्मित अपितु ये इतिहास की उपज हैं। इतिहास से तात्पर्य रीति-रिवाज एवं परम्पराओं से है जो लम्बे समय से प्रचलित होने के कारण अधिकारों का रूप ले लेते हैं। बहुत सी परम्पराओं को राज्य मान्यता प्रदान कर अधिकार के रूप में स्वीकार कर लेता है। ग्रेट ब्रिटेन इसका ज्वलन्त उदाहरण है। प्रो. सुमनर के अनुसार "अधिकार और कुछ नहीं, केवल रीति-रिवाजों की ही उपज हैं।"

## Historicisms | इतिहासपरतावाद

यह सिद्धान्त कि किसी वस्तु की प्रकृति को जानने तथा उसके मूल्य को निर्धारित करने के लिए उसकी उत्पत्ति और विकास के इतिहास को जान लेना पर्याप्त होता है।

## Hitler, Adolf Hitler | एडोल्फ हिटलर ( 1889-1945 )

हिटलर जर्मनी का 1933 से मृत्यु पर्यन्त तक राजनीतिक एवं सैनिक नेता रहा। वह द्वितीय विश्वयुद्ध का जनक था। प्रथम विश्वयुद्ध में वह कनिष्ठ कोरपोरल था। बाद में वह अपने दल 'नेशनल-सोशियलिस्ट-जर्मन वर्किंग मैन पार्टी' का नेता बना और अपने दल का जर्मनी पर शासन स्थापित किया। कालान्तर में वह एकछत्र शासक बना। उसने जर्मनी में कभी चुनाव नहीं करवाये। उसका उद्देश्य था 'Thousand Year Reich' की स्थापना करना। हिटलर क्रूर शासक था। वह

Totalitariansim का प्रवर्तक था। 1939 में उसकी सेना ने पोलैण्ड पर हमला किया जो द्वितीय विश्वयुद्ध का कारण बना तथा 1945 में जर्मनी की बुरी तरह हार हुई। 1945 में उसने अपनी प्रेमिका एवा ब्राउन से विवाह किया तथा बाद में उसने आत्महत्या कर ली।

### Ho Chi Minn | हो ची मिन्ह ( 1890–1969 )

वियतनाम के क्रान्तिकारी नेता जिन्होंने वियतनाम की आजादी के लिए यूरोप और अमेरिका के साम्राज्यवादी ताकतों से 40 वर्षों तक संघर्ष किया। 30 वर्षों तक यूरोप, थाइलैंड और चीन की जेल में बिताए। लेनिन से मिले और कॉमिन्टर्न के सचिव सदस्य बने। उनका असली नाम न्गूयेन वान थान्ह था। 1943 में उनका नाम हो ची मिन्ह (पथ प्रदर्शक) रखा। वियतनाम गणराज्य की स्थापना के बाद वहाँ के राष्ट्रपति चुने गए। उन्होंने वियतनाम में साम्यवादी सरकार की स्थापना की और अमेरिकी-फ्रांसीसी साम्राज्यवादियों से गुरिल्ला संघर्ष का नेतृत्व करके जीत हासिल की।

### Hobbes Thomas Hobbes | ( हॉब्स ) ( 1588–1679 )

एक प्रसिद्ध अंग्रेजी राजनीति शास्त्रवेत्ता। उसके समस्त राजनीतिक सिद्धान्त अंग्रेजी गृहयुद्ध से प्रभावित हैं। Leviathan (तिमिंगिल) मानव दैत्य 1651 उनकी प्रसिद्ध पुस्तक है। यह पुस्तक उस सामाजिक व्यवस्था का नीलपत्र प्रस्तुत करने का प्रयास करती है। जो स्थिर होगी तथा जिसमें अराजकता की सम्भावना कम होगी। हॉब्स सामाजिक समझौता (Social Contract) के समर्थकों में से एक थे। वे 'The State of Nature' के प्रबल समर्थक थे। हॉब्स ने प्राकृतिक दशा का अंधकारमय चित्रण किया है। उन्हें मानव प्रकृति में अविश्वास था। उसकी दृष्टि में सभी मनुष्य प्रकृति से लालची, क्रूर, लुटेरे एवं भयाक्रान्त हैं। हॉब्स के शब्दों में इस समय मनुष्य का जीवन 'एकाकी, दीन हीन, घृणित पाशविक और क्षणभंगुर था'। हर मनुष्य एक-दूसरे का शत्रु होता था और वह अपने सुख के लिए दूसरों को पराधीन बनाने में संकोच नहीं करता था। मनुष्यों को कोई मान्यता प्राप्त अधिकार नहीं होते थे। अतः वहाँ जिसकी लाठी उसकी भैंस वाला नियम चरितार्थ होता था।

ऐसी स्थिति में मनुष्य एक जगह एकत्रित होकर सामाजिक समझौते का सहारा लेते हैं। इस समझौते के द्वारा वे प्रभुसत्ताधारी (Sovereign) होने की भावना की स्थापना करते हैं ताकि वह अत्याचारियों को आतंकित कर सके और निर्बल लोगों को सुरक्षा प्रदान कर सके। हॉब्स ने शासक के हाथ में असीम सत्ता सौंप दी और जनसाधारण को विरोध के अधिकार से वंचित कर दिया है। इस तरह उसने पूर्ण सत्तावाद (Absolutism) को बढ़ावा दिया।

### Hobhouse, L.T. | एल.टी. हाबहाउस ( 1864–1929 )

एल.टी. हाबहाउस इंग्लैण्ड के प्रमुख सकारात्मक उदारवादी हैं। इन्होंने अपनी पुस्तक 'एलीमेन्ट्स ऑफ सोशल जस्टिस' (सामाजिक न्याय के मूल तत्व) (1922) में लिखा कि "स्वतन्त्रता की आधारशिला सामाजिक बंधन की आध्यात्मिक प्रकृति और सर्वहित का युक्तियुक्त स्वरूप है।" उन्होंने यह स्वीकार किया कि वैयक्तिक हित सर्वहित के साथ जुड़ा है और सर्वहित का आधार वैयक्तिक हित में निहित है। हाबहाउस राज्य की सत्ता को न तो परमपावन (Sacrosanct) और न असीम (Absolute) मानते हैं। राज्य की आधारशिला नैतिक औचित्य (Moral Right) है। इसलिए राज्य का एक साध्य का साधन है, इसका साध्य 'सद्जीवन' की सिद्धि करना है। इन्होंने लिब्रलिज्म (उदारवाद) (1911) पुस्तक भी लिखी।

**Holy Alliance | पवित्र सहबंध**

ऑस्ट्रिया, रूस और प्रशा के मध्य सन् 1815 में प्रकट प्रमुख उद्देश्य ईसाई राजाओं में भ्रातृत्व, भाईचारे का भाव स्थापित करना था परन्तु इसका वास्तविक मूल उद्देश्य राजतंत्र की रक्षा करना तथा लोकतांत्रिक क्रान्तियों का मिलकर दमन करना था। इसे पवित्र सहबंध कहते हैं।

**Holy War | जिहाद, धर्मयुद्ध**

किसी विशेष धर्म या समुदाय के प्रचार, प्रसार अथवा उसकी रक्षा के लिए लड़ा जाने वाला युद्ध। प्रमुख रूप से इस्लाम में इस युद्ध को पवित्र अथवा धर्मयुद्ध कहा गया है, वास्तव में यह शब्द ही इस्लाम धर्म से ही सम्बन्धित है।

**Homage | 1. राजनिष्ठा, नजराना, श्रद्धांजलि**

राजनिष्ठा, नजराना या श्रद्धांजलि से तात्पर्य वह पवित्र सामंती समारोह होता है जिसमें कि कोई व्यक्ति किसी जागीर को प्राप्त करने के उपलक्ष्य में स्वयं को जागीर प्रदायक सामंत का सेवक उद्घोषित करता है और ऐसे सम्बन्ध में अंतर्निहित अधिकारों तथा दायित्वों को स्वीकार कर लेता है। नजराना सामंती व्यवस्था के अन्तर्गत जागीरदारों द्वारा दी जाने वाली भेंट और सामंतों के अधीनस्थों के द्वारा की जाने वाली सेवा को कहते हैं तथा श्रद्धांजलि किसी मनुष्य के मरणोपरांत उसके प्रति प्रदर्शित मनोभाव को कहते हैं।

**Home Government | बर्तानिया सरकार, स्वदेश सरकार**

लंदन स्थित ब्रिटिश शासन व्यवस्था या प्रशासन का वह अंग जो भारत की प्रशासनिक व्यवस्था के लिए उत्तरदायी था, भारत में नियुक्त अंग्रेज प्रशासकों द्वारा "स्वदेश सरकार" के नाम से सम्बोधित किया जाता है। इसके प्रमुख तीन घटक थे। (i) इंडिया ऑफिस (ii) भारत सचिव (iii) भारत परिषद। सन् 1935 में भारत परिषद का स्थान तीन सदस्यों की परामर्शदात्री परिषद ने ले लिया था।

**Home Less | बेघर**

प्राय: शहरों में मजदूरी करने वाले, गुब्बारा बेचने वाले, रिक्शा चालक, अस्थाई मजदूर, स्ट्रीट वेंडर, घरों में काम करने वाले आदि बेघर होते हैं। इन्हें रात बिताने के लिए झुग्गी झोपड़ी या किसी तरह की छत वाला स्थान नहीं होता है। सर्दियों की रात में भी सड़कों, पार्कों या कहीं भी खुली जगह में रात गुजारते हैं। दिल्ली में करीब 3 प्रतिशत ऐसी आबादी है। अन्य शहरों का भी यही हाल है। शहरों में मिलने वाले अज्ञात शव भी प्राय: बेघर वालों के ही होते हैं जो गर्मी-सर्दी, कुपोषण, भूख-प्यास या गंभीर बीमारी से शहर में दम तोड़ देते हैं। इन्हें भिखारी टाइप के लोग भी कहा जाता है जिनका अन्तिम संस्कार भी सही तरीके से नहीं होता है। कल्याणकारी राज्य की सरकार ऐसे लोगों के लिए रहने के ठिकाने (रैन बसेरा) सस्ता आवास और सस्ता पौष्टिक आहार नहीं दे पायी है।

**Home Rule | स्वशासन**

जब आयरलैंड यूनाइटेड किंगडम (ब्रिटेन) का एक भाग था तो वहाँ के निवासियों ने आयरलैंड की एक अपनी सरकार बनाने की मांग की थी और उन्होंने अपना उद्देश्य "आयरलैंड में स्वशासन होगा" यह कहकर व्यक्त किया था। भारत में प्रथम विश्वयुद्ध के दरम्यान अप्रैल 1916 में लोकमान्य तिलक ने पुणे में होमरूल लीग की स्थापना की एवं श्रीमती एनीबेसेंट ने सितम्बर 1916 में मद्रास में होमरूल लीग की स्थापना आयरलैंड के होमरूल आन्दोलन से प्रेरणा ग्रहण कर की

थी। यह आन्दोलन एक सांविधानिक संघर्ष था और इसका लक्ष्य था ब्रिटिश साम्राज्य के अन्तर्गत भारतीयों के लिए स्वशासन प्राप्त करना। आन्दोलन शीघ्र ही सारे देश में फैल गया और सरकार ने इसे भी कुचल डालने के लिए दमनचक्र का पूरा उपयोग किया। जून 1917 में श्रीमती एनीबेसेंट की गिरफ्तारी से आन्दोलन और भी तीव्र हो गया। तथापि बाद में जैसे-जैसे महायुद्ध की समाप्ति के दिन निकट आते गए, आन्दोलन क्षीण पड़ता गया और अंत में मुरझा गया।

**Homo Faber | श्रमजीवी प्राणी**

मार्क्स के अनुसार भौतिक क्षेत्र (material realm) अर्थात् उत्पादन और श्रम का क्षेत्र मनुष्य के जीवन की विशिष्टता है। मनुष्य अपनी भौतिक जरूरतों को पूरा करने के लिए श्रम करके उत्पादन करता है। उत्पादन के साधन भूमि, श्रम, पूंजी और उद्यम है। इससे किसी विशेष उत्पादन प्रणाली का उभार होता है। इसमें आधार (base) और अधिरचना (Superstructure) आर्थिक स्थिति के आधार पर बनते हैं। उत्पादन के साधन (Means of Production) और उत्पादन का संबंध (Relations of Production) श्रमजीवी प्राणी से जुड़ा हुआ होता है।

**Honorary A.D.C. | अवैतनिक ए.डी.सी.**

किसी राष्ट्र के उच्चाधिकारी जैसे, राष्ट्रपति, राज्यपाल आदि के सहायक के रूप में कार्य करने वाला विश्वस्त व्यक्ति जिसे अपनी ओर से की जाने वाली सेवाओं के बदले कोई वेतन नहीं दिया जाता। प्रमुख रूप से उच्च पदस्थ सैनिक अथवा नौसैनिक अधिकारी के सहायक के रूप में कार्य करने वाला अधिकारी। ब्रिटिश शासनकाल में, देशी राज्यों के राजाओं को गवर्नर जनरल के सम्मानार्थ अवैतनिक ए.डी.सी. नियुक्त किए जाने की परंपरा थी, जिन्हें अवैतनिक ए.डी.सी. कहते हैं।

**Honour Killing | आनर किलिंग**

सामाजिक प्रतिष्ठा के नाम पर पंजाब-हरियाणा में सगोत्री या दूसरे जाति-धर्म के लड़के से शादी रचा लेने वाली लड़कियों के परिवार के सदस्यों या पंचायत के द्वारा हत्या जैसा जघन्यकृत्य गत कुछ वर्षों में किया जाता रहा है। यह महिलाओं के प्रति वीभत्स अपराध है। इन्हें खाप-पंचायतों का कठोर व्यवहार भी कहा जाता है।

**Horizontal Industrial Union (Horizontal Industrial Combination) | समस्तरीय औद्योगिक संघ**

समस्तरीय औद्योगिक संघ एक प्रकार का औद्योगिक संगठन है जिसमें एक ही प्रकार के उत्पादन में लगे हुए उद्योग या कारखाने समस्तरीय रूप से एक नियंत्रण में संगठित होते हैं।

**Hospital Ship | अस्पताली जहाज**

डाक्टरों, नर्सों, दवाइयों तथा अन्य चिकित्सक उपकरणों से युक्त जलपोत। प्रमुख रूप से समुद्री युद्ध में अन्तर्राष्ट्रीय विधि के अन्तर्गत घायल और बीमार नौसैनिकों के उपचार और सहायता करने वाला जहाज जिसमें चिकित्सा की सभी सुविधाएँ उपलब्ध होती हैं। इस प्रकार के जहाज को अस्पताली जहाज कहते हैं।

**Hospital Zone | अस्पताल क्षेत्र**

वह सार्वजनिक क्षेत्र जिसमें कि युद्धकाल के दौरान युद्ध में घायल हुए या बीमार सैनिकों के उपचार के लिए अस्पताल स्थित हो। ऐसे सार्वजनिक अस्पताल के क्षेत्र में बमबारी वर्जित है।

**Hostage | बंधक**

वह व्यक्ति जिसे जमानत के रूप में बलात पकड़ा गया हो एवं जिसको मांगों की पूर्ति करने के लिए दबाव डालने की दृष्टि से बंदी बनाकर रखा जाता है। उसे बंधक कहते हैं।

**Hostile Assistance | अतटस्थ सहायता**

किसी राष्ट्र या अन्य राष्ट्र के साथ युद्धकाल के दौरान तटस्थ राज्यों या राष्ट्रों द्वारा युद्धरत राष्ट्रों में से किसी एक पक्ष को ऐसी सहायता देना जो तटस्थता के नियमों के विपरीत हो, जैसे: शत्रु सैनिकों को लाने-ले जाने का कार्य। इस प्रकार के कार्य को अतटस्थ सहायता कहते हैं।

**Hostile Embargo | शत्रु-अविरोध, शत्रु घाटबंदी**

विश्व के किसी देश की सरकार द्वारा किसी दूसरे देश के पोतों के बहिर्गमन पर लगाया गया प्रतिबंध। वर्तमान समय में केवल पोतों के बहिर्गमन पर ही नहीं बल्कि अस्त्र-शस्त्रों की पूर्ति पर प्रतिबंध लगाने के लिए भी इस पद का प्रयोग किया जाता है। इसे शत्रु-अविरोध या शत्रु घाटबंदी कहते हैं।

**Hostile Land | शत्रु प्रदेश**

शत्रुओं द्वारा अधिकृत या विरोधियों के प्रभाव में रहने के कारण विरोधी हितों का प्रतिपादक और समर्थक वह प्रदेश, जिसकी सरकार अवसर आने पर विपक्षी या शत्रु की मदद करे या करने की कोशिश में रहे।

**Hostile Pact | विरोधी अनुबंध**

किसी एक राष्ट्र या अधिक राष्ट्रों के विरुद्ध दो या अधिक राष्ट्रों द्वारा की गई संधि या समझौता जिसे विरोधी अनुबंध कहते हैं।

**Hostilities | शत्रुतापूर्ण कार्य**

किसी राष्ट्र की सशस्त्र सेनाओं के मध्य आपसी युद्धरूपी प्रक्रियाएँ। जो युद्धकाल के दौरान भी हो सकती हैं तथा बिना युद्ध के भी। ये हिंसात्मक भी हो सकती हैं, परन्तु हिंसा आवश्यक नहीं है। जिसे शत्रुतापूर्ण कार्य कहते हैं।

**Hot Pursuit | सरगर्मी से पीछा करना, तीव्र अनुधावन**

अन्तर्राष्ट्रीय विधि के अनुसार, प्रत्येक देश या राष्ट्र को यह प्राधिकार है कि यदि कोई विदेशी जहाज उसके कानून का उल्लंघन करके भाग जाए तो वह राष्ट्र खुले समुद्र में तेजी से उसका पीछा करते हुए उसे पकड़ सकता है। इस प्रकार यह नियम युद्धपोतों (जंगी-जहाजों) तथा कुछ अन्य सरकारी जहाजों पर लागू नहीं होता। पीछा करने के लिए समुद्री जहाज या हवाई जहाज का प्रयोग किया जा सकता है। यह कार्यवाही पीछा करने वाले देश के अपने आंतरिक जलक्षेत्र, सीमांतर्गत जलक्षेत्र (Territoral Waters) या उससे लगे हुए क्षेत्र में होती है। इस कार्य में कहीं भी रुकना नहीं चाहिए, और यदि भागने वाला जहाज अपने या किसी तीसरे देश के सीमांतर्गत जलक्षेत्र में घुस जाए तो पीछा करने वाले देश को वापस लौट आना चाहिए।

**House | सदन**

वह भवन विशेष जहाँ विधानसभा के सदस्य विधि निर्माण का कार्य करने और विविध राष्ट्रीय और अन्तर्राष्ट्रीय समस्याओं आदि पर विचार-विमर्श या वाद-विवाद करने के लिए एकत्रित होते हैं।

### House of Commons | (हाउस ऑफ कामन्स)

इंग्लैण्ड की संसद का निम्न सदन जिसमें अध्यक्ष सहित 630 सदस्य होते हैं। इसके सदस्य जनता द्वारा वयस्क मताधिकार तथा गुप्त मतदान-पद्धति के आधार पर निर्वाचित होकर आते हैं, जिसमें इंग्लैण्ड 511 सदस्य, स्कॉटलैण्ड 71 सदस्य, वेल्स 36 सदस्य और उत्तरी आयरलैण्ड 12। यह शक्तिशाली सदन है: विधि निर्माण, वित्त व्यवस्था एवं शासन नियंत्रण के कार्यों में इसकी भूमिका लोर्डसभा की तुलना में निर्णायक है। मंत्रिमण्डल इसी के प्रति उत्तरदायी होता है। वह तभी तक पदासीन रह सकता है, जब तक कामन्स सदन के बहुमत का समर्थन उसे प्राप्त हो। सभी महत्वपूर्ण विधेयक कामन सभा में ही प्रारम्भ होते हैं। इसका राष्ट्र के वित्त पर पूर्ण नियन्त्रण है। इसके अनुमोदन के बिना कोई रकम खर्च नहीं की जा सकती है और न ही कोई नया कर लगाया जा सकता है। बैठकों की अध्यक्षता स्पीकर करता है।

### House of Councillors | सभासद सदन

जापान में सन् 1946 के संविधान द्वारा पीयर-सभा के स्थान पर स्थापित जापान की राष्ट्रीय संसद "डाइट" का उच्च सदन जिसके मुख्य सदस्य निर्वाचित होते हैं। इसकी अवस्थिति ब्रिटेन की लॉर्डसभा के समतुल्य है। इस प्रकार इसे सभासद सदन कहते हैं।

### House of Lords | (हाउस ऑफ लॉर्ड्स)

इंग्लैण्ड की संसद के दो सदनों में उच्च सदन विश्व प्राचीन और विशालततम आनुवांशिक द्वितीय सदन है। इसके सदस्य क्राउन के द्वारा मनोनीत किए जाते हैं। इसके सदस्यों में मुख्यतः लॉर्ड्स टेम्पोरल और लॉर्ड्स स्पिरिचुअल होते हैं। पादरी अपनी पदीय वरिष्ठता के आधार पर इसके सदस्य बनते हैं। इसकी सदस्य संख्या 900 है जिनमें राजकुमार, आर्कबिशप, ड्यूक, मार्किवस, अर्ल, वाइकाउन्ट बिशप वैरन सम्मिलित हैं।

### House of Representatives | प्रतिनिधि सदन

संयुक्त राज्य अमेरिका के कांग्रेस का निम्न सदन। इसके प्रतिनिधि वयस्क मताधिकार और गुप्त मतदान के द्वारा जनता के द्वारा निर्वाचित होते हैं। इसकी सदस्य संख्या 438 है। इसका अध्यक्ष दलगत व्यक्ति होता है। इसके सदस्यों का कार्यकाल दो वर्ष का होता है। प्रतिनिधि सदन की तुलना में सीनेट शक्तिशाली होती है। 435 सदस्य समान मतदाताओं वाले चुनाव क्षेत्र से और कोलंबिया, यूरेटो रिको और गुआम से एक एक जो नन वोटिंग सदस्य होते हैं चुने जाते हैं। इस तरह 438 सदस्य प्रतिनिधि सभा में है। मूल संविधानों में 30 हजार की आबादी पर एक सदस्य निर्वाचित होता था। कुल 65 सदस्य थे और प्रत्येक राज्य से कम से कम एक सदस्य निर्वाचित होता था। 1929 में एक अधिनियम द्वारा कुल सदस्य संख्या 435 निश्चित कर दी गई।

### Human Factor | मानवीय तत्व

राजनीतिक व्यवस्था में मानव के मूल्यों, परम्पराओं, संस्कृति, सभ्यता, राजनीतिक-आर्थिक कारकों आदि का बाह्य वातावरण का प्रभाव पड़ता है और यह इसे प्रभावित भी करता है। इसके अन्तर्गत सामाजिक मूल्यों, व्यवहारों, विचारों आदि का भी अध्ययन किया जाता है।

### Human Rights | मानवाधिकार

मानवाधिकार वे अधिकार एवं सुविधाएँ हैं जो मानव को मानव होने के नाते से प्राप्त होती हैं। ये अधिकार मानव को, चाहे उसकी वैधानिक व्यवस्था में कोई व्यवस्था हो या न हो, प्राप्त होते ही

हैं। कोई भी सरकार इनसे मानव को वंचित नहीं कर सकती। इसका उद्देश्य मानव गरिमा को सुरक्षित बनाना है। इन अधिकारों की सूची भले ही भिन्न हो सकती है। पर ये मानव को उसके जन्म से ही प्राप्त होते हैं। मानवाधिकार राज्य की शक्ति को सीमित करते हैं। यह वैध और नैतिक है, तथा इनकी प्रवृत्ति सार्वभौमिक है।

द्वितीय महायुद्ध के बाद संयुक्त राष्ट्र संघ ने 1946 में मानवाधिकार आयोग का गठन इलैनोर रूजवेल्ट की अध्यक्षता में किया। 10 दिसम्बर 1948 को संयुक्त राष्ट्र संघ की महासभा ने मानव अधिकारों की सार्वभौमिक घोषणा की। इस घोषणा में 30 अनुच्छेद हैं जो मूल मानवाधिकारों एवं स्वतंत्रताओं का विस्तृत वर्णन करते है। इसी तरह एक और सूची प्रकाशित की गई जिसका नाम है: मानव अधिकारों पर यूरोपीय घोषणा – European Declaration on Human Rights मानव को प्राप्त प्रमुख मानवाधिकार हैं: भाषण की स्वतंत्रता, धर्म की स्वतंत्रता, पारिवारिक जीवन की स्वतंत्रता, आपराधिक मुकदमों में न्यायिक प्रक्रिया का अधिकार, अमानवीय दण्ड से रक्षा का अधिकार, राजनीतिक स्वतंत्रता आदि। इन अधिकारों का उद्‌गम प्राकृतिक कानून या अधिकारों से हुआ है। इस प्रकार मानवाधिकार मानव को भयमुक्त और भूखमुक्त जीवन सुनिश्चित करने में सहायता प्रदान करते हैं।

## Humanism | मानवतावाद

मानवतावाद वह सिद्धान्त है जिसका आधार मानवहित तथा मानवाधिकार और मानव उत्थान है। इस प्रकार इस सिद्धान्त के अनुसार मानव-कल्याण सर्वोपरि है। और यह मानव मूल्यों के संरक्षण पर बल देता है तथा लोकोपकारवाद का समर्थक है। इस प्रकार से यह सिद्धान्त मनुष्य की प्रतिष्ठा, गौरव, श्रेष्ठता तथा मानव मूल्यों के संरक्षण पर जोर देता है। इसी का एक रूप मानवेन्द्र नाथ राय का उग्र मानवतावाद भी है।

## Humanist | मानवतावादी

मानव-प्रकृति, रीति-नीति, मानवीय क्रिया-कलापों, मानव कल्याण का अध्येता, प्रतिपादक या प्रवर्तक।

## Humanitarianism | मानवतावाद

मानवतावाद मानव कल्याण की ऐसी भावना है, जिससे प्रेरित होकर कोई व्यक्ति दीन-हीन असमर्थ (Unable) और असहाय लोगों की सहायता करने के लिये तत्पर होते हैं। इस भावना में यह मान्यता है कि सभी मनुष्यों को सम्मानपूर्वक जीवन जीने का अधिकार है लेकिन उसमें कोई रुकावट पैदा हो जाए तो उसे सामाजिक संरक्षण मिलना चाहिए। यदि कोई अभागा मनुष्य अपने जीवन निर्वाह के साधन स्वयं नहीं जुटा पाता तो उसे बेसहारा मरने के लिए नहीं छोड़ा जा सकता बल्कि समाज का यह कर्तव्य हो जाता है कि उसके पालन-पोषण व दवा आदि की आवश्यकताएँ पूरी की जाए।

## Hume David | (ह्यूम) (1711-1776)

ह्यूम स्टॉकलैण्ड के दार्शनिक एवं राजनीतिशास्त्र के ज्ञाता थे। वे प्रयोगवाद या उपयोगितावाद के समर्थक थे। वे 'मूल्य-मुक्त' राजनीति विज्ञान के पक्ष में थे। उनकी मान्यता थी कि राजनीतिक परिणामों के आधार पर मानव व्यवहार का वास्तविक अवलोकन होना चाहिए, न कि पूर्व निर्धारित मानक। Treastise on Human Nature उनकी प्रसिद्ध रचना है।

## Hung Parliament | त्रिशंकु संसद, विधान सभा

विधानसभा या लोकसभा चुनाव में किसी दल को या दल के समूह, गठबंधन को स्पष्ट बहुमत नहीं मिलता है तो लोकसभा या विधानसभा को त्रिशंकु कहा जाता है। कोई दल सरकार बनाने की स्थिति में नहीं होता है। उन्हें बहुमत जुटाने का मौका देते हैं कि कोई स्थायी सरकार बने। केन्द्र और राज्य में बहुमत नहीं जुटा पाने पर पुनः चुनाव करवाया जाता है।

## Hunker | अनुदारदली

न्यूयॉर्क की डेमोक्रेटिक पार्टी (लोकतंत्रीय दल) के अनुदारवादी गुट का सदस्य। 1945-48 की अवधि में थी।

## Huntington, Samuel P. | रसैमुअल पी. हटिंग्टन

सैमुअल पी. हटिंग्टन ने अपनी पुस्तक 'पॉलिटिकल ऑर्डर इन चेंजिंग सोसायटीज'। (बदलते समाजों में राजनीतिक व्यवस्था) (1968) में राजनीतिक विकास का वर्णन करते हुए राजनीतिक विकास की तीन अवस्थाएँ बताई हैं।

1. *राजनीतिक प्रकार्यों में विभेदीकरण:* राजनीतिक विकास की प्रथम अवस्था में सरकार के तीनों अंगों के कार्यों में निश्चितता व स्पष्टता आने लगती है। विधायिका कानून निर्माण के क्षेत्र में सक्रिय रहकर कार्य करती है, कार्यपालिका उन कानूनों को प्रभावी ढंग से लागू करती है। जबकि न्यायपालिका इन कानूनों की व्याख्या तथा विवादों को सुलझाने का काम करती है।
2. *प्रशासन की तर्कसंगता का होना:* राजनीतिक विकास की दूसरी अवस्था में प्रशासन पारदर्शी व जवाबदेह बन कर कार्य करता है। प्रशासनिक गतिविधियों की जानकारी सामान्य जनता को उपलब्ध होने लगती है। इस अवस्था में वर्ग विशेषाधिकारों का अन्त हो जाता है तथा प्रशासन में सभी की पहुँच होती है।
3. *बढ़ती हुई सहभागिता:* हटिंग्टन राजनीतिक विकास की तीसरी अवस्था राजनीतिक व्यवस्था में बढ़ती जन सहभागिता को मानते हैं। इस स्तर में राजनीतिक गतिविधियों में जनता भाग लेने लगती है। प्रशासन, नीति निर्माण व न्यायिक कार्यों में जनता की भागीदारी होती है, नागरिक स्वतन्त्रताओं का बिना किसी भेदभाव के सबको प्रयोग करने का अवसर प्रदान किया जाता है। प्रेस की स्वतन्त्रता प्रदान की जाती है।

हटिंग्टन ने आधुनिकीकरण व क्रान्ति का अध्ययन करके उस पर अपने विचार प्रकट किए हैं जब आधुनिकीकरण के प्रभाव से किसी देश के लोगों के मन में राजनीतिक सहभागिता की आशा बहुत बढ़ जाती है परन्तु उनकी मांगों को पूरा करने के लिए उपयुक्त संस्थाएँ विकसित नहीं हो पाती हैं तो जनसाधारण के मन में विद्रोह की भावना पनपने लगती है और लोग अपनी सुनवाई के लिए क्रान्ति पर उतारू हो जाते हैं।

## Hyde Act | हाइड एक्ट

भारत-अमेरिका शांतिपूर्ण परमाणु ऊर्जा सहयोग कानून, 2008 को सम्पन्न करवाने में इस अधिनियम का मुख्य योगदान है। इसके द्वारा परमाणु ऊर्जा अधिनियम 1954 की धारा 123 में रूपान्तरण करके भारत के साथ नागरिक परमाणु समझौता किया गया है।

## Hypothesis | प्राक्कल्पना

सामाजिक अनुसंधान में किसी घटना की व्याख्या के लिए, अथवा उसके कारण के रूप में, अपर्याप्त प्रमाण के आधार पर की गई कोई काम चलाऊ कल्पना जो पूर्णतः सिद्ध या गलत होने के लिए अधिक प्रेषण और प्रणेता के लिए प्रस्तुत किया जाता है।

# I

**ICBM, Inter Continental Ballistic Missile | अन्तःमहाद्वीपीय बैलिस्टिक मिसाइल**

यह एक विशाल परमाणु आयुध व्यवस्था है जो लगभग अवरोधनीय है तथा जो यू.एस.एस.आर. एवं यू.एस.ए. के मध्य विद्यमान परमाणु आयुध व्यवस्था की आधारभूत व्यवस्था है। यह (SLBM's) पनडुब्बी द्वारा छोड़ी जाने वाली बैलिस्टिक मिसाइल से भिन्न है। 1972 में अमेरिका और सोवियत संघ के बीच सामरिक शस्त्रास्त्र परिसीमन 91वीं (SALT) समझौता के द्वारा विभिन्न प्रकार के बैलिस्टिक प्रक्षेपास्त्रों पर रोक लगाने एवं संख्या कम करने पर समझौता हुआ। SALT की तरह SATRT की बातचीतों का सार ICMB प्रणाली की संख्या को कम करने का प्रयास होता है।

**Ideal | आदर्श**

सौंदर्य, पूर्णता, नैतिक या भौतिक उत्कर्ष इत्यादि का वह पराकाष्ठागत रूप जिसे प्राप्त करना मनुष्य का लक्ष्य होता है पर जो कभी समग्र रूप में प्राप्त नहीं होता, बल्कि हो ही नहीं सकता है।

**Ideology | विचारधारा**

विचारधारा शब्द का प्रयोग दो भिन्न अर्थों में किया जाता है। पहले अर्थ में विचारधारा विचारों एवं विश्वासों का ऐसा समुच्चय है जो एक सुनिश्चित विश्व दृष्टि पर आधारित हो और अपने आप में पूर्ण मानती हो तथा संसार की सारी वास्तविकता की व्याख्या करने का आधार प्रदान करने का दावा करती है। इस अर्थ में विचारधारा मनुष्य की प्रकृति के बारे में कुछ अभिग्रह लेकर चलती है और उनके आधार पर मनुष्य के इतिहास का एक सिद्धान्त, आचरण की एक नैतिक नियमावली, त्यागमय कर्तव्य भावना और कर्म का एक कार्यक्रम पेश करती है। दूसरे अर्थ में विचारधारा को विदेश नीति के वास्तविक उद्देश्य को छिपाने का आवरण कहा जा सकता है। इस अर्थ में प्रयोग करने पर विचारधारा विदेश नीति के तात्कालिक लक्ष्य के रूप में शक्ति प्राप्ति के बारे में तत्पर होती है। पैडलफोर्ड एवं लिंकन के अनुसार "विचारधारा आर्थिक, सामाजिक एवं राजनीतिक मूल्यों तथा लक्ष्यों से संबंधित विचारों का निकाय है। जो इन लक्ष्यों की प्राप्ति के लिए कार्यों की योजना तैयार करती है।" स्नाइडर एवं विल्सन ने लिखा है "एक विचारधारा जीवन, योजनाबद्ध, सामाजिक, राजनीतिक, धार्मिक नारों के प्रतिपादन के रूप में अथवा युद्धकालीन नारों के रूप में, निरन्तर उपदेशात्मक रूप में इस प्रकार किया गया है कि वह एक विशिष्ट समाज समुदाय, दल अथवा राष्ट्र के विशिष्ट विश्वास ही बन गए हैं।"

चार्ल्स श्लाइचर के अनुसार विचारधारा व्यक्ति में अमूर्त विचारों की व्यवस्था है। ये विचार वास्तविकता को स्पष्ट करते हैं तथा मूल्यात्मक लक्ष्यों की अभिव्यक्ति करते हैं। ऐसी सामाजिक व्यवस्था की प्राप्ति करने अथवा बनाए रखने का प्रयास करते हैं जिसमें उनके विश्वास के अनुसार लक्ष्यों को श्रेष्ठ रूप में स्वीकार किया जा सके और विभिन्न राष्ट्र समान विश्वास, दृष्टिकोण व राजनीतिक जीवन के समान लक्ष्यों के कारण चुनौती मिलने पर संगठित हो जाते हैं।

राष्ट्रीय शक्ति के रूप में विचारधारा : विचारधारा राष्ट्रीय शक्ति का तत्व है। आज सम्पूर्ण विश्व विचारधारा को जोड़ने में सीमेन्ट का कार्य करता है। विचारधारा से लोगों में समर्पण की भावना पैदा होती है। विचारधारा सरकार को अपने नागरिकों का समर्थन प्राप्त करने में मदद देती है। राष्ट्रीय शक्ति के तत्व के रूप में विचारधारा राष्ट्र के सदस्यों के मनोबल को निर्मित करने में महत्त्वपूर्ण भूमिका अदा करती है।

मार्गेन्थाऊ ने विचारधारा का विश्लेषण विदेश नीति के सन्दर्भ में किया है। वे लिखते हैं कि "कुछ विशेष प्रकार की विचारधाराएँ कुछ विशेष प्रकार की अन्तर्राष्ट्रीय नीतियों से जुड़ी हुई होती हैं।" इस दृष्टि से वे तीन प्रकार की विचारधाराएँ मानते हैं:

1. *यथास्थिति की विचारधारा:* ऐसी विचारधारा वाले राष्ट्र अपनी प्राप्त शक्ति की रक्षा और उसे बनाए रखना चाहते हैं।
2. *साम्राज्यवादी विचारधारा:* ऐसे राज्य यथास्थिति को पलट देना चाहते हैं। ऐसे राष्ट्रों को राज्यों को जीतने के लिए बहानों की आवश्यकता होती है।
3. *अस्पष्ट विचारधाराएँ:* ये विचारधाराएँ आक्रमणकारी उद्देश्यों की पूर्ति के लिए साथ ही यथास्थिति को कायम रखने के लिए प्रयोग में लाई जा सकती हैं। इसलिए इन्हें अस्पष्ट विचारधारा कहा गया है।

## Idia | विचार

दृश्य या अदृश्य, स्थूल या सूक्ष्म, सामान्य या विशेष, किसी भी वस्तु का मानसिक प्रतिरूप या प्रतिनिधि विचार कहलाता है।

## Idialism | आदर्शवाद (चेतनवाद)

राज्य के स्वरूप की प्रतिपादन सम्बन्धी विचारधारा, जो राज्य को मनुष्य के हित और कल्याण का एक साधनमंत्र नहीं मानकर साध्य मानता है। प्लेटो के दार्शनिक शासक, रूसो के अनुसार सामान्य इच्छा में भी आदर्शवाद है। आज इसे उग्र और मध्यमार्गी दो विचारधाराओं के नाम से जाना जाता है। जर्मन विचारक कान्ट और हीगल, व्यक्ति को राज्य रूपी ध्येय का साधन मानता है। राज्य की आज्ञा पालन करना ही व्यक्ति का कर्तव्य मानता है। राज्य का विरोध नहीं किया जाए क्योंकि राज्य सर्वोपरि और सर्वशक्तिमान है। अत: वह अमर्यादित एवं निरंकुश भी है। आदर्शवादी सिद्धान्त के मध्यमार्गी विचारक जो अंग्रेज हैं: ग्रीन, ब्रैडले, वासांके, राज्य को एक नैसर्गिक वस्तु मानते हैं जो व्यक्ति के लिए आवश्यक भी है। इसके अभाव में व्यक्ति अपने नैतिक जीवन का विकास नहीं कर सकता है, लेकिन यदि सरकार व्यक्ति के विकास के मार्ग में बाधक है तो व्यक्ति राज्य का नहीं सरकार का विरोध कर सकता है। आदर्शवादी विचारधारा व्यक्ति की स्वतंत्रता में बाधक है। राज्य को स्वयं साध्य और व्यक्ति को साध्य मानकर राज्य को व्यक्ति से परे मान लिया है। यानी आदर्शवादी बिना व्यक्ति के भी राज्य की कल्पना करते हैं। चूंकि राज्य, व्यक्ति के बाद निर्मित हुआ अत: इस सिद्धान्त में हीगल ने राज्य को 'धरती पर ईश्वर की मात्रा' माना है। इससे अधिनायकवादी प्रवृत्ति और फासीवाद को सैद्धान्तिक आधार मिला।

## Imam | इमाम

मस्जिद में नियमित नमाज की अगुवाई करने वाला मुखिया, मुहम्मद साहब के उत्तराधिकारी के रूप में इस्लाम धर्म का आध्यात्मिक और भौतिक मुखिया। अर्थात् मुस्लिम धर्माधिकारी जो कुरान व हदीस के सिद्धान्तों का व्याख्याकार व धार्मिक गुरु होता है।

## Immigration | आप्रवासन

व्यक्तियों का किसी दूसरे देश में स्थायी निवास के उद्देश्य से जाना है, जहाँ का वह नागरिक नहीं है। इसके कारण प्रायः आर्थिक होते हैं। सम्पन्न देश में अच्छे रोजगार की तलाश में जाना। जिन देशों की आर्थिक परिस्थितियां अच्छी नहीं होती हैं वहाँ के लोग सम्पन्न देशों में चले जाते हैं। इसके पीछे राजनीतिक और धार्मिक उत्पीड़न भी कारण होते हैं, लेकिन आज अल्पसंख्यक इसका गलत लाभ ले रहे हैं। जहाँ रोजगार के अवसर ज्यादा होते हैं, श्रमिकों की मांग होती है, वहाँ अप्रवासियों का स्वागत होता है। लेकिन आज विकसित देशों में भी बेरोजगारी की समस्या है अतः इनका विरोध हो रहा है। आज विश्वस्तर पर इसे रोकने का प्रयास हो रहा है। विकसित देश आज अल्पविकसित देशों के विकास को बढ़ाकर वहाँ रोजगार के अवसर बढ़ाना चाहते हैं, जिससे वहाँ के लोग रोजगार की तलाश में विकसित देशों में नहीं आवें। इस सोच की अभी शुरुआत ही हुई है। अप्रवासन से आज समृद्ध देश के सामाजिक, आर्थिक और जातीय समस्याएँ उत्पन्न हुई हैं। वहाँ हिंसात्मक विरोध भी हो रहा है। अप्रवासियों की अलग संस्कृति होने के कारण स्थायी लोगों से सामाजिक अनुकूलन और सांस्कृतिक स्थानांतरण नहीं हो पाया है। प्रायः अप्रवासियों को कम वेतन पर कम महत्व के कार्यों पर रोजगार दिया जाता है। उनके ऊपर अपमानजनक प्रतिबन्ध भी लगाया जाता है। इंग्लैण्ड, कनाडा, पश्चिमी जर्मनी और अमेरिका में अप्रवासियों पर प्रतिबंध लगे हैं और लगाये जा रहे हैं। इसकी अन्तर्राष्ट्रीय स्तर पर निंदा भी की जाती है। अंग्रेजी आधिपत्य के दौरान भारत से मजदूर विभिन्न देशों में रोजगार के लिए गए जो विभिन्न देशों में प्रवासी नागरिक के रूप में रह रहे हैं।

## Immobilism | अचलता या स्थिरता का सिद्धान्त

यह एक फ्रांसीसी भाषा का शब्द है, जिसका प्रयोग तृतीय व चतुर्थ गणतंत्रों (1870-1940, 1946-1958) की राजनीति के संदर्भ में किया गया था। इन दोनों व्यवस्थाओं में फ्रांस में कोई शक्तिशाली केन्द्रीय सरकार नहीं थी। तब सारी नेशनल एसेम्बली, जिसके द्वारा सरकार तथा प्रधानमंत्री का चुनाव होता था, में निहित रहती थी। फ्रांस में जटिल बहुदलीय प्रणाली होने तथा समाज में बहुश्रेणियों वाली व्यवस्था होने के कारण मंत्रिमण्डल स्थायी नहीं रह पाता था। सरकारें प्रायः कुछ दिनों पश्चात् ही गिर जाती थीं। परिणामतः इस व्यवस्था को सामाजिक एवं आर्थिक परिवर्तन लाने में अशक्त माना गया क्योंकि सरकारें स्थिर नहीं रहती थीं अतः वे कुछ नहीं पाती थीं। अतः इस व्यवस्था को Immobilistic कहा जाने लगा। इस स्थिति के लिए ही उपर्युक्त शब्द का प्रयोग हुआ।

## Impeachment | महाभियोग

ऐसी कार्यवाही जिसके अन्तर्गत किसी देश के राष्ट्रपति, सर्वोच्च या उच्च न्यायालय के न्यायाधीशों व अन्य उच्चाधिकारियों को उनके कार्यकाल के दौरान पद से हटाया जा सकता है। सामान्यतया देशद्रोह, भ्रष्टाचार या संविधान के उल्लंघन जैसे गंभीर आरोप लगाये जाने पर यह कार्यवाही की जाती है। अमेरिका में राष्ट्रपति या सर्वोच्च न्यायालय के न्यायाधीश पर महाभियोग चलाने की कार्यवाही प्रतिनिधि सभा (House of Representative) में शुरू की जाती है। इसके बाद सीनेट (Senate) के पास भेजा जाता है, जहाँ अभियुक्त पर मुकदमा चलाया जाता है, दोष सिद्ध होने पर अभियुक्त को अपने पद से हट जाना पड़ता है। भारत के संविधान के अनुच्छेद 61 में राष्ट्रपति के विरुद्ध महाभियोग की प्रक्रिया का वर्णन है। महाभियोग का प्रस्ताव 14 दिन के पूर्व नोटिस पर सम्बन्धित सदन के एक चौथाई सदस्यों के द्वारा किसी भी सदन में रखा जा सकता है।

## Imperialism | साम्राज्यवाद

वह दृष्टिकोण जिसके अनुसार कोई महत्वाकांक्षी राष्ट्र अपनी शक्ति और गौरव को बढ़ाने के लिए अन्य देशों के प्राकृतिक और मानवीय संसाधनों (Natural and Human Resource) पर अपना नियन्त्रण स्थापित कर लेता है। 19वीं शताब्दी में यूरोपीय देशों द्वारा कानून की स्थापना, सभ्यता का विकास करना एवं श्वेत लोगों पर थोपी गई जिम्मेदारी के नाम पर एशिया और अफ्रीका के देशों को गुलाम बनाकर शोषण करना। लेनिन ने इसे एकाधिकारी पूंजीवाद की परिणति कहा। हॉब्सन ने कुछ पूंजीपतियों द्वारा अपने हित में राष्ट्रवाद का नारा देकर अधिक मुनाफा कमाने की नीति कहा। आन्द्रे गुंडर फ्रेंक जॉने अविकसित देशों के अध्ययनकर्ता साम्राज्यवाद को इनके शोषणकर्ता मानते हैं। कुछ साम्राज्यवाद, पूंजीपतियों एवं उद्योगपतियों के हित के लिए पिछड़े देशों को गुलाम बनाने की नीतियां। ऐसी नीति या कार्यवाही जिसके द्वारा एक राष्ट्र अपने उद्योग व व्यापार के विस्तार के लिए अन्य देशों को पराधीन बना लेता है और वहाँ अपना शासन स्थापित कर लेता है। उदाहरणार्थ फ्रांस, पुर्तगाल और ब्रिटेन ने उन्नीसवीं शताब्दी में समुद्र पार के देशों पर अपना शासन स्थापित कर लिया था। बीसवीं शताब्दी में जर्मनी व उपर्युक्त देशों ने अन्य देशों पर आक्रमण करके अपना आधिपत्य स्थापित करने का प्रयास किया। परिणामस्वरूप दो विश्वयुद्ध लड़े गए। द्वितीय विश्वयुद्ध के दौरान कुछ साम्राज्यवादी शक्तियाँ बर्बाद हो गई तथा कुछ इतनी निर्बल हो गईं कि वे अपने उपनिवेशों को नहीं संभाल सकीं इसलिए साम्राज्यवाद का शिकंजा कम हुआ है। पर अफ्रीका के कुछ देशों पर अब भी साम्राज्यवाद की काली छाया छायी हुई है। वहाँ से अब भी कच्चा माल प्राप्त किया जाता है और निर्मित माल को ले जाकर बेचकर मुनाफा कमाया जाता है।

## Implied Right | अंतर्निहित अधिकार

संविधान में प्रदत्त अधिकारों के अतिरिक्त अधिकार जो संविधान के अन्य प्रावधानों से प्राप्त होते है। जैसे सम्मानपूर्वक जीवन व्यतीत करने का अधिकार, एकान्तता (Privacy) का अधिकार, शीघ्र न्यायिक परीक्षण का अधिकार, प्रेस की आजादी आदि।

## Inalienable Rights | अहस्तांतरणीय अधिकार

अहस्तांतरणीय अधिकार वे अधिकार होते हैं जिनका व्यक्ति परित्याग नहीं कर सकता है। जिस प्रकार से जीवन का अधिकार या स्वतंत्रता का अधिकार। कोई भी मनुष्य जीवन के अधिकार का परित्याग या समाप्त कर आत्महत्या करने का दावा नहीं कर सकता। इन अधिकारों का न परित्याग किया जा सकता है और न ही किसी दूसरे को हस्तांतरण। ये व्यक्ति के प्राकृतिक अधिकार हैं। जो किसी भी परिस्थिति में अहस्तांतरणीय हैं अर्थात् वे अधिकार जो मनुष्य को 'भय' और 'भूख' से मुक्ति दिलाने के लिए आवश्यक होते हैं अहस्तांतरणीय अधिकार कहलाते हैं। इन अधिकारों का प्रमुख प्रवक्ता जान लॉक माना जाता है।

## Inclusive Development | समावेशी विकास

समाज के गरीब और वंचितों के विकास के लिए बनायी गई नीति। भारत में 11वीं एवं वर्तमान 12वीं पंचवर्षीय योजना (2012-17) में जनसंख्या का बड़ा वर्ग जिसे विकास का लाभ नहीं मिला है उन्हें विकसित करना।

## Indentured Labour | गिरमिटिया मजदूर

इसका शाब्दिक अर्थ बिना किसी मजदूरी के काम करवाना है। ब्रिटिश शासन काल में 1850 के बाद बहुत सारे भारतीय की काम के लिए फिजी, ग्लाना, वेस्टइंडीज, मारिशस आदि देशों में ले

जाया जाता था। इन्हें बाद में गिरमिटिया कहा जाने लगा जिन्हें नाम से दिए गए नंबर से जाना जाता था। इन्हें एक अनुबंध के तहत जिसमें पांच से दस साल तक मजदूरी करने पर स्वदेश आने का प्रावधान था। स्वतंत्रता सेनानी एवं अवध (वर्तमान उत्तर प्रदेश) में किसान नेता बाबा रामचंद्र भी फिजी में गिरमिटिया मजदूर रह चुके थे।

### Independence of Judges | न्यायाधीशों की स्वतंत्रता

न्यायाधीशों को कार्यपालिका और न्यायपालिका के नियंत्रण से स्वतंत्र रखना। न्यायाधीशों का वेतन भत्ता संचित निधि से (बिना संसद में बहस) के, सेवा की शर्तों का निश्चित होना, पद से हटाने की प्रक्रिया महाभियोग द्वारा जो काफी कठिन है। न्यायाधीश के निर्णय एवं कार्यों की आलोचना नहीं की जा सकती तथा उनके व्यवहार पर संसद या विधानमंडल में बहस नहीं होती। नियुक्ति की एक निश्चित प्रक्रिया जिसमें सर्वोच्च न्यायालय के न्यायाधीशों के परामर्श, अन्य न्यायालय के परामर्श के बाद राष्ट्रपति द्वारा की जाती है।

### Independent Republicans | स्वतंत्र लोकतंत्रवादी

फ्रांस का एक राजनीतिक दल जिसका संगठन बेलरी गिस्कार्ड ने किया था, जब वह स्वयं दी गॉल के मंत्रिमण्डल में मंत्री था। इस दल ने 1981 तक साम्यवादी सरकार में सहयोग दिया था।

### Index of Economic Freedom | आर्थिक आजादी सूचकांक-2013

इस सूचकांक का मापदण्ड मुक्त अर्थव्यवस्था तथा सरकार के कम हस्तक्षेप जैसे पहलु होता है। अमेरिकी हैरिटेज फाउण्डेशन सर्वप्रथम 1995 में पहली बार यह सूचकांक तैयार किया था। इसमें 117 देशों में भारत का 119वां स्थान और विश्व औसत 59.6 की तुलना में भारत को 55.4 अंक प्राप्त हुए हैं। सबसे पूर्ण राष्ट्र हांगकांग और सबसे कम उत्तर कोरिया है।

### India Brazil, South Africa: IBSA | इब्सा

भारत, ब्राजील व दक्षिण अफ्रीका ने आपसी सहयोग बढ़ाने, पारस्परिक हितों के विभिन्न राजनीतिक, आर्थिक, क्षेत्रीय व वैश्विक मुद्दों पर साझा दृष्टिकोण अपनाने के लिए इब्सा संगठन बनाया है। इब्सा की पहली बैठक 13 दिसम्बर 2006 को ब्राजीलिया (ब्राजील) में वहाँ के राष्ट्रपति लुला दी सिल्वा की अध्यक्षता में हुई। इसमें भारतीय प्रधानमंत्री डॉ. मनमोहन सिंह व दक्षिण अफ्रीकी राष्ट्रपति थामोम्बेकी ने भाग लिया। इब्सा के अब तक चार शिखर सम्मेलन 17 अक्टूबर 2007 को दक्षिण अफ्रीका के शहर त्शबाने में हुआ, तीसरा शिखर सम्मेलन 15 अक्टूबर 2008 को नई दिल्ली में हुआ व चौथा शिखर सम्मेलन 15 अप्रेल 2010 को ब्राजील की राजधानी ब्राजीलिया में हुआ। इब्सा की स्थापना का मुख्य उद्देश्य दक्षिणी सहयोग को बढ़ावा देना तथा अंतर्राष्ट्रीय मुद्दो पर सामूहिक राय बनाना है अन्य उद्देश्यों में व्यापार को बढ़ाना है।

### Indian National Congress | भारतीय राष्ट्रीय कांग्रेस

1885 ई. में ए.ओ. ह्यूम, एक अंग्रेज तथा सेवानिवृत लोकसेवक ने विभिन्न राष्ट्रीय नेताओं की सहायता से भारतीय राष्ट्रीय कांग्रेस बनाई। उन्होंने दिसम्बर 1885 को पुणे में एक सम्मेलन बुलाया। सम्मेलन में सभी भारतीय नेताओं ने सहयोग दिया तथा भारतीय राष्ट्रीय संघ को भारतीय राष्ट्रीय कांग्रेस का नाम देने का निर्णय लिया गया। कांग्रेस का प्रथम अधिवेशन डब्लू.सी. बनर्जी की अध्यक्षता में मुम्बई में हुआ।

## Indian Panal Code, 1860 | भारतीय दंड संहिता, 1860

भारतीय दंड संहिता 1860 में ब्रिटिश भारत में तैयार किया गया था। आजादी के बाद भी इसी के आधार पर भारतीय न्याय प्रणाली में दंड दिए जाते हैं। दंड संहिता के धारा-53 के अनुसार पाँच प्रकार के दंड-यानी, मृत्युदंड, आजीवन कारावास, सश्रम या साधारण कारावास, संपत्ति की कुर्की और आर्थिक जुर्माना देने का प्रावधान है। इस धारा में आजीवन कारावास को परिभाषित नहीं किया गया है। इसका साधारण अर्थ प्राकृतिक मृत्यु तक कारावास ही है। संविधान के अनुच्छेद 72 के मुताबिक राष्ट्रपति और अनुच्छेद 161 के मुताबिक राज्यपाल आजीवन कारावास की सजा को कम या अन्य सजा में बदल सकते हैं। इसके लिए कैदी का जेल में आचरण या अन्य कार्य करते रहने पर जेलर की सिफारिश पर किया जाता है। इससे संगीन अपराधी भी 8 या 10 वर्ष बाद जेल से छूट जाते हैं और कुछ तो दुबारा अपराध भी करते हैं। इस प्रकरण पर जे.एस. वर्मा आयोग ने जनवरी 2013 में कठोरता बरतने की सिफारिश की है। दंड संहिता के धारा 433 में 1978 में जोड़े गए 433 ए जो कम से कम चौदह वर्ष की सजा मृत्युदंड पाये अपराधी के लिए की गयी थी को कठोरता से लागू होना चाहिए।

## Indifferentism | तटस्थवाद

यूनान के स्टोइको का यह सिद्धान्त कि स्वास्थ्य, धन-संपत्ति, सौंदर्य, ऊंचे कुल में जन्म इत्यादि बातें हमारे वश की नहीं हैं और इस कारण से ये नैतिक दृष्टि से तटस्थ रहते हैं।

## Indirect Democracy | अप्रत्यक्ष प्रजातंत्र

सरकार का वह रूप जिसमें जनता, शासन कार्यो में स्वयं भाग न लेकर, अपने प्रतिनिधियों के माध्यम से शासन कार्यो में भागीदारी करती हैं। भारत, ब्रिटेन, कनाडा, अमेरिका सहित अधिकतर देशों में शासन का यही स्वरूप है।

## Individualism | व्यक्तिवाद

आधुनिक युग में टॉमस हॉब्स ने कहा कि राज्यसत्ता परस्पर मनुष्यों के समझौते की देन है। इन्होंने अपने राज्य के अध्ययन की मुख्य कसौटी व्यक्ति को माना था। इनके बाद जॉन लॉक ने व्यक्ति के प्राकृतिक अधिकारों विशेषतः जीवन, स्वतन्त्रता और सम्पत्ति के अधिकार को मान्यता देते हुए शासितों की सहमति (On sent) को शासक की सत्ता का आधार स्वीकार किया। जॉन स्टूअर्टमिल (1806-73) ने व्यक्ति को अपने चिन्तन का केन्द्र मानते हुए व्यक्ति अभिव्यक्ति व कार्य की स्वतन्त्रता का समर्थन किया।

व्यक्तिवाद मनुष्य को विवेकशील प्राणी मानते हुए यह मांग करता है कि सार्वजनिक नीतिं और नियमों का निर्माण करते समय व्यक्ति की गरिमा, उसके स्वाधीन अस्तित्व और निर्णय क्षमता को पूरी तरह मान्यता दी जाए। यह व्यक्ति को साध्य (End) मानता है तथा राज्य को उस साध्य की पूर्ति का साधन (Means) मानता है। इनका मानना है कि राज्य को चाहिए कि वह व्यक्ति को स्वयं अपने स्वास्थ्य, शिक्षा, सफाई, यातायात और रोजगार तय करने दें। आर्थिक क्षेत्र में हस्तक्षेप नहीं करे उद्योगों को निजी क्षेत्र में रहने दें। राज्य कल्याण के कार्य नहीं करे।

## Induction | आगमन

अनुमान का वह प्रकार जिसमें विशेष तथ्यों से सामान्य निष्कर्ष निकाला जाता है।

## Indus Water Treaty | सिन्धु जलसन्धि

19 सितम्बर, 1960 को भारत एवं पाकिस्तान के बीच विश्व बैंक के अध्यक्ष यूजीन ब्लैक एवं मि. इल्कि के सहयोग से जल समझौता रावलपिण्डी (पाकिस्तान) में हुआ। इस समझौते पर नेहरू जी एवं पाकिस्तानी राष्ट्रपति अय्यूब खाँ ने हस्ताक्षर किए।

## Industrial Democracy | औद्योगिक प्रजातंत्र

इस प्रजातंत्र का सम्बन्ध उद्योगों में कार्यरत कर्मचारियों व मजदूरों को प्रतिनिधित्व देने के विचार से है। इस विचारधारा के अनुसार किसी भी फर्म का लाभ उसमें कार्य करने वाले कर्मचारियों में वितरित होना चाहिए। इस विचार को मूर्तिरूप देने के लिए अभी तक कई प्रयोग किए जा चके हैं। यू.के. में कुछ फर्मों पर मजदूरों का ही स्वामित्व है। पश्चिमी जर्मनी में मजदूर संघों को फार्मों के निदेशक मण्डलों में प्रतिनिधित्व देने के लिए सांविधानिक प्रावधान किए गए हैं। इस सिद्धान्त का यह रूप भी है कि प्रतिनिधि-लोकतंत्र की जगह एक ऐसी व्यवस्था हो जिसमें व्यापारिक संस्थानों का नियंत्रण मजदूरों के हाथों में ही हो। यूगोस्लाविया में इस प्रकार के लोकतंत्र के उदाहरण मिलते हैं।

## Industrial Participation | औद्योगिक भागीदारी

मजदूरों की उद्योगों में भागीदारी भी आधुनिक विचारधारा है, जिसका उद्देश्य मजदूरों एवं प्रबन्धकों के मध्य दूरी या अन्तर को कम करना होता है। इस प्रकार की योजना के पीछे मजदूरों की फर्म या उद्योग में अभिरुचि को बढ़ाना, मानव स्वतंत्रता के अधिकार को प्रदान करना तथा अर्थतंत्र व राजनीति को जनतान्त्रिक तथा न्याय का आधार प्रदान करने का मंतव्य होता है। इस प्रकार के अधिकार प्रदान करने के तरीकों में भी भिन्नता होती है। इसका एक तरीका है: मजदूरों की लाभ में हिस्सेदारी। इसका ढंग है मजदूर संघों को निदेशक मण्डलों में प्रतिनिधित्व देना जैसा कि जर्मनी में होता है। ब्रिटेन में कुछ फर्मों पर मजदूरों का ही अधिकार है। इसका तीसरा रूप है प्रत्यक्ष जनतंत्र स्थापित करना जिसका अभिप्राय है कि मजदूर पूर्ण रूप से स्वाधीन होंगे और वे ही उत्पादन, मूल्य निर्धारण, बिक्री तथा वेतन सम्बन्धी सभी निर्णय स्वयं लेंगे। इन पर राज्य का नियंत्रण नहीं होगा।

## Industrial Revolution | औद्योगिक क्रांति

ब्रिटेन और यूरोप में 1750 से 1820 में उत्पादन और वितरण के क्षेत्र में महत्वपूर्ण परिवर्तन। कृषि व्यवस्था को छोड़कर मजदूरों का शहरों में आना और वाष्प शक्ति से चलने वाले उद्योगों में काम करके कम मजदूरी में ज्यादा उत्पादन करना। 18वीं शताब्दी में इंग्लैण्ड में भारत के राजे-रजवाड़ों से लूटा गया धन पहुँचा जिसे नव धनाढ्य वर्ग ने मुनाफा कमाने के लिए उद्योगों में लगाया। फलतः नई तकनीक से ज्यादा उत्पादन शुरू हुए, एशिया और अफ्रीका में कब्जा जमाये गए उपनिवेशों में इन महंगे मालों को बेचा जाता और वहाँ से सस्ता कच्चा माल लाया जाता था। इससे दोहरा मुनाफा उद्योगपतियों को मिलने लगा। कृषि कार्य को छोड़कर रोजगार की तलाश में नये स्थापित औद्योगिक नगरों में काम करने के लिए सस्ते दर पर मजदूर आने लगे और साम्राज्यवाद के विकास में बने माल को बेचने के लिए बाजार उपलब्ध हुए। अधिक वस्तुओं के उत्पादन के कारण यातायात के नए और तीव्र साधनों का विकास हुआ। औद्योगीकरण का विकास इसके बाद यूरोप एवं अमेरिका में हुआ। भारत में बीसवीं शताब्दी खासकर स्वतंत्रता के बाद। इससे सामाजिक, सांस्कृतिक और राजनीतिक क्षेत्र में नये सम्बन्ध बने, नये विचार पनपे। 1844 में एंजिल्स इस उत्पादन प्रणाली को औद्योगिक क्रांति कहा। औद्योगिक क्रान्ति सर्वप्रथम सूती वस्त्र उद्योग से प्रारम्भ हुई थी। इसमें मशीनों के द्वारा कम समय में अधिक व बढ़िया सूत काता जाने लगा।

**Informal Communication | औपचारिक सम्प्रेषण**

जो संवाद या सम्प्रेषण मानवीय एवं सामाजिक व्यवस्था के आधार पर स्थापित व्यक्तिगत सम्बन्धों के बीच होता है। यह मित्रतापूर्ण सम्बन्धों पर आधारित होता है। इससे अफवाहे भी फैलाई जाती है जो कई बार राजनीतिक अव्यवस्था भी पैदा कर देता है। इन्टरनेट, फेसबुक, सोशल मीडिया भी इसका जरिया बन गया है।

**Informal Sector | अनौपचारिक/असंगठित**

निजी क्षेत्र में वैसे उद्यम जिनमें मजदूरी पाने वाले श्रमिकों की संख्या दस से कम होती है। इन्हें स्थायी रोजगार, पेंशन, लाभ आदि सरकारी और संगठित क्षेत्र के कामगार की तरह नहीं दिया जाता है। प्राय: इनकी मजदूरी भी कम है। भारत की विशाल असंगठित अर्थव्यवस्था में 90 प्रतिशत रोजगार और 60 प्रतिशत शुद्ध घरेलू उत्पाद पैदा करती है। भारत में 93 प्रतिशत जनसंख्या असंगठित क्षेत्र में कार्यशील है जिसमें 83 प्रतिशत गैर कृषि गतिविधियाँ हैं।

**Infrastructure | आधारिक संरचना**

ऐसी सार्वजनिक सेवाएँ जो एक आधुनिक अर्थव्यवस्था के निर्माण के लिए आवश्यक मानी जाती हैं। इसके अन्तर्गत परिवहन व्यवस्था, औद्योगिक शक्ति साधन, शिक्षा, स्वास्थ्य-सेवाएँ प्रमुख हैं। इसे सार्वजनिक 'बंधी पूंजी' भी कहा जाता है। इसमें सड़क, पुल, स्कूल-कॉलेज, विद्युत-संस्थान आते हैं। इन कार्यों में काफी पूंजी लगती है और तत्काल लाभ भी नहीं मिलता है। अत: सार्वजनिक प्राधिकरण द्वारा वित्त लगाया जाता है। आजकल विकासशील देशों के विकास कार्यों के लिए आधारिक संरचना को महत्वपूर्ण माना जाता है। विश्व बैंक, अन्तर्राष्ट्रीय मुद्राकोष द्वारा इस कार्य के लिए लम्बी अवधि के लिए ऋण और अनुदान दिया जाता है। किसी देश के विकास के लिए इसका होना आवश्यक है। राजनीतिक विज्ञान में यह शब्द राजनीतिक संपर्क व्यवस्था तथा भौतिक सुविधाओं दोनों के लिए होता है। अर्थात् देश की अर्थव्यवस्था को आधार प्रदान करने वाले तत्व जिनकी समृद्धि या विकास से देश की अर्थव्यवस्था में सुधार आ जाता है।

**Initiative | उपक्रम**

प्रतिनिधि लोकतन्त्र के अन्तर्गत, यह व्यवस्था या प्रथा कि स्वयं मतदाता किसी कानून या संविधान-संशोधन का प्रारूप तैयार करके उसे विधानमण्डल के पास विचार और मतदान के लिए भेज सकते हैं। इस प्रस्ताव पर मतदाताओं की निर्धारित संख्या के हस्ताक्षर होना जरूरी होता है। यह प्रणाली स्विट्जरलैण्ड में विशेष रूप से प्रचलित है तथा यह अमेरिका में भी प्रचलित है।

**Injunctions | प्रतिबन्धात्मक आदेश**

न्यायालय द्वारा दिया गया आदेश जो किसी व्यक्ति अथवा संस्था को आदेशित करता है कि जब तक उनके द्वारा अभियोग को पूरी जाँच न हो अथवा निर्णय न हो, तब तक वे इस सम्बन्ध में कोई कार्य न करें। इस आदेश के उल्लंघन को न्यायालय का अपमान समझा जाता है। भारतीय संविधान में अनुच्छेद 32 में यह सांविधानिक उपचारों में आता है।

**Inland Immigration Act-1898 | आन्तरिक अप्रवासन**

भारत में ब्रिटिश शासनकाल के दौरान चाय बागान में काम करने वाले कामगारों को बागान से बाहर जाने की अनुमति नहीं थी। अनुमति लेकर ही विशेष परिस्थिति में बाहर जा सकते थे।

## Inovation | नवाचार

सरकार या समाज में नये-नये विचार, कार्यक्रम, विधियाँ, उपकरण आदि शामिल कर नई पद्धति की खोज करना जिससे नई परिस्थितियों के अनुसार कार्यो को समझकर उन्हें सम्पादित किया जाए तथा निश्चित उद्देश्यों को प्राप्त किया जा सके।

## Inquisitorial System | अन्वेषण/पूछताछ प्रणाली

यह आपराधिक कानून व्यवस्था की एक प्रणाली है तथा सर्वत्र नागरिक कानून की दुनिया में विद्यमान है। यह आपराधिक मामलों में सुनवाई की विधि का निर्धारण करती है। अर्थात् एक न्यायाधीश या न्यायाधीशों की एक बैंच मामलों की जाँच करे। न्यायालय में गवाहों से जवाब तलब करता है, साक्ष्य प्रस्तुत करने का आदेश देता है तथा पक्ष और विपक्ष के वकीलों से तर्क करता है तथा जब तक वे सब कुछ जान न ले तब तक संतुष्ट नहीं होता। इसके विपरीत सामान्य कानून व्यवस्था में इस प्रकार की कार्यवाही को दोषारोपण की प्रक्रिया कहा जाता है। यहाँ न्यायाधीश पक्ष और विपक्ष के वकीलों द्वारा दी गई, दलीलों के आधार पर निर्णय देता है। प्रथम व्यवस्था ज्यादा प्रामाणिक होती है।

## Institution | संस्था

इस शब्द का प्रयोग कई रूपों में किया गया है यथा संगठन के रूप में, व्यवहार प्रतिमानों के रूप में तथा कार्यविधि एवं नियमाचारों की व्यवस्था के रूप में। संस्था शब्द का प्रयोग सार्वजनिक अथवा अर्ध सार्वजनिक प्रकृति के किसी संगठन के लिए किया जाता है, जिसका एक संचालक मण्डल, भवन अथवा किसी प्रकार की भौतिक व्यवस्था होती है जिसकी रचना किन्हीं समाजोनुमोदित तथा प्राधिकृत लक्ष्यों की प्राप्ति हेतु होती है। कॉलेज, विश्वविद्यालय, चिकित्सालय, अनाथालय, दानगृह इसी श्रेणी में आते हैं। कुछ समाज वैज्ञानिकों की दृष्टि में संस्था अपेक्षाकृत स्थायी, जटिल, समन्वित एवं संगठित व्यवहार के प्रतिमान है, जिनके द्वारा सामाजिक नियंत्रण की स्थापना तथा मूलभूत सामाजिक आवश्यकताओं और इच्छाओं की तुष्टि की जाती है, लेकिन आधुनिक समाज के वैज्ञानिकों ने वास्तविक व्यवहार प्रतिमानों की अपेक्षा आदर्श नियमों, मूल्यों एवं विधानों के समुच्चय को संस्था कहा है।

मनुष्य की अनेक आवश्यकताएँ होती हैं और इन आवश्यकताओं की पूर्ति के लिए वह अलग-अलग साधन अपनाता है। व्यक्ति को समाज के द्वारा निर्धारित धार्मिक व्यवस्था के अन्तर्गत कार्य करना होता है और विवाह सम्बन्धी नियमों के अनुसार ही आचरण करना पड़ता है। समाज की इसी प्रकार की सर्वमान्य कार्य-पद्धतियों को संस्था कहते हैं।

## Instructed Representation | निर्देशित प्रतिनिधित्व

प्रतिनिधित्व का सिद्धान्त जिसमें प्रतिनिधियों को अपने निर्वाचकों के विचारों और इच्छाओं का ज्यों का त्यों प्रतिनिधित्व करना चाहिए। वे निर्वाचकों से अपने कार्य के सम्बन्ध में निर्देश के अनुसार कार्य करें। निर्वाचकों को यह अधिकार होना चाहिए कि यदि प्रतिनिधि उनके निर्देशों के अनुसार कार्य न करें तो उन्हें वापस बुला लें (Right to recall) और उनके स्थान पर नये प्रतिनिधि चुनकर भेंज दे। रूसो के अनुसार, प्रतिनिधि निर्वाचकों का अधिवक्ता मात्र ही है। अगर वह अपने उत्तरदायित्व को ठीक से नहीं निभाता तो निर्वाचकों को यह अधिकार है कि वे उसे वापस बुला लें।

## Integration | एकीकरण

सामाजिक, सांस्कृतिक और राजनीतिक विभेद को समाप्त कर एक सर्वमान्य सामान्य सार्वजनिक संस्कृति को सभी समूहों, क्षेत्रों और विभेदकारी समूहों में लाना। इस प्रक्रिया के अंतर्गत प्रभावशाली

समूह की संस्कृति को ही अधिकारिक संस्कृति के रूप में अपनाया जाता है। सांस्कृतिक अंतरों, विभेदों या विशिष्टताओं की अभिव्यक्ति को प्रोत्साहित नहीं किया जाता अथवा कभी-कभी तो सार्वजनिक क्षेत्र में ऐसी अभिव्यक्ति पर रोक लगा दी जाती है।

## Integrity | सच्चरित्रता

राज्य और प्रशासन में नैतिक सिद्धान्तों की दृढ़ता, निष्कलंक चरित्र, स्पष्टता, ईमानदारी एवं निष्कपटता को ही सच्चरित्रता कहा जाता है। इसके विपरीत काम को भ्रष्टाचार कहा जाता है। जिसका अभिप्राय भ्रष्ट-आचरण या व्यवहार है।

## Intelligence Services | खुफिया सेवाएँ

सभी राष्ट्रों में खुफिया एवं प्रतिरक्षात्मक सेवाएँ होती हैं। सोवियत संघ में के.जी.बी., यू.एस.ए. में सी.आई.ए. नाम की खुफिया सेवाएँ कार्यरत हैं। फ्रांस में एस.डी.ई.सी.ई. पश्चिमी जर्मनी में बी.एन.डी. पाकिस्तान में आई.एस.आई. भारत में रॉ नामक संगठन खुफिया सेवाएँ हैं। इन सेवाओं का कार्य आन्तरिक सुरक्षा का कार्य करना होता है।

## Inter Caste Conflict | अन्तरजातीय संघर्ष

भारत एक विशाल देश है जिसमें विभिन्न धार्मिक समुदाय हैं। उनमें से हिन्दू, सिख, जैन, बौद्ध, ईसाई, पारसी और मुस्लिम समुदायों में जातियों के रूप में सामाजिक विभाजन पाया जाता है। मूलतः हिन्दू समाज में सैकड़ों जातियां एवं उपजातियाँ हैं। इन जातियों में विगत कई शताब्दियों से ईर्ष्या-द्वेष की भावना व्याप्त रही है और अनेक बार तो यह भावना इतनी उग्र हुई है कि हिंसा, आगजनी, मारपीट, धमकी आदि का प्रयोग किया गया है। अतीत में शूद्रों के प्रति सवर्ण जातियों ने और विशेषकर ब्राह्मणों ने, शोषण व सामाजिक अन्याय का रास्ता अपना रखा था, परिणामस्वरूप इनमें आपसी संघर्ष होता रहा। महाराष्ट्र, कर्नाटक, बिहार, राजस्थान, मध्य प्रदेश, उत्तर प्रदेश, उड़ीसा आदि विभिन्न राज्यों में इस प्रकार के संघर्ष का विरोध करने के लिए विगत कई दशकों से दलित वर्ग की जातियों का आन्दोलन तीव्र गति से चल रहा है। वर्तमान समय में भी ऐसे कई उदाहरण देखने को मिल जाते हैं कि सवर्ण जातियों के व्यक्ति दलितों को न केवल धमकी और मारपीट से त्रस्त करते हैं अपितु कभी-कभी तो उनका खुले आम नरसंहार भी कर देते हैं। अन्तरजातीय संघर्ष भारतीय ग्रामीण समाज-व्यवस्था का महत्वपूर्ण प्रतिमान रहा है। जिस गाँव में जो प्रभुत्व सम्पन्न जाति होती है, वह वहाँ की अधिकांश आवासीय और कृषियोग्य भूमि पर अपना एकछत्र अधिकार कायम रखने तथा अन्य जातियों को डरा-धमकाकर मारपीट करके, आगजनी करके या हत्या आदि करके अपने नियंत्रण में रखने का सतत् प्रयास करती रही है। राजस्थान व हरियाणा में जाटों और राजपूतों तथा अहीरों और जाटों के बीच में जातीय संघर्ष ने राजनीति में भी प्रवेश कर लिया है। दक्षिण भारत के कई राज्यों में भी इस प्रकार की जातीय दलबन्दी के परिणामस्वरूप आर्थिक, राजनीतिक तथा सांस्कृतिक संघर्ष चलते रहे हैं। इस प्रकार के संघर्षों से देश में राष्ट्रीय एकीकरण, राष्ट्रीय एकता व अखण्डता, आर्थिक, सामाजिक और सांस्कृतिक प्रगति के मार्ग में बाधाएँ बनी रही हैं। हमारा संविधान सभी वर्गों के मध्य समानता व सद्भावना पर बल देता है तथा सभी जातियों व धर्मों के व्यक्तियों को उनके विकास के अधिकाधिक अवसर प्रदान करने का आश्वासन देता है। राज्य के अनेकानेक अध्यादेशों और कानूनों द्वारा जातीय संघर्षों को समाप्त करने का भरसक प्रयास किया जा रहा है, जो प्रायः असफल ही रहे हैं, क्योंकि परम्परागत अन्तरजातीय संघर्ष स्वतंत्र भारत में चुनाव जीतने के प्रमुख साधन बन गए हैं।

**Inter Culture System | अन्तः संस्कृति सर्वेक्षण**

जब एक से अधिक संस्कृतियों की आपसी विशेषताओं का अध्ययन किया जाता है तो उसे अन्तः संस्कृति सर्वेक्षण कहते हैं। ये संस्कृतियाँ अलग-अलग देशों में या एक ही देश में मौजूद हो सकती हैं। जिस संस्कृति के बारे में जानकारी हासिल करनी होती है, उनको पहले एकत्रित कर लिया जाता है, तत्पश्चात् चुनी गयी संस्कृतियों में से प्रत्येक की सम्बन्धित, सामाजिक संस्थाओं और उनकी व्यवस्थाओं, रीति-रिवाजों और व्यवहार के प्रतिमान का अनुसन्धान-विधि या अन्य किसी से सर्वेक्षण कर लिया जाता है। इस प्रकार के सर्वेक्षण करने से किसी भी संस्कृति के विषय में ज्ञान बहुत ठोस हो जाता है। आपसी तुलना विभिन्न संस्कृतियों में प्रचलित जीवन पद्धति की विधियों में व्याप्त भेदभाव को स्पष्ट कर देती है।

**Inter Diciplinary Approach | अंतर्विषयक उपागम**

जब हम किसी विषय का अध्ययन करते समय अपना ध्यान केवल उसी विषय पर केन्द्रित नहीं करते बल्कि उसे समझने-समझाने हेतु अन्य सम्बन्धित विषयों का भी सहारा लेते हैं, ऐसे अध्ययन को अन्तःशास्त्रीय या अन्तर्विषयक उपागम कहा जाता है। राजनीति विज्ञान में अन्तःशास्त्रीय उपागम द्वितीय विश्वयुद्ध के बाद व्यवहारवाद के उदय के साथ प्रारम्भ हुआ। वैसे इसके बीज प्लेटो की रिपब्लिक व अरस्तु की पॉलिटिक्स में मिलते हैं। राजनीति विज्ञान के सन्दर्भ में अन्तर्विषयक उपागम के तीन प्रमुख लक्षण पहचाने गए हैं। (1) राजनीति विज्ञान की घटनाओं, गतिविधियों को समझने के लिए अन्य सामाजिक विज्ञानों के ज्ञान का उपयोग (2) अन्य सामाजिक विज्ञानों से अपनी सामग्री का सत्यापन (3) अन्य सामाजिक विज्ञानों में योगदान

**Interest Aggregation | हित-समुच्चयन**

व्यवस्था सिद्धान्त के अन्तर्गत संगठित समूहों का समस्त कार्य समाज में अपने हितैषियों व समर्थकों की इच्छाओं व आकांक्षाओं का समायोजन कर उसे नीति व कार्यक्रम का रूप देना होता है। यह कार्य प्रमुख रूप से हित समूहों अथवा दबाव समूहों द्वारा किया जाता है। आमण्ड एवं पावेल द्वारा अपनी पुस्तक 'तुलनात्मक राजनीति एक विकासात्मक उपागम (1966) में संरचनात्मक प्रकार्यात्मक उपागम में आगत कार्य के हित, समूहीकरण, हित समूहों व राजनीतिक दलों के द्वारा किये जाते हैं अर्थात् इस प्रक्रिया के अन्तर्गत विभिन्न समूहों की मांगे एकजुट कर दी जाती है जिससे कि वे सत्ताधारियों का ध्यान आकर्षित कर सकें।

**Interest Articulation | हितस्पष्टीकरण**

ग्रेबियल आमण्ड (1911-2001) के संरचनात्मक कृत्यात्मक विश्लेषण में आगत कार्यों में दूसरा कार्य है हित स्पष्टीकरण इस प्रक्रिया में लोगों के विचारों, अभिवृत्तियों, मान्यताओं और अधिमान्यताओं को राजनीतिक प्रणाली के प्रति निश्चित मांगों के रूप में परिणत कर दिया जाता है। इस कार्य को हित समूह (Interest Groups) करते हैं, राजनीतिक दलों के कार्यक्रम व चुनाव अभियान व जनसम्पर्क के साधन भी इसमें भूमिका निभाते हैं।

**Interest Groups | हितार्थी संघ, हित समूह**

जब कोई साहचर्य अपने उद्देश्य की पूर्ति के लिए राजनीतिक प्रक्रिया (Political Process) को प्रभावित करने का प्रयत्न करते हैं तो उन्हें हम हित समूह कहते हैं और जब कोई हित समूह अत्यधिक सक्रिय हो जाता है उसे दबाव समूह कहा जाता है। ऐसे संघ वे संघ होते हैं जो आपसी हितों को बढ़ावा देने के लिए शासन के निर्णयों को प्रभावित करते हैं। परन्तु वे स्वयं अपने सदस्यों

को शासन के पदों पर स्थापित करने का प्रयत्न नहीं करते हैं। व्यापारिक संघ, व्यावसायिक संघ, नियोजक संघ आदि ऐसे ही संघों के उदाहरण हैं। कभी-कभी इस पद का प्रयोग स्वैच्छिक संगठनों तथा प्रेशन ग्रुपों के लिए भी किया जाता है, पर वस्तुतः हितार्थी संघ ही होते हैं जिनका गठन सामान्य हितों की रक्षा करने के लिए ही होता है। इन संघों के उद्देश्यों की प्राप्ति के लिए कई युक्तियां काम में ली जाती हैं, जिनमें हड़तालें, कामरोको आदि प्रमुख हैं। रैलियाँ करना, प्रदर्शन, धरना, प्रचार तथा मार्च आदि अन्य तरीके हैं, जिन्हें ऐसे संघ काम में लेते हैं।

### Interference | हस्तक्षेप

किसी देश के आंतरिक मामलों को किसी अन्य देश द्वारा प्रत्यक्ष या परोक्ष रूप से उसकी सहमति के विरुद्ध हस्तक्षेप न करने की नीति।

अहस्तक्षेप की नीति भारत द्वारा प्रणीत "पंचशील" के सिद्धान्त का एक प्रमुख अंग है।

### Interim Charge d' Affair | अंतरिम कार्यदूत

किसी भी देश की राजनीतिक प्रणाली में अस्थायी रूप से नियुक्त कार्यदूत। यह कार्यदूत राजनयिक प्रतिनिधियों की चार श्रेणियों में से निम्नतम कोटि का होता है। उसे अंतरिम कार्यदूत कहते हैं। मुख्य प्रतिनिधि की अनुपस्थिति में कार्यों को संभालता है।

### Interim Government | अंतरिम सरकार

किसी देश या शासन प्रणाली में वह तदर्थ शासन जो किसी राज्य में नियमित सरकार का निर्माण करने से पूर्व गठित किया जाता है तथा नियमित सरकार बनने पर विघटित हो जाता है। सितम्बर 1946 में नेहरू जी के नेतृत्व में परतन्त्र भारत में अन्तरिम सरकार का गठन हुआ जो 14 अगस्त 1947 तक रही।

### International Affairs | अन्तर्राष्ट्रीय विषय, अन्तर्राष्ट्रीय मामले

दो या दो से अधिक राज्यों के पारस्परिक हित सम्बन्धी विषय या मामले जो अन्तर्राष्ट्रीय विषय या मामलों के अन्तर्गत आते हैं। इसके अतिरिक्त राजनीतिशास्त्र का वह अंग जो उपरोक्त विषयों अथवा मामलों या राज्यों की विदेश नीतियों का अध्ययन करता है। इसके अतिरिक्त इसमें अन्तर्राष्ट्रीय संगठनों का अध्ययन भी शामिल है। अन्तर्राष्ट्रीय राजनीति को अन्तर्राष्ट्रीय मामलों का विषय भी कहा जाता है।

### International Atomic Energy Agency: IAEA | अन्तर्राष्ट्रीय परमाणु ऊर्जा आयोग

29 जुलाई 1957 को अन्तर्राष्ट्रीय परमाणु ऊर्जा आयोग की स्थापना हुई। इसका मुख्यालय वियना (ऑस्ट्रिया) में है। यह एजेन्सी परमाणु ऊर्जा के सुरक्षित एवं शांतिपूर्ण प्रयोग के लिए कार्य करती है। विभिन्न देशों के परमाणु संयन्त्रों पर निगरानी रखना इसका महत्वपूर्ण कार्य है। 1 दिसम्बर 2009 से इसके महानिदेशक जापान के यूकिया अमानों है।

### International Bank for Reconstruction and Development (World Bank) | अन्तर्राष्ट्रीय पुनर्निर्माण तथा विकास बैंक, विश्व बैंक

विश्व बैंक की स्थापना सन् जुलाई 1944 में की गई थी तथा 1945 में यह संयुक्त राष्ट्र संघ का एक विशिष्ट अभिकरण बन गया। इस बैंक की स्थापना का प्रमुख उद्देश्य सदस्य राष्ट्रों को

उत्पादन-वृद्धि और विकास-कार्यक्रमों के लिए पूंजी उपलब्ध करवाना है। यह सामान्य रूप से अन्तर्राष्ट्रीय व्यापार के निरंतर रूप से विकास के लिए भी कार्यक्रम बनाता है। इसने अनेक सामान्य अवसरों पर राज्यों को उद्योग-धन्धों के विकास और जल विद्युत संयंत्रों के निर्माण तथा विकास कार्यक्रमों के लिए ऋण प्रदान किया है। इसे आम बोलचाल में "विश्व बैंक" कहा जाता है तथा इसका मुख्यालय वाशिंगटन में है।

## International Boundary Commission | अन्तर्राष्ट्रीय सीमा आयोग

दो या दो से अधिक राष्ट्रों के मध्य सीमा विवादों का समाधान करने या सीमा को निश्चित रूप से निर्धारित करने के लिए संगठित आयोग जिसे अन्तर्राष्ट्रीय सीमा आयोग कहते हैं। जैसे भारत-चीन सीमा निर्धारण के लिए अप्रैल 1914 में सर मैकमोहन की अध्यक्षता में सीमा आयोग का गठन हुआ। इसीलिए भारत-चीन सीमा मैकमोहन रेखा कहलाती है।

## International Civil Aviation | अन्तर्राष्ट्रीय सिविल विमान चालन संगठन

यह संगठन एक अन्तर्राष्ट्रीय संगठन है जिसका सम्बन्ध विमान-चालन तथा असैनिक विमान परिवहन की समस्याओं से है। यह संयुक्त राष्ट्र संघ (United Nations) का एक विशिष्ट अभिकरण भी है तथा इसकी स्थापना 1947 में हुई थी। इसका मुख्य उद्देश्य अन्तर्राष्ट्रीय वायु परिवहन के सिद्धान्तों और तकनीकों का विकास करना है। ताकि संपूर्ण विश्व में अन्तर्राष्ट्रीय नागरिक विमानन को सुरक्षित और सुव्यवस्थित बनाया जा सके। इसका मुख्यालय मांट्रियल (कनाडा) में **है।** यह संगठन अन्तर्राष्ट्रीय विमान परिवहन के लिए तकनीकी मानकों तथा प्रक्रियाओं को सूत्रबद्ध करता है तथा सदस्य राज्यों की सरकारों द्वारा इनका अंगीकरण किए जाने की सिफारिशें करता है। इसकी स्थापना 1944 में शिकागो सम्मेलन में स्वीकृत एक अनुबंध के अन्तर्गत हुई और यह भी संयुक्त राष्ट्र के विशिष्ट अभिकरणों में से एक है अर्थात् यह अन्तर्राष्ट्रीय वायु यातायात के नियम निर्धारित करता है तथा इनसे सम्बन्धित विवादों को सुलझाता है।

## International Civil Aviation Organization (ICAO) | अन्तर्राष्ट्रीय नागरिक उड्डयन संगठन

4 अप्रैल 1947 को इसकी स्थापना हुई। इसका मुख्यालय मॉन्ट्रियल (कनाडा) में है। यह हवाई यात्रा की सुरक्षा और कुशलता के सम्बन्ध में अन्तर्राष्ट्रीय मापदण्ड निर्धारित करती है। हवाई यात्राओं में यात्री सुविधाओं के सम्बन्ध में सभी राष्ट्रों में सहयोग बढ़ाने का प्रयास करती है।

## International Comity | अन्तर्राष्ट्रीय शिष्टाचार

विश्व के राष्ट्रों में पारस्परिक सम्बन्धों में आचरण या शिष्टाचार के ऐसे नियम जिनका पालन कानूनी या वैधानिक रूप से बाध्यकारी न होने पर भी सुविधा अथवा नैतिकता के कारण प्रायः किया जाता है। उदाहरणार्थ, प्रत्यर्पण संधि न होने पर भी एक राज्य का किसी दूसरे राज्य के अपराधी को प्रत्यार्पित करने के लिए सहमति दे देना, अन्तर्राष्ट्रीय शिष्टाचार कहलाता है।

## International Community | अन्तर्राष्ट्रीय समुदाय

अन्तर्राष्ट्रीय राजनीति में राष्ट्रों या राज्यों का समूह जो कि सामान्य हितों एवं उद्देश्यों से इस प्रकार एक-दूसरे के साथ संबद्ध हो गए हैं कि उनका यह समूह एक अलग इकाई अर्थात् समुदाय का

स्वरूप धारण कर गया है। अन्तर्राष्ट्रीय राजनीतिक समुदाय में आज 194 से भी अधिक स्वतंत्र एवं संप्रभु राज्य सम्मिलित हैं।

## International Court of Justice | अन्तर्राष्ट्रीय न्यायालय

अन्तर्राष्ट्रीय न्यायालय की स्थापना 3 अप्रैल 1946 को नीदरलैण्ड की राजधानी हेग में की गई थी। हकीकत में यह प्रथम विश्वयुद्ध के पश्चात् अन्तर्राष्ट्रीय न्यायालय का ही रूपांतरण है। 14 देशों के प्रतिनिधियों की बैठक 9–20 अप्रैल 1945 तक वाशिंगटन में हुई, जिसमें वर्तमान अन्तर्राष्ट्रीय न्यायालय का प्रारूप तैयार हुआ। इसका स्वयं का संविधान 70 अनुच्छेदों में है।

न्यायालय का गठन : संयुक्त राष्ट्र संघ के चार्टर की धारा 192 के अनुसार अन्तर्राष्ट्रीय न्याय के लिए एक अन्तर्राष्ट्रीय न्यायालय का गठन हुआ इसमें जजों की संख्या 15 रखी गई है। न्यायाधीशों का चुनाव सुरक्षा परिषद तथा महासभा द्वारा 9 वर्ष के लिए किया जाता है। एक से अधिक न्यायाधीश एक ही राष्ट्र के न हों। इनका पुनर्निर्वाचन भी हो सकता है। भारत के डॉ. नागेन्द्र सिंह (डूंगरपुर, राजस्थान) दो बार आई.सी.जे. के न्यायाधीश (1972–88) तथा 1988 में मुख्य न्यायाधीश रहे हैं। न्यायाधीशों को अनेक विशेषाधिकार सौंपे जाते हैं, उनको राजनयिक उन्मुक्तियां प्रदान की जाती हैं। न्यायालय के सम्मुख वादियों के प्रतिनिधि, परामर्शदाता और वकीलों को भी स्वतन्त्रतापूर्वक कार्य करने की छूट है। न्यायालय की कार्यवाही चलाने के लिए गणपूर्ति 9 रखी गई है। न्यायालय में सभी निर्णय बहुमत से लिए जाते हैं। बहुमत न होने पर सभापति का निर्णायक मत माना जाता है। न्यायालय अपनी कार्यविधि और नियमावली स्वयं तैयार करता है। न्यायालय की भाषा फ्रेन्च और अंग्रेजी है। न्यायालय के समक्ष प्रस्तुत मुकदमों में वादी और प्रतिवादी राष्ट्र ही हो सकते हैं, व्यक्ति नहीं। न्यायालय का निर्णय अन्तिम समझा जाता है। निर्णय की अपील नहीं हो सकती।

न्यायालय का क्षेत्राधिकार (Jurisdiction of the Court): अन्तर्राष्ट्रीय न्यायालय के क्षेत्राधिकार को तीन भागों में विभाजित किया जा सकता है।

1. *ऐच्छिक क्षेत्राधिकार (Voluntary Jurisdiction)* की संविधि की धारा 36 के अनुसार न्यायालय उन सभी मामलों पर विचार कर सकता है, जिनको सम्बन्धित राज्य न्यायालय के सम्मुख प्रस्तुत करे।
2. *अनिवार्य क्षेत्राधिकार (Compulsory Jurisdiction):* राज्य स्वयं घोषणा करके इन क्षेत्रों में न्यायालय के आवश्यक क्षेत्राधिकार को स्वीकार कर लेता है। ये हैं: सन्धि की व्याख्या, अन्तर्राष्ट्रीय कानून के क्षेत्र से सम्बन्धित सभी मामले।
3. *परामर्शात्मक क्षेत्राधिकार (Advisory Jurisdiction):* अन्तर्राष्ट्रीय न्यायालय द्वारा परामर्श देने का कार्य भी सम्पन्न किया जाता है। महासभा व सुरक्षा परिषद द्वारा लिखित रूप में प्रार्थना पत्र के आधार पर उन्हें परामर्श देता है।

## International Custom | अन्तर्राष्ट्रीय प्रथा, अन्तर्राष्ट्रीय परंपरा

अन्तर्राष्ट्रीय प्रथा, अन्तर्राष्ट्रीय कानून का प्रमुख स्रोत माना जाता है। अर्थात् इसका तात्पर्य है कि राज्यों के सम्बन्धों को सतत् रूप से नियमित करने वाले आचरण के ऐसे नियम जो लिपिबद्ध न होते हुए भी बाध्यकारी माने जाते हैं। इनका आधार दीर्घ और सतत् व्यवहार तथा इनके प्रति राज्यों की मौन सहमति है। कोई देश इन प्रथाओं को सामान्यतया तोड़ने का साहस नहीं करता है क्योंकि इनके पीछे जनमत की शक्ति निहित होती है।

**International Fund of Agriculture Development (ICAD) | अन्तर्राष्ट्रीय कृषि विकास कोष**

विश्व में खाद्यान्न उत्पादन बढ़ाने और विकासशील, गरीब देशों तक पोषण पहुँचाने के लिए नवम्बर 1977 में स्थापना हुई। इसका मुख्यालय रोम (इटली) में है।

**International Labour Organization (ILO) | अन्तर्राष्ट्रीय श्रम संगठन**

अन्तर्राष्ट्रीय श्रम संगठन संयुक्त राष्ट्र संगठन (United Nations) का एक विशिष्ट या प्रमुख अंग है। इसकी स्थापना पुराने राष्ट्र संघ (League of Nations) के एक स्वायत्त अंग के रूप में 11 अप्रैल 1919 में हुई थी। दिसम्बर 1946 में इसे संयुक्त संगठन ने अपने विशिष्ट अभिकरण के रूप में मान्यता प्रदान कर दी। इसका कार्य मजदूरों की कार्यस्थितियों के विकास और रोजगार के अवसर बढ़ाने के लिए यह विशेष एजेन्सी है। यह श्रमिकों को सभी तरह के शोषण से बचाने का कार्य करती है। इस अभिकरण में सरकारों, मालिकों और मजदूरों – तीनों पक्षों के प्रतिनिधि हिस्सा लेते हैं। इसका ध्येय अन्तर्राष्ट्रीय कार्यवाही के द्वारा श्रम की शर्तों में सुधार लाना, श्रमिकों में रहन-सहन का स्तर उन्नत करना और उत्पादक रोजगार को बढ़ावा देना है। इसमें प्रमुख कार्य अन्तर्राष्ट्रीय श्रम तथा अभिसमयों एवं संस्तुतियों के रूप में अन्तर्राष्ट्रीय मानदंड निर्धारित करना है। सदस्य देशों को ये अभिसमय अपनी-अपनी सरकारों के पास अनुसमर्थन के लिए भेजने होते हैं क्योंकि उनके अनुसार उपयुक्त श्रम कानून बनाना राष्ट्रीय सरकारों के अपने-अपने अधिकार-क्षेत्र में आता है। इसका मुख्यालय जेनेवा (स्विट्जरलैण्ड) में है। इसकी सदस्य संख्या 177 है।

**International Law | अन्तर्राष्ट्रीय कानून, अन्तर्राष्ट्रीय विधि**

साधारणतया अन्तर्राष्ट्रीय कानून उन नियमों या विधि का संग्रह है जिसके अन्तर्गत सभ्य राष्ट्रों के पास्परिक व्यवहारों का नियमन किया जाता है। अन्तर्राष्ट्रीय कानून के समक्ष जन्मकाल से ही बुद्धिजीवियों के सामने यह प्रश्न क्रमिक रूप से विद्यमान रहा है कि क्या अन्तर्राष्ट्रीय कानून हकीकत में कानून है? अथवा क्या उसके पास किसी प्रकार की कोई बंधनकारी शक्ति है? न्यायज्ञ विद्वान इस प्रकार के प्रश्न पर एकमत नहीं हैं। ब्रिटिश के न्यायज्ञ विद्वान जॉन ऑस्टिन का विचार है कि अन्तर्राष्ट्रीय विधि सच्ची विधि नहीं है। उसके अनुसार अन्तर्राष्ट्रीय कानून आचरण के केवल कुछ नियम हैं और उनके पीछे सिर्फ नैतिक सत्ता होती है। अन्तर्राष्ट्रीय कानून उन सामान्य सिद्धान्तों और विशिष्ट नियमों का समुच्चय है जिन्हें अन्तर्राष्ट्रीय समुदाय के सदस्य राष्ट्र परस्पर सम्बन्धों के निर्वाह में मान्यता देते हैं। उन्नीसवीं शताब्दी तक ये नियम मुख्यतः लोकाचार और परंपराओं पर आधारित थे जो पश्चिमी यूरोप में विकसित हो चुकी थी तथा जिन्हें कानूनन दायित्व के तुल्य माना जाता था। 20वीं शताब्दी के प्रारम्भ में इस प्रकार के कानून के विकास में बहुपक्षीय संधियों तथा अभिसमयों (Conventions) का विशेष हाथ रहा है। कुछेक मामलों में अन्तर्राष्ट्रीय न्यायालय (International Court of Justice) के निर्णय भी अन्तर्राष्ट्रीय कानून का महत्वपूर्ण अंग माने जाते हैं। अन्तर्राष्ट्रीय विधि का प्रमुख उद्देश्य यह है कि राज्यों के परस्पर विवादों का शांतिपूर्ण समाधान हो सके।

**International Law Association | अन्तर्राष्ट्रीय विधि संघ**

अन्तर्राष्ट्रीय कानून संघ विशेषज्ञों या विद्वानों का एक गैर सरकारी संघ है, जिसका प्रमुख उद्देश्य अन्तर्राष्ट्रीय कानून के संहिताकरण तथा विकास के लिए विविध विषयों पर प्रस्तावित कानून के प्रारूप तैयार करना है। इसका मुख्यालय लंदन में है एवं इसकी राष्ट्रीय शाखाएं विश्व के कई देशों

में स्थापित हैं। इसके सदस्यों में अन्तर्राष्ट्रीय कानून के प्रमुख विद्वान, विधिशास्त्री, न्यायाधीश आदि होते हैं। अन्तर्राष्ट्रीय कानून के संहिताकरण और उत्तरोत्तर विकास में इस संघ के योगदान की सर्वथा सराहना की गई है। इस प्रकार यह अपना एक स्वतंत्र निकाय है।

## International Legislation | अन्तर्राष्ट्रीय विधि-निर्माण

सामान्य रूप से अन्तर्राष्ट्रीय कानून जो मूलतः एक प्रथागत विधि थी। वर्तमान समय में संधिगत कानून को अधिक स्थान देती जा रही है। कानून-निर्मात्री-संधियों का प्रारम्भ 19वीं शताब्दी के मध्यकाल से हुआ था। परन्तु वर्तमानकाल की शताब्दी के प्रारंभ से ही अन्तर्राष्ट्रीय कानून-निर्मात्री संधियों की संख्या बहुत तेज गति से बढ़ने लगी। इस प्रकार इन संधियों का निर्माण प्रायः अन्तर्राष्ट्रीय सम्मेलनों के माध्यम से हुआ है, जिससे इनके निर्माण की प्रक्रिया भी लगभग सुनिश्चित हो गई है। अतः इस प्रकार अन्तर्राष्ट्रीय सम्मेलनों के माध्यम से अन्तर्राष्ट्रीय कानून-निर्मात्री संधियों को ग्रहण किया जाना "अन्तर्राष्ट्रीय कानून-निर्माण" कहलाता है। मेनले ओ हडसन ने 1920 में प्रकाशित अपनी पुस्तक को यही नाम दिया था तथा तब से इस पद का अन्तर्राष्ट्रीय कानून के स्रोतों के अध्ययन में एक विशिष्ट स्थान हो गया है।

## International Monetary Fund | अन्तर्राष्ट्रीय मुद्रा कोष

अन्तर्राष्ट्रीय मुद्रा कोष संयुक्त राष्ट्र संघ का एक प्रमुख अभिकरण है, जिसकी स्थापना सन् 1944 के ब्रेटनवुड समझौते के अन्तर्गत की गई थी। इसके मुख्य रूप से प्रमुख उद्देश्य निम्न हैं।

(i) विश्व के प्रमुख देशों की मुद्राओं के विनिमय मूल्य स्थिर करना।

(ii) इसमें प्रमुख रूप से एक विश्वव्यापी बहुराष्ट्रीय अदायगी (भुगतान) प्रणाली की स्थापना करना तथा

(iii) राष्ट्रों के विदेशी व्यापार में संतुलन लाने के लिए उन्हें विदेशी मुद्रा द्वारा सहायता करना। इस प्रकार यह कोष सदस्य राष्ट्रों के पारस्परिक अनुदान से ही निर्मित हुआ है। उल्लेखनीय है कि इस कोष का लगभग एक चौथाई भाग संयुक्त राज्य अमेरिका के अनुदान का फल है। इसमें प्रमुख रूप से सदस्यों का मताधिकार भी उनके धनानुदान से निर्धारित होता है, जिसका परिणाम यह हुआ है कि अन्तर्राष्ट्रीय मुद्रा कोष ने विशेषकर विकासशील देशों को सहायता देने में अनेक शर्तें लगाई हैं तथा अर्थव्यवस्था एवं मुद्रा विनिमय दर निर्धारित करने में हस्तक्षेप किया है। इस प्रकार अन्तर्राष्ट्रीय मुद्रा कोष विश्व की एक प्रमुख वित्तीय संस्था है। इसका मुख्यालय वाशिंगटन (संयुक्त राज्य अमेरिका) में है।

## International Organization | अन्तर्राष्ट्रीय संगठन

अन्तर्राष्ट्रीय संगठन एक ऐसा संगठन है जिसमें एक से अधिक राष्ट्रों का प्रतिनिधित्व हो जिससे कि वे अपनी सामान्य तथा अन्तर्राष्ट्रीय समस्याओं का समाधान कर सकें तथा अन्तर्राष्ट्रीय स्तर पर अपने हितों की देखरेख कर सके, अथवा विश्व शांति और मानव-कल्याण में योग दे सकें। ऐसे संगठन दो प्रकार के हो सकते हैं। (i) सर्वदेशीय जैसे, विश्वबैंक, संयुक्त राष्ट्र संघ आदि, और (ii) क्षेत्रीय, जैसेः अमेरिकी राज्य संगठन, अफ्रीकी एकता संघ, अरब लीग, सार्क (दक्षेस) आदि। दूसरे प्रकार के अन्तर्राष्ट्रीय संगठन वे हैं। जिनके सदस्यगण राज्य, गैर सरकारी संस्थाएँ, संघ अथवा व्यक्ति होते हैं, जैसे रेडक्रास, रोटरी इंटरनेशनल, ईसाई युवक संघ आदि। अन्तर्राष्ट्रीय संगठन के अभिकरण है।

## International Person | अन्तर्राष्ट्रीय व्यक्तित्व

अन्तर्राष्ट्रीय व्यक्तितत्व से तात्पर्य वह इकाई जो अन्तर्राष्ट्रीय कानून का विषय हो अर्थात् जिस पर अन्तर्राष्ट्रीय कानून लागू होता हो तथा जिनको अन्तर्राष्ट्रीय कानून के अन्तर्गत अधिकार और कर्तव्य प्राप्त होते हों। इस प्रकार इन अधिकारों में विशेष रूप से ये उल्लेखनीय हैं: (i) अपने अन्तर्राष्ट्रीय अधिकारों के रक्षार्थ न्यायिक कार्यवाही कर सकने का अधिकार, (ii) अन्तर्राष्ट्रीय कानून की निर्माण-प्रक्रिया में भाग लेने का अधिकार, (iii) अन्य अन्तर्राष्ट्रीय इकाइयों से संधि करने का अधिकार। जैसे यू.एन.ओ. महासचिव वान की भून।

## International Politica System: Mortan Caplan's Theory | मॉर्टन कैप्लान का अन्तर्राष्ट्रीय व्यवस्था सिद्धान्त

अन्तर्राष्ट्रीय राजनीति में व्यवस्था सिद्धान्त को लाने का श्रेय मॉर्टन कैप्लान को है। अन्तर्राष्ट्रीय व्यवस्था उन स्वतंत्र राजनीतिक इकाइयों का संग्रह है जो नियमित रीति से पारस्परिक क्रिया करती है। अर्थात् राज्यों में पारम्परिक क्रियाएं नियमित भी होनी चाहिए और अनवरत भी। जहाँ ऐसी क्रियाएं नहीं होती वहाँ किसी अन्तर्राष्ट्रीय व्यवस्था की कल्पना नहीं की जा सकती। कैप्लान ने अन्तर्राष्ट्रीय राजनीतिक व्यवस्था में छः प्रतिमानों की कल्पना की है।

1. *शक्ति सन्तुलन व्यवस्था (Balance of Power System)*: शक्ति सन्तुलन व्यवस्था 18वीं और 19वीं शताब्दी में प्रचलित शक्ति संतुलन सिद्धान्त से मिलती-जुलती है इसमें राजनीतिक उपपद्धति का अभाव होता है। इसमें दो प्रकार के कार्यकर्ता (Actors) होते हैं, आवश्यक कार्यकर्ता और अन्य लघु कार्यकर्ता। इसमें कहा गया है कि प्रत्येक आवश्यक कार्यकर्ता को अपनी शक्ति बढ़ानी चाहिए तथा युद्ध के स्थान पर समझौते का सहारा लेना चाहिए।
2. *शिथिल द्विध्रुवीय व्यवस्था (Loose Bypolar System)*: द्वितीय विश्वयुद्ध के बाद स्थापित शक्ति संतुलन की व्यवस्था धीरे-धीरे शिथिल ध्रुवीय व्यवस्था बनती गई। इसमें दो महाशक्तियों के चारों ओर लघुशक्तियों और निर्गुट राज्यों का समूह घिरा रहा है और जिसमें निर्गुट राज्यों का एक गुट-सा होने के कारण दो महाशक्तियों की शक्ति शिथिल बनी रहती है।
3. *दृढ़ द्विध्रुवीय व्यवस्था (Tight Bipolar System)*: इस व्यवस्था में गैर गुटीय या तटस्थ राज्यों का या तो पूर्णतः लोप हो जाता है या वे महत्वहीन हो जाते हैं। इस अवस्था में मध्यस्थीकरण से सम्बद्ध भूमिकाओं का अभाव होता है। जिससे दुष्क्रियात्मक तनावों (Disfunctional Tension) के बढ़ने की संभावना रहती है।
4. *विश्वव्यापी अन्तर्राष्ट्रीय व्यवस्था (Universal International System)*: विश्वव्यापी व्यवस्था में विश्वव्यापी उद्देश्यों के समर्थक तथा गैरगुटीय कार्यकर्ताओं का प्राबल्य रहता है। इसमें संयुक्त राष्ट्र संघ इतना शक्तिशाली होता है कि राष्ट्रीयकर्ताओं के मध्य होने वाले युद्ध को रोक सके। इसमें राष्ट्रीय हितों को विश्वव्यापी व्यवस्था के आगे गौण माना जाता है।
5. *सोपानीय अन्तर्राष्ट्रीय व्यवस्था (Hierarchical International System)*: इसमें संगठन के भौगोलिक तत्वों की अपेक्षा प्रकार्यात्मक तत्व अधिक सुदृढ़ होते हैं। इसमें एक विश्वव्यापीकर्ता सारे विश्व को समेट लेता है और केवल एक राष्ट्र बाहर रह जाता है। यह सोपानीय अन्तर्राष्ट्रीय व्यवस्था निदेशात्मक और गैर-निदेशात्मक दोनों प्रकार की हो सकती है।
6. *इकाई बीटो अन्तर्राष्ट्रीय व्यवस्था (Unit Veto International System)*: ईकाई वीटो अन्तर्राष्ट्रीय व्यवस्था का सार तत्व है कि हर राज्य के पास अपने विरोधी को नष्ट करने की क्षमता रहती है। इसमें सभी कर्ताओं की क्षमता लगभग समान होती है। यदि एक कर्ता दूसरे राष्ट्र पर आक्रमण कर विजयी बनना चाहता है तो उसे भी नष्ट किया जा सकता है। इस व्यवस्था में सभी कर्ता अपनी सुरक्षा के लिए अपनी सामर्थ्य पर निर्भर करते हैं।

**International Politics | अन्तर्राष्ट्रीय राजनीति**

स्वतन्त्र राजनीतिक समुदायों अर्थात् राज्यों के अपने-अपने उद्देश्यों अथवा हितों के आपसी विरोध-प्रतिरोध या संघर्ष से उत्पन्न उनकी क्रिया-प्रतिक्रियाओं और सम्बन्धों का अध्ययन ही अन्तर्राष्ट्रीय राजनीति है।

अन्तर्राष्ट्रीय राजनीति में विश्व के विभिन्न प्रमुख राष्ट्रों के पारस्परिक सम्बन्धों का विश्लेषण जिसमें यह देखा जाता है कि इन राष्ट्रों के राष्ट्रीय हित या इन्ट्रेस्ट (उद्देश्य) क्या हैं, इन हितों में समानता और विरोध कहाँ-कहाँ पाया जाता है तथा परस्पर विरोधी हितों का समायोजन कैसे सम्भव होता है तथा टकराव पैदा होने पर किन हितों का दमन किया जाता है तथा किन्हें प्रमुखता प्राप्त होती है तथा क्यों? इस प्रकार के विषय के विश्लेषण को भी अन्तर्राष्ट्रीय राजनीति कहते हैं।

**International Red Cross | अन्तर्राष्ट्रीय रेडक्रॉस**

अन्तर्राष्ट्रीय रेडक्रॉस एक अन्तर्राष्ट्रीय संस्था है। इस संस्था का प्रमुख उद्देश्य मूल रूप से युद्ध के समय बीमार तथा घायलों की चिकित्सा तथा उपचार करना एवं उनके उपचार में लगे हुए डॉक्टरों, नर्सों तथा अस्पतालों एवं वाहनों को संरक्षण प्रदान करना है। इसकी स्थापना 1864 में एक अन्तर्राष्ट्रीय सम्मेलन द्वारा जिनेवा में की गई थी। श्री जीन हेनरी ड्यूनान नामक सज्जन को इसकी स्थापना का श्रेय प्राप्त है। विकास के साथ-साथ कालांतर में इसके विषय क्षेत्र में विस्तार हो गया तथा अब यह हर प्रकार की मानवीय आपदाओं जैसेः बाढ़, महामारी, भूकम्प आदि में मानवीय सहायता पहुँचाने का कार्य भी करती है। इसकी राष्ट्रीय शाखाएं लगभग सभी देशों में स्थापित हैं। इसका ध्वज सफेद धरती पर लाल क्रॉस का निशान है। कुछ देशों में इस संस्था को रेडक्रॉस की जगह रेडक्रेंसेट भी कहते हैं। जैसै ईरान, तुर्की आदि में। इन देशों में लाल क्रॉस की जगह संस्था के ध्वज पर लाल अर्द्धचन्द्र का निशान होता है। वास्तव में यह अन्तर्राष्ट्रीय संरक्षण तथा तटस्थता का प्रतीक है।

**International Refugee Organization | अन्तर्राष्ट्रीय शरणार्थी संगठन**

अन्तर्राष्ट्रीय शरणार्थी संगठन संयुक्त राष्ट्र संघ की एक विशिष्ट एजेन्सी है जो कि शरणार्थियों व विस्थापितों की देखरेख और सुरक्षा का कार्य करती है। इस प्रकार एक संगठन का अधिकार पत्र 15 दिसम्बर, 1946 को तैयार किया गया था तथा यह एजेन्सी औपचारिक रूप से 7 अप्रैल 1948 को स्थापित की गई। जब 27 राष्ट्रों ने अधिकार पत्र को अनुसमर्थित कर दिया। इस प्रकार अब इस संस्था का स्थान संयुक्त राष्ट्र शरणार्थी उच्च आयोग (UNHCR) ने ले लिया है।

**International Socialism | अन्तर्राष्ट्रीय समाजवाद**

मार्क्स ने सन् 1864 में लंदन में प्रथम अन्तर्राष्ट्रीय मजदूर संघ की स्थापना की थी। इस संघ का उद्देश्य था समूची दुनिया में समाजवाद की सिद्धि के लिए मजदूरों के प्रयासों में तालमेल लाना, साम्यवादी सिद्धान्तों का प्रचार करना और पूंजीवादी व्यवस्था का उन्मूलन करना। सन् 1876 में इस संघ का विघटन हो गया। सन् 1899 में पेरिस में द्वितीय अन्तर्राष्ट्रीय मजदूर संघ की स्थापना की गई। सन् 1919 में तीसरे इन्टरनेशनल संघ की स्थापना हुई। इसका उद्देश्य विभिन्न देशों में साम्यवादी क्रान्तियों का पथ प्रशस्त करना था। 1943 में इसका भी विघटन हो गया। द्वितीय विश्वयुद्ध के बाद स्टालिन के नेतृत्व में सोवियत रूस ने संघ साम्यवाद के विश्वव्यापी प्रचार पर बल दिया। इस उद्देश्य की पूर्ति के लिए दूसरे देशों में साम्यवादी आन्दोलन को प्रोत्साहित करने की नीति अपनाई। फलस्वरूप पूर्वी यूरोप एवं एशिया एवं लैटिन अमेरिका में साम्यवादी विचारधारा का प्रसार हुआ। 1947 में सोवियत संघ ने बैलग्रेड में साम्यवादी सूचना संस्थान की स्थापना की। इसका

विघटन भी 1956 में हो गया। फिर भी सभी देशों में साम्यवादी दल हैं और वे चीन या रूस से सम्बद्ध हैं।

1977 में ब्रेझनेव के द्वारा बनवाये गए सोवियत संविधान के अनुच्छेद 30 में कहा गया था कि "विश्व समाजवादी समुदाय के एक संघटक अंग के रूप में सोवियत संघ अन्य समाजवादी देशों के साथ समाजवादी अन्तर्राष्ट्रीयतावाद के सिद्धान्त पर मैत्री, सहयोग और साथीवत् पारस्परिक सहायता को बढ़ावा देता है और उन्हें सुदृढ़ बनाता है तथा आर्थिक एकीकरण और अन्तर्राष्ट्रीय समाजवादी श्रम-विभाजन में सक्रिय भाग लेता है।"

1991 में सोवियत संघ के विखंडन के बाद पूर्वी यूरोप से भी साम्यवादी दल की सरकारें समाप्त हो गई। अफगानिस्तान में भी सोवियत समर्थित साम्यवादी दल की व्यवस्था समाप्त हो गई। गोर्बाच्योव के पराभव के बाद रूसी साम्यवादी वर्तमान में चीन और क्यूबा के द्वारा ही समाजवादी अन्तर्राष्ट्रीयतावाद को कायम रखा जा रहा है।

## International Telecommunication Union | अन्तर्राष्ट्रीय दूरसंचार संघ

अन्तर्राष्ट्रीय दूरसंचार संघ की सर्वप्रथम स्थापना पेरिस में अन्तर्राष्ट्रीय तार संघ (इन्टरनेशनल टेलीग्राफ यूनियन) के रूप में 1865 में हुई थी। 1947 में इसका पुनर्गठन किया गया और यह संयुक्त राष्ट्र संघ का विशिष्ट अभिकरण बन गया। यह टेलीफोन, तार, रेडियो और टेलीविजन प्रसारणों के क्षेत्रों में अन्तर्राष्ट्रीय सहयोग को बढ़ावा देता है। इसका वर्तमान में प्रधान कार्यालय जेनेवा में है। यह संघ नियमित रूप से अन्तर्राष्ट्रीय दूरसंचार की तकनीकों से संबंधित संकेत-वर्णों, आवृत्ति सूची व अन्य आंकड़े भी प्रकाशित करता है।

## International Treaty | अन्तर्राष्ट्रीय संधि

विश्व के एक या अधिक राष्ट्रों के बीच लिखित रूप से किया गया संवैधानिक समझौता जिसके द्वारा हस्तारक्षरकर्ता राज्यों के अधिकार एवं कर्तव्य निश्चित होते हैं। प्रायः देखने में आता है कि हस्ताक्षरकर्ता राज्यों के लिए यह व्यवस्था कानूनी रूप से बाध्यकारी होती है। इस प्रकार संधियों का वर्गीकरण कई आधारों पर किया जा सकता है: (i) द्विपक्षीय - बहुपक्षीय (ii) कानून-निर्मात्री संधि अनुबंध। वियना कन्वेंशन, 1969 के अनुसार लिखित रूप में संधि का होना अनिवार्य है। परन्तु प्रथागत राष्ट्रीय कानून के अनुसार अलिखित समझौते भी लिखित रूप में संधि का होना अनिवार्य है। परन्तु प्रथागत राष्ट्रीय कानून के अनुसार अलिखित समझौते भी लिखित संधियों के समान बाध्यकारी माने जाते हैं। वर्तमान समय में संधियाँ न केवल राज्यों के बीच अपितु राज्यों तथा अन्तर्राष्ट्रीय संगठनों एवं एक अन्तर्राष्ट्रीय संगठन तथा दूसरे अन्तर्राष्ट्रीय संगठन के बीच भी होती है। संधियों के लागू होने के लिए उन पर मात्र हस्ताक्षर होना ही पर्याप्त नहीं है। अपितु हस्ताक्षर के पश्चात उनकी विधिवत सम्पुष्टि भी आवश्यक है।

## Internationalism | अन्तर्राष्ट्रीयवाद

वह सिद्धान्त है जो स्थितियों तथा समस्याओं को संकीर्ण राष्ट्रीय हित या उद्देश्य या नीति की दृष्टि से न देखकर उनके अनुसार उसके प्रति व्यापक विश्वव्यापी या संपूर्ण मानवीय हितों का दृष्टिकोण अपनाता हो, अन्तर्राष्ट्रीयवाद कहलाता है।

## Internationalization | अन्तर्राष्ट्रीयकरण

राजनीतिक व्यवस्था के अन्तर्गत किसी संधि के अनुरूप विश्व के किसी भू-भाग, क्षेत्र या जलमार्ग का सभी राष्ट्रों द्वारा उपयोग किए जा सकने की स्थिति जिस प्रकार स्वेज नहर, पनामा नहर,

अंटार्कटिका, अंतरिक्ष आदि। इस प्रकार किसी देश का राष्ट्रीय विवाद, स्थिति या समस्या का अन्य राष्ट्रों की अभिरुचि या हस्तक्षेप के कारण अन्तर्राष्ट्रीयता का रूप धारण कर लेता है। 26 जुलाई 1956 में मिस्र द्वारा स्वेज नहर के राष्ट्रीयकरण करने पर अक्टूबर 1956 में इजरायल एवं फ्रांस का आक्रमण हुआ।

## Interpellation | विप्रश्न

किसी देश की व्यवस्थापिका अंग की नियमावली के अनुसार विधानमंडल के सदस्यों द्वारा सरकार की नीति या कार्यक्रम सम्बन्धी उठाए गए प्रश्न। यह सरकारी मंत्रालयों से सूचना प्राप्त करने और उन पर नियंत्रण रखने का एक उपकरण है। जिसे विप्रश्न कहते हैं।

## Interpol | अन्तर्राष्ट्रीय पुलिस

विश्व का वह अन्तर्राष्ट्रीय अभिकरण जो सदस्य राज्यों के बीच अन्तर्राष्ट्रीय अपराधों की रोकथाम व अपराधियों को पकड़ने के लिए कार्यवाही करता है। वह जो इंटरपोल या अन्तर्राष्ट्रीय पुलिस कहलाती है।

## Interregnum | राजांतराल

किसी देश या राष्ट्र के सम्राट या राजा की मृत्यु, अधित्याग या उसके निष्कासन से लेकर उसके उत्तराधिकारी के राज्यारोहण तक के बीच की अवधि "राजांतराल" कहलाती है। इसके अतिरिक्त दो शासनों के अंतराल का समय जिसमें सरकार मात्र कार्यवाहक होती है और वह नीति सम्बन्धी निर्णय लेने में सक्षम नहीं समझी जाती।

## Inter-State Compact | अंतरराज्य करार

संयुक्त राज्य अमेरिक। में संघ के दो या दो से अधिक राज्यों के मध्य हुआ राजनीतिक समझौता जो कि कांग्रेस द्वारा अनुमोदित होता है। अराजनीतिक समझौते कांग्रेस की अनुमति के बिना ही किए जाते हैं। ये साधारणतया सीमा, जल-अशुद्धता दूर करने, बाढ़ रोकने, वन्य प्राणी संरक्षण, क्षेत्रीय शिक्षा संस्थाओं एवं बन्दरगाह की सुविधाओं आदि के विषयों से संबंधित होते हैं, जिसे अंतर्राज्य करार कहते हैं।

## Inter-State Council | अंतरराज्य परिषद

भारत के संविधान के अनुच्छेद 263 में प्रावधान है कि राज्यों के मध्य समन्वय स्थापित करने के लिए "अंतर्राज्य परिषद" की स्थापना का प्रावधान है। 25 जून 1990 में इस परिषद की स्थापना की गई। इस परिषद का प्रमुख कार्य अंतरराज्यीय विवादों की जांच-पड़ताल करना व सलाह देना है। यह कुछेक या सब राज्यों के या संघ अथवा एक और या अधिक राष्ट्रों के पारस्परिक लाभों से सम्बन्धित विषयों पर विचार-विमर्श या शोध आदि भी कर सकती है। प्रधानमंत्री इस परिषद का अध्यक्ष होता है। परिषद में राष्ट्रपति द्वारा केन्द्रीय मंत्रिमण्डल के 6 सदस्यों को मनोनीत किया जाता है तथा भारत के सभी राज्यों व संघीय क्षेत्रों के मुख्यमंत्री इस समिति के सदस्य होते हैं। इसके एक सचिवालय की स्थापना की गई है।

## Inter-State Relations | अंतरराज्य संबंध

राष्ट्रों के मध्य राजनीतिक, आर्थिक, व्यापारिक तथा सांस्कृतिक सम्बन्धों के संघ को अंतरराज्य सम्बन्ध कहते हैं आस्ट्रिया तथा संयुक्त राज्य अमेरिका के राज्यों के लिए यह पद प्रमुखतः प्रयुक्त किया जाता है।

**Inter-State Rendition (inter state extradition) | अंतरराज्य प्रत्यर्पण**

संयुक्त राज्य अमेरिका के संविधान तथा कांग्रेस के अधिनियमों द्वारा प्राधिकृत प्रक्रियानुसार किसी भी अमेरिकी राज्य या उसके प्रदेश या क्षेत्र से भागे हुए अपराधी का आश्रयदाता राज्य द्वारा वापस लौटाना। सामान्यतया प्रत्यर्पण एक स्वतंत्र राज्य द्वारा दूसरे स्वतंत्र राज्य को होता है। परन्तु संयुक्त राज्य अमेरिका में अंतरराज्यीय प्रत्यर्पण एक विलक्षण तथ्य है।

**Intervention | हस्तक्षेप**

अन्तर्राष्ट्रीय राजनीति के अनुसार, वह परिस्थिति जब कोई राष्ट्र प्रचलित नियम का उल्लंघन करके, विश्वासघात कर दे, अथवा मानव-अधिकारों का हनन करे या किसी और तरह से अन्तर्राष्ट्रीय शांति और सुरक्षा के लिए खतरा पैदा कर दे, तब कोई अन्य राष्ट्र अपनी शक्ति का प्रदर्शन करते हुए उस राज्य को अपनी स्वदेशी या विदेश नीति बदलने के लिए विवश कर दे।

साधारण रूप से विशेष परिस्थितियों में दूसरे राज्य के आंतरिक या विदेशी मामलों में हस्तक्षेप की कार्यवाही युद्ध की श्रेणी में नहीं आती, बल्कि हस्तक्षेप करने वाला राज्य के आत्मरक्षा के अधिकार का विस्तार मानी जाती है। एक राज्य द्वारा हस्तक्षेप की कार्यवाही निम्नलिखित परिस्थितियों में उचित समझी जा सकती है। (i) जहाँ एक राज्य अपने किसी रक्षा उद्देश्य से दूसरे राज्य के मामलों में हस्तक्षेप करता है। (ii) जब एक राज्य आत्मरक्षा के लिए आक्रमण करता है। इस प्रकार उपरोक्त परिस्थिति में हस्तक्षेप की कार्यवाही को उचित समझा जा सकता है। जैसे 7 अक्टूबर 2011 को ओसामा बिन लादेन की समाप्ति व तालिबान का सफाया करने के लिए अमेरिका ने अफगानिस्तान में "ऑपरेशन एंडयोरिंग फ्रीडम" के तहत सैनिक हस्तक्षेप किया इसके पूर्व 20 मार्च 2003 को जैविक हथियारों के बहाने अमेरिका ने इराक पर सैन्य हस्तक्षेप करके वहाँ के राष्ट्रपति सद्दाम हुसैन को 14 दिसम्बर 2004 को गिरफ्तार करके 31 दिसम्बर 2006 को फांसी दे दी।

**Invalid Vote | अमान्य मत**

अमान्य मत ऐसा मत पत्र होता है जो मतदाता द्वारा जाने-अनजाने में कोई त्रुटि किए जाने के कारण अवैध घोषित कर दिया जाता है।

**Inviolable Rights | अनुलंघनीय अधिकार**

अनुलंघनीय अधिकार वे अधिकार होते हैं जिनका सरकार किसी भी परिस्थिति या दशा में उल्लंघन नहीं कर सकती तथा न ही इनका निलंबन किया जा सकता है। जैसे: जीवन या वैयक्तिक स्वतंत्रता का अधिकार। जॉन लॉक अनुलंघनीय अधिकारों का प्रथम प्रतिपादक था। उन्होंने, जीवन, स्वतन्त्रता तथा सम्पत्ति के अधिकारों को प्राकृतिक अधिकार माना।

**Iron Curtain | लौह आवरण**

अन्तर्राष्ट्रीय राजनीति के अनुसार, पश्चिम गुट में प्रयुक्त शब्द जिससे सोवियत संघ तथा उसके प्रभावक्षेत्र में आने वाले देशों की गतिविधियों के गुप्त चरित्र का संकेत मिलता है। पश्चिमी गुट के राष्ट्र अपने आपको "खुले समाज" (Open Societies) मानते हुए यह आरोप है कि सोवियत संघ तथा उसके प्रभाव क्षेत्र में आने वालों राष्ट्रों की आंतरिक गतिविधियाँ विश्व की दृष्टि से छिपाई जाती हैं, मानो जिस प्रकार से उन पर लोहे का पर्दा डाल दिया गया हो। इस शब्द का प्रयोग सर्वप्रथम ब्रिटेन के प्रधानमंत्री पद से अलग हो चुके विंस्टन चर्चिल ने 5 मार्च 1946 को अमेरिका के फुल्टन नगर में भाषण देते हुए कहा "एड्रियाटिक से लेकर ट्रीम्टे तक समस्त पूर्वी यूरोप में

लौह-आवरण छा गया है। स्वतंत्रता की दीप-शिखा को प्रज्वलित रखने के लिए एक आंग्ल-अमेरिकी गठबन्धन की आवश्यकता है" इसके स्त्रोता अमेरिकी राष्ट्रपति ट्रूमैन भी थे।

## Iron Law of Oligarchy | स्वल्पतंत्र का लौह नियम

जर्मन समाज वैज्ञानिक राबर्ट मिशेल्स (1876-1936) ने अपनी कृति पॉलिटिकल पार्टीज (राजनीतिक दल) (1911) के अनुसार यह नियम कि किसी भी संगठन के अन्तर्गत सत्ता अनिवार्यतः गिने-चुने विशेषज्ञ समूह के हाथों में केन्द्रित हो जाती है। संगठन गुट का रूप लेता है तथा इसके सदस्य सम्पूर्ण सत्ता पर अपना नियन्त्रण स्थापित करके स्वार्थपूर्ति के लिए उसका उपयोग करते हैं। परन्तु आधुनिक राजनीतिक दल अपने गुटतन्त्रीय चरित्र को छिपाकर अपने आप को लोकतन्त्रीय छद्मवेष (Disguise) में प्रस्तुत करते हैं।

मिशेल्स ने तर्क दिया है कि अधिकांश मनुष्य स्वभाव से जड़, आलसी और दास मनोवृत्ति वाले होते हैं। जो अपना शासन चलाने में असमर्थ होते हैं। नेतागण अपनी वाक्पटुता और दूसरों को समझाने-बुझाने की निपुणता के बल पर लोगों की भावनाओं से खिलवाड़ करके सत्ता पर अपना अधिकार जमा लेते हैं। अतः समाज में चाहे कोई भी शासन प्रणाली क्यों न अपनाई जाए, वह गुट तन्त्र या गिने-चुने लोगों के शासन का रूप अवश्य धारण कर लेती है। विशिष्ट वर्ग सिद्धान्त का दावा है कि शक्ति के प्रयोग के स्तर पर शासक और शासित वर्गों में समाज का विभाजन अनिवार्य है। लोकतन्त्र के अन्तर्गत जहाँ प्रकटतः सारे निर्णय जन साधारण की सहमति से किए जाते हैं। यह भ्रमात्मक तथ्य है। लेकिन यथार्थ के धरातल पर सारे निर्णय गिने-चुने लोग ही करते हैं और वे जनसाधारण को समझा-बुझाकर इन पर उनकी सहमति की मोहर लगवा लेते हैं।

## Irredenta | समुद्धरणीय क्षेत्र

इरेन्डेन्टा शब्द इटालियन भाषा का है जिसका अर्थ अमुक्त अथवा अस्वाधीन इटली। किसी राष्ट्र की जनता में व्याप्त, नजदीकी क्षेत्र या प्रदेश अथवा प्रदेशों को इस प्रकार की धारणा के आधार पर हस्तगत करने की इच्छा कि भाषा, संस्कृति, ऐतिहासिक संदर्भ में यह प्रदेश उनके देश के ही भाग हैं। सर्वप्रथम इस पद का प्रयोग इटली में हुआ। जहाँ 1870 में इटली के एकीकरण के पश्चात् इस प्रकार के आन्दोलन ने जन्म लिया कि ऑस्ट्रिया एवं अन्य देशों के अधीनस्थ इटली के प्रदेश या क्षेत्र भी विदेशी नियंत्रण से मुक्त करवाये जाएं। इस प्रकार इस आन्दोलन को इटालियन देशों का मुक्तिकरण (Italia-Irredenta) कहा जाता था।

## Irredentism | समृद्धरणवाद

इस शब्द की व्युत्पत्ति इतालवी शब्द Irredentista से हुई है जिसका अर्थ है: वह वस्तु जिसका उद्धार न हुआ हो। राजनीति के क्षेत्र में समुद्धरणवाद उस सिद्धान्त या आन्दोलन का संकेत देता है जिसका लक्ष्य अपने देश के खोए हुए या छीने हुए क्षेत्रों को पुनः हासिल करना हो।

## Irregualar Army | अनियमित सेना

किसी देश या राष्ट्र की इस प्रकार की सेना जो नियमित सैन्य या सैनिक संगठन का भाग न हो और जिसे किसी विशेष प्रकार के उद्देश्य के लिए बनाया गया हो या संकट का मुकाबला करने हेतु अस्थायी सेना गठन।

## Islam | मुस्लिम धर्म

इस धर्म के प्रणेता पैगम्बर हजरत मुहम्मद साहब (570-632) थे। इस्लाम का अर्थ मुस्लिम धर्म से है। इसका प्रयोग इस धर्म के मानने वालों के लिए भी होता है। 'मुस्लिम वर्ल्ड' पद का प्रयोग

अरब, तुर्क, परसियन, इण्डो-पाकिस्तानी, इन्डोनेशिया-मलेशियावासियों के लिए भी प्रयुक्त होता है। मुस्लिम धर्म के अनुसार राज्य एक धार्मिक संस्था है जिसका निर्देशन कुरान शरीफ में संग्रहीत मोहम्मद साहब के सिद्धान्तों के अनुसार होता है। मुस्लिमवाद एक पूर्ण सामाजिक, आर्थिक एवं राजनीतिक सिद्धान्त है। आर्थिक क्षेत्र में मुस्लिम धर्म समानता में विश्वास करता है तथा अधिक ब्याज लेने का निषेध करता है। दिन में 5 बार नमाज पढ़ना, एक बार जीवन में मक्का मदीना की यात्रा करना, रमजान के महीने में रोजा (व्रत) रखना। इन नियमों का पालन करना एक सच्चे मुस्लिम के लिए आवश्यक है।

## Isolationism | पार्थक्यवाद

अन्य राष्ट्रों के मामलों में किसी राष्ट्र की नहीं उलझने की नीति। प्रथम विश्वयुद्ध के पहले तक संयुक्त राज्य अमेरिका की यही नीति रही थी। 1783 में अपनी स्थापना से लेकर 1900 तक अमेरिका ने यूरोप की राजनीति से अलग रह कर तीव्र प्रगति की। अमेरिका के प्रथम राष्ट्रपति ने तटस्थता की नीति की शुरुआत करते हुए कहा था कि: "हमें तटस्थता की नीति अपनानी चाहिए। किसी भी देश के साथ स्थायी सन्धियों अथवा समझौते में नहीं बंधना चाहिए। 1823 में राष्ट्रपति मुनरो (मुनरो सिद्धान्त) ने यूरोपीय राष्ट्रों की अमेरिकी गोलार्द्ध में प्रभाव क्षेत्र बढ़ाने से मना किया एवं इसे अमेरिका ने शांति और सुरक्षा के लिए खतरा माना। 1901 में रूजवेल्ट के समय अमेरिका पार्थक्य की नीति का परित्याग कर विश्व राजनीति में अपना प्रभाव बढ़ाने का प्रयास शुरू किया। 1921 में राष्ट्रपति हार्डिंग के द्वारा अमेरिका को राष्ट्र संघ से अलग रखकर पुनः पृथकतावाद की नीति अपनाई। 1930 के बाद पुनः अमेरिका अपने पार्थक्यवादी नीति का परित्याग किया। स्वीट्जरलैण्ड अभी भी इस नीति का अनुसरण कर रहा है।"

पार्थक्यवाद गुट-निरपेक्षता से भिन्न है। पार्थक्यवाद के समर्थक अन्तर्राष्ट्रीय राजनीति से कोई सरोकार नहीं रखते, परन्तु गुट-निरपेक्षता के समर्थक अन्तर्राष्ट्रीय स्तर पर दोनों सैनिक गुटों से पृथक रहकर एक ऐसा प्रभावशाली मंच तैयार करना चाहते हैं जो बड़ी शक्तियों को शस्त्रीकरण की होड़ से विमुख कर सके और अन्तर्राष्ट्रीय तनाव को कम करके विश्व शान्ति का पथ प्रशस्त कर सके। अतः पार्थक्यवाद के विपरीत गुट-निरपेक्षता के समर्थक अन्तर्राष्ट्रीय राजनीति से गहरा सरोकार रखते हैं।

## Item Veto | मद निषेधाधिकार, प्रकरण निषेधाधिकार

किसी राष्ट्र में किसी अधिशासी द्वारा समस्त विधेयक जिस प्रकार (विनियोजन बिल) आदि निषिद्ध किए बिना किसी विशेष मद को अस्वीकार करने का अधिकार रखता हो उसे मद निषेधाधिकार कहते हैं।

# J

## J.S. Mill | जे.एस. मिल ( 1806-73 )

यह जेम्स मिल का पुत्र था। वह भी उपयोगितावाद का समर्थक था। उसकी प्रसिद्ध कृतियाँ हैं: (1) On Liberty (2) On Utilitarianism (3) On Representative Government (4) System of Logic

अंग्रेज दार्शनिक जॉन स्टुअर्ट मिल पहला प्रमुख उदारवादी विचारक था जिसने शुरू में अहस्तक्षेप की नीति और व्यक्तिवाद का समर्थन किया लेकिन सामाजिक, आर्थिक यथार्थ पर विचार करने के बाद उसने इसमें संशोधन कर दिया।

मिल ने राजनीतिक क्षेत्र (Political Sphere) में सांविधानिक और प्रतिनिधि शासन (Constitutional And Representative Government) का समर्थन किया परन्तु उसने आर्थिक क्षेत्र में (Economic Sphere) कल्याणकारी राज्य (Welfare State) के विचार को बढ़ावा दिया।

उपयोगितावाद का संशोधन (Revision of Utilitarianism): मिल ने बैंथम के उपयोगितावाद में संशोधन करते हुए यह तर्क दिया कि गुणों में केवल परिमाण (Quantity) का अन्तर नहीं पाया जाता है। गुण (Quality) का अन्तर भी पाया जाता है। मनुष्य केवल भौतिक सुखों के पीछे ही नहीं दौड़ना चाहिए बल्कि उसकी नैतिक, बौद्धिक और कलात्मक अभिरुचियों का विकास भी जरूरी है।

स्वतन्त्रता, सम्पत्ति और विनिमयन (Freedom, Property, and Regulation): आचरण की स्वतन्त्रता पर विचार करते हुए (Freedom of Conduct) मिल ने आत्मपरक (Self Regarding) और अन्यपरक (Other-Regarding) गतिविधियों में अन्तर किया है। राज्य को आत्मपरक गतिविधियों में हस्तक्षेप नहीं करना चाहिए जबकि अन्य परक गतिविधियों का प्रभाव दूसरों पर पड़ता है इसलिए समुदाय के कल्याण को ध्यान में रखकर ऐसी गतिविधियों का नियमन किया जाना चाहिए।

मिल ने प्रिंसिपल्स ऑफ पॉलिटिकल इकोनॉमी (राज्य अर्थव्यवस्था के सिद्धान्त) (1848) में सम्पत्ति के अधिकार को मान्यता प्रदान की, लेकिन अन्तिम संस्करण (1866) में उसने सम्पत्ति के अधिकार को सीमित करने की वकालत की।

## J.S. Verma Committee | जे.एस. वर्मा समिति

दिल्ली में 16 दिसम्बर 2012 को बस में सामूहिक बलात्कार और युवती पर क्रूरतम अमानवीय प्रहार के बाद इस तरह के अपराध में कठोरतम दंड का प्रावधान हेतु कानूनों में संशोधन हेतु बनाई गई कमेटी के अध्यक्ष अपने संशोधन सुझाव एक माह के बाद ही दे दिये। इसमें महिलाओं और बच्चों के खिलाफ होने वाले अपराधों से संबंधित कानूनों और कानूनी प्रक्रिया में सुधार के सुझाव 23 जनवरी 2013 को दिए। समिति के अनुसार, बलात्कारी की आजीवन कारावास की सजा का अर्थ मृत्युपर्यंत कारावास होना चाहिए। उन्होंने बलात्कारियों के लिए मृत्युदंड का प्रावधान नहीं किया है। लेकिन भारत में सरकार मृत्युदंड देने का प्रावधान किया है। इस समिति ने सुरक्षा बलों के द्वारा महिलाओं के खिलाफ यौन अपराध करने पर 'सशस्त्र विशेषाधिकार कानून' (अफ्सपा) के तहत कोई छूट नहीं देने की भी सिफारिश की है।

सामूहिक बलात्कार के लिए समिति ने न्यूनतम 20 साल की कैद और बलात्कार और हत्या के लिए उम्र कैद की सिफारिश की है लेकिन मौत की सजा देने पर जिक्र नहीं किया। यदि पुलिस वाले या सरकारी नौकरी वाले द्वारा बलात्कार करने पर या पीड़िता को संकट की अवस्था में छोड़ देने पर अपराध करने वालों के लिए अपराध की नई श्रेणी बनाने पर जोर दिया है। इसमें महिलाओं को निर्वस्त्र करना, उनके निजी जीवन मे ताक झांक करना, उनका पीछा करना और उन्हें देह व्यापार में धकेलना आदि शामिल है। निर्मम बलात्कार की परिणति जब मौत में होती है तब आरोपी पर धारा (302) हत्या का अपराध लागू होता इसमें मौत की सजा की गुंजाइश बन सकती है। वर्मा ने कहा यदि शीर्ष अधिकारी अपने जिम्मेदारी सही तरह से करे तो अपराध टाले जा सकते हैं।

### Jacobinians | (जेकोबियन्स)

जेकोबियन्स 1789 व उसके आगे वर्षों की फ्रांसीसी क्रान्ति में मध्यमवर्ग का एक क्रान्तिकारी दल था। इस दल की प्रमुख लड़ाई एक ही राष्ट्रीय संसद की रचना करने के लिए थी जो लोगों की इच्छा को जनतांत्रिक ढंग से अभिव्यक्त करे तथा जो राज्य की प्रभुसत्ता का प्रतीक हो। फ्रांसीसी भी इस दल का यही मत है। फ्रांस के जेकोबियन राजनीतिज्ञ अर्द्ध स्वायत्तशासी क्षेत्रीय सरकार को अस्वीकार हैं तथा निर्णय लेने का अधिकार किसी अन्य संस्था को देने के पक्ष में नहीं है। वस्तुतः फ्रांस बड़े-बड़े मुद्दों पर नीतियों के केन्द्रीयकरण के लिए प्रसिद्ध है। राज्य क्रान्ति के समय (1793-95) में इस दल ने जिरांडिनों के हाथों से सत्ता छीनकर आतंक का शासन स्थापित करके नये गणतंत्र की रक्षा की गई। यह कुछ विशेष परिस्थितियों के प्रति अर्द्धव्यावहारिक, अर्द्धधर्मान्ध मस्तिष्क की सहज प्रतिक्रिया थी। इन्होंने अपनी मतान्धता में व्यापक नरसंहार किया। जुलाई 1794 में इनके नेता रोबस्पीयर की हत्या कर दी गई और उनके पतन के साथ ही इस आतंक के शासन का अन्त हो गया।

### Jaipur Declearation | जयपुर घोषणा

जयपुर में आयोजित कांग्रेस के तीन दिवसीय चिन्तन शिविर में मंथन के बाद पार्टी ने घोषणा पत्र जारी किया जिसे जयपुर घोषणा कहा गया। इस घोषणा-पत्र में उन चुनौतियों को शामिल किया गया है। जिन्हें आने वाले समय में सामना करना है। इस घोषणा पत्र में राजनीतिक उभरती हुई सामाजिक-आर्थिक चुनौतियां, महिला सशक्तिकरण तथा न्याय, भारत एवं विश्व और संगठनात्मक मुद्दों को शामिल किया गया। कांग्रेस पार्टी का चिन्तन शिविर और एआईसीसी की बैठक 20 जनवरी 2013 को जयपुर में सम्पन्न हुई यही जयपुर घोषणा पत्र को जारी किया गया।

### Japanese Diet | जापानी संसद

संविधान के अन्तर्गत जापान का द्विसदनीय विधायी निकाय है। इसके प्रथम सदन को हाउस ऑफ रिप्रेजेन्टेटिव्स तथा द्वितीय सदन को हाउस ऑफ काउन्सलर्स कहते हैं। जापान का मंत्रिमण्डल इसके निचले सदन के प्रति उत्तरदायी होता है तथा इसे कानून निर्माण करने व बजट पास करने तथा विदेशों से हुई संधियों का अनुमोदन करने के अधिकार होते हैं। परन्तु उच्च सदन की शक्तियां निचले सदन से बहुत कम हैं। डाइट के दोनों सदनों का संगठन जनप्रतिनिधि के सिद्धान्त के आधार पर किया जाता है। दोनों जापानी जनता का प्रतिनिधित्व करते हैं। दोनों का निर्वाचन वयस्क मताधिकार के आधार पर प्रत्यक्ष रूप से गुप्त मतदान प्रणाली के आधार पर होता है।

### Jingoism | युद्धप्रियता, उद्धत राष्ट्रवादिता

उग्र राष्ट्रवाद या उद्धत राष्ट्रवादिता से तात्पर्य यह है कि जिसमें विदेशनीति का प्रधान लक्षण, उद्देश्य पूर्ति के लिए युद्ध की तैयारी करना होता है। इस शब्द का प्रयोग सर्वप्रथम 1878 में हुआ था। जब

रूस के प्रति लार्ड बेकन्सफील्ड द्वारा ग्रेट ब्रिटेन की युद्ध प्रधान विदेश नीति का प्रतिपादन किया गया था। यह फ्रांसीसी उग्र राष्ट्रवाद का अधिक विकृत रूप है। यह एक ऐसी अंधभक्ति का द्योतक है जिसमें व्यक्ति मामूली से मामूली मामले में उत्तेजित किए जाने पर लड़ने-मरने को उतारू हो जाता है।

**Joint Command | संयुक्त कमान**

विश्व के किन्हीं दो या दो से अधिक राष्ट्रों द्वारा अपनी संयुक्त सेना के लिए बनाया गया कमान संयुक्त कमान कहलाता है। जिस प्रकार द्वितीय विश्वयुद्ध के दौरान लार्ड माउन्टबेटन ने अधीन मित्र राष्ट्रों की सेना के लिए गठित दक्षिण-पूर्व एशिया की संयुक्त कमान संभाली थी।

**Joint Communique | संयुक्त विज्ञप्ति**

जब एक देश का शासन अध्यक्ष या अन्य उच्चाधिकारी दूसरे राष्ट्र की यात्रा पर आता है तथा अपने समानांतर उच्चाधिकारी के साथ सामान्य हित के विषयों पर बातचीत करता है तो इस प्रकार उन दोनों की बातचीत का सारांश संयुक्त विज्ञप्ति के रूप में प्रकाशित किया जाता है। इस प्रकार यह कोई संधि नहीं होती बल्कि इसमें दोनों देशों के सुखद सम्बन्धों, विचारों और नीतियों की समानता के बारे में औपचारिक घोषणा होती है। कभी-कभी इसमें इतनी औपचारिकता तथा बनावट देखी जाती है कि उसको कोई अर्थ निकालना भी कठिन हो जाता है।

**Joint Declaration | संयुक्त घोषणा**

किसी राष्ट्र के दो या दो से अधिक राष्ट्रों द्वारा किसी समझौते की एक साथ घोषणा किए जाने की स्थिति को संयुक्त घोषणा कहते हैं।

**Joint Occupancy | संयुक्त संधारण, संयुक्त अधिभोग**

विश्व के किसी भी क्षेत्र या भूमि या वस्तु पर दो या दो से अधिक राष्ट्रों का आधिपत्य जिसे संयुक्त अधिभोग कहते हैं।

**Joint Resolution | संयुक्त संकल्प, संयुक्त प्रस्ताव**

किसी राष्ट्र का ऐसा संकल्प जो विधानमंडल के दोनों सदनों ने मिलकर पारित किया हो, जिसे संयुक्त संकल्प या संयुक्त प्रस्ताव कहते हैं।

**Joint Session | संयुक्त अधिवेशन**

किसी देश की व्यवस्थापिका सभा के दोनों सदनों का मिला-जुला अधिवेशन संयुक्त अधिवेशन कहलाता है। इंग्लैण्ड तथा अमेरिका में नव-निर्वाचित संसद के पहले अधिवेशन तथा वर्ष के प्रारंभ में संसद के दोनों सदनों के संयुक्त अधिवेशन में राज्याध्यक्ष भाषण देता है। भारत में दोनों सदनों के बीच किसी विधेयक पर मतभेद हो जाने के कारण या उसके समाधान के लिए "संयुक्त अधिवेशन" अनुच्छेद 108 के तहत बुलाया जाता है जिसकी अध्यक्षता लोकसभा अध्यक्ष करता है। इसे संयुक्त अधिवेशन की संज्ञा दी जाती है।

**Journal of Proceedings | कार्यवाही विवरणिका**

किसी देश में व्यवस्थापिका सभा की दैनिक कार्यवाही या किसी विमर्शकारी सदन या विवरण पत्रिका जिसे कार्यवाही विवरणिका कहते हैं।

**Judgement of Value | मूल्य-निर्णय**

समाज विज्ञान के अन्तर्गत निर्णय का वह प्रकार जो किसी वस्तु का तार्किक, नैतिक या सौंदर्य-शास्त्रीय मूल्यांकन करता है अर्थात् किसी बात को सत्य या असत्य, अच्छी या बुरी, सुन्दर या असुन्दर करने वाला निर्णय।

**Judicial Activism | न्यायिक सक्रियतावाद**

न्यायिक सक्रियतावाद से तात्पर्य न्यायिक निर्णयों में इस प्रकार की प्रवृत्ति जिसमें न्यायाधीश अपने निर्णयों द्वारा संकुचित या संकीर्ण कानून व्यवस्था की परिधि से बाहर जाकर, परन्तु भारतीय संविधान के अनुच्छेद 13 और 32 के अनुरूप लेकिन बिना वर्तमान कानून का उल्लंघन किए, वांछित सामाजिक सुधारों या उद्देश्यों की प्राप्ति का प्रयास करता है अर्थात् न्यायपालिका की वह प्रवृत्ति जिसमें सामाजिक और प्रशासनिक गतिविधियों को नियमित करने में विधायिका और कार्यपालिका से बढ़-चढ़कर भूमिका निभाने लगती है। भारत में न्यायिक सक्रियता लाने में उच्चतम न्यायालय के न्यायमूर्ति पी.एन. भगवती का मुख्य योगदान है जिसमें उन्होंने एक पत्र को आधार मानते हुए न्यायिक सक्रियता की शुरुआत की। 1990 का हवाला मामला, 2G मामला आदि में सर्वोच्च सी.बी.आई. से जाँच करवाई और तब अनेक मंत्रियों को केन्द्र और राज्य में इस्तीफा देना पड़ा।

**Judicial Power | न्यायिक शक्ति, न्यायिक अधिकार**

कानून द्वारा निर्धारित प्रक्रिया के अनुसार सभी प्रकार के मामलों और विवादों को सुनने, उनका निर्णय करने तथा विधि के मूल उपबंधों के अनुसार न्याय करने की न्यायालयों की शक्ति। इसे न्यायिक अधिकार कहते हैं।

**Judicial Procedure | न्यायिक प्रक्रिया, न्यायिक कार्यविधि**

किसी देश के न्यायालयों द्वारा न्याय प्रशासन में पालन की जाने वाली कार्य पद्धति या कार्य प्रणाली जिसे न्यायिक प्रक्रिया कहते हैं। प्रमुख रूप से इस कार्य पद्धति की स्थापना कानून द्वारा होती है। न्यायालय स्वयं आवश्यकतानुसार परन्तु विधि की परिधि रहते हुए इसमें इसमें संशोधन परिवर्द्धन कर सकते हैं।

**Judicial Responsibility Bill | न्यायिक जबावदेही विधेयक**

114वाँ संविधान संशोधन विधेयक, 2010 (अनुच्छेद 217 और 214 का संशोधन) को लोकसभा ने 29 मार्च 2012 को मंजूरी दे दी। यह विधेयक 2010 में पेश किया गया लेकिन इसे दिसंबर 2011 में नये संशोधनों के साथ सदन में लाया गया। इस संशोधन के अनुसार जजों को किसी पर भी सांविधानिक संस्था पर अवांछित टिप्पणी करने को न्यायिक कदाचार माना जाएगा। न्यायिक स्वतंत्रता के साथ जबावदेही तय करने का भी प्रावधान है। जजों के कदाचार को रोकने, उनकी अक्षमता की जाँच के लिए एक स्वतंत्र और विश्वसनीय तंत्र बनेगा। यह विधेयक स्वीकृति होने पर न्यायाधीश जाँच अधिनियम 1968 का स्थान लेगा।

**Judicial Review | न्यायिक पुनरीक्षण/न्यायिक समीक्षा**

विधियों की सांविधानिक परख न्यायालयों द्वारा करना न्यायिक पुनरावलोकन कहलाता है। लिखित संविधान के अन्तर्गत न्यायालयों विशेषतः उच्च तथा सर्वोच्च न्यायालयों की यह शक्ति कि वे

किसी कानून या शासन के आदेश को संविधान की दृष्टि से परख कर संविधान या उसको मूल चेतना के विरुद्ध घोषित कर सकते हैं जिससे वह रद्द हो जाता है। संयुक्त राज्य अमेरिका और भारत के न्यायालयों को यह शक्ति प्राप्त है। उदाहरण के लिए, भारत के सर्वोच्च न्यायालय में बैंक राष्ट्रीयकरण कानून और प्रिवीपर्स उन्मूलन को संविधान विरुद्ध घोषित किया गया था और इस स्थिति के लिए संसद को संविधान में संशोधन करना पड़ा। न्यायिक पुनरावलोकन अमेरिका की देन है। यह सिद्धान्त 1803 ई. में मारबरी बनाम मेडिसन विवाद में दिया गया। भारत में सर्वोच्च नागरिकों के मौलिक अधिकार के रक्षार्थ भी अनेक प्रकार के लेख (writs) जारी किये गये हैं। वह संविधान के अभिरक्षक का भी कार्य करता है 11 जनवरी 2007 के फैसला में यह उदाहरण देखा जा सकता है।

## Judicial Standard | न्यायिक मापदंड

न्यायपालिका के न्यायाधीशों द्वारा निष्पक्ष रूप से न्याय देने के मापदंड। हाल के वर्षों में सभी स्तरों के न्यायाधीश (जिला, उच्च न्यायालयों और सर्वोच्च न्यायालय) पर भ्रष्टाचार के भी आरोप लगते हैं। इससे न्यायपालिका का महत्व कम हुआ है, आमजन का विश्वास डगमगाया है। इसे रोकने के लिए न्यायिक मापदण्ड व उत्तरदायित्व विधेयक-2011 में प्रावधान किया गया है। न्यायाधीशों के विरुद्ध शिकायतों की जाँच के लिए एक पर्यवेक्षण समिति (National Oversight Committee) के गठन का भी प्रावधान है।

## Judicial Tribunal | न्यायिक अधिकरण

न्यायिक अधिकरण से तात्पर्य किसी विवादास्पद विषयों या मामलों पर विचार कर न्यायिक निर्णय देने वाला कानूनी निकाय होता है। 42वें संविधान संशोधन 1976 के द्वारा इन्दिरा गांधी सरकार द्वारा संविधान में भाग 14(क) में अनुच्छेद 323क जोड़कर न्यायिक अधिकरण स्थापना का प्रावधान किया।

## Judioiary | न्यायांग, न्यायपालिका

शासन का वह अंग जो विवादास्पद मामलों में कानून के अनुसार निर्णय देता है। ये मामले साधारण व्यक्तियों के बीच, सरकारी अभिकरणों के बीच या साधारण व्यक्तियों और सरकारी अभिकरणों के बीच पैदा हो सकते हैं और इनका चरित्र दीवानी या फौजदारी हो सकता है। भारत के संविधान के भाग 5 के अध्याय 4 में अनुच्छेद 124 से 147 तक संघ की न्यायपालिका का वर्णन किया गया है।

## Junta | शासक गुट

यह शब्द लैटिन भाषा के शब्द (Juncta) से बना है। इसका अर्थ है प्रशासनिक परिषद, विशेषतः इटली और स्पेन की। प्रचलित प्रयोग के अनुसार इस शब्द का प्रयोग ऐसे सत्तारूढ़ गुट के लिए होता है जिसने सैन्यबल या राजनीतिक तिकड़मबाजी से सत्ता हथिया ली हो तथा लोकतंत्रीय प्रक्रिया से प्राप्त न की हो। जहाँगीर के शासनकाल 1605-1626 में उसकी पत्नी नूरजहाँ तथा उसकी सास व ग्यासगबेग का एक गुट जो शासन पर अधिकार किए हुए था नूरजहाँ जुन्टाया या नूरजहाँ गुट कहलाया।

## Juristic Theory of the State | राज्य का विधिशास्त्रीय सिद्धान्त

यह सिद्धान्त विधिवेत्ताओं (Jurists) की देन है। इसमें राज्य को कानूनी चिन्तन की संकल्पना के रूप में देखा जाता है। इसके अनुसार राज्य एक कानूनी व्यक्ति है जिसका काम कानून का निर्माण

प्रवर्तन तथा कानूनी अधिकारों की रक्षा करना है। इस दृष्टि से राज्य ऐसा जनसमुदाय है जो एक प्रभुता सम्पन्न निगम के रूप में संगठित हो। इसकी एक सामूहिक इच्छा, अधिकार और हित है जो इसके सदस्यों के हितों की इच्छा, अधिकारों व हितों से अलग अस्तित्व रखते हैं। अन्य निगमों की तरह राज्य एक चिरस्थायी साहचर्य है।

### Jury | जूरी

उन गणमान्य व्यक्तियों का समूह जिन्हें किसी कानूनी मामले की जांच का काम सौंपा जाता है उनके समक्ष साक्ष्य के आधार पर उन्हें कानूनी निष्कर्ष निकालने होते हैं।

### Just Civil | सिविल विधि

सिविल कानून रोम का कानून या रोमन कानूनों से व्युत्पन्न कानून से बना है तथा ये व्यक्तियों पर लागू होने वाले राज्यकृत कानून हैं। जो प्राकृतिक कानून से भिन्न होते हैं। परंतु उनके प्रतिकूल नहीं।

### Just Natural | नैसर्गिक विधि, प्राकृतिक नियम

मनुष्य की बुद्धि तथा विवेक से उद्भूत यह नियम कानून जो संस्थापित विधि के अभाव में या उसके अतिरिक्त मानव स्वभाव तथा मानव आचरण और समाज पर स्वभावतः ही लागू होते हैं। इसका कारण यह है कि ये मानव प्रकृति के अनुरूप होते हैं। अतः इसे प्राकृतिक नियम या नैसर्गिक विधि कहते हैं।

### Just Sanguinis | रक्त सम्बन्धी नियम

रक्त संबंधी नियम वह होता है जिसके अन्तर्गत नागरिकता के निर्धारण का आधार व्यक्ति का जन्मस्थान न होकर उसके माता-पिता की नागरिकता से होता है।

### Just Soli | जन्मभूमि-सम्बन्धी नियम

जन्मभूमि-सम्बन्धी सिद्धान्त के अन्तर्गत बच्चे को नागरिकता उसी देश की प्राप्त होती है, जहाँ पर उसका जन्म हुआ हो। उदाहरण के लिए यदि ब्रिटिश नागरिक के पुत्र का जन्म अमेरिका में या अमेरिकी जहाज पर हो तो वह बच्चा जन्म-स्थान सिद्धान्त के अनुसार अमेरिका का नागरिक बन जाता है।

### Justice | न्याय

वह राजनीतिक मूल्य या मानदंड जिसके आधार पर मानवीय सम्बन्धों में उचित और अनुचित का निर्णय किया जाता है। वर्तमान में न्याय को ऐसी संकल्पना स्वीकार कर सकते हैं जिसका निर्माण जीवन के सामाजिक-आर्थिक-राजनीतिक यथार्थ को सामने रखकर किया गया हो। न्याय के कई प्रकार हैं।

1. *कानूनी-औपचारिक और प्राकृतिक न्याय (Legal-Formal Justice and Natural Justice):* जब दो पक्षों के परस्पर विरोधी दावों का फैसला करने के लिए प्रचलित कानून के अनुसार न्याय किया जाता है तब उसे कानूनी न्याय कहते हैं।

   कानूनी न्याय में कानून के प्रकट रूप को ही सबसे बड़ा प्रमाण माना जाता है और उसे निष्पक्ष भाव से लागू किया जाता है। इसलिए यह औपचारिक न्याय (Formal Justice) की श्रेणी में आता है। जहाँ कानून मौन या अस्पष्ट हो वहाँ न्यायाधीश प्राकृतिक न्याय का सहारा लेते हैं।

2. *सामाजिक, आर्थिक और राजनीतिक न्याय (Social, Economic and Political Justice):* सामाजिक जीवन में सब मनुष्यों की गरिमा (Dignity) स्वीकार की जाए। जाति, धर्म, वंश व लिंग के आधार पर कोई भेदभाव न बरता जाए, सामाजिक न्याय कहलाता है।
   उत्पादन की प्रक्रिया (Process of Production) में कोई व्यक्ति दूसरों के जीवन को नियन्त्रित करने और मनमानी शर्तों पर काम करवाने की शक्ति प्रदान न कर ले अर्थात् सबलोगों को अपनी-अपनी योग्यता व क्षमता के अनुसार काम और लाभ मिले, आर्थिक न्याय कहलाता है।
   सार्वजनिक नीतियाँ (Public Policies) निर्धारित करने की प्रक्रिया में सबको प्रत्यक्षतः हिस्सा लेने का अवसर और अधिकार प्राप्त हो, सत्ता प्राप्त करने का मार्ग सबके लिए खुला हो। राजनीतिक न्याय कहलाता है।
3. *प्रक्रियात्मक न्याय और तात्विक न्याय (Procedural Justice and Substantive Justice):* मूल्यवान वस्तुओं, सेवाओं, लाभों इत्यादि के आबंटन की प्रक्रिया या विधि-न्यायपूर्ण होनी चाहिए फिर किसे क्या मिलता है यह विवाद का विषय नहीं है। इसके प्रवर्तक हर्बर्ट स्पेन्सर, एफ.ए. हेयक, मिल्टन फ्रीडमैन और राबर्ट नॉजिक प्रक्रियात्मक न्याय के सिद्धान्त में विश्वास रखते हैं।
   इसके विपरीत तात्विक न्याय के समर्थक यह मानते हैं कि इन लाभों का वितरण (Distribution) न्यायपूर्ण होना चाहिए। इस लक्ष्य को ध्यान में रखते हुए इसकी प्रक्रिया में आवश्यक समायोजन किया जा सकता है। सी.वी. मेक्फरसन व जॉन राल्स इसके समर्थक हैं। इस प्रकार जहाँ तक भेदभाव किए जाने का उचित कारण न हो, वहाँ तक सभी के साथ समान व्यवहार करना न्याय कहलाता है। जॉन राल्स की पुस्तक थ्योरी ऑफ जस्टिस (1971) न्याय सिद्धान्त की प्रसिद्ध पुस्तक है।

## Justice in Indian Thought | भारतीय चिन्तन में न्याय

प्राचीन भारतीय राजनीतिक चिन्तक मनु, कौटिल्य, वृहस्पति, शुक्र, भारद्वाज और सोमदेव आदि ने राज्य की व्यवस्था में न्याय को महत्वपूर्ण माना है। उन लोगों ने न्याय को कानूनी धारणा को प्रतिपादित किया जो आधुनिक पश्चिमी विचारक ने वाद में वर्णित किया है। मनु ने विवादों की दो श्रेणियाँ बतायी जिसे अब दीवानी और फौजदारी कहा जाता है। कौटिल्य ने न्याय प्रणाली को राज्य का प्राण माना है। इससे प्रजा के जीवन तथा सम्पत्ति की रक्षा करना तथा असामाजिक तत्वों एवं अव्यवस्था उत्पन्न करने वाले व्यक्तियों को दंडित किया जाए। कौटिल्य अपने ग्रंथ 'अर्थशास्त्र' से धर्मस्थलीय तथा कण्टक शोधन दो न्यायालयों का वर्णन किया है जिसे अब दीवानी और फौजदारी न्यायालय कहा जाता है।

## Justiciable Rights | वाद-योग्य अधिकार

किसी भी देश के संविधान द्वारा नागरिकों को दिए गए मूल अधिकार जिसे प्राप्त करने के लिए न्यायालय की मदद ली जा सके। भारतीय संविधान के तृतीय खंड अनुच्छेद 12-35 में नागरिकों को समता, स्वतंत्रता, शिक्षा, संस्कृति, शोषण के विरुद्ध, धर्म और सांविधानिक उपचारों के मूल अधिकार दिए गए हैं। इन अधिकारों के उल्लंघन होने पर नागरिक न्यायालय की सहायता लेते हैं। न्यायपालिकाएँ नागरिकों के मूल अधिकार की रक्षा के लिए आदेश या लेख (Writes) भी निकालती हैं, जिनके अन्तर्गत बंदी प्रत्यक्षीकरण, परमादेश, प्रतिषेध, अधिकार-पृच्छा और उत्प्रेषण आदि लेख आते हैं। प्रायः सभी प्रजातांत्रिक देशों में नागरिकों को ये अधिकार प्राप्त हैं।

# K

**Kabir | कबीर ( 1398–1518 )**

बनारस के एकेश्वरवादी हिन्दी कवि जो भक्ति आन्दोलन के महान् व्याख्याताओं में से एक थे। उन्होंने सामाजिक और धार्मिक रुढ़ि का खंडन करके समता और गरीबों की सेवा को ही धर्म माना। अपनी पत्नी लोई और दो बच्चों के साथ कपड़ा बुनकर जीवन यापन करके एक गृहस्थ के साथ-साथ संत कवि भी थे। उनकी रचना दोहा और साखी जो 'बीजक' में मिलते हैं आज भी सामाजिक चेतना जागृति करती है। उन्होंने ईश्वर को सर्वव्यापी माना और मंदिर एवं मस्जिद से अलग उन्हें गरीब के कुटिया में देखा। उन्होंने हिंदू और मुस्लिम समाज में व्याप्त रुढ़ियों तथा जाति भेद-भाव का विरोध किया। अपने दोहों के द्वारा हिन्दू-मुस्लिम एकता का सन्देश दिया। उनके विचार आज गरीबों में मानवीय संवदेना और चेतना का संचार करती है।

**Kant, Immanual Kant (1724–1804) | ( कान्ट )**

इमेनुएल कान्ट एक जर्मन दार्शनिक था। राजनीति के क्षेत्र में वह प्रबोधन परम्परा (Enlightenment Tradition) का लेखक, रूसो का उत्तराधिकारी तथा हीगल का गुरु था। वह उदारवादी राजनीतिज्ञ था। उसकी मान्यता थी कि सभी नैतिक व राजनीतिक निर्णय सार्वभौमिक होने चाहिए अर्थात् इन्हें सभी के द्वारा मान्य होना चाहिए। इन्होंने मनुष्य की नैतिक स्वतन्त्रता की ओर संकेत किया जिससे राजनीतिक चिन्तन में आदर्शवाद की ओर रुझान पैदा हुआ।

**Kellogg-Briand Pact | केलॉग-ब्रियां समझौता**

27 अगस्त, 1928 को पेरिस में फ्रांस तथा संयुक्त राज्य अमेरिका के विदेश मंत्रियों ने एक संधि पर हस्ताक्षर किए जो इन दोनों देशों के विदेश मंत्रियों केलॉग और ब्रियां के नाम से प्रसिद्ध है। इसके अनुसार इन राष्ट्रों ने राष्ट्रीय-नीति के उपकरण के रूप में युद्ध का परित्याग करने की घोषणा की तथा अपने पारस्परिक विवादों को शांतिपूर्ण उपायों से तय करने का निश्चय किया। कालांतर में इस समझौते ने एक सार्वदेशीय संधि का रूप धारण कर लिया। जो विश्व के सभी देशों के लिए आवश्यक रूप से बाध्यकारी मानी जाती है। चाहे उन्होंने इस पर हस्ताक्षर किए हों या न किए हों। वर्तमान काल में इसे विश्व की विधिक या कानूनी व्यवस्था का एक अंग माना जाता है।

**Keynes, John Maynard Keynes (1883–1946) | ( कीन्स )**

कीन्स कैम्ब्रिज का अर्थशास्त्री था। उसने एक सिद्धान्त जिसे Keunesianism नाम से जाना जाता है, प्रतिपादित किया। उसने बताया कि सरकार किस तरह आर्थिक मंदी व तेजी को नियंत्रित कर सकती है। उसने बताया कि आर्थिक मन्दी के समय अर्थतंत्र में पैसा फेंककर लोगों की क्रयशक्ति को बढ़ाएँ तथा मुद्रास्फीति या महंगाई के समय करों में वृद्धि की जाए। इस तरह सरकार तेजी व मन्दी पर नियन्त्रण कर सकती है।

**Keynote Speech | नीतिदर्शक भाषण, मुख्य भाषण**

किसी देश में किसी सभा या सम्मेलन में प्रमुख विषय से संबंधित मुद्दों, सिद्धान्तों तथा नीतियों को स्पष्ट करने वाला भाषण नीतिदर्शक भाषण कहलाता है।

**Khruslchev, Nikita (1954–64) | (निकिता खुश्चेव)**

1954–64 तक सोवियत संघ का प्रधानमंत्री था। वह शीतयुद्ध की जगह शांतिपूर्ण सह-अस्तित्व का समर्थक था। वह कृषि विशेषज्ञ था। अतः वह कृषि सम्बन्धी मामलों को अधिक महत्व देने के पक्ष में था। उसने सोवियत रूस को क्यूबन मिसाइल संकट में उलझाया। यह उसके पतन का कारण बना। इसके अतिरिक्त 1964 में साम्यवादी दल ने उस पर रूस और चीन के बीच मतभेद बढ़ाने, आर्थिक सहयोग के पूर्व यूरोपीय संगठन COMECOM के काम के बिगाड़ने, कृषि क्षेत्र में अव्यवस्था फैलाने, अपनी व्यक्ति पूजा को प्रोत्साहित करने आदि के आरोप लगाये।

**King's Benoh | राजपीठ, राज न्यायपीठ**

राजपीठ ब्रिटिश उच्च न्यायालय की एक खंडपीठ है, जिसके क्षेत्राधिकार में मामलों की प्रारंभिक सुनवाई तथा पुनर्विचार दोनों आते हैं।

**King-in-Council | सपरिषद राजा**

ब्रिटिश शासन प्रणाली में राज्य व्यवस्था के सुचारु रूप से कार्य संचालन ब्रिटिश मंत्रिमण्डल के परामर्श से सम्राट के द्वारा किया जाता है। मंत्रिमण्डल प्रिवीकांउसिल का कार्यशाली भाग है। इसलिए शासनादेशों को औपचारिक रूप से "सपरिषद राजा" के आदेश कहा जाता है।

**King-in-Parliament | संसदस्थ राजा**

ब्रिटेन की शासन व्यवस्था में सम्राट को संसद का अभिन्न अंग माना जाता है। इस प्रकार से संसद का निर्माण सम्राट, कॉनसभा और लोर्डसभा से मिलकर होता है। चूंकि अंतिम निर्णय लेने का अधिकार संसद को है तथा संसद के समस्त निर्णयों की औपचारिक स्वीकृति सम्राट (राजा) द्वारा की जानी आवश्यक है, अतः इस व्यवस्था को "संसदस्थ राजा" कहा जाता है। किसी ओदश को तभी प्रभावी माना जाता है जब राजा या रानी के हस्ताक्षर के साथ सम्बन्धित मंत्री के प्रति हस्ताक्षर होने आवश्यक हैं।

**Kitchen Cabinet | निजी सलाहकार, अनौपचारिक सलाहकार : अन्तरंग मंत्रिमण्डल**

ब्रिटिश शासन व्यवस्था में सम्राट या राजा या शासनाध्यक्ष के निकटस्थ परिचित व्यक्ति या व्यक्तिसमूह जो सम्राट या शासनाध्यक्षों को अनौपचारिक रूप से परामर्श देते रहते हैं। उन्हें Kitchen Cabinet के नाम से संबोधित किया जाता है। जिसे निजी सलाहकार भी कहते हैं। अर्थात् शासनाध्यक्ष के अनौपचारिक परामर्शदाता जिनका उस पर आधिकारिक मंत्रिमण्डल की अपेक्षा अधिक प्रभाव माना जाता है। भारत में भी मंत्रिमंडल के महत्वपूर्ण एवं वरिष्ठ सदस्य जो प्रधानमंत्री के विश्वस्त होते हें और महत्वपूर्ण मुद्दों पर उन्हें सलाह देते हैं 'किचन कैबिनेट' के सदस्य कहे जाते है। यह कोई वैधानिक गुण नहीं है। अब वैधानिक रूप से महत्वपूर्ण निर्णय हेतु कैबिनेट सब कमेटी या मंत्रियों के समूह बनाये जाते हैं।

**Knenset | नैसेट**

इजरायल की संसद को नैसेट कहा जाता है। यह बहुदलीय विधानमण्डल है, जिसमें 120 सदस्य होते हैं। यह राष्ट्रपति का चुनाव करती है और मंत्रिमण्डल के कार्यकाल का अनुमोदन व नियंत्रण करती है।

**Komsomal | (कोम्सोमोल)**

कोम्सोमाल सोवियत संघ के साम्यवादी दल में युवकों का संगठन है। इस प्रकार इस संगठन के सदस्यों की आयु 16 से 23 वर्ष के बीच होती है। अतः इस संघ के सदस्यों को भी कोम्सोमाल कहा जाता है।

**Ku Kulx Klan | (कू क्लक्स क्लान)**

मूल कू क्लक्स एक गोपनीय संगठन था जो अमेरिकी गृहयुद्ध के बाद पुनर्निमाण काल में विशेष रूप से 1867 से 1870 तक की अवधि में अमेरिका के दक्षिणी राज्यों में सक्रिय रहा। अमेरिकी सरकार के गृहयुद्ध में सफलता प्राप्त करने के पश्चात् दक्षिणी राज्यों के प्रति कुछ आक्रामक रुख अपना लिया था। कू-क्लक्स क्लान का लक्ष्य इस दृष्टिकोण का विरोध करना था। कू-क्लक्स का प्रमुख उद्देश्य आतंकवाद, हिंसा और बल प्रदर्शन द्वारा काले लोगों को डरा-धमकाकर उन्हें गृहयुद्ध के उपरांत प्राप्त अधिकारों से वंचित करना तथा गोरों का प्रभुत्व स्वीकार करने के लिए विवश करना था। 1872 के बाद मूल कू क्लक्स प्रायः विघटित हो गया। आधुनिक कू-क्लक्स क्लान की स्थापना (1915) का श्रेय विलियम जे. सिमन्स को है। दक्षिण में "क्लान" का लक्ष्य लोगों के आचार-विचारों तथा धर्म का उन्नयन करना था। उत्तर में वह मुख्य रूप से बोल्शेविक विरोधी था। अपने उद्देश्यों की पूर्ति के लिए क्लान के सदस्य लोगों के अन्धविश्वासों का लाभ उठाकर हिंसा का प्रयोग तथा हत्याएं तक कर देते हैं। 1924 में क्लान की सदस्य संख्या 60 लाख हो गई व टैक्सास से एक सीनेटर चुनने में सफल हो गई।

**Kulak | सम्पन्न किसान**

यह शब्द मूलतः रूसी शब्द है जिसका अर्थ है: मुक्का। स्टालिन ने इस शब्द का प्रयोग उन सम्पन्न किसानों के लिए किया था जिनकी संपत्ति छीनकर सामूहिक कृषि व्यवस्था की नींव डाली गई थी। क्योंकि ये किसान सरकार के विरुद्ध मुक्का तानकर खड़े हुए थे, इन्हें 'कुलक' का खिताब दिया गया। बाद में चल कर इस शब्द का प्रचलन सम्पन्न किसानों के अर्थ में होने लगा।

**Kuomintang | (कुओमिन्टांग)**

कुओमिन्टांग, 1861 में सुनयात सेन द्वारा संस्थापित चीन का राष्ट्रवादी दल था। जो 1911 में चीनी क्रांति के बाद चीन से राजतंत्र समाप्त कर वहाँ गणतंत्र स्थापित करने में सफल हुआ। इस गणतंत्र के प्रथम राष्ट्रपति सनयात सेन बने जिन्हें चीनी गणतंत्र का राष्ट्रपिता माना जाता है। सन् 1925 में इस दल का नेतृत्व च्यांग-काई-शेक के हाथों में आ गया और 1948 में साम्यवादियों ने च्यांग-काई-शेक को अपदस्थ कर राज्यसत्ता अपने हाथों में ले ली तथा 1 अक्टूबर 1949 से माओत्सेतुंग के नेतृत्व में चीन में साम्यवादी सरकार बनी। राष्ट्रवादी सरकार भाग कर फारमोसा द्वीप चली गई तथा वहीं से अपनी गतिविधियों को चलाने लगी।

# L

### Labour Party | मजदूर दल

ब्रिटिश लेबर पार्टी का विकास मजदूर संगठनों की समिति (1900) एवं मजदूर संगठन और समाजवादी संगठन के रूप में हुआ। 1906 के चुनाव में मजदूर प्रतिनिधि समिति को हाउस ऑफ कॉमन्स में कुछ स्थान मिला जिसका नाम मजदूर दल नाम रखा। सर्वप्रथम 1922 में विरोधी दल के रूप में सरकारी मान्यता मिली। लिबरल दल का महत्व गिरने से इसका विकास हुआ। कुछ समय के लिए 1924-31 में अल्पमत सरकार में रहने के बाद 1945-50 में ब्रिटेन में लेबर पार्टी की सरकार रही। इस दौरान राष्ट्रीयकरण एवं अन्य सुधारवादी जनहितकारी कार्य किए। आठवें दशक के बाद कन्जरवेटिव पार्टी ने पुनः अपना प्रभाव बढ़ाया। फलतः लेबर पार्टी का पराभाव हुआ।

### Labour Power | श्रम शक्ति

श्रम करने की क्षमता, मानव प्राणियों को मानसिक तथा शारीरिक क्षमताएँ जो उत्पादन की प्रक्रिया में काम आती है। श्रम को किया गया कार्य होता है।

### Lahor Declaration | लाहौर घोषणा

19 फरवरी, 1999 को भारतीय प्रधानमंत्री अटलबिहारी वाजपेयी ने दिल्ली-लाहौर बस सेवा के उद्घाटन अवसर पर लाहौर की यात्रा करके ऐतिहासिक पहल की। दोनों देशों के प्रधानमंत्रियों वाजपेयी एवं नवाज शरीफ के बीच लाहौर घोषणा पत्र पर हस्ताक्षर हुए तथा निम्न घोषणाएँ की गईः

1. दोनों राष्ट्र सभी प्रकार के आतंकवाद की निन्दा करते हैं तथा इसे दूर करने का प्रयत्न करेंगे।
2. कश्मीर विवाद को दोनों देश शिमला समझौते के तहत मिलकर सुलझायेंगे।
3. दोनों देश शिमला समझौते को मूर्त रूप देने के लिए तत्पर हैं।
4. दोनों देश परमाणु टकराव का खतरा कम करने पर सहमत।
5. भविष्य में परमाणु परीक्षण नहीं करने पर जोर।
6. वीजा एवं यात्रा सम्बन्धी प्रावधानों का सरलीकरण।

### Laisser Faire | अहस्तक्षेप नीति

एक आर्थिक दार्शनिक नीति जिसके अनुसार सरकार को आर्थिक मामलों पर कोई नियंत्रण नहीं रखना चाहिए। मूलतः यह एक फ्रांसीसी शब्द है जिसका अर्थ हैः "अकेले छोड़ दो"। यह व्यक्तिवाद का आरम्भिक नारा था जिसने खुले बाजार की अर्थव्यवस्था को सर्वोत्तम माना। यह सिद्धान्त बाजार की गतिविधियों को पूर्ण स्वतंत्रता देने के पक्ष में है। यह इस विश्वास को व्यक्त करता है कि उद्योग-व्यापार को सरकारी हस्तक्षेप से मुक्त रखना चाहिए। इसमें सम्पत्ति के अधिकार को व्यक्ति की स्वतंत्रता का अभिन्न अंग माना जाता है। इस सिद्धान्त ने राज्य को एक आवश्यक

बुराई (Necessary Evil) के रूप में स्वीकार किया है। ऐसा वह इसलिए मानता है कि राज्य व्यक्ति की स्वतंत्रता पर प्रतिबंध लगाता है, परन्तु व्यक्ति की स्वतंत्रता की रक्षा के लिए यह आवश्यक भी है। एडम स्मिथ इस नीति का प्रबल समर्थक था जो मुक्त बाजार प्रणाली और आर्थिक मामलों में सरकार की ओर से अल्पतम हस्तक्षेप के समर्थक थे। इससे उनकी व्यक्तिगत खुशहाली बढ़ेगी और राज्य की समृद्धि भी बढ़ेगी। ये विचारक कहते हैं कि व्यक्ति अपने हितों का स्वयं अच्छा निर्णायक है। वह अपने बारे में अच्छे से अच्छा निर्णय ले सकता है। इसलिए आर्थिक मामलों में राज्य को व्यक्ति को खुला छोड़ देना चाहिए।

**Laissez Passer | निःशुल्क सीमा-प्रवेश पत्र**

किसी देश के राजनीतिक व्यवहार के अन्तर्गत, वह आधिकारिक पत्र जिसमें राजनयिक प्रतिनिधि या कर्मचारी को दूसरे राज्य में अर्थात् जहाँ उसे कार्य करना है, वहाँ पर अपना माल असबाब निःशुल्क ले जाने की अनुमति दी जाती है। इस प्रकार की सुविधा प्रायः सामान्य नागरिकों को उपलब्ध नहीं होती।

**Lame Duok Amendment | लेम-डक संशोधन**

संयुक्त राज्य अमेरिका के संविधान में 1933 में किया गया 20वां संशोधन। इसके द्वारा राष्ट्रपति के चुनाव और कांग्रेस के चुनाव के समय के बीच का अन्तराल कम किया गया (नवम्बर) इसे, लेम-डक संशोधन कहा गया। इस संशोधन के बाद नव निर्वाचित राष्ट्रपति मार्च के स्थान पर जनवरी से ही कार्यभार ग्रहण करने लगे। पहले कार्यभार ग्रहण करने के ज्यादा अन्तराल को डेम-डक माना गया। अब भी कुछ अन्तराल है। अब भी राष्ट्रीय समस्याओं के हल में राष्ट्रपति एवं राजनीतिक दल के बदलने से खतरा मौजूद है।

**Land Acquisition | भूमि अधिग्रहण**

सरकार के द्वारा सार्वजनिक प्रयोजन भूमि हेतु भूमि का अधिग्रहण किया जाना। इसमें सरकारी कार्यालय, बांध, अस्पताल, स्कूल, नहर, यातायात और उद्योग आदि के लिए सरकार द्वारा कम मुआवजा पर जमीन किसानों से लिया जाता रहा है। किसान को समय पर मुआवजा नहीं मिलता और यदि मिलता भी है तो बहुत कम जिसे किसान खर्च करके मजदूरी करने को बाध्य हो जाते। 1990 के बाद नये आर्थिक क्षेत्र (सेज) के नाम पर सशक्त और हिंसात्मक विरोध भी हुा। अब नये प्रयोजन को परिभाषित करने, मुआवजे की दर, सिंचित और दो-तीन फसल देने वाली जमीन का अधिग्रहण नहीं करने, परियोजना के न्यूनतम आवश्यक भूमि का आँकलन आदि कई प्रावधान बनाने की चर्चा है।

**Land, Revenue Settlement | भूमि राजस्व बंदोवस्त**

देश के विभिन्न भागों में अंग्रेजी शासन की स्थापना के बाद गवर्नर जनरल लार्ड कार्नवालिस के द्वारा 1793 में स्थायी बन्दोबस्ती के तहत एक नई राजस्व प्रणाली शुरू की गई। सरकार के द्वारा भूसर्वेक्षण करवाकर प्रत्येक भूखंड में उत्पन्न की जाने वाली फसल पर राजस्व निर्धारण किया गया। यह भूखंड चाहे किसी किसान के अधिकार में या महल अथवा 'राजस्व ग्राम' या फिर किसी जमींदार के अधिकार में रहा हो। भारत में तीन प्रकार की राजस्व व्यवस्थाएँ लागू की गई थी। (क) स्थायी बंदोबस्त या जमींदारी व्यवस्था - इससे वफादार और संघर्षी जमींदार वर्ग बनाया गया (ख) किसानों के साथ व्यक्तिगत आधार पर राजस्व निर्धारण 'रैयतवाड़ी व्यवस्था' और (ग) पूरे राजस्व ग्राम (महववाड़ी व्यवस्था)।

**Landsgiemneinde | प्रारम्भिक सभाएँ**

स्विट्जरलैण्ड के कुछ कैंटनों में प्राचीनकाल से चली आ रही जनसभाएँ जो विधानमंडल नहीं है। 20 वर्ष से ऊपर, कैन्टन के सभी वयस्क नागरिक भाग लेते हैं तथा जो वहाँ के विधानमण्डल के समकक्ष है। यह प्रत्यक्ष लोकतंत्र का विशुद्धतम नमूना है। इस प्रकार से यह व्यवस्था इस समय एक कैंटन (ग्लैरस) एवं चार अर्द्ध कैंटनों (एपैजल इनर रोइस, एपैजन आउट-रोड्स, ऑबबाल्डेने, निडवालड़ने) में प्रमुख रूप से प्रचलित है। लैण्डसजीमेन्डस् में नागरिक एक स्थान पर एकत्रित होकर आवश्यकतानुसार विधियों का प्रारूप रखते हैं। इस सभा में अगले वर्ष के प्रशासनिक कार्य करने हेतु एक कार्यकारिणी परिषद चुनी जाती है जिसे लैण्डस्मैन कहा जाता है।

**Language Groups | भाषायी समूह**

बड़े समुदाय के अन्तर्गत वह छोटा समुदाय जिसकी बड़े समुदाय की भाषा से भिन्न अपनी विशिष्ट भाषा हो और अपनी इस विशिष्ट भाषा के कारण पृथक सत्ता का भान (अहसास) हो। भाषा समूह राजनीति में बड़े महत्व के होते हैं। भाषा, धर्म तथा वर्ग के पश्चात्, आपसी संघर्ष का प्रधान कारण होती है। भाषाएँ राष्ट्रीय एकता में भी बाधक होती हैं। ब्रिटेन, कनाडा, बेल्जियम, नार्वे, स्वीडन, फ्रांस तथा सोवियत रूस में राजनीतिक आन्दोलनों या संघर्षों के पीछे भाषा समूहों की महती भूमिका रही है। तीसरी दुनिया के देशों में भी राष्ट्रीय एकता के प्रयासों में भाषावाद ने बाधा डाली है। अतः भाषा-समूहों का राजनीति में बड़ा महत्वपूर्ण स्थान है। अनुच्छेद 29 में भाषायी अल्पसंख्यकों को अपनी संस्कृति व भाषा लिपि को बनाए रखने का अधिकार है। अनुच्छेद 30 अल्पसंख्यकों को अपनी पसन्द की शिक्षण संस्था के गठन का अधिकार।

**Larger Social Unity | व्यापक सामाजिक एकता**

किसी क्षेत्र में निवास करने वालों में समान लाभ के लिए एक सा अतीत, क्षेत्र, भाषा, नस्ल, धर्म, आर्थिक हित, त्याग, निष्ठा और शौर्य-वीरता का अनुभव करते हुए भविष्य के लिए काम करने की भावना।

**Laski, H.J. | एच.जे. लास्की ( 1893-1950 )**

प्रसिद्ध अंग्रेजी चिन्तक हेराल्ड जे.लास्की ने राज्य के उदारवादी सिद्धान्त की व्याख्या की। लॉस्की ने राज्य के कल्याणकारी कार्यों को विशेष महत्व दिया। उसने तर्क दिया कि समाज में सम्पदा अर्जित करने पर कोई प्रतिबन्ध नहीं होना चाहिए, लेकिन सम्पन्न वर्गों पर भार कर लगाकर आर्थिक विषमताओं को कम किया जाना चाहिए। 'ए ग्रामर ऑफ पॉलिटिक्स' (राजनीति के मूल तत्व) (1938) में कहा सम्पत्ति का अधिकार मनुष्य को श्रम की प्रेरणा देता है। मनुष्य को अपनी योग्यता व परिश्रम का पुरस्कार सम्पति के रूप में ही तो मिलता है। सम्पत्ति उन गुणों का पोषण करती है जो समाज के लिए सर्वथा आवश्यक है। यह लोकतान्त्रिक समाजवाद के समर्थक रहे।

लॉस्की 'अधिकारों के बारे में कहता है कि किसी भी राज्य की पहचान उन अधिकारों से होती है जिन्हें वह कायम रखता है।'

लॉस्की 'द स्टेट इन थ्योरी एंड प्रेक्टिस' (राज्य का सिद्धान्त और व्यवहार) (1935) में संप्रभुता के बहुलवादी सिद्धान्त को मान्यता प्रदान करते हैं।

लॉस्की ने 'अथॉरिटी इन द मॉडर्न स्टेट' (आधुनिक राज्य में सत्ता का स्वरूप) (1919), 'द फाउन्डेशंस ऑफ सॉवरेन्टी' (प्रभुसत्ता के आधार तत्व) (1922) 'एन इन्ट्रोडक्शन टू पॉलिटिक्स' (राजनीति की प्रस्तावना) (1931) पुस्तकों की रचना की है।

## Law | कानून/विधि/नियम

कानून सर्वमान्य तथा अनिवार्य नियमों की वह व्यवस्था है जो नागरिकों के व्यवहार को नियंत्रित करती है। दूसरे शब्दों में निर्दिष्ट स्थितियों में समान रूप से लागू होने वाली बातों को नियम व कानून कहते हैं। यह दो प्रकार के होते हैं: वर्णनात्मक और आदेशात्मक। प्राकृतिक विज्ञानों तथा सामाजिक विज्ञानों में वर्णनात्मक नियम कार्य कारण के सम्बन्ध को सूचित करते हैं: जैसे भौतिकी में गुरुत्वाकर्षण नियम या अर्थशास्त्र में ह्रासमान प्रतिफल का नियम (Law of Diminishing Returns)। आदेशात्मक नियम या कानून किसी राज्य या संगठन के द्वारा सोच-विचार कर बनाए जाते हैं और उनके सदस्यों को उनका पालन करना होता है।

सालमण्ड "कानून नियमों का वह समूह है जिसे राज्य मान्यता देता है और न्याय व्यवस्था को प्रशासन में लागू करता है।"

हॉलैण्ड "आचरण के उन समस्त नियमों को कानून कहते हैं जो मनुष्य के बाहरी आचरण से सम्बन्धित होते हैं और जिन्हें एक निश्चित सत्ता लागू करती है। यह निश्चित सत्ता राजनीतिक क्षेत्र की मानवीय सत्ताओं में सर्वोच्च होती है।" ऑक्सफोर्ड शब्दकोश में कहा गया है "सत्ता द्वारा आरोपित आचार व्यवहार के नियम कानून कहलाते हैं।"

संक्षेप में यह कहा जा सकता है कि विधि अथवा कानून मानवीय आचरण के उन नियमों के द्योतक हैं जिन्हें राज्य के सारे सदस्य या सम्बद्ध पक्ष अपने लिए बाध्यकारी मानते हैं। उनकी इस मान्यता के अनेक कारण होते हैं। जैसे प्रथमत: ये नियम सभी पर समान रूप से लागू होते हैं और इनका पालन सर्वत्र किया जाता है। द्वितीयत: इनका पालन न करने वाले को दण्ड दिया जाता है, तृतीयत: इनकी व्याख्या और प्रयोग के लिए निश्चित प्रक्रिया का अनुसरण किया जाता है, और चतुर्थत: ये नियम किसी उचित साध्य की सिद्धि करते हैं।

हॉलैण्ड ने अपनी पुस्तक 'एलीमेन्ट्स ऑफ ज्यूरिस्प्रूडेंस' (न्यायशास्त्र के मूल तत्व) के अन्तर्गत कानून के छह स्त्रोतों (Sources) का उल्लेख किया है। ये हैं रीति रिवाज, (Customs), धर्म, वैज्ञानिक टीकाएं, न्यायिक निर्णय, साम्य (Equity) और विधि निर्माण।

## Law and Order | कानून एवं व्यवस्था

कानून एवं व्यवस्था समाज की उस स्थिति की ओर संकेत करती है जिसमें क्रिमिनल एवं सिविल लॉ की एक नियमित प्रक्रिया होती है तथा जिसमें कुछ अभिकरण जैसे पुलिस देश में शांति कायम रखने के लिए उत्तरदायी होती है। यह स्थिति राज्य के लिए आधारभूत और आवश्यकता मानी जाती है क्योंकि बिना इसके सभ्य समाज, राजनीतिक स्वतंत्रता एवं नागरिक स्वतंत्रता असंभव होती है। कानून एवं व्यवस्था अपराध एवं जंगलीपन को कम करने के लिए जरूरी होते हैं। अत: इनका सम्बन्ध पुलिस दण्ड से होता है। लोकतंत्र में ये दोनों चुनाव के मुद्दे बनते हैं। 1979 में इंग्लैण्ड के कंजरवेटिव दल के अभियान ने इसी मुद्दे पर बहुत जोर दिया था।

## Law Commission | विधि आयोग

व्यावसायिक प्रणाली में सुधार के लिए गठित आयोग केन्द्रीय मंत्रिमंडल द्वारा 19वें विधि आयोग का गठन 1 सितम्बर 2009 को 3 वर्षो के लिए किया गया। 18 आयोगों के द्वारा न्यायिक सुधार के लिए 234 रिपोर्ट प्रस्तुत की गई जिन्हें संसद के पटल पर प्रस्तुत किया जाता है। विधि आयोग को वैधानिक निकाय बनाने का भारत सरकार प्रयास कर रही है।

**Law Courts | न्यायालय**

किसी देश में विवादों के निपटारे के लिए देश के न्यायांग के अन्तर्गत स्थापित निकाय या अधिकरण जहाँ विवादास्पद मामलों की सुनवाई होती है तथा देश के न्याय विधान के अनुसार निर्णय दिए जाते हैं, जिसे न्यायालय कहते हैं।

**Law Giver | विधि निर्माता, स्मृतिकार**

किसी देश के राज्य तथा सामाजिक व्यवस्था को सुव्यवस्थित रखने की दृष्टि से विधि का प्रतिपादन करने वाले मनीषी। इतिहास में कुछ मूल कानून निर्माताओं तथा विधि-संस्थापकों के नाम प्रख्यात रहे हैं। जैसे: भारत में मनु तथा रोम में सोलीन, जिन्हें विधि निर्माता तथा स्मृतिकार कहते हैं। डॉ. भीमराव अम्बेडकर को भारतीय संविधान के शिल्पकार (Maker) होने का गौरव प्राप्त है इसलिए इन्हें आधुनिक भारत का मनु भी कहा जाता है।

**Leader of the House | सदन का नेता**

किसी देश की सरकार में सत्तारूढ़ दल का वह सदस्य जो अपने दल की ओर से सदन की कार्यवाही एवं कार्यक्रम और अनुशासन के लिए उत्तरदायी होता है तथा औपचारिक अवसरों पर पूरे सदन की ओर से भाव व्यक्त करता है। प्राय: देखने में आता है कि प्रधानमंत्री ही सदन का नेता होता है। भारत में यही परंपरा बन गई है। इंग्लैण्ड में भी प्रारंभ में ऐसी ही परंपरा थी परन्तु वहाँ अब सत्तारूढ़ दल अपने किसी वरिष्ठ सदस्य को इस पद के लिए मनोनीत करता है। भारत में लोकसभा तथा राज्यसभा दोनों सदनों के अलग-अलग नेता होते हैं। इसका कार्य है सदन में व्यवस्था बनाना, सदन के कार्यक्रम तय करना, सरकारी नीतियों का मसौदा सदन में रखना, दर्शकों को नियन्त्रित करना।

**Leader of the Opposition | विपक्षी नेता, विरोधी दल का नेता**

किसी देश की शासन प्रणाली में सत्तारूढ़ दल के अतिरिक्त अन्य दलों में सर्वाधिक सदस्यों वाले राजनीतिक दल का नेता बशर्ते कि उसके दल को सदन के नियमों के अनुसार दल के रूप में मान्यता प्राप्त हो। इस पद की संकल्पना ब्रिटिश संसदीय प्रणाली की देन है। ब्रिटेन में प्रमुख रूपसे विपक्षी नेता को अनौपचारिक रूप से छायाकार प्रधानमंत्री कहा जाता है। भारतीय संसद में सर्वप्रथम जनता पार्टी सरकार द्वारा 1977 में कांग्रेस दल के नेता यशवंतराव चौहान को विधिवत विपक्षी नेता के रूप में मान्यता दी गई थी। विपक्ष के नेता को सत्ता पक्ष की तरह ही वेतन-भत्तों का प्रावधान है।

**Leadership | नेतृत्व**

जनता का नेता व अगुआ बनने के लिए एक व्यक्ति में कई सामान्य और स्वाभाविक गुणों का होना आवश्यक है। स्थूल अर्थ में स्वस्थ, परिश्रमी, कल्पनाशील, दूरदर्शी, उत्साही, समूह के प्रति श्रद्धावान तथा जनता की प्रवृत्तियों से अच्छी तरह परिचित होना चाहिए। उसकी बुद्धि बहुत तीव्र होनी चाहिए। उसमें यह जिज्ञासा होनी चाहिए कि जनता का समर्थन किस प्रकार प्राप्त किया जा सकता है क्योंकि जनता का समर्थन हटते ही उसका नेतृत्व समाप्त हो जाता है। कुशल नेतृत्व वाले नेता प्रेम, सहानुभूति, सहायता, नमनीयता तथा सामाजिक बुद्धिमत्ता का परिचय देते हुए सदैव इस बात को ध्यान में रखता है कि जन समूह किस दिशा में चल रहा है तथा क्या चाहता है। वे सामाजिक रूप से अतिसंवेदनशील होते हैं और सावधानीपूर्वक सामाजिक घटनाओं को अपने पक्ष में लाने के लिए सतत प्रयत्नशील रहते हैं।

प्रशासन में नेतृत्व की अत्यन्त महत्वपूर्ण भूमिका है। किसी प्रशासनिक संगठन की सफलता या विफलता नेतृत्व के गुण का ही निर्धारण करती है। पीटर ड्रेकर ने कहा है कि प्रशासक जो प्रशासन में नेता के रूप में अपनी भूमिका अदा करते हैं, एक प्रशासनिक संगठन के मूल परन्तु दुर्लभ साधन होते हैं।

नेतृत्व का मुख्य कार्य वांछित लक्ष्यों की प्राप्ति की दिशा में किसी समूह के प्रयत्नों एवं मनोवृत्तियों को निर्देशित करना एवं एक सूत्र में पिरोना है। मूलतः एक नेता का कार्य व्यक्ति के कार्यों तथा मानवीय सम्बन्धों पर विशेष ध्यान देना है। कोई भी संगठनात्मक इकाई बिना नेतृत्व के प्रभावी नहीं हो सकती है। नेतृत्व एक गतिशील तत्व है। यह एक ऐसा संयोजनकारी घटक है जो सदस्यों को एक साथ मिलकर रहने के लिए प्रेरित करता है।

आर्डवे टीड "नेतृत्व उन गुणों के संयोग का नाम है, जिनको रखने पर कोई व्यक्ति अन्य व्यक्तियों से काम लेने के योग्य होता है। विशेषकर उसके प्रभाव द्वारा अन्य लोग स्वेच्छा से कार्य करने के लिए तैयार हो जाते हैं।"

(1) अनुयायियों को एकत्रित करना, (2) आचरण एवं व्यवहार को प्रभावित करना, (3) पारस्परिक सम्बन्ध, (4) सामूहिक लक्ष्य

ओहियो स्टेट विश्वविद्यालय ने नेतृत्व को 5 वर्गों में रखा है।

1. नौकरशाह (The Bureaucrat)
2. तानाशाह या अधिनायक (The Autocrat)
3. कूटनीतिज्ञ (The Diplomat)
4. विशेषज्ञ (The Expert)
5. सहभागी (The Quarter-back)

सामान्य नेतृत्व सामूहिक एवं व्यक्तिगत दो रूपों में दिखाई देता है।

## League of Nation | राष्ट्र संघ

18 जनवरी 1919 में पेरिस सम्मेलन (फ्रांस) (प्रथम विश्व में पराजित राष्ट्रों के साथ सन्धियाँ करने हेतु) आरम्भ हुआ तो अमेरिकी राष्ट्रपति बुडरो विलसन की अध्यक्षता में राष्ट्र संघ का विधान तैयार किया जाने लगा। 3 फरवरी 1919 को योजनाओं को मिलाकर राष्ट्र संघ की रूपरेखा तैयार की गई। 14 फरवरी को प्रस्ताव आम सम्मेलन की सभा में पेश किया। कुछ संशोधनों के साथ 10 जनवरी 1920 को राष्ट्र संघ अस्तित्व में आया। इसके प्रारूप में 26 धाराएँ थीं तथा इस पर हस्ताक्षर करने वाले 30 मित्र राष्ट्र व 14 तटस्थ राष्ट्र थे, पराजित राष्ट्रों को प्रवेश नहीं दिया गया। इसका उद्देश्य अन्तर्राष्ट्रीय शान्ति एवं सुरक्षा की स्थापना करना था। राष्ट्र संघ के चार प्रमुख अंग थे।

1. *साधारण सभा (General Assembly):* इसमें सभी सदस्य शामिल थे। प्रत्येक देश का एक मत माना जाता था। निर्णय सर्वसम्मति से लिए जाते थे। इसका मुख्य कार्य व्यवस्थापिका सम्बन्धी था।
2. *परिषद (Council):* इसमें दो प्रकार के सदस्य थे। 1920 में 4 स्थायी सदस्य (इंग्लैण्ड, फ्रांस, जापान, इटली) तथा अस्थायी सदस्य थे। 1939 में केवल इंग्लैण्ड व फ्रांस दो स्थायी सदस्य ही रह गए थे।
3. *सचिवालय (Secretariat):* इसका प्रधान महासचिव होता था। इसका कार्य सभा एवं परिषद के लिए विचारणीय विषयों की सूची तैयार करना था।
4. *अन्तर्राष्ट्रीय न्यायालय (International Court of Justice):* राष्ट्र संघ का प्रमुख कार्य शांति स्थापित करना था। इस उद्देश्य से हॉलैण्ड के हेग नगर में युद्ध अपराधियों को दण्ड देने के

लिए स्थायी अन्तर्राष्ट्रीय न्यायालय की स्थापना 11 अप्रैल 1919 को की गई। इसमें एक मुख्य न्यायाधीश सहित 4 अन्य न्यायाधीश 9 वर्ष के लिए चुने जाते थे। निर्णय बहुमत से होता था। राष्ट्र संघ की स्थापना में महत्वपूर्ण भूमिका निभाने वाले अमेरिका के राष्ट्रपति विल्सन इस संगठन का सदस्य अपने देश को नहीं बना सके। अमेरिका का 'सीनेट' ने इसे स्वीकृति प्रदान नहीं किया। इससे राष्ट्र संघ की शुरुआत ही कमजोर रहा। जर्मनी के तानाशाह हिटलर और इटली के मुसोलिनी के बढ़ते युद्ध उन्माद ने यूरोप की शांति को भंग कर दिया और द्वितीय विश्वयुद्ध के शुरू होते ही राष्ट्रसंघ मृत्युप्राय हो गया। 1945 में संयुक्त राष्ट्र संघ की स्थापना के समय इसे उसमें समाहित कर लिया गया।

**Left and Right | वामपंथी और दक्षिणपंथी**

एक-दूसरे से विपरीत राजनीतिक विचारधारा जो फ्रांस की क्रांति के समय से प्रचलित हुई। वामपंथी द्रुतगामी सामाजिक और आर्थिक परिवर्तन, क्रांति और सुधार, सामाजिक, आर्थिक समानता और आर्थिक क्षेत्र में राज्य का हस्तक्षेप के पक्षधर और साम्राज्यवाद, उपनिवेशवाद की विरोधी राजनीतिक विधारधारा रखते हैं। यह शब्द समाजवादियों और साम्यवादियों के लिए प्रयुक्त दक्षिणपंथी सामाजिक, आर्थिक विषमता को प्रकृति प्रदत्त मानते हैं। राष्ट्रवाद, परम्परा, मजबूत राष्ट्रीय सरकार, कम से कम राज्य का आर्थिक क्षेत्र में हस्तक्षेप के पक्षधर कन्जरवेटिव से फासीवादी विचारकों को दक्षिणपंथी कहा जाता है। नये वामपंथी विचारों से छात्र एवं युवा असंतोष का विकास हुआ। इन शब्दों के द्वारा राजनीतिक दलों एवं नेताओं को पुकारा जाता है। आजादी के समय भारत में पं. नेहरू, जयप्रकाश नारायण, लोहिया वामपंथी दल के नेता माने जाते थे। पटेल, राजेन्द्र प्रसाद, साम्यवादी दलों एवं जनता दल को वामपंथी दल माना जाता है।

**Leftist | वामपंथी**

व्यावहारिक राजनीति में वह व्यक्ति या दल जो कानून, सरकारी नीतियों और न्याय व्यवस्था में शोषित वर्ग के हितों को प्रधानता देने के पक्ष में हो। इस शब्द का प्रयोग प्रतिनिधि सदन की एक प्रथा से हुआ है। जहाँ गणतंत्रवादी (Republicans), समाजवादी (Socialists) और साम्यवादी (Communists) सदस्य सभाध्यक्ष की बाईं ओर बैठते थे। अत: विश्व के अन्य देशों में भी इस प्रकार की विचारधारा वाले लोगों को वामपंथी कहा जाने लगा। इसके विपरीत अन्य विरोधी दलों को दक्षिण पंथी (Rightis) कहा जाने लगा।

**Legal Aid | विधिक सहायता**

भारतीय संविधान के अनुच्छेद 14 के अन्तर्गत राज्य किसी भी व्यक्ति को कानून के सम्मुख समानता अथवा कानून के समान संरक्षण से वंचित नहीं रख सकता। कोई व्यक्ति आर्थिक अथवा आय की अयोग्यताओं के कारण न्यास से वंचित नहीं रहे। अत: राज्य द्वारा उन्हें विधिक सहायता के लिए वकील या कानूनी सहायता दिया जाना विधिक सहायता कहते हैं। 42वें संशोधन द्वारा 39A जोड़कर विधिक सहायता गरीबों को देने के लिए प्रावधान किया गया। संविधान के अनुच्छेद 21 के अन्तर्गत एक मौलिक अधिकार माना जाता है और यह सहायता सभी बन्दियों को उपलब्ध है।

**Legal Counsel (Legal Counsellor) | वकील, विधि परामर्शदाता**

किसी राष्ट्र का वह व्यक्ति या संस्था जो न्यायालय में प्रस्तुत किसी मुकदमे में वादी या प्रतिवादी की ओर से कानूनी तर्क या दृष्टांत देकर न्यायाधीश से न्यायपालन अथवा निर्णय लेने में सहायक हो तथा वह व्यक्ति जिसके पास न्यायालय में प्रस्तुत होकर विवादी पक्ष की ओर से किसी विवाद के

समर्थन में तथ्य पेश करने तथा तर्क करने का अनुज्ञा पत्र हो तथा जो कानूनी परामर्श भी देता हो वह वकील या विधि परामर्शदाता कहलाता है।

**Legal Entity | विधिक अस्तित्व, विधिक इकाई**

किसी राष्ट्र में किसी व्यक्ति या संस्था को जिसे कानूनी मान्यता प्राप्त हो, अर्थात् जिसे कानून के अनुसार अधिकार एवं कर्तव्य प्राप्त हों और जो अपने अधिकारों की रक्षा के लिए न्यायिक कार्यवाही करने का अधिकार रखती हो। उसे विधिक अस्तित्व या विधिक इकाई कहते हैं।

**Legal Equality | कानूनी समानता**

इसका अर्थ है समाज में सभी नागरिकों को जन्म, वंश, लिंग व मानसिक क्षमताओं व अन्य भिन्नताओं के बावजूद समान कानूनी हैसियत प्रदान की जाए। रूसो ने अपनी पुस्तक सोशल कॉन्ट्रेक्ट (सामाजिक समझौता) (1762) में लिखा कि सभी नागरिकों को कानूनी समानता प्रदान करना नागरिक समाज की प्रमुख विशेषता है।

जे.आर. ल्यूकस ने अपनी पुस्तक "प्रिंसिपल्स ऑफ पॉलिटिक्स" (राजनीति के सिद्धान्त) (1976) में कानूनी समानता के बारे में लिखा है "कानून के समक्ष समानता यह विश्वास नहीं दिलाती कि कानून सबके साथ समान बर्ताव करेगा, बल्कि यह निश्चित करती है कि कानून का द्वार सबके लिए खुला रहेगा और किसी मामले में केवल उन्हीं बातों पर विचार किया जाएगा जिन्हें कानून के अन्तर्गत प्रासंगिक (Relevant) माना जाता है। कोई इतना छोटा नहीं है कि वह न्यायालय की शरण में न जा सके और कोई इतना शक्तिशाली नहीं है कि वह न्यायालयों के प्रति उत्तरदायी न हो। कोई भी व्यक्ति न्यायालयों की सहायता मांग सकता है, और हर कोई उनकी आज्ञा का पालन करने को बाध्य है। न्यायालय सभी विवादों का निर्णय दोनों पक्षों की सुनवाई के बाद ही, उचित और निष्पक्ष भाव से, बिना किसी भय या पक्षपात के देंगे।"

संक्षेप में कानूनी समानता का अर्थ है कि सभी नागरिक समान रूप से कानून के अधीन हों और सभी नागरिकों को कानूनों का समान संरक्षण प्राप्त होगा।

**Legal Immunity | विधिक उन्मुक्ति**

विधिक उन्मुक्ति से तात्पर्य किसी विशेष परिस्थितियों या मामलों में किसी व्यक्ति विशेष, पदाधिकारी, संस्था या निकाय को कानूनी कार्यवाही से छूट होने से है। जैसे: भारत में राष्ट्रपति तथा राज्यपालों के विरुद्ध उनके सेवामुक्त होने पर भी उनके कार्यकाल से संबंधित किसी विषय को लेकर उनके विरुद्ध कोई कानूनी कार्यवाही नहीं की जा सकती। न्यायाधीशों को भी विधिक उन्मुक्तियाँ होती हैं।

**Legal Liability | विधिक दायित्व**

किसी देश में कानून द्वारा विहित इस प्रकार का दायित्व जिसका पालन संबंधित पक्ष के लिए आवश्यक होता है तथा जिसकी अवहेलना या उल्लंघन करने पर कानूनी कार्यवाही की जा सकती है, विधिक दायित्व होता है।

**Legal Positivism | कानूनी प्रत्यक्षवाद**

कानूनी प्रत्यक्षवाद या विश्लेषणात्मक न्यायशास्त्र के सिद्धान्त का प्रादुर्भाव 19वीं सदी में आंग्ल-अमेरिकी कानून परम्परा से हुआ है। इसके अनुसार प्रत्यक्ष या सकारात्मक कानून (Positive Law) ही यथार्थ कानून है। प्रत्यक्ष कानून उन नियमों का समुच्चय है जो किसी प्रभुसत्ताधारी

(Sovereign) की इच्छा को व्यक्त करते हों, जिनका पालन उसके अधिकार क्षेत्र में आने वाले लोगों के लिए अनिवार्य हो और जिनका उल्लंघन करने वालों को प्रभावशाली ढंग से दण्ड दिया जाता है। कानूनी प्रत्यक्षवाद कानून के तकनीकी अर्थ को ही उसकी प्रकृति का आधार मानता है, उसके नैतिक, सामाजिक या ऐतिहासिक आधार का पता लगाने की कोशिश नहीं करता। इसके अनुसार जो नियम केवल प्रथाओं (Conventions) या प्रत्याशाओं (Expectations) पर आधारित हों, उन्हें कानून के रूप में मान्यता नहीं दी जा सकती। 19वीं सदी के प्रख्यात अंग्रेज विधिवेत्ता जॉन ऑस्टिन (1790–1859) को विश्लेषणात्मक न्यायशास्त्र या प्रत्यक्षवाद का प्रमुख प्रवर्तक माना जाता है।

## Legal Recognition | विधिक मान्यता

किसी देश विशेष द्वारा किसी नए राष्ट्र अथवा शासन के अस्तित्व को मान्यता दी जानी हो तो वह विधिक रूप से घोषणा करके दी जा सकती है तथा राज्य के आचरण में भी निहित हो सकती है। उसके पश्चात् नये राष्ट्र तथा शासन मान्यता देने वाले राष्ट्र की दृष्टि से पूर्ण अन्तर्राष्ट्रीय व्यक्तित्व प्राप्त कर लेता है तथा दोनों राष्ट्रों के बीच औपचारिक सम्बन्ध भी स्थापित किए जा सकते हैं।

## Legal Remedy | विधिक उपाय, कानूनी उपचार

किसी देश में अधिकारों के हनन सम्बन्धी या किसी अन्य प्रकार की हानि की पूर्ति के लिए या किसी वास्तविक या संभावित समस्या के निराकरण के लिए की जाने वाली कानूनी कार्यवाही जिसे कानूनी उपचार या विधिक उपाय कहते हैं। जैसे अनुच्छेद 32 में नागरिकों के मौलिक अधिकारों का हनन होने की स्थिति में सर्वोच्च न्यायालय द्वारा उनका संरक्षण करना।

## Legal Sovereignty | विधिक संप्रभुता, विधिक प्रभुसत्ता

किसी देश की वह सत्ता या शक्ति जिसे राज्य में प्रमुख स्थान प्राप्त हो तथा जो राष्ट्र में सभी कानूनों का स्रोत हो तथा जिसके ऊपर किसी प्रकार की कोई सीमा या मर्यादा न हो तथा जिसके आदेशों का पालन नागरिक स्वभावतः करते हों। इस प्रकार वह सत्ता अनन्य, सर्वाधिकार संपन्न, अदेय एवं अविभाज्य होती है। यह विवाद का विषय हो सकता है कि किसी राज्य में इसका निवास कहाँ है।

## Legal Theory of Rights | अधिकारों का कानूनी सिद्धान्त

इस सिद्धान्त के अनुसार अधिकार राज्य की सृष्टि (देन) हैं। अधिकार वे मांगें (Demands) हैं जिन्हें राज्य का कानून मान्यता देता है। राज्य के बिना अधिकारों का उपयोग नहीं किया जा सकता। राज्य के कानूनों द्वारा ही अधिकारों की स्थापना होती है। यह सिद्धान्त प्राकृतिक अधिकार सिद्धान्त के विपरीत है। इस सिद्धान्त के अनुसार मनुष्य के जन्मजात या प्राकृतिक अधिकार नहीं होते हैं। राज्य से पहले मनुष्य के अधिकारों की कल्पना की नहीं की जा सकती। जीवन स्वतन्त्रता और सम्पत्ति के अधिकार उसी सीमा तक प्राप्त किए जा सकते हैं, जिस सीमा तक राज्य के कानून ने उनको स्वीकार कर लिया है। इस प्रकार राज्य अधिकारों को जन्म देता है, उनके उपयोग की दशाओं का निर्धारण करता है तथा उनका संरक्षण भी करता है। इस सिद्धान्त के प्रमुख प्रतिपादक जैरेमी बैंथम, आस्टिन, हॉब्स तथा हॉलैण्ड हैं। बैंथम का कहना है कि "उचित अर्थ में अधिकार विधि की ही कृति है"। इस सिद्धान्त के अनुसार अधिकारों के तीन पहलू हैं।

- प्रथम राज्य ही अधिकारों का स्रोत है।

- द्वितीय राज्य नागरिकों के अधिकारों की रक्षा करता है।
- तृतीय अधिकार गतिशील होते हैं। कानूनों में परिवर्तन के साथ ही अभिकारों के रूप में भी परिवर्तन होता रहता है।

## Legal-Formal Justice | कानूनी-औपचारिक न्याय

जब दो पक्षों के परस्पर विरोधी दावों का फैसला करने के लिए या किसी व्यक्ति व संस्था के अधिकार एवं दायित्व को निर्धारित करने के लिए प्रचलित कानून के अनुसार न्याय किया जाता है उसे कानूनी न्याय कहते हैं। उदाहरण के लिए जब देश के कानून के अनुसार किसी अपराधी को दण्ड दिया जाता है या विवादास्पद सम्पत्ति के वैध अधिकारी का निर्णय दिया जाता है तो इसे कानूनी न्याय माना जाता है। कानूनी न्याय में कानून के प्रकट रूप को ही सबसे बड़ा प्रमाण माना जाता है और उसे निष्पक्ष भाव से लागू किया जाता है। इसलिए यह औपचारिक न्याय (Formal Justice) की कोटि में आता है।

## Legalization | वैधीकरण

किसी राष्ट्र के इस प्रकार के कार्य जो कानून द्वारा वैध ठहराये गए हों तथा जिन्हें उस कानून के निर्माण से पूर्व अवैध तथा दंडापेक्षी समझा जाता था।

## Legislative Assembly | विधानसभा

अनुच्छेद 170 में प्रत्येक राज्य की विधानसभा उस राज्य के प्रादेशिक निर्वाचन क्षेत्रों से प्रत्यक्ष रूप से चुने हुए 500 से अधिक व 60 से कम विधायकों की सभा होती है। विधानसभा राज्य सरकार के विधान में कानून निर्माण का प्रमुख अंग है एवं इसका निर्वाचन जनता द्वारा होता है। भारत में स्थित विभिन्न राज्यों के विधानमंडलों के दो सदनों में से एक को विधानसभा तथा दूसरे को विधान परिषद कहते हैं। परन्तु विधान परिषद की व्यवस्था कुछ ही राज्यों में है। शेष में केवल विधानसभा ही एकल सदन विधानमंडल है तथा इसके सदस्यों का निर्वाचन प्रत्यक्ष रूप से किया जाता है एवं सदस्यों में से ही एक अध्यक्ष तथा किसी दूसरे को उपाध्यक्ष चुना जाता है। विधानसभा का कार्यकाल अनु. 172 के अनुसार गठन की तिथि से 5 वर्ष का होता है। विधानसभाओं की सदस्यता के लिए प्रत्येक सदस्य की आयु 25 वर्ष से कम नहीं होनी चाहिए तथा उसका भारतीय नागरिक भी होना आवश्यक है। इसके प्रमुख अधिकार हैं: कानून बनाना, कर लगाना व सरकारी व्यय के लिए अनुमति प्रदान करना एवं सरकार पर नियंत्रण रखना और उसमें विश्वास न रहने पर उसे अपदस्थ कर देना।

## Legislative Council | विधान परिषद

भारत में कई राज्यों में द्विसदनीय विधानमंडल हैं, जैसे: उत्तर प्रदेश, महाराष्ट्र, कर्नाटक, जम्मू-कश्मीर, आंध्र प्रदेश, बिहार आदि में वहाँ पर उनके उच्च सदन को विधान परिषद कहते हैं। अनुच्छेद 171 के अनुसार विधान परिषद की सदस्य संख्या विधानसभा की संख्या के एक तिहाई से अधिक नहीं होगी, साथ ही 40 से कम भी नहीं होगी। विधान परिषद के सदस्यों का निर्वाचन प्रत्यक्ष रूप से जनता द्वारा न होकर, विधानसभा के सदस्यों, नगरपालिकाओं, शिक्षकों और स्नातकों द्वारा होता है, तथा इसमें 1/12 सदस्य राज्यपाल द्वारा मनोनीत, एक तिहाई उस राज्य की नगरपालिकाओं द्वारा, 1/12 विश्वविद्यालयों के स्नातकों द्वारा, 1/12 माध्यमिक पाठशालाओं के अध्यापकों द्वारा एवं एक तिहाई विधानसभा सदस्यों द्वारा मनोनीत होते हैं। प्रत्येक सदस्य का कार्यकाल 6 वर्ष का होता है। परन्तु पूरा सदन विघटित नहीं होता। इसमें 1/3 सदस्य प्रति दो वर्ष के पश्चात् पद-निवृत्त होते हैं। जिनकी रिक्तियाँ पुनः निर्वाचन द्वारा भर दी जाती हैं। विधान परिषद

विधानसभा की अपेक्षा बहुत निर्बल है। अनेक विचारक इसको समाप्त कर दिए जाने के पक्ष में हैं। किसी राज्य में विधान परिषद का निर्माण या उत्पादन अनुच्छेद 169 के द्वारा संसद उस राज्य की विधानसभा की सिफारिश पर साधारण बहुमत से कर सकती है।

## Legislative Procedure | विधायी प्रक्रिया

राज्यस की विधान सभा से संसद के समान ही विधायी प्रक्रिया अपनाई गई है। एक धन विधेयक केवल विधान मंडल में प्रस्तावित किया जा सकता है। विधान सभा से पारित होने पर विधेयक यदि राज्य में है तो विधान परिषद में भेजा जाता है। विधान परिषद विधेयक को पारित कर देती है या अधिकतम 14 दिन विलम्ब कर सकती है। यदि एक ही सदन है तो सदन से पारित होने पर राज्यपाल के पास स्वीकृति के लिए भेजा जाता है।

## Legislative Veto | विधायी विशेषाधिकार

यू.एस. कांग्रेस द्वारा अपनायी गई एक युक्ति। इस युक्ति का उपयोग अमेरिकी नीति निर्धारण करने वाले अभिकरणों के व्यवहार पर नियंत्रण करने के लिए किया जाता है। इस युक्ति द्वारा उस नीति या नियम को लागू करने पर रोक लगा दी जाती है, जिसके पक्ष में कांग्रेस न हो। कांग्रेस के प्रस्तावों पर अध्यक्षीय वीटो नहीं लग सकता। इस तरह यह कार्यकारी पक्ष पर नियंत्रण रखने के लिए अपनाई गई युक्ति है।

## Legislature | विधानमण्डल, विधायिका, व्यवस्थापिका

किसी भी राज्य के शासन का वह अंग जिसका मुख्य सम्बन्ध कानून बनाते समय वित्त की स्वीकृति देने अथवा अन्तर्राष्ट्रीय संधियों का अनुसमर्थन करने से होता है। संसदीय शासन प्रणाली में विधानमण्डल शासन का पर्यवेक्षण भी करता है। सांविधानिक व्यवस्था के अन्तर्गत विधानमण्डल के सदस्य साधारणतया जनसाधारण द्वारा चुने गए प्रतिनिधि होते हैं। वस्तुतः वे जनसाधारण की इच्छा का प्रतिनिधित्व करते हैं। संविधान के भाग 5 के अध्याय 2 के अनुच्छेद 79 में भारतीय विधायिका संसद का वर्णन है "संघ के लिए एक संसद होगी जो राष्ट्रपति और दो सदनों राज्यसभा व लोकसभा से मिलकर बनेगी"।

## Legitimacy | वैधता, विधि सम्मतता, औचित्यपूर्णता

यह वह स्थिति होती है जिसमें नागरिक अपनी शासन व्यवस्था को उचित और युक्तिसंगत मानते हुए अपना हार्दिक या मनोवैज्ञानिक समर्थन प्रदान करते हैं। वैधता शासन करने का प्रमाण मानी जाती है। अतः जो शासन वैध हो उसके द्वारा बनाए गए कानूनों व नीतियों की जनता द्वारा अनुपालना होता है। इसके विपरीत जो सरकार अपना यह अधिकार सिद्ध नहीं कर पाती, वह पतन को प्राप्त होती है।

वैधता शब्द अंग्रेजी भाषा के Legitimacy (लेजिटिमेसी) का हिन्दी रूपान्तरण है, जिसकी उत्पत्ति लैटिन भाषा के Legitimus से हुई है। इसका सामान्य अर्थ है 'कानून की दृष्टि से औचित्यपूर्ण होना'। राजनीति विज्ञान की अवधारणा के रूप में Legitimacy (वैधता) का सम्बन्ध मात्र कानून से ही नहीं है। अपितु शासन एवं शासित के ऐसे मूल्यों तथा विश्वास से भी है जो शासन को न्यायसंगत बनाते हैं।

इस सम्बन्ध में एस.एम. लिप्सेटे का कथन है "वैधता या औचित्यपूर्णता का अभिप्राय व्यवस्था की उस योग्यता और क्षमता से है, जिसके द्वारा यह विश्वास उत्पन्न किया और रखा जाता है कि प्रचलित राजनीतिक संस्थाएँ समाज के लिए सर्वाधिक समुचित हैं"।

अतः वैद्यता शासक एवं शासित के मध्य विद्यमान सहमति है।

## Legitimate Hypothesis | वैध प्राक्कल्पना

वह प्राक्कल्पना जो तथ्य विरुद्ध न हो, निश्चित हो, स्थापित नियमों के अनुरूप हो। किसी वास्तविक कारण को मानती हो तथा सत्यापनीय हो।

## Lenin (Vladimir Jryich Lenin (1970–1924) | लेनिन

9 नवम्बर 1917 को सोवियत संघ के संस्थापक व साम्यवादी शासन की स्थापना करने वाला ब्लादिमीर उलिच लेनिन। एक यह क्रान्तिकारी था जिसने रूस की विशिष्ट परिस्थितियों को ध्यान में रखकर मार्क्स की शिक्षाओं की नये रूप में व्याख्या की। यह व्याख्या ही लेनिनवाद के नाम से जानी जाती है। What is to be done? उसकी एक प्रसिद्ध कृति है। उसकी दूसरी पुस्तक साम्राज्यवाद के विश्लेषण से संबंधित है। इन्होंने शासन संगठन के लिए लोकतन्त्रीय केन्द्रवाद के सिद्धान्त का 1905 में निरूपण करते हुए कहा है कि दल के नेतृत्व का निर्णय चुनाव (Election) के माध्यम से किया जाएगा। फिर यह नेतृत्व कामगार वर्ग के प्रति उत्तरदायी (Accountable) होगा और उपयुक्त सिद्ध न होने पर उसे पद से हटाया जा सकेगा। बाद में ये शर्तें जोड़ दी गईं।

1. दल के ऊंचे-नीचे सभी निर्देशक अंगों (Directing Organs) का गठन चुनाव (Election) द्वारा किया जाएगा।
2. दल के सभी अंग अपने-अपने संगठनों के पास अपनी गतिविधियों का नियमित विवरण भेजेंगे।
3. दल में कठोर अनुशासन रहेगा और अल्पमत को बहुत का निर्णय स्वीकार करना पड़ेगा।
4. उच्चतर अंगों के सब निर्णय निम्नतर अंगों तथा दल के सब सदस्यों के लिए बाध्यकर (Binding) होंगे। इस तरह लोकतन्त्रीय केन्द्रवाद के अन्तर्गत यह व्यवस्था की गई थी कि दल के सदस्य दल की नीतियों पर विस्तृत चर्चा (Full Discussion) तो कर सकेंगे, लेकिन एक बार जो निर्णय कर लिया जाएगा, उसे पूरी निष्ठा के साथ लागू किया जाएगा। उसमें किसी तरह की छूट की कोई गुंजाइश नहीं होगी।

## Lenin's Testament | (लेनिन का वसीयतनामा)

लेनिन के द्वारा 1922–23 में आखिरी बीमारी के वक्त सोवियत साम्यवादी दल के नेतृत्व, सिद्धान्त, कार्यप्रणाली के बारे में लिखा गया विचार। इसमें स्टालिन, ट्राटस्की, बुखारिन और अन्य मोनसेविक नेताओं पर उनके उद्‌गार भी हैं। उन्हें भय था कि ट्राटस्की एवं स्टालिन के आपसी विभेद पार्टी में विभाजन पैदा कर देंगे। स्टालिन की सर्वसत्तावादी कार्यप्रणाली के कारण उन्हें साम्यवादी दल के महासचिव पद से हटाने का आग्रह भी किया गया 1925 के बाद पश्चिमी देशों में वसीयतनामा का प्रकाशन। सोवियत संघ में स्टालिन की मृत्यु के बाद 1956 में सोवियत संघ के साम्यवादी दल के 20वें सम्मेलन में प्रकाशित।

## Leninism | लेनिनवाद

लेनिन के द्वारा रूस की विशिष्ट परिस्थितियों को ध्यान में रखकर मार्क्स की शिक्षाओं की जो व्याख्या की गयी वही लेनिनवाद के नाम से जानी जाती है। इसकी विशेषताएँ निम्नानुसार हैं:

1. क्रान्ति की पद्धति जो लेनिन ने 1905 और 1917 की क्रान्तियों में अपनाई थी।
2. सर्वहारा वर्ग के अधिनायकत्व का सिद्धान्त।

3. दल के संगठन और कार्यक्रम की मान्यता।
4. अन्य देशों के साम्यवादी दलों के सम्बन्ध में सिद्धान्त।
5. साम्राज्यवाद सम्बन्धी सिद्धान्त।
6. द्वन्द्वात्मक भौतिकवाद की व्याख्या।
7. राष्ट्रीय एवं औपनिवेशिक प्रश्न।

**Letter of Credence (Letter de Creance) | प्रत्यय-पत्र**

किसी राष्ट्र के अध्यक्ष द्वारा किसी अन्य देश के लिए मनोनीत राजदूत अथवा अपने प्रतिनिधि को दिया गया वह पत्र जिसके आधार पर वह अन्य देश में अपनी सरकार का प्रतिनिधित्व करने के लिए अधिकृत होता है, उसे प्रत्यय-पत्र कहते हैं।

**Letter of Lien | पुनःग्रहणाधिकार पत्र**

किसी पदाधिकारी या संपत्ति के स्वामी को दिया गया वह आधिकारिक पत्र जिसमें दी गई शर्तों के अनुसार वह पुनः अपने पद पर आने अथवा अपनी संपत्ति वापस ले सकने का अधिकारी हो जाता है। जिसे पुनःग्रहणाधिकार पत्र कहते हैं।

**Letter of Recredentials | सराहना पत्र**

विदेश में रहने वाले किसी राजदूत को उसके कार्यकाल की समाप्ति पर उस राष्ट्र के अध्यक्ष द्वारा दिया गया प्रशंसा पत्र जिसमें वह राजदूत नियुक्त था, उसे सराहना पत्र कहते हैं।

**Leviathan | (लेविआथन)**

'लेविआथन' (1651) तिमिंगल प्रसिद्ध अंग्रेज दार्शनिक टॉमस हॉब्स (1588-1679) की रचना है, जिसमें राज्य को सामाजिक समझौते का परिणाम माना गया है तथा समझौते के फलस्वरूप सब अधिकार एक व्यक्ति या व्यक्ति समूह - लेविआथन - को सौंप दिए गए हैं। इस प्रकार आज 'लेविआथन' शब्द से एक सर्वाधिकार संपन्न, निरंकुश, सत्ताधारी का बोध होता है। हॉब्स के अनुसार प्राकृतिक दशा में लड़ाई-झगड़े और छीना झपटी का बोलवाला था। मनुष्य का जीवन दीन, हीन, घृणित पाशविक और क्षणभंगुर था। हॉब्स ने मानव स्वभाव स्वार्थी, लालची एवं झगड़ालू माना है। इस अवस्था का अन्त करने व जान-माल की सुरक्षा के लिए मनुष्यों ने मिलकर एक समझौते के द्वारा संप्रभुता सम्पन्न राज्य की स्थापना की।

**Lexaeterne (Eternal Law) | शाश्वत विधि**

किसी राष्ट्र के इस प्रकार के नियम या सिद्धान्त जो सृष्टि की शाश्वत चेतना की देन हैं तथा जिनके द्वारा पूरी सृष्टि का कार्य संचालन होता है तथा जिनकी व्याख्या मानवीय चेतना द्वारा होती है।

**Liberal Democracy | उदार लोकतन्त्र**

आधुनिक युग में लोकतन्त्र की मुख्यधारा को 'उदार' लोकतन्त्र के रूप में पहचाना जाता है। इसकी मुख्य विशेषताएँ निम्न हैं:
(क) इसमें राजनीतिक पद किसी विशिष्ट वर्ग की बपौती नहीं माने जाते।
(ख) इसमें राजनीतिक सत्ता के लिए एक से अधिक राजनीतिक दलों में मुक्त प्रतिस्पर्धा होती है।
(ग) इसमें सार्वजनीन वयस्क मताधिकार के आधार पर आवधिक चुनाव होते हैं।

(घ) इसमें नागरिक स्वतंत्रताओं (Civil Liberties) की विस्तृत व्यवस्था की जाती है।
(ङ) इसमें न्यायपालिका की स्वाधीनता को विशेष महत्व दिया जाता है।

उदार लोकतंत्र प्रतिनिधि लोकतंत्र का ही एक रूप है। यह वस्तुत: दो मूल्यों का सम्मिलित रूप है। लोकतंत्र की सामान्य पद्धति में कुछ प्रतिनिधियों के सम्पूर्ण निर्वाचक मण्डल द्वारा चुनाव होता है। यह निर्वाचक मण्डल ही विधानमण्डल का निर्माण करता है। इस विधानमण्डल का बहुमत ही कानून बनाता है तथा अपने में से ही कुछ का चुनाव कार्यकारी सभा का निर्माण करने के लिए करता है। कानून की उचित प्रक्रिया, कानून के समक्ष समानता, भाषण की स्वतंत्रता, सभा करने की स्वतंत्रता, अल्पसंख्यकों की सुरक्षा, अवसरों की समानता आदि इस लोकतंत्र के मूल्य हैं। इन मूल्यों को संविधान में शामिल किया जाता है तथा न्यायालय द्वारा इनकी रक्षा की जाती है।

## Liberal Theory of Citizenship | नागरिकता का उदारवादी सिद्धान्त

उदारवादी सिद्धान्त के अनुसार नागरिकता की बुनियाद नागरिक अधिकार है। ये अधिकार समाज में समानता एवं सामाजिक न्याय स्थापित करके अपने तर्कसंगत परिणाम तक पहुँचते हैं। चूंकि यह सिद्धान्त अधिकारों के विकास में विश्वास करता है, मुख्य प्रवक्ता टी.एच. मार्शल हैं जिन्होंने अपनी पुस्तक 'सिटीजनशिप एंड सोशल क्लास' (नागरिकता और सामाजिक वर्ग) (1950) में लिखा है कि नागरिकता विभिन्न व्यक्तियों के लिए समान अधिकार और कर्त्तव्य, स्वतन्त्रताएं और प्रतिबन्ध, शक्तियों और उत्तरदायित्व निर्धारित करती है। इसके अन्तर्गत ये व्यक्ति मिल-जुलकर अपने साह्यचर्य की शर्तें तय करते हैं। नागरिकता का विचार समाज के वर्ग-विभाजन की विपरीत दिशा में कार्य करता है। सामाजिक वर्ग तो सम्पत्ति के स्वामित्व, शिक्षा के स्तर और अर्थव्यवस्था के ढांचे के आधार पर विभिन्न व्यक्तियों में विषमता को बढ़ावा देता है, लेकिन नागरिकता उन्हें समान हैसियत (Equal Status) प्रदान करके उनमें समानता को बढ़ावा देती है।

## Liberal Theory of Representation | प्रतिनिधित्व का उदारवादी सिद्धान्त

प्रतिनिधित्व के उदारवादी सिद्धान्त के प्रमुख प्रतिपादक जॉन लॉक (1632-1704) और टॉमस जेफरसन (1743-1826) हैं। इसके अनुसार सभी लोग वस्तुत: समान हैं, इसलिए ये सब शासन करने के लिए समान रूप से समर्थ हैं। अत: प्रत्येक प्रतिनिधि को अपने निर्वाचकों के सन्देश वाहक (Messanger) के रूप में काम करना चाहिए, नीति निर्माता (Policy-Maker) के रूप में नहीं। सार्वजनिक अधिकारियों को उस ढंग से मतदान करना चाहिए जैसे कि उनके निर्वाचक चाहते हों।

## Liberalisation | उदारीकरण

यह एक ऐसी आर्थिक-राजनीतिक प्रक्रिया है जिसके द्वारा आर्थिक कार्यकलाप पर राज्य के नियंत्रण ढीले कर दिए जाते हैं और उन्हें बाजार की ताकतों के हवाले कर दिया जाता है। इससे कानूनों को अधिक उदार और सरल बना दिया जाता है जिससे व्यापारिक वर्ग, उद्योगपति और बहुराष्ट्रीय कम्पनी को फायदा मिलता है। भारत में 1991 से नई आर्थिक नीति के द्वारा उदारीकरण को बढ़ाया गया है। भारत की अर्थव्यवस्था में विदेशी पूंजी निवेश बढ़ा है, रोजगार के अवसर बढ़े और भारतीय उद्योपगति भी अपने व्यापार दूसरे देशों में बढ़ा पाए हैं।

## Liberalism | उदारवाद

राजनीति का वह सिद्धान्त जिसके अन्तर्गत मनुष्य को विवेकशील प्राणी (Rational Being) मानते हुए सामाजिक संस्थाओं को मनुष्यों की सूझ-बूझ और सामूहिक प्रयास का परिणाम समझा जाता है। अंग्रेज दार्शनिक जॉन लॉक (1632-1704) को उदारवाद का जनक माना जाता है। इसके उन्नायकों में एडम स्मिथ (1723-90) और जैरेमी बैंथम (1748-1832) के नाम विशेष उल्लेखनीय हैं।

उदारवाद के अन्तर्गत व्यक्ति की स्वतन्त्रता (Livery) को प्रमुख स्थान दिया जाता है। व्यक्तियों के स्वार्थ (Self-Interest) और सामान्य हित (Commen Interest) में कोई बुनियादी टकराव स्वीकार नहीं किया जाता है। यह सिद्धान्त राज्य को सब व्यक्तियों की सूझ-बूझ और सहमति (Consent) का परिणाम मानता है। अतः यह लोकतंत्र के विचार के साथ निकटता से जुड़ा हुआ है।

नैतिक जीवन में यह सिद्धान्त व्यक्तिवाद (Individualism) का समर्थन करता है जिसमें व्यक्ति की गरिमा (Dignity), उसके स्वाधीन अस्तित्व (Independent Existent) और निर्णय क्षमता (Judgement) को मान्यता प्रदान करता है।

आर्थिक जीवन में यह सिद्धान्त राज्य के न्यूनतम हस्तक्षेप (Laissez-fair) का समर्थन करता है जो पूंजीवाद (Capitalism) को बढ़ावा देता है। पूंजीवाद के अन्तर्गत उत्पादन (Production), वितरण (Distribution), और विनिमय (Exchange) के प्रमुख साधन निजी स्वामित्व (Private Ownership) में रहते हैं।

जे.एस. मिल (1806-73), टी.एच. ग्रीन (1836-1882), एच.जे. लॉस्की (1893-1950) और आर.एच. टॉनी (1880-1962) जैसे उदारवादियों ने उन्नत पूंजीवाद की अवस्था में व्यक्ति की स्वतंत्रता को सार्थक बनाने के लिए राज्य की सकारात्मक भूमिका (Positive Role) पर बल दिया जिससे कल्याणकारी राज्य (Welfare State) का उदय हुआ।

## Libertarian View of Justice | न्याय का स्वेच्छातन्त्रवादी दृष्टिकोण

यह दृष्टिकोण ऐसी व्यवस्था का समर्थन करता है जिसमें व्यक्ति की स्वतन्त्रता को सर्वोच्च स्थान दिया जाता है तथा सामाजिक समानता के विचार को पीछे छोड़ दिया जाता है। रॉबर्ट नॉजिक (1938-2002) और हेयक (1899-1992) मुख्य समर्थक हैं। राबर्ट नॉजिक ने अपनी पुस्तक 'एनार्की स्टेट एंड यूरोपिया' (अराजकता, राज्य और कल्पनालोक) (1974) में न्याय सिद्धान्त दिया है तथा उसे न्याय का अधिकारिता सिद्धान्त (Entitlement Theory of Justice) कहा है। इसमें कहा है कि प्रचलित व्यवस्था के अन्तर्गत जो व्यक्ति जिस-जिस वस्तु का अधिकारी है, उसे उसकी सहमति के बिना किसी दूसरे को हस्तान्तरित नहीं किया जा सकता है। विभिन्न मनुष्य अपनी-अपनी प्रतिभा और प्रयास से सामाजिक उत्पादन में भिन्न-भिन्न योगदान करते हैं, इसलिए उन्हें भिन्न-भिन्न पुरस्कार प्राप्त होना भी स्वाभाविक है। नॉजिक ने कहा है कि समाज में उत्पादन के स्तर पर जो असमानताएँ पाई जाती हैं, उन्हें वितरण के स्तर पर बदलने का प्रयत्न विनाशकारी होगा। इसलिए राज्य के समस्त कल्याणकारी कार्यक्रम अवैध हैं।

एफ.ए. हेयक ने अपनी पुस्तक 'लॉ, लेजिस्लेशन एंड लिबर्टी : द मिराज ऑफ सोशल जस्टिस' (कानून, विधिनिर्माण और स्वतन्त्रता : सामाजिक न्याय की मृगतृष्णा) (1976) में कहा है कि सामाजिक न्याय का विचार ही निरर्थक है। न्याय वस्तुतः मनुष्य के आचरण की विशेषता है, कोई समाज न्यायपूर्ण या अन्यायपूर्ण नहीं होता। यदि समानता के हित में स्वतन्त्रता में कटौती की जाती है तो जीवन-सामग्री के अन्यायपूर्ण वितरण के प्रश्न पर तनाव, कलह और विवाद अवश्य पैदा होगा। न्याय की तलाश केवल प्रक्रिया का विषय है जिसका ध्येय स्वतन्त्रता को बढ़ावा देना है। प्रत्येक व्यक्ति को अपने-अपने ज्ञान और योग्यता के अनुसार हितसाधन का अधिकतम अवसर मिलना चाहिए।

## Libertarianism | विमुक्तिवाद : स्वेच्छातन्त्रवाद

बीसवीं शताब्दी के उत्तरार्द्ध में उदारवादी परम्परा के कुछ विचारकों ने यह अनुभव किया कि 'कल्याणकारी राज्य' का सिद्धान्त लोगों की गतिविधियों के विस्तृत विनियमन (Extensive Regulation) की मांग करता है, अतः यह व्यक्ति की स्वतन्त्रता (Individual Freedom) के

विरुद्ध है। इन विचारकों ने उदारवादी चिन्तन में अहस्तक्षेपवादी दर्शन को फिर से स्थापित करने का प्रयत्न किया। स्वतंत्रता या 'लिबर्टी' के प्रति उनका जो लगाव फिर से जागा था, उसे कोई नया नाम देना जरूरी था। अतः नए चिन्तन का संकेत देने के लिए 'लिबर्टेरियनिज्म' अर्थात् स्वेच्छातन्त्रवाद शब्द का प्रयोग होने लगा।

स्वेच्छातन्त्रवाद व्यक्ति की पूर्ण स्वायत्तता (Autonomy) या स्वतन्त्रता में विश्वास करता है। यह उन सब संस्थाओं से उसकी मुक्ति (Liberation) की कामना करता है, जो उसकी विश्व-दृष्टि (World View) को सीमित करती है। यह मानता है कि राज्य को अपने लोककल्याणकारी कार्य समेट लेने चाहिए।

अतः यह राजनीतिक संस्थाओं के अलावा धर्म, परिवार और ऐसे रीति-रिवाजों को भी समाप्त कर देना चाहता है, जो व्यक्ति को किसी बने-बनाए सांचे में ढालने की कोशिश करते हैं।

स्वेच्छातन्त्रवाद यह मांग करता है कि मनुष्य को अपनी उन्नति और समृद्धि का पूर्ण अवसर देने के लिए उसकी आर्थिक गतिविधि को सब तरह के प्रतिबन्धों से मुक्ति प्रदान की जानी चाहिए।

स्वेच्छातन्त्रवाद के उन्नायकों में आइजिया बर्लिन (1909-97), एफ.ए. हेयक (1899-1992), मिल्टनफ्रीडमेन (1912-2006) और राबर्ट नॉजिक (1938-2002) के नाम विशेष रूप से उल्लेखनीय हैं।

**Liberty | स्वातंत्र्य/स्वतंत्रता**

स्वतंत्रता अंग्रेजी के लिबर्टी (Liberty) से निकला है जो लैटिन भाषा के शब्द लिबर (liver) से बना है जिसका शाब्दिक अर्थ है: बन्धनों का अभाव।

मुख्य रूप से स्वतंत्रता के प्रति दो दृष्टिकोण हैं जो परस्पर विरोधी हैं: (i) नकारात्मक (ii) सकारात्मक।

साधारणतया नकारात्मक दृष्टिकोण वी अभिव्यक्ति उदारवाद में होती है। जिसे व्यक्तिवाद भी कहा जाता है। इसके अनुसार स्वतंत्रता का अर्थ है, बंधनों से मुक्ति। इस प्रकार से व्यवहार में इसका अर्थ है कि प्रत्येक व्यक्ति को उस सीमा तक स्वेच्छानुसार कार्य करने का प्राधिकार है। जिस सीमा तक वह किसी दूसरे व्यक्ति के इसी प्रकार के अधिकार में बाधक न हो।

सकारात्मक दृष्टिकोण की व्याख्या ग्रीन तथा लॉस्की जैसे विचारकों ने की है। इसके अनुसार स्वतंत्रता का अर्थ है कि मनुष्य को उन सामाजिक व आर्थिक दशाओं को पाने का अधिकार प्राप्त होना चाहिए जिनमें वह आत्म-विकास के अधिकतम अवसर प्राप्त कर सके। अतः सामान्य रूप से स्वतंत्रता का अर्थ है- वह सामाजिक और आर्थिक वातावरण जिसमें प्रत्येक व्यक्ति को अपने व्यक्तित्व के विकास के समुचित अवसर उपलब्ध हों। स्वतंत्रता के विविध प्रकार हैं। यथा: प्राकृतिक स्वतंत्रता, व्यक्तिगत स्वतंत्रता, नागरिक स्वतंत्रता, राजनीतिक स्वतंत्रता, आर्थिक स्वतंत्रता, सामाजिक स्वतंत्रता, धार्मिक स्वतंत्रता, राष्ट्रीय स्वतंत्रता, नैतिक स्वतंत्रता तथा सांविधानिक स्वतंत्रता आदि।

**Liberty Negative | नकारात्मक स्वतंत्रता**

नकारात्मक स्वतंत्रता का अभिप्राय है: बाहरी प्रतिबंधों का अभाव। इस तरह यदि किसी व्यक्ति को कुछ करने से रोकने या कुछ करने को बाध्य करने के लिए कोई कानून ही न हो तो वह व्यक्ति स्वतंत्र ही माना जाएगा। इसके विपरीत है: Liberty Positive जिसमें आन्तरिक स्वतंत्रता पर बल दिया जाता है।

## Life Chances | जीवन शैली

जिंदगी जीने का तरीका, अधिक ठोस रूप में उपयोग के विशिष्ट प्रकार एवं स्तर जिनसे कुछ विशेष सामाजिक समूहों का प्रतिदिन का जीवन परिभाषित होता। अंधाधुंध शहरीकरण और भूमंडलीकरण से परंपरागत समाजों में बदलावा आया है। इससे भोगवादी संस्कृति पनप रहा है और भ्रष्टाचार, अपराध एवं महिलाओं के प्रति घृणित कृत्य बढ़ रहे है।

## Limited Vote-Plan | सीमित मतदान योजना

यह एकत्रित मतदान योजना के विपरीत है। इस पद्धति में 3 से अधिक चुने जाने वाले निर्वाचन क्षेत्र होने चाहिए। इसमें प्रत्येक मतदाता को उससे कम मत देने का अधिकार होता है। लेकिन मतदाता एक उम्मीदवार को एक से अधिक मत नहीं दे सकता। अल्पसंख्यकों को इससे कुछ प्रतिनिधित्व मिल जाता है परन्तु जनसंख्या के अनुपात में प्रतिनिधित्व नहीं मिल पाता।

## Limited War | सीमित युद्ध

सीमित युद्ध का विचार अन्तर्राष्ट्रीय सम्बन्धों तथा व्यूहरचना के जटिल विचारों में से एक है। सीमित युद्ध में यह विचार निहित है कि चालू युद्ध इतना नहीं फैलना चाहिए कि जिससे सर्वोच्च परमाणु शक्तियाँ युद्ध में जुट जाएं। अरब-इजरायल का युद्ध तथा दक्षिणी अटलान्टिक में अर्जेन्टीना - ब्रिटिश संघर्ष सीमित युद्ध के उदाहरण हैं। प्रथम में सम्पूर्ण राष्ट्र के अस्तित्व का प्रश्न शामिल है जबकि दूसरे में संघर्षरत राष्ट्रों को वास्तव में कोई खतरा नहीं है। अर्थात् किन्हीं निश्चित विशिष्ट ठिकाने को ध्यान में रखकर युद्ध की कार्यवाही करना जिससे जनहानि कम तथा धनहानि अधिक हो।

## Lindsay A.D. | ए.डी. लिन्डसे ( 1879-1952 )

इंग्लैण्ड के बहुलवादी राजनीतिक विचारक ए.डी. लिण्डसे का कहना है कि सम्प्रभुता सम्पन्न राज्य का विचार निरर्थक हो गया है। व्यक्ति के व्यक्तित्व के विकास में छोटे-छोटे समूह भी योगदान देते हैं तथा इन समूहों का अपना व्यक्तित्व है। यदि इन समूहों को स्वायत्त रूप में कार्य करने दिया जाए तो हो सकता है, सामाजिक तालमेल को निभाने में वे राज्य से भी अधिक प्रभावशाली सिद्ध हों।

## List System of Voting | मतदान की सूची प्रणाली

सूची प्रणाली के अनुसार विभिन्न राजनीतिक दल अपने उम्मीदवारों की वरीयता के क्रमानुसार सूची तैयार करते हैं। मतदाता किसी एक उम्मीदवार को मत न देकर किसी एक सूची के पक्ष में मत देते हैं तथा प्राप्त मतों की संख्या के अनुपात में प्रत्येक सूची में उम्मीदवारों को वरीयता के क्रमानुसार निर्वाचित घोषित कर दिया जाता है। इस प्रकार की निर्वाचन प्रणाली का प्रचलन बेल्जियम, स्विट्जरलैण्ड, नार्वे, स्वीडन और डेनमार्क जैसे देशों में है।

## Lobby, Lobbying | लॉबी-प्रचार, गोष्ठीकक्ष प्रचार

लॉबी का अर्थ है: राजनीतिक निर्णय करने वालों के द्वारा एक विशेष स्थिति या मामले का पक्ष लेने के लिए दबाव, तर्क या अन्य प्रलोभनों का उपयोग करना।

संयुक्त राज्य अमेरिका के दबाव गुटों का हित समूहों (Interest Group) एक विशेष गतिविधि के रूप में भी इस पद का उपयोग किया जाता है। इसमें शक्तिशाली दबाव गुटों के प्रतिनिधि, अभिकर्ता या प्रवक्ता विधि निर्माण के समय विधानमण्डल की लॉबी या गोष्ठी कक्ष में उपस्थित होकर वहीं से विधायकों को किसी कानून के पक्ष या विपक्ष में बोलने या मत देने के लिए प्रेरित करते हैं। वस्तुतः अब इस शब्द का उपयोग नीतियों और निर्णयों को प्रभावित करने के लिए दबाव गुटों के संबंधित अधिकारियों पर दबाव बनाने के लिए भी होने लगा है।

## Lobbying | दीर्घा-प्रचार (लॉबी प्रचार)

दीर्घा प्रचार दबाव समूहों (Pressure Groups) की वह गतिविधि है, जिसके तहत उनके प्रतिनिधि या प्रवक्ता विधि निर्माण के समय विधानमंडल के उपकक्ष या दीर्घा (Lobby) में खड़े होकर वहीं से किसी कानून के पक्ष या विपक्ष में विधायकों को बोलने या मतदान करने के लिए प्रेरित करते हैं। इसके लिए वे साधारणतः नम्र निवेदन करते हैं, कई बार चीखने-चिल्लाने लगते हैं या सदन में ढेर सारे पर्चे फेंक देते हैं। यह प्रथा अमेरिका की देन हैं लेकिन वर्तमान में विश्व में सब विधायिकाओं में प्रचलित है।

## Local Government | स्थानीय शासन

छोटी राजनीतिक इकाईयों, यथाः कस्बा, ग्रामीण खण्ड या काउन्टी के शासन के लिए शासन की प्रणाली को स्थानीय शासन के नाम से जाना जाता है। वस्तुतः इस प्रणाली का मुख्य सरोकार किसी नगर या सीमित क्षेत्र के स्थानीय मामलों से होता है। स्थानीय शासन, प्रायः राज्य सरकार या केन्द्र सरकार द्वारा प्राप्त शक्तियों का ही प्रयोग करता है। 73वें एवं 74वें संविधान संशोधन अधिनियम 1993 के द्वारा स्थानीय स्वशासन की ग्रामीण एवं शहरी स्थानीय स्वशासन को संविधान में स्थान दे दिया गया है।

सरकार की वर्तमान संरचना में स्थानीय शासन

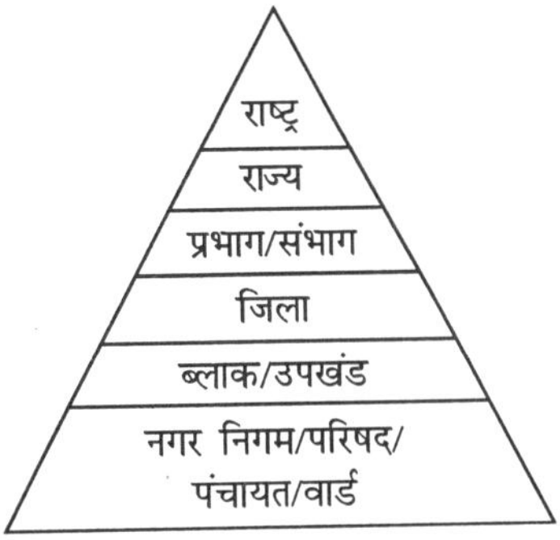


73वें संशोधन के द्वारा ग्रामीण स्थानीय स्वशासन को संविधान के भाग 9 में अनुच्छेद 243क से 243ण तक स्थान दिया गया है तथा इन संस्थाओं के कार्यों के लिए संविधान में 11वीं अनुसूची (अनुच्छेद 243छ) जोड़ी गई है, जिसमें पंचायतीराज संस्थाओं (ग्रामीण) के 29 कार्य निर्धारित किए गए हैं। इसमें त्रिस्तरीय संस्थाओं ग्राम स्तर पर ग्राम पंचायत, खण्ड स्तर पर पंचायत समिति तथा जिला स्तर पर जिला परिषद का प्रावधान है। 243घ में SC/ST को आरक्षण है। 243 झ में वित्त आयोग तथा 243ट में राज्य निर्वाचन आयोग का वर्णन है।

74वें संशोधन के द्वारा शहरी स्थानीय स्वशासन को संविधान के भाग 9क में अनुच्छेद 243त से 243यछ जोड़कर तथा इनके कार्यों के लिए 12वीं अनुसूची (अनुच्छेद 243ब) में 18 कार्यों का वर्णन है। शहरी स्थानीय शासन भी त्रिस्तरीय है। नगर स्तर पर नगरपालिका, मध्यस्तर पर नगरपरिषद तथा महानगरों में नगर निगम की स्थापना का प्रावधान है। इन संस्थाओं में भी SC/ST को आरक्षण प्रदान किया गया है, साथ ही महिलाओं के लिए एक-तिहाई आरक्षण की व्यवस्था है।

## Local-Self Government | स्थानीय स्वशासन

स्थानीय स्वशासन से अभिप्राय यह है कि स्थानीय मामलों का प्रबन्ध स्थानीय जनता स्वयं अपने प्रतिनिधियों के द्वारा करे। यह प्रदत्त अधिकारों के ढांचे के भीतर रहते हुए स्थानीय समस्याओं और स्थानीय आवश्यकताओं को हल करने की दिशा में क्रियाशील रहती है। स्थानीय स्वशासन अधिकारों के विभाजन पर आधारित न होकर अधिकारों के विकेन्द्रीकरण के सिद्धान्त पर आधारित है। स्थानीय स्वशासन में केन्द्रीय और राज्य सरकारों का बोझ हल्का होता है। प्रशासन में दक्षता और मितव्ययता आती है तथा जनता में स्थानीय मामलों के प्रति रुचि जाग्रत होती है। इस प्रकार स्थानीय स्वशासन लोकतंत्र का सर्वश्रेष्ठ शिक्षालय और लोकतंत्र की सफलता की सबसे बड़ी गारण्टी है।

## Locke, John | जॉन लॉक ( 1632-1704 )

सत्रहवीं सदी के प्रसिद्ध विचारक जॉन लॉक को उदारवाद का जनक (Father of Liveralism) माना जाता है। उनके समय इंग्लैण्ड में औद्योगिक क्रान्ति की शुरुआत हो रही थी। इसलिए स्वाभाविक ही है कि उदारवाद का मूल प्रवर्तक इंग्लैण्ड में ही पैदा हुआ। सी.वी. मेक्फरसन ने लिखा है "लॉक वास्तव में अंग्रेजी उदारवाद का मूल स्रोत था। उन्होंने उदारवाद की मूल मान्यताएं बताई हैं"

(क) वह मनुष्य को विवेकशील प्राणी मानता था।

(ख) वह इतिहास के बजाय मनुष्य की तर्कबुद्धि या विवेक (Reason) को सारे चिन्तन का आधार मानता था।

(ग) वह व्यक्ति के प्राकृतिक अधिकारों में विश्वास करता था। उसने जीवन, स्वतन्त्रता तथा सम्पत्ति के अधिकार को प्राकृतिक अधिकारों के रूप में मान्यता दी है।

(घ) वह निजी सम्पत्ति को व्यक्ति के अधिकारों का आधार-स्तम्भ मानता है।

(ङ) वह समझौते (Contract) को राजनीतिक सत्ता का न्यायिक आधार मानता था।

जॉन लॉक ने अपनी पुस्तक 'टू ट्रीटिजेस ऑफ सिविल गवर्नमेन्ट' (नागरिक शासन पर दो निबन्ध) (1689) के अन्तर्गत राजा के दैवीय अधिकारों का खण्डन किया तथा राज्य की उत्पत्ति समझौता सिद्धान्त से मानते हुए सरकारी सत्ता को एक न्यास या धरोहर (Trust) माना है। इसलिए मनुष्यों की स्वतन्त्रता को कायम रखना राज्य का कर्तव्य मानते हैं।

## Locus Standi | अधिस्थिति

अधिस्थिति शब्द एक कानूनी पद है। इसका तात्पर्य यह है कि किसी मामले में न्यायालय के समक्ष उपस्थित होने तथा अपना मंतव्य प्रस्तुत करने का अधिकार होता है।

## Logical Empiricism | तार्किक इंद्रियानुभववाद

वियना सर्कल के दार्शनिकों द्वारा विकसित सिद्धान्त जिसे लॉजिकल पॉजिटिविज्म के नाम से जाना जाता है। इसमें वैज्ञानिक दृष्टिकोण और सहयोग पर बल दिया जाता है। जो तथ्य अनुभव द्वारा सत्यापनीय नहीं हैं, उन्हें अर्थहीन माना जाता है। मूल्य निरपेक्षवादी होने के कारण काम्टे, दुर्खीम ने अध्यात्मशास्त्र, नीतिशास्त्र आदि परम्परागत ज्ञान की आलोचना की है।

## Logical Grounds of Discrimination | भेदभाव का तर्कसंगत आधार

जैसे स्वतन्त्रता की सकारात्मक संकल्पना पर कुछ प्रतिबन्ध स्वभावतः लगाये जाते हैं, उसी तरह समानता की संकल्पना में भी कुछ भेदभाव अवश्य स्वीकार किए जाते हैं। शर्त यह है कि भेदभाव समानता की पुष्टि करे, उसका हनन नहीं करे। इस भेदभाव के दो युक्तियुक्त आधार हो सकते हैं।

(क) भेदभाव का कोई तर्कसंगत कारण अवश्य होना चाहिए जैसे मताधिकार उन सभी को मिलना चाहिए जो उसका प्रयोग करने में समर्थ हों, लेकिन विक्षिप्त मनुष्य को मताधिकार से वंचित रखना तर्कसंगत होगा, क्योंकि उससे मतदान के समुचित प्रयोग की आशा नहीं की जा सकती।

(ख) मुक्त प्रतिस्पर्धा (Free Competition) की स्थिति में कमजोर पक्ष को कुछ छूट दी जा सकती है, जिससे ताकतवर पक्ष के मुकाबले उसे नुकसान न उठाना पड़े। जैसे भारत के संविधान में अनुसूचित जातियों व जनजातियों को सरकारी सेवाओं में स्थान देने के लिए अनुच्छेद 335 में आरक्षण दिया गया है। यह आरक्षण उन्हें उनकी पिछड़ी हुई शैक्षिक व आर्थिक परिस्थितियों को देखते हुए प्रदान किया है। इसलिए अनुच्छेद 16(4) के तहत इन

वर्गों को दिए गए आरक्षण से समानता के अधिकार का उल्लंघन नहीं होता है बल्कि यह समानता के अधिकार की प्राप्ति की दिशा में उठाया गया एक कदम है।

**Logical Positivism | तार्किक प्रत्यक्षवाद**

यह सिद्धान्त विएना सर्किल के सिद्धान्तकारों ने प्रस्तुत किया है। इसके अनुसार केवल अनुभवमूलक पद्धति (Empirical Method) से ही विश्वस्त और प्रामाणिक ज्ञान प्राप्त कर सकते हैं। मूल्यों से जुड़े प्रश्न वैज्ञानिक ज्ञान के विषय नहीं हो सकते। उनसे विश्वस्त ज्ञान की प्राप्ति संभव नहीं है। इसलिए मूल्यों से जुड़े प्रश्नों को हमारे अन्वेषण क्षेत्र से बाहर निकाल देना चाहिए।

**Lok Adalat | (लोक अदालत)**

कानून के द्वारा संस्थापित न्यायालयों से हटकर एक नवीन न्याय व्यवस्था जिसमें सामान्य प्रक्रियाओं को बहुत संक्षिप्त कर न्यायाधीश किसी एक निश्चित तिथि या समय पर अपनी बैठक करते हैं, जहाँ वादी, प्रतिवादी अपना वाद सीधे या तत्काल निर्णय के लिए स्वयं अथवा वकील के माध्यम से प्रेषित कर सकते हैं। इस प्रकार की प्रक्रिया में धन व समय की बचत होती है और यह जन सुविधा के लिए लाभकारी भी है। इसका प्रचलन 1987 में बने लोक अदालत सेवा प्राधिकरण अधिनियम से प्राप्त 'कानूनी दर्जा' के कारण हुआ।

**Lok Sabha | (लोकसभा)**

भारतीय राजनीतिक व्यवस्था में एक संसद होती है जिसमें दो सदन होते हैं। उच्च सदन राज्यसभा तथा निचला सदन लोकसभा होता है। अनुच्छेद 81 के अनुसार लोकसभा प्रादेशिक निर्वाचन क्षेत्रों से चुने हुए 530 प्रतिनिधि, 20 संघ राज्य क्षेत्रों एवं 2 आंग्ल भारतीयों से मिलकर बनेगी, जिनका निर्वाचन पांच वर्ष के लिए 18 वर्षीय नागरिकों द्वारा प्रत्यक्ष रूप से किया जाता है। इसके प्राधिकार एवं शक्तियां संसद के दूसरे सदन अर्थात् राज्यसभा से बहुत अधिक हैं। विधि निर्माण तथा वित्तीय व्यवस्था में इसी का निर्णय अंतिम होता है। कार्यपालिका अर्थात् मंत्रिमण्डल सामूहिक रूप से लोकसभा के प्रति उत्तरदायी होता है। इसका अध्यक्ष लोकसभा अध्यक्ष कहलाता है जिसे यह स्वयं चुनती है एवं एक उपाध्यक्ष होता है।

**Lokpal Bill | लोकपाल बिल, 2011**

भारत में भ्रष्टाचार निवारण के लिए गत पाँच दशक से सशक्त 'लोकपाल' बनाने का प्रयास किया जाता रहा है। इस संस्था द्वारा भ्रष्टाचार की जाँच एवं दंडात्मक कार्यवाही किया जाता। 116वां संशोधन विधेयक काफी जन आन्दोलन के बाद सशक्त लोकपाल के लिए संसद में लाया गया था। 27 दिसम्बर 2011 को लोकसभा में पारित हो गया। लेकिन राज्य सभा में 29 दिसम्बर को काफी बहस और विधेयक में सुधार के अनेकों प्रस्ताव के कारण सरकार इस बिल को पास करवाने के लिए मतदान नहीं करवा सकी। सम्भवतः सरकार के पास आवश्यक दो तिहाई बहुमत नहीं था। दो तिहाई बहुमत के अभाव में लोकसभा भी लोकपाल को सांविधानिक दर्जा देने वाले विधेयक को पारित नहीं करवा सकी। पुनः नये संशेधनों को सरकार मंत्रिमंडल की स्वीकृति के बाद राज्य सभा में प्रस्तुत करेगी। इसमें राज्य में दिए गए सभी सुझावों को शामिल नहीं किया गया है। खासकर प्रधानमंत्री से चपरासी तक लोकपाल के दायरे में नहीं आ पाये हैं। चयन समिति और अधिकार क्षेत्र पर भी विवाद है।

## Look West Policy | पश्चिम की ओर देखा नीति

भारत सरकार द्वारा 2005 में Look east policy की तर्ज पर लुक वेस्ट पालिसी प्रारम्भ की गई। पश्चिम की ओर देखो नीति का आह्वान करने वाली इस नीति के क्रियान्वयन के क्रम में भारत ने 2008 में ओमान और कतर जैसे देशों के साथ समझौते किए। भारत और ओमान ने पारस्परिक सहयोग द्वारा 100 मिलियन डालर के कोष का निर्माण किया है, जिसे बढ़ाकर 1.5 बिलियन डालर तक ले जाने पर दोनों देशों में सहमति बनी है। इस नीति के तहत भारत पश्चिमी एशिया के देशों के साथ व्यापारिक वाणिज्यिक और कूटनीति सम्बन्ध बढ़ा रहा है। भारत की ऊर्जा आवश्यकताओं को ध्यान में रखते हुए इस नीति का निर्माण किया गया। कुछ ऐसे कारक हैं जो इस नीति के क्रियान्वयन में बाधक हैं। भारत के इस्राइल के साथ अच्छे सम्बन्ध पश्चिमी देशों की आंखों की किरकिरी बने हुए हैं क्योंकि ये देश इजरायल को अपना शत्रु मानते हैं।

## Loyalist | निष्ठावादी

अमेरिकी निष्ठावादियों की यह धारणा है कि राजनीतिक परिवर्तन के लिए क्रांति का मार्ग अग्राह्य है। व्यक्ति की सामाजिक निष्ठा का वैधानिक रूप सरकार है और इस प्रकार की सामाजिक निष्ठा को समाप्त किए बिना क्रांति असंभव प्रतीत होती है। अधिकतर निष्ठावादी 'टोरी' थे। और उनकी राय में सरकार का श्रेष्ठ रूप राजतंत्र था। इस प्रकार अमेरिका के निष्ठावादी इंग्लैण्ड के सम्राट और पार्लियामेंट को राष्ट्रीय एकता का प्रतीक मानते थे, जिसकी शक्ति उनकी राय में अविभाज्य और सर्वोच्च थी।

## Lucian Pyee | लुसियन पाई

लुसियन पाई राजनीतिक विकास का प्रमुख अध्येता है। इन्होंने अपनी पुस्तक 'ऑस्पेक्टस ऑफ पॉलिटिकल डवलपमेन्ट' (राजनीतिक विकास का क्षेत्र) 1963 में राजनीतिक विकास का विस्तृत वर्णन किया है। पाई ने राजनीतिक विकास को तीन स्तरों के रूप में परिभाषित किया है।

1. सम्पूर्ण जनसंख्या के सन्दर्भ को ध्यान में रखते हुए राजनीतिक विकास का अर्थ बताया है कि राजनीतिक व्यवस्था के प्रति जनता की प्रकृति में कोई मौलिक परिवर्तन आया है अथवा नहीं। व्यवस्था के प्रति जनजागरूकता, सहभागिता, नौकरशाही के प्रति दृष्टिकोण आदि पर विचार किया जाता है। इस दृष्टि से राजनीतिक व्यवस्था के विकास को देखा जाता है।
2. शासकीय तथा सामान्य व्यवस्थायी निष्पादन के स्तर पर इसका अर्थ, राजनीतिक व्यवस्था की उस क्षमता में देखा जाता है जिसमें वह सार्वजनिक विषयों को अच्छी तरह से निष्पादित करने लगता है। इस तरह राजनीतिक व्यवस्था के विकसित होने का अर्थ राजनीतिक विवादों को नियंत्रित रखने से लगाया जाता है।
3. राजनीतिक विकास की व्यवस्थाओं में संरचनात्मक विभिन्नीकरण में वृद्धि, संरचनाओं में प्रकार्यात्मक विशेषीकरण तथा समन्वय स्थापित होता है। लुसियन पाई ने राजनीतिक विकास में समानता, क्षमता तथा विशेषीकरण पर बल दिया है। इस प्रकार उन्होंने राजनीतिक विकास की तीन विशेषताएँ मानी हैं।
   (i) *समानता (Equality)*: लुसियन पाई ने राजनीतिक विकास वाली राजनीतिक व्यवस्था की प्रथम विशेषता समानता मानी है। इसमें नागरिक समानता के स्तर पर शासन की गतिविधियों में भाग लेने लगते हैं। कानून सभी पर समान रूप से लागू होता है तथा राज्य के विभिन्न पदों के लिए भर्ती करते समय योग्यता एवं कुशलता के मापदण्ड को लागू करना चाहिए। इन्हीं आधारों पर समानता के सिद्धान्त का पता चलता है।

(ii) *क्षमता (Capacity):* क्षमता का अर्थ यह लगाया जाता है कि किसी राज्य एवं सरकार में आवश्यक कार्यों को पूरा करने की कितनी क्षमता है, सार्वजनिक नीति को लागू करने की योग्यता तथा कुशलता कितनी है तथा प्रशासन में विवेकपूर्ण एवं धर्मनिरपेक्ष दृष्टिकोण कितना है। अर्थात् वह प्रवृत्ति जिसमें शासन जनसाधारण की मांगों का सामना करने में अधिक कार्यकुशल सिद्ध होता है, क्षमता कहलाती है।

(iii) *विभेदीकरण (Differentiation):* विभेदीकरण समाज तथा राज्य के विभिन्न अंगों, पदों तथा विभागों का होना, उनके कार्य निश्चित होना, व्यवस्था के विभिन्न राजनीतिक कार्यों की स्पष्टता तथा विभिन्न अंगों की जटिल प्रक्रियाओं का एकीकरण करना ताकि विघटन पैदा न हो। अर्थात् वह प्रक्रिया जिसमें राजनीतिक प्रणाली के विशिष्ट कार्यों को सम्पन्न करने के लिए विशिष्ट संरचनाएं उभर कर सामने आती हैं।

इस प्रकार लुसियन पाई के विचारों में "राजनीतिक विकास संस्कृति का विसरन तथा जीवन के पुराने प्रतिमानों को नयी मांगों के अनुकूल बनाने तथा उनके साथ सामंजस्य बिठाना है"।

## Luxermburg, Rosa | लक्जमबर्ग, रोसा ( 1871-1919 )

रोसा लक्जमबर्ग बोलशेविक आन्दोलन तथा मार्क्सवाद के विकास में योगदान देने वाली एक जर्मन महिला थी। उसकी हत्या सैनिकों द्वारा की गई थी। अतः वह एक शहीद के रूप में पूजी जाती थी। उसने लेनिन तथा उसके मार्क्सवाद की कटु आलोचना की थी। वह पॉलिटेरियन आन्दोलन के पक्ष में थी, पर उसका ज्यादा बल लोकतंत्र पर था। उसके सिद्धान्तों का जर्मन एस.पी.डी. पर बड़ा प्रभाव था।

# M

**Macaulay, T.B. | मैकाले टी.बी. ( 1800–1859 )**

प्रसिद्ध अंग्रेज विद्वान जो 1834 में भारत में गवर्नर जनरल की कार्यकारी परिषद के प्रथम विधि सदस्य बनकर आये। उन्होंने दंड संहिता बनायी जो बाद में भारतीय अपराध संहिता 1860 का आधार बनी। इस संहिता में कानून की नज़र में भारतीय एवं यूरोपियन को समान माना गया। अंग्रेजी भाषा पर आधारित पश्चिमी शिक्षा प्रणाली भारत में लागू की गयी। उनके द्वारा भारत में उदारवादी विचारधारा को बढ़ावा मिला।

**Machanistic Theory of the State | राज्य का यन्त्रीय सिद्धान्त**

यह सिद्धान्त राज्य की तुलना यंत्र या मशीन से करता है जिसे मनुष्य ने अपने लाभ या उपयोग के लिए सोच-विचार कर बनाया है। यह सिद्धान्त 17वीं सदी में मशीनीयुग में व्यवस्थित रूप से सामने आया। यह सिद्धान्त राज्य को एक सामाजिक संस्था मानता है और राज्य को मनुष्य की आवश्यकताओं की पूर्ति का एक साधन मानता है। यह सिद्धान्त राज्य को उच्चतर इच्छा (Superiorwill) की अभिव्यक्ति मानता है। टॉमस हॉब्स (1588–1679) और जॉन लॉक (1632–1740) इस सिद्धान्त के प्रवर्तक हैं।

**Machiavelli, Niccoalo (1469–1527) | ( मैकियावली निकालो )**

मैकियावली एक फ्लोरेन्स नाटककार व राजनीतिज्ञ था। उसकी प्रसिद्ध कृति है: The Prince, जिसे उसने अपने आश्रयदाता, ड्यूक लोरेन्जो को समर्पित की थी। यह पुस्तक इटली के एक नगर राज्य पर सफलता से कैसे शासन किया जाए का विश्लेषण है। उसने Discourses में इटली के राजनीतिक इतिहास का अध्ययन प्रस्तुत किया है। इन दोनों पुस्तकों में उसने शासन कैसे किया जाए, विषय पर अपने विचार प्रकट किए हैं। उसे End Justice the Means (साध्य ही साधन का निर्णय करता है) के सिद्धान्त का प्रतिपादक माना जाता है अर्थात् उचित साध्य की प्राप्ति के लिए साधन कैसे भी हो, सामान्यतया उनकी प्रशंसा की जाएगी। ये राष्ट्रीय राज्य के प्रथम प्रतिपादक थे। राजा को राज्य की रक्षा के लिए सिंह एवं लोमड़ी जैसी नीति अपनानी चाहिए।

**Macht Politic (=Power Politics) | सत्तार्थ नीति, शक्ति नीति**

किसी देश की राजनीतिक व्यवस्था में इस प्रकार की राजनीति जिसका केन्द्र बिन्दु शक्ति की प्राप्ति होता है तथा इसका लक्ष्य शक्ति का प्रसार और शक्ति को दृढ़ करना होता है। एवं जिसमें सार्वजनिक हित तथा जनमत गौण होकर रह जाते हैं। इस प्रकार की राजनीति में उन साधनों का उपयोग या प्रयोग भी अनुचित नहीं माना जाता, जिन्हें मैकियावलीय साधन कहते हैं। परिणामस्वरूप राष्ट्रों, समूहों, दलों, गुटों और व्यक्तियों में शक्ति के लिए निरंतर संघर्ष बना रहता है। इसे सत्तार्थ नीति या शक्ति नीति कहते हैं।

## Macintyre, Alasdair | एलेस्डेयर मैकिनटायर

स्कॉटलैण्ड (इंग्लैण्ड) के नैतिक दर्शनशास्त्री एलेस्डेयर मैकिनटायर (1929) समुदायवाद (Communitarianism) के मुख्य सिद्धान्तकार हैं। इन्होंने अपनी पुस्तक 'आफ्टर वर्च्यू' (सद्गुण के अनुरूप) (1981) में कहा है "व्यक्ति का व्यक्तित्व और आत्माभिव्यक्ति सामाजिक और सामुदायिक बंधनों के तंतु जाल में सार्थक होते हैं। मैकिनटायर का समुदायवाद हम सबकी सामान्य पहचान और उन मूल्यों एवं मान्यताओं को विशेष महत्त्व देता है जिनके प्रति हम सब आस्था रखते हैं। उन्होंने कहा है कि व्यक्ति का व्यक्तित्व उस सामाजिक चलन (Social Practice) की छत्र-छाया में पनपता है जिसके माध्यम से वह सम्पूर्ण सदगुण (Perfect-Virtue) अर्जित करता है।"

मैकिनटायर ने अपनी अन्य पुस्तक "ह्यूज जस्टिस? रहि्वचरैशनैलिटी?" (किसका न्याय? कौन सी तर्कसंगति?) (1988) में समुदायवादी मान्यताओं के आधार पर न्याय व एक सद्गुण की नई संकल्पना विकसित की है। मैकिनटायर कहते हैं कि व्यक्ति केवल ऐसी 'सहयोगमूलक मानवीय गतिविधि (Cooperative Human Activity) के वातावरण में पनप सकता है जो समाज के द्वारा स्थापित की गयी हो। राज्य का काम इस गतिविधि को सहेजना एवं बढ़ावा देना है जिससे उत्कृष्ट मानवीय गुण के विकास को प्रोत्साहन दिया जा सके।'

## Maciver, R.M. | आर.एम. मैकाइवर (1882–1970)

अमेरिकी राजनीतिक चिन्तक राबर्ट एम. मैकाइवर ने अपनी पुस्तक मॉर्डर्न स्टेट (आधुनिक राज्य) (1926) में राज्य की उत्पत्ति के ऐतिहासिक या विकासवादी सिद्धान्त का वर्णन किया है। उन्होंने आधुनिक राज्य के विकास के निम्न चरण माने हैं।

1. *स्वजन समूह (Kinship):* मैकाइवर के अनुसार स्वजन समूह समाज को जन्म देते हैं और समाज आगे चलकर राज्य को जन्म देता है। स्वजन समूह का अर्थ है, सगे-सम्बन्धियों के समूह जो रक्त सम्बन्ध पर आधारित होते हैं।
2. *सम्पत्ति (Property):* परिवार के द्वारा जब स्वजन समूह का विस्तार हो जाता है, तब सम्पत्ति का उदय होता है। परिवार पर नियन्त्रण की भावना ही सम्पत्ति पर नियन्त्रण की प्रेरणा देती है। यहाँ तक कि पुरुष अपनी पत्नी और सन्तान को भी सम्पत्ति मानने लगता है।
3. *रीति-रिवाज (Custom):* स्वजन समूह व सम्पत्ति समुदाय के जीवन को एक सामान्य ढंग में ढाल देते हैं जो रीति-रिवाज का रूप धारण कर लेता है। जब रीति-रिवाज भली-भांति स्थापित हो जाते हैं, तब उनसे सामाजिक संस्थाओं का संचालन करते हैं और उन्हें निर्देश देते हैं।
4. *शक्ति (Power):* जो मनुष्य दूसरों की गतिविधियों का संचालन करते हैं और उन्हें निर्देश देते हैं, कालान्तर में वे अपनी शक्ति एवं विशेषाधिकारों (Privileges) की रक्षा के प्रति सजग हो जाते हैं। वे योद्धा, नायक या दिव्य पुरुष के रूप में प्रतिष्ठित होने लगते हैं। इसलिए प्रारम्भिक सरकार की विशेषता असीम शक्ति का प्रयोग करना है।
5. *नागरिकता (Citizenship):* इन सब चरणों को पार करके राज्य अपने निश्चित रूप में अवतरित होता है। ऐसी स्थिति में राज्यों की सीमाएं निश्चित हो जाती हैं, और नागरिकता का स्वरूप विकसित हो जाता है। राष्ट्रीयता, राजनीतिक प्रभुसत्ता (Political Severeignty) तथा कानून के रूप में देखने को मिलती है। जब शासन का स्थान (Seat of Government) निश्चित हो जाता है। आधुनिक राज्य भी उसी समय अस्तित्व में आता है। मैकाइवर के इस सिद्धान्त से ज्ञात होता है कि राज्य की उत्पत्ति सामुदायिक प्रणाली (Communal System) से हुई है, जिसमें राज्य, परिवार, धार्मिक संस्थाओं तथा अन्य नये साहचर्यों के विकास की

संभावनाएं विद्यमान थीं। इसलिए आधुनिक राज्य का कार्य विभिन्न साहचर्यों (Associations) के हितों में सामंजस्य स्थापित करना है। राज्य मनुष्य की अनन्यनिष्ठा का अधिकारी नहीं है। मैकाइवर ने सेवाधर्मी राज्य (Service State) का समर्थन किया है। इसका अर्थ है राज्य अपने नागरिकों की अधिक से अधिक सेवा करके ही उनकी अधिक से अधिक निष्ठा प्राप्त करने का दावा कर सकता है।

मैकाइवर के विचार समकालीन उदारवादी-बहुलवादी दृष्टिकोण (Liveral-Pluralist View) की पुष्टि करते हैं।

मैकाइवर ने अपनी अन्य पुस्तक 'द वैब ऑफ गवर्नमेन्ट' (The Web of Government) (शासन तन्त्र) (1965) के अन्तर्गत कहा है कि जहाँ कला, साहित्य, धर्म इत्यादि के क्षेत्र में राज्य को विभिन्न साहचर्यों की गतिविधियों में हस्तक्षेप नहीं करना चाहिए, वहाँ परस्पर विरोधी वर्गों के आर्थिक सम्बन्धों को अपने आप समायोजित होने के लिए नहीं छोड़ा जा सकता। राज्य को न्याय के आधार पर इन सम्बन्धों का नियमन करना चाहिए।

## Magna Carta | मैग्नाकार्टा

ब्रिटिश सांविधानिक इतिहास का प्रसिद्ध दस्तावेज मैग्नाकार्टा है। यह दस्तावेज एक अधिकार पत्र या चार्टर के रूप में था, जिसे सम्राट जॉन ने 15 जून 1215 को जारी किया था। इसमें यह गारंटी दी गई थी कि किसी स्वतंत्र जन को तब तक न तो गिरफ्तार किया जा सकेगा, न कारावास या और कोई दंड दिया जा सकेगा। जब तक संबंधित न्यायाधीश इसका निर्णय न दे दे अथवा देश का कानून इसकी आज्ञा न देता हो। मैग्नाकार्टा का लक्ष्य सम्राट की स्वेच्छाचारिता पर प्रतिबंध लगाना तथा प्रजा के अधिकारों को सुरक्षित करना था। इस घोषणा पत्र में धारा 37 प्रमुख थी, जिसमें किसी व्यक्ति को मुकदमा चलाए बिना कारावास में न रखना, नागरिकों के घरों में बलात् सैनिकों को न ठहराया जाना आदि प्रमुख थी।

## Magnum Councilum | महान परिषद्

इंग्लैण्ड में नार्मन राजाओं के समय के दौरान अर्थात् ग्यारहवीं शताब्दी के सामंतों के दबाव, धर्माधिकारियों एवं अन्य राजकीय विश्वास पात्र राजघराने के विशिष्ट सदस्यों की सभा जिसकी सहायता व परामर्श से राजा शासन करता था। प्रमुख रूप से यह राजा को कानून-निर्माण और कराधान में परामर्श देती थी तथा न्याय प्रशासन की भी सर्वोच्च निकाय थी। इस प्रकार इस परिषद को वर्तमानकालीन संसद, मंत्रिमण्डल, प्रिवी काउंसिल और उच्च न्यायालय की जननी कहा जा सकता है। इस प्रकार इसे मेग्नम काउन्सिलियम कहते हैं।

## Majority Government | बहुमत सरकार

किसी देश की राजनीतिक व्यवस्था में जब किसी राजनीतिक दल को संसद के निचले सदन में आधे से अधिक स्थान प्राप्त हो जाते हैं तो उस दल की सरकार को "बहुमत सरकार" कहते हैं। बहुमत वाली सरकार सुदृढ़ रूप से शासन का संचालन करती है। ऐसी सरकार स्थायी होती है जो निसंदेह अपना कार्यकाल पूरा करती है।

## Majority Systems | बहुमत प्रणाली

बहुमत प्रणाली वह प्रणाली है जिसमें मतदाताओं का (50%+1) बहुमत किसी विधेयक या कानून के पारित होने के लिए जरूरी होता है। इसी तरह किसी चुनाव में सफलता के लिए प्रतिस्पर्धी पक्ष या पक्षों के मुकाबले सबसे अधिक मत प्राप्त होना जरूरी होता है।

**Malum Prohibitum | निषेधतो दोष**

किसी राष्ट्र या देश में किए जाने वाला इस प्रकार का कार्य जो परम्परा और नैतिकता के अनुसार अपराध न होने पर भी विधि तथा संविधान द्वारा निषिद्ध घोषित कर दिया गया हो। उसे निषेधतो दोष कहते हैं।

**Mandamus | परमादेश**

लैटिन शब्द "मैन्डेमस" का शाब्दिक अर्थ है, आज्ञा। जब परमादेश लेख किसी व्यक्ति या संस्था के नाम से निकाला जाता है, तब वह उसे ऐसे कुछ सार्वजनिक या अर्ध-सार्वजनिक वैध कार्य करने की आज्ञा प्रदान करता है। जिसे करना उस व्यक्ति या संस्था ने अस्वीकार कर दिया है तथा जिसे करवाने का अन्य कोई वैध उपाय शेष न रहा हो। जिस पक्ष के विरुद्ध यह परमादेश लेख निकाला जाता है, वह लेख में उल्लेखित आदेश का पालन करने के लिए बाध्य होता है। इस लेख को निकालना न्यायालय की मर्जी पर निर्भर है। यह न्यायालय का ऐसा आदेश होता है जिसमें निर्दिष्ट अधिकारी को निर्दिष्ट कार्य करने को कहा जाता है। उदाहरण के लिए इसमें किसी ऐसे व्यक्ति को लाइसेंस या परमिट प्रदान करने का आदेश दिया जा सकता है जो कानून की दृष्टि से उसका हकदार हो। साधारण रूप से परमादेश जारी करने की शक्ति राज्य के सबसे बड़े न्यायालय को प्राप्त होती है। ऐसा आदेश प्रायः उसी स्थिति में जारी किया जाता है, जबकि संबंधित अधिकरण, निगम या व्यक्ति अपने लोक-कर्तव्य का जान बूझकर पालन न कर रहा हो। अनु. 32 (2) के तहत सर्वोच्च न्यायालय एवं अनुच्छेद 226 के तहत उच्च न्यायालय ऐसे प्रलेख जारी कर सकते हैं। परमादेश का प्रलेख राष्ट्रपति को जारी किया जा सकता है।

**Mandate | अधिदेश**

(1) सत्तारूढ़ दल की प्रस्तावित नीतियों और कार्यक्रमों के लिए निर्वाचक वर्ग का अनुमोदन ही अधिदेश कहलाता है। इन नीतियों व कार्यक्रमों को यह दल अपने चुनाव घोषणा पत्र में प्रकाशित कर देता है। दल को बहुमत मिलने का अर्थ होता है कि निर्वाचक वर्ग ने अपनी स्वीकृति की छाप उन पर लगा दी है तथा उस दल की सरकार को उन्हें क्रियान्वित करने का अधिकार प्राप्त हो गया है। इन्हें क्रियान्वित करने में अड़चन आने पर प्रधानमंत्री राज्याध्यक्ष को विधानमंडल भंग करने की सलाह दे सकता है। जिससे कि फिर से जनता का अधिदेश प्राप्त किया जा सके।

(2) अन्तर्राष्ट्रीय राजनीति में राष्ट्र संघ की ओर से किसी सदस्य राष्ट्र को निर्दिष्ट आश्रित के प्रशासन को सम्भालने का आदेश भी अधिदेश कहलाता है अर्थात् प्रथम विश्वयुद्ध के दौरान शत्रु राज्यों से छीने गए प्रदेश जिनके प्रशासन के लिए राष्ट्र संघ ने अधिदेश प्रणाली के तहत उन्हें स्वशासित होने के लिए प्रेरित किया।

**Manifesto | घोषणा-पत्र**

किसी राष्ट्र की कोई संस्था, राजनीतिक दल अथवा संप्रदाय की रीति-नीतियों अथवा विचारधारा की घोषणा करने वाला यह प्रपत्र होता है। अतः इस प्रकार का यह घोषणा-पत्र राजनीतिक दलों के द्वारा प्रायः निर्वाचन के पूर्व जनता को अपनी नीतियों और कार्यक्रमों से अवगत करवाने के बाद लोकमत को अपने पक्ष में करने के लिए जारी किया जाता है। इसे निर्वाचन घोषणा-पत्र कहते हैं। 1848 में जारी किया गया **"साम्यवादी घोषणा पत्र"** साम्यवादी साहित्य में एक विशिष्ट स्थान रखता है। इसमें कार्ल मार्क्स द्वारा प्रतिपादित **वैज्ञानिक समाजवाद** का वर्णन किया गया है। यह मार्क्स एवं एंजल्स ने संयुक्त रूप से लिखा था।

## Mannheim, Karl (1893–1947) | कार्ल मेन्हाइम

कार्ल मेन्हाइम जर्मन समाजशास्त्री था जिसने द्वितीय विश्वयुद्ध से पूर्व और उसके बाद समाज में विचारवादी आदर्शवाद (Ideology) की समस्या से संबंधित विचार प्रस्तुत किए थे। उसके लेखों में मार्क्सवाद का प्रभाव झलकता है। पर वह वस्तुतः कट्टर मार्क्सवादी नहीं था। उसकी प्रसिद्ध कृति Ideology and Utopia: An Introduction to the Sociology of Knowledge (विचारधारा और कल्पनालोक : ज्ञान के समाजविज्ञान का परिचय) (1929) में उसने अपने विचारों को मूर्त रूप दिया है। उसकी मान्यता थी कि लोग दुनिया को अपने वर्ग की सिद्धान्त प्रणाली से देखने का प्रयास करते हैं न कि वास्तविकता के अवलोकन के माध्यम से। उसका कहना है कि वे लोग तो स्पष्ट सामाजिक-आर्थिक हित रखते हैं। वे निस्सन्देह समस्याओं को अपने ढंग से ही या अपने दर्शन के अनुरूप ही बढ़ा-चढ़ा कर देखते हैं। वह मानता है कि जिन लोगों का कोई आर्थिक हित नहीं होता वे ही समस्या को स्पष्ट रूप में देख पाते हैं। ऐसे लोगों को उसने Free Floating Intelligentia की संज्ञा दी है।

मेन्हाइम ने विचारधारा और कल्पनालोक में अन्तर करते हुए कहा है कि विचारधारा 'मिथ्या चेतना' को व्यक्त करती है। और उसका ध्येय प्रचलित व्यवस्था को कायम रखना है। दूसरी ओर कल्पनालोक परिवर्तन की शक्तियों को बढ़ावा देता है। कल्पनालोक ऐसे सिद्धान्तों का समुच्चय है जिन्हें यथार्थ में नहीं उतारा जा सकता है। चाहे ये सिद्धान्त शासक वर्ग के हों या विरोधी वर्ग (Opposition) के हों।

मेन्हाइम ने विचारधारा की मार्क्सवादी धारणा को स्वीकार करते हुए मार्क्सवादी ढांचे को सामाजिक-विश्लेषण के सामान्य उपकरण का रूप दे दिया है। परन्तु उसने वर्गहीन समाज (Classless Society) की मार्क्सवादी संकल्पना को कल्पनालोक की श्रेणी में रखकर उसकी प्रमाणिकता को भी चुनौती दी है।

संक्षेप में मेन्हाइम ने विचारधारा के सम्बन्ध में मार्क्सवादी सिद्धान्त के विरुद्ध मुख्यतया तीन तर्क दिए हैं:

1. किसी समूह की विचार शैली (Style of Thought) और उसके स्वार्थों (Interest) से जुड़े हुए दृष्टिकोण में केवल अप्रत्यक्ष सम्बन्ध पाया जाता है उसकी चेतना और आर्थिक हितों में प्रत्यक्ष सहसम्बन्ध (Direct Correlation) नहीं पाया जाता है।
2. स्वयं मार्क्सवाद भी एक वर्ग की विचारधारा है क्योंकि समस्त सामाजिक चिन्तन स्थिति सापेक्ष (Relational) होता है। कोई भी विचारक वैज्ञानिक सत्य (Scientific Truith) की अभिव्यक्ति का दावा नहीं कर सकता।
3. वर्गों के अलावा कई तरह के सामाजिक समूह मानवीय चेतना को प्रभावित करते हैं। उदाहरण हेतु पुरानी और नई पीढ़ियों (Generations) के सोचने के ढंग में अन्तर पाया जाता है। अतः विचारधाराओं के मतभेद को केवल वर्ग भेद (Class-Distinction) के साथ जोड़ना युक्तिसंगत नहीं है।

## Manoeuvre | युक्तिचालन, स्थिति-परिवर्तन कौशल

युक्तिचालन से तात्पर्य चतुराई, धूर्तता अथवा मुस्तैदी के साथ किसी परिस्थिति विशेष को अपने अनुकूल करने अथवा उससे स्वयं को अलग करने के उपाय से है।

## Manroe Doctrine | मुनरो सिद्धान्त

अमेरिकी विदेश नीति का एक सिद्धान्त जिसकी घोषणा 1823 में तत्कालीन राष्ट्रपति मुनरो ने की थी। इसका लक्ष्य यह था कि जिन लैटिन अमेरिकी उपनिवेशों को नई-नई स्वतंत्रता प्राप्त हुई थी

उन्हें कोई यूरोपीय राष्ट्र फिर से अपना उपनिवेश बनाने के लिये तत्पर न हो। इसमें यह कहा गया था कि यदि कोई राष्ट्र अमेरिकी गोलार्द्ध में अपना शासन स्थापित करने का प्रयत्न करेगा तो संयुक्त राज्य अमेरिका ऐसी कार्यवाही को अपनी शांति और सुरक्षा के लिए खतरा समझेगा। मतलब यह है कि अमेरिका इसमें हस्तक्षेप करने को स्वतंत्र होगा।

यह सिद्धान्त अन्तर्राष्ट्रीय कानून का मान्य सिद्धान्त बन गया है। इस तरह कोई राष्ट्र अपने निकटवर्ती देशों की स्वतंत्रता को अपनी शांति और सुरक्षा का आवश्यक अंग मानकर यह घोषणा कर सकता है कि उसके लिए कोई खतरा पैदा होने पर वह देश हस्तक्षेप करने को बाध्य हो जाएगा।

## Manu Smiriti | मनु स्मृति

ऋषि मनु द्वारा रचित, भारत का प्राचीनतम एवं आचार, व्यवहार नियम और समाज के संगठन से सम्बन्धित ग्रंथ। इस ग्रंथ में वर्णाश्रम धर्म की चर्चा की गई है। वर्णव्यवस्था और इसमें शूद्र को समाज से निचले स्तर पर रखा गया है। अतः भीमराव अम्बेडकर के द्वारा 'मनुस्मृति' को जलाया भी गया।

## Mao Tse-Tung (1883–1976) | माओत्से तुंग

माओत्से तुंग चीन का एक प्रसिद्ध राजनेता हुआ है। वह चीनी साम्यवादी दल के जन्मदाताओं में से एक था। वह चीनी गणतंत्र का अध्यक्ष था। वह बड़ा चतुर सेनानायक व गुरिल्ला लीडर था। उसका सबसे बड़ा योगदान था – मार्क्सवादी लेनिन के सिद्धान्तों का एशिया के परम्परावादी समाजों के अनुरूप परिवर्तन। उसने चीनी सामन्तवाद के विरुद्ध अकेले ही लड़ाई लड़ी। उसने चीन में सांस्कृतिक आन्दोलन चलाया। इसके तहत उसने 'Red Gands' दल बनाया जो गांवों में जाकर क्रान्ति फैलाने का कार्य करता था। वह काश्तकारों के जीवन के लिए प्रतिबद्ध था। अतः उसने टैक्नीशियनों, छात्रों व दल के नौकरशाहियों को गाँवों में जाकर काम करने के लिए बाध्य किया। The Little Red Book तथा The Thoughts of Chairman Mao नामक पुस्तकों में निहित है। वह चीनी स्वायत्तता के पक्ष में था। इसके इसी विचार ने चीन और रूस के मध्य खाई उत्पन्न की थी। उसकी विचारधारा को माओवाद Maoism के नाम से जाना जाता है।

चीन की साम्यवादी क्रान्ति के बाद माओत्से तुंग (1893–1976) ने निरन्तर क्रान्ति (Permanent Revolution) के सिद्धान्त की नई व्याख्या दी। माओ ने तर्क दिया कि आर्थिक क्षेत्र में समाजवाद की स्थापना के बाद भी पूंजीवादी संस्कार जनसाधारण के मन में बने रहते हैं और इन्हें मिटाने के लिए क्रान्तिकारियों को सांस्कृतिक क्षेत्र में निरन्तर क्रियाशील रहना चाहिए, अन्यथा समाजवाद की नींव यथेष्ट रूप से सुदृढ़ नहीं हो पायेगी।

माओ ने द्वन्द्वात्मक पद्धति (Dilectic) की नई व्याख्या देते हुए अन्तर्विरोध का नियम (Law of Contradiction) स्थापित किया। इसके अनुसार गलत नीति (Incorrect Line) के साथ टकराने पर ही सही नीति (Correct-Line) का निर्माण होता है। अतः परस्पर विरोधी विन्यासों (Social Formations), वर्गों (Class) और व्यक्तियों (Individuals) पर लागू होता है। यहाँ तक कि यह स्वयं साम्यवादी दल (Communist Party) पर भी लागू होता है। माओ ने अपनी कृति 'ऑन कन्ट्रडिक्शन्स' (अन्तर्विरोधः विचारधारा और विवेचन) (1937) के अन्तर्गत यह दर्शाया कि समाजवाद (Socialism) या साम्यवाद (Communism) की स्थापना हो जाने के बाद भी अन्तर्विरोध का नियम समाप्त नहीं होता।

माओ के अनुसार समाजवाद के दौर में भी वर्ग संघर्ष (Class Conflict) का अन्त नहीं हो जाएगा, केवल उसका रूप बदल जाएगा। उन्होंने कहा है कि समाजवादी व्यवस्था को सुदृढ़ करने के लिए राजनीतिक, सांस्कृतिक, शैक्षिक और विचारधारात्मक मोर्चे पर समाजवाद को बढ़ावा देने में लम्बा समय लगेगा। इसके लिए कुछ दशक पर्याप्त नहीं होंगे बल्कि इसमें कई शताब्दियाँ लग

जाएंगी। समाजवादी व्यवस्था में भी सर्वहारा और बुर्जुआ वर्गों का संघर्ष लगातार चलता रहेगा। यह लम्बा चलने वाला, बार-बार पैदा होने वाला, दारुण और जटिल संघर्ष है। समुद्र की लहरों की तरह यह कभी उग्र हो जाता है, कभी कुछ शांत हो जाता है। परन्तु यह पूरी तरह समाप्त नहीं हो जाता। अतः समाजवादी पुनर्निर्माण की प्रक्रिया "निरन्तर क्रान्ति" (Permanent Revolution) की प्रक्रिया है जिसमें कोई ढील नहीं दी जा सकती।

## Maquis | फ्रांसीसी गुरिल्ला सैनिक

द्वितीय विश्वयुद्ध के समय फ्रांस के जर्मन आधिपत्य वाले क्षेत्र में फ्रांसीसी गुरिल्ला दल जिसका उद्देश्य तोड़फोड़ की कार्यवाही करके जर्मन अधिकारियों तथा सैनिकों का मनोबल गिराना था।

## Marcuse, Herbert (1889–1979) | हर्बट मारक्यूजे

हर्बट मारक्यूजे जर्मनी का मूल निवासी था जो अमेरिका में आकर कैलिफोर्निया में बस गया था। यहाँ उसने राजनीतिक एवं सामाजिक सिद्धान्तों का अध्यापन किया तथा उनके बारे में लिखा। उसको सर्वप्रथम अपनी पुस्तक Reasons and Revolution से 1941 में ही ख्याति प्राप्त हो गई थी। इसमें उसने हीगल के विचारों का अध्ययन किया था। बाद में वह संयुक्त राज्य अमेरिका में सुधारवादी छात्र आन्दोलन का नेता चुना गया। उसकी अन्य पुस्तकें थीं One Dimensional Man तथा Eros abd Civilization. इन पुस्तकों में उसने आधुनिक समाज के आर्थिक एवं वैचारिक बाधाओं पर विचार किया है। वह मार्क्सवाद को पूंजीवाद की तरह ही अमानवतावादी मानता था। वह इसे अमेरिकी समाज के अनुरूप नहीं मानता था। उसकी विचारधारा उदारवाद के अधिक नजदीक थी।

नवमार्क्सवादी विचारक ने समकालीन परिस्थितियों में मनुष्य के अलगाव की प्रभावशाली चित्रण किया है। वन डायमेन्शनल मैंनः स्टडीज इन द आइडियोलॉजी आफ एडवान्स्ड इंडस्ट्रियल सोसायटी (एक आयामी मानवः उन्नत औद्योगिक समाज की विचारधारा का विश्लेषण) (1964) में तर्क दिया है कि पूंजीवाद ने जन सम्पर्क के साधनों को बड़ी चालाकी से इस्तेमाल करते हुए पीड़ित वर्ग के असन्तोष को संवेदनशून्य बना दिया है क्योंकि वह तुच्छ भौतिक इच्छाओं को उत्तेजित करता है। इसका परिणाम यह हुआ कि मनुष्य का बहुआयामी व्यक्तित्व लुप्त हो गया है। और उसके व्यक्तित्व का एक ही आयाम रह गया है। उसकी तुच्छ भौतिक इच्छाओं की सन्तुष्टि अर्थात् मनुष्य सोने के पिंजरे में बन्द पंछी की तरह उसके आकर्षण में इतना डूब गया है कि वह मुक्त आकाश में उड़ान भरने के आनन्द को ही भूल गया है।

## Maritime Belt | समुद्रतटवर्ती पट्टी, भूभागीय समुद्र

किसी राष्ट्र के तट के समीपवर्ती संलग्न वह समुद्रवर्ती क्षेत्र जो राज्य की संप्रभुता के अधीन माना जाता है तथा जिसे भूभागीय समुद्र या प्रादेशिक समुद्र या समुद्री पट्टी आदि अनेक नामों से जाना जाता है। परंपरा से इस क्षेत्र की दूरी तीन मील मानी जाती थी। परन्तु अनेक राज्य उससे संतुष्ट नहीं थे और राष्ट्रीय दावे 12 से लेकर 200 मील तक की दूरी के थे। 1983 में स्वीकृत तृतीय समुद्र-विधि अनुबंध के अन्तर्गत अब यह दूरी 12 मील निर्धारित कर दी गई है।

## Maritime Law | समुद्री विधि, समुद्री कानून

समुद्री व्यवस्था एवं समुद्र के उपयोग से सम्बन्धित कानून व नियम जिनका निरूपण समय-समय पर स्वीकृत अन्तर्राष्ट्रीय अनुबंधों में किया गया है। 1958 के चार जेनेवा अभिसमय और 1983 में तृतीय समुद्र विधि सम्मेलन द्वारा पारित अभिसमय इनके उदाहरण हैं। जिसे समुद्री विधि या समुद्री कानून कहते हैं।

**Maritime Territory | समुद्री भू-भाग, समुद्र तटवर्ती-भू-भाग**

किसी देश विशेष के तट के समीपवर्ती संलग्न समुद्र का वह भाग जिस पर तटवर्ती राज्य को संप्रभुता, नियंत्रण अथवा क्षेत्राधिकार प्राप्त होता है। भूभागीय समुद्र में (तट से 12 मील की दूरी तक) राज्य को संप्रभुता का अधिकार होता है। परन्तु अन्य सीमाओं व क्षेत्रों में (जैसे: संलग्न क्षेत्र और अनन्य आर्थिक क्षेत्र) में उसे केवल नियंत्रण तथा क्षेत्राधिकार का अधिकार होता है, संप्रभुता का नहीं। सामान्य रूप से देखने में आता है कि समुद्री प्रदेश की अवधारणा में भूभागीय समुद्र और ये विभिन्न सीमाएं और क्षेत्र, सभी सम्मिलित किए जाते हैं।

**Market Economy | बाजार अर्थव्यवस्था**

बाजार के लिए उत्पादन जिससे ज्यादा मुनाफा कमाया जा सके। उत्पादक और उत्पादन के उपभोक्ता में केवल ज्यादा मुनाफा और सस्ता सामान-बेचने खरीदने का द्वन्द्व। बाजारी अर्थव्यवस्था से समाज 'बाजार समाज' बन गया है के सिद्धान्तों शिक्षा, अपराधिक न्याय, स्वास्थ्य और अन्य गैर-जड़वादी वस्तुओं जैसे सामाजिक क्षेत्रों में विस्तार से दीर्घावधि में विपरीत प्रभाव हो सकता है। बाजार का कट्टरवाद यानि ज्यादा सामान बेचकर ज्यादा मुनाफा कमाने की प्रवृत्ति से 2008 में विश्वव्यापी मंदी का दौर चला जिसे लाखों लोगों के रोजगार खत्म हो गये और कई देशों में राजनीतिक उथल-पुथल और सामाजिक असंतोष आन्दोलन का रूप ले लिया। हार्वर्ट के अर्थशास्त्र के प्रोफेसर माइकल सेंडेल ने 27 जनवरी 2012 को जयपुर में आयोजित अन्तर्राष्ट्रीय लिटरेचर फेस्टिवल में कहा कि 'मार्केट इकॉनामी' को आगे ले जाकर 'मार्केट समाज' बनाने की प्रवृत्ति नैतिक अर्थशास्त्र के लिए खतरनाक है।

**Market Socialism | बाजार समाजवाद**

1950 के वाद पोलैंड के दार्शनिक ऑस्कर लांज के द्वारा समाजवादी आर्थिक प्रणाली को पूंजीवादी व्यवस्था के कुछ अच्छाई को अपनाने के सलाह के रूप में प्रचलित हुआ। बाजार व्यवस्था को अपनाने से निजी संपति, मूल्य पद्धति, वैयक्तिक स्वतंत्रता को बढ़ावा मिलता है और राज्य का एकाधिकार समाप्त होता है। चीन के द्वारा 1985 में बाजार समाजवाद और ओपन डोर नीति अपनाया गया फिर सोवियत संघ में खुलापन आया।

**Marketisation | बाजारीकरण**

सामाजिक, राजनीतिक अथवा आर्थिक समस्याओं के समाधान के लिए बाजार आधारित समाधानों का इस्तेमाल करना। बाजार की प्रतिस्पर्धा में सामाजिक और सांस्कृतिक मूल्यों में कमी आई है। इससे समाज में एक दूसरे के प्रति, परिवार, समाज और देश के प्रति जिम्मेदारी की भावना खत्म हो रही है। बाजार अर्थव्यवस्था का महत्वपूर्ण औजार है।

**Marshall Plan | मार्शल योजना**

मार्शल योजना यूरोपीय अर्थव्यवस्था के पुनर्जीवन के लिए अमेरिकी विदेश सचिव जॉर्ज मार्शल द्वारा संस्थापित आर्थिक सहायता योजना थी। इस योजना को मार्शल ने जब वह संयुक्त राज्य अमेरिका में ट्रूमैन प्रशासन में सेक्रेटरी ऑफ स्टेट था, शुरू किया था। उसने इस योजना का सुझाव 23 अप्रैल 1947 में अपने प्रसिद्ध भाषण जो उसने हार्वर्ड में दिया था। यदि इस समय फौरन (तत्काल) यूरोप के आर्थिक पुनरुद्धार का यत्न न किया गया तो वह साम्यवादी हो जाएगा। राष्ट्रपति ट्रूमैन ने मार्शल के सुझाव के अनुसार पश्चिमी यूरोपीय देशों के आर्थिक पुनर्निर्माण तथा इन देशों में व्याप्त बेकारी, भुखमरी, निर्धनता, साधनहीनता और अर्थव्यवस्था को समाप्त करने के उद्देश्य से मार्शल योजना

शुरू की थी। इस योजना के अन्तर्गत अमेरिका ने 1948 से 1952 तक कुल चार वर्ष की अवधि में पश्चिमी यूरोपीय देशों को 12 अरब डॉलर की आर्थिक सहायता देने का कार्यक्रम स्वीकार किया।

वस्तुतः इस योजना का मुख्य उद्देश्य पश्चिमी यूरोपीय देशों को साम्यवादी प्रभाव में जाने से रोकना और साम्यवादी प्रभाव को कम करना था। चूंकि जिन देशों को इस योजना के अन्तर्गत सहायता दी गई, उन पर मुख्य शर्त यह लागू थी कि वे अपने देश की शासन व्यवस्था में साम्यवादियों को कोई स्थान नहीं देंगे। इस योजना में अमेरिका की साम्यवाद के अवरोध की नीति (Containment of Communism) को सफल बनाने में सहायता दी। इस योजना का ब्रिटेन व फ्रांस में स्वागत किया पर रूस ने इसकी कटु आलोचना की। रूस ने इसे यूरोप पर अपना प्रभाव जमाने की चाल के रूप में देखा। इसके बावजूद पश्चिमी यूरोपीय देशों ने यूरोपीय आर्थिक सहयोग के लिए संगठन (OEEC), जो बाद में (OECD) बन गया, की स्थापना की तथा 1948 तक अमेरिकी डॉलर आना शुरू हो गये। अगले चार वर्षों में ब्रिटेन, फ्रांस एवं पश्चिमी जर्मनी सहित पश्चिमी यूरोपीय देशों को इस आर्थिक सहायता का लाभ मिला।

## Martial Law | सैनिक कानून, फौजी कानून

मार्शल लॉ वह स्थिति होती है जब स्वदेशी क्षेत्रों में देश के कानून को निलंबित करके वहाँ का शासन किसी अधिकृत सैनिक कमांडर को दे दिया जाता है जिसे मुख्यतः अपने विवेक से शासन चलाना होता है, परन्तु वह संविधान की सीमाओं से बँधा रहता है। भारतीय संविधान के अनुच्छेद 34 के अनुसार, यदि भारत के किसी क्षेत्र में सैनिक कानून लागू कर दिया जाए तो वहाँ व्यवस्था कायम करने के लिए केन्द्रीय सरकार या राज्य सरकार का कोई अधिकारी जो भी कार्य करे या किसी को कोई दण्ड दे, उसे संसद विधिवत उसके कानूनी दायित्व से मुक्त कर सकती है।

इसी तरह संयुक्त राज्य अमेरिका में किसी सैनिक अधिकारी की इच्छा से बंदी प्रत्यक्षीकरण (Habeas Corpus) की व्यवस्था को निलंबित नहीं किया जा सकता। मार्शल लॉ के दौरान सभा या जुलूसों पर पाबन्दी लगा दी जाती है। 13 अप्रैल 1919 को अमृतसर के जलियाँवाला बाग हत्याकाण्ड जनरल ओ. डायर ने मार्शल लॉ के तहत ही किया था, जिसमें हजारों निर्दोष लोग मारे गए थे।

## Marxism | मार्क्सवाद

राजनीतिक और आर्थिक सिद्धान्तों का यह समुच्चय जिन्हें कार्ल मार्क्स, लेनिन तथा अन्य विचारकों ने समाजवाद को वैज्ञानिक आधार प्रदान करने के उद्देश्य से प्रतिपादित किया है। इस सिद्धान्त की मुख्य स्थापनाएँ इतिहास की भौतिकवादी व्याख्या (Materialistic Interpretation of History) अर्थात् द्वंद्वात्मक भौतिकवाद (Dialectical Materialism), वर्ग संघर्ष (Class Struggle) का सिद्धान्त तथा अतिरिक्त मूल्य (Surplus Value) का सिद्धान्त के अन्तर्गत आती है। आधुनिक मार्क्सवाद में अन्यताभाव (Alienation) और आधिपत्य की संरचनाओं (Structure of Domination) पर विशेष ध्यान दिया जा रहा है।

मार्क्सवाद के अनुसार समाज की भौतिक-आर्थिक परिस्थितियों में अंतर्विरोध के कारण आधिपत्य और अधीनता की स्थितियाँ पैदा होती हैं। जिसके कारण शासक वर्ग शासित वर्ग का शोषण करने के लिए अपने निहित स्वार्थों के लिए अनुरूप धर्म, नैतिकता, संस्कृति और राजनीति के प्रतिमान गढ़कर लागू कर देता है। इतिहास के प्रत्येक युग में उत्पादन के साधनों पर गिने-चुने लोगों का स्वामित्व रहा है, जिससे धनवान और निर्धन वर्ग में क्रमशः शोषक व शोषित वर्गों की भूमिका निभाते आये हैं। मार्क्सवाद के अनुसार पूंजीवाद (Capitalism) अपने चरमोत्कर्ष पर पहुँचकर अपने अंतर्विरोध के कारण ध्वस्त हो जाएगा। इसके बाद उत्पादन के प्रमुख साधनों पर सामाजिक स्वामित्व स्थापित हो जाएगा, जिसमें शासन का तात्कालिक दायित्व सर्वहारा वर्ग पर होगा। मार्क्सवाद की मान्यता है कि समाजवाद में शासक वर्ग का कोई निहित स्वार्थ नहीं होगा।

अतः राज्य और उसके शोषक तन्त्र को बनाए रखने में उसकी कोई रुचि नहीं है। मार्क्स की इतिहास की भौतिकवादी व्याख्या (Materialistic interpretation of History) को आर्थिक निर्यातवाद (Economic Determinism) भी कहते हैं। मार्क्स के अनुसार "सभी सामाजिक, राजनीतिक तथा बौद्धिक सम्बन्ध सभी धार्मिक तथा कानूनी पद्धतियाँ सभी बौद्धिक दृष्टिकोण जो इतिहास के विकास क्रम में जन्म लेते हैं वे सब जीवन की भौतिक अवस्थाओं से उत्पन्न होते हैं।"

मार्क्स ने मानव इतिहास के विकास पर आर्थिक कारणों का प्रभाव स्पष्ट करने के लिए छह अवस्थाओं में विभाजित किया है। इनमें से प्रथम तीन अवस्थाएँ गुजर चुकी हैं, चौथी अवस्था चल रही है तथा दो अवस्थाएँ अभी आनी हैं: ये मानवीय इतिहास की अवस्थाएँ निम्न हैः

1. *आदि-साम्यवादी अवस्था:* यह समाज की प्राचीनतम अवस्था हैं, इसमें मनुष्य अपना भोजन पशुओं के शिकार, कन्द-मूल एकत्रित करके करता था। इस अवस्था में उत्पादन के साधनों पर किसी व्यक्ति का अधिकार नहीं था। अतः समाज में किसी प्रकार की विषमता नहीं थी सभी समान थे। शोषक व शोषित वर्गों का अभाव था। यही आदिम साम्यवाद (Premitive Communism) की अवस्था थी।
2. *दास अवस्था:* इस अवस्था में पशुपालन और कृषि का विकास होने से स्वामी और दास दो वर्ग अस्तित्व में आये, निजी सम्पत्ति का विकास हुआ लेकिन साथ ही शोषण आरम्भ हो गया। स्वामी जिनका उत्पादन के साधनों पर नियन्त्रण था, दासों का शोषण करने लगे। इसके बाद राज्य अस्तित्व में आया।
3. *सामन्तवादी अवस्था:* दास अवस्था से निकलकर सामंतवादी समाज का उदय हुआ। इसमें भूमि पर उत्पादनों के साधनों पर नियन्त्रण स्वामी या सामन्त (Feudel) का होता था। भूमि पर बंटाई से काम करने वाले श्रमिक कृषक या सर्फ (Serf) कहलाए। कृषकों को इस अवस्था में भूमि का स्वामी नहीं माना जाता था। जब तक ये भूमि पर काम करते, उन्हें थोड़ा सा अन्न बदले में मिलता था। इस अवस्था में राज्य की सामाजिक व राजनीतिक व्यवस्था का संचालन सामन्तों के हाथों में केन्द्रित हो गया।
4. *पूंजीवादी अवस्था:* यूरोप में पुनर्जागरण के फलस्वरूप 18वीं सदी में इंग्लैण्ड में औद्योगिक क्रान्ति हुई। व्यापार का प्रचलन बढ़ा जिससे पूंजीपति वर्ग का उदय हुआ। कृषि पर जनता का दबाव कम हुआ और सामन्तवादी प्रणाली ध्वस्त होने लगी, लेकिन इस अवस्था में राजनीतिक और आर्थिक साधनों पर पूंजीपतियों का नियन्त्रण हो गया। वे श्रमिकों का आर्थिक रूप से शोषण करने लगे। राज्य पूंजीपति वर्ग के स्वार्थों को साधने का एक यन्त्र हो गया। पूंजीपति वर्ग अपने लाभ के लिए एक स्थान पर ही उद्योगों का केन्द्रण (Centralization) करते हैं जिससे श्रमिकों में श्रमिक चेतना जाग्रत हो जाती है।
5. *सर्वहारा वर्ग (श्रमिकों) के अधिनायकत्व की अवस्था:* इस अवस्था में सर्वहारा वर्ग पूंजीपतियों के हाथों से उत्पादन व वितरण के साधन छीनकर अपना आधिपत्य स्थापित कर लेगा और पूंजीवाद का अन्त कर देगा। सर्वहारा वर्ग के अधिनायकत्व की अवस्था एक संक्रमणकालीन व्यवस्था होगी जो पूंजीवादी युग की समाप्ति और साम्यवादी युग की स्थापना के मध्य की अवस्था होगी।
6. *साम्यवादी अवस्था:* अन्तिम अवस्था साम्यवाद की है। इसमें उत्पादन के साधनों पर समाज का स्वामित्व होगा जिसमें योग्यता अनुसार कार्य व आवश्यकतानुसार प्राप्त होगा। यह वर्गहीन और राज्यहीन समाज होगा।

## Marxist Interpretation of Revolution | क्रान्ति की मार्क्सवादी व्याख्या

अरस्तु आदि अनेक चिन्तक क्रान्ति को बाधा मानकर उसके निवारण के उपाय ढूढ़ते हैं। यहाँ मॉर्क्स एवं फ्रेडरिक एंजिल्स क्रान्ति को प्रगति (Progress) का संकेत मानते हुए उसे बढ़ावा देना चाहते

हैं। क्रांति को सामाजिक परिवर्तन का अनिवार्य माध्यम मानते हुए कहते हैं 'दार्शनिकों ने विश्व की व्याख्या दी है, परन्तु प्रश्न तो इसे बदलने का है। मार्क्स के अनुसार भौतिक जीवन की उत्पादन प्रणाली मानव जीवन की सामाजिक, राजनीतिक और आध्यात्मिक प्रक्रियाओं के सामान्य स्वरूप को निर्धारित करती है। जैसे-जैसे उत्पादन प्रणाली में परिवर्तन होता है, वैसे-वैसे मनुष्यों के सारे सामाजिक सम्बन्ध भी बदल जाते हैं। जब उत्पादन हाथ की चक्की से होता था, तब सामन्तवाद अस्तित्व में आया, जब उत्पादन भाप की चक्की से होने लगता है, तब पूंजीपति वर्ग का उदय हुआ। इस युग में सर्वहारा वर्ग में वर्ग चेतना आने से वह पुरानी व्यवस्था की बेड़ियों को अचानक उतार कर फेंकता है और उसके साथ जुड़ी हुई सारी संस्थाओं को धराशायी कर देता है। इस तरह वर्ग संघर्ष (Class-Struggle) अपने उत्कर्ष पर पहुँच जाता है और क्रांति को जन्म देता है। इससे पुराना पराधीन वर्ग सत्ता में आ जाने पर सारी राजनीतिक प्रणाली, कानून, सामाजिक संस्थाओं तथा नैतिक आदर्शों का पुनर्निर्माण करता है।

इस सिद्धान्त के तहत सामन्तवाद से समाजवाद के युग में प्रवेश के लिए दो क्रान्तियां जरूरी थी। (1) बुर्जुआ क्रान्ति (Bourgious Revolution) जिसमें पूंजीपति वर्ग सामन्ती अभिजात वर्ग (Feudal Aristocracy) को धराशायी कर पूंजीवाद की स्थापना करता है। (2) सर्वहारा क्रान्ति (Proletarian Revolution) इसमें सर्वहारा या कामगार वर्ग (Working Class) पूंजीपति वर्ग को धराशायी करके पूंजीवाद के विशेषाधिकारों का अन्त कर समाजवाद की स्थापना करता है। मार्क्स के अनुसार फ्रांसीसी क्रांति (1789) बुर्जुआ क्रांति की प्रतीक थी, और कम्युनिस्ट मेनीफेस्टो (साम्यवादी घोषणा पत्र के प्रकाशन के समय (1848) में सर्वहारा क्रान्ति का समय आ गया था।

मार्क्स की प्रेरणा से पहली समाजवादी क्रान्ति ब्लादिमीर लेनिन (1870-1924) के नेतृत्व में नवम्बर 1917 में हुई। इस दिशा में दूसरी क्रांति माओत्से-तुंग (माओजेदोंग) (1893-1976) के नेतृत्व में अक्टूबर 1949 में हुई।

## Marxist Theory of Citizenship | नागरिकता का मार्क्सवादी सिद्धान्त

नागरिकता के मार्क्सवादी सिद्धान्त के अनुसार नागरिकता से जुड़े हुए सभी अधिकार वर्ग संघर्ष (Class Conflict) की देन हैं, वर्ग संघर्ष में कोई वर्ग अपने विरोधी वर्ग का दमन करके जो अधिकार प्राप्त करता है वही नागरिकता की जड़ है। एंथनी गिडिन्स (1938) ने 'ए कन्टेम्परेरी क्रिटीक ऑफ हिस्टोरिकल मेटीरियलिज्म' (ऐतिहासिक भौतिकवाद की समकालीन मीमांसा) (1981) में मार्शल के नागरिकता सम्बन्धी विचारों का खण्डन करके अपने विचार दिए हैं।

1. गिडिन्स का मानना है कि नागरिकता से जुड़े अधिकार मुख्यतः वर्ग संघर्ष का ही परिणाम है।
2. नागरिकता का विकास एक सरल रेखा की तरह निरन्तर एक दिशा में नहीं होकर टेढ़े-मेढ़े तरीकों से हुआ है, इसमें समय-समय पर उतार-चढ़ाव आये हैं।
3. गिडिन्स ने दो तरह के नागरिक अधिकारों में अन्तर (क) वैयक्तिक स्वतन्त्रता और कानून के समक्ष समानता ऐसे अधिकार हैं जो पूंजीपति वर्ग ने सामन्ती विशेषाधिकारों के विरुद्ध संघर्ष करके प्राप्त किए। (ख) आर्थिक नागरिक अधिकार वे अधिकार हैं जिनके लिए कामगार वर्ग और मजदूर संघ आन्दोलनकारियों ने बुर्जुआ शक्ति तन्त्र के विरुद्ध संघर्ष किया। इनमें मजदूर संघ के निर्माण, उसकी गतिविधियों के विस्तार, सौदेबाजी और हड़ताल का अधिकार सम्मिलित हैं, जिन्होंने पूंजीवादी प्रणाली के प्रभुत्व को चुनौती दी।

गिडिंस ने 'द नेशन-स्टेट एंड वायलेंस' (राष्ट्र-राज्य और हिंसा) (1985) में लिखा है कि वर्तमान पूंजीवाद 19वीं सदी के पूंजीवाद से भिन्न है। इसके रूपान्तरण में श्रम-आन्दोलनों ने मुख्य भूमिका निभाई है। आज पूंजीवादी देशों में 'कल्याणकारी पूंजीवाद' (Walfare Capitalism) का उदय हो गया है जो कामगार वर्ग के नागरिक अधिकारों की रक्षा करता है। गिडिन्स मार्क्सवाद की

मूल मान्यताओं को छोड़कर इस विचार पर आ गए हैं कि उदार लोकतन्त्र के ढांचे के भीतर नागरिकता के अधिकारों को सुरक्षित रखा जा सकता है।

### Marxist view of Justice | न्याय का मार्क्सवादी सिद्धान्त

कार्ल मार्क्स के अनुसार पूंजीवाद के विलय के बाद 'साम्यवादी समाज' (Communist Society) का जन्म होगा, उसमें अभाव (Scarcity) और संघर्ष (Conflict) को जन्म देने वाली परिस्थितियाँ समाप्त हो जाएगी तथा राज्य व उसके न्यायिक उपकरण की जरूरत नहीं रहेगी। यह अवस्था समाज की न्याय की अवस्था होगी। इसमें किसी का शोषण नहीं होगा। इसमें व्यक्तियों से क्षमता के अनुसार काम लिया जाएगा तथा आवश्यकता के अनुरूप इन्हें वितरण किया जाएगा। अतः मार्क्स एवं फ्रेडरिक एंजिल्स पूंजीवादी व्यवस्था में निहित अन्याय (injustice) का विश्लेषण करके इस निष्कर्ष पर पहुँचे कि इस अन्याय को दूर करना संभव नहीं है, इसलिए समाज के निर्माण के लिए पूंजीवाद को हटाकर समाजवाद की स्थापना करना न्यायपूर्ण होगा।

### Mass | जनसमूह

अनेक व्यक्तियों की भीड़ या समूह को जनसमूह कहते हैं। जनसमूह के अन्तर्गत कभी-कभी लोग एक-दूसरे की भावनाओं और विचारों को जानने की स्थिति में स्वयं को ही नहीं जान पाते। अनेक लोगों से भरा हुआ कोई उत्सव, मेला, विशाल जनसभाओं के श्रोता, सिनेमा के दर्शक आदि जनसमूह के अन्तर्गत आते हैं। ऐसे दर्शकों और श्रोताओं में हर व्यक्ति अकेला होता है और परस्पर एक-दूसरे की मानसिक स्थितियों को नहीं जानते। इस प्रकार जनसमूह एक साथ आकर्षित, संबोधित या शासित किया जा सकता है, लेकिन इसमें सम्मिलित लोग किसी एक विषय पर न तो आपस में चर्चा कर सकते हैं, न एक निर्णय पर पहुँच सकते हैं। इस प्रकार एक साथ रहते हुए भी काफी हद तक एक-दूसरे से अलग रहने वाले अपार मानव-समूह को जनसमूह कहा जाता है। जनसमूह का स्थायित्व भी अल्पकालीन होता है।

### Mass Media | जनसंचार के साधन

जनसम्पर्क के कार्य में प्रयुक्त होने वाले तकनीकी साधन। समाचार पत्र, पत्रिकाएँ छापने और वितरित करने के साधन, रेडियो, टेलीविजन आदि जनसम्पर्क के साधन हैं। इन साधनों का उपयोग लोकमत निर्माण में किया जाता है। जनसंचार के साधन सामाजिक पर्यावरण और राजनीतिक व्यवस्था के बीच सम्पर्क कड़ी का कार्य करते हैं। ये निर्गत को पर्यावरण तक ले जाते हैं तथा फीडबैक (प्रतिपुष्टि) को पर्यावरण से सरकारीतन्त्र तक पहुँचाते हैं।

भौतिक जगत या पदार्थ को सृष्टि का मूल तत्व मानने वाला दार्शनिक सिद्धान्त। यह सिद्धान्त मन तथा चेतना को गौण तत्वों के रूप में स्वीकार करता है या इन्हें भौतिक तत्व की प्रतिच्छाया मात्र मानता है। इसके अनुसार स्थूल जगत ही यथार्थ जगत है और सूक्ष्म जगत या तो कुछ होता ही नहीं है या फिर स्थूल जगत का उपाश्रित होता है।

भौतिकवाद और मानवीय सम्बन्धों में भौतिक या आर्थिक लाभ या ऐंद्रिय तृप्ति को सबसे महत्वपूर्ण मानता है और अन्य सामाजिक मूल्यों और आदर्शों को गौण स्थान देता है। कार्ल मार्क्स ने हीगल के विचार तत्व को नकार कर पदार्थ (Matter) पर बल दिया जिसका यथार्थ वैज्ञानिक परीक्षण किया जा सकता है।

### Mass Movement | जन आन्दोलन

किसी देश की राजनीतिक व्यवस्था में राजनीतिक तथा सामाजिक मुद्दों पर जन-साधारण द्वारा किया गया व्यापक संघर्ष जिसमें समाज के प्रायः सभी वर्गों की सहभागिता हो, जैसे गांधीजी के द्वारा

संचालित अनेक असहयोग आन्दोलन अथवा सविनय अवज्ञा आन्दोलन जिसे जन आन्दोलन कहते हैं। लोकनायक जयप्रकाश नारायण द्वारा 1974-75 में बिहार और गुजरात में छात्र आन्दोलन और 2012 में अन्ना हजारे का भ्रष्ट्राचार विरोधी 'जन लोकपाल' हेतु संघर्ष भी जन आन्दोलन ही है।

## Materialism | भौतिकवाद, पदार्थवाद

भौतिक जगत या पदार्थ को सृष्टि का मूल तत्व मानने वाला दार्शनिक सिद्धान्त। यह सिद्धान्त मन तथा चेतना को गौण तत्वों के रूप में स्वीकार करता है या इन्हें भौतिक तत्व की प्रतिच्छाया मात्र मानता है। इसके अनुसार स्थूल जगत ही यथार्थ जगत है और सूक्ष्म जगत या तो कुछ होता ही नहीं या फिर स्थूल जगत का उपाश्रित होता है।

भौतिकवाद और मानवीय संबंधों में भौतिक या आर्थिक लाभ या ऐंद्रिय तृप्ति को सबसे महत्वपूर्ण मानता है और अन्य सामाजिक मूल्यों और आदर्शों को गौण स्थान देता है। कार्ल मार्क्स ने हीगल के विचार तत्व को नकार कर पदार्थ (Matter) पर बल दिया जिसका यथार्थ में वैज्ञानिक परीक्षण किया जा सकता है।

## Max Waber (1864–1920) | मैक्स वेबर

मैक्स वेबर का जन्म सन् 1864 ई. में जर्मनी के एंटफर्ट नामक स्थान पर हुआ। उनका प्रारम्भिक जीवन बर्लिन में व्यतीत हुआ। वे एक सुप्रसिद्ध सामाजिक चिन्तक थे, उनका सम्पूर्ण रचना कार्य समाज विज्ञान, राजनीति विज्ञान, अर्थशास्त्र और विधि आदि विषयों पर आधारित था। उनके सामाजिक विचारों का जर्मनी की तत्कालीन सामाजिक स्थिति पर बहुत अधिक प्रभाव पड़ा। उनके मतानुसार समाज विज्ञान एक ऐसा विज्ञान है जो सामाजिक प्रक्रियाओं के बीच आकस्मिक सम्बन्धों का पता लगाता है। समाज के स्थायी सिद्धान्त का प्रतिपादन नहीं किया जा सकता। समाज के किसी एक ऐसे सामान्यीकृत सिद्धान्त का निर्माण नहीं किया जा सकता, जो सर्वदा सत्य हो। व्यक्ति समाज के अंग होते हैं, वे समाज को प्रभावित करते हैं और बदले में वे समाज द्वारा प्रभावित होते हैं। अतः व्यक्ति और समाज में पारस्परिक सम्बन्ध होता है।

वेबर जर्मन राजनेता था। The Trostestant Ethinic and Spirit of Capitalism उसकी प्रसिद्ध पुस्तक है। इस पुस्तक में उसने बताया है कि किस तरह स्वर्गिक मुक्ति प्राप्त की जा सकती है, पर विचार किया है तथा साथ ही पूंजीवादी आर्थिक विकास की आवश्यकताओं पर भी चर्चा की है। उन्हें नौकरशाही (Bureaucracy) के सिद्धान्त तथा राजनीतिक परिवर्तन के सिद्धान्त के जनक के रूप में जाना जाता है। उन्होंने पश्चिम और पूंजीवाद के विकास का कारण संतवादी प्रोटेस्टेंट धर्म और पूंजीवादी समाज का आधार युक्तिपूर्णता (rationality) को माना।

मैक्स वेबर ने पैतृक अधिकारीतन्त्र (Patrimonial Bureaucracy) और तर्क सम्मत अधिकारीतन्त्र (Rational Bureaucracy) में अन्तर करते हुए तर्क दिया है कि प्राचीन रोम और मिस्र के अधिकारी तन्त्र पैतृक अधिकारी तन्त्र थे जबकि आधुनिक अधिकारीतन्त्र को कानूनी-तर्कसंगत सत्ता (Legal-Rational Authority) के रूप में सर्वोत्तम माना है। यह ऐसी सत्ता है, जिसमें कोई भी पद (Office) अपनी योग्यता (Ability) के आधार पर प्राप्त होता है, परम्परा (Tradition) के आधार पर नहीं, और वह अपने पद से जुड़ी हुई सत्ता का प्रयोग करता है। व्यक्तित्व (Personality) के गुणों से जुड़ी हुई सत्ता का नहीं।

*सत्ता के विविधरूप:* मैक्स वेबर के अनुसार शक्ति (Power) और वैधता (Legitimacy) के संयोग से सत्ता का सृजन होता है। किसी संस्था या नियम की वैधता से यह संकेत मिलता है कि लोग उसे अपने लिए और सारे समाज के लिए उपयुक्त और युक्तिसंगत मानते हैं। अतः वे उसे मन से स्वीकार करते हैं। वैधता के भिन्न-भिन्न स्रोत तीन तरह की सत्ता को जन्म देते हैं।

1. *परम्परागत सत्ता (Traditional Authority)* के अन्तर्गत लोग उच्चाधिकारी की सत्ता को इस आधार पर उचित ठहराते हैं कि उसे वह सत्ता प्रचलित परम्परा से प्राप्त हुई है। जैसे वंश परम्परागत शासन।
2. *कानून-तर्कसंगत सत्ता (Legal-Rational Authority)* के अन्तर्गत लोग उस सत्ता को किसी प्रामाणिक नियम और तर्क के अनुरूप पाते हैं। जैसे की अधिकारीतन्त्र का शासन।
3. *करिश्माई सत्ता (Charismatic Authority)* के अन्तर्गत लोग अपने नेता के विलक्षण व्यक्तित्व से प्रभावित होकर उसकी सत्ता के आगे नतमस्तक होते हैं।

## Medium Custody | सामान्य अभिरक्षा

बंदीगृहों में रहने वाले उन कैदियों की जो घोर आपराधिक प्रवृत्ति के न हों, उनकी इस प्रकार देखभाल करना कि वे अपने जीवन में पुन: सही ढंग से स्थापित हो सकें एवं अपना जीवन निर्वाह उचित प्रकार से कर सकें। कैदियों को कुछ इस प्रकार की सुविधाएँ जुटाना जिससे कि वे अपने आप ही अनुशासनपूर्ण जीवन बिताने के लिए अनुप्रेरित हो सकें और अच्छा जीवन-यापन कर सकें।

## Meliorism | सुधारवाद

इस मत में विश्व न तो पूर्णत: बुरा है और न पूर्णत: अच्छा है, बल्कि उसके अंदर अच्छे-बुरे की मात्रा परिवर्तनशील है तथा मानव-प्रयास से उसको और अधिक अच्छा किया जा सकता है।

## Mercenary Army | भृतक सेना, भाड़े की सेना

भृतक या भाड़े की सेना से तात्पर्य यह है कि यह सेना भाड़े या धनलाभ के लिए सेवा या कार्य करती है। यह पद प्रमुख रूप से उन सैनिकों के लिए प्रयुक्त होता है जो अपने देश की सेना के अतिरिक्त किसी अन्य देश की सेना में भाड़े पर सेवा के लिए भरती हो जाते हैं।

## Merit System | योग्यता पद्धति, योग्यता प्रणाली

प्राप्त योग्यता के आधार पर प्रतियोगता परीक्षाओं के परीक्षाफल के क्रमानुसार सरकारी नौकरियों में भर्ती करने की पद्धति। इस व्यवस्था में सरकारी नियुक्तियों के लिए किसी की सिफारिश अथवा पैरवी करना अवैध माना जाता है। किसी सरकारी कर्मचारी की पदोन्नति के संदर्भ में योग्यता का मूल्यांकन अनेक विधियों द्वारा किया जा सकता है। जैसे: वरिष्ठता, अभ्यर्थी का सेवा रिकार्ड, साक्षात्कार आदि।

## Metropolis | महानगर, महानगरी

किसी क्षेत्र, देश या उपनिवेश का बड़ा तथा प्रमुख नगर। इस प्रकार महानगर प्राय: व्यापक क्षेत्र में फैले रहते हैं तथा इनमें स्थानीय शासन के विभिन्न अंगों के बीच समन्वय स्थापित करना तथा जनोपयोगी सुविधाएँ उपलब्ध करवाना, बहुधा उनकी प्रमुख समस्याएँ बनी रहती है।

## Miliband, Ralph | (राल्फ मिलिबैण्ड)

मार्क्सवादी राजनीतिशास्त्रवेत्ता है। उसने अपना अधिकांश समय लन्दन स्कूल ऑफ इकोनॉमिक्स में व्यतीत किया। Parliamentary Socialism उसकी प्रमुख कृति है। इस पुस्तक में उसने लेबर पार्टी के नेतृत्व के प्रति अपनी निराशा को व्यक्त किया है। The State in Capitalist Society उसकी दूसरी पुस्तक है। इसमें उसने पश्चिमी लोकतंत्रों का विश्लेषण किया है।

**Militant | युद्धरत व्यक्ति**

मिलिटेण्ट शब्द का अर्थ है वह व्यक्ति जो लड़ाई में रत रहता है। इसका यह भी अभिप्राय है कि एक ऐसी दृढ़ता से प्रतिबद्ध हो या जो किसी विचार को सक्रिय रूप से समर्थन देता है।

**Militarism | सैन्यवाद**

सैन्यवाद पद का प्रयोग पहली बार 1860 के आस-पास फ्रांस में हुआ। सैन्यवाद में तथाकथित सैन्य गुणों पर जोर दिया जाता है। जैसे साहस, सहनशक्ति, शारीरिक शक्ति, अनुशासन व आत्म बलिदान की क्षमता है: किसी समाज में प्रचलित वह सिद्धान्त और प्रवृत्ति जिसमें युद्धप्रियता, राज्य में सेना की प्रधानता, सैनिक गुणों की प्रशंसा और सैन्यीकरण का संयोग देखने को मिलता है। उदाहरण के लिए, 1931 से दूसरे विश्वयुद्ध के अंत तक जापान में, फ्रांस-प्रशा युद्ध के समय से 1918 तक जर्मनी में, और वर्तमान युग के अनेक लैटिन अमेरिकी देशों में सैन्यवाद का उपयुक्त उदाहरण माना जा सकता है।

**Military Attache | (मिलिट्री अताशे)**

किसी दूसरे देश की राजधानी में राजनयिक प्रतिनिधि के साथ प्रतिनियुक्त सैनिक अधिकारी जो उस देश की सैनिक गतिविधियों का अध्ययन करता है तथा उन गतिविधियों से सम्बन्धित सूचना अपने देश को देता है।

**Military Coup D'etat | बलात राजपरिवर्तन**

किसी राष्ट्र की सेना द्वारा बलपूर्वक सत्ता हथियाने के लिए की जाने वाली सैनिक कार्यवाही जिसका प्रयोजन सम्बन्धित देश की वर्तमान सरकार को अपदस्थ कर वहाँ पर सैनिक शासन स्थापित करना होता है। जिसे बलात राज परिवर्तन कहते हैं। 12 सितम्बर 1998 को नवाज़ शरीफ की चुनी हुई सरकार का जनरल परवेज मुशर्रफ ने सेना के समर्थन पर तख्तापलट कर दिया और पाकिस्तान की शासन सत्ता हथिया ली।

**Military Law | सैन्य विधि, फौजी कानून**

किसी देश की सैनिक व्यवस्था के लिए विधायक मंडल द्वारा बनाए गए वे सामान्य कानून तथा उनके अन्तर्गत जारी किए गए नियम, अधिनियम, आदेश, निर्देश आदि जो सैनिक बलों के व्यक्तियों का आचरण नियमित करते हैं और जो सैनिक न्यायालयों और जाँच न्यायालयों द्वारा प्रस्तुत मामलों या विवादों को निपटाने के लिए काम में लाए जाते हैं, जिन्हें सैन्य विधि या फौजी कानून कहते हैं।

**Military Regimes | सैन्य शासन पद्धति**

सैन्य शासन पद्धतियां स्वेच्छाचारी शासनतंत्र होती हैं जिनमें राजनीतिक व्यवस्था पर फौज का नियन्त्रण होता है। सैन्य शासन में प्रजा की नागरिक स्वतंत्रताओं और सांविधानिक व्यवस्थाओं को निलंबित कर दिया जाता है। सैन्य शासन प्रायः अधिनायकवादी होता है पर यह आवश्यक नहीं है कि वह सर्वाधिकारवादी हो। इस प्रकार का शासन प्रायः राष्ट्रीय संकट के समय लागू किया जाता है। म्यांमार में सैन्यशासन जुंटा वर्तमान में शासनरत है तथा लोकतन्त्र समर्थक आंग सान सू की को नजरबन्द कर रखा है।

**Milli, James (1773–1836) | जेम्स मिल**

जेम्स मिल उपयोगितावादी समाजवाद (Utilitasiant Social) के सिद्धान्त के जन्मदाताओं में से एक था। उसने निर्वाचक लोकतंत्र की वकालत की थी। वह मजदूर वर्ग में अविश्वास करता था

तथा परम्परागत कुलीन था। वह मध्यम वर्ग के पक्ष में था। वह उपयोगितावाद के सिद्धान्तों का प्रबल प्रचारक था।

## Mills, C., Wright Mills (1916–1962) |

मिल्स अमेरिकी समाजशास्त्री था। उसकी प्रसिद्ध रचनाएँ हैं: (1) The Sociological Imagination, (2) The Power Elite.

इन्होंने अपनी चर्चित कृति द पावर इलीट (शक्ति विशिष्ट वर्ग) (1956) के अन्तर्गत विशिष्ट वर्गवादी सिद्धान्त का नया संस्करण प्रस्तुत करने का प्रयत्न किया है। मिल्स ने दावा किया है कि युद्धोत्तर अमेरिका में राजनीतिक, सैनिक और व्यापार जगत के गुटतन्त्र का (Oligrachy) का शासन है। राष्ट्रीय स्तर के सभी निर्णयों में इनका प्रच्छन्न एकाधिकार (Hidden Monopoly) लोकतन्त्रीय प्रक्रिया (Democratic Process) पर हावी रहता है फिर जनसम्पर्क के साधन भी इस प्रक्रिया को विकृत कर देते हैं। ऐसे विचार प्रस्तुत करके मिल्स ने सामाजिक अनुसन्धानकर्ता (Social Researcher) से आगे बढ़कर सामाजिक आलोचक (Social Critic) की भूमिका संभाल ली है।

## Minorities | अल्पमत, अल्पसंख्यक वर्ग

1. चुनाव में वह पक्ष जिसे बहुमत (Majority) प्राप्त न हो। इस तरह चुनाव में बहुमत तो एक ही दल को प्राप्त होता है: पर अन्य सभी दल अल्पमत में होते हैं।
2. किसी देश या क्षेत्र में रहने वाला वह वर्ग जिसकी संख्या अन्य वर्गों की तुलना में सर्वाधिक न्यून हो, अल्पसंख्यक वर्ग कहलाता है। यह वर्ग प्रजातीय (Raoial), नृजातीय (Ethinio), धार्मिक (Religions), भाषाई (Lingwistic) या सांस्कृतिक (Cultural) समूह हो सकता है। अल्पसंख्यक वर्गों के हितों का संरक्षण लोकतंत्र की आवश्यक शर्त माना जाता है। अल्पसंख्यक सांस्कृतिक विशेषताओं के कारण असमानता और असुरक्षा की स्थिति में रहते हैं।

## Minority Government | अल्पमत सरकार, अल्पसंख्यक सरकार

किसी देश की संसदीय सरकार में ऐसे दल का शासन जिसे संसद के निम्न सदन में बहुमत प्राप्त न हो। जैसे, 1923 में ब्रिटेन में श्रमिक दल की सरकार तथा 1969-70 में तत्कालीन भारत सरकार। 1989-90 के समय में राष्ट्रीय मोर्चे की सरकार भी एक अल्पमत सरकार थी, उसे 524 सदस्यों के सदन में केवल 145 के लगभग स्थान मिले थे और जो भारतीय जनता पार्टी तथा वामपंथी दलों के समर्थन पर आश्रित थी, जिसे अल्पमत सरकार कहते हैं।

## Misgovernment | कुशासन

किसी देश की वह सरकार जो अयोग्य हाथों में होने तथा इसी प्रकार के अन्य विभिन्न कारणों से न केवल जनता की अपेक्षाओं को पूरा करने में असमर्थ हो, बल्कि जनता का अहित भी कर रही हो तथा सरकार की अकुशलता, दुर्बलता, अनिश्चितता के कारण जनता को अनेक कष्ट झेलने पड़ रहे हों। उसे कुशासन या कुप्रशासन कहते हैं।

## Mission | 1. दूतमंडल, 2. सेवादल

व्यक्तियों का इस प्रकार का दल जिसे राष्ट्र द्वारा किसी प्रमुख उद्देश्य के प्रयोजन से यथा राजनयिक या सांस्कृतिक वार्ता चलाने या मैत्रीपूर्ण या वाणिज्यिक सम्बन्ध स्थापित करने की दृष्टि से विदेश भेजा जाए। विदेशों में दूतावासों के लिए भी यही पद प्रयुक्त होता है। धार्मिक तथा परमार्थ के कार्य करने के लिए विशेषत: गरीबों, बीमारों तथा अज्ञान में डूबे हुए व्यक्तियों का नैतिक तथा सामाजिक उत्थान करने के लिए गठित संस्था, जिसे दूतमंडल या सेवादल कहते हैं।

## Mixed Economy | मिश्रित अर्थव्यवस्था

ऐसी अर्थव्यवस्था जिसमें उत्पादन के प्रमुख साधन निजी क्षेत्र (Private Sector), सार्वजनिक क्षेत्र (Public Sectior) तथा सहकारी क्षेत्र (Coopratative Sector) तीनों जगह रहने दिए जाते हैं, और देश के आर्थिक विकास के लिए आर्थिक नियोजन (Economic Planning) का सहारा लिया जाता है।

## Mobocracy | भीड़तंत्र/भीड़शाही

जनतंत्र का विकृत रूप जिसमें सामूहिक या सार्वजनिक निर्णय अंधाधुंध प्रकार से किए जाते हैं। यह व्यक्ति की मनोवैज्ञानिक सूझ-बूझ से नहीं होता है क्योंकि भीड़तंत्र में भीड़शाही की मनोवृत्ति अधिक हावी हो जाने पर व्यक्तियों का विवेक नष्ट हो जाता है। व्यक्ति में सोचने व समझने की शक्ति समाप्त हो जाती है। क्योंकि सार्वजनिक भीड़ एक निर्णय लेने में एकमत नहीं हो सकती है। अरस्तु ने सरकारों का वर्गीकरण करते समय भीड़तन्त्र को पॉलिटीशासन का विकृत रूप माना और इसकी आलोचना की।

## Mode of Production | उत्पादन विधि

कार्ल मार्क्स के ऐतिहासिक भौतिकवाद के सिद्धान्त में, उत्पादन की शक्तियों और उत्पादन के संबंधों का एक विशिष्ट गठजोड़ जो ऐतिहासिक दृष्टि से भिन्न सामाजिक रचना तैयार करता है।

## Modernization | आधुनिकीकरण

आधुनिकीकरण वह प्रक्रिया है जिसमें एक समाज परंपरागत मूल्यों और संस्थाओं को त्याग कर आधुनिक युग के अनुरूप जीवनशैली को अपनाता है। वस्तुतः यह सामाजिक परिवर्तन का ही एक रूप है। इसमें समाज का रूपान्तरण उन्नत तकनीकी प्रधान समाज में होता है। इस प्रक्रिया के प्रमुख लक्षण हैं: आर्थिक उन्नति, तकनीकी विकास, सामाजिक ढाँचे में आमूल परिवर्तन, शहरीकरण, सामाजिक गतिशीलता, शैक्षिक उन्नति आदि।

## Monarchy | राजतंत्र

ऐसी शासन व्यवस्था जिसमें शासन की शक्ति या प्रभुसत्ता एक ही व्यक्ति, अर्थात् राजा अथवा सम्राट के हाथों में केंद्रित होती है। राजा प्रायः निरंकुश शासक होता है और सांविधानिक दृष्टि से तो उसके अधिकार असीमित होते हैं। यह विश्व की सबसे पुरानी शासन प्रणाली है। प्रारम्भ में तो यही प्रणाली सभी देशों में प्रचलित थी। राजतंत्र के दो भेद हैं: आनुवंशिक राजतंत्र और निर्वाचित राजतंत्र। आनुवंशिक राजतंत्र के अन्तर्गत पदासीन राजा आजीवन शासन करता है और उसकी मृत्यु के उपरान्त उसकी गद्दी उसके ज्येष्ठ पुत्र को या उसके मनोनीत वंशज को मिलती है। निर्वाचित राजतंत्र के अन्तर्गत राजा का प्रजा के कुछ विशिष्ट वर्गों द्वारा निर्वाचन होता है। भारत, रोम, पोलैंड के आरंभिक सम्राट भी निर्वाचित हुआ करते थे। इसके दो रूप और हैं: (1) निरंकुश राजतंत्र और (2) सांविधानिक या मर्यादित राजतंत्र। भारत के मुगल और रूस के जार प्रथम श्रेणी में आते हैं। इंग्लैण्ड का राजपद दूसरे वर्ग का है।

## Money Laundering | विदेशी धन का आवागमन

कर बचत, आतंकी गतिविधियों या असमाजिक कार्य हेतु विदेशी धन प्राप्त करना। भारत सरकार द्वारा मनी लाउण्ड्रिग (संशोधन) विधेयक द्वारा 2012 में इसके माध्यम से जमा की गई सम्पत्ति को जब्त करने का प्रावधान किया गया है। इससे पूर्व अपराध साबित होने पर दोषी को 5 लाख रुपया जुर्माना का प्रावधान था।

**Monocratic | एक शासकीय**

एक शासकीय इस प्रकार की शासन व्यवस्था होती है जिसमें केवल एक व्यक्ति एकाकी रूप से राज्य चलाता है तथा जिसकी शक्तियाँ असीमित एवं निरंकुश होती हैं। एक शासकीय व्यवस्था दो प्रकार की होती है: (i) आनुवंशिक तथा (ii) बल प्रयोग से प्राप्त। बल प्रयोग से स्थापित की गई सत्ता अधिनायकवाद का ही रूप है।

**Monolithic Totalitarianism | एकाश्मीय सर्वाधिकारवाद**

साम्यवादी अथवा अधिनायकवादी शासन व्यवस्था जहाँ एक ऐसी सुदृढ़ एवं शक्तिशाली केन्द्रीय सरकार होती है, जिसमें किसी अन्य विरोधी राजनीतिक दल का कोई प्रतिनिधित्व नहीं होता और न ही इस प्रकार के दल को कोई मान्यता प्राप्त होती है। इसे एकाश्मीय सर्वाधिकारवाद कहते हैं।

**Montesquie Chams Ford Reform | माण्टेग्यू-चेम्सफोर्ड सुधार**

लार्ड माण्टेग्यू भारत आए तथा छह माह तक ठहरे। इस अवधि के दौरान उन्होंने विभिन्न सरकारी तथा गैर-सरकारी लोगों के साथ मुलाकात की अन्त में, गवर्नर-जनरल लार्ड चेम्सफोर्ड के सहयोग से माण्टेस्क्यू ने 1918 ई. में भारत के लिए सांविधानिक सुधारों पर रिपोर्ट प्रस्तुत की। रिपोर्ट पर चर्चा हुई तथा ब्रिटिश संसद पर इसे अनुमोदित किया गया और बाद में यह भारत सरकार का अधिनियम 1919 बना। इस अधिनियम को सामान्यत: माण्टेस्क्यू चेम्सफोर्ड सुधार के नाम से जाना जाता है। इस अधिनियम की प्रमुख विशेषता प्रान्तों में द्वैध शासन प्रणाली लागू करना पड़ा।

**Montesquieu (1689–1755) |**

मॉन्टेस्क्यू फ्रांसीसी कुलीन पुरुष था। यह आधुनिक राजनीति शास्त्र के जन्मदाताओं में से एक माना जाता है। उसकी प्रमुख कृति (The Spirit of the Laws) (1734) विभिन्न संदर्भों में शासन के विभिन्न रूपों की उपयुक्तता का सांस्कृतिक एवं पर्यावरणीय स्पष्टीकरण का प्रयास है। उसकी मान्यता थी कि जलवायु का सामाजिक सम्बन्धों पर गहरा प्रभाव पड़ता है, अत: राजनीतिक सम्बन्ध भी इससे प्रभावित हुए बिना नहीं रह सकते। उसने शासन के विभिन्न रूपों के लिए एक वैचारिक आधार देने का प्रयास किया था। राजतंत्रात्मक समाज के लिए उसने 'सम्मान' के विचार को महत्वपूर्ण माना। उसने शक्ति पृथक्करण के सिद्धान्त का समर्थन किया। उसके अनुसार कार्यपालिका, विधायिका और न्यायपालिका शासन की स्वतंत्र शाखाएँ हैं तथा एक-दूसरे पर नियंत्रण रखने का उन्हें अधिकार है। उसकी मान्यता थी कि यदि स्वतंत्रता की अत्याचारी शासन से रक्षा करनी हो तो शक्ति का पृथक्करण बुनियादी रूप से सांविधानिक होना आवश्यक है। मान्टेस्क्यू ने इंग्लैण्ड की शासन व्यवस्था को शक्ति की पृथक्करण की व्यवस्था माना, लेकिन वहाँ शक्तियों का संयोजन था। वर्तमान में अमेरिकी शासन व्यवस्था शक्ति पृथक्करण सिद्धान्त पर आधारित है।

नैतिक बहुमत एक अमेरिकी दबाव समूह है, जिसकी स्थापना 1929 में की गई थी। इसका मूल उद्देश्य था नैतिक रूप से सनातनी राजनीतिज्ञों के चुनाव के लिए अभियान चलाना तथा कई क्षेत्रों में जन-नीतियों को बदलना। Moral Majority Group के सामने मुख्य विषय थे: विद्यालयों में प्रार्थना, गर्भपात तथा समलैंगिकों की सहनशीलता। इस दल ने संयुक्त राज्य अमेरिका में राजनीति में धर्म का प्रवेश करवाया। इसने रेडियो व टेलीविजन जैसे जनसंचार साधनों के धार्मिक व राजनीतिक संदेश देने के लिए उपयोग पर बल दिया। इस समूह का प्रधान था रेव जेरी फालवेल।

**Moral Individualism | नैतिक व्यक्तिवाद**

अमेरिकी राज-वैज्ञानिक जॉन रॉल्स ने उपयोगितावाद के सिद्धान्त का प्रतिपादन किया। अधिकतम लोगों के अधिकतम हित की आलोचना करते हुए वे कहते हैं कि सुखी लोगों के सुख को चाहे

कितना ही क्यों न बढ़ा दिया जाए, उससे दुखी लोगों के दु:ख का हिसाब बराबर नहीं किया जा सकता। जॉन रॉल्स ने नैतिक आधार पर व्यक्ति की गरिमा को बढ़ाने का प्रयत्न किया है।

## Moral Majority | नैतिक बहुमत

नैतिक बहुमत एक अमेरिकी दबाव समूह है जिसकी स्थापना 1929 में की गई थी। इसका मूल उद्देश्य था नैतिक रूप से सनातनी राजनीतिज्ञों के चुनाव के लिए अभियान चलाना तथा कई क्षेत्रों में जन नीतियों को बदलना। Moral Majority Group के सामने मुख्य विषय थे - विद्यालयों में प्रार्थना, गर्भपात तथा समलैंगिकों की सहनशीलता। इस दल ने संयुक्त राज्य अमेरिका में राजनीति में धर्म का प्रवेश करवाया। इसने रेडियो व टेलीविजन जैसे जन संचार साधनों के धार्मिक व राजनैतिक संदेश देने के लिए उपयोग पर बल दिया। इस समूह का प्रधान था रेब जेरी फालबेल।

## Morale | मनोबल

किसी मनुष्य या ग्रुप (समूह) की नैतिक और मानसिक स्थिति जिससे यह निर्धारित होता है कि उसमें कितना साहस, आत्मविश्वास, अनुशासन, सहिष्णुता, उत्साह और त्याग भावना है। व्यक्ति या समूह के मनोबल को ऊँचा रखने के लिए यह आवश्यक है कि उसके योगदान को मान्यता प्रदान की जाए एवं उसकी भरसक सराहना की जाए। यदि कोई ग्रुप (समूह) कोई अतिमहत्वपूर्ण कार्य या त्याग करते समय यदि गर्व का अहसास करता है। तब भी व्यक्ति का मनोबल उच्च स्थान या ऊँचा रहता है। मनोबल राष्ट्रीयता के निर्माण का महत्वपूर्ण तत्व है। ऊँचे मनोबल वाले नागरिक किसी राष्ट्र की उन्नति व विकास में सहायक होते हैं। निम्न मनोबल वाली जनता के राष्ट्र अपेक्षाकृत कमजोर व पिछड़े होते हैं।

नेतृत्व में भी मनोबल का महत्वपूर्ण स्थान होता है। कम साधन सम्पन्न लेकिन उच्च मनोबल वाला नेता किसी देश की तरक्की कर सकता है और मनोबल से हीन नेता साधन सम्पन्न होने पर भी तरक्की नहीं कर सकता है।

## Morgenthau's Six Principles of Political Realism | मार्गेन्थाऊ के राजनीतिक यथार्थवाद के छह सिद्धान्त

मार्गेन्थाऊ राजनीतिक यथार्थवाद के मुख्य प्रवक्ता हैं। यथार्थवाद विरोध और संघर्ष को अन्तर्राष्ट्रीय राजनीति में एक शाश्वत तत्व के रूप में देखता है, एक ऐसे तत्व के रूप में जिसे अन्तर्राष्ट्रीय कानून तथा संस्था द्वारा नियन्त्रित नहीं किया जा सकता इसलिए कूटनीति की यही चुनौती है कि ऐसे साधनों को विकसित किया जाए ताकि शक्ति संघर्षों में सफलता हासिल की जा सके। मार्गेन्थाऊ ने राजनीतिक यथार्थवाद के छह नियम प्रतिपादित किए हैं जो अग्रांकित हैं।

1. *पहला नियम:* राजनीति पर प्रभाव डालने वाले नियमों की जुड़े मानव प्रकृति में होती है। राजनीतिक यथार्थवाद का विश्वास है कि सामान्यतया समाज की भांति राजनीति भी उन यथार्थवादी अथवा वस्तुपरक नियमों से अनुशासित होती है। जो मनुष्य की प्रकृति में निहित है। राजनीति पर प्रभाव डालने वाले सभी नियमों की जड़ मानव प्रकृति में होती है। मनुष्य जिन नियमों के अनुसार संसार में क्रिया-कलाप करता है वे सार्वभौम हैं और ये नियम हमारी नैतिक मान्यताओं से हमेशा अछूते रहते हैं। अत: समाज अथवा राजनीति का स्तर ऊँचा करने के लिए इन वस्तुनिष्ठ नियमों का ज्ञान आवश्यक है और इनकी उपेक्षा से केवल असफलता ही हाथ लगेगी।
2. *दूसरा नियम:* राष्ट्रीय हितों को शक्ति के रूप में परिभाषित किया जा सकता है। यथार्थवादी राजनीतिक सिद्धान्त का दूसरा तत्व है राष्ट्र हित की प्रधानता। मार्गेन्थाऊ के शब्दों में शक्ति

के नाम से यथार्थवाद का पथ-प्रदर्शन करता है। राष्ट्रीय हित का केन्द्रबिन्दु सुरक्षा है और हितों की सुरक्षा के लिए शक्ति अर्जित की जाती है। राजनीति का मुख्य हेतु हितों का संवर्धन है। और इसलिए हम राजनीति को भी शक्ति से पृथक करके नहीं समझ सकते।

3. *तीसरा नियम:* राष्ट्रीय हित का कोई निश्चित अर्थ नहीं होता है। मार्गेन्थाऊ राष्ट्रहित का कोई निश्चित अर्थ मानकर नहीं चलते। वस्तुतः राष्ट्रहित का विचार राजनीति का गूढ़ तत्व है जिस पर परिस्थितियों, स्थान और समय का कोई प्रभाव नहीं पड़ता।
4. *चौथा नियम:* विवेक राजनीति का उच्चतम मूल्य होता है। राजनीतिक यथार्थवाद राजनीतिक कार्य की नैतिक महत्ता के प्रति सचेत है। यथार्थवाद का आग्रह है कि राष्ट्रों को नैतिक सिद्धान्तों का पालन विवेक और संभावित परिणामों के आधार पर ही करना चाहिए। यथार्थवाद विवेक को राजनीति में उच्चतम मूल्य मानता है।
5. *पांचवाँ नियम:* राष्ट्र के नैतिक मूल्यों को सार्वभौमिक मूल्यों से पृथक मानना – राजनीतिक यथार्थवाद किसी राष्ट्रविशेष की नैतिक कामनाओं और हमारे सनातन सार्वभौम नियमों के बीच कोई स्थायी सम्बन्ध नहीं है।
6. *छठा नियम:* राजनीतिक क्षेत्र की स्वायत्तता – राजनीतिक यथार्थवाद का अन्तिम नियम यह है कि वह राजनीति के क्षेत्र की स्वायत्तता में विश्वास करता है। राजनीतिक क्षेत्र उतना ही स्वायत्ततापूर्ण है जितना कि आर्थिक अथवा कानून के क्षेत्र को माना जाता है।

## Mosca, Gaetano | गीतानो मोस्का ( 1858-1941 )

इटली के समाज वैज्ञानिक गीतानो मोस्का ने अपनी पुस्तक 'द रूलिंग क्लास' (शासक वर्ग) (1896-1939) में विशिष्ट वर्ग के सिद्धान्त का प्रतिपादन किया है। उनके अनुसार किसी भी समाज में लोग अनिवार्यतः दो वर्गों में बंटे रहते हैं। शासक (Ruler और शक्ति (Ruled)। शासक वर्ग धन सम्पदा, शक्ति और सम्मान से सम्पन्न होता है, उसे अपनी जगह से हटाना मुश्किल होता है। चाहे कोई भी शासन प्रणाली अपनाई जाए, शक्ति हमेशा उस अल्प संख्यक वर्ग के हाथों में रहती है। जिसे शासक वर्ग के रूप में पहचान सकते हैं। ये विशिष्ट वर्ग अपने संगठन की क्षमता से समाज में बने रहते हैं।

## Mosley, Oswald Mosley | मोस्ले

ओस्वाल्ड मोस्ले 1930 के वर्षों में फासिस्टों की ब्रिटिश यूनियन का नेता था। उसे द्वितीय विश्वयुद्ध में Defence of the Realm Act के तहत नजरबन्द कर दिया गया था। उसके राजनीतिक विचार बड़े जटिल थे। उसका जीवन कष्टमय रहा क्योंकि वह लेबर शासन/सरकारों में कनिष्ठ मंत्री रहा। वह पहला राजनेता जिसने केनिसियन (Keynesian) अर्थशास्त्र को समझा था। उसने फासिस्टवाद के प्रति ब्रिटिश मतदाताओं की प्रतिक्रिया को ठीक से नहीं समझा था, साथ ही वह अपने द्वारा प्रचारित 'काली कमीज' (Black Shirt) आन्दोलन के प्रति लोगों की प्रतिक्रिया का ठीक से अनुमान नहीं लगा सका था। अतः उसके इस आन्दोलन का युद्ध शुरू होने के साथ ही अन्त हो गया।

## Motion of Confidence | विश्वास प्रस्ताव

भारतीय संसदीय पद्धति में अपेक्षाकृत कम बहुमत वाली सरकार अथवा ऐसी सरकार जिसे बहुमत का समर्थन प्राप्त होने के विषय में संदेह उत्पन्न हो गया हो, कभी-कभी संसद के निचले सदन के सम्मुख अपनी ओर से एक विश्वास प्रस्ताव प्रस्तुत करती है ताकि यह साबित कर सके कि सदन का बहुमत उसके साथ है। यदि विश्वास प्रस्ताव पर सरकार की पराजय हो जाए तो उसके लिए त्याग पत्र देना आवश्यक हो जाता है। प्रक्रिया से  सम्बन्धी नियमों में अविश्वासप्रस्ताव के विषय में तो प्रावधान होते हैं। परन्तु सामान्य रूप से प्रायः विश्वास प्रस्ताव लाने के लिए बाध्य नहीं होती।

उदाहरण के लिए जैसे: 7 नवम्बर, 1990 को भारतीय लोकसभा में विश्वनाथ प्रतापसिंह की सरकार द्वारा प्रेषित विश्वास प्रस्ताव 152 के मुकाबले 356 मतों से अस्वीकृत कर दिया गया। इसलिए प्रधानमंत्री को तुरन्त पद-त्याग करना पड़ा था।

परन्तु 16 नवम्बर, 1990 को लोकसभा ने नए प्रधानमंत्री श्री चन्द्रशेखर द्वारा प्रेषित विश्वास प्रस्ताव को 156 के मुकाबले 200 मतों से स्वीकार कर लिया।

## Motion of no-confidence | अविश्वास प्रस्ताव

भारतीय संविधान के अनुसार मंत्रिपरिषद सामूहिक रूप से लोकसभा के प्रति उत्तरदायी है। लोकसभा की प्रक्रिया सम्बन्धी नियमों (नियम 168(1)) के अनुसार सामूहिक रूप से मंत्रिपरिषद के प्रति अविश्वास-प्रस्ताव ग्राह्य हो सकता है। मंत्रिपरिषद में अविश्वास प्रस्ताव निंदा प्रस्ताव से भिन्न होता है। निंदा प्रस्ताव के लिए यह आवश्यक है कि उसमें उन आरोपों के आधार बताये जाएँ, जिनको लेकर सरकार की नीतियों अथवा कार्यों की निंदा करनी हो। अविश्वासप्रस्ताव में इस प्रकार के आधारों का उल्लेख करना आवश्यक नहीं होता। निंदा प्रस्ताव प्रस्तुत करने के लिए सदन की अनुमति लेने की जरूरत नहीं है। यह सरकार की स्वेच्छा पर निर्भर है कि वह निंदा प्रस्ताव पर चर्चा करने के लिए कोई समय निकाले तथा तिथि नियत करे। लोकसभा के प्रक्रिया नियमों में निंदा प्रस्ताव प्रस्तुत करने के लिए अलग से किसी प्रकार की कोई विशेष व्यवस्था नहीं है। इस प्रकार प्रस्ताव सामान्य प्रस्तावों के सम्बन्ध में लागू होने वाले नियमों द्वारा ही निर्धारित होता है तथा उसे अनियत दिवस प्रस्ताव के रूप में ग्रहण किया जा सकता है। प्राय: संसद के निचले सदन को ही यह अधिकार प्राप्त होता है। अविश्वास प्रस्ताव के पास होने पर सरकार को पद-त्याग करना पड़ता है। अविश्वास प्रस्ताव तथा विश्वास प्रस्ताव एक ही सिक्के के दो पहलू हैं। दोनों का उद्देश्य एक ही है। अन्तर केवल इतना है कि विश्वास प्रस्ताव सरकार द्वारा रखा जाता है तथा अविश्वास प्रस्ताव विपक्ष द्वारा।

## Motion of Thanks | धन्यवाद प्रस्ताव

किसी राष्ट्र की संसदीय शासन प्रणाली में राष्ट्रपति या राज्याध्यक्ष के अभिभाषणोपरांत सदन को सदस्यों द्वारा आभार प्रकट करने के लिए पेश किया जाने वाला धन्यवाद प्रस्ताव जो वास्तव में विरोधी दलों द्वारा सरकार की सामान्य आलोचना का एक अवसर और माध्यम होता है। वैसे सामान्य रूप से यह प्रस्ताव सरकार की ओर से ही रखा जाता है।

## Motivation | अभिप्रेरणा, इच्छा शक्ति जाग्रत करना

किसी व्यक्ति में ऐसी इच्छा या शक्ति का होना या उसे जाग्रत करना जो उसे कर्म करने के लिए अभिप्रेरित करती है। कई व्यक्ति योग्य, अनुभवी और कार्य करने की क्षमता रखते हैं परन्तु कार्य करने की इच्छा नहीं रखते, उन्हें काम करने की इच्छा जाग्रत करना। इसे केरोल शार्टल ने एक निश्चित लक्ष्य की प्राप्ति या एक निर्दिष्ट दिशा में अग्रसर होने की उत्कट इच्छा या तनाव कहा है। यह सकारात्मक दिशा में होने पर प्रगति और सर्वजनहिताय होता है यदि नकारात्मक दिशा में हुआ तो विध्वंशनात्मक या संकीर्ण अलगाववादी, आतंकवादी सोच के लिए अभिप्रेरित करता है।

## MRP, Mourement Republicaine Populaire | (एम.आर.पी.)

एक महत्वपूर्ण फ्रांसीसी राजनीतिक दल था। यह कैथोलिक ईसाई धर्म पर समाजवादी दल था। यह फ्रांस के चौथे गणतंत्र के प्रारम्भ में बड़ा लोकप्रिय दल था। यह दल नरम समाजवादी लोकतंत्र का पक्षधर था।

## Mulitia | नागरिक सेना

नियमित सेना से अलग, नागरिकों की सेना जिसका प्रयोग सेना में सहायक सेवाओं के लिए किया जाता हो, या जिसे आवश्यकता पड़ने पर सैनिक कार्यों के लिए बुलाया जा सकता हो। यह नागरिकों का एक बल होता है। जिसे आवधिक प्रशिक्षण, अनुशासन तथा परेड के लिए एक नियमित सैन्य बल के रूप में भर्ती किया जाता है। किन्तु इसकी सहायता आपातकालीन परिस्थिति को छोड़कर सामान्यतया सक्रिय सेवा में नहीं लिया जाता।

## Multicultural Society | बहु सांस्कृतिक समाज

वह समाज जिसमें अनेक संस्कृतियों से जुड़े लोग एक-साथ रहते हों। ऐसे समाज में प्रत्येक सांस्कृतिक समूह को अपनी-अपनी संस्कृति से जुड़ी विशेषताएँ-भाषा, धर्म, रीति-रिवाज, वेश-भूषा इत्यादि कायम रखने की आजादी होती है, ऐसी संस्कृति को किसी अन्य संस्कृति में विलीन होने के लिए अन्य कोई भी विवश नहीं करते हैं।

## Multilateral Agreement | बहुपक्षीय समझौता

अन्तर्राष्ट्रीय राजनीति में दो से अधिक राज्यों के बीच पारस्परिक हित के किसी राजनीतिक, सांस्कृतिक, व्यापारिक, वाणिज्यिक अथवा अन्य किसी विषय पर किया गया समझौता जो सब हस्ताक्षरकर्ता राज्यों के लिए कानूनी रूप से बाध्यकारी होता है।

## Multilateral Treaty | बहुपक्षीय संधि

अन्तर्राष्ट्रीय राजनीति में जो अन्तर्राष्ट्रीय समझौता, अनुबंध या संधि जिसके पक्षकार दो से अधिक राष्ट्र हों। सामान्य रूप से इस प्रकार के अनुबंध या संधियाँ अन्तर्राष्ट्रीय सम्मेलनों में विचार-विमर्श के उपरांत ही अपनाए जाते हैं। ये राज्यों द्वारा अपनी-अपनी सांविधानिक प्रक्रिया से संपुष्टि कर दिए जाने पर ही लागू माने जाते हैं।

## Multilateralism | बहु आयामीवाद

मल्टीलेट्रलिज्म परमाणु हथियारों की कटौती की नीति है। इसका अर्थ है परमाणु अस्त्रों को कम करने या नष्ट करने के लिए तैयारी। इसका निहितार्थ है कि कोई भी परमाणु अस्त्रों को बनाए रखने के पक्ष में नहीं हो सकता।

## Multinational Corporation | बहुराष्ट्रीय निगम

बहुराष्ट्रीय कम्पनियाँ या निगम साम्राज्यवादी देशों की नई एवं उच्चतम किस्म की विशालकाय इजारेदारियां हैं, जो अकूत संसाधनों को नियन्त्रित करती हैं और अधिकतम मुनाफा उपार्जित करने के लिए सस्ते श्रम, सस्ते कच्चे माल और अनुकूल बाजार की तलाश में अपने देश के बाहर अपने क्रियाकलाप को फैलाती है तथा पूंजी निवेश करती हैं। इन्हें अपने देश की साम्राज्यवादी सरकार का आर्थिक, राजनीतिक तथा सैनिक समर्थन प्राप्त रहता है। ये निगम साम्राज्यवाद की नव-उपनिवेशवादी नीति के आर्थिक औजार होते हैं।

रेमण्डवरनन के अनुसार "बहुराष्ट्रीय उद्यम एक सांझनी प्रबन्धकीय योजना के बन्धन में बंधी भिन्न-भिन्न राष्ट्रीयताओं के निगमों का समूह है।"

मैनिस एवं सम्वन्त लिखते हैं कि बहुराष्ट्रीय निगम वे कम्पनियां हैं जो दो या दो से अधिक देशों में उत्पादन सुविधा को नियन्त्रित करती हैं।

बहुराष्ट्रीय निगमों के क्रियाकलाप निम्न दो उद्देश्यों की ओर हैं। प्रथम, साम्राज्यवादी देशों की अर्थव्यवस्था के लिए कच्चा माल, तेल, लौह अयस्क, तांबा, टीन, रबर, चाय, कॉफी जैसे कच्चे

माल तथा प्राकृतिक साधनों की आपूर्ति की गारन्टी करना और द्वितीय उन देशों में पूंजी निवेश से कारखाने खड़े करना जहाँ सस्ता श्रम और कच्चा माल उपलब्ध हो।

अपने मुनाफे की रक्षा और वृद्धि के लिए ये कम्पनियाँ आर्थिक क्रिया कलाप ही नहीं करती हैं। बल्कि विभिन्न देशों के आन्तरिक मामलों में हस्तक्षेप भी करती हैं, सरकारों पर दबाव डालती हैं। मंत्री तथा अधिकारियों को खरीदती हैं, अस्थिरता पैदा करती हैं। हत्याएँ करती हैं और आंतरिक प्रतिक्रियावादी शक्तियों से मिलकर प्रगतिशील सरकारों के खिलाफ प्रतिक्रान्ति तक संगठित करती हैं।

संक्षेप में मुनाफे के लिए ये बहुराष्ट्रीय कम्पनियाँ सभी अन्तर्राष्ट्रीय कानूनों और मानवीय मान्यताओं को कुचलकर हर सम्भव अपराध करती हैं। एक पत्रकार ने लिखा है कि इनका अपना स्वार्थ होता है। अतः इनका केवल एक ही उद्देश्य होता है ज्यादा से ज्यादा अपना धन्धा बढ़ाना और पैसा कमाना। इस उद्देश्य के लिए ये निगम किसी भी सीमा तक जा सकते हैं, कितना ही नीचे गिर सकते हैं।

## Multi-Party Systems | बहुदलीय प्रणाली

ऐसी राजनीतिक व्यवस्था जिसमें साधारणतया दो से अधिक राजनीतिक दल विधानमंडल में स्थान प्राप्त कर लेते हैं, परन्तु किसी एक दल को स्पष्ट बहुमत नहीं मिल पाता। फलस्वरूप अनेक दल मिलकर सरकार बनाने का प्रयत्न करते हैं। ऐसी सरकार तब तक चलती है, जब तक बहुदलीय सरकार (Coaliation) के सदस्यों में ताल-मेल बना रहता है। मतभेद पैदा होने पर सरकार टूट जाती है। फिर नये गठजोड़ होते हैं या फिर से चुनाव होते हैं। इस प्रणाली में राजनीतिक अस्थिरता बनी रहती है। स्वीडन, नार्वे, डेनमार्क और फ्रांस में यही व्यवस्था पाई जाती है। भारत में भी बहुदलीय शासन प्रणाली है। वर्तमान में संयुक्त प्रगतिशील गठबन्धन (यू.पी.ए.) सरकार के नेता के रूप में डॉ. मनमोहन सिंह सरकार का संचालन कर रहे हैं। यह कई दलों की मिली जुली सरकार है। अतः इसे भी कई बार सरकार गिरने का खतरा झेलना पड़ा है।

## Multipolar System | बहुध्रुवीय प्रणाली

अन्तर्राष्ट्रीय सम्बन्धों में वह स्थिति जब विश्व में अनेक महाशक्तियाँ मौजूद हों और वे अन्तर्राष्ट्रीय घटनाक्रम को इच्छानुसार मोड़ देने की क्षमता रखती हों। बहुध्रुवीय विश्व प्रणाली कहलाती है। वर्तमान में विश्व बहुध्रुवीय हो गया है।

## Multipurpose House Hold Survey, MPHS | बहुद्देश्यीय पारिवारिक सर्वे

इस योजना के अन्तर्गत राज्य के समस्त इलाकों के प्रत्येक परिवार का सर्वेक्षण कर आंकड़े कम्प्यूटर में प्रविष्ट करवा कर आर्थिक सामाजिक तथा स्वास्थ्य सम्बन्धित योजनाओं के स्थान को विशेष तथा लक्ष्य आधारित बनाया जाना होता है।

## Municipal Board | नगरपालिका

प्रत्येक नगर में एक नगरपालिका का गठन किया जाता है। नगर की स्थानीय स्वशासन की व्यवस्था का एक अंग होती है, जिसका निर्वाचन स्थानीय जनता द्वारा होता है और जो नगर प्रशासन एवं नागरिक सुविधाओं, जैसे: पानी, रोशनी, सफाई, रोगों की रोकथाम आदि का प्रबंध करती है।

## Municipal Courts (=National Courts) | राष्ट्रीय न्यायालय

किसी राष्ट्र के संविधान या कानून के अन्तर्गत स्थापित नियमित न्यायालय जो राज्य के कानूनों के अनुसार न्याय प्रशासन का कार्य करते हैं। अन्तर्राष्ट्रीय परिप्रेक्ष्य में इन्हें म्युनिसिपल न्यायालय कहा

जाता है। यद्यपि तथ्य की दृष्टि से ये विशुद्ध राष्ट्रीय न्यायालय होते हैं। असहयोग आन्दोलन के दौरान न्यायालयों का बहिष्कार करके राष्ट्रीय न्यायालयों की स्थापना की गई जिसमें भारतीय न्यायाधीश विवादों का फैसला करते थे।

### Muslim League | मुस्लिम लीग

1906 ई. में आगा खाँ ढाका के नवाब, सलीमुल्ला तथा मोहसिन उलमुल्क के नेतृत्व में अखिल भारतीय मुस्लिम लीग की स्थापना की गई थी। इसने बंगाल विभाजन का समर्थन किया जिससे हिन्दू तथा मुस्लिम समुदायों के बीच साम्प्रदायिक मतभेद उत्पन्न हुए।

### Mussolini, Benito (1883–1945) | मुसोलिनी

यूरोपीय फासीवाद का जन्मदाता था। वह 1922 से इटली का प्रधानमंत्री था। मुसोलिनी ने अपने लक्ष्य की पूर्ति के लिए शासन का जो ढंग अपनाया। उसे उसने फासिस्टवाद या फासिज्म (Facism) की संज्ञा दी। मुसोलिनी ने इटालवी विश्वकोश 1932 में लिखा "राज्य की फासिस्ट संकल्पना में सब कुछ समा जाता है इसके बाहर किन्हीं मानवीय या आध्यात्मिक मूल्यों का कोई अस्तित्व ही संभव नहीं-महत्व तो बिल्कुल संभव नहीं है।" मुसोलिनी ने आगे लिखा है "कोई दल किसी राष्ट्र पर सर्वाधिकार पूर्वक शासन करे-यह इतिहास की एक नई घटना है" हिटलर एवं मुसोलिनी की सर्वाधिकारवादी नीतियों के कारण द्वितीय विश्वयुद्ध छिड़ा और युद्ध के अन्तिम दिनों अप्रैल 1945 में मुसोलिनी की गोली मारकर हत्या कर दी गई।

### Mutiny | गदर : सैन्य विद्रोह

राज्य की वैध या कानूनी सत्ता विशेषत: सैनिक सत्ता के विरुद्ध बगावत करना या उसके आदेशों को मानने से इंकार कर देना अथवा किसी अधिकारी के वैध आदेशों अथवा अनुशासन के नियमों की बलपूर्वक अवहेलना करके पूरे शासन की सत्ता को चुनौती देने के लिए आह्वान करना तथा सशस्त्र प्रयास करना। भारतीय इतिहास में 10 मई 1857 का सिपाही विद्रोह ब्रिटिश शासन से मुक्ति पाने की दिशा में प्रथम सशक्त प्रयास था। इसे विनायक दामोदर सावरकर ने भारत का प्रथम स्वतन्त्रता संग्राम कहा है। इंग्लैण्ड के नेता डिजरायली ने भी इसे राष्ट्रीय विद्रोह (National Revolt) कहा है।

### Mutually Assured Destruction | परस्पर आश्वासित विनाश

इस अवधारणा का अर्थ है एक दूसरे को युद्ध से रोकना। इस विचार का आधार यह है कि दो परमाणु महाशक्तियों अमेरिका और सोवियत संघ के पास इतनी सामर्थ्य है कि उन पर पहले हुए परमाणु आक्रमण से बचकर वे दूसरे देश पर प्रत्याक्रमण द्वारा असहनीय क्षति पहुँचा सके। इस अवधारणा का विकास मैक्मरा ने किया। इससे दोनों देशों में निरोधक (Deterrent) बनता है।

# N

## Nation | राष्ट्र

लोगों का वह समूह जो साधारणतया एक ही भौगोलिक क्षेत्र में रहता हो और एक ही ऐतिहासिक और सांस्कृतिक परम्परा से आपस में जुड़े होते हैं। उनकी एकता का यह सूत्र इतना सुदृढ़ होना चाहिए कि वे अपने लिए या तो एक सामान्य राजनीतिक संगठन बना चुके हों और उसे बनाए रखने में समर्थ हों, या फिर सचेतन रूप से ऐसी राजनीतिक और सैनिक गतिविधियों में तत्पर हों कि अपने लिए सामान्य राजनीतिक संगठन प्राप्त कर सकें। गार्नर के अनुसार "राष्ट्र समाज का वह भाग है, जिसकी प्राकृतिक भौगोलिक सीमा अन्य राष्ट्रों से पृथक है, जहाँ के लोगों का जातीय मूल एक है और जो एक भाषा-भाषी है, जिनके रीति-रिवाज और साहित्य एक है।" वस्तुतः "राष्ट्र" का विचार दूर-दूर तक बिखरे हुए लोगों में भी एकता की भावना जगाता है और वे अपनी सामान्य सांस्कृतिक धरोहर की रक्षा के लिए बड़े से बड़ा बलिदान करने को तैयार हो जाते हैं। राष्ट्र के लिए यह जरूरी नहीं है कि राष्ट्र के लोग एक ही जाति के हों, एक ही भाषा-भाषी हों या एक ही धर्म के अनुयायी हों। भारत इसका सबसे अच्छा उदाहरण है। यहाँ विविधता में भी एकता दिखाई देती हैं। अर्नेस्ट रेनन ने 1882 में कहा "राष्ट्र के अन्तर्गत एक ही भाषा बोलने वाले एक ही जाति समूह के लोग नहीं आते वरन् राष्ट्र उस समूह को कहते हैं, जिसमें लोगों ने अतीत में बड़े-बड़े काम मिलकर किए हैं और भविष्य में भी आगे बढ़ाना चाहते हैं"।

## Nation in Arms | युद्धोद्यत राष्ट्र

कोई देश अथवा वे राष्ट्र जो आसन्न युद्ध अथवा वास्तविक युद्ध की स्थिति में अपनी संपूर्ण जन-शक्ति तथा आयुध बल को युद्ध का मुकाबला करने में लगा देते हैं या उसके लिए तत्पर रहते हैं। इसी प्रकार की स्थिति द्वितीय विश्वयुद्ध में ग्रेट ब्रिटेन, ज़ापान तथा जर्मनी की थी।

## National Anthem | राष्ट्रगान

किसी देश का ऐसा गीत, जिसे राष्ट्र-विशेष द्वारा विशिष्ट औपचारिक एवं महत्वपूर्ण सार्वजनिक अवसरों पर गाने या उसकी धुन बजाने के लिए अपनाया गया हो। उक्त गीत या धुन को राष्ट्र के प्रति निष्ठा व्यक्त करने के लिए गाया अथवा बजाया जाता है।

भारतीय संविधान सभा ने विश्व कवि श्री रवीन्द्रनाथ ठाकुर द्वारा लिखित 'जन-गण-मन' को 24 जनवरी, 1950 को राष्ट्रगान के रूप में अपनाया। इसके साथ श्री बंकिमचन्द्र चटर्जी के गीत "वंदेमातरम्" को भी राष्ट्रगीत का स्थान दिया गया है क्योंकि स्वतंत्रता संग्राम में उक्त गीत स्वतंत्रता सेनानियों का प्रेरणा-स्रोत रहा है। राष्ट्रगान गाए जाने अथवा उसकी धुन बजाए जाने के समय नागरिकों को "सावधान" की स्थिति में खड़े होकर उसके प्रति सम्मान व्यक्त करना आवश्यक होता है। इसके गायन की अवधि 52 सैकण्ड है। लघु कार्यक्रमों में प्रथम एवं अन्तिम पद की गायन अवधि 20 सैकण्ड है। यह प्रथम बार 1911 में भारत भाग्य विधाता शीर्षक से छापा गया था।

### National Assembly | राष्ट्रीय-विधानमंडल

किसी राष्ट्र के निर्वाचित सदस्यों की केन्द्रीय अथवा राष्ट्रीय विधि-निर्मात्री सभा जिसका नाम तथा कार्यविधि विभिन्न देशों में अलग-अलग हैं। यथा फ्रांस में संसद के निचले सदन को नेशनल असेंबली तथा स्विट्जरलैण्ड में फैडरल असेंबली कहते हैं।

### National Budget | केन्द्रीय बजट

किसी राष्ट्र की केन्द्रीय सरकार द्वारा आगामी वित्त वर्ष के लिए अनुमानित आय और व्यय के आंकड़ों का लेखा। इसमें दो वर्ष पूर्व के वास्तविक आंकड़े, विगत वर्ष के संशोधित और आगामी वर्ष के अनुमानित आंकड़े दिए होते हैं। जिसे बजट कहते हैं। अनुच्छेद 112 में केन्द्रीय वार्षिक बजट का वर्णन है जो प्रति वर्ष राष्ट्रपति वित्त मंत्री के माध्यम से देश की आय-व्यय का लेखा-जोखा संसद में रखता है।

### National Flag | राष्ट्रीय झंडा

किसी देश के स्वतंत्रता और सम्प्रभुता का प्रतीक। भारत की संविधान सभा ने देश के लिए राष्ट्रीय झंडा 22 जुलाई, 1947 को अपनाया और इसे भारत की महिलाओं की ओर से राष्ट्र को 14 अगस्त, 1947 को संविधान सभा के अर्द्ध-रात्रिकालीन अधिवेशन में समर्पित किया। संविधानसभा के प्रस्ताव में कहा गया है कि "भारत का राष्ट्रीय झंडा तिरंगा होगा जिसमें समान अनुपात में केसरिया, सफेद तथा हरे रंग की आड़ी पट्टियाँ होंगी। सफेद पट्टी के बीच में चरखे के प्रतीक स्वरूप गहरे नीले रंग में सारनाथ का सिंह स्तम्भ वाला चक्र होगा। चक्र का व्यास लगभग सफेद पट्टी की चौड़ाई जितनी रहेगा। झंडे की लंबाई-चौड़ाई का अनुपात 3: 2 होगा।"

उसके तीन रंग में केसरिया रंग सबसे ऊपर है जो शौर्य, बलिदान, त्याग तथा विरक्ति-विनम्रता का प्रतीक है। बीच में सफेद रंग की पट्टी सत्य, सादगी और पवित्रता और नीचे गहरा हरा रंग समृद्धि का प्रतीक है। ये तीनों रंग भारत के तीन प्रमुख धर्म वैदिक (हिन्दु) ईसाई और इस्लाम का भी प्रतिनिधित्व करते हैं। अशोक चक्र के 24 आरे हैं जो हमें निरन्तर 24 घंटे कर्त्तव्यपालन करने में पूर्ण सच्चाई और ईमानदारी का पालन करने के लिये इंगित करते हैं।

राष्ट्रीय झंडे को प्राय: सभी महत्वपूर्ण सरकारी भवनों, उच्च न्यायालयों, सचिवालयों, आयुक्तों के कार्यालयों, जिलाधीशों के कार्यालयों, जेलों, जिला बोर्डों तथा जिला परिषदों और नगरपालिकाओं आदि के कार्यालयों पर राष्ट्रीय दिवसों पर फहराया जाता है। झंडे का दुरुपयोग दंडनीय अपराध माना गया है। 2001 से इसे व्यक्तिगत रूप से निजी, भवनों, प्रतिष्ठानों एवं कारखाने में फहराने का अधिकार मिल गया है। यह अधिकार हरियाणा के सांसद नवीन जिन्दल के प्रयासों से मिला है।

### National Government | राष्ट्रीय सरकार

किसी देश के राष्ट्रीय संकट के समय में सभी दलों की मिली-जुली सरकार। इंग्लैण्ड में द्वितीय विश्वयुद्ध के समय श्री चर्चिल के नेतृत्व में इसी प्रकार की सरकार का निर्माण हुआ था। जो उस राष्ट्र के लिए समर्पित थी।

### National Green Tribunal-NGT | राष्ट्रीय हरित न्यायाधिकरण

पर्यावरण समस्या से जुड़े मामलों को शीघ्र निपटाने के लिए इस न्यायाधिकरण का 18 अक्टूबर 2010 में गठन किया गया। विभिन्न न्यायालयों में हजारों मामले लंबित हैं। इससे पर्यावरण की सुरक्षा, प्राकृतिक संसाधनों का बचाव और विकासोन्मुखी योजना से जुड़े मामलों को निपटाना है। न्यायमूर्ति स्वतंत्र कुमार जो सर्वोच्च न्यायालय के सेवानिवृत्त न्यायाधीश थे, उन्हें 20 दिसम्बर 2012

से न्यायाधीकरण के पूर्णकालिक अध्यक्ष बनाये गये। भारतीय संविधान के अनुच्छेद 21 में नागरिकों को स्वस्थ्य पर्यावरण का अधिकार प्रदान किया गया है। ट्रिब्यूनल वस्तुतः एक फास्ट-ट्रैक कोर्ट होता है।

## National Informatic Centre, NIC | राष्ट्रीय सूचना केन्द्र

भारत सरकार ने 1989 में NIC की स्थापना की। इसने वी-सेट (V-SAT) तकनीक का उपयोग करते हुए देश के समस्त जिलों एवं राजधानियों में स्थापित अपने केन्द्रों को उपग्रह के माध्यम से आपस में जोड़कर एक कम्प्यूटर नेटवर्क 'निकलेट' की स्थापना की जो आज विश्व का अपने ढंग का सबसे बड़ा शासकीय कम्प्यूटर नेटवर्क है। इसके माध्यम से आँकड़े भेजकर चुनाव सर्वेक्षण करने वाले चुनाव पूर्व सर्वेक्षण और Exit Poll के रिजल्ट 1990 के दशक में द्रुतगति से दूरदर्शन पर प्रस्तुत करते थे।

## National Interest | राष्ट्रीय हित

अन्तर्राष्ट्रीय राजनीति में भाग लेने वाले सभी देश अपने कार्यों का संचालन जिस नीति और सिद्धान्त के आधार पर करते हैं उसे राष्ट्रीय हित कहा जाता है। यह किसी देश की विदेश नीति की आधारशिला होता है। दिसम्बर, 1947 में नेहरू जी ने लोकसभा में भाषण देते हुए कहा था, "किसी भी देश की विदेश नीति का आधार उसके राष्ट्रीय हितों की सुरक्षा है। भारत की विदेश नीति का ध्येय इसके राष्ट्रीय हित की सुरक्षा है।"

चार्ल्स लर्च एवं अब्दुल सईद के अनुसार "व्यापक, दीर्घकालीन और सतत उद्देश्य जिसकी सिद्धि के लिए राज्य, राष्ट्र और सरकार में सब अपने को प्रयत्न करता हुआ पाते हैं, राष्ट्रीय हित हैं। वी.वी. डायक के अनुसार राष्ट्रीय हित प्रभुत्व सम्पन्न राज्य की अभिलाषाएं हैं जिन्हें वे वह अन्य राष्ट्रों के सन्दर्भ में प्राप्त करना चाहते हैं। इस प्रकार राष्ट्रीय हित विदेश नीति का प्राण तत्व है। विदेश नीति की सफलता व असफलता का मूल्यांकन राष्ट्रीय हित के परिप्रेक्ष्य में किया जाता है। यदि किसी देश की विदेश नीति राष्ट्रीय हित का रक्षण करने में सफल रहती है तो उसे सफल विदेश नीति कहा जाता है। यदि वह राष्ट्रीय हितों की रक्षा नहीं कर पाती है तो उसे असफल विदेश नीति कहा जाता है।" राष्ट्रीय हित निम्नांकित होते हैं:

1. *प्रथम श्रेणी के हित (Primary Interests):* वे हित जो किसी राज्य के लिए महत्वपूर्ण होते हैं जिनकी रक्षा के लिए राष्ट्र बड़ा बलिदान करने को भी तैयार रहता है जैसे देश की सुरक्षा।
2. *गौणहित (Secondary Interests):* वे हित जो राज्य की सत्ता बनाए रखने के लिए आवश्यक होते हैं लेकिन इनकी सिद्धि के लिए कोई राष्ट्र युद्ध का खतरा मोल नहीं लेता है। जैसे विदेशों में अपने नागरिकों व विदेशों में अपने राजदूतों की उन्मुक्तियाँ के लिये।
3. *स्थायी हित (Permanent Interests):* ये राज्य के ऐसे हित होते हैं जो हमेशा स्थायी रहते हैं। जैसे देश का शान्तिपूर्ण, वातावरण एवं आर्थिक विकास।
4. *परिवर्तनशील हित (Variable Interest):* ये ऐसे हित होते हैं जो परिस्थितियों के अनुसार बदलते रहते हैं। ये लोकमत व विभिन्न व्यक्तियों के विचारों से प्रभावित होते रहते हैं।
5. *सामान्यहित (Common Interests):* ये ऐसे हित हैं जो किसी देश के आर्थिक, राजनीतिक एवं व्यापारिक क्षेत्रों में लाभ पहुँचाते हैं। ये सामान्य प्रकृति के होते हैं। ये हित यथास्थिति बनाए रखने पर बल देते हैं।
6. *विशिष्ट हित (Specific Interests):* विशिष्ट हित सामान्य हितों से जन्म लेते हैं।

वस्तुतः यह दो प्रकार के हैं मार्मिक या दीर्घकालीन हित - ये वे हित हैं जो किसी देश के लिए महत्वपूर्ण होते हैं। इन पर कोई देश रियायत करने को तैयार नहीं होता है। आवश्यकता पड़ने

पर इनकी रक्षा के लिए युद्ध करने को भी तैयार हो जाता है। दूसरे अमार्मिक या तत्कालीन हित – ये हित तात्कालिक महत्व के गौण हित होते हैं। इनकी सिद्धि के लिए कोई राज्य युद्ध का खतरा मोल नहीं लेना चाहता। जैसे जनता का भौतिक कल्याण, व्यापार की वृद्धि व विचारधारा का प्रसार।

## National Language | राष्ट्रभाषा

प्रायः सभी देशों की एक राष्ट्रभाषा होती है। भारत में हिन्दी को राष्ट्रभाषा के रूप में स्वीकार किया जाता है। संविधान में 'राजभाषा' शब्द का उपयोग अनुच्छेद 343 में किया गया है। राष्ट्रभाषा का प्रावधान में नहीं है। इसका कोई नोटिफिकेशन भी नहीं हुआ है। इसकी जानकारी केन्द्रीय गृहमंत्री अजय माकन ने 3 मार्च 2010 को राज्य सभा में दी।

## National Liberation | राष्ट्रीय विमुक्ति

किसी देश या राष्ट्र द्वारा विदेशी दासता से मुक्त होने तथा स्वतंत्रता प्राप्त करने की स्थिति। भारत में राष्ट्रीय विमुक्ति की शुरुआत सन् 1857 के आन्दोलन से हुई, जो कालांतर में राष्ट्रीय स्वतंत्रता आन्दोलन का रूप धारण कर गई और अन्त में 15 अगस्त 1947 में देश ने स्वतंत्रता प्राप्त की।

## National Missile Defence: NMD | राष्ट्रीय-प्रक्षेपास्त्र सुरक्षा प्रणाली

अमेरिकी राष्ट्रपति जॉर्ज बाकर बुश ने 1 मई 2001 को वाशिंगटन में नेशनल डिफेन्स यूनिवर्सिटी में भाषण देते हुए अमेरिका की राष्ट्रीय प्रक्षेपास्त्र सुरक्षा प्रणाली की घोषणा की। यदि किसी देश ने अमेरिका या किसी दूसरे देश को निशाना बनाते हुए अणु शस्त्र छोड़ा तो जमीन, पानी या आसमान पर खड़ी अमरिकी मिसाइलें उस छोड़े गए अस्त्र पर प्रत्याक्रमण कर तुरन्त नष्ट कर देंगी और फिर उनके पीछे से दूसरी अमेरिकी मिसाइलें सीधे उसी ठिकाने को भी निशाना बना देंगी जहाँ से अणु शस्त्र छोड़ा गया होगा।

## National Regeneration | राष्ट्रीय पुनरुज्जीवन

किसी देश का गुलामी अथवा स्वेच्छाचारिता या प्रमाद आदि के कारण पतन हो जाने पर उसे पुनः विभिन्न राजनीतिक या सामाजिक आन्दोलनों द्वारा जाग्रत करने, स्वतंत्र करवाने या वहाँ उच्च मानकों एवं जीवन-मूल्यों की स्थापना करने की प्रक्रिया।

## National Security | राष्ट्रीय सुरक्षा

किसी देश या राष्ट्र के आंतरिक झगड़ों, उपद्रवों, विप्लवों अथवा बाह्य आक्रमणों से देश की रक्षा करने तथा देश में शांति बनाए रखने के लिए राज्य द्वारा सेना अथवा पुलिस के माध्यम से की गई सुरक्षा व्यवस्था जिसे राष्ट्रीय सुरक्षा कहते हैं।

## National Self-Determination | राष्ट्रीय आत्म-निर्णय

लोगों का जो समूह अपने-आपको एक पृथक राष्ट्र के रूप में पहचानता हो, उसे यह निर्णय करने का अधिकार कि वह किस राज्य में रहेगा, और कौन-सी शासन प्रणाली अपनाएगा?

## National Socialism | राष्ट्रीय समाजवाद

राष्ट्रीय समाजवाद जर्मन नाजी दल का सिद्धान्त था। यह वस्तुतः समाजवादी सिद्धान्त नहीं था क्योंकि इसने वर्गों तथा वर्ग संघर्ष की वास्तविकता को नकारा था। इसका यह तर्क था कि जर्मन राष्ट्र ही सच्चा राष्ट्र है। जिसकी एकता को गैर जर्मन तत्वों से खतरा है।

## National Tightness | राष्ट्रीय एकजुटता

यह समुदायवादी विचारकों का विचार है जो लोगों की पड़ौसी होने की भावना को अधिक दृढ़ करने के लिये उनके बीच में भेदभाव और विरोध को खत्म करना चाहते हैं। इसके समर्थक राजनीतिक और बहुल विविधता (plural diversity) का विरोध करते हैं। इसमें अधिकार की राजनीति की जगह 'सामान्य हित की राजनीति' को महत्व दिया जाता है जिससे कल्याणकारी राज्य का विकास हुआ। इसमें गरीबों, अप्रवासियों और नस्लीय अल्पसंख्यकों को नागरिकता के दायरे में लाया गया।

## Nationalism | राष्ट्रवाद, राष्ट्रीयता

राष्ट्रवाद एक भावना (Sentiment) भी है। विचारधारा (Ideology) भी है। एक भावना के नाते राष्ट्रवाद अपने राष्ट्र के लोगों में लगाव (Attachment) व एकता की भावना को सुदृढ़ करना तथा राष्ट्र की स्वतंत्रता या एकीकरण का पथ प्रशस्त करना होता है। राष्ट्रवाद की प्रमुख विशेषता राष्ट्रीय चेतना का विस्तार है जिसकी प्रेरणा से व्यक्ति और समूह अपने राष्ट्र को अन्य राष्ट्रों में ऊँचा स्थान देते हैं और राष्ट्र के प्रति निष्ठा तथा राष्ट्रीय हित को बढ़ावा देने का प्रयत्न करते हैं। राष्ट्र के भीतर राष्ट्रवाद का अर्थ है, अन्य समूहों, यथा - धार्मिक, भाषाई, जातीय, क्षेत्रीय, व्यावसायिक इत्यादि की तुलना में संपूर्ण राष्ट्र के अस्तित्व और हित को महत्व देना।

एक विचारधारा के रूप में राष्ट्रवाद यह मांग करता है कि राज्य (State) का ढांचा या राजनीतिक संगठन (Political Organization) राष्ट्रत्व (Nationhood) की नींव पर खड़ा होना चाहिए, जो लोग अपने आपको एक स्वाभाविक समुदाय (Natural Community) के रूप में पहचानते हैं और एक राष्ट्र के सदस्य होने का दावा करते हैं, उन्हें अपनी पसन्द की राजनीतिक प्रणाली में रहने का अधिकार होना चाहिए और विश्व-व्यवस्था (World Order) के अन्तर्गत उन्हें अन्य राष्ट्रों के बराबर दर्जा मिलना चाहिए। किसी राष्ट्र को किसी अन्य राष्ट्र के प्रभुत्व (Domination) या आधिपत्य (Supermacy) में रहने के लिए विवश नहीं होना चाहिए।

राष्ट्रवाद के अन्तर्गत जनसमूह के सदस्य अपने-आपको एक स्वाभाविक समुदाय मानते हुए एक राष्ट्र के रूप में पहचानते हों। इस दृष्टि से वे अपनी सामान्य राजनीतिक आकांक्षाओं, सामान्य हितों, सामान्य इतिहास और सामान्य नियति (Destiny) की चेतना के कारण एकता के सूत्र में बंधा हुआ अनुभव करते हैं।

एक विचारधारा के रूप में राष्ट्रवाद का उदय यूरोप में 18वीं सदी के अन्त में हुआ। मान्यता व्यक्त की गई कि प्रत्येक राष्ट्र को अपना शासन स्वयं चलाने का अधिकार होना चाहिए। वस्तुतः राष्ट्रवाद की सहज-स्वाभाविक अभिव्यक्ति सबसे पहले फ्रांसीसी क्रान्ति (French Revolution) (1789) के रूप में सामने आई। एक सिद्धान्त के रूप राष्ट्रवाद का निरूपण जर्मन दार्शनिक जी.डब्ल्यू.एफ. हीगल (1770-1831) और इतालवी विचारक ज्योसिपमेजिनी (1805-72) ने प्रस्तुत किया। हीगल के इतिहास सिद्धान्त के अन्तर्गत राष्ट्र-राज्य को विश्व चेतना की विकास यात्रा का वाहन माना गया है। मैजिनी ने राष्ट्रवाद को नई विश्व व्यवस्था का आधार माना। उनके अनुसार प्रत्येक राष्ट्र अपने-अपने भू-क्षेत्र में अपनी-अपनी सहज प्रतिभा का विकास करके विश्व-कल्याण में अपना विशेष योग देगा।

हीगल के विचारों ने जर्मनी के एकीकरण (Unification) को बढ़ावा दिया। मैजिनी के विचारों ने इटली के एकीकरण की प्रेरणा जगाई।

प्रथम विश्वयुद्ध के बाद राष्ट्रीय आत्म निर्णय के सिद्धान्त (Principle of National Self Determination) को विधिवत मान्यता दी गई, जिसके परिणामस्वरूप अनेक नए राष्ट्र अस्तित्व में आ गए।

**Nationalistic Megalomania | राष्ट्रमूलक महत्वोन्माद, राष्ट्रमूलक महामन्यता उन्माद**

अपने राष्ट्र के प्रति अत्यधिक प्रेम या राष्ट्रीयता की भावना। अपनी संस्कृति, अपने राजनीतिक संगठन, धर्म, भाषा, इतिहास आदि को अनावश्यक रूप से महत्व देना तथा श्रेष्ठ मानना, साथ ही इस प्रकार अन्य देशों को हेय दृष्टि से देखना तथा वहाँ के धर्म, संस्कृति, राजनीतिक संगठन आदि को हीन मानने की प्रवृत्ति।

**Nationality | राष्ट्रीयता**

किसी देश विशेष का, जन्मतः अथवा एक निश्चित अवधि तक आवास के कारण, प्राप्त नागरिकता। किसी अन्य देश की नागरिकता प्राप्त हो जाने पर राष्ट्रीयता भी बदल जाती है। विदेशियों द्वारा नागरिकता अथवा राष्ट्रीयता राज्य के तथाकथित नियमानुसार ही प्राप्त की जा सकती है।

**Nationalization | राष्ट्रीयकरण**

राष्ट्रीयकरण वह नीति है जिसके द्वारा फर्मों, उपक्रमों और उद्योगों का सरकारीकरण किया जाता है। वस्तुतः यह किसी राष्ट्र की सरकार की ऐसी कार्यवाही है जिसमें उत्पादन, वितरण या विनिमय के साधन निजी स्वामित्व व नियंत्रण से हटकर सार्वजनिक स्वामित्व व नियंत्रण के अन्तर्गत लाये जाते हैं। उदाहरण के लिए भारत सरकार ने 19 जुलाई 1969 में राष्ट्र के 14 बड़े-बड़े बैंकों को गैर सरकारी स्वामित्व और नियंत्रण से हटाकर उन्हें भारत सरकार के नियंत्रण में ला दिया गया था। इस कार्यवाही को हम बैंक राष्ट्रीयकरण के नाम से जानते हैं। 42वें संविधान संशोधन के द्वारा प्रस्तावना में समाजवाद शब्द जोड़ा। ऐसी स्थिति में भारत को लोकतान्त्रिक समाजवादी राज्य बनाने के लिए प्रमुख एवं महत्वपूर्ण उद्योगों को सार्वजनिक नियन्त्रण में लेना ही राष्ट्रीयकरण कहलाता है।

**Nation-Building | राष्ट्रनिर्माण**

इस शब्द का प्रयोग एक ऐसी विस्तृत प्रक्रिया के लिए किया जाता है जिसके द्वारा लोग अपने आप को एक राष्ट्र के रूप में स्थापित, निर्मित और व्यवस्थित करते हैं। इसका अभिप्राय है ऐसी संस्थाओं, संरचनाओं तथा प्रक्रियाओं की व्यवस्था एवं स्थापना करना जो कि राष्ट्र को एक सम्प्रभु (प्रभुसत्ता-सम्पन्न) इकाई का रूप दे सके।

**Nation-State | राष्ट्र-राज्य**

राष्ट्रीयता की धारणा पर आधारित राज्य का वर्तमान रूप जो यूरोप में शुरू होकर सारे विश्व में ऐसा राज्य होता है कि जिसकी जनसंख्या अपने आप को एक राष्ट्र के रूप में पहचानती हो। राष्ट्र-राज्य एक ऐसे संदर्भ का वर्णन करता है जिसमें सम्पूर्ण भौगोलिक क्षेत्र में जो लोगों की मातृभूमि होती है, एक राजनीतिक प्रणाली से शासित होती है। ये लोग अपने को एक समुदाय के सदस्य के रूप में पहचानते हैं क्योंकि उनकी एक ही संस्कृति होती है, एक ही इतिहास होता है। सरकार की एक निर्धारित भौगोलिक क्षेत्र पर संप्रभु शक्ति होती है तथा वहाँ रहने वाले उस राष्ट्र या राज्य के नागरिक कहलाते हैं।

**NATO (North Atlantic Treaty Organization) | (नाटो) उत्तरी अटलांटिक संधि संगठन**

इस संगठन की स्थापना 4 अप्रैल 1949 को हुई थी। इसका उद्देश्य था साम्यवाद के खतरे से गैर-साम्यवादी राज्यों को बचाना। यह सन्धि राजनीतिक व सैन्य संधि थी। इसके सदस्य थे पश्चिमी

यूरोपीय देश, संयुक्त राज्य अमेरिका एवं कनाडा। नार्वे, डेनमार्क एवं फ्रांस आंशिक रूप से ही इसके सदस्य हैं। इन देशों ने अपनी सैन्य शक्ति को नाटो के प्रत्यक्ष नियंत्रण से मुक्त रखा है। नाटो इसके सदस्य राष्ट्रों की सैन्य शक्ति में सामंजस्य बैठाता है तथा इनके लिए शान्ति काल व युद्ध काल के कार्यों का आबंटन करता है। युद्ध काल में सभी सदस्य राष्ट्रों की सेनाएं संयुक्त हो जाती हैं तथा इस संयुक्त सेना का अध्यक्ष कोई अमेरिकी सेनापति होता है। इसमें कहा गया है कि यदि किसी सन्धिकर्ता देश पर साम्यवादी आक्रमण होता है तो सभी मिलकर इसका मुकाबला करेंगे। वर्तमान में इसकी सदस्य संख्या 28 है।

## Natural Frontier | प्राकृतिक सीमांत, राष्ट्रीय सरहद

जहाँ कहीं भी दो या दो से अधिक राष्ट्रों की सीमाओं का निर्धारण प्रकृति द्वारा हुआ हो वहाँ ऐसी सीमा को प्राकृतिक सीमांत कहते हैं। जैसे: चीन और भारत के बीच हिमालय और भारत तथा श्रीलंका के बीच हिंद महासागर प्राकृतिक सीमांत या राष्ट्रीय सरहद के उदाहरण हैं।

## Natural Inequality | प्राकृतिक विषमता

रूसो के अनुसार, मनुष्य-मनुष्य में लिंग, आयु, स्वास्थ्य, सौन्दर्य, बाहुबल, बुद्धिबल इत्यादि की भिन्नताएँ प्राकृतिक विषमता के रूप में व्यक्त होती हैं। इन्हें न तो मनुष्य ने बनाया है, न वह इनमें कोई फेरबदल कर सकता है।

## Natural Justice | नैसर्गिक या प्राकृतिक न्याय

न्यायालयों में स्वीकृत, न्याय के वे सिद्धान्त जो कानून की किसी पुस्तक में दर्ज नहीं हैं, परन्तु जिन्हें न्यायाधीश अपने न्याय-बोध (Sense of Justice) के आधार पर मान्यता देते हैं। वे नियम बड़े व्यापक हैं। इनका सम्बन्ध न्याय प्रक्रिया के औचित्य एवं निष्पक्षता से होता है। साथ ही इनका सम्बन्ध इस विचार से भी है कि न्याय की प्रक्रिया न केवल उचित है बल्कि उसे उचित भी प्रतीत होना चाहिए।

## Natural Law | नैसर्गिक कानून

नैसर्गिक कानून सद्व्यवहार के वे नियम होते हैं जो कानून की किसी पुस्तक में वर्णित नहीं होते। ये सीधे ही प्रकृति से ही प्राप्त होते हैं। इन्हें विवेक, तर्क, बुद्धि या अन्तःकरण से ज्ञात किया जा सकता है। ये नियम नैतिक कर्तव्यों के आधार माने जाते हैं।

नैसर्गिक कानून की अवधारणा के संकेत हमें प्राचीन सोफिस्टों, प्लेटो और अरस्तु के चिंतन से मिलते हैं। मध्य युग में इन्हें धार्मिक और आध्यात्मिक ढंग में ढाला गया। सत्रहवीं शताब्दी में ह्यगो ग्रोश्यस ने इसे अन्तर्राष्ट्रीय कानून का आधार बनाया तथा आधुनिक युग में इन्हें मानवाधिकारों का आधार बनाया गया है।

## Natural Monopoly | प्राकृतिक एकाधिकार

वह स्थिति जिसमें किसी वस्तु या सेवा को केवल एक ही संगठन के नियन्त्रण में रखने पर सर्वोच्च कार्यकुशलता प्राप्त की जा सकती हो। जैसे कि विद्युत आपूर्ति (Electric Supply), डाक-तार या टेलीफोन व्यवस्था को एक ही कम्पनी के नियन्त्रण में रखने से कम लागत पर अधिक कार्य-कुशलता प्राप्त की जा सकती है। साधारणतया प्राकृतिक एकाधिकार के विषय को सार्वजनिक स्वामित्व (Public Ownership) में रखना ही अधिक उपयुक्त समझा जाता है।

## Natural Rights | नैसर्गिक अधिकार

नैसर्गिक अधिकार वे अधिकार हैं जो नैसर्गिक कानून से उत्पन्न होते हैं। इन अधिकारों को दो वर्गों में विभक्त किया जा सकता है। पहले वर्ग में वे अधिकार आते हैं जो मानव को मानव होने से प्राप्त होते हैं। इन अधिकारों को विविध मानवाधिकारों की घोषणाओं में शामिल किया गया है। जॉन लॉक नैसर्गिक अधिकारों के प्रथम प्रवर्तक हैं इन्होंने प्राकृतिक अवस्था में मनुष्य के तीन प्राकृतिक अधिकार (1) जीने का अधिकार, (2) सम्पत्ति का अधिकार तथा (3) स्वतंत्रता का अधिकार। दूसरे वर्ग में वे अधिकार आते हैं जिनमें कानूनी प्रक्रिया मानव के लिए आवश्यक मानती है। नैसर्गिक अधिकार सरकार या शासन के घेरे से परे होते हैं। इन्हें शासन द्वारा दबाया नहीं जा सकता। राज्य इनमें कटौती नहीं कर सकता। राज्य तो इनकी रक्षा के लिए होता है। अर्थात् मनुष्य के वे अधिकार जो स्वयं प्रकृति की देन है। मनुष्य इनका पता अपनी तर्क बुद्धि (Reason) का प्रयोग करके लगा सकता है।

## Naturalism | प्रकृतिवाद

प्रकृतिवाद वह स्थिति है जब मनुष्य स्वयं प्रकृति का एक हिस्सा होता है। इस स्तर पर मनुष्य का अस्तित्व चिरकालीन जीववैज्ञानिक विकास (Biblogical Evolution) का परिणाम माना जाता है। अपने इस विकास की लम्बी प्रक्रिया के दौरान वह प्रकृति के निर्विकार नियमों से बंधा रहता है।

## Naturalization | देशीकरण/नागरिकीकरण

किसी देश या राष्ट्र के व्यक्तियों द्वारा किसी विदेशी राज्य की नागरिकता प्राप्त करना। इस प्रकार ऐसा विदेशी राज्य के कानूनों के अन्तर्गत निर्धारित शर्तों को पूरा करके किया जा सकता है। जैसे दीर्घ निवास से, अचल संपत्ति प्राप्त करके या विवाह आदि से। परन्तु विभिन्न देशों में इसके लिए अलग-अलग नियम है।

## Naturalized Citizenship | विधितः प्राप्त नागरिकता

सामान्य रूप से इस प्रकार की रीति से नागरिकता प्राप्त करने के लिए संबंधित देश की सरकार को नागरिकता-प्राप्ति के आशय का आवेदन करना पड़ता है, तथा आवेदक को कुछ निर्धारित शर्तें भी पूरी करनी होती हैं। जो सामान्य रूप से इस प्रकार हैं: (i) एक निश्चित समय तक संबंधित देश में निवास, अमेरिका, इंग्लैण्ड में यह समय (अवधि) 5 वर्ष तथा फ्रांस में 10 वर्ष है। (ii) संबंधित देश का नागरिक बनने के संकल्प की घोषणा (iii) देशभक्ति की शपथ (iv) ऋणी न होना, तथा (v) नैतिक चरित्र का श्रेष्ठ होना आदि। भारतीय नागरिकता अधिनियम 1955 में भारतीय नागरिक बनने के विषय में विस्तृत ब्यौरा दिया गया है। संविधान के भाग 2 के अनुच्छेद 5 से 11 भारतीय नागरिकता का वर्णन है। नागरिकता अधिकारों के लिए संसद एकमात्र अधिकारी संस्था है। वह नागरिकता प्रदान कर सकती तथा छीन भी सकती है।

## Naval Blockade | समुद्री नाकाबंदी

किसी युद्धकारी राष्ट्र द्वारा अपने शत्रु देश के बंदरगाहों एवं तट के आवागमन का मार्ग अवरुद्ध कर देना। ताकि उस राष्ट्र का सम्पूर्ण समुद्री व्यापार बंद हो जाए तथा उसे बाहर से कोई अस्त्र-शस्त्र अथवा रसदपूर्ति प्राप्त न हो सके तथा न ही उस राष्ट्र से कोई जलपोत बाहर जा सके, उसे समुद्री नाकाबंदी कहते हैं। 22 अक्टूबर 1962 को अमेरिका ने क्यूबा में सोवियत सैनिक अड्डों की निन्दा करते हुए क्यूबा की नाकेबन्दी अपने जहाजों द्वारा कर दी थी।

### Naxalite Revolt | नक्सलवादी विद्रोह

नक्सलबाड़ी पश्चिम बंगाल में 20 मील चौड़ी उस भारतीय पट्टी पर स्थित है जो पूर्वी पाकिस्तान व दूसरी ओर तिब्बत का सीमावर्ती है। 1962 के चीनी आक्रमण के पूर्व यहाँ पर चीन के पक्ष में खूब प्रचार हुआ था। इस क्षेत्र की आर्थिक स्थिति बहुत खराब है और भारतीय साम्यवादी दल ने पश्चिमी बंगाल में उथल-पुथल करने के लिए इस स्थान को अपना केन्द्र बनाया था। पश्चिमी बंगाल के नक्सलबाड़ी ग्राम से साम्यवादी नेता श्री चारु मजूमदार द्वारा 1960 के उत्तरार्ध में शुरू किया गया साम्यवादी आन्दोलन जिसका उद्देश्य इस आन्दोलन के कार्यकारी नेता श्री कानु सान्याल के अनुसार सशस्त्र कृषि-क्रांति द्वारा ग्रामीण क्षेत्रों को मुक्त करना और फिर बाद में नगरों को घेर लेना, तथा इस प्रकार देश को आजाद करवाना था। एक समय नक्सलवादियों का आतंक काफी बढ़ गया था और बंगाल के बाहर भी इसका प्रभाव शुरू हो चला था किंतु चूंकि उक्त आन्दोलन आतंकवादी नीतियों पर आधारित था, अतः इसे सामान्यतया जनता का समर्थन प्राप्त न हो सका। 25 जून 2009 को पश्चिम बंगाल के लालगढ़ कस्बे पर नक्सलवादियों द्वारा कब्जा कर लिया गया। वर्तमान में पश्चिम बंगाल में नक्सलवादी हिंसा चरम पर है। छत्तीसगढ़ के दन्तेवाड़ा जिले में इन्होंने 2012 में सी.आर.पी.एफ. सैनिकों की हत्या कर दी। वर्तमान में (मई 2013) छत्तीसगढ़ के सांसद एवं उनके पुत्र को भी नक्सलवादियों ने मार दिया। 13 जून 2013 को भी नक्सवादियों ने पटना-जमुई लिंक एक्सप्रेस ट्रेन में हथियार छीनने के लिये जी.आर.पी.एफ. के सैनिकों पर हमला किया।

### Nazism | नात्सीवाद, नाजीवाद

जर्मनी में 1933 से 1945 के बीच की राजनीतिक व्यवस्था के लिए प्रायः 'नाजीवाद' शब्द का प्रयोग किया जाता है। इसके अन्तर्गत हिटलर के सिद्धान्तों तथा जर्मनी की राष्ट्रीय सोशलिस्ट पार्टी के कार्यक्रमों का समावेश किया जाता है। सामान्य व्यवहार में नाजीवाद के साथ फासिस्टवाद का भी प्रयोग किया जाता है। हिटलर के कार्यकाल में राष्ट्रीय समाजवादी जर्मन दल द्वारा प्रतिपादित तथा कार्यान्वित राजनीतिक और आर्थिक विचारधारा। इसके सिद्धान्तों में राज्य की समग्रवादिता उद्योगों पर राज्य का नियंत्रण तथा जातीय दृष्टि से श्रेष्ठ जर्मन लोगों का आधिपत्य और साम्यवाद का प्रतिरोध आदि सम्मिलित रहे हैं। नाजीवाद का उदय प्रथम विश्वयुद्ध के बाद हुआ। वास्तव में फासीवाद का जर्मन रूप ही नाजीवाद का प्रमुख प्रणेता प्रसिद्ध जर्मन राष्ट्रवादी हिटलर माना जाता है। नाजीवाद फासीवाद की ही भांति उदारतावादी एवं जनवादी परम्पराओं का विरोधी है। यह समानता के सिद्धान्त को स्वीकार नहीं करता अर्थात् लोकतन्त्र विरोधी है।

संक्षेप में नाजीवाद ऐसा उदाहरण प्रस्तुत करता है जो अधिनायक के अनोखे व्यक्तित्व और अदम्य महत्वाकांक्षा से प्रेरित थे। उन्होंने देश को संकट से बाहर निकालने की आशा बंधाई परन्तु उसे और भी गहरे संकट के गर्त में धकेल दिया गया।

### Need-based Wages | आवश्यकता आधारित मजदूरी

आवश्यकताओं को ध्यान में रखकर की जाने वाली मजदूरी। मार्क्सवादी सिद्धान्त में व्यक्ति योग्यता और क्षमता के अनुसार काम करे और आवश्यकता के अनुसार मजदूरी ले। सभी मजदूरों की भोजन, वस्त्र, आवास, शिक्षा, स्वास्थ्य, मनोरंजन की आवश्यकता एक जैसी होती है। अतः मजदूरी समान मिले या मजदूरी में भारी भरकम अन्तर नहीं हो। गाँधी जी भी आवश्यकता आधारित मजदूरी के पक्षधर थे। सामान्यतया मजदूरी काम की उपलब्धता उत्पादकता और लाभ पर आधारित होती है जो आवश्यकता आधारित मजदूरी से प्रायः कम होती है एवं इनमें काफी अन्तर भी होता है, जो समाज में आर्थिक विषमता और शोषण को जन्म देती है।

**Negotiation | वार्ता, संधिवार्ता, समझौते की बातचीत**

अन्तर्राष्ट्रीय राजनीति में दो या दो से अधिक राष्ट्रों के अध्यक्षों अथवा उनके राजनयिक प्रतिनिधियों के बीच कोई राजनीतिक, वाणिज्यिक अथवा किसी भी विषय से संबंधित संधि संपन्न करने अथवा किसी अन्तर्राष्ट्रीय मामले में मतैक्य स्थापित करने या किसी विवाद का हल ढूंढ निकालने की दृष्टि से की गई पारस्परिक चर्चा, वार्ता अथवा पत्राचार।

**Nelson Mandela | नेल्सन मंडेला ( 1917- )**

दक्षिण अफ्रीका की अफ्रीकन नेशनल कांग्रेस के अध्यक्ष जो 1994 में वहाँ के राष्ट्रपति बने। रंगभेद के विरुद्ध संघर्ष करते हुए 1962 से 1990 तक 28 वर्ष जेल में बिताये। 1990 में भारत रत्न से सम्मानित हुए। महात्मा गाँधी के विचार और भारत से काफी प्रभावित रहे हैं।

**Neo-Colonialism | नव-उपनिवेशवाद**

द्वितीय विश्वयुद्ध के पश्चात् नवीन स्वतंत्रता प्राप्त राज्यों पर पश्चिमी साम्राज्यवादी राष्ट्रों द्वारा अपना वाणिज्यिक, आर्थिक एवं सैनिक प्रभुत्व एवं नियंत्रण बनाए रखने की नीति। इस प्रकार यह प्रभुत्व एवं नियंत्रण प्राय: आर्थिक सहायता, सैनिक सहायता आदि अन्य गैर राजनीतिक उपायों से स्थापित किया जाता है। अत: इस प्रकार के प्रभुत्व को "नव-उपनिवेशवाद" कहा गया है। इस शब्द का प्रयोग सर्वप्रथम प्रारम्भ में साम्यवाद लेखनों में किया गया था।

नव-उपनिवेशवाद की लाइन यह है कि "विकासशील देशों की नई प्राविधिक पराधीनता की स्थापना की जाए। इस पर सरकारी तौर पर तथाकथित 'समान साझेदारी' की अवधारणा की नकाब डाली गयी है। उक्त नव-उपनिवेशवादी लाइन के लागू किए जाने के पीछे गुप्त मूल मन्त्र है "नियन्त्रण बढ़ाने के लिए कारखानों का निर्माण करना।"

द्वितीय विश्वयुद्ध के बाद एशिया तथा अफ्रीका के अधिकांश राष्ट्र राजनीतिक रूप से स्वतन्त्र व सम्प्रभु हैं। प्रत्यक्ष में वे भले ही स्वतन्त्र हों, परन्तु अप्रत्यक्ष रूप से किसी न किसी महाशक्ति के प्रभाव में हैं। ये तथाकथित राष्ट्र वास्तव में स्वतन्त्र नहीं, पराधीन हैं। इस आधुनिक साम्राज्यवाद को ही नव-उपनिवेशवाद कहते हैं। "नव-उपनिवेशवाद" का मुख्य लक्ष्य राजनीतिक स्वतन्त्रता प्रदान करने के पश्चात भी उनसे आर्थिक लाभ प्राप्त करते रहना है। अत: इसका लक्ष्य राजनीतिक तथा सैनिक प्रभुत्व के स्थान पर आर्थिक प्रभुत्व की स्थापना करना है।

नव-उपनिवेशवाद के रूप : आर्गेन्सकी ने नव-उपनिवेशवाद के अन्तिम दो रूपों - आर्थिक दृष्टि से पराश्रित देशों तथा पिछलग्गू देशों को ही शामिल किया है।

1. *आर्थिक दृष्टि से पराश्रित देश (Economic Dependencies):* ये देश जो स्वतन्त्र होते हैं लेकिन इनके उद्योग-धन्धे तथा व्यापार किसी विदेशी शक्ति द्वारा नियन्त्रित होते हैं। यदि किसी देश का राष्ट्रीय आय का 51% भाग विदेशियों को प्राप्त होता है तो वह निश्चित ही एक पराश्रित राष्ट्र है।
2. *पिछलग्गू देश (Satellites):* पिछलग्गू देश उस राष्ट्र को कहा जाता है जो औपचारिक रूप में तो स्वतन्त्र होता है परन्तु राजनीतिक व आर्थिक दोनों प्रकार से उस पर किसी विदेशी सत्ता का नियन्त्रण होता है।

**Neo-Conservatism | नव-उदारवाद**

नव-उदारवाद संयुक्त राज्य अमेरिका के माइकेल हेरिंग द्वारा गढ़ा हुआ पद है। यह उस प्रवृत्ति को व्यक्त करता है जो अमेरिकी उदारवाद की आधारभूत मान्यताओं को अस्वीकार करती है।

नव-उदारवाद पाश्चात्य मूल्यों का समर्थन करता है तथा साम्यवाद का विरोध करता है। यह विचारधारा सरकार की भूमिका के प्रति सन्देहशील है। यह Moral Majority का समर्थन करता है। यह समानता की परिकल्पना को बढ़ावा देने के प्रयासों का विरोध करता है। इसने संयुक्त राज्य अमेरिका की बौद्धिक जलवायु को परिवर्तित किया है। अर्थात् वह सिद्धान्त जो समकालीन अनुभव के आधार पर रूढ़ीवादी की इस मान्यता को दोहराता है कि नए और बिना आजमाए तरीकों की जगह पुराने तर्क देते हैं कि नौकरियों और उच्च शिक्षा के अवसरों में स्त्रियों एवं अश्वेत जातियों को वरीयता देने पर समाज में कटुता बढ़ी है। कार्य कुशलता कम हुई है, फिर भी अमेरिकी समाज में निर्धनता और भेदभाव को मिटाने के सारे प्रयास विफल हो गए हैं। अत: पहले से आजमाएं हुए रास्ते पर चलने में ही समझदारी है।

संयुक्त राज्य अमेरिका में बर्फ के रुढ़िवाद का पुनरुत्थान करने के लिए 1970 के दशक से नवरुढ़िवाद की लहर आई है। इसके उन्नायकों में इर्विंग क्रिस्टल, डेनियल पैट्रिक मोइनहान, नैथनग्लैजर और डेनियलबेल के नाम प्रमुख हैं।

इर्विंग क्रिस्टल के अनुसार "नवरुढ़िवादी ऐसा उदारवादी है जिसने यथार्थवाद का पाठ कंठस्थ कर लिया है।"

## Neo-Corporatism | नव-निगमवाद

नव-निगमवाद एक राजनीतिक सिद्धान्त है, जिसका प्रादुर्भाव पिछले दशक में हुआ। यह पूंजीवादी समाजों में राज्य की प्रकृति थी। आलोचना के रूप में विकसित हुआ। इस सिद्धान्त का सार यह है कि प्रमुख औद्योगिक संस्थान, विशेषकर बहुद्देशीय फर्में, राज्य के साथ संधि में प्रविष्ट हो गए हैं। इसका अभिप्राय यह है कि आर्थिक नीति का निर्धारण सरकार और औद्योगिक संस्थानों द्वारा मिलकर किया जाता है।

## Neo-Deal | नई आर्थिक नीति

1933 में संयुक्त राज्य अमेरिका के तत्कालीन राष्ट्रपति फ्रैंकलिन डी. रूजवैल्ट द्वारा अपनाई गई आर्थिक नीति। इसका उद्देश्य आर्थिक पुनरुत्थान और सामाजिक सुरक्षा को बढ़ावा देना था। इसकी परिणति अनेक ऐसे कानूनों में हुई जिनसे आर्थिक मामलों का सरकारी विनियमन बढ़ गया और राष्ट्रीय कल्याण कार्यों का विकास हुआ। इस नीति के अनुसार ही अमेरिका विश्वव्यापी आर्थिक मन्दी के दौर से निकल पाया था।

## Neo-Idialism | नव्यआदर्शवाद

इटली के दार्शनिक क्रोचे तथा जेंटीले के नेतृत्व में विकसित नव्य-हीगलवाद का नया नाम। इसमें हीगल के सर्वबुद्धिवाद को छोड़ दिया गया और क्रियाशीलता पर बल दिया गया है तथा दर्शन की ऐतिहासिक व्याख्या की गई है।

## Neo-Liberalism | नव-उदारवाद

नव-उदारवाद के अन्तर्गत समकालीन परिस्थितियों के सन्दर्भ में उदारवाद (Liberalism) की मूल मान्यताओं को दोहराने का प्रत्यन किया गया है। इसकी मुख्य मान्यता यह है कि राज्य को व्यक्तियों की आर्थिक गतिविधियों में कम से कम हस्तक्षेप (Intervention) करना चाहिए, अर्थात् उनका कम से कम विनियमन (Regulation) करना चाहिए। नव-उदारवाद के पक्षधर राज्य के दूर-दूर तक फैले हुए कार्य क्षेत्र को फिर से समेटने (Roling Back The State) का समर्थन करते हैं। यह

विचारधारा 1980 के दशक में मुख्यतया संयुक्त राज्य अमेरिका और ब्रिटेन में उभरकर सामने आई। इस दशक के अन्तिम वर्षों में पूर्वी यूरोप की समाजवादी अर्थव्यवस्थाओं में जो संकट पैदा हुआ था उसने इसे और भी बढ़ावा दिया। 1990 के दशक के शुरू में पूर्वी यूरोप की समाजवादी अर्थव्यवस्थाओं के पतन से यह सिद्ध हो गया कि अल्पविकसित क्षेत्र में राज्य प्रेरित विकास (State-Led-Development) के सहारे अर्थव्यवस्था को बहुत दूर तक नहीं ले जाया जा सकता।

इधर तीसरी दुनिया अर्थात् विकासशील देशों के लोगों ने राज्य की आर्थिक अकुशलता को निकट से देखा था। यहाँ राज्य लोगों की बुनियादी सुविधाओं को पूरी करने में असमर्थ सिद्ध हुआ, यहाँ प्रशासन में भ्रष्टाचार फैला है और जनसाधारण के जीवन पर सत्तावाद (Authoritarianism) का पंजा फैलता जा रहा है। इससे जनसाधारण के मन में यह भावना पैदा हो गई है कि राज्य के नियन्त्रण और संरक्षण में अर्थव्यवस्था को छोड़ देना उपयुक्त नहीं है।

नव-उदारवाद के समर्थक स्वेच्छा से प्रेरित व्यवस्था (Spontaneons Order) को उत्तम व्यवस्था मानते हैं। उनका विचार है कि मुक्त बाजार ऐसी व्यवस्था को बढ़ावा देता है, जहाँ सब लोग स्वेच्छा से प्रेरित होते हैं। नव-उदारवादियों के अनुसार मानवीय आवश्यकताएं मुक्त समाज के भीतर विभिन्न व्यक्तियों के परस्पर लेन-देन की असंख्य गतिविधियों के रूप में व्यक्त होती हैं। इनके बारे में कोई भविष्यवाणी नहीं कर सकता। अतः सामाजिक जीवन में जितने भी निर्णय बाजार पर छोड़े जा सकते हैं, अवश्य छोड़े जाने चाहिए। इसमें बाजार विभिन्न व्यक्तियों को अपनी-अपनी पसन्द के अनुसार चलने के लिए अधिकतम अवसर प्रदान करता है।

## Neo-Marxism | नव-मार्क्सवाद

नव-मार्क्सवाद उन सिद्धान्तों का समूह है, जिनमें मार्क्सवाद की बुनियादी मान्यताओं के आधार पर समकालीन विश्व की जटिल परिस्थितियों की समीक्षा की जाती है। इसके अन्तर्गत समकालीन समाज के विभिन्न स्तरों पर प्रभुत्व और पराधीनता (Dominance and Dependence) के गूढ़ तरीकों का विश्लेषण किया जाता है, और मानव मुक्ति के उपायों पर विचार किया जाता है। नव-मार्क्सवाद के उन्नायक इतालवी मार्क्सवादी विचारक एंटोनियो ग्राम्शी (1891-1937) और हंगेरियन मार्क्सवादी जार्ज ल्यूकाब (1885-1971) हैं। ग्राम्शी ने बुर्जुवा समाज के अन्तर्गत प्रभुत्व की संरचनाओं का विस्तृत विश्लेषण प्रस्तुत किया था जबकि ल्यूकाब ने अलगाव के सिद्धान्त की व्याख्या प्रस्तुत की थी। वस्तुतः फ्रेंकफर्ट स्कूल ने इसकी विस्तृत व्याख्या की।

नव-मार्क्सवाद यह पता लगाने का प्रयत्न करता है कि समाज का प्रभुत्वशाली वर्ग किन-किन तरीकों से प्रकट या प्रच्छन्न रूप में पराधीन वर्ग का उत्पीड़न करता है? नव-मार्क्सवाद पूंजीवाद के विरुद्ध है और उसका अंत करने के लिए कृत संकल्प है। परन्तु यह पूंजीवाद को केवल उत्पादन के साधनों के स्वामित्व पर आधारित आर्थिक प्रणाली के रूप में नहीं देखता, बल्कि एक विस्तृत आर्थिक-राजनीतिक-सांस्कृतिक प्रणाली के रूप में देखता है। और इस विश्लेषण के सन्दर्भ में मनुष्य की स्वतन्त्रता की समस्या पर विचार करता है। पूंजीवादी विचारधारा और संस्कृति के प्रभुत्व को क्षीण करने के लिए नव-मार्क्सवाद एक विरोधी संस्कृति या प्रति संस्कृति के विकास को बढ़ावा देता है, फिर इसमें परम्परागत मार्क्सवाद से जुड़े ऐतिहासिक भौतिकवाद (Historical and Materialism) से हटकर चेतन तत्व को सामाजिक विश्लेषण के मुख्य विषय के रूप में देखा जाता है। समकालीन नव-मार्क्सवाद के व्याख्याकारों में थ्योडोर एडोर्नो (1903-69), मैक्स हार्खाइमर (1895-1973) लुई आलथूसर (1918-90), एरिक फ्रॉम (1900-80), ज्योपॉल सार्त्र (1905-80), हर्बर्ट मरक्यूज (1898-1979) और युर्गेन हेबरमां (1929) मुख्य हैं।

### Neo-Platorism | नव्य प्लेटोवाद

यूनान में दूसरी शताब्दी में अमोनियस सैकास द्वारा एक विचारधारा जो मुख्यतः प्लेटो के आदर्शवाद और कुछ अंश अरस्तु एवं स्टोइक के विचारधाराओं का मिश्रण था। इसे पुनः सत्रहवीं शताब्दी में इंग्लैण्ड के कैम्ब्रिज विश्वविद्यालय में कडवर्थ और हेनरी मोर के प्रभाव से प्लेटो के दर्शन का पुनरुद्धार हुआ। इसे ही नव्य-प्लेटोवाद कहा गया।

### Neo-Positivism | नव-प्रत्यक्षवाद

प्रत्यक्षवाद के परवर्ती समर्थकों ने तथ्य-मूल्य के सम्बन्ध के बारे में काम्टे की मान्यताओं को स्वीकार नहीं किया। अतः बीसवीं शताब्दी के आरम्भ में इस विषय पर जो नया दृष्टिकोण उभर कर सामने आया उसे नव-प्रत्यक्षवाद या तार्किक प्रत्यक्षवाद कहा जाता है। इसके उन्नायकों में जर्मन समाज वैज्ञानिक मैक्स वेबर (1864-1920) और वियना सर्किल के सदस्यों का विशेष योगदान रहा है। मैक्स वेबर ने अपने निबन्ध 'साईन्स एज ए वोकेशन (विज्ञान एक व्यवसाय (1919)' के अन्तर्गत यह विचार व्यक्त किया। विज्ञान हमें इस प्रश्न का उत्तर नहीं देता कि हमें क्या करना चाहिए और किस तरह का जीवन जीना चाहिए? शैक्षिक ज्ञान हमें सृष्टि के अभिप्राय की व्याख्या करने में कोई सहायता नहीं देता। इसके बारे में परस्पर विरोधी व्याख्याओं में सामंजस्य स्थापित नहीं किया जा सकता।

### Neutral Waters | तटस्थ जलक्षेत्र

अन्तर्राष्ट्रीय राजनीति के अन्तर्गत किसी राष्ट्र का वह जलक्षेत्र जिसे युद्ध की संक्रियाओं से उन्मुक्त रखने की दृष्टि से संबंधित तटवर्ती राज्यों की सरकारों द्वारा किसी संधि अथवा समझौते के अन्तर्गत तटस्थ घोषित कर दिया गया हो। इस प्रकार के जलक्षेत्र को युद्ध की गतिविधियों से अलग रखा जाता है ताकि इसके माध्यम से होने वाले आयात-निर्यात में कोई बाधा उत्पन्न न हो। 16 दिसम्बर 1971 को संयुक्त राष्ट्र संघ की महासभा द्वारा हिन्द महासागर को शान्ति क्षेत्र घोषित कर दिया गया है।

### Neutralism | तटस्थतावाद

तृतीय विश्व के राष्ट्रों की दोनों सर्वोच्च शक्तियों (Super Powers) की सन्धियों तथा उन राष्ट्रों की सन्धियों में जो इनसे सहायता प्राप्त करते हैं तथा समर्थन प्राप्त करते हैं, शामिल न होने की नीति अर्थात् कोई देश हमेशा के लिए तटस्थ है और अपनी तटस्थीकरण की स्थिति को कभी नहीं छोड़ सकता। स्विट्ज़रलैण्ड इसी स्वरूप के राज्य का महत्वपूर्ण उदाहरण है।

### Neutrality | तटस्थता

अन्य राष्ट्रों में युद्ध छिड़ जाने पर किसी राष्ट्र की उनमें से किसी एक का पक्ष न लेने की स्थिति या नीति। तटस्थ राष्ट्र कुछ सिद्धान्त मानकर चलता है। वह युद्धरत किसी राष्ट्र की सहायता नहीं करता, युद्धरत राष्ट्रों को लड़ाई के लिए अपने क्षेत्र का उपयोग नहीं करने देता तथा वह उन प्रतिबन्धों का आदर करता है, जिन्हें युद्धरत राष्ट्रों ने अपने नागरिकों तथा शत्रु राष्ट्र के नागरिकों के मध्य संसर्ग पर लगाया हैं। तटस्थ राष्ट्र का यह अधिकार होता है कि कोई भी युद्धरत राष्ट्र उसके क्षेत्र का उल्लंघन नहीं कर सकता।

### Neutrality Treaty | तटस्थ संधि

अन्तर्राष्ट्रीय राजनीति में किसी दो या दो से अधिक राष्ट्रों के बीच इस प्रकार के आशय से सम्पादित या निष्पादित संधि या समझौता कि संधिकर्ता राज्यों में से किसी राज्य का किसी अन्य

राज्य के साथ सैनिक संघर्ष होने की स्थिति में संधिकर्ता अन्य राज्य के साथ निष्पक्ष तथा तटस्थ ही रहेंगे और साथ ही युद्धकारी राज्यों को प्रत्यक्ष या अप्रत्यक्ष, किसी भी रूप में सैनिक या आर्थिक सहायता प्रदान नहीं करेंगे।

## New Class | नया वर्ग

नया वर्ग उस सिद्धान्त के लिए प्रयुक्त होता है जिसका सम्बन्ध यूगोस्लाविया के राजनीतिज्ञ तथा विद्रोही एम. इवोन डिजिलप्स के साथ जोड़ा जाता है। इवोन का तर्क था कि एक तरफ तो यह दावा किया जाता है कि रूस में या अन्यत्र वर्ग हीन तथा समतावादी समाज है, पर दूसरी ओर वस्तुत: ऐसा नहीं है। यह ठीक है कि साम्यवादी समाजों में निजी सम्पत्ति का अधिकार समाप्त कर दिया गया है तथा काफी अंश में एकता स्थापित कर दी गई है, फिर भी दूसरी ओर एक नये वर्ग का उदय हो रहा है। यह वर्ग उन लोगों का है जो उच्च पदों पर आसीन हैं तथा जिन्हें कई सुविधाएँ प्रदान की गई हैं। ऐसे लोगों के द्वारा भोगी जाने वाली सुविधाएँ एवं शासन की शक्तियाँ एक नये शासक वर्ग को जन्म दे रही हैं। ऐसे वर्ग को नये वर्ग की संज्ञा दी गई है।

## New Democracy of Mao | माओ का नया प्रजातंत्र

'नया प्रजातंत्र' में माओ ने चीन में बुर्जुआ-प्रजातांत्रिक क्रांति (सन यात सेन) और समाजवादी क्रांति को मिला कर 'सभी क्रांति वर्गो की संयुक्त तानाशाही' पर बल दिया। इसमें किसानों और मजदूरों को महत्वपूर्ण माना गया। उन्होंने साम्यवादी दल के नेतृत्व और औचित्य को सिद्ध करके क्रांति की दिशा में पूंजीवादी और समाजवादी चरणों को साम्यवादी दल के नेतृत्व में समन्वित किया गया है। आर्थिक क्षेत्र में माओ बड़े-बड़े बैंको, उद्योग और व्यापार के राष्ट्रीकरण और बड़े जमींदारों की जमीन जब्त कर पुनर्वितरण पर जोर दिया। भारत में भी आजादी के बाद जमींदारी उन्मूलन, बैंको का राष्ट्रीयकरण हुआ। सरकारी उद्यम स्थापित हुए और खदानों का भी राष्ट्रीयकरण हुआ।

## New Despotism | नई निरंकुशता

कार्यपालिका ने शक्तियों का विस्तार कर लिया है। इन्हें अर्द्ध-न्यायिक कोटि के व्यापक अधिकार दिया गया है। इस अधिकार का व्यापक उपयोग करके कार्यपालिका दंड और जुर्माना भी लोगों पर लगाना शुरू किया है। इंग्लैंड में हैवर्ट ने कार्यपालिका के शक्ति के विस्तार की आलोचना करते हुए इसे 'नयी निरंकुशता' कहते हैं।

## New Economic Policy | नई आर्थिक नीति

भारत के प्रधानमंत्री पी.वी. नरसिंहाराव और तत्कालीन वित्त मंत्री मनमोहन सिंह द्वारा भारत में 1991 में शुरू की गई आर्थिक उदारीकरण की नीति। इसके बाद भारत के अर्थतंत्र में लाइसेंस राज और नियंत्रित बाजार व्यवस्था के जगह उदारीकरण, भूमंडलीकरण और प्राइवेटाजेशन की नीति को लागू किया गया। इस नीति के तहत बड़े सरकारी उद्योगों को स्वतंत्र बाजार में बेचा गया और विदेशी कम्पनियों को प्रवेश दिया गया। इससे विदेशी मुद्रा का सृजन हुआ। लेकिन सरकारी नौकरी में कमी आई और सामाजिक क्षेत्र में यानि शिक्षा, स्वास्थ्य, आवास में सरकारी निवेश कम हुआ। इसी नीति के तहत कृषि एवं छोटे व्यापार में भी विदेशी पूंजी लगाने पर सरकार और संसद में 2012 में काफी बहस हुआ और अन्तत: सरकार ने प्रत्यक्ष विदेशी निवेश पर अपनी नीति की स्वीकृति संसद से भी प्राप्त कर ली है।

## New International Economic Order (NIEO) | नई अन्तर्राष्ट्रीय आर्थिक व्यवस्था

'नई अन्तर्राष्ट्रीय आर्थिक व्यवस्था' अवधारणा से अभिप्राय है: नवोदित विकासशील देशों के मन में इस बात की उत्कण्ठा है कि उनका आर्थिक विकास पूंजीवादी देशों की स्वेच्छा पर निर्भर न रहे, बहुराष्ट्रीय निगम उन्हें कच्चा माल उत्पन्न करने वाले उपनिवेश न मानें। विश्व अर्थव्यवस्था का संचालन एक-दूसरे की सम्प्रभूता का समादर, अहस्तक्षेप तथा कच्चे माल पर उत्पादक राष्ट्र का पूर्णाधिकार आदि सिद्धान्तों पर हो। नवीन अन्तर्राष्ट्रीय आर्थिक व्यवस्था के बुनियादी सिद्धान्त निम्न प्रकार हैं।

1. खनिज पदार्थों और समस्त प्रकार के आर्थिक क्रिया-कलापों पर किसी राष्ट्र की संप्रभुता की स्थापना करना।
2. कच्चे माल की कीमत को घटाने-बढ़ाने की प्रवृत्ति का निरोध तथा कच्चे माल और तैयार माल की कीमतों में ज्यादा अन्तर न होना।
3. विकसित देशों के साथ व्यापार की वरीयता का विस्तार
4. विश्वमुद्रा व्यवस्था में सामान्यीकरण करना।
5. विकासशील देशों द्वारा उत्पादित औद्योगिक माल के निर्यात को प्रोत्साहन देना।
6. विकासशील देशों द्वारा विकसित देशों के मध्य तकनीकी उत्थान की खाई को पाटना।
7. विकासशील देशों पर वित्तीय ऋणों के भार को कम करना।
8. बहुराष्ट्रीय निगमों की गतिविधियों पर समुचित नियन्त्रण लगाना।

उपर्युक्त सभी मांगें विश्वव्यापी हैं और विकासशील तीसरी दुनिया के राष्ट्रों के हितों के अनुकूल हैं। संयुक्त राष्ट्र महासभा ने 1 मई 1974 को अपने विशेष अधिवेशन में नयी अन्तर्राष्ट्रीय आर्थिक व्यवस्था का नया ढांचा प्रस्तुत किया। नवीन आर्थिक व्यवस्था की स्थापना की मांग साम्राज्यवाद विरोधी ऐसी मांग है जिससे एशिया, अफ्रीका और लैटिन अमेरिका के अधिकांश राष्ट्र सहमत हैं। समाजवादी खेमे के राष्ट्रों ने इन मांगों का समर्थन किया है।

## New Left | नव-वामपंथ

नव-वामपंथ अमेरिका की कुछ राजनीतिक वृत्तियों का समूह है, जो स्थापित व्यवस्था का विरोध करता है। इसमें नव-मार्क्सवाद, श्रम संघवाद, अराजकतावाद, शांतिवाद आदि सम्मिलित हैं। यह पुराने वामपक्ष (समाजवाद, साम्यवाद और मार्क्सवाद आदि) से इसलिए भिन्न है कि इसमें विचारधारा से अधिक महत्व कार्यवाही को दिया जाता है, जिसमें जरूरत पड़ने पर, हिंसा का सहारा भी लिया जा सकता है। 1968 में मई दिवस पर पेरिस में चेकोस्लोवाकिया पर रूस के आक्रमण से शुरू हुआ। इसमें मार्क्सवाद का मानवीय मूल्य है। नारीवाद, ग्रीन पार्टी, यूरोसाम्यवाद इसके नये रूप हैं। इसके विचारकों में ग्राम्शी, माक्यूज और ग्यूभरा हैं।

## New Methods of Exploitation | शोषण के नए तरीके

विकसित राष्ट्र अपने संसाधनों को मुख्यत: पूंजी प्रधान (Capital Intensive) और प्रौद्योगिकी (Intensive) उद्योगों में लगाते, इनमें मुनाफा ज्यादा है। अल्पविकसित देशों में श्रम प्रधान उद्योग लगाते हैं, उत्पाद में लाभ कम है। इस तरह विकसित देशों के द्वारा शोषण करके नव-उपनिवेशवाद को बढ़ाते हैं। अल्प विकसित देशों का शोषण कर वहाँ गरीबी, बेरोजगारी और तकनीकी पिछड़ेपन को बढ़ाती है।

## New Realism | नव-यथार्थवाद

1980 के बाद अन्तर्राष्ट्रीय राजनीति में मार्गेन्थाऊ के यथार्थवाद के विरुद्ध नव-यथार्थवाद अस्तित्व में आया, जिसके अनुसार शक्ति अन्तर्राष्ट्रीय राजनीति का केन्द्र बिन्दु है, लेकिन इसके साथ कुछ

अन्य तत्वों विशेषकर अन्तर्राष्ट्रीय व्यवस्था की संरचनाओं को भी महत्व देता है अर्थात् अन्तर्राष्ट्रीय व्यवस्था की संरचना भी राज्यों के व्यवहार, उनकी विदेश नीतियों तथा उद्देश्यों को निर्धारित करती है। नवयथार्थवाद के प्रमुख समर्थक कैनेथ बाल्टज और उसके साथी रहे हैं।

### New Right | नव-दक्षिणपंथ

सामाजिक अधिकार गरीबों में निष्क्रियता और निर्भरता की संस्कृति को बढ़ावा देते हैं। वे कल्याणकारी कार्यक्रम की जगह 'काम के बदले दाम' जैसे कार्यक्रमों की तरफदारी करते हैं। ये मुक्त बाजार के पक्षधर हैं, सरकारी नियंत्रण में कमी, ट्रेड यूनियन को कमजोर करने और बेरोजगारी भत्ता देने के विरोधी हैं। लोगों को आत्मनिर्भर बनाने पर जोर देते हैं।

### New World | नई दुनिया

अन्तर्राष्ट्रीय राजनीति में अमेरिकी महाद्वीप समूह अर्थात् उत्तरी और दक्षिणी अमेरिका का सांकेतिक नाम क्योंकि ये महाद्वीप चिरकाल तक यूरोपीय सभ्यता को अज्ञात रहे। इस नामकरण के बाद पूर्वी गोलार्द्ध के महाद्वीपों, अर्थात् यूरोप एशिया और अफ्रीका को पुरानी दुनिया (Old World) कहा जाने लगा।

### New-Humanism | नव-मानववाद

नव-मानववाद के प्रतिपादक मानवेन्द्र नाथ राय (1866-1954) हैं। राय ने यह संकल्पना 'न्यू ह्यूमनिज्मः ए मैनीफेस्टो (नव-मानवतावाद का घोषणा-पत्र) (1947)', 'रीजन, रोमेंटीसिज्म एण्ड रिवोल्यूशन' (तर्क, कल्पनावाद और क्रान्ति), 'द प्राब्लम ऑफ फ्रीडम (स्वतन्त्रता की समस्या)', और साइंटिफिक पॉलिटिक्स (वैज्ञानिक राजनीति) में दी गई है। इसका मूल स्वर 'मनुष्य की स्वतन्त्रता (Humant Freedom) है जो उसकी सृजनात्मक शक्तियों (Creative Powers) के प्रयोग में निहित है। इस दृष्टिकोण के अनुसार अज्ञान (Ignorance) की स्थिति में मनुष्य अंधविश्वासों (Superstitions) के जाल में फंस जाता है और अलौकिक शक्तियों में विश्वास करते हुए अपने-आपको विवश अनुभव करता है, जिससे उसकी सृजनात्मक शक्तियाँ कुंठित हो जाती हैं। ज्ञान और विज्ञान मनुष्य को इन निराधार विश्वासों से मुक्ति प्रदान करते हैं।

राय ने तर्क दिया कि आधुनिक युग में विज्ञान की उन्नति ने मनुष्य को अंधविश्वासों और भूत-प्रेतों के भय से मुक्त कर दिया है। विज्ञान सिद्ध कर दिया है कि सृष्टि की कोई भी शक्ति ऐसी नहीं है जिसे मनुष्य अपने ज्ञान और सूझ-बूझ के बल पर अपने वश में नहीं कर सकता। अतः अब मनुष्य अपनी नियति (Destiny) को कैसे नियत करेगा-यह ज्ञान-विज्ञान की उन्नति पर निर्भर करता है। इसलिए मनुष्य के भविष्य की कोई नियत-निश्चित परिकल्पना प्रस्तुत नहीं की जा सकती। अतः नव-मानववाद स्वतन्त्रता के प्रयोग की अनन्त संभावनाओं में आस्था रखते हुए उसे किसी ऐसी विचारधारा के साथ नहीं बांधना चाहता, जो किसी पूर्व-निर्धारित लक्ष्य की सिद्धि को ही उसके जीवन का ध्येय मानती हो। राय का नव-मानववाद मनुष्य को सम्पूर्ण सृष्टि का मानदण्ड स्वीकार करता है। मनुष्य ही अपनी तर्क-बुद्धि से समाज और नैतिकता के स्वरूप को निर्धारित करता है। अतः उसका स्थान सबसे पहले और सबसे ऊँचा है।

### Nihilism | विनाशवाद

इस सिद्धान्त का विश्वास है कि सामाजिक उन्नति सब सामाजिक एवं राजनीतिक संगठनों का विनाश करके ही संभव है।

**Nixon Doctrine | निक्सन सिद्धान्त**

इसका अभिप्राय था कि अमेरिका भविष्य में साम्यवाद का प्रसार रोकने के लिए वियतनाम जैसे युद्धों में भाग नहीं लेगा। यह नई नीति ही राष्ट्रपति के नाम से निक्सन सिद्धान्त कहलाती है।

**Nixon's Gunvote Diplomacy | निक्सन की युद्धपोत कूटनीति**

दिसम्बर 1971 के भारत-पाकिस्तान युद्ध के दौरान अमेरिकी राष्ट्रपति निक्सन ने अपना सातवाँ परमाणु सम्पन्न बेड़ा 'इन्टरप्राइज' टोकिन की खाड़ी से हटाकर बंगाल की खाड़ी में तैनात कर दिया। इस बेड़े को तैनात करने का बहाना यह था कि बांग्लादेश (पूर्वी-पाकिस्तान) में फंसे अमेरिकी नागरिकों को निकालना है लेकिन निक्सन का मूल उद्देश्य भारत को मनोवैज्ञानिक रूप से डराना था। निक्सन की यह नीति युद्धपोत कूटनीति कहलाती है।

**No Aggression Treaty (= no war pact) | अनाक्रमण संधि**

किसी दो या दो से अधिक देशों के बीच युद्ध की संभावनाओं को पूर्णत: समाप्त करने की दृष्टि से किया गया पारस्परिक समझौता या संधि। अत: इस प्रकार की संधि की बात प्राय: उन्हीं राज्यों के बीच उठती है जहाँ पारस्परिक तनाव की स्थिति बनी रहती हो। उक्त संधि में इस बात पर विशेष बल दिया जाता है कि संबंधित राज्य आपसी समस्याओं का समाधान पारस्परिक बातचीत से करेंगे और किसी भी स्थिति में एक-दूसरे पर उग्र आक्रमण नहीं करेंगे। उदाहरणार्थ, भारत के प्रथम प्रधानमंत्री श्री जवाहरलाल नेहरू ने पाकिस्तान के तत्कालीन प्रधानमंत्री श्री लियाकत अली खां से "अनाक्रमण संधि" करने का प्रस्ताव किया था, जिसे उन्होंने अस्वीकार कर दिया। बाद में, इस प्रकार के प्रस्ताव अनेक बार पाकिस्तान के सम्मुख रखे जा चुके हैं। किन्तु उसके द्वारा सदैव अस्वीकार किया जाता रहा है।

**No Condidence Motion | अविश्वास प्रस्ताव**

संसदीय व्यवस्था में सरकार संसद के विश्वास पर्यन्त यानि बहुमत के समर्थन पर बनती और कार्य करती हैं। यदि विधायका (लोक सभा या हाऊस ऑफ कॉमन्स) में बहुमत सरकार के प्रति अविश्वास प्रस्ताव पारित कर देती है तो सरकार को इस्तीफा देना पड़ता है। सदन के कार्यवाही नियम 198 के अनुसार अविश्वास प्रस्ताव सदन की दैनिक कार्यवाही शुरू होने से पहले दिया जाता है। भारत में लोकसभा में 1/10 या कम से कम 50 सदस्य के हस्ताक्षर से यह प्रस्ताव लाया जाता है। स्पीकर की स्वीकृति पर दस दिन के भीतर बहस होती है जिसमें अन्त में प्रधानमंत्री जबाव देते हैं इसके बाद मतदान होता है। बहुमत यदि प्रस्ताव का समर्थन कर देती है तो अविश्वास प्रस्ताव पारित हो जाता है एवं सरकार गिर जाती है। इसका सर्वप्रथम प्रयोग भारत पर चीन के आक्रमण के दौरान प्रथम प्रधानमंत्री प. नेहरू के प्रभाव में कमी आने पर विरोधी दल द्वारा लाया गया था। यह प्रस्ताव सदन में गिर गया। चौधरी चरण सिंह एवं चन्द्रशेखर ने अविश्वास प्रस्ताव के मतदान के पूर्व ही इस्तीफा दे दिया था।

**No Man's Land | 1. अस्वामिक भूमि, 2. अवांतर भूमि**

किसी देश का ऐसा भू-भाग जिसका कोई स्वामी न हो। यह प्राय: दो राज्यों की सीमाओं के बीच सीमांकन के समय इन दोनों की परस्पर सहमति अथवा समझौते से छोड़ दिया जाता है तथा वहाँ कोई प्रशासन या नियंत्रण नहीं रहता है। ऐतिहासिक दृष्टि से, वे भू-भाग "अवांतर क्षेत्र" कहलाते थे जो पूर्णत: अविकसित थे। और जहाँ की अपनी कोई सभ्यता या संस्कृति नहीं थी तथा जिन्हें विदेशी उपनिवेशी शक्तियों ने आबाद किया। ऐसे बड़े प्रदेशों में उत्तरी अमेरिका तथा लैटिन अमेरिका हैं, जिन्हें यूरोपीय देशों के लोगों ने आबाद किया। ऑस्ट्रेलिया भी इसी प्रकार का महाद्वीप है।

### Nomenclature | नामों की सूची

उद्योगों के सभी पहलुओं, प्रशासन तथा राज्य की अन्य शाखाओं पर सोवियत साम्यवादी दल के नियंत्रण को आश्वस्त करने की एक जीवन्त युक्ति। मॉस्को में स्थित केन्द्रीय कमेटी से लेकर छोटे-छोटे कस्बों तक के सभी पदों पर भर्ती साम्यवादी दल द्वारा ही की जाती है। जिन लोगों के नाम स्थानीय पार्टी की सूची पर होते हैं उन्हें ही इन पदों पर नियुक्त किया जाता है।

### Nominal and Real Executive | नाम मात्र और वास्तविक कार्यपालिका

वह पदाधिकारी जिसे संविधान के द्वारा या परम्परा (convention) के द्वारा समस्त प्रशासनिक शक्ति प्रदान की गई हो, लेकिन व्यवहार में उस शक्ति का प्रयोग अपने विवेक से नहीं करते हैं, उनकी उसी शक्ति का प्रयोग अन्य व्यक्ति उसी के नाम से करता हो जिसे नाममात्र की कार्यपालिका कहते हैं। उनकी शक्ति का प्रयोग अन्य व्यक्ति यानि वास्तविक कार्यपालिका (Real Executive) करता है। नाम मात्र की कार्यपालिका 'राज्य' करता है और वास्तविक कार्यपालिका 'शासन'। भारत में राष्ट्रपति और इंग्लैंड में 'सम्राट' नाम मात्र के कार्यपालिका है और प्रधानमंत्री वास्तविक।

### Non-Alignment 2.0 | गुट निरपेक्षता 2.0

A foreign and strategic policy for INdian in the Twenty First Century शीर्षक से प्रकाशित यह दस्तावेज नीति नियामकों और विश्लेषकों के विविध व स्वतन्त्र समूह के गहन नियामकों और विश्लेषको के विविध व स्वतंत्र समूह के गहन विमर्शो बहसों और प्रतिवेदनों का नतीजा है। "गुट निरपेक्षता 2.0" उन बुनियादी सिद्धानतों को पहचानने की एक कोशिश है, जो आने वाले दशक में भारत की विदेश व सामरिक नीतियों को रास्ता दिखाएंगे। उस दस्तावेज के कुल 7 अध्यायों में ऐशियन रंगमंच, भारत और विश्व, हार्डपावर आन्तरिक सुरक्षा, गैर-पारंपरिक सुरक्षा मुद्दे, ज्ञान व सूचना की बुनियाद और राज्य व प्रजातन्त्र के विभिन्न पहलुओं पर चर्चा है। इस दस्तावेज को बनाने में प्रो. सुनील खिलनानी, डा. राजीव कुमार प्रताप भानु मेहता, डा. प्रकाश मेनन, नन्दन नीलेकणि, सिदार्थ वरदराजन आदि की महत्वपूर्ण भूमिका है।

### Non-Alignment Movement: NAM | गुट निरपेक्ष आन्दोलन

विदेश नीति का वह मूल सिद्धान्त जिसके अन्तर्गत कोई भी देश अपने आपको शीतयुद्ध तथा सैन्य सन्धियों से दूर रखते हुए अन्तर्राष्ट्रीय सम्बन्धों में अपने महत्वपूर्ण राष्ट्रीय हितों तथा शक्ति व सुरक्षा के उद्देश्य की मांग के आधार पर गुट निरपेक्ष आन्दोलन करता है।

जॉर्ज श्वार्जनबर्गर के अभिमत में गुट निरपेक्षता मैत्री सन्धियों अथवा गुटों से बाहर रहने की नीति है। इस तरह अन्तर्राष्ट्रीय मामलों में विशेषतः दोनों सर्वोच्च शक्तियों के प्रति नीतियों और अभिवृत्तियों के सन्दर्भ में नीति और कार्यवाही की पर्याप्त स्वतन्त्रता बनाए रखी जाए। गुट निरपेक्षता का अर्थ शक्तिमूलक राजनीति से पृथक रहना तथा सभी राज्यों के साथ शांतिपूर्ण सह-अस्तित्व और सक्रिय अन्तर्राष्ट्रीय सहयोग देना है, चाहे वे राष्ट्र गुटबद्ध हों या गुट निरपेक्ष।

1961 में गुट निरपेक्षता के तीन कर्णधारों नेहरू (भारत), नासिर (मिस्र), और मार्शल टीटो (यूगोस्लाविया) ने इसके पाँच आधार स्वीकार किए थे।

1. सदस्य देश स्वतन्त्र नीति पर चलता हो।
2. सदस्य देश उपनिवेशवाद का विरोध करता हो।
3. सदस्य देश किसी सैनिक गुट का सदस्य न हो।
4. सदस्य देश ने किसी बड़ी ताकत के साथ द्विपक्षीय-समझौता न किया हो।

5. सदस्य देश ने किसी बड़ी ताकत को अपने क्षेत्र में सैनिक अड्डा बनाने की इजाजत न दी हो।

ये मानदण्ड जून 1961 में काहिरा (मिस्र) में 21 राष्ट्रों की तैयारी बैठक में तय किए गए। नेहरू जी के अनुसार "गुट निरपेक्षता का अर्थ है, सैनिक गुटों से अपने-आप को अलग रखने का किसी देश द्वारा प्रयत्न करना।"

अतः गुट निरपेक्षता का अर्थ है: शीतयुद्ध का विरोध, सैन्य तथा राजनीतिक गठजोड़ और शक्ति गुटों से दूर रहना तथा अन्तर्राष्ट्रीय सम्बन्धों में स्वतन्त्रता पूर्व कार्य करने की नीति अर्थात राष्ट्रीय तथा विश्व समस्याओं पर स्वतंत्रता निर्णय लेना या शीतयुद्ध, सैन्य एवं राजनीतिक गठबन्धनों से दूर रहकर राष्ट्रीय तथा विश्व समस्याओं पर स्वतन्त्रतापूर्वक निर्णय लेना। गुट निरपेक्ष आन्दोलन की तीन संस्थाओं का विकास हुआ है। जो अग्रांकित है:

1. *समन्वय ब्यूरो* - इसकी सदस्य संख्या 66 है। जो 'नाम' देशों में निरन्तर विचार-विमर्श करने व कार्य में समन्वय करने के लिए सक्रिय केन्द्र इसे 'नाम' (Nam) की कार्यकारी भुजा कहते हैं।
2. *विदेश मन्त्रियों का सम्मेलन* - इसमें 'नाम' के सदस्य देशों के विदेश मंत्री भाग लेते हैं।
3. *शिखर सम्मेलन* - 'नाम' का यह सबसे बड़ा अधिवेशन है। जो प्रति तीन वर्ष बाद होता है। इसमें सदस्य देशों के मुखिया भाग लेते हैं। नाम का प्रथम शिखर सम्मेलन 1-6 सितंबर 1961 में बेलग्रेद (यूगोस्लाविया) में हुआ तथा 25 देशों ने इसमें हिस्सा लिया तथा महाशक्तियों से शांति बनाए रखने के लिए निशस्त्रीकरण का कदम उठाने के लिये कहा गया।

   7वां शिखर सम्मेलन 7-12 मार्च 1983 को नई दिल्ली में 96 राष्ट्रों की भागीदारी से हुआ। नाम का 15वां शिखर सम्मेलन 15-16 जुलाई 2009 को शर्म-अल-शेख (मिस्र) में हुस्नी मुबारक की अध्यक्षता में हुआ। इसमें 118 देशों ने भाग लिया। इसमें आतंकवाद, वैश्विक मंदी, पर्यावरण संरक्षण व अन्तर्राष्ट्रीय वित्तीय संस्थानों के लोकतन्त्रीकरण की बात कही गई। 16वां गुटनिरपेक्ष शिखर सम्मेलन 26 से 31 अगस्त 2012 तक ईरान के शहर तेहरान में आयोजित हुआ। यह सम्मेलन ईरान द्वारा अमेरिका और इसके मित्रों देशों को अपनी दबंगाई दिखाने के साथ सम्पन्न हुआ। इस सम्मेलन से दुनिया को यह सन्देश दिया गया कि ईरान अब अकेला नहीं है। उसे अलग थलग करने की अमेरिका की सभी कोशिशें नाकाम हो गई। 17वं शिखर गुटनिरपेक्ष शिखर सम्मेलन 2015 में केराकस (वेनेजुएला) में प्रस्तावित है।

## Non-Belligerency | आयुद्ध स्थिति, अयुद्धकारिता

युद्धकाल के दौरान उन देशों की स्थिति जो युद्ध-कार्य में भाग नहीं लेते परंतु जिन्हें पूर्णरूपेण तटस्थ भी नहीं कहा जा सकता। प्रायः ऐसी स्थिति उस समय उत्पन्न हो सकती है, जब संयुक्त राष्ट्र के तत्त्वधान में कोई सशस्त्र कार्यवाही की जा रही हो जिसमें कुछ ही देशों के सैनिक कार्यवाही में भाग ले रहे हों। अन्य देश, जो संयुक्त राष्ट्र संघ के सदस्य तो हैं परन्तु सैनिक कार्यवाही में भाग नहीं ले रहे हैं, न युद्धरत कहे जा सकते हैं और न तटस्थ। ऐसे देशों को गैर युद्धकारी कहा जाता है और उनकी कानूनी स्थिति को अयुद्धकारिता की स्थिति कहा जाता है। दोनों महायुद्धों के प्रारंभिक चरणों में संयुक्त राज्य अमेरिका की युद्धकारी बनने से पूर्व यही स्थिति थी।

## Non-Combatant | अयोधी

अयोधी युद्ध में सक्रिय भाग न लेने वालों को कहते हैं। इस प्रकार के लोग सैनिक सेवा में भी होते हैं। यथा धोबी, नाई, मोची, रसोइया, पुजारी आदि जिनका कार्य लड़ना न होकर सेना में काम करने वाले लोगों की सेवा करना तथा सैनिक संस्थानों की विभिन्न आवश्यकताओं को पूरा करना होता है।

**Non-Extradition | अप्रत्यर्पण**

किसी राष्ट्र के अपराधी द्वारा अपने राष्ट्र से भागकर किसी अन्य राष्ट्र में शरण ले लेने पर, दोनों देशों के बीच किसी प्रत्यर्पण संधि के अभाव में, संबंधित अपराधी को उसके मूल देश को वापस न किए जाने की स्थिति को अप्रत्यर्पण कहा जाता है।

**Non-Intervention Treaty | अहस्तक्षेप संधि**

किसी दो या दो से अधिक देशों के बीच इस आशय से की गई संधि या समझौता कि वे एक-दूसरे से आंतरिक अथवा बाह्य मामलों को उनकी सहमति के विरुद्ध निर्देशात्मक ढंग से इस प्रकार प्रभावित करने का प्रयास नहीं करेंगे जो उनकी संप्रभुता, स्वतंत्रता अथवा अखंडता के प्रतिकूल हो।

**Non-Party Government | निर्दलीय शासन/निर्दलीय सरकार**

इस प्रकार की सरकार जो किसी विशेष राजनीतिक दल से सम्बद्ध न हो, जिसमें समाज के सभी प्रमुख हितों और वर्गों का प्रतिनिधित्व हो तथा जो दलगत राजनीति से ऊपर उठकर व्यापक राष्ट्र कल्याण की दृष्टि से कार्य करे। राष्ट्रीय सरकार और दल-निरपेक्ष सरकार में अन्तर यह है कि राष्ट्रीय सरकार में प्रायः संकट के समय सभी दलों की मिली-जुली सरकार होती है। इसके विपरीत दल-निरपेक्ष सरकार का आधार राजनीतिक दल नहीं अपितु उनका अभाव है। भारत में सर्वोदय नेता जयप्रकाश नारायण दल विहीन लोकतंत्र के प्रमुख पक्षपाती रहे हैं।

**Non-Permanent Member | अस्थायी सदस्य**

संयुक्त राष्ट्र की कार्यकारिणी, सुरक्षा परिषद के पांच स्थायी सदस्यों अर्थात् रूस, अमेरिका, ब्रिटेन, फ्रांस तथा चीन के अतिरिक्त अन्य 10 सदस्य। उक्त दस अस्थायी सदस्य राष्ट्रों का निर्वाचन संयुक्त राष्ट्र की महासभा द्वारा दो वर्षों के लिए किया जाता है। सुरक्षा परिषद के स्थायी सदस्यों को निषेधाधिकार प्राप्त हैं जबकि अस्थायी सदस्यों को इस प्रकार का कोई अधिकार प्राप्त नहीं है। निर्णय के लिए 5 स्थायी सदस्यों सहित कुल नौ सदस्यों की सहमति आवश्यक है। हाल ही 12 अक्टूबर 2010 को सुरक्षा परिषद के द्विवार्षिक चुनाव में भारत अस्थायी सदस्य चुना गया है। इसे 192 में से 187 मत मिले। भारत का कार्यकाल 1 जनवरी 2011 से 31 दिसम्बर 2012 तक था। यह 7वीं बार इस पद पर चुना गया। इससे पहले 1992 में (छठी बार) चुना गया था।

**Non-Poliferation Treaty | परमाणु अविस्तार सन्धि**

परमाणु अविस्तार सन्धि 1 जुलाई 1968 में परमाणु युद्ध के खतरे को सीमित करने के लिए बनाई गई थी। उस समय इस सन्धि पर यू.के., यू.एस.ए. तथा ए.एस.एस.आर. सहित 50 राष्ट्रों ने हस्ताक्षर किए थे। यह सन्धि 5 मार्च 1970 से लागू हुई। इन राष्ट्रों ने निर्णय किया था कि वे उन राष्ट्रों को परमाणु हथियार बनाने की तकनीक नहीं बेचेंगे जिन्होंने परमाणु हथियार अभी तक नहीं बनाए हैं। इस विचार के पीछे यह मंतव्य था कि जो राष्ट्र सुपरवार के अधीन नहीं हैं, वे इस प्रकार के परमाणु अस्त्र नहीं बना सकेंगे। इस प्रकार नयी परमाणु शक्ति वाला राष्ट्र परमाणु हथियारों का उपयोग करने के लिए प्रलोभित हो सकता है। चीन और फ्रांस ने इस सन्धि पर हस्ताक्षर करने से मना कर रखा है। उनका तर्क यह है कि यह सन्धि जिनके पास पहले से परमाणु शक्ति है, उन देशों और अन्य देशों में भेदभाव करती है। इसी आधार पर भारत ने भी इस सन्धि को भेदभाव पूर्ण मानते हुए हस्ताक्षर करने से मना कर दिया है। 11 मई 1995 से यह सन्धि इसके पक्षकार राज्यों ने अनिश्चितकाल के लिए लागू कर दी है। इस सन्धि के द्वारा यह प्रतिबन्ध लगाया गया है कि जिन देशों ने परमाणु हथियार नहीं बनाए हैं, वे इन्हें बनाने का भविष्य में प्रयास नहीं करेंगे लेकिन

परमाणु सम्पन्न राष्ट्र प्रयोगशालाओं में असैनिक कार्यों के बहाने ऐसा कर सकेंगे यह सन्धि भेदभावपूर्ण है।

### Non-Renewable Resouces | गैर-नवीकरणीय संसाधन

वे प्राकृतिक संसाधन जिनका नवीकरण संभव नहीं है। उनका स्टॉक वृहद होता हुआ भी सीमित है एवं लगातार खपत जारी है। उदाहरणार्थः जीवाश्म, उर्जा संसाधन (तेल, कोयला), लोहा, सीसा, एल्युमीनियम, यूरेनियम, खनिज आदि।

### Non-Tariff Barriers | गैर-व्यापारिक अवरोधों

आयातों को हतोत्साहित करने की नीति। इसे संरक्षणवादी नीति भी कहा जाता है। अमरीका अपने देश में किसानों को काफी कृषि सब्सिडी देता है इसके विपरीत इसे भारत में खत्म करने को कहता है। भारत सरकार पर कम आयात शुल्क लगाने के लिये दबाव डालता है। विकासशील देशों के उत्पाद वहाँ पर कच्चा माल सस्ता होने से और मजदूरी कम होने के कारण सस्ता है, को अपने यहाँ रियायत नहीं देते। सब्सिडियों को कम करना, डपिंग, आयात रोधी और बौद्धिक सम्पदा कानून आदि भी गैर-व्यापारिक अवरोध हैं।

### Non-Violence | अहिंसा

अहिंसा हजारों वर्षों से जीवन का एक शाश्वत नियम रहा है और संसार के प्रमुख विचारक तथा जैन धर्म संस्थापक महावीर स्वामी उसकी शिक्षा देते रहे हैं। यद्यपि भारत में सम्राट अशोक ने अहिंसा को राजधर्म के रूप में स्वीकार किया था फिर भी महात्मा गांधी से पहले यह आदर्शवाद प्रायः व्यक्ति-जीवन तक ही सीमित था, या तो केवल संत-महात्माओं के प्रयोग के लिए या दुर्बलों और कायरों की कमजोरी के आवरण रूप में। गौतम बुद्ध और ईसा की धर्म-शिक्षा के बाद भी अहिंसा को प्रायः सब प्रकार के झगड़ों को निबटाने का, समाज के संगठन का और वैयक्तिक तथा सामूहिक सम्बन्धों को सुव्यवस्थित करने का पर्याप्त साधन नहीं माना जाता था। गांधी जी ने इस मूल सिद्धान्त की आधुनिक जीवन की पृष्ठभूमि में नव-व्याख्या की और संसार के इतिहास में पहली बार उन्होंने अहिंसा का प्रयोग व्यापक पैमाने पर व्यक्तिगत और सामूहिक जीवन के सब प्रकार के प्रश्नों को हल करने के लिए किया। इसका अर्थ है मन से, वचन से और कर्मों के द्वारा किसी प्रकार की हिंसा से दूर रहना यहाँ तक दूसरों की बुराई करना भी हिंसा ही माना गया है। गांधी जी के अहिंसा में योगदान को देखते हुए संयुक्त राष्ट्र संघ महासभा ने गांधी जी के जन्म दिवस 2 अक्टूबर को अन्तर्राष्ट्रीय अहिंसा दिवस के रूप में मनाने का निर्णय (2 October 2009) लिया है।

### Normative Science | मानकीय विज्ञान

जहाँ वस्तुपरक विज्ञान में तथ्यों और उन प्राकृतिक नियमों का जिनका अनुसरण तथ्य और घटनाएँ करते हैं, के विपरीत उन आदर्शों, मानकों, तथ्य मानकीय नियमों का वैज्ञानिक ढंग से अध्ययन करने वाला शास्त्र जिनके अनुसार जीवन, समाज इत्यादि को चलना चाहिए। जैसे समाजशास्त्र, राजनीतिशास्त्र, नीतिशास्त्र, राजनीति के परम्परागत अध्ययन को मानकीय राजनीति विज्ञान के अन्तर्गत रखा गया है। इस विज्ञान में संस्थाओं एवं संगठनों के अध्ययन पर बल दिया जाता है तथा यह अध्ययन मूल्य प्रधान होता है। इसमें अध्येता के निजी मत और मूल्यों को अध्ययन में स्थान दिया जाता है। यह अध्ययन प्रधानतः संकीर्ण होता है। इसमें यूरोपीय शासन व्यवस्थाओं का ही अध्ययन किया जाता है।

## North Atlantic Free Trade Agreement (NAFTA) | उत्तर अटलांटिक मुक्त व्यापार समझौता

जनवरी 1944 में कनाडा, अमेरिका तथा मैक्सिको ने उत्तरी अमेरिका में मुक्त व्यापार समझौता किया व उसे विश्व का सबसे बड़ा मुक्त व्यापार क्षेत्र घोषित किया। इसका उद्देश्य सदस्यों में व्यापार एवं निवेश को बढ़ाना, व्यापार शुल्कों की समाप्ति और गैर शुल्क अवरोधों को कम करना था। 1 जनवरी 1998 को अमेरिका और कनाडा ने अपने व्यापार से सभी सीमा शुल्कों को समाप्त कर दिया।

## North-South Dialogue | उत्तर दक्षिण संवाद

उत्तरी गोलार्द्ध में स्थित विकसित देशों तथा दक्षिणी गोलार्द्ध के विकासशील देशों के आपसी सम्बन्धों को उत्तर-दक्षिण संवाद कहा गया है। उत्तर के विकसित देशों में साम्यवादी देशों को शामिल नहीं किया गया था।

## Nozick, Robert | नॉजिक रॉबर्ट ( 1939-2002 )

रॉबर्ट नॉजिक ने पश्चिमी दुनिया में युद्धोपरान्त राजनीति सिद्धान्त को पुनर्जीवित एवं पुनःरचित करने की दिशा में बड़ा भारी प्रयास किया है। उसने अपने विचारों को उदारवाद पर आधारित किया है। वह व्यक्ति के अधिकारों का पक्षधर है तथा इस बात पर जोर देता है कि कोई भी सरकार उसके अधिकारों को वापिस नहीं ले सकती। वह उपयोगितावाद का विरोध करता है। उसकी प्रमुख रचना हैं: Anarchy State and Utopia, जिसका प्रकाशन 1974 में हुआ था। इन्हें स्वेच्छातन्त्रवादी (Liverterainism) के रूप में जाना जाता है।

न्याय का स्वेच्छाचारी दृष्टिकोण ऐसी व्यवस्था का समर्थन करता है, जिसमें व्यक्ति की स्वतन्त्रता को ही सर्वोपरि स्थान दिया जाता है और सामाजिक समानता के विचार को बहुत पीछे धकेल दिया जाता है।

नॉजिक ने अपने न्याय सिद्धान्त को न्याय का अधिकारिता सिद्धान्त (Entitlement Theory of Justice) माना है। इसमें यह मानकर चलते हैं कि प्रचलित व्यवस्था के अन्तर्गत जो व्यक्ति जिस-जिस वस्तु का अधिकारी है, उसे उसकी सहमति (Consent) के बिना किसी दूसरे को हस्तान्तरित नहीं किया जा सकता फिर विभिन्न मनुष्य अपनी-अपनी प्रतिभा और प्रयास से सामाजिक उत्पादन में भिन्न-भिन्न योगदान करते हैं। इसलिए उन्हें भिन्न-भिन्न पुरस्कार प्राप्त होना स्वाभाविक है। नॉजिक ने तर्क दिया है कि समाज में उत्पादन (Production) के स्तर पर जो असमानताएं (Inequalities) पाई जाती है, उन्हें वितरण (Distribution) के स्तर पर बदलने का प्रयास विनाशकारी होगा। संसार में कोई भी वस्तु शून्य से पैदा नहीं होती। बल्कि समाज की सम्पदा भिन्न-भिन्न व्यक्तियों के परिश्रम का परिणाम है। लोग व्यापार के द्वारा अपनी सम्पत्ति बढ़ाते हैं या उसे खो देते हैं। सम्पत्ति का वर्तमान वितरण उनके स्वैच्छिक विनिमय (Voluntary Exchange) का परिणाम है। न्यूनतम राज्य (Minimal State) उनके इस अधिकार की रक्षा करता है। इस प्रक्रिया में हस्तक्षेप (Intervention) का अर्थ होगा व्यक्तियों के अधिकारों का उल्लंघन करना या छीनना। अतः राज्य के समस्त कल्याणकारी कार्यक्रम सर्वथा अवैध हैं।

नॉजिक ने न्यूनतम राज्य का अर्थ यह बताया है। ऐसे राज्य का कार्यक्षेत्र अत्यन्त सीमित और संकुचित होगा। वह लोगों को छल-बल और चोरी से बचाएगा, अनुबन्धों (Contracts) को लागू करेगा। इसके अलवा कुछ नहीं करेगा। अतः राज्य को न तो सार्वजनिक शिक्षा की व्यवस्था करनी चाहिए, न ही सार्वजनिक स्वास्थ्य या परिवहन की, न सड़कें बनवानी चाहिए। नॉजिक यहाँ तक मानता है कि यदि निर्धन एवं विकलांग भूखे मर रहे हों तो उन्हें बचाने के लिए धनवान एवं समर्थ लोगों पर कर लगाना अन्यायपूर्ण होगा।

**Nuclear Arms Race | परमाणु शस्त्रों की होड़**

दो या दो से अधिक देशों में परमाणु शस्त्रों के निर्माण और उनका भंडार बढ़ाने की होड़ या मुकाबले को परमाणु शस्त्रों की होड़ कहते हैं। द्वितीय विश्वयुद्ध के बाद सोवितय संघ (वर्तमान में रूस) और अमेरिका में यह होड़ चला। इसे देतांत (समझौता) के बाद 1970 के दशक में कम किया गया। भारत और पाकिस्तान में पोखरण-II (1998) के बाद चला। इसको कम करने के लिए भी दोनों में करार हुआ है। लीबिया वगैरह 'इस्लामिक बम' बनाने में लगे हुए थे। इन देशों के तानाशाह सद्दाम, गद्दाफी आदि के सत्ता से बाहर किए जाने से यह होड़ समाप्त हुई है। यू.एन.ओ. के द्वारा परमाणु शस्त्रों को अप्रसार संधि (NPT) के द्वारा भी इसे रोकने का प्रयास 1960 से किया जा रहा है। लेकिन कुछ हस्ताक्षरकर्त्ता देश स्वयं परमाणु हथियार बनाते जा रहे हैं। भारत पर भी इस संधि पर हस्ताक्षर करने का लगातार दबाव बनाया जाता है।

**Nuclear Deterrence | नाभिकीय भयावरोध**

नाभिकीय अस्त्रों की विनाशकारी शक्ति इतनी भयावह है कि किसी राज्य के पास नाभिकीय अस्त्र होने पर भी वह इनका प्रयोग इस भय के कारण नहीं कर सकता है कि यदि आक्रांत राज्य ने भी प्रतिशोध में इसी प्रकार के अस्त्रों का प्रयोग किया तो दोनों का ही समूल विनाश हो जाएगा। अतः इस प्रकार से नाभिकीय अस्त्रों का होना ही राज्यों को एक-दूसरे के विरुद्ध इनका प्रयोग करने से रोकता है। इसी स्थिति को "नाभिकीय भयावरोध" कहते हैं। अर्थात किसी राष्ट्र की सुरक्षा हेतु न्यूनतम परमाणु निवारक हथियारों का होना नाभिकीय भयावरोध कहलाता है।

**Nuclear Disarmament | परमाणु शस्त्र व्यवस्था का निरस्त्रीकरण**

संसार में बहुत सी परमाणु व्यवस्था तथा अनेकों परमाणु संसार में बहुत सी परमाणु व्यवस्थाएँ तथा अनेक परमाणु अस्त्र हैं, इनमें से कुछ हैं- अन्तर्महाद्वीपीय प्रक्षेपास्त्र जिनकी मारक क्षमता 5500 किमी. है मध्यम दूरी की मार करने वाले परमाणु शस्त्र जो कि थियेटर परमाणु शस्त्र कहलाते हैं और जिनकी मारक क्षमता 1000 किमी से भी अधिक है।

**Nuclear Parity | परमाणु समानता**

पूर्ववर्ती सोवियत रूस की संयुक्त राज्य अमेरिका के साथ परमाणु शक्ति में समानता पर विचार।

**Nuclear Umbrella | नाभिकीय छत**

यह वह स्थिति होती है जिसमें कोई न्यूक्लीयर शक्ति से सम्पन्न राष्ट्र अन्य किसी राष्ट्र या राज्य को यह वचन देता है कि उस पर न्यूक्लीयर आक्रमण होने की हालत में वह उसे संरक्षण प्रदान करेगा। इसके साथ प्रायः यह शर्त जुड़ी रहती है कि संरक्षण पाने वाला राष्ट्र स्वयं न्यूक्लीयर अस्त्र नहीं बनाएगा।

**Nulla Poena Sine Lege | विधि बिना दंड नहीं**

किसी भी देश के मनुष्य को कानून द्वारा सिद्ध अपराध के अभाव में दंड न देने का सिद्धान्त। इस सिद्धान्त के अनुसार अभियुक्त पर लगाए गए आरोप प्रचलित विधि के द्वारा सिद्ध नहीं होते हैं तो उसे दंडित नहीं किया जा सकता है। उसे केवल मात्र उतना ही दंड दिया जा सकता है जितना कि प्रचलित विधि द्वारा निर्धारित हो, उससे अधिक नहीं। संविधान के भाग 3 के अनुच्छेद 20 के अनुसार कोई व्यक्ति अपराध के लिए तब तक सिद्ध दोष नहीं ठहराया जाएगा, जब तक उसने किसी कानून का उल्लंघन नहीं किया हो, साथ ही एक अपराध के लिए एक बार दण्डित किया जाएगा और अपने विरुद्ध गवाही देने के लिए बाध्य नहीं किया जाएगा।

# O

### Oakeshott, Michael | माइकल ओकशॉट (1901-90)

ब्रिटिश दार्शनिक माइकल ओकशॉट ने अपनी पुस्तक 'रेशनालिज्म इन पॉलिटिक्स एंड अदर एसेज' (राजनीति में तर्क बुद्धिवाद तथा अन्य निबन्ध) (1962) के अन्तर्गत रुढ़िवाद की उपयुक्तता और सुधार की संभावनाओं का विस्तृत विवेचन किया है। ओकशॉट के अनुसार, राजनीति ऐसे जन-समुदाय के सामान्य प्रबन्ध की कार्यवाही है जो चाहे-अनचाहे एक-दूसरे के निकट आ गए हैं। यह ऐसी गतिविधि है जिसमें "समाज की प्रचलित प्रथाओं की निकट जानकारी प्राप्त करके उनका अनुसरण किया जाता है" इसमें नित्य-प्रति यह निर्णय नहीं किया जाता कि क्या किया जाए, कैसे किया जाए? यह अमूर्त सिद्धान्तों या विचारों को कार्यान्वित करने का प्रयत्न भी नहीं है। राजनीतिक गतिविधि का ध्येय "राज्य की नाव को गतिमान रखना है"। धन सम्पदा या समृद्धि बढ़ाना नहीं। राज्य की नाव को सुचारु रूप से चलाने के लिए ऐसे नियमों का पालन लाभदायक होगा जो सुपरिचित हों, और जिनमें बार-बार भारी फेरबदल न किया जाए। ओकशॉट के अनुसार राजमर्मज्ञ (Statesman) का कार्य "सबसे छोटी बुराई को भी चुनने की कला है।"

### Objectification | जड़वस्तुकरण

मार्क्सवाद (Marxism) के अनुसार, वह प्रक्रिया जिसमें मानव श्रम (Human Labour) के उत्पादन (Products) मानव के अपने नियन्त्रण से बाहर हो जाते हैं, और ऐसी जड़ वस्तुओं का रूप धारण कर लेते हैं जो स्वयं मानव जीवन को नियन्त्रित करने लगते हैं। पूंजीवाद (Capitalism) के अन्तर्गत यह प्रक्रिया अत्यन्त प्रबल हो जाती है, और वह मानव के अमानवीयकरण (Dehumanization) को बढ़ावा देती है।

### Objective Resolution | उद्देश्य प्रस्ताव

स्वतंत्र भारत के शासन का स्वरूप तय करने के लिये 389 सदस्यों का संविधान सभा की स्थापना 1946 की कैबिनेट मिशन योजना के अन्तर्गत की गई। संविधान सभा में 2 सितम्बर 1946 को गठित भारत की अंतरिम सरकार की कार्यकारी परिषद के उपाध्यक्ष स्वतंत्रता आंदोलन के शीर्ष नेता प. जवाहरलाल नेहरू ने संविधान के उद्देश्यों के बारे में प्रस्ताव संविधान सभा के प्रथम सत्र में 13 दिसम्बर 1946 को प्रस्तुत किया। इसे ही उद्देश्य प्रस्ताव कहते हैं। इसमें भारत को स्वतंत्र, प्रभुत्व सम्पन्न गणराज्य घोषित करना, जिसमें सम्पूर्ण सत्ता जनता में निहित हो, संघीय व्यवस्था, स्वतंत्रता, सामाजिक-आर्थिक विकास, विश्व शांति, आदि महत्वपूर्ण पहलुओं पर विचार रखे गए थे।

### Office of Profit | लाभ का पद

विधायिका के सदस्य को निष्पक्ष एवं बिना लाभ का काम करने के लिए कार्यपालिका का सदस्य यानि मंत्री, अध्यक्ष वगैरह नहीं बनना। इंग्लैंड में 1920 तक यदि हाउस ऑफ कॉमन्स का कोई सदस्य मंत्री बनता तो उन्हें अपनी सीट छोड़कर दुबारा चुनाव लड़ना पड़ता था। इससे विधायिका के

स्वतंत्रता एवं पद के दुरूपयोग से लाभ कमाने की प्रवृत्ति को रोका जाता था। भारत में 2006 में यह शब्द प्रचलन में आया जब सोनिया गांधी को राष्ट्रीय सलाहकार परिषद् की अध्यक्ष के रूप में और लोकसभा सदस्य साथ साथ होने के कारण उन्हें लाभ के पद पर माना गया। उनको अपने लोकसभा क्षेत्र रायबरेली से इस्तीफा देकर दुबारा चुनाव लड़ा और जीता। संविधान के अनुच्छेद 102(1(ए) के तहत उन्हें अयोग्य घोषित किया गया था। इसी प्रकार वर्ष 2006 में ही सांसद जया बच्चन के लाभ के पद के मामले में सर्वोच्च न्यायालय ने कहा कि– "प्रासंगिक बात यह है कि क्या संबंधित ऑफिस लाभ उत्पन्न करने या आर्थिक लाभ पहुँचाने में सक्षम है अथवा नहीं और यह भी कि क्या उक्त व्यक्ति को वाकई कोई आर्थिक लाभ इस वजह से मिला।"

## Official Secret Act | कार्यालय गोपनीयता अधिनियम

ब्रिटेन में 1911 में संसद द्वारा पारित किया गया एक अधिनियम। यह ब्रिटेन में गोपनीयता तथा गुप्तचर सेवा पर नियंत्रण रखने का मुख्य स्रोत है। इसका उपयोग किसी भी संवेदनशील सूचना जिसे सरकार प्रकाशित नहीं करना चाहती, की रक्षा करने के लिए किया जाता है। जब कोई व्यक्ति इस पर हस्ताक्षर कर देता है तो वह उस गुप्त सूचना को प्रकट न करने के लिए बाध्य हो जाता है। इसका उल्लंघन करने वाले को लम्बी अवधि की कैद मिलती है। इस विधेयक से पत्रकारों पर भी प्रतिबंध लगाया जाता है। अब वहाँ इसे समाप्त करने या इसमें संशोधन करने के लिए काफी प्रयास किए जा रहे हैं।

## OIL Diplomacy | तेल कूटनीति

पश्चिम एशिया में तेल का अपूर्व भण्डार है। अपने तेल के कारण ही यह क्षेत्र महाशक्तियों की प्रतिस्पर्धा का केन्द्र बना हुआ है। 1973 के अरब-इजरायल युद्ध के समय पश्चिम एशिया के तेल उत्पादक देशों ने इजरायल पर दबाव डालने के लिए तेल को कूटनीतिक हथियार के रूप में प्रयुक्त किया। ओपेक की सुनियोजित कार्यप्रणाली और सदस्य देशों में एकता के कारण इजरायल समर्थक अनेक देशों को अपनी विदेश नीति बदलनी पड़ी।

चौथे अरब इजरायल युद्ध के दौरान 17 अक्टूबर 1973 को कुवैत से घोषणा हुई कि इजरायल की मदद करने वाले देशों के लिए युद्ध चलने तक हर माह 5 प्रतिशत तेल की कटौती की जाएगी। इसके साथ ही तेल की कीमतों में 17 प्रतिशत वृद्धि की घोषणा की गई। 18 अक्टूबर को आबूधावी ने अमेरिका को तेल निर्यात करने पर पूरी रोक लगा दी और साथ ही इजरायल समर्थक अन्य देशों के साथ भी वैसा ही सलूक किए जाने की धमकी दी। 21 अक्टूबर को कुवैत, बहरीन और कतर ने भी ऐसा ही किया। इसके बाद अन्य देशों ने भी न केवल तेल की कीमतें बढ़ा ली, बल्कि अमेरिका और दूसरे ऐसे देशों के लिए या तो तेल के निर्यात पर रोक लगा दी अथवा कटौती कर डाली। गिरजेश पन्त लिखते हैं "17 अक्टूबर 1973 से प्रारम्भ हुए युद्ध के 10 दिनों बाद अरब राष्ट्रों ने यह निर्णय लिया कि यदि अरब राष्ट्रों की 1967 के युद्ध में हथियाई गई सीमाओं को खाली नहीं किया जाएगा और पेलेस्टाइन की जनता को स्वयं निर्णय लेने का अधिकार हो जाएगा और तब अक्टूबर 1973 से 5 प्रतिशत तेल उत्पादन में कटौती प्रारम्भ कर दी जाएगी। यह कटौती 5 प्रतिशत प्रतिमाह की दर से बढ़ती जाएगी। साथ ही तेल के मूल्यों में 1 अक्टूबर को घोषित मूल्य स्तर से 70 प्रतिशत की वृद्धि की जाएगी। इसके साथ ही कुछ शत्रु राष्ट्रों के प्रति तेल निर्यात पर प्रतिबन्ध लगाने की घोषणा की गई।"

इस घोषणा ने तेल को अन्तर्राष्ट्रीय राजनीति में एक महत्वपूर्ण राजनीतिक शस्त्र बना दिया। यह तेल की धार का ही प्रताप था कि यूरोपियन राष्ट्रों को अपनी नीति पर पुनर्विचार के लिए बाध्य होना पड़ा। जापान अरबों रुपए की मदद के लिए तैयार हो गया और डॉ. हेनरी किंसीजर युद्ध को रोकने के लिए प्रयत्नशील दिखाई देने लगे।

## Old Common Wealth and New Common Wealth | पुराना कॉमनवैल्थ और नया कॉमनवैल्थ

समस्त कॉमनवैल्थ देश ब्रिटिश साम्राज्य के ही भाग थे, पर अब उनमें से कई स्वाधीन हो चुके हैं तथा जो अब भी उस कॉमनवैल्थ से चिपके हुए हैं जिसका अध्यक्ष ब्रिटिश सम्राट है। पुराने कॉमनवैल्थ पद का प्रयोग उन देशों के लिए किया जाता है जो यूरोपियन मूल के हैं। कनाडा, ऑस्ट्रेलिया एवं न्यूजीलैण्ड इसके अन्तर्गत आते हैं।

नया कॉमनवैल्थ पद उन देशों के लिए प्रयुक्त होता है जिन्होंने द्वितीय विश्वयुद्ध के पश्चात स्वाधीनता प्राप्त कर ली थी। भारत, पाकिस्तान, नाइजीरिया, युगाण्डा एवं तंजानिया इसके अन्तर्गत आते हैं।

## Oligrachy | अल्पतंत्र

अल्पतंत्र सरकार की वह व्यवस्था है जिसमें प्रशासन कुछ व्यक्तियों के हाथों में सीमित हो जाता है। अरस्तु ने इस पर काफी विचार किया है। उसके अनुसार अल्पतंत्र में नागरिकता और पद के लिए आवश्यक योग्यता सम्पत्ति हो जाती है। इसमें सत्ता एक ही परिवार के लोगों के हाथों में केन्द्रित हो सकती है परन्तु अगर धन समाज के एक बड़े वर्ग में वितरित हो तो अल्पतंत्र संतुलित हो जाता है। अरस्तु का विचार था कि अल्पतंत्र में मुख्य समस्या धनी वर्ग द्वारा जनता का उत्पीड़न किया जाना है। आज के बहुत से विचारकों का कहना है कि शासन व्यवस्था चाहे कुछ भी हो, सत्ता तो अंततः कुछ लोगों के हाथों में सीमित होती है किन्तु लोकतंत्र के विपरीत जिस अर्थ में अल्पतंत्र का प्रयोग किया जाता है उस अर्थ में तो अल्पतंत्रात्मक व्यवस्था अब प्रायः लुप्त ही हो गई है तथा जिन देशों में सत्ता कुछ थोड़े से हाथों से परिवारों अथवा किन्हीं दलगत गुटों के हाथों में केन्द्रित है, वे भी अपने को किसी न किसी प्रकार का लोकतंत्र ही मानते हैं।

जर्मन समाज वैज्ञानिक रॉबर्ट मिशेल्स (1876-1936) के अनुसार किसी भी संगठन के अन्तर्गत सारी सत्ता (Authority) अनिवार्यतः गिने-चुने विशेषज्ञों के समूह के हाथों में आती है और यही समूह संगठन के सारे महत्वपूर्ण निर्णय करता है। व्यवहारतः प्रत्येक संगठन गुटतन्त्र (Oligrachy) का रूप धारण कर लेता है। यह मिशेल्स के गुटतन्त्र का लौह नियम कहलाता (Iron Law of Oligrachy)।

## Ombudsman | ऑम्बुड्समैन

1809 ई. में स्वीडन में इसका आविर्भाव हुआ। 1919 में इसे फिनलैण्ड में अपनाया था। ओम्बुड्समैन लोकतंत्रीय देशों में वह अधिकारी होता है जो सार्वजनिक निकायों और अधिकारियों के विरुद्ध जनसाधारण की शिकायतों की छानबीन करता है। डेनमार्क, न्यूजीलैण्ड, नार्वे और स्वीडन में यह व्यवस्था विद्यमान है। ब्रिटेन में इसे संसदीय प्रशासन आयुक्त (Parliamentary Commissioner for Administration) कहा जाता है। भारत में इसके समानान्तर लोकपाल और लोकायुक्त के पद सृजित किए गए हैं।

भारत में भ्रष्टाचार एवं कुशासन को दूर करने तथा भारत सरकार ने देश के प्रशासनिक ढांचे में आमूल सुधार करने के लिए 1966 में मोरारजी देसाई की अध्यक्षता में प्रथम प्रशासनिक सुधार आयोग का गठन किया गया। आयोग के विचारार्थ विषयों में से एक "नागरिकों की शिकायतों से सम्बद्ध समस्याओं पर विचार" भी था। आयोग ने सर्वसम्मति से संस्तुति की कि इस देश में ओम्बुड्समेन जैसी संस्था होनी चाहिए। इसकी दो श्रेणियों की संस्तुति की गई। एक लोकपाल, दूसरा लोकायुक्त। लोकपाल मंत्रियों व सचिवों के कार्य की जांच कर सकता है। और लोकायुक्त

सचिवों से नीचे के अधिकारियों की। सरकार ने आयोग की सिफारिश मान ली गई तथा इन पदों का सृजन कर दिया गया है। इस संस्था को सशक्त बनाने के लिए 2012 से राष्ट्रव्यापी सशक्त लोकपाल विधेयक के लिए आंदोलन जारी है। आंदोलनकारी खासकर अन्ना हजारे, अरविंद केजरीवाल आदि प्रधानमंत्री पद को भी लोकपाल के दायरे में लाना चाहते हैं। संसद में नया बिल 2012 में रखा गया था। जिसे लोकसभा ने पारित कर दिया था और राज्य सभा में अनेक संशोधन सुझाये। संशोधन को काफी हद तक मानकर पुनः पारित किया जाना प्रस्तावित है। राष्ट्रीय स्तर पर विरोधी दल सशक्त लोकपाल विधेयक के समर्थक हैं लेकिन अपने दल के शासित राज्य कमजोर लोकपाल/लोकायुक्त विधेयक लाते हैं। कर्नाटक में मजबूत लोकायुक्त होने के कारण वहाँ के मुख्यमंत्री को भी इस्तीफा देना पड़ा था। राजस्थान में मार्च 2013 में राज्य के मुख्यमंत्री, नेता विरोधी दल और राज्य के उच्च न्यायालय के मुख्य न्यायाधीश के द्वारा लोकायुक्त नियुक्त किया गया। गुजरात में अपने स्तर पर राज्यपाल के द्वारा लोकायुक्त नियुक्त करने से एक नये विवाद को जन्म दिया। इससे 2 अप्रैल 2013 को गुजरात विधान सभा में विरोधी दल की अनुपस्थिति में लोकायुक्त के जगह पाँच सदस्यीय लोकायुक्त आयोग का प्रस्ताव पारित किया गया।

## On Contradiction | विरोधाभास के बारे में

माओ का महत्वपूर्ण निबंध जिसमें उन्होंने सुनयात सेन के 'जनता के तीन सिद्धान्त' की पुनर्व्याख्या की। अपने विचार से चीन के उनके सहयोगी क्रांतिकारी च्यांग काई-शेक के विचारों का खंडन कर उनके जनाधार को कम किया। द्वितीय विश्वयुद्ध के समाप्ति के बाद कृषक और मजदूरों को अपने पक्ष में वैचारिक रूप से तैयार किया।

## One Day President | एक दिन का राष्ट्रपति

अमेरिकी संविधान के 20वें संशोधन के मुताबिक 20 जनवरी को दोपहर से पहले राष्ट्रपति को शपथ लेनी पड़ती है। यदि कोई राष्ट्रपति रविवार को धार्मिक मान्यताओं के कारण शपथ ग्रहण करने से इनकार कर दे तो क्या होगा? अमेरिकी इतिहास में ऐसा हुआ है। राष्ट्रपति जेम्स पोलक का कार्यकाल 4 मार्च 1849 को खत्म हो रहा था और उनके उत्तराधिकारी जैचरी टेलर ने रविवार को राष्ट्रपति पद की शपथ लेने से इन्कार कर दिया। फिर 4 मार्च 1849 को उस वक्त मौजूदा राष्ट्रपति उताराधिकार कानून 1792 के तहत उपराष्ट्रपति के बाद के सीनेटर डेविड एटचिसन को एक दिन का राष्ट्रपति बनाया गया।

## One Dominant Party System | एक दल प्राबल्य व्यवस्था

किसी देश की इस प्रकार की दलीय व्यवस्था जिसमें एक दल का प्रभुत्व इतना व्यापक तथा निश्चित हो कि बाकी शेष राजनीतिक दल संयुक्त रूप से भी उसके समक्ष प्रभावहीन ठहरते हों। जिस प्रकार भारत में स्वतंत्रता के उपरांत 1967 तक भारतीय राजनीति में कांग्रेस की स्थिति इस प्रकार की ही थी।

## One-sided Contract | एकतरफा अनुबंध

चाय बगानों, खदानों में मजदूरी की ऐसी व्यवस्था जिसमें मजदूर ऐसे अनुबंधों के तहत काम करते हैं जिसमें मजदूरों को कोई अधिकार नहीं दिए जाते, जबकि मालिकों को बेहिसाब अधिकार मिलते थे। अगर मजदूर, अनुबंध की शर्त्तों के हिसाब से अपना काम पूरा नहीं करते हैं तो मालिक उनके खिलाफ मुकदमे तैयार कर देते थे, उन्हें सजा देते थे, जेलों में डाल देते थे। नई आर्थिक व्यवस्था में अब भी मजदूरों से ठेका प्रथा या यूज एंड थ्रो, हायर एंड फायर के नीति से कम लेने की प्रथा है।

## Open Primary (= Open Primary Election) | खुला प्राथमिक निर्वाचन सम्मेलन

खुला प्राथमिक निर्वाचन सम्मेलन सामान्य रूप से संयुक्त राज्य अमेरिका में देखने को मिलता है। संयुक्त राज्य अमेरिका के अनेक राज्यों में राष्ट्रपति के निर्वाचन के लिए गठित निर्वाचक मंडल के उम्मीदवारों को नामांकित करने के लिए आयोजित किए गए। राजनीतिक दलों के सम्मेलन जिनमें दल के सभी प्रारंभिक सदस्य भाग ले सकते हैं।

## Open Sea | मुक्त सागर

समुद्र का वह भाग जो किसी देश-विशेष के क्षेत्राधिकार में नहीं होता तथा जिसमें सभी राज्यों को नौपरिवहन, मत्स्यहरण, समुद्री तार बिछाने तथा उसमें ऊपरी आकाश से उड़ान भरने तथा वैज्ञानिक शोध के कार्यक्रम चलाने के अधिकार होते हैं। इन अधिकारों को सामूहिक रूप से "समुद्री स्वतंत्रताएं" कहा जाता है।

## Open Society | मुक्त समाज

जब कोई सरकार मुक्त मन (Openmind) से काम लेती है तो वह मुक्त समाज को बढ़ावा देती है जिसमें व्यक्ति की स्वतन्त्रता को पनपने का पूरा अवसर मिलता है। संक्षेप में मुक्त समाज ऐसा समाज है, जिसमें सार्वजनिक महत्व की जानकारी और शासन की गतिविधियों को जनसाधारण से छिपाकर नहीं रखा जाता है। यहाँ सार्वजनिक नीतियाँ भिन्न-भिन्न विचार रखने वाले और भिन्न हितों का प्रतिनिधित्व करने वाले लोगों के परस्पर सुलह-समझौते का परिणाम होती हैं। ऐसे समाज के सत्ताधारी यह दावा नहीं करते कि उन्होंने सत्य को पा लिया है। अतः इसमें विचारों की स्वतन्त्र अभिव्यक्ति को प्रोत्साहन दिया जाता है, नए विचारों को अपनाने में तत्परता दिखाई जाती है, और नागरिकों को सरकार की आलोचना करने की आजादी रहती है।

कार्लपॉपर (1902-94) ने अपनी पुस्तक 'द ओपेन सोसायटी एंड इटज् एनिमीज' (मुक्त समाज और उसके दुश्मन) (1945) के अन्तर्गत यह तर्क दिया है कि विचारधारा केवल सर्वाधिकारवादी समाज (Totalitarian Society) में पाई जाती है, क्योंकि वहाँ सब मनुष्यों को एक ही सांचे में ढालने की कोशिश की जाती है, मुक्त समाज (Open Society) में उसके प्रयोग की कोई गुंजायश नहीं है, क्योंकि उसमें लोग प्रचलित संस्थाओं और शक्ति संरचनाओं (Power Structures) की आलोचना करने के लिए पूरी तरह स्वतन्त्र होते हैं।

समाज के लिए उपयुक्त मूल्यों (Values) का सार्थक विश्लेषण मुक्त वातावरण की मांग करता है। यह बात याद रखने की है कि मूल्यों का विश्लेषण निरन्तर चलने वाली प्रक्रिया है। मूल्य-निर्णय (value-judgement) वैज्ञानिक पद्धति का विषय नहीं है। यह इसका गुण है, त्रुटि नहीं। मूल्यों के सारतत्व को पहचानने के लिए विवेक-बुद्धि (Wisdom) की आवश्यकता है, वैज्ञानिक प्रक्रिया इसके लिए पर्याप्त नहीं है। विवेकशील मनुष्य सहिष्णुता (Tolerance) के आधार पर परस्पर संवाद स्थापित करके सहमति (Consensus) पर पहुँच सकते हैं। परन्तु कोई भी व्यक्ति या समूह यह दावा नहीं कर सकता कि उसने सत्य को पा लिया है। यदि ऐसा होगा तो मूल्यों की तलाश खत्म हो जाएगी और तथाकथित सत्य को निमर्मतापूर्वक लागू करना ही हमारा ध्येय रह जाएगा। इसका परिणाम यह होगा कि अवरुद्ध समाज (Closed Society) और सर्वाधिकार वादी व्यवस्था जिसमें मनुष्य की स्वतन्त्रता का दमन कर दिया जाएगा।

## Operation Desert Storm | ऑपरेशन डेजर्ट स्टोर्म

17 जनवरी 1991 को अमेरिका द्वारा खाड़ी संकट के समय कुवैत को इराक से मुक्त करवाने के लिए की गई सैनिक कार्यवाही जिसमें इराक पर भीषण बमबारी की गई। इसमें सैनिकों के साथ

हजारों नागरिक भी मारे गए। 40 दिन की धुआंधार बमबारी के बाद 24 फरवरी 1991 को जमीनी युद्ध प्रारम्भ हुआ। इसके 24 घन्टे के भीतर ही इराक ने घोषणा कर दी की वह कुवैत खाली कर रहा है। 28 फरवरी 1911 को प्रातः 10 बजे अमेरिका ने युद्ध विराम की घोषणा कर दी। इस दौरान 2 लाख इराकी सैनिक बन्दी बना लिए गए। इराक की सैनिक कमर पूरी तरह से तोड़ दी गई। अमेरिकी राष्ट्रपति जार्ज बुश ने कहा कि कुवैत अब स्वतन्त्र है।

**Operation Endioring Freedom | ऑपरेशन एंडयोरिंग फ्रीडम**

11 सितम्बर 2001 के न्यूयॉर्क व वाशिंगटन के आतंकवादी हमलों के प्रत्युत्तर में अमेरिका द्वारा 7 अक्टूबर 2001 को अफगानिस्तान में ऑप्रेशन एंड योरिंग फ्रीडम नामक सैनिक कार्यवाही करके आतंकवादी संगठन तालिबान को ध्वस्त कर दिया गया तथा हामिद करजई को 22 दिसम्बर 2001 को अफगानिस्तान का राष्ट्रपति बनाया गया।

**Opinion Poll | राय मतदान**

चुनावों से पूर्व या चुनाव के बाद या किसी महत्वपूर्ण मुद्दों पर लोक की राय अथवा विचार या प्रवृत्ति का आँकड़ा सर्वे द्वारा प्राप्त कर उसका वर्गीकरण करके सार्वजनिक करने की प्रक्रिया। समाचार-पत्रों, दूरसंचार चैनलों और शोध-संस्थान द्वारा राय मतदान करवाकर प्रायः चुनाव के पूर्व भविष्यवाणी या सम्मान व्यक्त किया जाता है। चुनाव आयोग द्वारा इसे नियंत्रित एवं मर्यादित भी किया गया है जिससे की अनावश्यक रूप से मतदाताओं को प्रभावित नहीं किया जा सके। अब चुनाव के मतदान होने के बाद ही अधिकांशतः मतदाताओं की राय को जगजाहिर किया जाता है। भारत में विकासशील देशों के अध्ययन संस्थान (सी.एस.डी.एस.) को बी.एस. सिंह और योगेन्द्र यादव ने 1996 से काफी प्रचलित बनाया है।

**Opposition | विपक्ष, प्रतिपक्ष या विरोधी दल**

लोकतंत्र में प्रतिपक्ष या विरोधी दल की भूमिका बड़ी महत्वपूर्ण होती है। इसका कार्य सरकार की नीतियों की आलोचना करना होता है, जिससे सरकार सावधान रह सके तथा मनमानी न कर सके। विरोधी दल एवं सरकार की कुछ निश्चित परंपराएँ होती है। जिनके अनुसार ही उन्हें कार्य करना पड़ता है। विरोधी दल के नेता की स्थिति का सार्वजनिक महत्व होता है। भारत में भी विरोधी दलों के महत्व को स्वीकार किया गया है। वर्तमान में हमारे देश में प्रभावशाली विरोधी दल कार्यरत हैं। वर्तमान में विपक्षी दल के नेता को भी वेतन-भत्ते मिलते हैं। वर्तमान में लोकसभा में (16 October 2010) विपक्ष की नेता सुषमा स्वराज हैं। इंग्लैण्ड में उसे सम्राट का वैकल्पिक प्रधानमंत्री समझा जाता है।

**Order Paper | कार्य सूची**

संसदीय प्रणाली के अन्तर्गत, वह कार्यसूची जिसमें सदन का कार्यक्रम प्रस्तुत किया जाता है। यह सूची सरकारी सचेतकों (Whips) के परामर्श से और सदन के अध्यक्ष (Speaker) के अधिकार से प्रकाशित की जाती है।

**Ordinance | अध्यादेश**

जब संसद या राज्य विधानमंडल सत्र नहीं हो रहा तो आवश्यक जिम्मेदारी निपटाने के लिए राष्ट्रपति एवं राज्यपाल के द्वारा संविधान के अनुच्छेद 123 एवं 213 के अन्तर्गत अध्यादेश जारी करने का अधिकार है। अध्यादेश का महत्व भी संसद के द्वारा निर्मित कानूनों के समान होता है। यदि संसद

या राज्य विधानमंडल के निम्न सदन इसे अपनी प्रथम बैठक में स्वीकृति नहीं देते है तो बैठक की तारीख के 6 सप्ताह बाद अध्यादेश स्वतः खत्म हो जाता है। अतः कार्यपालिका के द्वारा व्यवस्थापिका से निश्चित समयावधि में इसे स्वीकृत करवाया जाता है। फरवरी 2013 में राष्ट्रपति प्रणव मुखर्जी द्वारा (केन्द्रीय मंत्रिमंडल की स्वीकृति से) जारी यौन हिंसा अध्यादेश में जे.एस. वर्मा समिति की पूरी सिफारिश नहीं मानने पर महिला संगठनों द्वारा संसद के बाहर प्रदर्शन किया गया।

## Organic Theory of the State | राज्य का सावयव/जैविक सिद्धान्त

राजनीतिक प्रणाली में राजनीति का वह सिद्धान्त जिसमें राज्य और व्यक्ति का सम्बन्ध निर्धारित करने के लिए जीवित प्राणी की उपमा का प्रयोग किया जाता है। इसके अन्तर्गत राज्य एक संपूर्ण शरीर का समाज है तथा भिन्न-भिन्न व्यक्ति उसके अंग हैं। जिस प्रकार शरीर से कटकर कोई अंग विकसित नहीं हो सकता, वैसे ही राज्य के बाहर के व्यक्ति का अस्तित्व भी निरर्थक हो जाता है। दूसरे, जैसे विभिन्न अंग शरीर को जीवित और स्वस्थ रखने के लिए हैं वैसे ही व्यक्ति राज्य के लिए होता है, राज्य व्यक्तियों के लिए नहीं। अंततः जैसे शरीर में विभिन्न अंगों के कार्य और महत्व अलग-अलग होते हैं। उसी प्रकार राज्य में भी विभिन्न श्रेणियों की भिन्न-भिन्न स्थिति और महत्व अनिवार्य है। यह सिद्धान्त सामाजिक विषमता और अधिनायकवाद (Dictatorship) का मुख्य दार्शनिक आधार प्रस्तुत करता है।

इस रूपक के अन्तर्गत राज्य की तुलना जीवित प्राणी (Living Organism) से की जाती है, और व्यक्तियों को उस प्राणी के भिन्न-भिन्न अंग माने जाते है। इसके साथ यह मान्यता जुड़ी हुई है कि जैसे शरीर से कोई अंग कट जाने पर वह किसी काम का नहीं रहता, वैसे ही व्यक्ति को राज्य से पृथक कर देने पर उसका अस्तित्व भी निरर्थक हो जाता है।

राज्य का आंगिक सिद्धान्त राज्य की प्रकृति के बारे में सबसे पुराना सिद्धान्त है। हालाँकि आधुनिक युग में इसकी कुछ नयी व्याख्याएँ प्रस्तुत की गई हैं। राज्य का आंगिक सिद्धान्त प्लेटो और अरस्तु के समय से प्रचलित रहा है।

प्लेटो ने कहा था "राज्य तो व्यक्ति का वृहद् रूप है" (State is the Individual Writ Large) उसने राज्य के गुणों की तुलना व्यक्ति के गुणों से की है। अरस्तु ने कहा कि राज्य में व्यक्ति या परिवार की स्थिति वैसी ही है जैसी शरीर के सन्दर्भ में उसके किसी अंग की होती है।

आधुनिक युग में थामस हॉब्स ने अपनी पुस्तक लेवियाथन (तिमिंगिल) में आंगिक सिद्धान्त को एक सीमा तक अपनाया है।

19वीं सदी में जे.जी. फिक्के ने व्यक्ति एवं समाज को एक-दूसरे पर आश्रित मानते हुए आंगिक सिद्धान्त को नया आयाम दिया गया।

इसके बाद जर्मन लेखक जे.के. ब्लुंशली (1801-81) ने आंगिक सिद्धान्त को इतनी दूर तक खींचा कि उसने राज्य में स्त्री-पुरुष की विशेषताएँ ढूंढ निकालीं। उसने राज्य की तुलना पुरुष से की, चर्च की स्त्री से और इसी आधार पर उसने स्त्री मताधिकार का विरोध भी किया।

जीव विज्ञान से जुड़े हुए हर्बर्ट स्पेन्सर (1820-1903) ने प्राकृतिक प्राणी और राज्य रूपी प्राणी की विस्तृत तुलना प्रस्तुत की। प्राणी के दृष्टान्त को उसने इतनी दूर तक खींचा कि उसने रेल की पटरियों को प्राणी की शिराओं (Veins) और धमनियों (Arteries) से मिला डाला। उसने मुद्रा (Money) की तुलना रुधिर कणिकाओं (Blood Corpuscles) से की और डाक तार के जाल को तन्त्रिकाओं (Nerves) का प्रतिरूप मान लिया। इस आधार पर स्पेन्सर ने तर्क दिया है कि जैसे प्राणी की संवृद्धि (Grwoth) अपने-आप सही ढंग से होती है उसी तरह राज्य का विकास भी अपने आप होने देना चाहिए। कृत्रिम उपायों से उसके स्वाभाविक विकास में रुकावट नहीं डालनी चाहिए।

## Organisation | संगठन

मनुष्यों का वह समूह जो सामान्य हितों के लिए, कुछ उद्देश्यों की प्राप्ति के लिये सामूहिक रूप से कार्य करते हैं उनकी क्रमबद्ध व्यवस्था संगठन है। कभी कभी धार्मिक संगठनों, व्यापारिक उद्यमों तथा सरकारी विभागों जैसे संगठनों के लिए 'संस्था' शब्द का भी प्रयोग किया जाता है। इसका प्रयोग किसी राजनीतिक दल के केन्द्रीय तंत्र के लिए भी किया जाता है।

## Organization of African Unity | अफ्रीकी एकता संगठन

अफ्रीकी एकता संगठन (OAU) की स्थापना 1963 में हुई थी। इसका उद्देश्य अफ्रीका असम्बद्ध राष्ट्रों की संगठित एवं संबद्ध नीतियां विकसित करना था, साथ ही इसका यह भी उद्देश्य था कि अफ्रीका से औपनिवेशिक चिह्नों की या उपनिवेशवाद के अवशेषों की समाप्ति हो। परिमाणस्वरूप इस संगठन की मुख्य चिन्ता दक्षिण अफ्रीका की समस्या तथा रोडिशिया व जिम्बाब्वे की स्थिति से निपटने की थी। यद्यपि यह संगठन इनके समाधान में ज्यादा कारगर सिद्ध नहीं हो सका फिर भी इसके उद्देश्यों पर कोई अंगुलि नहीं उठा सकता है।

## Organization of American States | अमेरिकी राज्यों का संगठन

अमेरिकी राज्यों का संगठन (OAS) एक क्षेत्रीय संघ है जिसकी स्थापना 1948 में हुई थी। यह संघ यू.एन. के सिद्धान्तों का समर्थन करता है। इस संघ पर संयुक्त राज्य अमेरिका का अधिक प्रभाव है फिर भी इसने मिसाइल संकट के समय क्यूबा के विरुद्ध अमेरिकी कार्यवाही का समर्थन किया था।

## Organizational Behaviour | संगठनजन्य व्यवहार, संगठनात्मक व्यवहार

किसी देश की राजनीतिक व्यवस्था में प्रशासनिक या सरकारी संस्था अथवा संगठन में कार्यकर्ताओं की कार्य-कुशलता बढ़ाने तथा उनके बीच सौहार्द बनाए रखने की दृष्टि से उनके प्रति उचित मानवीय व्यवहार। सामान्य रूप से संगठन व्यवहार में इस बात की अपेक्षा की जाती है कि संस्था के सभी सदस्यों के बीच सौहार्द एवं सहकारिता की भावना बनी रहे। संगठन का व्यवहार इस प्रकार का हो कि उसके लक्ष्यों की पूर्ति उसके सीमित साधनों में संभव हो सके तथा कार्यप्रणाली में किसी प्रकार का अपव्यय या क्षय न हो। कर्मचारियों की निजी समस्याओं तथा उनके काम करने की दशाओं पर भी उचित ध्यान दिया जाना चाहिए।

## Ostpolitik | पूर्वी नीति

पश्चिम जर्मनी के चांसलर विलीब्रांट द्वारा पूर्वी जर्मनी के प्रति मित्रता एवं सौहार्द की नीति, जिसके परिणामस्वरूप पश्चिमी जर्मनी के पूर्व में स्थित राज्यों - पूर्वी जर्मनी, पोलैंड तथा चेकोस्लोवाकिया से उसके सम्बन्ध सामान्य हुए। इस प्रकार की नीति के अन्तर्गत अनेक द्विपक्षीय समझौते हुए, जिनसे इन देशों ने एक-दूसरे की सीमाओं को मान्यता प्रदान की। इस प्रकार, इस नीति के फलस्वरूप यूरोप के इस भाग में स्थिरता और शांति का वातावरण उत्पन्न हुआ, जिसे पूर्वी नीति कहते हैं।

## Other Categories | अन्य श्रेणी, किन्नर

जो मर्द या औरत की श्रेणी में नहीं आते। चुनाव आयोग द्वारा नवम्बर 2009 में चुनावों में मतदाता या उम्मीदवार के लिए स्त्री या पुरुष से इतर तीसरी 'अन्य श्रेणी' का प्रावधान भी किया गया है।

इससे किन्नरों को स्त्री या पुरुष में से किसी एक श्रेणी को चुनने की बाध्यता समाप्त हो गयी है। अब किन्नर समूह इस फैसले को अन्य मामलों यथा स्कूलों में प्रवेश, रेलवे आरक्षण, सरकारी नौकरियों आदि से भी जुड़वाना चाहते हैं।

## Out Law | विधि बहिष्कृत

किसी राष्ट्र का वह व्यक्ति, राज्य अथवा संस्था जो अपनी अपराजिता के कारण कानून के संरक्षण से वंचित कर दिया जाए। जैसे: जलदस्युओं को पकड़ने पर कोई भी राज्य दंडित कर सकता है। भले ही उन्होंने दंड देने वाले राज्य के विरुद्ध कोई अपराध न किया हो। उस प्रकार के कार्य को 'विधि बहिष्कृत' कहते हैं।

## Outbreak of Hostilities | युद्धारंभ

किसी देश में युद्ध अथवा युद्धात्मक कार्यवाहियों का प्रारंभ होना। हेग अनुबंध (1907) के अन्तर्गत युद्ध की शुरुआत कानूनी रूप से चेतावनी देकर की जानी चाहिए। दूसरे महायुद्ध से पूर्व तक इस नियम का सामान्य रूप से पालन हुआ। परन्तु 1939 में जर्मनी द्वारा पोलैंड पर बिना किसी चेतावनी के आक्रमण किया गया था और तब से अब तक प्राय: इस अनुबंध की अवहेलना होती रही है। इसका मुख्य कारण यह है कि 1928 के पश्चात् अग्र आक्रामक युद्ध को अवैध घोषित कर दिया गया तथा जिसका अनुसमर्थन राष्ट्र संघ के प्रसंविदा और संयुक्त राष्ट्र के चार्टर में भी मिलता है। कोई भी देश राष्ट्र युद्ध की घोषणा करके अग्र आक्रमणकारी होने का दोष अपने ऊपर लेना नहीं चाहता।

## Outlawary of War | युद्ध निषेध, युद्ध वर्जन

युद्ध निषेध का अर्थ है संप्रभु राज्यों को युद्ध का परंपरागत अधिकार नहीं होना। सर्वप्रथम 1928 में पेरिस में अमेरिका और फ्रांस के बीच एक संधि हुई थी। जिसे केलगब्रिया पैक्ट अथवा पेरिस पैक्ट भी कहते हैं। इसके अनुसार राज्यों ने राष्ट्रीय नीति के उपकरण के रूप में युद्ध के अधिकार के परित्याग करने की घोषणा की गई थी। संयुक्त राष्ट्र संघ के चार्टर में युद्ध तो क्या सभी प्रकार के बल प्रयोग अथवा बल प्रयोग की धमकी देने के अधिकार से भी राज्यों ने अपने आपको वंचित कर दिया है। इस प्रकार आज की अन्तर्राष्ट्रीय विधि के अनुसार युद्ध पूर्णतया अवैध हो गया है।

## Over Draft | ओवर ड्राफ्ट

निकासी बैंक तथा इसके ग्राहकों द्वारा मंजूरशुदा राशि जिसके द्वारा ग्राहक को अपने चालू खातों से जमा की गई राशि से अधिक पैसा निकालने की अनुमति होती है। बैंक ओवर ड्राफ्ट राशि पर ब्याज लेते हैं। ओवर ड्राफ्ट की विशेष तिथि या मांग पर पुनर्भुगतान किया जाता है। भारत में कई राज्य सरकार के स्वयं के राजस्व कम हैं और वेतनभत्ता पर ज्यादा खर्च करके केन्द्र सरकार से कर्ज लेते रहते है और ओवर इस तरह ड्राफ्ट से स्टेट बैंक से अरबों रुपये निकासी करते रहते हैं। पश्चिम बंगाल की मुख्यमंत्री ममता बनर्जी वर्तमान में इन कर्जों की माफी केन्द्र सरकार से चाहती है।

## Overseas Department | समुद्र पारविभाग

ग्रेट ब्रिटेन के विदेशी मामलों के मंत्रालय का एक अनुभाग जिसके अधीक्षण, निर्देशन तथा नियंत्रण में अंग्रेजी साम्राज्य में सम्मिलित उपनिवेशों का प्रशासन किया जाता था। पराधीन भारत का शासन इसी विभाग द्वारा किया जाता था।

## Overskill | अतिमारकता

यह परमाणु युद्ध से सबंधित एक संकल्पना है। इसका अभिप्राय एक ऐसी स्थिति से है जहाँ एक या अनेक राष्ट्रों के पास इतने अधिक परमाणु हथियार हों कि वे शत्रु राष्ट्र को सम्पूर्ण रूप से नष्ट कर सकें। इसके बाद भी उनके पास हथियार शेष रह सकते हैं। इसका एक अर्थ यह भी है कि प्रमुख राज्यों की संयुक्त परमाणु क्षमता पूरे विश्व को खत्म करने में काम आ सकती है तथा फिर भी उनके पास पर्याप्त क्षमता शेष रह सकती है। इसका एक तीसरा अर्थ यह भी है। इस अर्थ में इस पद का अभिप्राय है कि कोई राष्ट्र अन्य राष्ट्र को उसके विरुद्ध कोई कार्यवाही करने को रोकने के लिए इस युक्ति, का उसे डराने या धमकाने के लिए प्रयोग कर सकता है। मैक्सलर्नर ने शीतयुद्ध के काल को जिसमें सोवियत संघ एवं अमेरिका के मध्य शस्त्रों की दौड़ चल रही थी 'अतिमारकता का युग' (Age of Overmilled) अर्थात् इनके पास इतने विनाशक हथियार हैं कि ये सम्पूर्ण विश्व को एक बार नहीं, कई बार ध्वस्त कर सकते हैं।

## Overwhelming Majority | भारी बहुमत

किसी दल अथवा विचार के पक्ष में आधे से कहीं अधिक मत जिस प्रकार दो तिहाई या तीन चौथाई या इससे भी अधिक मतों को भारी बहुमत कहा जाता है। 1971 के पांचवें एवं 1984 में इन्दिरा गांधी के निधन के बाद आठवीं लोकसभा के चुनावों में कांग्रेस ने जनता का भारी बहुमत प्राप्त किया।

## Ozone Depletion | ओज़ोन का ह्रास

ओज़ोन ऐसी गैस है जो ऑक्सीजन (प्राण-वायु) का सघन रूप है। ओज़ोन के एक अणु (Molecule) में ऑक्सीजन के तीन परमाणु (Atoms) पाये जाते हैं जबकि साधारण ऑक्सीजन के अणु में दो परमाणु पाये जाते हैं। ओजोन की परत धरती के तल के ऊपर 10 से 50 किलोमीटर तक की दूरी पर पाई जाती है। यह परत सूर्य के विकिरण (Rediation) से आने वाली उच्च ऊर्जायुक्त अल्ट्रावायलेट किरणों को सोख लेती है, जिससे जीव-जन्तुओं और पेड़ पौधों पर उनका दुष्प्रभाव नहीं पड़ता। ऐसा अंदेशा है कि वातावरण में बढ़ते हुए प्रदूषण के कारण ओज़ोन का ह्रास हो गया है जिससे दक्षिणी ध्रुव प्रदेश (Antarctica) के ऊपर ओज़ोन की परत में छेद (Hole) होता जा रहा है।

# P

## Pacific Settlement | शांतिपूर्ण समझौता, शांतिपूर्ण निर्णय

किसी देश की राजनीतिक व्यवस्था में राज्यों के बीच उत्पन्न किसी विवाद के समाधान के लिए वार्तालाप अथवा अन्य शांतिमय उपायों से सम्पादित समझौता अथवा संधि। इन उपायों का उल्लेख सबसे पहले 1899 के हेग कन्वेंशन में किया गया था जिन्हें अब संयुक्त राष्ट्र के चार्टर के अनुच्छेद 33 में उद्धृत कर दिया गया है। ये उपाय हैं: वार्ता, सत्सेवा, मध्यस्थता, सुलह, विवाचन, न्यायिक-प्रक्रिया और संयुक्त राष्ट्र की कार्यवाही है जिसे शांतिपूर्ण समझौता या शांतिपूर्ण निर्णय कहते हैं।

## Paid News | पेड न्यूज, पैसे लेकर प्रकाशित खबर

समाचार पत्र जिसे लोकतंत्र का चौथा स्तम्भ कहा जाता है अब कुछ समाचार-पत्र टेलीविजन चैनल पैसा लेकर समाचार प्रसारित करते हैं, इसे पेड न्यूज कहा जाता है। यह प्रेस की स्वतंत्रता, सम्मान और लोकतंत्र के लिए घातक है।

## Palestine Liberation Organization (PLO) | फिलिस्तीन मुक्ति संगठन

14 मई 1948 में इजराइल राज्य की स्थापना की गई और फिलिस्तीनियों को वहाँ से निकाल दिया गया। ये निकाले गए फिलिस्तीन यू.एन.ओ. द्वारा स्थापित शिविरों में रहने लगे। ये शिविर मुख्यतया जॉर्डन तथा लेबनान में लगाए गए। 1969 में फिलिस्तीन मुक्ति संगठन (पी.एल.ओ.) का गठन किया गया। इन लोगों को यह आशा थी कि या तो इन्हें अरब देशों में पुनः बसाया जाएगा या फिर इनकी मातृभूमि में उन्हें पुनः बसने दिया जाएगा। जब अरब में सीरिया और मिस्री सेना की 1956 व 1967 हार हो गई तो उनकी ये आशाएँ भी समाप्त हो गई। तब यासिर अराफात के नेतृत्व में पी.एल.ओ तथा 'फतह' (Fatah) संघों ने समस्या का समाधान ढूंढने का प्रयास किया। पी.एल.ओ. ने पृथक फिलिस्तीनी राज्य की स्थापना करने का प्रयास किया। इस इच्छा में पी.एल.ओ. सफल नहीं हो सका। जॉर्डन ने फिलिस्तीनियों का स्वागत किया क्योंकि इन शरणार्थियों से उसे लाभ हुआ था। आखिर में फिलिस्तीनियों की मांग से तंग आकर किंग हुसैन ने इन पर आक्रमण कर दिया। सितम्बर 1972 में उन्हें जॉर्डन से निकाल दिया गया। अब लेबनान पुनः इनका घर बना। 6 जून 1982 इजरायल ने लेबनान पर पुनः आक्रमण कर दिया और इसका उद्देश्य पी.एल.ओ. को ध्वस्त करना और फिलिस्तीनियों को सबक सिखाना था। यह युद्ध तब ही बन्द हुआ।

फिलिस्तीन मुक्ति संगठन जब पी.एल.ओ. (7 अगस्त 1982) दक्षिणी लेबनान छोड़ने को तैयार हो गया।

15 नवम्बर 1988 को बहरीन में फिलिस्तीन मुक्ति संगठन (PLO) के नेता यासिर आराफात ने इजरायल अधिकृत इलाके में स्वतन्त्र फिलिस्तीन राष्ट्र की घोषणा की। राजधानी येरुशलम बनाई गई। कई समझौतों के बाद 12 सितम्बर 2005 से गाजा पट्टी से इजरायल की अन्तिम सैनिक टुकड़ी हटा ली गई। इस तरह 1967 के बाद 37 वर्षों के पश्चात् सेना हटी है।

वर्तमान में फतह पार्टी के महमूद अब्बास फिलिस्तीन में शासन कर रहे हैं।

## Panchayati Raj | पंचायतीराज

भारत में ग्रामपंचायतों की परम्परा बहुत पुरानी है। प्राचीन भारत में ग्राम पंचायतें समस्त स्थानीय मामलों का चाहे वे सामाजिक हों या आर्थिक, नैतिक हों या न्यायिक शासन प्रबंध करती थीं। वर्तमान में पंचायतीराज भारतवर्ष के विभिन्न राज्यों में गाँव एवं जिलों के स्थानीय स्वशासन की त्रिस्तरीय व्यवस्था है। इसका प्रारंभ सन् 2 अक्टूबर 1959 में प्रधानमंत्री जवाहरलाल नेहरू ने राजस्थान के नागौर जिले से किया था। बलवंतराय मेहता समिति के प्रतिवेदन (1957) के आधार पर किया गया था। इस व्यवस्था के अन्तर्गत गांवों और जिलों के स्थानीय स्वशासन की प्राचीन एवं परम्परागत संस्थाओं को पुनः संगठित किया गया। इस नई पंचायती राज व्यवस्था के तीन अंग हैं। (a) ग्राम पंचायत (b) पंचायत समिति (c) जिला परिषद, परंतु कुछ राज्यों में इस त्रिस्तरीय व्यवस्था के स्थान पर केवल द्विस्तरीय व्यवस्था पाई जाती है। पंचायतीराज का मुख्य उद्देश्य ग्रामीण स्वशासन की संस्थाओं के नियोजन एवं विकास की प्रक्रियाओं एवं कार्यक्रमों में नागरिकों को सक्रिय रूप से भागीदार बनाना है। इस प्रकार की कार्यप्रणाली को पंचायतीराज कहते हैं।

केन्द्र सरकार ने 73वां एवं 74वां संविधान संशोधन 24 अप्रैल 1993 को करके पंचायतीराज संस्थाओं को सांविधानिक आधार दे दिया है। इस संशोधन के द्वारा संविधान में भाग 9 जोड़ा, जिसमें अनुच्छेद 243क से 243ण तक 16 अनुच्छेद जोड़े गए और पंचायतीराज के 29 कार्यों के लिए संविधान में 11वीं अनुसूची अनुच्छेद 243छ में जोड़ी गई। ये संस्थाएँ त्रिस्तरीय हैं ग्राम स्तर पर ग्राम पंचायत ग्राम खण्ड स्तर पर पंचायत समिति, व जिला स्तर पर जिला परिषद। किसी राज्य की जनसंख्या 20 लाख से कम है तो वहाँ पंचायतीराज के दो स्तर रहेंगे, मध्यवर्ती स्तर की संस्था नहीं होगी। अनुच्छेद 243 में ग्राम सभा जिला, पंचायत एवं मध्यवर्ती स्तर ग्राम की परिभाषाएं हैं। अनुच्छेद 243क में ग्राम सभा का वर्णन है।

अनुच्छेद 243ख में प्रत्येक राज्य में ग्राम पंचायत, मध्यवर्ती और जिला स्तर पर इस भाग के उपबन्धों के अनुसार पंचायतों का गठन किया जाएगा। अनुच्छेद 243ग में पंचायतों के तीनों स्तरों की संरचनाओं का वर्णन है। अनुच्छेद 243घ में एस.सी./एस.टी. वर्गों के लिए उनकी जनसंख्या के अनुपात में चक्रक्रमानुसार आरक्षण की व्यवस्था है, जिसमें एक तिहाई स्थान इन जातियों की महिलाओं के लिए आरक्षित रहेंगे। जनवरी 2013 तक करीबन सभी राज्यों में पंचायती राज संस्थाओं में आधे स्थान विभिन्न वर्ग की महिलाओं के लिए आरक्षित है।

अनुच्छेद 243ड. में पंचायतों की अवधि अपने प्रथम अधिवेशन के लिए नियत तारीख से 5 वर्ष तक बनी रहेगी।

अनुच्छेद 243छ में पंचायतों के 29 कार्यों का वर्णन 11वीं अनुसूची में है। 243झ में राज्य का राज्यपाल संविधान (73वां संशोधन) संशोधन 1992 के प्रारम्भ से एक वर्ष के भीतर और तत्पश्चात प्रत्येक 5वें वर्ष की समाप्ति पर वित्त आयोग का गठन करेगा जो पंचायतों की वित्तीय स्थिति का पुनरावलोकन करेगा। अनुच्छेद 243ट में पंचायतों के लिए निर्वाचन करवाने के लिए राज्य निर्वाचन आयोग का वर्णन है।

इसी तरह 74वें संशोधन 1 जून 1993 के अनुसार शहरी स्थानीय स्वशासन की त्रिस्तरीय संस्थाओं का वर्णन भाग 9क में अनुच्छेद 243त से 243य तक 18 अनुच्छेद जोड़े गए तथा इनके कार्यों के लिए 12वीं अनुसूची अनुच्छेद 243 ब में 18 कार्यों का वर्णन है।

## Panchi Commission | पंछी आयोग

2007 में भारत सरकार द्वारा केन्द्र-राज्य सम्बन्ध पर विचार करने हेतु मदन मोहन पंछी की अध्यक्षता में गठित आयोग। पहला आयोग 1983 में आर.एस. सरकारिया के अध्यक्षता में गठित किया गया था जो 1988 में अपनी रिपोर्ट सौंपी। पंछी आयोग ने 19 अप्रैल 2010 को अपनी सात

खण्डों की रिपोर्ट केन्द्रीय गृह मंत्री को सौंप दी। आयोग ने अनुच्छेद 355 और 356 से जुड़े विभिन्न मुद्दो पर गहन विचार विमर्श किया। अनुच्छेद 355 में केन्द्र सरकार को राज्यों में बाहरी महलों और आंतरिक समस्याओं में हस्तक्षेप का अधिकार देता है। अनुच्छेद 356 के द्वारा केन्द्र सरकार राज्यों में राष्ट्रपति शासन लगाता है जब वहाँ शासन व्यवस्थ नहीं चल पा रही हो।

## Panchsheel | पंचशील

इसका शाब्दिक अर्थ है पंचसिद्धान्त। सन् 1954 ई. में एशिया के दो महान देशों, भारत तथा चीन के प्रधानमंत्रियों जवाहर लाल नेहरू तथा चाऊ-एन-लाई ने शान्तिपूर्ण सह अस्तित्व के पाँच सिद्धान्तों की घोषणा की थी। ऐसा उन्होंने तिब्बत के सम्बन्ध में एक संधि पर हस्ताक्षर करते समय किया था। पंचशील के ये पांच सिद्धान्त अन्तर्राष्ट्रीय-सम्बन्धों के महत्वपूर्ण स्तम्भ बन गये। ये सिद्धान्त हैं-

1. एक दूसरे की प्रादेशिक अखण्डता तथा सम्प्रभुता का पारस्परिक आदर करना।
2. एक दूसरे पर आक्रमण न करना
3. एक दूसरे के आन्तरिक मामलों में हस्तक्षेप न करना
4. समानता तथा परस्पर मित्रता की भावना
5. शान्तिपूर्ण सहअस्तित्व।

## Paramount | परमोच्च शक्ति, सर्वोपरिता

किसी राष्ट्र विशेष की वह स्थिति जिसमें एक राज्य द्वारा किसी दूसरे राज्य के अस्तित्व को समाप्त किए बिना उस राज्य के आंतरिक और बाह्य मामलों पर, उस राज्य के साथ किए गए समझौते के अन्तर्गत, अपना प्रभुत्व अथवा प्रभुसत्ता स्थापित कर ली गई है। भारत में, ब्रिटिश-सामाज्य की देशी रियासतों के साथ सम्बन्धों की यही प्रवृत्ति थी। इस प्रकार के कार्य को ही परमोच्च शक्ति कहते हैं। 15 अगस्त 1947 से ब्रिटिश सर्वोच्चता भारत से समाप्त हो गई तथा भारत स्वतन्त्र एवं संप्रभु राष्ट्र बन गया।

## Pardoning Power | क्षमादान का अधिकार

भारतीय राजनीतिक व्यवस्था में भारत के राष्ट्रपति को अनु. 72 और भारतीय गणतंत्र के विभिन्न राज्यों के राज्यपालों को अनु. 161 में सांवैधानिक दृष्टि से प्रदत्त क्षमादान करने का अधिकार। भारतीय संविधान के उपबंधों के अन्तर्गत राष्ट्रपति किसी भी अभियुक्त को, जिसे सर्वोच्च न्यायालय ने दोषी ठहराया हो, पूर्णतः या अंशतः क्षमा प्रदान कर सकता है। यही स्थिति उच्च न्यायालयों द्वारा दोषी घोषित किए गए अभियुक्तों को क्षमा प्रदान करने के मामले में राज्यपालों को भी शक्ति प्राप्त है। राज्यपाल उच्च न्यायालय के निर्णय के विरुद्ध किसी भी अभियुक्त को पूर्णतः समाप्त भी कर सकता है। इस प्रकार की शक्ति विश्व के लगभग सभी राज्याध्यक्षों को प्राप्त है तथा इसका प्रारंभ ब्रिटेन में राजा के विशेषाधिकारों से हुआ है। इसमें सामूहिक रूप से क्षमादान करने तथा दंड के निष्पादन को स्थगित करने के अधिकार भी शामिल हैं।

## Pareto, Vilfredo | विल्फ्रेडो पैरेटो (1848-1923)

20वीं सदी के आरम्भ में अनेक समाज वैज्ञानिको ने विशिष्ट वर्गवाद के सिद्धान्त की नींव रखी। इतालवी समाज वैज्ञानिक विल्फ्रेडो पैरोटो ने अपनी कृति 'द माइन्ड एंड सोसायटी' (मानव मन और समाज) में विचार रखा कि समाज अनिवार्यत दो वर्गों में बंटा रहता है। विशिष्ट वर्ग (Elites) और गैर विशिष्ट वर्ग (Non Elites or Masses)। उसके अनुसार सभी समाजों पर समाज कुछ ही प्रबुद्ध लोगों का शासन रहा है और रहेगा। वे समाज पर अपने हितों के लिए ही शासन करते हैं तथा

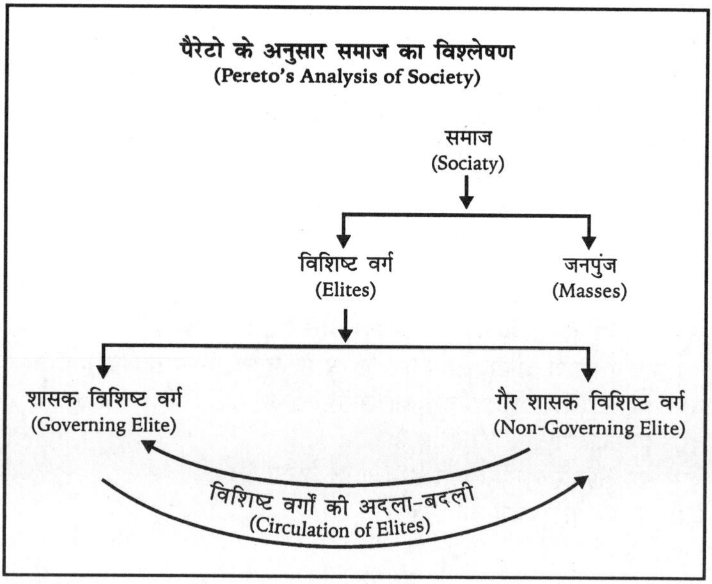


सामान्य जनता को ताकत या छल-बल से दबाये रखते हैं। ये प्रबुद्ध लोग शासन करने की प्रतिभा वैसे ही रखते हैं जैसे संगीतज्ञ या अन्य कलाकार रखते हैं। ये लोग शासन उत्तराधिकार के रूप में अपने बच्चों को सौंपते हैं। जब निम्न वर्ग में कोई नेता उत्पन्न होता है, तब इस प्रकार के शासन को उखाड़ फेंकता है। फिर नये सिरे से वही चक्र चलता है। इस सिद्धान्त को 'श्रेष्ठ जनों का चक्रीय सिद्धान्त' या विशिष्टजनों की अदला-बदली (Circulation of Elites) कहा जाता है।

पैरेटो अपनी प्रारम्भिक रचना 'कोर्स ऑफ पॉलिटिकल इकॉनोमी' (1896) में मार्क्स के वर्ग संघर्ष के सिद्धान्त को सही माना। बाद में 'सोसलिस्ट सिस्टम' (1902) में वर्तमान समाज में संघर्ष नहीं बल्कि अपना हित साधने के लिए अभिजात्य वर्ग का संघर्ष कहा। संसदीय व्यवस्था में भी नेतृत्व सिर्फ कुछ लोग करते हैं और आम लोगों के नाम पर शासन करते हैं। अन्त में उन्होंने सर्वसत्तावाद का समर्थन किया जो आज स्वीकृत नहीं है।

## Parliament | संसद

विधानमंडल का एक विशिष्ट रूप जिसमें जनता के प्रतिनिधि विधि निर्माण का कार्य करते हैं। शासन की कार्यपालिका संसद के बहुमत वाले दल से बनाई जाती है जिसे मंत्रिमण्डल कहा जाता है। मंत्रिमण्डल निरंतर संसद के प्रति उत्तरदायी रहता है।

संसद का सबसे पुराना व व्यवस्थित रूप ब्रिटिश संसद है। इसमें दो सदन हैं: हाउस ऑफ कामन्स जिसे निचला सदन कहा जाता है तथा जो सर्वसाधारण का प्रतिनिधित्व करता है, और हाउस ऑफ लॉर्ड्स जो कि ऊपरी सदन कहा जाता है। इसमें कुलीन वर्ग तथा अन्य गणमान्य व्यक्ति सदस्य होते हैं। संसद की वास्तविक शक्ति हाउस ऑफ कॉमन्स में निहित है।

अनुच्छेद 79 के अनुसार भारत की एक संसद होगी जो राष्ट्रपति और दो सदनों राज्य सभा और लोकसभा से मिलकर बनेगी। भारतीय संसद के भी दो सदन होते हैं: लोकसभा जो कि निचला सदन है। इसके सदस्य सीधे जनता द्वारा चुने जाते हैं, राज्यसभा जो कि ऊपरी सदन होता है। इसके सदस्य राज्यों के विधानमंडलों के सदस्यों द्वारा चुने जाते हैं।

संसद का मुख्य कार्य देश के लिए कानून बनाना, सरकारी खर्चे के लिए वित्त उपलब्ध करवाना और अन्तर्राष्ट्रीय संधियों का समर्थन करना है। यह सरकार के कार्यों का पर्यवेक्षण भी

करती है। लोकसभा सरकार के प्रति अविश्वास प्रस्ताव पारित करके उसे पद से हटा सकती है, राष्ट्रपति तथा सर्वोच्च न्यायालय के न्यायाधीशों के विरुद्ध सांविधानिक प्रक्रिया के अनुसार महाभियोग (Impeachment) चलाकर उन्हें पद से हटा सकती है। संसद संविधान में निर्दिष्ट प्रक्रिया के अनुसार संविधान संशोधन कर सकती है।

संविधान के भाग 5 के अध्याय 2 में अनुच्छेद 79 से 122 तक संसद उसका संरचना कार्य एवं समितियों का वर्णन किया गया है। अनुच्छेद 79 के तहत भारत की संसद राष्ट्रपति और दो सदनों से मिलकर बनेगी जिनके नाम राज्य सभा और लोकसभा होंगे।

राज्यसभा की संरचनाः अनुच्छेद 80 के अनुसार राज्यसभा राष्ट्रपति द्वारा खण्ड (3) के उपबन्धों के अनुसार नाम निर्देशित 12 सदस्यों जो साहित्य, विज्ञान, कला और समाज सेवा में प्रवीण हों। और राज्यों व संघ राज्य क्षेत्रों के 238 से अनधिक सदस्यों से मिलकर बनेगी। राज्यसभा में प्रत्येक राज्य के प्रतिनिधियों का निर्वाचन उस राज्य की विधानसभा के निर्वाचित सदस्यों द्वारा आनुपातिक प्रतिनिधित्व पद्धति की एकल संक्रमणीयमत रीति द्वारा किया जाएगा तथा संघ राज्य क्षेत्रों के प्रतिनिधि ऐसी रीति से चुने जाएंगे जो संसद विधि द्वारा विहित हों।

लोकसभा की संरचनाः अनुच्छेद 81 के अनुसार अनुच्छेद 331 के उपबन्धों (एंग्लोइंडियन 2 सदस्य के अधीन रहते हुए लोकसभा (क) राज्यों में प्रादेशिक निर्वाचन-क्षेत्रों से प्रत्यक्ष निर्वाचन द्वारा चुने हुए 530 से अनधिक सदस्यों, (ख) संघ राज्य क्षेत्रों का प्रतिनिधित्व करने के लिए ऐसी रीति से जो संसद विधि द्वारा उपबन्धित करे, चुने हुए बीस से अनधिक सदस्यों से मिलकर बनेगी।

संसद के सदनों की अवधिः अनुच्छेद 83(1) के अनुसार राज्यसभा का कभी विघटन नहीं होगा लेकिन एक तिहाई सदस्य प्रति 2 वर्ष बाद रिटायर हो जाएंगे, 83(2) लोकसभा यदि विघटित नहीं होती हो तो अपने प्रथम अधिवेशन से 5 वर्ष की अवधि तक बनी रहेगी।

संसद सदस्यता के लिए अर्हताः अनु. 84 के तहत संसद के लिए भारत का नागरिक एवं राज्य सभा के लिए 30 वर्ष आयु और लोकसभा के लिए 25 वर्ष की आयु का होना अनिवार्य है।

अनु. 85 के तहत राष्ट्रपति समय-समय पर संसद का अधिवेशन बुला सकेगा। सत्रावसान तथा 85(2) (ख) लोकसभा का विघटन कर सकेगा।

## Parliamentary Control | संसदीय नियन्त्रण

किसी देश की सरकार द्वारा वित्त-विधान तथा प्रशासनिक विषयों पर संसद का नियंत्रण होना। उक्त नियंत्रणों को विभिन्न उपायों द्वारा साकार बनाया जाता है। यह उपाय संसदीय कार्यप्रणाली के भाग हैं। इनमें विधि निर्माण प्रक्रिया, प्रश्नोत्तर-व्यवस्था, अनेक प्रकार के प्रस्ताव जैसे, कामरोको प्रस्ताव, अविश्वास प्रस्ताव आदि उल्लेखनीय हैं। संसद की वित्तीय समितियाँ - लोक लेखा समिति तथा प्राक्कलन समिति विशेष रूप से सरकार के आय-व्यय पर नियंत्रण रखने में संसद की सहायक होती है।

संसद सरकार पर कई तरह से नियन्त्रण रखती हैः

1. *स्थगन प्रस्ताव (Adjournment Motion):* स्थगन प्रस्ताव पेश करने का मूल उद्देश्य हाल के किसी अविलम्बनीय लोक महत्व के मामले की ओर सरकार का ध्यान दिलाने के लिए सदन के नियमित कार्य को रोक कर तुरन्त ध्यान देना आवश्यक हो जाता है। इसे गृहीत कर लिए जाने पर अविलम्बनीय लोक महत्व के निश्चित मामले पर चर्चा करने के लिए सदन का कार्य रोक देना होता है।
2. *ध्यानाकर्षण सूचनाएँ (Calling Attention Motion):* कोई सदस्य सभापति की पूर्व अनुमति से अविलम्बनीय लोक महत्व के किसी मामले की ओर किसी मंत्री का ध्यान दिलाता है और उससे अनुरोध करता है कि वह उस मामले पर एक वक्तव्य दे। ध्यानाकर्षण की प्रक्रिया से

संसद सरकार को सतर्क रख सकती है। आम महत्व के किसी विशिष्ट मामले में तुरन्त सरकार से स्पष्टीकरण मांग सकती है।

3. *अल्पकालीन चर्चाएँ (Short Duretion Discution):* एक गैर-सरकारी सदस्य के लिए अविलम्बनीय लोक महत्व के मामले सदन के ध्यान में लाने का अन्य उपाय भी है- अल्पकालीन चर्चा उठाना।
4. *निन्दा प्रस्ताव (Sensor Motion):* निन्दा प्रस्ताव अविश्वास के प्रस्ताव से भिन्न होता है। अविश्वास के प्रस्ताव में उन कारणों का उल्लेख नहीं होता जिन पर वह आधारित हो परन्तु निन्दा प्रस्ताव में ऐसे कारणों या आरोपों का उल्लेख करना आवश्यक होता है। यह प्रस्ताव कतिपय नीतियों और कार्यों के लिए सरकार की निन्दा करने के विशिष्ट प्रयोजन से पेश किया जाता है।
5. *अविश्वास प्रस्ताव (No Confidence Motion):* मंत्रिपरिषद तब तक पदासीन रहती है। जब तक उसे लोकसभा का विश्वास प्राप्त हो। लोकसभा द्वारा मन्त्रिपरिषद में विश्वास का अभाव व्यक्त करते ही सरकार सांविधानिक रूप से पद त्याग करने के लिए बाध्य होती है। इसकी सूचना अध्यक्ष को पूर्व में दी जानी आवश्यक है।

## Parliamentary Government | संसदीय शासन प्रणाली

ऐसी शासन प्रणाली जिसमें कार्यपालिका या मंत्री मण्डल (Executive) संसद के प्रति उत्तरदायी होती है तथा इससे सीधी जुड़ी होती है। कार्यपालिका को संसद में निरन्तर बहुमत प्राप्त होना चाहिए। ऐसा न होने पर सरकार गिर जाती है। ब्रिटेन और भारत की शासन प्रणालियां इसके सर्वोत्तम उदाहरण हैं। अधिकांश संसदीय शासन प्रणालियाँ कानून तथा बजट प्रक्रिया के विवरणों पर विचार करने के लिए समिति प्रणाली (Committee System) का उपयोग करती हैं तथा इन प्रणालियों में संसद के दो सदन होते हैं: निचला सदन तथा ऊपरी सदन। निचले सदन के सदस्यों का चुनाव सीधे जनता द्वारा होता है तथा ऊपरी सदन के सदस्यों का मनोनयन तथा चुनाव संविधान में वर्णित प्रक्रिया द्वारा हेाता है। संसदीय शासन में कार्यपालिका दो तरह की नाम मात्र व वास्तविक होती है नाममात्र राष्ट्रपति या राजा एवं वास्तविक कार्यपालिका प्रधानमंत्री व उसका मंत्रिमण्डल। मंत्रिमण्डल का निर्माण संसद सदस्यों में से ही होता है जो संसद के प्रति अपने कार्यों के लिए उत्तरदायी होते हैं।

## Parliamentary Privilleges | संसदीय विशेषाधिकार

संसद और उसके सदस्यों को अनुच्छेद 105 में कुछ विशेष अधिकार, जो उन्हें अपना कार्य सुचारू रूप से करने के लिए प्रदान किए जाते हैं। उदाहरण के लिए संसदीय वाद-विवाद के दौरान सदस्यों को भाषण की पूर्ण स्वतंत्रता होती है। संसदीय कार्यवाही से संबंधित किसी मामले को लेकर उन्हें गिरफ्तार नहीं किया जा सकता। यदि कोई सदस्य या बाहर का व्यक्ति, जैसे कि समाचार पत्र का संपादक, संसदीय कार्यवाही का गलत बयान प्रकाशित करता है तो इसका प्रतिकार स्वयं संसद करती है अर्थात अपराधियों को संसद के कठघरे में बुलाकर फैसला सुनाया जाता है। संसद कार्यवाहियों की जाँच करने के सम्बन्ध में न्यायालयों पर रोक (संविधान का अनुच्छेद 122) सदन के अधिवेशन के दौरान और उसके प्रारम्भ होने से 40 दिन पूर्व और समाप्त होने के 40 दिन बाद तक दीवानी मामलों में सदस्यों को गिरफ्तार न किया जाना, किसी सदस्य की गिरफ्तारी, नजरबन्दी, दोष सिद्धि एवं कारावास के बारे में तुरन्त सूचना प्राप्त करने का अधिकार आदि संसदीय विशेषाधिकार हैं।

## Parochialism | संकीर्णतावाद, संकीर्णता, संकीर्ण-वृत्ति

संकीर्ण होने की प्रक्रिया या व्यवस्था अथवा गुण। मात्र अपने क्षेत्रीय या स्थानीय हितों की चिन्ता करने तथा उस वृद्धि के बारे में विचार करने की प्रवृत्ति। यह प्रवृत्ति अन्तर्राष्ट्रीयता, सह-अस्तित्व

तथा भाई-चारे की भावना के विरुद्ध है। भारत में भाषावाद, क्षेत्रीयतावाद, स्थानीयतावाद आदि इसी प्रवृत्ति के विविध रूप हैं।

## Part of Constitution | संविधान के भाग

भारत का मूल संविधान में 395 अनुच्छेद और 22 भागों में विभक्त था। 1950 में सातवें सांविधानिक संशोधन के द्वारा सातवें भाग को हटा दिया गया। इसमें अनुच्छेद 2, 3, 8 सम्मिलित थे जो प्रथम अनुसूची में दी गई 'ख' श्रेणी के राज्यों से सम्बन्धित था। इस श्रेणी के राज्य को अन्य राज्यों में राज्य पुर्नगठन आयोग 1956 के आधार पर किया गया। भारत में अब दो तरह के संघीय ईकाई राज्य और केन्द्रशासित राज्य रह गए। अतः अनुच्छेद 7 को हटाया गया। इस तरह संविधान में 21 भाग रह गए थे। लेकिन बाद में एक और भाग जोड़ा गया। इससे पुनः संविधान में 22 भाग हैं और प्रत्येक भाग में अनेक अनुच्छेद है। प्रत्येक भाग किसी खास सांविधानिक दायित्व के लिए है जैसे भाग-3 में मौलिक का वर्णन है। अब इसमें 444 अनुच्छेद और 12 अनुसूची है।

## Partial Test Van Treaty (PTVT) | आंशिक परमाणु परीक्षण प्रतिबन्ध सन्धि

25 जुलाई 1963 को ब्रिटेन, सोवियत संघ एवं अमेरिका के मध्य मास्को में एक 'समिति अणुप्रतिबन्ध सन्धि पर हस्ताक्षर हुए। इस सन्धि के द्वारा भूगर्भ परीक्षणों को छोड़कर बाह्य आकाश, समुद्र और वायुमण्डल में अणु परीक्षण करने पर रोक लगा दी गई। इस सन्धि में 5 धाराएँ थीं:

1. तीनों राष्ट्रों द्वारा संकल्प किया गया कि वे अपने प्रदेश के वायुमण्डल, बाह्यअन्तरिक्ष व समुद्रों में परमाणु विस्फोट नहीं करेंगे।
2. सन्धि में संशोधन का प्रस्ताव किसी भी राष्ट्र की सरकार द्वारा लाया जा सकता है।
3. इस सन्धि पर कोई भी राष्ट्र हस्ताक्षर कर सकता है बशर्ते उसे अपनी संसद का समर्थन प्राप्त हो।
4. यह सन्धि असीमित काल के लिए है। कोई राष्ट्र तीन माह का नोटिस देकर इससे हट सकता है।
5. इस सन्धि के अंग्रेजी व रूसी भाषा के दोनों रूप समान समझे जाएंगे।

## Participatory Democracy | सहभाग मूलक लोकतंत्र

लोकतंत्र का वह रूप जिसमें सार्वजनिक निर्णयों में सर्वसाधारण की भागीदारी या सहभागिता पाई जाए। यह उदार लोकतंत्र (Liberal Democracy) या प्रत्यक्ष लोकतंत्र (Direct Democracy) का ही एक रूप है। इस लोकतंत्र का मुख्य लक्षण ऐसी व्यवस्था को स्थापित करना है, जिसमें सर्वसाधारण विविध राजनीतिक गतिविधियों में सक्रियता से भाग ले सके।

## Partition of Bengal | बंगाल का विभाजन

बंगाल का प्रथम विभाजन 16 अक्टूबर 1905 में वायसराय लार्ड कर्जन ने इस आधार पर किया था कि बंगाल, जिसमें उस समय बिहार और उड़ीसा भी सम्मिलित था, बहुत बड़ा प्रान्त है, जिससे उसका प्रशासन ठीक से नहीं हो पाता था और पूर्वी बंगाल के मुस्लिम बहुल जिलों की उपेक्षा होती है। फलतः सरकार ने उत्तरी और पूर्वी बंगाल के राजशाही, ढाका और चिटगांव डिवीजनों के 15 जिलों को असम के साथ मिला दिया और पूर्वी बंगाल तथा असम को एक नया प्रान्त बनाया और उसे पुराने बंगाल से अलग कर दिया। पुराना बंगाल, बिहार और उड़ीसा के साथ संयुक्त होकर एक

प्रशासनिक इकाई बना रहा। सरकार की इस कार्यवाही का समूचे देश ने विशेषकर बंगाल के हिन्दुओं ने घोर विरोध किया। उन्होंने कहा कि सरकार ने यह कार्य राष्ट्रवाद के बढ़ते हुए ज्वार को रोकने के लिए किया है और वह एक मुस्लिम बहुल प्रान्त की स्थापना कर हिन्दुओं और मुसलमानों के बीच फूट डालना चाहती है। बंगाल विभाजन के विरोध में समूचे देश में आन्दोलन हुआ और स्थान-स्थान पर विदेशी वस्त्रों की होली जलाई गई तथा विदेशी वस्तुओं का बहिष्कार किया गया। सरकार ने इस आन्दोलन को कुचलने के लिए कठोर नीति अपनाई तथा मुसलमानों को अपने पक्ष में करने के लिए उन्हें अनेक रियायतें दीं गई पर बंगाल निवासी अपने प्रान्त के विभाजन को स्वीकार नहीं सकें अन्ततः विवश होकर दिसम्बर 1911 में दिल्ली दरबार के अवसर पर बंगाल विभाजन को रद्द करना पड़ा।

बंगाल का दूसरा विभाजन 3 जून 1947 की माउन्टबेटन योजना के अन्तर्गत भारत विभाजन के फलस्वरूप हुआ। इस बार ढाका तथा चिटगांव डिवीजनों के सारे जिले तथा राजशाही और प्रेजीडेन्सी डिवीजनों के कुछ जिले बंगाल से अलग कर पूर्वी पाकिस्तान के रूप में गठित किए। शेष पश्चिम बंगाल क्षेत्र भारत में रह गया।

## Party, Political | दल, राजनीतिक दल

एक राजनीतिक दल लोगों का एक संगठित समूह होता है जिनके सामान्य हित हों तथा नीतियाँ भी समान हों। दल के लोगों की विचारधारा में भी प्रायः समानता पाई जाती है। एक दल के लिए यह भी आवश्यक होता है कि वह राजनीतिक सत्ता प्राप्त करने का प्रयास करे या सत्ता पहले से प्राप्त हो। साधारण भाषा में राजनीतिक दल ऐसे व्यक्तियों का संगठन होता है, जो एक ध्येय विशेष के लिए परस्पर सहमत हो। इसका अर्थ यह हुआ कि वे व्यक्ति जिनमें एकता की भावना हो, जिनमें एक राजनीतिक ध्येय पर मतैक्य हो तथा जो सुसंगठित हो, दल कहलाते हैं।

एडमंड बर्क के अनुसार राजनीतिक दल ऐसे लोगों का एक समूह होता है जो कि किन्हीं पूर्व स्वीकृत सिद्धान्तों के आधार पर अपने सामूहिक प्रयत्नों द्वारा जनता के हित में काम करने के लिए एकता में बंधे होते हैं। मैकाइबर के अनुसार राजनीतिक दल एक ऐसा समुदाय होता है जो किसी ऐसे सिद्धान्त अथवा नीति के समर्थन के लिए संगठित हुआ हो, जिसे वह वैधानिक साधनों से सरकार का आधार बनाना चाहता हो।

राजनीतिक दलों के निर्माणक तत्वः

1. *संगठन* - राजनीतिक दलों के निर्माण की पहली आवश्यकता संगठन होती है।
2. *मतों और सिद्धान्तों की एकता* - इसमें मत और सिद्धान्तों की एकता होती है। अर्थात दल एक इकाई के आधार पर कार्य करता हो।
3. *मतदान और उसके निर्णय में विश्वास* - दल के सदस्य मतदान की शक्ति में विश्वास रखे तथा मतदान के बाद जो निर्णय हो, वह सर्वमान्य हो, उसे कार्यान्वित करना सम्पूर्ण दल का कार्य होना चाहिए।
4. *राष्ट्रीय हित* - दल के लिए आवश्यक है कि जो उद्देश्य या ध्येय सामने रखें, उनका आधार जातीय संस्थागत न होकर राष्ट्रीय होना चाहिए।

राजनीतिक दलों के कार्यः

1. प्रत्याशियों का चयन एवं कार्यक्रम-निर्धारण
2. कार्यक्रमों के क्रियान्वयन में उत्तरदायित्व का निर्वाह करना
3. सरकार तथा वैकल्पिक सरकार का निर्माण तथा शासन का संचालन।
4. राजनीतिक शिक्षण

दल प्रणाली के गुणः

राजनीतिक दल जनतन्त्र के सहायक होते हैं। सरकार की दृढ़ता होते हैं साथ ही सरकार की निरंकुशता पर नियन्त्रण रखते हुए जनमत (Opinion) का निर्माण करते हैं।

## Party, Socialist | समाजवादी दल

यह फ्रांस का समाजवादी दल है। इसकी स्थापना 1969 में हुई थी। प्रेसिडेण्ट (मितरां) मित्रा पहले समाजवादी थे, जो 1981 में फ्रांस के प्रधानमंत्री बने।

## Passage of Will | विधेयक का पारित होना

विधि निर्माण के लिए सभी प्रस्तावों का आरम्भ विधेयक के रूप में होता है और इस रूप में ही इसे विधानमण्डल में प्रस्तुत किया जाता है। संविधान में उन अवस्थाओं का उल्लेख नहीं किया गया है, जिनमें से हरेक विधेयक को गुजरना होता है। इस विषय में हम इंग्लैण्ड की प्रथाओं का अनुसरण कर रहे हैं। स्वीकृत कार्य विधि यह है कि प्रत्येक विधेयक को तीन अवस्थाओं अथवा वाचनों से गुजरना पड़ता है।

(1) प्रवर्तन (2) दूसरा वाचन (3) समिति अवस्था (4) प्रतिवेदन अवस्था (5) तीसरा वाचन

भारत में पहला वाचन वह प्रस्ताव है, जिसके अन्तर्गत सदन में विधेयक का सूत्रपात करने के लिए सदन की अनुमति प्राप्त की जाती है। अतः भारत में विधेयक के प्रथम वाचन का अभिप्राय है। सदन से विधेयक का प्रवर्तन करने की अनुमति लेने का प्रस्ताव। सदन से इस आशय की अनुमति प्राप्त होने पर समझ लिया जाता है कि विधेयक का प्रवर्तन हो गया। इस अवस्था का एक रूप यह भी है कि अध्यक्ष सभापति अथवा राज्यपाल के आदेश से विधेयक के सदन में प्रवर्तन की सूचना सरकारी बजट में प्रकाशित कर दी जाती है। इस अवसर पर कोई वाद-विवाद नहीं होता।

दूसरे वचन में दो अवस्थाएँ होती हैं। दूसरे वाचन की पहली अवस्था का आरम्भ नीचे दिए गए किसी भी प्रस्ताव से हो सकता है। (1) विधेयक को विचारार्थ स्वीकार कर लिया जाए, (2) इसे प्रवर समिति को अथवा दोनों सदनों की संयुक्त प्रवर समिति को सौंप दिया जाए, (3) अथवा इसके बारे में लोक मत जानने के लिए पारिचालित कर दिया जाए।

इस अवस्था में विधेयक के सामान्य सिद्धान्तों के बारे में चर्चा की जाती है। इस वाचन की दूसरी अवस्था में विधेयक पर धारावार विचार किया जाता है। सदस्य किसी भी धारा में संशोधन करने का प्रस्ताव रख सकते हैं।

तीसरे वाचन में इस प्रस्ताव पर चर्चा की जाती है कि विधेयक को इसके मूल रूप में या संशोधित रूप में पारित कर दिया जाए। इस अवस्था में कोई भी सारपूर्ण संशोधन प्रस्तावित नहीं किया जा सकता है और न विधेयक के विवरण पर चर्चा की अनुमति दी जा सकती। अगर कोई बात रह गई है या शाब्दिक परिवर्तन की अनुमति दे दी जाती है। इसके पश्चात विधेयक पारित कर दिया जाता है। ऐसी ही व्यवस्था दूसरे सदन में होती है। इसके बाद वह विधेयक राष्ट्रपति या राज्यपाल की स्वीकृति हेतु भेजा जाता है और उसके हस्ताक्षर से वह कानून का रूप धारण कर लेता है। राष्ट्रपति या राज्यपाल किसी विधेयक को एक बार पुनर्विचार के लिए लौटा सकते हैं। लेकिन दुबारा भेजने पर अनुमति देनी ही पड़ती है।

## Passive Resistance | निष्क्रिय प्रतिरोध, शान्तिपूर्ण प्रतिरोध

सरकार अथवा आधिपत्यकारी सेना अथवा प्रतिष्ठित सत्ता का शांतिपूर्ण उपायों से हिंसा अथवा अन्य उग्र उपायों का आश्रय लिए बिना विरोध। यह विरोध मुख्यतः सरकार के प्रति असहयोग के रूप में होता है। महात्मा गांधी के सत्याग्रह को कभी-कभी निष्क्रिय प्रतिरोध के साथ समीकृत कर दिया जाता है। निष्क्रिय प्रतिरोध का उद्देश्य होता है प्रतिपक्षी को इतना परेशान करना कि वह हार मान लें।

## Pathology of Legislature | व्यवस्थापिकाओं का रोग निदान

व्यवस्थापिकाओं के शान्ति एवं सम्मान में कमी को दूर करने के लिए लार्ड ब्राइस के द्वारा दिये गये कुछ सुझाव। जिस प्रकार भारत में जयप्रकाश नारायण और अन्ना हजारे ने व्यवस्थापिका में ईमानदार और जनहितकारी कार्य करने वालों को निर्वाचित करने के लिये मतदाताओं से आग्रह किया है।

## Patriarchal Theory of the State | राज्य की उत्पत्ति पितृमूलक सिद्धान्त

सर हेनरी मैन ने अपनी दो पुस्तकों "एनशिएन्ट लॉ और अर्ली हिस्ट्री ऑफ इस्टीट्यूशन्स में राज्य की उत्पत्ति के पितृमूलक सिद्धान्त का समर्थन किया है। उनके द्वारा प्रतिपादित पितृ-मूलक सिद्धान्त में तीन बातें ध्यान देने योग्य हैं।

1. पितृमूलक परिवार में पैतृकता का तत्व मुख्य है। 2. वंशावली केवल पुरुषों के नाम से चलती है। 3. सारे अधिकार का आधार परिवार का मुखिया था। उसकी शक्ति परिवार के सब सदस्यों तक विस्तृत थी।

## Pax Britannica | ब्रिटेन का शांति का युग

संसार के विभिन्न भागों में ब्रिटेन द्वारा आरोपित शांति।

## Pax Romana | रोम का शांति युग

रोम का शांतियुग ई.पू. 27 में रोम गणराज्य के पतन के बाद आगस्टस के नेतृत्व में नवीन साम्राज्य की स्थापना के साथ आरम्भ हुआ। इस काल में रोम में 5 बड़े सम्राट हुए: नेर्वा, ट्राजन हेड्रियन, एंटोनियस पायस और मार्कस ओरेलियस (ई.स. 96-180)। ईसा की दूसरी शताब्दी में जर्मन कशीलो ने रोम साम्राज्य पर आक्रमण कर उसे ध्वस्त कर दिया। रोम का शांति युग विश्व इतिहास में वह समय है जबकि रोम साम्राज्य में राजनीतिक शांति और स्थिरता बनी रही, आर्थिक उन्नति हुई और रोम साम्राज्य के दूर-दूर तक फैले हुए क्षेत्रों में बसने वाली विभिन्न जातियों के बीच सांस्कृतिक सहयोग की स्थापना हुई।

## People of Indian Origin | भारतवंशी, भारतीय मूल के

विदेशों में काफी समय से बसे भारतीय। विदेशी दमन से पीड़ित होकर, व्यापार और कामगार के रूप में विदेश गए भारतीय जिन्होंने वहाँ रहकर अपना विकास किया और देश का नाम ऊँचा किया। भावनात्मक एवं सांस्कृतिक रूप से वे आज भी भारत से जुड़े हैं। भारत सरकार इन्हें देश से जोड़े रखने के लिए कई बार आने जाने के लिये 'वीजा' भी जारी किये हैं। इसे OCI वीसा (Overseas Citizen of Indian Visa) कहा जाता है। इसके साथ ही अनिवासी भारतीयों को भारत में मताधिकार प्रदान किया गया है। भारत के 42 दूतावास में भारतीय समुदाय कल्याण कोष (Indian Community Welfare Funds) भी हैं। 12 देशों में सामाजिक सुरक्षा समझौते (Social Security Agrements) किया गया है। अन्य देशों के साथ लेबर मोबिलिटी पार्टनरशिप समझौता किया गया है। भारत के विदेशी मुद्रा भंडार में वृद्धि, सामाजिक-आर्थिक विकास में इनका महत्वपूर्ण योगदान है।

## People's Capitalism | जन पूंजीवाद

पूंजीवाद का वह रूप जिसके अन्तर्गत बड़े-बड़े उद्योग-धन्धों में लगी हुई पूंजी गिने-चुने पूंजीपतियों की निजी सम्पत्ति नहीं रहती, बल्कि वह दूर-दूर तक फैले हुए हजारों शेयर होल्डरों की सम्पत्ति होती है। ये लोग अपनी बचत (Saving) पर उपयुक्त लाभांश (Dividend) अर्जित करने के लिए अपनी सूझ-बूझ के अनुसार भिन्न-भिन्न व्यावसायिक निगमों (Business Corporations) में अपना धन लगाते हैं।

## Physiological Needs | भौतिक आवश्यकताएँ

भोजन, पानी, आवास, आराम और शारीरिक सुख, स्वास्थ्य मनुष्य की भौतिक आवश्यकताएँ हैं। इन्हें आधारभूत आवश्यकता भी कहते हैं जो अन्य आवश्यकताओं से पहले पूरा किया जाता। एक भूखा बीमार आदमी राष्ट्रप्रेम या सद्व्यवहार के बारे में या सम्मान की बातें नहीं कर सकता है और न सोच सकता है। किसी भी सरकार की यह पहली जिम्मेदारी है कि अपने नागरिकों की भौतिक आवश्यकताओं को पूरा करें, जिससे देश में शांति व्यवस्था बनी रहे।

## Picketing | धरना देना

असहयोग आंदोलन (1921) और बाद में राष्ट्रपिता महात्मा गांधी के आह्वान पर शराबबंदी के लिए शराब की दुकानों पर धरना देना, आंदोलन का ही एक प्रमुख कार्यक्रम था। बाद में विनोबा भावे ने भी इस कार्यक्रम को पूर्ण नशाबंदी लागू करवाने के लिए जारी रखा। शराबखोरी अपराध की जननी है। महिलाओं के प्रति बलात्कार और हत्या करने वाले ज्यादा शराब के नशे में होते हैं। अतः शराबबंदी होना नागरिक समाज के हित में है।

## Planning Commission | योजना आयोग

भारत सरकार द्वारा मार्च 1950 में एक संविधिक निकाय के रूप में पं. जवाहर लाल नेहरू के द्वारा बनाया गया आयोग। यह देश के सभी संसाधनों के अधिकतम संतुलित और युक्तियुक्त प्रयोग की योजनाएँ बनाने का कार्य करता है। इसे देश के विकास पथ की वरीयताएँ भी निर्धारित करनी होती है। 12वीं पंचवर्षीय योजना में (2012-17) में समावेशी विकास को महत्व दिया जा रहा है। राष्ट्रीय योजना परिषद और राष्ट्रीय विकास परिषद भी इसके अंग हैं। प्रधानमंत्री योजना आयोग के अध्यक्ष होते हैं।

## Plato (427–347) | प्लेटो

प्लेटो एक महान यूनानी दार्शनिक था। प्लेटो लोकतंत्र के विरुद्ध था। उसकी पुस्तक 'द रिपब्लिक' लोकतंत्र पर सीधा प्रहार है। प्लेटो श्रेष्ठजनों द्वारा शासन के पक्ष में था। उसकी दूसरी पुस्तक 'द लॉज' में उसने गैर-लोकतंत्रात्मक यूनानी उपनिवेशों का ढाँचा प्रस्तुत किया है। उसकी मान्यता थी कि शासन करना भी एक कौशल है और यह कौशल हर एक में नहीं होता है। उसके अनुसार शासन करने का अधिकार सिर्फ दार्शनिक राजा को ही होना चाहिए। उसकी मान्यता थी कि राज्य का उद्देश्य अच्छे जीवन पर बल देना व नैतिकता और धर्म को बढ़ावा देना है, न कि जनता की मांगों को पूरा करना तथा सिर्फ राज्य में कानून एवं व्यवस्था स्थापित करना। इनका जन्म 427 ई. में यूनान के एथेन्स में हुआ था। प्लेटो का वास्तविक नाम अरिस्टोक्लीज था, लेकिन इनके खूब चौड़े कन्धों के कारण इनके व्यायाम शिक्षक इन्हें प्लातोन कहते थे जिसे कालान्तर में प्लेटो के नाम से जाना जाने लगा।

इनके गुरु सुकरात थे। 399 ई.पू. में सुकरात को जब मृत्युदण्ड दिया गया तो प्लेटो को बड़ा दुःख हुआ। और एथेन्स छोड़कर लम्बी यात्रा पर निकल पड़ा। 388 ई.पू. में एथेन्स लौटा और अपनी अकादमी की स्थापना की तथा शेष जीवन यहीं गुजारा। प्लेटो की अकादमी में गणित, राजनीति, तर्कशास्त्र, विधिशास्त्र, वनस्पतिशास्त्र एवं मानवशास्त्र की शिक्षा दी जाती थी।

इनका निधन 81 वर्ष की अवस्था में 347 ई. पू. हुआ। ये अपने पीछे अरस्तु और सैकड़ों शिष्यों को छोड़ गए थे।

प्लेटो की रचनाएँ, अपालॉजी, क्रीटो, लैचिस, लाइसिस, चार्मीडिस, यूथेपो हिप्पाज, पाइथोगोरस, मीनो, फेडो, रिपब्लिक, सिंपोजियम, यूथीडीमस क्रिटियास, स्टेटसमैन व लॉज आदि थीं।

प्लेटो की समस्त रचनाओं में रिपब्लिक सर्वश्रेष्ठ रचना है। इसके कारण ही इन्हें दर्शन शास्त्र का जनक कहा जाता है। रिपब्लिक में न्याय, शिक्षा नागरिकता तथा दार्शनिक राजा (Philospher-king) का सिद्धान्त दिया गया है तथा राजतन्त्र की श्रेष्ठता का वर्णन है। इसमें कल्पनाओं की भरमार है। वास्तविकता से कोई सरोकार नहीं है।

लॉज जो अपनी मृत्यु 347 ई. पू. से कुछ समय पहले लिखी गई थी इसमें कानून के शासन पर बल दिया है क्योंकि रिपब्लिक का आदर्श राज्य विश्व में स्थापित नहीं हो सकता है।

### Plebiscitory Democracy | जनमत संग्रहात्मक

लोकतंत्र: प्लेविसिट्री डेमोक्रेसी का अर्थ है। जनता का निश्चय जनता की आज्ञप्ति। लोकतंत्र की ऐसी प्रणाली जिसमें किसी राजनीतिक प्रश्न पर जनता की अपनी राय सीधे ही देने की अनुमति हो। जनमत संग्रह सामान्यतया तब लिया जाता है, जब किसी एक ही भू-भाग पर दो देश दावा करते हों या जब सांविधानिक दावों पर जनता की अभिवृत्ति या दृष्टिकोण जानना हो या फिर नीति सम्बन्धी कुछ मामलों में जनता की राय जाननी हो। हाल ही में रूस में यह परिदृश्य देखने को मिला है। स्विट्जरलैण्ड में इस प्रणाली के उपयोग के उदाहरण मिलते हैं। यहाँ अधिकांश राजनीतिक प्रश्नों या नीतियों पर समस्त निर्वाचक मण्डल की राय प्राप्त की जाती है। नेपोलियन ने 1797 में कौसूलेट संविधान पर जनमत संग्रह करवाया था।

### Plural Executive | बहुल कार्यपालिका

किसी देश या राष्ट्र की इस प्रकार की कार्यपालिका जिसमें कार्यकारिणी शक्ति एक से अधिक व्यक्तियों में सामूहिक अथवा संयुक्त रूप से निहित हो। इस प्रकार की कार्यपालिका सिद्धान्त प्राय: साम्यवादी देशों में पाई जाती है। इसके अलावा स्विट्जरलैण्ड में भी इसी प्रकार की कार्यपालिका की व्यवस्था है। वहाँ कार्यकारिणी शक्ति एक व्यक्ति में निहित न होकर सात सदस्यों में से वरीयता के क्रम में निहित होती है। प्रत्येक सदस्य बारी-बारी से एक वर्ष के लिए परिषद का अध्यक्ष नियुक्त होता है जो देश का राष्ट्रपति कहलाता है।

### Plural Society | बहुलवादी समाज

ऐसा समाज और राष्ट्र जिसमें विभिन्न धर्म, जाति और नस्ल के लोग रहते हैं। राजनीतिक और आर्थिक व्यवस्था में सबकी भागीदारी हो। कभी-कभी इन विभिन्न सामाजिक और धार्मिक समूह में संघर्ष भी होता है। इस संघर्ष से कुछ बहुलवादी समाज विघटित भी हो जाते हैं। सोवियत संघ का विघटन और यूगोस्लाविया का विघटन इसका उदाहरण हैं। इन देशों को बहुल राष्ट्रीयता वाला देश कहा जाता था, लेकिन अलग-अलग राष्ट्रीयता के लोगों के संघर्ष ने देश को ही विघटित कर दिया। नाइजीरिया, एवं भारत भी बहुलवादी समाज है, लेकिन यहाँ सभी सामाजिक समूहों का समान विकास हो रहा है और उन्हें समान सुविधाएँ उपलब्ध हैं। कुछ देश जैसे बेल्जियम, स्विट्जरलैण्ड और कनाडा तो विभिन्न भाषा समूहों के आधार पर बने हैं। यहाँ भी विभिन्न सामाजिक समूह रहते हैं। लिपसेट (1963) बहुलवादी समाज में विभिन्न हित समूहों में आपसी संघर्ष और संसदीय व्यवस्था पर नियंत्रण करने की होड़ को महत्वपूर्ण मानते हैं। लिजहार्ट (1977) यहाँ आनुपातिक प्रतिनिधित्व के आधार पर सभी समूहों में समानता की बात करते हैं। एशिया, अफ्रीका और लैटिन अमेरिका के देशों में असमानता, शोषण, दासता, साम्राज्यवाद का लम्बा इतिहास रहा है। इन देशों में असमानता के विरुद्ध सामाजिक और राजनीतिक संघर्ष इन असमानताओं को दूर करने के लिए चलता रहा है। मार्क्सवादी जहाँ वर्ग विभेद के आधार पर संघर्ष की बात करते हैं, उदारवादी जाति और नस्ल के लोगों में असमानता दूर करने की बात करते हैं।

**Plural Voting | बहुल मतदान**

किसी राष्ट्र की इस प्रकार की निर्वाचन प्रणाली जिसमें मतदाता को एक से अधिक मत देने का अधिकार प्राप्त होता है, जिस प्रकार लोकतंत्र के आरंभिक दिनों में कतिपय देशों में सम्पत्तिशालियों अथवा शिक्षितों को एक से अधिक मत देने का अधिकार था। जॉन स्टुअर्ट मिल ने इसका समर्थन किया था। आनुपातिक प्रतिनिधित्व प्रणाली में भी मतदाता एक से अधिक उतने मत दे सकता है जितने उम्मीदवार निर्वाचन में खड़े हों। वह उनके प्रति अपनी वरीयता का संकेत करते हुए "बहुल मतदान" करता है।

**Pluralism | बहुलवाद, बहुलतावाद**

राजनीति सिद्धान्त के अन्तर्गत बहुलवाद का प्रयोग मुख्यतया दो सन्दर्भों में होता है।

(क) एक राजनीतिक मान्यता (Political Belief) के रूप में जिसके अनुसार समाज में किसी एक मूल्य (Value), साध्य (end) या ध्येय (Cause) को सर्वोपरि मानकर उन मनुष्यों को उसके अनुरूप ढालने का प्रयत्न उचित नहीं है। बल्कि भिन्न-भिन्न मूल्यों और हितों (Interest) के आधार पर स्वायत्त समूहों के गठन की पूर्ण स्वतन्त्रता होनी चाहिए और व्यक्तियों को अपने विवेक के अनुसार इनमें से किसी मूल्य या ध्येय के साथ जुड़कर उसे बढ़ावा देने की पूर्ण स्वतन्त्रता होनी चाहिए। इसे हम बहुलवाद का दार्शनिक आधार कह सकते हैं। इसके प्रतिपादक आइजिया बर्लिन ने अपनी पुस्तक अंगेस्ट द करन्ट (धारा के विरुद्ध) (1979) में कहा है कि भिन्न-भिन्न मनुष्यों के हितों, उद्देश्यों और साध्यों में स्थायी भिन्नताएँ पाई जाती हैं। किसी एक मूल्य की तुलना में अन्य सभी मूल्यों को गौण नहीं माना जा सकता है। बर्लिन के शब्दों में "जो जैसा है, वैसा है। स्वतंत्रता स्वतन्त्रता है। वह समानता, न्याय, संस्कृति या मानवीय सुख (Human Happiness) का पर्याय नहीं हो सकती"

(ख) लोकतन्त्रीय समाज के संगठन के सिद्धान्त के रूप में जिसके अनुसार उदार लोकतन्त्र (Liveral Democracy) के अन्तर्गत सार्वजनिक निर्णय अनेक स्वायत्त समूहों (Autonomous Group) की सौदेबाजी (Bargaining) का परिणाम होते हैं। अतः सार्वजनिक नीति (Public Policy) के अन्तर्गत समाज के महत्वपूर्ण हितों में सामंजस्य की गुंजाइश रहती है, इसे हम राजनीतिक बहुलवाद कह सकते हैं। राजनीतिक बहुलवाद ऐसी राजनीतिक प्रणाली (Political System) का समर्थन करता हैं जो बहुलवादी समाज के लिए उपयुक्त हो बहुलवादी समाज एक ऐसा समाज है, जिसमें शक्ति (Power) एवं सत्ता (Authority) एक ही जगह केन्द्रित नहीं होतीं, बल्कि सामाजिक जीवन के अनेक केन्द्रों में फैली रहती है।

अतः बहुलवादी राजनीतिक प्रणाली ऐसी प्रणाली है, जिसके अन्तर्गत विविध प्रकार की सामाजिक प्रथाओं, धार्मिक और नैतिक मान्यताओं में सह-अस्तित्व के लिए अनुकूल परिस्थितियां जुटाई जाती हैं और सभी नागरिकों को समान राजनीतिक अधिकार प्राप्त होते हैं।

**Plutocracy | धनिक तन्त्र**

धनिकों का शासन, वह शासन जिसमें शासन की समस्त शक्ति धनिक वर्गों के हाथों में ही केन्द्रित हो।

**Pocific Blockade | शांतिकालीन नाकाबंदी**

अन्तर्राष्ट्रीय कानून के अनुसार वह स्थिति जब कोई राज्य अपने को हानि पहुँचाने वाले या विरोधी देश के समुद्र-तट या उसके किसी हिस्से में अपने जहाज खड़े करके उसका रास्ता बंद कर देता है

ताकि वह अन्य राज्यों के साथ वाणिज्य-व्यापार न कर पाए। शांतिपूर्ण नाकेबंदी का उद्देश्य विरोधी देश पर दबाव डालना होता है। इससे युद्ध की स्थिति पैदा नहीं होती। इसका प्रमुख रूप से कार्य शांतिकाल में किसी राज्य द्वारा दूसरे राज्य को दंड देने पर दबाव डालने के उद्देश्य से उसके तटों और बंदरगाहों से जलपोतों के निकलने का मार्ग अवरुद्ध करना होता है।

## Pocket Veto | पॉकेट वीटो

पॉकिट वीटो अमेरिकी सांविधानिक शब्दावली का शब्द है। इससे तात्पर्य यह है कि यदि राष्ट्रपति निर्धारित समय (10 दिन) के भीतर किसी विधेयक पर हस्ताक्षर न करे और न ही उसे कांग्रेस को लौटाए और इस अवधि में कांग्रेस का अधिवेशन स्थगित हो जाए तो वह विधेयक बिना किसी कार्यवाही के स्वतः निरस्त मान लिया जाएगा। इसे "पॉकेट वीटो" कहते हैं। भारत में भी राष्ट्रपति इसका प्रयोग करता है। राष्ट्रपति नीलम संजीव रेड्डी ने राजीव गाँधी सरकार द्वारा पारित डाकघर विधेयक पर कभी हस्ताक्षर ही नहीं किए और वह विधेयक रद्द हो गया।

## Point of Order | व्यवस्था सम्बन्धी प्रश्न

यदि सदन की कार्यवाही नियमानुसार संचालित नहीं हो रहा हो तो किसी भी सदस्य द्वारा व्यवस्था सम्बन्धी प्रश्न उठाने की प्रक्रिया। यह सदन के अध्यक्ष की इच्छा पर निर्भर करता है कि वह सदस्य को व्यवस्था सम्बन्धी प्रश्न उठाने की अनुमति दे या नहीं। इसमें प्रायः नियम के पुस्तक से नियम का हवाला देकर सदस्य अपनी बात को पुरजोर ढंग से रखते हैं।

## Polarization | ध्रुवीकरण

गुटों, समुदायों, विचारधाराओं, पद्धतियों अथवा शक्तियों का दो विरोधी पक्षों में विभाजन।

अन्तर्राष्ट्रीय राजनीति में द्वितीय विश्वयुद्ध के बाद शीतयुद्ध के काल में विश्व दो विरोधी गुटों अमेरिका व सोवियत संघ में बंट गया था। दोनों दो विरोधी विचारधाराओं लोकतन्त्र व साम्यवाद का प्रतिनिधित्व करते थे।

## Police | पुलिस

पुलिस एक विशेष प्रकार की पलटन है, जिसका गठन राज्य में कानून व व्यवस्था स्थापित करने के लिए किया जाता है। अधिकांश देशों ने इस प्रकार के दलों का गठन 19वीं शताब्दी में कर दिया था। पुलिस एक तटस्थ दल होता है जो कानून का राज्य स्थापित करने तथा नागरिकों की सुरक्षा करने का काम करता है। पुलिस दल अपराधों की रोकथाम करता है। यह प्रायः हथियारों से लैस नहीं होता। इसे दंगों आदि में अश्रुगैस या पानी छिड़ककर भीड़ को तितर-बितर करने का अधिकार होता है। आधुनिक भारत के इतिहास में पहली बार पुलिस व्यवस्था संगठित करने का श्रेय बंगाल के प्रथम गवर्नर जनरल वारेन हेस्टिंग्ज 1773-1781 को जाता है इन्होंने प्रत्येक बड़े ग्राम में शान्ति स्थापना, चोरी, डकैती को रोकने के लिए पुलिस चौकियाँ खोलीं तथा लगभग 400 गाँवों के ऊपर एक पुलिस अधीक्षक किया था। वारेन हेस्टिंग्ज से पहले इन रियासतों में सम्बन्धित क्षेत्र का जमींदार ही शान्ति एवं व्यवस्था की स्थापना के लिए उत्तरदायी था। अतः भारत में पुलिस व्यवस्था के जन्मदाता वारेन हेस्टिंग्ज ही माने जाते हैं।

## Police Power | पुलिस शक्ति

विधिशास्त्र के अन्तर्गत, राज्य की यह शक्ति कि वह अपने नागरिकों के स्वास्थ्य, सुरक्षा, सुख शान्ति और मनोबल को बढ़ावा देने के लिए उपयुक्त नियम बना सकता है और कई तरह की

गतिविधियों पर प्रतिबन्ध लगा सकता है। उदाहरण के लिए राज्य अपनी पुलिस शक्ति का प्रयोग करके बाल मजदूरी (Child Labour), स्त्रियों के काम के घटों (Working Hour) नाप–तौल (Weights and Measures) खाद्य पदार्थों की गुणवत्ता (Quality), यातायात (Traffic) और शोर नियन्त्रण (Noise Control) इत्यादि से सम्बन्धित कायदे–कानून बना सकता है।

## Police State | पुलिस राज्य

वह राज्य जिसका कार्य पुलिस की भांति विधि तथा व्यवस्था की रक्षा करना मात्र हो तथा जिसका राज्य की जनता के कल्याण–कार्यक्रमों से कोई लेना–देना न हो। इस प्रकार की विचारधारा के समर्थक थे हर्बट स्पेंसर तथा जॉन स्टुअर्ट मिल। इन लोगों का मानना था कि राज्य नागरिकों के कल्याण के नाम पर उनके व्यक्तिगत जीवन में हस्तक्षेप नहीं करे। राबर्ट नॉगिक ने पुलिस राज्य की अवधारणा का समर्थन किया है। उन्होंने कहा है कि राज्य का मुख्य कार्य सम्पत्ति की रक्षा करना है। ऐसा राज्य जिसमें सरकार का काम केवल कानून और व्यवस्था (Law and Order) कायम रखने अपराधियों को दण्ड देने और कर (Taxes) वसूल करने तक ही सीमित रहता है। वह जनसाधारण के स्वास्थ्य, शिक्षा आवश्यक वस्तुओं और सेवाओं की व्यवस्था या सामान्य सुख–दुख से विशेष सरोकार नहीं रखती। अतः ऐसा राज्य कल्याणकारी राज्य (Welfare) का विपरीत रूप है।

## Policy | नीति

नीति का निहितार्थ है क्या किया जाए, कैसे किया जाए, कब किया जाए और कहाँ किया जाए। विशेष परिस्थिति में परस्थिति के अनुरूप क्या करना है, या नहीं करना है के सम्बन्ध में किए गए निर्णय ही नीतियाँ है। इसमें आवश्यकता और संसाधन का भी विचार किया जाता है।

## Policy of Containment | परिरोधन-नीति

साम्यवाद के प्रचार–प्रसार को रोकने के लिए संयुक्त राज्य अमेरिका तथा अन्य पाश्चात्य राष्ट्रों द्वारा अपनाई गई रूस विरोधी नीति। इस प्रकार की नीति के अन्तर्गत अमेरिका तथा अन्य पाश्चात्य देशों ने विभिन्न प्रकार के सैनिक गठबंधनों के माध्यम से इस बात का भरसक प्रयत्न किया गया कि साम्यवाद का प्रसार न हो और साम्यवादी आक्रमण का परस्पर मिलकर सफलतापूर्वक सामना किया जाए। निर्धन तथा विकासशील देशों को सैनिक एवं आर्थिक सहायता देना भी इस नीति का अंग था ताकि ये देश साम्यवाद के आकर्षण से मुक्त रहें तथा किसी साम्यवादी देश के आक्रमण का सामना कर सकें। इस नीति के उदाहरण हैं मार्शल योजना, नाटो, सीटो, सेन्टो एवं एजन्स जैसी सन्धि की स्थापना करके साम्यवादी देशों की घेराबन्दी करना।

## Policy Paralysis | निर्णय दीनता

हाल के दिनों में यह शब्द विरोधी दलों के नेताओं के द्वारा भारत में तथा अमेरिका में प्रचलित हुआ है। आर्थिक मंदी को रोकने में राजनैतिक निर्णय लेने में विलम्ब के कारण अर्थव्यवस्था और राजनीतिक विकास प्रभावित होता है। विपक्ष के भारतीय जनता पार्टी के वयोवृद्ध नेता लालकृष्ण आडवाणी भारत के प्रधानमंत्री मनमोहन सिंह की सरकार (कांग्रेस पार्टी) के लिए 2012 में इस शब्द का काफी प्रयोग किया।

## Polis | नगर-राज्य

'नगर–राज्य' यूनान के उन राज्यों के लिए प्रयुक्त होता है जो बहुत छोटे होते थे तथा जो एक नगर तक ही सीमित होते थे। इन राज्यों में प्रत्यक्ष लोकतंत्र था। इन नगर राज्यों में रहने वाले लोगों को (Political Animal) कहा जाता था।

## Politburo Political Bureau | राजनीतिक ब्यूरो

पालित ब्यूरो सोवियत यूनियन दल की एक कमेटी को कहते हैं जो राष्ट्रीय कार्यकारी कमेटी होती है। यह रूस में समस्त नीतियों का निर्माण करने की प्रक्रिया का मार्गदर्शन करती है। पोलित ब्यूरो साम्यवादी दल का एक शक्तिशाली संगठन है। उसका प्रमुख महासचिव होता है जो इसमें दल के अन्य महत्वपूर्ण व्यक्तियों को शामिल करता है। सोवियत संघ में साम्यवादी व्यवस्था का यह महत्वपूर्ण अंग था जो साम्यवाद के कमजोर पड़ने और सोवियत संघ के विघटन से वहाँ महत्वहीन हो गया है।

## Political Asylum | राजनीतिक शरण

किसी राज्य में अपने मत या विश्वासों के कारण अथवा राज्य विरोधी कार्य करने के कारण उत्पीड़न के डर से किसी व्यक्ति का अन्य देशों में भाग जाना और वहाँ की सरकार द्वारा उसे आश्रय दिया जाना। इस प्रकार के व्यक्ति कभी-कभी आश्रय या शरण अपने ही देश में स्थित किसी विदेशी दूतावास में भी ले सकता है। यद्यपि अन्तर्राष्ट्रीय विधि दूतावासों में शरण लेने के अधिकार को सामान्यतया मान्यता नहीं देती।

## Political Change | राजनीतिक परिवर्तन

किसी देश की सामाजिक व्यवस्था या समाज में राजसत्ता के उपयोग या वितरण से सम्बन्धित संरचनाओं, प्रक्रियाओं और लक्ष्यों से होने वाले परिवर्तन। जब इस प्रकार की इन संरचनाओं तथा प्रक्रियाओं में आमूल परिवर्तन हो जाते हैं। विशेष संदर्भ में ऐसे उपायों द्वारा जो नियमित अथवा सांविधानिक उपाय न हो, तो इन परिवर्तनों को राजनीतिक क्रांति का नाम दिया जा सकता है। इसे राजनीतिक परिवर्तन कहते हैं।

## Political Coalition | राजनीतिक एकरूपता/गठबंधन

मंत्रिमंडल या सरकार में विभिन्न दलों के विचारधारा के लोगों को शामिल करना। सरकार बनाने से पूर्व संसद में पूर्ण बहुमत प्राप्त करने के लिए चुनाव पूर्व और चुनाव के बाद गठबंधन करना, गठबंधन के बाद चुनाव में बहुमत मिलने पर गठबंधन के सदस्यों को सरकार में शामिल करके एकरूपता यानि बिना किसी दुराग्रह और मतभेद के सरकार चलाना राजनीतिक एकरूपता कहलाता है। अमेरिका के राष्ट्रपति रूजवेल्ट और स्वतंत्र भारत के प्रथम प्रधानमंत्री अपनी सरकार में विरोधी विचारधारा के लोगों को भी शामिल करते थे। ब्रिटिश मंत्रिमंडल में एकरूपता अधिक दिखाई देता है। भारत में प्रधानमंत्री मनमोहन सिंह की प्रगतिशील गठनबंधन (UPA) की सरकार में विभिन्न सहयोगी दलों के मंत्रियों में एकरूपता का अभाव है। श्री प्रणव मुखर्जी के राष्ट्रपति बनने से पूर्व यू.पी.ए. सरकार में महत्वपूर्ण मंत्री थे और उनके स्वतंत्र व्यक्तित्व एवं ज्ञान के कारण मंत्रिमंडल में एकरूपता का अभाव रहता था।

## Political Communication | राजनीतिक संचार

आमण्ड ने अपने संरचनात्मक प्रकार्यात्मक विश्लेषण में आगत कार्यों में चौथा कार्य राजनीतिक संचरण (Political Communication) को माना गया है। इस अवस्था में राजनीतिक दलों के द्वारा विभिन्न हितों का समूहीकरण (Interest Aggregation) करने के बाद राजनीतिक संचार के साधनों के द्वारा मांगों को शासन के लिए प्रेषित किया जाता है। राजनीतिक प्रणाली भी इन मांगों का प्रत्युत्तर इन संचार साधनों से देती है। ये साधन हैं रेडियो, टेलीविजन एवं पत्र पत्रिकाएँ आमण्ड के अनुसार

राजनीतिक संचार (Political Communication) प्रणाली के आगत एवं निर्गत कार्यों में एक सम्पर्क कड़ी का काम करते हैं।

## Political Culture | राजनीतिक संस्कृति

राजनीतिक संस्कृति का अर्थ है, किसी समाज की संस्कृति के वे पक्ष जो उसकी राजनीति को प्रभावित करते है। राजनीतिक संस्कृति में ऐसे मूल्य (Values), मान्यताएँ (Beliefs) और मानक (Norms) आ जाते हैं जो शासक वर्ग, शासन प्रणाली और शासन प्रक्रिया को वैधता (Legitimacy) प्रदान करते है और उनके सन्दर्भ में व्यक्ति की स्थिति को निर्धारित करते हैं।

राजनीतिक संस्कृति संकल्पना को आधुनिक राजनीति विज्ञान में लाने का श्रेय अमेरिकी राजनीति वैज्ञानिक ग्रेवियल ए. आमण्ड (1911-2002) को जाता है। इन्होंने अपने 1956 के जर्नल ऑफ पॉलिटिक्स में प्रकाशित अपने लेख कम्पेरेटिव पॉलिटिकल सिस्टम्स (तुलनात्मक राजनीतिक प्रणालियां) में दिया "राजनीतिक संस्कृति, राजनीतिक व्यवस्था के प्रति लोगों के विश्वासों और अभिवृत्तियों की व्यवस्था है।"

संक्षेप में राजनीतिक संस्कृति उन प्रतीकों की व्यवस्थित प्रणाली के अध्ययन और विश्लेषण का साधन है। जो मुनष्यों की क्रियाओं को सार्थक बनाने में महत्वपूर्ण भूमिका निभाते हैं। अतः किसी समुदाय की राजनीतिक संस्कृति उसके सदस्यों को अपनी राजनीतिक प्रणाली और प्रक्रियाओं (Political System and Processes) की ओर मोड़ती है और उन्हें विशेष दिशा प्रदान करती है।

## Political Decay | राजनीतिक ह्रास

सेम्युअल पी. हटिंग्टन ने अपनी कृति पॉलिटिकल आर्डर इन चेंजिग सोसायटी (बदलते समाजों में राजनीतिक व्यवस्था) (1968) के अन्तर्गत तर्क दिया कि राजनीतिक विकास और आधुनिकीकरण में सीधा सम्बन्ध नहीं है। हटिंग्टन के विचार से राजनीतिक विकास का मुख्य लक्षण राजनीतिक व्यवस्था (Political Order) है, और इसमें मुख्य बाधा राजनीतिक अव्यवस्था (Political Disorder) से पैदा होती है जिसे उसने 'राजनीतिक ह्रास' की संज्ञा दी है।

हटिंग्टन के विचार से राजनीति की मूल समस्या यह है कि किसी देश में जिस गति से सामाजिक और आर्थिक परिवर्तन होता है, उसकी तुलना में राजनीतिक संस्थाओं का विकास पीछे रह जाता है। आधुनिकता (Modernity) का अर्थ है: स्थिरता, परन्तु विकासशील देशों में आधुनिकीकरण की प्रक्रिया अस्थिरता को जन्म देती है। जिससे राजनीतिक अव्यवस्था और राजनीतिक ह्रास पैदा होता है। निर्धन देशों की राजनीतिक प्रणालियां इसलिए अस्थिर नहीं है कि ये देश निर्धन हैं बल्कि वे इसलिए अस्थिर हैं कि ये देश धनवान बनने की होड़ में अपना संतुलन कायम नहीं रख पा रहे हैं। हटिंग्टन के अनुसार यदि राजनीतिक सहभागिता (Political Participation) और राजनीतिक संस्था-निर्माण (Political Institutionalism) साथ-साथ चल सकें तो राजनीतिक ह्रास को रोका जा सकता है।

## Political Development | राजनीतिक विकास

लूसियनपाई ने अपनी पुस्तक 'राजनीतिक विकास की अवधारणा' (1963) में राजनीतिक विकास का विश्लेषण, सांस्कृतिक विसरण और जीवन की पुरानी शैलियों को लोगों की नयी मांगों के अनुकूल बनाने, साथ जोड़ने और उन्हें समायोजित करने के सन्दर्भ में किया है।

मैकेन्जी ने कहा है 'राजनीतिक विकास का अर्थ है समाज की उच्च स्तरीय अनुकूलता के साथ अनुकूलन करने की क्षमता।'

इस प्रकार राजनीतिक विकास का अर्थ है, सम्पूर्ण जनसंख्या के सन्दर्भ में राजनीतिक व्यवस्था के प्रति जागरूकता व सहभागिता का बढ़ना तथा राजनीतिक व्यवस्था अपने बढ़े हुए कार्यों को अच्छी तरह निष्पादित करने लगे तथा राजनीतिक व्यवस्था में संरचनात्मक विभिन्नीकरण में वृद्धि हो जाए और संरचनाओं में प्रकार्यात्मक विशेषीकरण समन्वय स्थापित हो जाता है।

## Political Encirclement (Capitalistic Encirclement) | राजनीतिक घेराबंदी, पूंजीवादी घेराबंदी

विश्व में किसी देश-विशेष के बढ़ते हुए प्रभाव, प्रगति आदि को क्षीण अथवा अवरुद्ध करने के लिए किसी विरोधी राजनीतिक व्यवस्था वाले राज्य द्वारा संबंधित राज्य के पड़ौसी राज्यों के सहयोग से उसे एकाकी तथा निस्सहाय बताने का प्रयत्न। अतः इस प्रकार के प्रयत्नों में पड़ोसी राज्यों को सैनिक तथा आर्थिक सहायता देना, उसके मित्रों को तोड़ना, उसके सभी प्रकार के राजनीतिक एवं वाणिज्यिक सम्बन्धों में बाधा उत्पन्न करना तथा अन्तर्राष्ट्रीय मंचों पर उसे नीचा दिखाने आदि के प्रयत्न भी शामिल रहते हैं। राजनीतिक घेराबंदी की शुरुआत मूलतः पूंजीवादी देशों द्वारा साम्यवादी राज्यों की प्रगति और प्रभाव को रोकने के लिए की गई थी।

## Political Executive | राजनीतिक कार्यपालिका

भारत में लोकतांत्रिक व्यवस्था है। लोकतांत्रिक पद्धति वाले राज्य में सरकार के तीन अंग-न्यायपालिका, विधान पालिका तथा कार्यपालिका होते हैं। कार्यपालिका दो तरह की होती है राजनीतिक या अस्थायी एवं स्थायी कार्यपालिका। राजनीतिक कार्यपालिका में प्रधानमंत्री सम्मिलित होते हैं। अस्थायी कार्यपालिका लोकसभा के विश्वास पर्यन्त अपने पद पर बनी रहती है। राजनीतिक स्थिति में परिवर्तन होने पर राजनीतिक कार्यपालिका के सदस्यों को त्याग पत्र देना पड़ता है (अधिकारीतंत्र)। राजनीतिक कार्यपालिका का भाग नहीं होता। नौकरशाही या अधिकारी तंत्र को स्थायी कार्यपालिका कहा जाता है। ये सदस्य स्थायी, प्रशिक्षित एवं पेशेवर होते हैं राजनीतिक स्थिति में परिवर्तन होने पर इन्हें पद से त्याग पत्र नहीं देना पड़ता है। ये निश्चित आयु (60 वर्ष) तक अपने पद पर बने रहते हैं।

## Political History | राजनीतिक इतिहास

इतिहास और राजनीति में अन्योनाश्रय का सम्बन्ध है। इतिहास के राजनीतिक घटनाओं से राज्य का विकास और राजनीतिक-सांस्कृतिक उद्भव का अध्ययन होता है। भारत में राज्य का निर्माण (Evolution of India State) का अध्ययन भारत के इतिहास के तीन भागों में विभिन्न काल खंड के अध्ययन से किया जाता है। इनमें प्रथम प्राचीन भारत-जिसमें सिन्धु घाटी सभ्यता (2600-1900), पूर्व वैदिक (1500-100 ई.पू.) उत्तर वैदिक काल (1000-600 ई.पू.) महाकाव्य युग (ब्राह्मणवाद, रामायण एवं महाभारत काल) बौद्ध एवं जैन धर्म को उद्भव और विकास (6वीं सदी ई.पू.), यूनानी आक्रमण (सिकंदर-326 ई.पू.) चन्द्रगुप्त मौर्य का एवं चाणक्य (अर्थशास्त्र के रचयिता) उदय, अशोक महान एवं बौद्ध धर्म का प्रसार (268-232 ई.पू.) इसके बाद विभिन्न राजवंशों का उदय-अन्त और शासन। राजपूत राजवंश पर विदेशी आक्रमणकारियों का विजय से मध्यकाल का राजनीति और इतिहास चला। इस कालखंड में दिल्ली सल्तनत (1205-1526 ई.) और मुगल वंश का शासन (1526-1540 तथा 1555-1857) तक रहा।

आधुनिक काल - भारत में ईस्ट इंडिया कम्पनी के आगमन और 1758 में राबर्ट क्लाइव से 1857 तक रहा। 1857 का प्रथम स्वतंत्रता आन्दोलन और इसकी विफलता के बाद कम्पनी के जगह ब्रिटिश सरकार का शासन स्थापित हुआ जो 1947 तक रहा। इस दौरान कई राजनीतिक उठा-पटक और आन्दोलन हुए। देश की शासन व्यवस्था, सरकार एवं प्रजा के सम्बन्ध, धर्म और

राजनीतिक, जनकल्याणकारी राज्य और धर्म आधारित निरंकुश शासन का दौर चलता रहा। कई नई प्रजाति के लोग, धर्म, संस्कृति, भाषा, वेश-भूषा, रीति-रिवाज, अर्थतंत्र युद्ध कौशल, शासन व्यवस्था समय समय पर भारत के राजनीतिक इतिहास को बढ़ाया और यह एक राष्ट्र राज्य बना।

## Political Modernization | राजनीतिक आधुनिकीकरण

राजनीतिक अवधारणा पाश्चात्य है। परम्परावादी, सामंतवादी, रूढ़िवादी, अधिनायकवादी राजनीति व्यवस्था का आधुनिक उदारवादी लोकतांत्रिक व्यवस्था में परिवर्तन "राजनीतिक आधुनिकीकरण" कहलाता है।

राजनीतिक आधुनिकीकरण एक विकासोन्मुख प्रक्रिया है। राजनीतिक आधुनिकीकरण की प्रक्रिया में पुरानी एवं परम्परागत राजनीतिक व्यवस्था को आधुनिक राजनीतिक व्यवस्था में रूपान्तरित करने की कोशिश की जाती है। अर्थात जब कोई अविकसित या विकासशील राजनीतिक व्यवस्था स्वयं को अपने से अधिक विकसित राजनीतिक व्यवस्था में परिवर्तित करने की कोशिश करती है। तो उसके इस क्रियात्मक प्रयास को राजनीतिक आधुनिकीकरण की प्रक्रिया कहा जाता है।

हटिंग्टन के अनुसार "राजनीतिक आधुनिकीकरण एक बहुमुखी प्रक्रिया है जिसका सम्बन्ध मानवीय चिन्तन तथा गतिविधि के सभी क्षेत्रों में परिवर्तन से है।"

के.ई. वेल्स जूनियर "राजनीतिक आधुनिकीकरण साधनों के विवेकपूर्ण उपयोग पर आधारित एक प्रक्रिया है। जिसका लक्ष्य एक आधुनिक समाज की स्थापना करना है। आमण्ड एवं पावेल ने राजनीतिक आधुनिकीकरण की निम्न विशेषताएँ बताई है।"

1. राजनीतिक आधुनिकीकरण में केन्द्रीकरण की प्रवृत्ति पायी जाती है।
2. राजनीतिक आधुनिकीकरण में राजनीतिक शक्ति की क्षमता में लगातार वृद्धि होती है।
3. राजनीति व शासनतन्त्र में नागरिकों की सहभागिता राष्ट्रीय स्तर पर पायी जाती है।
4. इसमें नयी मान्यताओं की स्थापना होती है।
5. इसमें भौतिक सुख-सुविधाओं को नागरिकों द्वारा स्वीकार किया जाता है।
6. राजनीतिक आधुनिकीकरण में महिलाओं की राजनीति में भागीदारी होती है।

## Political Neutrality | राजनीतिक निष्पक्षता

लोक सेवकों को राजनीतिक गतिविधियों में भाग लेने, चंदा देने, किसी दल की सदस्यता ग्रहण करने या किसी दल के प्रचार-प्रसार से स्वयं को अलग रखने और बिना किसी राजनीतिक भेदभाव के दायित्व का निर्वहन करना ही राजनीतिक निष्पक्षता है।

## Political Obligation | राजनीतिक उत्तरदायित्व

राजनीतिक उत्तरदायित्व वह सिद्धान्त है जो यह बताता है कि एक व्यक्ति क्यों और कब सरकार की आज्ञा का पालन करने के लिए नैतिक रूप से बाध्य है।? इसके साथ व्यक्ति के कुछ और दायित्व भी जुड़े रहते हैं। जैसे कि कर चुकाना (Payment of Taxes), मतदान में हिस्सा लेना (Participation of Voting), जूरी सेवा (Jury Service), सैनिक सेवा (Military Duty) इत्यादि के लिए तैयार रहना ताकि राज्य की राजनीतिक संस्थाओं को कायम रखा जा सके। ये सब कर्तव्य भी राजनीतिक दायित्व की श्रेणी में आते हैं। राजनीतिक-दर्शन के अन्तर्गत राजनीतिक दायित्व के तार्किक और नैतिक आधार (Logical and Moral Ground) की छान-बीन की जाती है।

## Political Participation | राजनीतिक सहभागिता

लोकतन्त्र का वह रूप जिसमें नागरिक अपने प्रतिनिधि चुनकर राजनीति से उदासीन नहीं हो जाते बल्कि सार्वजनिक समस्याओं पर निरन्तर चर्चा करते रहते हैं, विधायकों, मन्त्रियों और

उच्चाधिकारियों के साथ निरन्तर सम्पर्क में रहते हैं। उन्हें अपने विचारों और भावनाओं से अवगत करवाते रहते हैं। वे न केवल सार्वजनिक कार्यों में सरकार का हाथ बंटाते हैं। बल्कि सरकार के काम-काज की निगरानी भी रखते हैं।

**Political Philosophy | राजनीतिक मीमांसा/दर्शन**

अध्ययन की वह शाखा जिसमें राजनीति के नैतिक और तात्विक पक्षों पर विचार किया जाता है। इसमें राज्य और राजनीतिक जीवन के स्वरूप, राजनीतिक दायित्व (Political Obligation) के आधार और विभिन्न राजनीतिक प्रणालियों की गुणवत्ता की जाँच की जाती है और सार्वजनिक जीवन के लक्ष्य निर्धारित करने के लिए दर्शन और इतिहास की विधियों का प्रयोग किया जाता है।

अत: राजनीति दर्शन का सरोकार 'तथ्यों' और 'मूल्यों' दोनों से है। प्राचीन यूनानी दार्शनिक प्लेटो के चिन्तन में राजनीतिक दर्शन के बीज मिलते हैं, इसलिए प्लेटो को प्रथम राजनीतिक दार्शनिक माना जाता है।

**Political Prejudice | राजनीतिक पूर्वाग्रह**

सरकारी सेवा में अधिकारियों को निष्पक्ष होकर काम करना होता है। किसी के साथ जाति, धर्म विचारधारा के आधार पर विभेद नहीं करना चाहिए। लेकिन आज भारत के हर सरकारी महकमें (जिनमें पुलिस और सेना भी शामिल है) में अनेक अधिकारी ऐसे हैं, जो राजनीतिक पूर्वाग्रह से काम करते हैं, प्रशासन निष्पक्ष नहीं है। श्रीमती इन्दिरा गांधी सत्ता के प्रति समर्पित (committed bureaucracy) होने की बात करती थी। भारतीय जनता पार्टी के निवर्तमान राष्ट्रीय अध्यक्ष नितिन गडकरी उनके यहाँ आयकर का छापा मारने वाले अधिकारी पर राजनीतिक पूर्वाग्रह से काम करने का आरोप लगाकर उन्हें भा.ज.पा. की सत्ता आने पर देख लेने की धमकी दे डाली। यह राजनीतिक पूर्वाग्रह है।

**Political Rights | राजनीतिक अधिकार**

किसी देश की राजनीतिक व्यवस्था के वे अधिकार जो व्यक्ति को राजनीतिक व्यवस्था और राजनीतिक प्रक्रिया में भाग लेने के अवसर प्रदान करते हों और जो साधारणतया राज्य के नागरिकों को ही दिए जाते हैं। विदेशियों को नहीं। उदाहरण स्वरूप, मताधिकार, निर्वाचनों में खड़े होने का अधिकार, सभा-समितियाँ बनाने का अधिकार, सम्मेलन करने का अधिकार तथा निर्वाचित होने का अधिकार, शासन से जानकारी प्राप्त करने का अधिकार राजनीतिक अधिकार की श्रेणी में आते हैं।

**Political Sabotage | राजनीतिक हानि पहुँचाना**

राजनीतिक दल अपने प्रतिद्वन्दी दल को नकारात्मक प्रचार, षडयंत्र या बड़ा घोटाला उजागर कर हानि पहुँचाने की कोशिश करता है इसे राजनीतिक सैबोटेज कहा जाता है। 1988 में विश्वनाथ प्रसाद सिंह तात्कालीन पूर्व वित्तमंत्री के खिलाफ सेंट क्रीट्स बैंक खाते का झूठा मुकदमा किया।

**Political Science | राजनीति विज्ञान**

राजनीति विज्ञान समाज विज्ञानों की वह शाखा है जिसमें राज्य तथा शासन से सम्बन्ध रखने वाले समस्त विषयों, रूपों, सम्बन्धों और पहलुओं का विवेचन किया जाता है। राजनीति को अंग्रेजी में पॉलिटिक्स कहा जाता है। पॉलिटिक्स यूनानी भाषा के 'पोलिस' शब्द से बना है, जिसका अर्थ उस भाषा में नगर-राज्य से है। यूनान का प्रत्येक नगर एक सभ्यता का बोध करवाता था तथा पॉलिटिक्स शब्द उन नगर-राज्यों की शासन व्यवस्था की ओर संकेत करता था। प्रारम्भ में ये नगर राज्य बहुत

छोटे थे लेकिन कालान्तर में जनसंख्या वृद्धि के कारण इनका रूप परिवर्तित हो गया और नगर राज्यों का स्थान राष्ट्रीय राज्यों ने ले लिया। परिणामस्वरूप राजनीति का विषय राष्ट्रीय राज्य हो गए कालान्तर में राज्य से सम्बन्धित इस विषय को राजनीति विज्ञान की संज्ञा दी जाने लगी।

आर.जी. गेटेल 'पॉलिटिकल साइंस (राजनीति विज्ञान)' (1949) के शब्दों में "राजनीति विज्ञान के अन्तर्गत राज्य के अतीत, वर्तमान और भविष्य तथा राजनीतिक संगठन और राजनीति के मूल तत्वों का अध्ययन किया जाता है।" आजकल राजनीति विज्ञान 'इस बात का ऐतिहासिक अध्ययन है कि राज्य का स्वरूप कैसा रहा है, इस बात का राजनीतिक व नैतिक अध्ययन है कि राज्य का स्वरूप कैसा होना चाहिए।' राजनीति शास्त्र की दो प्रमुख शाखाएँ हैं: सैद्धांतिक राजनीति और व्यावहारिक राजनीति। सैद्धांतिक राजनीति में राज्य विषयक सैद्धांतिक प्रश्नों, जैसे: उसके जन्म, मूल तत्वों, गुणों और लक्षणों आदि का विवेचन होता है तथा व्यावहारिक राजनीति में राज्य सम्बन्धी विचारों को किस प्रकार कार्य रूप में परिणत किया जाता है और इसका क्या परिणाम निकलता है, आदि विषयों का विवेचन होता है। डॉ. गार्नर "राजनीति विज्ञान के अध्ययन का प्रारम्भ व अन्त राज्य के साथ होता है" पॉलिटिकल साइन्स एण्ड गवर्नमेन्ट (राजनीति विज्ञान और शासन) (1928) लीकॉक "राजनीति विज्ञान सरकार से सम्बन्धित विधा है"

## Political Sociology | राजनीति समाजशास्त्र, राजनीतिक समाज विज्ञान

राजनीति समाजशास्त्र का सम्बन्ध का विश्लेषण करते हुए गिडिंग्स (Giddings) कहते हैं कि "समाज के मूल सिद्धान्तों से अनभिज्ञ व्यक्ति को राज्य विज्ञान पढ़ाना उसी प्रकार है, जैसे न्यूटन के गुरुत्वाकर्षण सिद्धान्त से अपरिचित व्यक्ति को ज्योतिष विद्या या यन्त्रक्रिया सम्बन्धी विद्या पढ़ाना"

राजनीतिक समाजशास्त्र ऐसा विषय है जो राजनीति विज्ञान (Political Science) तथा समाजशास्त्र (Sociology) की सीमाओं का स्पर्श करता है। इसकी विषय वस्तु दोनों विषयों के विचार क्षेत्र में आती है अर्थात् अध्ययन की वह शाखा जिसमें राजनीतिक संस्थाओं, प्रक्रियाओं और विचारधाराओं इत्यादि को सामाजिक संरचनाओं और प्रक्रियाओं के सन्दर्भ में रखकर देखा और परखा जाता है। इसमें राजनीतिक प्रणाली (Political System) को सामाजिक प्रणाली (Social System) की एक उपप्रणाली (Sub System) के रूप में देखा जाता है और उनके परस्पर सम्बन्धों का अन्वेषण किया जाता है।

संक्षेप में यह समाज विज्ञान और राजनीति विज्ञान के अंतर्विषयक अध्ययन (Interdisciplinary Study) का क्षेत्र है।

तुलनात्मक राजनीतिक विश्लेषण में राजनीतिक समाजशास्त्र का उपयोग अरस्तु की पुस्तक पॉलिटिक्स को माना जाता है। इसके बाद मान्टेस्क्यू, ए.डी. टाक विले, कार्ल मार्क्स, मैक्स वेबर, पैरेटो एवं मोस्का ने अपनी-अपनी तरह विश्लेषण किया है।

## Political Sufferer | राजनीतिक पीड़ित

वे व्यक्ति जिन्होंने राष्ट्रीय आन्दोलन के दौरान ब्रिटिश सरकार के हाथों कारागार आदि की यन्त्रनाएँ भोगी थीं या अन्य प्रकार के कष्ट सहन किए थे। स्वतन्त्रता के पश्चात सरकार ने इन लोगों को कुछ रियायतें दी है।

## Political System | राजनीतिक व्यवस्था

तुलनात्मक राजनीति में आधुनिक उपागम (Modern Approach) के अन्तर्गत प्रणाली विश्लेषण का विशेष स्थान है इसके प्रमुख व्याख्याकार डेविड ईस्टन है इन्होंने अपनी पुस्तक 'पॉलिटिकल सिस्टम एन इन्क्वायरी इंटू दी स्टेट ऑफ पॉलिटिकल साइन्स' (राजनीतिक प्रणाली राजनीतिविज्ञान की दशा का अन्वेषण) (1953) में राजनीतिक व्यवस्था सिद्धान्त की व्याख्या की।

संक्षेप में प्रणाली उन तत्वों के समूह को कहते हैं जो (क) एक-दूसरे से सम्बद्ध हों, (ख) एक-दूसरे पर आश्रित हों (ग) एक-दूसरे पर क्रिया करते हो। इस क्रिया को परस्पर क्रिया या अंतर्क्रिया (Inter Action) कहा जाता है।

डेविड ईस्टन के अनुसार, राजनीतिक प्रणाली किसी समाज के अन्दर उन अन्त:क्रियाओं के समुच्चय को कहा जाता है, जिसके माध्यम से अनिवार्य या आधिकारिक आबंटन (Binding or Authorative Allocation) किए जाते हैं। मतलब यह है कि इन अन्त:क्रियाओं के माध्यम से ऐसे नियम निर्धारित किए जाते हैं या आदेश दिए जाते हैं जिनके माध्यम से समाज के संसाधनों को भिन्न-भिन्न समूहों के उपयोग के लिए नियत किया जाता है और इन नियमों तथा आदेशों को समाज के लिए प्रामाणिक या अनिवार्य मानकर उनका पालन किया जाता है।

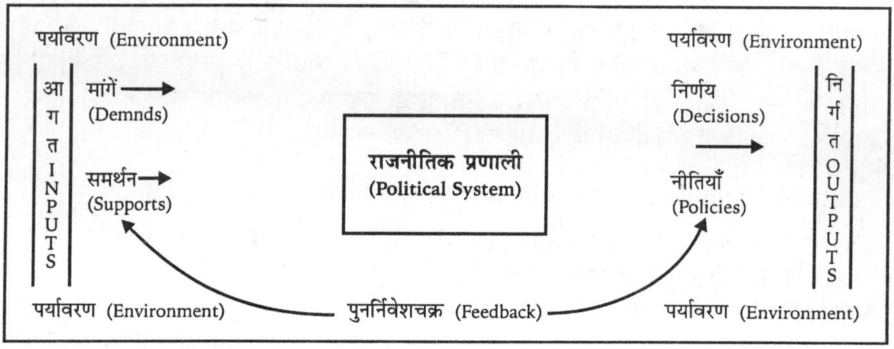


राजनीतिक प्रणाली को अपने पर्यावरण (Environment) से जो तत्व प्राप्त होते हैं। उन्हें आगत (Input) कहा जाता है और यह प्रणाली जिन वस्तुओं का उत्पादन या निर्माण करती है, उन्हें निर्गत (Output) कहा जाता है। ईस्टन के अनुसार राजनीतिक प्रणाली को सामाजिक जीवन से मांगें और 'समर्थन (Demands and Supports) आगत के रूप में प्राप्त होते हैं। यह प्रणाली "नीतियाँ और निर्णय" (Policies and Dicision) बना-बनाकर उन्हें निर्गत के रूप में पर्यावरण की ओर प्रवाहित करती है। यही नीतियां और निर्णय आधिकारिक आबंटन (Authoritative Allocation) का आधार बनते हैं। परन्तु निर्गत भी पर्यावरण में जाकर उसके तत्वों से क्रिया करते हैं जिससे नए आगत अस्तित्व में आते हैं और ये आगत पुनर्निवेश (Feedback) के माध्यम से राजनीतिक प्रणाली में वापस चले जाते हैं और इस तरह एक जटिल चक्र पूरा हो जाता है।

## Political Theory | राजनीतिक सिद्धान्त

परम्परागत दृष्टिकोण के राज्य, सरकार और विचारधारा से आगे बढ़कर राजनीतिक मनुष्य और उसके व्यवहार, समूह, प्रशासन अन्तर्राष्ट्रीय राजनीति, सिद्धान्त, मूल्य, अन्य सामाजिक विज्ञान सांख्यिकीय और शोध पद्धति का अध्ययन किया जाता है। अर्नाल्ड ब्रैरट ने इसमें आठ इकाइयों की ओर इंगित किया है- समूह, सन्तुलन, शक्ति नियोजन एवं प्रभाव, क्रिया, विशिष्ट वर्ग, निर्णय तथा विनिश्चय प्रक्रिया, पूर्वग्रसित प्रतिक्रिया तथा कार्य। इसका सम्बन्ध समस्त समाज विज्ञानों यथा - अर्थशास्त्र, समाजशास्त्र, मनोविज्ञान आदि से भी है।

राजनीतिक सिद्धान्त के अन्तर्गत राजनीति (Politics) के भिन्न-भिन्न पक्षों (Aspects) का अध्ययन किया जाता है। राजनीति का संबंध मुनष्यों के सार्वजनिक जीवन (Public Life) से है। समाज की सारी संस्थाओं में केवल राजनीतिक प्रबन्ध (Political Arrangement) ऐसा विषय है, जिसका सरोकार सम्पूर्ण समुदाय (Community) से हैं: किन्हीं गिने-चुने व्यक्तियों या समूहों से

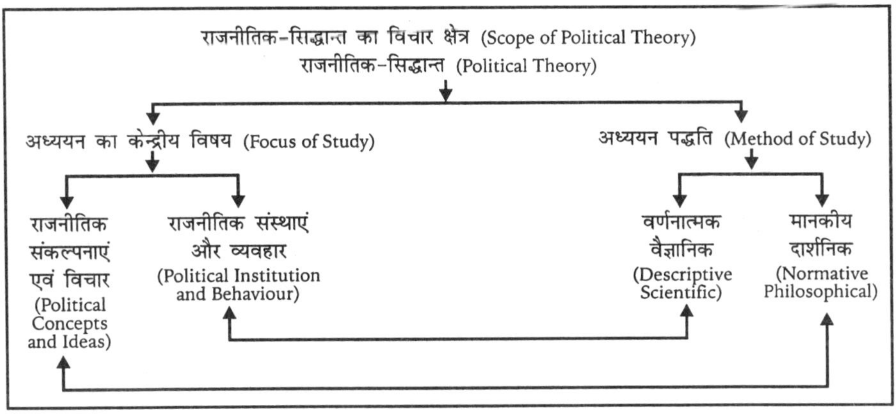


नही। मतलब यह है कि राजनीतिक प्रबन्ध के अन्तर्गत समाज के सारे सदस्यों के ऊपर सत्ता (Authority) का प्रयोग किया जाता है। सबके लिए नियम (Rules) बनाए जाते हैं और निर्णय (Decisions) किए जाते हैं। सबके अधिकार (Rights), कर्तव्य (Duties) और दायित्व (Obligations) निर्धारित किए जाते हैं। ये नियम और निर्णय हम सबके जीवन को दूर-दूर तक प्रभावित करते हैं। ऐसे नियम और निर्णय किस प्रक्रिया (Process) का परिणाम हैं, और इस प्रक्रिया में किन तात्विक नियमों (Principles) का पालन होना चाहिए: यह राजनीति सिद्धान्त की मुख्य समस्या है।

राजनीति सिद्धान्त के तीन प्रमुख कृत्य (कार्य) (Function) स्वीकार किए जाते हैं।

(1) वर्णन (Discription) (2) समालोचन (Criticism) और (3) पुनर्निर्माण (Reconstruction)। इनमें से वर्णन का कृत्य राजनीति विज्ञान (Political Science) के क्षेत्र में आता है। पुनः निर्माण और समालोचना के कृत्य राजनीति दर्शन (Political Philosophy) के क्षेत्र में आते हैं। अतः राजनीति सिद्धान्त के दो मुख्य अंग हैं:

(1) राजनीति विज्ञान और (2) राजनीति दर्शन

राजनीतिक सिद्धान्त के स्वरूप को समझने के लिए इन दोनों अंगों के स्वरूप की जानकारी जरूरी है।

## Political Warfare | राजनीतिक युद्ध

राजनीतिक युद्ध में कोई राज्य सैनिक शक्ति का प्रयोग नहीं करता, लेकिन शक्ति के किसी न किसी रूप का प्रयोग अवश्य होता है। युद्ध का निहितार्थ यह है कि विपक्षी को कोई बात स्वीकार करने के लिए मजबूर कर दिया जाए। सैनिक बल से ऐसा करने पर उसे हम युद्ध की संज्ञा देते हैं, लेकिन कूटनीतिक प्रचार, मनोवैज्ञानिक साधनों से भी किसी राष्ट्र को विवश किया जा सकता है।

जब हम प्रचार की कूटनीति, आर्थिक दबाव आदि का प्रयोग इस रूप में करते हैं कि दूसरे राज्य हमारी नीतियों को मानने के लिए मजबूर हो जाएँ तो इसे राजनीतिक युद्ध कहा जाएगा।

स्ट्रोज-ध्यूप तथा पासनी के अनुसार राजनीतिक युद्ध सूक्ष्म में एक व्यवस्थित क्रिया है एवं अधिकतर गुप्त स्वभाव की क्रियाएँ है, जो बिना शक्ति अथवा सैनिक अधिकार के दूसरे राज्य की नीतियों को प्रभावित एवं निर्देशित करते हैं।

पामर एवं पार्किन्स के अनुसार सामान्यतया युद्ध को छोड़कर इसमें वे साधन सम्मिलित हैं जिनका किसी विशेष शत्रु या शत्रुओं को निर्बल करने के लिए प्रयोग किया जाता है।

इस प्रकार राजनीतिक युद्ध राष्ट्रीय हितों की अभिवृद्धि का आधुनिक विश्व राजनीति में प्रमुख साधन है। राजनीतिक युद्ध-युद्ध न होते हुए भी युद्ध की परिस्थितियों को बनाए रखने की एक कला

है, जिसमें प्रत्येक विषय पर विश्व शान्ति के दृष्टिकोण से नहीं बल्कि अपने संकीर्ण स्वार्थों को ध्यान में रखकर विचार और कार्य किया जाता है। राजनीतिक युद्ध ऐसा युद्ध है जिसका रण क्षेत्र मनुष्य का मस्तिष्क है। इसकी प्रकृति कूटनीतिक युद्ध सी है जो अत्यन्त उग्र होने पर सशस्त्र युद्ध को जन्म दे सकती है। इसका उद्देश्य शत्रु को निर्बल बनाना है, उसके मनोबल का विघटन करना तथा शत्रु अथवा विरोधी राज्य में अव्यवस्था पैदा कर उद्देश्यों की प्राप्ति करना है। इसमें उद्योग-धन्धों कल कारखानों और यातायात के साधनों को अस्त-व्यस्त करने का प्रयास किया जाता है।

राजनीतिक युद्ध के प्रमुख साधन (Device of Political Warfare)

1. शत्रु राज्य में भ्रान्ति और मतभेद उत्पन्न करने के लिए प्रचार करना।
2. विरोधी समुदाय को आतंकित करने वाला प्रचार।
3. दूसरे राज्य को निर्बल करने वाले साधन प्रयुक्त करना।
4. दूसरे राज्य में अल्पसंख्यकों को भड़काना।
5. दूसरे राज्य के राजनीतिक अपराधियों को संरक्षण देना।
6. दूसरे राज्यों में जासूसी गतिविधियों में वृद्धि करना।
7. दूसरे राज्य में राजनीतिक हत्याएँ करवाना।
8. दूसरे राज्य में क्रान्ति को प्रोत्साहन देना।

## Politics | राजनीति

वे कार्यकलाप जिनके द्वारा सामान्य हित से सम्बन्धित समस्याओं को सुलझाया जा सके। सामान्य हित के लिए किया गया संघर्ष ही राजनीतिक है। इसे प्राय: सरकार के प्रक्रियात्मक सम्बन्ध में, शक्ति पर आधारित आचरण तक सीमित माना जाता है। अत: सत्ता संघर्ष, सामाजिक हित के लिए संघर्ष, शक्ति तथा नीति, राजनीति के मूल तत्व हैं।

## Polling Officer | मतदान पदाधिकारी

भारत में लोकसभा तथा विधानसभा के लिए प्राय: एक साथ चुनाव होते रहे हैं। इनका संचालन करने के लिए निर्वाचन क्षेत्र में सामान्यतया एक पीठासीन पदाधिकारी नियुक्त किया जाता है। इनमें से एक को सहायक पीठासीन पदाधिकारी नियुक्त किया जाता है। जो पीठासीन पदाधिकारी की अनुपस्थिति में उसके कर्तव्यों का पालन करता है।

## Polyarchy | अनेक मनुष्यों से शासित राज्य: बहुलतन्त्र

समकालीन राजनीति सिद्धान्त के अन्तर्गत रॉबर्ट डाल ने अपनी चर्चित कृति 'एप्रिफ्रेस टू डेमोक्रेटिक थ्योरी' (लोकतन्त्रीय सिद्धान्त की प्रस्तावना) (1956) के अन्तर्गत लोकतन्त्रीय प्रक्रिया का ऐसा प्रतिरूप विकसित किया है। जिसे बहुलतन्त्र (Polyarchy) की संज्ञा दी है। इस संकल्पना के अनुसार लोकतन्त्रीय समाज में नीति निर्माण की प्रक्रिया ऊपर से देखने में चाहे कितनी ही केन्द्रीकृत (Centralized) क्यों न दिखाई दे, वास्तव में यह अत्यन्त विक्रेंद्रीकृत (Highly Decentralised) प्रक्रिया है। इसके अन्तर्गत अनेक-अनेक स्वायत्त समूह आपस में समझौता या सौदेबाजी करते हैं। अत: सार्वजनिक नीति (Public Policy) उन सब समूहों की परस्पर-क्रिया (Interaction) का परिणाम होती है। जो उससे सम्बन्धित विषय में दिलचस्पी का दावा करते हैं।

इस सिद्धान्त के अनुसार नीति निर्माण में सरकार की भूमिका बहुत कम रह जाती है क्योंकि वह विभिन्न स्वायत्त समूहों को केवल सहमति की स्थिति तक पहुँचने में मदद करती है।

इस प्रकार अनेक व्यक्तियों द्वारा शासन सत्ता का संचालन बहुलतन्त्र (Polyarchy) कहलाता है।

## Popal Arbitration | पोप द्वारा अधिनिर्णय

यूरोप में मध्य युग में धार्मिक तथा राजनीतिक क्षेत्रों में क्रमशः पादरियों और राजाओं की नियुक्ति अथवा उन्हें पदच्युत करने का पोप का अधिकार। यूरोप के इतिहास के मध्यकाल में पोप का हस्तक्षेप समस्त ईसाई जगत में बहुत अधिक था। पोप का स्थान न केवल धर्मक्षेत्र में ही सर्वोच्च था अपितु राजनीति के क्षेत्र में भी उसका पूर्ण प्रभाव था। वह न सिर्फ विभिन्न श्रेणियों के चर्चों के पादरियों की नियुक्ति करता था। बल्कि कभी-कभी राजाओं को भी सिंहासनारूढ़ होने से पूर्व पोप की अनुमति लेनी पड़ती थी। वस्तुतः अनेक महत्वपूर्ण आध्यात्मिक एवं विवावास्पद मामलों में पोप का विभाजन सर्वमान्य होता था। धीरे-धीरे यूरोप के देशों में राजनीतिक जागृति के साथ पोप सत्ता का प्रभाव कम होता चला गया।

## Popular Front | लोकप्रिय मोर्चा

लोकप्रिय मोर्चा, सामान्यतः ऐसी सन्धियाँ या गठजोड़ है जो चुनावी व्यूहरचना के लिए गठित होते हैं। चुनाव के समय विभिन्न राजनीतिक दल इस प्रकार का मोर्चा बना लेते हैं। जिनका मुख्य मुद्दा चुनाव में जीत प्राप्त करना होता है। भारत में भी कुछ वर्ष पूर्व जनता मोर्चा बना था और चुनाव में जीत प्राप्त की थी।

## Population Change | जनसंख्या परिवर्तन

1. किसी विशेष कालावधि में स्थान विशेष की जनसंख्या में परिवर्तन। जनसंख्या के सम्बन्ध में परिवर्तन एक विशिष्ट काल सीमा में प्रवास अथवा प्राकृतिक घटनाओं के प्रभावों के कारण होते हैं।
2. किसी जनसंख्या में व्यक्तियों की विशेषताओं के वितरण में परिवर्तन जो प्रवास अथवा प्राकृतिक घटनाओं के कारण घटित होते हैं उन्हें राजनीति विज्ञान में राजनीतिक आधुनिकीकरण तथा राजनीतिक विकास की प्रक्रिया के अध्ययन में जनसंख्या परिवर्तन कहते हैं अर्थात शहरीकरण व औद्योगीकरण में महत्वपूर्ण स्थान है।

## Populism | असंगठित सर्वसाधारण का विरोधी आन्दोलन

इस प्रकार का आन्दोलन-लैटिन अमेरिका की एक राजनीतिक परम्परा है। इसमें समाज के गरीब तबकों के लोगों को राज्य की विद्यमान संस्थाओं के विरुद्ध आन्दोलन चलाने के लिए प्रेरित किया जाता है। ये आन्दोलन किसी चमत्कारिक नेता के नियंत्रण में चलाये जाते हैं। इस प्रकार की विचारधारा के पीछे कोई ठोस सिद्धान्त नहीं होता। इसमें तो समाज के वंचित वर्गों की भावनाओं को उभारा जाता है तथा उनके क्रोध व शक्ति को विद्यमान शासक के विरुद्ध मोड़ दिया जाता है। वस्तुतः इस प्रकार का आन्दोलन जनसाधारण द्वारा विद्यमान सत्ता के विरुद्ध चलाया जाता है।

## POSDCORB | पोस्डकार्ब

जापान में 1892 में जन्में लूथा गुलिक ड्राका द्वारा प्रशासनिक कार्यक्षेत्र निर्धारण के लिये दी गयी एक अवधारणा। इसे सात कार्यों के प्रथम शब्दों को लेकर बनाया है। इसमें नियोजन (planning), संगठन बनाना (Organising), कर्मचारियों की व्यवस्था करना (Staffing), निर्देशन करना (Directing), समन्वय करना (Coordination), प्रतिवेदन भेजना (Reporting) बजट बनाना (Budgeting) शामिल हैं।

## Positive Role of State | राज्य का सकारात्मक स्वरूप

अमेरिका को अहस्तक्षेप वाला देश कहा जाता रहा है। लेकिन अब कल्याणकारी राज्य बन गया है। लास्की अमेरिका को सकारात्मक राज्य तोपी में यूरोप के तरह मानते थे। अमेरिका के वर्त्तमान राष्ट्रपति बरॉक ओबामा ने भी सामाजिक सुरक्षा और बीमार उद्योगों को राहत देने के लिए काफी बजटीय प्रावधान करके इसे सकारात्म्क राज्य बनाया है।

## Positivism | प्रत्यक्षवाद, निश्चयवाद

निश्चयवाद सामाजिक विज्ञानों के अध्ययन की एक विधि है। यह वैज्ञानिक विधि का पर्याय है। इसके अनुसार मानव व्यवहार का अध्ययन वस्तुनिष्ठ रूप से होना चाहिए। इसका अभिप्राय यह है कि मानव के विश्वासों, अभिवृत्तियों, मूल्यों को अमूर्त मानते हुए रद्‌द कर देना चाहिए। अर्थात प्रत्यक्षवाद वह सिद्धान्त है जो केवल वैज्ञानिक पद्धति (Scientific Method) से प्राप्त ज्ञान को उपयुक्त, विश्वस्त और प्रामाणिक मानता है। आगस्ट काम्टे प्रत्यक्षवाद के जनक थे। उन्होंने वैज्ञानिक अर्थों, व्यावहारिक और यथार्थवादी विश्लेषण को महत्व दिया।

## Poverty | निर्धनता

जब कोई व्यक्ति या तो अपनी अल्प आय अथवा अपनी मूर्खतापूर्ण अपव्यय, अज्ञानता, अयोग्यता, लापरवाही, आलस्य आदि प्रवृत्ति के कारण अपने जीवन-स्तर को उतना ऊँचा नहीं रख सकता जितना कि होना चाहिए, ऐसी दशा को हम निर्धनता कहते हैं। निर्धनता के कारण मनुष्य की शारीरिक और मानसिक कुशलता क्षीण होती है, जिसके कारण वह समाज में कोई उपयोगी कार्य करने में असमर्थ रहता है।

निर्धनता दो प्रकार की होती है: प्राथमिक निर्धनता और द्वितीयक निर्धनता। प्राथमिक निर्धनता आमदनी की कमी के कारण उत्पन्न होती है, जबकि द्वितीयक निर्धनता व्यक्ति की अज्ञानता, अयोग्यता, आलस्य, अपव्यय, लापरवाही तथा कुरीतियों के कारण पैदा होती है। निर्धनता का व्यक्तियों के शारीरिक एवं मानसिक विकास की गति, शैक्षिक स्तर, आचरण आदि पर बुरा प्रभाव पड़ता है। निर्धनता को दूर करने के लिए सरकार तथा व्यक्ति दोनों को सजग रहने की अति आवश्यकता है। जब तक देश की अर्थव्यवस्था में आमूल-चूल परिवर्तन नहीं होगा, तब तक इन परिस्थितियों का सामना होता रहेगा। सम्पत्ति पर सामाजिक अधिकार, आय की गारंटी तथा भविष्य की सुरक्षा सरकार द्वारा दिए जाने पर निर्धनता की समस्या हल हो सकती है। निर्धनता को दूर करने के लिए भारत में सामाजिक क्षेत्र में आर्थिक सहायता दी जाती है। जनवरी 2013 से गरीबों को उनके बैंक खातें में कैश सब्सिडी भारत सरकार के द्वारा दिया जा रहा है। इसमें खाद, केरोसिन तेल, मनरेगा, शिक्षा, स्वास्थ्य, आवास के क्षेत्र, विधवा पेंशन, बी.पी.एल. लोगों को सस्ती दर पर गेहूँ/चावल आदि अनेक प्रकार की सहायताएँ दी जा रही है।

## Poverty Estimate | गरीबी आकलन

गरीबों के आँकड़ों से विकास की योजना बनाई जाती है। भारत में इसके लिए कई समितियाँ बनी। 1977 में अलध समिति, 1989 में लकड़वाला समिति तथा 2005 में बनी तेंदुलकर समिति ने 2009 में अपने सुझाव दिए। इसमें खाद्य कैलोरी के अलावा स्वास्थ्य एवं शिक्षा पर खर्च का समावेश किया गया। 2009-10 में करीब 30 प्रतिशत भारतीय गरीबी रेखा से नीचे हैं। जून 2011 की कीमत पर शहरी क्षेत्र में प्रति व्यक्ति 32 रुपया और ग्रामीण क्षेत्र में 26 रुपया प्रतिदिन कमाने वाले गरीब हैं।

## Poverty Line | गरीबी रेखा

एक ऐसी आर्थिक विभाजक रेखा है जिसके अन्तर्गत वे सभी व्यक्ति आते हैं जो न्यूनतम उपभोग स्तर तक नहीं पहुँच पाते हैं। योजना आयोग पहली बार 1967 में 1960-61 के मूल्य पर 20 रुपया प्रति व्यक्ति प्रतिमाह से कम उपयोग करने वाले को गरीबी रेखा से नीचे माना। इनके यही राशि 2011 की कीमत में 2012 में 26 रुपया और 22 रुपया से कम खपत करने वाले प्रतिदिन के हिसाब से गरीबी रेखा के नीचे माने गये हैं।

## Power | शक्ति मूल्क राजनीति

शक्ति का अर्थ है- दूसरों के व्यवहार पर नियन्त्रण स्थापित करना, अर्थात दूसरों से उनकी इच्छा के विरुद्ध कार्य करवा लेना शक्ति है। राजनीति के क्षेत्र में शक्ति के सम्बन्ध में तीन बातें महत्वपूर्ण है:

1. राजनीतिक शक्ति धारण करने वालों में उच्च-अधीनस्थ सम्बन्ध होते हैं।
2. राजनीतिक शक्ति का प्रयोग अन्ततोगत्वा आम जनता पर होता है।
3. राजनीतिक शक्ति मनोवैज्ञानिक सम्बन्ध प्रकट करती है।

इस प्रकार की राजनीति जो मूलत: नैतिक सिद्धान्तों पर आधारित न हो। प्रत्युत किसी न किसी प्रकार की सत्ता प्राप्त करने तथा बनाए रखने की युक्तियों पर निर्भर हो।

आधुनिक युग में शक्ति राजनीति के प्रणेता शिकांगो विश्वविद्यालय के प्रोफेसर हॉन्स जे. मार्गेन्थाऊ को माना जाता है, जिन्होंने अपनी पुस्तक Politics Among Nations में वर्णन किया है मार्गेन्थाऊ के अनुसार "शक्ति की महात्वाकांक्षा, अन्य राजनीतियों के समान ही, अन्तर्राष्ट्रीय राजनीति का विशिष्ट तत्व है। अत: अन्तर्राष्ट्रीय राजनीति आवश्यक तौर पर शक्ति-संघर्ष का रूप धारण कर लेती है"। अन्तर्राष्ट्रीय राजनीति में शक्ति का प्रयोग करने वाले तथा जिसके विरुद्ध शक्ति प्रयुक्त होती है- इन शब्दों का मनोवैज्ञानिक सम्बन्ध ही राजनीतिक शक्ति है।

## Power Based Classification of States | शक्ति के आधार पर राज्यों का वर्गीकरण

राष्ट्रों को शक्ति के आधार पर चार श्रेणियों में विभाजित किया जा सकता है।

1. *महाशक्ति (Great Power):* महाशक्ति उस देश को कहते हैं जिसके नीति-निर्माता यह समझते हैं कि वह देश अकेला ही अन्तर्राष्ट्रीय राजनीति पर निर्णायक रूप से प्रभाव डाल सकता है।
2. *उपमहाशक्ति (Secondary Power):* उप महाशक्ति उस देश को कहा जाता है जो अन्तर्राष्ट्रीय राजनीति पर कुछ प्रभाव तो डाल सकता है, चाहे वह प्रभाव निर्णायक न हों।
3. *माध्यमिक शक्ति (Middle Power):* वह राष्ट्र जो अकेला अन्तर्राष्ट्रीय राजनीति को प्रभावित नहीं कर सकता और प्रभावक की भूमिका अदा करने के लिए उसे अन्य देशों के साथ मिलकर कार्य करना पड़ सकता है तो उसे माध्यमिक शक्ति वाला कहा जाएगा।
4. *लघु शक्ति (Small Powers):* वह देश जो न तो अकेला और न ही किन्हीं अन्य राष्ट्रों के साथ मिलकर अन्तर्राष्ट्रीय राजनीति को प्रभावित कर सकता है तो उसे लघु शक्ति कहा जाएगा।

## Power Blindness | सतांधता

मार्क्सवादी मानव-जीवन समृद्ध और स्वाभाविक विकास में मानवीय भावनाओं को कम महत्व देते हैं। संकीर्णता, कट्टरता और असहिष्णुता की भावना व्यक्ति को भौतिकवादी बनाकर सत्ता के मद में संकीर्ण सोच का विकास करता है।

**Powers Prohibite to States | राज्यों के लिए निषिद्ध शक्तियाँ**

अमेरिका में अपरिगणित (unenumerated) शक्तियाँ है, पर यह असीमित नहीं है। उन पर अनेक प्रतिबन्ध है। वहाँ राज्य विदेशों से संधि नहीं कर सकते, बिना कांग्रेस की स्वीकृति लिये आपस में समझौता नहीं कर सकते। कोई नया कर ऐसा नहीं हो जो संघीय सरकार के कार्यक्षेत्र में हस्तक्षेप हो तथा आयात-निर्यात कर एवं संघीय सम्पत्ति पर कर नहीं लगा सकते। राज्य सरकार केन्द्र के अर्न्तराष्ट्रीय व्यवसाय को विनियमित करने के कार्य में हस्तक्षेप नहीं कर सकते। राज्यों की शक्तियों पर 14वें संविधान संशोधन (1868) के द्वारा व्यक्ति के जीवन, स्वतंत्रता और संपति से वंचित बिना वैधिक प्रक्रिया से करने पर रोक लगा दी गयी। राज्यों में लोगों को कानून की समान सुरक्षा से वंचित नहीं किया जा सकता।

**Pragmatic Realism | अर्थक्रियापरक वास्तववाद**

कर्म ही महत्वपूर्ण है, व्यक्ति प्राकल्पनाओं के आधार पर काम करता है और इसके फलस्वरूप उसे पर्यावरण के साथ अनुकूलन में सफलता प्राप्त होती है। इससे उसकी व्यावहारिक कठिनाइयाँ दूर होती हैं।

**Pragmation | व्यावहारिकतावाद**

पर्स और जेम्स के नेतृत्व में बीसवीं शताब्दी में अमेरिका में चलाया गया आन्दोलन जो किसी भी सिद्धान्त का अर्थ उसके व्यावहारिक प्रभावों में ढूंढ़ता है। विचार का काम व्यवहार का पथ प्रदर्शन करना होता है और सत्य वह है जो व्यवहारोपयोगी है।

**Preamble | प्रस्तावना**

किसी अधिनियम अथवा संविधान के प्रारम्भ में दिया गया उसका संक्षिप्त उद्देश्य-निर्देश। संविधान राष्ट्र का मूलभूत अधिनियम होता है, जिसका ध्येय होता है राज्य के विभिन्न अंगों का गठन कर उन्हें शरीर देना। किन्तु संविधान एक निर्जीव प्रलेख मात्र नहीं है। वह एक सज़ीव विधान है। उसके शरीर गठन के पीछे एवं अंगों की व्यवस्था के पीछे एक प्रेरणा होती है जिसको प्रस्तावना में शब्द रूप मिलता है। प्रायः सभी लिखित संविधानों के प्रारम्भ में एक संक्षिप्त प्रस्तावना अवश्य होती है।

**Prejudice | पूर्वाग्रह**

किसी व्यक्ति या समूह के बारे में पूर्व निर्धारित विचार बनाना या रखना, जो नयी जानकारी प्राप्त होने पर बदलने को तैयार नहीं होता है। यह सकारात्मक और नकारात्मक दोनों तरह का होता है। परन्तु नकारात्मक या अनादरपूर्ण पूर्वधारणा के रूप में ही इसका प्रयोग होता है।

**Premium Bonus | प्रेरक बोनस**

वेतन की घंटेवार दर के ऊपर बोनस और जोड़ दिया जाता है। इसे वेतन देने की प्रेरक बोनस प्रणाली कहलाती है। इसमें हर काम को पूरा करने का एक नियममानक समय होता है और कामगार का बोनस इस बात पर निर्भर होता है कि उसने कितने समय की बचत की है।

**Presentation of Facts | आँकड़ों का प्रस्तुतीकरण**

शोध कार्य/सर्वे के दौरान आंकड़ों का संग्रह के बाद, प्राप्त सूचनाओं को संसाधित करने की जरूरत होती है, जिसका सारणीयन एवं उपयुक्त आरेखों जैसे दंड-आरेख, वृत्त-आरेख आदि द्वारा संगठित

एवं प्रस्तुतिकरण किया जाता है। प्रस्तुतिकरण के लिए कम्प्यूटर के द्वारा पावर पाइंट प्रेजेन्टेशन भी दिया जाता है।

## President | राष्ट्रपति

राष्ट्रपति गणतंत्रों में राज्यों के अध्यक्ष होते हैं। ये राज्य की शक्ति का वैधानिक एवं प्रतीकात्मक रूप में प्रतिनिधित्व करते हैं। राष्ट्रपति प्रायः आधुनिक सम्राटों की प्रतीकात्मक शक्तियों का प्रतिनिधित्व करते हैं, पर इन्हें यह पद पैतृक रूप में प्राप्त नहीं होता है। इनका चुनाव होता है। संयुक्त राज्य अमेरिका एवं फ्रांस के राष्ट्रपति कार्यपालिका के अध्यक्ष होते हैं। भारत का राष्ट्रपति राज्य का वैधानिक अध्यक्ष होता है पर कार्यपालिका का अध्यक्ष प्रधानमंत्री होता है।

## President's Rule | राष्ट्रपति शासन

भारतीय संविधान के अनुच्छेद 356 में राज्यों में सांविधानिक तन्त्र के विफल हो जाने की अवस्था में राष्ट्रपति शासन की व्यवस्था है। यदि किसी राज्य के राज्यपाल की रिपोर्ट अथवा राष्ट्रपति को लगे कि ऐसी स्थिति पैदा हो गई है कि जिसमें उस राज्य का शासन संविधान के उपबन्धों के अनुसार नहीं चल रहा है तो राष्ट्रपति उद्घोषणा द्वारा उस राज्य का शासन राज्यपाल अथवा स्वयं के हाथों में ले लेता है।

राष्ट्रपति ऐसी उद्घोषणा को दो मास के अन्दर संसद में रखवायेगा। संसद के अनुमोदन के बाद यह घोषणा ऐसी उद्घोषणा के किए जाने की तारीख से छह मास की अवधि की समाप्ति पर प्रवर्तन में नहीं रहेगी।

भारत में अब तक लगभग 120 बार राज्यों में राष्ट्रपति शासन लगाया जा चुका है प्रथम बार राष्ट्रपति शासन पंजाब (पेप्सू) में गोपीचन्द भार्गव मंत्रिमण्डल के पतन के समय लगाया गया था।

## Presidential Government | राष्ट्रपति शासन पद्धतिः अध्यक्षात्मक शासन

राष्ट्रपति की भूमिका महत्वपूर्ण होती है तथा वह कार्यपालिका का अध्यक्ष होता है। प्रधानीय या अध्यक्षात्मक शासन प्रणाली उस व्यवस्था का नाम है, जहाँ पर विधान पालिका तथा कार्यपालिका एक-दूसरे से स्वतन्त्र रहती हैं। दूसरे शब्दों में ऐसी प्रणाली में विधान पालिका तथा कार्यपालिका का पृथक्करण होता है। शासन प्रबन्ध का स्रोत प्रधान अथवा राष्ट्रपति होता है। गार्नर के अनुसार "प्रधानीय सरकार वह होती है जिसमें कार्यपालिका अर्थात राज्य का अध्यक्ष तथा उसके मंत्री अपनी अवधि के बारे में विधान पालिका से स्वतन्त्र होते हैं तथा बहुत कुछ अपनी राजनीतिक नीतियों के बारे में भी उसके प्रति अनुत्तरदायी होते हैं"।

अध्यक्षात्मक शासन व्यवस्था संयुक्त राज्य अमेरिका और दक्षिण अमेरिका के राज्यों में अपनायी गई है। प्रधानीय व्यवस्था में प्रधान (President) तथा उसका मंत्रिमण्डल विधायिका से अलग होता है। ऐसी व्यवस्था में प्रधान का चुनाव एक विशेष निर्वाचन मण्डल द्वारा होता है। राष्ट्रपति अपनी इच्छानुसार अपने मन्त्रियों की नियुक्ति करता है।

अध्यक्षीय शासन की निम्न विशेषताएँ होती हैः

1. इसमें वास्तविक एवं नाममात्र की कार्यपालिका का भेद नहीं होता है।
2. अध्यक्षीय शासन व्यवस्था शक्ति पृथक्करण सिद्धान्त पर आधारित होती है
3. इस शासन व्यवस्था में मन्त्रियों की नियुक्ति राष्ट्रपति अपनी इच्छा से करता है तथा वे उसी के प्रति उत्तरदायी होते हैं।
4. इसमें राष्ट्रपति स्वयं ही राज्य और सरकार का अध्यक्ष होता है।

5. राष्ट्रपति शासन में राष्ट्रपति का कार्यकाल निश्चित होता है। इससे पहले उसे महाभियोग द्वारा पद से हटाया जा सकता है।

## Presiding Officer | पीठासीन अधिकारी

विधान मण्डलों के अध्यक्ष, उपाध्यक्ष, सभापति, उपसभापति या उनकी अनुपस्थिति में बैठकों की अध्यक्षता करने वाले अन्य व्यक्ति।

## Pressure Group | दबाव समूह

दबाव समूह स्वैच्छिक संगठन होते हैं जिनका गठन किसी विशेष हित की रक्षा करना होता है या फिर किसी राजनीतिक कारण या स्थिति को मजबूत करना होता है। ये समूह विभिन्न रूपों में और तरीकों से राजनीतिक प्रणाली पर दबाव डालते हैं, पर वे स्वयं साधारणतया पद प्राप्त करने का प्रयास नहीं करते। अर्थात जब कोई हितसमूह अत्यधिक सक्रिय हो जाता है और अन्य समूहों के हितों को पीछे धकेल कर अपने हितों की सिद्धि के लिए सरकार पर अपना दबाव बढ़ा देता है। तो उसे दबाव समूह (Pressure Group) की संज्ञा दी जाती है। दबाव समूह सार्वजनिक नीति (Public Policy) को प्रभावित करने के लिए कई तरीके अपनाते हैं। जैसे नीति निर्माताओं को नीतियों का सुझाव भेजते हैं। संचार के साधनों द्वारा जनमत का निर्माण करते हैं। दीर्घा प्रचार (Lobbying) करते हैं। चुनावों में दलों को चन्दा देते हैं। हड़ताल व प्रदर्शन करवाते हैं।

## Prestroika | प्रेस्ट्रायका, पुनर्संरचना

रूसी भाषा का शब्द जो सोवियत संघ के राष्ट्रपति गोर्बाच्योव द्वारा खुलापन यानि मुक्त बाजार के साथ देश की साम्यवादी अर्थव्यवस्था को पूंजीवाद की राह पर पुनर्संरचना के लिए 1985 से प्रयुक्त हुआ। सोवियत संघ का विघटन हुआ। कई नये देश बने और 'रूस' में पुनर्संरचना का कार्य शुरू हुआ। जिसमें स्वतंत्र बाजार और व्यक्तिगत सम्पत्ति को महत्व दिया गया।

## Priminister | प्रधानमंत्री

संसदीय शासन में दो प्रकार की कार्यपालिका नाम मात्र एवं वास्तविक नाम की कार्यपालिका राष्ट्रपति या राजा होता है, जबकि वास्तविक कार्यपालिका प्रधानमंत्री और मंत्रिमण्डल में निहित होती हैं। भारत के संविधान के अनुच्छेद 74 में यह कहा गया है कि राष्ट्रपति को अपने कार्यों में सहायता और सलाह देने के लिए एक मन्त्रिपरिषद होगी जिसका प्रधान, प्रधानमंत्री होगा और राष्ट्रपति अपने कार्यों को मंत्रिमण्डल की सलाह से करेगा, लेकिन ऐसी सलाह को एक बार पुनर्विचार हेतु मन्त्रिपरिषद को लौटा सकेगा। अनुच्छेद 75 के अनुसार प्रधानमंत्री की नियुक्ति राष्ट्रपति करेगा। अन्य मन्त्रियों की नियुक्ति राष्ट्रपति प्रधानमंत्री की सलाह पर करेगा। मंत्री राष्ट्रपति के प्रसाद पर्यन्त अपने पद को धारण करेंगे। मंत्रिपरिषद् लोकसभा के प्रति सामूहिक रूप से उत्तरदायी होगी।

## Primus Interpapres | समकक्षों में प्रथम

समकक्षों में प्रथम शब्द संसदीय शासन व्यवस्था में प्रधानमंत्री की स्थिति को व्यक्त करने के लिए प्रयुक्त किया गया था। इस व्यवस्था में मंत्रिमण्डल देश की वास्तविक कार्यकारिणी परिषद होती है। जिसका प्रधान या मुखिया प्रधानमंत्री होता है। मंत्रिमण्डल का निर्माण तथा अन्त वस्तुत: प्रधानमंत्री ही करता है। अत: प्रधानमंत्री सहित सब मंत्री समान होते हुए भी, प्रधानमंत्री की स्थिति विशेष होती है। इस विशेष स्थिति को दर्शाने के लिए ब्रिटेन में "समकक्षों में प्रथम" वाक्य का प्रयोग किया गया था। वैसे व्यवहार में स्थिति बदल गई है तथा प्रधानमंत्री का पद अब वस्तुत: सर्वोच्च हो गया है।

### Private Member | गैर-सरकारी सदस्य

मंत्रियों के अतिरिक्त कोई अन्य सदस्य। इस प्रकार संसद के वे सभी सदस्य जो मंत्री नहीं हैं, गैर-सरकारी सदस्य हैं।

### Private Member's Bills | वैयक्तिक विधेयक, गैर-सरकारी विधेयक

गैर-सरकारी सदस्यों अर्थात मंत्रियों के अतिरिक्त अन्य सदस्यों द्वारा पुनः स्थापित किए गए विधेयक गैर-सरकारी सदस्यों के विधेयक कहलाते हैं। वर्तमान समय में कुछ ही गैर-सरकारी विधेयक कानून बनाने में सफल हो पाते हैं। भारतीय संसद में इस प्रकार के विधेयक शुक्रवार को ही प्रस्तुत किए जा सकते हैं तथा नियम यह है कि एक पखवाड़े में एक शुक्रवार को गैर-सरकारी प्रस्तावों तथा दूसरे शुक्रवार को गैर-सरकारी विधेयकों पर विचार किया जाता है।

### Privileges Committee | विशेषाधिकार समिति

संसद अथवा विधानसभाओं की समितियों में विशेषाधिकार समिति का गठन स्पीकर द्वारा किया जाता है। इस समिति का प्रमुख कार्य सदन या उसी के किसी सदस्य के विशेषाधिकारों का किसी व्यक्ति अथवा संस्था द्वारा हनन किए जाने पर उसकी जांच करना होता है। सदन आवश्यक कार्यवाही करने के लिए इस प्रकार के प्रतिवेदन पर निर्णय लेता है। जो कि विशेषाधिकार समिति को दिए जाते हैं। संविधान के अनुच्छेद 105 में संसद के सदनों की उनके सदस्यों और समितियों की शक्तियाँ एवं विशेषाधिकारों का प्रावधान किया गया है तथा अनुच्छेद 194 में विधानमण्डलों के सदनों की उनके सदस्यों और समितियों की शक्तियाँ एवं विशेषाधिकारों का उल्लेख है।

### Privileges of the Press | समाचार पत्रों के विशेषाधिकार

इंग्लैण्ड में समाचार पत्रों को विधि के समक्ष सामान्य नागरिकों की अपेक्षा कोई विशेषाधिकार प्राप्त नहीं है। लार्डमेंस फील्ड के शब्दों में समाचार पत्रों की स्वतन्त्रता का अर्थ यह है कि विधि के निष्कर्षों के अधीन रहते हुए बिना किसी पूर्व अनुज्ञा के मुद्रण करना। संयुक्त राज्य अमेरिका के संविधान में समाचार पत्रों की स्वतन्त्रता का विशेष रूप से उल्लेख किया गया है लेकिन व्यवहार में वहाँ भी समाचार पत्रों पर वे सारे प्रतिबन्ध लगे हुए हैं जो सामान्य व्यक्ति की अभिव्यक्ति स्वातन्त्र्य पर लगे हुए हैं।

भारतीय संविधान में समाचार पत्रों की स्वतन्त्रता का अलग से उल्लेख नहीं है। अनुच्छेद 19(1)(क) में सब नागरिकों को वाक्-स्वातन्त्र्य का अधिकार दिया गया है। और समाचार पत्रों की स्वतन्त्रता भी इसी उपबन्ध के अन्तर्गत आ जाती है। उच्चतम न्यायालय ने अनेक मुकदमों-रमेश थापर बनाम मद्रास राज्य (1950, सुप्रीम कोर्ट जनरल 4118), ब्रजभूषण बनाम दिल्ली राज्य (1950, सुप्रीम कोर्ट जनरल 425), एक्सप्रेस न्यूजपेपर्स लि. बनाम भारत संघ (1958, सुप्रीम कोर्ट जनरल 1113), और श्री निवासन बनाम मद्रास राज्य (ऑल इण्डिया रिपोर्टर 1951, मद्रास 70) में इस प्रश्न पर विचार किया है। और माना है कि वाक्-स्वातन्त्र्य और अभिव्यक्ति-स्वातन्त्र्य के अन्तर्गत समाचारपत्रों की स्वतन्त्रता पर वही प्रतिबन्ध माने जा सकते हैं, जो नागरिकों के वाक्-स्वातन्त्र्य और अभिव्यक्ति-स्वातन्त्र्य पर लगे हुए हैं।

### Productivity of Agriculture | कृषि की उत्पादकता

कृषि उत्पाद की कीमत जो प्रति इकाई क्षेत्र (एकड़, हैक्टेयर, बीघा आदि) में उत्पन्न होती है। उत्पादकता का हिसाब लगाते समय उन्हीं वृद्धियों को शामिल किया जाता है जो केवल खेती के तरीकों में तथा खाद्य आदि की गुणवत्ता में किए गए परिवर्तनों के कारण होती है, न कि कृषि के

क्षेत्र में किए गए विस्तार के कारण। इन परिवर्तनों में ट्रैक्टरों, उन्नत बीजों, सिंचाई का योगदान है। भारत में कृषि उत्पादकता में वृद्धि 1966 में भारत के प्रधानमंत्री लाल बहादुर शास्त्री के 'जय जवान, जय किसान' के नारे से शुरू हुआ। इसमें कृषि वैज्ञानिक एस स्वामीनाथन् के टीम के द्वारा नये नये उन्नत बीज तैयार करने से हुआ। इससे देश अनाज के मामले में आत्मनिर्भर होकर निर्यात करने वाला देश भी बन गया है।

## Progress | प्रगति

प्रगति को हमेशा बेहतरी, बढ़ोत्तरी माना जाता है। यह शब्द 1960 से 1990 तक संवृद्धि (growth) और विकास के साथ प्रचलित हुआ। इसे देश, समाज, परिवार व्यक्ति, क्षेत्र विशेष में आर्थिक-सामाजिक संचार, कृषि आदि के क्षेत्र में आगे बढ़ने का बोध होता है। यह सकारात्मक विकास को बढ़ाता है।

## Prohibition | प्रतिषेध, नशाबन्दी, मद्यनिषेध

1. प्रतिषेध का प्रलेख (Writ) एक ऐसा आदेश है, जिसे उच्चतम न्यायालय या उच्च न्यायालय निचले न्यायालय के लिए जारी करते हैं। इसमें यह कहा जाता है जो मुकदमा आपके पास विचाराधीन है, वह आपके अधिकार क्षेत्र से बाहर है इसलिए आप इस पर कार्यवाही करना बन्द करें। यह लेख न्यायिक और अर्द्ध न्यायिक अधिकारियों के लिए ही निकाला जाता है।
2. शराब आदि नशीले पदार्थों का निषेध महात्मा गांधी के रचनात्मक कार्यक्रम का महत्वपूर्ण अंग था। सन 1937 में जब कांग्रेस ने प्रान्तों में शासन भार संभाला, गांधी जी ने पूर्ण निषेध की तीन वर्ष की योजना देश के सामने रखी, लेकिन गांधी जी मद्य-निषेध के कार्यक्रम को अमली जामा पहनाने के लिए राज्य कार्य के साथ-साथ गैर-सरकारी प्रयत्नों पर भी जोर देते थे। कानून द्वारा निषेध अर्थात शराब और मादक वस्तुओं की दुकानों को बन्द करना मद्यनिषेध की नीति का निषेधात्मक भाग था। इस नीति का विधायक भाग था। राष्ट्र की एक प्रकार की प्रौढ़ शिक्षा अर्थात गैर-सरकारी समुदायों द्वारा मादक वस्तुओं के व्यसन में फंसे व्यक्तियों के सुधार के उद्देश्य से एक सक्रिय एवं सकारात्मक रूप से किया गया प्रचार।

इन गांधीवादी आदर्शों को संविधान के भाग 4 में नीति निर्देशक तत्वों के अनुच्छेद 47 में स्थान दिया गया है जिसमें कहा गया है कि राज्य लोगों के पोषाहार के स्तर को ऊँचा उठाने, लोक स्वास्थ्य के सुधार हेतु विशिष्ट मादक पेयों और स्वास्थ्य के लिए हानिकारक औषधियों के प्रयोग को रोकने का प्रयोग करेगा।

## Proletriat | सर्वहारा वर्ग

इस पद का प्रयोग मार्क्स ने उन लोगों के लिए किया था जो पूंजीवादी व्यवस्था में सम्पत्ति और साधन विहीन थे तथा जो मजदूर थे। यह वर्ग बुर्जआ वर्ग द्वारा शोषित था। मार्क्सवादी सिद्धान्त में प्रोलिट्रेट वह वर्ग है जो साम्यवादी दल द्वारा उन्नत हो सकेगा। मार्क्सवाद के अनुसार प्रोलिट्रेट वह वर्ग है जिसके पास न तो उत्पादन के साधन हैं और सम्पत्ति। यह वर्ग केवल अपनी श्रम शक्ति (Labour Power) के बल पर जीवन-निर्वाह करने के लिए विवश होता है। इसे सर्वहारा-वर्ग कहते हैं।

## Proportional Representation | आनुपातिक प्रतिनिधित्व

1899 ई. में अंग्रेज विचारक थामस हेयर ने अपनी पुस्तक 'इलेक्शन ऑफ रिप्रजेन्टेटिव' में इसकी व्याख्या की थी। अतः उसी के नाम पर इस प्रणाली को हेयर प्रणाली भी कहा जाता है। इस विधि के द्वारा अल्पसंख्यक वर्गों एवं बहुसंख्यक वर्गों को विधानमंडल में पर्याप्त उनकी संख्या में

प्रतिनिधित्व दिया जाता है। सीटों का बँटवारा भी कुल मतों के अनुपात में किया जाता है। हेयर की योजना के अनुसार बड़े-बड़े आकारों के निर्वाचन क्षेत्रों से तीन-चार या पाँच उम्मीदवारों का चयन होना चाहिए। मतदाता को उम्मीदवारों की संख्या के बराबर मत देने का अधिकार होना चाहिए। कोई उम्मीदवार चुनाव में निश्चित संख्या (Quota) (50+1=51%) के मत प्राप्त करने पर विजयी घोषित किया जाता है। इसके लिए एकल संक्रमणीय मत प्रणाली या वैकल्पिक मत प्रणाली और सूची प्रणाली को भी कार्यरूप में लिया जाता है।

### Propusitor | प्रतिज्ञप्त

निर्णय का शब्दों में व्यक्त रूप अर्थात् निर्णय को व्यक्त करने वाला वाक्य। Positive Law (पोजिटिव लॉ) निश्चित या स्थिर कानून। सकारात्मक कानून उन नियमों का समुच्चय है जो किसी प्रभु सत्ताधारी (Sovereign) की इच्छा को व्यक्त करते हैं। उसके अधिकार क्षेत्र में आने वाले सब लोगों के लिए इन नियमों का पालन अनिवार्य होता है और इनका उल्लंघन करने वालों को प्रभावशाली रूप से यह दण्ड दिया जा सकता है। ये कानून पूर्णतया वैधानिक होते हैं।

### Prorogation | सत्रावसान

राष्ट्रपति के आदेश के द्वारा संसद और राज्यपाल के आदेश पर विधान सभा के अधिवेशन का समापन होता है। इसे सत्रावसान कहा जाता है।

### Provisional Hypothesis | अस्थायी प्राक्कल्पना

शोधकार्य में वह प्राक्कल्पना जिसे किसी संतोषजनक या पर्याप्त प्राक्कल्पना के अभाव में अस्थायी रूप से स्वीकार कर लिया जाता है। इससे शोध कार्य को आगे बढ़ाया जाता है और प्रयोग का आधार भी बनाया जाता है।

### Public Administration | लोक प्रशासन

1. सरकार के प्रशासनिक कार्यकलाप
2. सरकार के प्रशासनिक कार्यों का एक शास्त्र के रूप में व्यवस्थित अध्ययन। प्रो. पिफनर ने सार्वजनिक प्रशासन की सार्वजनिक नीति को कार्यान्वित करने के लिए "सामूहिक प्रयत्नों का समन्वय" कहा है "सार्वजनिक प्रशासन में ऐसे समस्त कार्यों का समावेश हो, जिन्हें सरकार की नागरिक संस्थाएँ राज्य की उद्देश्य सिद्धि के लिए करती हैं।

### Public Cooperation | जन सहयोग

जन सहयोग एक वैकल्पिक योजनाबद्ध प्रयत्न है, जिसे विकासशील लोकतांत्रिक समुदायों में एक प्रमुख पद्धति के रूप में काम में लाया जाता है। इसका प्रमुख लक्षण है, अपनी मदद आप करो या आपसी मदद करो। यह एक प्रक्रिया है, जिसके द्वारा जनता और जनता के प्रतिनिधि वैकल्पिक संगठन का गठन कर एक अनिर्वाचित सरकार से कम कार्य नहीं करते। जन-सहयोग विकासशील अर्थव्यवस्था में और भी अधिक आवश्यक है। सरकार को जनता के साथ काम करना चाहिए, जनता के लिए नहीं। भारत में समुदाय-विकास का प्रमुख उद्देश्य समूचे ग्राम समुदाय की सर्वतोन्मुखी प्रगति और विकास करना है, जिसमें विशेष बल कमजोर और अर्धविकसित वर्गों की आवश्यकताओं पर देना होगा। जन सहयोग लोगों में आपसी मदद व सहयोग की भावना पैदा करता है। राज्य को जनता के सहयोग की उतनी ही आवश्यकता है, जितनी जनता को राज्य की। जन

सहयोग की प्रक्रिया में आपसी सहयोग निहित है। इसमें सरकार, समुदाय और वैकल्पिक संगठन या संस्था आदि बराबर के भागीदार होते हैं। जन सहयोग का फल चखने के लिए जन जागृति अति आवश्यक है। जन सहयोग की पूरी प्रक्रिया लोकतांत्रिक मूल्यों और जनता के गर्व की भावना पर आधारित है। वे स्वयं अपनी समस्याओं को अपने व अपने साथियों की सहायता से हल करने की कोशिश करते रहें।

**Public Interest | सार्वजनिक हित**

सार्वजनिक हित, सार्वजनिक कल्याण या सामान्य इच्छा की तरह एक ही परिवार के हैं। सार्वजनिक हित वह नीति या लक्ष्य है जिसमें समाज के प्रत्येक सदस्यों का लाभ समान रूप से होता है।

**Public Interest Litigation | जनहित याचिका**

कोई भी सार्वजनिक व्यक्ति किसी पीड़ित व्यक्ति की ओर से, जो अदालत में जाने की क्षमता नहीं रखता उनके हित में कानूनी प्रक्रिया शुरू करना। इसका प्रयोग सांविधानिक और कानूनी अधिकारों की रक्षा हेतु किया जाता है तथा किसी उच्च न्यायालय या भारत के सर्वोच्च न्यायपालिका के उदारवादी दृष्टिकोण से इसका विकास हुआ है। न्यायमूर्ति पी.एन. भगवती द्वारा कानूनी प्रक्रिया के पेचीदगी से हटकर सार्वजनिक हित में साधारण पत्रों-समाचार पत्रों की खबर को लेख याचिका (writpetition) मानकर कार्यवाही करते हुए इसकी शुरुआत की गयी। लेकिन इसका प्रयोग याचिकाकर्त्ता के व्यक्तिगत हित में नहीं होता है। इससे संविधान के अनुच्छेद 32 का सांविधानिक उपचारों के अधिकार का दायरा बढ़ता है। इससे बिहार के अंधा बनाये जाने का मामला, देह व्यापार में लगाई गई महिला, झुग्गी झोपड़ी वालें, बन्धुआ मजदूरों, पर्यावरण संरक्षण आदि सामाजिक समस्या को उजागर किया गया और इन समस्याओं का समाधान किया गया। इसके कारण हवाला, यूरिया, चारा, दवाई, सरकारी आवास, खेल और 2G घोटाला आदि मामलों को परत दर परत खोला गया और बड़े बड़े प्रभावशाली लोग, मुख्यमंत्री, मंत्री और उच्च अधिकारियों ने पद से इस्तीफा दिया और जेल गए।

**Public Notification | लोक अधिसूचना**

संविधान के अनुच्छेद 366(19) के अनुसार लोक अधिसूचना से अभिप्राय है भारत के राजपत्र (सूचनापत्र) या किसी राज्य के राजपत्र में अधिसूचना से है।

**Public Opinion | जनमत**

लोकमत या जनमत जन-साधारण का विश्वास या मत है अर्थात सार्वजनिक समस्याओं के बारे में सर्वसाधारण जिस ढंग से सोचते हैं। उसे हम लोकमत कहते हैं। किम्बाल यंग के शब्दों में "जन-साधारण समय-विशेष पर जो राय रखते हैं, वही जनमत होता है। मौरिस जिंसबर्ग के शब्दों में" जब अनेक व्यक्तियों के मन परस्पर क्रिया करते हैं, तो उससे जिस सामाजिक तत्व का निर्माण होता है वह लोकमत है। अतः किसी विचाराधीन समस्या के प्रति किसी जन समुदाय के आधिक्य भाग की प्रमापन योग्य तथ्यात्मक साक्ष्यों पर आधारित मनोवृत्ति को जनमत कहते हैं।

आजकल समाचार पत्रों, रेडियो, दूरदर्शन, विज्ञापन, राजनीतिक व धार्मिक प्रचार, सांस्कृतिक संगठनों द्वारा प्रकाशित साहित्य आदि कई प्रकार के साधन जनमत को बनाने में योग दे रहे हैं। स्वस्थ जनमत समाज की सुव्यवस्था को बनाए रखने और उसमें आवश्यक परिवर्तन लाने के लिए अत्यन्त महत्वपूर्ण होता है।

## Public Service Commission | लोक सेवा आयोग

संविधान के भाग 14 के अनुच्छेद 315 से 323 में लोकसेवा आयोग का उपबन्ध है। अनुच्छेद 315 के अनुसार एक संघ लोक सेवा आयोग और प्रत्येक राज्य के लिए एक लोक सेवा आयोग होगा। संघ लोक सेवा आयोग के सदस्यों की नियुक्ति राष्ट्रपति व राज्य लोकसेवा आयोग के सदस्यों की नियुक्ति राज्यपाल करेगा। अनुच्छेद 320 के तहत लोक सेवा आयोगों का कार्य संघ व राज्यों की सेवाओं में नियुक्तियों के लिए परीक्षाओं का संचालन करना है।

## Public Service Gurantee Act | लोक सेवा गारंटी अधिनियम-2000

वांछित सेवा प्राप्त करने को लोगों का वैधानिक अधिकार। इसे कई राज्य सरकारों के द्वारा पारित किया गया है। चुनींदा सेवाओं को निर्धारित समय सीमा में उपलब्ध करवाना, राज्य के अधिकारियों, संस्थाओं की वैधानिक जिम्मेदारी बनाया गया है। सूचना के अधिकार के बाद यह जनहित में महत्वपूर्ण गारंटी है। इस कानून के दायरे में आय, जाति, व निवास प्रमाण-पत्र, भू-अभिलेखों की प्रतियाँ, राशनकार्ड, विद्युत कनेक्शन, वृद्धावस्था और विधवा पेंशन आदि को शामिल किया गया है। वांछित सेवा नहीं देने पर सक्षम अधिकारी से शिकायत करने पर दोषी अधिकारियों पर दंडात्मक कार्यवाही की जाती है। यह प्रावधान मध्यप्रदेश, बिहार और राजस्थान सहित कई राज्यों में लागू किया गया है।

## Public Sphere | सार्वजनिक दायरे

21वीं शताब्दी का राजनीतिक समुदाय जटिल, पदसोपानीय तथा सांस्कृतिक और विचारधात्मक रूप से बहुल है। अतः राष्ट्र-राज्य की सीमाओं से आगे सार्वजनिक दायरे की भी कल्पना की गई जिसमें निजता भी सुरक्षित रहे। लेकिन आयरिश मेरियन यंग अपनी पुस्तक 'जस्टिस एंड द पॉलिटिक्स ऑफ डिफरेंस' 1990 में दो बातें व्यक्त किया है। पहला किसी भी व्यक्ति, उसकी गतिविधियों या उसके जीवन के किसी भी पहलू को जबर्दस्ती निजता के क्षेत्र में नहीं डाला जा सकता है और दूसरा किसी भी सामाजिक संस्था या व्यवहार के बारे में पहले से ही यह नहीं कहा जा सकता है कि इस पर सार्वजनिक रूप से विचार अभिव्यक्त नहीं किया जा सकता या इस पर बातचीत नहीं हो सकती। अतः सार्वजनिक दायरे के क्षेत्र व्यापक हैं।

## Purge | हिंसात्मक दल शोधन

किसी राष्ट्र की राजनीतिक प्रणाली में राजनीतिक दल या आन्दोलन विशेष से अविश्वसनीय अथवा अवांछनीय तत्वों को दूर करने के लिए उन्हें सामूहिक हत्याकाण्ड या वध द्वारा हटाना या सदस्यता से निष्कासित कर देना। हिंसात्मक-दल शोधन कहलाता है।

# Q

**Quadruple Alliance | चतुर्राष्ट्र मैत्री, चतुर्राष्ट्र सहबंध**

स्पेन के विरुद्ध 2 अगस्त, 1718 को फ्रांस, इंग्लैण्ड, नीदरलैंड तथा ऑस्ट्रिया द्वारा हस्ताक्षरित मैत्री संधि। इसका प्रमुख उद्देश्य स्पेन द्वारा इटली पर आधिपत्य स्थापित करने के प्रयत्नों को रोकना तथा उन्हें विफल बनाना था। 20 नवम्बर, 1815 को पेरिस की द्वितीय संधि के साथ-साथ चार राष्ट्रों के मध्य संपन्न हुई मैत्री की संधि। इसमें प्रमुख रूप से ग्रेट ब्रिटेन, ऑस्ट्रिया, प्रशिया तथा रूस सम्मिलित थे और बाद में कुछ अन्य देश सम्मिलित हो गए। वाटर लू के स्थान पर, ड्यूक ऑफ विलिंग्टन के नेतृत्व में, इन राष्ट्रों के समन्वित और समेकित प्रयत्नों के फलस्वरूप नेपोलियन को पदच्युत कर दिया गया। इस प्रकार इस संधि का उद्देश्य पेरिस तथा वियना की संधियों के निर्णयों का अनुपालन करवाना तथा फ्रांसीसी सैन्यवाद की रोकथाम करवाना था। इसके अनुसार यह भी निर्णय किया गया था कि संश्रय सम्बन्धी समस्याओं और पारस्परिक हितों के सम्बन्ध में विचार-विमर्श करने के लिए समय-समय पर चारों राष्ट्र एक-दूसरे से संपर्क स्थापित करेंगे। आगे चलकर इस गठबंधन ने राजतंत्र के विरुद्ध हुई क्रांतियों का दमन करने के लिए सैनिक हस्तक्षेप किया, परन्तु स्पेन के उपनिवेशों के स्वाधीनता संग्राम के प्रश्न पर ब्रिटेन ने किसी सैनिक कार्यवाही का विरोध किया और गठबंधन में दरारें पड़ने लगीं।

**Qualitative Classification | गुणात्मक वर्गीकरण**

गुणों के संबंध में तथ्यों, आँकड़ों का गुण के आधार पर वर्गीकरण। जैसे- लिंग वैवाहिक स्थिति, आय, शिक्षा आदि के अनुसार लोगों का वर्गीकरण गुणात्मक वर्गीकरण होता है।

**Qualities of Executive | कार्यपालिका के गुण**

कार्यपालिका अपने जिम्मेदारियों को सफलतापूर्वक कर सके इसके लिए आवश्यक गुण उनमें होने चाहिए- कर्त्तव्यपरायणता, कार्यकुशलता, निर्णय में शीघ्रता, सच्चाई तथा ईमानदारी, निष्पक्षता और गोपनीयता बनाये रखने की क्षमता।

**Quality Life Chanse | गुणवत्ता पूर्ण जीवन**

द इकोनॉमिस्ट इण्टेजिलेन्स यूनिट (EIU) के द्वारा 80 देशों में बेहतरीन गुणवत्ता वाला जीवन जीने के सुविधा का अध्ययन किया। इसमें स्वीटजरलैंड सबसे अच्छा देश है। वहाँ जन्में लोग सबसे खुश रहते हैं तथा धन-धान्य, स्वास्थ्य और सार्वजनिक संस्थाओं के भरोसे के मामलें में सबसे अधिक गुणवत्ता वाला जीवन जीते हैं। इसमें भारत 66वें स्थान पर है। अफ्रीकी देश नाइजीरिया सबसे खराब अर्थात् 80वें स्थान पर है।

**Quasi Judicial | अर्ध न्यायिक**

कानून या विधि की व्यवस्था के अनुसार कार्यपालिका के अधिकारियों अथवा अंगों द्वारा न्याय प्रशासन का कार्य। इसे प्रायः प्रशासकीय न्याय कहते हैं तथा इस प्रकार की प्रक्रिया अर्द्ध न्यायिक

मानी जाती है। उदाहरणार्थ किसी मामले की जाँच-पड़ताल करने पर (जिसमें साक्ष्य अथवा गवाही भी सम्मिलित है) विचार-विमर्श करने के बाद में किसी उच्च प्रशासकीय अधिकारी द्वारा दिया गया आदेश अर्ध न्यायिक कहलाता है।

## Queen in Cabinet | मंत्रिमंडल में महारानी

संसदीय व्यवस्था में मंत्रिमंडल राजा, रानी या राष्ट्रपति को मंत्रिमंडल कहलाते हैं और उनको सलाह देने या उसके पदनाम से शासन चलाया जाता है। कैबिनेट का निर्णय उन्हें मानना होता है। ब्रिटेन में 1781 में राज परिवार के जार्ज द्वितीय ने शीतकालीन कैबिनेट बैठक में भाग लिया था। इसके 230 साल बाद महारानी ऐलिजाबेथ द्वितीय के राजगद्दी पर बैठने के 60 साल पूरे होने के जश्न में उन्होंने 18 दिसम्बर, 2012 को कैबिनेट बैठक में हिस्सा लेकर पुराने राजनीतिक इतिहास को दोहराया। इससे लोकतंत्र और राजपरिवार के संबंध प्रगाढ़ हुए।

## Queen's Consent | रानी की सहमति

ब्रिटेन की पार्लियामेन्ट द्वारा अनुमोदित विभिन्न प्रकार के विधेयकों को प्रदान किया गया रानी या राजा का अनुमोदन (सहमति) जिसके परिणामस्वरूप वे विधेयक राज्य की विधि या कानूनी रूप धारण कर लेते हैं। अब यह मात्र औपचारिक रह गई है तथा यह विश्वास किया जाता है कि रानी संसद द्वारा पारित किसी विधेयक को अस्वीकृत नहीं कर सकती।

## Question Hour | प्रश्नकाल

किसी देश की पार्लियामेन्ट द्वारा, लोकसभा, राज्यसभा तथा विधानमंडलों की प्रत्येक बैठक का पहला घंटा जिसमें मंत्रियों से उनके संबंधित विभागों के बारे में, विषय से सम्बन्धित प्रश्न पूछे जाते हैं तथा सम्बन्धित मंत्री उन प्रश्नों का उत्तर देते हैं। संसद में पूछे जाने वाले संसदीय प्रश्न विधायिका द्वारा कार्यपालिका पर नियंत्रण रखने का एक महत्वपूर्ण उपाय है। भारतीय लोकसभा की प्रक्रिया तथा कार्य संचालन सम्बन्धी नियम 41(2) में प्रश्नों की ग्राह्यता की विभिन्न शर्तें वर्णित हैं, जिसमें प्रमुख रूप से इस प्रकार हैं: उसमें प्रतर्क, अनुमान, व्यंग्यात्मक पद, अभ्यारोप विश्लेषण तथा मानहानिकारक कथन नहीं होंगे। उसमें किसी व्यक्ति की पदेन या सार्वजनिक हैसियत के अतिरिक्त उसके चारित्रिक आचरण के विषय में प्रश्न नहीं पूछा जाएगा। उसमें व्यक्तिगत रूप से दोषारोपण नहीं किया जाएगा तथा न ही यह दोषारोपण ध्वनित होगा आदि।

प्रमुख रूप से प्रश्न तीन प्रकार के होते हैं:

1. तारांकित प्रश्न वह है जिसका सदस्य सदन में मौखिक उत्तर चाहता है तथा जिस पर वह तारांक लगा देता है सम्बन्धित मंत्री उस सदस्य के उपस्थित होने पर ही उत्तर प्रस्तुत करता है जब वह सदस्य सदन में उपस्थित हो।
2. अतारांकित प्रश्न: ऐसे प्रश्नों पर तारांक नहीं लगा होता है। इनका उत्तर लिखित रूप में दिया जाता है।
3. अल्पसूचना प्रश्न: वह प्रश्न जो किसी अविलम्बनीय लोक महत्व के मामले से सम्बन्धित हों यह साधारण प्रश्न निर्धारित दस दिन की अवधि से कम अवधि की सूचना देकर पूछा जा सकता है।

## Quid Proquo | प्रतिदान

रियायत या लाभ जो किसी वस्तु रियायत के लिए या लाभ के लिए प्रयुक्त होता है। राजनय में अधिकतर सौदेबाजी या वार्तालाप के आदान-प्रदान में बहुधा यह प्रक्रिया अथवा युक्ति देखने को मिलती है।

## Quisling | देशद्रोही

नार्वे का राजनीतिज्ञ जिसका पूरा नाम विदकुन अब्राहम लारिटस क्विजलिंग था। उसका जन्म 18 जुलाई, 1887 तथा मृत्यु 4 अक्टूबर, 1945 को हुई थी। हिटलर ने मई 1940 में नार्वे पर आक्रमण तथा अधिकार करने के पश्चात् उसे वहाँ का प्रधानमंत्री नियुक्त किया। क्विजलिंग ने जर्मन आधिपत्यकारी सत्ताओं के साथ स्वैच्छिक सहयोग से कार्य किया, जिसके परिणामस्वरूप उसका नाम देशद्रोही का प्रतीक बन गया। उसके देशवासियों ने उसके आचरण की निन्दा की। द्वितीय महायुद्ध की समाप्ति के पश्चात् उस पर मुकदमा चला तथा उसे प्राणदण्ड दिया गया।

## Quit India Movement | भारत छोड़ो आन्दोलन

ब्रिटिश संसद द्वारा 1935 में भारत शासन अधिनियम 1935 पारित किया गया, जिसके तहत 1937 में हुए चुनावों में 11 में से 8 प्रान्तों में कांग्रेसी मंत्रिमण्डलों का निर्माण हुआ। कांग्रेसी मंत्रिमण्डलों ने अनेक जनहितकारी कार्य किए।

3 सितम्बर 1939 को द्वितीय विश्वयुद्ध छिड़ गया। ब्रिटेन ने लोकतन्त्र और स्वतन्त्रता की रक्षा के नाम पर जर्मनी के विरुद्ध युद्ध की घोषणा की। इस स्थिति में वायसराय लार्ड लिनलिथगो ने भारतीय नेताओं, कांग्रेसी मंत्रिमण्डलों या केन्द्रीय विधानसभा से परामर्श लिए बिना ही भारत की ओर से जर्मनी के विरुद्ध युद्ध की घोषणा कर दी। ऐसी स्थिति में प्रान्तों में कांग्रेसी मंत्रिमण्डलों ने अपने त्याग पत्र दे दिए।

8 अगस्त 1940 को गवर्नर जनरल ने कार्यकारिणी के विस्तार का सुझाव देते हुए कांग्रेस से सहयोग का आग्रह किया लेकिन कांग्रेस ने इसे अस्वीकार कर दिया।

इसके बाद प्रधानमंत्री चर्चिल ने राजनीतिक गतिरोध दूर करने के लिए 22 मार्च 1942 को समाजवादी नेता सर स्टेफर्ड क्रिप्स को भारत भेजा। मई 1942 में क्रिप्स ने अपनी योजना पेश की जिसके दो भाग थे। कांग्रेस ने इस योजना को नकार दिया। गांधी जी ने क्रिप्स योजना को दिवालिया बैंक के नाम भविष्य की तिथि में भुनने वाले चैक (Post Dated Cheque on a Crashing Bank) कहा।

भारत छोड़ो आन्दोलन इन सब परिस्थितियों से उत्पन्न आन्दोलन था। इसके कई कारण थे। बर्मा में भारतीयों के प्रति अमानवीय व्यवहार, पूर्वी बंगाल में भय और आतंक का राज शोचनीय आर्थिक स्थिति और शासन में अविश्वास, जापानी आक्रमण का भय और ब्रिटिश रक्षा व्यवस्था में भारतीयों का अविश्वास, 14 जुलाई 1942 को कांग्रेस कार्य समिति की वर्धा बैठक में समिति ने भारत छोड़ो आन्दोलन का प्रस्ताव पारित कर दिया। यह वर्धा प्रस्ताव नाम से प्रसिद्ध है।

8 अगस्त 1942 को बम्बई के ग्वालिया टैंक मैदान (वर्तमान अगस्त क्रान्ति मैदान) में अन्तिम रूप से भारत छोड़ो। आन्दोलन का ऐतिहासिक प्रस्ताव पारित कर दिया गया। गांधी जी ने अपने भाषण में करो या मरो (Do or Die) का नारा दिया। 9 अगस्त 1942 को गांधी जी तथा अन्य कांग्रेसी नेताओं को गिरफ्तार कर लिया। गांधीजी व सरोजिनी नायडू को पूना के आगा खां महल व अन्य को अहमद नगर के दुर्ग में रखा गया। जनता ने सरकार की नीति का विरोध करने के लिए जुलूस निकाले, सभाएं तथा हड़तालों का आयोजन किया। इस आन्दोलन में पुलिस द्वारा 538 बार गोलिया चलाई गयीं जिनसे 940 व्यक्ति मारे गए तथा 1,360 घायल हुए, 60,229 व्यक्तियों को गिरफ्तार किया। 220 के लगभग रेलवे स्टेशन नष्ट कर दिए। 550 के लगभग डाकघरों पर हमला, 350 टेलीफोन लाईनें काटी, 70 थाने, 85 सरकारी भवन जलाये गए।

शासन द्वारा आन्दोलन का बहुत कठोरतापूर्वक दमन किया गया। माइकेल ब्रेशन के अनुसार संक्षेप में सरकारी दमन बहुत अधिक कठोर था। 1857 के बाद में ब्रिटिश राज्य के विरुद्ध सबसे बड़े

विद्रोह का सामना करने के लिए पुलिस राज्य स्थापित किया गया "उत्तर प्रदेश के बलिया व बस्ती जिले में, बम्बई के सतारा, बंगाल के मिदनापुर जिले में ब्रिटिश शासन का बिल्कुल अन्त हो गया।

## Quo Warranto | अधिकार पृच्छा

अधिकार पृच्छा उच्च न्यायालयों द्वारा जारी किए जाने वाले समादेशों या प्रलेखों (Writs) में से एक है। जब कोई अवैध व्यक्ति किसी सार्वजनिक पद पर आसीन हो, उस स्थिति में प्रलेख न्यायालय जारी करता है। इसके तहत न्यायालय उससे यह पूछता है कि आप किस आदेश के तहत इस पद पर कार्यरत हो। जब तक वह व्यक्ति इस बात का उचित जवाब नहीं दे देता है, तब तक वह उस पद पर कार्य नहीं कर सकता है। अनुच्छेद 32II के तहत सर्वोच्च न्यायालय एवं अनुच्छेद 226 के तहत उच्च न्यायालय ऐसे लेख जारी करते हैं।

## Quorum | गणपूर्ति

किसी राजनीतिक व्यवस्था में सभा या सम्मिति के सदस्यों की न्यूनतम संख्या जो उस समिति के कार्यकलाप के लिए आवश्यक है। ब्रिटेन में हाउस ऑफ कॉमन्स में अध्यक्ष सहित 40 सदस्य मिलकर कोरम बनाते हैं। हाउस ऑफ लॉर्ड्स में कोरम केवल तीन है। परन्तु किसी विधेयक पर विभाजन की मांग की जाए तो जब तक कम से कम 30 लॉर्ड मतदान करने के लिए उपस्थित न हों, तब तक कोई निर्णय नहीं हो सकता। न्यूजीलैण्ड, कनाडा, श्रीलंका की संसदों के निम्न सदनों में 30 सदस्यों का कोरम माना जाता है। अनुच्छेद 100 में भारत में गणपूर्ति 1/10 भाग रखी गई है। अर्थात सदन के सदस्यों की कुल संख्या का दसवां भाग होगी। लोक सभा की बैठक के लिए गणपूर्ति की संख्या 55 का होना आवश्यक है।

# R

## Race | जाति

'जाति' एक प्रकार से मानव विज्ञान (एंथ्रोपोलॉजी) की संकल्पना है तथा इसका तात्पर्य मनुष्यों के उन विभिन्न वर्गों से होता है जिनका खोपड़ी की बनावट में भिन्नता या कुछ अधिक स्पष्ट शारीरिक विशेषताओं - चमड़ी के रंग, चेहरे की बनावट आदि के अनुसार वर्गीकरण किया जाता है। यूनानी इतिहास के विद्वान हेरोडोटस ने विभिन्न जातियों के रीति-रिवाजों और आचार-विचार-विषयक भेदों का विस्तार से वर्णन किया है। भारत में सामाजिक एवं राजनीतिक जीवन में जाति की महत्वपूर्ण भूमिका है।

## Racial Discrimination | जातीय भेदभाव

किसी एक जाति, सम्प्रदाय या वर्ण के लोगों के द्वारा किसी अन्य जाति या सम्प्रदाय या वर्ण के लोगों के विरुद्ध किया जाने वाला भेद जातीय भेदभाव कहलाता है। सभी नागरिकों को समान अधिकार संविधान प्रदत्त होते हैं। फिर भी किसी देश में शासक वर्ग (जो किसी खास जाति या वर्ण का हो) किसी अन्य वर्ग को समान अधिकारों से वंचित रखता है यह व्यवस्था अनुचित, अन्यायपूर्ण तथा अमानवीय होती है। इसमें एक वर्ग विशेष के लोग अन्य वर्ग के लोगों से अपने आपको श्रेष्ठ या बेहतर मानते हैं। यू.एन.ए. के द्वारा इसका विरोध किया जाता रहा है। दक्षिण अफ्रीका एवं अन्य देशों में यह प्रायः समाप्त हो गया है। फिर भी कुछ अति उत्साही और उन्मादी श्वेत लोगों के द्वारा आस्ट्रेलिया अमेरिका सहित अन्य देशों में रोजगार की कमी होने के कारण अश्वेतों के प्रति अपराध किए जाते हैं। इसमें इस्लामिक कट्टरवाद के विरोध स्वरूप कुछ खास वेशभूषा यानी 'दाढ़ी' वालों पर ज्यादा हमले हुए हैं।

## Racial Myth | प्रजातीय मिथक

मानवीय भावना में व्याप्त किसी प्रजाति की श्रेष्ठता से संबंधित भावना जो उसके लोक साहित्य, संगीत एवं कला में प्रतिबिंबित होती है तथा जो समाज में अनेक प्रकार की मिथ्या धारणाओं तथा पूर्वाग्रहों को जन्म देती है।

## Racism | जातिवाद, प्रजातिवाद

प्रजातिवाद एक ऐसा राजनीतिक या सामाजिक विश्वास या मत है जो लोगों के साथ उनकी प्रजाति के अनुसार विभिन्न रूप में बर्ताव करने को उचित ठहराता है। Positive Discrimination के विचार के आने के कारण कुछ विशेष प्रजातियों के लोगों को विशेष लाभ दिए जा सकते हैं और प्रजातियों के आधार पर उनमें भेदभाव किया जा सकता है, प्रजातिवाद की धारणा अति प्राचीन है। पर 20वीं सदी में इसे वैज्ञानिक आधार पर ठीक नहीं माना गया है। पूर्व में यह माना जाता था कि काले हब्सी, श्वेत लोगों से हीन हैं। अतः उन पर श्वेत लोगों का शासन करना उचित है। वह दृष्टिकोण जिसमें किसी प्रजाति या नस्ल (Race) के लोग अपनी प्रजाति को अन्य प्रजातियों से

श्रेष्ठ मानते हैं तथा अन्य प्रजातियों को अपने शोषित मानते हैं तथा उनके प्रति घृणा और भेदभाव का बर्ताव करते हैं, और उनका दमन करने की अभिलाषा रखते हैं।

नाजीवादी दर्शन के निर्माण में भी एक तत्व जातिवाद का था। वस्तुतः जातिवाद का निकृष्टतम रूप नाजी जर्मनी में ही देखने को मिला। इसके फलस्वरूप यहाँ यहूदियों के समूल नाश का प्रचार किया गया। दक्षिणी अफ्रीका में जातिवाद की समस्या आज भी अत्यन्त गम्भीर है। वहाँ की श्वेत सरकार रंगभेद की नीति या काले-गोरे लोगों के अलग-अलग विकास की नीति का पालन कर रही है। इस नीति का लक्ष्य यह है कि दक्षिण अफ्रीकी संघ में बसने वाली विभिन्न जाति के लोगों के साथ व्यवहार तथा ब्रिटेन और आस्ट्रेलिया आदि में अश्वेत जाति के लोगों के देश में दाखिल होने पर अनेक भेदकारी तथा अपमानजनक रुकावटें उत्पन्न करना जातिवाद के ही विभिन्न स्वरूप हैं। महात्मा गांधी ने दक्षिण अफ्रीका में भारतीयों पर लगाई गई निर्योग्यताओं के विरुद्ध आन्दोलन किया तथा वहाँ उन्हें अधिकार दिलाये। इसी तरह नेल्सन मंडेला ने भी रंग भेद व जाति भेद के विरुद्ध संघर्ष किया।

## Radical | अतिवादी

रेडिकल के दो अर्थ हैं, पहले अर्थ में इसका अभिप्राय उस व्यक्ति से है जो राजनीति या राजनीतिक व्यवस्था में मौलिक एवं दूरगामी परिवर्तन की वकालत करता है। वस्तुतः एक अतिवाद है जो किसी समस्या के मूल या मौलिक कारण तक पहुँच कर किसी राजनीतिक या सामाजिक समस्या पर आक्रमण करता है। दूसरे अर्थ में इस पद से अभिप्राय ऐसे व्यक्ति से है जो किसी राजनीतिक व्यवस्था के विरोध में हो। मानवेन्द्र नाथ राय ने 1940 में रेडिकल पार्टी का गठन किया तथा उन्होंने नवमानववाद का सिद्धान्त दिया।

## Rahul Plan | राहुल प्लान

कांग्रेस पार्टी के जयपुर में जनवरी 2013 में आयोजित तीन दिवसीय चिन्तन शिविर में पार्टी महासचिव राहुल गांधी द्वारा एक योजना पेश की गई जिसे राहुल प्लान के नाम से जाना जाता है। इसमें राहुल गांधी ने अधिक से अधिक युवाओं को राजनीति व कांग्रेस संगठन से जोड़ने पर जोर दिया। क्षेत्रीय दलों के बीच पार्टी को प्रभावी बनाने व पार्टी पदाधिकारियों द्वारा चुनाव न लड़ने की बात कही गयी। जो व्यक्ति लगातार दो बार चुनाव हार गये उन्हें फिर से पार्टी का टिकट न दिया जाए। यह 1963 के के. कामराज योजना की तरह है जिसमें काफी वरिष्ठ लोगों को पार्टी के काम में लगाकर युवाओं को मौका दिया गया था।

## Raison D'etat = Reason for the Existense of a Thing | किसी पदार्थ के अस्तित्व के विषय हेतु कार्य के पीछे

यह पद किसी महत्वपूर्ण सामाजिक या राज्य सम्बन्धी हेतु का वर्णन करने के लिए प्रयुक्त होता है। वस्तुतः यह किसी सामाजिक कार्य या राजनीतिक कार्य के अस्तित्व के विषय हेतु होता है।

## Raja Ram Mohan Roy (1774–1833) | राजा राममोहन राय

राजा राममोहन राय का जन्म मई 1774 ई. में बंगाल में हुआ। उन्होंने पूर्व और पशिचम में प्रवाहित धर्म और राजनीति का गहन अध्ययन कर दोनों का संयुक्त प्रवाह पराधीन भारत में किया। उनके पिता एक साधारण जमींदार थे तथा मां एक सुशील और योग्य गृहिणी थीं। उनकी प्रारम्भिक शिक्षा **हिन्दू पण्डितों** द्वारा चलायी जाने वाली पाठशालाओं तथा फारसी मौलवियों द्वारा चलाये जाने वाले

मकतबों में हुई। अल्पायु में ही अरबी भाषा का उच्च अध्ययन करने के लिए पटना गए। वहाँ पर उन्होंने केवल तीन वर्ष में ही अरबी और फारसी भाषाओं में विद्वता हासिल कर ली। चौदह वर्ष की आयु में वाराणसी जाकर विशेष रूप से संस्कृत का अध्ययन किया। वेदान्त के मूल तत्वों से अवगत होकर वे एकेश्वरवाद के कट्टर समर्थक बन गए। उन्होंने मूर्ति पूजा का खुलकर खण्डन किया।

राजा राममोहन राय ने पारिवारिक आचार-व्यवहारों का विरोध किया। इस कारण उनके पिताश्री अतिश्रोत्रिय होने के कारण पुत्र की चेष्टाओं से तंग आकर उनसे घृणा करने लगे। घर छोड़ने के उपरान्त वे समूचे देश का भ्रमण करते हुए समाज में व्याप्त कुरीतियों का जोरदार खण्डन करने लगे। उन्होंने तिब्बत में जाकर बौद्ध धर्म के मूल तत्वों का अध्ययन किया और बौद्ध धर्म में व्याप्त विसंगतियों की खुले रूप में आलोचना की, जिसके कारण वहाँ की श्रद्धालु जनता क्रुद्ध होकर उनको मारने का प्रयत्न करने लगी। उस समय कुछ स्त्रियों ने उनकी प्राण-रक्षा की जिसके कारण उनके मन में स्त्री जाति के प्रति गौरव तथा स्त्रियों के उद्धार के प्रति अभिरुचि जाग्रत हुई। उसी समय उनके पिताश्री ने उनको बुलवाकर शुद्ध श्रोत्रिय परम्परा के अनुसार एक उच्च कुल की लड़की से उनका विवाह कर दिया। उन्होंने अंग्रेजी भाषा का अध्ययन आरम्भ किया और साथ ही हिब्रू, ग्रीक, लैटिन आदि भाषाएं भी सीखीं।

जब राममोहन राय के बड़े भाई जगमोहन की मृत्यु 1815 में हुई, तो उनकी पत्नी अपने पति के साथ सती हो गई। इस दारुण दृश्य को देखकर उनका हृदय अत्यन्त द्रवित हुआ और तब उन्होंने इस अर्थहीन अमानुषिक क्रिया को समाप्त करने का संकल्प लिया। उन्होंने वैदिक साहित्य और उपनिषदों का अनुवाद बांग्ला और अंग्रेजी भाषा में किया। वेदों के अध्ययन के लिए वेद-मंदिर की स्थापना की और वेदान्त, इस्लाम और ईसाई धर्मों के बीच दिखायी पड़ने वाली समानताओं पर प्रकाश डाला। उन्होंने सती प्रथा का घोर विरोध किया और सती प्रथा उन्मूलन सम्बन्धी कारे के नेतृत्व में चलाये जाने वाले आन्दोलन में सक्रिय रूप से भाग लिया। सती प्रथा का खण्डन करते हुए उन्होंने एक पुस्तक लिखी। लॉर्ड विलियम बैंटिक के सहयोग से 4 दिसम्बर 1829 ई. में सती प्रथा का उन्मूलन करने वाला एक अधिनियम उन्होंने अपने प्रयत्न से पारित करवाया। हिन्दू धर्म में व्याप्त विसंगतियों और कुरीतियों के उन्मूलन की दिशा में अत्यन्त सक्रियता दिखायी, जिनमें बहु पत्नी-प्रथा, विधवा-विवाह आदि हैं। आधुनिक शिक्षा-पद्धति के प्रवर्तक के रूप में राजा राममोहन राय को बखूबी जाना जाता है। स्त्री शिक्षा के क्षेत्र में उनकी देन अमूल्य है। उन्होंने 20 अगस्त 1828 को कलकत्ता में ब्राह्मण समाज की स्थापना की। राय विचार स्वन्त्रता के समर्थक थे। उन्होंने सम्वाद कौमुदी और मिरात-उल अखबार सम्पादित किए। राय मुगल सम्राट अकबर (द्वितीय) की पेंशन बढ़वाने इंग्लैण्ड 1831 में गए। जहाँ सितम्बर 1833 में व्रिस्टल नगर में उनकी हृदय गति रुकने से मृत्यु हो गई। राजा राममोहन रॉय को आधुनिक भारत के पुनर्जागरण का जनक (अग्रदूत) कहा जाता है।

## Rajiv Gandhi | राजीव गांधी (1944-1991)

1984 में भारत के सबसे कम उम्र के प्रधानमंत्री बने। भारत में सूचना क्रांति, कम्प्यूटरीकरण के जनक। उन्होंने देश में 'भ्रष्टाचार' को उजागर करते हुए कहा कि केन्द्र सरकार गाँव के विकास के लिए 1 रुपया भेजती है तो मात्र 15 पैसा आमजनों तक गाँव में पहुँचता है। 1984 में इंदिरा गांधी की हत्या के बाद प्रधानमंत्री बने एवं 1984 के लोक सभा चुनाव में अपार जनसमर्थन मिला। इन्होंने संसदीय व्यवस्था में सुधार के लिए मतदाता का उम्र 21 से कम करके 18 वर्ष कर दी। दल-बदल एवं पंचायतीराज विधेयक बनवाया। 1991 में आतंकवादियों ने उनकी हत्या कर दी। उनकी पत्नी सोनिया गांधी अभी कांग्रेस पार्टी की अध्यक्ष हैं।

### Rajiv-Jaiwerdhane Agreement | राजीव-जयवर्द्धने समझौता

तमिल समस्या के समाधान के लिए 29 जुलाई 1987 को भारतीय प्रधानमंत्री राजीव गांधी एवं श्रीलंका के राष्ट्रपति जयवर्द्धने के बीच कोलम्बो (श्रीलंका) में एक 18 सूत्री समझौता हुआ। चूंकि यह समझौता कोलम्बो में हुआ इसलिए इसे "कोलम्बो समझौता" भी कहते हैं। इसकी शर्तें निम्न हैं।

1. उपद्रवग्रस्त उत्तरी प्रान्त में 48 घन्टों के भीतर युद्ध विराम।
2. तमिल उग्रवादियों द्वारा 72 घन्टों के भीतर युद्ध विराम।
3. वर्ष के अन्त तक उत्तरी प्रान्त में जनमत संग्रह जिसमें भारतीय निर्वाचन आयोग का एक सदस्य उपस्थित रहेगा।
4. प्रान्तीय परिषदों के लिए अगले तीन महीने में चुनाव और हर हालत में दिसम्बर तक चुनाव।
5. एकीकृत उत्तर-पूर्वी प्रान्तीय परिषद के चुनावों के लिए भारतीय पर्यवेक्षक आमन्त्रित किए जाएंगे।
6. उत्तर-पूर्वी प्रान्त के लिए एक गवर्नर मन्त्रिपरिषद व विधान परिषद का गठन।
7. भारत सरकार इस समझौते के क्रियान्वयन की गारन्टी लेगी।
8. भारत में श्रीलंका के शरणार्थियों को श्रीलंका सरकार वापस ले लेगी।
9. भारत श्रीलंका के उन नागरिकों को वापस भेज देगा, जो आतंकवादी गतिविधियों में लिप्त पाये जाएंगे।
10. श्रीलंका में गिरफ्तार लोगों को छोड़ दिया जाएगा और उन्हें क्षमा कर दिया जाएगा।
11. भारत, श्रीलंका की सेनाओं को इस समझौते के कार्यान्वयन हेतु, जब कभी आवश्यक हो, प्रशिक्षण सुविधाएं तथा सैनिक साजो समान देगा।

राजीव-जयवर्द्धने समझौते को बेमिसाल तथा ऐतिहासिक समझौता कहा गया। राजीव गांधी के अनुसार यह 20वीं सदी का सबसे बड़ा समझौता है। यह श्रीलंका की एकता और अखण्डता की गारन्टी देता है।

### Rajya Sabha | राज्य सभा

राज्य सभा भारतीय संसद का उच्च सदन है। अनुच्छेद 80 के तहत राज्यसभा की सदस्य संख्या 250 से अधिक नहीं होगी जिसमें 238 सदस्य राज्यों की विधान सभाओं तथा 12 सदस्य राष्ट्रपति द्वारा मनोनीत किए जाएंगे। ये सदस्य साहित्य, कला, विज्ञान और समाज सेवा में प्रवीण होने चाहिए। राज्य सभा का कभी विघटन नहीं होता है। लेकिन प्रति दूसरे वर्ष उसके एक-तिहाई सदस्य अपना स्थान खाली कर देते हैं। राज्य सभा में राज्यों को समान प्रतिनिधित्व नहीं है जनसंख्या के आधार पर प्रत्येक 10 लाख की जनसंख्या पर एक स्थान दिया जाता है। इस प्रकार प्रथम 50 लाख की जनसंख्या तक 5 प्रतिनिधि एक राज्य से आ सकते हैं लेकिन किसी राज्य की जनसंख्या 50 लाख से अधिक हो तो प्रत्येक 20 लाख की जनसंख्या पर एक ही प्रतिनिधि भेजा जा सकता है।

### Ram Manohar Lohia | राम मनोहर लोहिया (1910-67)

विख्यात समाजवादी चिन्तक और स्वतंत्रता सेनानी। इन्होंने भारतीय समाज में जाति और सामंती शोषण का विरोध किया। उनके चिंतन में भारत का चतुर्वर्ण (जाति) अपने आप में पश्चिमी विचार के अनुसार आर्थिक आधार पर 'वर्ग' भी है। उन्होंने भारत में सामाजिक प्रगति के लिए जाति-प्रथा जो कि नस्लवाद का ही विकृत रूप है ऐसी जाति प्रथा के नाश के लिए अल्पसंख्यकों, औरतों, अनुसूचित जाति, जनजाति और अन्य पिछड़ों को, हर स्तर पर सैकड़ा में साठ स्थान देने की बात कही। लोहिया ने द्विज पुरुषों (ब्राह्मण, क्षत्रिय एवं वैश्य वर्ग के) को शोषक वर्ग तथा शेष समाज को शोषित वर्ग बताया। इनके विचार को कर्पूरी ठाकुर ने आगे बढ़ाया और 1977 में बी.पी. मंडल

आयोग को गठित करवाया। इस आयोग की सिफारिश पर 1992 से पूरे देश में अन्य पिछड़े वर्ग के लोगों को शैक्षणिक संस्थाओं और नौकरियों में 27 प्रतिशत आरक्षण दिया जा रहा है।

**Rapid Development Force | द्रुतगामी परिनियोजित सेना**

अमेरिकी राष्ट्रपति कार्टर ने कहा कि "यदि सोवियत संघ फारस की खाड़ी के किसी देश में हस्तक्षेप करने का प्रयत्न करता है तो अमेरिका की यह सुसज्जित सेना उसे तत्काल खदेड़ने का प्रयत्न करेगी। आगे कहा कि अमेरिका सोवियत संघ द्वारा किसी विशिष्ट क्षेत्र या देश में आयोजित युद्ध को परम्परागत युद्ध के आधार पर नहीं लड़ेगा अपितु विशिष्ट सोवियत निशानों पर सीमित परमाणु आक्रमण (Limited Nuclear Attack) का सहारा लेगा। यह सीमित परमाणु आक्रमण सिद्धान्त है।

**Rapprochement | पुनर्मेल**

अन्तर्राष्ट्रीय राजनीति में राजनयिकों के व्यवहार से जिन राष्ट्रों के सम्बन्ध बिगड़ गए हैं। उनके बीच फिर मधुर सौहार्दपूर्ण या अच्छे सम्बन्ध बनाने कि प्रक्रिया को पुनः मैत्री या पुनर्मेल कहते हैं।

**Ratification | अनुसमर्थन**

राज्य द्वारा किसी सन्धि की औपचारिक स्वीकृति जिस पर पहले उसके प्रतिनिधियों ने हस्ताक्षर कर दिए हो। यह सन्धि कार्य रूप में उस समय परिणत होती है, जबकि सम्बद्ध राज्य संधि को औपचारिक रूप से अंगीकृत करने के बाद सन्धि पत्रों का आपस में विनिमय कर लेते है। कई देशों में किसी भी अन्तर्राष्ट्रीय सन्धि के प्रभावी होने के लिए यह आवश्यक है कि उस संधि को देश की विधान पालिका द्वारा अनुसमर्थित कर दिया गया हो। भारत में ऐसे अनुसमर्थन की कोई आवश्यकता नहीं है। केवल कुछ संविधान संशोधन विधेयकों पर राज्यों का अनुसमर्थन लिया जाता है। 1992 में 73वें व 74वें संविधान संशोधन विधेयकों पर राज्यों का अनुसमर्थन (Ratification) लिया गया इन पर 17 राज्यों ने अपना अनुसमर्थन दिया है। संविधान में व्यवस्था है कि (1) संविधान में संशोधन संसद के दोनों सदनों के दो-तिहाई बहुमत व आधे से अधिक राज्यों के अनुसमर्थन द्वारा किया जा सकता है। (2) संसद के दोनों सदनों के दो-तिहाई बहुमत द्वारा संविधान में संशोधन किया जा सकता है। इसके अलावा एक अन्य विधि द्वारा भी संविधान में संशोधन किया जा सकता है। इस पद्धति में संसद के दोनों सदनों के साधारण बहुमत द्वारा किसी राज्य की रचना की जा सकती है। विधान परिषद का सृजन व समाप्ति की जा सकती है।

**Rationalism | तर्कबुद्धिवाद**

इंद्रियानुभवाद का विरोधी यह सिद्धान्त कि ज्ञान का एकमात्र अथवा सर्वश्रेष्ठ साधन तर्कबुद्धि है जो अनुभवों द्वारा पूर्ण ज्ञान को प्राप्त कर सकता है।

**Rawls John | जॉन राल्स ( 1921-2002 )**

जॉन राल्स हार्वर्ड अमेरिकी दार्शनिक था। उसकी प्रसिद्ध पुस्तक का नाम है: A Theory of Justice. इस पुस्तक का प्रकाशन 1971 में हुआ था। इस पुस्तक में उसने उपयोगितावाद (Utilitation) पर आक्रमण किया। उसने सामाजिक संविदा (Social Contrat) सिद्धान्त की पुनर्स्थापना की। इस पुस्तक में न्याय सिद्धान्त का वर्णन करते हुए उन्होंने कहा है कि उत्तम समाज (Good Society) में अनेक सद्गुण (Virtues) अपेक्षित हैं उनमें न्याय का स्थान सर्वप्रथम है। न्याय

उत्तम समाज की आवश्यक शर्त है। परन्तु यह उसके लिए पर्याप्त नहीं (Necessary but Not a Sufficient Condition) है। किसी समाज में न्याय के अलावा दूसरे नैतिक गुणों की प्रधानता हो सकती है, परन्तु अन्यायपूर्ण समाज विशेष रूप से निन्दनीय होगा।

राल्स के अनुसार न्याय की समस्या प्राथमिक वस्तुओं (Primary Goods) के न्यायपूर्ण वितरण की समस्या है। ये प्राथमिक वस्तुएं हैं: अधिकार और स्वतन्त्रताएं (Right and Liberties) शक्तियाँ और अवसर (Powers and Opportunies)। आय और सम्पदा (Income and Wealth) तथा आत्म सम्मान (Self Respect) के साधन। राल्स ने अपने न्याय सिद्धान्त को शुद्ध प्रक्रियात्मक न्याय (Pure Procedural Justice) की संज्ञा दी है।

## Reactionary | प्रतिक्रियावादी

एक प्रतिक्रियावादी वह व्यक्ति होता है जो किसी विकास या परिवर्तन के विरुद्ध प्रतिक्रिया करता है तथा समाज में प्रस्तावित परिवर्तनों का विरोध करता है। इस तरह साम्यवादी समाजों में प्रचार (Propaganda) को प्रतिक्रियावादी आन्दोलन माना जाता है। इस पद को प्राय: अनुदारवादी (Conservative) के समकक्ष शब्द माना जाता है। वस्तुत: प्रतिक्रियावादी नवीन प्रवृत्तियों और विचारों के प्रति नकारात्मक विरोध की भावना रखते हैं।

## Real Will | आदर्श इच्छा

आदर्श इच्छा का प्रयोग आदर्शवादी विचारकों (रूसो, बोसांके) के दर्शन में मिलता है। प्रसिद्ध विचारक रूसो के अनुसार मनुष्य में सामान्य रूप से दो इच्छाएँ विद्यमान होती हैं। (i) आदर्श इच्छा (ii) यथार्थ इच्छा। मनुष्य की आदर्श इच्छा इसके व्यापक दृष्टिकोण का परिणाम होती है यह विवेकपूर्ण तथा नि:स्वार्थ होती है। विवेक पर आधारित होने के कारण यह सब मनुष्यों में एक समान पाई जाती है। इस प्रकार सब मनुष्यों की "आदर्श इच्छाओं" के संग्रह से पूरे समाज की सामान्य इच्छा बनती है। "आदर्श इच्छा" के विपरीत "यथार्थ इच्छा" व्यक्तिगत स्वार्थ, लोभ और वासना पर आधारित होती है। इस प्रकार एक मनुष्य की यथार्थ इच्छा प्राय: दूसरे मनुष्य की यथार्थ इच्छा की प्रतिद्वंद्वी होती है। आदर्श इच्छाओं का समग्र योग ही सामान्य इच्छा होता है।

## Realignment | पुनर्संबद्धता

पुनर्संबद्धता का अभिप्राय है: मतदाताओं की वफादारी में परितर्वन। जब किसी एक समूह के लोग किसी एक राजनीतिक दल के प्रति अपनी वफादारी में परितर्वन कर अन्य राजनीतिक दल से सम्बद्ध हो जाते हैं तो इस प्रक्रिया को पुनर्संबद्धता कहा जाता है। उदाहरण के लिए भारत में पिछड़ी जातियाँ पहले कांग्रेस के प्रति वफादार थीं पर हाल ही में इसमें परिवर्तन आया है। पिछड़ी जातियों के लिए आरक्षण के कारण अब वे जनता दल की ओर अधिक झुकी हैं।

## Realist Theory | यथार्थवादी सिद्धान्त

जब राष्ट्र संघ अपना उद्देश्य पूरा करने में निष्फल सिद्ध हुआ व 1939 में द्वितीय विश्वयुद्ध छिड़ गया तब अन्तर्राष्ट्रीय राजनीति के अध्येता तर्क बुद्धिवाद से निराश हो गए। इन्होंने इसके विश्लेषण के लिए एक नया सिद्धान्त प्रस्तुत किया जिसे यथार्थवाद की संज्ञा दी जाती है। इस सिद्धान्त के उन्नायकों में ई.एच. कार (1892-1982) और हॉन्स जे. मार्गेन्थाऊ (1904-80) के नाम प्रसिद्ध हैं।

ई.एच. कार ने अपनी कृति "ट्वेन्टी ईयर्स क्राइसिस (संकट के बीस वर्ष) (1939) के अन्तर्गत तर्क दिया कि राष्ट्र संघ ने राजनीतिक और आर्थिक व्यवहार के जो नियम निर्दिष्ट किए थे उनमें विभिन्न राष्ट्रों के आर्थिक हितों में सामंजस्य स्थापित करने का प्रयत्न नहीं किया गया था। वे

केवल शक्तिशाली और सन्तुष्ट (Satisfied) राष्ट्रों के हितों का प्रतिनिधित्व करते थे। इन नियमों के निर्माताओं ने यह नहीं सोचा था कि जैसे-जैसे निर्बल राष्ट्रों की शक्ति बढ़ेगी वे इन नियमों को चुनौती अवश्य देंगे। यदि सन्तुष्ट राष्ट्र ऐसी प्रत्येक चुनौती को अपराध मानकर दण्ड देने की कोशिश करेंगे तो यह कार्यवाही बुद्धिमत्तापूर्ण नहीं होगी।

हैन्स जे. मार्गेन्थाऊ ने अपनी कृति "अमेरिकन फॉरेन पॉलिसी (अमेरिकी विदेश नीति) (1951) के अन्तर्गत यथार्थवादी दृष्टिकोण की पुष्टि करते हुए यह तर्क दिया कि राजनीतिक अनिवार्यता (Political Necessary) और नैतिक कर्तव्य (Moral Duty) दोनों यह मांग करते हैं कि किसी देश का राष्ट्रहित (National Interest) ही उसकी विदेश नीति का एकमात्र मार्गदर्शक होना चाहिए।

संक्षेप में यथार्थवादियों ने यह मान्यता रखी कि अन्तर्राष्ट्रीय राजनीति के क्षेत्र में प्रत्येक राष्ट्र को अपनी समझ से अपने लिए उपयुक्त नीति का चयन करना चाहिए, किसी अन्तर्राष्ट्रीय संगठन के निर्देशों के अनुसार नही। प्रत्येक राष्ट्र को कोई भी निर्णय अपने हित को ध्यान में रखकर करना चाहिए। किसी मतवाद (Doctrine) या मान्यता (Belief) के प्रति निष्ठा व्यक्त करने के लिए नहीं रणनीति (Strategy) की दृष्टि से जो नीति (Policy) उपयुक्त हो, वही नीति सर्वोत्तम होगी।

## Recall | वापस बुलाना

वापस बुलाना वह विधि है जिसके द्वारा चुने हुए प्रतिनिधियों को समय से पूर्व ही पद छोड़ने के लिए कहा जा सकता है। चुने हुए प्रतिनिधि जनता के प्रति उत्तरदायी होते हैं। यदि वे अपने को उत्तरदायी सिद्ध न कर पाएं तो मतदाताओं को यह अधिकार है कि वे उन्हें वापस बुला लें। मतदाता उन्हें नाकामी या दुराचरण के कारण पद से हटाने के लिए मत दे सकते हैं। ऐसा जनमत संग्रह द्वारा सम्भव हो सकता है। संयुक्त राज्य अमेरिका में 19वीं शताब्दी की अन्तिम शताब्दी में यह युक्ति बहुत लोकप्रिय हुई थी। स्विट्जरलैण्ड के कुछ कैन्टनों में यह प्रत्यक्ष प्रजातन्त्र की युक्ति प्रचलित है। भारत में पंचायतीराज संस्थानों के प्रतिनिधियों का वापस बुलाने के लिये इसका प्रयोग मध्यप्रदेश और राजस्थान में शुरू किया गया है। इसके तहत दुबारा मतदान होता है और यदि 50 प्रतिशत से अधिक मत विरोध में पड़ता है तो जनप्रतिनिधि इस्तीफा देते हैं।

## Recess Appointements | मध्यावकाश नियुक्तियाँ

मध्यावकाश नियुक्तियों के पद अमेरिका सांविधानिक व्यवस्था से सम्बन्धित हैं। संयुक्त राज्य अमेरिका में राष्ट्रपति द्वारा सभी महत्वपूर्ण तथा सर्वोच्च पदों पर नियुक्तियां सीनेट के दो-तिहाई बहुमत से संपुष्ट होती हैं। सीनेट का अधिवेशन न होने की अवधि में राष्ट्रपति अस्थायी रूप से नियुक्तियां कर सकता है। जो सीनेट द्वारा समर्थन किए जाने तक वैध रहती हैं। इस प्रकार की नियुक्तियों को "मध्यावकाश नियुक्तियां" कहते हैं।

## Recognition of Absentee Government | (अन्यत्रवासी सरकार को मान्यता)

दोनों विश्वयुद्धों में शत्रु द्वारा आक्रमण किए जाने पर अनेक यूरोपीय देशों की सरकारें अन्य देशों में शरण लेने को विवश हुईं। स्थानीय राज्यों द्वारा इन्हें अपने-अपने देशों की वैध सरकारों के रूप में मान्यता दी गई। इस प्रकार ऐसी सरकारों की मान्यता को "अन्यत्रवासी सरकार को मान्यता" कहा जाता है। क्योंकि ये सरकारें अपने देशों की भूमि पर विद्यमान नहीं थीं तथा न ही अपने देशों के शासन पर इनका कोई तथ्येन नियंत्रण था। द्वितीय विश्वयुद्ध में फ्रांस की राजधानी पेरिस पर जर्मनी का अधिकार होने पर फ्रांसीसी सरकार का संचालन इंग्लैण्ड से किया गया।

## Recognition of Belligerency | युद्धकारिता को मान्यता

किसी राष्ट्र की स्थापित सरकार के विरुद्ध संगठित व्यापक एवं सशस्त्र विद्रोह होने की अवस्था में विद्रोहकारियों को निम्नलिखित शर्तें होने पर, दूसरे देशों द्वारा युद्धकारियों के रूप में मान्यता दी जा सकती है, जिसके फलस्वरूप इन्हें स्वतंत्र राज्यों के समान युद्धकारी अधिकार प्राप्त हो जाते हैं। ये दशाएं हैं (i) विप्लवकारी या विद्रोहकारियों का एक सेनाधिपति की अधीनता में सुव्यवस्थित रूप से संगठित होना (a) विद्रोहकारियों का देश के एक बड़े भाग पर वास्तविक नियंत्रण होना, (c) इनके द्वारा युद्ध के नियमों का पालन किया जाना तथा (d) ऐसी दशाएँ उत्पन्न हो जाना कि विदेशों के लिए विद्रोहकारियों के प्रति अपना दृष्टिकोण स्पष्ट करना आवश्यक हो जाये।

## Recognition of Insurgency | विद्रोहकारिता को मान्यता

गृहयुद्ध में विद्रोहकारियों को कुछ अधिकार दिए जा सकते हैं। जो पूर्ण युद्धकारी अधिकारों से कम होते हैं। यह इसलिए किया जाता है कि विद्रोहकारियों को न तो युद्धकारियों वाली मान्यता दी जा सकती है तथा न ही उनकी पूर्णतया उपेक्षा की जा सकती है। इसलिए उन्हें मान्यता देने वाला राज्य, परिस्थितियों के अनुसार, उन्हें युद्धकारियों के कुछ अधिकार देना स्वीकार कर सकता है। इस स्थिति को "विद्रोहकारियों को मान्यता" कहा जाता है। इसका उदाहरण है: स्पेन के गृहयुद्ध में विद्रोहकारियों को ब्रिटेन द्वारा दी गई मान्यता परन्तु पिछले पचास वर्षों में इसका कोई उदाहरण नहीं मिलता।

## Recognition Opposition | विपक्ष को मान्यता

भारतीय संसदात्मक प्रणाली में संसद में सत्तापक्ष के दल के अतिरिक्त सर्वाधिक स्थान पाने वाले दल या दलसमूह को विपक्ष या विरोधी पार्टी के रूप में स्वीकार किया जाना। इसके नेता को विपक्ष का नेता माना जाता है और उसे मंत्री के समतुल्य दर्जा व सुविधाएँ प्राप्त होती हैं। भारतीय लोकसभा में स्पीकर श्री मावलंकर ने यह निर्णय दिया था कि विपक्ष के रूप में उसी दल या दल समूह को मान्यता दी जाएगी। जिसके सदस्यों की संख्या पूरे सदन की संख्या के कम से कम 1/10 भाग के बराबर हो। भारत में पहली बार 1977 में यशवन्त राव चाह्वान विपक्ष के नेता बने। वर्तमान में अक्टूबर 2010 से सुषमा स्वराज विपक्ष की नेता हैं।

## Recognization | मान्यता

अन्तर्राष्ट्रीय समुदाय के एक सदस्य द्वारा ऐसे राज्य के अन्तर्राष्ट्रीय व्यक्तित्व को विधिपूर्वक स्वीकार करना, जिसके साथ अब तक उसके सरकारी सम्बन्ध नहीं थे। मान्यता द्वारा राजनीतिक दृष्टि से संगठित और एक निश्चित प्रदेश पर बसे मानव समाज को अन्तर्राष्ट्रीय समाज का अंग मान लिया जाता है। मान्यता द्वारा ही कोई राज्य अन्तर्राष्ट्रीय विधि का विषय बनता है। राजनीतिक विवादों और राजनयिक स्वार्थों के कारण विभिन्न राष्ट्र मान्यता प्रदान करने में किन्हीं सर्वमान्य सिद्धान्तों का अनुसरण नहीं करते। प्रथम विश्वयुद्ध में सहबद्ध राज्यों ने पोलैण्ड और चैको स्लोवाकिया को इन राज्यों का विधिवत संगठन होने के पहले ही मान्यता प्रदान कर दी थी। किन्तु इन्हीं राज्यों ने 1917 में बोल्शेविक क्रान्ति के बाद रूस में स्थापित सोवियत सरकार को अनेक वर्षों तक मान्यता नहीं दी। संयुक्त राज्य अमेरिका ने चीन को अब तक मान्यता प्रदान नहीं की है।

मान्यता देने की अनेक विधियाँ हैं।, (क) मान्यता देने वाला राज्य नए राज्य के साथ सन्धि करके उसे मान्यता प्रदान करता है। (ख) संयुक्त राष्ट्र संघ की सदस्यता के किसी नए राज्य को सब राज्यों की सामूहिक मान्यता प्राप्त हो जाती है। उसे विभिन्न राज्यों से पृथक मान्यता प्राप्त करने की आवश्यकता नहीं रहती (ग) राजनीतिक प्रतिनिधियों तथा दूतों के आदन-प्रदान द्वारा (घ)

मान्यता देने वाले राज्य की एक पक्षीय घोषणा द्वारा इजरायल राज्य की स्थापना के 10 मिनट के भीतर संयुक्त राज्य अमेरिका की सरकार ने एक घोषणा द्वारा उसे स्वीकार कर लिया (ङ) मान्यता देने वाले कई राज्यों के सामूहिक नोट या घोषणा द्वारा। ग्रेट ब्रिटेन, ऑस्ट्रिया, फ्रांस, इटली, उत्तरी जर्मनी, रूस तथा तुर्की के प्रतिनिधियों ने 24 जनवरी 1871 को एक प्रोटोकॉल पर हस्ताक्षर कर जर्मन साम्राज्य को मान्यता प्रदान की थी (च) कुछ स्थितियों में नये राज्यों को अन्तर्राष्ट्रीय सम्मेलनों में प्रवेश द्वारा भी मान्यता प्राप्त हो जाती है। 1831 में बेल्जियम की स्थापना के बाद उसे शक्ति सम्पन्न राष्ट्रों के लन्दन सम्मेलन में सम्मिलित होने के कारण मान्यता मिली। पोलैण्ड और चैकोस्लोवाकिया पेरिस सम्मेलन में भाग लेने तथा वर्साय सन्धि पर हस्ताक्षर करने से राज्य माने गए।

जब कोई राज्य किसी नई राजनीतिक सत्ता को किसी घोषणा या सन्धि द्वारा मान्यता प्रदान करता है। तब इसे स्पष्ट मान्यता (एक्सप्रेस रिकॉग्नाइजेशन) कहते हैं जब कुछ राज्य नई राजनीतिक इकाई को स्पष्ट मान्यता प्रदान नहीं करते, परन्तु उसके साथ ऐसा व्यवहार करते हैं। मानो वे उसे मान्य समझते हैं। तब इसे ध्वनित मान्यता (इम्पलायड रिकॉग्नाइजेशन) कहते हैं। द्विपक्षीय संधियाँ या दौत्य सम्बन्धों की स्थापना ध्वनित मान्यता की द्योतक है।

## Recognization of Parties | दलों की मान्यता

दलों की स्थिति को मान्यता देना। निर्वाचन आयोग निर्वाचनों के लिए चुनाव चिह्नों का नियतन करने के निमित्त राजनीतिक दलों को मान्यता प्रदान करता है। मान्यता प्राप्त राजनीतिक दल के सभी चुनाव लड़ने वाले उम्मीदवारों का सब राज्यों में एक ही चुनाव चिह्न होता है। चाहे वे संसद के स्थान के लिए खड़े हों या राज्य विधानसभा स्थान के लिए।

(A) राष्ट्रीय दल के रूप में मान्यता का आधार चुनाव चिह्न (संरक्षण और आबंटन) आदेश 1968 में चुनाव आयोग द्वारा 2 दिसम्बर 2000 को महत्वपूर्ण परिवर्तन किए गए थे अब 14 मई 2005 को इसमें पुनः परिवर्तन किए गए हैं। अब किसी दल को राष्ट्रीय दल की मान्यता तभी प्राप्त होगी, जब वह निम्न तीन में से कोई एक शर्त पूरी करता हो:

(1) गत लोकसभा चुनाव या राज्य विधानसभा चुनावों से सम्बन्धित दल के उम्मीदवार चार या अधिक राज्यों में से प्रत्येक में प्रयुक्त वैध मतों का कम से कम 6 प्रतिशत प्राप्त करें। तथा इनमें से किसी एक राज्य या राज्यों से उसके कम से कम 4 सदस्य लोकसभा के लिए निर्वाचित हों।

(2) गत आम चुनावों में वह दल लोकसभा की कुल सदस्य संख्या के कम से कम दो प्रतिशत स्थान प्राप्त कर ले, बशर्ते कि ये लोकसभा स्थान कम से कम तीन राज्यों में प्राप्त किए गए हों। (11 सदस्य)

(3) दल को कम से कम चार राज्यों में "राज्यदल" की मान्यता प्राप्त हो। चुनाव आयोग ने अपनी विज्ञप्ति में कहा है कि "इस विज्ञप्ति को 1 मार्च 2004 से कार्य रूप में लागू समझा जाएगा। वर्तमान में चुनाव आयोग ने 7 राजनीतिक दलों को 15वीं लोकसभा चुनाव में राष्ट्रीय दल के रूप में मान्यता प्रदान की है: भारतीय राष्ट्रीय कांग्रेस, भारतीय जनता पार्टी, मार्क्सवादी दल, भारतीय साम्यवादी दल, बहुजन समाज पार्टी, राष्ट्रवादी कांग्रेस पार्टी, और राष्ट्रीय जनता दल। हाल में चुनाव आयोग ने राष्ट्रीय जनता दल की राष्ट्रीय मान्यता खत्म करने का आदेश दिया है।"

(B) राज्य स्तरीय दल या क्षेत्रीय दल - 14 मई 2005 के आदेश के तहत राज्य स्तरीय दल की मान्यता तभी प्राप्त होगी, जब वह कोई एक शर्त पूरी करता हो।

(1) विधानसभा के गत चुनाव में राज्य में कुल वैध मतों का कम से कम 6% प्राप्त किए हो साथ ही उस राज्य की विधानसभा में कम से कम 2 स्थान प्राप्त किये हों।
(2) उस राजनीतिक दल ने लोकसभा के गत आम चुनाव में 6% वैध मत प्राप्त किए हों। साथ ही एक सदस्य कम से कम लोकसभा के लिए निर्वाचित हो।
(3) वह राजनीतिक दल विधानसभा के गत आम चुनाव में विधानसभा के कम से कम 3% स्थान या कम से कम तीन स्थान, इन दोनों में से जो भी अधिक हो वह प्राप्त कर लें।

### Reconstruction | पुनर्निर्माण

अमेरिकी इतिहास में इस शब्द का प्रयोग गृहयुद्ध के पश्चात दक्षिण अमेरिकी राज्यों का फिर से निर्माण करने तथा अमेरिकी संघ में मिलाने के लिए किए गए कार्यक्रमों तथा नीतियों के लिए हुआ था। राष्ट्रपति अब्राहिम लिंकन ने गृहयुद्ध में विजय प्राप्त करने के उपरान्त दक्षिण के विभिन्न राज्यों में गवर्नर नियुक्त कर दिए थे। 8 दिसम्बर 1863 को उन्होंने सर्वक्षमा की घोषणा की जिसमें कहा गया था कि जिन राज्यों में 10% निर्वाचक निष्ठा की शपथ ले लेंगे वहाँ विधिवत सरकारों की स्थापना कर दी जाएगी। कांग्रेस ने राष्ट्रपति के इस कार्यक्रम का विरोध किया और वाडे डेविस विधेयक द्वारा अपना यह संकल्प व्यक्त किया कि दक्षिणी राज्यों के साथ कड़ाई के साथ पेश आना चाहिए। राष्ट्रपति ने इस विधेयक पर अपने हस्ताक्षर नहीं किए और इस प्रश्न पर कांग्रेस तथा राष्ट्रपति के बीच विरोध उत्पन्न हो गया। लिंकन के उत्तराधिकारी एन्ड्रयू जॉनसन को दक्षिणी राज्यों की पुनर्प्रतिष्ठा के लिए निर्णायक नीति पर चलना पड़ा, जिसके फलस्वरूप उसके कांग्रेस के साथ मतभेद बहुत उग्र हो गए और कांग्रेस ने उनके ऊपर महाभियोग (Impeachment) चलाया। जॉनसन महाभियोग में तो 1 मत से बच गया पर वह दक्षिणी राज्यों का लोकतन्त्रीकरण करने में सफल नहीं हो सका। 1877 में रथरफोर्ड बी. हेज के राष्ट्रपति बनने पर पुनर्निर्माण के उद्देश्य को काफी हद तक पूरा कर दिया तथा दक्षिणी राज्यों में अनेक लोकतन्त्रात्मक सुधार किए।

सोवियत संघ में मार्च 1985 में मिखाइल गोर्बाच्योव के राष्ट्रपति बनने पर शीतयुद्ध की बर्फ को पिघलाने के लिए दो नीतियाँ प्रतिपादित की गईं। पहली पुनर्निर्माण (पैरेस्त्रोइका) तथा दूसरी ग्लासनोस्त (खुलापन)। इन नीतियों के द्वारा सोवियत संघ में लोकतन्त्रीकरण व आर्थिक पुनरुद्धार लाने का प्रयत्न किया गया गोर्बाच्योव की इन नीतियों के कारण ही 26 दिसम्बर 1991 को सोवियत संघ का विघटन हो गया।

### Red Guard | लाल रक्षक दल

रूस की लाल सेना के पूर्ववर्ती लाल रक्षक दल का 1917 की गर्मियों में पेत्रोगाद के कारखानों में मजदूर रक्षकों के रूप में जन्म हुआ था और पेत्रोगाद सोवियत ने उन्हें 'मजदूर सेना' के रूप में अभिज्ञात किया था। मुख्य रूप से वह बोल्शेविकों की सृष्टि था और उसकी चरम निष्ठा दल के प्रति थी। लाल रक्षकों को विधिवत सैनिक प्रशिक्षण नहीं मिला था और वह लेनिन के आदर्श पर एक ऐसी सेना थी, जिसका काम शस्त्र सज्जित सेना के रूप में रण क्षेत्र में लड़ना नहीं प्रत्युत क्रांति विरोधी कार्यवाहियों और षड्यन्त्रों से क्रान्ति की रक्षा करना था। जिस सुसंगठित राज्य विप्लव के फलस्वरूप अक्टूबर क्रान्ति सफल हो गई थी, उसमें लाल रक्षक दल की महत्वपूर्ण भूमिका थी। बोल्शेविक सरकार के सत्ता ग्रहण करने के बाद बाकायदा लाल सेना का संगठन किया गया।

### Red Square | लालचौक

सोवियत संघ की राजधानी मास्को में स्थित प्रसिद्ध ऐतिहासिक चौक जहाँ क्रेमलिन सहित सोवियत सरकार के सभी कार्यालय स्थित हैं तथा वहाँ पर मृत लेनिन का शरीर ताबूत में सुरक्षित रखा गया

है। इस चौक में प्राय: ऐतिहासिक अवसरों पर शीर्ष सोवियत नेताओं के सन्मुख सैनिक व असैनिक परेड और रैलियाँ आयोजित की जाती हैं। जैसे मई दिवस तथा अक्टूबर क्रांति दिवस के समारोह।

## Red Tapeism | लालफीताशाही

इंग्लैण्ड में सरकारी कार्यालयों में फाइलें लालफीतों में बंधी होती हैं और प्रत्येक फाइल को एक मेज (टेबल) से दूसरी मेज पर गुजरने में काफी समय लगता है। अत: सरकारी कर्मचारियों द्वारा स्थिति विशेष की आवश्यकताओं पर बिना सोचे विचारे प्रशासनिक प्रक्रिया नियमों का मशीन की तरह पालन, कायदे-कानूनों और औपचारिकताओं को पूरी तरह पालन करने की आवश्यकता के बहाने निर्णय लेने का उत्तरदायित्व एक-दूसरे के ऊपर टालते रहना, अनावश्यक और लम्बे-लम्बे नोट लिखना और इस सब सरकारी प्रक्रिया में प्रशासन तथा जनता की जरूरतों के मामलों में देरी करना।

भारत सरकार में भी फाइलों को बांधने के लिए प्राय: लालफीतों का ही प्रयोग होता रहा है। इसीलिए सरकारी कार्यालयों की लेट-लतीफी को लालफीताशाही कहा जाता है।

## Redical Humanism | प्रबुद्ध मानववाद

मानवेंद्र नाथ राय प्रसिद्ध भारतीय क्रांतिकारी थे। ये प्रारम्भ में अन्तर्राष्ट्रीय साम्यवादी आन्दोलन से जुड़े हुए थे। परन्तु उसके पश्चात् साम्यवाद की अधिनायकवादी व्यवस्था से असंतुष्ट होकर इन्होंने एक नई विचारधारा को जन्म दिया, जिसका लक्ष्य समाजवाद और मानवतावाद का समन्वय करना था। मानवेंद्र नाथ राय ने उग्र मानवतावाद नाम दिया। उग्र मानववाद स्वतन्त्रता के प्रयोग की अनंत संभावनाओं में आस्था रखते हुए उसे किसी ऐसी विचारधारा (Ideology) के साथ नहीं बांधना चाहता जो किसी पूर्व निर्धारित लक्ष्य (Predetermined End) की सिद्धि को ही उसके जीवन का ध्येय मानती हो। मनुष्य ही अपनी तर्क बुद्धि से समाज और नैतिकता के स्वरूप को निर्धारित करता है। अत: उसका स्थान सबसे पहले और सबसे ऊँचा है। मनुष्य स्वयं अपने जीवन और जगत का निर्माता है। कोई सामाजिक दायित्व या नैतिक सिद्धान्त की स्वतन्त्रता में कटौती नहीं कर सकता। राय का नव मानवतावाद मनुष्य को सम्पूर्ण सृष्टि का मानदण्ड स्वीकार करता है।

## Reference | ग्रंथ सूची

शोध, शोध पत्र, रिपोर्ट एवं उत्कृष्ट लेखन में जहाँ से तथ्य एकत्रित किये जाते हैं उस द्वितीय स्रोतों जैसे पत्रिकाओं, समाचार-पत्रों, शोध रिपोर्टों आदि के बारे में विवरण दिया जाता है। इसमें लेखक का नाम, लेख, पुस्तक का नाम, संस्थान का नाम, प्रकाशित, अप्रकाशित का विवरण, स्थान, वर्ष, पृष्ठ संख्या वगैरह द्वितीयक स्रोतों के आधार पर शोध की ग्रंथ सूची लिखने या प्रकाशक के निश्चित मापदंड के आधार पर दिया जाता है।

## Referendum | जनमत संग्रह, परिपृच्छा

विधायी प्रस्तावों या प्रश्नों पर जनता का मत लेने की पद्धति। इस पद्धति के अनुसार यह आवश्यक होता है कि विधानमण्डलों द्वारा पारित विधेयकों को अंतिम रूप तब ही मिल पाता है, जब निर्वाचकों का मत उनके पक्ष में प्राप्त हो जाए। संयुक्त राज्य अमेरिका और स्विट्जरलैण्ड में इसका अनेक बार उपयोग किया गया है।

## Reflexive | प्रतिवर्ती, अपने तरफ मुड़ना

एक प्रतिवर्ती या आत्म-प्रतिवर्ती सिद्धान्त जो संसार के बारे में स्पष्टीकरण नहीं देकर बल्कि संसार के भीतर अपने निजी कार्यो का स्पष्टीकरण देने का प्रयत्न करता है। राजनीतिक सिद्धान्त, राजनीति

और राजनीतिक व्यवस्था के विश्लेषण की जगह अपने उद्देश्य के बारे में स्पष्टीकरण देते हैं, अपने बारे में नहीं।

### Reform | सुधार

ऐसा कोई आन्दोलन अथवा प्रयास जो सम्पूर्ण सामाजिक व्यवस्था अथवा उसके किसी एक भाग को दोषपूर्ण कार्य करने के फलस्वरूप उत्पन्न हुई बुराइयों एवं कुरीतियों को दूर करने अथवा उन्हें पूर्णतः मिटाने के उद्देश्य से प्रेरित होता है, उसे सामाजिक सुधार की संज्ञा दी जाती है। सुधार व्यक्तिगत और समाजगत दोनों प्रकार के होते हैं। व्यक्तिगत सुधार का सम्बन्ध मुख्य रूप से मनोविज्ञान से है। समाज सुधार मानव संस्कृति तथा इतिहास का एक मुख्य तथा अनिवार्य अंग है। कुछ प्रथाएँ और आचार, चाहे उनका प्रारम्भिक उद्देश्य कितना ही अच्छा क्यों न हो, मानव की स्वार्थ भावना तथा कुत्सित मनोवृत्ति के कारण दूषित होकर कुरीति बन जाते हैं और ये कुरीतियां रूढ़मूल होकर सामाजिक क्रियाकलापों का अनिवार्य अंग सा बन जाती हैं वर्ण-व्यवस्था इसका एक दृष्टिगत उदाहरण है। ज्ञान-विज्ञान के प्रचार और सांस्कृतिक प्रतिमानों के बदलने से सामाजिक व्यवस्था में कई प्रकार के सुधारों की अपेक्षा होती है। इन सुधारों से ही समाज अपने को स्वस्थ और समयानुकूल बनाए रखता है।

### Reformation | धर्म सुधार

यूरोप के इतिहास में 16वीं सदी का एक महान धार्मिक आन्दोलन जिससे ईसाई धर्म की प्रोटेस्टेंट शाखा का जन्म हुआ। इस शाखा के प्रमुख प्रवर्तक जर्मन धर्मशास्त्रवेत्ता मार्टिन लूथर (1483-1546) ने तर्क दिया कि मोक्ष का साधन केवल आस्था और धर्मग्रंथों का पालन करना है। व्यक्ति अपनी तर्कबुद्धि (Reasoning) से धर्मग्रंथों की व्याख्या कर सकता है। अतः सत्य या ईश्वर के साक्षात्कार के लिए किसी पुरोहित या चर्च की शरण में जाने की जरूरत नहीं है।

### Reformative Theory of Punishment | दंड का सुधारात्मक सिद्धान्त

दंड का सुधारात्मक सिद्धान्त दंड के तीन सिद्धान्तों में से एक है। अन्य दो हैं: प्रतिशोधात्मक तथा निवारक सिद्धान्त। सुधारात्मक सिद्धान्त के अनुसार दंड का उद्देश्य न तो प्रतिशोध होना चाहिए और न भय उत्पन्न करना। बल्कि अपराधी का सुधार करना होना चाहिए जिससे दंड की समाप्ति होने पर वह उपयोगी नागरिक बन सके। इस उद्देश्य से कारावास की अवधि में उसके मानसिक परिष्कार तथा व्यावसायिक प्रशिक्षण की व्यवस्था पर ध्यान दिया जाना चाहिए। इस प्रकार के अनेक प्रयोग, जहाँ तक कि खुली जेलों का प्रयोग, भारत सहित अनेक देशों में हो रहे हैं। जैरेमी बैंथम ने सुधारात्मक दंड की व्यवस्था पर बल दिया तथा जेलों की व्यवस्था सुधारने पर बल दिया। उन्होंने मॉडल जेल की परिकल्पना की।

### Refugees | शरणार्थी

शरणार्थी वह व्यक्ति होता है जिसे उत्पीड़न अथवा उत्पीड़न के भय के कारण स्वदेश त्याग कर किसी अन्य देश में शरण ग्रहण करनी पड़े। 20वीं सदी तक तो जनसमुदायों का अत्याचारों से बचने के लिए एक देश से दूसरे देश में चला जाना अथवा नए देश की खोज करना मुश्किल काम न था लेकिन वर्तमान में दूसरे देश में चला जाना मुश्किल काम हो गया है। 20वीं सदी में शरणार्थियों का पहला बड़ा कारवाँ 1917 की बोल्शेविक क्रान्ति के बाद रूस से निकला। यहाँ से 15 लाख लोग निर्वासन में चले गए। 1920 में तुर्की से 2 लाख आर्मीनियाई और 5 लाख यूनानी शरणार्थी निकले।

प्रथम विश्वयुद्ध के बाद बुल्गारिया के अनेक प्रदेश पड़ौस के राज्यों को दे दिए गए, जिसकी वजह से एक लाख बुल्गारियावासियों को शरणार्थी बनना पड़ा। 1921 में राष्ट्र संघ (Lage of Nations) ने डॉ. फ्रिज्रोफ नानसेन को शरणार्थियों का प्रथम उच्चायुक्त (High Commisner) नियुक्त किया। नानसेन ने मृत्यु पर्यन्त 1930 तक शरणार्थियों की स्थिति में सुधार करने तथा विभिन्न देशों की सरकारों के आप्रवास कानूनों को लचीला बनाने के लिये अथक प्रयास किया। नाजी जर्मनी में यहूदियों को अनेक यातनाएँ सहनी पड़ीं और उन्हें जर्मनी से निकलकर संसार के अनेक देशों के द्वार खटखटाने पड़े। इन यहूदी शरणार्थियों के लिए राष्ट्र संघ कुछ भी नहीं कर सका। सितम्बर 1939 में जर्मनी द्वारा पोलैण्ड पर अधिकार कर लेने पर 3 लाख पोलैण्डवासियों को सोवियत संघ में शरण लेनी पड़ी। 1940 में नीदरलैंड्स, बेल्जियम और उत्तरी फ्रांस पर जर्मनी का अधिकार होने से 50 लाख विपन्न शरणार्थियों को दक्षिण फ्रांस में शरण लेनी पड़ी। नाजी सेनाओं ने लगभग 1 करोड़ 20 लाख व्यक्तियों को गृहविहीन कर दिया था।

द्वितीय विश्वयुद्ध के पश्चात संयुक्त राष्ट्र संघ के सहायता और पुनर्वास प्रशासन (यूनाइटेड नेशंस रिलीफ एंड रिहेबिलिएशन एडमिनिस्ट्रेशन) तथा अन्तर्राष्ट्रीय शरणार्थी संगठन (International Refugees Organization) ने शरणार्थियों की समस्या सुलझाने के लिए महत्वपूर्ण कार्य किया। भारत को भी अगस्त 1947 में विभाजन के समय पूर्वी बंगाल और पश्चिमी पाकिस्तान से आये 2 करोड़ शरणार्थियों की समस्या का सामना करना पड़ा था।

## Regional Economic Integration | क्षेत्रीय आर्थिक समाकलन

वह प्रक्रिया जिसके अन्तर्गत क्षेत्रीय स्तर पर कुछ देशों का समूह अन्तर्राष्ट्रीय व्यापार (Internation Trade) और प्रतिस्पर्धा (Competition) के मार्ग में आने वाली कृत्रिम बाधाओं को समाप्त कर देता है इस तरह के संगठन के अनेक रूप प्रचलित हैं जिनमें पाँच विशेष रूप से महत्वपूर्ण हैं।

(क) *तरजीही व्यापार समझौता (Preferential Trade Agreement):* इससे ऐसा संगठन अस्तित्व में आता है जिसके सदस्य कुछ वस्तुओं या सेवाओं पर लगने वाले प्रशुल्क (Tariff) और अन्य व्यापार प्रतिबन्धों (Trade Restrictions) में कटौती कर देते हैं। उदाहरण के लिए लोमें अभिसमय (Lome Convention) के अन्तर्गत यूरोपीय समुदाय के सदस्य देशों ने अफ्रीका, कैरेबियन और प्रशान्त महासागर क्षेत्र के अपने भूतपूर्व उपनिवेशों के साथ तरजीही बर्ताव का वचन दिया था।

(ख) *मुक्त व्यापार क्षेत्र (Free Trade Area):* ऐसा संगठन जिसके सदस्य परस्पर व्यापार के मामले में आंतरिक प्रशुल्कों और अन्य बाधाओं को समाप्त कर देते हैं। परन्तु इस संगठन के बाहर के देशों के प्रति ऐसी नीति नहीं अपनाते हैं। जैसे यूरोपियन मुक्त व्यापार क्षेत्र European Free Trade Area (EFTA) और नाफ्टा

(ग) *सीमा शुल्क संघ (Custom Union):* ऐसा संगठन जिसके सदस्य परस्पर व्यापार में आन्तरिक प्रशुल्क और अन्य बाधाओं को समाप्त कर देते हैं और एक सामान्य व्यापार नीति (Common Trade Policy) भी अपना लेते हैं। जैसे यूरोपियन आर्थिक समुदाय (EEC)।

(घ) *साझा बाजार (Common Market):* ऐसा संगठन जिसके सदस्य परस्पर व्यापार में न केवल वस्तुओं और सेवाओं के मुक्त विचरण की अनुमति देते हैं। बल्कि एक-दूसरे की ओर पूंजी और श्रम के मुक्त विचरण का द्वार भी खोल देते हैं। इसका प्रमुख उदाहरण (यूरोपीय संघ Europian Union EU)।

(ङ) *आर्थिक संघ (Economic Union):* यह साझा बाजार का विकसित रूप है। इसके अन्तर्गत प्रतिस्पर्धा नीति, माल की अभिप्राप्ति (Procurement) इत्यादि के संस्थात्मक ढांचे में

सामंजस्य स्थापित किया जाता है और नीति के स्तर पर यथेष्ट तालमेल (Coordination) स्थापित किया जाता है। अधिक विकसित स्तर पर यह संगठन मुद्रा संघ (Money Union) का रूप धारण कर लेता है। जैसे यूरोपीय संघ से जुड़ा आर्थिक एवं मुद्रा संघ Economic and Monetary Union (EMU)।

## Regional Imbalance | क्षेत्रीय असंतुलन

किसी राष्ट्र के विभिन्न क्षेत्रों में आर्थिक व औद्योगिक विकास असमान होने से उत्पन्न विषमताएँ। इस प्रकार की स्थिति उन देशों में विशेष रूप से पाई जाती है जहाँ भौगोलिक, ऐतिहासिक तथा अन्य कारणों से कुछ क्षेत्र पिछड़े रह गए हैं और वर्तमान में देश के विकास कार्य का समान रूप से लाभ नहीं पा सके हैं। उसे क्षेत्रीय असंतुलन कहते हैं।

## Regional Representation | क्षेत्रीय प्रतिनिधित्व

क्षेत्रीय प्रतिनिधित्व से तात्पर्य है किसी इकाई की संस्थाओं में उसके भागों अथवा भूखंडों का समुचित प्रतिनिधित्व। संयुक्त राष्ट्र संघ के विभिन्न अंगों के संगठन में इस बात का प्रयास किया जाता है कि उसमें संसार के समस्त भौगोलिक क्षेत्रों को प्रतिनिधित्व प्राप्त हो। इसी प्रकार से राष्ट्रीय व्यवस्था में विधानमंडल, न्यायपालिका एवं कार्यपालिका के संगठन में इस बात का प्रयास किया जाता है कि यथा संभव देश के विभिन्न प्रदेशों को उनसे प्रतिनिधित्व प्राप्त हो। क्षेत्रीय प्रतिनिधित्व प्रणाली के अन्तर्गत क्षेत्रीय आधार पर निर्वाचन क्षेत्र बनाए जाते हैं तथा उस क्षेत्र में बसे सभी मतदाता चुनाव में मतदान करते हैं। इस प्रकार जो प्रतिनिधि निर्वाचित होता है। उसे उस क्षेत्र या प्रदेश का प्रतिनिधि कहा जाता है। यह प्रणाली यह मानकर चलती है कि एक क्षेत्र के निवासियों के अनेक ऐसे महत्वपूर्ण सामान्य हित होते हैं जिनकी रक्षा के लिए व्यवस्थापिका में उनका अपना सामान्य प्रतिनिधि होना चाहिए।

## Regionalism | क्षेत्रवाद

राजनीतिक विचारधारा जो किसी खास क्षेत्रीय पहचान के लिए प्रतिबद्ध हो तथा जो भौगोलिक क्षेत्र के अलावा भाषा, सजातीयता आदि विशेषताओं पर आधारित होती है।

## Reification | जड़ वस्तुकरण

मार्क्सवाद (Marxism) के अनुसार, वह प्रक्रिया (Process) जिसके अन्तर्गत मानव श्रम (Human Labour) के उत्पादन (Products) स्वाधीन वस्तुओं का रूप धारण कर लेते हैं। ये वस्तुएँ न केवल स्वयं अपने नियमों से नियमित होती हैं बल्कि वे मानव जीवन को भी प्रकृति के निर्विकार नियमों की तरह नियन्त्रित करने लगती हैं। दूसरे शब्दों में मनुष्य अपनी सूझ-बूझ और परिश्रम से जिन वस्तुओं को मन चाहा आकार देता है, वे एक बार अस्तित्व में आने के बाद न केवल मनुष्य के नियन्त्रण से बाहर हो जाती है, बल्कि स्वयं मनुष्य के जीवन को ही नियन्त्रित करने लगती हैं। जड़ वस्तुओं से संसार में मनुष्य की स्थिति एक सक्रियकर्ता की नहीं रह जाती बल्कि वह उनका निष्क्रिय दर्शक बन जाता है। वह अपनी स्वाभाविक सृजनशीलता का त्याग करके उन निर्वैयक्तिक शक्तियों (Impersonal Powers) के प्रति आत्मसमर्पण कर देता है। जिनके साथ वह कोई अपनापन अनुभव नहीं करता। मानव का यह अमानवीयकरण (Dehumanization) पूंजीवादी उत्पादन प्रणाली की एक विलक्षण विशेषता के रूप में देखने को मिलता है क्योंकि इसमें मानवीय श्रम-शक्ति को बाजार में बिकने वाली वस्तु (Commodity) के रूप में पहचाना जाता है। इसमें

मनुष्य किसी मशीन के पुर्जे की तरह एक छोटे से काम को घिसे-पिटे तरीके से बार-बार दोहराता है जिसमें उसकी सृजनशीलता कुंठित हो जाती है। कारखाने में काम करने का यह ढर्रा धीरे-धीरे सम्पूर्ण पूंजीवादी समाज को अपनी गिरफ्त में जकड़ लेता है। इसमें ढलकर मनुष्य चेतन और सृजनशील प्राणी नहीं रह जाता बल्कि जड़ और पराधीन हो जाता है।

जड़ वस्तुकरण की संकल्पना अलगाव (Alienation) की संकल्पना का एक हिस्सा है और यह वस्तुओं की जड़ पूजा (Fetishism of Commodity) की संकल्पना से मिलती-जुलती है। फिर भी इसका विचार क्षेत्र अधिक विस्तृत है। जड़ वस्तुकरण के अन्तर्गत पूंजीवादी उत्पादन के सारे तत्व जैसे कि वस्तुएँ (Commodities), मुद्रा (Money), पूंजी (Capital), मुनाफा (Profit) इत्यादि मनुष्य के नियन्त्रण से बाहर हो जाते हैं। और वे अपनी स्वाभाविक तर्कसंगति (Inherent Rationality) के अनुसार व्यवहार करने लगते हैं। मनुष्य इनकी अदम्य शक्ति के आगे विवश होकर आत्मसमर्पण कर देता है।

## Relations of Production | उत्पादन संबंध

उत्पादन के मामले में लोगों और समूहों के बीच के संबंध विशेष रूप से ऐसे संबंध होते हैं जो संपत्ति तथा श्रम से संबंधित हो।

## Relative Deprivation | सापेक्ष वंचन

वह स्थिति जिसमें कोई वर्ग या समूह यह अनुभव करता है कि उसकी हालत उसके समकक्ष या समान योग्यता वाले लोगों की तुलना में बहुत खराब है। अर्थात सामाजिक जीवन के अन्तर्गत मूल्यवान वस्तुओं, सेवाओं, अवसरों, इत्यादि के वितरण में उसे जितना हिस्सा मिलना चाहिए उससे बहुत कम मिल रहा है। इससे प्रभावित लोगों के मन में निराशा और असन्तोष पैदा हो जाता है।

सैम्युअल पी. हटिंग्टन ने अपनी कृति पॉलिटिकल आर्डर इन चैंजिंग सोसायटी (बदलते समाजों में राजनीतिक व्यवस्था) (1968) में लिखा है कि जब आधुनिकीकरण के प्रभाव से किसी देश के लोगों के मन में राजनीतिक सहभागिता (Political Participation) की आशाएँ बहुत बढ़ जाती है। परन्तु उसकी इस मांग को पूरा करने के लिए उपयुक्त संस्थाएँ विकसित नहीं हो पाती हैं तो जनसाधारण के मन में विद्रोह की भावना पनपने लगती है। उदाहरण के लिए जब शिक्षा के प्रसार और सांस्कृतिक परिवर्तन के कारण लोग राजनीतिक सहभागिता के लिए बहुत उत्सुक हो जाते हैं। परन्तु उन्हें अपनी राजनीतिक अभिव्यक्ति का कोई वैध साधन (Legitimate Instrument) जैसे की मतदान का अधिकार भी नहीं मिल पाता है तो वे अपनी सुनवाई के लिए हिंसा पर उतारू हो जाते हैं।

टी.आर. गर ने "ह्वाईमैन रिबेल (लोग विद्रोह क्यों करते हैं) (1970) में यह तर्क दिया है कि आधुनिकीकरण की प्रक्रिया ने शिक्षा और संचार के साधनों का त्वरित विस्तार करके लोगों की आशाएं बहुत बढ़ा दी हैं परन्तु उनकी खुशहाली (Warfare) का स्तर उतनी तेजी से ऊँचा नहीं हो पाया है। यह स्थिति कुछ लोगों के मन में सापेक्ष वंचन (Relative Deprivation) की अनुभूति को जगाती है जो व्यापक निराशा, कुंठा (Frustration) और आक्रमण के रूप में प्रकट होती है।

## Relativism | सापेक्षवाद

साथ, ज्ञान और मूल्यों को व्यक्ति, समाज और काल के अनुसार बदलना। यही मत सापेक्षवाद है।

## Religion | धर्म

शाब्दिक अर्थ में शाश्वत अति प्राकृतिक सत्ताओं, शाश्वत जीवन और शाश्वत मूल्यों में विश्वास, नैतिक व्यवस्था के ऊपर आधिपत्य मानना तथा इसके अनुसार आचार व्यवहार ही धर्म कहलाता है। धर्म संस्कृत की धृ धातु से निकला है जिसका अर्थ है धारण करना। मनुष्य के जन्म से लेकर मृत्यु पर्यन्त धारण करने योग्य कार्यों को धर्म की संज्ञा दी जाती है। वर्तमान में धर्म का अर्थ है अन्तःकरण के अनुसार विश्वास एवं मूल्यों को मानना। फ्रांसीसी समाजशास्त्री एमिल दरखायम के अनुसार धर्म एकता स्थापित करती है। नियमों पर बल देती है और व्यक्तियों में आत्मानुशासन एवं संयम पैदा करती है। कार्ल मार्क्स ने धर्म को नशा (अफीम) माना है जो भविष्य में समाप्त हो जाएगा।

## Renaissance | पुनर्जागरण, पुनरोदय

इटली तथा यूरोप में चौदहवीं-पन्द्रहवीं शताब्दी में अनेक राज्यों में कला, साहित्य, वाणिज्य, उद्योग आदि के क्षेत्रों में होने वाली उथल-पुथल जिसके परिणामस्वरूप यूरोप में मध्ययुगीन धर्मांधता तथा जड़ता का युग समाप्त हुआ और विवेक एवं विज्ञान के आधार पर नई खोजों तथा आविष्कारों का युग प्रारंभ हुआ। नए-नए देशों तथा व्यापार-मार्गों की खोज हुई। साहित्य, कला एवं वास्तुकला के क्षेत्रों में एक बार पुनः यूनानी-रोमन शैली एवं पद्धति का प्रवर्तन हुआ। सामाजिक, आर्थिक, कला एवं साहित्य के क्षेत्रों में होने वाले इस संपूर्ण परिवर्तन को "पुनर्जागरण" के नाम से जाना जाता है। अतः इसका अर्थ है पुनः जागना।

## Rent | अधिशेष

ब्रिटिश अर्थशास्त्री डेविड रिकार्डो (1772-1823) के अनुसार, जब कोई व्यक्ति किसी दूसरे की अप्रयुक्त वस्तु को अपने प्रयोग में लेना चाहता है। तो इसके लिए उस वस्तु के स्वामी को धन देना पड़ता है, वह उसका अधिशेष है। भूमि का 'किराया' इसका सर्वोत्तम उदाहरण है। इसी तरह खाली बैठे व्यक्ति से काम लेने के लिए उसे जो मजदूरी देनी पड़ती है वह भी उसका अधिशेष है।

## Repatriation | स्वदेश आना, वापस भेजना, देश वापस लौटाना

1. युद्ध बन्दियों आदि को उनके देश वापस भेजना।
2. विदेशों में लगी पूंजी अथवा उससे अर्जित लाभांश को स्वदेश भेजना।

## Representation | प्रतिनिधित्व

एक व्यक्ति द्वारा अन्य व्यक्ति या जनसमुदाय का प्रतिनिधित्व करना, जैसे राज्य व केन्द्र के विधानमण्डलों में एम.एल.ए. तथा एम.पी. द्वारा अपने-अपने चुनाव क्षेत्र के लोगों का प्रतिनिधित्व करना।

प्रतिनिधित्व का विचार इस मान्यता पर आधारित है कि मनुष्य विवेकशील प्राणी (Rational Being) है। अतः प्रत्येक मनुष्य को अपने विवेक के अनुसार अपना प्रतिनिधि स्वयं चुनना चाहिए, उसका चुनाव अनेक प्रतिस्पर्धी उम्मीदवारों में से करना चाहिए, और चुने गए प्रतिनिधि को उपयुक्त अन्तराल के बाद लोगों का विश्वास प्राप्त करने के लिए फिर से चुनाव मैदान में उतरना चाहिए दूसरे शब्दों में प्रतिनिधित्व का विचार केवल लोकतन्त्रीय प्रक्रिया (Democratic Process) के माध्यम से ही सार्थक हो सकता है, अन्यथा नहीं।

**Representative Bureaucracy | प्रतिनिधि नौकरशाही**

यह विचार कि तीसरी दुनिया (Third World) के देशों में अधिकारीतन्त्र के सदस्य इसके अन्तर्गत अपने-अपने क्षेत्र (Region), जाति (Cast), भाषा (Language) या धर्म (Religion) के लोगों का प्रतिनिधित्व करते हैं। अतः इन समूहों के लोग अपने इन तथाकथित प्रतिनिधियों से यह आशा करते है कि वे उनकी समस्याओं पर विशेष ध्यान देंगे और उनकी सहायता करेंगे। इन आशाओं को पूरा करना एक तरह से अधिकारीतन्त्र के सदस्यों का कर्तव्य हो जाता है। देखा जाए तो प्रतिनिधि अधिकारीतन्त्र का विचार औपचारिक दृष्टि से किसी तरह के अधिकार या कर्तव्य का सृजन नहीं करता। परन्तु तीसरी दुनिया के देशों में जहाँ की विशाल जनसंख्या तरह-तरह के समूहों में बँटी है और अधिकारीतन्त्र के सदस्य भी भावनात्मक स्तर पर अपने मूल समूह से जुड़े रहते हैं, जहाँ संसाधनों (Resources) और अवसरों (Opportunities) का नितान्त अभाव है, वहाँ यह विचार जनसाधारण को कुछ सांत्वना देता है। अधिकारीतन्त्र के बारे में यह विचार इसके प्रसिद्ध सिद्धान्तकार मैक्स वेबर (1864-1920) की संकल्पना से मेल नहीं खाता है।

**Representative Democracy | प्रतिनिधि लोकतंत्र**

वह लोकतंत्र जिसमें जनता के निर्वाचित प्रतिनिधियों द्वारा शासन संचालित होता है। ये प्रतिनिधि जनता के प्रति उत्तरदायी होते हैं। आधुनिक राज्य आकार एवं जनसंख्या में बड़े होने के कारण इस प्रणाली से ही शासन चलाया जा सकता है। इनमें प्रत्यक्ष लोकतंत्र के अनुसार शासन चलाना सम्भव नहीं हो पाता।

**Representative Government | प्रतिनिधिक सरकार**

वर्तमान युग के बड़े राज्यों में प्रत्यक्ष या सीधी लोकतंत्रात्मक शासन पद्धति के माध्यम से शासन संभव नहीं, अतः उनमें प्रतिनिधिमूलक सरकार की पद्धति द्वारा शासन करने की व्यवस्था की जाती है। इस पद्धति में जनता के निर्वाचित प्रतिनिधि सरकार की नीतियों एवं विधियों का निर्माण करते हैं। संसदात्मक कार्यप्रणाली की राज्यों में कार्यपालिका भी इनके प्रति उत्तरदायी होती है। कार्यपालिका के आय और व्यय भी इनके द्वारा ही निर्धारित की जाती है। कुछ देशों में न्यायपालिका का चुनाव (विशेषकर निम्न स्तर पर) भी जनता द्वारा ही होता है। अर्थात जब शासन का संचालन जनता के चुने हुए प्रतिनिधि करते हैं तो ऐसी सरकार प्रतिनिधिक सरकार कहलाती है।

**Reprimand | फटकार, डांट**

संसदीय प्रथा में जो व्यक्ति सदन के विशेषाधिकारों को भंग करता है अथवा उसका अवमान करता है। उसे अध्यक्ष औपचारिक रूप से 'फटकार' सकता है। यदि फटकार सदन के किसी सदस्य को पड़ती है। तो वह अपने स्थान पर खड़ा हो जाता है और अध्यक्ष उसे फटकार देता है। यदि फटकार पाने वाले वाला व्यक्ति सदन का सदस्य नहीं है तो सदन का सशस्त्र परिचारक उसे सदन के कठघरे में लाकर खड़ा कर देता है। 'फटकार' के शब्द सदन के कार्यवृत्त में सम्मिलित कर लिए जाते हैं।

**Republic | गणराज्य**

वह शासन पद्धति जो राजतंत्र, कुलीन तंत्र या अल्पतंत्र के विपरीत होती है। यह जनता द्वारा चुने हुए प्रतिनिधियों का शासन होता है। अतः यह वह राज्य है जो राजा या इसी तरह के एक शासक द्वारा शासित नहीं होता बल्कि जिसमें उच्चतम शक्ति लोगों और उनके द्वारा निर्वाचित प्रतिनिधियों या

अधिकारियों में विहित होती है। व्यापक अर्थ में यह शासन पद्धति "बहुजन सुखाय, बहुजन हिताय" अथवा लोक मंगल के निमित्त शासन होता है। जिस शासन में निम्न से लेकर उच्च कर्मचारी तक वंश परम्परागत न होकर उनका चयन योग्यता के आधार पर एक निश्चित समय के लिए किया जाए।

**Republican | गणराज्यवादी दल**

वह राजनीतिक दल जो राजतंत्र या साम्राज्यवादी शासन प्रणाली की समाप्ति की वकालत करता है। साथ ही यह दल गणतंत्र प्रणाली की स्थापना के पक्ष में है। 'रिपब्लिकन' शब्द का प्रयोग अमेरिकी रिपब्लिकन पार्टी के सदस्य के लिए भी किया जाता है।

**Res Communis | सामुदायिक संपदा**

विश्व की वह संपत्ति या संपदा अथवा संसाधन जिस पर किसी एक राष्ट्र का क्षेत्राधिकार न हो तथा न ही कोई एक राष्ट्र अपनी संप्रभुता अथवा क्षेत्राधिकार का प्रसार उस पर कर सके और जो पूरे विश्व-समुदाय की संपदा अथवा धरोहर मानी जाए तथा जिसका उपयोग सभी राष्ट्र समान आधार पर कर सकें परंतु कोई एक राष्ट्र उसका स्वामित्व हरण न कर सके। सामुदायिक संपदा के उदाहरण हैं राष्ट्रीय क्षेत्राधिकार से परे गहरे समुद्र, अंतरिक्ष, चन्द्रमा आदि सामुदायिक संपदा कहलाती है।

**Reservation | आरक्षण**

इसका तात्पर्य सरकारी सेवाओं, शिक्षा, राजनीतिक या आर्थिक क्षेत्र (उत्पादन की खरीद, ठेके, मकान-भूखंड, छात्रवृत्ति, आवंटन आदि) में समाज के वंचित लोगों के लिए जनजाति और अन्य पिछड़ा वर्ग के लिए भारतीय संविधान के अनुच्छेद 15(4) एवं 16(4) के तहत आरक्षण का प्रावधान है। पश्चिमी समाज में (यू.एस.ए.) में भी वंचितों के लिए कुछ संस्थान शैक्षणिक क्षेत्र में आरक्षित है और नौकरियों में भी विशेष अनुग्रह किया जाता है। भारत में अब धार्मिक आधार पर मुस्लिम एवं ईसाई समुदाय के लोगों के द्वारा भी आरक्षण मांगा जा रहा है।

**Reservation in Promotion | पदोन्नति में आरक्षण**

आरक्षित वर्ग के एस.सी. एवं एस.टी. के लिए 1955 से पूरे देश में पदोन्नति में आरक्षण का प्रावधान किया गया था। लेकिन 1995 में और बाद में अप्रैल 2012 में सर्वोच्च न्यायालय ने इसे असांविधानिक बताया। इसके लिए संविधान संशोधन हेतु 117वें संविधान संशोधन विधेयक 17 दिसम्बर 2012 को राज्य सभा में पारित हो गया परन्तु लोक सभा में प्रस्तुत नहीं किया जा सका। समाजवादी पार्टी के सांसद इसका विरोध कर रहे थे। उन्होंने अन्य पिछड़ा वर्ग के कर्मचारी-अधिकारियों को भी इसमें शामिल किये जाने की मांग की। नौकरियों में आरक्षण के लिये तो भारतीय समाज ने स्वीकृति प्राप्त कर ली है। लेकिन पदोन्नति के आरक्षण से कर्मचारियों का मनोबल टूटता है, कनिष्ठ से वरिष्ठ बनने से आदेश का पालन ठीक से नहीं होता और नौकरशाही की क्षमता भी प्रभावित होती है। पूरे देश के अनारक्षित वर्ग के कर्मचारी समूह संगठित होकर इसका न्यायालय एवं राजनीतिक स्तर पर विरोध भी करते रहे हैं।

**Reserved Constituency | आरक्षित निर्वाचन क्षेत्र**

किसी देश का वह निर्वाचन क्षेत्र जो किसी वर्ग, जाति अथवा समुदाय विशेष के लिए आरक्षित हो अर्थात् वहाँ से इस विशिष्ट वर्ग, जाति अथवा समुदाय का सदस्य ही उम्मीदवार हो सकता हो। यद्यपि सामान्य रूप से मतदान का अधिकार निर्वाचन क्षेत्र की समग्र जनता को होता है। भारत में

लोकसभा में अनुच्छेद 330 एवं अनु. 332 के तहत विधानसभाओं में अनुसूचित जातियों तथा जनजातियों के स्थान आरक्षित होने के कारण कुछ निर्वाचन क्षेत्र इनके लिए आरक्षित कर दिए गए हैं, जिन्हें "आरक्षित निर्वाचन क्षेत्र" कहा जाता है।

## Reserved Subjects | आरक्षित विषय, संरक्षित विषय

भारत शासन अधिनियम 1919 (माण्टेग्यू चैम्सफोर्ड घोषणा 20 अगस्त 1947) को भारत में द्वैध शासन प्रणाली के द्वारा लागू की थी, जिसके अनुसार प्रान्तीय प्रशासन के विषय दो भागों में बांट दिए गए थे। संरक्षित (Reserved) विषय और हस्तान्तरित (Transferred) विषय। संरक्षित विषय थे – न्याय व्यवस्था, पुलिस, सिंचाई, नहरें, भूमिगत नालियाँ तथा बाँध, राजस्व व्यवस्था, समाचार पत्रों, पुस्तकों, छापे खानों, जेलों तथा सुधार गृहों की व्यवस्था, औद्योगिक बीमा तथा आवास आदि। हस्तान्तरित विषय थे – स्थानीय स्वशासन, सार्वजनिक स्वास्थ्य, डाक्टरी व्यवस्था, सार्वजनिक निर्माण कार्य, सहकारी संस्थाएँ आदि। संरक्षित विषयों के विभाग कार्यकारिणी परिषद के उन सदस्यों की अधीनता में रखे गए थे जो गवर्नर के प्रति उत्तरदायी थे और प्रान्तीय विधान मण्डल द्वारा अपदस्थ या नियन्त्रित नहीं किए जा सकते थे। हस्तान्तरित विभागों को मन्त्रियों की अधीनता में रखा गया था जो विधान मण्डल के निर्वाचित सदस्य होते थे और उसी समय तक पदारूढ़ होते थे, जब तक कि प्रान्तीय विधानमण्डल के सदस्यों का बहुमत उनका समर्थन करता है।

## Residuary Power | अवशिष्ट विधायी शक्तियाँ

वे सारे शक्तियाँ जो सूची में वर्णित नहीं है भारत में स्वत: ही केन्द्र के पास है। अनुच्छेद 248 के अनुसार संसद को किसी ऐसे विषय के सम्बन्ध में जो समवर्ती सूची (Concurrent List) या राज्य सूची (State List) में प्रगणित नहीं है, विधि बनाने की अनन्य शक्ति है। ऐसी शक्ति के अन्तर्गत अधिरोपण करने के लिए जो उन सूचियों में से किसी में वर्णित नहीं है, विधि बनाने की शक्ति है। भारतीय संघीय व्यवस्था में केन्द्र और राज्यों के बीच शक्ति विभाजन के द्वारा संघीय सूची में 97, राज्य सूची में 66 और समवर्त्ती सूची में 47 विषय है। अवशिष्ट शक्तियाँ संसद यानी केन्द्र सरकार के पास है। यू.एस.ए. में अवशिष्ट शक्तियाँ राज्यों के पास होती है।

## Responsibility | उत्तरदायित्व

पद के साथ जुड़ा हुआ कर्तव्य या दायित्व। जनता द्वारा निर्वाचित होने पर उनकी अपेक्षाओं की पूर्ति करने का भाव। ऊपर के अधिकारियों का अपने अधीनस्थ कर्मचारियों के कार्यों के प्रति उत्तरदायी होने का भाव। यह शब्द अंग्रेजी के शब्द (Accountability) का समानार्थी है जिसका अर्थ है: अपने पद की अपेक्षाओं के अनुरूप खरा उतरना। इस तरह मंत्री से लेकर चतुर्थ श्रेणी कर्मचारी अपने कार्यों के लिए उत्तरदायी होते हैं, न होने पर उन्हें पदच्युत होना पड़ता है।

## Responsibility of State | राज्य का दायित्व

अन्तर्राष्ट्रीय राजनीति में अन्तर्राष्ट्रीय कानून के अन्तर्गत किसी राज्य में रहने वाले विदेशी नागरिकों की जान-माल की सुरक्षा का उत्तरदायित्व स्थानीय सरकार पर होता है। किसी विदेशी को शारीरिक क्षति पहुँचाए जाने पर या स्थानीय सरकार द्वारा उसके प्रति अन्याय किए जाने पर अथवा उसकी संपत्ति को हानि पहुँचने पर, स्थानीय सरकार (Local Government) का कर्तव्य है कि उसकी क्षतिपूर्ति करे। क्षतिपूर्ति होने या न्याय न मिलने पर उन विदेशी नागरिकों को अपनी सरकार से हस्तक्षेप की मांग करने का अधिकार है। इस प्रकार की परिस्थिति में यह विवाद अन्तर्राष्ट्रीय विवाद बन सकता है। इस विवाद का आधार है राज्य का अन्तर्राष्ट्रीय दायित्व।

## Restricted Sufferage | सीमित मताधिकार

सीमित मताधिकार वयस्क अथवा सार्वजनिक मताधिकार का विलोम है। इसका तात्पर्य है कि मताधिकार सभी वयस्कों को प्राप्त न होकर सीमित है। सीमित करने के कई आधार हो सकते हैं। जैसेः शिक्षा, संपत्ति, लिंग आदि। संयुक्त राज्य अमेरिका के कुछ राज्यों में मताधिकार पाने के लिए संबंधित राज्य में निर्धारित अवधि तक निवास करना भी अति आवश्यक होता है। जॉन स्टुअर्ट मिल ने इस बात का समर्थन किया था कि मताधिकार शिक्षितों तक ही सीमित होना चाहिए। ब्रिटेन में 1918 में पहली बार महिलाओं को मताधिकार प्राप्त हुआ। परन्तु इसके लिए आयु सीमा 30 वर्ष निर्धारित की गई। 1928 में जाकर इंग्लैण्ड में वयस्क मताधिकार स्थापित हुआ। भारत में 1946 के चुनाव तक केवल 14 प्रतिशत जनता को मताधिकार प्राप्त था तथा मताधिकार के आधार - शिक्षा, संपत्ति एवं अनेक विशिष्ट हित थे। इसलिए भारत के संविधान द्वारा वयस्क मताधिकार प्रदान किया जाना एक साहसिक राजनीतिक कदम था।

## Revisionism | पुनर्विचारवाद

पुनर्विचारवाद वह विचाराधारा है जो पूर्व स्थापित व स्वीकृत सिद्धान्त से हटकर उस पर पुनः विचार करने की ओर संकेत करती है। लक्समबर्ग ने लेनिन के साम्यवादी आन्दोलन के लिए विकल्प सुझाकर पुनर्विचारवादी होने का खिताब धारण किया। संक्षेप में यह वह विचार है जिसके अनुसार पूर्व स्थापित सिद्धान्त का संशोधन करना या उस पर विचार करना आवश्यक हो जाता है। इसमें क्रांति के सिद्धान्त को मूल मार्क्सवादी सिद्धान्त से अलग करने पर जोर दिया गया है।

## Revolution | क्रान्ति

अंग्रेजी का शब्द 'रिवोल्यूशन' लैटिन भाषा के शब्द 'रिवोलूशिया' से बना है जिसका अर्थ है: सावधिक प्रत्यावर्तन या नवीकरण। क्रान्ति का, इस तरह, अर्थ है: बल प्रयोग द्वारा राजनीतिक निर्णयों की स्थितियों पर अधिकार करना और समाज की संरचना में आधारभूत परिवर्तन करना। वस्तुतः क्रान्ति किसी राजनीतिक प्रणाली में हिंसक या तीव्र तथा सम्पूर्ण परिवर्तन है। यह शब्द "कूप दिता" (Coup D'etat) से भिन्न है जिसका अर्थ है एक शासक वर्ग द्वारा विशेषकर सैनिक शासक वर्ग द्वारा दूसरे शासक वर्ग को अपदस्थ करना व अचानक सत्ता हथियाना होता है। लेकिन क्रान्ति वस्तुतः वर्ग संघर्ष है। उदाहरण के लिए फ्रांसीसी क्रान्ति में मध्यवर्ग व कुलीन वर्ग के बीच संघर्ष हुआ, रूसी क्रान्ति में जार व सामान्य जनता के मध्य संघर्ष था तथा चीन की क्रान्ति अल्प शासन और अधिनायकवादी शासन का संघर्ष था। सामान्य अर्थ में क्रान्ति का प्रयोग समाज में होने वाले व्यापक परिवर्तन के लिए भी किया जाता है। क्रान्ति का सर्वप्रथम अध्ययन अरस्तु ने किया। उनके अनुसार संविधान में होने वाले प्रत्येक परिवर्तन को क्रान्ति कहा जाता है। उन्होंने सभी प्रकार के शासनों में होने वाली क्रान्ति के कारण एवं उपायों का उल्लेख किया है।

## Revolution of Rising Expectations | बढ़ती आकांक्षाओं की क्रांति

तीसरी दुनिया के विकासशील देशों में औद्योगिकीकरण तथा आधुनिकीकरण के फलस्वरूप जीवन-स्तर में सुधार और राजनीतिक व्यवस्था में जनता की भागीदारी से जनमानस में आकांक्षाओं की बाढ़ सी आने लगी है। आकांक्षाओं की संख्या और इनके बढ़ने की गति और तीव्रता इतनी अधिक थी कि इस स्थिति को "बढ़ती आकांक्षाओं की क्रांति" कहा जाने लगा। वर्तमान शताब्दी के छठे तथा सातवें दशक में यही स्थिति थी। इस शब्द का प्रयोग सर्वप्रथम बारबरा वार्ड ने किया था।

## Revolutionary Anarchism | क्रान्तिकारी अराजकतावाद

बाकुनिन एवं क्रोपॉट किन जैसे अराजकतावादी विचारक राज्य को व्यक्ति का शत्रु मानते हैं। उनके अनुसार राज्य एक ऐसा विकार है, जो अस्वाभाविक होने के साथ व्यक्ति के लिए अत्यधिक हानिकारक भी है। इन अराजकतावादियों का विरोध राज्य के स्वरूप के प्रत्येक प्रकार से है। उनकी मान्यता है कि राज्य चाहे प्रजातन्त्रीय हो अथवा राजतन्त्रीय, उसके मौलिक स्वरूप में कोई अन्तर नहीं आता है। अपने प्रत्येक रूप में वह अनावश्यक बुराई है तथा व्यक्ति के लिए अस्वाभाविक व हानिकारक विकार ही बना रहता है। जैसा कि बाकुनिन ने कहा है। "चर्च अपने को चर्च न कहेगा, वह अपने को पाठशाला कहने लगेगा। राज्य अपने को राज्य नहीं कहेगा, वह अपने को राजतन्त्र न कहकर गणतन्त्र कहने लगेगा। पर फिर भी वह आधिपत्य ही रखेगा।"

अराजकतावादी नेता बाकुनिन (Bakunin) और क्रोपोटकिन (Kropotkin) का यह विचार था कि हिंसात्मक क्रांति अत्यधिक सावधानी से पर्याप्त शिक्षण और प्रचार के बाद सम्पादित होनी चाहिए। इस प्रकार अराजकतावादियों के राज्य के अन्त करने के दो साधन हैं। शिक्षा और हिंसात्मक क्रान्ति, जबकि साम्यवादी राज्य का अन्त केवल एक साधन क्रान्ति के द्वारा ही करना चाहते हैं।

क्रान्तिकारी अराजकतावादी धर्म का विरोध करते हुए कहते हैं कि धर्म सामान्य जनता पर पूंजीपतियों का आधिपत्य बनाए रखने में उनकी सहायता करता है।

## Right | अधिकार

जब हम व्यक्ति और राज्य के परस्पर सम्बन्ध (Relation Between Individual and the State) पर विचार करते हैं तो दो बातें सामने आती हैं। एक व्यक्ति को राज्य से क्या प्राप्त होना चाहिए, ये उसके अधिकार (Right) हैं। दूसरे व्यक्ति को राज्य के लिए क्या-क्या करना चाहिए: ये उसके कर्तव्य (Duties) हैं। संक्षेप में अधिकार राज्य के अन्तर्गत व्यक्ति को प्राप्त होने वाली ऐसी अनुकूल परिस्थितियाँ और अवसर हैं, जिनसे उसे आत्मविकास (Self Development) में सहायता मिलती है। हैराल्ड जे. लॉस्की (1893–1950) के अनुसार "अधिकार सामाजिक जीवन की वे परिस्थितियाँ है जिनके बिना आमतौर पर कोई व्यक्ति पूर्ण आत्मविकास की आशा नहीं कर सकता"।

अर्नेस्ट वार्कर के अनुसार अधिकार न्याय की उस सामान्य व्यवस्था का परिणाम है, जिस पर राज्य और उसके कानून आधारित हैं।

नकारात्मक और सकारात्मक अधिकार (Negative and Positive Rights) राज्य में व्यक्ति की जिन गतिविधियों पर राज्य की ओर से कोई प्रतिबन्ध नहीं होता, उन्हें नकारात्मक अधिकार कहा जाता है। उदाहरण के लिए साधारणतया विचार और अभिव्यक्ति की स्वतन्त्रता के अधिकार का अर्थ है कि राज्य की ओर से व्यक्ति की इन गतिविधियों पर कोई रोक नहीं लगाई जाएगी। अत: यह एक नकारात्मक अधिकार है।

सकारात्मक अधिकार यह संकेत देते हैं कि व्यक्ति को आत्मविकास में सहायता देने के लिए राज्य की ओर से क्या-क्या व्यवस्था की गई है? उदाहरण के लिए चिकित्सा का अधिकार (Right to Medical Care), रोजगार का अधिकार (Right to Work), कानूनी सहायता का अधिकार (Right to Legal Aid) इत्यादि व्यक्ति के सकारात्मक अधिकार होंगे। पूंजीवादी राज्य (Capitalist State) में नकारात्मक अधिकारों की प्रधानता स्वीकार की जाती है। कल्याणकारी राज्य (Welfare State) के अन्तर्गत नकारात्मक अधिकारों के साथ-साथ सकारात्मक अधिकारों की व्यवस्था का प्रयत्न किया जाता है।

## Right of Dissolution | विघटन का अधिकार

किसी देश की संसदीय शासन प्रणाली में संसद के जन-निर्वाचित अथवा निचले सदन का विघटन उसकी कार्यावधि पूरी होने से पहले भी किया जा सकता है। यह राज्याध्यक्ष का सांविधानिक

अधिकार है। प्राय: इसका प्रयोग प्रधानमंत्री की सिफारिश पर किया जाता है। इस सम्बन्ध में दो प्रश्न अभी भी विवादग्रस्त हैं। (A) क्या प्रधानमंत्री की सिफारिश के बावजूद राज्याध्यक्ष संसद का विघटन करना अस्वीकार कर सकता है। (B) क्या राज्याध्यक्ष किन्हीं परिस्थितियों में, बिना प्रधानमंत्री की सिफारिश के स्वेच्छा से सदन का विघटन कर सकता है।

अनुच्छेद 85(ii) के अन्तर्गत यदि संसद में प्रधानमंत्री का पक्ष स्पष्ट बहुमत में हो तो राज्याध्यक्ष के सामने प्रधानमंत्री की विघटन सम्बन्धी सिफारिश को मानने के अतिरिक्त कोई विकल्प नहीं रह जाता।

## Right of Innolent Passage | निर्दोषगमन का अधिकार

अन्तर्राष्ट्रीय कानून का यह एक सुस्थापित नियम है कि विदेशी भूभागीय समुद्र से राज्यों के जलपोत एवं युद्धपोत, युद्ध एवं शांतिकाल में बिना किसी तटवर्ती राज्य की अनुमति के आ-जा सकते हैं। शर्त केवल यह है कि यह आवागमन तटवर्ती राज्य की शांति और सुरक्षा के लिए संकटमय न हो। युद्धकाल में तटवर्ती राज्य इस निर्दोष आवागमन को सीमित एवं नियमित कर सकते हैं। परन्तु इसके लिए बनाए गए नियम सभी युद्धकारियों पर समान रूप से लागू किए जाने चाहिए।

## Right of Resistance | प्रतिरोध अधिकार

ऐतिहासिक दृष्टिकोण से सभी युगों में व्यक्तियों ने अपने विवेक और चेतना के आधार पर स्थापित सत्ता का विरोध करने का दावा किया है। इस प्राधिकार का सामान्य रूप से प्राय: आदर किया जाता रहा है। परन्तु ऐसे उदाहरण भी मिलते हैं जहाँ विरोधी को राज्य में उत्पीड़न और यहाँ तक कि मृत्युदंड का भी कोपभाजन बनना पड़ा है। वर्तमान समय में यह प्राधिकार संसदात्मक शासन प्रणाली का एक लक्षण माना जाता है। यद्यपि यह व्यवस्था जन-प्रतिनिधिमूलक होती है पर फिर भी, नागरिक व्यक्तिगत अथवा सामूहिक रूप से सरकार के अनुचित, दमनकारी अथवा अन्यायपूर्ण कामों का शांतिमय उपायों से विरोध कर सकने का दावा करते हैं। इसे "प्रतिरोध करने का अधिकार" कहा जाता है। प्रतिरोध के अनेक रूप हो सकते हैं। जैसे: प्रदर्शन, अनशन, सविनय अवज्ञा आदि। यह विवादग्रस्त है कि अधिकारियों का घेराव और उन पर दबाव या उनके प्रति अभद्र व्यवहार कहाँ तक प्रतिरोध के अधिकार की सीमा में आते हैं। टी.एच. ग्रीन ने राज्य की जन विरोधी नीतियों के लिए जनता को राज्य की ऐसी नीतियों का प्रतिरोध करने का अधिकार दिया है।

## Right Ordering of Loyalities | निष्ठाओं का उचित क्रम निर्धारण

मनुष्य सामाजिक प्राणी होने के नाते यह स्वाभाविक है कि उसकी निष्ठा अनेक संस्थाओं या संगठनों के प्रति होती है। परन्तु एक आदर्श नागरिक का आचरण इस प्रकार का होना चाहिए कि वह अपनी निजी या क्षणिक लाभ देने वाली संस्थाओं के प्रति निष्ठा से ऊपर उच्चकोटि के हितों और संस्थाओं के प्रति निष्ठावान हो जैसे, इस क्रम से स्वयं की अपेक्षा समुदाय के प्रति, समुदाय की अपेक्षा प्रदेश के प्रति, प्रदेश की अपेक्षा राष्ट्र के प्रति और इन सबसे ऊपर मानव समाज के प्रति उसकी निष्ठा हो। इस प्रकार की प्रक्रिया को निष्ठाओं का उचित क्रम निर्धारण कहते हैं। अर्थात संकीर्णता से ऊपर उठकर देश और मानवता के प्रति निष्ठा रखना।

## Right to Constitutional Remedies | सांविधानिक उपचारों का अधिकार

भारत के संविधान के भाग 3 के अनुच्छेद 32 में नागरिकों को छठवाँ मौलिक अधिकार दिया गया है। इसके अनुसार दिए गए नागरिकों के मौलिक अधिकारों को प्रवर्तित करवाने के लिए उच्चतम न्यायालय में कोई नागरिक शरण ले सकता हैं अर्थात नागरिकों के मौलिक अधिकारों का अनुच्छेद

32 के तहत उच्चतम न्यायालय प्रमुख केन्द्र होगा। वह इन अधिकारों को लागू करवाने के लिए ऐसे आदेश या निर्देश या रिट निकाल सकता है, जो निम्न हैं:

1. *बन्दी प्रत्यक्षीकरण (Heavious Corpus):* लैटिन शब्द हैवियस कार्पस का शाब्दिक अर्थ है शरीर को प्रस्तुत किया जाए अर्थात इसके अनुसार न्यायालय बन्दीकरण अधिकारी को यह आदेश देता है कि बन्दी बनाए गए व्यक्ति को न्यायालय में उपस्थित किया जाए यदि न्यायाधीश बन्दीकरण को अनुचित मानता है तो उसे रिहा करने के आदेश दे देता है।
2. *परमादेश (Mendems):* यह प्रलेख किसी सार्वजनिक अधिकारी के लिए जारी किया जाता है उसे अपने कर्तव्य पालन का आदेश इसके माध्यम से दिया जाता है।
3. *प्रतिषेध (Prohibition):* इस प्रलेख के माध्यम से उच्चतम या उच्च न्यायालय अपने अधीनस्थ न्यायालय को यह आदेश देता है कि सम्बन्धित मुकदमा आपके अधिकार क्षेत्र से बाहर है इसलिए आप इस पर कार्यवाही करना बन्द कर दें।
4. *उत्प्रेषण (Certierary):* इस लेख के माध्यम से निम्न न्यायालय से मुकदमा उच्च न्यायालय में मंगवाया जाता है।
5. *अधिकार पृच्छा (Quo Warranto):* इस लेख के द्वारा जब कोई व्यक्ति किसी सार्वजनिक पद पर अवैध रूप से आसीन हो जाता, तब उससे यह पूछा जाता है कि आप इस पद पर किसी आदेश के तहत कार्यरत हो जब तक वह व्यक्ति इस बात का सन्तोषजनक जवाब नहीं देता है, तब तक वह उस पद पर कार्य नहीं कर सकता है।

## Right to Contact | संविदा अधिकार

कुछ राजनीति वैज्ञानिकों ने संविदा अधिकार की भी सामाजिक जीवन के मुख्य अधिकारों में गणना की है। गिलक्राईस्ट के शब्दो में "संविदा एक संव्यवहार है जिसमें किसी विशिष्ट उद्देश्य की सिद्धि के लिए दो या अधिक व्यक्ति या व्यक्ति समूह स्वतन्त्रतापूर्वक एक-दूसरे के प्रति कुछ दायित्वों का आरोप करते है" संविदा का साधारण रूप उस समय सामने आता है, जब हम किसी चीज को खरीदते या बेचते हैं। जहाँ खरीदने और बेचने का कार्य समाप्त हुआ, वहाँ संविदा भी समाप्त हो जाती है। लेकिन कुछ संविदाएँ जटिल भी होते हैं। वे दो पक्षों को भविष्य के लिए कतिपय दायित्वों से बांध देते हैं। एक बार संविदा हो जाने पर उसे दोनों पक्षों की सहमति से ही तोड़ा जा सकता संविदा सामाजिक संगठनों के लिए अपरिहार्य है। उनके बिना व्यापार आदि कुछ नहीं चल सकता है। राज्य के लिए आवश्यक है कि वह संविदा की रक्षा करे लेकिन राज्य उन संविदाओं को मान्यता नहीं दे सकता जो अवैध प्रयोजनों के लिए की जाती हैं। उदाहरण के लिए राज्य दासों के व्यापार या घूसखोरी से संबद्ध कोई संविदा स्वीकार नहीं कर सकता।

## Right to Education | शिक्षा का अधिकार

शिक्षा का अधिकार अनु. 32(2) राज्य शिक्षा संस्थाओं को सहायता देने में इस आधार पर विभेद नहीं करेगा कि वह धर्म या भाषा पर आधारित किसी अल्पसंख्यक वर्ग के प्रबन्ध में है। अनुच्छेद 21क के अनुसार 6 से 14 वर्ष के बच्चों को निःशुल्क और अनिवार्य शिक्षा राज्य प्रदान करेगा।

## Right to Equality | समानता का अधिकार

भारत के संविधान के भाग 3 के अनुच्छेद 14 से 18 तक प्रथम मौलिक अधिकार समानता का वर्णन है।

अनुच्छेद 14 के तहत विधि के समक्ष सभी समान समझे जाएंगे व विधियों का समान संरक्षण किया जाएगा।

अनुच्छेद 15 के तहत जाति, धर्म लिंग, वंश व जन्म स्थान के आधार पर कुओं, सार्वजनिक स्थलों व भोजनालयों में भेदभाव नहीं किया जाएगा।

अनुच्छेद 16 के तहत सरकारी नौकरियों में सभी के साथ समानता का व्यवहार किया जाएगा।

अनुच्छेद 17 के तहत अस्पृश्यता (Untouchability) का किसी भी रूप में चलन दण्डनीय अपराध माना जाएगा।

अनुच्छेद 18 के तहत राज्य सेना अथवा विधि सम्बन्धी उपाधियों के अतिरिक्त कोई अन्य उपाधि प्रदान नहीं करेगा।

## Right to Form Associations | संगठन बनाने का अधिकार

मनुष्य स्वभाव से ही एक सामाजिक प्राणी है और वह अपनी विभिन्न आवश्यकताओं को पूरा करने के लिए सामाजिक, आर्थिक, शैक्षिक और सांस्कृतिक आदि संघों का निर्माण करता है। राज्य भी अंततोगत्वा मनुष्य का संगठन ही है जो अन्य समस्त संगठनों से ऊँचा है। आज की परिस्थितियों में यह बात सर्वमान्य है कि कोई व्यक्ति अपने अन्य साथियों के सहयोग के बिना या दूसरे शब्दों में सभा-सोसायटियों के निर्माण के बिना किसी प्रकार का कार्य नहीं कर सकता। यही कारण है कि संगठन बनाने के अधिकार को संसार के सभी लोकतन्त्रात्मक देशों में एक मूल अधिकार माना गया है। पर मनुष्य के संगठन बनाने के अधिकार पर भी कुछ प्रतिबन्ध लगे हुए हैं। राज्य व्यक्तियों को ऐसे संगठन बनाने की अनुमति नहीं दे सकता, जिनका उद्देश्य सामाजिक व्यवस्था को भंग करना हो, भारतीय संविधान के अनुच्छेद 19(1)(ग) में नागरिकों को संघ अथवा संस्थाएँ बनाने का अधिकार प्रदान किया गया है, लेकिन यह अधिकार भी उन प्रतिबन्धों के अधीन है, जिन्हें राज्य साधारण जनता के हितों को ध्यान में रखते हुए आरोपित करता है। फलतः इस अधिकार के नाम पर व्यक्ति ऐसे समुदायों का निर्माण नहीं कर सकते जो षड्यन्त्र करें, सार्वजनिक शांति को खतरा पहुँचाये, अवैध हड़ताल करे या सार्वजनिक अव्यवस्था उत्पन्न करे।

## Right to Information (RTI) | सूचना का अधिकार

12 अक्टूबर 2005 में भारत में लागू इस कानून का उद्देश्य शासन-प्रशासन में पारदर्शिता लाना और सरकारी कर्मचारियों को जनता के प्रति जबावदेह बनाना है। जनता को जनजीवन से जुड़े मुद्दों एवं अधिकारों के लिए सूचना प्राप्त करने का अधिकार है। यह संविधान के अनुच्छेद 19(1)(क) के अन्तर्गत वाक एवं अभिव्यक्ति की स्वतंत्रता का एक अंग है। कोई व्यक्ति लिखित या इलेक्ट्रॉनिक माध्यम से किसी प्रार्थना-पत्र पर की गई कार्यवाही, फाइल पर नोटिंग, दस्तावेजों, अभिलेखों आदि की जानकारी मांग सकता है। इस कानून से भ्रष्टाचार रोकने में भी मदद मिली है और अनेक भ्रष्टाचारों के उजागर होने से दण्डात्मक कार्यवाही का मार्ग भी खुला है। इन कानून के दायरे में राष्ट्रीय सुरक्षा, विदेश-संबंध आदि के बारे में जानकारी दी जाती है।

## Right to Life | जीवन का अधिकार

जीवन का अधिकार मनुष्य का सबसे महत्वपूर्ण मौलिक अधिकार है। मनुष्य के अन्दर जीवन की इच्छा अन्य सारी इच्छाओं से बलवती होती है और उसके अन्य सारे अधिकारों का अस्तित्व केवल इसी एक अधिकार के ऊपर निर्भर है। मनुष्य के जीवन सम्बन्धी अधिकार का विवेचन करते समय तीन प्रश्नों पर विचार करना आवश्यक है (1) क्या व्यक्ति किसी दशा में दूसरे व्यक्ति के प्राण ले सकता है? (2) क्या वह आत्महत्या कर सकता है? (3) क्या राज्य व्यक्ति के प्राण ले सकता है? चूंकि प्रत्येक व्यक्ति को जीवित रहने का अधिकार है अतः यह आवश्यक है कि वह दूसरे व्यक्ति के इस अधिकार की भी प्राणपण से रक्षा करे। यदि कोई व्यक्ति उसे मार डालने के विचार से उसके ऊपर आक्रमण करता है तो उसे यह अधिकार है कि वह अपनी जान बचाने के लिए पूरा प्रयत्न करे

और यदि अनिवार्य हो तो आक्रमणकारी की हत्या भी कर दे। व्यक्ति किन परिस्थितियों में अपनी प्राण रक्षा के लिए आक्रमणकारी की जान ले सकता है। इसका समुचित निर्णय न्यायालय ही कर सकते हैं।

प्राय: सभी देशों में आत्महत्या को एक अपराध माना जाता है और कोई व्यक्ति आत्महत्या के प्रयास से विफल हो जाता है, तो उसे दण्ड दिया जाता है। कुछ देशों में धार्मिक आधारों पर आत्महत्या को उचित माना जाता है। उदाहरण हेतु जापान में 'हाराकिरि' की प्रथा है। भारत में जैन सम्प्रदाय के अन्तर्गत भी "संथारा" एक प्रथा है जिसमें मृत्यु की इच्छा करने वाला अन्न-जल त्याग देता है और अंतत: मृत्यु को प्राप्त हो जाता है।

भारत के संविधान के भाग 3 के अनुच्छेद 21 में जीवन की स्वतन्त्रता का वर्णन किया गया है जिसके तहत किसी व्यक्ति को, उसके प्राण या दैहिक स्वतन्त्रता से विधि द्वारा स्थापित प्रक्रिया के अनुसार ही वंचित किया जाए, अन्यथा नही।

## Right to Livelihood | जीविका का अधिकार

आधुनिक लोक हितकारी राज्य का एक कर्तव्य यह समझा जाता है कि वह अपने नागरिकों के लिए जीविका उपार्जन की व्यवस्था करे। समाजवादी राज्यों में इस अधिकार को मूल अधिकार माना जाता है। भारतीय नागरिकों को जीविका का अधिकार नहीं दिया गया है, लेकिन नीति निर्देशक तत्वों में विभिन्न रूपों में इसका समावेश हुआ है।

## Right to Pardon | क्षमा देने का अधिकार, दया याचिका

संविधान के अनुच्छेद 72 में किए गए प्रावधान के अनुसार भारत के राष्ट्रपति को किसी भी दोषी को दी गई मौत की सजा को माफ करने या इसमें बदलाव करने का विशेष अधिकार है। राज्यों में राज्यपाल को यह अधिकार अनुच्छेद 161 के तहत प्राप्त है। जब तक प्रकरण राष्ट्रपति और राज्यपाल के यहाँ क्षमा याचना के लिए लंबित है, दोषी को फाँसी नहीं दी जा सकती है। दया याचिका स्वीकार होने पर इसे गृह मंत्रालय, कानून मंत्रालय और राज्य सरकार के पास समीक्षा के लिए भेजा जाता है। इनके रिपोर्ट आने पर गृह मंत्रालय याचिका पर विचार करके राष्ट्रपति के पास अपनी अनुशंसा के बाद भेजता है। इसके बाद ही राष्ट्रपति तय करते हैं कि क्षमादान दिया जाए या नहीं या मृत्युदंड को आजीवन कारावास में बदले। राज्य में राज्यपाल भी यही प्रक्रिया अपनाते हैं। राष्ट्रपति को जल्द निर्णय के लिए बाध्य नहीं किया जा सकता है।

## Right to Property | सम्पत्ति का अधिकार

1978 में भारतीय संविधान के साथ मौलिक अधिकारों में एक सम्पत्ति का अधिकार को 44वें संसोधन द्वारा हटा दिया गया। इसे वैधानिक अधिकार बना दिया है जो अनुच्छेद 300A में रखा गया है। ऐसा सम्पत्ति के अधिकार से होने वाले कानूनी विवाद से बचने के लिए किया गया।

## Right to Recal | प्रतिनिधि को वापस बुलाना

यदि निर्वाचित प्रतिनिधि मतदाताओं के भलाई के लिए, उनके निर्देश के अनुसार काम नहीं करता है तो मतदाताओं को उन्हें वापस बुला लेने यानि प्रतिनिधि होने से हटाने के अधिकार। बाद में मतदाता दूसरे प्रतिनिधि निर्वाचित कर संसद या विधानमंडल में भेज सकते हैं। महान दार्शनिक रूसो भी निकम्मे प्रतिनिधि को वापस बुलाने का अधिकार निर्वाचकों को देने का समर्थन किया था।

## Right to Reject | नकारने का अधिकार

संसदीय लोकतंत्र में मतदान के दौरान मतदाताओं के द्वारा किसी भी उम्मीदवार को मतदान करने के योग्य नहीं पाये जाने पर मतदान नहीं करना। चुनाव में उम्मीदवार राजनीतिक दलों के द्वारा तय किये

जाते हैं। कुछ स्वतंत्र उम्मीदवार भी होते हैं। कई उम्मीदवार बलात्कारी, भ्रष्टाचारी, बाहुबली होते हैं। यदि मतदान पत्र में किसी मतदाता को योग्य उम्मीदवार नहीं मिले तो एक कॉलम उम्मीदवारों को नकारने का भी हो। अन्ना हजारे भी इसके लिए संघर्षरत हैं।

## Right to Religious Freedom | धार्मिक स्वतन्त्रता का अधिकार

धार्मिक स्वतन्त्रता का अभिप्राय यह है कि राज्य को व्यक्ति और समाज के धार्मिक मामलों में कोई हस्तक्षेप नहीं करना चाहिए। प्रायः सभी प्रगतिशील देश अपने नागरिकों को धार्मिक स्वतन्त्रता का अधिकार प्रदान करते हैं। संविधान में अनुच्छेद 25 से 28 तक नागरिकों को धार्मिक स्वतन्त्रता का अधिकार प्रदान किया गया है। इन उपबन्धों के अन्तर्गत सभी व्यक्तियों को अन्तःकरण की तथा धर्म को अबाध मानने, आचरण करने तथा प्रचार करने की स्वतन्त्रता दी गई है, लेकिन राज्य को किसी प्रकार की लौकिक क्रियाओं के विनियमन और निर्बन्ध से, चाहे धार्मिक आचरण से ही सम्बद्ध क्यों न हो, वंचित नहीं रखा गया है। राज्य ऐसी विधियाँ बनाने के लिए भी स्वतन्त्र है। जिनसे सामाजिक कल्याण तथा सुधार का पथ प्रशस्त होता है।

## Right Wing | दक्षिणपंथी

राजनीति में Right wing और Left wing जैसे शब्दों का व्यापक प्रयोग होता है। दक्षिणपंथी शब्द उन राजनीतिज्ञों या राजनेताओं के लिए प्रयुक्त होता है। जो सरकार की नीतियों का समर्थन करते हैं सामाजिक व राजनीतिक परिवर्तन के पक्ष में नहीं होते। अपनी यथास्थिति के समर्थक होते हैं।

## Rigid Constitution | कठोर या दुष्परिवर्तनीय संविधान

यदि संविधान के संशोधन के लिए साधारण विधि के निर्माण की अपेक्षा अधिक विशिष्ट संगठन या अधिक कठिन प्रक्रिया की आवश्यकता हो, तो उसे दुष्परिवर्तनीय अथवा अनम्य संविधान कहा जाता है। दुष्परिवर्तनीय संविधान के सफलतापूर्वक संचालन के लिए यह आवश्यक होता है कि न्यायपालिका को यह निर्णय करने का अधिकार हो कि सरकार द्वारा निर्मित कोई विधि संविधान की धाराओं के अनुकूल है या नहीं। यदि सरकार द्वारा निर्मित कोई विधि संविधान के उपबन्धों के प्रतिकूल पड़ती है तो उस विधि को असांविधानिक माना जाता है। अमेरिका का संविधान दुष्परिवर्तनीय संविधान का श्रेष्ठ उदाहरण है क्योंकि अमेरिकी कांग्रेस केवल साधारण विधि का ही निर्माण कर सकती है और उसे संविधान में संशोधन करने की शक्ति प्राप्त नहीं है।

भारत का संविधान कठोरता और नम्नीयता दोनों का मिश्रण है।

## Rio Treaty | रियो सन्धि

अगस्त, सितम्बर 1947 में रियो-दी-जेनेरो में एक अखिल अमेरिकन सम्मेलन हुआ, जिसमें रियो सन्धि पर हस्ताक्षर किए गए। इसमें कहा गया कि "समझौता करने वाले उच्चदल सहमति प्रकट करते हैं कि किसी भी राज्य द्वारा एक अमेरिकन राज्य के विरुद्ध सशस्त्र आक्रमण सभी अमेरिकन राज्यों के विरुद्ध आक्रमण माना जाएगा। किन्तु किसी भी राज्य को उसकी सहमति के बिना शक्ति का प्रयोग करने के लिए बाध्य नहीं किया जाएगा। इसमें अर्जेंटीना, बोलिविया, ब्राजील कोलम्बिया, चिली, मैक्सिको, पेरू, वेनेजुएला, अरुग्वे एवं संयुक्त राज्य अमेरिका शामिल थे।

## Role Conflict | भूमिका संघर्ष

विभिन्न सामाजिक भूमिकाओं के बीच संघर्ष, जिन्हें एक ही व्यक्ति को निभाना पड़ता है। उदाहरण के लिए, एक पिता कामगार के रूप में अपनी भूमिका तथा पिता या पति के रूप में अपनी भूमिका –

दोनों भूमिकाओं के बीच संघर्ष का अनुभव व्यक्ति करता है। संसद में एक सदस्य सांसद के रूप में और यदि सदन के अध्यक्ष बन जाते हैं तो उस भूमिका में संघर्ष का अनुभव होता है।

**Roles of Procedure and Conduct of Business | प्रक्रिया एवं कार्य-संचालन के नियम**

विश्व के सभी राष्ट्रों की व्यवस्थापिकाओं का यह स्वयं सिद्ध प्राधिकार है कि वह अपनी कार्य प्रणाली और अनुशासन सम्बन्धी नियम निर्मित कर सकती है। सदन के द्वारा साधारण बहुमत से स्वीकार कर लिए जाने पर यह नियमावली बाध्यकारी कानून के समकक्ष हो जाती है। भारतवर्ष में भी लोकसभा और राज्यसभा तथा राज्यों की विधानसभाएं कार्य-प्रणाली एवं कार्य-संचालन तथा अनुशासन सम्बन्धी नियम बनाने में स्वतंत्र हैं। इन्हें कार्य-संचालन एवं प्रक्रिया सम्बन्धी नियमावली कहा जाता है, जिनके तहत व्यवस्थापिका अपने कार्यों को सम्पादित करती है।

**Roll Call Voting | नामावली मतदान, नामोच्चारण द्वारा मतदान**

किसी देश की शासन व्यवस्था की वह प्रक्रिया जिसके अनुसार विधानमंडल में किसी विधेयक पर प्रत्येक सदस्य को "हां" या "ना" कहकर अपना मत व्यक्त करने के लिए पुकारा जाता है। वर्तमान समय में विधानमंडलों में मतसंग्रह प्रायः सामूहिक रूप से "हां" या "ना" कहकर करवाया जाता है। जिसे ध्वनि मतदान कहते हैं। संयुक्त राज्य अमेरिका में विभिन्न दल राष्ट्रपति पद के लिए अपने उम्मीदवार का नामांकन करने के वास्ते राष्ट्रीय सम्मेलन का आयोजन करते हैं तथा इसमें सभी राज्यों के प्रतिनिधि भाग लेते हैं। सम्मेलन का सभापति अंग्रेजी वर्णमाला के क्रमानुसार बारी-बारी से प्रत्येक राज्य के प्रतिनिधि से अपना मत व्यक्त करने के लिए कहता है। इस प्रकार की प्रक्रिया को भी नामोच्चारण द्वारा मत संग्रह का एक दृष्टान्त माना जाता है।

**Roman Catholicism | रोमन कैथोलिसिज्म**

ईसाई धर्म के प्रमुख सम्प्रदायों में से एक सम्प्रदाय। यह सम्प्रदाय उदारवादी सम्प्रदाय है तथा विश्व में इसका प्रभाव अन्य ईसाई सम्प्रदायों प्रभावों से सबसे अधिक है। पोप ऑफ रोम इस सम्प्रदाय के मुखिया हैं।

**Rome–Berlin Axis | रोम-बर्लिन धुरी**

दोनों विश्वयुद्धों के समय अंतराल में विश्व की महाशक्तियाँ दो शिविरों में बँटती जा रही थीं। जिनमें एक पक्ष का प्रणेता हिटलर के अधीन नाजी जर्मनी था और दूसरा पक्ष इंग्लैण्ड और फ्रांस के नेतृत्व में गठित हो रहा था। हिटलर ने अपनी प्रसारवादी नीति को साकार करने के लिए सर्वप्रथम समान विचारधारा वाले देश इटली से गठबंधन किया जिसे रोम-बर्लिन धुरी कहा जाता है। कुछ समय के बाद इसी विचारधारा का पक्षपाती जापान भी इस द्विपक्षीय पारस्परिक सहायता संधि में शामिल हो गया और तब यह गठबंधन रोम-बर्लिन-टोक्यो धुरी कहलाया जाने लगा। द्वितीय विश्वयुद्ध में ये राष्ट्र, धुरी-राष्ट्र कहलाए।

**Roving Ambassador | भ्रमणशील दूत**

किसी देश का वह विशिष्ट दूत जो किसी एक देश को प्रत्यायित न होकर राष्ट्रपति अथवा शासनाध्यक्ष के निजी प्रतिनिधि के रूप से देश की नीति अथवा नीतियों के पक्ष में समर्थन जुटाने के लिए विदेशों में भेजा जाता है। एक देश में स्थिर न रहने और विभिन्न देशों का दौरा करते रहने कारण इसे "भ्रमणशील दूत" या राजदूत कहते हैं। इसके सबसे प्रमुख उदाहरण हैं: राष्ट्रपति

रुजवेल्ट के प्रतिनिधि के रूप में हैरी कोपकीन्स तथा राष्ट्रपति ट्रुमेन के प्रतिनिधि के रूप में एवरैल हैरीमैन और भारतवर्ष में प्रधानमंत्री जवाहरलाल नेहरू के प्रतिनिधि के रूप में कृष्ण मेनन प्रमुख हैं।

## Rowlatt Act | रोलेट अधिनियम

ब्रिटिश सरकार युद्धकाल के बाद भी आतंकवादी तत्वों पर नियन्त्रण के नाम पर दमनात्मक शक्तियाँ अपने हाथ में बनाए रखना चाहती थी। अतः भारत के सभी वर्गों के विरोध के बावजूद सर सिड्नी रोलेट की अध्यक्षता में बनी समिति की सिफारिशों को कानूनी रूप देते हुए रोलेट एक्ट 18 मार्च 1919 को पारित हुआ। इस अधिनियम के अनुसार किसी भी व्यक्ति को बिना मुकदमा चलाये 2 वर्ष तक मनमाने तौर पर नजरबन्द किया जा सकता था। मोतीलाल नेहरू के शब्दों में "अपील वकील और दलील की व्यवस्था का अन्त कर दिया"।

महात्मा गांधी ने इन दमनकारी कानूनों को 'काला कानून' बताया और इनके विरोध में सत्याग्रह करने का निश्चय किया। सत्याग्रह का प्रारम्भ सार्वजनिक हड़ताल के माध्यम से करते हुए 30 मार्च 1919 को सम्पूर्ण देश में हड़ताल करने का निश्चिय किया गया किन्तु बाद में हड़ताल की तिथि बदल कर 6 अप्रैल कर दी। 6 अप्रैल को सारे देश में शहरों व गाँवों में पूर्ण और अधिकांशतया शान्तिपूर्ण हड़ताल हुई। 7 अप्रैल को गाँधी जी को गिरफ्तार कर लिया गया। पंजाब में ब्रिटिश सरकार का विरोध करने के लिए विशेष उत्साह था और पंजाब के गवर्नर माइकल ओ. डायर जनता पर शक्ति प्रयोग करने के लिए बेचैन हो रहे थे। 10 अप्रैल को प्रातः अमृतसर के डिप्टी कमिश्नर ने पंजाब के दो प्रसिद्ध नेताओं डॉ. सत्यपाल और डा. सैफुरुद्दीन किचलू को नजरबन्द कर लिया। जनता ने इसका काफी विरोध किया।

13 अप्रैल 1919 को अमृतसर के जलियाँवाला बाग में अपने प्रिय नेताओं की रिहाई के लिए एक सार्वजनिक सभा हुई। इसमें लगभग 20 हजार लोग थे। 7 वक्ता सभा को सम्बोधित कर चुके थे। लाला हंसराज सभा को सम्बोधित कर रहे थे, तभी जनरल ओ. डायर अपनी फौजी गाडी लेकर आया और भीड़ को 5 मिनट में तितर बितर होने को कहा। कुछ समय बाद अन्धाधुन्ध गोलियों की वर्षा की गई। गोलियां चलना तब बन्द हुआ, जब सारा स्टॉक समाप्त हो गया। लगभग 800 व्यक्ति मारे गए और 2000 घायल हुए। इस घटना का दुःखद समाचार सुनते ही रवीन्द्रनाथ टैगोर ने 'सर' की उपाधि वापस लौटा दी। वायसराय की कार्यकारिणी के सदस्य शंकरन नायर ने अपने पद से त्याग पत्र दे दिया।

इस हत्याकाण्ड की जाँच के लिए डब्ल्यू हन्टर की अध्यक्षता में एक समिति गठित की गई, लेकिन इसने जनरल ओ. डायर के कार्य को कर्तव्य से सत्य निष्ठ, लेकिन गलत धारणा पर आधारित "बतलाते हुए उसका परोक्ष समर्थन किया। ब्रिटिश लॉर्ड सभा व आंग्ल भारतीय प्रेस ने जनरल डायर को ब्रिटिश साम्राज्य का रक्षक" कहा था।

## Rule Making | नियम-निर्माण

नियम-निर्माण पद का प्रयोग आधुनिक व्यवहारवादियों द्वारा किया गया है, जिनमें आमंड का नाम प्रसिद्ध है। आमंड ने प्रत्येक राजनीतिक व्यवस्था के कार्यों को दो भागों में बाँटा है, जिन्हें वह आगत-निर्गत कार्य कहता है। निर्गत कार्य तीन प्रकार के होते हैं: (a) नियम-निर्माण (b) नियम-प्रवर्तन (c) नियमों के आधार पर निर्णय करना। इस प्रकार से नियम-निर्माण आमंड के तीन निर्गत कार्यों में से एक है। आगत कार्यों के फलस्वरूप जो मांगें सामाजिक पर्यावरण से राजनीतिक व्यवस्था की ओर आती हैं, राजनीतिक व्यवस्था में व्यवस्थापिका की उप प्रणाली द्वारा उन मांगों के प्रत्युत्तर में नियम-निर्माण करना ही नियम-निर्माण या (Rule Making) की प्रक्रिया कहलाती है।

## Rule of Law | कानून का शासन

कानून का शासन वह शासन है जिसमें कानून सभी नागरिकों पर बिना किसी भेदभाव के समान रूप से लागू होता है। इस प्रकार की व्यवस्था में न्यायालय, प्रशासन एवं पुलिस के निर्णय निरपेक्ष भाव से सभी के लिए समान होते हैं। इसमें निर्णयों की निरपेक्षता एवं सामान्यतया पर अधिक बल होता है।

Rule of Law: विधि का शासन : विधि का शासन ब्रिटिश संविधान की देन है। विधि के शासन के तीन मुख्य अर्थ हैं:

1. विधि ही सर्वोच्च है। देश का शासन विधि के अनुरूप होना चाहिए।
2. प्रत्येक व्यक्ति विधि के अधीन है अर्थात् सभी विधि के लिए समान हैं।
3. विधि का शासन संसद की सम्प्रभुता का आधार है।

इस प्रकार विधि के शासन में निम्नलिखित तत्व होते हैं।

1. यह जनसामान्य के हित में शासन होता है, किसी व्यक्ति के हित में नहीं।
2. यह विधि सम्मत शासन है इसमें शासक परम्पराओं का उल्लंघन नहीं करता है।
3. यह शासन शासितों की इच्छा के अनुकूल होता है, शासकों की शक्ति के आधार पर नहीं।
4. इस शासन का आधार जन सहमति होता है।
5. शासन व्यवस्था कानूनों पर आधारित होती है।
6. इसमें शासक निरंकुश नहीं हो सकता है।
7. यह शासन जनता के प्रति उत्तरदायी होता है।
8. शासन की शक्ति जनता द्वारा नियन्त्रित होती है।
9. शासन के जनहित में न रहने पर उसके विरुद्ध क्रान्ति का अधिकार जनता को है।

## Rule of the Majority | बहुमत का शासन

प्रजातांत्रिक देशों में संसद में बहुमत दल वाले सरकार बनाते हैं और शासन करते हैं। निर्वाचित प्रतिनिधि भी अधिक मत प्राप्त करने वाले होते हैं। भारत के लोकसभा के 2009 के चुनाव में 82 प्रतिशत सांसदों को बहुमत यानि 50 प्रतिशत से अधिक मत नहीं मिले फिर भी वे निर्वाचित होकर सरकार में व्यवस्थापिका का अंग बनकर शासन करते हैं।

## Rules | नियम

सरकार के कार्य निरपेक्ष नियमों के अनुसार चलाया जाता है। इसके लिए सभी संगठन, विभागों के कर्मचारी एवं अधिकारियों के लिखित रूप से उत्तरदायित्व निर्धारित होते हैं और इन्हीं नियमों के आधार पर बिना किसी पक्षपात और भेदभाव किए काम करना होता है। न्यायपालिका पर नियमों की पालना सुनिश्चित करवाने की जिम्मेदारी होती है।

## Run Off Primary | अंतिम दौर का चुनाव

अमेरिका राष्ट्रपति के निर्वाचन की प्रक्रिया का प्रारम्भिक चरण जो केवल 11 दक्षिणी राज्यों में पाया जाता है। राष्ट्रपति पद के लिए नामांकन करने के वास्ते इन राज्यों में विभिन्न दल निर्वाचन करवाते हैं जिन्हें प्राइमरी कहा जाता है। इस प्रकार यदि निर्वाचन में किसी एक उम्मीदवार को दलीय सदस्यों के आधे से अधिक मत प्राप्त न हों तो मतों की प्राप्ति के अनुसार पहले दो उम्मीदवारों के बीच पुनः मतदान होता है, जिसे अंतिम दौर का या निर्णायक चुनाव कहते हैं।

## Rural Localself Government | ग्रामीण स्थानीय स्वशासन

सामान्यतया ग्रामीण क्षेत्रों के लिए स्थानीय जनता द्वारा निर्वाचित संस्थाओं के माध्यम से स्थानीय शासन व्यवस्था की है। भारत में ग्रामीण स्थानीय स्वशासन की संस्थाओं का गठन तीन स्तरों पर किया गया है: (a) ग्राम पंचायत (b) क्षेत्र समिति अथवा पंचायत समिति (c) जिला परिषद। इस प्रकार की त्रि-स्तरीय ग्रामीण स्थानीय स्वशासन की व्यवस्था की सिफारिश बलवंतराय मेहता समिति (1957) ने की थी। इनकी सिफारिशों के तहत तत्कालीन प्रधानमंत्री श्री जवाहरलाल नेहरू ने 2 अक्टूबर 1959 को राजस्थान के नागौर जिले से पंचायतीराज का उद्घाटन किया। अब कुछ राज्यों में मध्यवर्ती संस्था अर्थात् पंचायत समिति को हटाकर 73वें संविधान संशोधन अधिनियम (23 अप्रैल 1993) के द्वारा इन संस्थाओं को अनुच्छेद 243क से 243ण तक सांविधानिक संरक्षण दे दिया गया है। नयी पंचायत व्यवस्था को अपनाने वाला प्रथम राज्य राजस्थान बना तथा द्वितीय राज्य आंध्र प्रदेश ने इस नियम का क्रियान्वयन किया।

## Russion Thinkers | रूसी विचारक

20वीं शताब्दी में रूस के साहित्यकार और विचारक टॉल्स्टाय, पुस्किन, मैक्सिम, गोर्की और तुर्गनेव ने अपनी रचनाओं में सामाजिक असंतोष को प्रकट कर जन-जागरण पैदा किया। लेनिन और प्लैखनोव जैसे राजनीतिक विचारक और क्रांतिकारी संगठनकर्त्ता ने मजदूरों को संगठित करने के लिए पुस्तकें लिखी और मजदूरों के मुक्ति संघर्ष पर बल दिया। साम्यवादी क्रांति 1917 के बाद 1980 तक सोवियत में साम्यवादी दल का तानाशाही रहा। सांस्कृतिक और मौलिक स्वतंत्रता समाप्त कर दी गई थी। इसके खिलाफ भी सोलजरेसिन साहित्यकार ने लेखनी चलाई। इसके बाद वहाँ का समाज 'खुला समाज' (Open Society) बना। सोवियत संघ का विघटन होकर पुनः रूसी गणराज्य बना।

# S

## Sabotage | तोड़फोड़

तोड़फोड़ इस प्रकार की गतिविधि है जिसमें किसी संगठन के भीतर के लोग विरोधियों से मिलकर या अन्य किसी स्वार्थ के विचार से उस संगठन को भीतर से क्षति पहुँचाने का प्रयत्न करते हैं। राजनीति के अतिरिक्त इस शब्द का प्रयोग उद्योग के क्षेत्र में विशेष रूप से होता है जहाँ से इसका चलन शुरू हुआ है। फ्रांस में 1912 की व्यापक रेल हड़ताल के दौरान हड़ताली कर्मचारियों ने रेल की पटरियों को आपस में जोड़ने वाले नाल (Shoes) काट दिए थे, जिन्हें फ्रेंच में Sabots कहा जाता है। अतः उनकी इस प्रकार की हरकत को Sabotage की संज्ञा दी गई। आजकल जब किसी उद्योग के असंतुष्ट या हड़ताली मजदूर जानबूझकर या दुर्भावनावश उपकरणों, संयंत्रों और सामग्री को नष्ट करने को तत्पर होते हैं तो उसे Sabotage कहा जाता है। वहीं से यह शब्द लाक्षणिक अर्थ में राजनीति तथा अन्य क्षेत्रों में प्रयुक्त होने लगा है। राजनीति में यह पॉलिटिक्स सेबोटेज के नाम से विख्यात है। इसमें राजनीतिक दलों की तोड़फोड़ करना दल-परिवर्तन एवं प्रतिनिधियों की खरीददारी शामिल है।

## Saboteur | तोड़फोड़ करने वाला अंतर्ध्वंसक

किसी देश की राष्ट्रीय योजना, व्यवस्था अथवा कार्यक्रम को क्षति पहुँचाने, आर्थिक पद्धति को समाप्त करने अथवा युद्धकाल या राष्ट्रीय संकट की स्थिति में किसी राष्ट्र या उसकी सरकार को कमजोर बनाने तथा उसके नियमित एवं कुशल संचालन में व्यवधान डालने के उद्देश्य से संपत्ति का विद्वेषपूर्ण या दुर्भावनापूर्ण विध्वंस या समाप्त करने वाला अथवा उसे बहुत ज्यादा कष्ट पहुँचाने वाला जिसे तोड़फोड़ करने वाला अंतर्ध्वंसक कहते हैं।

## Salt (Strategic Arms Limitation Talks) | युद्ध हथियारों को सीमित करने सम्बन्धी वार्ताएँ

साल्ट युद्ध के हथियारों को सीमित करने सम्बन्धी वार्ताओं का संक्षिप्त रूप है। इन वार्ताओं के अभी तक दो दौर हो चुके हैं। पहला दौर हेलसिंकी में नवम्बर 1969 में शुरू हुआ था, जिसमें परमाणु हथियारों की संख्या को सीमित करने तथा एण्टी बैलाइस्टिक मिसाइल प्रणाली को नियन्त्रित करने पर चर्चा हुई। इसके फलस्वरूप 22 मई 1972 को मास्को में राष्ट्रपति निक्सन (अमेरिका) एवं ब्रेझनेव (सोवियत संघ) के मध्य विभिन्न प्रकार की बैलाइस्टिक मिसाइलों को रोकने के लिए Salt-I समझौता हुआ। इसके बाद 1979 में अमेरिका एवं सोवियत संघ के मध्य साल्ट-2 (Salt-2) समझौते पर हस्ताक्षर हुए। अमेरिकी कांग्रेस इस पर विचार कर ही रही थी कि अफगानिस्तान में सोवियत संघ का 27 दिसम्बर 1979 को हस्तक्षेप हो गया। कार्टर ने इस हस्तक्षेप के विरोध में साल्ट-2 के अनुमोदन को स्थगित करवा दिया। इस प्रकार गतिरोध की स्थिति पैदा हो गई।

## Sandel Michael | माइकेल सैंडेल

माइकेल सैंडेल ने लिब्रालिज्म एंड द लिमिट्स ऑफ जस्टिस (उदारवाद और न्याय की सीमाएँ) (1982) के अन्तर्गत जॉन राल्स की 'ए थ्योरी ऑफ जस्टिस' (न्याय का सिद्धान्त) (1971) की तर्क प्रणाली पर विशेष रूप से प्रहार किया है। राल्स ने ऐसे विवेकशील वार्ताकारों (Rational Negotiators) की परिकल्पना की है जो तथाकथित 'मूल स्थिति' में न्याय के सिद्धान्तों का पता लगाने के लिए एकत्र होते हैं। ये ऐसे व्यक्ति हैं जो न केवल एक-दूसरे से कटे हुए हैं, बल्कि समाज में अपनी-अपनी स्थिति से भी बेखबर हैं, क्योंकि वे 'अज्ञान के पर्दे' (Veil of Ignorance) के पीछे सारी विचारणा (Delivration) करते हैं। राल्स की यह परिकल्पना उदारवादी दृष्टिकोण को व्यक्त करती है क्योंकि इसमें मनुष्य के चरित्र को उन गतिविधियों, इच्छाओं, विचारों, भूमिकाओं और लक्ष्यों से पृथक कर समझने का प्रयत्न किया गया है जो उसके सामाजिक जीवन की देन है। सैंडेल ने लिखा है कि इन सब विशेषताओं की अनदेखी करने के बाद व्यक्ति में ऐसा कुछ भी नहीं बच जाता जिसके आधार पर वह न्याय के सिद्धान्तों का निर्णय कर सके। सैंडेल ने यह तर्क दिया है कि व्यक्ति के चरित्र को समझने के लिए यह जानना जरूरी है कि वह किस समय, स्थान और संस्कृति की नींव पर खड़ा है? मनुष्य के इस रूप को समझने के बाद ही कोई राजनीति सिद्धान्त ऐसे नियमों, संस्थाओं और प्रथाओं का निर्माण कर सकता है जो न्यायपूर्ण समाज की आधारशिला सिद्ध हो सकेंगे यही तरीका समाज में परस्पर सहयोग, सद्भावना, स्नेह और सहृदयता को सहेजने में सर्वधा सार्थक और उपयुक्त होगा।

## Sanskritisation | संस्कृतिकरण

समाजशास्त्री एम.एन. श्रीनिवास द्वारा प्रतिपादित यह शब्द मध्यम या निम्न जातियों के द्वारा अपने से ऊँची जातियों, सामान्यतः ब्राह्मणों और क्षत्रियों के सामाजिक आचार-व्यवहार, उपनाम और धार्मिक कर्मकांडों या रीति रिवाजों को अपनाकर समाज में ऊपर की ओर बढ़ने का प्रयत्न है। भारत में 1871 में शुरू किए गए जनगणना से 1941 तक निम्न जातियाँ ने अपने समूह को ऊँची जाति के रूप में दर्ज करवाना शुरू किया। लेकिन 1947 में स्वतंत्रता के बाद अनुसूचित जाति-जनजाति और पिछड़ी जातियों को जाति के आधार पर मिलने वाली विशेष सुविधा, आरक्षण के लाभ को बनाये, रखने के लिए अपनी ही जाति के नाम को बनाये रखना शुरू हुआ जिससे संस्कृतिकरण की प्रक्रिया हुई।

## Saptanga Theory of the State | राज्य का सप्तांग सिद्धान्त

सप्तांग संस्कृत भाषा का शब्द है जिसका अर्थ है सात अंग। कौटिल्य ने राज्य के सात अंग (प्रकृति) माने हैं। (1) राजा (स्वामी) राज्य का वंशानुगत प्रमुख होता था। उसे असीम शक्तियाँ प्राप्त थीं। (2) मंत्री या आमात्य-राजा के बाद दूसरा स्थान मंत्रियों का होता था जो उसे शासन के कार्यों में सहायता या सलाह देने के लिए होते थे। कौटिल्य ने आमात्यों की संख्या तीन या चार बताई है। (3) प्रदेश या जनपद-राज्य के लिए जनतायुक्त भू-भाग भी आवश्यक होता है। भू-भाग में उपजाऊ जमीन, तालाब नहरें, खानें, जंगल आदि होना आवश्यक था। (4) दुर्ग या किले-राज्य के लिए दुर्गों का होना भी आवश्यक है जिससे विपत्ति में प्राण रक्षा हो सके। आक्रमण होने पर सुदृढ़ दुर्गों में राजा और प्रजा दोनों की सुरक्षा की जा सकती है। कौटिल्य एवं मनु ने दुर्गों के कई प्रकार बताये हैं। धान्वन दुर्ग, पर्वत दुर्ग, जल दुर्ग, वन दुर्ग। (5) कोष या खजाना - कौटिल्य एवं मनु आदि विद्वानों ने राज्य के लिए भरा-पूरा खजाना आवश्यक बताया है। बिना कोष के जन कल्याण, सेना एवं सुरक्षा का कार्य ठीक प्रकार से नहीं हो सकता है। एक अच्छे राजा को विभिन्न माध्यमों से धनार्जन करना चाहिए और अर्जित धन की रक्षा करते हुए उसका वितरण सद्पात्रों में करना चाहिए अर्थात जन कल्याणकारी कार्य करने चाहिए। (6) सेना या दण्ड-कौटिल्य के

अनुसार राजा को अपने राज्य की रक्षा हेतु चतुरंगिनी सेना रखनी चाहिए अर्थात सेना में पैदल, घुड़सवार, हाथी एवं रथ-सेना होनी चाहिए। सेना में कुलीन, साहसी एवं बलवान सेना नायक एवं सैनिक रखने चाहिए। सैनिकों को अच्छे अस्त्र-शस्त्र, प्रशिक्षण व वेतन की व्यवस्था होनी चाहिए। (7) विश्वसनीय-मित्र-कौटिल्य और मनु दोनों ने योग्य एवं कुशल शासक के लिए कुलीन विश्वासपात्र एवं पारिवारिक मित्र रखने चाहिए। अच्छे राजा को नये मित्र बनाने की बजाय पुराने मित्र रखने चाहिए। अच्छे मित्र एक राज्य की वृद्धि में सहायक होते हैं। नये मित्र धोखा भी दे सकते हैं।

## Satellite States | पिछलग्गू देश

पिछलग्गू उस राष्ट्र को कहते हैं जो औपचारिक रूप से तो स्वतन्त्र होता है लेकिन आर्थिक व राजनीतिक दोनों प्रकार से उस पर किसी विदेशी सत्ता का नियन्त्रण होता है। अन्तर्राष्ट्रीय समस्याओं पर किसी शक्तिशाली विदेशी राष्ट्र की सलाह पर कार्य करते हैं।

## Sati Pratha | सती प्रथा

एक अनैतिक तथा गंभीर सामाजिक बुराई। इस प्रथा में पत्नी को मृत पति की चिता पर स्वैच्छिक रूप से, पंचामृत (अफीम का नशा) पिलाकर या बलपूर्वक उपस्थित जनसमुदाय के बीच जलाया जाता था। इसे धार्मिक मान्यता भी प्रदान की गयी थी एवं सती का महिमामंडन भी किया जाता था। ऊँची जाति के हिंदुओं के बीच यह प्रथा काफी समय से प्रचलित था। इसका सशक्त विरोध समाज सुधारक राजाराम मोहन राय ने बंगाल में 19वीं शताब्दी में किया। फलस्वरूप 4 दिसंबर 1829 को सती प्रथा को बंगाल प्रेसीडेंसी में गैर कानूनी घोषित किया गया। इससे पूर्व 1745 में बंगाल रेगुलेशन एक्ट XXI के द्वारा इस प्रथा को पालन करने वालों को हत्यारा करार दिया गया। 1870 में एक अन्य कानून बनाकर लड़कियों के जन्म का पंजीकरण करना तथा इसका नियमित सर्वेक्षण करना शुरू किया कि वह बच्ची अभी भी जीवित है या नहीं। इससे शिशु लड़की की हत्या किया जाना काफी हद तक समाप्त हुई। लेकिन आज भी लड़कियों की भ्रूण हत्या एवं जन्म के बाद हत्या या अनाथ छोड़ देना जारी है। सरकार को इसका भी नियमित सर्वेक्षण करवाना चाहिए जिससे लापता लड़कियों की संख्या कम हो सके।

## Satisfying Decision | संतुष्टिकारक निर्णय

प्रशासन की निर्णय प्रक्रिया काफी सोच-विचार के बाद तथ्यों एवं विवेक के आधार पर क्रियान्वित की जाती है। फिर भी पूर्ण तार्किकता सम्भव नहीं है और शत-प्रतिशत विवेकपूर्ण नहीं होता। संतुष्टिकारक निर्णय उपलब्ध जानकारी एवं परिस्थितियों में ज्यादातर लोगों का हित साधने वाला और सही होता है। इससे संगठन एवं समाज का ज्यादा हित साधन होता है।

## Schedule | अनुसूचियाँ

संविधान में आवश्यकता के अनुरूप जोड़े जाने वाले विशेष प्रावधान। मूल संविधान में आठ अनुसूचियाँ थी जो 74वें संविधान के द्वारा 1993 में 12 तक पहुँच गई है। अनुसूचियों में राज्यों एवं संघ राज्य क्षेत्रों के नाम, अधिकारियों की परिलब्धियों, शपथ के प्रकार, राज्य-सभा, लोक सभा की सीट, अनुसूचित, भूमिसुधार, राज्य भाषा, पंचायती राज और सिक्किम का भारत में विलय जैसे विषय को सम्मिलित किया गया है।

## Scheduled Castes | अनुसूचित जातियाँ

संविधान के अनुच्छेद 366(24) के अनुसार अनुसूचित जातियों से ऐसी जातियाँ, मूलवंशों या जन जातियों के भाग या उनके कुल से अभिप्रेत है। अनुच्छेद 341 के तहत राष्ट्रपति किसी राज्य या संघ

राज्य क्षेत्र के सम्बन्ध में और जहाँ न राज्य है, वहाँ उसके राज्यपाल से परामर्श करने के पश्चात लोक अधिसूचना द्वारा उन जातियों, मूलवंशों या जनजातियों, अथवा जातियों, को विनिर्दिष्ट कर सकेगा, जिन्हें इस संविधान के प्रयोजनों के लिए यथास्थिति उस राज्य या संघ राज्य क्षेत्र के सम्बन्ध में अनुसूचित जातियाँ समझा जाएगा। इसके लिए इन्हें अछूत माना जाना, तिरस्कृत, और पिछड़ापन महत्वपूर्ण मानदंड होते हैं। इन्हें सरकारी सेवा, शिक्षा और चुनाव में आरक्षित स्थान दिया गया है।

**Scheduled Tribes | अनुसूचित जनजातियाँ**

अनुसूचित आदिम जातियों से अभिप्राय ऐसी आदिम जातियाँ या आदिम जाति समुदायों के भाग या यूथ से है जो कि अनुच्छेद 342 के अधीन संविधान के प्रयोजनों के लिए राष्ट्रपति किसी राज्य या संघ राज्य क्षेत्र के सम्बन्ध में उस राज्य के राज्यपाल से परामर्श करने के पश्चात लोक अधिसूचना द्वारा उन जनजातियों या जनजाति समुदायों के भागों को विनिर्दिष्ट कर सकेगा, जिन्हें इस संविधान के प्रयोजनों के लिए यथास्थिति उस राज्य या संघ राज्य क्षेत्र के सम्बन्ध में अनुसूचित जनजातियाँ समझा जाएगा। इसके मानदंड हैं- आदिम विशेषताओं के संकेत, विशिष्ट संस्कृति, भौगोलिक एकाकीपन, संपर्क में आने में संकोच और पिछड़ापन।

**Schizophrenia | मनोविदलता**

वह गंभीर मानसिक रोग जिसमें व्यक्ति अपने विचारों और अनुभूतियों को अपने चारों ओर की घटनाओं से नहीं जोड़ पाता। इसमें व्यक्ति की बुद्धि (Intellect) और भावावेगों (Emotions) का परस्पर सम्बन्ध टूट जाता है। उसके तार्किक चिन्तन (Logical Thought) की सामान्य प्रक्रियाएँ विकृत हो जाती हैं। इस रोग से ग्रस्त व्यक्ति सामाजिक सम्बन्धों से विमुख हो जाता है और तरह-तरह की भ्रान्तियों से घिर जाता है।

**Schumpeter, Joseph | जोसेफ शुम्पीटर ( 1883-1950 )**

जोसेफ ए. शुंपीटर ने अपनी कृति 'कैपिटलिज्म सोशलिज्म एण्ड डेमोक्रेसी' (पूंजीवाद, समाजवाद और लोकतन्त्र) (1942) के अन्तर्गत लोकतन्त्र के विशिष्ट वर्ग वादी सिद्धान्त के बारे में तर्क दिया है कि किसी भी शासन प्रणाली की पहचान उसकी संस्थाओं से की जाती है। इसमें यह देखा जाता है कि वहाँ सर्वोच्च कानून एवं नीतियाँ बनाने वालों को कैसे नियुक्त किया जाता है और अपने पद से कैसे हटाया जाता है? इस दृष्टि से लोकतन्त्रीय प्रणाली अन्य शासन प्रणालियों से अपनी अलग पहचान बनाती है। यह सच है कि लोकतन्त्र में राजनीतिक निर्णय नेताओं के द्वारा किए जाते हैं। जन साधारण के द्वारा नहीं किए जाते परन्तु जन साधारण के वोट प्राप्त करने के लिए वहाँ कई नेताओं के बीच खुली प्रतिस्पर्धा चलती है। अतः अन्य शासन प्रणालियों की तुलना में लोकतन्त्र की खूबी यह है कि इसमें राजनीतिक नेता असीम सत्ता का प्रयोग नहीं कर सकते।

**Scientific Mathod | वैज्ञानिक पद्धति**

वह पद्धति जिसके अन्तर्गत वस्तुस्थिति या तथ्यों (Facts) पर ध्यान केन्द्रित किया जाता है और उनमें परस्पर सम्बन्ध का पता लगाने का प्रयास करते हैं। अतः यह तथ्यों के निरीक्षण (Observation ) और नियमों के अन्वेषण का क्षेत्र है। इसका ध्येय वस्तुस्थिति के बारे में विश्वस्त ज्ञान (Reliable Knowledge) अर्जित करना है।

**Scientific Socialism | वैज्ञानिक समाजवाद**

समाजवाद (Socialism) का वह सिद्धान्त जो वैज्ञानिक आधार पर स्थापित होने का दावा करता है। कार्ल मार्क्स द्वारा प्रतिपादित समाजवाद जिसकी विशेषता यह है कि यह स्वप्नलोकीय समाजवाद

की भांति मात्र कल्पना, आकांक्षा अथवा सद्िच्छा पर आधारित नहीं है। बल्कि यह समाज में होने वाले परिवर्तनों और विकासक्रम का वैज्ञानिक ढंग से विश्लेषण करता है और उसके आधार पर भावी समाज की रूपरेखा का चित्रण भी करता है। मार्क्स और एंजिल्स ने अपने समाजवाद को वैज्ञानिक समाजवाद बताते हुए अपने से पहले के समाजवाद को स्वप्नदर्शी समाजवाद (Utopain Socialism) का फतवा दिया, जिसके प्रवर्तक रोबर्ट ओवेन सेंट साइमन और प्रदों, इत्यादि थे। "वैज्ञानिक समाजवाद" के प्रमुख तत्व निम्नलिखित हैं। (1) द्वंद्वात्मक भौतिकवाद का सिद्धान्त, (2) वर्ग-संघर्ष का सिद्धान्त, (3) अतिरिक्त मूल्य का सिद्धान्त, (4) सर्वहारा क्रांति, (5) राज्य का विघटन और (6) साम्यवादी समाज की स्थापना। वैज्ञानिक समाजवाद ने विश्व के शोषित वर्ग को जो प्रेरणा दी और संपूर्ण जगत पर जितना व्यापक तथा गहरा प्रभाव डाला, उसकी अनदेखी नहीं की जा सकती। सोवियत रूस, जनवादी चीन और पूर्वी यूरोप, लैटिन-अमेरिका और एशिया के बहुत सारे देश मार्क्स और एंजिल्स के वैज्ञानिक समाजवाद को अपनी व्यवस्था का आधार मानते हैं।

## Scorched Earth Policy | सर्वक्षार नीति

किसी राष्ट्र की सेनाओं द्वारा शत्रु राष्ट्र की सेनाओं से युद्ध में पराजित होने की स्थिति में पीछे हटते हुए, संपूर्ण विध्वंस अथवा सर्वनाश करने का कार्य। जैसे: उस संपत्ति को नष्ट कर देना जो शत्रु राष्ट्र की सेनाओं के हाथ लगने पर उनके प्रयोग में आ सके। इस प्रकार की ध्वंसात्मक कार्यवाहियों के अन्तर्गत खानों में जल भर दिया जाता है, वृक्षों को काट कर गिरा दिया जाता है तथा सर्वत्र उत्पादन अथवा सर्वनाश की नीति का अनुसरण किया जाता है ताकि शत्रु पक्ष देश की संपदा का लाभ न उठा सके। इसे सर्वक्षार नीति कहते हैं।

## Search and Seizure | तलाशी और अधिग्रहण

नागरिक स्वतंत्रताओं में से एक प्रमुख स्वतंत्रता जो नागरिक को यह अधिकार देती है कि मजिस्ट्रेट द्वारा जारी किए गए अधिपत्र के बिना न तो उसकी तलाशी ली जा सकती है और न ही उसका कोई माल हस्तगत किया जा सकता है। कॉमन लॉ वाले देशों में यह एक सामान्यतया स्वीकृत सिद्धान्त है। संयुक्त राज्य अमेरिका में संविधान के चौथे संशोधन में भी इसका समावेश किया गया है।

## Secession | पृथकता, विलग्नता

पृथकता वह स्थिति जिसमें किसी राज्य, साम्राज्य, धर्म, संघ या किसी अन्य संगठन का कोई हिस्सा मुख्य संगठन से अलग हो जाता है। उदाहरण के लिए 1776 में अमेरिका के 13 उपनिवेशों ने ब्रिटेन से पृथक होकर संयुक्त राज्य अमेरिका का निर्माण किया था। पृथकता की कार्यवाही मुख्य संगठन की इच्छा या अनुमति के बगैर की जाती है। पृथक होने का इच्छुक हिस्सा पहले मुख्य संगठन से विद्रोह करता है और यदि विद्रोह सफल हो जाता है तो वह अपना पृथक और स्वतंत्र अस्तित्व स्थापित कर लेता है।

## Second Ballot System | दुबारा मतदान प्रणाली

इसके अन्तर्गत मतदाता एक ही उम्मीदवार को वोट देते है। यदि इससे किसी उम्मीदवार को पूर्ण बहुमत नहीं मिलता है तो पूर्ण बहुमत निश्चित करने के लिए कुछ शर्तों के साथ दुबारा मतदान करवाया जाता है। उदाहरण के लिए फ्रांस में राष्ट्रपति के चुनाव के लिए ऐसी हालत में जिन दो उम्मीदवारों को पहले मतदान में सबसे अधिक वोट मिलते हैं। उनमें दुबारा मुकाबला करवाया जाता है।

चूंकि इस प्रणाली में बहुलमत की प्रणाली तरह निर्वाचन क्षेत्र भौगोलिक आधार पर बंटे रहते हैं, इसलिए किसी राजनीतिक दल को प्राप्त होने वाले कुछ वोटों और सदन में प्राप्त सीटों में सही तालमेल नहीं हो पाता। अत: इस प्रणाली में भी अल्पसंख्यक वर्गों के साथ पूरा न्याय नहीं हो पाता है।

**Second Chambers | द्वितीय सदन**

द्वितीय सदन व्यवस्थापिका का उच्च सदन होता है। यह सदन मनोनीत या निर्वाचित सदस्यों से निर्मित होता है। संघीय व्यवस्था में यह सदन राज्यों का प्रतिनिधित्व करता है। इस सदन के अधिकार निचले सदन से वित्तीय मामलों में कम होते हैं, दूसरा सदन विधेयकों के संशोधन पर केन्द्रित होता है तथा इसमें विदेशी मामलों व नीतियों का संचालन होना चाहिए। अमेरिका की सीनेट विश्व का सबसे शक्तिशाली द्वितीय सदन है।

**Second Internationale | द्वितीय इन्टरनेशनाले**

द्वितीय इन्टरनेशनाले की स्थापना 1899 में अन्तर्राष्ट्रीय मजदूर संघ के रूप में पेरिस में की गई थी। सर्वप्रथम इसने समाजवाद के संशोधनवादी स्वरूप का समर्थन किया। परन्तु 1905 में इसने संसदीय सरकारों में समाजवादियों की उदारवादियों के साथ भागीदारी का विरोध किया तथा इसने विश्व शांतिवाद का प्रचार किया। प्रथम विश्वयुद्ध आरम्भ होते ही यह संघ समाप्त हो गया।

**Secret Ballot | गुप्त मतदान**

गुप्त मतदान मत पत्र द्वारा मतदान की वह पद्धति होती है जिसमें किसी को यह पता न चल सके कि मत किस पक्ष अथवा किस उम्मीदवार को दिया गया है। इस हेतु मतदाता मत पत्र पर इच्छित उम्मीदवार के नाम से आगे केवल चिह्न बनाकर अपना मत व्यक्त करता है तथा मत पत्र पर कहीं उसका नाम नहीं होता। इस प्रकार मत पत्र को सील बंद पेटी में डाल दिया जाता है और गणना के समय यह पता नहीं चल सकता कि कौन सा मत पत्र किस मतदाता का है।

**Secret Clause | गुप्त खण्ड**

विश्व के दो या अधिक राज्यों के मध्य सम्पन्न किसी अन्तर्राष्ट्रीय समझौते या संधि का वह खण्ड जो पारस्परिक सुरक्षा अथवा किसी अन्य विशेष कारण से गोपनीय या अप्रकाशित रखा जाता है। आबद्ध राज्य इस प्रकार के खण्ड का उस समझौता अथवा संधि के अन्य खण्डों के समान ही अनुपालना करने के लिए बाध्य होते हैं। अवसर आने पर सम्बद्ध राज्यों द्वारा गुप्त खण्ड का प्रकाशन किया जा सकता है।

**Secret Diplomacy | गुप्त राजनय**

सामान्य रूप से विभिन्न देशों द्वारा पारस्परिक हितों तथा स्वार्थों की पूर्ति के लिए गोपनीय अथवा प्रच्छन्न रूप से अन्तर्राष्ट्रीय वार्ताओं अथवा संधि वार्ताओं का संचालन करने की एक कला अथवा पद्धति जिसे गुप्त राजनय कहा जाता है। इस प्रकार की गुप्त कला अथवा पद्धति के अन्तर्गत संबद्ध राज्यों द्वारा विभिन्न प्रकार की छलपूर्ण अथवा कपटपूर्ण प्रक्रियाओं, युक्तियों तथा कार्य पद्धतियों का प्रयोग भी किया जाता है। प्रथम विश्वयुद्ध के दौरान अमेरिकी राष्ट्रपति वुडरो विल्सन के चौदह सूत्रों में एक यह भी था कि भविष्य में किसी प्रकार के गुप्त समझौते नहीं किए जाएंगे। अतः राष्ट्र संघ और संयुक्त राष्ट्र संघ दोनों के विधानों में यह प्रावधान किया गया था कि अन्तर्राष्ट्रीय संधियों और समझौतों का संघ के सचिवालय में पंजीकरण करवाना होगा। इस प्रकार गुप्त राजनय चोरी-छिपे एक-दूसरे की बात को छिपाकर अपने देश का स्वार्थ सिद्ध करने की प्रक्रिया को कहते हैं।

**Secret Sittings | गोपनीय बैठकें**

सदन के नेता द्वारा प्रार्थना किए जाने पर अध्यक्ष कोई दिन या उसका कोई भाग लोकसभा की गोपनीय बैठक के लिए निश्चित कर सकता है। जब लोकसभा की गोपनीय बैठक हो तो किसी बाहरी व्यक्ति को सभा भवन, सभा कक्ष या दीर्घाओं में उपस्थित रहने की अनुज्ञा (Permission) नहीं होती परन्तु राज्य सभा के सदस्य अपनी दीर्घा में उपस्थित रह सकते हैं। अध्यक्ष किसी गोपनीय

बैठक की कार्यवाही का वृत्तांत ऐसी रीति से निकलवा सकता है जो वह ठीक समझे परन्तु कोई अन्य व्यक्ति गोपनीय बैठक की किसी कार्यवाही या विनिश्चयों का वृत्तांत नहीं निकलवा सकता है।

### Secular Society | धर्मनिरपेक्ष समाज

ऐसा समाज जिसमें उपयोगितावाद तथा तर्कसंगत मूल्यों पर अधिक बल दिया जाता है तथा जो परिवर्तन तथा नवाचारों को प्रश्रय देता है, वह धर्मनिरपेक्ष समाज कहलाता है। धर्मनिरपेक्ष समाज में नये परिवर्तनों, नये मूल्यों, नये दृष्टिकोणों, नये व्यवहार के प्रतिमानों पर अधिक बल दिया जाता है। आधुनिक नागरिक समाज, जिसमें अनुबन्ध, परिवर्तन, संवेदना, तर्क, मूल्यहीनता तथा कम से कम सामाजिक नियंत्रण पर बल दिया जाता है और आजकल यही मान्यता बढ़ती जा रही है कि आधुनिकीकरण के प्रसार के लिए ऐसे समाजों का अधिकाधिक विकास होना चाहिए।

### Secular State | धर्म निरपेक्ष राज्य

धर्म निरपेक्ष राज्य वह राज्य है जो धर्म के मामले में तटस्थ होता है। वह किसी धर्म विशेष में रुचि नहीं लेता है तथा राज्य का स्वयं कोई राज्य धर्म नहीं होता है। धर्म निरपेक्ष राज्य में धर्म एक वैयक्तिक मामला माना जाता है और व्यक्ति को धार्मिक स्वतंत्रता प्रदान की जाती है एवं राज्य व्यक्ति के धार्मिक विश्वासों या धार्मिक जीवन में कोई हस्तक्षेप नहीं करता है। नागरिकों में धर्म के आधार पर कोई भेदभाव नहीं किया जाता है। भारत एक धर्म निरपेक्ष राज्य है। यहाँ सभी धर्मों को विकसित होने की स्वतंत्रता है तथा राज्य सभी धर्मों की रक्षा करता है। संविधान के अनुच्छेद 25 से 28 तक प्रत्येक नागरिक को धार्मिक स्वतन्त्रता प्रदान की गई है।

### Secularism | पंथनिरपेक्षता

मूल रूप से आधुनिक अवधारणा में इस प्रकार की स्थिति जिसका सम्बन्ध इस लोक से हो, परलोक से न हो। उन्नीसवीं शताब्दी के यूरोप में इस शब्द का प्रयोग ऐसी आचार-व्यवस्था के लिए होने लगा जो नैसर्गिक नैतिकता पर आधारित हो, स्वप्रकाशित धर्म पर नहीं। इसके द्वारा सांप्रदायिकता का विरोध करके सभी धर्मों को समान समझना, एक दूसरे धर्म की निन्दा नहीं करना और राज्य को धर्म से बिल्कुल अलग रखा जाना। लेकिन आज भी धार्मिक कट्टरता जारी है। भारत का संविधान पूर्णतः पंथनिरपेक्ष है फिर भी समाज में धार्मिक कट्टरता और भेदभाव दृष्टिगोचर होते हैं।

सामान्यतया एक शासन सिद्धान्त के रूप में धर्मनिरपेक्षता शब्द का प्रयोग मुख्यतया दो अर्थों में होता है। (क) ऐसी स्थिति जब सरकार धार्मिक संगठन से कोई सरोकार नहीं रखती (ख) ऐसी परिस्थिति जब सरकार सभी धार्मिक संगठनों और उनके अनुयायियों के साथ एक जैसा व्यवहार करती है। इस प्रकार की स्थिति में सरकार धार्मिक संगठनों को सहायता दे सकती है या उनके प्रबंध में हस्तक्षेप कर सकती है। परन्तु ऐसा करते समय वह किसी भी धर्म के साथ भेदभाव नहीं करती। भारत के संविधान के 42वें संशोधन (1976) के अन्तर्गत भारत को धर्मनिरपेक्ष राज्य घोषित किया गया है। इससे पहले भी भारत को धर्मनिरपेक्ष राज्य माना जाता रहा है। वस्तुतः भारत के सम्बन्ध में धर्मनिरपेक्षता का दूसरा अर्थ अधिक उपयुक्त प्रतीत होता है, जबकि इसका पहला अर्थ यूरोपीय संकल्पना को अच्छी तरह व्यक्त करता है। भारत में धर्मनिरपेक्षता की व्याख्या धर्म के प्रति तटस्थता के भाव के रूप में नहीं दी जाती बल्कि "सर्वधर्म समन्वय" के रूप में दी जाती है। भारत में धर्मनिरपेक्षता केवल शासन का सिद्धान्त ही नहीं बल्कि राष्ट्रीय एकता का मूलमंत्र भी है।

### Security Council | सुरक्षा परिषद

संयुक्त राष्ट्र संघ की रूपरेखा का निर्माण 21 अगस्त से 7 अक्टूबर 1944 तक वाशिंगटन के डम्बार्टन ऑक्स भवन में किया गया तथा सुरक्षा परिषद के बारे में निर्णय हुआ। वीटो की शक्ति याल्टा सम्मेलन

में दी गई। सुरक्षा परिषद में 5 स्थायी सदस्य, अमेरिका, रूस, इंग्लैण्ड, फ्रांस एवं चीन तथा सितम्बर 1965 से 10 अस्थायी सदस्य जिनका महासभा द्वारा दो वर्ष के लिए चुनाव होता है। यह यू.एन.ओ. का निरन्तर कार्य करने वाला अंग है जिसकी बैठक 14 दिन में एक बार होती है तथा आवश्यकता होने पर 24 घन्टे में भी हो सकती है। इसका प्रमुख कार्य अन्तर्राष्ट्रीय शान्ति एवं सुरक्षा की स्थापना करना है। पामर एवं पार्किन्स ने इसे "संयुक्त राष्ट्र संघ की कुंजी कहा है" ए.एच. डॉक्टर ने इसे संघ की प्रवर्तन भुजा तथा डेविड कुशमैन ने इसे दुनिया का पुलिसमैन कहा है।

## Sedition | राजद्रोह

संस्थापित सरकार के विरुद्ध अवैध रीति से बोलना, लिखना या आचरण करना अथवा अवैध उपायों द्वारा उसे पलटने का प्रयत्न करना। राजद्रोह की परिधि में आता है।

## Seigniorage | सेगनॉराकल

सरकार द्वारा संसाधन जुटाने के लिए नये नोटों का प्रलचन और छपाई। सरकारी व्यय के लिए की गई इस व्यवस्था से मुद्रास्फीति दर में वृद्धि आती है जो सरकार को अतिरिक्त धन राशि उपलब्ध करवाती है। इसे मुद्रास्फीति (inflation tax) भी कहा जाता है।

## Self Employed | स्वनियोजित

अपने खेत/व्यवसाय आदि का स्वतंत्र रूप से संचालन करने वाले व्यक्ति। इनके द्वारा कई अन्य लोगों को भी रोजगार दिया जाता है। ये किसी अन्य के मातहत नहीं होते। अतः भारतीय सांस्कृतिक और आर्थिक परम्परा में इसे उत्तम माना जाता रहा है। इसमें कब, कहाँ, उत्पादन या विक्रय करें अथवा कार्य का संपादन करें, इन बातों के विषय में उन्हें स्वयं निर्णय लेने की स्वतंत्रता होती है। इनकी आय मुख्यतः अपने उत्पादन के विक्रय या लाभ पर निर्भर रहती है। अतः इनको समझदारी से अपने कौशल और संसाधन का उपयोग करना होता है।

## Senatatorial Courtesy | सीनेटोरियल विनम्रता

अमेरिका में महत्वपूर्ण संघीय अधिकारियों की नियुक्ति की स्वीकृति सीनेट से लेना होता है। अतः नियुक्ति की स्वीकृति में कोई कठिनाई नहीं हो उसके लिए राष्ट्रपति किसी राज्य के संघीय पदों पर नियुक्ति से पूर्व उस राज्य के सीनेटरों से अनुमति प्राप्त कर लेने की परम्परा को कहते हैं।

## Senate | सीनेट

सीनेट अमेरिकी व्यवस्थापिका के उच्च सदन का नाम है। अधिकांश राजनीतिक व्यवस्थाओं में इसका चुनाव निम्न सदन के चुनाव के सिद्धान्तों से भिन्न सिद्धान्तों पर होता है। इटली और फ्रांस में सीनेट गौण महत्व का होता है। संयुक्त राज्य अमेरिका में सीनेट 50 राज्यों का प्रतिनिधित्व करता है। इसकी सदस्य संख्या 100 है। प्रत्येक राज्य के दो प्रतिनिधि होते हैं। यह विश्व का सबसे शक्तिशाली द्वितीय सदन है। सीनेट विदेश नीति के मामले तय करती है। इसके सदस्यों का चुनाव 6 वर्ष के लिए होता है। सीनेट संघीय प्रणालियों में उपयुक्त माना गया सदन हैं क्योंकि ये व्यक्ति के साथ संघ की क्षेत्रीय इकाइयों का प्रतिनिधित्व करते हैं।

## Sensex | संवेदी सूचकांक

संवेदी सूचकांक कम्पनियों के शेयर के बाजार में उतार-चढ़ाव का सूचक होता है। इसकी वृद्धि सामान्य तौर पर अर्थव्यवस्था की सुधार और राजनीतिक स्थिरता और तीव्र निर्णय क्षमता का द्योतक

होता है। जैसे जैसे शेयर की कीमत में वृद्धि होती है, तो संवेदी सूचकांक में वृद्धि प्रतिबिंबित होती है। तब शेयर धारकों की संपति का मान भी बढ़ता है।

## Separate Communal Electorate | पृथक् साम्प्रदायिक निर्वाचन

भारत में अल्पसंख्यकों के प्रतिनिधित्व की समस्या का सामना करने के लिए ब्रिटिश शासकों द्वारा प्रवर्तित निर्वाचन-युक्ति जिसके अनुसार मुसलमानों के लिए विधानमण्डलों में कुछ स्थान सुरक्षित रखे गए थे और इन सम्प्रदायों के प्रतिनिधि अपने ही सम्प्रदायों के मतदाताओं के मतों को पाकर पृथक निर्वाचक-मण्डलों द्वारा चुने जाते थे। यह पद्धति अंग्रेजों की 'फूट डालो' और राज करो की नीति का सीधा परिणाम थी।

भारतीय राष्ट्रवाद के उमड़ते हुए प्रवाह को रोकने के लिए ब्रिटिश अधिकारियों ने सर्वप्रथम अक्टूबर 1906 में आगा खाँ के नेतृत्व में एक मुस्लिम शिष्टमण्डल को प्रेरित किया। यह शिष्ट मण्डल वायसराय लार्ड मिन्टो से शिमला में मिला। शिष्ट मण्डल ने विधान मण्डलों में मुसलमानों के लिए पृथक् प्रतिनिधित्व की माँग की और वायसराय ने उनकी मांगों को सहानुभूति से सुना। इसके फलस्वरूप 1909 के मार्ले मिन्टो अधिनियम में साम्प्रदायिक प्रतिनिधित्व का प्रवर्तन किया गया।

मोंट-फोर्ड प्रतिवेदन (1919) ने इस साम्प्रदायिक प्रतिनिधित्व की निन्दा की, उसे राष्ट्र विरोधी और लोकतन्त्र विरोधी बताया लेकिन फिर भी उसे बनाए रखा गया और 1919 के अधिनियम के तहत उसका विस्तार करके सिक्खों पर लागू कर दिया गया।

## Separation of Power | शक्तियों का पृथक्करण

शासन की शक्तियों को विधायी (Legislative), कार्यकारी (Executive) तथा न्यायिक (Judicial) शक्तियों में विभाजित कर पृथक-पृथक अंगों को सौंपना ताकि किसी एक अंग के पास सारी शक्तियां केन्द्रित न हों जाएं। इस प्रकार की व्यवस्था भारत, संयुक्त राज्य अमेरिका आदि देशों में पाई जाती है। शक्तियों के पृथक्करण के पीछे नियंत्रण और संतुलन (Check and Balance) का सिद्धान्त पाया जाता है। इसके प्रमुख प्रतिपादक मांन्टेस्क्यू थे, जिन्होंने अपनी पुस्तक स्प्रिट आफ लॉज (कानून की भावना) 1734 में इस सिद्धान्त का प्रतिपादन किया है।

## Sepoy Mutiny | सिपाही विद्रोह

1857 के भारतीय विद्रोह को भारतीय राष्ट्रवाद के इतिहास में प्रथम सीमा चिह्न के नाम से ठीक ही पुकारा गया है। ब्रिटिश इतिहासकारों ने इसे सिपाही विद्रोह, कुछ आधिपत्य वंचित सामन्ती नरेशों द्वारा भड़काए गए असन्तुष्ट सैनिकों का विद्रोह बताकर इसके महत्व को कम करने की चेष्टा की गई लेकिन इसके विपरीत वी.डी. सावरकर ने इस विद्रोह को भारतीय स्वतन्त्रता का प्रथम युद्ध कहा है। इंग्लैण्ड के नेता डिजरायली ने इसे 'राष्ट्रीय विद्रोह' (National Revolt) कहा था।

## Serfdom | कृषक दासता कृषकों की

यूरोपीय इतिहास के मध्यकाल में कृषक दासता, अर्द्ध स्वतन्त्र और अर्द्धदास की स्थिति थी। यह आनुवंशिक स्थिति थी अर्थात कृषक दास के वंशज भी कृषक दास ही होते थे और जिस जमींदार की भूमि पर उनके पूर्वजों ने काम किया होता था उस पर वे भी काम करने को बाध्य होते थे। सामान्यतया कृषक-दास को खेती के लिए कुछ जमीन मिली होती थी जिस पर उसका पीढ़ी-दर-पीढ़ी अधिकार रहता था। लेकिन इसके बदले में उसे जमींदार की सेवा करनी पड़ती थी और करों के रूप में समय-समय पर भेंट-उपहार देने पड़ते थे। साथ ही उसे अपनी उपज का कुछ भाग भी जमींदार को देना पड़ता था।

## Session of Legislature | विधानमंडल के सत्र

संसद या विधानमंडल के सत्र प्रायः साल में दो बार होते हैं और दो से तीन महीने तक चलते हैं। लेकिन कार्यपालिका के बढ़ते प्रभाव, अध्यादेश से काम के बीच टकराव के कारण सत्र की अवधि कम होने लगी और इसमें भी ज्यादा समय हो हल्ला या बहिष्कार करने में चला जाता है। भारत की पहली लोकसभा (1952-57) में कुल 677 दिन तक सत्र चला था। चौदहवीं लोकसभा (2004-2009) में 232 दिन बैठकें आयोजित की गई। सोनिया गांधी जब 2003 में कांग्रेस पार्टी का विरोधी दल के रूप में नेतृत्व दे रही थी तब 120 दिन तक बैठकों का पक्ष रखा गया था। लेकिन 2004 से जब कांग्रेस पार्टी के नेतृत्व में संयुक्त गठबंधन (यू.पी.ए.) की सरकार है और इसके प्रधानमंत्री मनमोहन सिंह हैं तब से सत्र ज्यादा समय तक चलाने में कठिनाई महसूस करते हैं। यहाँ तक कि तीन साल में 100 बैठकों का प्रस्ताव भी सत्ता पक्ष को स्वीकार नहीं है। विरोधी दल भारतीय जनता पार्टी (भा.ज.पा.) जब सत्ता में थी तो कांग्रेस पार्टी द्वारा हंगामें करने का प्रतिशत 12 से बढ़कर 29 प्रतिशत हुआ। अब जब कांग्रेस पार्टी सत्ता में है तो यह प्रतिशत 33 हो गया है। यानि सदन की बैठक जितनी भी कम हुई उसका एक तिहाई हिस्सा हंगामें को भेंट चढ़ गया। यह बात लोकतंत्र के एवं सांसदों के महत्व को कम कर रहा है।

## Settler Colonialism | आप्रवासी उपनिवेशवाद

उपनिवेशवाद वह शब्द है जहाँ विदेशी व्यक्ति या औपनिवेशक आकर उस उपनिवेश या देश में अपना प्रभुत्व जमा लेते हैं और उस पर स्थायी रूप से कब्जा कर लेते हैं। वे वहाँ की जनता पर अपना औपनिवेशक शासन स्थापित करते हैं। (1) उत्तरी रोडेशिया (जो 1964 में स्वतंत्रता के पश्चात जाम्बिया कहलाता है।) तथा (2) दक्षिणी रोडेशिया जो 1980 में स्वतंत्रता के बाद जिम्बाब्वे कहा जाता है। (3) दक्षिणी अफ्रीका में आकर बसे और शासन कर रहे श्वेत आप्रवासी थे। (4) फिलिस्तीन में बाहर से आये यहूदी शासक, जिन्होंने इजरायल राज्य की स्थापना की। इसे ही Settler Colonialism कहा जाता है।

## Sex Ratio | लिंगानुपात

जनसंख्या में लड़का और लड़की के जन्म का अनुपात। लिंगानुपात जनगणना के आंकड़े के आधार पर निर्धारित होता है। भारत के 2011 की जनगणना के मुताबिक 1000 लड़कों के अनुपात में 914 लड़कियाँ है। 2001 की जनगणना में यह संख्या 927 थीं। 24 जनवरी को बालिका दिवस पर बाल लिंगानुपात में सुधार करने के लिये भ्रूण हत्या रोकने के लिए कारगर कानून बनाया जाएगा।

## Shadow Cabinet | छाया मंत्रिमण्डल

ब्रिटिश संसद में विपक्ष (Opposition) के वरिष्ठ सदस्यों का समूह जो विशिष्ट विषयों पर अपने दल के प्रवक्ता (Speaks Persons) की भूमिका निभाते हैं। उदाहरण के लिए वे विदेशी मामलों प्रतिरक्षा, वित्तीय प्रबन्ध, कानून और व्यवस्था (Law and Order) जैसे विषयों के विशेषज्ञ हो सकते हैं। यदि कॉमन्स सभा (House of Commons) में सरकार का बहुमत न रह जाए और प्रधानमंत्री सदन को भंग करने की सलाह भी न दे तो वहाँ का संगठित विपक्ष वैकल्पिक सरकार (Alternative Government) बनाने के लिए तैयार रहता है।

## Shimla Agreement, 1972 | शिमला समझौता, 1972

भारत और पाकिस्तान के बीच 3 से 16 दिसम्बर 1971 में बांग्लादेश की स्वतंत्रता के प्रश्न को लेकर युद्ध हुआ था। 16 दिसम्बर 1971 को पाकिस्तानी ले. जनरल ए.के. नियाजी ने 93 हजार सैनिकों के

साथ ढाका (बांग्लादेश) में भारत के ले. जनरल जगजीत सिंह अरोड़ा के सामने एक सैनिक समारोह में आत्मसमर्पण कर दिया। ऐसी स्थिति में 28 जून से 3 जुलाई 1972 तक दोनों देशों के सम्बन्ध सामान्य बनाने के लिए भारतीय प्रधानमंत्री श्रीमती इंदिरा गांधी एवं पाकिस्तान के राष्ट्रपति जुल्फिकार अली भुट्टो ने एक समझौते पर हस्ताक्षर 3 जुलाई 1972 को शिमला में किए गए।

प्रारम्भ में समझौते में यही कहा गया कि दोनों देशों के मध्य विवाद और संघर्ष को शांतिपूर्ण तरीकों से हल किया जाएगा तथा दोनों देश मैत्रीपूर्ण एवं सौहार्दपूर्ण सम्बन्ध बढ़ाने और उपमहाद्वीप में स्थायी शांति की स्थापना के लिए प्रयास करेंगे। समझौते में कहा गया कि दोनों देशों का संकल्प है कि वे अपने मतभेद द्विपक्षीय या आपसी वार्तालाप या शांतिपूर्ण तरीकों से दूर करेंगे अथवा दोनों देशों को स्वीकार्य अन्य उपाय द्वारा करेंगे। दोनों देशों ने यह निश्चय किया कि वे ऐसा कोई कार्य नहीं करेंगे या किसी को सहायता या प्रोत्साहन नहीं देंगे जो दोनों देशों के मधुर सम्बन्धों में बाधक बने। भारत और पाकिस्तान ने शांतिपूर्ण सहअस्तित्व, एक-दूसरे की भौगोलिक अखंडता एवं संप्रभुता का आदर करने तथा एक दूसरे के मामलों में किसी प्रकार का हस्तक्षेप न करने का संकल्प किया। उन्होंने भौगोलिक अखंडता एवं राजनीतिक स्वतंत्रता के विरुद्ध बल प्रयोग न करने का संकल्प लिया। दोनों देशों ने शत्रुतापूर्ण प्रचार बंद करने एवं सूचनाओं के आदान-प्रदान का वचन दिया। उन्होंने निश्चय किया कि सम्बन्धों को मधुर बनाने, संचार व्यवस्था की पुनः स्थापना एवं आवगमन की सुविधा को बढ़ावा देंगे और व्यापार, आर्थिक विकास एवं विज्ञान-संस्कृति का आदान-प्रदान करेंगे। 17 दिसम्बर 1971 को युद्ध विराम के पश्चात वास्तविक नियंत्रण रेखा का दोनों देश सम्मान करेंगे। इस रेखा की अवहेलना के लिए न तो बल प्रयोग करेंगे और न ही धमकी देंगे। वे शांतिपूर्ण विचार-विमर्श द्वारा समस्या का समाधान करेंगे। दोनों देश एक-दूसरे के मध्य डाक, तार सेवा एवं वाणिज्य दूतों को बहाल करेंगे। विज्ञान एवं सांस्कृतिक क्षेत्र में सहयोग करेंगे। दोनों सेनाओं की वापसी 30 दिन के भीतर नियन्त्रण रेखा के लिए हो जाएगी तथा दोनों देशों के शासन अध्यक्ष परस्पर मिलते रहेंगे।

## Short Duration Discussion | अल्पकालीन चर्चा

कम से कम 3 संसद सदस्यों (गैर सरकारी, सदस्यों) द्वारा सार्वजनिक महत्व के मुद्दे को सदन में उठाने की प्रक्रिया। सदन के अध्यक्ष द्वारा यदि मुद्दा राष्ट्रीय महत्व का माना जाता है तो चर्चा के लिये अनुमति दी जाती है। बहस के लिए तिथि का निर्धारण कार्यमंत्रणा समिति की सिफारिश पर होती है। इसमें निर्धारित तिथि पर विषय को उठाने वाले सदस्य अपनी बात रखते हैं इसके बाद विभाग के मंत्री उत्तर देते हैं। प्रश्न उठाने वाले सदस्य बहस का उत्तर नहीं दे सकते एवं इस पर मतदान नहीं होता है। यह चर्चा सदन की बैठक की समाप्ति से एक या आधे घंटे पहले करवायी जाती है।

## Short-Notice Question | अल्प सूचना प्रश्न

अति महत्व के सार्वजनिक हित जिसे लोकसभाध्यक्ष को 10 दिन से कम अवधि की सूचना देकर पूछने की अनुमति माँगी जाती है। अध्यक्ष की अनुमति से प्रश्न काल की समाप्ति के बाद किसी निर्धारित दिन पर यह प्रश्न किया जा सकता है।

## Shuttle Diplomacy | ढरकी कूटनीति

2 सितम्बर 1975 को मिस्र एवं इजरायल के बीच डा. हेनरी किंसीजर (अमेरिकी विदेश सचिव) के कूटनीतिक प्रयासों से सिनाय समझौता हुआ। इस समझौते को सम्पन्न करवाने के लिए डॉ.

किंसीजर ने मिस्र एवं इजरायल की राजधानियों के जुलाहे की ढरकी (सूत काटने का चरखा) की तरह 6 चक्कर काटे। इसलिए किंसीजर की इस कूटनीति की ढरकी कूटनीति कहा जाता है।

## Single Executive | एक कार्यपालिका

वह कार्यपालिका जिसमें कार्यकारी शक्ति अन्ततः एक ही व्यक्ति के हाथों में केन्द्रित हो स्विट्जरलैण्ड के अतिरिक्त आजकल के सभी राज्यों में एकल कार्यपालिका है। अमेरिका में वह व्यक्ति राष्ट्रपति है और इंग्लैण्ड में प्रधानमंत्री। राजनीतिज्ञों की आम धारणा एकल कार्यपालिका के पक्ष में है। प्रशासन में तत्काल-निर्णय, ध्येय-निष्ठा और गोपनीयता की बहुत आवश्यकता होती है। एकल कार्यपालिका में ये सभी गुण पाये जाते हैं।

## Single Judiciary | इकहरी न्यायपालिका

यह किसी देश की न्यायपालिका की संरचना का एक स्वरूप है। यह पिरामिड आकार की संरचना है। इसमें छोटे न्यायालय बड़े न्यायालयों के संरक्षण में कार्य करते हैं। देश के समस्त न्यायालय एक सर्वोच्च न्यायालय के अधीन होते हैं। इस प्रणाली में न्यायिक प्रशासन एकरूपता के सिद्धान्त पर आधारित होता है। भारत में संघीय व्यवस्था के साथ इकहरी न्यायपालिका है जबकि अमेरिका जैसे संघीय देश में न्याय व्यवस्था की दो पृथक संरचनाएँ हैं। केन्द्र और राज्य की अलग न्यायालय व्यवस्था होती है जो भारत में नहीं है।

**भारत में एकीकृत न्यायपालिका की संरचनात्मक ढाँचा**

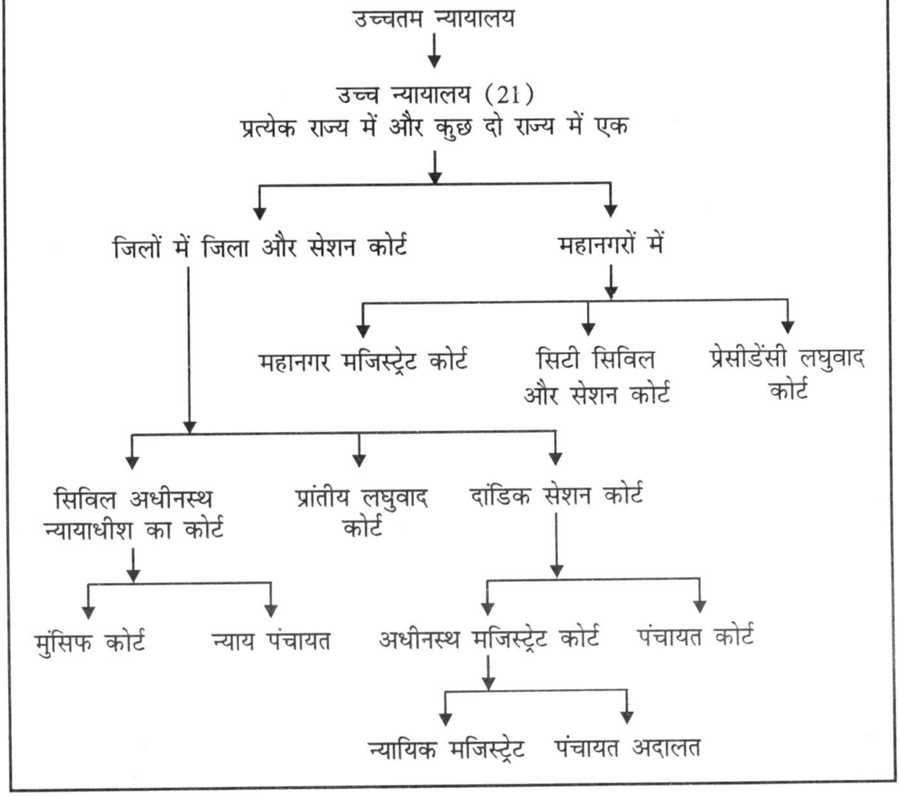

**Single Member Constituency System | एक सदस्य निर्वाचन क्षेत्र**

निर्वाचन क्षेत्रों को निर्धारित करने की वह पद्धति जिसके अनुसार सारे देश को उतने निर्वाचन क्षेत्रों में बाँट दिया जाता है जितने प्रतिनिधि चुनने की आवश्यकता होती है। प्रत्येक निर्वाचन क्षेत्र से एक-एक प्रतिनिधि चुना जाएगा। जिस प्रत्याशी को निर्वाचन में सबसे अधिक मत मिलेंगे, उसी को निर्वाचित घोषित कर दिया जाएगा।

**Single Transferable Vote System | एकल हस्तांतरणीय मतदान पद्धति**

एकल हस्तांतरणीय मतदान पद्धति वह प्रणाली है जिसके अन्तर्गत बहुसदस्यीय निर्वाचन क्षेत्रों में प्रतिनिधियों का निर्वाचन आनुपातिक प्रणाली के द्वारा होता है। एक निर्वाचन क्षेत्र के सभी प्रत्याशियों के नाम एक मत पत्र पर लिखे होते हैं। प्रत्येक मतदाता के पास प्रत्याशियों की संख्या के बराबर ही मत होते हैं। वह अपने मत एक, दो या अधिक प्रत्याशियों को डाल सकता है। परन्तु यह आवश्यक है कि वह प्रत्याशियों के नामों के आगे 1, 2, 3, 4 लिखकर अपनी वरीयता प्रकट करे। वह जिस प्रत्याशी के नाम के आगे "1" लिखता है उसे उसकी पहली पसंद का मत मिलता है। जिस प्रत्याशी के नाम के आगे वह "2" लिखता है उसे उसकी दूसरी पसंद का मत मिलता है और इसी प्रकार क्रम चलता रहता है। मान लीजिए कि कोई उम्मीदवार मतों का एक निश्चित कोटा प्राप्त कर लेता है तो वह निर्वाचित मान लिया जाता है। इस कोटे के निर्धारण का सूत्र यह है कि वैध मत डालने वाले मतदाताओं की कुल संख्या को निर्वाचित होने वाले प्रतिनिधियों की संख्या में एक जोड़ कर भाग दे दिया जाए। परन्तु यदि किसी प्रत्याशी को निर्धारित कोटे के बराबर मत नहीं मिलते तो मतदाताओं की दूसरी वरीयता से मतों को पहली वरीयता के मतों से जोड़ा जाता है ताकि कोई एक उम्मीदवार निर्धारित कोटा प्राप्त कर सके। भारत के राष्ट्रपति के चुनाव में यही पद्धति उपयोग में लायी जाती है भारत में राष्ट्रपति के निर्वाचन में द्वितीय वरीयता की मतगणना 1969 में वी.वी. गिरि के चुनाव में की गई। वे प्रथम वरीयता के मतों द्वारा जीतने के लिए निश्चित कोटा (Quota) प्राप्त नहीं कर पाये थे।

**Size of Council of Minister | मंत्रिपरिषद का आकार**

संसदीय सरकार में मंत्रिमंडल में मंत्रियों का आकार प्रायः प्रधानमंत्री या मुख्यमंत्री तय करते हैं। विदेशों में मंत्रिमंडल छोटा रखा जाता है। पं. नेहरू के समय मंत्रिमंडल छोटा होता था। बाद में संविद सरकार के कारण मंत्री परिषद बड़ी होने लगी। 40 प्रतिशत से ज्यादा विधायक मंत्री बनने लगे। इसे रोकने के लिए 2003 में संसद में 91वें संविधान संशोधन द्वारा केन्द्र और राज्य के लिए आकार कुल सदस्यों का 15 प्रतिशत कर दिया गया। इसमें मुख्यमंत्री भी गिने जाते हैं। छोटे राज्य में 12 से कम मंत्री नहीं होंगे। अनुच्छेद 75 में I-A जोड़ा गया।

**Slavery | दासता**

दासता मनुष्य की उन सामाजिक संस्थाओं में से है जिनका रूप समय-समय पर बदलता रहा है। इसकी उत्पत्ति संभवतया उस प्रागैतिहासिक काल में हो गई थी जबकि धन सम्पदा सामाजिक स्थिति अथवा शारीरिक क्षमता के आधार पर एक शक्तिशाली मनुष्य ने अपने इर्द-गिर्द के दुर्बल मनुष्यों को अपना वंशवर्ती बनाया और उनसे मनमाना काम लिया। दासता का अर्थ है - एक व्यक्ति की जाति, संस्कृति एवं विशेषाधिकार युक्त आर्थिक स्थिति, धर्म, विचारधारा आदि की आड़ में यह निरपेक्ष अधिकार कि वह दूसरे व्यक्ति को अपने अधीन कर ले, उससे राजी या बेराजी, बलपूर्वक काम करवाये और उसका वैयक्तिक विधि के अधीन पदार्थों की भाँति क्रय-विक्रय करे।

## Smith, Adam | एडम स्मिथ

ब्रिटिश दार्शनिक एडम स्मिथ को अर्थशास्त्र (Economics) का जनक माना जाता है। उसने अपनी कृति 'वैल्थ आफ नेशन्स' (राष्ट्रों की सम्पदा) (1776) के अन्तर्गत अहस्तक्षेप की नीति और व्यक्तिवाद का प्रबल समर्थन किया है।

आर्थिक मानव की संकल्पना (Concept of Economic Man) एडम स्मिथ ने आर्थिक मानव का विचार प्रस्तुत करते हुए लिखा है कि प्रत्येक व्यक्ति में व्यापार की सहज प्रवृत्ति पायी जाती है जिससे कि वह अपने लेन देन में अधिक से अधिक लाभ अर्जित कर सके। उद्यमी व्यक्ति की स्वार्थ भावना समाज के संसाधनों को रचनात्मक दिशा में लगाकर सामान्य हित को बढ़ावा देती है। इससे सरकार, व्यापारी और कामगार तीनों को फायदा होता है और राष्ट्र की सम्पदा में वृद्धि होती है।

## Snap Poll | तत्काल चुनाव

किसी विशेष परिस्थिति में समय से पूर्व करवाने के लिए तत्कालीन व्यवस्था। राष्ट्र या राज्यपाल के द्वारा संसद या राज्य विधान सभाओं को भंग कर त्वरित रूप से नया चुनाव करवा लेना ही स्नैप-पोल है।

## Social Change | सामाजिक परिवर्तन

सामाजिक प्रक्रिया अथवा गतिविधि व प्ररूप के किसी भी पहलू में होने वाले रूपान्तरणों अथवा परिवर्तनों को सामाजिक परिवर्तन कहते हैं। या किसी समाज के सामाजिक संगठन, उसकी किन्हीं सामाजिक संस्थाओं अथवा सामाजिक भूमिकाओं के प्रतिमानों अथवा सामाजिक प्रक्रियाओं में होने वाले किसी भी प्रकार के रूपान्तरण, परिवर्तन, परिष्करण की प्रक्रिया को सामाजिक परिवर्तन कहते हैं। सामाजिक परिवर्तन किन्हीं लघु समूहों में होने वाले छोटे-मोटे परिवर्तनों की अपेक्षा वृहद् सामाजिक प्रणाली अथवा सम्पूर्ण सामाजिक सम्बन्धों के ताने-बाने में होने वाले महत्वपूर्ण परिवर्तनों को इंगित करता है। यद्यपि व्यक्तियों ने समाज की धारा को बांधने का प्रयत्न किया है परन्तु वह धारा निरन्तर प्रवाहित रही और अन्य प्राकृतिक घटनाओं की भांति समाज में निरन्तर परिवर्तन होता रहा। समाज के रीति-रिवाज, परम्पराएँ, रहन-सहन के तरीके, पारिवारिक तथा वैवाहिक व्यवस्थाएं आदि समय-समय पर बदलती रही हैं। इस प्रकार जब व्यक्ति किन्हीं परिस्थितियों में या किन्हीं कारणों से अपने आचरण को बदलने लगते हैं तो वे सामाजिक परिवर्तन को जन्म देने लगते हैं। जब मानव में संशोधन की प्रक्रिया होती है तो वह समाज में होने वाले परिवर्तन का संकेत देती है जैसे: मजदूर और मालिकों के सम्बन्धों में किसी प्रकार का सुधार या परिवर्तन होता है तो उसका प्रभाव सामाजिक सम्बन्धों पर भी पड़ेगा और इसे ही हम सामाजिक परिवर्तन कहेंगे।

## Social Class | सामाजिक वर्ग

सामाजिक संस्तरण की किसी व्यवस्था के अन्तर्गत व्यक्तियों का एक वृहद् समूह जिसकी समान सामाजिक-आर्थिक प्रस्थिति होती है, सामाजिक वर्ग कहलाता है। मैकाइवर के अनुसार "सामाजिक वर्ग समुदाय का ऐसा भाग होता है जो अपने विशिष्ट सामाजिक स्तर के कारण दूसरों से भिन्न होता है।" लेपिपर के अनुसार "एक सामाजिक वर्ग एक स्पष्ट सांस्कृतिक समूह है जिसे संपूर्ण जनसंख्या में एक विशेष स्थिति या पद प्रदान किया जाता है।" सामाजिक वर्ग ऐसे व्यक्तियों का समूह है जो समान वंश परम्परा, समान व्यवसाय या समान धन एवं शिक्षा के कारण एक प्रकार का जीवन यापन करने लगते हैं तथा एक ही प्रकार के विचार रखने लगते हैं। उनका एक ही प्रकार का व्यवहार हो जाता है और एक ही प्रकार के मनोभाव एवं अभिवृत्तियाँ हो जाती हैं। एक सामाजिक

वर्ग संगठित नहीं होता किन्तु जिन व्यक्तियों अथवा परिवारों से इसकी रचना होती है, वे अपेक्षाकृत समान शैक्षणिक, आर्थिक तथा सम्मानित प्रस्थिति लिए हुए होते हैं। एक सामाजिक वर्ग के सदस्यों को समान जीवन जीने के अवसर उपलब्ध होते हैं।

## Social Conflict | सामाजिक संघर्ष

एक ऐसी सामाजिक अंत:क्रिया जिसमें प्रत्येक सहभागी अपनी इच्छा को दूसरे व्यक्तियों के प्रतिरोध के उपरांत भी उन पर थोपता है, सामाजिक संघर्ष कहलाती है। इस प्रकार की अंत:क्रिया का उद्देश्य दूसरे व्यक्ति को नुकसान पहुँचाना अथवा उसके मार्ग में बाधा उत्पन्न करना होता है। सामाजिक संघर्ष के अन्तर्गत दो या अधिक पक्षों के व्यक्ति एक-दूसरे का बल पूर्वक, धमकी या हिंसा द्वारा विरोध, प्रतिकार या दमन करने का प्रयास करते हैं। सामाजिक संघर्ष के उदाहरण मिल मालिकों व मजदूरों के झगड़ों, कल-कारखानों की तालाबंदी, राजनीतिक दलों की परस्पर विरोधी प्रक्रिया, विद्यार्थी अनुशासनहीनता, पीढ़ियों के मतभेद, पूंजीवाद और साम्यवादी देशों के परस्पर विरोध, ईर्ष्या-द्वेष और धमकी पूर्ण व्यवहार, गौरे और काले लोगों के मध्य संघर्ष, सवर्ण और हरिजनों के के परस्पर विरोध तथा विभिन्न धर्मावलम्बियों में पारस्परिक विरोध व संदेह की भावना के रूप में प्रकट होते हैं अर्थात विरोध का वह प्रकार जिसमें विरोधी व्यक्तियों या समूहों का प्रमुख उद्देश्य एक-दूसरे की सम्पत्ति, संस्कृति संकुल अथवा अन्य किसी प्रिय वस्तु को नष्ट करना होता है। इस प्रकार यह विरोध आक्रमण और आत्म रक्षा की स्थिति तक पहुँच जाता है। कभी-कभी एक व्यक्ति अथवा समूह अपनी क्रियाओं के द्वारा अनजाने में दूसरे समूह और व्यक्तित्व को क्षति भी पहुँचाते हैं।

## Social Construction | सामाजिक रचनावाद

ऐसा विचार जो वास्तविकता की व्याख्या करते समय प्रकृति की तुलना में समाज और सामाजिक सम्बन्धों को अधिक महत्व देता है। इसमें जीव विज्ञान और प्रकृति के बजाय सामाजिक संबंधों, मूल्यों और अन्त:क्रियाओं को वास्तविकता के अर्थ तथा विषय-वस्तु का निर्धारन करने में निर्णायक माना जाता है। इसके अनुसार लिंग, बुढ़ापा, अकाल, महामारी आदि चीजें भौतिक या प्राकृतिक होने के बजाय सामाजिक अधिक है। इनका प्रभाव राजनीतिक क्रिया कलापों पर भी पड़ता है।

## Social Contract | सामाजिक अनुबंध/सामाजिक समझौता

राजनीति का वह सिद्धान्त जिसके अनुसार राज्य को एक कृत्रिम संस्था माना जाता है। इसका आविष्कार स्वयं मनुष्यों ने मिलजुल कर निश्चित उद्देश्यों की पूर्ति के लिए किया है और वही उद्देश्य राज्य के अस्तित्व के कारण और इसके कार्यक्षेत्र का सही-सही संकेत देते हैं। इस सिद्धान्त का प्रतिपादन हॉब्स, लॉक व रूसो ने किया है। इन तीनों ने राज्य की उत्पत्ति से पहले एक प्राकृतिक दशा (State of Nature) की कल्पना की है। इस दशा में मनुष्य पर कानून और शासन का कोई नियंत्रण नहीं था। तब सामाजिक अनुबंध के फलस्वरूप प्राकृतिक दशा का अंत हो गया और तब राज्य अस्तित्व में आ गया।

हॉब्स मनुष्य को स्वभाव से ही स्वार्थी, स्पर्धालु, झगड़ालू और लड़ाकू मानता है। यदि कानून न हो तो सदैव लड़ाई-झगड़ा ही होता रहेगा। इस स्थिति का अंत करने के लिए मनुष्य ने समझौता किया और राज्य अस्तित्व में आया। रूसो और लॉक ने भी इसी का समर्थन किया। इनके बाद ग्रोशियस, स्पिनोजा, मिल्टन व आधुनिक युग में जॉन रॉल्स ने समझौता सिद्धान्त को मानते हुए राज्य की शक्तियों पर पाबन्दी लगाने का प्रयास किया है।

## Social Control | सामाजिक नियन्त्रण

उत्पादन और वितरण के साधनों का समाज हित में राज्य द्वारा नियमन और नियन्त्रण करने में मिली-जुली आर्थिक व्यवस्था वाले लोकतन्त्रात्मक समाजवाद में कई बार ऐसा हो सकता है कि किसी विशेष उद्योग अथवा व्यापार आदि का राष्ट्रीयकरण किया जाना उचित अथवा संभव न समझा जाए। ऐसी स्थिति में राज्य का कर्तव्य हो जाता है कि उस उद्योग अथवा व्यापार पर ऐसा नियन्त्रण रखे, जिससे वह उद्योग सामूहिक हित का साधन हो, धन और उत्पादन साधनों का अहितकर केन्द्रण न हो तथा श्रमिकों, कृषकों और पिछड़े हुए वर्गों का किसी प्रकार से शोषण न हो।

## Social Darwinism | सामाजिक डार्विनवाद

इस सिद्धान्त को सामाजिक डार्विनवाद इसलिए कहा जाता है कि इसने चार्ल्स डार्विन (1809-82) के जीव वैज्ञानिक सिद्धान्त अस्तित्व का संघर्ष (Struggle for Existence) और योग्यतम की विजय (Survival of the Fittest) को सामाजिक जीवन के क्षेत्र में लागू करने का प्रयत्न किया। इसके प्रवर्तक वाल्टर बेजहाट (1826-77) और लुडविख गुंप्लोविच (1838-1909) थे। सामाजिक डार्विनवादियों के तर्क इस मान्यता से आरम्भ होते है कि समस्त जीवन या कम से कम समस्त प्रगति का आधार 'अस्तित्व का संघर्ष' है जिसमें अयोग्य तत्व लुप्त हो जाते हैं और योग्यतम जीवित रह जाते हैं। इस सम्प्रदाय के परवर्ती विचारकों ने स्वीकार किया कि संघर्ष केवल व्यक्तियों के बीच नहीं होता बल्कि समूहों के बीच भी होता है। जब संघर्ष व्यक्ति और समूह के बीच होता है तब समूह की विजय होती है। समूहों के बीच संघर्ष होने पर उस समूह की विजय होती है जो अधिक सुसम्बद्ध, संगठित, एकसार और अनुशासित होता है। मुसोलिनी पर जर्मन दार्शनिक फ्रेड्रिक नीत्शे (1844-1900) का बहुत गहरा प्रभाव था जो तर्क बुद्धि-विरोधी होने के साथ-साथ सामाजिक डार्विन वाद का अग्रदूत भी था। नीत्शे का मत था कि जीवन केवल अस्तित्व का संघर्ष नहीं बल्कि प्रभुत्व (Domination) और शक्ति (Power) का संघर्ष भी है।

## Social Democracy | सामाजिक लोकतंत्र

एक ऐसी विचारधारा जो समाजवादी तथा मजदूर आन्दोलन से संबद्ध है। विचारधारा राज्य के लोकतंत्रीय ढांचे को स्वीकार करती है। इस प्रकार समाज में जाति, धर्म, भाषा, लिंग व जन्म स्थान आदि के आधार पर व्यक्तियों के बीच भेदभाव नहीं किया जाना ही सामाजिक लोकतन्त्र है।

## Social Development | सामाजिक प्रगति

स्वीकृत एवं वांछित लक्ष्य अथवा लक्ष्यों की दिशा में होने वाले सामाजिक परिवर्तन को सामाजिक प्रगति कहते हैं। दूसरे शब्दों में प्रगति का सिद्धान्त इस मान्यता पर आधारित है कि मानव समाज की स्थिति में निरन्तर सुधार हो रहा है, वह लगातार किसी महान लक्ष्य की पूर्ति की ओर बढ़ रहा है। इस प्रकार का परिवर्तन सकारात्मक होता है। अतः सामाजिक प्रगति में मूल्य-निर्णय का भाव निहित होता है। सामाजिक प्रगति की चर्चा बिना मूल्यों के नहीं की जा सकती है। सामाजिक प्रगति की अवधारणा में एक बेहतर विश्व समाज की कल्पना को साकार करने की ओर कदम कहा जा सकता है। लेस्टर वार्ड के अनुसार "प्रगति वह है जो मानवीय सुख की वृद्धि करती है।" मैकाइवर के अनुसार "प्रगति में सामाजिक परिवर्तन की दिशा नहीं अपितु इसमें किसी अंतिम लक्ष्य की ओर ले जाने वाली दिशा का विचार सन्निहित है।" प्रगति की विशेषताएँ इस प्रकार हैं: (1) वांछित उद्देश्य की पूर्ति होती है (2) प्रगति परिवर्तन की सूचक है (3) प्रगति सामूहिक होती है (4) प्रगति में हानि-लाभ दोनों संभव हैं तथा (5) प्रगति स्वाभाविक नहीं है। प्रगति की अवधारणा परिवर्तनशील है तथा यह भविष्य के प्रति आशावादी दर्शन है।

### Social Diversity | सामाजिक विघटन

"सामाजिक संगठन तथा सामान्य हित की भावना का लोप हो जाने पर किसी समूह का विभिन्न इकाइयों में बँट जाना" जब किसी सामाजिक इकाई के निर्माणक तत्व अर्थात् व्यक्ति, समूह अथवा संस्थाएँ स्वीकृत उद्देश्यों के अनुसार अपनी-अपनी भूमिका निभाना इस सीमा तक बन्द कर देते हैं कि उनके आपसी सम्बन्धों में व्यवधान अथवा विशृंखलन उत्पन्न हो जाता है, तो यह दशा सामाजिक विघटन कहलाती है। सामाजिक विघटन बहुधा सामाजिक नियंत्रण के भंग हो जाने का संकेत देता है। दूसरे शब्दों में किसी समाज के विभिन्न भागों में एकता अथवा सामंजस्य का ह्रास सामाजिक विघटन ही है। सामाजिक विघटन की अवस्था समाज की असामान्य अवस्था होती है। प्रायः सामाजिक परिवर्तन ही सामाजिक विघटन का कारण बनते हैं। जब समाज के विभिन्न सदस्य अपनी-अपनी-डफली अपना-अपना राग अलापने लगते हैं, सामाजिक लोकाचारों, आदर्शों, रीति-रिवाज, रीति-नीतियों और जीवन के सामान्य लक्ष्यों तथा समाज की प्रथाओं के प्रति लोगों की श्रद्धा कम होने लगती है, तब सामाजिक विघटन का जहर फैलने लगता है।

### Social Evolution | सामाजिक उद्‌विकास

उद्‌विकास का शाब्दिक अर्थ नई दिशाओं को व्यक्त करना है। समाज निरंतर परिवर्तनशील रहा है और उसमें नई दिशाएं प्रकट होती रहती हैं। मैकाइवर के अनुसार सामाजिक उद्‌विकास वह प्रक्रिया है जिसमें वस्तु में निहित सभी प्रच्छन्न भावनाएँ शनैःशनैः प्रकट होती रहती हैं। उद्‌विकास सरल वृद्धि को नहीं कहते अपितु उद्‌विकास से वस्तु के आकार में वृद्धि होने के साथ ही उसकी रचना में भी परिवर्तन होता है। यह संस्थात्मक तथा गुणात्मक परिवर्तन की वह निरंतर और एक दिशा में ले जाने वाली प्रक्रिया है, जिसमें वस्तु या समाज की आंतरिक विशेषताएँ प्रकट होकर भिन्न और स्पष्ट हो जाती हैं। अतः उद्‌विकास की मूल विशेषता भेदकरण है, जिसमें एकीकरण का अर्थ समाविष्ट है। यह माना गया है कि प्राणी के विकास की भांति समाज, संस्कृति तथा सामाजिक संस्थाओं का विकास विभिन्न स्तरों में हुआ है। समाज एवं संस्कृतियों का विकास एक निश्चित क्रम एवं अवस्था में होता है। विकास का यह क्रम पुराने काल से निरन्तर सरलता से जटिलता, समानता से भिन्नता तथा अनिश्चितता से निश्चितता की ओर चलता रहा है।

### Social Exclusion | सामाजिक अपवर्जन, अनदेखी

इसका तात्पर्य सामाजिक-आर्थिक भेदभाव है, जो व्यक्तियों और समूहों को उनके अपने समाज के आर्थिक सामाजिक और राजनीतिक जीवन में पूरी तरह से शामिल होने से रोकता है। यह संरचनात्मक यानी व्यक्ति का कार्य होने की बजाय, सामाजिक प्रक्रियाओं तथा संस्थानों का परिणाम होता है।

### Social Formations | सामाजिक विन्यास

मार्क्सवाद के अनुसार, सामाजिक संगठन के भिन्न-भिन्न रूप जो भिन्न-भिन्न उत्पादन प्रणालियों से जुड़े रहते हैं और अपने-अपने वर्ग चरित्र (Class Character) से पहचाने जाते हैं। जैसे कि दास-प्रथा समाज (Slave-Owning Society), सामन्ती समाज (Feudal Society) पूंजीवादी समाज (Capitalist Society) और समाजवादी समाज (Socialism Society)।

### Social Intercourse | सामाजिक समागम

वह सामाजिक व्यवस्था जिसमें विवाह सम्बन्धों व खान-पान के क्षेत्र में निषेधों का अभाव हो। सामाजिक असमानता को राज्य के द्वारा विशेष सुविधा और लाभ देकर दूर किया जाए जिससे कि समाज में विभेद उत्पन्न नहीं हो।

### Social Legislation | सामाजिक विधान

सम्पूर्ण समाज अथवा समाज के कुछ विशिष्ट पिछड़े हुए वर्गों की स्थिति में सुधार करने के लिए बनाए गए कानून। उदाहरण के लिए बालकों, स्त्रियों और मजदूरों की दशा में सुधार करने के लिए बनाए गए विविध कानून सामाजिक विधान की श्रेणी में आते हैं।

### Social Networking Sites | सोशल नेटवर्किंग साइट्स

कम्प्यूटर और मोबाइल जैसे दूरसंचार प्रणाली - इंटरनेट से लोगों को आपस में जोड़ने वाली तकनीक। इनके द्वारा लोग विश्व के किसी भी भाग में स्थित व्यक्तियों के समूहों से जुड़कर अपने विचारों का आदान-प्रदान कर सकते हैं। सामाजिक-राजनीतिक आंदोलनों में भाग ले सकते हैं, समर्थन दे सकते हैं। यह विचार अभिव्यक्ति का सर्वाधिक सुगम एवं सस्ता माध्यम है। इससे समसामयिक मुद्दों के बारे में जानकारियाँ प्राप्त की जाती है और फैलाई जाती है। अरब देशों में प्रजातंत्र के लिए आन्दोलन, भारत में जनलोकपाल विधेयक के समर्थन में आन्दोलन और बलात्कार के विरुद्ध सशक्त कानून बनवाने में 2012-13 में इसका महत्वपूर्ण योगदान रहा है। करीब 100 करोड़ लोग विश्व में और 10 करोड़ भारतीय सोशल साइट्स से जुड़े हुए हैं। प्रमुख सोशल साइट्स हैं- फेसबुक, ट्विटर, आर्कुट, यू-ट्यूब, ब्लॉग एवं चैट आदि।

### Social Research | सामाजिक अनुसंधान

सामाजिक सम्बन्ध, सामाजिक अंतक्रियाएँ, सामाजिक समूह, सामाजिक समस्याएँ जैसे विषयों को लेकर किए गए किसी भी वैज्ञानिक अध्ययन को सामाजिक अनुसंधान कहते हैं। सामाजिक अनुसंधान का मुख्य उद्देश्य मानव के सामाजिक जीवन को परिचालित करने वाले मूलभूत नियमों एवं सिद्धान्तों की खोज तथा विद्यमान प्राकल्पनाओं तथा ज्ञान का परिष्करण करना है। यह एक ऐसा प्रयास है जिसका उद्देश्य अध्ययन एवं परीक्षण द्वारा नई जानकारी हासिल करना है। यह एक ऐसा प्रक्रम है जिसके द्वारा हम सामाजिक कार्य के क्षेत्र में उत्पन्न समस्याओं के हल खोजने का प्रयास करते हैं। अनुसंधान के बिना सामाजिक आयोजन का कार्य भी सफल नहीं हो सकता क्योंकि उसकी सहायता से ही आयोजनकर्ता समुदाय की आवश्यकताओं की जानकारी हासिल कर सकते हैं। सामाजिक अनुसंधान सामाजिक कार्यकर्ताओं को कार्यक्रमों को अधिक प्रभावी, उपयोगी तथा सार्थक करने में समर्थ बनाता है। यह समस्याओं के समाधान में प्रयुक्त की जाने वाली प्रविधियों के परिशोधन में भी सहायक होता है।

### Social Sanction | सामाजिक अनुशास्ति

समाज में व्यक्ति को नैतिक नियमों या मान्यताओं का अनुसरण करने के लिए प्रेरित करने वाली बातें जैसे समाज के द्वारा निंदित होने, जाति-बहिष्कृत होने का भय, प्रशंसा पाने की आशा इत्यादि।

### Social Security | सामाजिक सुरक्षा

सरकार की ओर से व्यक्तियों तथा उनके परिवारों के लिए पेंशन, बीमा, शिक्षा स्वास्थ्य आदि समाज कल्याणकारी सुविधाओं की व्यवस्था के सिद्धान्त या कार्यक्रम। इसमें वृद्ध, अपंगों, असहायों, विधवाओं और बच्चों पर विशेष रूप से ध्यान दिया जाता है।

### Social Solidarity | सामाजिक सुदृढ़ता

वह स्थिति जिसके अन्तर्गत किसी समुदाय या संगठन के भिन्न-भिन्न हिस्से एक-दूसरे के साथ दृढ़ता से जुड़े रहते हैं, उनके ध्येय पूरे संगठन के ध्येय के साथ एकाकार हो जाते हैं, और उनकी सिद्धि के लिए वे अपनी-अपनी शक्तियों और क्षमताओं को एकजुट कर लेते हैं।

### Social Welfare | समाज कल्याण

समाज के अनुन्नत, असमर्थ और दरिद्र वर्गों अथवा समुदायों की सहायता के लिए संगठित सरकारी और गैर सरकारी सामाजिक सेवाएँ समाज कल्याण के अन्तर्गत आती है।

### Socialism | समाजवाद

वह आर्थिक और राजनीतिक प्रणाली जिसमें सामाजिक उत्पादन के साधन सार्वजनिक स्वामित्व (Public Ownership) में रखे जाते हैं। सारा उत्पादन, वितरण और विनिमय सामाजिक आवश्यकताओं को ध्यान में रखकर किया जाता है और वह सरकार के निर्देशन में चलता है। अत: समाजवादी अर्थव्यवस्था को साधारणतया राज्य निर्देशित अर्थव्यवस्था (Command Economy) कहा जाता है।

सी.ई.एम. जोड के अनुसार "समाजवाद एक ऐसे टोप के समान है। जिसे हर कोई पहन लेता हैं, और इसलिए अब उसकी शक्ल पहचानने में नहीं आती" "इन्ट्रोडक्शन टू माडर्न पॉलिटिकल थ्योरी" आधुनिक राजनीतिक सिद्धान्त का परिचय (1924)।

जी.डी.एच. कौल के अनुसार "समाजवाद एक आन्दोलन भी है, और विचार भी "इस विचार को कम से कम शब्दों में व्यक्त करना चाहें तो उसके अनुसार समाज के कार्यों का संचालन इस ढंग से होना चाहिए कि उनसे जन साधारण के सामान्य हितों को बढ़ावा मिल सके। इसके लिए प्रत्येक स्त्री-पुरुष को सुख-सन्तोष का जीवन बिताने के लिए यथा संभव समान अवसर मिलने चाहिए इसके साथ यह विश्वास भी जुड़ा है कि ऐसा अवसर तब तक संभव नहीं है जब तक उत्पादन के साधनों पर निजी स्वामित्व रहेगा और वह स्वामित्व मूलत: विषमतापूर्ण होगा। अत: इसकी मांग यह है कि इन साधनों का उपयोग न केवल सामूहिक नियन्त्रण में रहना चाहिए बल्कि उन पर सामूहिक स्वामित्व भी स्थापित होना चाहिए।

### Socialism in One State | एक राज्य में समाजवाद

कार्ल मार्क्स के मौलिक सिद्धान्त में साम्यवाद को अन्तर्राष्ट्रीय स्वरूप देने पर बल दिया गया था। मजदूरों का कोई एक देश नहीं (working men have no country)। अत: विश्व के मजदूरों को एक हो जाने की प्रेरणा दी। रूस में 1917 के मार्क्सवादी-लेनिनवादी क्रांति के जनक लेनिन भी मार्क्सवादी क्रांति के प्रसार पर बल देते थे। लेकिन 1924 में उनकी मृत्यु के बाद स्टालिन का अधिनायकत्व (1924–53) में एक देश में साम्यवाद को मजबूत करने के सिद्धान्त पर सोवियत संघ को राज्य योजना आयोग (Gosplan) के विकसित करने पर ध्यान दिया गया। इसमें औद्योगिक विकास और समूहीकरण द्वारा कृषि के विकास को प्राथमिकता दी गयी।

### Society | समाज

समाज को व्यक्तियों के एक संकुल के रूप में परिभाषित किया जाता है, किन्तु समाजशास्त्रीय दृष्टिकोण के अनुसार मात्र व्यक्तियों के संकुल को समाज की संज्ञा नहीं दी जा सकती, जब तक ऐसे व्यक्तियों के मध्य किसी प्रकार के सामाजिक सम्बन्ध न हों। कौल के अनुसार "समाज समस्त मानवीय सम्बन्धों का योग है" मैकाइवर व पेज के अनुसार "समाज परिपाटियों, कार्यविधियों सत्ता, पारस्परिक सहयोग, अनेक समूहों एवं श्रेणियों, मानवीय व्यवहार के नियंत्रणों तथा स्वतंत्रताओं की एक व्यवस्था है।" समाज का जन्म राज्य से पूर्व हुआ था। समाज के अन्तर्गत व्यक्तियों के राज, धार्मिक, आर्थिक, पारिवारिक आदि सभी पहलू आते हैं। समाज एक परिवार से लेकर पूरे विश्व तक फैला हो सकता है। प्रत्येक समाज में खान-पान रहन-सहन, बच्चों के प्रशिक्षण,

विवाह-सम्बन्ध, वृद्धों के प्रति आदर तथा सामाजिक जीवन को चलाने से संबंधित कई रीति-रिवाज होते हैं। विवाह, उत्तराधिकार, शिक्षा, धार्मिक-विश्वास, राजनीतिक दल, संविधान, कानून आदि इन पद्धतियों के ही रूप हैं। इनके द्वारा ही समाज चलता है। इन्हीं के द्वारा उनके जीवन में सुरक्षा, शान्ति, सहयोग और संगठन विकसित होता है और समाज गतिशील बना रहता है।

समाज में सभी लोग अपने हितों को देखते हैं। यदि वे हित एक-दूसरे से टकरा जाएं तो समाज की शान्ति भंग हो जाती है। अतः समाज विभिन्न साधनों से लोगों के व्यवहार को नियंत्रित करने का प्रयास करता है। इसके लिए वह भली-भाँति की रुढ़ियाँ, परम्पराएँ, धर्म, नैतिकता, आचार संहिताएँ, कानून आदि लागू करता है। प्रत्येक व्यक्ति को अपने समाज के नियंत्रणों का पालन करना होता है और अवहेलना करने पर उसे समाज से तिरस्कृत होना पड़ता है।

## Socio-Economic Equality | सामाजिक-आर्थिक समानता

सामाजिक-आर्थिक समानता के विचार में समानता के सामाजिक और आर्थिक पक्ष एक-दूसरे के साथ गुँथे हुए हैं क्योंकि इन दोनों में निकट सम्बन्ध पाया जाता है। सामाजिक-आर्थिक समानता केवल उन विषमताओं में कटौती (Reduction of Inequalities) की माँग करती है जो सामाजिक अन्याय (Social-in Justice) को जन्म देती है। सामाजिक-आर्थिक समानता यह मांग करती है कि जीवन को सुखमय, सम्मानपूर्ण और उन्नत बनाने के साधन, निर्धन और वंचित वर्गों को भी सुलभ करवाये जाएं, उनकी विवशता उनके शोषण (Exploitation) का कारण न बन जाए।

सामाजिक-आर्थिक समानता के विचार ने ही आधुनिक राज्य को कल्याणकारी राज्य (Welfare State) का रूप दे दिया है। कल्याणकारी राज्य धनवान वर्गों पर भारी कर लगाकर उनसे ऐसी सामाजिक सेवाओं (Social Services) की व्यवस्था करता है जिनका लाभ मुख्यतः निर्धन वर्गों को प्राप्त हो सके। राज्य की ओर से जनसाधारण के लिए, शिक्षा, स्वास्थ्य, रोजगार, विश्राम स्थलों, एवं सस्ते परिवहन की व्यवस्था की जाती है। संक्षेप में कल्याणकारी राज्य के लक्ष्य से जुड़ी सामाजिक आर्थिक समानता बाजार अर्थव्यवस्था से पैदा होने वाले असन्तुलन को सुधारने का साधन है।

## Sociological Jurisprudence | समाजशास्त्रीय न्यायशास्त्र

समाजशास्त्रीय या समाज वैज्ञानिक न्यायशास्त्र के प्रमुख उन्नायक लुडविख गुंप्लोविच (1839-1909), लियोंद्यूगी (1859-1929), ह्यूगोंक्रैव (1857-1936), रोस्कोपाउन्ड (1870-1964) और हेराल्ड लॉस्की (1893-1950) हैं। विश्लेषणात्मक न्यायशास्त्र की मान्यताओं के विपरीत इस संप्रदाय का विश्वास है कि राज्य की इच्छा को कानून का सही स्रोत नहीं माना जा सकता। राज्य तो केवल उन नियमों को कानूनी मान्यता प्रदान करने का उपकरण मात्र है जो सामाजिक हितों की देखरेख के लिए समाज में पहले से प्रचलित होते हैं। अतः कानून न केवल राज्य का पूर्ववर्ती (Prior) है बल्कि यह उससे उच्चतर (Superior) भी है।

कुछ भी हो, समाज में कानून का महत्व बेजोड़ है क्योंकि यह सामाजिक समस्याओं के समाधान का साधन है, और सामाजिक प्रगति का प्रेरक तत्व है। अतः रॉस्को पाउण्ड का विचार है कि किसी भी कानून का मूल्यांकन निर्दिष्ट सामाजिक उद्देश्य के सन्दर्भ में करना चाहिए। सामाजिक प्रगति के लिए यह जरूरी है कि जैसे-जैसे सामाजिक चेतना (Social Consciousness) में परिवर्तन हो, उसके अनुरूप कानून की व्याख्या भी बदल देनी चाहिए या स्वयं कानून को ही बदल देना चाहिए। पाउण्ड के विचार से कानून का उपयुक्त कार्य सामाजिक इंजीनियरी (Social Engineering) है। उदाहरण के लिए, बीसवीं शताब्दी के आरंभिक दशकों में जब सामाजिक जीवन में सामाजिक न्याय (Social Justice) के प्रति सजगता बढ़ रही थी, तब न्यायालयों के निर्णयों में भी सामाजिक न्याय के प्रति विशेष झुकाव का परिचय मिलता है।

संक्षेप में समाजशास्त्रीय न्यायशास्त्र के अनुसार, कानून के सार तत्व की पहचान के लिए उसमें निहित सामाजिक उद्देश्य को परखना जरूरी है। जहाँ ऐतिहासिक न्यायशास्त्र के अन्तर्गत कानून के सार तत्व का पता लगाने हेतु अतीत की सामाजिक संस्थाओं का विश्लेषण किया जाता है, वहाँ समाजशास्त्रीय न्यायशास्त्र के अन्तर्गत समाज के भविष्य की कल्पना करते हुए कानून की सार्थकता की तलाश की जाती है।

## Socratic Method | सुकराती प्रणाली

शिक्षा-क्षेत्र में सुकरात द्वारा प्रयुक्त प्रणाली जिसमें गुरु उपयुक्त प्रश्न पूछकर शिष्य को समस्या का समाधान स्वयं खोजने के लिए प्रेरित करता है। इसके पीछे सुकरात का यह विचार था कि आत्मा में पहले से संपूर्ण ज्ञान छिपा होता है जिसे कि उपयुक्त प्रश्नों के द्वारा जगाना मात्र होता है। यह विधि प्रश्नोत्तर विधि के नाम से जानी जाती है।

## Solon | सोलोन

सोलोन एक अथेनियन राजनेता था, जिसे प्रमुख न्यायाधीश बनाया गया था। उसने गरीबों के सारे ऋणों को माफ कर दिया और मनुष्यों के लिए उचित कानून बनाए। उसने आर्थिक समस्याओं के समाधान के लिए उद्योग और व्यापार को प्रोत्साहन दिया। उसने सांविधानिक संशोधन भी किए और नागरिकों को उनके आर्थिक स्तर के अनुसार चार श्रेणियों में विभाजित कर उनको राजनीतिक उत्तरदायित्व प्रदान किए।

## Son Preference | पुत्र-अधिमान्यता

सामाजिक क्रियाकलाप जिसमें पुत्री के बजाय पुत्र को महत्व दिया जाता है। उनके जन्म पर खुशी व्यक्त की जाती है। सामाजिक सम्बन्धों, धार्मिक प्रयोजनों में भी पुत्र को महत्व दिया जाता है। हिन्दू संस्कृति में भी पुत्र को माता-पिता की मृत्यु के बाद भी श्राद्ध कर्म करके मोक्षदायी माना गया है। इस भावना से लड़की-महिलाओं के साथ भेदभाव होता है। लड़कियों की भ्रूण हत्या भी इसका दुष्परिणाम है। भारत में लड़कियों की संख्या लड़कों से कम होने का मूल कारण भी ये सामाजिक भेदभाव ही है। जिनमें लड़कियों के साथ छेड़छाड़, वैश्यावृत्ति, बलात्कार और वस्तुओं की तरह लड़कियों को बेचना आदि प्रतिदिन की घटनाओं के रूप में सामने आती है।

## Sorel George | जॉर्ज सॉरेल ( 1847-1922 )

फ्रांसीसी दार्शनिक जॉर्ज सॉरेल ने अपनी प्रसिद्ध कृति 'रिफ्लेक्शन्स ऑन वॉयलेंस (हिंसा: विचार और विवेचन) (1908) के अन्तर्गत अराजकतावाद का विचार एक नए ढंग से प्रस्तुत किया। उसने न तो मनुष्य की 'उत्तम प्रकृति' को सराहा, न वैयक्तिक स्वतन्त्रता पर बल दिया। उसका मुख्य मुद्दा यह था कि कामगार वर्ग (Working Class) किस तरह पूंजीवादी राज्य को धराशायी कर सकता है? इसके लिए उसमें 'आम हड़ताल' (General Strike) के तरीके को मुख्य अस्त्र के रूप में मान्यता दी। उसने तर्क दिया कि यह सर्वहारा वर्ग (Proletariat) में जागृति लाने का तरीका है, जिससे वे पूंजीवादी व्यवस्था का 'चक्का जाम' कर देंगे। क्रॉपॉटकिन जैसे अराजकतावादियों के विपरीत सॉरेल ने वर्तमान मजदूर संघों (Trade Unions) को क्रांति के वाहन के रूप में स्वीकार किया। सॉरेल के इस दृष्टिकोण को अराजकतावादी श्रमाधिपत्यवाद (Anarcho-Syndicalism) की संज्ञा दी जाती है।

**South Commission | दक्षिण आयोग**

विकासशील देशों के मध्य आपसी सहयोग व निर्भरता में वृद्धि का प्रयास करना तथा विकासशील देशों के मध्य प्रौद्योगिकी, व्यापार, वाणिज्य तथा आधारभूत संरचना के विकास के लिए आपसी सहयोग का मार्ग प्रशस्त करना। इसका मुख्यालय जेनेवा में है।

**South-East Asian Treaty Organization 'Seato' | दक्षिण-पूर्वी एशिया सन्धि संगठन**

दक्षिण-पूर्वी एशिया में साम्यवादी चीन के विस्तार को रोकने के लिए 8 सितम्बर 1954 में ब्रिटेन, फ्रांस, ऑस्ट्रेलिया, अमेरिका, पाकिस्तान, फिलीपीन्स, न्यूजीलैण्ड एवं थाइलैण्ड के प्रतिनिधियों ने फिलीपीन्स के वाग्यो नामक स्थान पर दक्षिण-पूर्वी एशिया की सामूहिक सुरक्षा व आर्थिक साधनों के विकास के उद्देश्य से एक सन्धि पत्र पर हस्ताक्षर किए जिसे दक्षिण-पूर्वी एशिया सन्धि संगठन की संज्ञा दी गई। सन्धि के अनुच्छेद 4 में कहा गया है कि किसी भी सदस्य राष्ट्र के विरुद्ध सशस्त्र साम्यवादी आक्रमण की स्थिति में अथवा शांति भंग होने की आशंका पर भी सभी सदस्य राज्य अपनी वैधानिक प्रक्रियाओं के अनुसार सामूहिक कार्यवाही करेंगे। इसका मुख्यालय बैंकॉक (थाइलैण्ड) में है। इसकी एक परिषद है जिसमें सभी सदस्य राष्ट्रों के प्रतिनिधि भाग लेते हैं। परिषद की बैठक वर्ष में एक बार होती है।

**South-South Cooperation | दक्षिण-दक्षिण सहयोग**

दक्षिण गोलार्ध में स्थित संसार के विकासशील देशों के आपसी सम्बन्धों को सुदृढ़ करने के लिए सहयोग किया जाता है। इस सहयोग के राजनीतिक, आर्थिक और सामाजिक पक्ष हैं।

**Sovereignty | संप्रभुता, प्रभुसत्ता**

इस सिद्धान्त की उत्पत्ति 16वीं सदी में हुई, जब मध्य युगीन मान्यताएं और संस्थाएँ विलुप्त होती जा रही थीं और राष्ट्रीय एवं राजतन्त्रीय राज्य (National and Monarchical State) का उदय हो रहा था। राजतन्त्र की स्थापना के लिए पोप की सत्ता व सामंतों पर नियन्त्रण रखा जाना आवश्यक था। अत: फ्रांस में जीन वोंदा (1530-1596) ने अपनी पुस्तक 'द रिपब्लिक' (राज्य व्यवस्था) (1576) के अन्तर्गत राज्य को "परिवारों और उनकी मिली-जुली सम्पदा का ऐसा संगठन बताया जहाँ एक सर्वोच्च शक्ति और विवेक का शासन चलता है। उसने संप्रभुता की परिभाषा दी "संप्रभुता नागरिकों और प्रजाजनों के ऊपर राज्य की ऐसी शक्ति है जो कानूनों के बन्धनों से परे होती है। अत: उन्होंने आन्तरिक संप्रभुता का प्रतिपादन किया। इसके बाद उन्नीसवी सदी में जान आस्टिन (1790-1859) ने संप्रभुता सिद्धान्त की विस्तृत व्याख्या अपनी पुस्तक 'लेक्चर्स ऑन ज्यूरिस प्रूडेन्स' (न्याय शास्त्र पर व्याख्यान) में कहा "कोई निश्चित उच्च सत्ताधारी मनुष्य जो स्वयं किसी वैसे ही उच्च सत्ताधारी के आदेशों के पालन करने का अभ्यस्त न हो, यदि कोई मनुष्य समाज के बड़े भाग से अपने-अपने आदेशों का पालन स्वभावत: करवाने की स्थिति में हो तो वह उच्च सत्ताधारी मनुष्य उस समाज में सप्रंभु होता है और वह समाज (उच्च सत्ताधारी मनुष्य सहित) राजनीतिक व स्वाधीन होता है। यह सिद्धान्त राज्य के एकल संप्रभुता सिद्धान्त (Monistic Theory) के नाम से जाना जाता है अर्थात संप्रभुता सर्वोच्च निश्चित और असीम होती है। साथ ही अदेय और अविभाज्य भी होती है।

**Soviet Bloc | सोवियत गुट**

यह पद उन पूर्वी यूरोपीयन देशों के लिए प्रयुक्त होता है जो मास्को के नियंत्रण में थे तथा जिन पर साम्यवादी दल शासन करता है। इसमें पूर्वी जर्मनी, हंगरी, पोलैण्ड, चेकोस्लोवाकिया, रूमानिया, बल्गारिया, अलवानिया और यूगोस्लाविया शामिल है अर्थात वारसा की सन्धि वाले देश।

## Space Law | अंतरिक्ष कानून, अंतरिक्ष विधि

सन् 1957 में सोवियत यान स्पूतनिक के अंतरिक्ष में भेजे जाने से मानवीय प्रयास के एक नए क्षेत्र का द्वार खुल गया जिसे बाह्य अंतरिक्ष कहा जाता है। तुरंत ही राज्यों के मध्य इस प्रकार की भावना ने जन्म लिया कि अंतरिक्ष यान के अन्वेषण के लिए सभी राज्यों को समान अधिकार होना चाहिए तथा अंतरिक्ष अधः स्थिति राज्य के प्रादेशिक क्षेत्राधिकार में नहीं होनी चाहिए। इस भावना को मूर्त रूप देने के लिए संयुक्त राष्ट्र की महासभा ने एक प्रस्ताव पारित किया जिसमें अंतरिक्ष को महा समुद्रों के समान सामुदायिक प्रदेश घोषित किया गया और अंतरिक्ष की व्यवस्था सम्बन्धी सिद्धान्तों का भी निरूपण किया गया। 1968 में इन सिद्धान्तों को वैधानिक रूप देने के उद्देश्य से एक संधि हुई जिसे संक्षेप में अंतरिक्ष संधि कहा जाता है। इस संधि से उस नियमावली का प्रारंभ होता है। जिसे "अंतरिक्ष विधि" कहा जाता है।

## Special Economic Zones | विशेष आर्थिक क्षेत्र

ऐसे भौगोलिक क्षेत्र जिनमें विदेशी निवेश को बढ़ावा देने के ध्येय से देश के सामान्य आर्थिक कानूनों को पूर्णतः लागू नहीं करके बड़ी कम्पनियों खासकर बहुराष्ट्रीय कम्पनियों के लिए आर्थिक क्षेत्र स्थापित किए जाते हैं। इस तरह के क्षेत्र 20वीं शताब्दी के अन्त तक चीन, जार्डन, पोलेंड कजाकिस्तान, फिलीपीन्स और रूस में स्थापित किए जा चुके थे। भारत में भी भूमंडलीकरण के नीति के तहत इसे बढ़ावा दिया जा रहा है। कृषि योग्य भूमि पर भी 'सेज' बनाये गए। कई राज्यों में खासकर आदिवासी क्षेत्र उड़ीसा, झारखंड और छत्तीसगढ़ में जंगल, जमीन, खनिज और जल की सुरक्षा के लिए विरोध जारी है। नक्सलवादी इसी कारण से हिंसक बने हुए हैं।

## Specialized Agencies of the U.N. | संयुक्त राष्ट्र संघ के विशिष्ट अभिकरण

संयुक्त राष्ट्र संघ के विशिष्ट अभिकरण पृथक और स्वायत्तशासी अभिकरण हैं जो संयुक्त राष्ट्र संघ की आर्थिक एवं सामाजिक परिषद के माध्यम से कार्य करते हैं। संयुक्त राष्ट्र संघ के प्रमुख अभिकरण निम्न हैं।

1. *अन्तर्राष्ट्रीय परमाणु ऊर्जा अभिकरण (Integration Atomic Energy Agency):* 29 जुलाई 1957 को स्थापना, इसका लक्ष्य शांति, स्वास्थ्य और समृद्धि के कार्यों में परमाणु शक्ति का प्रयोग करना। यह विकासशील एवं विकसित देशों के मध्य प्राविधिक (Technological) सूचना के आदान-प्रदान को प्रोत्साहन देती है। इसका कार्यालय ऑस्ट्रिया की राजधानी वियना में हैं।
2. *अन्तर्राष्ट्रीय श्रम संगठन (International Labour Organization):* यह यू.एन.ओ. की सबसे पुरानी विशिष्ट संस्थाओं में से एक है। यह सरकार, श्रमिकों और प्रबन्धकों के सहयोग से अन्तर्राष्ट्रीय अभिसमय करती है और उनके माध्यम से मजदूरों की दशा में सुधार करने का, उनकी उत्पादन शीलता बढ़ाने का और आर्थिक तथा सामाजिक स्थिरता प्राप्त करने का प्रयत्न करती है। आई.एल.ओ. का मुख्यालय जिनेवा में है।
3. *खाद्य तथा कृषि संगठन (Food and Agriculture Organization):* यह संगठन विभिन्न राष्ट्रों के कृषि-क्षेत्रों, वनों तथा मत्स्य क्षेत्रों के सुधार तथा उनके पोषण-स्तर को बढ़ाने का प्रयास करता है। 1960 में इसने भूख की समस्या पर संसार का ध्यान केन्द्रित करने के लिए भूख से मुक्ति अभियान (Freedom From Hunger Campaign) आरम्भ किया। इसका मुख्यालय रोम (इटली) में है।

## Speculative Method | चिन्तनमूलक पद्धति

ज्ञान प्राप्त करने का वह तरीका जिसमें प्रस्तुत विषय से जुड़े हुए सब तत्वों का निरीक्षण (Observation) तो नहीं किया जा सकता, परन्तु तर्क-प्रक्रिया (Reasoning) की सहायता से उसके सारे

संभावित पक्षों, उनके परस्पर सम्बन्ध, प्रभावों और परिणामों पर भिन्न-भिन्न विचारक एक ही विषय पर भिन्न-भिन्न मान्यताएं प्रस्तुत कर सकते हैं।

## Speed Money | घूस

किसी कार्य निष्पादन के लिए आवश्यक विलम्ब, लालफीताशाही, प्रक्रिया से बचाने के लिए घूस देकर काम करवाना। इसका उपयोग आन्तरिक कार्यालयों, विशेषकर विदेशी सौदे, रक्षा सौदे और बड़े ठेकों में कर्मचारी, अधिकारी और राजनेताओं को लुभावने एवं गलत कार्य करवाने के लिए होता है। इससे देश की अर्थव्यवस्था को घाटा, गलत खरीददारी, घटिया निर्माण और काला धन की बढ़ोत्तरी के रूप में होता है।

## Spencer Herbert (1820–1903) | स्पेन्सर हरबर्ट

उन्नीसवीं शताब्दी के सामाजिक चिन्तकों में हरबर्ट स्पेन्सर का स्थान अत्यन्त महत्वपूर्ण है। स्पेन्सर का जन्म 27 अप्रैल 1820 को इंग्लैण्ड में हुआ था। उन्होंने सामाजिक प्रक्रिया को स्पष्ट करने के लिए सामाजिक उद्विकास की अवधारणा को अपनाया। उनका मत था कि उद्विकास की अवधारणा की आधार व्याख्या उद्विकासकीय दृष्टि से की जा सकती है। उनका मत था कि यदि उद्विकास की अवधारणा को एक केन्द्रीय अवधारणा के रूप में मान लिया जाए, तो समस्त विज्ञानों में एकता स्थापित हो सकती है। स्पेन्सर के अनुसार व्यक्ति एक सामाजिक इकाई है। समाज में अपने अस्तित्व के लिए व्यक्तियों में संघर्ष होता रहता है। जो व्यक्ति स्वयं को सामाजिक परिस्थितियों के पूर्णतया अनुकूल बना लेते हैं, वे जीवित रहते हैं। मानव समाज में व्यक्तियों के बीच जो संघर्ष होता है, वह प्रकृति में जीवधारियों के बीच होने वाले शाश्वत संघर्ष का ही विस्तृत रूप है। अस्तित्व के इस संघर्ष में योग्यतम ही जीवित रहते हैं। योग्यतम वे व्यक्ति होते हैं, जो अपने आपको सफलतापूर्वक अपने वातावरण के अनुकूल ढाल लेते हैं। (स्पेन्सर के मतानुसार समाज व्यक्तियों का समूह है। व्यक्तियों के संकलन के बिना समाज का कोई अस्तित्व नहीं होता। समाज का एक स्वतंत्र और एकाकी वस्तु के रूप में कोई अस्तित्व नहीं होता। व्यक्ति ही समाज का निर्माण करते हैं।) अपनी कृति 'प्रिंसिपल्स ऑफ सोशियोलॉजी' में उन्होंने समाज के आंगिक सिद्धान्त का प्रतिपादन किया है। मैक्सी के शब्दों में, "एक राज. चिंतक के रूप में स्पेन्सर की महत्ता केवल इसलिए नहीं है कि वह विकासवाद तथा व्यक्तिवाद का महान प्रणेता था बल्कि वह एक निगमनात्मक तथा संश्लेषणात्मक चिंतक था"। संत अम्ब्रोज के महान शिष्य सन्त आगस्टाइन का जन्म 354 ई. में अफ्रीका के एक छोटे से नगर टेगस्टे में हुआ था। जिस समय ईसाई जगत में आगस्टाइन का उदय हुआ, उसी समय ईसाई जगत संत अम्ब्रोज के मार्गदर्शन में आगे बढ़ रहा था, रोमन साम्राज्य का ईसाई धर्म स्वीकार करते ही पतन हो गया था। धर्म विरोधियों ने इस पतन के लिए ईसाई धर्म को उत्तरदायी ठहराया। इस तर्क का खण्डन करने के लिए आगस्टाइन ने "The City of God" की रचना की। इसमें इन्होंने सिद्ध किया कि रोमन साम्राज्य के पतन के लिए ईसाई धर्म नहीं बल्कि उनका स्वयं का धर्म जिम्मेदार है।

## Spheres of Influence | प्रभाव क्षेत्र

प्रभाव-क्षेत्र प्राय: उस भौगोलिक प्रदेश को कहा जाता था, जिस पर उन्नीसवीं शताब्दी में कोई बड़ा राष्ट्र इस आधार पर अपना विशेष अधिकार अथवा दावा प्रकट करता था कि वह उसके निवासियों को पिछड़ेपन की स्थिति से हटाकर सभ्यता की दिशा में ले जाएगा।

नई दुनिया (उत्तर अमेरिका और दक्षिण अमेरिका) की खोज के बाद स्पेन तथा पुर्तगाल के बीच इस बात पर विवाद छिड़ गया था कि संसार के कौन से भाग स्पेन के प्रभाव क्षेत्र में रहेंगे और

कौन से पुर्तगाल और अमेरिका के। मुनरो सिद्धान्त (1823) के फलस्वरूप दक्षिण अमेरिका संयुक्त राज्य अमेरिका का प्रभाव क्षेत्र माना जाने लगा। यूरोपीय शक्तियों ने चीन के विभिन्न भागों को अपना प्रभाव क्षेत्र बना लिया था। उन्नीसवीं शताब्दी के अन्त में ब्रिटेन, फ्रांस, जर्मनी, इटली और बेल्जियम आदि देशों ने अफ्रीका के विभिन्न क्षेत्रों पर मनमाने ढंग से अपना अधिकार स्थापित कर लिया था। प्रभाव-क्षेत्रों की स्थापना के फलस्वरूप प्रभावित क्षेत्रों में आधिपत्यकारी राष्ट्रों के विरुद्ध घोर प्रतिक्रिया उत्पन्न हुई और इससे राष्ट्रीय आन्दोलनों को बल मिला।

## Spirit of Cam David | कैम्प डेविड भावना

15-28 सितम्बर, 1959 तक सोवियत प्रधानमंत्री ख़ुश्चेव ने अमेरिका की यात्रा की। इस यात्रा से सोवियत संघ और अमेरिका के मध्य बड़े सौहार्द्र और प्रेम का वातावरण बना। ख़ुश्चेव एवं राष्ट्रपति आइजन हॉवर ने विश्व समस्याओं पर विचार किया तथा ख़ुश्चेव ने आइजन हॉवर को सोवियत संघ आने का निमन्त्रण दिया। इस सौहार्द को कैम्प डेविड भावना का नाम दिया गया और कहा गया कि इस भावना से प्रेरित होकर दोनों देश अन्तर्राष्ट्रीय तनाव को दूर करने का सम्मिलित प्रयास करेंगे जिससे शीतयुद्ध की बर्फ पिघलेगी और विश्व शान्ति की नींव दृढ़ होगी।

## Spoil System | पद-पुरस्कार व्यवस्था

किसी देश के उच्च सरकारी पदों पर योग्यता के आधार पर भर्ती न करके मुख्य कार्यपालक द्वारा उन्हें अपने व्यक्तिगत अथवा राजनीतिक समर्थकों एवं रिश्तेदारों और सगे संबंधियों में मनमाने ढंग से बाँट देना मानो ये पद कोई लूट का माल हो। यह प्रथा प्रतियोगी परीक्षाओं के लागू किए जाने से पूर्व सरकारी भर्तियों के लिए संयुक्त राष्ट्र अमेरिका में सामान्य रूप से प्रचलित थी। इस प्रथा के अनुसार संयुक्त राज्य अमेरिका में अनेक प्रशासनिक पदों को विजय में प्राप्त लूटमार का माल समझा जाता था जब कभी भी नए दल का राष्ट्रपति सत्तारूढ़ होता था, अनेक पुराने कर्मचारियों को अपना पद रिक्त करना पड़ता था और उनके स्थान पर नया राष्ट्रपति अपना रुचि के उम्मीदवारों को नियुक्त कर लेता था। भारत में भी महत्वपूर्ण उच्च पदों पर नियुक्ति जो सेवा आयोग के जगह उच्च स्तरीय सर्च कमेटी के द्वारा की जाती है जैसे कुलपतियों, महत्वपूर्ण आयोग के अध्यक्ष, सदस्य,व राजदूत आदि में पद-पुरस्कार स्वरूप दिए जाते हैं। इसे खत्म करने की आवाज कांग्रेस पार्टी के नवनियुक्त उपाध्यक्ष राहुल गांधी ने जयपुर के कांग्रेस चिन्तन शिविर में जनवरी 2013 को उठायी है।

## St. Augustine (354–430) | सेंट आगस्टीन

यह पहला व्यक्ति था जिसने राज्य तथा ईसाई धर्म के मध्य क्या उचित सम्बन्ध होना चाहिए, इस प्रश्न पर विचार किया। उसकी राजनीतिक विचारधारा पर प्लेटो व सिसरो की विचारधारा का स्पष्ट प्रभाव परिलक्षित होता है। वह भी उन्हीं की तरह सभ्य समाज की स्वाभाविकता पर बल देता है। उसके विचार में सभ्य समाज समान उद्देश्यों, हितों व समान न्याय भावना वाले लोगों का एक समूह होता है। न्याय के लिए उसकी मान्यता थी: एक ऐसी समाज व्यवस्था जिसमें मनुष्य अपने-अपने उचित स्थानों पर अवस्थित हों तथा अपने पारस्परिक सम्बन्धों को नियमित करते हों, पर वह इस प्रकार के आदर्श समाज को अस्तित्व में लाने में मुख्य बाधा मनुष्य की जन्मजात दुष्टता है। वह नैतिक आचरण को लागू करने में राज्य की भूमिका को अहम् मानता था। राजनीति को वह आवश्यक पर नकारात्मक शक्ति के रूप में मानता था। उसके विचार से राज्य पर दबाव नैतिक आचरण वाले व्यक्ति उत्पन्न नहीं कर सकते हैं। यह सिर्फ उनके बाह्य व्यवहार को निर्देशित कर सकता है।

## Stages of Nationalism | राष्ट्रवाद की अवस्थाएँ

राष्ट्र कुछ ऐसे व्यक्तियों का समूह है जो अन्य प्रतिद्वन्द्वी समूहों की अपेक्षा अपने समूह को ही महत्व देते हैं। राष्ट्रवाद इस भावना को मजबूत करने और बनाये रखने को कहते हैं। किसी राज्य में अपने समान इतिहास, भाषा और संस्कृति के प्रति लगाव के कारण मध्ययुग में सामंती व्यवस्था के उपरोक्त यूरोप में राष्ट्रवाद का विकास हुआ और एशिया एवं अफ्रीका में फैला। यूरोप में राष्ट्र राज्यों की स्थापना से पूर्व राष्ट्र राज्य थे। भारत सहित एशिया और अफ्रीका में राज्य पहले बने और राष्ट्रवाद का विकास बाद में हुआ। पहले स्वतंत्र राज्य की स्थापना और बाद में यानी दूसरी अवस्था में नागरिकों में एकता स्थापित करने के लिए राष्ट्रवाद की भावना विकसित हुई जो संकट के दौरान बलवती होती गयी।

## Stalinism | रूसी अधिनायक स्टालिन की नीति और कार्यक्रम

रूसी क्रान्ति के जनक लेनिन का ध्येय रूस में श्रमिक क्रान्ति को सफल करना था। उसके उत्तराधिकारी स्टालिन ने केन्द्रीकरण की प्रवृत्ति को अपनाते हुए 'एक देश में समाजवाद का सिद्धान्त' दिया। इसका अभिप्राय है कि चाहे संसार के अन्य देशों में श्रमिक क्रान्तियाँ हों या न हों यदि अकेले रूस देश में श्रमिक क्रान्ति हो गई तो संसार के अन्य देशों की क्रान्तियों की अपेक्षा किए बिना भी रूस की क्रान्ति को सुरक्षित रखा जा सकता है और समाजवाद की स्थापना की जा सकती है। उसने विश्वक्रान्ति के विचार को भी नहीं त्यागा था लेकिन उसका प्रथम लक्ष्य रूस में समाजवाद को दृढ़ आधार पर स्थापित करना था। अन्य देशों की श्रमिक क्रान्तियों में हाथ बँटाने का कार्य तो बाद में किया जाता। इस सिद्धान्त ने सोवियत रूस की राष्ट्रीय और अन्तर्राष्ट्रीय नीतियों पर प्रमुख प्रभाव डाला।

## Star Wars | सितारा युद्ध, अन्तरिक्ष युद्ध परियोजना

23 मार्च 1983 को अमेरिकी राष्ट्रपति रीगन ने राष्ट्र को सम्बोधित करते हुए यह घोषणा की 'स्टार वार्स' यानी हजारों डालरों से निर्मित हो रही अमेरिका की नई प्रतिरक्षा योजना। इसका उद्देश्य हमला रोकने के लिए बैलिस्टिक प्रक्षेपास्त्रों से सुरक्षा की हाल में विकसित नई तकनीक। स्टार वार्स अभियान के तहत लगभग दो हजार युद्धयान अन्तरिक्ष में तैरेंगे और आधुनिक आयुधों से घुसपैठिया प्रेक्षपास्त्रों को नष्ट करेंगे। नये अस्त्रों की खोज जारी थी: एक तरीका था न्यूक्लियर और इलेक्ट्रॉन कणों से युक्त सशक्त प्लाज्मा किरणों का प्रयोग किया जाना।

## Starred Question | तारांकित प्रश्न

संसद या विधानमंडल में तारांक लगे प्रश्न जिसका उत्तर सदन में मंत्रियों को मौखिक रूप से देना होता है। चूँकि प्रश्नों में तारा का निशान बना होता है अतः इसे तारांकित प्रश्न कहा जाता है। इसमें मंत्रियों से पूरक एवं अनुपूरक प्रश्न भी पूछे जाते हैं। संसदीय लोक कार्य संचालन नियम 36 में इसका उल्लेख है।

## Start-I | स्टार्ट-I

31 जुलाई, 1991 को मास्को में अमेरिकी राष्ट्रपति जॉर्ज बुश एवं सोवियत राष्ट्रपति मिखाइल गोर्बाच्योव के मध्य "सामरिक हथियारों में कटौती" की ऐतिहासिक स्टार्ट-I सन्धि पर हस्ताक्षर हुए। सन्धि की शर्तों के अनुसार दोनों महाशक्तियाँ अपने परमाणु हथियारों की स्वेच्छा से 30 प्रतिशत कटौती करने पर सहमत हो गयीं।

## Start-II | स्टार्ट-II

3 जनवरी, 1993 को अमेरिकी राष्ट्रपति जार्ज बुश एवं रूसी राष्ट्रपति बोरिस येल्तसिन ने भव्य क्रेमलिन पैलेस (मास्को) में ऐतिहासिक स्टार्ट-II सन्धि पर हस्ताक्षर किए। इसे राष्ट्रपति येल्तसिन ने शताब्दी की सन्धि कहा है। इसका उद्देश्य दोनों देशों के परमाणु हथियारों में दो-तिहाई कटौती करना हैं। यानी वर्तमान में लगभग 20 हजार को कम करके 6,500 रखना है (इसमें अमेरिका के 35,00 एवं रूस के 3,000)।

## State | राज्य

राज्य एक ऐसा संगठन है जो राजनीतिक दृष्टि से संगठित राजनीतिक-वैधिक संस्थाओं का समूह है। यह वैध हिंसा के प्रयोग पर अपना एकाधिकार संसद, न्यायपालिका, कार्यपालिका और सेना के द्वारा रखती है। दूसरे शब्दों में एक निश्चित भू-भाग में बसे मानव समाज का संगठित रूप जिसने सार्वजनिक मामलों के प्रबंध और नियंत्रण के लिए निश्चित संस्थाएँ बना ली हों, उस क्षेत्र में सम्पूर्ण वैध शक्ति पर उन्हीं संस्थाओं का अधिकार और नियंत्रण हो और वे संस्थाएँ अपने क्षेत्र में बनाए हुए कानून और आदेशों का पालन करवाने में समर्थ हों। राज्य के चार आवश्यक तत्व हैं (1) जनसंख्या (2) भू-भाग, (3) सरकार (4) प्रभुसत्ता। संघीय व्यवस्था में क्षेत्रीय सरकार को भी राज्य कहा जाता है। जैसे राजस्थान, बिहार, तमिलनाडु आदि राज्य सरकार।

## State Capitalism | राज्य पूंजीवाद

ऐसी आर्थिक प्रणाली जिसके अन्तर्गत राज्य के संरक्षण में बड़े-बड़े उद्योग बड़े पैमाने पर उत्पादन करते हैं। इस शब्द को लेनिन ने गढ़ा था और उसने इसका प्रयोग बोल्शेविक आर्थिक नीति का वर्णन करने के लिए किया था।

## State of Emergency | आपातकालीन स्थिति

किसी राष्ट्र की इस प्रकार की परिस्थिति जो प्रमुख विपत्तियों जैसे, बाह्य आक्रमण, आंतरिक विद्रोह, सांविधानिक तंत्र की विफलता अथवा वित्तीय संकट के कारण उत्पन्न हो सकती है तथा जिसका सामना करने के लिए असाधारण उपाय अपनाना आवश्यक हो जाता है। इन उपायों में सांविधानिक उपबंधों का कुछ निलंबन या निरस्त किया जाना भी शामिल है, यहाँ तक कि नागरिकों के मूल अधिकारों अथवा मूल अधिकारों के न्यायालय द्वारा लागू करवाने के अधिकार को भी निरस्त किया जा सकता है। भारत के संविधान के अनुसार आपातस्थिति सम्बन्धी प्रावधान भाग 18 में अनुच्छेद 352-360 तक तीन प्रकार के प्रावधान पाए जाते हैं। (i) बाह्य आक्रमण अथवा आंतरिक विद्रोह (अनुच्छेद 352) की स्थिति उत्पन्न होने पर अथवा उसकी संभावना होने पर, इस स्थिति में संसद राज्यसूची के विषयों पर कानून बना सकती है। संघ की कार्यपालिका राज्यों को निर्देश दे सकती है। संघ तथा राज्यों के बीच आय के वितरण में संशोधन किया जा सकता है तथा स्वतंत्रता का प्राधिकार रद्द हो सकता है। (ii) राज्य का सांविधानिक तंत्र विफल होने पर (अनुच्छेद 356) इस स्थिति में राज्य में मंत्रिमण्डल भंग कर दिया जाता है और विधानमंडल रद्द या समाप्त कर दिया जाता है तथा राज्य में राष्ट्रपति शासन लागू कर दिया जाता है। (iii) वित्तीय संकट होने पर (अनुच्छेद 360) इस अवस्था में केन्द्रीय सरकार वित्त सम्बन्धी अनेक प्रकार के आदेश-निर्देश राज्यों को जारी कर सकती है तथा उच्चाधिकारियों एवं कर्मचारियों के वेतनभत्तों में भी कटौती कर सकती है। अब तक भारत में एक बार भी वित्तीय आपातकाल लागू नहीं हुआ है।

**State of Nature | प्राकृतिक स्थिति**

संगठित राजनीतिक समाज के निर्माण के पूर्व की काल्पनिक स्थिति। यह वह स्थिति है जब मनुष्यों पर कानून और राज्य का कोई नियंत्रण नहीं था। इस संकल्पना का सम्बन्ध "सामाजिक समझौता" सिद्धान्त के साथ है।

**State of War | युद्ध-स्थिति, युद्ध-अवस्था**

विश्व के एक राष्ट्र द्वारा दूसरे के विरुद्ध सशस्त्र सैनिक बल-प्रयोग की स्थिति। यह आवश्यक नहीं है कि युद्धरत राष्ट्र वास्तव में एक-दूसरे के विरुद्ध सशस्त्र कार्यवाही में भाग ले। युद्धावस्था का यह अनिवार्य तत्व है कि संबंधित राज्यों के आपसी सम्बन्धों में शांतिकालीन अन्तर्राष्ट्रीय कानून के नियम रद्द हो जाते हैं तथा उनका स्थान युद्ध विधि के नियम ले लेते हैं। इसके अतिरिक्त युद्धरत राज्यों और अन्य राज्यों के आपसी सम्बन्धों में तटस्थता के नियम लागू होने लगते हैं। संक्षेप में कहा जा सकता है कि युद्धावस्था वह स्थिति है जिसमें युद्धकारियों के परस्पर सम्बन्धों में युद्धविधि के नियम और युद्धकारियों तथा गैरयुद्धकारियों के परस्पर सम्बन्धों में तटस्थता के नियम लागू होने लगते हैं।

**State Terrorism | राज्य आतंकवाद**

वह स्थिति जिसमें राज्य के उच्चाधिकारी विशेषतः पुलिस अधिकारी निर्दोष लोगों को डरा धमकाकर और उन पर उल्टे-सीधे आरोप लगाकर उन्हें यन्त्रणा देते हैं, या फर्जी मुठभेड़ (False Encounter) में उनकी हत्या करवा देते हैं।

**Stateless and Classless Society | राज्यहीन और वर्गहीन समाज**

मार्क्सवाद के अनुसार, राज्य की उत्पत्ति समाज के वर्ग विभाजन का परिणाम है, अर्थात जब एक वर्ग उत्पादन के प्रमुख साधनों (Major Means of Production) पर अपना स्वामित्व स्थापित करके प्रभुत्वशील वर्ग (Dominant Class) की भूमिका संभाल लेता है और दूसरे वर्ग को पराधीन वर्ग (Dependent Class) की स्थिति में धकेल देता है तब राज्य का निर्माण होता है। समाजवादी क्रांति के बाद जब सारे नागरिक कामगार वर्ग होंगे और प्रौद्योगिकी (Technology) को पर्याप्त उन्नत करके अभाव (Scarcity) की स्थिति समाप्त कर दी जाएगी, तब राज्य की कोई आवश्यकता नहीं रहेगी। ऐसी हालत में मानव समाज वर्गहीन और राज्यहीन समाज का रूप धारण कर लेगा।

**Statelessness | राज्यविहीनता, राष्ट्रहीनता**

कोई देश जिसमें किसी व्यक्ति ने किसी भी राज्य की नागरिकता प्राप्त न की हो। ऐसा कई कारणों से हो सकता है। दक्षिण अफ्रीका और श्रीलंका में भारतीय मूल के लोगों की यही स्थिति है। यद्यपि समय-समय पर इन देशों में इन्हीं लोगों के स्थानीय (Local) नागरिकता देने के उपाय किए गए हैं। परन्तु समस्या का पूर्ण रूप से समाधान नहीं हो पाया है।

**Statics | सांख्यिकी**

अर्थपूर्ण निष्कर्ष निकालने के लिए आँकड़ों के संग्रह, प्रस्तुतिकरण तथा विश्लेषण करने की विधि। इसका अभिप्राय आँकड़ों से भी होता है।

**Status Group | हैसियत समूह**

सामाजिक प्रणाली (Social System) के भीतर, उन लोगों का समूह जो प्रजाति (Race), पूर्वज परम्परा (Ancestry), उपभोग-प्रतिमानों (Consumption Patterns) इत्यादि के आधार पर एक जैसी हैसियत वाले लोग समझे जाते हैं, और इसलिए उनकी जीवन शैली (Life Style) में पर्याप्त समानता पाई जाती है।

**Stereotype | रूढ़िबद्ध धारणा**

एक समूह के लोगों का निश्चित और अनम्य या अपरिवर्तनीय स्वरूप या विचार। धार्मिक विचार रूढ़िबद्ध विचार माने जाते हैं क्योंकि इसमें परिवर्तन नहीं किया जाता है।

**Sterling Area | स्टर्लिंग क्षेत्र, पौंड पावना क्षेत्र**

ग्रेट ब्रिटेन तथा विशेषकर राष्ट्रमण्डल के अन्य देशों जिनकी मुद्रा ब्रिटिश पौंड पर आधारित है।

**Stimulus | उद्दीपक**

ऐसी घटना या कारक जो एक सावयव में प्रतिक्रिया उत्पन्न करती है, उसे उद्दीपक कहते हैं। एक उद्दीपक का जन्म बाह्य अथवा आन्तरिक किसी भी परिवेश में हो सकता है। उद्दीपक व्यक्ति के व्यवहार का एक ऐसा तत्व होता है जो दूसरे व्यक्ति अथवा समूह के व्यवहार को प्रभावित करता है। जनप्रवादों, खबरों, विपत्तियों आदि के रूप में उद्दीपक जनमत तथा समूहों का निर्माण कर सामाजिक प्रतिक्रिया पैदा करते हैं।

**Stock Exchange | स्टॉक एक्सचेंज**

ऐसा शेयर बाजार जहाँ सरकारों और सार्वजनिक कंपनियों की प्रतिभूतियों का क्रय विक्रय होता है। यहाँ दलालों को कंपनियों के अंशपत्रों तथा अन्य प्रतिभूतियों के व्यापार की सुविधाएँ उपलब्ध होती है।

**Stoicism | स्टोइकवाद**

प्राचीन यूनान की एक दार्शनिक विचार प्रणाली। इसने यह शिक्षा दी कि मनुष्य को प्रकृति के साथ मिल-जुलकर रहना चाहिए, जीवन के उतार-चढ़ाव या दुःख-सुख से विचलित नहीं होना चाहिए। कालांतर में इसने मानव मात्र के बन्धुत्व के विचार को बढ़ावा दिया, और सम्राट की अदम्य शक्ति को चुनौती भी दी।

**Stratification | स्तरीकरण**

स्तरीकरण वह तरीका है जिसके द्वारा समाज को ऊपर से नीचे की श्रेणियों में विभाजित किया जाता है। वर्ग और जाति समाज के श्रेणीकरण के दो प्रमुख तरीके हैं। कभी-कभी प्रजाति, भाषा आदि भी स्तरीकरण का आधार बन जाती हैं।

**Stratified Randum Sampling | यादृच्छिक प्रतिचयन**

यह प्रतिचयन की ऐसी विधि है जिसमें सूचकों के प्रतिनिधि समुच्चय का चयन इस प्रकार किया जाता है कि प्रत्येक व्यक्ति को सूचक के रूप में चुने जाने का समान अवसर दिया जाए।

## Structural Adjustment | संरचनात्मक समायोजन

निम्न आय वर्ग के जिन देशों को लगातार भुगतान संतुलन (Balance of Payments: BOP) की समस्याओं का सामना करना पड़ता है, उन्हें अपनी अर्थव्यवस्थाओं में उपयुक्त सुधार के लिए अन्तर्राष्ट्रीय मुद्राकोष (International Monetary Fund: IMF) रियायती शर्तों पर श्रम देता है। इन सुधारों को संरचनात्मक समायोजन की संज्ञा दी जाती है। ये सुधार अन्तर्राष्ट्रीय मुद्राकोष के निर्देशों को व्यक्त करते हैं जिनका ध्येय भूमंडलीकरण की प्रक्रिया को तेज करना है। इन निर्देशों के अन्तर्गत मोटे तौर पर संरचनात्मक समायोजन की दो श्रेणियों की पहचान की गई है।

(क) पहली श्रेणी में ऐसे उपाय आते हैं जो संसाधनों के उपयोग की अकुशलता (Inefficiency) को दूर करते है, नई प्रौद्योगिकी के प्रयोग को बढ़ावा देते हैं, वस्तुओं और सेवाओं की सापेक्ष कीमतों (Relative Prices) में परिवर्तन से संकोच नहीं करते। ये उपाय श्रम और पूंजी को गतिशील बनाने में सहायता देते हैं, इसके रास्ते की कानूनी अड़चनों को हटाते हैं और ऐसे करों को समाप्त करते हैं जो निजी बचत और निवेश सम्बन्धी निर्णयों को विकृत कर देते हैं।

(ख) दूसरी श्रेणी में ऐसे उपाय आते हैं जिनके अन्तर्गत उत्पादक संसाधनों (Productive Resources) जैसे कि पूंजी और श्रम में वृद्धि करके या अन्य तरीकों से कुछ उत्पादन की क्षमता बढ़ाई जाती है।

संक्षेप में संरचनात्मक समायोजन के अन्तर्गत अर्थव्यवस्था का नियन्त्रण बाजार शक्तियों (Market Forces) के सहारे छोड़ दिया जाता है, और इसमें सार्वजनिक क्षेत्र की भूमिका बहुत कम कर दी जाती है। राज्य का काम केवल यह रह जाता है कि वह उत्पादन की कार्य कुशलता को बढ़ाने और बाजार प्रणाली को सुचारू रूप से चलाने में यथेष्ट सहायता प्रदान करे।

## Structural Functional Approach | संरचनात्मक कार्यात्मक उपागम

तुलनात्मक राजनीति में इस उपागम का प्रतिपादन आमण्ड एवं पावेल ने कम्पेरेटिव पॉलिटिक्स डवलपमेन्टल एप्रोच (तुलनात्मक राजनीतिः एक विकासात्मक उपागम) (1966) में डेविड ईस्टन के व्यवस्था सिद्धान्त को अधूरा मानते हुए संरचना और उसके कार्यों के अनुसार आगत एवं निर्गत कार्यों के माध्यम से ही यह सिद्धान्त समझाया है। इन्होंने आगत कार्य (Input) चार माने हैं।

1. *राजनीतिक समाजीकरण एवं भर्ती* – इसमें पहले-पहल व्यक्ति समाज में आता है। समाज उसे समाजीकरण सिखाता है। समाजीकरण की संस्थाए हैं। परिवार, चर्च, ट्रेड यूनियन, मित्र मण्डली (Peer Group)। भर्ती का कार्य दल करते हैं। ये संगठन में नये सदस्यों को लेते हैं तथा पुराने सदस्यों को सेवानिवृत्ति के माध्यम से संगठन से दूर किया जाता है।
2. *हित स्पष्टीकरण* – समाजीकरण की अवस्था में व्यक्ति के हितों का पता चल जाता है। उसके कौन से हित हैं तथा ये हित कैसे साधे जा सकते हैं हित स्पष्टीकरण का कार्य हित समूह (Interest Group) करते हैं।
3. *हित समूहीकरण* – हित निश्चित होने पर विभिन्न हितों का समूहीकरण होने लगता है अलग-अलग हितों के लिए अलग-अलग समूह निर्धारित होते हैं। हित समूहीकरण का कार्य राजनीतिक दल (Political Parties) करते हैं।
4. *राजनीतिक संचार* – चौथा आगत कार्य है। इसमें सामाजिक पर्यावरण से मांगें राजनीतिक दलों के द्वारा राजनीतिक व्यवस्था में पहुँचाई जाती हैं। राजनीतिक व्यवस्था भी लोगों को समय-समय पर जानकारी प्रदान करती है राजनीतिक संचरण (Political Communication) का कार्य प्रचार साधन (Mass Media) के द्वारा किया जाता है। ये साधन हैं रेडियो टेलीविजन, पत्र-पत्रिकाएं राजनीतिक संचार व्यवस्था के आगत एवं निर्गत (Outputs) में सम्पर्क कड़ी (Link Chain) का कार्य करता है।

निर्गत कार्य Outputs जब मांगें व्यवस्था में पहुँच जाती है उन पर विचार विमर्श होता है इसके बाद उन पर कार्यवाही होती है। राजनीतिक व्यवस्था के तीन निर्गत कृत्य हैं जो सरकारी उपप्रणाली करती है।

(i) *नियम निर्माण (Rulemaking):* व्यवस्थापिका Legislation करती हैं।

(ii) *नियम क्रियान्वयन (Rule Application):* कार्यपालिका Exclusive नियमों को लागू करती है।

(iii) *नियम अनिर्णियन (Rule Adjudication):* न्याय पालिका Judiciary करती है।

इस प्रकार आमण्ड के अनुसार आगत कार्य तो गैर सरकारी संस्थाओं के द्वारा किए जाते हैं जबकि निगतकृत्य राजनीतिक प्रणाली की सरकारी उपप्रणालियों के द्वारा सम्पन्न किए जाते है। आमण्ड की दिलचस्पी गैर सरकारी संस्थाओं के द्वारा सम्पादित होने वाले आगत कार्यों के अध्ययन में थी जिस पर अभी तक किसी विचारक का ध्यान ही नहीं गया था।

## Structuralism | संरचनावाद

एक दार्शनिक दृष्टिकोण जो भाषा विज्ञान (Linguistics) में भी मान्य है, और सामाजिक विज्ञानों में भी प्रयुक्त होता है। भाषा विज्ञान के अन्तर्गत इसका यह अर्थ है कि भाषा की प्रकृति को समझने के लिए उसकी ऐसी संरचनात्मक इकाईयों (Structural Units) की पहचान जरूरी है जिनके टुकड़े न किए जा सकते हों। सामाजिक विज्ञानों के अन्तर्गत संरचनावाद यह मानता है कि किसी घटना को समझने के लिए उससे जुड़ी संरचनाओं या सामाजिक संगठन की प्रणालियों का विश्लेषण जरूरी है।

नवमार्क्सवाद के अन्तर्गत फ्रांसीसी दार्शनिक लुई आल्थूजर (11918-90) को संरचनावाद का मुख्य प्रतिनिधि माना जाता है। परम्परागत मार्क्सवाद के अन्तर्गत आधार (Base) और अधिरचना (Superstructure) में अन्तर करते हुए आधार (अर्थात उत्पादन प्रणाली) को पराश्रित तत्व कहा जाता है। आल्थ्यूजर ने इस सैद्धान्तिक ढाँचे में संशोधन करते हुए यह तर्क दिया कि आधार और अधिरचना परस्पर आश्रित (Inter Dependent) तत्व हैं। अतः सामाजिक परिवर्तन की शुरुआत इन सब तत्वों में से कहीं से भी हो सकती है। कालान्तर में वह अन्य तत्वों को प्रभावित करने लगेगा।

## Structured Questionnaire | संरचित प्रश्नावली

संरचित प्रश्नावली में परिमितोत्तर प्रश्न होते हैं, जिनके चुनने के लिए वैकल्पिक संभव उत्तर दिए होते हैं।

## Subaltern Groups | उपाश्रित वर्ग

उन लोगों के समूह जो जाति (Caste), वर्ग (Class), शारीरिक क्षमता (Physical Fitness), आयु (Age), लिंग (Gender), पद (Office) या अन्य किसी आधार पर दूसरों से हीन (Inferior) माने जाते हो। अतः निम्न जातियों और निर्धन वर्ग के लोगों, विकलांगों, अनाथ या असहाय बच्चों, स्त्रियों और निम्न श्रेणियों के कामगारों इत्यादि को साधारणतः उपाश्रित वर्गों की कोटि में रखा जाता है। ये लोग सामाजिक भेदभाव (Social Discrimination), उपेक्षा (Neglect) और शोषण (Exploitation) के शिकार होते हैं।

## Subhash Chandra Bose | सुभाष चन्द्र बोस (1897-1945)

नेताजी के नाम से प्रसिद्ध स्वतंत्रता सेनानी। 1938 में कांग्रेस के अध्यक्ष बने किन्तु 1939 में फॉरवर्ड ब्लॉक बनाया। गांधी जी से सैद्धान्तिक मतभेद। 1942 में भारत से भाग निकलकर जापान

में भारतीय राष्ट्रीय फौज (INA) बनाई (आजाद हिन्द फौज भी कहा जाता है) और अंग्रेजों से लड़ाई लड़ी। द्वितीय विश्वयुद्ध में 1945 में जापान के पराजय के बाद विमान दुर्घटना में मृत्यु को वरण किया। उन्होंने राष्ट्र को 'जय हिन्द' का नारा भी दिया।

## Subsidy | छूट

आज की राजनीतिक व्यवस्था का महत्वपूर्ण पहलू देश के अन्दर अर्थव्यवस्थाओं की सामाजिक-आर्थिक स्थिति को ध्यान में रखकर विश्व की प्रायः सभी सरकारें वस्तुओं एवं सेवाओं में तरह तरह की छूट देती है। कृषि एवं विदेश व्यापार के क्षेत्र में इसका अधिक प्रचलन है। अन्तर्राष्ट्रीय स्तर पर कृषि क्षेत्र में अधिक छूट देने पर जोर दिया जाता है। भारत में पेट्रोल, गैस, डीजल, खाद पर दिए जाने वाले छूट से राजकोषीय घाटा काफी बढ़ रहा है। छूट कम करने से जन आक्रोश बढ़ता है और सरकार महंगाई पर नियंत्रण नहीं रख पाती है। यह जन लुभावनी नीति का आधार है।

## Subsistence Wages | निर्वाह मजदूरी

मजदूरी की वह दर जिससे कोई कामगार केवल अपने-आपको और अपने परिवार को जीवित रखने के साधन जुटा पाता है। लेकिन सुख-सुविधा (Comfort) या बचत (Saving) की व्यवस्था नहीं कर पाता।

## Substantive Citizenship | तात्त्विक नागरिकता

वर्तमान में तात्त्विक नागरिकता के तीन महत्वपूर्ण पक्ष स्वीकार किए जाते हैं। इन्हें क्रमशः नागरिक, राजनीतिक और सामाजिक अधिकारों की श्रेणी में रखा जाता है। टी.एच. मार्शल (1893-1981) ने अपनी कृति 'सिटीजनशिप एंड सोशल क्लास' (नागरिकता और सामाजिक वर्ग) (1950) के अन्तर्गत यह दिखाया है कि ब्रिटेन में किस तरह धीरे-धीरे इन अधिकारों का विकास हुआ है जिससे नागरिकता की संकल्पना अपने पूर्ण उत्कर्ष पर पहुँची है। यह बात याद रखने की है कि वहाँ 17वीं सदी के अन्त में गौरवमयी क्रान्ति (1688) के साथ नागरिकता की संकल्पना शुरू हुई। मार्शल ने यह दिखाया है कि 18वीं सदी के ब्रिटेन में नागरिक अधिकारों से जुड़ी नागरिकता या नागरिक नागरिकता (Civil Citizenship) का विकास हुआ। 19वीं सदी में वहाँ राजनीतिक अधिकारों से जुड़ी नागरिकता या राजनीतिक नागरिकता (Political Citizenship) स्थापित हुई। अन्ततः 20वीं सदी में वहाँ राजनीतिक अधिकारों का विस्तृत प्रयोग होने लगा, तब सामाजिक अधिकारों से जुड़ी नागरिकता या सामाजिक नागरिकता (Social Citizenship) का विकास हुआ। मार्शल ने लिखा है कि वहाँ के न्यायालय नागरिकों के नागरिक अधिकारों की रक्षा करते हैं, प्रतिनिधि राजनीतिक संस्थाएँ उनके राजनीतिक अधिकारों की रक्षा करती है, और सामाजिक सेवाएँ (Social Services) तथा स्कूल उन्हें समुचित सामाजिक अधिकार प्रदान करते हैं।

मार्शल के अनुसार नागरिक अधिकारों में कानून के समक्ष समानता, दैहिक स्वतन्त्रता, वाणी, विचार और आस्था की स्वतन्त्रता, सम्पत्ति रखने और अनुबन्ध करने के अधिकारों का विशेष स्थान है। नागरिक अधिकारों की सार्थकता के लिए यह जरूरी है कि ये अधिकार अल्पसंख्यकों (Minorities) और बहुसंख्यकों (Majorities) को समानता या बराबरी के आधार पर प्राप्त होने चाहिए। दूसरे शब्दों में इन अधिकारों की व्यवस्था करते समय राज्य के सजातीय (Ethnic), प्रजातीय (Racial), धार्मिक (Religious) और भाषाई (Linguistic) समूहों में से किसी के साथ किसी तरह का भेदभाव नहीं बरता जाना चाहिए। यदि किन्हीं समूहों के साथ विशेषतः अल्पसंख्यक

वर्गों के साथ इस मामले में भेदभाव बरता जाता है। तो ये समूह इस भेदभाव के विरुद्ध नागरिक अधिकार आन्दोलन (Civil Right Movement) चला सकते हैं।

*इंग्लैण्ड में तात्त्विक नागरिकता (Substantive Citizenship) का विकास*
*(मार्शल का विश्लेषण)*

| *विकासकाल (Period of Development)* | *नागरिकता का रूप (Form of Citizenship)* | *अधिकारों का स्वरूप (Nature of Rights)* | *प्रयुक्त संस्थाएँ (Protective Institutions)* |
|---|---|---|---|
| अठारहवीं शताब्दी | नागरिक नागरिकता (Civil Citizenship) | नागरिक अधिकार (Civil Rights) | न्यायालय (Courts) |
| उन्नीसवीं शताब्दी | राजनीतिक नागरिकता (Political Citizenship) | राजनीतिक अधिकार (Political Rights) | प्रतिनिधि संस्थाएँ (Representative Institutions) |
| बीसवीं शताब्दी | सामाजिक नागरिकता (Social Citizenship) | सामाजिक अधिकार (Social Rights) | सामाजिक सेवाएँ और स्कूल (Social Services and Schools) |

## Substantive Development | सतत विकास (अनवरत विकास अक्षय विकास)

सतत विकास की संकल्पना विश्व पर्यावरण एवं विकास आयोग (World Commission on Environment and Development) (1987) की देन है। इस आयोग की अध्यक्षा ग्रो ब्रुंटलैण्ड के नाम पर इस आयोग के प्रतिवेदन को 'ब्रुंटलैंड रिपोर्ट' कहा जाता है। यह रिपोर्ट 'ऑवर कॉमन फ्यूचर (हमारा साक्षा भविष्य) शीर्षक से प्रकाशित हुई थी। इसके अन्तर्गत यह संकेत किया गया था कि संसार में प्राकृतिक संसाधनों (Resourcess) का अक्षय भण्डार नहीं है। अतः इसमें यह मांग की गई थी कि वर्तमान पीढ़ी को अपनी आवश्यकताएँ इस ढंग से पूरी करनी चाहिए कि भावी पीढ़ियाँ अपनी आवश्यकताएँ पूरी करने में असमर्थ न हो जाएं।'

ब्रुंटलैण्ड रिपोर्ट के अन्तर्गत वर्तमान और भविष्य की आवश्यकताओं पर बल देते हुए यह स्वीकार किया गया था कि विशाल मानवता की बुनियादी जरूरतें पूरी करने के लिए विश्व स्तर पर निर्धनता का निराकरण जरूरी होगा। 'सतत विकास' की संकल्पना के अन्तर्गत ऐसी रणनीतियों का पता लगाने की माँग की गई थी जो आर्थिक और सामाजिक विकास को बढ़ावा तो अवश्य दे परन्तु पर्यावरण के ह्रास, अतिदोहन (Over Exploitation) या प्रदूषण का कारण न बने। इस उद्देश्य की पूर्ति के लिए पर्यावरणवादी मनुष्य को ऐसी शिक्षा देने की बात करते हैं कि वे अपने उपभोग में कटौती करें और अपनी-अपनी आवश्यकताओं से अधिक उत्पादन का प्रयत्न करें।

अतः सतत विकास का यह सिद्धान्त वर्तमान संसाधनों के अधिक न्याय संगत वितरण को राजनीतिक मुददा बनाकर पेश करता है।

## Substantive Justice | तात्त्विक न्याय

तात्त्विक न्याय यह मांग करता है कि न्याय से उचित उद्देश्य की सिद्धि होनी चाहिए। इसके लिए उसकी प्रक्रिया में आवश्यक समायोजन (Adjustment) किया जा सकता है।

## Substantive Liberty | तात्विक स्वतन्त्रता

स्वतन्त्रता की वह अवधारणा जिसमें इसकी व्याख्या उन अवसरों (Opportunities) और अधिकारों (Rights) के रूप में की जाती है जो व्यक्ति को आत्मविकास (Self Development) में सहायता देते हैं। इस तरह स्वास्थ्य, शिक्षा और काम का अधिकार (Right to Work) इत्यादि तात्विक स्वतन्त्रता के विचार क्षेत्र में आते हैं। इनकी व्यवस्था के लिए राज्य को सकारात्मक भूमिका (Positive Role) निभानी होगी।

**Subversion | व्यवस्था भंजन, विद्रोह**

किसी प्रतिष्ठित व्यवस्था, शासन, समाज, राज्य आदि को छिपकर अन्दर से नष्ट करना।

**Succession | उत्तराधिकार**

राजनीति में उत्तराधिकार का अर्थ है- सत्ता का विशेषकर शासनाध्यक्ष की सत्ता का हस्तान्तरण।

**Sucide Belt | सुसाइड बैल्ट, आत्महत्या क्षेत्र**

खास क्षेत्र जहाँ आत्महत्या खासकर किसानों के द्वारा ज्यादा की जाती हो। नेशनल क्राइम रिकॉर्डर्स (NCRB) ने 2009 में किसानों की कुल आत्महत्या 17,368 दर्ज की। इसमें 10,769 (62 प्रतिशत) 5 प्रमुख राज्यों महाराष्ट्र, कर्नाटक, आंध्रप्रदेश, मध्यप्रदेश और छत्तीसगढ़ के थे। इसमें अग्रणी महाराष्ट्र का विदर्भ क्षेत्र रहा है। इन राज्यों को सुसाइड बैल्ट कहा जाता है। इनमें महाराष्ट्र और कर्नाटक राज्यों में काफी प्रगति हुई है, पर मानवीय संवेदना का अभाव दिखाई देता है तथा पड़ोसी से सहयोग नहीं मिलने से इन राज्यों में आत्महत्या अधिक है।

**Suez Canal War | स्वेज नहर युद्ध**

26 जुलाई 1956 को मिस्र के द्वारा स्वेज नहर का राष्ट्रीयकरण कर दिया। इससे बौखलाकर इजरायल ने 29 अक्टूबर 1956 को सिनाय क्षेत्र में मिस्र के मोर्चो पर आक्रमण कर दिया। इसका बहाना फिदायीन अड्डों को नष्ट करना था। 31 अक्टूबर, 1956 को ब्रिटेन तथा फ्रांस ने स्वेज नहर पर अपना कब्जा बनाए रखने के लिए पोर्टसईद पर आक्रमण कर दिया। मिस्र की सेनाएँ सिनाय में इजरायल तथा स्वेज क्षेत्र में ब्रिटेन एवं फ्रांस के साथ युद्ध में संलग्न हो गईं। 5 दिन के युद्ध में इजरायल ने सम्पूर्ण सिनाय क्षेत्र पर कब्जा कर लिया। लेकिन 6-7 नवम्बर की मध्य रात्रि को ब्रिटेन एवं फ्रांस ने सोवियत संघ की कड़ी धमकी से युद्ध बन्द कर दिया। फिर यू.एन.ओ. की मांग पर 20 दिसम्बर को ब्रिटेन एवं फ्रांस ने अपनी सेनाएँ वापस बुला लीं। तथा स्वेज नहर पर मिस्र का अधिकार मान लिया गया। 7 मार्च 1957 को इजरायल ने भी अपनी सेना को वापस बुला लिया।

**Suffism | सूफीवाद**

इस्लाम के कट्टरपंथ के विरोध स्वरूप बाह्य (ईसाई और हिंदू) प्रभाव से उसके अन्दर विकसित एक रहस्वादी आन्दोलन। इसमें इन्द्रिय-निग्रह, त्याग, दरिद्रता, धैर्य तथा आस्था मुख्य गुण हैं जिसे ईश्वर प्राप्ति के लिए आवश्यक माना जाता है। सूफी सन्त रहस्यवादी थे। ये खानकाहों में रहते थे। सूफी शब्द सूफ से निकला है जिसका अर्थ है ऊन, अर्थात सूफी सन्त ऊनी कम्बल ओढ़कर खानकाहों में रहस्यवादी चिन्तन किया करते थे, प्रमुख सूफी मत है, चिश्ती।

**Suffrage | मताधिकार**

जाति, धर्म, वंश, लिंग और धन के बिना भेदभाव के सभी वयस्क स्त्री-पुरुषों को मतदान का अधिकार प्रदान करना।

**Summoning of Parliament | संसद को बुलाना, आह्वान**

किसी निश्चित दिन तथा समय पर राष्ट्रपति के द्वारा संसद का अधिवेशन बुलाने की प्रक्रिया। आह्वान करने का आदेश संसद के सभी सदस्यों को भेजा जाता है और उन्हें अधिवेशन में भाग लेने के लिए आमंत्रित किया जाता है।

**Sun Yat Sen | सुन यात सेन (1866-1925)**

इनके नेतृत्व में 1911 में क्रांति के चीन में गणतंत्र की स्थापना की। 'अपने को शक्तिशाली बनाओ' का नारा देकर चीन को शक्तिशाली बनाया। उन्होंने 'कुओमिन तांग' राजनैतिक दल को सोवियत संघ के साम्यवादी दल की तरह बनाया। उन्होंने 'जनता के तीन सिद्धान्त - राष्ट्रीयता, जनतंत्र और जनता की जीविका' को अधिक महत्व दिया। उन्होंने मार्क्सवाद के भौतिकवाद और वर्ग संघर्ष को चीन के खेतिहार देश होने के कारण उपयुक्त नहीं माना। वे बुर्जुआ उग्र समाज सुधारक थे जो सभी को 'जीविका' का अधिकार देना चाहते थे। 1925 में पेकिंग में इनकी मृत्यु हुई।

**Sunset Legislation | अवसान विधायन**

अवसान विधायन कार्य निष्पादन बजट शून्य आधारित बजट से भिन्न शब्दावली है। अवसान विधायन के अन्तर्गत कार्यक्रमों के स्वतः समापन होने की तिथि उस कार्यक्रम से सम्बन्धित संविधि में ही निहित होती है।

**Super Power | महाशक्तियाँ**

वर्तमान विश्व में ऐसे राष्ट्र-राज्य जिनकी सैन्य शक्ति पूरी दुनिया को आतंकित और भयभीत करने के लिए पर्याप्त हो और जो साधारण युद्ध या परमाणु युद्ध में बड़ी से बड़ी शक्ति का मुकाबला करने में समर्थ हों। वर्तमान में केवल संयुक्त राज्य अमेरिका ही इस श्रेणी में रखा जा सकता है।

**Superstition | अन्धविश्वास**

प्राचीन काल से लेकर आज तक प्रायः यह देखने में आता है कि परम्परागत समुदायों में कई ऐसी मान्यताएं, कुरीतियां अथवा विश्वास होते हैं जो किसी भी प्रकार से तर्कपूर्ण तथा उपयोगी नहीं माने जा सकते। इनमें मनुष्यों के बौद्धिक पिछड़ेपन का भी परिचय मिलता है। भारत में कई प्रकार के शकुन और अपशकुन प्रचलित हैं। हिन्दुओं में बिल्ली, गधा, काना आदमी, तेली, धोबी, भंगी, शव, छिपकली, सांप, छींक आना आदि से संबंधित कई प्रकार के शकुनों और अपशकुनों में विश्वास किया जाता है। इसी प्रकार स्वच्छता, कुदृष्टि, यौन, सदाचार, डायन, स्त्रियों की मानसिक तथा बौद्धिक शक्तियों, विभिन्न जनसमुदायों की रक्त की पवित्रता और बुद्धि की श्रेष्ठता, खाने-पीने की वस्तुओं, पहनावा, समाजीकरण, शिक्षा, धर्म आदि से संबंधित अनेकानेक रिवाज प्रचलित हैं। अन्धविश्वास व्यक्ति को पुराने कार्य करने तथा व्यवहार करने को बाध्य करते हैं और उसे गतिशील नहीं होने देते। भारतीय समाज व विश्व के कई अन्य समाजों के पिछड़ेपन का कारण पूर्णरूपेण अन्धविश्वास ही रहे हैं। विज्ञान, शिक्षा तथा आधुनिकीकरण के फलस्वरूप अन्ध विश्वासों में प्रायः कमी होती जा रही है।

**Supplementary Question | पूरक प्रश्न**

संसद में जब कोई सदस्य अध्यक्ष द्वारा पुकारे जाने पर किसी ऐसे तथा विषय के अग्रेतर स्पष्टीकरण के प्रयोजन के लिए जिसके बारे में उत्तर दिया गया है, अनुपूरक प्रश्न पूछ सकता है। परंतु अध्यक्ष कोई अनुपूरक प्रश्न पूछने की अनुमति नहीं देता। यदि उसकी राय में उससे प्रश्नों सम्बन्धी नियम भंग होते हों। किसी प्रश्न के सम्बन्ध में कितने अनुपूरक प्रश्न पूछे जा सकते हैं, इसका निर्णय अध्यक्ष करता है। सामान्यतया एक व्यक्ति को एक से अधिक अनुपूरक प्रश्न पूछने की अनुमति नहीं दी जाती। जब किसी सदस्य द्वारा तारांक प्रश्न पूछे जाते हैं तो सम्बन्धित मंत्री सदन में उपस्थित होकर ऐसे प्रश्नों का उत्तर देता है। ऐसी स्थिति में मूल प्रश्नकर्ता सदस्य मंत्री से उसी विषय पर पूरक प्रश्न पूछ सकता है।

## Supremacy of Constitution | संविधान की सर्वोच्चता

संघात्मक शासन व्यवस्था की प्रथम आवश्यक विशेषता संविधान की सर्वोच्चता होती है। किसी देश के "संविधान की सर्वोच्चता" से तात्पर्य है कि सरकार के तीनों अंग संविधान द्वारा निर्धारित अपने-अपने क्षेत्रों में सीमित रहकर कार्य करेंगे और संविधान के विभिन्न उपबंधों एवं धाराओं का किसी प्रकार से उल्लंघन नहीं करेंगे। इसके अनुसार संविधान को राज्य की मूलविधि माना जाता है। विधानमंडल, कार्यपालिका और न्यायपालिका संविधान से ही अपनी-अपनी शक्तियाँ प्राप्त करते हैं। भारत के गणराज्य में संविधान की सर्वोच्चता का सिद्धान्त स्वीकार किया गया है। प्राय: संघात्मक व्यवस्था में जहाँ केन्द्र और राज्यों के मध्य शक्ति का बँटवारा किया जाता है। संविधान का सर्वोच्च होना आवश्यक है।

## Supremacy of Parliament | संसद की सर्वोच्चता

संसद की सर्वोच्चता का सिद्धान्त संसदीय शासन प्रणाली का एक तत्व है। इसके अन्तर्गत राज्य-व्यवस्था में संसद का स्थान केन्द्रीभूत होता है। विधि निर्माण शक्ति संसद के एकाधिकार में होती है और देश की कार्यपालिका संसद के प्रति उत्तरदायी होती है। लिखित संविधान वाले देशों में (जैसे-भारत) संसद पर एकमात्र प्रतिबंध संविधान होता है। अत: इन देशों में संसद का स्थान सर्वोपरि एवं सर्वोच्च तो होता है। परन्तु इंग्लैण्ड की भाँति, जहाँ कोई लिखित संविधान नहीं है और जहाँ राज्य व्यवस्था एकात्मक है। संप्रभुता सम्पन्न नहीं होता। कुछ विद्वानों का विचार है कि संसद की संविधान संशोधन शक्ति उसे संप्रभुता का गुण प्रदान करती है। ब्रिटिश विचारक मुनरो ने कहा है "हमारा संविधान सब संविधानों का जनक है तथा हमारी संसद सभी संसदों की जननी है" इंग्लैण्ड की संसद विश्व की सबसे शक्ति सम्पन्न संसद है। उसे विधि निर्माण की असीम शक्ति प्राप्त है वित्त पर उसका पूर्ण नियन्त्रण है मंत्रिमण्डल भी उसके विश्वास पर्यन्त ही अपने पद पर बना रहता है। ब्रिटिश विचारक डी. लोम्ब ने कहा है कि ब्रिटिश संसद स्त्री को पुरुष और पुरुष को स्त्री बनाने के अतिरिक्त सब कार्य कर सकती है। इसका अर्थ है ब्रिटेन में संसद की सर्वोच्चता है न कि संविधान की।

## Supreme Law | सर्वोच्च विधि

सर्वोपरि अथवा सबसे प्रमुख विधि जिस प्रकार से किसी राज्य का लिखित संविधान जो उस राज्य की सरकार के सभी अंगों, सभी प्रशासन अधिकारियों एवं सभी नागरिकों पर समान रूप से लागू होता है। किसी सरकारी अथवा गैर सरकारी व्यक्ति द्वारा संविधान की किसी धारा का उल्लंघन किए जाने पर न्यायालय में उस व्यक्ति के विरुद्ध उचित कार्यवाही की जा सकती है।

## Surplus Value | अतिरिक्त मूल्य

कार्ल मार्क्स (1818-83) का यह सिद्धान्त कि उत्पादन के विभिन्न तत्वों भूमि, श्रम, पूंजी और संगठन (Land, Labour, Capital and Organization) में श्रम ही यथार्थमूल्य का स्रोत है परन्तु पूंजीवादी व्यवस्था के अन्तर्गत पूंजीपति कामगार को केवल निर्वाह मजदूरी (Subsistence Wages) देता है, उसके श्रम का पूरा मूल्य नहीं देता। इस तरह वह कामगार को देय मूल्य में से उसका जो हिस्सा स्वयं हड़प लेता है वह 'अतिरिक्त मूल्य' है। यही अतिरिक्त मूल्य पूंजीपति के लाभ (Profit) का स्रोत बनता है। इससे निवेश के मूल्य में वृद्धि और पूंजी की वापसी होता है। यह पूंजीवाद के विकास का आधार स्तम्भ है।

## Suzerainty | अधिराजत्व

वह व्यवस्था जिसमें कोई शक्तिशाली राज्य अधीन राज्य के वैदेशिक सम्बन्धों पर नियन्त्रण रखता है लेकिन उसके आन्तरिक मामलों में उसे प्रभुत्व शक्ति प्रदान करता है।

## Swami Dayanand Saraswati (1824–1883) | स्वामी दयानन्द सरस्वती

उन्नीसवीं शताब्दी के सुधारवादी धार्मिक आन्दोलन के प्रणेता व आर्य समाज के संस्थापक स्वामी दयानन्द सरस्वती का जन्म काठियावाड़ के टंकारा नामक गाँव में जनवरी 1824 में हुआ। उनका बचपन का नाम मूलशंकर था। उनके पिता शिव के भक्त थे। इसलिए मूलशंकर भी शिव की अराधना करते थे। शिवरात्रि के दिन उन्होंने व्रत रखा और सारी रात मन्दिर में आराधना की। आधी रात को उन्होंने देखा कि एक चुहिया शिवजी की मूर्ति पर चढ़कर नैवेद्य खा रही है। यह दृश्य देखकर मूलशंकर के मन में अनायास ही यह विचार आया कि, जो शिव चुहिया से अपने नैवेद्य की रक्षा नहीं कर सकता, वह शत्रुओं से अपने भक्तजनों की रक्षा कैसे कर सकता है? इस प्रकार मूर्तिपूजा से उनका विश्वास उठ गया। मूलशंकर सच्चे शिव की तलाश में स्वयं के विवाह के दिन घर से भाग निकले और मथुरा आ पहुँचे। मथुरा में उनकी भेंट स्वामी विरजानन्द से हो गयी। वहाँ पर उन्होंने वेदों का अध्ययन किया और यहीं वे मूलशंकर से दयानन्द सरस्वती बने। विद्या समाप्ति के पश्चात् दयानन्द वेदों का प्रचार करने के लिए देश में भ्रमण के लिए निकल पड़े और हरिद्वार के कुंभ मेले में उन्होंने अपनी पाखण्डखंडिनी पताका फहराकर मूर्ति पूजा का खण्डन प्रारम्भ कर दिया।

10 अप्रैल 1875 में स्वामी दयानन्द सरस्वती ने बम्बई में आर्यसमाज की स्थापना की। तत्पश्चात् भारत के कोने-कोने में आर्य समाज की स्थापना की गई। उन्होंने एकेश्वरवाद पर बल दिया। स्वामी दयानन्द वेद को ईश्वरीय ज्ञान और एकमात्र धर्मग्रन्थ मानते थे और निडर होकर अन्य मत मतान्तरों का खण्डन करते थे। इसी कारण अन्य सम्प्रदाय वाले लोग उनके शत्रु बन गए और उनको मारने के अलग-अलग तरीके प्रयोग में लाने लगे लेकिन सारे तरीके उन पर असफल सिद्ध हुए। 1883 में वे जोधपुर गए और वहाँ पर एक वेश्या ने चिढ़कर उन्हें रसोइये के द्वारा जहर दिलवा दिया। जहर इतना तेज था कि वे असाध्य रूप से रुग्ण हो गए और दीपावली के दिन अजमेर नगर में उपचाराधीन रहते हुए उन्होंने अपनी देह त्याग दी।

स्वामी दयानन्द सरस्वती गुजराती और संस्कृत के प्रकाण्ड पंडित थे, लेकिन उन्होंने अपना ग्रन्थ सत्यार्थ प्रकाश हिन्दी में ही लिखा। स्वामी जी छुआछूत, जातिवाद और मूर्ति पूजा के कट्टर विरोधी थे। अहिन्दुओं को हिन्दू बनाने वाले शुद्धि संस्कार की नींव उन्होंने ही डाली। हिन्दू पुनरुत्थानवादी आन्दोलनकारियों में स्वामी दयानन्द सरस्वती का नाम अग्रणी है। उनके द्वारा संस्थापित आर्य समाज ने भारतीय शिक्षा और समाज सेवा के कार्य को बहुत अधिक प्रभावित किया है। उन्होंने ऋग्वेदादिभाष्य भी लिखा।

## Swaraj | स्वराज

यह शब्द भारत के स्वाधीनता-आन्दोलन के दिनों में प्रचलित हुआ था जो स्वशासन (Self Rule), आत्मनिर्णय (Self Determination) और स्वाधीनता (Independence) की मांग को व्यक्त करता है। शुरू में विपिन चन्द्र पाल, लोकमान्य बाल गंगाधर तिलक और श्री अरविन्द जैसे राष्ट्रवादी नेताओं ने विदेशी शासन (Foreign Rule) से पूर्ण स्वाधीनता पर बल देते हुए पूर्ण स्वराज्य को अपना लक्ष्य घोषित किया था। बाद में महात्मा गाँधी व जवाहरलाल नेहरू ने भी इसी लक्ष्य की पूर्ति के लिए कमर कस ली। गांधी जी ने स्वराज के अर्थ का विस्तार करते हुए तर्क दिया कि स्वराज का अर्थ केवल राजनीतिक स्तर पर विदेशी शासन से स्वाधीनता प्राप्त करना ही नहीं है, वरन् इसमें सांस्कृतिक और नैतिक स्वाधीनता का विचार भी निहित है। यदि कोई समाज राजनीतिक दृष्टि से तो स्वाधीन हो, परन्तु सांस्कृतिक दृष्टि से पराधीन हो, अर्थात उसे अपनी गतिविधियों के निर्देशन के लिए दूसरों का मुंह ताकना पड़े तो वह स्वाधीन होते हुए भी स्वराज-विहीन ही होगा।

गांधी जी के अनुसार स्वराज का पौधा उस देश में पनपता है जिसकी जड़ें अपनी परम्पराओं से जुड़ी हों परन्तु वह इन परम्पराओं की त्रुटियों के प्रति भी सजग हो और दूसरों से अच्छी बातें सीखने को तैयार हो। जिस राष्ट्र की जड़ें अपनी परम्पराओं पर नहीं टिकी होंगी, वह हवा के हर झोंके के साथ हिल जाएगा।

**Syncretism | समन्वयवाद**

एक सांस्कृतिक प्रघटना या प्रक्रिया जिसके अंतर्गत भिन्न भिन्न धर्मो तथा परंपराओं का परस्पर मिलन या मिश्रण हो जाता है उसे समन्वयवाद कहा जाता है। दो भिन्न-भिन्न प्रकार की धार्मिक या सांस्कृतिक परंपराओं का संकर रूप। भारत में "कव्वाली" - हिन्दू-मुस्लिम भजन और दुआ मांगने की परम्परा का एकीकृत रूप है। यह समन्वयवाद का अच्छा उदाहरण है।

**Syndicatism | श्रम संघवाद, सिंडीकेटवाद श्रमाधिपत्यवाद**

समाजवाद का ऐसा स्वरूप जिसका जन्म उन्नीसवीं शताब्दी के अंतिम दशक में फ्रांस में (1899-1937 तक) हुआ था। कोकर के अनुसार सिंडिकेटवाद एक विरोधी दर्शन है। यह दर्शन राज्य विरोधी दर्शन, देशप्रेम विरोधी, सैन्यवाद विरोधी, मध्यवर्ग विरोधी तथा सोवियत विरोधी है। यह एक ऐसा आन्दोलन है, जिसका केन्द्र बिन्दु श्रमिक संघ है और इस आन्दोलन का लक्ष्य एक ऐसे समाज की स्थापना करना है जिसमें समस्त उत्पादन और वितरण के साधनों पर श्रमिक संघों का अधिकार होगा और वे ही समस्त उद्योग-धंधे का संचालन करेंगे। इस प्रकार यह समाज राज्यविहीन होगा। "सिंडीकेटवाद" वैधानिक उपायों का तिरस्कार करता है और सीधी कार्यवाही में आस्था रखता है। श्रमिक संघ पहले तो छोटी-छोटी हड़तालें करेंगे और कुछ समय के पश्चात् वे एक आम हड़ताल का आह्वान करेंगे, जिसके परिणामस्वरूप राज्य की समस्त क्रियाएँ अवरुद्ध हो जाएंगी और श्रमिक संघ पूंजीवादी राज्य पर अपना प्रभुत्व स्थापित कर लेगा। हड़ताल के अलावा "सिंडिकेटवाद" पूंजीपति-वर्ग के प्रति ध्वंसात्मक नीति का भी अनुसमर्थन करता है।

**Synthetic Philosophy | संश्लेषी दर्शन**

हरबर्ट स्पेन्सर (1820-1903) का जीव-विज्ञान, मनोविज्ञान, समाजशास्त्र तथा नीतिशास्त्र इत्यादि के सिद्धान्तों को समन्वित करने पर बल देना ही संश्लेषी दर्शन माना जाता है।

**System Theory | व्यवस्था सिद्धान्त**

व्यवस्था का अर्थ है- जटिल सम्बन्धित वस्तुओं का समग्र समूह, विधि संगठन, पद्धति के निश्चित सिद्धान्त तथा वर्गीकरण का सिद्धान्त जो सम्बन्धित, संगठित और संगठन हो अर्थात यानि प्रचलित शब्द राज्य, शासन और राष्ट्र के लिए नई शब्दावली जो उन गतिविधियों और प्रक्रियाओं को व्यक्त करता है। व्यवस्था में तीन गुण हैं- व्यापकता, अन्योन्याश्रय और सीमाएँ। राबर्ट डहल राजनीतिक व्यवस्था को मानव सम्बन्धों का वह चिरस्थायी मानता है जिसके अन्तर्गत शक्ति, नियम और सत्ता महत्वपूर्ण मात्रा में अन्तर्ग्रस्त है। डेविड ईस्टन इसके तीन संघटक मानते हैं- (1) राजनीतिक व्यवस्था नीतियों के माध्यम से मूल्यों का आवंटन करती है (2) इसका आवंटन प्राधिकारिक होता है (3) इसका आधिकारिक आवंटन समाज पर बाह्य रूप से लागू होता है। इसमें सरकार के विभिन्न अंग के अलावा सामाजिक सम्बन्ध, रक्त संबंध, जाति-धर्म जैसी परम्परागत संरचनाएँ, आन्दोलन, आक्रोश, प्रदर्शन आदि को मानते हैं। अन्य व्यवस्थित तत्व शक्ति, दबाव समूह, संचार साधन जैसे औपचारिक संगठन की सभी संरचनाएँ परस्पर सम्बन्धित है- जिसमें एक में होने वाला परिवर्तन दूसरे को प्रभावित करता है।

**Systematization | व्यवस्थिता**

किसी शास्त्र का अध्ययन प्रामाणिक सामान्य नियमों के प्रतिपादन के लिए ऐसी स्थिति उत्पन्न करना है जिससे किसी विशेष स्थिति का अध्ययन करने में समर्थ हों और सामान्य भविष्यवाणियाँ की जा सकें, जो विज्ञान होने के लिए जरूरी है।

# T

**Tamil United Liberation Front 'Tulf' | तमिल संयुक्त स्वतन्त्र मोर्चा, तमिल यूनाइटेड लिब्रेशन फ्रंट**

श्रीलंका के उत्तर में जाफना जिले में ए. अमृतलिंगम ने एक राजनीतिक संगठन सक्रिय कर रखा है जो समय-समय पर तमिलों के असन्तोष की अभिव्यक्ति करता है। तुल्फ श्रीलंका की प्रभुसत्ता के अधीन ही तमिल स्वायत्तता (Autonomous) की मांग करता है।

**Tashkand Agreement | ताशकन्द समझौता**

1965 के भारत-पाक युद्ध बन्दियों व बिगड़े सम्बन्धों को सुधारने के लिए सोवियत संघ के प्रधानमंत्री को सीजिन के प्रयासों से पाकिस्तान के राष्ट्रपति अय्यूब खाँ एवं भारतीय प्रधानमंत्री लाल बहादुर शास्त्री के मध्य 10 जनवरी 1966 को ताशकन्द (सोवियत संघ) में एक समझौते पर हस्ताक्षर हुए, जिसकी शर्तें निम्न थीं।

1. दोनों पक्ष संयुक्त राष्ट्र संघ के घोषणा पत्र के तहत अपने विवादों को शान्तिपूर्ण तरीके से सुलझायेंगे।
2. दोनों देश एक-दूसरे के विरुद्ध घृणित प्रचार नहीं करेंगे।
3. दोनों पक्षों के सैनिक 5 अगस्त 1965 की पूर्व स्थिति में वापस चले जाएँगे।
4. दोनों देशों के मध्य आर्थिक एवं व्यापारिक सम्बन्ध पुनः सामान्य रूप से स्थापित किए जाएँगे।
5. दोनों देश युद्ध बन्दियों का प्रत्यावर्तन करेंगे। एक-दूसरे की हस्तगत सम्पत्ति की वापसी पर भी विचार करेंगे।
6. दोनों देश सन्धि से सम्बन्धित मामलों पर विचार करने के लिए सर्वोच्च स्तरों पर आपस में मिलते रहेंगे।

**Tawney, R.H. | आर.एच. टॉनी ( 1880-1962 )**

उदारवाद की जो धारा सामाजिक संस्थाओं को जन कल्याण (Public Welfare) का साधन बनाने की मांग करती है उसे सामाजिक लोकतान्त्रिक परिप्रेक्ष्य के रूप में जानते हैं। आधुनिक युग में हाव हाउस, लॉस्की एवं आर.एच. टॉनी ने सम्पत्ति के अधिकार का सुसंगत विश्लेषण किया है। टॉनी ने अपनी पुस्तक इक्वैलिटी (समानता) (1938) के अन्तर्गत सम्पत्ति के असीम अधिकार को समानता के मार्ग में बाधक मानते हुए यह तर्क दिया है: "सारी सम्पदा एक जगह केन्द्रित हो जाने का एक भयानक परिणाम यह हो सकता है कि समुदाय के सीमित संसाधनों (Limited Resources) को निरन्तर ऐसी वस्तुओं के उत्पादन या संरक्षण में लगा दिया जाए जो अपव्यय की सूचक हों। अच्छे भोजन और अच्छे मकानों की, अच्छे स्कूलों और अच्छे अस्पतालों की प्रथम आवश्यकता होती है। दूसरे इन आवश्यक वस्तुओं के अभाव में अधिकांश जनसंख्या की ऐसी मानवीय शक्तियाँ जन्म से

प्रौढ़ावस्था तक सर्वथा अविकसित रह जाएंगी जो सारी सम्पदा का मूल स्रोत हैं। तीसरे ऐसी व्यवस्था के अन्तर्गत निहित स्वार्थों (Vested Interests) की ऐसी बाढ़ आ जाएगी कि वे अधिक न्याय संगत और अधिक विवेक सम्मत आर्थिक प्रणाली के पुनर्निर्माण के सारे प्रयत्नों का प्रबल विरोध करेंगे क्योंकि उससे इन निहित स्वार्थों पर आँच आ सकती है। चौथे वह लगातार वर्ग संघर्ष को जन्म देगी। वर्तमान आर्थिक विषमताओं का गहन विश्लेषण करने के बाद टॉनी ने कहा कि इस व्यवस्था को कायम रखने से लोकतन्त्र का विध्वंस किया जाना अवश्यंभावी है। लोकतन्त्र और सामाजिक न्याय की रक्षा के लिए टॉनी ने दो सुझाव दिए हैं। एक तो ऐसे विशेषाधिकारों का अन्त कर देना चाहिए जो सारे समाज को ऊँची-नीची श्रेणियों में बाँट देते हैं, दूसरे जो आर्थिक शक्ति आज अक्सर दायित्वहीन तानाशाह का सा व्यवहार करती है, उसे समाज की सेविका बना देना चाहिए ताकि वह बंधी बंधाई सीमाओं के भीतर ही कार्य करे और अपनी गतिविधियों के लिए सार्वजनिक सत्ता के प्रति उत्तरदायी भी हो सके।

## Taylor Charles | चार्ल्स टेलर

चार्ल्स टेलर नैतिक दार्शनिक हैं। इनकी ख्याति समुदायवादी विचारक के रूप में है। इन्होंने अपनी पुस्तक फिलोसॉफिकल पेपर्स (दार्शनिक लेखमाला) (1985) के अन्तर्गत कहा है कि विभिन्न व्यक्ति एक-दूसरे से कटी हुई इकाइयां नहीं है। बल्कि समुदाय का अभिन्न अंग है। यदि मनुष्य अपने व्यक्तित्व का सच्चा विकास चाहते हैं। तो उन्हें यह स्वीकार करना पड़ेगा कि उनकी जड़ें समाज में जमी हैं।

टेलर ने तर्क दिया है कि उदारवाद के समर्थक समाज के परमाणु प्रतिरूप (Atomic Model) में विश्वास करते हैं अर्थात वे इसे व्यक्तियों का ऐसा समुच्चय मानते हैं जिसका प्रत्येक सदस्य अपने स्वाधीन अस्तित्व की क्षमता रखता है। अतः इन व्यक्तियों को आत्मनिर्णय (Self Determination) की क्षमता का विकास और प्रयोग करने के लिए समुदाय से किसी प्रकार की सहायता नहीं लेनी पड़ती है। इस दृष्टिकोण का खण्डन करते हुए टेलर ने "सामाजिक स्थापना" (Social Thesis) का विचार प्रस्तुत किया है। इस मान्यता के अनुसार कोई भी व्यक्ति केवल सामाजिक पर्यावरण Social Environment के अन्तर्गत ही अपनी स्वायत्तता (Autonomy) का विकास और प्रयोग कर सकता है। दूसरे शब्दों में कोई भी व्यक्ति केवल समुदाय विशेष के अन्तर्गत ही अपने लिए शुभ (Good) की संकल्पना कर सकता है।

## Team Research | दल अनुसंधान

जब किसी घटना का अध्ययन अकेले शोधकर्ता द्वारा न किया जाकर अनेक शोधकर्ताओं के एक समूह विशेष द्वारा मिलकर किया जाता है, तब यह दल अनुसंधान कहलाता है। जब शोधकर्ता किसी भी एक विषय के विज्ञान में प्रशिक्षित एवं शिक्षित होते हैं तब इस प्रकार का दल 'एक वैज्ञानिक दल शोध' कहा जाता है। परन्तु यदि शोधकर्ता समूह अलग-अलग विज्ञानों में प्रशिक्षित होते हैं तब यह आंतरिक विज्ञान समूह कहलाता है। इस प्रकार के दल में अनुसंधान के शोधार्थी विभिन्न उपकरणों एवं अवधारणाओं के प्रयोग में प्रशिक्षित होते हैं। यह अपने निर्णयों पर सामूहिक रूप से ही पहुँचते हैं।

## Technocracy | तकनीकतंत्र

किसी प्रशासनिक या प्रबन्धकीय संगठन के अन्तर्गत विविध तकनीशियनों अर्थात वैज्ञानिकों, इंजीनियरों, आर्थिक प्रबंधकों और अन्य तकनीकी विशेषज्ञों का वह समूह जो सार्वजनिक या व्यावसायिक नीतियों और निर्णयों के कार्यान्वयन के लिए उपयुक्त सलाह और सहायता देता है।

**Telecommunications | दूरसंचार प्रणाली**

ऐसी संचार व्यवस्था जो विद्युतगति से आगे बढ़ती है जैसे: रेडियो, टेलीविजन, तार, टेलीप्रिंटर इत्यादि। ऐसी व्यवस्था किसी राष्ट्र के आधुनिकीकरण में महत्वपूर्ण भूमिका निभाती है क्योंकि यह देश के विभिन्न क्षेत्रों को एक-दूसरे के साथ जोड़ कर सूचना, ज्ञान और चेतना के संसार में सहायता देती है।

**Termination of Mission | मिशन की समाप्ति**

मिशन की समाप्ति से तात्पर्य राज्यों या राष्ट्रों द्वारा विदेशों में स्थित दूतमंडलों अथवा दूतावासों का कार्यबंद कर देने से है। दो या अधिक राष्ट्रों के मैत्रीपूर्ण, स्नेहपूर्ण तथा सौहार्दपूर्ण सम्बन्धों में किसी भी प्रकार का विघ्न या बाधा उत्पन्न हो जाने से उनके पारस्परिक सम्बन्धों में निरंतर तनातनी की परिस्थिति विकसित होती चली जाती है, जिसके परिणामस्वरूप वे युद्ध का आश्रय भी ले सकते हैं। ऐसी परिस्थिति में वे पारस्परिक राजनयिक सम्बन्धों को समाप्त कर एक-दूसरे राज्य से अपने राजदूत अथवा दूतमंडल को वापस बुला सकते हैं।

**Territorial Army | प्रादेशिक सेना**

प्रादेशिक सेना एक या एक से अधिक श्रेणी के सैनिकों का वह संगठन है, जिसके सदस्यों को राष्ट्र की प्रादेशिक रक्षा के लिए संगठित किया जाता है। ये सैनिक सेना के नियमित अंग नहीं होते बल्कि अपने घरों पर रहते हुए समय-समय पर सैनिक प्रशिक्षण प्राप्त करते हैं। प्रादेशिक सेना संगठित करने के विचार का श्रेय इंग्लैण्ड के लार्ड हाल्डेन को है। लार्ड हाल्डेन ने 1907 में इंग्लैण्ड में संगठित सेना के एक सहायक विभाग की स्थापना की थी, जिसमें अधिकतर लोग स्वयंसेवक थे। इस विभाग ने प्रथम विश्वयुद्ध में महत्वपूर्ण भूमिका का निर्वाह किया था। युद्ध के बाद इसी सैन्य दल को प्रादेशिक सेना के रूप में संगठित किया गया। इस सैन्य दल के सदस्य प्रतिवर्ष पाक्षिक शिविरों में प्रशिक्षण प्राप्त करते हैं।

भारत में संविधान सभा ने सितम्बर 1948 में प्रादेशिक सेना अधिनियम 1948 का निर्माण किया और उसी के तहत अक्टूबर 1949 में प्रादेशिक सेना की स्थापना हुई। प्रादेशिक सेना का उद्देश्य संकट काल में आंतरिक सुरक्षा का दायित्व ग्रहण करना और आवश्यकता पड़ने पर नियमित सेना को सैनिक सहायता प्रदान करना है। सामान्य मजदूर से लेकर विशेषज्ञ तक भारत के सभी नागरिक इसमें भर्ती हो सकते हैं आयु सीमा 18 से 35 वर्ष है। सरकारी और गैर सरकारी संस्थाओं के सदस्य भी भर्ती हो सकते हैं।

**Territorial Controversies | भू-भागीय विवाद**

अन्तर्राष्ट्रीय कानून के अन्तर्गत राज्यों के भू-भाग सम्बन्धी पारस्परिक मतभेद अथवा विवाद जिन्हें वे विभिन्न नियमों व उपनियमों के अन्तर्गत पारस्परिक वार्ताओं द्वारा सुलझाने का प्रयत्न करते हैं। प्राय: राज्यों के पारस्परिक दावे विरोधी ऐतिहासिक तथ्यों, खोज, आधिपत्य आदि पर आधारित होते हैं।

**Territorial Integrity of States | राज्यों की भौगोलिक एकता**

अमेरिकी संविधान के अनुसार कांग्रेस नये राज्यों को संघ में सम्मिलित कर सकी है किन्तु संघ में सम्मिलित किसी राज्य को दो भागों में विभाजित करके न ही किसी नये राज्य का निर्माण किया जाएगा और न ही दो अधिक राज्यों या उनके भागों को मिलाकर किसी नये राज्य का निर्माण किया जाएगा। जब तक कि सम्बन्धित राज्यों की व कांग्रेस की सहमति न हो। वहाँ संघ सरकार का यह

सांविधानिक दायित्व है कि वह संघ में सम्मिलित राज्यों की भौगोलिक एकता व क्षेत्रीय अखण्डता का सम्मान करे। इसके विपरीत भारत में राज्य का निर्माण आपसी सहमति से नहीं भारत सरकार के द्वारा संविधान के प्रावधानों के अनुसार बनाया और विभाजित किया जाता है।

## Territorial Jurisdiction | भू-भागीय अधिकार क्षेत्र

इससे तात्पर्य उस अधिकार-क्षेत्र से है जिसमें व्यापक रूप से (i) भीतरी भू-भाग (ii) अंतर्देशीय जलक्षेत्र (iii) भू-भागीय समुद्र तथा (iv) एक निश्चित सीमा तक आकाशीय भाग एवं इन विभिन्न क्षेत्रों में निवास करने वाले निवासी तथा वस्तुएँ सम्मिलित होती हैं। उनमें स्थित प्रत्येक वस्तु, रहने वाले प्रत्येक व्यक्ति और प्रत्येक घटना पर राज्य के कानून लागू होते हैं।

## Territorial Representation | क्षेत्रीय प्रतिनिधित्व

क्षेत्रीय प्रतिनिधित्व के अन्तर्गत पूरे देश को लगभग बराबर जनसंख्या वाले भौगोलिक क्षेत्रों में बाँट दिया जाता है, और ऐसे प्रत्येक क्षेत्र के मतदाता अपने प्रतिनिधियों का चुनाव करते हैं। जनसंख्या की वृद्धि (Growth) और विविधता (Variation) को ध्यान में रखते हुए समय-समय पर इन निर्वाचन क्षेत्रों की सीमाओं में परिवर्तन आवश्यक हो जाता है। यह ध्यान रखना जरूरी है कि ऐसा कोई परिवर्तन किसी दल विशेष को लाभ या हानि पहुँचाने के उद्देश्य से न किया जाए। इस प्रणाली का सबसे बड़ा लाभ यह है कि यह सरल और सुविधाजनक है। यह मतदाता को अपने प्रतिनिधि से निकट परिचय प्राप्त करने में सहायता देती है। परन्तु इसमें यह अन्देशा भी बना रहता है कि कहीं मतदाता स्थानीय मुद्दों में इतने न उलझ जाएँ कि वे राष्ट्रीय मुद्दों को ही भूल जाएं।

## Territorial Waters | प्रादेशिक जल

अन्तर्राष्ट्रीय धरातल पर समुद्र तल के तीन मील के आस-पास के प्रदेश को सामान्य रूप से प्रादेशिक जल माना जाता है और उसे सम्बद्ध राज्य के क्षेत्र में सम्मिलित समझा जाता है। विभिन्न राज्य अपनी प्रादेशिक जल सीमाएँ उनके समुद्रतट से 6 मील तक तथा कुछ ने 12 मील तक विस्तृत मानते हैं।

भारत के संविधान के अनुच्छेद 297 में कहा गया है कि भारत के जल प्रांगण में समुद्र के नीचे सब भूमियाँ, खनिज तथा अन्य मूल्यवान चीजें संघ में निहित होंगी तथा संघ के प्रयोजनों के लिए धारण की जाएँगी।

अनु. 297(3) भारत के राज्य क्षेत्रीय सागर खण्ड, महाद्वीपीय जलमग्न तट भूमि, अनन्य आर्थिक क्षेत्र और अन्य सामुद्रिक क्षेत्रों की सीमाएं वे होंगी जो संसद द्वारा बनाई गईं विधि द्वारा या उसके अधीन समय-समय पर विनिर्दिष्ट की जाएँ।

## Territory | राज्य क्षेत्र

राजनीति विज्ञान में राज्य का दूसरा आवश्यक तत्व राज्य क्षेत्र को माना जाता है। कोई भी जनसंख्या उस समय तक राज्य का निर्माण नहीं कर सकती, जब तक कि उसे निश्चित क्षेत्र प्राप्त न हो। उदाहरण के लिए यायावर जातियों के पास अपने नेता हो सकते हैं उनमें अनुशासन और नियन्त्रण की भावना भी हो सकती है। लेकिन उनके पास बसने के लिए भूमि नहीं होती। इसलिए वे राज्य का निर्माण नहीं कर सकते। इजरायल राज्य की स्थापना के पहले यहूदी संसार के विभिन्न भागों में बिखरे हुए थे। उनका अपना कोई राष्ट्रीय राज्य नहीं था।

## Terrorism | आतंकवाद

राजनीतिक उद्देश्यों की पूति के लिए हिंसा और आतंक का सहारा लेने की प्रवृत्ति या सिद्धान्त आतंकवाद कहा जाता है। इस शब्द का प्रयोग प्रायः स्थापित व्यवस्था के समर्थक अपने विरोधियों की आतंक पैदा करने वाली गतिविधियों के लिए करते हैं परन्तु अपनी गतिविधियों को कोई आतंकवाद का नाम नहीं देता। आतंक फैलाने वाले लोग अपने आप को राष्ट्रवादी, क्रान्तिकारी या अपने दल के निष्ठावान सैनिक मानते हैं। वर्तमान विश्व आतंकवाद के दौर से गुजर रहा है। भारत में भी आतंकवादी गुट अशांति पैदा कर रहे हैं। वर्तमान में नक्सलवाद का आतंक फैला हुआ है।

## Terrorist Group | आतंकवादी समूह

आतंकवादी समूह राजनीतिक समूह है जो मूलभूत सामाजिक परिवर्तन का समर्थन करने के लिए सरकार पर दबाव डालने हेतु हिंसा का प्रयोग करते हैं। इन समूहों के कार्य-कलापों के पीछे कई अभिप्रेरणाएँ होती हैं। राष्ट्रीयता प्रायः आतंकवादी गतिविधियों का मूल कारण होती हैं। उदाहरण के लिए आयरलैण्ड में ब्रिटिश उपनिवेशवाद के विरुद्ध आई.आर.ए. आतंकवादी गतिविधियाँ संचालित करता है। पी.एल.ओ. दूसरा उदाहरण है। आतंकवादी समूह अन्तर्राष्ट्रीय राजनीतिक व्यवस्था में परिवर्तन लाने के लिए भी कार्य करते हैं। इस वर्ग में इतालवी रेड ब्रिगेड, वेस्ट जर्मन बार मैन होफ गेंग, तालीबान तथा यूरुगवे टुपामोरोस आदि संघ आते हैं।

## The Concept of Power Vacuum | शक्ति शून्य की अवधारणा

विश्व के किसी भू-भाग, महाद्वीप या क्षेत्र विशेष में महाशक्ति की अनुपस्थिति अथवा महाशक्ति का हटना शक्ति शून्य (Power Vacuum) उत्पन्न करना है। महाशक्ति की उपस्थिति को उस भू-भाग में राजनीतिक स्थिरता का परिचायक माना जाता है। महाशक्ति की अनुपस्थिति से शक्ति शून्यता की स्थिति उत्पन्न होती है, जिसका परिणाम होता है अन्य शक्तियों के बीच प्रतिस्पर्धा, युद्ध और राजनीतिक अशान्ति एवं अस्थिरता। सोवियत रूस, फासिस्ट इटली, नाजी जर्मनी और साम्यवादी चीन सर्वाधिकार राज्यों के उदाहरण हैं।

## The Liberal Theory of Imperialism | साम्राज्यवाद का उदारवादी सिद्धान्त

इस सिद्धान्त के मुख्य प्रतिपादक हॉब्सन है जो साम्राज्यवाद को पूंजीवादी व्यवस्था के कुछ असन्तुलनों का परिणाम मानते हैं। इसके अनुसार साम्राज्यवाद की जड़ अतिरिक्त उत्पादन एवं पूंजी में है। जिसके लिए विदेशों में बाजारों को ढूंढना अनिवार्य हो जाता है।

## The Marxist Theory of Imperialism | साम्राज्यवाद का मार्क्सवादी सिद्धान्त

इस सिद्धान्त के अनुसार साम्राज्यवाद रूपी राजनीतिक घटना उस आर्थिक व्यवस्था की उपज है जिसे पूंजीवाद कहा जाता है। इसके मुख्य प्रतिपादक लेनिन के अनुसार "साम्राज्यवाद पूंजीवाद की उच्चतम विकसित और अन्तिम दशा है।" पूंजीपति मुनाफा कमाने के लिए अपने देश से बाहर माल खपाने के लिए उपनिवेश या वशवर्ती प्रदेश बनाते हैं। जिनमें वे निवेश कर सके और कच्चा माल ला सके।

## The South Asian Association for Regional Co-opration (SAARC) | दक्षिण एशियाई क्षेत्रीय सहयोग संगठन

7-8 दिसम्बर 1985 को ढाका (बांग्लादेश) में 7 देशों भारत, पाकिस्तान, बांग्लादेश, नेपाल, भूटान **एवं मालद्वीप का एक सम्मेलन** हुआ। जिसमें क्षेत्रीय सहयोग बढ़ाने, तनाव समाप्त करने व व्यापार

बढ़ाने हेतु 'सार्क' का गठन किया। इसके चार्टर में 10 धाराएँ है, जिनमें इसके उद्देश्यों, सिद्धान्तों और संस्थाओं और व्यवस्थाओं को परिभाषित किया गया है। इसका सचिवालय काठमाण्डू में है। इसका प्रति वर्ष एक शिखर सममेलन होता है जिसमें इसके राष्ट्राध्यक्ष भाग लेते हैं। वर्तमान में अफगानिस्तान सहित इसके 8 सदस्य हैं। इसके अब तक 16 शिखर सम्मेलन हो चुके हैं। 16वां शिखर सम्मेलन 28-29 अप्रैल 2010 को भूटान की राजधानी थिम्पू में हुआ। यह पहला अवसर है जब सार्क का सम्मेलन हुआ है; सार्क का सत्रहवां (17वां) सम्मेलन 10-11 नवम्बर 2011 को मालदीव के गहर अडडू में सम्पन्न हुआ। इस सम्मेलन की मुख्य थीम Building Bridges थी जो सदस्य राष्ट्रों की आपसी सम्बन्धों को मजबूत करने का एक संकेत है।

## Theocracy | धर्मतंत्र

ऐसी शासन प्रणाली जिसमें किसी धर्म को विशेष महत्व दिया जाता है और शासन की शक्तियाँ उस धर्म के पुरोहितों और मठाधीशों के हाथों में रहती हैं, धर्मतन्त्र कहलाता है।

## Theocratic State | धर्मतंत्रीय राज्य

धर्मतंत्रीय राज्य इस प्रकार का राज्य होता है, जिसके शासन संचालन में धर्म और धार्मिक अधिकारियों को प्रधानता दी जाती है। इस प्रकार से राज्य में ईश्वर किसी दृष्टा अथवा पैगम्बर के माध्यम से जनता के लिए अपनी विधियाँ प्रकट करता है। कुछ धार्मिक नेता, पुरोहित, पादरी और मुल्ला समाज की आवश्यकताओं के अनुरूप इन विधियों की व्याख्या करने की जिम्मेदारी अपने ऊपर ले लेते हैं। राज्य में शासन के अध्यक्ष सिर्फ राज्य द्वारा मान्य धर्म का अनुयायी ही हो सकता है और धर्म के मूलभूत सिद्धान्त जैसे कुरान या बाइबिल समाज तथा राज्य के लिए सर्वोपरि माने जाते हैं। वर्तमान समय में कोई धर्मतंत्रीय राज्य के विशुद्ध उदाहरण नहीं हैं। परन्तु अनेक इस्लामी देशों में कुरान को देश का सर्वोच्च कानून माना जाता है तथा इस्लाम को देश का मान्यता प्राप्त धर्म माना जाता है।

## Theoretical Approach | सैद्धान्तिक दृष्टिकोण

सैद्धान्तिक दृष्टिकोण वह विचारधारा होती है, जिसे एक जन-समूह मानता है और जिसके साथ उसके कुछ स्वार्थ जुड़े हुए होते हैं। कार्ल मैनहीम ने इन्हें समाजशास्त्र का एक प्रमुख अंग माना है। उनके अनुसार यदि समूह के इन स्वार्थों में कोई परिवर्तन नहीं होता, तो समूह की विचारधारा में गतिहीनता उत्पन्न हो जाती है। ऐसी विचारधारा जो स्वार्थों से जकड़ी होती है, व्यक्तियों को वर्तमान समस्याओं के विषय में सही जानकारी पाने के लिए बाधित करती है।

## Theory | सिद्धान्त

सिद्धान्त मूल रूप से एक विचारात्मक उपकरण है जिससे राजनीतिक जीवन के तथ्यों को सुव्यवस्थित एवं क्रमबद्ध किया जाता है। इसके द्वारा पृथक दिखने वाली प्रेक्षणीय घटनाएँ एक साथ लाई एवं सुव्यवस्थित ढंग से परस्पर सम्बद्ध कर दी जाती है। इसमें किसी घटनाक्रम के मूल कारणों की विवेचना की जाती है। यह शब्द यूनानी शब्द थ्योरिया (Theoria) से बना है जिसका अर्थ है समझने की दृष्टि, चिन्तन की अवस्था में प्राप्त किसी सुकेन्द्रित मानसिक दृष्टि से, जो कि उस वस्तु के अस्तित्व, कमी और कारणों को प्रकट करती है।

## Think Tank Meeting | चिन्तन शिविर

किसी राजनीतिक दल या संगठन द्वारा सामाजिक, आर्थिक राष्ट्रीय व अन्तर्राष्ट्रीय समस्याओं पर किया गया विचार विमर्श। चिन्तन शिविर में राजनीतिक दल अपने स्वयं के समक्ष व राष्ट्र के समक्ष

उपस्थित चुनौतियों से निपटने के लिए चिन्तन करता है। कांग्रेस पाटी का चौथा चिन्तन शिविर जयपुर में 18 जनवरी 2013 से आयोजित हुआ जिसमें पाँच समूहों में कई अहम मुद्दों पर चर्चा हुई। शिविर को पाँच ग्रुप में बाँटा गया।

1. भावी राजनीतिक चुनौतियाँ
2. उभरती सामाजिक आर्थिक चुनौतियाँ
3. महिला सशक्तिकरण
4. संगठन की ताकत
5. भारत और विश्व

**Third Estate | साधारण वर्ग, तृतीय वर्ग जनता**

सामान्य रूप से राज्य के तीन पारंपरिक वर्ग या श्रेणियों में से तीसरा वर्ग या श्रेणी जिसे तृतीय श्रेणी कहते हैं। फ्रांस में ये कजर्ली, नाबेल्ज तथा कामन्स के नाम से जाने जाते थे। इंग्लैण्ड में इन श्रेणियों को स्पिरिचुअल लाड्र्स, टेम्पोरल लाड्र्स तथा कॉमन्स कहते थे। इस प्रकार तृतीय श्रेणी में सामान्य जन आते थे।

**Third Internationale | तृतीय इन्टरनेशनाले**

स्विट्जरलैण्ड में सन् 1919 में लेनिन द्वारा स्थापित विश्व के समाजवादियों अथवा साम्यवादियों का  एक संघ। इस संघ ने मार्क्सवादी सिद्धान्तों का समर्थन किया। युद्ध की अवधि में मित्र राष्ट्रों के साथ होने के कारण तथा उनके प्रति सद्भावना दिखाने के लक्ष्य से स्टाालिन ने सन् 1946 में इस संगठन को समाप्त कर दिया। परन्तु सन् 1947 में कोमिनफॉर्म के नाम से इसका पुनर्गठन किया गया।

**Third Republic | तृतीय गणराज्य**

4 सितम्बर, 1870 और जुलाई, 1940 के मध्य फ्रांस की शासन व्यवस्था। तृतीय गणराज्य की स्थापना सेड़ान (सेडोवा) में नेपोलियन तृतीय के पकड़े जाने के उपरान्त हुई थी। उसका विघटन विशी में वेतां द्वारा स्वेच्छाचारी शक्तियों को ग्रहण करने के साथ हुआ। 1871 से 1879 तक गणराज्य में थियर्स और मैकमइन जैसे अर्द्ध राजतंत्रवादियों की तूती बोलती रही। पिछली शताब्दी के नवें दशक में फ्रांस की राजनीति में गम्बेश और फेरी जैसे संयत गणतंत्रवादियों की प्रधानता रही। इस काल में फ्रांस में अनेक घोटाले हुए जिनमें पनामा घोटाला सबसे गम्भीर था। इस शताब्दी के आरम्भ में आमूल परितर्वनवादियों ने सरकार का निर्माण किया पर समाजवादियों के साथ संघर्ष के कारण उनकी शक्ति क्षीण हो गई। प्रथम विश्वयुद्ध में गणतंत्रवादियों का प्रमुख नेता क्लीमांशो था। युद्ध के बाद फ्रांस में राजनीतिक अस्थिरता रही। 1918 से जुलाई 1940 तक फ्रांस में 44 सरकारें बनीं और बिगड़ीं। विधित: यह माना जाता है कि तृतीय गणराज्य दिसम्बर, 1946 में चौथे गणराज्य की स्थापना होने तक अस्तित्व में रहा।

**Third Rich | तृतीय साम्राज्य**

नाजियों द्वारा जनवरी 1933 से अप्रैल 1945 तक अपनी शासन व्यवस्था के लिए प्रयुक्त शब्द बंध 'तृतीय साम्राज्य' था। इस शब्द का सबसे पहले प्रयोग 1918 में द्वितीय जर्मन साम्राज्य के पतन के तुरन्त वाद मोएलर फानडेर बक्र नामक जर्मन राष्ट्रवादी लेखक ने अपनी एक पुस्तक के शीर्षक के रूप में किया था।

## Third World | तीसरी दुनिया

तीसरी दुनिया अन्तर्राष्ट्रीय राजनीति का बहुप्रचलित शब्द है। इसका सर्वप्रथम प्रयोग 1952 में फ्रांसीसी लेखक अल्फ्रेड सोवी ने किया। उनके अनुसार तीसरी दुनिया उन अज्ञात और शोषित लगभग 135 देशों का समूह है जिन्हें प्रायः तिरस्कार की दृष्टि से देखा जाता है जो कुछ बनकर दिखाना चाहते हैं। प्रत्यक्षतः अल्फ्रेड सोवी का संकेत उन एशिया, अफ्रीका और लैटिन अमेरिका के नवोदित देशों की तरफ था जो सदियों तक उपनिवेशवाद और साम्राज्यवाद की जकड़ में थे और जो अपनी गरीबी और पिछड़ेपन से उबरकर आधुनिकता और सम्पन्नता की ओर बढ़ना चाहते थे। इनमें एशिया और अफ्रीका के देश तो दूसरे युद्ध के बाद स्वतंत्र हो गये परंतु लैटिन अमेरिका के देश औपचारिक रूप से तो उन्नीसवीं शताब्दी में स्वतंत्र हो गए थे फिर भी साम्राज्यवादी राष्ट्र उनका निरन्तर शोषण करते रहे। इन सब देशों ने दूसरे विश्वयुद्ध के बाद अन्तर्राष्ट्रीय राजनीति में इस दृष्टि से अपनी अलग पहचान बनाई कि इन्होंने शक्ति गुटों (Power Blocs) के प्रभाव से अपने आप को मुक्त रखा। इन देशों की निम्नांकित विशेषताएँ हैं: (1) ये सब साम्राज्यवाद के विरुद्ध हैं। (2) जीविकोपार्जित कृषि एवं बागवानी प्रधान अर्थव्यवस्था (3) निर्यातों पर आश्रित (4) असन्तुलित घटक (5) जनसंख्या वृद्धि (6) अस्थिर राजनीतिक व्यवस्थाएँ (7) करिश्माती नेतृत्व (8) विधायिका का ह्रास (9) एक दल प्रणाली (10) भ्रष्टाचार।

## Thought Reform | विचार परिशोधन

थॉट रिफोर्म एक ऐसी धारणा है जिसके अनुसार मानव की राजनीतिक तथा सामाजिक अभिवृत्तियों व दृष्टिकोण में आमूल परिवर्तन किया जा सकता है, जिससे वह किसी विशिष्ट विचारधारा को, जिसके प्रति वह सहानुभूति न रखता हो, स्वीकार कर ले। वस्तुतः मानव के मूलभूत विश्वास भी परिवर्तनीय होते हैं। चीन ने कोरिया युद्ध के अमेरिकी और ब्रिटिश कैदियों पर इस विचार का प्रयोग किया था। इन्हें मार्क्सवादी युद्ध सत्यता को उनसे मनवाया गया। चीन ने 'सांस्कृतिक क्रान्ति' के दरम्यान इसी विचारधारा का उपयोग राजनीतिक शिक्षा के लिए किया था।

## Three-tier System | त्रि-स्तरीय व्यवस्था

स्थानीय शासन की त्रि-स्तरीय पद्धति जिसमें सबसे नीचे ग्राम है जिसके प्रशासन का उत्तरदायित्व ग्राम पंचायत पर निर्भर होता है। इसके ऊपर ब्लाक है जिसका नियन्त्रण पंचायत समिति के हाथ में है। जिला तीन-स्तरीय पद्धति का सबसे ऊँची इकाई है जिसका प्रशासन जिला परिषद के हाथ में रहता है। अप्रत्यक्ष-चुनाव के कारण प्रत्येक इकाई एक दूसरे से संगठनात्मक रूप से जुड़ी रहती हैं। पंचायत का चुनाव प्रत्यक्ष रूप से होता है।

## Titoism | टीटोवाद

टीटोवाद का अर्थ है- 1948 के बाद यूगोस्लाविया का राष्ट्रीय साम्यवाद। 1948 में सोवियत गुट ने यूगोस्लाविया तथा उसके नेता जोसिप (ब्रोज) टीटो का बहिष्कार कर दिया। इसके बाद यूगोस्लाविया मार्क्सवाद-लेनिनवाद के सोवियत आदर्श से हटकर चला और मार्क्सवाद की दिशा में अपने पथ का उसने स्वयं संचालन किया। अन्तर्राष्ट्रीय साम्यवाद के क्षेत्र में यह घटना अत्यन्त महत्वपूर्ण मानी जाती रही।

## Tocqueville Alexis de | अलेक्सी डी. टॉकविले ( 1805-59 )

फ्रांसीसी दार्शनिक अलेक्सी डी. टांकविले ने नागरिक समाज, स्वतन्त्रता और समानता तथा क्रान्ति के बारे विस्तार से लिखा है। टॉकविले ने अपनी पुस्तक 'डेमोक्रेसी इन अमेरिका (अमेरिकी लोकतन्त्र)

(1835) के अन्तर्गत नागरिक समाज के विचार क्षेत्र का विस्तार करते हुए उसे एक नया आयाम दे दिया। टॉकविले ने व्यक्ति की स्वतन्त्रता की रक्षा के लिए व्यक्ति और राज्य के बीच मध्यवर्ती स्वैच्छिक साहचर्यों (Inter Mediate Voluntary, Associations) की आवश्यकता पर बल दिया जिन्हें आज के युग में नागरिक समाज' के अंग के रूप में माना जाता है। टॉकविले ने यह तर्क दिया कि मध्यवर्ती स्वैच्छिक साहचर्य राज्य की शक्ति को प्रतिसंतुलित करने में सर्वथा समर्थ होंगे।

डी. टॉकविले ने समानता के विचार को स्वतन्त्रता के मार्ग की बाधा के रूप में माना है उन्होंने कहा है "लोकतन्त्र का विस्तार समानता को जितना बढ़ावा देता है, स्वतन्त्रता के लिए उतना ही बड़ा खतरा भी पैदा कर देता है" अतः स्वतन्त्रता और समानता एक-दूसरे के पूरक नहीं बल्कि विरोधी हैं।

डी. टॉकविले ने अपनी पुस्तक 'द ओल्ड रिजीम एंड द फ्रेंच रिवोल्यूशन' (पुरानी राज्य व्यवस्था और फ्रांसीसी क्रान्ति) (1856) में क्रान्ति के बारे में विस्तार पूर्वक लिखा है।'

## Tolstoy, Leo | टॉल्स्टॉय लियो (1828–1910)

रूसी कथाकार एवं सामाजिक सिद्धान्तकार निकोलायेविच लियो टॉल्स्टॉय ने मानवजीवन के नैतिक पक्ष को महत्त्व देते हुए राज्य और उसकी समस्त संस्थाओं का खंडन किया। उसने मसीही चिन्तन के सार तत्व को इस सूक्ति के रूप में व्यक्त किया: "ईश्वर का साम्राज्य तुम्हारे भीतर है" (The kingdom of god is within you)। इसलिए ईश्वर के साक्षात्कार के लिए बाहर की सारी संस्थाएँ निरर्थक हो जाती हैं। समाज सुधार की दिशा में कोई भी कार्यक्रम व्यक्ति से आरम्भ होना चाहिए। व्यक्ति नैतिक नियमों का पालन करते हुए ही अपने और अपने सहचरों का जीवन सार्थक कर सकता है। टॉल्स्टॉय ने मानव-प्रेमी की शिक्षा देते हुए बुराई का मुकाबला भलाई से करने का रास्ता दिखाया। राज्य तो पुलिस और सैन्य शक्ति के बल पर बुराई से लड़ना चाहता है, और निजी सम्पत्ति गिने-चुने लोगों को दूसरों के परिश्रम के बल पर विलासिता का जीवन बिताने के साधन प्रदान करती है। ये दोनों संस्थाएँ नैतिक जीवन के विरुद्ध है। मानव जीवन की सार्थकता के लिए इन दोनों को समाप्त करना जरूरी है। टॉल्स्टॉय के इस विचार को नैतिक अराजकतावाद (Moral Anarchism) भी कहा जाता है।

## Toryism | टोरीवाद

टोरीवाद का अर्थ है: टोरियो अथवा चर्च और राज्य में स्थापित व्यवस्था के समर्थकों का सिद्धान्त और व्यवहार।

टोरी मूलतः आयरलैण्ड का आंचलिक शब्द है जिसका अर्थ है पीछा करने वाला, खोज करने वाला, लुटेरा। 16वीं सदी में आयरलैण्ड के अंग्रेज स्वामी इस शब्द का प्रयोग उन बाह्य लोगों के लिए करते थे जो अपने आप को कट्टर रोमन कैथोलिक कहते थे और इंग्लैण्ड की सरकार का विरोध करते थे।

इंग्लैण्ड के गृह युद्ध से 20वीं सदी तक टोरी दल का आधारभूत सिद्धान्त चर्च तथा राज मुकुट के प्रति निष्ठा भाव का रहा तथा इसने जमींदारों के हितों का समर्थन किया। टोरी दल को छोटे पिट के उत्थान के समय से बेलिंगडन के ड्यूक के पतन तक अधिक सफलता मिली। राबर्ट पील के समय टोरी दल ने अपना नाम कन्जर्वेटिव दल रख लिया।

## Total Revolution | संपूर्ण क्रान्ति

भारतीय राजनीतिं के अन्तर्गत प्रसिद्ध सर्वोदयी नेता जयप्रकाश नारायण का दिया हुआ नारा। इसका सीधा सा अर्थ यह है कि केवल शासन-व्यवस्था बदल देने से या एक सरकार की जगह दूसरी

सरकार स्थापित कर देने से समाज का उद्धार नहीं होगा। इसके लिए संपूर्ण समाज व्यवस्था को बदलना होगा। संपूर्ण क्रान्ति की अवधारणा उन्होंने 1975 में दी। 30 जनवरी 2013 को समाजसेवी अन्ना हजारे ने जे.पी. की भूमि पटना (बिहार) से पुनः संपूर्ण क्रान्ति के द्वारा भ्रष्टाचार मुक्त भारत निर्माण करने का उद्घोष किया है।

## Total Sanitation Campaign | निर्मल भारत अभियान

भारत सरकार की 1999 से सम्पूर्ण देश में प्रत्येक घरों में स्वच्छ शौचालयों की निर्माण योजना। इसमें गरीबी रेखा के नीचे (BPL) और निर्धनता रेखा से ऊपर (APL) परिवारों को सहायता देकर 2022 तक सभी ग्राम पंचायतों को निर्मल ग्राम पंचायत बनाना है। पर्यावरण एवं महिलाओं की सुरक्षा हेतु चलाया जाने वाला कार्यक्रम देश को सही मायने में स्वच्छता और आधुनिकीकरण के तरफ ले जाएगा।

## Total War | पूर्ण युद्ध सर्वांगीण युद्ध, सकल युद्ध

किसी राष्ट्र के युद्ध की वर्तमान कालीन अवधारणा जिसके अन्तर्गत युद्धकारी राज्यों में न केवल थल, नौ तथा वायुसेनाएँ बल्कि उनकी समग्र जनता भी किसी न किसी रूप में युद्ध की संक्रिया में भागीदार समझी जाती है। पूर्ण युद्ध के अन्तर्गत अणुबमों, विषैली गैसों और प्रक्षेपास्त्रों के निःसंकोच प्रयोग से सैनिक-असैनिक लक्ष्यों, योधी और अयोधी, तटस्थ और शत्रु में भेद नहीं रह जाता तथा राज्य के समस्त संसाधन, उत्पादन व्यवस्था, यातायात और संचार, साधन, आर्थिक प्रणाली आदि युद्ध के लिए ही समर्पित हो जाते हैं।

## Totalitarian State | सर्वाधिकारी राज्य

सर्वाधिकारी राज्य वह राज्य होता है जिसमें किसी निरंकुश नेता अथवा निरंकुश सोपानिकी का केन्द्रियकृत शासन तथा नियंत्रण होता है तथा जो जीवन के सभी क्षेत्रों यथा सामाजिक, आर्थिक, सांस्कृतिक क्षेत्रों पर कड़ा नियंत्रण रखता है और किसी प्रकार की व्यक्तिगत स्वतंत्रता सहन नहीं करता है तथा सार्वजनिक महत्व की जानकारी को जनसाधारण से छिपाकर रखा जाता है।

## Totalitarian System | सर्वाधिकारवादी प्रणाली

ऐसी व्यवस्था जिसमें समाज के आर्थिक, सामाजिक, सांस्कृतिक, राजनीतिक, शैक्षिक, धार्मिक, इत्यादि सभी पक्षों पर राज्य का कठोर और सम्पूर्ण नियन्त्रण रहता है। इसमें सत्ताधारी गुट जो लक्ष्य निर्धारित करता है, उन्हीं की सिद्धि के लिए समाज के समस्त संसाधनों, अधिकार क्षेत्र और जनशक्ति का उपयोग किया जाता है। साधारणतया फासिस्ट और कम्युनिस्ट प्रणालियों को इस कोटि में रखा जाता है।

सर्वाधिकारवादी प्रणाली के अन्तर्गत भी कोई संविधान अपनाया जा सकता है। परन्तु वहाँ सार्वजनिक नीति (Public Policy) और राजनीतिक निर्णयों (Political Decisions) पर सत्तारूढ़ दल या गुट का पूर्ण नियन्त्रण बना रहता है। अतः यह प्रणाली संविधानवाद (Constitutionalism) की परिभाषा से दूर जा पड़ती है।

## Totalitarianism | सर्वाधिकारवाद

यह वह अधिनायकवादी व्यवस्था है जो किसी एक दल की पद्धति पर आधारित होती है तथा जिसके अन्तर्गत राज्य सामाजिक जीवन के सभी पक्षों को अपने दायरे में समेट लेने का प्रयास करता है। यह सिद्धान्त उदारवाद के सिद्धान्त के विरुद्ध है। अतः वह सिद्धान्त जो राज्य की सारी

शक्ति को एक ही जगह केन्द्रित कर देता है और लोगों के सम्पूर्ण जीवन पर राज्य का पूर्ण नियन्त्रण स्थापित कर देता है। इसमें सत्ताधारी गुट जो लक्ष्य निर्धारित करता है, उन्हीं की सिद्धि के लिए समाज के समस्त संसाधनों (Resources) को नियोजित कर दिया जाता है। किसी को उसका विरोध करने या बाहर से कोई दूसरा लक्ष्य चुन लेने का अधिकार या अवसर नहीं दिया जाता। फासिस्ट और कम्युनिस्ट प्रणालियों में यह सिद्धान्त विशेष रूप से अपनाया जाता है।

**Totemism | गणचिह्नवाद**

किसी गणचिह्न या निशानों से लगे हुए विश्वासों, प्रथाओं और संस्कारों के समूह को गणचिह्नवाद कहा जाता है। किसी सामाजिक समूह (वंश अथवा गोत्र समूह) या इस प्रकार प्राकृतिक वस्तुएं जैसे कोई वृक्ष, पशु आदि के बीच स्थापित संकेतों के सम्बन्धों की अभिव्यक्ति है जिसे गणचिह्न के नाम से जाना जाता है।

**Trade Unions | श्रमिक संघ, मजदूर संघ**

एक ही उद्योग या व्यवसाय के कर्मचारियों का संघ। इसका मुख्य उद्देश्य काम की शर्तों, मजदूरों के हित में मजदूरी की दरों, लाभों और कार्य करने की दशाओं के बारे में मालिकों या प्रबंधकों के साथ बातचीत करना या उन पर दबाव डालना होता है ताकि कर्मचारियों की स्थिति सुदृढ़ बनी रहे। इसके अलावा कर्मचारियों के कल्याण, शिक्षा तथा प्रशिक्षण की स्वैच्छिक गतिविधियाँ भी श्रमिक संघ के कार्यक्षेत्र में आ जाती हैं मजदूरों की दशा सुधारने के लिए 1919 में अन्तर्राष्ट्रीय श्रमसंघ की स्थापना हुई थी भारत में भी 1920 में अखिल भारतीय श्रम संघ की स्थापना एन.एम. जोशी द्वारा की गई। इसका प्रथम सम्मेलन 1920 में लाला लाजपत राय की अध्यक्षता में हुआ। वर्तमान एटक, इन्टक आदि श्रमिक संघ मजदूरों के कल्याण हेतु कार्यरत हैं।

**Traditional Political Theory | परम्परावादी राजनीतिक सिद्धान्त**

कल्पना से आदर्श राज्य और समाज की कल्पना करने वाले सिद्धान्त। इस परम्परा में प्लेटो और अरस्तु के आधुनिक काल में रूसो, काण्ट, हीगल, ग्रीन, लास्की, ओकशॉट, लियो स्ट्रास इरिक बोगोलिन हुए हैं। इसकी चार अवस्थाएँ हैं- ऐतिहासिक, विश्लेषणात्मक, आदर्शात्मक-उपदेशात्मक तथा वर्णनात्मक-परिमाणात्मक। सभी अवस्था एक दूसरे विचारों को सहयोगी होकर ज्ञान परम्परा को आगे बढ़ाया है। इनके विचार प्रतिपादकों के विचारों एवं दृष्टिकोण से प्रभावित रहे हैं अत: मूल्य निरपेक्ष नहीं है।

**Traditionalism | परम्परावाद**

वह सिद्धान्त जो सामान्यतया परम्परागत विचारों, आचारों, आदर्शों और मूल्यों के अनुसरण में विश्वास करता है। इस विचारधारा का 19वीं सदी की शुरुआत में फ्रांस में प्रचार हुआ। इसमें कहा गया है कि सत्य की खोज व्यक्ति की सामर्थ्य से बाहर है, वह केवल परम्परा का अनुसरण करके ही सम्भव होगा।

**Transcendental Knowledge | अनुभवातीत ज्ञान**

ऐसा ज्ञान जो हमारी ज्ञानेंद्रियों (Sense Organs) आँख, कान, नाक जिह्वा और त्वचा की पहुँच के बाहर है। अत: वह ध्यान (Meditation) और चिन्तन (Reflection) जैसी गूढ़ प्रक्रियाओं तर्क-बुद्धि (Reason) के माध्यम से प्राप्त किया जाता है, अनुभवातीत ज्ञान की श्रेणी में आता है।

**Trans-empirical | परानुभववादी**

जो विचार इन्द्रियों से परे हो क्योंकि उनका आधार एक व्यापक भावात्मक विश्व दृष्टि है। उनके विचार व्यक्तिगत दृष्टिकोण, चिन्तन, कल्पना अथवा अध्यात्मवादी सिद्धान्तों से बने हैं। शाश्वत एवं उच्चस्तरीय तत्वों से सम्बद्ध होने के कारण उनकी चिन्तन प्रणाली तार्किक और निगमनात्मक है। कल्पनाशील विचारक के विचार जो आकाश में बैठकर पृथ्वी को देखते हैं और इसे सर्वगुण सम्पन्न और सर्वहितकारी बनाना चाहते हैं।

**Transfer of Power | सत्ता हस्तान्तरण**

ब्रिटिश शासकों द्वारा 14 अगस्त 1947 की रात को 12 बजे भारतीयों को सार्वभौम सत्ता प्रदान करना सत्ता हस्तान्तरण कहा गया।

**Transgender | लड़की के शरीर में एक लड़का**

लैंगिक पहचान जिसके लिए अमेरिका का ट्रांसजेंडर 11 वर्षीय सेडी ने आवाज उठाई है। उसने फेसबुक में लिखा कि अमेरिकी राष्ट्रपति बराक ओबामा अपने दूसरे कार्यकाल के शपथ ग्रहण भाषण में समलैंगिकों के अधिकारों की बात की तो ट्रांसजेंडरों के अधिकारों की बात क्यों नहीं की। इन्हें स्कूलों में नामांकन नहीं मिलता क्योंकि शिक्षक उन्हें औरो से अलग समझते हैं। ट्रांसजेंडर लोगों के सपने और उम्मीदें वैसे ही है जैसे दूसरों के।

**Transgression | अतिक्रमण**

किसी स्थापित नियम या प्रतिमान का उल्लंघन। सामाजिक, राजनीतिक और सांस्कृतिक दृष्टि से निर्धारित नियमों और प्रथाओं एवं रूढ़ियों से परे जाना, उन्हें तोड़ना (जो विधिक या औपचारिक कानून न भी हो जैसे ब्रिटेन में 'अभिसमय')।

**Treaties | संधियाँ**

सन्धियाँ अनेक राष्ट्रों, राज्यों या इसी तरह की अन्य इकाईयों की परस्पर सहमति पर आधारित प्रबन्ध का संकेत देती हैं। जिन पर अन्तर्राष्ट्रीय कानून (International Law) लागू होता है। संधि दो या दो से अधिक पक्षों के बीच हो सकती है। कभी-कभी इसमें किसी तीसरे पक्ष के अधिकार या दायित्व भी स्थिर कर दिए जाते हैं। जो संधि का भागीदार नहीं होता, परन्तु जिसका भविष्य संधि करने वाले पक्षों के हाथों में ही रहता है।

साधारणतया संधियाँ सम्बद्ध पक्षों के परस्पर अनुबन्ध की सूचक होती हैं, परन्तु जब अनेक पक्षों के बीच एक जैसी सन्धियाँ होने लगती है तो वे अन्तर्राष्ट्रीय कानून का स्रोत मानी जाती हैं। उदाहरण के लिए प्रत्यर्पण (Extradition) की सन्धियाँ अन्तर्राष्ट्रीय कानून का स्रोत मानी जाती है।

**Treaty of Arbitration | विवाचन संधि**

किसी देश के दो या अधिक राष्ट्रों के बीच ऐसी संधि जिसमें यह प्रावधान होता है कि संबद्ध राष्ट्रों में भविष्य में होने वाले आपसी विवादों को निर्णय के लिए किसी पंच को सौंपे जाएंगे। सन् 1794 में इंग्लैण्ड तथा संयुक्त राज्य अमेरिका द्वारा सम्पादित एक विवाचन-संधि के अन्तर्गत उनके अनेक पारस्परिक विवाद विवाचन द्वारा तय होते रहे। विवाचन संधि में विवाचन के मूल सिद्धान्तों तथा इसकी प्रक्रिया का विस्तृत विवरण होता है। सामान्यतया विवाचन संधियों में अन्तर्राष्ट्रीय विधि के मूल सिद्धान्तों का समावेश किया जाता है। विवाचन संधि के अनुसार संबद्ध राज्यों को विवाचकों का निर्णय अनिवार्य रूप से स्वीकार करना पड़ता है।

## Treaty of Extradition | प्रत्यर्पण संधि

अन्तर्राष्ट्रीय राजनीति में दो या दो से अधिक देशों के बीच इस प्रकार की संधि जो यह बोध करवाती है कि यदि कोई अपराधी अपने राज्य की क्षेत्रीय सीमाओं में अपराध करने के पश्चात किसी दूसरे राष्ट्र (जिसने प्रत्यर्पण संधि पर हस्ताक्षर किए हों) की क्षेत्रीय सीमाओं की शरण लेता है तो वह य राज्य उस अपराधी को न्यायिक कार्यवाही के लिए उस अपराधी को अपने राज्य को सौंप देगा। चूंकि ऐसी किसी प्रकार की कोई अन्तर्राष्ट्रीय विधि नहीं है जिसके अनुसार कोई राष्ट्र अपराधियों को उनके राज्यों को सुपुर्द करने के लिए बाध्य हो। इसलिए राष्ट्रों ने अनेक द्विपक्षीय प्रत्यर्पण-संधियों पर हस्ताक्षर किए हैं। इन संधियों में एक सामान्य व्यवस्था यह की जाती है कि राजनीतिक अपराधों के अलावा सभी संगीन अपराधों के विषय में अपराधियों को उनके राष्ट्र के अधिकारियों को ही सौंप दिया जाएगा।

## Treaty of Pease | शांति संधि

अन्तर्राष्ट्रीय राजनीति में दो या अधिक राष्ट्रों में (जो पारस्परिक युद्धों एवं संघर्षों में रत रहे हैं) युद्ध तथा आपसी शत्रुता को समाप्त कर उनमें शांति की परिस्थितियाँ उत्पन्न करने वाली अवस्था या समझौता। प्रायः युद्ध की समाप्ति शांति संधि द्वारा ही होती है। परन्तु कभी-कभी सैनिक संक्रियाएँ समाप्त हो जाने पर भी शांति संधि के सम्पादन में वर्षों लग जाते हैं।

## Tribe | जनजाति

एक प्राचीन सामाजिक समूह जिसमें कई परिवार, वंशज (कुल) शामिल हों और जो नातेदारी, सजातीयता, सामान्य इतिहास अथवा प्रादेशिक-राजनीतिक संगठन के साझे संबंधों पर आधाारित हो। यह 'जाति' से अलग एक समावेशात्मक समूह होते हैं। हालांकि इसमें कुलों या वंशों पर आधारित विभाजन इसमें भी पाये जाते हैं परन्तु जाति की श्रेष्ठता आधारित विभेदकारी विभाजन से यह अलग होते हैं।

## Tribunal | अधिकरण, न्यायाधिकरण

सर्वव्यापी अर्थ में, किसी भी न्यायालय को न्यायाधिकरण कहा जा सकता है। परंतु व्यवहार में, न्यायाधिकरण उन न्यायिक या कानूनी निकायों अथवा आयोगों को कहते हैं। जो विभिन्न कानूनों के अन्तर्गत गठित किए जाते हैं तथा संबंधित कानूनों के अन्तर्गत उत्पन्न होने वाले मामलों का अधि निर्णय करते हैं। इन्हें प्रशासकीय या प्रशासनिक अधिकरण कहा जाता है तथा इनके कार्यों को प्रशासकीय न्याय कहते हैं। पंचनिर्णय करने वाले आयोग अथवा निकाय को भी प्रायः यही नाम दिया जाता है।

## Truman Doctrine | ट्रूमैन सिद्धान्त

12 मार्च 1947 को अमेरिकी राष्ट्रपति ट्रूमैन ने इस नीति की घोषणा करते हुए कहा कि विश्व में जहाँ कहीं भी शान्ति भंग करने वाला प्रत्यक्ष एवं परोक्ष आक्रामक कार्य होगा, उसे अमेरिका की सुरक्षा के लिए संकट माना जाएगा तथा अमेरिका उसे रोकने का भरसक प्रयत्न करेगा।

राष्ट्रपति ने कांग्रेस से अपील की कि साम्यवाद का प्रसार रोकने के लिए यूनान और टर्की के लिए आर्थिक सहायता स्वीकार की जाए। यूनान को 25 करोड़ डॉलर व टर्की को 15 करोड़ डॉलर देने की सिफारिश की गई। ट्रूमैन सिद्धान्त के अन्तर्गत प्राप्त विपुल आर्थिक सहायता के बल पर 1950 के अन्त में यूनान व टर्की ने साम्यवाद से सफलतापूर्वक मुक्ति प्राप्त कर ली।

**Trust Territory | न्यासित प्रदेश**

किसी राष्ट्र या देश के वे प्रदेश जो संयुक्त राष्ट्र की न्यास व्यवस्था के अधीन रखे गए थे तथा जिनका प्रशासन संयुक्त राष्ट्र द्वारा किसी उन्नतशील राष्ट्र के आपसी समझौते के अनुसार इस उद्देश्य से दिये गये थे कि वे इस प्रकार से इनका विकास कर इन्हें स्वतंत्रता के योग्य बनाए। इस प्रकार के प्रदेशों के कुछ उदाहरण हैं। प्रशान्त सागर के द्वीप समूह, सुमाली लैन, नौरो आदि। ये न्यासित प्रदेश कहलाते हैं।

**Trusteeship Council | न्यास परिषद**

संयुक्त राष्ट्र संघ के चार्टर के अनुच्छेद 75 में कहा गया है कि यू.एन.ओ. अपने अधिकार क्षेत्र के अधीन ऐसे इलाकों के अभिशासन और देखभाल के लिए अन्तर्राष्ट्रीय न्यास पद्धति बनाएगा जो उसके अधीन रखे जाएँ। ये क्षेत्र तीन तरह के थे।

1. वे देश जो राष्ट्र संघ के अधिदेश (Mandate) के अधीन हो।
2. वे देश जो द्वितीय विश्वयुद्ध के दौरान शत्रु देशों के चंगुल से छुड़ाये गए।
3. वे देश जिन्हें उनके अभिशासक राष्ट्रों ने अपनी इच्छा से न्यास पद्धति के अधीन रख दिया हो।

**Trusteeship Doctrine | न्यासिता का सिद्धान्त**

गांधी जी के अनुसार जब तक हम पूर्ण अहिंसा पर आधारित वर्गहीन और राज्यहीन समाज (Classless and Stateless Society) की स्थापना करने के लिए तैयार नहीं हो जाते, तब तक वर्तमान व्यवस्था को अहिंसात्मक बनाने के उद्देश्य से पूंजीपतियों के हृदय परिवर्तन (Change of Heart) का प्रयत्न किया जाए ताकि वे अपने नियन्त्रण में आने वाली सम्पत्ति को अपनी व्यक्तिगत सम्पत्ति न समझें बल्कि उसे जनता की धरोहर समझकर अपने-आपको उसका न्यासधारी (Trustee) या संरक्षक समझें और उसका उपयोग सम्पूर्ण समाज की उन्नति और कल्याण में करने को तत्पर हों। इसका सबसे बड़ा लाभ यह होगा कि समाज उद्योग और वाणिज्य के क्षेत्र में उद्यमशील और प्रतिभाशाली व्यक्तियों की योग्यता से तो पूरा फायदा उठाएगा ही परन्तु इसके साथ-साथ सम्पत्ति से पैदा होने वाले शोषण और अन्याय से मुक्त भी रहेगा। यह धारणा वैसे तो बहुत उदात्त है, परन्तु नैतिक प्रेरणा के बल पर पूंजीपतियों के हृदय परिवर्तन की कल्पना जरूरत से ज्यादा आशावादी प्रतीत होती है।

**Trusteeship System | न्यास प्रणाली, न्यास व्यवस्था**

द्वितीय विश्वयुद्ध के पश्चात् इस प्रकार के प्रदेशों के लिए निर्धारित प्रशासन-व्यवस्था जिनका उल्लेख नीचे किया गया है: (i) वह प्रदेश जो राष्ट्र संघ की अधिदेश प्रणाली (Mandate System) के अधीन थे और अभी तक स्वतंत्र नहीं हुए थे। (ii) द्वितीय विश्वयुद्ध में पराजित धुरी राष्ट्रों जैसे जर्मनी तथा जापान से छीने गए उनके उपनिवेश तथा (iii) वे उपनिवेश जिन्हें उनके शासक-राज्य स्वेच्छा से इस प्रकार की प्रणाली में रखना स्वीकार करें। न्यास व्यवस्था का लक्ष्य संयुक्त राष्ट्र के संरक्षण में स्वाधीनता रहित उपनिवेशों और अन्य पिछड़े प्रदेशों का विकास कर उन्हें स्वतंत्रता के लिए सक्षम बनाना था। संतोषजनक बात यह है कि आज प्रशांत महासागर के द्वीपों को छोड़कर सभी न्यासित प्रदेश स्वतंत्र हो गए हैं।

**Tulsi Das | तुलसी दास (1532-1623)**

भारत के मध्यकालीन संत कवि जिन्होंने अवधी भाषा, (आज के हिन्दी) में 'रामचरित मानस' तथा राम के जीवन से जुड़ी अनेक धार्मिक पुस्तकों की रचना की। उनकी रचना रामभक्ति से जुड़ी है और हिन्दुओं के बीच भक्तिभाव, सामाजिक समन्वय और नैतिकता का आदर्श है।

**Twenty Point Programme | (20-सूत्री कार्यक्रम)**

1975 में आपातकाल के घोषणा के बाद श्रीमती गाँधी के द्वारा गरीब जनसंख्या के जीवन स्तर सुधारने के लिए लागू किया गया। यह भारत की पाँचवी पंचवर्षीय योजना का प्रमुख अंग था। 1986 एवं 2004 में इसमें कुछ सुधार कर नए नए कार्यक्रम आर्थिक उन्नति एवं रोजगार के लिए जोड़े गए।

**Two Party System | द्विदलीय या दो दलीय प्रणाली**

ऐसी लोकतंत्रीय व्यवस्था जिसमें सत्ता प्राप्ति की स्पर्धा मुख्यतया दो राजनीतिक दलों के मध्य चलती है। अन्य छोटे-छोटे दल भी वहाँ हो सकते हैं और होते भी हैं पर उनकी शक्ति और प्रभाव अपेक्षाकृत बहुत कम होता है। यह प्रणाली संसदीय प्रणाली के लिए बड़ी उपयुक्त रहती है क्योंकि इसमें स्थिर सरकार बनाना सुगम हो जाता है और विपक्ष की भूमिका भी बहुत महत्वपूर्ण हो जाती है। ब्रिटिश प्रणाली इसका सर्वोत्तम उदाहरण है। यह प्रणाली एक स्वस्थ राजनीतिक स्थिति की सूचक है क्योंकि इसमें समस्त वर्गों और समूहों के हितों को राष्ट्रीय हित में समन्वित करने का प्रयत्न बना रहता है तथा राष्ट्रीय नीति के मुद्दों पर कमोबेश मतैक्य की स्थिति आ जाती है और तब उस नीति को क्रियान्वित करने में सुविधा हो जाती है। यह बात बहुदलीय प्रणाली (Multi Party System) में संभव नहीं हो पाती है।

**Tyranny | नृशंसतंत्र**

ऐसी व्यवस्था जिसमें शासक किसी नियम, कानून या संविधान से बँधा नहीं रहता, उसकी शक्ति पर कोई अंकुश नहीं होता, और वह प्रजा को भयभीत करके या आतंकित करके अपनी इच्छा की पूर्ति करता है।

**Tyranny of Majority | बहुमत का आतंक या भय**

'बहुमत का भय' पद का प्रयोग सर्वप्रथम जॉन स्टुअर्ट मिल ने अपने निबंध Essay on Liberty (1860) में किया था। इस पद के पीछे यह विचार निहित है कि अपनी राय व्यक्त करने की स्वतंत्रता तथा अपने तरीके से जीने की स्वतंत्रता जैसे मूल्य, बहुमत वाले लोकतंत्र में खतरे में पड़ जाते हैं। मिल का मानना है कि अशिक्षित मजदूर वर्ग का बहुमत उन सम्मतियों और व्यवहारों को सहन नहीं कर पाते जो उनके विचारों से मेल नहीं खाते। ऐसे में वह अपने से विपरीत विचार वालों को पीड़ित कर सकते हैं। इसे ही बहुमत का आतंक कहा जाता है।

# U

## UN Fund of Population Control (UNFPA) | संयुक्त राष्ट्र जनसंख्या नियन्त्रण कोष

इसकी स्थापना 1967 में हुई थी। इसका मुख्यालय न्यूयार्क में है। विश्व में बढ़ती जनसंख्या पर नियन्त्रण और परिवार नियोजन सम्बन्धी कार्यक्रमों को प्रोत्साहित करता है।

## U-2 Aircraft Incident | यू-2 विमान कांड

1 मई 1960 को अमेरिका का जासूसी विमान यू-2 सोवियत सीमा में जासूसी करते हुए पकड़ा गया। इस विमान में जासूसी के अनेक उपकरण व यन्त्र पकड़े गए। विमान चालक ने यह स्वीकार किया कि उसे सोवियत संघ के आकाश में निरीक्षण करने व सैनिक अड्डों की सूचना प्राप्त करने के लिए भेजा गया था। बात तब बहुत अधिक बढ़ गई जब अमेरिकी राष्ट्रपति आइजन हॉवर ने स्पष्ट शब्दों में कह दिया कि सोवियत संघ में सामरिक गतिविधियाँ बड़ी गुप्त रहती हैं, अतः किसी आकस्मिक आक्रमण को रोकने के लिए अमेरिका ऐसी जासूसी कार्यवाहियाँ करता है और आगे भी करता रहेगा। ख़ुश्चेव ने इस जासूसी उड़ान को अत्यन्त उत्तेजनात्मक कार्य और सोवियत संघ का घोर अपमान कहा। सोवियत संघ ने इसकी शिकायत सुरक्षा परिषद में की। इस तरह यू-2 विमान काण्ड ने शीतयुद्ध में तूफान ला दिया।

## Ultimatum | अंतिम चेतावनी/अंतिम प्रस्ताव

राजनयिक व्यवहार के अन्तर्गत, कोई वार्ता भंग होने से पहले दी गई अंतिम चेतावनी। इसमें दूसरे पक्ष को प्रायः इस आशय की लिखित सूचना भेजी जाती है कि यदि अमुक दिन और अमुक समय तक इस प्रश्न का संतोषजनक उत्तर नहीं मिला तो उस पक्ष को इसका परिणाम भुगतने के लिए तैयार रहना चाहिए। अंतिम चेतावनी देने वाला पक्ष कोई कठोर कदम उठाने का इरादा तो अवश्य रखता है, परंतु यह जरूरी नहीं कि वह युद्ध के लिए ही तैयार बैठा हो।

## Ultra Virus | शक्ति-बाह्य/अधिकार-बाह्य

वह स्थिति जिसमें कोई उच्च न्यायालय या सर्वोच्च न्यायालय किसी कानून के बारे में यह निर्णय दे देता है कि उसे बनाने वाली संस्था कानून की दृष्टि से वैसा कानून बनाने में समर्थ नहीं थी, विशेषतः इसलिए कि वैसा कानून बनाने से संविधान की किसी व्यवस्था या सिद्धान्त का उल्लंघन होता है। ऐसा निर्णय दिए जाने पर वह कानून रद्द माना जाता है। ऐसा निर्णय केवल वहीं दिया जा सकता है जहाँ न्यायालयों को न्यायिक पुनरीक्षण को शक्ति प्राप्त हो, जैसे कि संयुक्त राज्य अमेरिका या भारत में है।

## Under Development | अल्प विकास

जे. एच. मिटलमैन ने "आउट फ्रॉम अण्डर डवलपमेन्ट प्रॉस्पेक्टस फॉर द थर्ड वर्ल्ड (अल्प विकास से बाहर: तीसरी दुनिया का भविष्य) (1988) के अन्तर्गत लिखा है" अल्पविकास का अर्थ ऐसी बाध्यताएं (Constraints) जो सामाजिक संरचना के तर्क संगत रूपान्तरण को रोक देती हैं।

संक्षेप में यह है कि लोग अपने समाज को तर्क संगत रूप में ढालने के लिए प्राकृतिक और मानवीय संसाधनों का सर्वोत्तम प्रयोग करना चाहते हैं। जो तत्व और प्रक्रियाएँ उनके इस प्रयास में बाधा डालती हैं वे अल्पविकास की सूचक हैं। जो इसे बढ़ावा देती हैं, वे विकास की सूचक हैं।

अल्प विकास के कारण तथा विकास के सुझाव हेतु दो दृष्टिकोण हैं: (1) उदारवादी दृष्टिकोण (Liberal View): उदारवादी दृष्टिकोण के अन्तर्गत जेम्स.एस. कौलमैन, डब्ल्यू. डब्ल्यू. रोस्टो, आर्गेन्सकी एवं सीमोर लिप्सैट के विचार प्रमुख हैं।

## Unemployment | बेरोजगारी

वे सभी व्यक्ति जो काम करने के योग्य हैं पर काम के अभाव में बेकार बैठे रहते हैं। रोजगार कार्यालयों, मध्यस्थों, मित्रों, संबंधियों के माध्यम से रोजगार खोजते रहते हैं। किसी भी दशा और पारिश्रमिक पर काम करने को तैयार रहते हैं। मंदी के दौर में बेरोजगारी राजनीतिक आन्दोलनों और लोक लुभावनी नीति को जन्म देती है। बेरोजगारी एक अभिशाप है जिसे सरकार की गलत नीति और कार्यप्रणाली बढ़ाती है। भारत सहित विश्व के विकसित देशों में भी 5 से 10 प्रतिशत की दर से बेरोजगारी में वृद्धि जारी है।

## Unesco | यूनेस्को, संयुक्त राष्ट्र, शिक्षा, विज्ञान तथा संस्कृति संगठन

4 नवम्बर 1946 को इसकी स्थापना हुई। इसका मुख्यालय पेरिस (फ्रांस) में है। इसकी प्रस्तावना में कहा गया है कि "चूंकि युद्ध मनुष्यों के मन में उत्पन्न होते हैं। इसके लिए शान्ति को सुरक्षित रखने की आधारशिलाएँ भी मनुष्यों के मन में ही बनाई जानी चाहिए" अतः यूनेस्को का मुख्य उद्देश्य मनुष्य के मन को इस प्रकार परिवर्तित कर देना है कि युद्ध की संभावना ही समाप्त हो जाएगी। यूनेस्को के संविधान की धारा 1 के अनुसार "इस संगठन का उद्देश्य न्याय, विधि, शासन, मानव अधिकारों और मूलभूत स्वतन्त्रताओं के प्रति सार्वभौमिक आदर की वृद्धि के लिए शिक्षा, विज्ञान और संस्कृति के माध्यम से राष्ट्रों के बीच सहयोग के द्वारा शांति और सुरक्षा का विकास करना है।

यूनेस्को के तीन अंग हैं (1) महासम्मेलन इसमें प्रत्येक सदस्य देश का एक-एक प्रतिनिधि होता है। इसकी बैठक दो वर्ष में एक बार होती है और वह इसकी नीति तथा कार्यक्रमों को निर्धारित करती है (2) कार्यकारी बोर्ड इसके 24 सदस्य महासम्मेलन द्वारा चुने जाते हैं। इसकी बैठक वर्ष में दो बार होती है। (3) इसका एक सचिवालय होता है इसमें एक महानिदेशक तथा उसका अन्तर्राष्ट्रीय स्टाफ होता है।

## Unfriendly Act | अमैत्रीपूर्ण कार्य

राजनयिक व्यवहार के अन्तर्गत, वह स्थिति जब कोई राज्य किसी अन्य राज्य की किसी प्रस्तावित कार्यवाही के बारे में यह टिप्पणी और चेतावनी देता है कि उसे करने से दोनों राज्यों के सम्बन्ध बिगड़ जाएंगे। सम्बन्ध बिगड़ने का अर्थ दोनों राज्यों के बीच युद्ध छिड़ जाना हो सकता है।

## Unicameral | एक-सदनीय

ऐसा विधानमण्डल जिसमें केवल एक सदन की व्यवस्था हो। इसे मतदाताओं के द्वारा एक निश्चित अवधि, प्राय: पाँच वर्ष के लिए निर्वाचित किया जाता है। भारत में केवल 6 राज्यों में ही द्विसदन है शेष सभी राज्यों में एक सदनीय विधायिका ही है।

## Unilateral Declaration of Independence | स्वाधीनता की एकपक्षीय घोषणा

यदि कोई राज्य अन्य राज्य के अधीन हो या किसी संघ का सदस्य हो, और वह अपने शासक राज्य या संघ सरकार से सहमति लिए बिना अपनी स्वाधीनता की घोषणा कर दे तो इसे स्वाधीनता की एकपक्षीय घोषणा कहा जाता है। शासक राज्य या संघ इस तरह की घोषणा करने वाले राज्य की

कार्यवाही को गैर कानूनी मानता है। उदाहरण के लिए, 1965 में इयान स्मिथ की रोडेशिया सरकार ने अपने आप को ग्रेट ब्रिटेन से स्वाधीन घोषित कर दिया था और इसके लिए उसने सहमति प्राप्त नहीं की थी। अतः उसकी घोषणा स्वाधीनता की एकपक्षीय घोषणा थी।

## Unilateralism | एक पक्षीय निर्णय का सिद्धान्त

इस पद का जन्म सर्वप्रथम 1950 के वर्षों में ब्रिटेन में होने वाले उन प्रदर्शनों के दरम्यान हुआ था जो परमाणु हथियारों के विरुद्ध किए गए थे। यह वह सिद्धान्त है जो कि यह कहता है ब्रिटेन की सरकार को सभी परमाणु हथियारों को तत्काल नष्ट कर देना चाहिए, चाहे अन्य कोई राष्ट्र ऐसा करने के लिये सहमत हो या नहीं। इस सिद्धान्त के दूसरे रूपान्तरण में यह कहा गया कि ब्रिटेन को न केवल परमाणु हथियार नष्ट ही करने चाहिए बल्कि उसे अपनी भूमि पर उनके प्रयोग की अनुमति भी नहीं देनी चाहिए।

## Union | संघ

किसी राष्ट्र के विशिष्ट उद्देश्य की पूर्ति के लिए स्वतंत्र देशों अथवा व्यक्तियों का संगठन अथवा संघट्ट जैसे सीमा शुल्क संघ, श्रमिक संघ, डाकसंघ आदि अथवा किसी सामान्य उद्देश्य की पूर्ति के लिए स्वतंत्र राष्ट्रों का संगठन जैसे, राष्ट्रमंडल अथवा स्वतंत्र राजनीतिक इकाइयों द्वारा एक संघात्मक राज्य में परिवर्तित हो जाने का निश्चय। या किन्हीं कारणों से दो या अधिक राज्यों का सम्मेलन, जैसे 1757 में इंग्लैण्ड और स्कॉटलैण्ड का सम्मेलन।

## Union List | संघीय सूची, संघ सूची

भारतीय संविधान की सातवीं अनुसूची में वर्णित तीन सूचियों में से वह सूची जिसमें प्रमाणित विषयों पर संविधान के अन्तर्गत केवल संघीय संसद ही विधि-निर्माण का कार्य कर सकती है। इस सूची में 97 विषय हैं। इसमें वर्णित महत्वपूर्ण विषय इस प्रकार हैं। विदेशी सम्बन्ध, प्रतिरक्षा एवं युद्ध के संचालन के लिए नितांत आवश्यक उद्योगों का प्रबंध एवं नियंत्रण, निवारक निरोध (प्रीवेंटिव डिटेंशन), नागरिकता, देशीयकरण, रेल, राष्ट्रीय राजपथ, वायुपथ, विमान एवं विमान परिवहन, डाक तथा तार व्यवस्था, विदेशी व्यापार एवं वाणिज्य, व्यापारिक निगम, प्रतिलिप्याधिकार (कापीराइट), तेलक्षेत्र, खनिज तेल, नमक, अफीम की खेती, औद्योगिक सम्बन्ध, उच्च शिक्षा संस्थाएँ, प्राविधिक अन्वेषण, जनगणना (सेन्शस) तथा निर्वाचन आदि।

## Union Parliament | संसद

भारतीय राजनीतिक प्रणाली में संसद संघीय सरकार का एकमात्र द्विसदनीय विधायनी अंग है। इसके दो सदन हैं, लोकसभा तथा राज्यसभा। संसद को संघ सूची तथा समवर्ती सूची के विषयों पर विधि निर्माण का सर्वोच्च अधिकार है। संघ सरकार बिना संसद की अनुमति के न कोई कर लगा सकती है तथा न ही कोई व्यय कर सकती है। इसमें मंत्रिमण्डल लोकसभा के प्रति सामूहिक रूप से उत्तरदायी होता है। संसद को संविधान में संशोधन करने का भी अधिकार है तथा यह राष्ट्रपति पर महाभियोग भी लगा सकती है। विधायी तथा वित्तीय क्षेत्रों में राज्यसभा की स्थिति लोकसभा की अपेक्षा दुर्बल है। वास्तव में, संसद को भारतीय जनता का दर्पण अथवा लघुरूप माना जाता है तथा इसके माध्यम से ही सार्वजनिक संप्रभुता की अवधारणा साकार होती है।

## Union State | एकात्मक राज्य

किसी देश का इस प्रकार का राज्य जहाँ शासन की संपूर्ण सत्ता केन्द्रीय सरकार में निहित हो तथा जहाँ प्रांतीय एवं स्थानीय सरकारें अपनी संपूर्ण शक्ति केन्द्रीय सरकार से ही प्राप्त करती हों। इस

प्रकार के राष्ट्र में केन्द्रीय शासन तथा प्रांतीय शासनों के मध्य शक्तियों का कोई सांविधानिक अथवा औपचारिक वितरण नहीं होता। चूंकि समस्त शक्तियाँ मूल रूप से केन्द्रीय सरकार में निहित होती हैं। अतः केन्द्रीय सरकार इच्छानुसार इकाईयों की शक्ति को घटा-बढ़ा सकती है। इंग्लैण्ड तथा फ्रांस एकात्मक राज्य के सर्वश्रेष्ठ उदाहरण हैं।

## Union State Relation | संघ राज्य सम्बन्ध

भारत एक संघ राज्य है। संविधान के भाग 11 एवं 12 में संघ राज्य सम्बन्धों का वर्णन है तथा 7वीं अनुसूची अनु. 246 में राज्य के कार्यों की तीन सूचियों का वर्णन है। (1) संघ सूची 99 - राष्ट्रीय महत्त्व के विषयों का वर्णन है, इन पर कानून संघ की सरकार बनाती है। (2) राज्य सूची 61 - विषय राज्यीय महत्व के विषय इन पर राज्यों की सरकारें कानून बनाती हैं। (3) समवर्ती सूची 52 - विषय ये संघ और राज्य दोनों के महत्त्व के विषय हैं। इन पर कानून संघ और राज्यों दोनों ही सरकारें कानून बना सकती हैं। लेकिन दोनों में विरोध की स्थिति में संघ सरकार का कानून ही मान्य होगा।

केन्द्र-राज्य सम्बन्धों को तीन भागों में विभाजित किया जा सकता है।

1. केन्द्र तथा राज्यों के विधायी सम्बन्ध - संविधान के भाग 11 के अध्याय 1 के अनुच्छेद 245 से 255 तक विधायी सम्बन्धों का उल्लेख किया गया है। संघ व राज्यों के विधायी सम्बन्धों का संचालन उन तीन सूचियों के आधार पर होता है जिन्हें संघ सूची (Union List) राज्यसूची (State List) व समवर्ती सूची (Concurrent List) का नाम दिया गया है।
2. केन्द्र-राज्य प्रशासनिक सम्बन्ध भारतीय संविधान के भाग 11 के दूसरे अध्याय में अनुच्छेद 256 से 263 तक दिए गए हैं।
3. केन्द्र तथा राज्यों के वित्तीय सम्बन्ध संविधान के भाग 12 में अध्याय 1 में अनुच्छेद 264 से 281 तक वित्तीय सम्बन्धों का उल्लेख किया गया है।

## Union Territory | केन्द्रशासित क्षेत्र

भारत की संघीय प्रणाली के अन्तर्गत ऐसे क्षेत्र जिन्हें पूर्ण 'राज्य' का दर्जा नहीं दिया जाता बल्कि उनका प्रशासन केन्द्र सरकार चलाती है। यदि राष्ट्रपति उचित समझे तो ऐसे किसी भी क्षेत्र के लिए वह कोई प्रशासक नियुक्त कर सकता है। उदाहरण के लिए, अरुणाचल प्रदेश, दिल्ली, गोवा-दमन-दीव, मिजोरम तथा पांडिचेरी के प्रशासकों को उपराज्यपाल कहा जाता है, जबकि अंडमान-निकोबार द्वीप समूह तथा चंडीगढ़ के प्रशासकों को मुख्य आयुक्त की संज्ञा दी जाती है। गोवा-दमन-दीव का उपराज्यपाल दादरा और नागर हवेली का प्रशासक भी है जबकि लक्षदीप के लिए पृथक प्रशासक की व्यवस्था की गई है।

## Unique Identification Number (UID) | विशिष्ट पहचान संख्या आधार

देश की सभी नागरिकों को विशिष्ट पहचान देने के लिए उनकी तसवीर द्वारा निश्चित नम्बर का पहचान पत्र देने की प्रक्रिया। इसे महाराष्ट्र के नंदूरबार जिला के तेंभली (Tembhli) गाँव में 29 सितम्बर 2010 को शुरू किया गया। इससे प्रत्येक व्यक्ति के पहचान का विशिष्ट नंबर होगा। इस नंबर से गरीब लोगों को सरकारी सहायता एवं अन्य सुविधा की राशि सीधे उनके बैंक खाते में जमा करवायी जा सकती है। इसे आधार कार्ड भी कहा जाता है।

## Unitary Government | एकात्मक शासन

ऐसी शासन प्रणाली जिसमें राज्य के सम्पूर्ण क्षेत्र का शासन एक ही सरकार चलाती है, अतः वहाँ एक ही विधानमंडल और एक ही कार्यपालिका होती है। न्यायपालिका तो वैसे भी ऊपर से नीचे

तक जुड़ी हुई होती है। इस दृष्टि से यह संघीय व्यवस्था से भिन्न होती है। एकात्मक व्यवस्था के अन्तर्गत कुछ अधिकार और प्रशासनिक कार्य स्थानीय इकाईयों को सौंपे जा सकते हैं, परन्तु स्थानीय इकाईयां इन सौंपी गई शक्तियों से बंधी होती हैं, उन्हें अपने अधिकार से कोई निर्णय करने की शक्ति प्राप्त नहीं होती।

## United Fronts | संयुक्त मोर्चा, संयुक्त विधायक दल

1967 के आम चुनावों में भारतीय राजनीति में कांग्रेस के एकाधिपत्य को समाप्त कर दिया। देश के 17 में से 4 राज्यों में कांग्रेस का बहुमत समाप्त हो गया और इनमें से 7 में कांग्रेस अपनी सरकार बनाने में असफल रही। कुछ दलों ने मिलकर संयुक्त मोर्चे बनाए और भारतीय राजनीति में एक बड़े पैमाने पर मिली-जुली सरकारों का प्रारम्भ हुआ। पहले चरण में गैर सरकारी संयुक्त मोर्चे की ही मिली-जुली सरकारे बनीं। बाद में कांग्रेस ने भी दूसरे दलों के साथ गठबन्धन करके मिली-जुली सरकारों में भाग लेना शुरू कर दिया।

## United Nations | संयुक्त राष्ट्र

1 जनवरी 1942 को ब्रिटेन, सोवियत संघ, चीन तथा अन्य 26 मित्र राष्ट्रों के प्रतिनिधियों का एक सम्मेलन संयुक्त राज्य अमेरिका के सेन फ्रांसिस्को नगर में हुआ जिसमें यह निर्णय हुआ कि ये राष्ट्र सम्मिलित होकर धुरी राष्ट्रों का सामना करेंगे। इस संगठन को संयुक्त राष्ट्र अथवा यूनाइटेड नेशन्स का नाम अमेरिका के तत्कालीन राष्ट्रपति फ्रेंकलिन डी. रूजवेल्ट द्वारा प्रदान किया गया था।

1 जून 1945 को आगे चलकर सेन फ्रांसिस्को में संयुक्त राष्ट्रों का सम्मेलन हुआ तो इसके सदस्यों की संख्या 50 हो चुकी थी। इस सम्मेलन में संयुक्त राष्ट्र घोषणा (प्रस्तावना और 111 अनुच्छेद) को अन्तिम रूप दिया गया और संयुक्त राष्ट्र संघ की औपचारिक स्थापना इसके अस्थायी मुख्यालय लेंक सक्सेस (अमेरिका) में हुई। अधिकार पत्र पर 50 राष्ट्रों के प्रतिनिधियों द्वारा 26 जून 1945 को हस्ताक्षर किए गए। पोलैंड का प्रतिनिधित्व इस अधिवेशन में नहीं हो सका। उसने बाद में इस पर हस्ताक्षर किए और वह 51 सदस्य राज्यों में से एक मूल सदस्य बन गया। इस तरह UNO 24 अक्टूबर 1945 को अस्तित्व में आया।

## United Nations Environment Programme (UNEP) | संयुक्त राष्ट्र पर्यावरण कार्यक्रम

संयुक्त राष्ट्र प्रणाली के पर्यावरणीय विवेक के बतौर गठित यूएनईपी अन्तर्राष्ट्रीय पर्यावरणीय कानून तैयार करने और संयुक्त राष्ट्र प्रणाली को सामाजिक एवं आर्थिक नीतियों एवं कार्यक्रमों में पर्यावरणीय विचारों को शामिल करने में सहायता देती है। यूएनईपी ऐसी समस्याओं के समाधान में सहायता करती है जिन्हें अकेले देश नहीं संभाल सकते। यह सहमति निर्माण और अन्तर्राष्ट्रीय समझौतों को पुष्ट बनाने के लिए एक फोरम प्रस्तुत करती है। ऐसा करते समय यह टिकाऊ विकास की उपलब्धि में व्यवसाय और उद्योग, वैज्ञानिक एवं एकेडमिक समुदाय, गैर सरकारी संगठनों, सामुदायिक समूहों की भागीदारी का विस्तार करने का प्रयत्न करती है। यूएनईपी का एक कार्य पर्यावरण पर वैज्ञानिक ज्ञान एवं सूचना को बढ़ावा देना है। एक विश्वव्यापी नेटवर्क वैश्विक संसाधन सामग्री आधार (ग्लोबल रिसोर्स इन्फोरमेशन डेटाबेस-जीआरआईडी-ग्रिड) की रचना करते हुए इसके माध्यम से यूएनईपी क्षेत्रीय स्तर पर यथा सम्भव बेहतर सामग्री एवं सूचना के संकलन और वितरण के कार्य को सुविधाजनक बनाती तथा समन्वित करती है। यूएनईपी-आईएनएफओ टीआरआरए पर्यावरणीय सूचना के विनियम तथा वैज्ञानिक एवं तकनीकी जिज्ञासाओं का उत्तर देने वाली सेवाओं के राष्ट्रीय संकायों का समूह है जो 175 से अधिक देशों में एकीकृत पर्यावरणीय सूचना सेवा प्रदान कर रहा है।

यूएनईपी का शासी निकाय प्रबन्धक परिषद 58 देशों से गठित है। यह वार्षिक बैठक करता है। कार्यक्रमों को वित्त पर्यावरण निधि एवं सरकारों के स्वैच्छिक अनुदानों से प्राप्त होता हैं। यूएनईपी के स्टाफ में 680 सदस्य कार्यरत हैं।

**United Nations High Commission of Refugies (UNHCR) | संयुक्त राष्ट्र शरणार्थी उच्चायुक्त**

1 जनवरी 1951 को इसकी स्थापना हुई। इसका मुख्यालय जिनेवा (स्विट्जरलैण्ड) में है। इसका कार्य ऐसे व्यक्तियों की सहायता करना है, जिन्होंने अपने देश को जाति, धर्म, राष्ट्रीयता, राजनीतिक विद्वेष आदि कारणों से छोड़ दिया है और जो अपने देश वापस नहीं जाना चाहते हैं। इसे 1954 एवं 1981 का शांति नोबेल पुरस्कार मिल चुका है। इसके महानिदेशक एन्टोनियो गुटर्रस हैं।

**United Nations of Child Emergency Fund (UNICEF) | संयुक्त राष्ट्र बल आपातकोष**

इसकी स्थापना 11 दिसम्बर 1946 को हुई। इसका मुख्यालय न्यूयॉर्क (अमेरिका) में है। यह अविकसित देशों के बालकों के कल्याण के लिए कार्य करती है और आपातकाल में सहायता देती है। इसकी महानिदेशक सुश्री एन. वेनमेन अमेरिका की हैं। इस संस्था को 1965 का नोबेल शांति पुरस्कार मिला।

**United Nations of Human Right Council (UNHRC) | संयुक्त राष्ट्र मानवाधिकार परिषद**

16 जून 2006 को औपचारिक रूप से मानव अधिकार परिषद का गठन हुआ। इसमें 47 सदस्य होंगे। यह संस्था सीधे ही महासभा के अधीन कार्यरत रहेगी। इसके सदस्यों का कार्यकाल तीन वर्ष होगा। एक तिहाई सदस्य प्रतिवर्ष सेवानिवृत्त होंगे। इसके सदस्यों का चुनाव महासभा द्वारा 9 मई 2006 को किया। भारत भी एक वर्ष के कार्यकाल के लिए सदस्य चुना गया। एक वर्ष बाद भारत तीन वर्ष के कार्यकाल के लिए दुबारा चुन लिया गया है। ध्यातव्य है कि इससे पहले यह संस्था मानव अधिकार आयोग के नाम से यूनेस्को के अधीन कार्यरत थी।

**United Nations of Industrial Development Organization (UNIDO) | संयुक्त राष्ट्र औद्योगिक विकास संगठन**

इसकी स्थापना 1966 में हुई। इसने कार्य प्रारम्भ जनवरी 1967 से किया। यह विकासशील देशों के औद्योगिक विकास के लिए कार्य करता है। इसके लिए उन्हें यह तकनीकी सहायता, प्रशिक्षण, और परामर्श सुविधाएँ प्रदान करती है। इसका मुख्यालय वियना (ऑस्ट्रिया) में है।

**United Nations Organization | संयुक्त राष्ट्र संघ**

यह उन राष्ट्रों का संघ है जिन्होंने एक अधिकार पत्र (Charter) पर हस्ताक्षर करके यह प्रतिज्ञा की कि वे अन्तर्राष्ट्रीय शांति और सुरक्षा कायम रखेंगे, और ऐसी राजनीतिक, आर्थिक तथा सामाजिक परिस्थितियाँ स्थापित करने में सहयोग देंगे जिनमें इस लक्ष्य की सिद्धि करना सुगम हो जाए। इस संगठन की स्थापना दूसरे विश्वयुद्ध के बाद 24 अक्टूबर 1945 में हुई थी। शुरू में इसके 50 राष्ट्र ही सदस्य बने थे। इसका मुख्यालय मैनहटन द्वीप, न्यूयॉर्क, अमेरिका में है। इस संगठन के प्रमुख

अंग हैं: महासभा (General Assembly), आर्थिक तथा सामाजिक परिषद (Economic and Social Council) न्यासिता परिषद (Trusteeship Council), अन्तर्राष्ट्रीय न्यायालय (International Court of Justice) और UN Secretariate (सचिवालय)। अन्तर्राष्ट्रीय श्रम संगठन (International Labour Organization), UNESCO, (United Cultural Organization) संयुक्त राष्ट्र शिक्षा-विज्ञान संस्कृति संगठन, खाद्य एवं कृषि संगठन (Food and Agricultural) तथा विश्व स्वास्थ्य संगठन (WHO = World Health Organization), संयुक्त राष्ट्र संघ के विशिष्ट अभिकरण (Specializaed Agencies) हैं। सन् 2012 तक इसके 193 सदस्य देश हैं। इसके अधिकृत भाषा अंग्रेजी, फ्रेंच, चीनी, अरबी, रूसी और स्पेनिस है।

## Uniting for Peace Resolution | शान्ति के लिए एकता प्रस्ताव

विश्व शान्ति की स्थापना के क्षेत्र में महासभा को उपयोगी बनाने का महत्त्वपूर्ण प्रयास 3 नवम्बर, 1950 को किया गया। इस दिन महासभा ने शान्ति के लिए एकता प्रस्ताव स्वीकार किया। इसका अर्थ था कि विश्व शान्ति एवं सुरक्षा स्थापित करने में सुरक्षा परिषद असमर्थ हो तो 24 घंटे के भीतर महासभा का आपातकालीन अधिवेशन बुलाने का प्रावधान किया गया, साथ ही महासभा इस प्रस्ताव के तहत विश्व शांति व सुरक्षा की स्थापना के लिए सामूहिक कार्यवाही व सेना का प्रयोग करने की सिफारिश कर सकती है। शांति के लिए एकता प्रस्ताव की 5 धाराएँ है।

1. सुरक्षा परिषद के किन्हीं 9 सदस्यों के मतों या महासभा के बहुमत सदस्यों की सिफारिश पर 24 घन्टे की अल्पसूचना पर महासभा का आपात कालीन विशेष अधिवेशन बुलाया जाएगा।
2. प्रस्ताव ने 5 स्थायी सदस्यों सहित एक 14 सदस्यीय शांति निरीक्षण आयोग की स्थापना की। जो अन्तर्राष्ट्रीय तनाव उत्पन्न होने की स्थिति में निरीक्षण कर अपनी रिपोर्ट देगा।
3. एक 14 सदस्यीय सामूहिक समिति की स्थापना की जो अन्तर्राष्ट्रीय शांति व सुरक्षा को सुदृढ़ करने वाले उपायों का अध्ययन करेगी।
4. संयुक्त राष्ट्र संघ के उद्देश्यों के लिए सदस्य अपनी राष्ट्रीय सशस्त्र सेनाओं की टुकड़ियों को प्रशिक्षित, संगठित एवं सुसज्जित करें।
5. सदस्य राष्ट्रों से सिफारिश की गई कि वे संयुक्त संघ के प्रति निष्ठा को दोहरायें।

## Universal Adult Suffrage | सार्वजनिक वयस्क मताधिकार

वह मतदान प्रणाली जिसमें मत देने का अधिकार जाति, धर्म, वंश, लिंग, धन और शिक्षा सम्बन्धी भेदभावों के बिना ही वयस्क स्त्री-पुरुषों को मिला हो। सार्वभौम मताधिकार का सिद्धान्त लोक प्रभुत्व के सिद्धान्त का ही स्वाभाविक निष्कर्ष है। रूसो तथा अन्य फ्राँसीसी क्रान्तिकारियों की रचनाओं में इस सिद्धान्त का प्रबल प्रतिपादन हुआ है। भारतीय संविधान ने भी सार्वभौम मताधिकार के सिद्धान्त को स्वीकारा किया है तथा नाबालिग, पागल और अपराधी जैसे कुछ व्यक्तियों को छोड़कर बिना किसी भेदभाव के सभी भारतीयों को मतदान का पूर्ण और समान अधिकार है।

भारत के संविधान के भाग 15 (निर्वाचन) के अनुच्छेद 325 में कहा गया कि संसद के प्रत्येक सदन या किसी राज्य के विधान मण्डल के सदन के लिए एक साधारण निर्वाचक नामावली होगी और केवल धर्म, मूल वंश, जाति, लिंग या इनमें से किसी के आधार पर कोई व्यक्ति ऐसी किसी नामावली में सम्मिलित किए जाने के लिए अपात्र नहीं होगा। भारत में 18 वर्ष से ज्यादा उम्र के सभी स्त्री-पुरुषों को सार्वजनिक वयस्क मताधिकार 61वां संविधान संशोधन द्वारा दिया गया। इसके पूर्व यह 21 वर्ष था। तत्कालीन प्रधानमंत्री ने यह कदम दृढ़ता से उठाया था। हालांकि नए मतदाताओं ने विरोधी दल की लहर में वी.पी. सिंह का साथ दिया।

## Universal Brotherhood | विश्व बंधुत्व, विश्व भ्रातृत्व

विश्व बंधुत्व की भावना एक विचारात्मक सिद्धान्त या संकल्प है। समस्त विश्व के लोग एक परिवार अथवा समुदाय के सदस्य हैं। उनका जातीय, भौगोलिक, धार्मिक, राजनीतिक अथवा अन्य आधारों पर विभाजन कृत्रिम है, उनके मूल में केवल मानव अथवा मानवता है और उनके पारस्परिक सम्बन्ध भी मूलतः मानवतावाद के सिद्धान्तों पर आधारित होने चाहिए। वे मानव होने के नाते एक-दूसरे के भाई अथवा बंधु हैं तथा उनमें आपस में प्रेम, सहयोग, सहायता तथा शांति के सम्बन्ध होने चाहिए - कलह, ईर्ष्या तथा द्वेष नहीं।

विश्व बंधुत्व या भ्रातृत्व का नारा फ्रांसीसी क्रांतिकारियों द्वारा दिए गए तीन नारों में से एक था। बीसवीं शताब्दी में प्रथम महायुद्ध की समाप्ति के पश्चात् संयुक्त राष्ट्र संघ तथा उसके अनेक विशिष्ट अभिकरणों की स्थापना विश्व बंधुत्व अथवा विश्व भ्रातृत्व की कल्पना को साकार बनाने की दिशा में सराहनीय कदम है। यह भावना जनहित के लिए प्रेरक है।

## Universal Declaration of Human Rights | मानव अधिकार घोषणा पत्र

संयुक्त राष्ट्र संघ की महासभा द्वारा 10 दिसम्बर, 1948 को मानव के मूल अधिकारों की घोषणा की गई। इसके अनुसार सभी मनुष्यों के कुछ मौलिक या मानवीय अधिकारों को मान्यता दी गई जैसे, जीवन, स्वतंत्रता तथा सुरक्षा के अधिकार तथा किसी व्यक्ति को अकारण गिरफ्तार न किए जाने का प्रावधान, सभी व्यक्तियों को आवास, अभिव्यक्ति, एकत्रित होने, धार्मिक स्वतंत्रता तथा संविधान एवं विधि द्वारा स्वीकृत मूल अधिकारों की रक्षा करने के लिए प्रभावी वैध उपचार का अधिकार, सामाजिक सुरक्षा, शिक्षा तथा जीवकोपार्जन के अधिकार इसे मानव अधिकार घोषणा पत्र कहते हैं।

## Universal Disarmament | विश्वव्यापी निरस्त्रीकरण, सर्वदेशीय निरस्त्रीकरण

अन्तर्राष्ट्रीय राजनीति में विश्वयुद्धों के भय अथवा उसकी संभावना को समाप्त या कम करने के लिए विश्व के अनेक राज्यों द्वारा पारस्परिक संधि या समझौते करके युद्ध के विभिन्न प्रकार के घातक अस्त्र-शस्त्रों (जिसमें परमाणविक अस्त्र-शस्त्र भी सम्मिलित होते हैं) में भारी कटौती, उनके उत्पादन तथा क्रय-विक्रय पर नियंत्रण तथा इस हेतु अन्तर्राष्ट्रीय निरीक्षण की व्यवस्था आदि निरस्त्रीकरण की प्रक्रिया के भाग माने जाते हैं। इस प्रक्रिया में निर्धारित क्षेत्रों या प्रदेशों को अस्त्र-शस्त्र रहित बनाया जाना भी शामिल है। उदाहरणार्थ, समुद्रतल एवं अंतरिक्ष में नाभिकीय अस्त्रों का रखना भी वर्जित किया गया है।

## Universal International Law | विश्वव्यापी अन्तर्राष्ट्रीय कानून, विधि

अन्तर्राष्ट्रीय कानून के वे मूलभूत नियम अथवा सिद्धान्त जो सभी देशों के लिए बाध्यकारी माने जाते हैं तथा जिनकी बाध्यकारिता राज्यों की सहमति पर आश्रित नहीं है। सर्वव्यापी एक-दूसरे के अर्थ में अन्तर्राष्ट्रीय कानून से यह तात्पर्य लगाया जा सकता है कि ये अन्तर्राष्ट्रीय विधि के सामान्यतया सब देशों पर लागू होने वाले नियम अथवा सिद्धान्त हैं। इस अर्थ में सर्वव्यापी अथवा सामान्य अन्तर्राष्ट्रीय कानून विशिष्ट अन्तर्राष्ट्रीय विधि से भिन्न हो जाते हैं क्योंकि विशिष्ट अन्तर्राष्ट्रीय विधि केवल निर्धारित क्षेत्रों अथवा महाद्वीपों तक सीमित रह जाती है।

## Universal Personhood | सार्वभौमिक व्यक्तित्व

यास्मीन सोयसल ने 1998 में अपनी पुस्तक "लिमिट्स ऑफ सिटिजनशिप" में इस विचार को व्यक्त किया है कि वैश्वीकरण ने नागरिकता की एक नई और ज्यादा सार्वभौमिक संकल्पना है जो नागरिकता तक सीमित नहीं होकर जो कानूनी अधिकार और राष्ट्रीय जुड़ाव से अलग विश्वव्यापी है। यूरोप के अतिथि श्रमिक (guest workers) बिना नागरिकता प्राप्त किए वहाँ रहकर काम करते

हैं। मानवाधिकारों की अन्तर्राष्ट्रीय व्यवस्था, संयुक्त राष्ट्र के नेटवर्क और क्षेत्रीय संस्थाएँ वैश्विक नागरिक समाज के विचार को आगे बढ़ाते हैं।

## Universal Postal Union (UPU) | विश्व डाक संघ, सार्वभौम डाक संघ

इसकी स्थापना 1875 में हुई। यह 1948 में यू.एन.ओ. में शामिल किया गया। इसका मुख्यालय बर्न (स्विट्जरलैण्ड) में है। यह संगठन डाक सेवाओं के सम्बन्धों में अन्तर्राष्ट्रीय नियमों की स्थापना करने और डाक क्षेत्रों से सम्बन्धित सभी मामलों में विश्व के राष्ट्रों में तकनीकी सहायता करते हैं।

## Unneutral Service | अतटस्थ सेवा/तटस्थता विरुद्ध सेवा

अन्तर्राष्ट्रीय कानून के अन्तर्गत, किसी तटस्थ राष्ट्र द्वारा किसी युद्धरत राष्ट्र को दी गई सहायता जो कि तटस्थता के नियमों का उल्लंघन है। ऐसी हालत में सहायता पाने वाले के शत्रु राष्ट्र को यह अधिकार है कि वह "अतटस्थ सेवा" की गंभीरता को देखते हुए ऐसा करने वाले राष्ट्र को यथोचित दंड दे सकता है।

## Unparliamentary Expression | असंसदीय अभिव्यक्तियाँ

ऐसी अभिव्यक्तियाँ जो संसदीय सदाचार के विरुद्ध हों। संसद सदस्यों से अपेक्षा की जाती है कि वे मानहानिकारक, अशिष्ट, असंसदीय या अभद्र शब्दों का प्रयोग नहीं करें। यदि अध्यक्ष की राय हो कि किसी सदस्य ने असंसदीय शब्दों का प्रयोग किया है, तो वह ऐसे शब्द सभा की कार्यवाही से निकाल सकता है। मंत्रियों, सदस्यों, असंसदीय सरकारी अधिकारियों आदि पर नाम से या अन्य प्रकार से लगाये गए आरोप असंसदीय माने जाते हैं। एम.एन. कौल और एस.एल. शकधर ने प्रैक्टिस एंड प्रोसीजर ऑफ पार्लियामेन्ट (1968) में असंसदीय अभिव्यक्तियों की सूची दी है।

## Unstarred Question | अतारांकित प्रश्न

ऐसे प्रश्नों को अतारांकित प्रश्न इस कारण कहा जाता है कि इन पर तारांक नहीं लगा होता। ऐसे प्रश्नों का उत्तर लिखित रूप से दिया जाता है न कि तारांकित प्रश्नों की तरह मौखिक रूप से। इसी कारण इस पर अनुपूरक प्रश्न नहीं पूछे जा सकते हैं। इसका उल्लेख लोक कार्य संचालन नियम 39 में है।

## Untouchability | छुआछूत

हिन्दू समाज में छुआछूत की कुप्रथा प्राचीनकाल से ही व्याप्त है। वर्ण-व्यवस्था के कारण यही कुप्रथा अस्तित्व में आयी है। ब्राह्मण, क्षत्रिय, वैश्य और शूद्र नामक चतुवर्णों में से शूद्र को भारतीय समाज में निम्नवर्ण के अन्तर्गत माना जाता है। निम्न वर्ण की स्त्री और उच्च वर्ण के पुरुष से उत्पन्न सन्तान प्रतिलोम जाति की कहलाती है। ये लोग युग-युगों से अस्पृश्य माने जाते हैं। उच्च वर्णों के लोग हमेशा इन्हें बहिष्कृत करते रहे हैं और इनके लिए यह कठोर नियम था कि ये सवर्णों से दूर गांवों के बाहर ही रहें। सवर्णों द्वारा इस्तेमाल किए जाने वाले तालाबों और कुओं से पानी लेने का इन्हें अधिकार नहीं था। निम्न वर्ण को स्वच्छन्दता पूर्वक कहीं आने-जाने का उन्हें अधिकार नहीं था, अगर ये लोग आते-जाते थे तो इन्हें हिदायत दी गयी थी कि सड़कों पर या गांव की ओर आयें तो डण्डे से आवाज करते हुए आयें, जिससे यह ज्ञात होता था कि निम्न वर्ण का व्यक्ति आ रहा है। जिन स्थानों पर वैदिक क्रिया-कलाप होते हैं, वहाँ इन लोगों का जाना वर्जित था। अगर सवर्ण जाति का व्यक्ति इनको छू लेता था तो उसे तुरन्त स्नान करना अति आवश्यक होता था। समाज से बहिष्कृत किए जाने के कारण ये लोग अशिक्षा और दरिद्रता की अग्नि में जलते रहे। इन्हें अपनी आजीविका चलाने के लिए नीच से नीच कर्म भी करने पड़ते थे। उच्च वर्ण के लोग इनके साथ पशुवत व्यवहार करते थे तथा अमानुषिक अत्याचार के कारण लाखों लोगों ने ईसाई या मुस्लिम धर्म को स्वीकार कर लिया।

भारतीय सरकार ने अस्पृश्य लोगों को अनुसूचित जाति के अन्तर्गत रखा और इनकी स्थिति को ऊँचा उठाने की कोशिश की। इन लोगों के लिए शिक्षा की उचित व्यवस्था कर नौकरियों में भी आरक्षण व्यवस्था लागू की। महात्मा गांधी ने अछूतों का उद्धार करने की वास्तविक कोशिश शुरू की। उन्होंने इन लोगों को हरिजन नाम से पुकारा और अपनी हरिजन नामक पत्रिका में अनेक लेख लिखे। उन्होंने अपने व्यक्तिगत जीवन में हरिजनों को समानता का दर्जा दिया। गांधीजी के प्रोत्साहन के कारण कांग्रेस ने भी हरिजनोद्धार को अपने कार्यक्रमों में प्रमुख स्थान दिया। इन समस्त कोशिशों के बाद अब हरिजनों में आत्मविश्वास की भावना जाग्रत हुई है। मन्दिरों में इनका प्रवेश होने लगा है और शैक्षणिक, आर्थिक, राजनीतिक क्षेत्रों में इन लोगों का महत्व बढ़ने लगा है। भारत के संविधान के अनुच्छेद 17 में इसका अन्त करते हुए कहा गया है। 'अस्पृश्यता' का अन्त किया जाता है और उसका किसी भी रूप में आचरण निषिद्ध किया जाता है 'अस्पृश्यता' से उपजी किसी निर्योग्यता को लागू करना दण्डनीय अपराध होगा जो विधि के अनुसार दण्डनीय होगा।

## Unwritten Constitution | अलिखित संविधान

वह संविधान जिसके अधिकांश उपबन्ध कभी लेखबद्ध नहीं होते, जिसे न तो किसी निश्चित समय पर कोई संविधान सभा ही बनाती है और जो न प्रजाजनों के प्रति शासकों का अनुदान ही हो सकता है। अलिखित संविधान का धीरे-धीरे विकास होता है और वह मुख्यतया अभिसमयों, रूढ़ियों, लोकाचारों, परम्पराओं, न्यायिक निर्णयों और पूर्वोदाहरणों में निहित होता है। विश्व में अलिखित संविधान का श्रेष्ठ उदाहरण इंग्लैण्ड का संविधान है। इंग्लैण्ड का पूरा संविधान कभी लिपिबद्ध नहीं किया गया। हाँ उसके कुछ विशिष्ट अंश, जैसे मैग्नाकार्टा (1215), पेटीसन ऑफ राइपिस (1628) आदि अवश्य लेखबद्ध हैं। इंग्लैण्ड के अधिकांश सांविधानिक नियम परम्पराओं और अभिसमयों के परिणाम हैं इसलिए ब्रिटिश संविधान को संयोग एवं विवेक का शिशु (Child of Chance and Wisdom) कहा जाता है।

## Upper Chamber | उच्च संदन

व्यवस्थापिका दो प्रकार की होती है, एक सदनीय और द्विसदनीय। द्विसदनीय व्यवस्थापिका में दो सदन जिन्हें उच्च सदन और निम्न सदन नाम दिया गया है। उच्च सदन सामान्यतया स्थायी सदन होता है जो कभी भंग नहीं होता। इसके सदस्यों का कार्यकाल निश्चित रहता है। इसमें इकाईयों (राज्यों) को प्रतिनिधित्व मिला होता है। अमेरिका की सीनेट विश्व का सबसे शक्तिशाली उच्च सदन है। भारत में राज्य सभा उच्च सदन है जिसके 238 सदस्य 6 वर्ष के लिए अप्रत्यक्ष रूप से राज्यों की विधान सभाओं के द्वारा आनुपातिक पद्धति के अनुसार एकल संक्रमणीय मत द्वारा चुने जाते हैं। 12 सदस्य राष्ट्रपति द्वारा मनोनीत किए जाते हैं। इस प्रकार भारत में उच्च सदन की सदस्य संख्या 250 है।

## Urbanisation | शहरीकरण

किसी महानगरीय क्षेत्र का प्रसार, शहरी क्षेत्रों की जनसंख्या या उनके क्षेत्रफल का विस्तार या उनके अनुपात में समयानुसार वृद्धि। इसमें परिवर्तन अवधि वार्षिक, दशकीय या फिर कोई अंतवर्ती अवधि हो सकती है। विकासशील देशों खासकर भारत जैसे देश में ग्रामीण क्षेत्र में रोजगार और सुविधा में कमी से शहरों के तरफ पलायन होता है। अतः संयुक्त गठबंधन की सरकार के द्वारा ग्रामीण क्षेत्र में शहरी सुविधा का कार्यक्रम चलाया गया है।

## Usual Channel | प्रचलित प्रणाली

सदन के कार्य संचालन के सम्बन्ध में सरकार और विपक्ष के बीच बातचीत की प्रक्रिया। यह बातचीत दोनों पक्षों के सचेतकों के माध्यम से चलाई जाती है।

## Utilitarianism | उपयोगितावाद

उपयोगितावाद एक नैतिक, सामाजिक तथा राजनीतिक सिद्धान्त है जिसे बैंथम तथा जेम्स मिल ने प्रतिपादित किया था। मूलत: यह सिद्धान्त 'कल्याण' (The Good) तथा 'आनन्द' (Pleasure) के मध्य साधारण समीकरण का सिद्धान्त है। इस सिद्धान्त के अनुसार जो कोई नीति, निर्णय, प्रयास, कष्ट को कम कर आनन्द की वृद्धि करे वही सही और शुभ है। यह सिद्धान्त आनन्द के स्रोत के रूप में नैतिकता को स्वीकार नहीं करता। इस सिद्धान्त के अनुसार जिससे सुख मिले वही चीज या कार्य सही है। उपयोगिता का आधार भी आनन्द है। कविता से आनन्द प्राप्त होता है, इसलिए वह उपयोगी है पिन भी उपयोगी है अत: आनन्द देने वाली वस्तु है। जैरेमी बैंथम को उपयोगितावाद का प्रवर्तक माना जाता है।

## Utopia | स्वप्नलोक/कल्पनालोक

सर टॉमस मूर की प्रसिद्ध कृति 'यूटोपिया' 1516 में रचित में वर्णित एक काल्पनिक द्वीप जिसमें सब कुछ सर्वगुण सम्पन्न होता है, चाहे वह कानून हो, नैतिकता हो या राजनीति। उसमें यह भी दिखाया गया है कि उन सर्वगुण संपन्न कानूनों की तुलना में हमारे अपने कानून कितने अधूरे या त्रुटिपूर्ण हैं। लाक्षणिक अर्थ में ऐसी किसी भी योजना के लक्ष्य को स्वप्नलोक की संज्ञा दी जाती है। जो बहुत आकर्षक और अभीष्ट तो है परन्तु व्यावहारिक न हो। उदाहरण के लिए, प्लेटो ने जिस आदर्श राज्य की कल्पना अपनी पुस्तक 'रिपब्लिक' और 'द लॉ' में की है, उसे भी स्वप्नलोक कहा जाता है। मार्क्स के अनुसार वास्तविकता में ऐसे राज्य सम्भव नहीं है।

## Utopian Socialism | कल्पनालोकीय समाजवाद

कार्ल मार्क्स के पूर्वज समाजवादी चिंतकों तथा दार्शनिकों को कल्पनालोकीय कहा गया है क्योंकि समाज विषयक उनका विश्लेषण और उसका उपचार दोनों उनकी अपनी कल्पना संवेदना और परमार्थ भावना पर आधारित थे, किसी वैज्ञानिक विश्लेषण पद्धति पर नहीं। कल्पनालोकीय समाजवादियों में मुख्यतया सन्त साइमन, चार्ल्स फूरियर, विलियम गोडविन तथा रोबर्ट ओवेन के नाम विशेष रूप से उल्लेखनीय हैं। ये सभी अपने समकालीन सामाजिक अन्याय और आर्थिक शोषण से दु:खी थे तथा इनके कटुआलोचक थे। ये एक इस प्रकार के आदर्श समाज का निर्माण करना चाहते थे। जो स्वतंत्रता, समानता तथा न्याय पर आधारित हो तथा जहाँ शोषण या किसी प्रकार का भेदभाव न हो परंतु इन विचारकों के पास अपने विचारों को कार्यरूप देने के लिए कोई ठोस कार्यक्रम नहीं था। रोबर्ट ओवेन ने अपने व्यक्तिगत प्रयास एवं संसाधनों के अपने स्वप्नों के आदर्शों को कार्यरूप देने का प्रयास भी किया। परन्तु वह अधिक दिनों तक चलने वाला नहीं था। कुल मिलाकर, समाज तथा राजनीतिक एवं आर्थिक-व्यवस्था के पुनर्निर्माण की ये सभी योजनाएँ अव्यावहारिक थीं। इसलिए इनको "कल्पनालोकीय समाजवाद" कहा गया है।

## Utopianism | स्वप्न लोक या कल्पना लोकवाद

सर टॉमस मूर की प्रसिद्ध कृति (1516) में वर्णित एक काल्पनिक द्वीप जिसमें सब कुछ सर्वगुण सम्पन्न होता है, चाहे वह कानून हो, नैतिकता हो या राजनीति। उसमें यह भी दिखाया गया है कि उन सर्वगुण सम्पन्न कानूनों की तुलना में हमारे अपने कानून कितने अधूरे व त्रुटिपूर्ण हैं। लाक्षणिक अर्थ में ऐसी किसी भी योजना के लक्ष्य को स्वप्न लोक की संज्ञा दी जाती है जो बहुत आकर्षक हो परन्तु व्यावहारिक न हो। प्लेटो ने जिस आदर्श राज्य की कल्पना की है उसे भी स्वप्न लोक की संज्ञा दी जा सकती है।

# V

**V.E. Day (Victory in Europe Day) | यूरोप में विजय दिवस**

8 मई 1945 द्वितीय विश्वयुद्ध में जर्मनी पर पश्चिमी राष्ट्रों की जीत के उपलक्ष्य में विजय दिवस के रूप में मनाया गया था। 5 मई 1945 को उत्तर-पूर्वी जर्मनी, नीदरलैण्ड्स और डेनमार्क में जर्मनी की सारी सेनाओं के सेनापतियों ने बिना शर्त आत्मसमर्पण कर दिया था। दूसरे दिन ऑस्ट्रिया में भी नाजी सेनाओं ने यही किया। 7 मई को रीम्स के एक छोटे से विद्यालय में जर्मन साम्राज्य की सारी थल सेना, नौ सेना और वायु सेना का बिना शर्त आत्मसमर्पण कर दिया गया। 9 मई को बर्लिन में रूसियों के साथ एक अन्य समर्पण पत्र पर हस्ताक्षर हुए। जर्मनी ने जब पोलैंड पर आक्रमण किया था। 1 सितम्बर (1939) उसके 5 वर्ष और 8 माह बाद यूरोप में युद्ध समाप्त हुआ और मित्र देशों ने विजय दिवस मनाया।

**V.J. Day (Victory Over Japan Day) | जापान पर विजय दिवस**

6 अगस्त 1945 को हिरोशिया एवं 9 अगस्त 1945 को नागासाकी पर अणुबम गिराये जाने के बाद 14 अगस्त को जापान ने हथियार डाल दिए। मित्र देशों की ओर से जनरल मैकार्थर ने टोक्यो की खाड़ी में स्थित युद्ध पोत मिसोरी पर जापान द्वारा समर्पण स्वीकार किये जाने पर विजय दिवस मनाया गया।

**Value | मूल्य**

सामाजिक जीवन के अन्तर्गत, वे सब वस्तुएँ, सेवाएँ और व्यवहार जो अपने आप में उत्तम और वांछनीय मानी जाती हैं, और इसलिए अन्य वस्तुओं की उत्तमता का प्रमाण बन जाती हैं। उदाहरण के लिए न्याय को हम अपने आप में अभीष्ट और साध्य मानते हैं, किसी अन्य उद्देश्य की पूर्ति का साधन नहीं मानते। इसके अलावा, हम किसी भी व्यवस्था, कानून या नीति की उत्तमता को परखने के लिए यह जाँच करते हैं कि वह न्याय के अनुरूप है या नहीं।

**Value Added Tax | मूल्य जोड़ शुल्क**

प्राथमिक उत्पादक से छोटे उत्पादन (परचूनिया) और वितरण के प्रत्येक स्तर पर उगाही करने वाला अप्रत्यक्ष शुल्क। प्रत्येक स्तर पर शुल्क विक्रय मूल्य पर आँका जाता है, वरन् सरकार के लिए इसकी देयता की घोषणा में विक्रेता को वस्तुओं को खरीदते समय उन पर दिए गए किसी भी शुल्क की कटौती करने की अनुमति होती है। गत् कुछ वर्षों से राज्य एवं केन्द्र सरकार के बीच वैट विवाद का विषय रहा है। इससे राज्य सरकारों को अपनी आमदनी में कमी होने का भय था। लेकिन लागू किए जाने के बाद राज्य सरकारों की आय में भी वृद्धि देखी गयी।

**Value Free | मूल्य मुक्त, निष्पक्ष, वस्तुनिष्ठ**

राजनीति विज्ञान के मूल्यांकन की एक ऐसी विधि जिसमें वस्तुनिष्ठता, निष्पक्षता या मूल्य मुक्तता हो। इसमें अनुसंधानकर्ता अपना विश्लेषण निष्पक्ष रूप में करता है। उसकी गवेषणा का निर्णय

उसके व्यक्तिगत पसन्दों या नापसन्दों से मुक्त होता है। अर्थात् वे व्यक्तिनिष्ठता से मुक्त रहते हैं। एक समाजशास्त्री भी भौतिक शास्त्री की तरह मानव व्यवहार का अध्ययन निष्पक्ष भाव से कर सकता है। इस प्रकार की विधि को ही Value Free विधि कहा जाता है। जो आनुभविक (Empirical) और वस्तुनिष्ठ (Objective) है। व्यवहारवादी अध्ययन को महत्व देते हैं।

## Value Judgment | मूल्य निर्णय/मूल्यपरक निर्णय

किसी व्यवस्था, नीति या नियम इत्यादि के बारे में यह जाँच करना कि वह उत्तम, उचित, युक्तियुक्त या वांछनीय है या नहीं। उदाहरण के लिए अरस्तु ने शासन प्रणालियों का वर्गीकरण करते समय उन्हें उत्कृष्ट और निकृष्ट श्रेणियों में रखा था। व्यवहारवाद के समर्थक राजनीति के अध्ययन को मूल्य-निर्णय से दूर रखने के पक्ष में हैं, क्योंकि उनके विचार से मूल्य देश-काल के अनुसार बदलते रहते हैं, अतः उनका सत्यापन नहीं किया जा सकता। परन्तु मूल्य-निरपेक्ष पद्धति का प्रतिपादन करते-करते वे कुछ मूल्यों को विशेषतः पश्चिमी जगत के मूल्यों को पहले से ही स्वीकार करके चलते हैं।

## Van Gaurd of the Proletariat | प्रोलिटेरियलेट का वैनगार्ड

यह मार्क्सवादी विचार है जिसे लेनिन ने अधिक प्रसिद्ध किया। इसका अभिप्राय है किसी भी समाज में साम्यवादी दल विशेषकर क्रान्ति के समय के समाज में सजगता लाने का प्रयास करे। लेनिन का मत था कि औद्योगिक मजदूर अपनी स्थिति के प्रति बिना किसी नेतृत्व के सजग नहीं हो पाते। अतः पेशेवर क्रान्तिकारियों का दल गठित होना चाहिए। यह दल जन साधारण की चेतना को जाग्रत करे और उन्हें क्रान्ति की ओर मोड़े। इस दल को ही वैनगार्ड की संज्ञा दी गई थी।

## Variable | परिवर्त्य

ऐसा तत्व जिसका मान (Value) या परिमाण (Quantity) बदल सकता हो। यह परिवर्तन किसी अन्य तत्व में होने वाले परिवर्तन का परिणाम हो सकता है या वह स्वयं अन्य तत्वों में परिवर्तन ला सकता है।

## Varna System | वर्ण व्यवस्था

प्राचीन भारतीय समाज चतुर्वर्णीय था, पाँचवा क्रम बाद में जोड़ा गया। प्रथम चार ब्राह्मण, क्षत्रिय, वैश्य तथा शूद्र थे। इनमें प्रथम तीन द्विज कहलाते थे। बाद में अस्पृश्यों को पंचम वर्ण माना जाने लगा तथा उनसे छुआछात की जाने लगी। इस व्यवस्था से व्यक्ति का हैसियत का निर्धारण सामाजिक इकाईयों का श्रेणीक्रम में जन्म से माना जाता था। इसमें किसी के जीवनकाल में परिवर्तन नहीं किया जा सकता था। पश्चिम के वर्ग समाज (class society) आर्थिक आधार पर था भारत में वर्णव्यवस्था जन्म आधारित। मनु ने इसकी व्याख्या अपनी पुस्तक 'मनुस्मृति' में किया था।

## Vatican | वेटिकन

रोम में पोप का 100 एकड़ में फैला हुआ निवास स्थान वेटिकन कहलाता है। 16वीं सदी के मध्य में जब इटली के देशभक्तों ने अनेक राज्यों में विभक्त अपने राष्ट्र को पीडमांट के नेतृत्व में एक राजनीतिक सत्ता के अन्तर्गत लाने का प्रयत्न किया तो पोप ने इसका विरोध किया। लेकिन 1870 तक इटालवी देशभक्तों ने इटली के अधिकांश छोटे-छोटे राज्यों का पीडमांट की सत्ता के अधीन एकीकरण किया और पोप के प्रदेशों पर अधिकार कर लिया। इस पर पोप अपने निवास स्थान वेटिकन में चला गया तथापि इटली की सरकार ने विश्व भर में फैले कैथोलिक धर्म के प्रधान के

रूप में पोप के पद की प्रतिष्ठा को देखते हुए उसे प्रभुता-सम्पन्न शासकों के से अधिकार दे दिए। मुसोलिनी ने सत्तारुढ़ होने के बाद 1929 में पोप के साथ एक समझौता किया और उसके द्वारा वेटिकन नगर को अन्तर्राष्ट्रीय विधि में पूर्ण प्रभुता-सम्पन्न राज्य स्वीकार किया। इसके निवासियों को पृथक नागरिकता प्राप्त है। पोप दूसरे देशों के साथ राजनयिक प्रतिनिधियों का आदान-प्रदान कर सकता है। वेटिकन सिटी स्थायी रूप से तटस्थीकृत देश है। वेटिकन राज्य धर्म-राज्य का एक उदाहरण है।

## Very Important Person | अतिविशिष्ट व्यक्ति

इस शब्द का प्रयोग 1944 से शुरू हुआ जब एक परिवहन कमान के स्टेशन कमांडर को महत्वपूर्ण व्यक्तियों से भरा हुआ जहाज मध्य पूर्व की ओर भेजने का काम सौंपा गया था। यह दूसरे विश्वयुद्ध का समय था जब सुरक्षा के विचार से इसे एक राज्य कहा जा सकता है या नहीं।

## Vested Interest | निहित स्वार्थ

वह व्यक्ति, समूह या संस्था जिसे वर्तमान या प्रचलित व्यवस्था का लाभ मिल रहा हो। यह लाभ बहुधा अनुचित होता हैं क्योंकि इसमें अन्य व्यक्तियों या समूहों की हानि हो सकती है। अतः निहित स्वार्थ हमेशा किसी न किसी बहाने यथास्थिति बनाए रखने का जुगाड़ करते रहते हैं। यह वर्ग सामाजिक परिवर्तन को हतोत्साह करने के लिए गौरवमय परम्परा, स्थिरता और शांति तथा ईश्वरीय न्याय का गुणगान करके जनसाधारण को यह विश्वास दिलाने की कोशिश करता है कि वर्तमान स्थिति को ज्यों का त्यों बनाए रखने में ही सबका परम कल्याण है।

## Veto | निषेधाधिकार

ऐसा अधिकार जिसके बल पर कोई पक्ष अकेला ही किसी निर्णय को रोकने में समर्थ हो, भले ही बहुमत उस निर्णय के पक्ष में हो। उदाहरण के लिए संयुक्त राष्ट्र संगठन की सुरक्षा परिषद के स्थायी सदस्यों में प्रत्येक को निषेधाधिकार प्राप्त है। अतः इनमें से कोई भी सदस्य अपने निषेधाधिकार का प्रयोग करके अन्य सदस्यों के सर्वसम्मत या बहुमत-समर्थित निर्णय को पलट सकता है। वीटो दो प्रकार का होता है एक निलंबन वीटो और दूसरा पॉकेट वीटो। विधेयक के हस्ताक्षर करने में विलंब करता है और न कांग्रेस को लौटाता है। इस प्रकार विलंब करने से विधेयक स्वतः ही रद्द हो जाता है।

## Vice President | उपराष्ट्रपति

भारत के संविधान के भाग 5 के प्रथम अध्याय के अनुच्छेद 63 में कहा गया है कि भारत का एक उपराष्ट्रपति होगा। अनुच्छेद 64 में कहा गया है कि उपराष्ट्रपति राज्य सभा का पदेन सभापति होगा और अन्य कोई लाभ का पद धारण नहीं करेगा।

अनुच्छेद 66 में उपराष्ट्रपति का निर्वाचन संसद के दोनों सदनों के सदस्यों से मिलकर बनने वाले निर्वाचकगण के सदस्यों द्वारा आनुपातिक प्रतिनिधित्व पद्धति के अनुसार एकल संक्रमणीय मत द्वारा होगा और ऐसे निर्वाचन में मतदान गुप्त होगा।

66(3) के तहत कोई व्यक्ति उपराष्ट्रपति निर्वाचित होने का पात्र तभी होगा, जब वह (क) भारत का नागरिक हो (ख) पैंतीस वर्ष की आयु पूरी कर चुका हो (ग) राज्य सभा का सदस्य निर्वाचित होने के लिए अर्हित है (घ) तथा भारत सरकार या राज्य की सरकार के अधीन लाभ के पद पर नहीं होना चाहिए।

अनुच्छेद 67 के तहत उपराष्ट्रपति अपने पद ग्रहण की तारीख से 5 वर्ष की अवधि तक पद धारण करेगा। अनु. 69 में उपराष्ट्रपति द्वारा ली जाने वाली शपथ का वर्णन है।

## Viceroy | वायसराय

भारत वर्ष में ब्रिटिश शासनकाल के दौरान ब्रिटिश सम्राट द्वारा नियुक्त सर्वोच्च कार्यपालक अधिकारी को वायसराय एवं गवर्नर जनरल कहा जाता था। "वायसराय" के रूप में वह देशी रियासतों के लिए ब्रिटिश सम्राट का प्रतिनिधि भी होता था तथा गवर्नर जनरल के रूप में वह ब्रिटिश भारत में कार्यपालिका का अध्यक्ष होता था।

## Vietnamese War | वियतनामी युद्ध

वियतनामियों का युद्ध दक्षिणी व उत्तरी वियतनाम के मध्य का युद्ध था, जिसमें संयुक्त राज्य अमेरिका प्रत्यक्ष रूप से दक्षिणी वियतनाम की ओर से शामिल हुआ था। उसकी इस कार्यवाही का दक्षिणी-पूर्वी एशिया तथा अमेरिका की घरेलू राजनीति पर बहुत बुरा प्रभाव पड़ा था। वियतनाम में गृहयुद्ध का प्रारम्भ तभी से हो गया था, जब 1954 में फ्रांस ने इन्डो-चाइना से अपने को हटा लिया था। फ्रांस की सेना की देन-फेन-फु में शर्मनाक हार हुई थी। साम्यवादी उत्तरी वियतनाम के सैन्य आक्रमण के कारण राष्ट्रपति कैनेडी को 1962 में दक्षिण में अपनी सेना को भेजने का निर्णय लेना पड़ा था। जॉनसन व निक्सन ने भी सैनिक सहायता जारी रखी, पर अन्त में कांग्रेस मैन के विरोध के कारण 1973 में उत्तर के साथ शान्ति सन्धि करनी पड़ी थी, पर अप्रैल 1975 में उत्तरी वियतनाम ने पुनः आक्रमण कर दिया और राजधानी सैगोन पर अधिकार कर लिया।

## Village Court | ग्रामीण न्यायालय

'न्याय आपके द्वार' के उद्देश्य की पूर्ति के लिए भारत के सभी ग्रामीण क्षेत्रों में पंचायत स्तर की न्यायालय की प्रणाली। इसका दायरा तालुका, तहसील आदि के दायरे में आने वाले गाँवों तक सीमित। इसमें आपसी समझौते से खेत-खलिहान व जमीन की खरीद-फरोख्त सिंचाई, विवाह, तलाक, गुजारा भत्ता जैसे दीवानी एवं कुटुम्ब विवाद निपटाया जाता है। ग्रामीण न्यायालय संबंधित राज्य के उच्च न्यायालय की प्रशासनिक अधिकारिता में कार्य करता है।

## Village Panchayat | ग्राम पंचायत

ग्रामीण स्थानीय स्वशासन की महत्वपूर्ण इकाई 73वें संविधान संशोधन 1992 के द्वारा स्थानीय स्वशासन को सांविधानिक आधार दे दिया गया। सबसे निचले स्तर पर ग्राम स्तर पर ग्राम पंचायत का उल्लेख अनुच्छेद 243 ख में किया गया है। इनके द्वारा 5, 79, 889 गाँवों में आधुनिक विकास हेतु मनरेगा योजना लागू किया जा रहा है। इससे दूरसंचार सेवा, ई-मेल, इंटरनेट, ई-चौपाल आदि शहरी सुविधा गाँवों में देने का प्रयास किया जा रहा है। पंचायतों के पास कृषि, वन स्वास्थ्य, शिक्षा, आजीविका निर्माण आदि महत्वपूर्ण कार्य हस्तान्तरित किए गए हैं।

## Viza | वीजा, प्रवेश पत्र

जब कभी एक देश का नागरिक दूसरे देश में घूमने, बसने, पढ़ने या अन्य कोई काम करने के लिए जाना चाहता है। तो उसे अपनी सरकार से पासपोर्ट लेने के अतिरिक्त दूसरे देश की सरकार से उस देश में प्रवेश की अनुमति भी लेनी पड़ती है। यह अनुमति वीजा या प्रवेश पत्र कहलाती है। वीजा देने के लिए सम्बद्ध देश के उपयुक्त अधिकारी द्वारा पासपोर्ट पर यह पृष्ठांकन कर दिया जाता है कि यात्री के पासपोर्ट की जाँच कर ली गई है और वह उस देश में प्रवेश पा सकता है। वीजा प्रायः सम्बद्ध देश के दूतावास से प्राप्त किए जा सकते हैं।

## Voice Vote | स्वर मत, ध्वनि मत

संसदीय प्रणाली में मत लेने की वह पद्धति जिसके अन्तर्गत पीठासीन अधिकारी के आदेश पर सदस्य 'हाँ' या 'ना' कहकर किसी प्रस्ताव, विधेयक, संकल्प आदि के प्रति अपनी स्वीकृति या अस्वीकृति प्रकट करते हैं और जिस पक्ष की ओर आवाजें अधिक होती हैं। उसी पक्ष के अधिक मत मान लिए जाते हैं। इस पद्धति में मतों को गिनने की आवश्यकता नहीं होती।

## Vote of Accounts | लेखानुदान

विधानसभा या संसद की बैठक के पूर्व नया बजट तैयार नहीं हो, चुनाव के बाद तत्काल वर्ष भर के खर्च के लिए सरकार को धन चाहिए, बजट तैयार करने में समय कुछ और चाहिए। ऐसी स्थिति में सरकार खर्च के लिए लेखानुदान विधायिका से पारित करवा लेती है। इससे सरकार को निश्चित अवधि के लिए आवश्यक निश्चित धन निकाल सकती है। इसे संसद बाधित नहीं करती है। संविधान के अनुच्छेद 116(1) में इसका प्रावधान है।

## Vote of Credit and Exception Grant | प्रत्यायानुदान एवं अपवादानुदान

जब सरकार को धन की एकाएक कमी होती है तब प्रत्यायानुदान से धन संसद की स्वीकृति से प्राप्त करती है। संसद प्रत्यायानुदान के धन का ब्यौरा नहीं मांगती। अपवादानुदान किसी विशिष्ट ध्येय की पूर्ति के लिए जाता है। यह वित्तीय वर्ष के खर्च का भाग नहीं होता है। संविधान के अनुच्छेद 16 में इसका वर्णन है।

## Vote of No Confidence | अविश्वास प्रस्ताव

अविश्वास प्रस्ताव से तात्पर्य ऐसा प्रस्ताव जिसके अन्तर्गत सरकार के विभिन्न कार्यों एवं रीति-नीतियों के लिए सरकार पर दोषारोपण लगाए जाते हैं तथा जिसके पारित होने पर सरकार को त्याग पत्र देना पड़ता है। भारत में लोकसभा के प्रक्रिया नियमों (नियम 198(i)) के अन्तर्गत मंत्रिपरिषद के प्रति सामूहिक रूप से अविश्वास प्रस्ताव ग्राह्य हो सकता है। यदि कोई सदस्य सदन में मंत्रिपरिषद के विरुद्ध अविश्वास प्रस्ताव रखने का इच्छुक है तो उसे सदन की बैठक आरम्भ होने से पूर्व सचिव को प्रस्ताव की लिखित सूचना देनी पड़ती है। इस प्रकार की सूचना पर प्रश्नकाल के पश्चात तथा दिवस की कार्यसूची पर चर्चा प्रारम्भ होने से पहले विचार किया जाता है। यदि अध्यक्ष अविश्वास प्रस्ताव को नियम के अन्तर्गत ठहराता है तो जिस सदस्य ने प्रस्ताव की सूचना दी है, वह प्रस्ताव प्रस्तुत करने के लिए सदन में अनुमति देने की प्रार्थना करता है। इसके बाद अध्यक्ष सदन के सदस्यों से कहता है कि जो सदस्य प्रस्ताव प्रस्तुत करने के पक्ष में हो, वे अपने स्थानों पर खड़े हो जाएँ। यदि कम से कम पचास सदस्य अपने स्थानों पर खड़े हो जाते हैं तो समझा जाता है कि सदन ने प्रस्ताव रखने की सहमति या अनुमति दे दी है। जिस दिन सदन प्रस्ताव प्रस्तुत किए जाने की अनुमति देता है उसके दस दिन के भीतर ही प्रस्ताव पर चर्चा होनी आवश्यक है। सदन के सदस्यों द्वारा प्रस्ताव पर विचार-विमर्श करने के पश्चात् प्रधानमंत्री सरकार पर लगाए गए आरोपों का उत्तर देता है। प्रस्तावक को भी उत्तर देने का अधिकार है। प्रस्ताव पर वाद-विवाद होने के बाद अध्यक्ष प्रस्ताव पर सदन का निर्णय लेता है। अविश्वास प्रस्ताव स्वीकार होने पर मंत्रिमण्डल को त्याग पत्र देना पड़ता है।

## Voting | मतदान

लोकतंत्रात्मक शासन व्यवस्था में प्रतिनिधियों को निर्वासित करने की रीति व प्रक्रिया। आजकल मतदान करने का अधिकार उन सभी नागरिकों को है जो 18 वर्ष के हो चुके हैं। 19वीं शताब्दी में

मतदान का अधिक सीमित लोगों को था। महिला को मताधिकार नहीं था। भारत में महिला को मताधिकार आजादी के बाद से ही है। 1985 में मतदाता की आयु 21 से घटा कर राजीव गांधी के द्वारा 18 वर्ष किया गया। अमेरिका में 26वें संविधान संशोधन द्वारा 1971 में 18 वर्ष किया गया था।

## Voting Behaviour | मतदान-आचरण

भारतीय लोकतांत्रिक चुनाव पद्धति में मतदाता के आचरण को प्रभावित करने वाले तथ्यों एवं कारणों का अध्ययन तथा विश्लेषण अर्थात् किन बाहरी या आंतरिक तथ्यों से मतदाता का निर्णय प्रभावित होता है। इसमें उन नागरिकों का आचरण भी शामिल है। जो मतदाता मतदान करने नहीं जाते हैं तथा राजनेता मतदाता को अपने पक्ष में मतदान करने के लिए तरह-तरह के प्रलोभन देते हैं।

## Vox Populi, Vox Dei | जनता की आवाज, ईश्वर की आवाज, जनवाणी प्रभुवाणी

जनवाणी वर्तमान युग में लोकतांत्रिक शासन प्रणाली का मुख्य आधार है। लोकतांत्रिक प्रक्रिया में जनता की आवाज को ईश्वर की आवाज कहा गया है। जिस प्रकार ईश्वरीय आदेश की अवज्ञा नहीं की जा सकती है। उसी प्रकार लोकतंत्र में शासन का कोई भी अंग जनता की इच्छा या भावनाओं की अवहेलना नहीं कर सकता तथा इस प्रकार ईश्वरीय आदेश मानकर उसका सम्मान किया जाना चाहिए।

## Vulgarian Plan | वुल्गारियन योजना

सोवियत संघ के प्रधानमंत्री मार्शल वुल्गारियन ने अमेरिकी राष्ट्रपति आईजन हॉवर के समक्ष निशस्त्रीकरण की एक योजना रखी जो वुल्गारियन योजना कहलाती है।

1. अणु एवं उद्जन बमों का परीक्षण बन्द किया जाए।
2. अमेरिका सोवियत संघ एवं ब्रिटेन आणविक शस्त्रों का परित्याग करें।
3. नाटो व वारसा पैक्ट के देशों में अनाक्रमण समझौता।
4. आकस्मिक आक्रमणों को रोकने के लिए समझौता हो।

# W

**War | युद्ध**

अन्तर्राष्ट्रीय कानून के अन्तर्गत वह स्थिति जिसमें दो राष्ट्रों या राष्ट्र समूहों के बीच बड़े पैमाने पर सशस्त्र संघर्ष शुरू हो जाता है और उनमें प्रत्येक राष्ट्र प्रभुसत्ता सम्पन्न होने का दावा करता है। इनकी प्रभुसत्ता ही इनकी कानूनी समानता का आधार मानी जाती है और इसी आधार पर युद्धरत राष्ट्रों के रूप में उनके अधिकार और दायित्व निर्धारित होते हैं।

**War Blockade | युद्ध-संरोध, युद्ध नाकाबंदी**

किसी देश में युद्धकाल के समय में, किसी युद्धरत राज्य द्वारा समुद्री मार्ग से शत्रु-राज्य के बंदरगाहों तक जाने वाले तथा उनसे बाहर आने वाले जलपोतों को रोक देने का कार्य है। इस प्रकार का कार्य सम्बन्धित राज्य द्वारा शत्रु राज्य के पत्तनों के बाहर जहाज खड़े करके किया जा सकता है या समूचे शत्रु राज्य का संपूर्ण राज्यों के व्यापारी सम्बन्ध-विच्छेद कर देते हैं। यदि तटस्थ राज्यों के व्यापारी जहाज नाकाबंदी तोड़ने का प्रयत्न करें तो अन्तर्राष्ट्रीय कानून के अनुसार उन्हें जब्त किया जा सकता है।

**War Cabinet | युद्धकालीन मंत्रिमण्डल**

मंत्रिमण्डलीय शासन प्रणाली के अन्तर्गत वह मंत्रिमण्डल जिसे युद्ध के संचालन का कार्य विशेष रूप से सौंपा जाता है। यह मंत्रिमण्डल साधारण मंत्रिमण्डल से बहुत छोटा होता है ताकि आवश्यक मामलों पर तुरंत निर्णय कर सकें और उन निर्णयों को कार्यान्वित करने में देर न लगे।

**War Indemnity | युद्ध क्षतिपूर्ति**

किसी एक राष्ट्र के दूसरे राष्ट्र के साथ हुए युद्ध तथा युद्धात्मक क्रियाकलापों की समाप्ति के पश्चात् दो शत्रु राष्ट्रों में से विजेता राष्ट्र द्वारा शांति-संधि की एक शर्त के रूप में विजित राज्य से वसूल किया गया धन, हर्जाना अथवा मुआवजा। प्रथम विश्वयुद्ध की समाप्ति के पश्चात् की गई वारसा संधि के अनुसार मित्र राष्ट्रों ने जर्मनी पर न केवल युद्धारंभ का दोष लगाया बल्कि जर्मनी से भारी युद्ध हर्जाना वसूल करने का भी प्रावधान किया।

**War Propaganda | युद्ध-प्रचार, युद्ध सम्बन्धी प्रचार**

विश्व के किसी राष्ट्र द्वारा संचार के माध्यम से सोद्देश्य किया गया युद्ध सम्बन्धी प्रचार जिसमें विभिन्न प्रकार के युद्ध सम्बन्धी सिद्धान्त, विचार, तर्क-वितर्क, तथ्य, दोषारोपण तथा इस हेतु व्यवस्थित योजनाएँ सम्मिलित हैं। इस प्रकार का उद्देश्य शत्रु देश के नागरिकों का मनोबल गिराना होता है, जिससे राष्ट्रों में शीतयुद्ध की स्थिति उत्पन्न हो जाती है।

**Warrant of Precedence | पूर्वता अधिपत्र**

किसी राष्ट्र के सर्वोच्च अधिकारियों का वरिष्ठता-क्रम जिसके अनुसार उन्हें औपचारिक समारोह में स्थान ग्रहण करना होता है। साधारणतया इस क्रम में विदेशी उच्चाधिकारियों का क्रम भी निर्दिष्ट कर दिया जाता है ताकि राजकीय या राष्ट्रीय समारोहों में उनका स्थान भी नियत रहे। वैसे विदेशी उच्चाधिकारियों - विशेषत: राजनयिक प्रतिनिधियों का स्थान राजनयिक व्यवहार में प्रचलित अग्रताक्रम से निर्धारित होता है। यह बात महत्वपूर्ण है कि पूर्वता-अधिपत्र में निर्दिष्ट वरिष्ठता-क्रम औपचारिक अवसरों के लिए ही होता है, इससे राष्ट्र के उच्चाधिकारियों की, सांविधानिक शक्तियों का संकेत नहीं मिलता।

**Warsaw Pact | वारसा सन्धि**

वारसा सन्धि नाटो (NATO) के विरुद्ध रूसी प्रभुत्व वाली सन्धि है, जिस पर 14 मई 1955 में हस्ताक्षर किए गए थे। इसके सदस्य हैं: रूसी गुट के सभी सदस्य राष्ट्र। बाद में अलबानिया ने 1961 में चीन के प्रभाव में आने के कारण छोड़ दिया था। 1956 और 1968 में हंगरी व चैक ने इसे छोड़ने का प्रयास किया था पर सफल नहीं हुए। वारसा पैक्ट ने मॉस्को के तत्त्वावधान में संयुक्त सैन्य कमान स्थापित करने का निश्चय किया। वस्तुत: यह सन्धि रूसी सेना का विस्तार ही सिद्ध हुई। इस पैक्ट की सेनाओं ने 1968 में चैक आन्दोलन को दबाने का कार्य किया। वारसा सन्धि नाटो का पूरा-पूरा जवाब था। इसके अनुसार यदि किसी सदस्य देश पर सशस्त्र आक्रमण होता है तो अन्य देश उसकी सैनिक सहायता करेंगे। शीतयुद्ध की समाप्ति के माहौल में 1 जुलाई 1991 को वारसा पैक्ट समाप्त कर दिया गया।

**Wartime Alliance | युद्धकालीन सहबंध**

किन्हीं राष्ट्रों के बीच इस प्रकार का संधि या समझौता जिसके अनुसार वे संयुक्त होकर किसी आक्रमणकारी शत्रु का सामना करते हैं। परन्तु जिनका अस्तित्व केवल युद्ध की अवधि या कालावधि तक ही सीमित रहता है। युद्ध समाप्ति के बाद संबद्ध राष्ट्रों द्वारा इस प्रकार की संधि या समझौते को औपचारिक रूप से समाप्त कर दिया जाता है।

**Water Burial | जल प्रवाह, जल समाधि**

मृतकों का अन्तिम संस्कार करने की एक विधि जिसमें मृतक को समुद्र अथवा किसी जलाशय या नदी में बहा दिया जाता है।

**Water Gate | वाटर गेट काण्ड**

वाटर गेट वाशिंगटन में एक होटल है। जहाँ कमरों का एक सूट डेमोक्रेटिक पार्टी की राष्ट्रीय कमेटी ने किराये पर ले रखा था। यह 1972 में राष्ट्रपति के चुनाव अभियान के लिए लिया गया था। रिपब्लिक पार्टी के वरिष्ठ सदस्यों की आज्ञा से इन कमरों में चोरी की गई। इन वरिष्ठ सदस्यों में से कुछ तो राष्ट्रपति निक्सन के व्हाइट हाउस के स्टाफ में महत्वपूर्ण पदों पर आसीन थे। इस चोरी का उद्देश्य डेमोक्रेटिकि अभियान के सम्बन्ध में सूचना प्राप्त करना था। चोरों की खोज से कई गुल खिले। इससे अटॉर्नी जनरल तथा व्हाइट हाउस के स्टाफ चीफ थे। चोरी के साथ सम्बन्धों का पर्दाफाश हुआ। इस काण्ड का भण्डाफोड़ निक्सन की जीत के बाद हुआ वरना यह उसके लिए घातक सिद्ध होता। बाद में यह भी स्पष्ट हुआ कि इस काण्ड में निक्सन का भी हाथ था। संसद के सदस्यों ने इस पर राष्ट्रपति के खिलाफ महाभियोग लाने का फैसला किया। इसी समय व्हाइट हाउस में राष्ट्रपति द्वारा की गई

बातचीत की गुप्त रिकार्डिंग का भी भण्डाफोड़ हुआ। न्यायालय ने निक्सन को साक्ष्य के रूप में प्रस्तुत करने के लिए बाध्य किया। निक्सन को अंत में त्याग पत्र देना पड़ा। उपराष्ट्रपति ने, जो उसके बाद राष्ट्रपति पद पर पदासीन हुआ उसने उसे क्षमादान दिया। इस काण्ड से अमेरिका की राजनीति को गहरा धक्का लगा तथा कम्बोडिया में वियतनामी युद्ध को आघात लगा।

## Watzer, Michael | माइकल वाल्ज़र

माइकल वाल्जर (1935-) को समकालीन चिंतन के अन्तर्गत न्याय के समुदायवादी सिद्धान्त (Communitarian Theory of Justice) का मुख्य प्रतिनिधि माना जाता है। वाल्ज़र ने अपनी पुस्तक *स्फ़ीयर्स ऑफ जस्टिस* (न्याय के प्रयोग क्षेत्र) (1983) में कहा है कि न्याय कोई सार्वभौम नियम (Universal Law) नहीं हो सकता। न्याय के नियम निर्धारित करने के लिए यह देखना चाहिए कि ये नियम किस समुदाय-विशेष के लिए अपेक्षित हैं, उसमें कौन, कौन से मूल्य और मान्यताएं प्रचलित हैं। उसके सदस्य अपने संगठनों और अपने सहचरों से क्या-क्या आशाएँ (Expectation) करते हैं।

इसके बाद जीवन के प्रत्येक क्षेत्र में सामाजिक वस्तुओं के वितरण के लिए भिन्न-भिन्न मानदण्ड (Criteria) निर्धारित करने होंगे। इस दृष्टि से सामाजिक न्याय, आर्थिक न्याय और राजनीतिक न्याय के लिए भी भिन्न-भिन्न नियम बनाने होंगे। इस तरह वाल्जर का न्याय-सिद्धान्त सामाजिक जीवन के विभिन्न क्षेत्रों के लिए उपयुक्त नैतिकता के मानदण्ड निर्धारित करता है। ये मानदण्ड समाज के प्रति व्यक्ति की प्रतिबद्धता (Commitment) की सर्वोत्तम अभिव्यक्ति प्रस्तुत करते हैं जो कि समुदायवाद का मूल मन्त्र है।

## Webb, Sidney James | जेम्स सिडनी वेब ( 1859-1947 )

अंग्रेज फेवियनवादी समाजवादी सिडनी वेब ने फेवियन सोसायटी की सदस्यता 1892 में प्राप्त की थी। सिडनी वेब लन्दन काउन्टी कौंसिल (LCC) में 1892 से 1910 तक सक्रिय रहे थे। सिडनी वेब की सोच थी कि समाजवाद की स्थापना क्रान्ति से न होकर सांविधानिक और शांतिपूर्ण तरीकों द्वारा ही संभव है।

## Website | वेबसाइट

आम नागरिक, अधिकारियों, विद्यार्थियों उपभोक्ता तक अपनी जानकारी पहुँचाने तथा उनसे e-mail के माध्यम से सम्पर्क बनाने के उद्देश्य से प्रमुख शासकीय विभागों व संस्थानों ने अपनी वेबसाइट का निर्माण किया है जो कम्प्यूटर के द्वारा या मोबाइल से कार्य करती है। इससे द्रुतगति से सूचनाओं का आदान-प्रदान होता है। कागज की बचत होने से पर्यावरण की भी रक्षा में सहायक है।

## Weimar Republic | वैमर रिपब्लिक

यह जर्मन राजनीतिक व्यवस्था के लिए आधिकारिक नाम है। यह नाम प्रथम विश्वयुद्ध और हिटलर के शासन में आने के मध्य के काल में प्रचलित था। प्रथम महायुद्ध 1914-1919 के बाद जर्मनी के सम्राट कैसर विलियम द्वितीय की पराजय और देश से उसके पलायन के पश्चात जर्मनी ने अपना पहला गणतान्त्रिक संविधान वियमार नगर में बनाया था। 1919-1933 तक वियमार में ही जर्मनी की संसद अर्थात नेशनल असेम्बली कार्य करती रही। परन्तु हिटलर की नाजी पार्टी के सत्ता में आने के पश्चात वियमार समाप्त हो गया।

**Welfare State | कल्याणकारी राज्य**

वह राज्य जिसने अपने निवासियों की मूलभूत आर्थिक और सामाजिक आवश्यकताएँ पूरी करने का दायित्व संभाल रखा हो।

**Welfarism | कल्याणवाद**

लोक कल्याणकारी राज्य का कल्याणकारी सिद्धान्त। इस सिद्धान्त के अनुसार राज्य को व्यक्ति की आर्थिक सुरक्षा का दायित्व निभाना चाहिए।

**Wergild | हत्या क्षतिपूर्ति, वैर-देय**

समाज में किसी मनुष्य को क्षति पहुँचाने पर अपराधी व्यक्ति द्वारा क्षतिग्रस्त व्यक्ति को हर्जाना देने या उसकी क्षतिपूर्ति करने की रीति। क्षतिपूर्ति की मात्रा अपराध की जघन्यता और व्यक्ति की प्रतिष्ठा पर निर्भर करती है।

**Whig | ह्विग**

इंग्लैण्ड में उस राजनीतिक दल का सदस्य जिसने 1680 के बाद सम्राट की शक्ति को कम करने तथा संसद की शक्ति को बढ़ाने का प्रयत्न किया। आरम्भिक ह्विग विद्रोही थे जो 1679 के विप्लव की असफलता के बाद स्कॉटलैण्ड के निचले प्रदेशों में जा छिपे थे। ये टोरियों के विरोधी थे। 1868 में ग्लैडस्टन के प्रधानमंत्री बनने पर ये उदारवादी या लिबरल कहलाने लगे।

**Whip/Parliamentary Whip | सचेतक/संसदीय सचेतक**

संसदीय प्रणाली के अन्तर्गत, संसद का वह सदस्य जिसे कोई दल सदन में अपना दलीय अनुशासन कायम रखने के लिए नियुक्त करता है, विशेषत: इसलिए कि महत्वपूर्ण अवसरों पर उस दल के सदस्य सदन में उपस्थित रहें और मतदान के समय दल के निर्णय के अनुरूप वोट दें। सचेतक अपने दल के सदस्यों को सदन में उपस्थित होने का निर्देश देते समय कार्यवाही के महत्वपूर्ण मुद्दों को रेखांकित कर देते हैं। प्रत्येक मुद्दे के महत्व को देखते हुए उसके नीचे एक, दो या तीन रेखाएँ खींची जाती हैं। ताकि सदस्यों को यह अनुमान हो जाए कि किस समय उनकी उपस्थिति कितनी अनिवार्य है। इसे दल के नेता का लगाम, कोड़ा, सावधान, सचेत करना या फटकार माना जाता है।

**Whistle Blowers | व्हिसल बलोअर्स**

भ्रष्टाचार का भंडाफोड़ करने वालों को संरक्षण देने वाला बिल 20 दिसंबर 2011 को लोक सभा में पारित किया गया। यह विधेयक लोकपाल विधेयक के समान है। इसके द्वारा भ्रष्टाचार के खिलाफ आवाज उठाने वालो को बिना किसी भेदभाव के संरक्षण प्रदान किया जाएगा, उनकी पहचान गुप्त रखी जाएगी। शिकायतकर्त्ता का पहचान बताने और कार्यवाही में विलम्ब करने वाले अधिकारी को केन्द्रीय सतर्कता आयोग द्वारा दंडित किए जाने का भी प्रावधान।

**White Coller Criminal | सफेदपोश अपराधी**

उच्च सामाजिक वर्ग के व्यक्ति जो कानून को भंग करने का अपराध करते हैं। ऐसे अपराधियों को बहुधा पुलिस या अदालत के सुपुर्द न कर, जांच कमीशन या ब्यूरो को जाँच पड़ताल के लिए सौंप दिया जाता है।

**White Coller Worker | सफेदपोश बाबू**

श्रम द्वारा आय अर्जन करने वाले श्रमिकों की अपेक्षा शारीरिक श्रमविहीन कार्यों में लगे कर्मचारियों को सफेदपोश बाबू कहते हैं। यह वर्ग आर्थिक दृष्टि से मध्यम वर्ग का होता है।

**White Colonialism | श्वेत उपनिवेशवाद**

19वीं शताब्दी में यूरोप के राष्ट्रों द्वारा जो सामान्य रूप से प्रायः श्वेत रंगवाले थे वे विश्व के भिन्न-भिन्न क्षेत्रों, मुख्य रूप से एशिया, अफ्रीका तथा लैटिन अमेरिका के देशों पर अपना नियंत्रण व प्रभुत्व स्थापित कर उन पर शासन व उनका आर्थिक शोषण करते थे इस स्थिति को साम्राज्यवाद या उपनिवेशवाद कहा जाता है।

**White Flag | सफेद झंडा**

समर्पण अथवा शांतिवार्ता आरम्भ करने का प्रतीक होता है झंडा।

**White Hall | व्हाइट हॉल**

लन्दन की एक गली जिसके भीतर या निकट सरकार के अनेक महत्वपूर्ण मंत्रालय, (विदेश मंत्रालय, गृह मंत्रालय, स्वास्थ्य मंत्रालय, युद्ध मंत्रालय, वित्त मंत्रालय और नौसेना मंत्रालय) आदि स्थित है।

**White House | व्हाइट हाउस**

वांशिगटन, डी.सी. संयुक्त राज्य अमेरिका में अमेरिकी राष्ट्रपति का निवास स्थान।

**White Paper | श्वेत पत्र**

एक सरकारी प्रकाशन जिसमें किसी ऐसे विषय पर जानकारी, साक्ष्य इत्यादि प्रस्तुत किए जाते हैं। जिस पर संसद में वाद-विवाद होना हो और कानून बनाया जाना हो। यह प्रायः सफेद कागज की पुस्तिका के रूप में होता है।

**White Supremacy | श्वेत जाति सर्वोच्चता, गौरांग प्राधान्य**

किसी राष्ट्र में श्वेत जाति के व्यक्तियों का अन्य सभी जातियों समूहों पर आधिपत्य, सर्वोच्चता अथवा सर्वोपरिता। काले लोगों अथवा अश्वेत जातियों पर श्वेत जाति की तथाकथित जन्मजात अथवा स्वाभाविक वरिष्ठता या उत्कृष्टता में आस्था का सिद्धान्त जो अश्वेतों को श्वेतों की पूर्ण अधीनता में रखने की आवश्यकता पर बल देता है। यह सिद्धान्त सामाजिक, आर्थिक तथा राजनीतिक अधिकारों, शक्तियों एवं अवसरों की उपलब्धता को श्वेत जाति के व्यक्तियों तक ही सीमित रखने तथा अश्वेत जातियों पर उनकी वरिष्ठता या उत्कृष्टता को चिरस्थायी बना देने का समर्थन करता है।

**Whiteman's Burden | श्वेत जाति का भार**

ब्रिटिश साम्राज्यवाद का एक सिद्धान्त। इसके अनुसार श्वेत जातियों को - विशेषतः ब्रिटिश जाति को यह कर्तव्य सौंपा गया है कि वह अशिक्षित अश्वेत जातियों को शिक्षा दे और उन्हीं के कल्याण के लिए उन पर शासन करे। यह सिद्धान्त ब्रिटिश शासन के उत्कर्ष के दिनों में उन्नीसवीं शताब्दी में उभर कर सामने आया और इसने ब्रिटिश उपनिवेशवाद और साम्राज्यवाद के काले चेहरे पर रेशमी नकाब डालने का काम किया। यह कुछ-कुछ उसी तरह के तर्क पर आधारित है जैसे अरस्तु ने दास प्रथा को उचित ठहराने के लिए दिया था।

**Whitley Council | व्हिटले परिषद**

किसी उद्योग या नागरिक सेवा में वेतन, मजदूरी, सेवा-सशर्तों इत्यादि के बारे में बातचीत करने के लिए कर्मचारियों और प्रबंधक वर्ग की संयुक्त बैठक के लिए बनाई गई परिषद। मूलतया 1916 में परिषद की स्थापना ब्रिटेन में एक समिति के प्रतिवेदन के अनुसार की गई थी जिसके अध्यक्ष एच. व्हिटले थे। इन्हीं के नाम से ऐसी परिषद को व्हिटले परिषद की संज्ञा दी जाती है। इसे व्हिटलेवाद भी कहा जाता है।

**Wholesell Price Index (WPI) | थोक मूल्य सूचकांक**

थोक मूल्य सूचकांक में वस्तुओं के भार का निर्धारण आधार वर्ष के घरेलू उत्पादन पर वस्तु मान तथा आयात के मानों (आयात कर सहित) द्वारा होता है। यह साप्ताहिक आधार पर उपलब्ध होता है। वस्तुओं को सामान्यतः तीन वर्गों में वर्गीकृत किया गया है, जैसे प्राथमिक वस्तुएँ, ईंधन, विद्युत, प्रकाश एवं स्नेहक (लुब्रीकेंट) तथा विनिर्मित उत्पाद।

**Wikileaks | विकिलीक्स**

यह एक वेबसाइट है, जो संवेदनशील दस्तावेजों को प्रकाशित करती है। 2006 में जूलियन असांजे ने इसकी स्थापना की थी। यह एक अन्तर्राष्ट्रीय गैर-लाभकारी मीडिया समूह है, जिसमें दस्तावेज के स्रोत को बिना बताये हुए सार्वजनिक किया जाता है। इससे कई सरकारें, संस्थाएँ, धार्मिक समूह और राजनेताओं के भ्रष्टाचार उजागर किये गये हैं।

**Will | वसीयतनामा**

इसे इच्छा या जीवित रहने आदि का संकल्प कहा जाता है। लेकिन मूर्त रूप में यह एक ऐसा दस्तावेज होता है जिसमें व्यक्ति की ऐसी इच्छाएँ निर्दिष्ट होती है कि उसकी मृत्यु के बाद उसकी संपति का क्या उपयोग किया जाए। इसमें उत्तराधिकार या उत्तराधिकारी के बारे में निर्देश दिए जाते हें कि अमुक व्यक्ति को मृत्तक की परिस्थितियों का स्वामित्व दिया जाएगा।

**Wilson, Woodrow | वुडरो विल्सन (1856-1924)**

अमेरिकी राजनीतिज्ञ वुडरो विल्सन ने अपना कैरियर विश्वविद्यालय में राजनीतिक विज्ञान के प्राध्यापक से शुरू किया था। वे 1902-10 तक प्रिंसटन विश्वविद्यालय के अध्यक्ष रहे, 1910-12 में वे न्यूजर्सी प्रान्त के गवर्नर रहे तथा 1913 से 1921 तक अमेरिका के राष्ट्रपति रहे थे। प्रथम विश्वयुद्ध में जर्मनी ने मिस्र देशों के सामने समर्पण विल्सन की आदर्शवादी नीतियों के कारण ही किया था। पेरिस शांति समझौता करने में इन्होंने अहम भूमिका निभाई। राष्ट्र संघ की स्थापना में भी इन्होंने अहम भूमिका अदा की।

**Withdrawal Currency | विमुद्रीकरण**

बैंक द्वारा अपने नोटों को प्रचलन से वापस लेना। जब बाजार में काला धन ज्यादा हो जाता है तो अर्थव्यवस्था को बिगड़ने का खतरा बढ़ जाता है। इसे कम करने के लिए सरकार प्रायः उच्च वर्ग के करेंसी नोटों को हटा लेती हैं। इससे बाजार का संतुलन बना रहता है और कालाधन पर रोक लगती है। भ्रष्टाचार विरोधी आन्दोलन और कालाधन की समाप्ति तथा विदेशी बैंको से काले धन की वापसी के लिए स्वामी रामदेव के आन्दोलन में, पाँच सौ और एक हजार रुपये के बड़े नोटों का सरकार द्वारा वापस लेने के लिए 2012 में मुहिम का चलाया जाना, विमुद्रीकरण ही कहा जायेगा।

### Wollstonecraft, Mary | मेरी वुलस्टोनक्रैफ्ट ( 1959-97 )

मेरी वुल स्टोनक्रैफ्ट पहली ब्रिटिश नारीवादी लेखिका हैं। इनकी पुस्तक 'ए विंडीकेशन आफ द राइटिस ऑफ वुमेन (1789)' नारी अधिकारों पर लिखी गई है। उन्होंने कहा कि ईश्वर ने पुरुष और स्त्री को समान विवेक (Reason) प्रदान किया है। इसलिए स्त्रियों को समान रूप से शिक्षा के अवसर प्रदान किए जाने चाहिए।

### Women Suffrage | महिला मताधिकार

किसी राष्ट्र की महिलाओं द्वारा प्राप्त तथा प्रयोग में लाया गया मताधिकार अथवा राजनीतिक निर्वाचन मत देने का अधिकार जिसे महिला मताधिकार कहते हैं। ब्रिटेन में यह प्राधिकार सबसे पहले 1918 में दिया गया। जिसमें महिलाओं के लिए तीस वर्ष की आयु निर्धारित की गई। किन्तु 1928 में यह आयु-भेद भी समाप्त कर दिया गया। भारतीय संविधान में स्त्री-पुरुषों को समान रूप से यह अधिकार प्राप्त है तथा मताधिकार के लिए निर्धारित आयु 18 वर्ष निर्धारित है।

### Work to Rule | नियमानुसार कार्य

औद्योगिक या सरकारी क्षेत्र में कर्मचारियों द्वारा विरोध प्रकट करने का एक तरीका। मूलतया इसका प्रयोग उन उद्योगों के कर्मचारी करते थे जिनमें जनसाधारण और कर्मचारियों की सुरक्षा के लिए अत्यन्त जटिल कायदे-कानून निर्धारित होते थे। इन नियमों के पालन में कठोरता बरतने से काम की गति धीमी हो जाती थी। आजकल इसका प्रयोग अत्यन्त व्यापक हो गया है। इसका प्रयोग किसी भी संगठन के कर्मचारी कर सकते हैं। नियमानुसार कार्य करने पर ये कर्मचारी किसी भी मामले में किसी भी उलटे-सीधे नियम का हवाला देकर पंख लगा देते हैं जिससे कि काम आगे न बढ़ पाए। वस्तुत: यह तरीका हड़ताल की जगह निश्चित अवधि के लिए अपनाया जाता है और प्रबंधक वर्ग से समझौता होने पर यह तरीका छोड़ दिया जाता है।

### Working Class | मजदूर वर्ग

वह वर्ग जो मजदूरी कर अपनी जीविका अर्जन करता है और बहुसंख्यक होता है। मार्क्स ने उन्हें सर्वहारा वर्ग कहा है। इसके पास श्रम की शक्ति ही होती है।

### World Bank | विश्व बैंक

विश्व बैंक की स्थापना 27 दिसम्बर 1945 को हुई तथा 25 जून 1946 से कार्य करना प्रारम्भ हुआ। इसका मुख्यालय वांशिगटन डी.सी. अमेरिका में है। सदस्य संख्या 185 है। इसका उद्देश्य सदस्य राज्यों तथा उनके अधिराज्यों के पुनर्निर्माण और विकास के लिए सहायता देना एवं उत्पादन कार्यों के लिए पूंजी की व्यवस्था करना है। यह गरीब देशों को सहायता देता है। वर्तमान में 100 से भी अधिक विकासशील राष्ट्रों में जीवन स्तर सुधारने तथा गरीबी मिटाने हेतु विश्व बैंक द्वारा आर्थिक तथा विचारात्मक कदम उठाये जा रहे हैं। विश्व बैंक सरकारी, गैर सरकारी संस्थानों तथा निजी क्षेत्रों के साथ सहयोग हेतु नीतियाँ प्रतिपादित करता है।

इसके उद्देश्य हैं (1) व्यक्तियों में मूल स्वास्थ्य तथा शिक्षा के माध्यम से निवेश (2) गरीबी घटाने हेतु मुख्य क्षेत्रों जैसे सामाजिक विकास, अन्तर्वेषण, अभिशासन तथा संस्थाओं का निर्माण (3) राष्ट्रों की क्षमता को सुदृढ़ करना जिससे वे प्रभावकारी तथा पारदर्शी रूप से उत्कृष्ट सेवाएँ प्रदान कर सकें (4) पर्यावरण की सुरक्षा करना (5) निजी व्यापार को विकसित करने हेतु सहायता तथा प्रोत्साहन प्रदान करना।

विश्व बैंक अपने ऋणों, सुझाव नीतियों तथा तकनीकी सहयोग द्वारा विकासशील देशों में गरीबी घटाने तथा जीवन स्तर सुधारने के लिए प्रयासरत हैं।

### World Citizen | विश्व नागरिक

किसी विशेष प्रकार के व्यक्ति जो अपने आचार-विचार, रहन-सहन, क्रियाकलापों के कारण किसी राष्ट्र विशेष का ही नहीं बल्कि समस्त विश्व का नागरिक माना जाता है। "विश्व नागरिक" की संकल्पना वास्तव में एक आदर्शामुखी अथवा भावनाप्रद संकल्पना है। अन्तर्राष्ट्रीय समाज द्वारा जब तक आधुनिक राष्ट्रों के अस्तित्व को समाप्त कर समस्त विश्व का एक राज्य के रूप में सुसंगठन नहीं किया जाता तब तक "विश्व नागरिक" की संकल्पना को यथार्थता या वास्तविकता में परिवर्तित नहीं किया जा सकता है।

### World Court | विश्व न्यायालय

विश्व का अन्तर्राष्ट्रीय न्यायालय जिसका अधिकार-क्षेत्र विश्व के उन सभी राष्ट्रों तक विस्तृत होता है जो उस न्यायालय के विधान (स्टेट्यूट) को स्वीकार करते हैं। इस न्यायालय का संगठन इस विधान द्वारा ही निर्धारित किया जाता है। इसमें विश्व की सभी प्रधान कानूनी प्रणालियों के प्रतिनिधि सदस्य न्यायाधीश होते हैं। इस प्रकार के न्यायालय की स्थापना सर्वप्रथम 1919 में की गई थी जिसका नाम "स्थायी अन्तर्राष्ट्रीय न्यायालय" ने लिया है। जो हेग (हॉलैंड) में स्थित है तथा इसमें 15 न्यायाधीश हैं, जिनका निर्वाचन सुरक्षा परिषद की सिफारिश पर महासभा द्वारा किया जाता है।

### World Crisis Report | वैश्विक जोखिम रिपोर्ट

स्विटजरलैंड के गैर-सरकारी संगठन, विश्व आर्थिक मंच (WEF) ने 8 जनवरी 2013 के अपनी रिपोर्ट में अगले दस वर्ष यानि 2013-2023 में आय की विषमता को सबसे बड़ा सम्भावित वैश्विक जोखिम माना है। इस दौरान प्रणालीगत वित्तीय विफलता का जोखिम सम्भावित प्रभाव की दृष्टि से सभी जोखिमों से बढ़कर है। इसमें भारत सहित विश्व के दस शीर्ष अर्थव्यवस्था का आंकलन किया गया। भारत आर्थिक जोखिम का सामना करने के मामले में नौवें स्थान पर है पर पर्यावरणीय जोखिम का मुकाबला करने में सबसे निचले स्थान पर है।

### World Health Organization: WHO | विश्व स्वास्थ्य संगठन

इसकी स्थापना 7 अप्रैल 1948 को हुई। इसका मुख्यालय जिनेवा (स्विट्जरलैण्ड) में है। इसका मुख्य उद्देश्य संसार की जातियों के लोगों के स्वास्थ्य का स्तर उच्चतम बनाना है। यह प्रयास करता है कि लोगों को स्वास्थ्य शिक्षा प्राप्त हो, बीमारियों के विरुद्ध टीकाकरण एवं मानव स्वास्थ्य के लिए दवाइयाँ दुनिया के सभी लोगों को प्राप्त हों। इसकी सदस्य संख्या 192 देश हैं। इसके नई दिल्ली सहित 6 क्षेत्रीय कार्यालय हैं।

### World Intellectual Property Organization: WIPO | विश्व बौद्धिक सम्पदा संगठन

अप्रैल 1970 में इसकी स्थापना हुई। इसका मुख्यालय जिनेवा में है। इसका उद्देश्य सम्पूर्ण विश्व में बौद्धिक सम्पदा की सुरक्षा को प्रोत्साहित करना है। यह कॉपीराइट्स ट्रेडमार्क्स, औद्योगिक डिजायनों और पेटेन्टों की सुरक्षा के लिए अन्तर्राष्ट्रीय सहयोग करता है।

## World Meteorological Organization (WMO) | विश्व मौसम (अंतरिक्ष) विज्ञान संगठन

इसकी स्थापना 23 मार्च 1950 को हुई। इसका मुख्यालय जिनेवा में है। यह पृथ्वी के वातावरण के सम्बन्ध में वैज्ञानिक शोध को बढ़ावा देने एवं संसार के विभिन्न देशों को मौसम सम्बन्धी आवश्यक सूचनाएं देता है।

## World Revolution | विश्व क्रांति

अन्तर्राष्ट्रीय राजनीति में विश्व की वह क्रांति या विप्लव जिसका मुख्य ध्येय विश्व के समस्त देशों में बल-प्रयोग द्वारा राजनीतिक, आर्थिक, सामाजिक व्यवस्था में आधारभूत परिवर्तन लाना है। विश्व क्रांति की परिकल्पना मार्क्सवादी विचारधारा में की गई है। इसके अन्तर्गत विश्व के समस्त राष्ट्रों के समस्त श्रमिक वर्ग को संगठित होकर हिंसात्मक साधनों द्वारा पूंजीवादी राष्ट्र व्यवस्था को उखाड़ कर फेंक देना चाहिए। परन्तु धीरे-धीरे मार्क्सवादियों ने विश्व क्रांति के लक्ष्य को त्यागकर सहअस्तित्व के आदर्श को स्वीकार कर लिया।

## World Socialism | विश्व समाजवाद

विश्व समाजवाद से तात्पर्य विश्व के राष्ट्रों व क्षेत्रों में व्याप्त समाजवादी व्यवस्था से है। विश्व समाजवाद की कल्पना कार्ल मार्क्स की विविध रचनाओं में विशेषकर "कम्युनिस्ट मेनीफेस्टो" (1948 में प्रकाशित) तथा "दास कैपिटल" (1870 में प्रकाशित) में द्रष्टव्य है। मार्क्स के अनुसार श्रमिक वर्ग तथा पूंजीपति वर्ग के अनिवार्य पारस्परिक संघर्ष के परिणामस्वरूप अंततः श्रमिक वर्ग की विजय होगी और समाजवाद विश्व के किसी एक क्षेत्र विशेष तक सीमित न रहकर समूचे विश्व में व्याप्त हो जाएगा।

## World State | विश्व राज्य

अन्तर्राष्ट्रीय राजनीति में इस प्रकार का राष्ट्र जो विश्वव्यापी हो तथा विश्व की वर्तमान संप्रभुता का परित्याग करके इस विश्व राज्य का प्रांत अथवा संभाग होना स्वीकार कर ले। इसके अन्तर्गत संप्रभुता का एकमात्र निवास केवल विश्व राष्ट्र में रह जाएगा तथा शेष राष्ट्रों के प्राधिकार, कार्य, शक्तियों आदि केन्द्रीभूत विश्व राष्ट्र द्वारा निर्धारित होंगी। इस प्रकार के राष्ट्र की संकल्पना अनेक विचारकों, दार्शनिकों आदि ने की है। यद्यपि उनके द्वारा प्रस्तुत परिकल्पनाओं में काफी भेद पाया जाता है।

## World Tourism Organization | विश्व पर्यटन संगठन

विश्व में पर्यटन को सुरक्षित और विकसित करने का उत्तरदायित्व इस संगठन का है। इसके लिए यह संगठन विभिन्न देशों को आंकड़ें एवं सूचनाएँ उपलब्ध करवाता है।

## World Trade Organization (WTO) | विश्व व्यापार संगठन

विश्व व्यापार संगठन अन्तर्राष्ट्रीय स्तर पर सबसे युवा संगठन है। जो द्वितीय विश्वयुद्ध के परिणाम स्वरूप स्थापित प्रशुल्क एवं व्यापार सामान्य समझौते (गैट) (General Agreement of Trade and Tariff) का उत्तराधिकारी है। 1 जनवरी 1995 में स्थापित विश्व व्यापार संगठन नियमों पर आधारित, सदस्यों द्वारा संचालित संगठन है। इसका मुख्यालय जिनेवा में स्थित है। सदस्य संख्या 153 है। इस संगठन के निर्णय सदस्यों द्वारा लिए जाते हैं। विश्व व्यापार संगठन निम्न कार्य करता

है। (1) विश्व व्यापार संगठन के व्यापारिक समझौतों का संचालन करना, (2) व्यापार संधि वार्ता हेतु मंच का काम करता है, (3) व्यापार सम्बन्धित समझौतों को निबटाना, (4) विकासशील राष्ट्रों को तकनीकी सहायता तथा प्रशिक्षण देना, (6) दूसरे अन्तर्राष्ट्रीय संगठनों के साथ सहयोग करना।

इसका पहला मंत्रिस्तरीय सम्मेलन 1996 में सिंगापुर में हुआ। 20 नवम्बर 2001 को चौथा मंत्रिस्तरीय सम्मेलन दोहा (कतर) में हुआ। इसमें संरक्षणवाद की प्रणाली को खत्म करने पर सहमति बनी।

## Writ | समादेश

(1) उपयुक्त न्यायिक अधिकारी की ओर से जारी किया गया ऐसा लिखित कानूनी दस्तावेज जिसमें किसी व्यक्ति को निर्दिष्ट कार्य करने या न करने का आदेश दिया जाता है।

(2) न्याय प्रार्थना न्यायालय में दिया गया ऐसा प्रार्थना पत्र जिसमें किसी हानि के प्रतिकार की मांग की जाती है। भारतीय संविधान के द्वारा सर्वोच्च न्यायालय को अनुच्छेद 32 में एवं उच्च न्यायालयों को अनुच्छेद 226 में पाँच प्रकार के रिट जारी करने का अधिकार दिया गया है। ये लेख हैं- (1) बंदी प्रत्यक्षीकरण लेख (2) परमादेश लेख (3) प्रतिषेध लेख (4) उत्प्रेषण लेख और (5) अधिकार पृच्छा।

## Written Constitution | लिखित संविधान

वह संविधान जिसकी सारी व्यवस्थाएँ किसी एक दस्तावेज में निहित हों, और सांविधानिक प्रश्नों के समाधान के लिए उसी एक दस्तावेज को, या उसकी व्यवस्थाओं से सम्बन्धित न्यायिक निर्णयों को प्रामाणिक माना जाता हो। उदाहरण के लिए, संयुक्त राज्य अमेरिका या भारत का संविधान लिखित रूप में उपलब्ध है। इसके विपरीत, अलिखित संविधान ऐसे किसी एक दस्तावेज के रूप में उपलब्ध नहीं होता बल्कि वह अनेक लिखित संविधियों और अलिखित परिपाटियों का समुच्चय होता है। ब्रिटिश संविधान अलिखित संविधान का एकमात्र उदाहरण है, अन्यथा लिखित संविधान को ही सांविधानिक शासन का प्रमाण माना जाता है।

# Y

## Yalta Agreement | याल्टा समझौता

द्वितीय विश्वयुद्ध के अंतिम चरणों में (फरवरी, 1945 में) क्रीमिया के याल्टा नामक स्थान में रूजवेल्ट, चर्चिल तथा स्तालिन के मध्य युद्धोत्तर व्यवस्था के सम्बन्ध में एक समझौता हुआ जिसकी प्रमुख धाराएँ निम्न थीं। (i) जर्मनी का आत्मसमर्पण बिना किसी शर्त के होगा। (ii) जर्मन युद्ध-अपराधियों के दंड देने के लिए शीघ्र ही न्यायिक कार्यवाही की जाएगी। (iii) जर्मनी से क्षतिपूर्ति ली जाएगी। (iv) पूर्वी यूरोप के जो राष्ट्र स्वतंत्र हो गए हैं, उनमें लोकतांत्रिक चुनाव करवाए जाएंगे। (v) पोलैंड व रूस की सीमाएं ओडर एवं नीसी नदियों तक बढ़ा दी जाएंगी। (vi) सोवियत संघ यूरोप में युद्ध समाप्ति के तीन मास के भीतर जापान के विरुद्ध युद्ध में शामिल हो जाएगा। (vii) संयुक्त राष्ट्र में सोवियत संघ के अतिरिक्त उसके दो गणराज्यों को भी अलग से सदस्यता दी जाएगी। (viii) सुरक्षा परिषद में प्रक्रियात्मक प्रश्नों पर निषेधाधिकार का प्रयोग नहीं किया जाएगा। (ix) संयुक्त राष्ट्र संघ में लीग ऑफ नेशन्स की अधिदेश व्यवस्था के स्थान पर न्यासी व्यवस्था लागू की जाएगी। (x) नए विश्व संगठन की व्यवस्था उन सभी राष्ट्रों के लिए खुली होगी, जिन्होंने 1 मार्च, 1945 तक धुरी राष्ट्रों के विरुद्ध युद्ध की घोषणा कर दी थी, उन्हें संगठन का मूल सदस्य माना जाएगा।

## Yankee Imperialism | यांकी साम्राज्यवाद, अमेरिकी साम्राज्यवाद

संयुक्त राष्ट्र अमेरिका द्वारा लैटिन अमेरिका के विभिन्न देशों में बिना उन पर आधिपत्य किए आर्थिक एवं राजनीतिक प्रभुत्व स्थापित करने का प्रयास। इस नीति के फलस्वरूप 1823 के मुनरोसिद्धान्त में दृढ़तापूर्वक आस्था प्रकट की गई। जिसे अमेरिकी साम्राज्यवाद भी कहा जाता है।

## Yellow Dog Contract | हड़ताल न करने का अनुबंध

किसी राष्ट्र का वह समझौता जिसके अनुसार कोई कर्मचारी अपने नियोक्ता को रोजगार की शर्त के रूप में यह आश्वासन देता है कि जब तक वह उसकी नौकरी में रहेगा, तब तक वह किसी श्रमिक या मजदूर संघ का सदस्य नहीं बनेगा तथा न ही किसी मजदूर संघ द्वारा की गई हड़ताल में भाग लेगा। संयुक्त राज्य अमेरिका में इस पद की उत्पत्ति श्रमिक वर्ग की इस धारणा से हुई कि इस तरह का समझौता करने वाले श्रमिकों की हैसियत पीले रंग के कुत्ते से बेहतर नहीं समझी जा सकती।

## Yellow Journalism | पीत पत्रकारिता

वह साहित्य सामग्री जिसमें घटिया स्तर का चरित्र होता है या निम्न स्तर की अमर्यादित अश्लील अप्रामाणिक साहित्य सामग्री प्रकाशित होती है। अमेरिका में ऐसी पत्रकारिता पीली पट्टी के साथ की जाती है। इसलिए इसे “पीत पत्रकारिता” कहा जाता है।

## Young Turks | युवा तुर्क

1908 में तुर्की के उन तरूण राष्ट्रवादियों के लिए प्रयुक्त नाम जो तुर्की की निरंकुश शासन व्यवस्था में सुधार करना चाहते थे। मूलततया 'युवा तुर्क' तुर्की के पश्चिमी यूरोप में निर्वासित राष्ट्रवादी थे जो 20वीं सदी के आरम्भ में उदारवादी सुधारों द्वारा सम्राट अब्दुल हमीद की दमन नीति का अन्त करना और 1876 का संविधान लागू करना चाहते थे।

भारतीय राष्ट्रीय कांग्रेस के कुछ तरूण आमूल परिवर्तनवादी नेता जो चाहते हैं कि कांग्रेस तेजी से वामपंथी समाजवाद की ओर उन्मुख हो जाये। 1969 के अन्त में कांग्रेस के विभाजन के बाद से इन नेताओं की ओर भी अधिक सक्रिय भूमिका रही है। इनमें प्रमुख हैं चन्द्रशेखर, मोहनधारिया, कृष्णकान्त, अर्जुन अरोड़ा आदि।

## Your Excellency | महामहिम

राष्ट्रपति, राज्याध्यक्षों, शासनाध्यक्षों जैसे उच्च राजनीतिक या राजनीतिक पदाधिकारियों के लिए प्रयुक्त किए जाने वाला सम्मान सूचक या आदरणीय शब्द सम्बोधन है। वर्तमान में भारतीय राष्ट्रपति प्रणव मुखर्जी ने अपने सम्बोधन में महामहिम शब्द का प्रयोग नहीं करने के लिये कहा है।

## Yuan Diplomacy | युयान कूटनीति

चीन-सोवियत संघ संघर्ष के कारण 1969 के बाद से चीन की विदेश नीति में आमूल-चूल परिवर्तन हुआ। चीन में चाऊएनलाई द्वारा प्रस्तावित नई विदेश नीति का अनुसरण किया गया। इसकी विशेषताएँ हैं: व्यावहारिकता और वास्तविकता। अमेरिका जैसे गैरसाम्यवादी देशों से सम्बन्ध बनाना, तोड़-फोड़ की नीति को छोड़ना, तटस्थ देशों को मित्र बनाना तथा उनमें अपना प्रभाव बढ़ाने के लिए बड़े पैमाने पर आर्थिक सहायता देना। अमेरिका की डॉलर कूटनीति (Dollar Diplomacy) की भाँति अब चीन ने अपनी मुद्रा युयान के रूप में दूसरे देशों को प्रचुर मात्रा में आर्थिक सहायता देना प्रारम्भ किया, अतः इसे यूयान कूटनीति (Yuan Diplomacy) कहा जाता है। एक सोवियत पत्र के अनुसार 1971 में चीन ने एशिया तथा अफ्रीका के विभिन्न देशों को 2 अरब डॉलर मूल्य की सहायता दी। यह सहायता अधिक सुगम शर्तों पर 5 से 10 वर्ष बाद, 10 से 30 वर्ष की लम्बी अवधि में चुकाये जा सकने वाले बिना सूद के ऋणों, मशीनी माल तथा तकनीकी विशेषज्ञों के रूप में दी जाती है। इस प्रकार चीन ने गोलियों और बन्दूकों की पुरानी नीति के स्थान पर 'सहायता और व्यापार' (Aid and Trade) की नयी नीति अपनाई।

# Z

## Zamindari Abolition | जमींदारी उन्मूलन

भारत में जमींदारी प्रथा का उन्मूलन करने के लिए संविधान में प्रथम संशोधन 1951 में करके संविधान में 9वीं अनुसूची (अनुच्छेद 31 ख) जोड़ी जिसके अनुसार राज्य अपने अपने क्षेत्रों में जमींदारों से जमीन का अधिग्रहण करके गरीबों के लिए वितरित कर सकते हैं। 9वीं अनुसूची में विभिन्न राज्यों के 284 कानून हैं जो न्यायालयों की न्यायिक पुनरावलोकन (Judicial Review) की शक्ति से परे हैं।

## Zamindari System | जमींदारी प्रथा

किसी राष्ट्र की भू-धारण अथवा भू-व्यवस्था की वह पद्धति जिसका प्रारंभ 1893 में लार्ड कार्नवालिस ने किया था और जिसके अन्तर्गत बंगाल, बिहार व उड़ीसा में भू-राजस्व वसूल करने का कार्य स्थायी रूप से निजी व्यक्तियों को सौंप दिया गया। जो जमींदार कहलाए और सरकार को भू-राजस्व के रूप में केवल निर्धारित राशि चुकाने के लिए वचनबद्ध थे। वे किसानों से मनमाना लगान वसूल कर सकते थे। वास्तव में जमींदारी में आने वाली भूमि के जमींदार भू-स्वामी बन गए और ये जमींदार ब्रिटिश साम्राज्य के सर्वाधिक विश्वासपात्र तथा विश्वसनीय स्तंभ बन गए। स्वतंत्रता प्राप्ति के पश्चात भारत के अनेक राज्यों में कानून पारित करके इस व्यवस्था को समाप्त कर दिया गया है।

## Zeitgeist | युगधर्म

जर्मन शब्द Zeitgeist मुख्यतया एक ऐतिहासिक संकल्पना है और इसका सर्वप्रथम प्रयोग जर्मन लेखक जोहन गोट फ्राइड फ्रनि हर्डर ने अपनी रचना Briefe zur Beforderung der Humanitate में किया था। इस ग्रन्थ में हर्डन ने बताया था कि युगधर्म युग-विशेष के आचारों-विचारों, रीति-रिवाजों, प्रवर्तियों-प्रथाओं का समुच्चय होता है। यह संकल्पना जर्मन लेखकों में विशेष रूप से प्रिय है और इसके आधार पर विगत युगों को समझने में सहायता मिलती है। युगधर्म की संकल्पना भारतीय दर्शन में भी प्राय: इसी अर्थ में उपलब्ध होती है। तथापि, उसका विशद् विवेचन नहीं किया गया है।

## Zero Hour | शून्यकाल

भारतीय संसदीय प्रणाली की एक विलक्षण प्रथा। यह प्रश्नकाल के एकदम बाद का समय होता है। जब कुछ सदस्य सदन की नियमित कार्यवाही शुरू नहीं होने देते और ऐसे प्रश्न उठाने की कोशिश करते हैं जो प्रश्नकाल के लिए निर्धारित नहीं होते, बल्कि उन्हें सार्वजनिक महत्व के अत्यावश्यक विषय बनाकर उन पर तुरंत बहस की मांग करते हैं। पहले इसके लिए 30 मिनट का समय तय था लेकिन 1977 में लोकसभा के अध्यक्ष इसे बढ़ाकर 1 घंटा कर दिया है।

यह एक से अधिक अर्थों में शून्यकाल होता है। 12 बजे दोपहर का समय न तो मध्याह्न पूर्व का समय होता है और न ही मध्याह्न पश्चात का समय। 'शून्यकाल' 12 बजे प्रारम्भ होने के कारण

इसे इस नाम से पुकारा जाता है। इसे 'आवर' भी कहा गया है क्योंकि पहले 'शून्यकाल' पूरे घन्टे तक चलता था अर्थात् 1 बजे म.पू. पर सदन के मध्याह्न भोजन के लिए स्थगित होने तक नियमों में शून्यकाल का कहीं भी कोई उल्लेख नहीं है। शून्यकाल का यह नाम 1960 और 1970 की दशाब्दी के प्रारम्भिक वर्षों में किसी समय समाचारपत्रों में तब दिया गया, जब बिना पूर्व सूचना के अविलंबनीय लोक महत्व के विषय उठाने की प्रथा विकसित हुई थी।

## Zionism | यहूदीवाद

यहूदीवाद एक ऐतिहासिक आन्दोलन है जो वर्तमान समय में थियोडर हर्जल के नाम से जुड़ा हुआ है। इस आन्दोलन का लक्ष्य संसार में बिखरे हुए यहूदियों के लिए फिलिस्तीन में स्वदेश की स्थापना करना था। 1948 में इजरायल की स्थापना से यह लक्ष्य पूरा हो गया परन्तु यहूदियों के हितों के संरक्षण एवं प्रभाव-वृद्धि के लिए यहूदीवाद अब भी एक अन्तर्राष्ट्रीय शक्ति के रूप में क्रियाशील है।

## Zonal Council | क्षेत्रीय परिषदें

क्षेत्रीय परिषदों की स्थापना 1956 के राज्य पुनर्गठन अधिनियम के अनुसार की गई थी तथा संपूर्ण भारत को पांच क्षेत्रों में बांटकर प्रत्येक क्षेत्र के लिए एक-एक क्षेत्रीय परिषद का गठन किया गया था। ये क्षेत्र हैं: (i) उत्तरी क्षेत्र (ii) मध्य क्षेत्र (iii) पूर्वी क्षेत्र (iv) पश्चिमी क्षेत्र तथा (v) दक्षिणी क्षेत्र। ये परामर्शदात्री निकाय हैं तथा परिषदों में किसी भी ऐसे प्रश्न पर विचार-विमर्श हो सकता है जो पारस्परिक अभिरुचि का हो।

क्षेत्रीय परिषदों के विचार की सर्वप्रथम अभिव्यक्ति श्री जवाहर लाल नेहरू ने 21 दिसम्बर 1955 को राज्य पुनर्गठन आयोग के प्रतिवेदन पर अपना भाषण समाप्त करने से पूर्व लोकसभा में की थी। श्री नेहरू ने कहा कि राज्यों के पुनर्गठन के बाद समस्त देश को चार या पांच क्षेत्रों में बांट दिया जाएगा और प्रत्येक क्षेत्र के लिए एक क्षेत्रीय परिषद होगी जो सभी लोगों को सहकारिता के आधार पर सोचने और कार्य करने की प्रेरणा देगी। भारत सरकार ने एक संकल्प पारित किया जो 16 जनवरी 1956 को प्रकाशित किया गया जिसमें राज्य पुनर्गठन आयोग के प्रायः समस्त प्रस्तावों के साथ-साथ क्षेत्रीय परिषदों की योजना का भी विस्तृत विवरण दिया गया था। प्रत्येक क्षेत्र के लिए जो परिषद बनी उसमें एक राष्ट्रपति द्वारा नियुक्त केन्द्रीय मंत्री, प्रत्येक क्षेत्र में जितने राज्य होते हैं उनके मुख्यमंत्री तथा राज्यपालों द्वारा मनोनीत दो-दो मंत्री, मनोनीत केन्द्रीय मंत्री परिषद का सभापति तथा राज्यों के मुख्यमंत्री बारी-बारी से एक-एक वर्ष के लिए उपसभापति बनते हैं।

## Zone of Peace | शांतिक्षेत्र

शांति क्षेत्र से तात्पर्य ऐसा क्षेत्र जो राज्यों की सहमति से अथवा संयुक्त राष्ट्र के प्रस्तावों के अन्तर्गत विशेषकर शस्त्रास्त्रों से मुक्त कर दिया जाए जैसे: संयुक्त राष्ट्र के एक प्रस्ताव के अन्तर्गत हिन्द महासागर को शस्त्रास्त्रों एवं सैनिक गतिविधियों से मुक्त क्षेत्र बनाने पर विचार किया जा रहा है।

## Zoning | क्षेत्रण

क्षेत्रण शब्द का प्रयोग स्थानीय स्वशासन प्रणाली के संदर्भ में किया जाता है। इससे तात्पर्य है कि नगरपालिका अथवा प्रशासन की अन्य इकाईयों द्वारा करारोपण, भवन निर्माण, औद्योगीकरण आदि उद्देश्यों के लिए नगर अथवा उपनगर को क्षेत्रों में बाँटना और प्रत्येक क्षेत्र में समान व्यवस्था को लागू करना।